Heinz Walter (Hg.)

Männer als Väter

Reihe »Forschung psychosozial«

Heinz Walter (Hg.)

Männer als Väter

Sozialwissenschaftliche
Theorie und Empirie

Psychosozial-Verlag

Für einen Druckkostenzuschuß danken Herausgeber und Verleger:
der Commerzbank AG und der
Männerarbeit der Evangelischen Kirche in Deutschland

Die Deutsche Bibliothek – CIP-Einheitsaufnahme

Männer als Väter : sozialwissenschaftliche Theorie und Empirie /
Heinz Walter (Hg.). - Gießen : Psychosozial-Verl., 2002
(Reihe »Forschung psychosozial«)
ISBN 3-89806-140-X

© 2002 Psychosozial-Verlag
Goethestraße 29, 35390 Gießen
Tel.: (0641) 7 78 19, Fax: (0641) 7 77 42
e-mail: info@psychosozial-verlag.de
http://www.psychosozial-verlag.de
Umschlagabbildung Vorderseite: Hella Wolff-Seybold, Konstanz
Umschlaggestaltung: Christof Röhl nach Entwürfen
des Ateliers Warminski, Büdingen
Satz: sos-buch, Mainz
ISBN 3-89806-140-X

Inhaltsverzeichnis

Vorwort

Dieser Band ist kein Schnellschuß. Zwischen ersten Überlegungen dazu, dem ersten Ansprechen von potentiellen AutorInnen und heute liegen mehrere Jahre. Es wäre falsch, als einzige Ursache hierfür das Nie-Eintreffen von Zugesagtem zu nennen. So bedauerlich dies und die damit verbundene Notwendigkeit des Ersatzsuchens auch war: Es gab Raum für einen intensiven Austausch zwischen den Verfassern der nach und nach eingehenden Beiträge und dem Herausgeber. Wir haben ihn reichlich genutzt. Mir kam es dabei nicht auf ein inhaltliches Dreinreden, sondern vor allem auf Zweierlei an: Das Neue und/oder Spezifische an der Thematik, oft auch der Forschungsstrategie, sollte deutlich sichtbar werden. Und möglichst viel »Leser-Empathie« sollte verwirklicht sein, d.h. die Art der Darstellung sollte das Leserinteresse fördern. In Einzelfällen hat das Anlegen dieser zwei Kriterien auch zu einem Verzicht einer Aufnahme in den Band geführt.

Allen Autorinnen und Autoren[1], die – wie sie es immer wieder zum Ausdruck brachten – so viel Herausgeberengagement nicht gewohnt waren, es dann aber positiv aufgegriffen und umgesetzt haben, gilt meine kollegiale Wertschätzung. Zum Teil haben sie aufgrund von Neuentdecktem oder Weiterentwickeltem ihre Bei-

---

1 Ich beschließe an dieser Stelle, hier und in meiner Übersicht auf die weiblichen und männlichen Doppelformulierungen zu verzichten. Dies hat nichts mit der Thematik des Bandes zu tun – zu der ja ebenso Frauen Wesentliches beigetragen haben; deren Rezeption ich mir durch Männer und Frauen wünsche, damit mehr Gespräch darüber zwischen ihnen in Gang kommt. Ich schließe mich vielmehr dem häufigsten hier vorgetrage nen Argument der Umstandlichkeit an, wenn es um schriftliche Darstellungen geht. Im Visavis der mündlichen Begegnung – und sei es vor einem großen Auditorium – werde ich mich weiterhin darum bemühen, daß sich Frauen durch meine Sprache nicht zunehmend ausgeschlossen fühlen. Da erfreulicherweise immer mehr Frauen in allen gesellschaftlichen Bereichen aktiv sind, könnte sich frau/man aber vielleicht auch darauf verständigen: Sie formulieren primär oder alles weiblich, wir Männer primär oder alles männlich?

träge sogar noch einmal grundlegend revidiert. Ich denke, das gemeinsame Durchhalten hat sich gelohnt.

Es liegen 23 gehaltvolle Beiträge vor. Jeder für sich ist so »vieldimensional«, daß es schwerfällt, sie in Beitragsblöcken mit griffigen Überschriften zu gruppieren; beziehungsweise in vertrauter Herausgeberart die 23 Perlen an einem roten Faden aneinanderzureihen, ohne dabei ebenso Wesentliches unerwähnt zu lassen. Im Konzert erweist sich das Zusammengetragene als voller Klangkörper, der keiner wesentlichen Ergänzung bedarf – in dem Sinne, daß es einen recht vollständigen, das heißt repräsentativen Überblick über die deutschsprachige Väterforschung gibt, wie es mit diesem Band angezielt wurde. Brücken zur international einschlägigen Forschungsszene werden vielfach geschlagen.

Was läßt sich so viel Musik programmmäßig noch vorschalten? Eine kleine einführende Kompositionslehre und Instrumentenkunde könnte helfen, einzelne Motive besser zu erkennen, den Einsatz einzelner Instrumente herauszuhören, um deren spezifische Probleme zu wissen. – Bei näherer Betrachtung gleichen die Beiträge zur Väterforschung bislang eher solistischen als konzertanten Darbietungen. Mögen diese jede für sich noch so virtuos sein, das Wissen um die Existenz der anderen kann zu ganz erheblichem Zugewinn führen. Der eigene Beitrag könnte noch einmal ganz anders wahrgenommen werden, der Versuch eines koordinierten Zusammenspiels mit den anderen könnte angeregt werden, und anderes mehr.

Zu danken ist an dieser Stelle all jenen, die in der langen Entstehungsphase des Bandes eine notwendige Aufgabe übernommen und nach bestem Können ausgeführt haben. Dazu gehören Karin Dobersch, Regina Härting, Ingrid Hügel, Jürgen Maczollek, Diana Riedel, Julia Schenk, Michaela Stadelbauer, Manola Petrovici. Ganz entscheidend, insbesondere in der nicht ganz einfachen Schlußphase, haben Kathrin Puchta und Martina Ruf durch ihr Engagement, ihre inhaltliche und technische Kompetenz zum Gelingen des Bandes beigetragen. Vielen Dank!

Im Entstehungszeitraum des Bandes begleiteten Mathias Graf und Helge Wenger-Schittenhelm mich als Mitarbeiter. Es gab in den vielen Jahren, in denen ich den Arbeitsbereich Pädagogische Psychologie an dieser Universität bislang vertreten habe, für mich keine schönere Phase unkomplizierter und anregender Zusammenarbeit als jene mit diesen beiden klugen und humorvollen jungen Kollegen.

Trotz so vieler Vorarbeit hätten die Interessierten wohl noch einige Zeit länger auf das Erscheinen des Bandes warten müssen, gäbe es da in Mainz nicht Harald Lohmann, Redakteur und Büchermacher, und seine Kollegin Gabriele Bös, deren Fachkenntnisse, Umsicht und Zielstrebigkeit aus 24 Einzelteilen rasch ein übersichtliches Ganzes werden ließen.

Das Vorliegende erhebt, wie schon gesagt, den Anspruch, einen recht weit gefächerten Einblick in die aktuelle deutschsprachige Väterforschung zu geben. Doch trotz so mancher Recherche und den heute hierfür zur Verfügung stehenden elektronischen Möglichkeiten mußte ich immer wieder bis dahin Übersehenes feststellen. So gehe ich davon aus, daß auch weiterhin zur Thematik Gehörendes erst den Weg zu mir finden muß. Seinen Urheber bitte ich, nicht zu schmollen, sondern meine Adresse[2] auf einen Briefumschlag zu schreiben und diesen mit dem hiermit Erbetenen zu füllen. Ich habe vor, die Auseinandersetzung mit der ebenso sperrigen wie interessanten Thematik »Väter« fortzusetzen.

Konstanz, im Oktober 2001

Heinz Walter

---

2 Fachbereich Psychologie der Universität Konstanz, Arbeitsbereich Pädagogische Psychologie, Fach D 43, 78457 Konstanz. heinz.walter@uni-konstanz.de

11

Heinz Walter

Deutschsprachige Väterforschung – Sondierungen in einem weiten Terrain

In diesem Beitrag soll den Wurzeln einer deutschsprachigen Väterforschung nachgegangen werden, wie sie in den empirischen Sozialwissenschaften und der Psychoanalyse aufzuspüren sind. Es werden Schwerpunkte herausgearbeitet und verdeutlicht; insbesondere jene, die von Psychologen, Soziologen und psychoanalytisch orientierten Forschern gesetzt wurden und werden. Dabei fällt auf, wie weitgehend unabhängig voneinander und diskontinuierlich sich einschlägige Forschungsbemühungen bislang entwickelt haben. Erst nach dieser Analyse werden weiterführende Forschungsziele klarer umreißbar und definierbar.

This contribution aims to trace back to its roots the empirical research which has been done in the German-speaking world on the topic of fathers and fathering. It also aims to outline and clarify those areas of research which have been focussed on so far and draws particular attention to current research areas in Psychology, Sociology and Psychoanalysis. Most striking is the fact that for the most part the research projects and studies have been carried out independently of each other and discontinuously. Now goals for further research can be more clearly sought and determined.

1 Einleitung

»Väter, diese archetypischen, mythologischen, theologischen, psychologischen, soziologischen und biologischen Urfiguren menschlicher Existenz« – so beginnt Meier (1982, S.52) einen Aufsatz über »Väter in der Gegenwartsliteratur«. Damit signalisiert er, daß mit dem Einlassen auf das Thema »Väter« keineswegs nur ein Einlassen auf reale alltägliche Personen verbunden ist, sondern viel mehr; noch viel mehr als das von ihm Angetippte.

Meier äußerte sich als Literaturwissenschaftler zum Thema.[1] Sein Beitrag ist einer von zwanzig in einem mit »Vatersein« überschriebenen Band (Schultz 1982). Wiewohl der Herausgeber selbst aus diesem Metier kommt, hat er nur fünf Schriftsteller als Autoren gewonnen. Der überwiegende Teil der Autoren ist den Bereichen Tiefenpsychologie und Psychotherapie zuzurechnen. Darüber hinaus leisten noch ein Biologe und ein Erziehungshistoriker einen Beitrag. Das Vorwort des Herausgebers und die einzelnen Beiträge signalisieren immer wieder Zweierlei: Krise, Aufbruch. Ob, wo und wie man ankommen könnte, darin unterscheiden sich die Antworten.

Warum ließ Schultz in der Konzeption des Bandes die empirischen Sozialwissenschaften so vollständig unberücksichtigt? Fürchtete er, daß Fragen zum Thema »Väter«, die in jenen Jahren besonders kontrovers verhandelt wurden, einseitig ideologielastig entschieden, und Antworten durch »empirische Belege« zu früh scheinbar objektiv festgeschrieben würden? – Da sich in jenen Jahren eine sozialwissenschaftliche Väterforschung hierzulande eben erst zu formieren begann, ist eine andere Erklärung viel wahrscheinlicher:

Schultz stand diesseits des Gebirgszuges, an dessen Flanken sich zwei Täler in gleicher Richtung öffnen. Auf seiner Seite war es das Tal, in dem verschiedene Strömungen der Tiefenpsychologie[2]

---

1 Literaturwissenschaftlich Aufbereitetes lädt weiterhin zur Auseinandersetzung mit der Väter-Thematik ein (z.B. Gidion 1993, Pestalozzi 1998).

2 Mit einer Ausnahme: dem familientherapeutischen Zugang von H. Stierlin.

mit ihrem Anspruch neugierig machten, aus ihrer jeweiligen Theorietradition etwas über Väter zu sagen zu haben. Jenseits, auf der anderen Seite, die Schultz wegen der dazwischenliegenden hohen Barriere nicht sehen konnte, sprudelte es – damals noch besonders zaghaft – aus je eigenen Quellen: einer psychologischen, einer soziologischen, einer rechtswissenschaftlichen, einer ethnologischen, einer religionswissenschaftlichen, einer sozialhistorischen. Bohrungen nach der einen oder anderen Quelle haben in der zweiten Hälfte der 70er Jahre unter der Regie von Tellenbach (1976, 1978a, b, 1979) stattgefunden. Die Fördermengen der rechtswissenschaftlichen Auseinandersetzung mit Vätern dürften unter anderem mit dem Druck zusammenhängen, den gesellschaftliche Veränderungen auf die Gesetzgebung verursachen (vgl. Sing & Strätz i. d. B.[3]).

Auch in der Psychologie und der Soziologie waren es sicher nicht nur akademische Interessen, die nach 1980 eine zunehmende Beschäftigung mit den Vätern anstießen; wiewohl bei der nahezu ausschließlichen Ausrichtung der deutschsprachigen Psychologie jener Jahre in Richtung USA dort auch eine sich rasch entwickelnde psychologische Väterforschung zu registrieren war.[4] Mit der zunehmenden Befürwortung einer »humaneren«, einer »sanfteren« als von Technik, Hygiene und Organisationseffektivität dominierten Geburt war die Qualität einer zwischenmenschlichen Beziehung – zunächst der Mutter-Kind-Beziehung – und damit ein genuin psychologischer Forschungsgegenstand angesprochen. Daß die Väter hier so rasch mit ins Spiel kamen, hängt ver

---

3 Anstelle des Verweises auf das Erscheinungsjahr kennzeichne ich die Beiträge zu diesem Band mit »i. d. B.« – in diesem Band. – Ergänzend zu dem angesprochenen Beitrag siehe auch Willenbacher (1995).

4 Unter anderem dokumentiert bei Biller (1971), Lynn (1974) und in dem von Lamb 1976 herausgegebenen Sammelband. Siehe auch das Themenheft 4/1976 von »The Family Coordinator« und die dort von Price-Bonham auf 24 Seiten zusammengestellte Literatur. Einen auf die Vater-Kind-Beziehung konzentrierten Band hat Pedersen 1980 herausgegeben. 1982 erschien ein Band »Fathers. Psychological perspectives« mit aus England kommenden Beiträgen (Beail & McGuire 1982). Väterbezogene Beiträge von Autoren mit psychiatrischem und/oder psychoanalytischem Hintergrund haben Cath et al. 1982 zusammengetragen.

mutlich mit einer ganzen Reihe zusammentreffender Faktoren zusammen. Einer davon war die feministische Forderung beziehungsweise Vision bestimmter Männer von einer ›neuen Väterlichkeit‹. Mit dieser war auch für die Soziologie ein Stichwort gegeben, den Vater innerhalb des traditionsreichen familiensoziologischen Diskurses, in dem dieser – ganz anders als in der Psychologie – immer schon eine Rolle spielte[5], im Speziellen zu fokussieren.

In Abschnitt 3 zeichne ich diesen recht klaren soziologischen Fokus nach. Davor gehe ich in Abschnitt 2 etwas ausführlicher auf jene Monographie ein, die im Rahmen einer Väter-Thematik am frühesten empirisch angesetzt haben dürfte. Und skizziere einen Markt, der sich unabhängig von einer sehr zögernd sich konstituierenden deutschsprachigen Väterforschung entwickelt hat. In Abschnitt 4 gehört das Interesse zunächst dem männlichen Kinderwunsch. Von da liegen zwei Exkurse nahe: zu Fragen rund um den Samenspender als einen durch die Reproduktionsmedizin kreierten »neuen Vater«; zur Frage, wie es unsere stammesgeschichtlichen Vorfahren mit ihrer Väterlichkeit halten, nachdem sie (potentiell) an der Zeugung eines Nachkommen beteiligt waren. Den größten Raum nimmt Abschnitt 5 ein. Er macht die immer noch bunter werdende Palette von empirisch angegangenen Fragestellungen sichtbar, die in den letzten zwanzig Jahren zunehmend dazu berechtigt haben, allemal von einer deutschsprachigen Väterforschung zu sprechen. Abschließend wird bezüglich deren Status quo eine Zwischenbilanz gezogen. Abschnitt 6 fragt nach dem Stellenwert des Vaters in der (Entwicklungs-) Theorie und Praxis der Psychoanalyse, schlägt Brücken zur empirischen Säuglingsforschung und zur Bindungsforschung. Im abschließen-

---

5 Für die einschlägige englischsprachige Literatur liegt ein früher Versuch eines Überblicks und einer Integration vor (Benson 1968). Er trat mit hohem Anspruch an: »It is an effort to place the useful theories and research knowledge about fatherhood into a coherent framework by which extremely diverse materials can be integrated, and inconsistent and troublesome data viewed in sharp relief.« (S. viif) Als deutscher Soziologe hat sich früh Schwägler (1978) mit den Vätern auseinandergesetzt; konnte sich aber schon auf die sehr umfassende Darstellung der Psychologen Scharmann & Scharmann (1975) beziehen.

den Abschnitt 7 wird auf einige Punkte eingegangen, die in der einschlägigen Forschungspraxis nach stärkerer Berücksichtigung beziehungsweise nach Lösungen verlangen. Schließlich verweist er aus Platzgründen nur noch auf den neuerlich großen Fragenkomplex, der sich aus Umsetzungsversuchen von Befunden der Väterforschung in für die Betroffenen hoffentlich Gewinnbringendes ergibt.

Dieses umfangreiche Programm muß auf wenigen Seiten realisiert werden. Das zwingt in aller Regel zum Verzicht auf jegliches Detail, zu einer starken Akzentuierung. Die Gliederungsgesichtspunkte sollen einfach und vom Rezipienten selbst umsetzbar sein; damit dieser für sich entscheiden kann, ob ihm der vom Autor gewählte Weg durch das einer empirisch orientierten Väterforschung Zuzurechnende zunehmend Klarheit bringt – ohne bereits den Überblick über die relevante Literatur vorauszusetzen. Deshalb wird ein anderes Vorgehen realisiert als jenes, das Nickel & Köcher (1987) wählten, als sie sich um einen ersten komprimierten Überblick über die deutschsprachige Väterforschung bemühten. Hier ist es die Zeitleiste, entlang derer einschlägige »Vorkommnisse« – wissenschaftliche wie nicht-wissenschaftliche – geordnet werden, um darüber unter Umständen spezifische Konturen Annehmendes zu erkennen.

2 Das Jahr 1968 und danach

1968: Jahr der großen Demonstrationen der Jungen gegen das Bestehende – in Paris, in Berlin, anderswo. Welches Bestehende? Welche Jungen? Beschreibungen und Erklärungen wurden wiederholt psychoanalytisch versucht – wiederholt im Sinne eines ewigen Vater-Sohn-Konflikts; aber ebenso – schon früh beginnend – von soziologischer Seite (Schelsky 1957, Stork 1974, Wirth 2001). In Deutschland konnte man den vehement Raum nehmenden Protest zudem an der Diktatur und dem großen Krieg festmachen, in die die Vätergeneration in mancherlei Form verstrickt war (siehe u.a. Frank o.J., Heinl 1994, Moser 1997, Radebold 2000, Schmidbauer 1998, Sichrovsky 1987, von Westernhagen 1987).

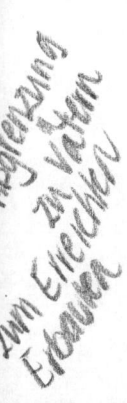

1968: Peter Härtling legt 35 Berichte und Geschichten vor, die Schriftstellerkolleginnen und -kollegen auf seine Bitte hin jeweils über ihren Vater verfaßt haben. Schon in seinem Vorwort fertigt er ein Patchwork davon, wie elementar unterschiedlich auf Väter geschaut wird; genauer: wie er es sieht, daß andere ihre Väter sehen. Härtlings Perspektivenspektrum, das Box 1 in Ausschnitten wiedergibt, ist Einladung an jeden in Sachen »Väter« systematisch Forschenden, sich dem Themenkomplex ebenso perspektivenreich und -differenzierend anzunähern.

Box 1: Peter Härtlings Einleitung (in Ausschnitten) zu dem von ihm herausgegebenen Band »Die Väter« (1968, S. 9–11)

... Die Auswahl ist nicht zufällig. Wir haben uns überlegt, woher die Schriftsteller kommen und welche Väter sie hätten haben können. Sie haben uns oft korrigiert. Dennoch entstand ein eigenartiges Muster, das über unsere Vorstellungen hinausreicht und uns eines Besseren belehrt: nicht jede Rebellion richtet sich unmittelbar gegen die Väter; sie wendet sich allenfalls gegen das von den Vätern Erreichte, Erbaute und – im genauen Wortsinn – Verfügte. Sie will nicht die Väter ändern, sondern deren Vergangenheit, die sie für Vergangenheit halten – denn es gibt verschiedene Vergangenheiten und Gegenwarten...

Die Texte sind höchst divergent. Die einen haben sich an das Gegenbild gehalten, die anderen haben, den Vater bestreitend, einen Vater erfunden. Doch meinen wir, daß der erfundene Vater den wahren Vater ebenso spiegelt. Wenn Heißenbüttel mit dem Satz beginnt: »Ich will nicht über meinen Vater schreiben« und gleichwohl mit nüchterner Zuneigung vom Vater erzählt, ist das keine Ausflucht, sondern das Eingeständnis, daß der Vater dem Bild entrinnt, das sich der Sohn von ihm macht; es bleibt die Sympathie, die er über den Tod hinaus für ihn empfindet. Der erfundene Vater Hans Keilsons trennt sich – die Politik verhöhnt ihn – von seiner Familie, um sich zu retten, um, wie er vorgibt, die Familie zu schützen; die Erfindung springt in die Wirklichkeit, die der Emigrant Keilson erfahren hat. Der geschriebene Vater wird zum Vater, mit dem er spricht. Buch entmündigt ihn, Born widmet ihm ein skeptisches Gedicht, Kesten schont ihn, indem er sich selbst der Fragwürdigkeit preisgibt, Gabriele Wohmann spricht ihm nach, Wondratschek überliefert ihn der Satire, Heckmann treibt ihn in die Pointe, Roehler findet im Öffentlichen zwei Väter, mit denen er rechtet, und Harpprecht sagt, am Ende, das, was einige zu sagen sich scheuen, mühsam umschreiben, in die Objektivität einholen, sagt unvermittelt und den Leser erschreckend, weil er Bekenntnisse nicht erwartet: »Ich habe ihn geliebt.«

Es sind Variationen nicht nur über das Thema Vater, auch über das Thema: Hundert Jahre deutsche Geschichte. Väter machen Geschichte, die ihre Söhne nicht akzeptieren, die sie verändern, die sie weitertreiben, revidieren und – das führt sie zurück – wiederholen. Sie nehmen sich von der Schuld aus und bekommen sie übertragen. Sie befragen die verflossenen Ideale und predigen neu. Oft heben sie sich im Widerspruch auf...

1968: Im auf psychologische Fachliteratur spezialisierten Verlag Hans Huber in Bern wird eine Monographie über das »Kind ohne Vater« publiziert (Landolf 1968). Diese Tatsache kommt unerwartet. Denn sie fällt in eine Zeit nahezu absoluter Enthaltsamkeit: Zwischen 1960 und 1969 gab es meines Wissens keine zehn deutschsprachigen »Väter-Publikationen«; darunter keine, die sich ebenfalls mit einer Vater-Frage empirisch auseinandergesetzt hätte.[6] Vielmehr handelt es sich vor allem um Darstellungen, deren Aussagen auf klinischen oder pädagogischen Erfahrungen des Autors basieren (z.B. Asperger 1960, Speck 1960).

2.1 Überraschung 1: Landolf (1968)

Dieser Autor geht neue Wege. Er wiederholt nicht schon mehrfach über Väter Gesagtes, bekundet vielmehr seine Skepsis gegenüber diesen »gängigen Charakterisierungen des Vaters« (S. 20) beziehungsweise seiner Funktionen für das heranwachsende Kind – wie etwa die Verantwortung »für die Vermittlung der ökonomischen, sozialen, historischen, kulturellen und geistigen Bezugssysteme« (S. 20). Stattdessen tastet[7] er die Tragweite der Vaterlosigkeit empirisch ab, um darüber »vielleicht die *allgemeine* Bedeutung des Vaters (zu) erkennen, indem wir sehen würden, worin sich das vaterverwaiste Kind vom volleltrigen unterscheidet« (S. 20).

---

6 Erst in der Abschlußphase der Erstellung dieses Textes war es mir möglich, ein Exemplar einer weiteren sehr frühen Auseinandersetzung mit der Väter-Thematik einzusehen: eine an der Universität Freiburg/Schweiz verfaßte Dissertation (Erni 1965). Ohne noch in vergleichbarer Ausführlichkeit wie auf Landolf (1968) auf sie eingehen zu können, sei darauf hingewiesen, daß die Autorin ebenfalls detaillierte methodologische Überlegungen anstellt, um dann empirisch der Frage nach dem »Vaterbild der Tochter« nachzugehen. Die Arbeit stellt insofern ein interessantes Pendant zu Landolfs »Kind ohne Vater« dar, als es sich hier um die Wahrnehmung des real existierenden Vaters durch 1217 Töchter im Alter von 12–19 Jahren handelt.

7 Er verwendet diesen Begriff selbst (S. 207). Ich wiederhole ihn, weil er das von Landolf Geleistete meines Erachtens treffend charakterisiert.

Landolf sieht und charakterisiert deutlich die Komplexität seines Themas, erkennt die begrenzten »Möglichkeiten eines einzelnen Untersuchenden« (S.24), aber auch die grundsätzlichen Schwierigkeiten seiner Erforschung: »Wird der Versuch einer einheitlichen systematischen Beobachtung der Entwicklung der Persönlichkeit der Vaterwaise nicht zum vornherein problematisch, ja illusorisch durch die Vielzahl von individuell und umweltbedingten Variablen und Imponderabilien, die sich zum Teil unserer Kenntnis entziehen, zum Teil aber in schillernder Fülle anbieten?« (S. 20f; Original teilweise kursiv).

Er entscheidet sich für Eriksons Entwicklungstheorie als theoretischen Bezugsrahmen (Erikson 1957), bemüht sich um Aussagen über Vaterverwaiste für jede der in ihr spezifizierten Entwicklungsphasen. Seine empirische Basis sind von ihm durchgeführte offene Interviews mit Männern und Frauen, die ihren Vater in unterschiedlichem Alter durch Tod verloren haben. Insbesondere auf jene Phasen bezogen, für die ihm nicht ausreichend eigenes Material zur Verfügung steht, greift er zum einen auf andernorts verfügbares (und zum Teil bereits interpretiertes) Fallmaterial zurück, zum anderen auf (deutsche wie amerikanische) Befunde repräsentativer quantitativer Studien mit Kontrollgruppen Volleltriger.

Könnte man angesichts heutiger Standards sowohl qualitativer als auch quantitativer Sozialforschung auch so manche grundlegende wie Detailkritik an Landolfs Vorgehen und daraus gezogenen Schlußfolgerungen anbringen, so ist das Wegweisende dieser Arbeit doch deutlich höher zu veranschlagen. An dieser Stelle seien – über die konkreten Ergebnisse hinaus – folgende Punkte hervorgehoben:

– Landolf läßt den jeweiligen Gewinn erkennen, der aus der intensiven Auseinandersetzung mit einschlägigen Einzelfällen beziehungsweise aus dem Vorliegen einschlägiger Daten von repräsentativen Stichproben aus Untersuchungs- und Kontrollgruppen zu ziehen ist; plädiert über sein eigenes empirisches Vorgehen, das realiter noch erfindungsreicher und facettenreicher war als über eine Kurzcharakteristik beschreibbar, bereits 1968 für ein multimethodisches Vorgehen; oder grundsätzlicher: für ein Überwinden des damals schier unüberwindbar scheinenden Grabens zwischen qualitativen und quantitativen Forschungsansätzen.

- Er hat gefunden, daß Männer nicht nur so lange Väter für ihre Kinder sind, so lange sie leibhaftig existieren; daß diese sie weiter phantasieren oder sie gar – auch wenn keinerlei Erinnerung an die konkrete Person besteht – erfinden.

- Der letztgenannte Punkt wurde ihm vor allem über die Auseinandersetzung mit psychoanalytischer Kasuistik, insbesondere auf das Spielalter (3 bis 6 Jahre) bezogen, deutlich. Somit stellte sich Landolf in dieser frühen, empirisch orientierten Väter-Monographie bereits dem spannungsreichen Verhältnis zwischen akademischer Psychologie und Psychoanalyse – gerade auch, was Methodisches angeht.

- Er verleiht an verschiedenen Stellen seiner Überzeugung Ausdruck, daß das, was ein Mann für sein Kind an »Vater« ist, nicht unwesentlich von der Qualität der Beziehung zwischen Mutter und Vater abhängt. Damit lenkt er die Aufmerksamkeit des Lesers – weg von einer rein eigenschaftszentrierten – auf eine systemische Sichtweise.

- Er unterscheidet deutlich zwischen dem »realen Vaterverlust«[8] und »der Vaterlosigkeit im übertragenen Sinne als Merkmal der Gegenwartsgesellschaft« (S. 9f). Hinsichtlich letzterer bezieht er sich auf Müller-Schwefe (1957) und – wie viele – auf Mitscherlich (1953, 1963). Er stimmt jedoch einer »kulturpessimistischen Position« (S. 210) nicht zu, vertritt vielmehr den Standpunkt, daß der »Begriff der Vaterlosigkeit in der weiteren, übertragenen Bedeutung ... zweifelsohne einer Revision bedarf« (S. 11). Denn nach ihm ließ sich bereits 1968 »feststellen, daß nicht eitel Vaterlosigkeit herrscht, sondern im Gegenteil eine neue Väterlichkeit im Entstehen begriffen ist« (S. 11).

---

8 Dieser ist für ihn nach dem Tod des Vaters oder durch kriegsbedingte Vaterabwesenheit bereits ab Geburt gegeben. Weil Landolfs Arbeit während der Hochblüte der »Normalfamilie« entstand, sind bei ihm wohl »uneheliche« Kinder (S.109), nicht aber »Scheidungswaisen« Untersuchungsgegenstand. Eine weitere und andere Differenzierung von »Vaterlosigkeit« nimmt Hildenbrand (i.d.B., Abschnitt 2) vor.

2.2 Nach 1968: Mehr »Väter-Markt« als Väterforschung?

Einladungen wie die von Härtling ausgesprochene wurden in den nächsten Jahrzehnten wiederholt. Die entsprechenden Publikationen sind Teil eines ab der zweiten Hälfte der 70er Jahre bis heute zunehmend reich gedeckten Büchertisches: vor allem mit Handreichungen für werdende und frisch gebackene Väter, seltener für Väter mit Kindern höheren Alters (aus jüngerer Zeit: Goldman 1997, Greenberg 1990, Heinowitz 1999, Schlenz 1994, Pudney & Cottrell 2000)[9]; mit Einladungen, sich mit dem eigenen Vater auseinanderzusetzen (Osherson 1990, Selby 1999)[10]; oder mit Briefen und Erinnerungen von Söhnen und Töchtern an Väter verflossener Zeiten (Bourgeois 2001, Haustein 1987, Lacan 1999, Mann 1996).

Insbesondere im letzten Jahrzehnt wurde »Vater« über schriftliche Ratgeber hinaus nahezu allgegenwärtig: Er ist eine Figur moderner Belletristik, auch wenn diese an ihm kaum ein gutes Haar läßt (z.B. Meckel 1980, Schutting 1980, Vanderbeke 1990); es gibt Ausnahmen (Härtling 1980, Höner 1995). In Printmedien wird nicht nur unter Zuhilfenahme von Vater-Symbolik geworben – insbesondere dort, wo es um langfristige Geborgenheit und Sicher-

---

9 Die Autoren begründen ihr Schreiben häufig mit dem Fehlen entsprechender Literatur, als sie selbst bzw. – im Rahmen professioneller Beratung – ihre Klienten danach suchten. Die persönliche Tönung dieser Darstellungen im Sinne einer selektiven thematischen Schwerpunktsetzung etc. ist oft sehr deutlich. Hinzu kommt, daß es sich in vielen Fällen um Übersetzungen aus anderen Sprachen handelt; was das Problem der Kulturspezifität mit sich bringt. Die Bezugnahme auf eigene oder fremde Forschungsergebnisse ist eher selten. Wo sie stattfindet, tut sich für die Väterforschung eine Grauzone auf, innerhalb derer die Festlegung einer Demarkationslinie zwischen wissenschaftlichen und nicht-wissenschaftlichen Aussagen einer eigenen Auseinandersetzung bedarf; ebenso die Frage, wo und wie von letzteren allemal Anregungen für erstere ausgehen können.

10 Peter Härtling brauchte 12 Jahre, bis er – meine Deutung – den Mut fand, die seinem eigenen Vater »Nachgetragene Liebe« zu veröffentlichen (Härtling 1980).

heit geht.[11] Hält man was auf sich, so hat man auch etwas über »Väter« zu sagen (z.B. GEO 2001, Kursbuch 2000, Publik-Forum 2001). Man steht in Konkurrenz mit zwei sich exklusiv an Väter wendenden Zeitschriften (»Paps«, »P wie Papi«). Organisierte Männer- und Väter-Gruppierungen haben ein recht dichtes Informationsnetz zu verschiedenen Väterbelangen aufgebaut – selbstverständlich auch im Internet. Die Suchmaschine ›Google‹ findet für das Stichwort »Papa« allein im deutschsprachigen Raum 62 300 Treffer. Kinogänger können vermehrt auf einem Kontinuum zwischen Väter-Klamauk und sensibel gezeichneten Väterportraits wählen (zum Beispiel »Kolya«, Tschechien 1996). Wer es realer haben möchte, kann ein – explizit dieser sozialen Konstellation vorbehaltenes – Vater-Kind(er)-Trekking im baden-württembergischen Hegau buchen. Reicht Motivation, Zeit oder Geld dafür nicht aus, dann vielleicht für eines der zahlreichen Kinder- und Jugendbücher, die der Buchhandel über den starken und schwachen, den lachenden oder weinenden, den scheidenden etc. Vater anzubieten hat.[12]

Solche Geschäftigkeit rund um »Vater« und Väter muß nicht schon ein Indiz für eine Umkehr »Auf dem Weg zur vaterlosen Gesellschaft« sein (Mitscherlich 1963). Feststellungen aus den letzten Jahren tendieren eher zu einer konträren Einschätzung. So kommt der Erziehungswissenschaftler Lenzen (1991), der sich um dominante Tendenzen in der gelebten Vaterschaft bzw. der Sicht auf Vaterschaft im Verlaufe ihrer Jahrtausende währenden Geschichte bemüht[13], zu dem Schluß: »Was bleibt? In vielen Teilen der Ge-

---

11 Auch auf Plakatwänden: Zur Zeit beschränkt sich der Text eines riesigen Plakats auf drei Worte. Links oben:»Baden-Württemberg stellt um…«; in der rechten oberen Ecke:»Erdgas«; rechts unten finden sich sparsame Hinweise auf Informationsmöglichkeiten. Ausgefüllt ist das Plakat mit dem Gesicht eines Mannes, der – so zu interpretieren – den Kopf seines Kindes im Säuglingsalter in gleicher Höhe mit seinem Kopf in Berührung bringt.

12 Inge Straub, Kinder- und Jugendbuchexpertin an der Universität Konstanz, gelang es 1999 kurzfristig, 59 Kinder- und Jugendbuchtitel mit dem Schwerpunkt »Vater« für ein Seminar zusammenzustellen. Siehe auch Mattenklott (2001).

13 Eine zweite, aus dem Französischen übersetzte historische Spurensuche in Sachen »Väter« stammt von Knibiehler (1996).

sellschaft scheinen die Funktionen des Vaters gegen Null zu gehen. Die verbliebene alimentatorische ist wohl diejenige, die am
stabilsten ist.« (S.258) Und der Philosoph Liessmann (2000) stellt
fest:»Wo es nichts mehr weiterzugeben gibt, wo jede Tradition obsolet geworden ist, ist der Vater verschwunden, egal, wie viele
Männer sich rührend um ihre Kinder kümmern mögen.« (S.51)
Der Psychotherapeut Winker (1996) beschwört gleich mit dem
Titel seiner Monographie den »Untergang des Väterlichen«.

Wolfgang Walter (i.d.B.) findet hingegen eine ganze Reihe
von Anzeichen dafür, daß der »Vater« »seine Zukunft noch vor
sich« hat. Als lebendiger Vater – nach »Abdankung als Familien-
zentrum und Patriarch« nur anders? Oder als Diskursfigur – zum
Beispiel im Rahmen der »Debatte um die Rolle des Vaters als
wichtigen öffentlichen Diskurs über das private Leben«? Oder beides?

3 Erster Durchlauf: Der ›neue Vater‹ und die Soziologie

In W. Walters Beitrag können auch diejenigen motivierende Hinweise finden, die eine Auseinandersetzung mit der Väter-Thematik vor allem im Hinblick auf ihre Person in ihrem je spezifischen
Kontext für sinnvoll erachten. Hingegen proklamiert Knijn (1995)
eine so durchgängige »mehrfache Krise der Vaterschaft«, daß
»Veränderungen … nicht als eine vorübergehende Entscheidung
einiger individueller Väter begriffen werden« können (S.189). Und
dennoch war Schön (1983) ein solcher »individueller Vater«, der
auf hundert Seiten sein Erleben einer bemüht sich von vorherrschenden Mustern absetzenden, einer ›neuen Väterlichkeit‹ beschrieb; und darüber viel Diskussion auslöste. Mit vielen »individuellen Vätern« – solchen, die als Hausmänner überwiegend oder
ganz die Arbeit im Haushalt und die Versorgung des Kindes/der
Kinder übernommen haben – hat Schwarz-Arendt (1980) Interviews geführt und zwölf davon wiedergegeben. Erhebliche Beachtung fand in jener Zeit auch das Buch des Pädagogen Bullinger
(1983). Er schrieb es, um Männern Orientierungshilfen an die
Hand zu geben, die »anders« in ihr Vatersein starten und dieses

realisieren wollten. Es ging ihm ebenso wie Schön (1983) darum, Väter auf den Weg zu einer ›neuen Väterlichkeit‹ zu bringen.[14]

Im selben Jahr schließt Ryffel-Gericke (1983) ihre soziologische Dissertation über »Männer in Familie und Beruf« ab. Das wissenschaftlich-empirische Interesse an der Vereinbarkeit dieser beiden zentralen Lebensbereiche hält danach weiter an. Doch während Ryffel-Gericke Aussagen über eine für die schweizerische Gesamtbevölkerung (etwa) repräsentative Stichprobe von 600 Männern macht, konzentrieren sich die folgenden Projektgruppen auf Männer, die bereits über größere außerberufliche zeitliche Ressourcen verfügen. Neben einer feministisch akzentuierten Auseinandersetzung mit 15 Paaren, die sich um eine Gleichverteilung der Aufgaben in Familie und Haushalt bemühen (Busch et al. 1988), ist es vor allem der Projektverbund Hoff & Scholz (1985) und Strümpel et al. (1989), der Gründe für und Erfahrungen mit einer (freiwilligen!) zeitlich eingeschränkten Berufstätigkeit von Vätern über detaillierte Befunde erhellt hat. Der Projektverbund ist unter anderem deshalb wegweisend, weil er sowohl qualitative als auch quantitative Methoden der Sozialforschung im Bemühen um valide Aussagen einsetzte. Einer der vielen interessanten Befunde: »Die Teilzeitinteressenten mußten viel Beharrlichkeit, Geduld und Selbstbewußtsein aufbringen, um Widerstände zu überwinden.« Strümpel et al. (1989, S. 7) weisen zudem darauf hin, daß »jeder zehnte deutsche vollzeiterwerbstätige Mann auch ohne ›Lohnausgleich‹ teilzeitig arbeiten würde«.

Gab und gibt es zu wenig »neue« Männer und Väter, die sich mit dem nötigen Nachdruck bemühen, ihre Vorstellungen vom »sinnvollen«, vom »richtigen« Leben durchzusetzen? Konnten sie – um zwei Begriffe von Strümpel et al. zu verwenden – ihre traditionell männliche »Leistungsethik« doch noch nicht zugunsten einer »Gleichgewichtsethik«, die familienbezogenen Geschlechtsrollen von Frauen und Männern betreffend, überwinden? Gemäß der These, die Hondrich et al. (1988) verfolgten, konnten es und

---

14 In diesen beiden Publikationen und in einer größeren Zahl weiterer – vergleiche die entsprechenden Literaturhinweise in Bullinger (1983) und Schön (1983) – liegen die Wurzeln einer institutionalisierten Väterarbeit (Bullinger 1996).

taten es immerhin schon so viele, daß es Vertretern der Wirtschaft Sorge bereitete. Es ging diesen Autoren um die These vom Absinken der Leistungsbereitschaft und Leistungsmoral im Beruf. Die Attraktivität dieser empirischen Studie liegt darin, daß sie das Engagement im Beruf nicht isoliert betrachtet, sondern sich um eine Gesamtbilanz der Leistungsbereitschaft und von zu Leistendem in den verschiedenen Lebensbereichen bemüht.

1989 zog der Soziologe Schneider eine nützliche Zwischenbilanz des ein Jahrzehnt anhaltenden Redens über ›neue Väter‹.[15] Es geht ihm dabei nicht um das Ausmaß quantitativer Verbreitung, sondern um begriffliche und theoretische Klärungen sowie um ein Abwägen der Chancen und Risiken ›neuer Väterlichkeit‹ auf individueller, familialer und gesellschaftlicher Ebene. Zwei Ergebnisse seien hervorgehoben: (a) »Risiken auf der intraindividuellen Ebene für den Vater sind in den Konflikten zu sehen, die durch fehlende Rollenmodelle und Vorbilder einer alternativ wahrgenommenen Vaterrolle entstehen.« (S.149) (b) »Zusammenfassend betrachtet steht ein Aspekt als ausschlaggebend für die gesamte Bewertung der Auswirkungen, der Chancen und Risiken der ›neuen‹ Vaterrolle im Zentrum: ... Hat der ›neue Vater‹ spezifisch ›männliche‹ Qualitäten oder ist er nur eine notwendigerweise unvollkommene ›Mutterimitation‹?« (S. 152) – Demnach geht es um Geschlechts(rollen)identität, um die Frage, ob ein Vater ein Mann bleiben darf. Androgyne Menschen scheinen eher eine feministische Konstruktion denn ein lebbares Modell zu sein.

Die weitaus überwiegend von Soziologen geführte theoretische und empirische Auseinandersetzung mit dem konsequenzenreichen Wechselspiel von Beruf und Familie, dem Beitrag der Frau und des Mannes zur Familienarbeit, seine jeweiligen Voraussetzungen, Grenzen und (langfristigen) »Kosten«, erfährt in den 90er Jahren eine Vertiefung und Ausweitung (u. a. Arn 2000, Bauer 2000, Bürgisser 1998, Höpflinger et al. 1991, Künzler 1999, Peinelt-Jordan 1996).[16] 1994 hat Künzler einen ersten Überblick über die weit verstreuten Befunde bezüglich familialer Arbeitsteilung gegeben.

---

15 Ein interessantes familientheoretisches Pendant zu Schneiders Ausführungen stellt die Arbeit der Soziologin Rerrich (1988) dar.

Fast jede der aufgeführten Studien verweist auf familien-, sozial- und arbeits(zeit)politische Konsequenzen aus dem Vorgetragenen. Wichtig ist, daß sie dies jeweils unter dem Vorbehalt der ihnen zugrundeliegenden Vorannahmen tun. Wenn etwa der Ökonom Bauer (2000) zu dem aufgrund seines Modells (konkret für die Schweiz) errechneten Ergebnis kommt, daß eine egalitäre Rollenteilung zwischen Männern und Frauen mit einem deutlichen volkswirtschaftlichen Gewinn verbunden wäre (S.156), ist sein einschränkender Hinweis wichtig, daß er sich in seiner Analyse auf die Frage der ökonomischen Rationalität konzentriert, daß er »auf die nichtökonomischen Dimensionen der geschlechtsspezifischen Ungleichstellung kaum« eingeht (S.14).

Einen bislang eher vernachlässigten, in seiner Bedeutung aber kaum zu überschätzenden Aspekt in der Diskussion um die ›neuen Väter‹ akzentuieren Born & Krüger (i.d.B.). Indem die Autorinnen auf Stichproben aus zwei verwandtschaftlich verbundenen Elterngenerationen zurückgreifen können, für die ihnen qualitatives und quantitatives Untersuchungsmaterial vorliegt, können sie ihre zentralen Thesen solide empirisch belegen: daß nämlich den »größten Wandlungsprozeß in diesem intergenerationalen Beziehungsgeflecht … die Männer, nicht die Frauen« vollzogen haben; daß der Wandel aber auf der Ebene der Einstellungen und Wünsche zu stagnieren droht, weil er sich »wesentlich an den Grenzen der Institution Arbeitsmarkt bricht«.

Auch Kudera (i.d.B.) mißt den Bedingungen der Erwerbsarbeit von Männern – und korrespondierend: von ihren Partnerinnen – ganz wesentliche Bedeutung für die Gestaltungsmöglichkeit von Partnerschaft und Elternschaft bei. Das erst junge und von ihm mitentwickelte, anspruchsvolle ›Konzept der alltäglichen Lebensführung‹ erlaubt es ihm, das Zusammenspiel beruflicher Bedingungen mit jener großen Zahl weiterer Wirkgrößen auf fami-

---

16 Eine Vertiefung und Ausweitung auch insofern, als auch allgemein verständliche Literatur dieses komplizierte Wechselspiel aufgreift und als möglichen Fallstrick für Partnerschaft und Familie sowie positive Alternativen dazu zu vermitteln versucht (etwa Jellouscheck 1996, Schnack & Gesterkamp 1998).

liale Beziehungen nachvollziehbar nachzuzeichnen – ohne an irgendeiner Stelle der naiven Vorstellung eines »anything goes« Raum zu geben. Der Beitrag kumuliert in der ausführlichen Darstellung von vier beispielhaft ausgewählten, familialen Arrangements der Lebensführung, die verschiedene Elemente von Väterlichkeit zulassen – oder verhindern.

Ein Merkmal, hinsichtlich dessen sich die vier dargestellten Arrangements neben anderen unterscheiden, ist das Ausmaß an *Reflexivität über sich als Mann, als Partner, als Vater.* Der Fall des Herrn C. beispielsweise wird als »Modell einer reflexiv hergestellten Balance um Beruf und Familie auf egalitärer Grundlage« beschrieben. Solche Reflexivität ist nur über qualitativ ausgerichtete Forschung zu erschließen. So hat Meuser (1998) mit verschiedenen, über die Arbeit, Freizeitinteressen oder das Wohnen verbundenen Männergruppen Gruppendiskussionen zur Frage durchgeführt, was es für sie bedeute, ein Mann zu sein (S. 179). Das erste Selektionskriterium für diese Gruppen war »die vermutete Fraglosigkeit bzw. Reflexivität der Orientierung« (S. 177).

Über das Verfahren der dokumentarischen Methode der Interpretation (S. 182f) hat Meuser vier Gruppen identifiziert, von denen Brandes (2000) zwei mit den griffigen Etiketten ›Verunsicherte Männlichkeit in Dauerreflexion‹ und ›Sicherheit in pragmatisch–partnerschaftlichen Arrangements‹ (S. 102) belegt. Sie sind in Box 2 auf den Seiten 30 und 31 in gekürzter Zusammenfassung beschrieben. Sie gehören zwei aufeinanderfolgenden Generationen an. Deshalb hat die zweite Gruppe auch keine Kinder. Deshalb sind die beiden Gruppen für unsere Zwecke nur bedingt miteinander vergleichbar. Sollte es sich aber als realisierbar erweisen, zwei analoge Stichproben *aus derselben Kohorte* zu ziehen, dann wäre es hochinteressant, der Frage nachzugehen, ob und inwiefern sich diese in ihrer Väterlichkeit unterscheiden – im konkreten väterlichen Handeln, in den Begründungen hierfür. Unter anderem wäre anzuschauen, ob sie auf die von Born & Krüger beziehungsweise Kudera markierten Riffe auflaufen oder wie sie sie umschiffen. Und es wäre interessant, die dritte von Meuser ausgemachte und in Box 2 unter ›Prekäre Sicherheit und aufgeklärte Doppelmoral‹ aufgenommene Gruppe in einen solchen Vergleich einzubeziehen.

Die über das Zurückliegende deutlich gewordene Vielfalt alltags-
praktisch gelebter, partnerschaftlicher und elterlicher Arrangements macht es für den Gesetzgeber immer schwieriger, diesen
»Realitäten« eine Basis nicht nur allgemein verbindlicher sondern
auch möglichst breit akzeptierter Regelungen zu geben. Sing &
Strätz (i.d.B.) geben Gelegenheit, den gesetzgeberischen Umgang
mit verheirateten und (immer häufiger) nicht verheirateten – darunter vielen sich »alternativ« bzw. »neu« verstehenden – Vätern in
Deutschland und Österreich und darauf bezogene Argumentatio-
nen durch die letzten Jahrzehnte mitzuvollziehen. Der vorläufige
Endstand – das am 1.7.1998 in Kraft getretene, deutsche Kindschaftsrechtsreformgesetz – hat schon vor seiner Verabschiedung
so viel Aufmerksamkeit auf sich gezogen, daß 1998 eine eigene
Zeitschrift begründet wurde, die laufend über seine Umsetzung in
die Praxis berichtet, sie diskutiert (»Kind-Prax«).

Daß selbst eine gemäß weit verbreitetem Stereotyp sehr homo-
gene Gruppe von Vätern – die alleinerziehenden Väter – diesem
Stereotyp nicht entsprechen, sondern ebenfalls auf verschiedenen
Dimensionen stark differieren, darüber vermittelt Matzner (i.d.B.)
ein anschauliches Bild. Zudem zeigt er auf, daß es sich bei den alleinerziehenden Vätern um eine, schon aufgrund ihrer deutlich
wachsenden Zahl, stärker in den Blick zu nehmende Gruppe handelt, die bislang – wohl auch aus ideologischen Gründen – im
Schatten der alleinerziehenden Mütter stand.

4 Intermezzo: Motive, Vater zu werden und als Vater zu handeln

Der Sachverhalt, der Männer am häufigsten zu alleinerziehenden
Vätern macht, ist die Trennung von der Mutter des oder der gemeinsamen Kinder. Daß es Männern sehr oft nicht gleichgültig
ist, ob sie weiterhin alltäglichen Kontakt mit ihren Kindern haben
können, zeigt die vehement geführte Auseinandersetzung um das
Sorgerecht (Matussek 1998). Die Motive hierfür scheinen sehr vielfältig, spiegeln sich nur zum Teil in vor Gericht oder im Rahmen
einer Mediation vorgetragenen Argumenten wider. Dies nicht nur

Box 2: Drei der vier von Meuser (1998) über Gruppendiskussionen ausgemachten Formen des Selbsterlebens von »Mannsein«: Ausschnitte
aus verdichteten Beschreibungen durch Brandes (2000, S. 95–100). Vor-
angestellt sind die Kurzbeschreibungen der Gruppen, in denen Diskussionen initiiert wurden. Unter Anführungsstriche gesetzte Passagen sind
der Monographie von Meuser entnommene Formulierungen.

Männlichkeit in der Dauerreflexion
Gruppen aus der Männergruppenszene, zwischen Anfang und Mitte vierzig, akademische Ausbildung und angemessener Beruf, meist verheiratet und Kinder
(Anmerkung: Das damit angesprochene soziale Milieu ist über verschiedene Artikel
im »Handbuch Männerarbeit« näher erschließbar, Brandes & Bullinger 1996)

> Während in traditionellen Männergruppen Männlichkeit das Fundament
> der Kommunikation ist, aber kein Gegenstand, *über* den kommuniziert
> wird, ist in den Gruppen, die im Kontext von Männerbüros und Männer-
> initiativen entstehen, Männlichkeit der explizite Fokus der Gespräche.
> Meuser untersucht mehrere solcher Gruppen und kommt zu dem Ergebnis,
> daß die Diskussionen in diesen Gruppen vor allem eines offenbaren: »eine
> fundamentale Verunsicherung darüber, was es bedeutet, ein Mann zu
> sein«. Die Teilnehmer können eher auf die Frage antworten, was eine
> »richtige Frau« ist, als auf die nach einem »richtigen Mann« und führen
> dies selbst auf die Auswirkungen der Frauenbewegung zurück, deren For-
> derungen sie weitgehend teilen und deren Sinnwelt ihnen zugänglicher ist
> als die der Männer. »Tendenziell ... ist der gesamte Bestand des an die
> Geschlechtszugehörigkeit gebundenen fraglos Gegebenen von Auflösung
> bedroht. Die eigene Geschlechtlichkeit ist zu einer Quelle existentieller
> Unsicherheit geworden.« ... Meuser macht bei den Mitgliedern dieser
> Gruppen ein »schwerwiegendes Dilemma« aus: »Um sich selber als Mann
> definieren zu können, können sie es nicht vermeiden, sich auf die gege-
> bene kulturelle Ordnung und deren symbolische Ressourcen zu beziehen.
> Andererseits leiden sie genau an den Erwartungen und Normen, die ihnen
> von dieser Ordnung vorgegeben sind.« Die Folge ist häufig eine starke
> Ambivalenz und das Schwanken zwischen Ablehnung tradierter Stereotype
> von Männlichkeit und der verschämten Faszination durch diese. Weil sie
> die Selbstsicherheit und das Selbstbewußtsein vermissen, die mit dem Sta-
> tus des Mannseins gesellschaftlich verbunden sind, besteht eine mit
> Schuldgefühlen verbundene und teilweise verdrängte Sehnsucht danach,
> »zumindest zeitweise reflexionsfrei ›einfach Mann zu sein‹«.

Moderne pragmatische Arrangements
Gruppen junger Facharbeiter: Zeitsoldaten (zwischen 22 und 28 Jahre, aus
dem Arbeitermilieu, niedrige bis mittlere Bildungsabschlüsse, verheiratet oder
Partnerschaft, Partnerin berufstätig), Footballmannschaft (24 bis 29 Jahre,
mittlere Bildungsabschlüsse, handwerklich-technische Berufe, alle in fester
Partnerschaft)

Im Unterschied zu allen anderen Gruppen sprechen die von Meuser unter anderem befragten jungen Facharbeiter dem Geschlechtsunterschied nahezu jede Bedeutung ab. Ohne viel Aufheben davon zu machen, nehmen sie eine deutlich egalitäre Position ein. Das fundamentale Deutungsmuster ist dabei die Leistung des einzelnen, dem kommt eindeutig größeres Gewicht zu als der Geschlechtszugehörigkeit. Obwohl beide Gruppen soziale Kontexte aufweisen, die üblicherweise deutlich männlich geprägt sind, wird betont, daß Kameradschaft nicht an das Geschlecht gebunden ist, sondern in gleicher Weise mit Frauen möglich. ... »Die egalitäre Haltung wird konsequent verfolgt. Der Logik der Desexualisierung entsprechend gibt es keine Aktivität, die eine Frau prinzipiell, wegen etwaiger Besonderheiten ihres Geschlechts, weder leisten kann noch will.« Entsprechend nehmen sie weniger ausgeprägt als z. B. die Studenten Frauen als Sexualobjekte wahr, es entfallen aber auch die Rücksichtnahmen, die in der Darstellung der traditionellen Männer ins Auge stechen. Es sind auch keine Anzeichen einer Doppelmoral mehr zu erkennen. An das Sexualleben von Männern und Frauen werden die gleichen Standards angelegt.

Prekäre Sicherheit und aufgeklärte Doppelmoral
Footballspieler (Studenten technischer Fachrichtungen und Zivildienstleistende Anfang bis Mitte 20, ohne Partnerin); studentische Männerwohngemeinschaft (geistes- und sozialwissenschaftliche Fächer, 24 bis 28 Jahre, zumeist ohne Partnerin)

Meuser spricht bezogen auf diese studentischen Gruppen von einer »prekären habituellen Sicherheit«, die »in einigen Feldern des Alltagshandelns gefährdet« ist und verteidigt werden muß. Männlichkeit ist in diesen Gruppen noch etwas Selbstverständliches, Unabänderliches, das einem verändernden Eingreifen nicht zugänglich ist. Folglich entfällt weitgehend der Zwang zur Reflexion ... »Bier zechen« und »Sprüche klopfen« ..., man steht ... dazu, so zu sein und dies nicht »unbedingt abstellen« zu wollen, und zeigt auch, daß man diese Ausdrucksformen in einem frauenfreien Raum genießt ...Die Mitglieder der Wohngemeinschaft stimmen ihr Verhalten darauf ab, ob Frauen zugegen sind, die Footballspieler nehmen in Kauf, daß ihr Verhalten auf Frauen abstoßend wirkt. Gegenüber dem Feminismus nehmen beide Gruppen eine Doppelstrategie ein, indem sie zwischen »emanzipierten Frauen« und »Emanzen« differenzieren. Letzteren gegenüber zeigen sie eine strikt abgrenzende Haltung und sehen sich selbst als Opfer einer überspitzten, ideologischen Sichtweise. Gemeinsam ist diesen Gruppen ..., daß »die homosoziale Männerwelt« für sie eine wichtige Stütze männlicher Selbstdefinition darstellt. Da sie noch keine Ehe oder feste Partnerschaft eingegangen sind, können sie sich nur dort als Mann beweisen und bestätigen lassen.

aus strategischen Überlegungen, sondern weil den Betroffenen »tiefer liegende« Gründe selbst verborgen bleiben.

Das zuletzt Gesagte entspricht einer These, die sozialwissenschaftlicher Argumentation so häufig zugrunde liegt, daß es zumeist keiner Erwähnung mehr wert erachtet wird. Anders im Zusammenhang mit dem Motiv von Männern, Vater zu werden und Vater zu sein: Der Konsequenzenreichtum des Akts, über den neues Leben entsteht, verträgt sich schlecht mit der Idee, diesen nicht aufgrund rationaler Argumente herbeizuführen – oder eben nicht; zumal die »Pille« eben ihr 40 Jahre-Jubiläum feierte.

So sollte mit der Antwort auf die Frage, »Warum woll(t)en Sie ein Kind?« alles geklärt sein. Dazu scheint jedoch das Pro beziehungsweise Contra Kind zu vielschichtig motiviert zu sein. Deshalb stellt Schlottner (i.d.B.) nicht nur diese Frage, sondern versucht, mit Hilfe von projektiven Verfahren, die sie mit Männern mit unerfülltem und Männern mit erfülltem Kinderwunsch realisiert, in die »Tiefen« des männlichen Kinderwunsches vorzudringen.

Einen ganz anderen methodischen Zugang haben Roeder (1994) und Roeder et al. (1994) gewählt. Sie führten Interviews mit Männern und – getrennt – mit deren Partnerinnen/Frauen durch, die sich mit einer nicht intendierten Schwangerschaft auseinanderzusetzen hatten. Damit hatten sie auch die Paardynamik, deren kinderwunsch-bezogene Aspekte im Blick – neben anderen wesentlichen Einflußgrößen, die schon lange vor der Begegnung des Paares bestehen können; wie die feste Überzeugung, eines Tages Vater/Mutter werden zu wollen (vgl. Graf & Walter i.d.B.). Bislang fehlt uns nicht nur das Wissen, wann und wie solche Überzeugungen entstehen. Selbst über das scheinbar leicht und präzise erfaßbare, aktuelle Bestehen eines Kinderwunsches »ja/nein« in einer bestimmten Kohorte finden sich deutlich unterschiedliche Angaben.[17] – Kurz: Der männliche – wie der weibliche – Kinderwunsch[18] gibt uns noch viele Fragen auf. Und wird es aufgrund der ihm immanenten Konflikte immer tun, würde Hügli (1998)

---

17 Dies selbst in einer Publikation, die aus einem Projektverbund hervorging, der von Psychologen und Soziologen realisiert wurde (Schneewind & Vascovics 1992).

vielleicht sagen, der eine erfrischende philosophische Annäherung an die Thematik wählt.

In Hüglis Argumenten spielt »die Biologie« eine zentralere Rolle als in den sozialwissenschaftlichen Auseinandersetzungen mit dem Kinderwunsch. »Rein biologisch« ist der Beitrag eines erst vor kurzem erfundenen Typs von Vater: des Samenspenders, wie ihn die Reproduktionsmedizin institutionalisiert hat. Auch seine Motivation zu ergründen scheint durchaus relevant – nicht nur im Zusammenhang mit dem in verschiedenen Ländern bestehenden Bezahlungsverbot.[19] Doch besteht von psychologischer Seite stärkeres Interesse an den unmittelbaren Zielgruppen verschiedener Maßnahmen der Fortpflanzungsmedizin und an der psychosozialen Versorgung kinderloser Paare (Seikowski et al. 1996, Brähler et al. 2000); von soziologischer Seite an der sozialen Akzeptanz der verschiedenen Maßnahmen (Maeder 1992, Onnen-Isemann & Nave-Herz 2000). Hinzu kommt, daß die Stichprobenrekrutierung Probleme macht: Der Großteil der Samenspender versucht seine Anonymität sicherzustellen. Doch noch bevor hier »tiefschichtige« Untersuchungen möglich werden, ist der Gesetzgeber schon wieder gefordert zu handeln. Bernat (i.d.B.) stellt die entsprechende deutsche und österreichische Rechtslage dar, diskutiert die in ihnen gewählten Lösungen für mögliche konfligierende Interessen und eine utilitaristische Alternative dazu.

---

18 Siehe auch Gloger-Tippelt et al. (1993), Könnecke et al. (1998), Kühler (1989) und Stöbel-Richter & Brähler (2000); und zum geschlechtsspezifischen Kinderwunsch (Mann wünscht Sohn) siehe u.a. Schon (i.d.B.).

19 Und der – gemäß aktuellem Wissensstand – damit verbundenen Erwartung einer deutlich zurückgehenden Bereitschaft, als Samenspender zu fungieren. Doch scheint es eine plausible Hypothese, daß eine ebenso starke Motivation die Maximierung männlicher Fitnessinteressen sein könnte, wie sie Paul (i.d.B.) aus verhaltensbiologischer Perspektive akzentuiert: potentiell sehr große Zahl von Nachkommen (wenn vom Gesetzgeber nicht eingeschränkt), für die von anderen erbrachte, optimale Aufzuchtbemühungen zu erwarten sind, da die Empfänger bis zur Realisierung ihres Kinderwunsches einen überdurchschnittlich großen Aufwand betreiben müssen. (Daß diese »optimalen Aufzuchtbemühungen« nur bedingt auch »optimale Effekte« erwarten lassen, weiß jeder, der sich mit der Theorie und der Praxis kindlicher Sozialisation auseinandergesetzt hat.) Vgl. Fall 5 bei Delaisi de Parseval (1985), insbesondere S. 183f.

Die Biologie hat jedoch nicht nur etwas zur Fortpflanzung zu sagen. Vielmehr gibt es eine längere evolutionsbiologische Tradition von Forschungsbemühungen, die den Gründen nachspürt, weshalb sich die männlichen Mitglieder einer Spezies an der Aufzucht der Nachkommen beteiligen oder nicht. Paul (i.d.B.) faßt den aktuellen Kenntnisstand informativ zusammen, bringt ihn mit vielen Aspekten mensch-lichen Handelns in Zusammenhang.

Wenn Paul zentral mit den relativen Kosten und Nutzen der Geschlechter argumentiert, die in Bezug zum Engagement in das Aufziehen von Nachkommen zu bilanzieren sind, so findet in diesem Nutzen-Kosten-Konzept das keinen Platz, was in der gegenwärtigen sozialwissenschaftlichen Familienforschung in zahlreiche Untersuchungen Eingang gefunden hat: der sogenannte ›Value of children‹-Ansatz (siehe Nickel i.d.B., Rollett & Werneck i.d.B.). Sind Vorstellungen von ›Bereicherung‹ und ›Belastung‹, wie sie für Väter der Gattung homo sapiens – genauer: ihren Repräsentanten am Übergang in das 21. Jahrhundert – entwickelt wurden (vgl. Wenger-Schittenhelm & Walter i.d.B.), aus evolutionsbiologischer Sicht zu vernachlässigen? Oder besteht die Möglichkeit, beide Konzepte zusammenzubringen? Ein Austausch über die Darstellung der je fachspezifischen Position hinaus scheint dringend geboten.

5 Zweiter Durchlauf: Unbegrenzte Möglichkeiten, auf den Vater zu schauen?

Kehren wir zwischenzeitlich in die Sozialwissenschaften zurück; um in einem nächsten Schritt zu schauen, ob bei einer neuerlichen Konzentration auf eine Disziplin – diesmal die Psychologie – ebenso ein oder mehrere spezifische Themenschwerpunkte auszumachen sind – wie beim ersten Durchlauf für die Soziologie.

5.1 Psychologie: Ein facettenreicher Start

Anders als in der Soziologie sind die Themen der Darstellungen, die aus dem institutionellen Kontext der Psychologie kommen und die sich mit väterbezogenen Fragestellungen auseinandersetzen, von Anfang an sehr heterogen.[20] Und die ersten datieren schon aus den 70er Jahren. Dennoch dauerte es nach der Monographie von Landolf (1968) nicht weniger als fünfzehn Jahre, bis eine psychologische Väterforschung ihre Existenz innerhalb der Disziplin mit etwas Nachdruck kundtat: Für die 6. Tagung Entwicklungspsychologie organisierte Fthenakis (1983) eine Arbeitsgruppe zu dem Thema »Die Rolle des Vaters in der Entwicklung des Kindes – Ehescheidung«. Box 3 auf der nächsten Seite gibt die Themen der Beiträge zur Arbeitsgruppe, zusammen mit Berichten über weitere empirische Arbeiten zwischen 1977 und 1984, wieder. Die Titel lassen das weite Spektrum an Fragestellungen erkennen; daß es aber dennoch einen besonders deutlich hervorstechenden Fokus gab: den Zeitraum zwischen Schwangerschaft, Geburt und den ersten Monaten danach – was sich beim werdenden Vater tut, was sich zwischen Vater und Kind und zwischen Vater und Mutter tut. Nicht deutlich kann über die in Box 3 aufgeführten Titel werden, mit welcher Differenziertheit, inhaltlich wie methodisch, zumeist die komplexen Fragestellungen angegangen wurden – sodaß sich die Rezeption der Beiträge auch heute noch lohnt[21]; daß zumeist der Anschluß an die internationale englisch-

---

20 Ein Grund hierfür könnten die unterschiedlichen Konventionen der disziplininternen Differenzierung sein: Während in der Soziologie deren Teildisziplinen immer schon analog gesellschaftlichen Phänomenen und auf Anwendungsbereiche hin konzipiert waren – so auch die ›Familiensoziologie‹ –, können Forscher in der Psychologie aus der Entwicklungspsychologie oder der Pädagogischen Psychologie, der Sozial-, Klinischen oder Differentiellen Psychologie etc. in Richtung »Väter« aufbrechen. Als deutschsprachige ›Familienpsychologie‹ etikettierte Forschungsbemühungen und -ergebnisse gibt es erst seit den 90er Jahren (Schneewind 1991).

21 Der Standard in den Naturwissenschaften, daß Publikationen bereits innert kürzester Zeit veraltet, d.h. ohne jede Bedeutung sind, mag für diese funktional sein. Diesen Standard auf die Sozialwissenschaften zu übertragen, finde ich absurd; sehe darin vielmehr die Gefahr, immer wieder »bei Adam und Eva« anzufangen. Für viel entscheidender als das Alter der Untersuchung halte ich es, über ihren theoretischen Hintergrund und das methodische Vorgehen hinreichend informiert zu werden, um Validität, Generalisierbarkeit etc. abschätzen, die Interpretation »mitmachen« oder ihr widersprechen zu können. Dabei sind Kohorteneffekte selbstverständlich nicht zu übersehen (vgl. Walter et al. 1998).

Box 3: Psychologische Forschungsberichte in den ersten Jahren einer deutschsprachigen empirischen Väterforschung – in Zeitschriften (Z), in Tagungs- und Tagungsabstractbänden (T) oder als Diplomarbeit (Dipl.). In allen Berichten geht es um eine vaterspezifische Thematik oder um die differenzierende und gleichgewichtige Berücksichtigung von Vätern und Müttern.

Lukesch, H. (1977). Das Schwangerschaftserleben werdender Väter. (Z)

Keller, H. & Werner-Bonus, E. (1978). Vater-Kind-Interaktionen bei drei Monate alten männlichen und weiblichen Säuglingen. (Z)

Zell, G. & Keller, H. (1979). Familiale Rollen vor und nach der Geburt des ersten Kindes. (Z)

Döpkemeyer, M. (1981). Merkmale familiärer Betreuung von Kindern im ersten Lebensjahr. (Dipl.)

Keller, H. & Keller, W. (1981). Verbales und vokales Verhalten von Vätern und Müttern gegenüber ihren weiblichen und männlichen Säuglingen in einem dreieinhalbmonatigen Längsschnitt. (Z)

Kreppner, K., Paulsen, S. & Schütze, Y. (1982). Infant and family development: From triads to tetrads. (Z)

Nickel, H., Bartoszyk, J. & Wenzel, H. (1982). Parent-infant-interaction and preparation for parenthood. (T)

Beller, E. K. (1983). Die Anwesenheit des Vaters oder einer intakten Familie und die Auswirkung von Kindergarten und Vorschule auf die psycho-soziale Entwicklung bei Unterschichtkindern. (T)

Gauda, G. (1983). Die Rolle und der Einfluß des Vaters in den ersten fünf Lebensjahren. (T)

Grossmann, K., Grossmann, K. E. & Wutz, Ch. (1983). Die unterschiedliche Verknüpfung von Bindungsqualität und Spielgemeinschaft in der Vater-Kind-Beziehung im Vergleich zur Mutter-Kind-Beziehung. (T)

Kunze, H.-R. (1983). Alleinerziehende Väter. (T)

Sander, E. (1983). Erziehen ohne Vater. (T)

Zamponi, M. (1983). Kennzeichen väterlicher Betreuung von Kindern im ersten bis sechsten Lebensjahr. (Dipl.)

Eitler, G. & Rollett, B. (1984). Erzieherverhalten in der Generationenfolge. (T)

Grossmann, K.E. & Volkmer, H.-J. (1984). Father's presence during birth of their infants and paternal involvement. (Z)

---

sprachige Forschung hergestellt war; daß die Forschungsinitiativen von wenigen Kolleginnen und Kollegen ausgingen, die auch bis in die jüngste Zeit weitere Untersuchungen durchführten und anregten.[22]

---

22 Erfreulicherweise enthält der vorliegende Band von vier der fünf Kolleginnen und Kollegen einen Beitrag.

Zeitlich vor allen in Box 3 aufgeführten Arbeiten liegend, versteckt sich in einer Monografie aus dem Jahre 1974, die mit »Die Rolle der Mutter in der Sozialisation des Kindes« überschrieben ist, bereits ein zehnseitiges Kapitel über die »Rolle des Vaters und mögliche Auswirkungen auf die Entwicklung des Kindes«. Doch die Autorin beklagt, daß ihr hierfür »vorwiegend nur theoretische Abhandlungen, die fast ausschließlich um den *Identifikationsprozeß* zentriert sind, und nur vereinzelt empirische Forschungen« zur Verfügung stünden (Lehr 1974, S. 124); von letzteren stammt keine einzige aus dem deutschsprachigen Raum.[23] Sie kann sich auf ein Überblicksreferat beziehen, das von dem amerikanischen Kollegen Nash neun Jahre zuvor publiziert wurde; und in dem dieser zunächst die »Väter-Vergessenheit« der Gesellschaft und das »Mitspielen« der Wissenschaft dabei heftig moniert (Nash 1965).[24]

1984 und danach folgen gehaltvolle Dissertationen (Eitler 1985, Schmidt-Denter 1984, Zimmermann 1985), vor allem aber ein zweibändiges Überblickswerk »Väter« (Fthenakis 1985a, 1985b).[25] Und es gibt wieder eine Überraschung.

5.2 Überraschung 2: Delaisi de Parseval (1985)

1985 erschien die deutsche Übersetzung eines bemerkenswerten Buches, dessen französisches Original schon 1981 vorlag: Die Ethnologin und Psychoanalytikerin Delaisi de Parseval (1985) führt darin auf Fährten, die hierzulande bis dahin noch nicht begangen wurden. Sie interessiert sich für das, was *Männer als Väter erleben.*

Wiewohl ein Embryo, in der Folge Fötus, Säugling und Kind erst durch das (zumindest Samen-)Zutun eines Mannes wird, die-

---

23 Dies gilt auch noch für eine Folgepublikation 4 Jahre später (Lehr 1978).

24 Etwa zeitgleich zu Lehrs Buch sieht sich Lamb auch in den USA immer noch veranlaßt, einen Artikel mit der Überschrift »Fathers: Forgotten contributors to child development« zu publizieren (Lamb 1975).

25 Dieses bezieht sich immer noch mit der schon im 1.Band 45 Seiten beanspruchenden Bibliographie zu sieben Achtel auf englischsprachige Publikationen.

ser Mann ebenso erst durch das Kind »Vater« wird[26], die beiden also in einem unauflöslichen Verhältnis als »Kind eines Vaters« und »Vater eines Kindes« zueinander stehen, kann es heuristisch durchaus sinnvoll sein, die offensichtliche Fülle des Erlebens sowohl auf Vaterseite als auch auf Kindseite zunächst getrennt anzusehen, zu analysieren, seinen Bedingungen nachzuspüren. Oder sein Forschen auch so auszurichten: »Die offensichtliche Verdrängung des väterlichen Erlebens, die sich hinter Skepsis, Spott oder simplem Ignorieren verbirgt, läßt uns nach den Mechanismen fragen, die hier wirksam sind« (S. 20).

Indikatoren für dieses Negieren von »väterlichem« Empfinden findet Delaisi de Parseval vielerorts – unter anderem über eine einschlägige Sprachanalyse, in der das Deutsche und das Französische als besonders »väterfeindlich« abschneiden; in der Einseitigkeit der »Vaterbilder«, die in modernen Büchern über Säuglingspflege und von Elternratgebern vermittelt werden; in der Tatsache der heimlichen modernen, der psychosomatischen Couvade.

Von der modernen, »heimlichen« beziehungsweise psychosomatischen Couvade wird gesprochen, weil bei werdenden Vätern unseres Kulturkreises überzufällig häufig charakteristische körperliche[27], aber auch psychische Symptome festgestellt wurden und werden, die jedoch »vom Betroffenen und seiner Umgebung unbemerkt (bleiben), da diese kulturell tabuisierten Manifestationen nicht zum Bewußtsein zugelassen werden« (Delaisi de Parseval 1985, S. 77) (siehe auch Beerboom 1997, Kapfhammer & Mayer 1996).

---

26 Die hier hergestellte, zunächst über biologische Zusammenhänge gestiftete Vater-Kind-Beziehung ist – wie gleich noch zu zeigen sein wird – keineswegs die einzig mögliche. Dies schon deshalb nicht, weil gemäß seit der Antike tradierten und »primitiven« Zeugungstheorien Zeugung keineswegs immer das notwendige Zusammentreffen eines männlichen und eines weiblichen »Anteils« enthielt (Drinck 1999).

27 »Die Symptomatik umfaßt im einzelnen Verdauungsstörungen, abdominale Koliken, die Entwicklung bestimmter Nahrungsvorlieben, verminderter oder gesteigerter Appetit, Gewichtszunahme, Übelkeit, Erbrechen, Diarrhöen und Obstipation, Zahnschmerzen, häufiges Miktionieren oder Auftreten diffuser körperlicher Beschwerden.« (Beerboom 1997, S. 4f)

»Couvade«: Geprägt wurde dieser Begriff von Anthropologen bzw. Ethnologen, die in nahezu allen traditionellen Kulturen rund um den Erdball vielfältige Phänomene beobachten konnten, die von den Betroffenen, ihren Angehörigen, ihrem Stamm mit dem Vaterwerden oder Eben-Vater-Geworden-Sein in Verbindung gebracht wurden (z.B. Diätvorschriften für den Mann während der Schwangerschaft der Frau; z.B. häufig gemeinsam mit der Frau: keine Verrichtung von »Arbeit bis zum Abfallen der Nabelschnur, gewöhnlich *vier bis fünf Tage;* während dieser Zeit werden die Gatten von Verwandten ernährt« (Schmidt 1955, S. 278). Als Ethnologin weiß Delaisi de Parseval (1985) detailliert darüber zu berichten (S. 65ff).

Als Ethnologin führt sie dem Leser auch vor Augen, welche begrenzte Gültigkeit das in der westlich-industrialisierten Welt mit »Vater« vorherrschend Assoziierte besitzt; welche anderen Regelungen andere Kulturen für die Fürsorge für nachkommende Generationen, für die Weitergabe von Name, Besitz, Ansehen etc. an sie eingeführt haben. Ein Beispiel einer solchen Genealogie muß hier für viele stehen:[28]

Ist bei den Bavenda in Südafrika (einem Bantu-Stamm) »das einzige Kind eines Paares ein Mädchen, müßten die Eltern ohne Nachkommen bleiben, weil das Verwandtschaftssystem dieses Stammes patrilinear ist. Aber da den Nachkommen die Sorge für den Ahnenkult obliegt, darf die Situation so nicht bestehen bleiben. Man behilft sich mit folgendem ›Gaukelspiel‹: Im Dienste der Sache wird die betreffende Frau (die Tochter) nicht Mutter, sondern Vater. Sie heiratet andere Frauen, die von offiziell anerkannten Liebhabern schwanger werden. Durch diesen Trick schenkt sie ihren Eltern die erwünschten Nachkommen und vererbt nach patrilinearem Brauch ihren Kindern Namen, Stand und Vermögen. Das hindert sie aber nicht daran, gleichzeitig auch Mutter zu sein: Ist sie verheiratet, kann sie selber Kinder bekommen, die

---

28 Weitere interessante Beispiele von Filiationssystemen, von denen »Bedeutung, Inhalt und Erlebnishintergrund des Wortes ›Vater‹« weitgehend abhängen (ebd., S. 58), finden sich zehn Jahre später bei Bleibtreu-Ehrenberg (1994). Für eine grundlegende Auseinandersetzung mit der sozialen Konstruktion und zugesprochenen Funktion von »Verwandtschaft« vgl. Lévi-Strauss (1981).

dann die Linie ihres Mannes fortsetzen. Es ist bei den Bavenda also möglich, Vater und Mutter in einer Person zu sein.« (S. 48f)

In Box 4 sind die 19 Varianten von »Vater« aufgeführt, die Delaisi de Parseval im Rahmen ihrer ethnologischen Streifzüge aufgespürt hat – ohne die Bavenda-Vater-Mutter-Variante. (Wahrscheinlich schien ihr eine verständliche Kurzcharakterisierung ob der Komplexität nicht möglich.)

Als im eigenen Kulturkreis Forschende betont Delaisi de Parseval, »normale« Vaterschaft zu untersuchen, d.h. sie wendet sich nicht von vorneherein »Auffälligem« bei Vätern zu[29] – ist damit eine große Ausnahme innerhalb der Psychoanalytikerzunft. Ihr kommt es darauf an, »die Väter selbst zu Wort kommen« zu lassen (S. 12). Bei den zu einem entsprechenden Gespräch Bereiten han-

---

Box 4: »Ethnologische Untersuchungen zur Familie zeigen, daß Rolle und Erleben des Vaters zahlreiche Varianten und Facetten kennen.« (Delaisi de Parseval 1985, S. 44; nachfolgender Text S. 60f)

Vater kann sein
- der oder die Erzeuger,
- der offizielle Liebhaber,
- der Beschützer der Frau während der Schwangerschaft,
- derjenige, der (prä- oder postnatal) die Couvade praktiziert,
- derjenige, dem während der Geburt oder während des Post partum eine – und sei es auch nur vermeidende – Rolle zukommt,
- derjenige, der sich während der Schwangerschaft oder nach der Geburt einer offiziellen Zeremonie unterzieht,
- der Ehemann der Mutter (ihr Haupt- oder Nebenmann),
- Bruder oder Brüder der Mutter (Onkel mütterlicherseits),
- Bruder oder Brüder des Vaters (Onkel väterlicherseits) (vgl. einfaches oder komplexes Levirat),
- der Großvater (väterlicher- oder mütterlicherseits),
- ein Mann derselben Abstammungslinie,
- ein Mann aus dem Clan,
- der Mann, der das Kind aufzieht,
- derjenige, der das Kind gesetzmäßig und rituell anerkennt,
- ein als unfruchtbar geltender Greis,
- ein lediger Mann,
- eine sterile Frau,
- ein als unfruchtbar geltender Mann,
- Gott.

delte es sich überwiegend um als ›Erstlingsväter‹ Bezeichnete; zudem um zwei Männer, die mit ihrer Partnerin ein Kind erwarten; um zwei ›Nie-mehr-Väter‹ (Männer, die eine Vasektomie beantragt haben) und um drei ›Multi-Väter‹, d.h. Männer, die die Erfahrung unterschiedlicher Vaterschaft machen (mit zwei Partnerinnen; als »Normalvater« und Samenspender; als Vater durch Adoption und heterologe Insemination).[30] Das erste, etwa zwei Stunden dauernde Gespräch mit den Erstlingsvätern wurde in den ersten Stunden oder Tagen nach der Geburt geführt; ein zweites drei bis fünf Monate danach. Methodisch waren »Gesprächsführung und -analyse psychoanalytisch orientiert« (S. 107), und zwar konflikttheoretisch: »Die Vaterschaft – sei sie real oder phantasiert – belebt beim Mann eine komplexe und im allgemeinen abwehrende Phantasmatik, die typischerweise um ganz bestimmte Konfliktpole kreist.« (S. 94) »Alle Konfliktpole sind in der individuellen Biographie des werdenden Vaters verschmolzen. Letztlich wird jeder Vater auf sich selbst, auf die Geschichte seiner Konflikte, auf seine libidinösen Fixierungen, seine psychischen Verarbeitungsprozesse, Regressionen und Identifikationen zurückverwiesen.« (S. 100) »Vielleicht gebiert man letzten Endes – besonders mit dem ersten Kind – doch nur sich selbst.« (S. 100) Solcherart theoretische Überzeugtheiten führten bereits im Gespräch zu gezielten fragenden Interventionen[31], die Interpretationen scheinen einer fertig ausgestanzten Schablone – in Übereinstimmung mit der Freudschen Psychoanalyse – zu folgen.[32]

Mag man eine andere Persönlichkeits- und Entwicklungstheorie präferieren, mag man andere Vorstellungen bezüglich der Weiterentwicklung von Theorie haben: Delaisi de Parseval führt über

---

29 Wie zum Beispiel Vaterschaftspsychosen, auf die sie in ihrem 5. Kapitel kurz eingeht.

30 »All diese Väter sind genauso (oder genausowenig) ›normal‹ wie andere auch. Und genau darum sind sie so interessant. Mit der ›Normalität‹ ihres Erlebens liefern sie uns den Beweis, daß ein Kind immer im Kopf entsteht.« (ebd., S. 103)

31 Dies wird m.E. im Fall Nr. 8, insbes. S. 215ff, besonders deutlich.

32 In einem gewissen Widerspruch dazu stehen die Aussagen der Autorin am Anfang des 7. Kapitels.

die eingehende Auseinandersetzung mit jedem der Gesprächs-
protokolle sehr eindrucksvoll vor Augen, wie ergiebig die verstehende Durchdringung jedes Einzelfalles erlebter Vaterschaft sein
kann, wie viele Variationen und welch große Variationsbreite es
davon gibt.[33] Und sie mag auch dem psychoanalytisch nicht
Vorgebildeten ein Ahnen davon vermitteln, daß es tiefere, dem
Bewußtsein des Betroffenen keineswegs immer zugängliche Hintergründe väterlichen Erlebens gibt. Eine noch größere Vielfalt
findet sie im Rahmen ihrer kulturvergleichenden Studien.

5.3 Und heute?

In der Natur-Kultur-Kontroverse schlägt sich Delaisi de Parseval
klar auf die Kultur-Seite; findet das Entscheidende in dem, wie
Menschen sich in verschiedenen Kulturen mit ihrer Natur (zwei
anatomisch und physiologisch unterschiedliche Geschlechter, Ge-
bärfähigkeit der Frauen, etc.) eingerichtet haben. Und da Menschen phantasiebegabte Organismen sind, ist die Vielfalt kultureller Ausarbeitungen von gelebter und erlebter Vaterschaft erstaunlich groß. Was aber, wenn in einer Gesellschaft mehrere solcher
Ausarbeitungen nebeneinander existieren; gleichzeitig einzelnen
von diesen oft klare Konturen fehlen – weil sie sich in Veränderung oder Auflösung befinden?

Rollett & Werneck (i.d.B.) zeigen die mit solch unklaren Vorgaben verbundenen Irritationen und Verunsicherungen (zumindest bei einem Teil) der aktuellen Väterjahrgänge in westlichen
Industriegesellschaften auf.[34] Spiegel dieser Situation könnte der

---

33 Delaisi de Parseval stellt der Darstellung von jedem ihrer Fälle ein
Generalthema voran. Hier vier davon: Die nur mit Mühe akzeptierte Vaterschaft (S.133), *Die zwei Gesichter der Vaterschaft oder Sohn seines Vaters
oder Vater seiner Tochter* (S.141), Die potentielle dreifache Vaterschaft
(S. 221), Die Vaterschaftsphobie oder die unmögliche Vaterschaft (S. 247).

34 Erinnert sei in diesem Zusammenhang noch einmal an Schneider
(1989) und an die von Meuser (1998) unterschiedenen Vorstellungen von
Mannsein (s. Box 2), mit denen auch unterschiedliche und unterschiedlich
konturierte beziehungsweise diffuse Vorstellungen von Vatersein verbunden sein dürften.

von den Autoren beigebrachte Befund sein, daß von den aufgrund von Fragebogendaten drei Gruppen zugeteilten Vätern die ursprünglich ›Neuen Väter‹ sich über drei Meßzeitpunkte hinweg prozentual am häufigsten in Richtung ›Eigenständige Väter‹ entwickelt haben, das heißt zu Vätern, die zwar auch das traditionelle Rollenmuster ablehnen, aber wenig Interesse am familialen Zusammensein sowie am Kontakt mit den Kindern haben. Es scheint ebenso plausibel, daß folgender, ebenfalls von den Autoren festgestellter Befund mit der Unklarheit väterlicher Rollenvorstellungen zusammenhängt: Die Beziehungszufriedenheit von Männern, die als ›Familienorientierte Väter‹ gestartet waren und die sich mit ›Selbstbewußten kinderliebenden Müttern‹[35] zusammengetan hatten, zeigte in den ersten drei Lebensjahren des Kindes einen besonders starken Abfall.

Über wieviel Flexibilität, Lern- und Anpassungsfähigkeit Männer als Väter selbst bei klaren Vorgaben verfügen müssen, das führt Kreppner (i.d.B.) anschaulich vor Augen. Zum Beispiel anläßlich des Übergangs von der Ein-Kind- zur Zwei-Kind-Familie: Der Autor zeigt, daß man dabei nicht nur auf die Beziehung zum zweiten Kind achten darf, daß mit dessen Geburt vielmehr ein komplexer Prozeß einsetzt, der Väter einer Untersuchungsgruppe in einer bestimmten Phase – zwischen dem vierten und zwölften Lebensmonat des *Säuglings* – sich vermehrt um das *erste* Kind kümmern ließ. – Zum Beispiel anläßlich des Eintretens eines Kindes in die Pubertät: Kreppner zeigt ebenfalls anhand eigener detailreicher Befunde, welch entscheidende Bedeutung Väter auch für ihre jugendlichen Kinder besitzen – so beim Erwerb neuer Kommunikationsformen der Erwachsenenwelt; daß entsprechende Prozesse aber bereits auf dem Boden zurückliegender Familienerfahrungen gründen.

Rollett & Werneck (i.d.B.) wie Kreppner (i.d.B.) fordern für die Väterforschung eine stärkere Betonung der *differentiellen Sichtweise*. Zu beachten ist dabei, daß damit nicht nur sich dauerhaft – beispielsweise in ihrem Persönlichkeitsprofil – voneinander unterscheidende *Väter-Typen* angesprochen sind; sondern Väter, die

[handschriftliche Randnotiz: nicht nur Vater-Baby Bez. sondern auch Vater-Teen Bez.]

---

35 Bei denen der Abfall viel geringer ausfiel.

sich gerade darin unterscheiden, in welcher Form und in welchem Ausmaß sie ihr Handeln an den Entwicklungserfordernissen von einem ihrer Kinder oder aber der Gesamtfamilie auszurichten in der Lage sind.

Sowohl von Rollett & Werneck als auch von Kreppner wird das Geschlecht des Kindes als bedeutsame Moderatorvariable für die Beziehungsgestaltung zwischen Vater und Kind angesprochen. Hinweise auf die Relevanz des Geschlechts des Kindes kommen in jüngster Zeit auch aus einer Validierungsstudie eines Instruments zu verschiedenen Aspekten selbstperzipierter Vaterschaft (s. Wenger-Schittenhelm & Walter i.d.B.): Die Zusammenhänge zwischen dem Selbsterleben der Väter und dem (über ein anderes geeignetes Instrument[36] erfaßten) Erleben ihrer Väter durch Kinder im Vorschulalter erwiesen sich – wenn überhaupt – nahezu immer erst dann als statistisch bedeutsam, wenn man sie getrennt für die Vater-Sohn- und die Vater-Tochter-Dyaden berechnete. Zudem zeigte sich, daß die für Väter und Söhne bzw. für Väter und Töchter getrennt berechneten Korrelationen »teilweise nicht nur unterschiedlich stark, sondern oft auch gegenläufig sind. Einige der ... verwendeten Skalen erreichen zudem innerhalb der Dyaden Vater-Sohn und Vater-Tochter spezifische Wichtigkeit.« (Ulbrich 2001, S. 67) So wird es nicht verwundern, daß die einzige, auch in der nicht-wissenschaftlichen Väter-Literatur über das Kriterium »Vater da – Vater nicht da« hinausgehende, sich stets wiederholende Differenzierung jene zwischen Vater-Sohn und Vater-Tochter ist (z.B. Blos 1990, Corneau 1993, Kreckel 1997, Pittman 1996, Wengler 1966, Wieck 1992; z.B. Berger 1996, Erni 1965, Happel 1996, Leonard 1985, Onken 1993).

Für diesen Band haben es Schon beziehungsweise King übernommen, das Spezifische an der Vater-Sohn-Relation und an der Vater-Tochter-Relation und deren Konsequenzen herauszuarbeiten. Schon (i.d.B.) tut es mit prägnanten Aussagen und Bildern in deutlicher Orientierung an der klassischen psychoanalytischen Entwicklungstheorie; wird damit unter anderem so manchem Le-

---

36 ›Familien- und Kindergarten-Interaktions-Test‹ (Sturzbecher & Freytag 2000).

ser helfen, das eher einordnen zu können, was im nachfolgenden Abschnitt 6 dieser Übersicht nur angedeutet werden kann.

King (i.d.B.) analysiert die Vater-Tochter-Beziehung und die ihr inhärenten Entwicklungschancen und möglichen Fallstricke im Kontext des in einem komplexen Wandlungsprozeß sich befindlichen Verhältnisses zwischen Frauen und Männern, damit zwischen Müttern und Vätern von Töchtern. Eine dieser Art der Analyse analoge für die Mutter-Vater-*Sohn*-Beziehung gibt es meines Wissens noch nicht; wäre sehr wünschenswert.

King wie Schon betonen das *Zu dritt*; daß dieses im Sinne förderlicher Entwicklungsbedingungen nicht irgendwann, sondern von Anfang an bestehen sollte. Immer wieder neu stellt sich dabei die Frage nach seiner Qualität; und die Frage, wo und wann sein Anfang liegt. Nickel und die Düsseldorfer entwicklungspsychologische Forschungsgruppe sind diesen beiden Fragen in großer Beharrlichkeit mit Hilfe von Daten nachgegangen, die sie in vielfältig hergestellten Untersuchungsarrangements gewonnen haben. Die Essenz dieser über rund fünfzehn Jahre sich erstreckenden Bemühungen und der darüber erbrachten Ergebnisse stellt Nickel (i.d.B.) vor.

Daß empirische »Negativ-Befunde« beziehungsweise die dahinter stehende Hypothese nicht vorschnell ad acta gelegt werden sollten, zeigt die Gegenüberstellung eines Befunds von Nickel und eines Befunds von Herlth (i.d.B.). Nickel erwähnt folgendes Ergebnis: Nach einer Unterteilung der Väter von *Neunmonatigen* in solche»mit mittlerer bis hoher Pflegebeteiligung und solche mit niedrigem beziehungsweise fehlendem pflegerischem Engagement … verschwanden alle signifikanten Unterschiede, die sich in (einer) Trennungssituation zwischen dem Verhalten der beiden Kindergruppen gezeigt hatten«, wenn die Väter danach unterteilt wurden, ob sie sich über Säuglingspflegekurse auf die Ankunft des Kindes eingestimmt hatten oder nicht. Hingegen fand Herlth bei *Zehn- bis Zwölfjährigen* und ihren Familien:»Überraschend deutlich erweist sich … die Haushaltsbeteiligung der Väter als wichtige Voraussetzung … für das Funktionieren der Vater-Kind-Beziehungen: Ganz gleich, wie die Ehequalität beschaffen ist und wie es um die Sensitivität der Väter bestellt ist: je mehr letztere sich im Haushalt engagieren, desto unterstützender werden sie von ihren Kindern wahrgenommen.« – Zweifelsohne hängt der Befund auch von der Stichprobe und der Operationalisierung des interessierenden Konstrukts ab. Doch scheint im konkreten Fall eine Vergleichbarkeit aufs Erste gegeben: In beiden Fällen handelt es sich auf der Vaterseite um »engagierte Präsenz«, auf der Kindseite um einen Ausdruck »väterlichen Getragenseins«.

Ein anderes Ergebnis Herlths: »Die zentrale Aussage ist, daß in der Sensitivität[37] der Väter eine Art Schlüsselvariable des Gelingens familialer Beziehungen sowohl auf der Ebene der Ehe als auch auf der Ebene der Vater-Kind-Beziehungen zu sehen ist.« – Um nicht auf der Ebene kaum veränderbarer Persönlichkeitsmerkmale stehen zu bleiben: Hat sich diese Sensitivität im Verlaufe der gemeinsamen Familiengeschichte entwickelt? Oder hat sie ihre Wurzeln in der eigenen Kindheit des Vaters? Oder war der Großvater auch schon so sensitiv gegenüber dem Jungen, der jetzt sensitiver Vater des Sohns oder der Tochter ist? – Methodologische Konsequenzen zwingen sich auf: weit in die Zukunft greifende Längsschnittstudien, Rückblenden in zurückliegende Erfahrungen, in noch lebende und nicht mehr lebende Eltern- und Kindergenerationen.

Auch der Beitrag von Stecher (i.d.B.) berichtet von einer Momentaufnahme der Väter von am Anfang der (Vor-)Pubertät Stehenden. Diesmal geht es um einen Erfahrungsbereich des Kindes, dessen »Steuerung« hierzulande immer eher Domäne des Vaters war, seit es ein öffentliches Schulsystem gibt. Die Untersuchung Stechers kann auf ein elaborierteres theoretisches Modell Bezug nehmen als zurückliegende Untersuchungen über die Weitergabe von ›Bildungskapital‹; kann mit ihren Befunden plausibel machen, »daß ›Bildungsvererbung‹ keine *deterministische* Folge unterschiedlicher Bildungslagen ist. Der Bildungserwerb der nächsten Generation bedarf interaktiver *Vermittlungsprozesse* zwischen den Eltern und den Kindern.« Damit demonstriert Stecher auch, daß

---

37 Die »Skala ›väterliche Sensitivität‹ drückt aus, in welchem Maße der Vater auf die Bedürfnisse und Interessen der anderen Familienmitglieder bereit ist einzugehen und sie zu respektieren, und zwar sowohl die des Kindes als auch die seiner Frau.«

es wenig sinnvoll ist, Fragestellungen zu einem bestimmten Problemfeld als irgendwann grundsätzlich beantwortet zu erklären. Noch einmal einen großen Sprung auf der Altersleiter nach oben macht Moch (i.d.B.), um die Beziehung zwischen erwachsenen Töchtern und ihren Vätern zu erhellen, die sich von der Partnerin getrennt hatten, als die Tochter zumindest schon in der mittleren Pubertät stand. Über ein qualitatives methodisches Vorgehen (orientiert am ›Problemzentrierten Interview‹ und der ›Grounded Theory‹) kommt Moch auf mehrere prägnant unterscheidbare Beziehungsmuster zwischen den Vätern und ihren Töchtern.

Befunde, die sich ebenfalls auf die Beziehung zwischen Vätern und ihren erwachsenen Töchtern beziehen, sind solche, die an die von Mattejat (1993) in Familien von Jugendlichen gefundene ›emotionale Randposition des Vaters‹ anknüpfen. Für eine Stichprobe von Studentinnen und ihren Eltern konnte mit demselben wie von Mattejat angewandten Untersuchungsverfahren[38] gezeigt werden, daß die ›emotionale Verbundenheit‹, wie sie Väter gegenüber den Mitgliedern ihrer Familie erleben, nur in deutlich abgeschwächter Form erwidert wird; während deren positive gefühlsmäßige Bezogenheit untereinander als deutlich ausgeglichener bezeichnet werden kann. Besonders zu erwähnen ist, daß sich diese Tendenz verstärkt, wenn die Kinder das Elternhaus verlassen haben, um an einem anderen Ort zu studieren (Graf et al. 2000, Walter et al. 1998).

Wegen der großen Schwierigkeit, von allen drei zur familialen Triade Gehörenden Daten über ihre Einschätzung verschiedener Aspekte ihrer Beziehung zu erhalten, begnügt man sich häufig mit den entsprechenden Daten eines Familienmitglieds. Und dieses ist dann so gut wie immer das (wenn oft auch schon jugendliche oder erwachsene) Kind. Man könnte sagen: Wenn schon ein forschungsökonomischer Zwang besteht, dann interessiert man sich für denjenigen am stärksten, der im familialen Beziehungsnetz die Position desjenigen inne hat, der sich am stärksten entwickelt beziehungsweise Entwicklung »am nötigsten« hat. Diese Haltung ent-

---

38   ›Subjektives Familienbild‹ (Mattejat & Scholz 1994).

spricht einer lange tradierten, wenn auch wissenschaftlich nicht mehr haltbaren Auffassung von Entwicklung über die Lebensspanne. So zieht sie denn auch in der Väterforschung die weitreichende Konsequenz nach sich, daß Väter nahezu ausschließlich als ›Sozialisationsagenten‹ ihrer Kinder betrachtet werden.

Erst wenn man sich im angesprochenen Zusammenhang in erster Linie für die subjektive Wahrnehmung von Familienbeziehungen durch Väter interessiert, würde man dem Appell Delaisi de Parsevals entsprechen, das *Erleben von Vätern* zu einem eigenständigen Forschungsschwerpunkt zu machen. Abgesehen davon, daß uns solche Daten aktuell in größerem Umfang zur Verfügung stehen, haben meine Mitarbeiter, Diplomanden und ich uns auf zwei weiteren, sehr unterschiedlichen Wegen väterlichem Erleben genähert:

Zum einen führten und führen wir offene Interviews mit Vätern durch. Nach der Einladung an den jeweils dazu bereiten Vater, über seine Vaterschaft und deren Erleben zu berichten, bleibt die Gesprächsinitiative möglichst bei ihm. Fragen des Interviewers beziehen sich höchstens auf ein vorläufiges Verständnis des Ausgeführten. Fragen im Sinne einer theoriegeleiteten These werden keine gestellt. Wie Delaisi de Parseval variieren wir die spezifische Situation der interviewten Väter: Auch wir interessieren uns für Männer, die noch nicht lange Vater sind; wobei dies bei uns im Durchschnitt etwa zwei Jahre bedeutet. Auch wir führen Interviews mit den Partnerinnen dieser Männer; laden sie aber gezielt ein, etwas zum Vatersein des Partners zu sagen (Werz 1999). Wir interessieren uns für den sozialen Vater im Rahmen einer Zweitbeziehung; den Vater, dessen Kinder zwei Generationen zuzurechnen sind; den Vater, der nach einer Scheidung unfreiwillig getrennt von den Kindern lebt. Wir interessieren uns für Vaterbilder, die ein Vater *und dessen Vater* jeweils in sich tragen. Die Interpretationen der transkribierten Interviews orientieren sich an der ›Objektiven Hermeneutik‹. – Ein Beispiel für ein solches Vorgehen stellt der Beitrag von Graf & Walter (i.d.B.) dar.

Zum anderen fiel die Entscheidung, auch ein standardisiertes Instrument zu erlebter Vaterschaft zu entwerfen. Aufgrund entwicklungstheoretischer Überlegungen sollte es sich dabei um Väter von Kindern im Vorschulalter handeln. Die vorbereitenden

Schritte dazu sowie die Schritte der Skalenentwicklung und -über-prüfung werden im Beitrag von Wenger-Schittenhelm & Walter (i.d.B.) berichtet. Erste Befunde zur Außenvalidierung, zum Teil mit speziellen Väterstichproben durchgeführt (Adoptivväter: För-ster 1999; Väter von kognitiv entwicklungsverzögerten Kindern: Härting 2000), ermutigen zu einem weiteren Einsatz. So erhielten wir auch plausible Zusammenhänge zwischen dem Erleben der Vaterschaft und dem Erleben der Partnerschaft (Zimmermann 1999). Ebenso in zu erwartender Richtung lag die Übereinstim-mung vs. Nicht-Übereinstimmung der Sicht, die Männer auf ihre Vaterschaft hatten, und jener, wie ihre Partnerinnen beziehungs-weise ihre Kinder sie einschätzten (Ulbrich 2001).

Das eben geschilderte Forschungsinstrument enthält neben sechs Skalen, die die erlebte väterliche Kompetenz operationa-lisieren sollen, zwei Skalen, von denen – sie wurden schon einmal weiter vorne erwähnt – sich die eine auf die erlebte ›Bereiche-rung‹ als Vater, die andere die erlebte ›Belastung‹ als Vater be-zieht. Man kann sie unter dem Gesichtspunkt väterlichen Wohlbe-findens zusammenfassen, dem auch ein weiterer Beitrag gewid-met ist. Noack (i.d.B.) interessiert sich allerdings für das Wohl-befinden von Vätern mit Kindern im Jugendalter; weist deutliche Zusammenhänge des familialen Interaktionsverhaltens nicht nur der Jugendlichen sondern auch der Partnerinnen mit dem über mehrere Indikatoren ermittelten, väterlichen Wohlbefinden nach; findet in Verfolgung seiner Forschungsfrage einmal mehr Hinwei-se auf grundsätzlich unterschiedliche Beziehungsmuster zwischen Vätern und Söhnen und Vätern und Töchtern.

5.4 Zwischenbilanz

Allein die im Zurückliegenden erwähnten Forschungsberichte zei-gen: Auch in der Väterforschung ist heute der ganze Kosmos aktu-eller sozialwissenschaftlicher Möglichkeiten realisiert. Es koexi-stieren in ihr die beiden grundlegenden Herangehensweisen in den Sozialwissenschaften, die ›verstehende‹ und die ›erklärende‹, die ›qualitative‹ und die ›quantitative‹. Im ersten Fall findet sich eine Vielfalt an Gesprächsimpulsen, der Strategien des regelgelei-teten Umgangs mit jeglichem sich anbietenden Material. Im zweiten Fall erkennt man die vielen eingeschlagenen Wege, zu Daten zu kommen, und die vielen Modalitäten ihrer Verrechnung. Und es imponiert die Elaboriertheit so mancher Theorie, mit deren Hilfe Gefundenes stringent eingeordnet wird. Die Bandbreite der forschend umgesetzten Fragestellungen ist für einen gerade mal vor fünfundzwanzig Jahren erste Wurzeln schlagenden Forschungsbereich erstaunlich groß. Während Säuglinge, deren Interaktion mit und Entwicklungsabhängigkeit von dem Vater vor zwanzig und fünfzehn Jahren eindeutig das größte Interesse auf sich gezogen haben, reicht die Altersverteilung der in die Väterforschung einbezogenen Kinder zwischenzeitlich bis in deren Erwachsenenalter, hat sie an Linksschiefe verloren. Und man hat begonnen, das Erleben des erwachsenen Mannes als Vater zu einem eigenen Forschungsschwerpunkt zu machen. – Hinweise genug, der deutschsprachigen Väterforschung zu attestieren, daß sie nun in der, einer so bedeutsamen Thematik gebührenden »Fülle« sei? Zudem, daß die dabei eingeschlagenen Wege durchaus die für den wünschenswerten Fortschritt zielführenden seien?

Ich denke, es sollten noch einige Klärungen vorgenommen und einige Anstrengungen unternommen werden, ehe man ihr dieses Attest ausstellt. Mit ganz wenigen Ausnahmen fehlt es an der kontinuierlichen Verfolgung bestimmter Fragerichtungen. Punktuelle Eingaben in die Väterforschung sind die Regel. Täuscht der breite Fächer der bereits angetippten Themen, die einer deutschsprachigen Väterforschung zugerechnet werden können, über das Fehlen einer substantiellen Basis hinweg? Worin würde eine solche bestehen? Kaum eines der Projekte, die »auf direktem Wege« auf Väter und Vaterschaft zugehen, stand im Zurückliegenden im Genuß einer nennenswerten Forschungsförderung. Doch sind Forschungsmittel in größerem Umfang überhaupt beantragt worden?[39] Wenn nein: warum nicht? – Eine Reihe grundlegender Fragen scheinen noch offen zu stehen.

Die Gründe für den Status quo der deutschsprachigen Väterforschung müssen komplizierter liegen als in dem wiederholt zu hörenden Argument: Jede(r) hat einen Vater. Fast die Hälfte der Menschheit ist oder wird Vater. Da glaubt doch jede(r), Bescheid zu wissen. Forschung wird in der Folge für unnötig erklärt. Gleiches müßte dann aber auch für die um Mütter und Mutterschaft

Kritik an Väterforschung

kreisende Forschung gelten. Diese hat jedoch bekanntlich in der zweiten Hälfte des 20. Jahrhunderts ein enorm starkes Interesse gefunden und eine kräftige Förderung erfahren. *Mutterf*

»War die Fachliteratur der letzten Jahre von frauenspezifischen, gender- und anderen feministischen, mitunter ödipalen Themen besetzt, so blieb dennoch ein Defizit bezüglich der Auseinandersetzung mit dem – offensichtlich abwesenden – Dritten, blieb eine fundierte theoretische Auseinandersetzung mit dem Vater aus ... 2001 nun wird das Thema besetzt – dies auf sehr unterschiedliche Art und Weise.« (Kobbé 2001, S. 84) – Für sich genommen kann man diese Aussage einfach als falsch kennzeichnen. Doch ist auffällig, daß sie sich seit 37 Jahren in stets neuen Variationen wiederholt – seit Erni (1965) das zunehmende öffentliche Interesse am Vater konstatierte: »Während noch vor wenigen Jahren vom Vater sogar im pädagogischen Raum höchst selten gesprochen oder geschrieben wurde, beginnt sich die *Öffentlichkeit* seit einiger Zeit für den Vater zu interessieren. Eine Fülle von Artikeln in *Tagespresse und Illustrierten* zeugen von der Aktualität der Frage.« (S. 13)

Was veranlaßt also immer wieder zu solchen Feststellungen, obwohl sie so platt schon lange nicht mehr gemacht werden können? Wird so gar nicht erwartet, daß zum Thema Väter schon Einiges gesagt ist? Ist es um so Vieles selbstverständlicher, daß über Mütter gesprochen und geforscht wird? Bedarf es eines viel größeren Motivations- und Legitimationsaufwands, über Väter zu sprechen und zu forschen? Wird die schon wiederholt angesprochene Orientierungs- und Handlungsunsicherheit vieler Väter auf die Legitimation der Forschung über sie übertragen? Gibt ein kräftiges »father hunting« noch Eins drauf? – Ist da über die aktuellen Verhältnisse hinaus etwas wirksam, was Grieser (1998) in aller Kürze

---

39 Das erste *Angebot* an für Väterforschung reservierten Mitteln ist meines Wissens die Ausschreibung einer Begleitforschung zur sogenannten Väter-Kampagne des Bundesministeriums für Familie, Senioren, Frauen und Jugend vom 8. März 2001. Über die Kampagne »Mehr Spielraum für Väter« geben die Informationsmappe und die »Informationsbroschüre zum Aktionsprogramm der Bundesregierung zur Vereinbarkeit von Familie und Beruf« (o.J.) Auskunft. Über das Mittelvolumen und die konkreten Vergabekriterien der Begleitforschung liegen mir keine Informationen vor.

auf den Punkt gebracht hat?: »Stellen die kulturellen Phantasien über die Grundlage der Mutter-Kind-Beziehung biologische Aspekte in den Vordergrund, so wird die Vater-Kind-Beziehung mehr als gesellschaftlich gestiftetes Verhältnis gesehen.« (S. 265)

Da werden die Ausführungen Delaisi de Parseval wieder in Erinnerung gerufen – bezüglich der unterschiedlich realisierten »Vater«-Arrangements in verschiedenen Kulturen, bezüglich des weitgehenden Ausblendens von allem »Väterlichen« in westlichen Gesellschaften. Historisches Weitersuchen führt zu Auseinandersetzungen um das Patriarchat. Deren Aktualität unterstreicht beispielsweise der Psychoanalytiker und »Väter-Autor« Petri (1997, 1999). Er geht davon aus, »daß unsere gesamte Kultur noch weitgehend von der Herrschaftsideologie des Mannes geprägt wird. Und diese bleibt nicht äußerlich, sondern ist über viele Epochen ins Subjekt eingewandert und bestimmt von dort aus die Selbst-Wahrnehmung und die Auffassung von der Außenwelt.« (Petri 2000, S.26) Trotz der unbestrittenen Relevanz des Angesprochenen für unser Thema kann ihm hier nicht der gebührende Raum gegeben werden; muß auf andere kompetente und interessante Ausführungen verwiesen werden (Gebauer 2001, Lerner 1991, Schaeffer-Hegel & Leist 2000).

Kulturhistorisches Weitersuchen führt bis zu in Mythen und Religionen sedierten Vaterbildern (siehe die zahlreichen einschlägigen Beiträge in Tellenbach 1976, 1978a, b, 1979; Ohler 1996). Nach Auffassung bestimmter tiefenpsychologischer Positionen finden diese auch in Männern – und Frauen – des 21. Jahrhunderts ihr Echo; müssen es nach deren Auffassung, soll das Zusammenleben der Geschlechter, der Generationen, eine Gesellschaft insgesamt nicht entgleisen (Legendre 1998, Winker 1996). Von ›Vater-Archetyp‹ ist da die Rede, von ›Vater-Imago‹, von ›Vaterkomplex‹, vom ›väterlichen Prinzip‹ – und dem jeweils weiblichen Pendant (Jung 1998, Kast 1994, Liessmann 2000, Peisker 1991).

In der folgenden Auseinandersetzung mit dem Vater in der Psychoanalyse sei jedoch mit dem lebendigen, dem sicht-, hör- und berührbaren, dem zu schmeckenden und zu riechenden Erwachsenen begonnen; dessen Stimme das Kind schon intrauterin von der der Mutter unterscheiden kann; ... Ab wann und inwieweit spielt er für es eine nennenswerte Rolle?

Vaterthema → nicht genug präsent

6 Der Vater in Psychoanalyse, Säuglingsforschung, Bindungsforschung

Für den mit Psychoanalyse[40] nur am Rande Befaßten scheint eines doch klar zu sein: Daß der Vater in ihr spätestens seit der Proklamation des ›Ödipuskomplexes‹[41] zwingend einen bedeutenden Platz einnimmt. Denn zu dessen Konstituierung braucht es jeweils drei: neben dem ungefähr 3- bis 5jährigen Kind den andersgeschlechtlichen Elternteil als »Liebesobjekt«, den gleichgeschlechtlichen Elternteil als »Rivalen«. Daß der Vater dann auch vor sowie nach den spezifischen Stadien der ödipalen Dreier-Konstellation in triadischen oder dyadischen Konfigurationen eine nicht unwesentliche Rolle spielt, ist eine plausible Annahme. So wird für den psychoanalytischen Nicht-Insider die Mitteilung keine geringe Überraschung bedeuten, »daß in der psychoanalytischen Entwicklungstheorie der Rolle des Vaters für die seelische Entwicklung der Kinder über weite Strecken – im Gegensatz zu den spekulativeren Aussagen Freuds über den machtvollen Vater im Rahmen der Metapsychologie – nur ein sehr schmaler Platz beschieden ist« (Aigner 2001, S. 69).»Das Vaterthema ist auch in den Arbeiten der prominentesten und wichtigsten psychoanalytischen Autor/innen unterrepräsentiert. Auch in den psychoanalytischen Weiterentwicklungen wie der Selbst- und Objektbeziehungspsychologie ist es keine nennenswerte Größe.« (ebd., S.70) »Im Gegensatz dazu ist der Vater im Bereich der Fallgeschichten (beginnend in den gemeinsam mit Breuer verfaßten Studien über Hysterie) sehr präsent und taucht – schon in den klassischen Fallschilderungen – im Zusammenhang mit der Symptomatik der beschriebenen Patient/innen regelmäßig auf: etwa im Fall der *Anna O.* und ihrer Ambivalenz gegenüber dem pflegebedürftigen Vater (1895), im Fall *Dora* bedingt durch die Untreue des Vaters (1905b), natürlich auch beim *Kleinen Hans* (1909a), wo der Vater direkt in die Therapie

---

40 Die Entstehung der Psychoanalyse wird von einigen Autoren auch mit einem spezifischen Vater-Sohn-Verhältnis erklärt: jenem zwischen Sigmund Freud und seinem Vater Jakob Freud (Krüll 1979, Weier 1996).

41 Darstellungen und Diskussionen dazu in Ahrbeck & Körner (2001) und Brech et al. (1999), klassische und neuere Texte in Pollock & Ross (1988).

einbezogen wurde und auch beim *Wolfsmann* (1918): in allen Fällen war die Rolle des Vaters wichtig für die Erhellung der Symptomatik der Erkrankten – als (potentieller) Verführer, als Rivale und verbietende Instanz hinsichtlich der libidinösen Bindung an die Mutter, als prägende Figur in Bezug auf die Über-Ich-Bildung und als Repräsentant kultureller Normen und damit Vermittler zwischen familiärer Welt, gesellschaftlicher und auch phantasierter ›Wirklichkeit‹.« (ebd., S. 70f)

Aigner trifft also eine Unterscheidung zwischen klinischer Kasuistik und Freuds spekulativer Metapsychologie einerseits, psychoanalytisch-entwicklungstheoretischen Annahmen andererseits. Was letztere angeht, dauerte es auch in der Psychoanalyse bis zu den 70er und 80er Jahren, daß die Väter vom Säuglingsalter bis zur Adoleszenz ihre Plätze bezüglich ihrer Entwicklungsrelevanz zugewiesen bekamen – insbesondere durch Abelin (1971, 1975, 1980, 1986), Blos (1990) und Herzog (1980, 1988, 1991) im englischsprachigen Raum, durch Rotmann (1978, 1980, 1981, 1984) und Stork (1974, 1986) im deutschsprachigen Raum.[42]

Und auf diese fünf Autoren – neben anderen – beziehen sich vier deutschsprachige Monographien jüngsten Datums, deren Verfasser sich erneut veranlaßt sehen, den Vater in der psychoanalytischen Entwicklungstheorie zu fokussieren (Aigner 2001, Grieser 1998, Metzger 2000, Schon 2000). Da die Psychoanalyse aber schon längst nicht mehr ein monolithischer Theorieblock ist, fallen auch diese Fokussierungen und die damit verbundenen Vorschläge theoretischer Modifikationen unterschiedlich aus; sowie die Art und Weise, auf die einschlägige »Empirie« beizubringen versucht wird.

Auch keineswegs einheitlich argumentieren die vier Autoren, wenn es um die Fragen geht, ab wann und wie dann Väter für ihre Kinder psychisch bedeutsam werden. Noch 1998 sah sich Grieser zu folgender Aussage veranlaßt: »Auch in den Konzepten der Objektbeziehungstheorien und der Selbstpsychologie kommt der Vater so gut wie nicht vor. Das gleiche gilt für die jüngste For-

---

42 Stork (1974, 1986) läßt vor allem Autoren der französischen Psychoanalyse zu Wort kommen, die der entwicklungsbezogenen Bedeutung des Vaters in ihren Theorien schon etwas früher Beachtung geschenkt haben.

schungsrichtung, die psychoanalytische Säuglingsforschung, obschon einzelne Forscher zeigen konnten, daß der Säugling bereits vom ersten Monat an Interaktionen mit seinem Vater von denen mit der Mutter unterscheiden kann.« (ebd., S. 74) Metzger (2000), der unter anderem gegen die Säuglingsforschung – konkret: jene Daniel Sterns – argumentativ ins Feld zieht (S. 40ff), geht von der Annahme aus, »daß die Gestaltung einer flexiblen Triade ohne eine gute, intensiv bezogene Dyade nicht denkbar ist. Die symbiotisch empfundene Nähe ist eine Voraussetzung für triadische Beziehungen ... In dem sicheren Bewußtsein einer vertrauten und tendenziell unabgegrenzten Dyade kann das Kind gleichzeitig Beziehungen zu Dritten unterhalten. Um sich aber der Triade in all ihren Anforderungen aussetzen zu können, braucht es eine verinnerlichte primäre Objektbeziehung, die eine sichere Heimatbasis für die Erkundung der Fremde darstellt.« (S. 182) Auch in den verschiedenen ›Triangulierungs‹-Phasen bleibt es für Metzger letztlich bei Dyaden: »In der frühen Triangulierung ist es der Vater, der alternativ zur Mutter gesucht wird, während in der ödipalen Triade der jeweilige gegengeschlechtliche Elternteil umworben wird.« (S. 181)

Man findet kaum Unterschiede in den Positionen der beiden aufgeführten Autoren, wenn man erst Griesers (1998) detaillierte Bezugnahme auf das Konzept der ›frühen Triangulierung‹ (S. 79ff) ernst nimmt; und nicht die schon davor angestellten Überlegungen zum bereits vor dem achten Lebensmonat einsetzenden Entwicklungsbedeutsamkeit des Vaters und deren möglicher Abhängigkeit von einer traditionellen elterlichen Rollenteilung (S. 73ff). Von dieser frühen Entwicklungsbedeutsamkeit ist Schon (2000, S. 34) uneingeschränkt überzeugt: »Das Baby ist von Geburt an dafür ausgestattet, mehrere verläßliche Bezugspersonen zu haben. Es ist in der Lage, nicht nur selektiv mit der Mutter, sondern zu verschiedenen Personen unterschiedliche Beziehungen aufzunehmen.« Er sieht dies bereits heute durch die Säuglingsforschung bewiesen. Auch Aigner (2001) sieht reichlich Anlaß, daß »rein dyadische Vorstellungen der Beziehung zwischen Kind und Primärobjekt (Mutter) zunehmend in Frage zu stellen (sind), während die Beziehung zwischen Vater und Mutter und deren Internalisierung durch das Kind stärker beachtet werden« müsse (S. 118).

Aigner bezieht sich u.a. auf Bürgin (1998), der die frühe Eltern-Kind-Beziehung einer grundlegenden theoretischen Reformulierung unterzogen hat. Entscheidend ist daran die Überzeugung: »Das primäre Modell über den Aufbau von Repräsentanzen ist das einer Dreisamkeit: Selbstrepräsentanz, Objektrepräsentanz 1 (meist die Mutter) und Objektrepräsentanz 2 (meist der Vater).« (S. 28) »Einfache Repräsentanzen von verschiedenen Objekten werden ... bereits in der ersten Hälfte des ersten Lebensjahrs gebildet. Aber erst wenn das Gegenüber mit einer Innenwelt von der gleichen Art wie die eigene ausgestattet werden kann, ist das Kleinkind imstande, sich vorzustellen, daß auch seine Gegenüber Beziehungen zu verschiedenen Objekten und damit auch untereinander haben können. Jetzt erst läßt sich das Dreieck einer präödipalen Dreisamkeit (bzw. das Vieleck der präödipalen Vielsamkeit) schließen.« (S. 27) Und weiter: »Vielsamkeiten haben wegen ihrer Komplexität eine Tendenz, zu Drei- oder Zweisamkeiten zu zerfallen, und diese dekompensieren unter regressivem Sog leicht wieder zu Zwei-plus-eins-Beziehungen.« (S. 27f) – Zwei-plus-eins-Beziehungen sind nach Bürgins Auffassung also bereits als »Zerfallsprodukte« anzusehen.

Bürgin bleibt mit seiner Argumentation nicht allein. Erstaunliche Nähe zu dem Kinder- und Jugendlichenpsychiater und -analytiker erreicht mit seiner Argumention der Familiensoziologe und Ausbildungsleiter für Systemische Therapie Hildenbrand (i.d.B.).

Unmittelbarste »Heimat« für Bürgins Gedanken ist allem Anschein nach ein reger Austausch auf der Achse Genf (D. Stern), Lausanne (Fivaz-Depeursinge und Corboz-Warnery), Basel (Bürgin) (vgl. Fivaz-Depeursinge et al. 1998). Diese Gruppe hat das ›trianguläre Kind‹ kreiert: »Es ist in einem Dreieck geboren, nimmt dieses von Geburt an wahr und regelt die Interaktion in der Dreieckskonstellation aktiv durch reale und imaginierte Handlungen. Doch die Art, wie seine Eltern mit ihm im Dreieck interagieren, hat einen entscheidenden Einfluß auf seine affektive Entwicklung, weil sie dem Kind einen Raum zuweisen, in dem es Triangulierungen ausprobieren und imaginieren kann.« (S. 153) Ohne Alterworbenes pauschal zur Seite zu schieben – die Gruppenmitglieder besitzen alle einen psychiatrisch-psychoanalytischen Hintergrund sowie Erfahrung als praktizierende Psychotherapeuten –, hat die Gruppe auch ›Triangulierung‹ als Konstrukt neu konzipiert. Sie nimmt ihr die einseitig negative Konnotation von problematischem »Einschluß« oder aber »ausstoßendem« Ausschluß, berücksichtigt die vier möglichen Konstellationen in einer Drei-Personen-Beziehung: drei ›2+1‹-Konstellationen, die eine ›3 zusammen‹-Konstellation.

Darauf bezogen interessiert die Forschergruppe nicht nur jeweils die beobachtbare ›interaktionelle Triangulierung‹, sondern auch – der differenziert-psychoanalytische Hintergrund ist unübersehbar – die ›imaginierte Triangulierung‹, die die sich entfaltende junge Psyche »phantasiert«.

In allen vier Konstellationen einen aktiven und konstruktiven Part zu übernehmen, sind Säuglinge nach den Befunden von Fivaz-Depeursinge & Corboz-Warnery (2001) von den ersten Lebensmonaten an in der Lage – darin allerdings nicht oder stark eingeschränkt über die ›Familienallianz‹, zu der die drei Interaktionspartner Mutter, Vater und Kind finden, die die Forscherinnen mit ›kooperativ‹, ›angespannt‹, ›kollusiv‹ bzw. ›gestört‹ etikettieren.

Zu den klaren und überzeugenden Aussagen von Fivaz-Depeursinge und Corboz-Warnery hat ohne Zweifel das kreativ ausgeklügelte ›Lausanner Trialogspiel‹ (LTP) beigetragen, das die Vater-Mutter-Kind-Triade in einem quasi-experimentellen Setting die vier oben angesprochenen Konstellationen durchlaufen läßt. Danach bedient man sich der vielen Möglichkeiten unbegrenzt wiederholbarer Mikroanalysen von Videoaufzeichnungen.

Von Klitzing (i.d.B.), Kollege Bürgins und damit ebenfalls Repräsentant der »Westschweizer Achse«, berichtet über zwei Forschungsprojekte, in denen im Alter der Kinder von vier Monaten ebenfalls das LTP (bei von Klitzing: ›Lausanner Spiel zu Dritt‹) durchgeführt wurde. Das »triadische Interesse« setzt hier aber noch früher an: Bereits während der Schwangerschaft wird die ›triadische Fähigkeit‹ der Eltern mit Hilfe des ›Triadeninterviews‹ erfaßt. Zentral geht es dort um Phantasien vom und rund um das erwartete Kind; unter anderem wie flexibel die Vorstellungen bezüglich des zukünftigen Kindes sind, ob der jeweils andere Elternteil Platz in ihnen erhält und einnimmt. – Klare korrelative Zusammenhänge zeigen sich nicht nur zwischen Kennwerten der elterlichen ›triadischen Fähigkeit‹ und des LTP, sondern auch zwischen den ›triadischen Fähigkeiten‹ der Eltern und einer Reihe wesentlicher Entwicklungscharakteristika der zwischenzeitlich vierjährigen Kinder!

Während man bei von Klitzing wiederholt Skepsis gegenüber der weiteren Entwicklungsfähigkeit der grundlegend dyadisch angelegten Bindungsforschung heraushören kann, versucht D. Stern das seines Erachtens im Lausanner Ansatz liegende Potential gerade darüber zu unterstreichen, indem er Bezüge zwischen diesem und dem von der Bindungsforschung bereits Erreichten herstellt: »Analog der Entwicklung in der Bindungsforschung kann es sich herausstellen, daß die unterschiedlichen Typen von ›Familienallianzen‹, wie Fivaz-Depeursinge und Corboz-Warnery sie beschreiben, die gleiche vorhersagende klinische Kraft haben wie die Bindungsmuster.« (D. Stern im Vorwort zu Fivaz-Depeursinge & Corboz-Warnery 2001, S. 12)

Am besten, man wendet sich an die, die am kompetentesten Auskunft geben können: Wo die im deutschsprachigen Raum mit ›Bindungsforschung‹ am stärksten assoziierte Forschergruppe den Vater als zweiten Elternteil bereits konzeptionell und empirisch in sie einbezogen sieht und wo weitere Möglichkeiten und Notwendigkeiten hierfür gegeben scheinen, legen Spangler, Grossmann & Zimmermann (i.d.B.) in einem umfangreichen Übersichtsreferat offen.

Die Trilogforschung Westschweizer Prägung ebenso wie die Bindungsforschung demonstrieren auf eindrucksvolle Weise, welch hohe prognostische Validität im vorsprachlichen Alter interaktiv Ermitteltes für spätere Altersstufen besitzt – im Falle der Bindungsforschung schon bis hinauf in das Erwachsenenalter. Mit theoretischen Erklärungen, *wie* im vorsprachlichen Alter in Beziehungen Erfahrenes und Verarbeitetes »weiterlebt«, ob und wie es sich – zusammen mit neu hinzukommenden Erfahrungen – nun in vorrangig verbal Ausgedrücktem manifestiert, darüber sagen die genannten Forschungsrichtungen noch wenig.[43] »Die klinische Exploration und die therapeutische Arbeit mit nonverbalen Erinnerungen war immer eine problematische Angelegenheit. Die

---

43 In diesem Sinne äußert sich auch Köhler (1995) in ihrer Diskussion des Wechselverhältnisses von Bindungsforschung und Psychoanalyse.

Therapien, die dem Wort und dem Symbol höchsten Stellenwert beimessen, haben häufig Schwierigkeiten damit gehabt, nonverbale Erinnerungen aufzuspüren und dann zu integrieren.« (Stern 1998, S.243f)

Ein theoretisch und empirisch unüberwindbar scheinender Graben? – Weit davon entfernt, ein Modell eines »glatten Übergangs« anbieten zu können, sehe ich über das dritte psychoanalytische Paradigma (Kilian 1999, Strozier 2001) aus mehreren Gründen Chancen für einen Brückenschlag gegeben. Die von Kohut (1979, 1987) konzeptualisierten ›Selbstobjekte‹[44] und die von diesen jeweils adäquat zu erbringenden ›Selbstobjekt-Funktionen‹, um eine kohärente psychische Verfaßtheit und eine gesunde Entwicklung zu gewährleisten, bilden die Grundpfeiler einer Theorie, die darüber genuin *interaktiv* angelegt ist. In Psychotherapien auszumachende Übertragungen manifestieren sich in vergleichbaren, auf ›Selbstobjekt-Bedürfnisse‹ verweisenden Mustern wie die hinreichend gut erbrachten Selbstobjekt-Funktionen im Rahmen einer »Normalentwicklung«. Sie unterscheiden sich von diesen jedoch häufig darin, daß sich über sie eigenartig anmutende, weil nicht (lebens-)altersentsprechende Äußerungen der Selbstobjekt-Bedürfnisse stattfinden. Diese können und sollen Gegenstand des psychotherapeutischen Dialogs sein. Ihre Artikulation im wiederholten Ansprechen aktueller wie biographisch zurückliegender Erfahrungen sowie ihre erlebte Befriedigung *und partielle (nichttraumatische) Enttäuschung* werden als für den Heilungsprozeß entscheidend angesehen.[45]

Goßmann (i.d.B.) spürt vor solchem Hintergrund (fehlendem) »Väterlichem« im Erleben eines Psychotherapie-Patienten und seinen Auswirkungen auf die psychische Entwicklung nach. Zunächst Analytiker-Interaktionspartner des Analysanden, ist er »von Anfang bis Ende der Analyse darauf ausgerichtet, das subjektive Erleben des Patienten zu erfassen und ihm probeweise mitzutei-

---

44 In der Regel sind dies zunächst die Eltern.

45 Dies im Gegensatz zur einseitigen Betonung einer deutenden *Aufdeckung* und daraus resultierenden *Einsicht* im Rahmen anderer psychoanalytischer Positionen.

len, was er verstanden zu haben glaubt«. (Essentials einer selbstpsychologisch orientierten Psychotherapie präsentiert kurz und
bündig P.Ornstein 2000, Zitat S.29.) Mit Hilfe von Ausschnitten
aus den Protokollen der Therapiestunden zeigt Goßmann dann in
seinem Beitrag, wo er »väterliche Spuren« im Erleben des Analysanden gesehen und verfolgt hat; wo das »Väterliche« fehlte und
welche Folgen dies hatte; und wie es im Rahmen einer erfolgreichen Behandlung Teil eines nachgeholten Entwicklungsprozesses
werden kann. Dieser radikal auf empathisches Eintauchen in die
subjektive »Realität« des Gegenübers setzende Ansatz eröffnet eine
neue Perspektive auf Entwicklungsprozesse und die dazu beitra-
genden interaktiven Faktoren. Die von Goßmann hergestellten
Bezüge von seinen Beobachtungen zu Befunden der Säuglingsforschung – er nimmt immer wieder auf D. Stern Bezug – und Bun-
funden der Neurowissenschaften[46] schaffen eine weiterzuverfol-
gende Verbindung zwischen der Theorie und Praxis der Psychoanalyse einerseits und so ganz anders auf menschliche Entwicklung zugehenden Forschungsansätzen andererseits.

7 Forschungspraxis. Forschung für die Praxis

Es gibt ein für die sozialwissenschaftliche Forschung neu entwik-
keltes Meßgerät: Es heißt »Patergraph« und wurde dazu entwickelt
– so steht es im Prospekt –, »Vaterspezifisches aufzuspüren«. Es ist
hochempfindlich, schlägt nahezu immer aus – egal, ob man es bei
Eßgestörten oder bei Sexualtätern anlegt (Leuchter 1995, Maschwitz 2000). Es wird in zunehmendem Maße eingesetzt. Bislang hat
es jedoch noch kein Patentamt akzeptiert. Es sei zu unklar, was
denn nun eigentlich gemessen würde. – Vater, Vatersein, Vaterbild, Vaterphantasien, Vaterschaft, Väterlichkeit, Vaterfigur, Vaterrolle, Vateridentität, Vaterideal, Vater-Imago, Vater-Archetyp, Vaterkomplex, väterliches Prinzip, Vaterhunger ... In der Begrifflichkeit,
die im Forschen rund um Väter verwandt wird, scheint wie selbstverständlich ein alltagsweltlicher Konsens darüber vorausgesetzt

---

46 Hinsichtlich dieser sei auch noch auf Deneke (1999) verwiesen.

zu werden, der eine Klärung und Präzisierung erübrigt.[47] Die Konsequenz: Es wird mit dem identischen Begriff sehr Unterschiedliches angesprochen. Eine Klärung und Präzisierung scheint hier dringend erforderlich.

Das scheinbar so Klare und Offensichtliche setzt sich in den Fragestellungen fort, auf die in der Väterforschung Antworten gesucht werden. Punktuelles Einlassen auf die eine oder andere – ohne spezifische Begründung hierfür – ist das Übliche, das kontinuierliche Verfolgen einer bestimmten ist selten. Ich gehe davon aus, daß Letzteres aber eine Voraussetzung für entscheidende Fortschritte ist. Das erfordert, daß Forschungsschwerpunkte umrissen und definiert werden, deren Realisierung aus theoretischer und/oder anwendungsbezogener Sicht für besonders vielversprechend gehalten werden. Andere Bedingungen einer wünschenswerten Entwicklung sind eine ausreichende Verfügbarkeit von Forschungsmitteln und bestimmte Merkmale des Forschungspersonals. Die Fragen der Qualifikation, Zusammensetzung und Kontinuität von Forschungsteams scheinen im Falle der Väterforschung noch entscheidender als im Falle anderer sozialwissenschaftlicher Forschungsschwerpunkte.

Doch sollte das kontinuierliche Verfolgen akzentesetzender Forschungsthemen nicht ohne wechselseitige Kenntnisnahme voneinander vorangetrieben werden. (Solches kommt selbst unter den Bedingungen informationsgesellschaftlicher Verhältnisse wiederholt vor; ist für die Väterforschung in ihrem gegenwärtigen Stadium symptomatisch.) In der Forschungsgeschichte lassen sich zahlreiche Belege dafür finden, daß das Zusammenlaufen entsprechender Fäden bei einem Forscher(team), dem explizit eine Koordinationsfunktion zugeschrieben wurde, zu zahlreichen von diesem gegebenen, wertvollen Impulsen führte – in dem Sinne, daß von diesem Kollegen(team) zum richtigen Zeitpunkt für einen spezifischen Forschungsschwerpunkt als wertvoll erachtete Informationen weitergegeben wurden. Die englischsprachige Vä-

---

47 Auch wenn es sich um Begriffe aus tiefenpsychologischen Schulrichtungen – wie ›Vater-Imago‹ oder ›Vaterkomplex‹ – handelt, erstaunt die uneinheitliche Verwendung.

terforschung ist in diesem Sinne seit den 80er Jahren mit dem Namen Michael E. Lamb verbunden. Wenn ein Forschungsbereich mit so vielen angrenzenden über gemeinsame Interessen vernetzt ist wie die Väterforschung, kann die Kenntnisnahme von dort bereits erarbeiteter Theorie und Empirie von besonderem Nutzen sein. Zum Beispiel: Das Wechselspiel von Partnerschaftsqualität und erlebter wie gelebter Vaterschaft ist einer der relativ gut gesicherten Befunde der Väterforschung. Weitere Präzisierungen werden möglich sein, wenn man nicht immer wieder »Eigenentwicklungen« oder die x-te Anwendung ein und derselben Operationalisierung favorisiert, sondern die in einer eigenständigen Partnerschaftsforschung vorangetriebenen Einsichten sowie die dort präzisierten Forschungsinstrumente und -verfahren aufgreift und in die eigene Forschungsabsicht assimiliert (etwa Weiland-Heil 1993). Zum Beispiel: Wahrscheinlich hat im deutschsprachigen Raum keine Einzelperson so lange und intensiv über Aspekte der Väterforschung nachgedacht, empirisch dazu gearbeitet und ihre Erkenntnisse in einer Theorie zusammengebracht wie Resch über »Haushalt und Familie« als den »zweite(n) Arbeitsplatz« (Resch 1991, 1999), der auch in der Väterforschung von zentralem Interesse ist (vgl. Abschn. 3). – Warum sich nicht so kompetenter »Zubringer-Unternehmen« bedienen?

Eine auch in der Väterforschung bevorzugt angewandte Forschungsstrategie ist der Kulturvergleich.[48] Nach der Kenntnisnahme von Delaisi de Parseval (1985) ist seine Zweckmäßigkeit nicht mehr besonders zu begründen. Eben publizierte »Untersuchungen zur Familiengründung im internationalen Vergleich« stellen sie erneut unter Beweis (Nickel & Quaiser-Pohl 2001a).

Im gewissen Widerspruch zu über kulturvergleichende Forschung Gesuchtes und Aufgedecktes steht meines Erachtens jedoch eine so weit verbreitete Praxis wissenschaftlichen Überzeugens, daß die mit ihr gegebenen Probleme längst einer Amnesie anheimgefallen scheinen. Da sollte es zu bedenken geben, wenn

---

48 Karin Grossmann war meines Wissens die erste Forscherin, die hier eine zur deutschsprachigen Väterforschung beitragende Initiative ergriff (vgl. Parke et al. 1981).

Nickel et al. (2001b) selbst bei zwei prima vista kulturell gleichgeschaltet scheinenden Gruppen auf zwei deutlich sich voneinander abhebende »Bündel« (Pfadmodelle) hemmender, fehlender und fördernder Einflüsse auf die ›Partnerschaftliche Zufriedenheit‹ stießen. Untersuchungsgruppen waren werdende Mütter und Väter aus dem Großraum Wien beziehungsweise aus der gesamten alten Bundesrepublik Deutschland. Von den vielen Punkten seien nur zwei angesprochen: In der österreichischen Stichprobe gibt es einen spiegelgleichen Einfluß des ›Klimas in der (jeweiligen) Herkunftsfamilie‹ auf die dem Partner bescheinigte *und* von diesem bescheinigt bekomme ›Zärtlichkeit‹; in der deutschen Stichprobe bestehen diese Zusammenhänge nicht. Während es in der österreichischen Stichprobe einen fördernden Einfluß der ›Partnerschaftlichen Zufriedenheit der Mutter‹ auf jene des Vaters gibt, verläuft der entsprechende Pfeil im Pfadmodell für die deutsche Stichprobe in umgekehrter Richtung (ebd. S. 212). – Wie ist es da – *oft durch den selben Forscher* – noch zu rechtfertigen, alle mit den eigenen Befunden »gleichziehenden« sehr rasch als deren Bestätigung zu deklarieren, wenn sie nur *irgendwo* in der westlichen Welt ermittelt wurden?

Zum Stichwort »Stichproben«: Nickel et al. (2001a) zeigen sich zufrieden, daß von den mit der Bitte um eine Untersuchungsteilnahme Angeschriebenen 32 Prozent sich zur Untersuchungsteilnahme bereit erklären. Wenn dann die Verteilung der üblichen soziodemographischen Merkmale der Stichprobe auch noch mit jener in der Grundgesamtheit übereinstimmt, dann scheint die Aussagekraft der mit Hilfe dieser Stichprobe gewonnenen Befunde über jeden Zweifel erhaben. Das mag im Rahmen vieler sozialwissenschaftlicher Forschungsschwerpunkte so richtig sein. Doch in der Väterforschung? Welche Männer machen bei einer auf Väter fokussierenden Untersuchung – zum Beispiel mittels verschickter Fragebogen – mit? Es sei an die von Meuser (1998) ausgemachten Männergruppen erinnert (vgl. Abschn. 3, Box 2). Und *welche* Adoptivväter, *welche* Väter kognitiv entwicklungsverzögerter Kinder etc. sind motiviert, im Falle einer gezielt auf ihre »Sondergruppe« gemünzten Untersuchung zu dem Rücklauf von 30 beziehungsweise knapp 25 Prozent beizutragen (vgl. Förster 1999, Härting 2000)? Können über diese Stichproben wirklich noch generalisierende Aussagen über *die* Adoptivväter, *die* Väter kognitiv entwicklungsverzögerter Kinder gemacht werden? – Kreative Vorschläge, wie die Teilnahme- und Rücklaufquoten im Rahmen von Väterforschungsprojekten entscheidend zu erhöhen seien, sind gefragt.

Nickel & Quaiser-Pohl (2001b) schließen ihren Band mit Schlußfolgerungen für praktische Maßnahmen ab. Sie konzentrieren sich – dem thematischen Schwerpunkt des Bandes entsprechend – auf werdende und junge Eltern, vermuten bei ihnen einen »hohen Bedarf an psychologischer Beratung und Betreuung.« Angesichts gesellschaftlich so brisanter Themen wie Familiengründung oder Vaterschaft würde man auf wenig Verständnis stoßen, wollte man nicht versuchen, Befunde, die man über Forschung relativ gut gesichert glaubt, in Empfehlungen und Maßnahmen im Interesse der Betroffenen umzusetzen. Doch tun sich dabei so viele Fragen auf, daß ich meine diesbezüglich bestehenden Ideen, Bedenken und Hoffnungen an anderer Stelle in der nötigen Ausführlichkeit darstellen werde.

Die bereits existierende beziehungsweise empfohlene »Väter-Praxis« findet sich in zahlreichen, sich kontinuierlich über sehr verschiedene Themen austauschenden Vätergruppen. Sie reicht von familienpolitischen Empfehlungen (z.B. Kaufmann 1995), ihren zum Teil erfolgten Realisierungen und deren Evaluation (Vascovics & Rost 1999) über verschiedene Modelle präventiver Angebote – durch verschiedene Träger realisiert (z.B. Deutscher Familienverband 1999) – bis zum Vorschlag einer »Psycho- und Beziehungsdiagnostik schon während der Schwangerschaft« und einer gegebenenfalls daran anschließenden therapeutischen Intervention (von Klitzing i.d.B.). In einschlägiger professioneller Praxis Tätige ebenso wie Männer-Engagierte haben begonnen, ihre Tagungen auf »Väter-Fragen« hin auszurichten (vgl. Michelsen 1995, Rohr et al. 2000). Es bleibt abzuwarten, wieviel Kontinuität die angestoßenen Diskussionen aufweisen, ob und welche Folgen sie zeitigen.

Hier ein Letztes: Ich gehe davon aus, daß die meisten Väter gegenwärtig wenig Bewußtsein von ihrer Bedeutsamkeit für ihre Kinder entwickeln können. Geschweige denn, daß sie um das Wie ihrer Bedeutsamkeit wissen. Wie groß ist der Kreis derjenigen, die ein intuitives Ahnen davon besitzen? – Wissenschaftliche Forschung ist dabei, Dimensionen, Voraussetzungen und Konsequenzen sowohl der Bedeutsamkeit als auch des Bewußtseins davon zu erhellen. Die entsprechenden Diskurse würden ihr Ziel verfehlen, wenn der Geschlechterkampf in ihnen ein neues Forum suchte und fände (vgl. Benard & Schlaffer 1991, Amendt 1999). Denn für den hier zur Diskussion stehenden Themenkomplex gilt im besonderen Maße, was Rosa Mayreder vor fast 100 Jahren in wenigen Worten zusammengefaßt hat: »Die beiden Geschlechter stehen in einer zu engen Verbindung, sind voneinander zu abhängig, als daß Zustände, die das eine treffen, das andere nicht berühren sollten.«[49]

---

[49] Dieses Zitat aus dem Jahre 1905 ist noch wenige Monate auf der österreichischen »Fünfhundert-Schilling«-Banknote zu finden. Mehr Information über diese eindrucksvolle Frau enthält u.a. Mayreder (1981).

Literatur

Abelin, E.L. (1971). The role of the father in the separation-individuation process. In J.B. McDevitt & C.F. Settlage (Eds.), *Separation-Individuation.* New York: International Universities Press, pp. 229–252.

Abelin, E.L. (1975). Some further observations and comments on the earliest role of the father. *International Journal of Psycho-Analysis*, 56, pp. 293–302.

Abelin, E.L. (1980). Triangulation, the role of the father and the origins of core gender identity during the rapprochementsubphase. In R.F. Lax, S.Bach & J.A. Burland (Eds.), *Rapprochement.* New York: Jason Aronson, pp. 151–169.

Abelin, E.L. (1986). Die Theorie der frühkindlichen Triangulation. Von der Psychologie zur Psychoanalyse. In J. Stork (Hrsg.), *Das Vaterbild in Kontinuität und Wandlung.* Stuttgart: frommann-holzboog, S.45–72.

Ahrbeck, B. & Körner, J. (Hrsg.) (2001). *Der vergessene Dritte. Ödipale Konflikte in Erziehung und Therapie.* Neuwied: Luchterhand.

Aigner, J.C. (2001). *Der ferne Vater. Zur Psychoanalyse von Vatererfahrung, männlicher Entwicklung und negativem Ödipuskomplex.* Gießen: Psychosozial.

Arn, C. (2000). *HausArbeitsEthik. Strukturelle Probleme und Handlungsmöglichkeiten rund um die Haus- und Familienarbeit in sozialethischer Perspektive.* Chur: Rüegger.

Asperger, H. (1960). Fehlen und Versagen des Vaters in ihrer Auswirkung auf Entwicklung und Erziehung von Kindern und Jugendlichen. *Jugendwohl, 41*, S.42–150.

Bauer, T. (2000). *Die Familienfalle. Wie und warum sich die Familiensituation für Frauen und Männer unterschiedlich auf die Erwerbsbiographie auswirkt – eine ökonomische Analyse.* Chur: Rüegger.

Beail, N. & McGuire, J. (Eds.) (1982). *Fathers. Psychological Perspectives.* London: Junction Books.

Beerboom, T. (1997). *Zusammenhang zwischen Persönlichkeitsprofil werdender Väter und dem Auftreten von Couvade Symptomen.* Unveröffentl. Dissertation, Universität Leipzig.

Beller, E. K. (1983). Die Anwesenheit des Vaters oder einer intakten Familie und die Auswirkung von Kindergarten und Vorschule auf die psychosoziale Entwicklung bei Unterschichtkindern. In K. E. Grossmann & P. Lütkenhaus (Hrsg.), *Bericht über die 6. Tagung Entwicklungspsychologie an der Universität Regensburg, Band I,* S.159–162.

Benson, L. (1968). *Fatherhood. A sociological perspective.* New York: Random House.

Berger, M. (1996). »Durch diese schöne Anstrengung mit sich selbst bekannt werden...«. Über Texte zu Töchtern und Vätern. In M. Berger & J. Wiesse (Hrsg.), *Geschlecht und Gewalt.* Göttingen: Vandenhoeck & Rupprecht, S. 120–160.

Biller, H. B. (1971). *Father, child and sex role. Paternal determinants of personality development.* Lexington, Mass.: Heath.

Bleibtreu-Ehrenberg, G. (1994). Vaterschaft im Kulturvergleich. *Psychosozial, 17,* S. 25–36.

Blos, P. (1990). *Sohn und Vater. Diesseits und jenseits des Ödipuskomplexes.* Stuttgart: Klett-Cotta.

Bourgeois, L. (2001). *Destruction of the father – reconstruction of the father.* Zürich: Ammann.

Brähler, E., Felder, H. & Strauss, B. (Hrsg.) (2000). *Fruchtbarkeitsstoerungen. Jahrbuch der Medizinischen Psychologie, Band 17.* Göttingen: Hogrefe.

Brandes, H. (2000). Wie Männer sich selbst sehen. Männlichkeiten und soziale Milieus. In M. Rosowski & A. Ruffing (Hrsg.), *MännerLeben im Wandel. Würdigung und praktische Umsetzung einer Männerstudie.* Ostfildern: Schwabenverlag, S. 86–110.

Brandes, H. & Bullinger, H. (1996). *Handbuch Männerarbeit.* Weinheim: Psychologie Verlags Union.

Brech, E., Bell, K. & Marahrens-Schürg, C. (Hrsg.) (1999). *Weiblicher und männlicher Ödipuskomplex.* Göttingen: Vandenhoeck & Rupprecht.

Bürgin, D. (1998). Psychoanalytische Ansätze zum Verständnis der frühen Eltern-Kind-Triade. In K. v. Klitzing (Hrsg.), *Psychotherapie in der frühen Kindheit.* Göttingen: Vandenhoeck & Rupprecht, S. 15–31.

Bürgisser, M. (1998). *Wie Du mir, so ich Dir... Bedingungen und Grenzen egalitärer Rollenteilung in der Familie.* Chur: Rüegger.

Bullinger, H. (1983). *Wenn Männer Väter werden. Schwangerschaft, Geburt und die Zeit danach im Erleben von Männern.* Reinbek: Rowohlt.

Bullinger, H. (1996). Väterarbeit. In H. Brandes & H. Bullinger (Hrsg.), *Handbuch Männerarbeit.* Weinheim: Psychologie Verlags Union, S. 402–413.

Bullmer, K. (1978). *Empathie: ein programmierter Text zur Verbesserung der interpersonellen Wahrnehmungsfähigkeit.* München: Reinhardt.

Busch, G., Hess-Diebäcker, D. & Stein-Hilbers, M. (1988). *Den Männern die Hälfte der Familie, den Frauen mehr Chancen im Beruf.* Weinheim: Deutscher Studien Verlag.

Cath, S. H., Gurwitt, A. R. & Munder Ross, J. (1982). *Father and child. Developmental and clinical perspectives.* Boston: Little, Brown and Company.

Corneau, G. (1993). *Abwesende Väter – verlorene Söhne. Die Suche nach der männlichen Identität.* Hamburg: Walter.

Delaisi de Parseval, G. (1985). *Was wird aus den Vätern? Künstliche Befruchtung und das Erlebnis der Vaterschaft.* Weinheim: Beltz.

Deneke, F.-W. (1999). *Psychische Struktur und Gehirn. Die Gestaltung subjektiver Wirklichkeiten.* Stuttgart: Schattauer.

Deutscher Familienverband (Hrsg.) (1999). *Handbuch Elternbildung.* 2 Bände. Opladen: Leske & Budrich.

Döpkemeyer, M. (1981). *Merkmale familiärer Betreuung von Kindern im ersten Lebensjahr.* Universität Düsseldorf, unveröffentl. Diplomarbeit.

Dornes, M. (1994). *Der kompetente Säugling. Die präverbale Entwicklung des Menschen.* Frankfurt/M.: Fischer.

Dornes M. (1997). *Die frühe Kindheit. Entwicklungspsychologie der ersten Lebensjahre.* Frankfurt/M.: Fischer.

Dornes, M. (2000) *Die emotionale Welt des Kindes.* Frankfurt a. M: Fischer.

Drinck, B. (1999). Der Vater als Erzeuger. Alte Zeugungstheorien – die Lehren Aristoteles', Galenus' und Thomas von Aquins – in Konfrontation mit modernen Konzepten. In B. Drinck (Hrsg.), *Vaterbilder. Eine interdisziplinäre und kulturübergreifende Studie zur Vaterrolle.* Bonn: Bovier, S. 59–81.

Eitler, G. (1985). *Der Vater – Erzieherverhalten in der Generationenfolge.* Unveröffentl. Dissertation, Universität Wien.

Eitler, G. & Rollett, B. (1984). Erzieherverhalten in der Generationenfolge. In K.-H. Ingenkamp (Hrsg.), *Sozial-emotionales Verhalten in Lehr- und Lernsituationen. Bericht über die 34. AEPF-Tagung.* Landau/Pfalz: Erziehungswissenschaftliche Hochschule Rheinland-Pfalz, S. 181–198.

Erikson, E.H. (1957). *Kindheit und Gesellschaft.* Stuttgart: Klett-Cotta.

Erni, M. (1965). *Das Vaterbild der Tochter.* Zürich: Benzinger.

Fivaz-Depeursinge, E & Corboz-Warnnery, A. (2001). *Das primäre Dreieck. Vater, Mutter und Kind aus entwicklungstheoretisch-systemischer Sicht.* Heidelberg: Carl-Auer.

Fivaz-Depeursinge, E., Stern, D.N., Corboz-Warnnery, A. & Bürgin, D. (1998). Wann und wie das familiale Dreieck entsteht – Vier Perspektiven affektiver Kommunikation. In B. Hildenbrand & R. Welter-Enderlin (Hrsg.), *Gefuehle und Systeme. Die emotionale Rahmung beraterischer und therapeutischer Prozesse.* Heidelberg: Carl-Auer, S. 119–154.

Förster, E. (1999). *Das subjektive Erleben von Adoptivvätern und leiblichen Vätern mit Kindern im Kindergartenalter – eine quantitative Vergleichsstudie.* Unveröffentl. Diplomarbeit, Universität Konstanz..

Fthenakis, W. E. (1983) (Org.). Die Rolle des Vaters in der Entwicklung des Kindes – Ehescheidung. In K. E. Grossmann & P. Lütkenhaus (Hrsg.), *Bericht über die 6. Tagung Entwicklungspsychologie an der Universität Regensburg, Band I,* S. 153–175.

Fthenakis, W. E. (1985a). *Väter. Band 1: Zur Psychologie der Vater-Kind-Beziehung.* München: Urban & Schwarzenberg.

Fthenakis, W. E. (1985b). *Väter. Band 2: Väter in unterschiedlichen Familienstrukturen.* München: Urban & Schwarzenberg.

Frank, N. (o.J.). *Der Vater. Eine Abrechnung.* München: C. Bertelsmann.

Gauda, G. (1983). Die Rolle und der Einfluß des Vaters in den ersten fünf Lebensjahren. In K. E. Grossmann & P. Lütkenhaus (Hrsg.), *Bericht über die 6. Tagung Entwicklungspsychologie an der Universität Regensburg, Band I,* S.166–167.

Gebauer, G. (2001). Vater-Sohn-Institutionen: Familie, Universität, Sport. In B. Wirkus (Hrsg.),*Väter und Söhne. Bestandsaufnahme und Diagnose am Ende des 20. Jahrhunderts.* Konstanz: UVK, S.189–213.

GEO (2001). Die Väter. Wie sehr sie ihre Kinder prägen. Warum sie besser sind als ihr Ruf. Was sie so besonders macht. *GEO 1/2001,* S.144–172.

Gidion, H. (1993). *Väter und ihre Töchter. Literarische Entdeckungsreisen.* Frankfurt/M.: Fischer Taschenbuch.

Glötzner, J. (1994): Gedanken von Schülern zu »Vater« und »Vatertag«. *Analytische Kinder- und Jugendlichenpsychotherapie, 25,* S.365ff.

Gloger-Tippelt, G., Gomille, B. & Grimmig, R. (1993). *Der Kinderwunsch aus psychologischer Sicht.* Opladen: Leske & Budrich.

Goldman, M.J. (1997). *Vater und Kind. Das etwas andere Babybuch.* München: Mosaik.

Graf, M., Knotte, G. & Walter, H. (2000). Vom Jugend- zum Erwachsenenalter. Eltern-Kind-Beziehungen werden ausgeglichener, die emotionale Randposition des Vaters verschärft sich. *System Familie, 13,* S.178–182.

Greenberg, M. (1990). *Ein Vater wird geboren. Die Entfaltung der Vater-Kind-Beziehung.* Stuttgart: Quell.

Grieser, J. (1998). *Der phantasierte Vater. Zu Entstehung und Funktion des Vaterbildes beim Sohn.* Tübingen: edition diskord.

Grossmann, K., Grossmann, K. E. & Wutz, C. (1983). Die unterschiedliche Verknüpfung von Bindungsqualität und Spielgemeinschaft in der Vater-Kind Beziehung im Vergleich zur Mutter-Kind Beziehung. In K. E. Grossmann & P. Lütkenhaus (Hrsg.), *Bericht über die 6. Tagung Entwicklungspsychologie an der Universität Regensburg, Band I,* S.163–165.

Grossmann, K. E. & Volkmer, H.-J. (1984). Father's presence during birth of their infants and paternal involvement. *International Journal of Behavioral Development, 7,* pp. 157–165.

Härtling, P. (Hrsg.) (1968). *Die Väter. Berichte und Geschichten.* Frankfurt/M: Fischer.

Härtling, P. (1980). *Nachgetragene Liebe.* Darmstadt: Luchterhand.

Härting, R. (2000). *»Behinderte« Kinder – »behinderte« Väter? Dimensionen selbstperzipierter Vaterschaft von Vätern mit Kindern in der Frühförderung.* Unveröffentl. Diplomarbeit, Universität Konstanz.

Happel, F. (1996). *Der Einfluß des Vaters auf die Tochter. Zur Psychoanalyse weiblicher Identitätsbildung.* Eschborn bei Frankfurt/M.: Klotz.

Haustein, J. (Hrsg.) (1987). *Briefe an den Vater. Zeugnisse aus drei Jahrhunderten.* Frankfurt/M.: Insel.

Heinl, P. (1994). *»Maikäfer flieg, dein Vater ist im Krieg...« Seelische Wunden aus der Kriegskindheit.* München: Kösel.

Heinowitz, J. (1999). *Der Mann in anderen Umständen. Der einfühlsame Ratgeber für die aufregende Phase des Vater-Werdens.* München: Mosaik.

Herzog, J.M. (1980). Sleep disturbance and father hunger in 18- to 28-month-old boys. The Erlkönig Syndrome. *The Psychoanalytic Study of the Child, 35,* pp. 219–233.

Herzog, J.M. (1988). Preoedipal Oedipus: The father-child dialogue. In G.H. Pollock & J.M. Ross, *The Oedipus Papers,* Madison, Conn.: International Universities Press, pp. 475–491.

Herzog, J. (1991). Die Muttersprache lehren. Aspekte des Entwicklungsdialoges zwischen Vater und Tochter. *Jahrbuch der Psychoanalyse, Bd.27.* Stuttgart: frommann-holzboog, S.29–41.

Höner, P. (1998). *Am Abend, als es kühler ward.* Zürich: Limmat.

Höpflinger, F., Charles, M. & Debrunner, A. (1991). *Familienleben und Berufsarbeit. Zum Wechselverhältnis zweier Lebensbereiche.* Zürich: Seismo.

Hoff, A. & Scholz, J. (1985). Späte Väter, arrivierte Umsteiger und andere Männer an der Peripherie der Arbeitsgesellschaft. In T. Schmid (Hrsg.), Das Ende der starren Zeit. Berlin: Wagenbach, S.72–96.

Hondrich, K.-O., Schumacher, J., Arzberger, K., Schlie, F. & Stegbauer, C. (Hrsg.) (1988). *Krise der Leistungsgesellschaft? Empirische Analysen zum Engagement in Arbeit, Familie und Politik.* Opladen: Westdeutscher Verlag.

Hügli, A. (1998). »Damit ein Anfang sei...«, eine philosophische Reflexion über Sinn und Bedeutung der Elternschaft. In D. Bürgin (Hrsg.), *Triangulierung. Der Übergang zur Elternschaft.* Stuttgart: Schattauer, S.6–22.

Jellouschek, H. (1996). *Mit dem Beruf verheiratet. Von der Kunst, ein erfolgreicher Mann, Familienvater und Liebhaber zu sein.* Stuttgart: Kreuz.

Jung, C.G. (1989). *Von Vater, Mutter und Kind.* Olten: Walter.

Kapfhammer, H.-P. & Mayer, C. (1996). Der Übergang zur Vaterschaft. Entwicklungsaufgabe, Krise und Reifungsschritt. Anmerkungen zum Couvade-Syndrom. In E. Brähler & U. Unger (Hrsg.), *Schwangerschaft, Geburt und der Übergang zur Elternschaft.* Opladen: Westdeutscher Verlag, S.71–89.

Kaufmann, F.-X. (1995). *Zukunft der Familie im vereinten Deutschland. Gesellschaftliche und politische Bedingungen.* München: Beck.

Kast, V. (1994). *Vater-Töchter, Mutter-Söhne. Wege zur eigenen Identität aus Vater- und Mutterkomplexen.* Stuttgart: Kreuz.

Keller, H. & Werner-Bonus, E. (1978). Vater-Kind-Interaktionen bei drei Monate alten männlichen und weiblichen Säuglingen. *Zeitschrift für Entwicklungspsychologie und Pädagogische Psychologie, 10,* S.279–285.

Keller, H. & Keller, W. (1981). Verbales und vokales Verhalten von Vätern und Müttern gegenüber ihren weiblichen und männlichen Säuglingen in einem dreieinhalbmonatigen Längsschnitt. *Zeitschrift für Entwicklungspsychologie und Pädagogische Psychologie, 13,* S.116–126.

Kilian, H. (1999). Der geschichtliche Wandel im Denken und Deuten der Psychoanalyse. In W. E. Milch & H.-P. Hartmann (Hrsg.), *Die Deutung im therapeutischen Prozeß.* Gießen: Psychosozial, S.19–46.

Knibiehler, Y. (1996). *Geschichte der Väter. Eine kultur- und sozialhistorische Spurensuche.* Freiburg: Herder.

Knijn, T. (1995). Hat die Vaterschaft noch eine Zukunft? Eine theoretische Betrachtung zu veränderter Vaterschaft. In L. Armbruster, U. Müller & M. Stein-Hilbers (Hrsg.), *Neue Horizonte? Sozialwissenschaftliche Forschung über Geschlechter und Geschlechterverhältnisse.* Opladen: Leske & Budrich, S.171–192.

Köhler, L. (1995). Bindungsforschung und Bindungstheorie aus der Sicht der Psychoanalyse. In G. Spangler & P. Zimmermann (Hrsg.), *Die Bindungstheorie. Grundlagen, Forschung und Anwendung.* Stuttgart: Klett-Cotta, S.67–85.

Könnecke, R., Küchenhoff, J., Riesbeck, M., Ermel, S. & Schilling, S. (1998). Kinderwunsch-Motive ungewollt kinderloser Männer. In E. Brähler & S. Goldschmidt (Hrsg.), *Psychosoziale Aspekte von Fruchtbarkeitsstörungen.* Bern: Huber, S.163–187.

Kohut, H. (1979). *Die Heilung des Selbst.* Frankfurt/M.: Suhrkamp.

Kohut, H. (1987). *Wie heilt die Psychoanalyse?* Frankfurt/M.: Suhrkamp.

Kreckel, M. (1997). *Macht der Väter. Krankheit der Söhne.* Frankfurt/M.: Fischer.

Kreppner, K., Paulsen, S. & Schütze, Y. (1982). Infant and family development: From triads to tetrads. *Human Development, 25,* pp. 373–391.

Krüll, M. (1979). *Freud und sein Vater. Die Entstehung der Psychoanalyse und Freuds ungelöste Vaterbindung.* München: Beck.

Kühler, T. (1989). *Zur Psychologie des männlichen Kinderwunsches.* Weinheim: Deutscher Studienverlag.

Künzler, J. (1994). *Familiale Arbeitsteilung. Die Beteiligung von Männern an der Hausarbeit.* Bielefeld: Kleine.

Künzler, J. (1999). Arbeitsteilung in Ehen und Nichtehelichen Lebensgemeinschaften. In T. Klein & W. Lauterbach (Hrsg.), *Nichteheliche Lebensgemeinschaften. Analysen zum Wandel partnerschaftlicher Lebensformen.* Opladen: Leske & Budrich, S. 235–268.

Kunze, H.-R. (1983). Alleinerziehende Väter. In K. E. Grossmann & P. Lütkenhaus (Hrsg.), *Bericht über die 6. Tagung Entwicklungspsychologie an der Universität Regensburg, Band I,* S. 174–175.

Kursbuch (2000). *Die Väter. Kursbuch 140 (Juni 2000).* Berlin: Rowohlt

Lacan, S. (1999). *Ein Vater. Puzzle.* Wien: Deuticke.

Lamb, M. E. (1975). Fathers: Forgotten contributers to child development. *Human Development,* 18, pp. 245–266.

Lamb, M. E. (1976). *The role of the father in the child development.* New York: Wiley (first ed.).

Landolf, P. (1968). *Kind ohne Vater. Ein psychologischer Beitrag zur Bestimmung der Vaterrolle.* Bern: Huber.

Legendre, P. (1998). *Das Verbrechen des Gefreiten Lortie. Abhandlung über den Vater.* Freiburg: Rombach.

Lehr, U. (1974). *Die Rolle der Mutter in der Sozialisation des Kindes.* Darmstadt: Steinkopff.

Lehr, U. (1978). Die Bedeutung von Mutter und Vater für die Persönlichkeitsentwicklung des Kleinkindes. In R. Dollase (Hrsg.), *Handbuch der Früh- und Vorschulpädagogik.* Düsseldorf: Schwann, S. 119–142.

Lenzen, D. (1991). *Vaterschaft. Vom Patriarchat zur Alimentation.* Reinbek: Rowohlt.

Leonard, L. (1985). *Töchter und Väter. Heilung und Chancen einer verletzten Beziehung.* München: Kösel.

Lerner, G. (1991). *Die Entstehung des Patriarchats.* Frankfurt/M.: Campus.

Leuchter, E. (1995) *Die Rolle des Vaters bei der Entwicklung von Eßstörungen.* Unveröffentl. Diplomarbeit, Universität Konstanz.

Lévi-Strauss, C. (1981). *Die elementaren Strukturen der Verwandtschaft.* Frankfurt/M.: Suhrkamp.

Liessmann, K.P. (2000). Geld, Gott und Gesetz. Das Verschwinden der Vater-Imago. *Kursbuch 140: Die Väter.* Berlin: Rowohlt Berlin, S. 45–52.

Lukesch, H. (1977). *Das Schwangerschaftserleben werdender Väter. Psychologie und Praxis, 21,* S. 123–131.

Lynn, D. B. (1974). *The father: his role in child development.* Monterey, Cal.: Brooks/Cole.

Maeder, C. (1992). Reproduktionsmedizin in der Schweiz: Ergebnisse und Interpretationen einer repräsentativen Bevölkerungsbefragung. *Schweizerische Zeitschrift für Soziologie, 18,* S. 363–391.

Mann, E. (1996). *Mein Vater, der Zauberer.* Reinbek: Rowohlt.

Maschwitz, R. (2000). *Selbst-, Mutter- und Vaterbilder bei Sexualtätern. Probleme der Geschlechtsidentität bei aggressiven Sexualdelinquenten.* Gießen: Psychosozial.

Mattejat, F. (1993). *Subjektive Familienstrukturen.* Göttingen: Hogrefe.

Mattejat, F. & Scholz, M. (1994). *Leipziger-Marburger Familientest.* Handanweisung. Göttingen: Hogrefe.

Mattenklott, G. (2001). Väterbilder in der Neueren Kinderliteratur. In B. Wirkus (Hrsg.), *Väter und Söhne. Bestandsaufnahme und Diagnose am Ende des 20. Jahrhunderts.* Konstanz: UVK, S. 243–276.

Matussek, M. (1998). *Die vaterlose Gesellschaft. Überfällige Anmerkungen zum Geschlechterkampf.* Reinbek: Rowohlt.

Mayreder, R. (1981). *Zur Kritik der Weiblichkeit.* Essays, zusammengestellt und eingeleitet von Hanna Schnedl. München: Verlag Frauenoffensive.

Meckel, Ch. (1980). *Suchbild. Über meinen Vater.* Düsseldorf: classen.

Meier, P. (1982). Väter in der Gegenwartsliteratur. In H. J. Schultz (Hrsg.), *Vatersein.* Stuttgart: Kreuz, S. 52–62.

Metzger, H.-G. (2000). *Zwischen Dyade und Triade. Psychoanalytische Familienbeobachtungen zur Bedeutung des Vaters im Triangulierungsprozeß.* Tübingen: edition diskord.

Meuser, M. (1998). *Geschlecht und Männlichkeit. Soziologische Theorie und kulturelle Deutungsmuster.* Opladen: Leske & Budrich.

Michelsen, H. (Hrsg.) (1995). *Über Väter. Skizzen einer wichtigen Beziehung.* Mainz: Matthias-Grünewald.

Mitscherlich, A. (1953). Der unsichtbare Vater. Ein Problem für Psychoanalyse und Soziologie. *Kölner Zeitschrift für Soziologie und Sozialpsychologie, 7,* S. 188–201.

Mitscherlich, A. (1963). *Auf dem Weg zur vaterlosen Gesellschaft. Ideen zur Sozialpsychologie.* München: Piper.

Moser, T. (1997). *Dabei war ich doch sein liebstes Kind. Eine Psychotherapie mit der Tochter eines SS-Mannes.* München: Kösel.

Müller-Schwefe, H.R. (1957). *Die Welt ohne Väter.* Hamburg: Furche.

Nash, J. (1965). The father in contemporary culture and current psychological literature. *Child Development, 36,* pp. 261–297.

Nickel, H. & Köcher, E. M. T. (1987). West Germany and the German-speaking countries. In: M. E. Lamb (Ed.), *The father's role. Cross-cultural perspectives.* Hillsdale, N. J.: Lawrence Erlbaum, pp. 89–114.

Nickel, H. & Quaiser-Pohl, C. (Hrsg.) (2001a). *Junge Eltern im kulturellen Wandel. Untersuchungen zur Familiengründung im internationalen Vergleich.* Weinheim: Juventa.

Nickel, H. & Quaiser-Pohl, C. (2001b). Junge Eltern im Kulturvergleich: Schlussfolgerungen für Prävention und Intervention. In H. Nickel & C. Quaiser-Pohl. (Hrsg.), *Junge Eltern im kulturellen Wandel. Untersuchungen zur Familiengründung im internationalen Vergleich.* Weinheim: Juventa, S.311–317.

Nickel, H., Grant, H.-B. & Vetter, J. (2001a). Rollenauffassungen, Einstellungen, persönliche Zufriedenheit und soziales Umfeld von Erst- und Mehrfacheltern in der Bundesrepublik Deutschland. In H. Nickel & C. Quaiser-Pohl. (Hrsg.), *Junge Eltern im kulturellen Wandel. Untersuchungen zur Familiengründung im internationalen Vergleich.* Weinheim: Juventa, S.107–121.

Nickel, H., Quaiser-Pohl, C., Rollett, B.& Werneck, H. (2001b). Bedeutung von Herkunftsfamilie und mütterlicher Berufstätigkeit für die partnerschaftliche Zufriedenheit in Deutschland, Österreich, Südkorea und Georgia/USA. In H. Nickel & C. Quaiser-Pohl. (Hrsg.), *Junge Eltern im kulturellen Wandel. Untersuchungen zur Familiengründung im internationalen Vergleich.* Weinheim: Juventa, S.203–217.

Onken, J. (1993). *Vatermänner. Ein Bericht über die Vater-Tochter-Beziehung und ihren Einfluß auf die Partnerschaft.* München: Beck.

Onnen-Isemann C. & Nave-Herz, R. (2000). Die hochtechnisierte Reproduktionsmedizin aus soziologischer Sicht – Ergebnisse einer empirischen Studie. In E. Brähler, H. Felder & B. Strauss (Hrsg.), *Fruchtbarkeitsstörungen.* Göttingen: Hogrefe.

Ornstein, P. (2000). *Mein Verständnis der Psychoanalyse und des psychoanalytischen Prozesses.* In P. Kutter (Hrsg.), Psychoanalytische Selbstpsychologie. Theorie, Methode, Anwendungen. Göttingen: Vandenhoeck & Rupprecht, S.28–40.

Osherson, S.(1990). *Die ersehnte Begegnung. Männer entdecken ihre Väter.* Köln: edition Humanistische Psychologie.

Parke, R. D., Grossmann, K. & Tinsley, B. R. (1981). Father-mother-infant interaction in the newborn period: A German-American *comparison.* In T. M. Field, A. M. Sostek, P. Vietze & P. H. Leiderman (eds.), *Culture and early interactions.* Hillsdale: Lawrence Erlbaum, pp. 95–113.

Pedersen, F. A. (Ed.) (1980). *The father-infant relationship. Observational studies in the family setting.* New York: Praeger.

Peinelt-Jordan, K. (1996). *Männer zwischen Beruf und Familie – ein Anwendungsfall für Individualisierung der Personalpolitik.* München: Hampp.

Peisker, I. (1991). *Die strukturbildende Funktion des Vaters. Beitrag zu einem vernachlässigten Thema.* Pfaffenweiler: Centaurus.

Pestalozzi, K. (1998).»Ist er nicht süß, unser Murkel!« Werdende Eltern als literarisches Thema. In D. Bürgin (Hrsg.), *Triangulierung. Der Übergang zur Elternschaft.* Stuttgart: Schattauer, S.54–68.

Petri, H. (1997). *Guter Vater – Böser Vater. Psychologie der männlichen Identität.* Bern: Scherz.

Petri, H. (1999). *Das Drama der Vaterentbehrung. Chaos der Gefühle –Kräfte der Heilung.* Freiburg: Herder.

Petri, H. (2000). Historische Genesis der psychischen Strukturen. In Heinrich-Böll-Stiftung (Hrsg.), *Mütterlichkeit und Väterlichkeit in West und Ost.* Berlin: Dokumentationen der Heinrich-Böll-Stiftung, Nr. 2 (2. Auflage), S. 23–28.

Pittman, F. (1996). *Warum Söhne ihre Väter brauchen. Der schwierige Weg zur Männlichkeit.* München: Deutscher Taschenbuchverlag.

Pollock, G.H. & Ross, J.M.. (1988). *The Oedipus papers.* Madison, Conn.: International Universities Press.

Price-Bonham, S. (1976). Bibliography of literature related to roles of fathers. *The Family Coordinator, 25,* pp. 489–512.

Publik-Forum (2001). Die Väter kommen! *Publik-Forum, 15,* S. 8–10.

Pudney, W. & Cottrell, J. (2000). *Das Väterhandbuch zu Schwangerschaft und Geburt.* München: Beust.

Radebold, H. (2000). *Abwesende Väter. Folgen der Kriegskindheit in Psychoanalysen.* Göttingen: Vandenhoeck & Ruprecht.

Rerrich, M. S. (1988). *Balanceakt Familie. Zwischen alten Leitbildern und neuen Lebensformen.* Freiburg: Lambertus.

Resch, M.G. (1991). *Haushalt und Familie: Der zweite Arbeitsplatz. Analyse der Reproduktionsarbeit in Haushalt und Familie auf der Grundlage der Handlungsregulationstheorie.* Bern: Huber.

Resch, M. (1999). *Arbeitsanalyse im Haushalt. Erhebung und Bewertung von Tätigkeiten außerhalb der Erwerbsarbeit mit dem AVAH-Verfahren.* Zürich: Hochschulverlag.

Roeder, H. (1994). *Mit einem Kind habe ich nicht gerechnet. Männer und Schwangerschaft.* München: Kunstmann.

Roeder, H., Sellschopp, A. & Henrich, G. (1994). Partnerschaft und Schwangerschaftskonflikt. *Zeitschrift für Psychotherapie, Psychosomatik und medizinische Psychologie, 5,* S. 153–158.

Rohr, R. u. a. (2001). *Vater, Sohn und Männlichkeit.* Innsbruck: Tyrolia.

Rotmann, M. (1978). Über die Bedeutung des Vaters in der »Wiederannäherungs-Phase«. *Psyche, 32,* S. 1105–1147.

Rotmann, M. (1980). Über die Rolle des Vaters in der Entwicklung des Kleinkindes. In R. Naske (Hrsg.), *Aufbau und Störungen frühkindlicher Beziehungen zu Mutter und Vater.* Wien: Brüder Hollinek, S. 93–107.

Rotmann, M. (1981). Der Vater der frühen Kindheit – ein strukturbildendes drittes Objekt. In G. Bittner (Hrsg.), *Selbstwerden des Kindes. Ein neues tiefenpsychologisches Konzept.* Fellbach: Bonz, S. 160–172.

Rotmann, M. (1984). Die Rolle des Vaters im Leben des kleinen Kindes. In H.J. Schultz (Hrsg.), *Vatersein*. München: Deutscher Taschenbuch Verlag, S. 150–159.

Ryffel-Gericke, C. (1983). *Männer in Familie und Beruf. Eine empirische Untersuchung zur Stiuation Schweizer Ehemänner.* Diessenhofen: Rüegger.

Sander, E. (1983). Erziehen ohne Vater. In K. E. Grossmann & P. Lütkenhaus (Hrsg.), *Bericht über die 6. Tagung Entwicklungspsychologie an der Universität Regensburg, Band I,* S. 168–171.

Scharmann, D.-L. & Scharmann, T. (1975). Die Vaterrolle im Sozialisations- und Entwicklungsprozeß des Kindes. In F. Neidhardt (Hrsg.), *Frühkindliche Sozialisation. Theorien und Analysen.* Stuttgart: Enke, S. 270–316.

Schelsky, H. (1957). *Die skeptische Generation. Eine Soziologie der deutschen Jugend.* Düsseldorf: Diederichs.

Schlenz, K. (1994). *Mensch, Papa! Vater werden – das letzte Abenteuer. Ein Mann erzählt.* München: Mosaik.

Schmidbauer, W. (1998). *»Ich wusste nie, was mit Vater ist«. Das Trauma des Krieges.* Reinbek: Rowohlt.

Schmidt, W. (1955). *Gebräuche des Ehemannes bei Schwangerschaft und Geburt.* Wien: Herold.

Schmidt-Denter, U. (1984). *Die soziale Umwelt des Kindes.* Berlin: Springer.

Schnack, D. & Gesterkamp, T. (1998). *Hauptsache Arbeit? Männer zwischen Beruf und Familie.* Reinbek: Rowohlt.

Schneewind, K.A. (1991). *Familienpsychologie.* Stuttgart: Kohlhammer.

Schneewind, K.A. & Vascovics, L.A. (1992). *Optionen der Lebensgestaltung junger Ehen und Kinderwunsch. Verbundstudie im Auftrag des Bundesministeriums für Familie und Senioren.* Stuttgart: Kohlhammer.

Schneider, W. (1989). *Die neuen Väter. Chancen und Risiken. Zum Wandel der Vaterrolle in Familie und Gesellschaft.* Augsburg: AV-Verlag.

Schön, B. (1983). *36 J., verh., teilzeitbeschäftigt, Vater eines Sohnes.* Reinbek: Rowohlt.

Schon, L. (2000). *Sehnsucht nach dem Vater. Die Dynamik der Vater-Sohn-Beziehung.* Stuttgart: Klett-Cotta.

Schultz, H.J. (1982). *Vatersein.* Stuttgart: Kreuz.

Schutting, J. (1980). *Der Vater. Erzählung.* Wien: Residenz.

Schwägler,, G. (1978). Der Vater in soziologischer Sicht. In H. Tellenbach (Hrsg.), *Das Vaterbild im Abendland I.* Stuttgart: Kohlhammer, S. 149–165.

Schwarz-Arendt, S. (1980). *Beruf: Hausmann. Protokolle.* Darmstadt: Sammlung Luchterhand.

Seikowski, K., Glander, H.J. & Nowak, G. (1996). Phasenspezifisches Erleben von Schwangerschaft und Geburt nach therapeutischer donogener Insemination (TDI). In E. Brähler & U. Unger (Hrsg.), *Schwangerschaft,*

Geburt und der Übergang zur Elternschaft. Opladen: Westdeutscher Verlag, S. 108–126.

Selby, J. (1999). *Väter und ihre Rolle in unserem Leben*. München: Kösel.

Sichrovsky, P. (1987). *Schuldig geboren. Kinder aus Nazifamilien*. Köln: Kiepenheuer & Witsch.

Speck, U. (1960). Die Bedeutung des Vaters für eine gesunde seelische Entwicklung in Kindheit und Jugendzeit. *Jugendwohl, 4*, S. 32–141.

Stern, D. N. (1998). *Die Mutterschaftskonstellation: eine vergleichende Darstellung verschiedener Formen der Mutter-Kind-Psychotherapie*. Stuttgart: Klett-Cotta.

Stöbel-Richter, Y. & Brähler, E. (2000). Persönliche Kinderwunschmotive und Einstellungen zum Kinderwunsch in Ost- und Westdeutschland – Ergebnisse einer Repräsentativbefragung. In E. Brähler, H. Felder & B. Strauss (Hrsg.), *Fruchtbarkeitsstörungen*. Göttingen: Hogrefe., S. 72–87.

Stork, J. (1974). *Fragen nach dem Vater*. Freiburg: Alber.

Stork, J. (1986). *Das Vaterbild in Kontinuität und Wandlung. Zur Rolle und Bedeutung des Vaters aus psychopathologischer Betrachtung und in psychoanalytischer Reflexion*. Stuttgart: frommann-holzboog.

Strozier, C. B. (2001) *Heinz Kohut. The making of a psychoanalyst*. New York: Farrar, Straus and Giroux.

Strümpel, B., Prenzel, W., Scholz, J. & Hoff, A. (^{2}1989). *Teilzeitarbeitende Männer und Hausmänner. Motive und Konsequenzen einer eingeschränkten Erwerbstätigkeit von Männern*. Berlin: edition sigma.

Sturzbecher, D. & Freytag, R. (2000). *Familien- und Kindergarten-Interaktions-Test (FIT-KIT)*. Göttingen: Hogrefe.

Tellenbach, H. (Hrsg.) (1976). *Das Vaterbild in Mythos und Geschichte. Ägypten – Griechenland – Altes Testament – Neues Testament*. Stuttgart: Kohlhammer.

Tellenbach, H. (Hrsg.) (1978a). *Das Vaterbild im Abendland I. Rom – Frühes Christentum – Mittelalter – Neuzeit – Gegenwart*. Stuttgart: Kohlhammer.

Tellenbach, H. (Hrsg.) (1978b). *Das Vaterbild im Abendland II*. Literatur und Dichtung Europas. Stuttgart: Kohlhammer.

Tellenbach, H. (Hrsg.) (1979). *Vaterbilder in Kulturen Asiens, Afrikas und Ozeaniens. Religionswissenschaft – Ethnologie*. Stuttgart: Kohlhammer.

Thurmaier, F., Engl, J. & Hahlweg, K. (1999). Eheglück auf Dauer? Methodik, Inhalte und Effektivität eines präventiven Paarkommunikationstrainings – Ergebnisse nach fünf Jahren. *Zeitschrift für Klinische Psychologie, 28*, S. 54–62.

Ulbrich, U. B. (2001). Vaterschaft heute: Väter in ihrer eigenen Wahrnehmung und in der Wahrnehmung ihrer Kinder. Unveröffentl. Diplomarbeit, Universität Konstanz.

Vanderbeke, B. (1990). *Das Muschelessen. Erzählung.* Berlin: Rotbuch.

Vascovics, L.A. & Rost, H. (1999). *Väter und Erziehungsurlaub.* Stuttgart: Kohlhammer.

Walter, H., Geibel, G., Graf, M. & Jeckel, T. (1998). Familie als Entwicklungs-raum: Der Einfluß aufgeschobener Elternschaft auf die subjektive Wahrnehmung der Familienbeziehung aus der Sicht von Postadoles-zenten und ihren Eltern. *Zeitschrift für Soziologie der Erziehung und Sozialisation, 3,* S.303–314.

Weier, G. (1996). ›Vater Freud‹ *und die frühe psychoanalytische Bewegung.* Opladen: Westdeutscher Verlag.

Weiland-Heil, K. (1993). *Partnerschaftsverläufe. Eine Analyse der subjek-tiven Zufriedenheitsbilanz auf individuellem und dyadischem Niveau.* Münster: Waxmann.

Wengler, B. (1966). Die Bedeutung des Vaters, insbesondere für die Entwick-lung des Sohnes. *Zeitschrift für Individualpsychologie, 21,* S.204–219.

Werz, T. (1999). *Die Konstituierung von Vatersein im familialen System. Ein rekonstruktionslogischer Zugang.* Unveröffentl. Diplomarbeit, Universi-tät Konstanz.

Westernhagen, D. v. (1987). *Die Kinder der Täter: Das Dritte Reich und die Generation danach.* München: Kösel.

Wieck, W. (1992). *Söhne wollen Väter. Wider die weibliche Umklammerung.* Hamburg: Hoffmann und Campe.

Willenbacher, B. (1995). Paradigmen des Nichtehelichenrechts. In U. Ger-hardt, Hradil, S., Lucke, D. & Nauck, B. (Hrsg.), *Familie der Zukunft. Lebensbedingungen und Lebensformen.* Opladen: Leske & Budrich, S.305–322.

Winker, B. (1996). *Der Untergang des Väterlichen. Symptom unserer Zeit oder Herausforderung für Tiefenpsychologie und Psychotherapie.* Leinfel-den-Echterdingen: Bonz.

Wirth, H.-J. (Hrsg.) (2001). *Hitlers Enkel oder Kinder der Demokratie? Die 68er, die RAF und die Fischer-Debatte.* Gießen: Psychosozial.

Zamponi, M. (1983). *Kennzeichen väterlicher Betreuung von Kindern im ersten bis sechsten Lebensjahr.* Unveröffentl. Diplomarbeit, Universität Düsseldorf.

Zell, G. & Keller, H. (1979). Familiale Rollen vor und nach der Geburt des ersten Kindes. In H. Keller (Hrsg.), *Geschlechtsunterschiede.* Weinheim: Beltz, S.53–74.

Zimmermann, C. (1985). *Die Eltern-Kind-Beziehung mit drei Monate alten Säuglingen.* Frankfurt/M.: Peter Lang.

Zimmermann, U. (1999). *Väter – Selbstwahrnehmung und sozialer Kontext.* Unveröffentl. Diplomarbeit, Universität Konstanz.

WOLFGANG WALTER

Das »Verschwinden« und »Wiederauftauchen« des Vaters

Gesellschaftliche Bedingungen und soziale Konstruktionen

Die gegenwärtige öffentliche Diskussion um die Vaterrolle
ergibt sich aus dem bisherigen Institutionenwandel der
Familie. Im 18. und 19. Jahrhundert wird die traditionelle
bürgerliche Familie geschaffen, in der die Vaterfigur
Zentrum, Spitze und Oberhaupt der Familie ist. Im
20. Jahrhundert und hier vor allem seit den 60er Jahren
verliert das Rollenbild des Vaters zunehmend an Profil.
Das »Kind« rückt stärker ins Zentrum; Autorität und
Hierarchie werden durch liebevolle Beziehungen ersetzt.
Die Mutter nimmt zunehmend die einzige Erwachsenen-
rolle in der Sozialisation ein, die öffentlich anerkannt ist.
Die Familie wird als Mutter-Kind(er)-Gruppe definiert.
Diese gegenläufige Entwicklung führt ab den 80er Jahren
zu einem gesellschaftlichen Bedarf, die Vaterrolle neu zu
bestimmen, wobei hier drei Felder diskutiert werden:
die neue juristische Definition, die väterbewegte Reform
und die frauenbewegte Ablehnung. Der »Vater«, der
scheinbar in der Familie an Bedeutung verloren hat,
hat seine Zukunft als Diskursfigur noch vor sich.

The present public discourse on the father role
results from previous family development. In the
18th and 19th centuries, the modern bourgeois
family ideal was created, in which the father figure
was center, pinnacle and chief of the family. In the
20th century (esp. since the 1960s) the image of
the father role has increasingly lost its profile. The
»child« has moved more strongly into the center,
authority and hierarchy have become replaced by

loving relationships. The mother increasingly becomes the only adult figure in child-rearing that is publicly and unanimously accepted. The family is now defined as the mother-child(ren)-group. In the 1980s, these contradictions led to attempts to redefine the father role. Three areas are discussed: the new legal definition, the reform of the father's role in the »fathers' movement« and the rejection of the father figure in the women's movement. Having lost his former predominance in the family, the »father« is still alive as an object of discourse.

1 Einleitung[1]

Betrachten wir die aktuelle öffentliche Debatte um die Väter, sind wir mit einer scheinbar widersprüchlichen Situation konfrontiert. *Einerseits* wird das Verschwinden der Väter beklagt, ihre Nicht-Präsenz im familiären Alltag, ihr mangelndes Engagement in der Kinderbetreuung, ihre defizitäre Einbindung in das emotionale Geschehen von Partnerschaft und Elternschaft (Bode & Wolf 1995). *Andererseits* wird ihr Wiederauftauchen angekündigt, ihr verstärkter Einsatz in der Pflege der Kinder belobigt, das Entstehen einer neuartigen väterlichen Emotionalität vermeldet (Schneider 1989). Soziologische Überblicke zu diesem Thema beginnen daher meist damit, daß die Widersprüchlichkeit dieser Situation konstatiert wird (Rerrich 1990, S.157ff., Kaufmann 1990, S.102f., Nave-Herz 1994, S.48 ff.).

Ausgangspunkt der folgenden Überlegungen ist die Absicht, das Zusammenspiel dieser beiden Diskussionsstränge zu zeigen. Der gegenwärtige Diskurs über Vaterschaft wird als Reaktion auf zwei Entwicklungen gedeutet: Hierbei handelt es sich erstens um die Zentralität der Vaterfigur in der traditionellen bürgerlichen

---

1 Das Manuskript wurde größtenteils 1995 abgeschlossen. Die neuere Familienrechtsentwicklung seit dem 1.7.1998 wird kurz in den Punkten 4.4 und 5.3 angesprochen.

Familie und zweitens um den Verlust von Konturen, welchen die Vaterrolle durch den Familienwandel erlitten hat. Daraus ergibt sich ein gesellschaftliches Desiderat der Neuformulierung der Vaterrolle. Das »Verschwinden« und das »Wiederauftauchen« des Vaters sind vor allem Indikatoren für die Art und Weise, wie die Disparitäten zwischen der ursprünglichen Kodifizierung der Familie und dem innerfamiliären Wandel in der öffentlichen Diskussion repräsentiert werden.

Gegenstand dieses Artikels sind die öffentliche Konstruktion der Vaterrolle und ihre gesellschaftlichen Bedingungen. Ziel ist es, zu untersuchen, welche Vorgaben für Vaterschaft existieren und existierten, wobei angenommen wird, daß die früheren Vorgaben (zum Beispiel im Familienrecht) die späteren und gegenwärtigen beeinflussen. Diesen Prozeß, in dem die gesellschaftliche Vaterrolle konstruiert wird, nenne ich Institutionalisierung. Für das Phänomen gesellschaftlicher Vorgaben für Vaterschaft verwende ich unterschiedliche Begriffe: Vaterrolle, Vaterskript, Vaterfigur, manchmal auch – wie im Titel – schlichtweg: Vater. Unabhängig von der Formulierung wird nur der Gesichtspunkt gesellschaftlicher Normen thematisiert. Ich behaupte implizit, er habe Auswirkungen auf die realen Väter, ohne daß dies hier ausreichend diskutiert werden könnte. Statt dessen werde ich jeweils Hypothesen über mögliche Entwicklungsverläufe formulieren, die sich aus der institutionellen Konstruktion der Vaterrolle für die realen Väter ergeben.

Kurz gesagt ist die These dieses Beitrags, daß die Vaterrolle in unserer gegenwärtigen Gesellschaft Ergebnis von drei Entwicklungsschritten ist: der Institutionalisierung der traditionellen bürgerlichen Familie im 18. und 19. Jahrhundert (vgl. Abschnitt 3), dem innerfamiliären Wandel im 20. Jahrhundert (vgl. Abschnitt 4), der die traditionelle Vaterfigur an den Rand drängte, und dem gegenwärtigen Diskurs der Neubestimmung der Vaterrolle (vgl. Abschnitt 5).

An dieser Stelle können nur die Hauptstränge dieser aufeinander aufbauenden Entwicklungen skizziert werden. (Die Darstellung bezieht sich überwiegend auf Deutschland bzw. nach 1945 auf die (alte) Bundesrepublik. Vergleiche auch die breiter angelegte historisch-anthropologische Studie von Lenzen 1991.) Grundlegend für die moderne Familie ist ihre Herauslösung aus dem sogenannten ›Ganzen Haus‹, also der Wirtschafts- und Lebensgemeinschaft der alteuropäischen Gesellschaft, in der neben den Eltern und Kindern auch alle mitarbeitenden Personen (je nach Stand zum Beispiel: Hausangestellte, Gesellen oder Gesinde) zur »Familie« im damaligen Sinne zählten (Sieder 1987, Schwab 1975; vgl. Abschnitt 2). In den vormodernen Gesellschaften gab es eine Vaterrolle im Netz der Verwandtschaftsbeziehungen und die Rolle des *Haushern*, des Herrschers über die Angehörigen des Hauses.

Mit der Ausbreitung städtischer Lebensformen und mehr noch mit der Industrialisierung werden Produktionsstätte und Familienhaushalt grundsätzlich voneinander getrennt. Gleichzeitig wird – ausgehend vom Leitbild der bürgerlichen Familie – eine Familienstruktur kodifiziert, die gleichsam das Grundgerüst der modernen Familie bis in die heutige Zeit bildet. Besitzbürgerlich motiviert, verbleibt der Vater erstens als Eigentümer der Familiengüter Zentrum, Repräsentant und Oberhaupt der Familie. Seine Aufgabe ist zweitens die Eingliederung seiner Frau und seiner Kinder in die gesellschaftliche Ordnung. Letzteres geschieht in Form von Erziehung, wodurch er drittens eine geschlechtsspezifische Elternrolle wahrnimmt, die in der traditionellen bürgerlichen Familie das dominante Handlungsmodell ist. Der Vater wird dadurch zur *emblematischen Figur* der bürgerlichen Familie und der bürgerlichen Gesellschaft: »Ordnung ist das ganze Leben«, wie Ludwig Harig (1986) den »Roman [s]eines Vaters« überschreibt. Er repräsentiert die Familie, ist ihre Spitze und Zentrum und verkörpert ihren *Sinn*, indem er Autorität ausübt und sie zur »Keimzelle« des Gemeinwesens macht.

Die Ironie der Kombination von Differenzierung und Institutionalisierung liegt darin, daß sie – via Differenzierung – Entwicklungspotentiale für die Neugestaltung innerfamiliärer Strukturen freisetzt, die in Widerspruch zur institutionalisierten Struktur treten. Die Veränderungen der Vaterrolle stellen einen Konflikt zwischen den kodifizierten Leitbildern und den tatsächlichen Beziehungsmustern von Familien dar: Der Vater verliert seine Zentralität (zugunsten des Kindes), seine Autorität (zugunsten einer egalitären Beziehung) und die Elternrolle ihre Dualität (zugunsten ihrer Feminisierung).

Der öffentliche Diskurs um die Vaterrolle, den wir gegenwärtig beobachten können, schließt unmittelbar an diese Konstellation an. Unter den Bedingungen moderner Öffentlichkeit haben öffentliche Diskurse die Funktion, für strukturelle Konflikte, die als soziale Probleme thematisiert werden, Lösungswege aufzuzeigen und vorzubereiten. Dabei zeigen sich drei Debattenfelder, die unterschiedliche Reaktionsformen und Protagonisten aufweisen. Das politisch-juristische Establishment bemüht sich, die institutionellen Vorgaben behutsam an die Realität anzupassen, alternative Mittelschichtkreise experimentieren mit einem neuen Vatermodell, und von feministischer Seite werden Vaterschaft (und Männer) an sich verdammt.

Mit der Loslösung des Einzelnen aus traditionellen Bindungen entsteht ein Bedarf nach Orientierung, die dem modernen Menschen hilft, die Optionserweiterungen zu verarbeiten (grundsätzlich hierzu Giddens 1991). Gerade durch die inhaltliche Unbestimmtheit, die durch die arbeitsbedingte Abwesenheit des Vaters und nach der Delegitimierung des patriarchalischen Familienbilds eingetreten ist, wird die Vaterrolle definitionsbedürftig. Diese Funktion übernehmen die beschriebenen Diskurse.

2 Die vormoderne »Familie«: der Vater als Herr im ›Ganzen Haus‹

Die Soziologie ist ein Produkt des industriellen Zeitalters; soziologische Klassiker wie Marx und Engels, Emile Durkheim und Max Weber haben sich mit den Ursachen, Formen und Folgen der Modernisierung auseinandergesetzt. Dies führt in der soziologischen Modernisierungsdiskussion zu einer – wenn auch die realen Verhältnisse oft verzerrenden – Dichotomisierung in vormoderne und moderne Gesellschaften. Dabei besteht zwar der Anspruch in der Modernisierungstheorie, alle nicht-modernen Gesellschaften zu erfassen; meist werden jedoch nur die Gesellschaften Mitteleuropas vom Mittelalter bis in das 19. Jahrhundert behandelt. Ich folge dieser Einschränkung, so daß die sogenannten ›archaischen Gesellschaften‹, die Gegenstand der Ethnologie sind, außer acht gelassen werden. Auch wird in diesem Aufsatz zugunsten der Dichotomisierung eine differenziertere Diskussion einzelner Epochen, zum Beispiel die komplexe frühe Neuzeit (circa 1600–1750), in der sich in Mitteleuropa Wandlungs- und Beharrungstendenzen überlagern, oder der historischen, politischen und kulturellen Besonderheiten mitteleuropäischer Gesellschaften ausgeklammert. Die Dichotomisierung der beiden Gesellschaftsformen erlaubt es, die historische Besonderheit der Vaterfigur in der traditionellen bürgerlichen Familie zu begründen, die sich vom Vater und Hausherrn des europäischen Mittelalters unterscheidet.

Das Bild der Familiensoziologie von der vormodernen Familie (Grundzüge europäischer Familienverhältnisse vor 1500) wurde entscheidend durch die neuere Familiengeschichtschreibung geprägt (zusammenfassend: Schwab 1975, Rosenbaum 1982, Sieder 1987). Insbesondere konnte gezeigt werden, daß es »die« vormoderne Familie nicht gab, sondern daß Familienformen schon innerhalb Mitteleuropas nach Ländern, Regionen und sozialen Schichten stark variierten. In diesem Sinne hat die Familiengeschichtsschreibung unser Verständnis vom Entstehen der modernen bürgerlichen Familie (als Ideal und Realität) vertieft, indem sie aufzeigen konnte, daß hier ein Standardisierungsprozeß in Gang gesetzt wurde, der gegenüber vormodernen Familien einzigartig war.

Dieses Phänomen war auch den klassischen Soziologen bekannt, von denen hier Max Weber und Emile Durkheim behandelt werden sollen. Ihre Arbeiten können das Bewußtsein für die grundlegenden institutionellen Prinzipien der Vaterschaft in vormodernen Zeiten schärfen. Die Vaterfigur war in zwei unterschiedliche Register eingetragen: *Verwandtschaft* und *Hausherrschaft*. Emile Durkheim hat sich vorwiegend mit dem ersten, Max Weber vorwiegend mit dem zweiten beschäftigt, wobei beide Autoren Verbindungen zwischen diesen institutionellen Komplexen herausgearbeitet haben.

Durkheim (1978) hat seine Theorie der Familienentwicklung durch die These von der zahlenmäßigen Schrumpfung der Familie hin zur Kernfamilie, dem sogenannten ›Kontraktionsgesetz‹, zusammengefaßt. Hier bezieht er sich vor allem auf ausgedehnte Verwandtschaftsnetzwerke, die in den von Durkheim so genannten ›primitiven Gesellschaften‹ das gesamte soziale Leben bestimmten. Gleichzeitig waren Verwandtschaftsrollen anders definiert als heute. Hierzu führt Durkheim zum Beispiel aus, »daß in einer Vielzahl von Gesellschaften Nichtblutsverwandte in großer Zahl im Schoß der Familie leben: die sogenannte künstliche Verwandtschaft wird dort mit großer Leichtigkeit geschlossen, und sie hat dieselben Wirkungen wie die natürliche. Umgekehrt kommt es häufig vor, daß nahe Verwandte einander moralisch und rechtlich fremd sind: das ist zum Beispiel in der römischen Familie bei den Verwandten mütterlicherseits der Fall« (Durkheim 1988, S. 57).

Auch Max Weber bestätigt dies, indem er die abnehmende Bedeutung von Kontrakten im Erbrecht im Zuge der Modernisierung nachzeichnet (Weber 1980, S. 399 f.). Familienbeziehungen bilden sich in der Vormoderne vornehmlich durch Status-Kontrakte (ebd., S. 401), die »eine Veränderung der rechtlichen Gesamtqualität, der universellen Stellung und des sozialen Habitus von Personen« zum Inhalt hatten: »Die Mehrzahl von ihnen... [dieser »urwüchsigen« Status-Kontrakte, Anm. W.W.] sind ›Verbrüderungsverträge‹: Jemand soll fortan Kind, Vater, Frau, Bruder, Herr, Sklave, Sippengenosse, Kampfgenosse, Schutzherr, Klient, Gefolgsmann, Vasall, Untertan, Freund, mit dem weitesten Ausdruck: ›Genosse‹ eines andern werden. Sich derart miteinander ›Verbrüdern‹ heißt aber ... nicht nur, wie wir es ausdrücken würden, daß man fortan ein neues, in bestimmter Art sinnhaft qualifiziertes Gesamtverhalten zueinander in Aussicht stellt, sondern: daß man etwas qualitativ anderes ›wird‹ als bisher, – denn sonst wäre jenes neue Verhalten gar nicht möglich. Die Beteiligten müssen eine andere ›Seele‹ in sich einziehen lassen. Das Blut oder der Speichel müssen gemischt und getrunken werden – ein schon relativ spätes Symbol – oder durch andere äquivalente Zaubermittel muß die animistische Prozedur der Schaffung einer neuen Seele vollzogen werden« (Weber 1980, S. 401). Später wird der Eid die Grundlage dieser magischen Praktiken (ebd., S. 402).

Gegenüber der modernen Familie zeigen sich zwei wesentliche Unterschiede: Erstens hat der soziale Bereich des Familiären in der von Weber beschriebenen Genossenschaft eine weitergehende Bedeutung als in der modernen Kernfamilie. Auch Durkheim (1988, S. 53) beschreibt dies am Beispiel des antiken römischen Berufsverbands, der – obwohl durch Nicht-Verwandte gebildet – als Familie organisiert war: »Der Schirmherr und die Schirmherrin der Genossenschaft nahmen oft den Namen Vater und Mutter an.« Zweitens tritt in der Neuzeit an die Stelle der magischen Praktiken die legale Satzung (»Zivilrecht«), der bürokratische Vollzug (»Standesamt«), die schriftliche Dokumentierung (»Geburtsurkunde«), die juristische und medizinische Bestimmung des Vaterschaftsstatus.

Durkheims und Webers Analysen ergänzen sich hier. Der französische Soziologe beschrieb Modernisierung als *Differenzierung*, also die Herausbildung funktional differenzierter sozialer Gebilde; was früher vereint war, berufliche und wirtschaftliche Solidarität zum einen, Verwandschaftsbeziehungen zum anderen, wird in der Moderne getrennt: in Berufsgenossenschaften, Solidargemeinschaften (Versicherungen) und Familien. Weber beschrieb Modernisierung als *Rationalisierung*; hochgradig personengebundene Formen sozialer Beziehungen und magische Praktiken werden durch unpersönliche Regelwerke ersetzt.

Die Konsequenzen für die Vaterrolle lassen sich vor allem in Webers (1980, S.389) Analyse der häuslichen Vergemeinschaftung – bezeichnenderweise in der Rechts- und Herrschaftssoziologie – ablesen: »Der urwüchsige Träger aller ›Verwaltung‹ ist die Hausherrschaft. In ihrer primitiven Schrankenlosigkeit gibt es subjektive Rechte der Gewaltunterworfenen dem Hausherrn gegenüber nicht und objektive Normen für sein Verhalten ihnen gegenüber nur allenfalls als heteronomen Reflex sakraler Schranken seines Handelns.«

Rationalisierung bedeutet hier, daß persönliche Herrschaft in der unumschränkten willkürlichen Form der Hausherrschaft zunehmend von einer traditionalen Begründung des So-und-nicht-anders-Gewesenseins auf die rationale Legitimation legaler Satzung (Familienrecht) und die sachliche Grundlage der staatlichen Monopolisierung der Gewalt umgestellt wird (Weber 1980, S.580 bis 582). Der Vater wird in diesem Prozeß »ein spezieller Funktionär der Familie« (Durkheim 1988, S.175). Diese Veränderungen vollziehen sich unter bestimmten historischen Bedingungen: »Die freie Verfügung des Vaters über die Kinder ist zunächst wesentlich sakralrechtlich, dann aus militärischen und politischen, und schließlich aus ethischen Gründen zunehmend eingeschränkt und schließlich ganz beseitigt worden« (Weber 1980, S. 413).

Dieser Prozeß läßt sich auch an der Entwicklung des Familienrechts verfolgen; er steht im Abendland unter dem kulturellen Einfluß des Christentums. Das altrömische Recht (Limbach 1988b, S. 298 f.) kannte eine im Prinzip unumschränkte Herrschaftsmacht des Vaters (pater familias) über seine Kinder, die sich nicht nur auf wirtschaftliche und erzieherische Gesichtspunkte erstreckte, sondern auch das Recht über Leben und Tod beinhaltete. Der Vater besaß auch die Befugnis zur »Emanzipation« seiner Söhne; dadurch gab der Vater diese im Wortsinne aus seiner Hand. Durch die Emanzipation wurde der Sohn eine Person mit eigenständiger Rechtsfähigkeit, die Verwandtschaftsbeziehungen zwischen Vater und Sohn wurden gelöscht; es entsprach dabei dem patriarchalischen Modell, daß die Emanzipation völlig im Belieben des Hausvaters stand. Die prinzipiell unbeschränkte persönliche Herrschaft des Vaters über seine Kinder (patria potestas) fand jedoch ihre Grenze im Sakralrecht und der Sitte, was zu der Ahndung von Mißbräuchen und auch zur Aufhebung des Rechts über Leben und Tod führte. Auch die Herausbildung städtischer Lebens- und Wirtschaftsformen löste dieses rigide Herrschaftsverhältnis, das der bäuerlichen Hauswirtschaft entstammte, allmählich auf.

Im altgermanischen Recht (Limbach 1988b, S. 299) findet sich als strukturelles Äquivalent die »Muntgewalt« des Vaters, die im wesentlichen als Eigentumsrecht an seinen Kindern gedacht war. Auch hier genoß der Ehemann und Vater unbeschränkte, auch körperliche Gewalt gegenüber seinen als Besitz gedeuteten Angehörigen, der Ehefrau und den Kindern. Durch Gründung eines eigenen Haushalts konnte der Sohn, durch Heirat die Tochter mündig werden. Die Christianisierung hob das Recht der Tötung und des Aussetzens von Kindern auf; sie beschränkte auch das Recht auf eigennützige Handhabung väterlicher Gewalt zugunsten größerer Fürsorge für die Kinder, denen natürliche Rechte zugeschrieben wurden.

Mehrere Unterschiede fallen gegenüber der gegenwärtigen Situation ins Auge: Verwandtschaft kann in vormodernen Zeiten willkürlicher geschlossen und aufgelöst werden; auch die Vaterrolle ist daher nicht auf die Blutsverwandtschaft beschränkt und

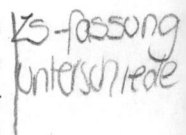
Vs-fassung
Unterschiede

kann selbst bei Bestehen der Blutsverwandtschaft gelöst werden
(›Emanzipation‹). Väterliche Autorität im Sinne der Hausherrschaft
ist weitgehend, aber unabhängig von verwandtschaftlichen Bindungen; der »Familie« im vormodernen Sinne des »Ganzen Hauses« gehören Verwandte und Nicht-Verwandte an, deren gemeinsames Merkmal die Unterwerfung unter die Autorität des Hausherrn
ist. Verwandtschaftsverhältnisse wie häusliche Autoritätsbezie-
hungen hatten damit den Charakter von Verträgen, den sie in der
Moderne völlig verloren haben, wo Vaterschaft ein offiziell zuge-
schriebener Status ist, der nur durch bestimmte gesellschaftlich
regulierte Zugangswege, im wesentlichen Zeugung und Adoption,
exklusiv vergeben werden kann. Während die traditionelle bürgerliche Familie die patriarchalische Grundstruktur aufrechter-
hält, schränkt sie den familiären Raum auf die Kernfamilie ein und
begrenzt die Entstehungsweise der Familie auf legale Verfahren.

3 Die traditionelle bürgerliche Familie und die Zentralität der Vaterfigur

Die moderne Konstruktion der Vaterrolle in der traditionellen bürgerlichen Kernfamilie, der Haushaltsgemeinschaft von Vater, Mutter und Kind(ern), ist ein Prozeß, für den hier der Zeitraum zwischen circa 1750 und 1900 angesetzt wird, wobei das Inkrafttreten
des Bürgerlichen Gesetzbuchs (BGB) als Schlußpunkt fungiert.
Dieses Gesetzeswerk ist vor allem deshalb signifikant für das hier
behandelte Thema, weil darin dem Vater weitgehende Befugnisse
und eine zentrale Position eingeräumt werden; die Vaterfigur ist
gleichsam die emblematische Figur, die alle Charakteristiken der
Familie symbolisiert.

3.1 Die moderne Kernfamilie

Für die Begründer der Nachkriegsfamiliensoziologie war die moderne Kernfamilie der eigentliche Gegenstand ihrer neuen Disziplin (Parsons 1959, Schelsky 1967, König 1974). Der Entstehungs-
prozeß der modernen Kernfamilie und die Gründe für ihr Ent-

stehen wurden dabei weitgehend ausgeblendet, was zu einer unkritischen Übernahme der dominierenden gesellschaftlichen Perspektive führte, die Familie sei eine rein private Veranstaltung. Rosenbaum (1978) hat dies unter dem treffenden Schlagwort »Familie als Gegenstruktur der Gesellschaft« kritisiert.

Um zu verstehen, wie es zu der modernen Kernfamilie gekommen ist, sollen – in Anlehnung an Lepsius (1990, 1995) – drei Gesichtspunkte ihrer Institutionalisierung analytisch getrennt behandelt werden. In der bisherigen Darstellung der vormodernen Familie wurden bereits zwei dieser Aspekte eingeführt: die Abgrenzung des Handlungsraums und die Formulierung von Handlungsidealen; der dritte Aspekt ist die Durchsetzung von Handlungsmodellen, Identitätsformen und Gefühlsnormen. Im Hinblick auf diese drei Gesichtspunkte läßt sich die Entstehung der modernen Kernfamilie durch das Zusammenwirken folgender Prozesse verstehen: *Privatisierung, Autorisierung und Sentimentalisierung.*

Die *Privatisierung* der Familie beruht im wesentlichen auf der industriellen Revolution. Alle vorindustriellen Wirtschaftsformen kannten die weitgehende Einheit von Produktion und Konsumtion im Haushalt und mit ihr eine völlig andere Familienstruktur aus Verwandten und Nicht-Verwandten. Typische Beispiele sind die Haushalte von Bauern und Handwerkern, welche die Masse der Bevölkerung in den meisten vormodernen Gesellschaften Europas stellten. Mit der Trennung von industrieller Produktion einerseits und weitgehend konsumbezogenen Haushalten andererseits entwickelt sich die Kernfamilie, die zweigenerationelle Verwandtschaftsgruppe aus Vater, Mutter und Kind(ern), zum dominierenden Haushaltstypus. Zunächst war dies eine *bürgerliche* Lebensform; das Bildungs- und noch mehr das Besitzbürgertum verfügten zu dieser Zeit als einzige gesellschaftliche Statusgruppe über ausreichende Finanzmittel, Ehefrauen als »Hausfrauen« aus dem Arbeitsmarkt auszugliedern. Es entsprach der bürgerlichen Weltauffassung, daß die Familie eine spezifische Qualität der Vergemeinschaftung darstellen sollte, die »eigensinnig« gegen die Öffentlichkeit abgegrenzt war. In den unteren Schichten waren aus finanziellen Gründen Kostgänger- und Untermietverhältnisse üblich, welche Privatisierung in diesem Sinne erschwerten. In der Landwirtschaft blieb die weitgehende räumliche Einheit von Familien-haushalt und Betrieb erhalten (Rosenbaum 1982).

Während die Abgrenzung der Kernfamilie als Handlungsraum vor-wiegend einen sozialstrukturellen Prozeß der Durchsetzung indu-strieller Produktion und bürgerlicher Verkehrsformen darstellt, wurde der Prozeß der *Autorisierung* stärker über die Fixierung von rechtlichen Normen bestimmt. Die Qualifizierung »vorwiegend« weist darauf hin, daß auch die Privatisierung der Kernfamilie nicht gänzlich ohne eine rechtliche Absicherung auskommt. Zum Bei-spiel schützt das Recht der Eltern, ihre Kinder nach ihren eigenen Maßstäben zu erziehen, die Familie vor Eingriffen von außen. Eine ähnliche Funktion haben das Verfassungsrecht auf Schutz von Ehe und Familie oder Rechte auf die Unversehrtheit der Woh-nung. Im Wortsinne bedeutete *Autorisierung* die Einrichtung von Herrschaft in der Familie – vor allem Herrschaft der Eltern über ihre Kinder (in Erziehungs- oder Ausbildungsfragen) und Herr-schaft des Vaters über seine Frau und seine Kinder (s. u.).

Drittens wird ein bestimmter familiärer Interaktionsstil zum Leit-bild erhoben, den man mit dem Begriff *Sentimentalisierung* bele-gen kann. Bereits in der Privatisierung der Kernfamilie mit ihrer Betonung der Eigensinnigkeit des familiären Binnenraums war die Chance zu Familienbeziehungen angelegt, die sich vor allem hin-sichtlich ihrer emotionalen Qualität auszeichneten. Der familiären Gemeinschaft werden einzigartige gefühlsmäßige Bindungen zu-geschrieben. Dies ist ein Prozeß, der vor allem durch die Definiti-on und soziale Konstruktion von Geschlechtsrollenidentitäten ver-mittelt wird. Die bürgerliche Philosophie und Gesellschaftslehre hat die »Polarisierung der Geschlechtscharaktere« (Hausen 1978), die eine Folge der Organisation von Erwerbstätigkeit in der moder-nen Gesellschaft war, zur natürlichen Ordnung erklärt. Dem Mann kommt dabei die aktive und rationale, der Frau die passive und emotionale Identität zu. Entsprechend dieser Auffassung ist der Ehemann/Vater auf Autorität, Erwerbstätigkeit und Öffentlichkeit; die Ehefrau/Mutter auf Emotionalität, Haus- und Familientätigkeit und Privatheit spezialisiert. Konsequenterweise wird die Mutter auch Objekt und Adressat entsprechender Diskurse, welche das Ideal der Mutterliebe propagieren und Ratschläge zu ihrer rich-tigen Ausübung geben (Badinter 1981, Schütze 1986).

3.2 Die rechtliche Fixierung der traditionellen bürgerlichen Familie

Privatisierung, Autorisierung und Sentimentalisierung beruhen auf dem Zusammenwirken von sozialstrukturellen Umschichtungen, Prozessen des Ideenwandels und rechtlichen Regelungen. Hierbei soll im folgenden vor allem das Zusammenwirken von ideeller und normativer Entwicklung diskutiert werden, wobei auch deutlich gemacht wird, daß die Konstruktion des familiären Herrschaftsraums kein unilinearer Prozeß ist, sondern von spezifischen historisch-kulturellen Bedingungen abhängt. Man kann dies an den beiden wesentlichen Schritten der Familienrechtsentwicklung in Deutschland seit 1750 nachzeichnen, dem Allgemeinen Preußischen Landrecht (ALR) und dem Bürgerlichen Gesetzbuch (BGB).

In das ALR gingen zwei Entwicklungen ein. Preußen gab sich erstens im Zuge der Nationalstaatsbildung des 18. Jahrhunderts eine moderne Rechtsordnung, die aus Untertanen Staatsbürger machen sollte. Zweitens wurde die bislang vorherrschende religiös-naturrechtliche Begründung des Familienrechts durch ein aufklärerisches positives Recht ersetzt, für das die Vernunft den Maßstab der Regelungen darstellt. Beide Entwicklungen wirken Ende des 18. Jahrhunderts zusammen und sie schaffen ein ambivalentes Ergebnis.

Die patriarchalische Stellung des Ehemanns und Vaters ist trotz der vertragsrechtlichen Konstruktion der Ehe und ungeachtet der erheblichen Zugeständnisse an die individuelle Selbstbestimmung der Kinder weiterhin gefestigt (Limbach 1988b, S. 300f.; Sachße & Tennstedt 1982, S. 88–91). »Am Preußischen Landrecht läßt sich der – nur scheinbar paradoxe – Prozeß der individualrechtlichen Aufwertung der einzelnen Familienmitglieder gerade *durch* detaillierte staatliche Reglementierung der Familie, durch ein kompromißloses Hineinregieren auch in die intimsten Sphären aufweisen« (Sachße & Tennstedt 1982, S. 89).

Das dadurch geschaffene »bürgerliche Individuum« existiert nicht vor oder jenseits des Staates und der gesellschaftlichen Ordnung; es wird durch das Privatrecht konstituiert, indem Staatsbürger subjektive Rechte erhalten, darunter väterliche Autorität. Diese kann nur noch ausgeübt werden, wenn sie staatlich garantiert wird, und muß gegebenenfalls einer juristischen Nachprüfung standhalten. Die bürgerliche Philosophie setzt eine Dreiteilung von *Staat, Gesellschaft und Familie* voraus. Gleichzeitig wird die Ausdifferenzierung von Produktionsstätte und Familienhaushalt, die sich im Zuge der Industrialisierung herausbilden wird, unterstützt, da die häusliche Gewalt politisch legitimiert wird.

Das BGB von 1900 schließt einerseits hier an, indem es ähnlich wie das ALR eine »gemäßigt patriarchalische Ehestruktur« (Schwab 1993, S.63) und damit eine gegenüber der Mutter herausgehobene Autoritätsposition des Vaters gegenüber den Kindern befestigt, die sich so zusammenfassen läßt: »Der Mann war ... das Haupt der Familie, er entschied in allen das gemeinschaftliche Eheleben betreffenden Angelegenheiten, sein Name bestimmte den Ehenamen, er verwaltete und nutzte im gesetzlichen Güterstand das Vermögen der Frau, ihm stand hauptsächlich das Sorgerecht über die Kinder zu, Vermögenssorge und gesetzliche Vertretung des Kindes blieben ausschließlich ihm vorbehalten« (ebd.).

In gewisser Weise stellt das BGB andererseits einen Rückschritt gegenüber dem ALR dar, weil diese Hierarchie nicht als Ergebnis eines Vertrags, sondern als *überindividuelle Ordnung* definiert wurde. In diese Konzeption geht Hegels Philosophie der Liebe ein, die in Reaktion auf die Freigabe des Liebesempfindens in der Romantik den Begriff der »sittlichen Institution« prägt: »*Die... zu verwerfende Vorstellung ist die, welche die Ehe nur in die Liebe setzt, denn die Liebe, welche Empfindung ist, läßt die Zufälligkeit in jeder Rücksicht zu, eine Gestalt, welche das Sittliche nicht haben darf. Die Ehe ist daher näher so zu bestimmen, daß sie rechtlich sittliche Liebe ist, wodurch das Vergängliche, Launenhafte und bloß subjektive derselben aus ihr verschwindet*« (Hegel 1821, zit. nach Schwab 1975, S.291).

Die Tendenz, Ehe als normative Ordnung zu denken, beginnt in der nachromantischen Familienliteratur (Schwab 1975, S.278 bis 299) und prägt als sogenanntes »institutionelles Modell« den familienrechtlichen Teil des BGB (Dörner 1974). Diese Entwicklung hängt auch mit der schwachen Stellung des Bürgertums in Deutschland zusammen. Indem Ehe und Familie als Keimzelle der politischen Ordnung stilisiert wurden, konnte dem Rückzug in das Private eine politische Rechtfertigung gegeben werden – oder

anders gesagt: die biedermeierliche Haltung des Bürgertums wurde für die restaurativen Tendenzen der herrschenden Schichten
instrumentalisiert (Schwab 1975, S.290). Statt der demokratischen
Teilhabe gab man dem Bürger »seine« Familie; der Ehemann und
Vater darf im rechtsfreien familialen Binnenraum nach Belieben
wirken, was einen gewissen Ersatz für seine politische Unmündig-
keit darstellt. Die persönlichen Beziehungen sollen nach dem natürlichen Sittenempfinden geregelt, also ins Belieben jedes Hausvaters gestellt werden (Schwab 1975, S.294–296); der Gesetzgeber
glaubte hier auf detaillierte Regelungen verzichten zu können.
Demgegenüber war das Paragraphenwerk, das die Ehegüterstän-
de, die wirtschaftlichen Beziehungen der Gatten untereinander
und die Rechte des Vaters am Vermögen der Kinder regelte, beträchtlich ausgebaut.

3.3 Die Vaterfigur der traditionellen bürgerlichen Familie

Die Kernfamilie wird hier als Ergebnis eines Institutionalisierungs-
prozesses gedeutet, der drei Aspekte aufweist: *Privatisierung, Autorisierung und Sentimentalisierung*. Für die traditionelle bürgerliche
Familie, die durch das Bürgertum des 19. Jahrhunderts als Leitbild
und Realität geschaffen und durch das BGB kodifiziert wurde, ist
die Vaterfigur zentral. Die traditionelle bürgerliche Familie definiert sich durch den Vater, wird durch den Vater beherrscht und
durch den väterlichen Interaktionsstil geprägt.

Im Hinblick auf die *Privatisierung* der Familie ist der Vater der
Legitimationsgrund der Kernfamilie; durch seinen Status als »Inhaber« der Familie ermöglicht er ihre Abgrenzung nach außen und
schafft gleichzeitig die Verbindung zur Öffentlichkeit und Wirtschaft, *seinen* Wirkungsfeldern. Die besitzbürgerliche Interpretation der Familie als Eigentum des Vaters gibt dem »institutionellen
Modell« (Dörner 1974) des Familienrechts des BGB erhöhte Plausibilität, da dem Bürgertum aufgrund seiner sozialen Stellung das
Denken in Vermögenskategorien nahelag.

Im Hinblick auf die *Autorisierung* ist die Familie durch die *Herrschaftsposition* des Vaters *reguliert*. Er hat die alleinverantwortliche Entscheidungsbefugnis über familiäre Belange, schwerpunktmäßig also über Vermögens- und Erziehungsfragen; Familie ist identisch mit der durch den Vater verkörperten Kompetenzordnung. Mehr noch: durch seine Beziehung zur Öffentlichkeit, seine Teilnahme am gesellschaftlichen Leben, das ihm innerhalb der bürgerlichen Familie als exklusives Privileg zugeschrieben wird, repräsentiert er zudem die Gegenseite der Privatheit.

Schließlich definiert die Vaterfigur der traditionellen bürgerlichen Familie einen männlichen *Geschlechtshabitus*. Männlichkeit mit ihrem Ethos von Distanz, Pflicht, Sachlichkeit, Härte ist das Handlungsskript, das die bürgerliche Gesellschaft insgesamt bestimmt, und die Folie, auf dem sich die Ideale der innerfamiliären Herzenswärme abheben und in einen eingegrenzten Bereich verweisen lassen. Die *Sentimentalisierung* des familiären Binnenraums bildet das Gegenstück zu dem in der bürgerlichen Gesellschaft dominanten Handlungsstil.

Die skizzierte Zentralität des Vaters in der traditionellen bürgerlichen Familie birgt jedoch eine gleichsam ironische Konsequenz. Es wird eine einseitige Institutionalisierung geschaffen, bei der die Vaterfigur als Legitimationsgrund (via Status), Regulationsinstanz (via Herrschaftsposition) und maßgebliches Handlungsmodell (via Geschlechtshabitus) in der Konstruktion der Familie dominiert; dies provoziert Gegenbewegungen. Die Dominanz der Vaterfigur in den drei Hinsichten der Institutionalisierung hebt sich jeweils von einem Gegenstück ab, das zu einem konkurrierenden Kandidaten um die zentrale Position wird.

Um es am Gesichtspunkt der Legitimation zu erläutern: Die vermögensrechtliche Konstruktion der traditionellen bürgerlichen Familie sieht den Rechtfertigungsgrund für die Privatisierung der Familie im Status des Vaters als »Besitzer«; die Familie »gehört« dem Vater. Dadurch werden die Rechte der Ehefrau und Mutter sowie der Kinder eingeschränkt, was angesichts des engen familiären Rahmens, der durch diese Konstruktion geschaffen wird, Konflikte provoziert. Gleichzeitig ist die Vaterfigur nicht die alleinige, sondern »nur« die dominante Legitimation. Daneben wirkt das Kind als (zunächst) sekundärer Rechtfertigungsgrund der

Privatisierung der Familie. Das Wohl des Kindes, das übrigens im BGB als Leitlinie staatlichen Handelns kodifiziert wurde, ist ein Wertgesichtspunkt, der für das Bürgertum auch in Abgrenzung vom Adel, dem eine Instrumentalisierung der »Nachkommen« vorgeworfen wurde, wichtig war. Kindern wird familienbegründender Status zugeschrieben.

Das bürgerliche Familienleitbild kodiert gleichermaßen, wenn auch mit deutlich abgeschwächter Betonung erstens den *Status des Kindes* als *Legitimationsgrund*; das heißt, es begründet familiäres Handeln und damit auch den Vaterstatus teilweise durch den jeweiligen Beitrag zum Nutzen des Kindes. Es schafft zweitens eine Handlungsordnung der Familie, die auf Liebe (geschlechtlicher und Kindesliebe) beruht und begrenzt dadurch väterliche Autorität. Und drittens formuliert es als Gegenstück zum dominanten männlichen Handlungstypus der bürgerlichen Gesellschaft den weiblichen Geschlechtshabitus, der sich auf die Familie bezogen in der Idee der Mutterliebe ausformt.

Ob sich die Tendenzen zur Zentralität des Kindes als Legitimationsinstanz, zur Dominanz eines intimen Beziehungsgeflechts als Handlungsordnung und zum Übergewicht der Mutterrolle als Handlungsmodell realisieren, hängt von wenigstens zwei Bedingungen ab. Erstens: Wie sind die institutionellen Vorkehrungen zur Sicherung des (ursprünglichen) vaterzentrierten Modells der traditionellen bürgerlichen Familie? Zweitens: Welche gesellschaftlichen Bedingungen unterstützen den Wandel?

Zum ersten: Daß diese Alternativen sich entwickeln können, liegt institutionstheoretisch gedacht unter anderem an der fehlenden Absicherung der väterlichen Befugnisse. Staat und Öffentlichkeit sollten sich nicht in Familienangelegenheiten einmischen, um das unbeschränkte Walten des Vaters nicht zu behindern; dies ging bis zur Konzeption der Familie als rechtsfreier Raum. Die Implementation des Vaterleitbilds blieb somit den Betroffenen selbst überlassen. Fehlen mehr und mehr die sozialstrukturellen Grundlagen in Form des zu verwaltenden und vererbenden Vermögens, verändert sich die Interessenlage des Bürgertums zum Beispiel dadurch, daß es mehr politische Teilhabe erhält, und sinkt die Hochschätzung des patriarchalischen Habitus (etwa durch die Frauenbewegung), dann verschwindet dieses Vaterskript zunehmend.

Die Reaktion durch Verfechter des traditionellen Familienleitbilds ist daher meist nicht sehr effektiv, weil kein rechtliches Instrumentarium zur Verfügung steht, um seine Durchsetzung zu erzwingen.

Zum zweiten: Alle diese Möglichkeiten, die im Rahmen des bürgerlichen Familienmodells angelegt, aber zunächst unterlegen sind, können sich nur unter bestimmten sozialstrukturellen und politischen Bedingungen entwickeln. Daher ist es verständlich, daß erst eine Kombination von Faktoren, wie sie in der zweiten Hälfte dieses Jahrhunderts vorlag, zu der grundlegenden Transformation familiärer Lebensverhältnisse und damit der Vaterrolle führte, die in den circa 100 Jahren von der Formulierung des Leitbilds der traditionellen bürgerlichen Familie bis in die Zeit nach dem Zweiten Weltkrieg nur latent geblieben sind. Beide Gesichtspunkte lassen sich anhand der im nächsten Abschnitt beschriebenen »Auflösung« der Vaterrolle studieren.

4 Die Auflösung der Vaterrolle im innerfamiliären Wandel

In der Nachkriegszeit und beschleunigend seit Mitte der 60er Jahre haben innerfamiliäre Wandlungstendenzen dazu geführt, daß die Vaterrolle im Sinne der traditionellen bürgerlichen Familie schrittweise umgestaltet wurde. Eine Position der Familiensoziologie behauptet, das traditionelle Familienmodell der modernen bürgerlichen Kernfamilie habe sich aufgelöst (»Individualisierung«, Beck 1984) oder habe durch das Aufkommen alternativer privater Lebensformen seine gesellschaftliche Bedeutsamkeit verloren (»Pluralisierung«, Bertram & Borrmann-Müller 1988). Die andere Richtung legt den Schwerpunkt der Darstellung eher auf den »Wandel des familiären Alltags und der innerfamiliären Beziehungen« (Nave-Herz 1994, S. 18 und Kap. 2, Bundesministerium 1994, Kap. IV). Die hier vertretene institutionelle Perspektive ist eher mit der letztgenannten Deutung vereinbar; der Schwerpunkt der Veränderungen wird in der Umgestaltung von Beziehungsmustern und Rollenkonstellationen innerhalb eines institutionellen Rahmens gesehen. Gegen die Pluralisierungsthese ließe sich einwenden, daß dieser Rahmen andere Formen von Familie als die Gemeinschaft von Mutter, Vater und Kind(ern) durchaus – als Ausnahme – vorgesehen hat, und die Quote der Nicht-Realisierung des Ideals der bürgerlichen Familie in modernen Gesellschaften zu allen Zeiten hoch war. Gegen die Individualisierungsthese ist hier die Gebundenheit der Individualisierung an die Institutionalisierung zu betonen; Individualisierung findet stets innerhalb der Rollenmodelle statt, welche die Institutionalisierung bereitstellt. Das bedeutet aber auch, daß Pluralisierung und Individualisierung wichtige Teilprozesse des Familienwandels darstellen, welcher jedoch vorwiegend ein gesellschaftlicher Bedeutungswandel der modernen Familie ist.

Wenngleich es schwierig sein dürfte, *eine* Ursache für diesen zeitgeschichtlichen Wandel der familiären Binnenverhältnisse zu benennen, so dürfte die gestiegene Bildungsbeteiligung ein wesentlicher Faktor sein (Nave-Herz 1994, S.123). Durch die wachsende Zahl von Absolventen und vor allem Absolvent*innen* entsteht eine neue Mittelschicht der wissensvermittelnden und dienstleistenden Berufe, die aufgrund ihrer Interessen, Neigungen und Artikulationsmöglichkeiten zur tonangebenden Schicht wird.

4.1 Von der Vaterfigur zum Kindeswohl: Legitimationswandel der Familie

Daß das Kind zum Zentrum der Familie wird, ist in der Konzeption der modernen Familie angelegt. Aus der Sicht des Bürgertums instrumentalisierten die Angehörigen der alten Oberschicht, des Adels, ihre Kinder als Abkömmlinge, Nachfahren und Objekte von Heiratsstrategien, während die alten Unterschichten, Bauern und Handwerker, sowie die neue Unterschicht des 19. Jahrhunderts, das Proletariat, Kinder als billige Arbeitskräfte nutzten. Dagegen legte das Bürgertum Wert auf die eigenständige Bedeutung des Kindes, zumindest als *ein* Element der Begründung von Familie. Dies trug mit zur Entstehung der Idee der Kindheit als eigenständiger Lebensphase bei, was Ariès (1975) ab der frühen Neuzeit beschrieben hat.

Generell läßt sich sagen, daß sich in dieser langen historischen Entwicklung die Bedingungen des Aufwachsens von Kindern änderten, was unter den besonderen Bedingungen der Nachkriegszeit kulminierte. Insbesondere erhöhte sich die emotionale Bedeutung von Kindern. Verbesserte hygienische und medizinische Bedingungen senkten seit Beginn der Neuzeit die Kindersterblichkeit. Kinder wurden in der Industrialisierung zunehmend ökonomisch bedeutungslos, da sich die Beschäftigungsmöglichkeiten im eigenen Haus verringerten; die Schulpflicht oder Kinderarbeitsverbote unterstützten die Idee, daß Kinder einen altersangemessenen eigenen Lebensraum und spezifische Entwicklungsmöglichkeiten brauchen. Der Geburtenrückgang seit dem letzten Drittel des vorigen Jahrhunderts kommt – neben vielen anderen Einflüssen – dadurch zustande, daß Kinder ökonomisch bedeutungslos geworden sind; und weil sie dadurch emotional an Bedeutung gewonnen haben, werden wiederum weniger Kinder geboren, denn auf gefühlsmäßig bedeutsame Kinder konzentriert man sich besser in kleinerer Zahl. Dieser Prozeß schreitet fort, bis sich die Geburtenrate auf einem niedrigen Niveau einpendelt. Unter den besonderen Bedingungen der Nachkriegsprosperität gipfelt dies in der Auffassung, Familie sei eine Lebensform, die um der Kinder willen eingegangen und gelebt wird.

Den Normkomplex, der sich daraus entwickelt, hat Kaufmann (1988, S. 395) mit dem Begriff der »verantworteten Elternschaft« belegt: »Die Eltern sollten nur soviel Kindern das Leben schenken, als sie glauben, auch aufziehen zu können« (ebd.). In dem neuartigen Familienleitbild setzt die Begründung dafür, Eltern zu werden, vorrangig an den Kindern an: weil Vater und Mutter etwas für Kinder tun möchten, wobei dies eine Idealisierung darstellt, da Eltern auch ein Eigeninteresse am Kind haben. Der Vater der traditionellen bürgerlichen Familie traf eine bewußte Lebensentscheidung um seiner selbst willen, als Ausdruck seiner Autonomie. Väter (und vor allem natürlich: Mütter) sehen sich unter dem neuen »Regime« der verantworteten Elternschaft vor die Aufgabe gestellt, Familie als »kindzentrierte Veranstaltung« (Kaufmann 1990, S. 26 f.) beständig neu zu schaffen, zu organisieren und zu koordinieren, insbesondere durch kindbezogene und kindgerechte »Sonderumwelten« (ebd., S. 106). In dieser Konstruktion wird der ehemalige »Herr« zum »Knecht«.

4.2 Von der Ordnung zur Beziehung: Wandel der familiären Ideale

Während die Verschiebung des Familienzentrums vom Vater zum Kind ein langdauernder Prozeß ist, so zeichnet sich der Wandel der Sozialisationsziele erst deutlich in der Nachkriegszeit ab. Hier kommen die genannten sozialstrukturellen Veränderungen zum Tragen, der Aufstieg der Dienstleistungs- und wissensvermittelnden Berufe (höhere Angestellte, Lehrer) zur tonangebenden Schicht, der einen großen Teil des sogenannten »postmateriellen Wertewandels« zugunsten von ichbezogenen Präferenzordnungen und Selbstverwirklichungsidealen erklärt.

Familiäre Normen ändern sich sowohl hinsichtlich der Sozialisations*ziele* als auch der Sozialisations*praktiken*. Ab der Nachkriegszeit treten traditionelle Erziehungsvorgaben wie Ehrlichkeit, Pflichtbewußtsein, Zuverlässigkeit in den Hintergrund; zunehmend werden die Fähigkeit zu selbständiger Entscheidung und die Entwicklung eigenständiger Moralvorstellungen als Sozialisationsziele genannt (zusammenfassend: Nave-Herz 1994, S.61ff., Bundesministerium 1994, S.82ff.). In einer Replikation einer Untersuchung aus den 50er Jahren haben Noelle-Neumann & Piel (1983, S.93) eine abnehmende Bedeutung der Wertkomplexe »Konformität« und »Konventionalität« und eine Zunahme von »Individualismus« und »Autonomie« als Erziehungsideale festgestellt. In einem historischen Längsschnitt läßt sich diese Veränderung vor allem ab der Mitte der 60er Jahre nachzeichnen (Zinnecker 1985, S.197ff.).

Parallel damit einher geht eine Veränderung der in Umfragen berichteten Erziehungspraktiken. Befehle, Ge- und Verbote, Strafen (insbesondere Prügelstrafe) tauschen den Rangplatz mit Verhandlungen, Erklärungen, Mitwirkung. Jugendliche aufeinanderfolgender Jahrgänge beurteilen ihre jeweiligen Eltern als immer weniger streng (Zinnecker 1985, S.99 ff.) und sehen den eigenen Beitrag an ihrer Entwicklung wachsend (Allerbeck & Hoag 1985, S.65). Diese Entwicklungen finden sich am ausgeprägtesten bei Befragten mit hoher Bildungsqualifikation (Zinnecker 1985, S.219ff., Allerbeck & Hoag 1985, S.65); sie erfassen jedoch mit der Zeit prinzipiell alle Schichten und Kohorten (Reuband 1988, S.81–84).

*Vater-
rolle*

Für die Vaterrolle bedeutet dieser Wandel zum »Verhandlungshaushalt« (Bois-Reymond 1994), daß ihre genuinen Handlungsdo-
mänen (Autorität, Erziehung als Anpassung der Kinder an die Gesellschaft) im Schwinden begriffen sind. In dem Maße, in dem
sich das Verhältnis der Eltern zu ihren Kindern von Erziehung zu
Beziehung bewegt, Eigenständigkeit vor Gehorsam rangiert und
Mitwirkungspraktiken Unterordnungsrituale ersetzen, in dem gleichen Maße verschwindet die traditionelle bürgerliche Vaterrolle.

4.3 Vom übermächtigen Vater zur Vaterlosigkeit: Feminisierung der Elternrolle

Insbesondere die sogenannte »68er-Bewegung« hat die Kritik an
den Vätern radikalisiert, u.a. wegen deren Verstrickung im Nationalsozialismus. Aus dem letztgenannten Grund fallen viele Väter
als moralische Autorität aus; sie sind zudem aufgrund der wirtschaftlichen Entwicklung beruflich stark gefordert. Davor, in der
unmittelbaren Nachkriegszeit, waren sie physisch abwesend, das
heißt verstorben oder in Gefangenschaft. Diese zeitgeschichtlichen Faktoren hat Alexander Mitscherlich in der Studie »Auf dem
Weg zur vaterlosen Gesellschaft« untersucht, wobei er den aktuellen Prozeß in einen größeren Zusammenhang stellt: »Es ist ... an
ein Erlöschen des *Vaterbildes* zu denken, das im Wesen unserer
Zivilisation selbst begründet ist und das die unterweisende Funktion des Vaters betrifft: Das *Arbeitsbild* des Vaters verschwindet,
wird unbekannt. Gleichzeitig mit diesem von geschichtlichen Prozessen erzwungenen Verlust der Anschauung schlägt die Wertung
um. Der hymnischen Verherrlichung des Vaters – und des Vater-
landes! – folgt in der Breite ein ›sozialisierter Vaterhaß‹, die ›Ver-
werfung des Vaters‹, die Entfremdung und deren seelische Ent-
sprechungen: ›Angst‹ und ›Aggressivität‹«(Mitscherlich 1970, S.180).
    Die Vaterfigur fällt zunehmend als dominantes Handlungsmo-
dell in der Familie aus; diese Funktion geht an die Mutterrolle
über. Auch dies beruht teilweise auf der Konstruktion der traditionellen bürgerlichen Familie. Die Geschlechtsrollendifferenzierung
implizierte die weitgehende Abwesenheit des Vaters; außerhäu-
sige Berufstätigkeit war (und ist) sein hauptsächlicher Beitrag zur
Familie. Dies bedeutet auch die Möglichkeit zunehmender Ent-

fremdung gegenüber der Familie. Die Eigendynamik der privatisierten Familie kann die Vaterfigur gegenüber der Mutter in den Hintergrund drängen.

Untersuchungen gegenwärtiger familiärer Arbeitsteilung zeigen, daß Frauen immer noch den größten Anteil an Haushaltsführung und Kinderbetreuung aufbringen (Nave-Herz 1994, S. 93, Rerrich 1990, S. 156 ff.). Selbst bei erwerbstätigen Müttern wird dies in den meisten Fällen nur geringfügig durch erhöhten männlichen Einsatz kompensiert, was – zumindest in dieser Durchschnittsbetrachtung – für mangelnde Flexibilität der Vaterrolle spricht. Ein Entwicklungspfad besteht daher in der Delegitimierung der traditionellen Vaterrolle; Nichtbeteiligung an der praktischen Familientätigkeit läßt sich bei steigender Erwerbsbeteiligung von Frauen und Müttern nicht mehr mit der exklusiven Erwerbstätigkeit des Mannes rechtfertigen, weil sie nicht mehr exklusiv ist und weil Erwerbstätigkeit – wie am Beispiel berufstätiger Mütter zu sehen – nicht die »natürliche« Konsequenz des Rückzugs aus der Familientätigkeit hat. Ein anderer Entwicklungspfad besteht in der Organisierung von (meist weiblichen) Haushaltshilfen und »Tagesmüttern«, um die Folgen für die Familie aufzufangen.

Männer erbringen häufiger praktische, güterbezogene Leistungen (Autoreparatur, Hausbau etc.), Frauen eher emotionale, personenbezogene (Beaufsichtigung von Kindern, Hilfe bei persönlichen Problemen; Diewald 1986, S. 73 ff.). Letztere erfordern von Müttern eine andersartige gefühlsmäßige Präsenz und zeitliche Organisation ihres Engagements in der Familie. Familie wird damit vorwiegend zu einer Beziehungsangelegenheit von Müttern und Kindern. Väter erscheinen so in der feministischen Perspektive als »verantwortungsflüchtig« (Benard & Schlaffer 1993); sie verschwinden nicht real, sondern als Figur, ihr Geschlechtsrollenprofil im Beziehungszusammenhang Familie löst sich auf. Selbst dort, wo sich die realen Väter engagieren, werden sie von diesem Prozeß erfaßt. Die verstärkte Teilhabe von Vätern an Schwangerschaft, Geburtsvorbereitung, Geburt und frühkindlicher Pflege zeigt, »daß ein Entdifferenzierungsprozeß auf der affektiven Beziehungsebene zwischen Vater und der Mutter im Hinblick auf das Kleinkind begonnen hat« (Nave-Herz 1994, S. 53, S. 48 ff.). Es findet ein Anpassungsprozeß an die mütterlich geprägte Elternrolle statt.

4.4 Das Verschwinden der Vaterrolle im Familienrecht

Die Vaterfigur ist seit der Nachkriegszeit und verstärkt seit etwa dreißig Jahren im Verschwinden begriffen. Sie wird entlegitimiert, verliert ihre genuinen Kompetenzen und ihre privilegierte Position im Geschlechtsrollenarrangement. Dies läßt sich auch auf der Ebene der rechtlichen Kodifikation ablesen. Das Familienrecht der Bundesrepublik öffnet sich für die dynamisch gewordene Familienrealität.

An der Geschichte des Gleichberechtigungsgesetzes von 1957, das den Verfassungsauftrag zur Angleichung des Familienrechts an den Gleichstellungsgrundsatz des Grundgesetzes (GG) einlösen sollte, lassen sich noch einmal die Beharrungskräfte des patriarchalischen Leitbilds studieren (Ruhl 1992). Von Seiten katholischer Kreise, aber auch konservativer evangelischer Gruppen wurde die Beibehaltung der männlichen Machtposition in Ehe und Familie heftig unterstützt. Auch einige konservative Familienrechtler setzten sich für die Auffassung ein, daß eine institutionelle Fassung des Familienbegriffs eine klare Verteilung von Autorität verlange. In diesem Sinne gab der bekannte Familienrechtler Friedrich Wilhelm Bosch die Devise aus: »Hierarchie oder Anarchie!« (zit. in Ruhl 1992, S.33).

Die katholische Familienvorstellung, die umstandslos in die rechtspolitischen Debatten der Nachkriegszeit eingebracht wurde, leitet aus der Bibel ein allgemeinverbindliches Herrschaftsverhältnis zwischen Mann und Frau ab. Einer der damaligen Protagonisten, der Bundesfamilienminister Franz-Josef Wuermeling, faßte dies so zusammen: »Die Schöpfungsordnung sieht als Grundlage der Ordnung von Ehe und Familie das Vorhandensein einer *Autorität* innerhalb dieser Ehe und Familie – auch zur Beilegung von Meinungsverschiedenheiten der Gatten – vor, aus dem schlichteinfachen Grunde, weil ohne Autorität keine Ordnung möglich ist. Jeder kennt die klaren einschlägigen Stellen der Schrift dazu.« ... Das »Familienhaupt als institutioneller Träger der Autorität« übt seine Funktion *»kraft des ihm innerhalb der Familienordnung zustehenden Amtes»* aus (Wuermeling 1957, S.44, Wuermeling 1954, S.10).

In der Geschichte des Gesetzes waren es vor allem zwei Privilegien, die durch die Mehrheit des Bundestags aufrechterhalten wurden: der *väterliche Stichentscheid* in Fragen der Kindererziehung, in denen es keine Einigkeit zwischen den Ehegatten gab, und das *Alleinvertretungsrecht* des Vaters für seine Kinder außerhalb der Familie. Beide Bestimmungen jedoch wurden 1959 durch das Bundesverfassungsgericht als mit dem Gleichberechtigungsgrundsatz unvereinbar und nichtig erklärt (Ruhl 1992, S.41f.; Limbach 1988a, S.16f.). Einige gravierende Benachteiligungen der Frau, zum Beispiel hinsichtlich der Möglichkeit, selbst einen Arbeitsvertrag einzugehen, wurden durch das Gleichberechtigungsgesetz von 1957 aufgehoben. Für die innereheliche Arbeitsteilung legte das Gesetz weiterhin die traditionelle Form als Regelfall fest. Bis in die jüngste Zeit hinein hielten oder halten sich problematische Ungleichbehandlungen der Ehegatten, zum Beispiel im Namensrecht (zusammenfassend: Limbach 1988a).

Bei der Reform des Ehe- und Familienrechts in den 70er Jahren kam der ehemals hervorgehobenen Rolle des Vaters schon keine wesentliche Bedeutung mehr zu. Die weitgehende rechtliche Gleichstellung von Gatten in bezug auf ihre Vater- und Mutterrolle wurde durch die Neuregelung der elterlichen Sorge, die am 1.1.1980 in Kraft trat, festgeschrieben. Sie brachte auf der gesetzlichen Ebene einige Veränderungen mit sich, welche die gesellschaftlichen Erwartungen an die familiäre Sozialisation von Kindern widerspiegelten. Dies sind insbesondere die begriffliche Umstellung von der elterlichen *Gewalt* auf die elterliche *Sorge*, um das Kindeswohl zum normativen Maßstab der familiären Erziehung zu machen, und die Festschreibung der *gemeinsamen* gesetzlichen *Vertretung* des Kindes durch beide Eltern als Regelfall (Schwab 1993, S.80f.; Limbach 1988a, S.24ff.). Erwähnenswert sind in diesem Zusammenhang auch andere Änderungen, die auf eine größere Partnerschaftlichkeit zwischen Eltern und Kindern zielen: das Verbot entwürdigender Erziehungsmaßnahmen, der Auftrag, Kinder altersangemessen an der Diskussion von Erziehungsmaßnahmen zu beteiligen, die gegenseitige Beistandspflicht von Eltern und Kindern, die Ahndung auch unverschuldet kindeswohl-schädigenden Verhaltens der Eltern. Auch die eheliche Arbeitsteilung wurde ins Belieben der Ehegatten gestellt; die frühere Orientierung an dem traditionellen Ideal der Hausfrauenehe entfiel. Am Beispiel der rechtlich definierten Vaterrolle zeigt sich der oben beschriebene Bedeutungswandel der Familie dergestalt, daß innerhalb einer noch vorhandenen Grundstruktur die Beziehungen zwischen den Familienmitgliedern andersartig gedeutet und reguliert werden (am Beispiel des Unterhaltsrechts zwischen Generationen: Walter 1996).

Am 1.7.1998 ist das Kindschaftsreformgesetz vom 16.12.1997 in Kraft getreten. Dieses Gesetz bringt in mindestens drei Bereichen Veränderungen hinsichtlich der rechtlich konstruierten Vaterrolle. Elterliche Sorge für Kinder, deren Eltern nicht verheiratet sind, ist nun durch eine *gemeinsame Erklärung* (§ 1626a I Nr. 1 BGB) möglich, während die gemeinsame elterliche Sorge ehelicher Kinder weiterhin *kraft Gesetz* besteht (Schwab 1999 RN 527ff, Lipp 1998). Das gemeinsame elterliche Sorgerecht besteht auch nach einer Scheidung weiter, wenn nicht durch Antrag und Gerichtsbeschluß etwas anderes bestimmt wird (Schwab 1999 RN 661ff, 1998). Das Umgangsrecht sowohl der Eltern als auch der Kinder ist neu geregelt worden und umfaßt nun auch die Eltern nichtehelicher Kinder (Schwab 1999 RN 686ff, Rauscher 1998).

Die rechtlichen Änderungen, die hier weder im Detail noch hinsichtlich ihrer tatsächlichen Wirkung ausreichend beurteilt werden können, scheinen auf eine der These widersprechenden Stärkung der Vaterrolle hinzudeuten. Tatsächlich erhalten Väter vor allem nichtehelicher Kinder und nach der Scheidung nun einen rechtlichen Statuszugewinn. Dies sagt jedoch nichts über die tatsächliche Füllung dieses Instrumentariums aus. Tatsächlich zeigt sich in der Formulierung des Gesetzes eine Tendenz, die sich auch in den vorhergehenden Reformschritten aufzeigen ließ. Es fehlt eine inhaltliche Definition der spezifischen Vaterposition im Recht, was sich nicht nur an geschlechtsneutralen Formulierungen oder dem Erwähnen des Oberbegriffs »Eltern« ablesen läßt. Die Vaterrolle wird rechtlich der Mutterrolle angeglichen, wie es sich im vorherigen Abschnitt zur Feminisierung der Elternrolle auch auf der Ebene der Erziehungsleitbilder aufzeigen ließ. Die Generalisierung der Vaterposition über die unterschiedlichen Konstellationen hinweg (ehelich, nichtehelich, nach Scheidung) geschieht um den Preis einer Entleerung, bei dem beiden Eltern gleichermaßen Verantwortung für die Kinder zugeschrieben wird. Das Kindschaftsreformgesetz ist für die gegenwärtige öffentliche

Diskussion um die Vaterrolle hochgradig signifikant, weil sich in ihr eine Vielzahl von Tendenzen bündeln, die das Reformwerk in sich aufgenommen hat (siehe Abschnitt 5.3).

5 Der öffentliche Diskurs um die Vaterrolle

Bis zu den 80er Jahren hat sich dieser Institutionenwandel der Familie konsolidiert. Der gewaltige soziale Wandel, der sich am Leitbild der traditionellen bürgerlichen Familie ablesen läßt, ist unübersehbar: Kindorientierung, Verhandlungshaushalt und Geschlechtsrollenunschärfe haben sich als Mittelschichtideale und zunehmend in breiten Bevölkerungsschichten durchgesetzt.

Der soziale Wandel hat zugleich das Bewußtsein dafür geschärft, daß Geschlechterverhältnisse und die Vaterrolle prinzipiell auch anders gestaltet sein könnten. Dies erfaßt auch die privaten Lebensverhältnisse und läßt eine sogenannte »Familienrhetorik« entstehen (Lüscher 1995). Die Organisation der Familie und die Normen der Vaterschaft sind verhandelbar geworden. Dies führt zu einem neuerlichen Institutionalisierungsschritt, dem öffentlichen Diskurs. Unterschiedliche Gruppen von Akteuren und Experten suchen aus ihrer jeweiligen Teilperspektive die Öffentlichkeit mit ihrer speziellen Vaterkonzeption zu adressieren. Das gemeinsame Moment dieser Thematisierungen ist die Suche nach tragfähigen Strukturmodellen und Normierungen, die den ursprünglichen Entwurf ersetzen könnten. Der Diskurs über Vaterschaft differenziert sich in verschiedene Teilzweige, von denen drei skizziert werden sollen, die auf der Institutionalisierungsgeschichte der Familie aufbauen.

5.1 Der sorgende Vater: Reform der Vaterrolle

Die 80er Jahre haben einen Boom der Literatur zur »neuen Väterlichkeit« erbracht (Schneider 1989). So begrenzt die Zahl der aktiv beteiligten Akteure auch sein mag, so macht es doch Sinn, von einer Väterbewegung zu reden, die sich nicht nur in Dokumenten, sondern auch in gemeinsamen Aktivitäten, Gruppen und Netzwerken ausdrückt. Parallel zur Männerbewegung auf der einen Seite und Bemühungen um die Neudefinition der Mutterrolle auf der anderen Seite sollte nach einem neuen Verständnis der Vaterrolle gesucht werden.

Dagegen wird vor allem aus einer bestimmten psychoanalytischen Sicht das Verschwinden der Vaterfigur beklagt. Ätzende Häme gießt zum Beispiel Jörg Bopp (1984) über die väterbewegten Männer aus, denen er die Adaption an die Mutterrolle vorwirft. Psychoanalytiker kritisieren den Verlust der väterlichen Sozialisationsrolle mit ihrer spezifischen Mischung aus Förderung und Forderung, Versagung und Gewähren, Vorbildhaftigkeit und Kritikwürdigkeit und sehen darin die Grundlage einer Entwicklungspathogenese.

Richtig ist, daß das Koordinatensystem der Väterbewegung durch die Veränderungen des Familienleitbilds bestimmt ist. Prinzipiell soll sich der ideale Vater entsprechend dieser Konzepte weitestgehend an der weiblichen Elternrolle orientieren. Sowohl quantitativ wie qualitativ ist die Mutter das Vorbild dieser Ansätze, in denen es keinen Platz für eine eigenständige Vaterrolle im Sinne des traditionellen bürgerlichen Familienmodells gibt. Die möglichen Entwicklungspfade, die sich daraus ergeben können, sind daher die Gleichverteilung der Arbeitsaufgaben und die Hausmann-Familie.

Wie die im nächsten Abschnitt beschriebene Mutter-Kind-Gemeinschaft ist letztere eine Option für eine Minderheit. Die Begrenzungen liegen nicht nur in der individuellen Flexibilität von Vätern, sondern auch in der kollektiv ungebrochenen Bedeutung der Berufsrolle und der mangelnden gesellschaftlichen Anerkennung von Hausmännern, die sich in deren Unzufriedenheit mit ihrer Situation äußert (Nave-Herz 1994, S.33 f.).

5.2 Der verantwortungslose Vater: Verurteilung der Männlichkeit

Die moderne Familie hat in einem außerordentlichen Maße die Vaterfigur an den Rand gedrängt und aus dem Kern des Familiengeschehens ausgegrenzt; Vaterschaft wurde gar zum Symbol für autoritäre und mißbrauchende Männlichkeit. Unter feministischen Vorzeichen werden diese Prozesse zu einem Ideal der Mutter-Kind-Gemeinschaft verlängert, das an die Stelle der Familie bürgerlichen Typs treten soll. In diese Entwicklung gehen eine Reihe von Tendenzen des Familienwandels ein, die dieser Idee eine gewisse Plausibilität verleihen. So treten Partnerschaft, Ehe und Elternschaft faktisch stärker auseinander; Beziehung mündet nicht immer in Ehe, Partnerschaft und Ehe nicht immer in Elternschaft, und Elternschaft sichert weder Ehe noch Partnerschaft dauerhaft. Partnerschaft und Elternschaft scheinen gar unterschiedlichen Handlungslogiken zu unterliegen (Tyrell & Herlth 1994). Diese Prozesse, die dem Anstieg der Zahl von Alleinerziehenden zugrundeliegen, haben zwar Mutter-Kind-Gemeinschaften geschaffen, aber nicht ihre Idealität begründet.

Die enthusiastische Feier des »Alleinerziehens als Befreiung« (Heiliger 1991) beruht auf einem Männerbild, das aus den Erfahrungen verantwortungsloser Vaterschaft gewonnen wird. Väter sind in dieser Sicht prinzipiell unfähig zu familiärer Gemeinschaft, verhindern die Verwirklichung des Stücks eigenen Lebens von Frauen und bieten keine positiven Bedingungen für das Aufwachsen von Kindern (Heiliger 1991, S. 148 ff.). Daraus ergibt sich das Gegenkonzept »unbemannter Mutterschaft« (Tyrell & Herlth 1994), aus dem der Vater als Gegner gelungener Familienbeziehungen ausgeschlossen ist. Dies schließt nahtlos an die in der Öffentlichkeit zunehmend ventilierten Kritiken gegen mißbrauchende und mißhandelnde Männer/Väter an, die bis zu einer Gleichsetzung von Männlichkeit und Gewalttätigkeit führen (Heiliger & Engelfried 1995).

Man mag diese Verallgemeinerungen als Dämonisierungen abtun. In gewisser Weise stellt die Verherrlichung der Mutter-Kind-Familie nichts anderes als eine Umwertung des bürgerlichen Familienideals und seines Vaterbilds in Form der Idealisierung einer andersartigen Familienstruktur dar. Die materiellen, sozialen und psychischen Belastungen der Familie von Alleinerziehenden (Schöningh et al. 1991, Nave-Herz 1992) lassen sich dabei unschwer darauf zurückführen, daß unsere Gesellschaft immer noch die Zwei-Eltern-Familie bevorzugt und fördert. Alleinerziehen als Ideal bestätigt daher insofern das konventionelle Familienideal, als es sich als Fortsetzung mit anderen Mitteln versteht, die jedoch auf die Existenz in einer sozialen Nische beschränkt ist.

5.3 Der wiedererfundene Vater: Reform des Familienrechts

Nach den Reformbemühungen am Ende der 70er Jahre blieben zwei Problembereiche umstritten: die Regelung elterlicher Sorge nach Scheidung und bei nichtehelicher Lebensgemeinschaft. Mütter erhalten im ersten Fall zumeist und haben im zweiten Fall fast immer das alleinige Sorgerecht. Das Bundesverfassungsgericht hat in beiden Bereichen die entsprechenden gesetzlichen Grundlagen für verfassungswidrig erklärt (BVerfGE 61, 358–383 vom 3.11.1982 und BVerfGE 84, 168–187 vom 7.5.1991).

Beide Entscheidungen stützen sich rechtlich auf das Elternrecht, also Privileg und Pflicht der Eltern, für ihre Kinder zu sorgen. Dieses Recht leitet sich historisch zwar aus den ursprünglichen Privilegien des Vaters ab, ist aber nunmehr geschlechtsneutral und unter Beachtung des Gleichbehandlungsgrundsatzes formuliert. Hier kann nicht die gesamte Diskussion, die in Bemühungen der Neuregelung des Kindschaftsrechts eingemündet ist, sondern nur das Strukturmodell analysiert werden, das möglicher Fluchtpunkt dieser Bemühungen ist (zu den verschiedenen Positionen: Schwenzer 1987, S. 101 ff., S. 225 ff., Schwenzer 1992, Stein-Hilbers 1994, Brauns-Hermann et al. 1994, Eckert-Schirmer 1996, Strätz & Sing in diesem Band).

Das Bundesverfassungsgericht hat in seiner Entscheidung vom 7.5.1991 die Möglichkeit eröffnet, bei Bestehen einer nichtehelichen Lebensgemeinschaft ein gemeinsames Sorgerecht vorzusehen. In einem weiteren Schritt der Gleichbehandlung nichtehelicher Kinder wird hiermit die Vaterrolle von der Eheschließung unabhängig gemacht. Die frühere Regelung beruhte auf der klischeehaften Annahme der Verantwortungslosigkeit nichtehelicher und geschiedener Väter (vgl. Fthenakis 1985, S.23). Maßstab der Reformdebatte ist inzwischen nicht mehr der rechtliche Status des Vaters, sondern das Wohl des Kindes. Das Strukturmodell, das hieraus folgt, ist die von Eheschließung unabhängige Vaterschaft.

Hinsichtlich der Institutionalisierung der Vaterrolle kann dies zwei Ausprägungen annehmen. Zum einen kann man dieses Strukturmodell als Verlängerung des bürgerlichen Familienleitbilds interpretieren, da und insoweit die Kindorientierung entfaltet wird und für Erziehungsnormen und Geschlechtsrollenarrangements keine neuen Festlegungen getroffen werden. Zum anderen gibt es in der Diskussion Ansätze zu grundlegenden Änderungen. Hier ist die Konzeption von Schwenzer (1987) zu nennen, deren Formel »Vom Status zur Realbeziehung« sich in der Legitimierungsdimension als Umstellung vom Elternstatus zu Kindesbedürfnissen lesen läßt. In der Reformdiskussion sind auch gelegentlich Vorschläge aufgetaucht, körperliche Strafen zu verbieten oder die egalitäre familiäre Arbeitsteilung für die Partner als Leitbild zu kodifizieren. Beide Vorschläge brächen grundlegend mit dem Autoritätsaspekt und dem Geschlechtsrollenarrangement der traditionellen bürgerlichen Familie.

Die inzwischen eingetretenen Veränderungen durch das Kindschaftsreformgesetz (siehe Abschnitt. 4.4) spiegeln den Definitionswandel der Vaterrolle wider, der sich auch in der öffentlichen Diskussion zeigt. Erstens werden spezifische rechtliche Vorgaben für die Vater-Rolle zugunsten einer gleichartigen Zuschreibung von Verantwortung an beide Elternteile aufgegeben. Während das ursprüngliche Vaterideal in der Negierung der Verantwortungsbereitschaft nichtehelicher und geschiedener Väter (Fthenakis 1985, S.23) noch präsent war, entfällt es hier vollständig.

Zweitens ist die Kindzentrierung des gegenwärtigen Familienideals offensichtlich. Die Veränderungen im Bereich der elterlichen Sorge für nichteheliche Kinder wurde explizit mit der Gleichstellung nichtehelicher Kinder gegenüber ehelichen Kindern begründet (Schwab 1998 RN 443 ff. zum historischen Überblick über die rechtspolitische Diskussion). Einzelvorhaben wie die Neugestaltung des Umgangsrechts enthalten Programmsätze (siehe §1626 III Nr. 1, Rauscher 1998, S.240), die auf das Kindeswohl als Legitimationsformel verweisen.

Drittens verändert sich auch der Regulationsanspruch des Familienrechts insgesamt, indem Formen der sozialen Elternschaft, die auch ohne rechtliche Absicherung bestanden haben, nun in Form rechtsverbindlicher Äußerungen der Eltern legalen Status erhalten können. Dazu zählen die gemeinsame Erklärung zur elterlichen Sorge für Kinder, deren Eltern nicht verheiratet sind, und auch – quasi im Umkehrschluß – die Möglichkeit, gemeinsame elterliche Sorge nach der Scheidung nur über einen begründeten Antrag auszuschließen.

Viertens schließlich schafft das Gesetz eine rechtliche Anerkennung einer Vielzahl ganz unterschiedlicher sozial gestalteter Sachverhalte. Elterliche Sorge für nichteheliche Kinder ist auch möglich, wenn die Eltern nicht zusammenleben oder einer der beiden Partner mit einer anderen Person verheiratet ist (Schwab 1998 RN 532 spricht von »›bigamieähnlichen‹ Verhältnissen«). Auch die faktische Ausgestaltung der elterlichen Sorge nach der Scheidung, die von nicht zusammenlebenden Eltern im Hinblick auf ein Kind, das mit einem Elternteil überwiegend zusammenlebt, trotz der Konfliktsituation aus dem Trennungs- und Scheidungsprozeß bewältigt werden muß, verweist auf eine grundlegende Neubestimmung der Vaterrolle. Der Gesetzgeber gibt hier Ansprüche auf soziale Einheitlichkeit und Ordnung auf, als deren Symbol häufig der Vater galt.

6 Schluß

»Verschwinden« und »Wiederauftauchen« des Vaters als einer Familienrolle sind Teil eines systematischen Zusammenhangs, der sich aus der Institutionalisierung der Familie ergibt. Institutionelle Ordnungen haben ihre selbstverständliche Geltung verloren; und umfangreiche Aushandlungsprozesse kommen um die Frage in Gang, welche Verhaltenserwartungen noch legitim, durchsetzbar und individuell vertretbar sind. Solange Familie mit ihrer traditionellen Struktur von Vater-Mutter-Kind(er) noch als Orientierungsmaßstab dieser Debatten dient, ist sie als Institution noch nicht ab-geschafft, geschweige denn in einer Krise. Solange zum Beispiel die Definition der Familie als einer reinen Mutter-Kind-Gemein-schaft nur eine Option einer Minderheit ist, wird sich die Debatte um die Rolle des Vaters als wichtiger öffentlicher Diskurs über das private Leben halten. Auch in dieser Hinsicht hat der »Vater« eine symbolische Bedeutung für die »Familie« als Institution schlecht-hin. Gerade auch Versuche, die Vaterfigur aus der Definition der Familie auszugrenzen (und nicht nur das Lob der »neuen Väter«), halten die Vaterrolle im öffentlichen Bewußtsein präsent. In die-sem Sinne hat der »Vater« – nach seiner Abdankung als Familien-zentrum und Patriarch – seine Zukunft noch vor sich.

Literatur

Allerbeck, K. & Hoag, W. J. (1985). *Jugend ohne Zukunft? Einstellungen, Umwelt, Lebensperspektiven*. München: Piper.

Ariès, Ph. (1975). *Geschichte der Kindheit*. München: Hanser.

Badinter, E. (1981). *Die Mutterliebe. Geschichte eines Gefühls vom 17. Jahr-hundert bis heute*. München: Piper.

Beck, U. (1986). *Risikogesellschaft. Auf dem Weg in eine andere Moderne*. Frankfurt/M.: Suhrkamp.

Benard, C. & Schlaffer, E. (1993). *Sagt uns, wo die Väter sind. Von Arbeits-sucht und Fahnenflucht des zweiten Elternteils*. Reinbek: Rowohlt.

Bertram, H. & Borrmann-Müller, R. (1988). Individualisierung und Plura-lisierung familialer Lebensformen. *Aus Politik und Zeitgeschichte, 13*, S. 14–23.

Bode, M. & Wolf, Ch. (1995). *Still-Leben mit Vater. Zur Abwesenheit von Vätern in der Familie*. Reinbek: Rowohlt.

Bopp, J. (1984). Die Mamis und die Mappis. Zur Abschaffung der Vater-rolle. *Kurshuch, 76*, S. 53–74.

Brauns-Hermann, Ch., Busch, B. M. & Dinse, H. (Hrsg.). (1994). *Verlorene Liebe – gemeinsame Kinder. Elterliche Sorge nach einer Scheidung*. Rein-bek: Rowohlt.

Bundesministerium für Familie und Senioren (Hrsg.). (1994). *Familien und Familienpolitik im geeinten Deutschland – Zukunft des Humanvermö-gens*. Bonn: Bundestagsdrucksache 12/7560.

Bundesverfassungsgericht (Hrsg.). (1949ff). *Bundesverfassungsgerichtsentscheidungen (BVerfGE), 1ff,* Tübingen: Mohr.

Diewald, M. (1986). Sozialkontakte und Hilfeleistungen in informellen Netzwerken. In W. Glatzer & R. Berger-Schmitt (Hrsg.), *Haushaltsproduktion und Netzwerkhilfe.* Frankfurt/M.: Campus, S.51–84.

Dörner, H. (1974). Industrialisierung und Familienrecht. Die Auswirkungen des sozialen Wandels, dargestellt an den Familienmodellen des ALR, BGB und des französischen Code civil. *Schriftenreihe zur Rechtssoziologie und Rechtstatsachenforschung, 30.* Berlin: Duncker & Humblot.

duBois-Reymond, M. (1994). Die moderne Familie als Verhandlungshaushalt. Eltern-Kind-Beziehungen in West- und Ostdeutschland und in den Niederlanden. In M. duBois-Reymond (Hrsg.), *Kinderleben. Modernisierung von Kindheit im interkulturellen Vergleich.* Opladen: Leske & Budrich, S.137–219.

Durkheim, E. (1978). Introduction to the sociology of the family. In M. Traugott (Ed.), *Emile Durkheim. On institutional analysis.* Chicago: Univ. of Chicago Press, pp. 205–227.

Durkheim, E. (1988). *Über soziale Arbeitsteilung. Studie über die Organisation höherer Gesellschaften.* Frankfurt/M.: Suhrkamp.

Eckert-Schirmer J. (1996). Gemeinsames Sorgerecht nach Scheidung: Leitbild oder soziale Realität? *Familie und Recht, 7, (3),* S.205–213.

Fthenakis, W. E. (1985). *Väter. Band 1: Zur Psychologie der Vater-Kind-Beziehung.* München: Urban & Schwarzenberg.

Giddens, A. (1991). *Modernity and self-identity. Self and society in the late modern age.* Cambridge: Polity Press.

Harig, L. (1986). *Ordnung ist das ganze Leben. Roman meines Vaters.* München: Hanser.

Hausen, K. (1978). Die Polarisierung der ›Geschlechtscharaktere‹. Eine Spiegelung der Dissoziation von Erwerbs- und Familienleben. In H. Rosenbaum (Hrsg.), *Seminar: Familie und Gesellschaftsstruktur. Materialien zu den sozioökonomischen Bedingungen von Familienformen.* Frankfurt/M.: Suhrkamp, S.161–191.

Heiliger, A. (1991). *Alleinerziehen als Befreiung. Mutter-Kind-Familien als positive Sozialisationsform und als gesellschaftliche Chance.* Pfaffenweiler: Centaurus.

Heiliger, A. & Engelfried, C. (1995). *Sexuelle Gewalt. Männliche Sozialisation und potentielle Täterschaft.* Frankfurt/M.: Campus.

Kaufmann, F.-X. (1988). Familie und Modernität. In K. Lüscher, F. Schultheis & M. Wehrspaun (Hrsg.), *Die ›postmoderne‹ Familie. Familiale Strategien und Familienpolitik in einer Übergangszeit. Konstanzer Beiträge zur sozialwissenschaftlichen Forschung, 3.* Konstanz: Universitätsverlag, S.391–415.

Kaufmann, F.-X., (1990). Zukunft der Familie. Stabilität, Stabilitätsrisiken und Wandel der familialen Lebensformen sowie ihre gesellschaftlichen und politischen Bedingungen, Perspektiven und Orientierungen. *Schriftenreihe des Bundeskanzleramtes, 10.* München: Beck.

König, R. (1974). *Materialien zur Soziologie der Familie.* Köln: Kiepenheuer.

Lenzen, D. (1991). *Vaterschaft. Vom Patriarchat zur Alimentation.* Reinbek: Rowohlt.

Lepsius, M. R. (1990). *Interessen, Ideen und Institutionen.* Opladen: Westdeutscher Verlag.

Lepsius, M. R. (1995). Institutionenanalyse und Institutionenpolitik In B. Nedelmann (Hrsg.), *Politische Institutionen im Wandel, Sonderheft der Kölner Zeitschrift für Soziologie und Sozialpsychologie, 35.* Opladen: Westdeutscher Verlag, S.392–403.

Limbach, J. (1988). Die Entwicklung des Familienrechts seit 1949. In R. Nave-Herz (Hrsg.), *Wandel und Kontinuität der Familie in der Bundesrepublik Deutschland, Der Mensch als soziales und personales Wesen, 8.* Stuttgart: Enke, S.11–35.

Limbach, J. (1988). Die Rolle des Vaters im Wandel des Rechts. *Zeitschrift für Sozialisationsforschung und Erziehungssoziologie, 8 (4),* S.298–308.

Lipp, M. (1998). Das elterliche Sorgerecht für das nichteheliche Kind nach dem Kindschaftsrechtsreformgesetz. In D. Schwab (Hrsg.), *Das neue Familienrecht. Systematische Darstellung zum Kindschaftsreformgesetz, Kindesunterhaltsgesetz, Eheschließungsrechtsgesetz und Erbrechtsgleichstellungsgesetz.* Bielefeld: Gieseking, S.151–185.

Lüscher, K. (1995). Was heißt heute Familie? Thesen zur Familienrhetorik. In U. Gerhardt (Hrsg.), *Familie der Zukunft. Lebensbedingungen und Lebensformen.* Opladen: Leske & Budrich, S.51–65.

Mitscherlich, A. (1970). *Auf dem Weg zur vaterlosen Gesellschaft. Ideen zur Sozialpsychologie.* München: Piper.

Nave-Herz, R. (1992). Ledige Mutterschaft: eine alternative Lebensform? *Zeitschrift für Sozialisationsforschung und Erziehungssoziologie, 12, (3),* S.219–232.

Nave-Herz, R. (1994). *Familie heute.* Darmstadt: Wissenschaftliche Buchgesellschaft.

Noelle-Neumann, F. & Pier, E. (Hrsg.). (1983). *Eine Generation später. Bundesrepublik Deutschland 1953–1979.* München: Saur.

Parsons, T. (1959) The social structure of the family. In R. N. Anshen (ed.), *The Family: Its function and destiny.* NY: Harper & Row, pp. 241–274.

Rauscher, Th. (1998). Das Umgangsrecht im Kindschaftsrechtsreformgesetz. In D. Schwab (Hrsg.), *Das neue Familienrecht. Systematische Darstellung zum Kindschaftsreformgesetz, Kindesunterhaltsgesetz, Ehe-*

schließungsrechtsgesetz und *Erbrechtsgleichstellungsgesetz.* Bielefeld: Gieseking, S. 233–271.

Rerrich, M. S. (1990). *Balanceakt Familie. Zwischen alten Leitbildern und neuen Lebensformen.* Freiburg: Lambertus.

Reuband, K.-H. (1988). Von äußerer Verhaltenskonformität zu selbständigem Handeln. Über die Bedeutung kultureller und struktureller Einflüsse für den Wandel in den Erziehungszielen und Sozialisationsinhalten. In H. O. Luthe & H. Meulemann (Hrsg.), *Wertwandel – Faktum oder Fiktion? Bestandsaufnahmen und Diagnosen aus kultursoziologischer Sicht.* Frankfurt/M.: Campus, S. 73–97.

Rosenbaum, H. (1978). *Familie als Gegenstruktur zur Gesellschaft. Kritik grundlegender theoretischer Ansätze der westdeutschen Familiensoziologie.* Stuttgart: Enke.

Rosenbaum, H. (1982). *Formen der Familie. Untersuchungen zum Zusammenhang von Familienverhältnissen, Sozialstruktur und sozialem Wandel in der deutschen Gesellschaft des 19. Jahrhunderts.* Frankfurt/M.: Suhrkamp.

Ruhl, K.-J. (1992). Hierarchie oder Anarchie? Der Streit um die Familienrechtsreform in den fünfziger Jahren. *Aus Politik und Zeitgeschichte, 42 (B45),* S. 31–42.

Sachße, Ch. & F. Tennstedt (1982). Familienpolitik durch Gesetzgebung: Die juristische Regulierung der Familie. In F.-X. Kaufmann (Hrsg.), *Staatliche Sozialpolitik und Familie.* München: Oldenbourg, S. 87–130.

Schelsky, H. (1967). *Wandlungen der deutschen Familie in der Gegenwart. Darstellung und Deutung einer empirisch-soziologischen Tatbestandsaufnahme.* Stuttgart: Enke.

Schneider, W. (1989). *Die neuen Väter – Chancen und Risiken. Zum Wandel der Vaterrolle in Familie und Gesellschaft.* Augsburg: AV.

Schöningh, I., Aslanidis, M. & Faubel-Diekmann, S. (1991). *Alleinerziehende Frauen. Zwischen Lebenskrise und neuem Selbstverständnis.* Opladen: Leske & Budrich.

Schütze, Y. (1986). *Die gute Mutter. Zur Geschichte des normativen Musters ›Mutterliebe‹, Theorie und Praxis der Frauenforschung. Schriftenreihe des Instituts Frau und Gesellschaft, 3.* Bielefeld: Kleine.

Schwab, D. (1975). Familie. In O. Brunner, W. Conze & R. Koselleck (Hrsg.), *Geschichtliche Grundbegriffe. Historisches Lexikon zur politisch-sozialen Sprache in Deutschland, 2,* Stuttgart: Klett, S. 253–301.

Schwab, D. (1993). Entwicklungen und Perspektiven des Familienrechts. In Bundesministerium für Familie und Senioren (Hrsg.), *40 Jahre Familienpolitik in der Bundesrepublik Deutschland. Rückblick/Ausblick.* Berlin: Luchterhand, S. 63–89.

Schwab, D. (1998). Elterliche Sorge bei Trennung und Scheidung der Eltern. Die Neuregelung des Kindschaftsreformgesetzes. In D. Schwab (Hrsg.), *Das neue Familienrecht. Systematische Darstellung zum Kindschaftsreformgesetz, Kindesunterhaltsgesetz, Eheschließungsrechtsgesetz und Erbrechtsgleichstellungsgesetz*. Bielefeld: Gieseking, S. 187–232.

Schwab, D. (1999). *Familienrecht*, (9. neub. Aufl.) München: Beck.

Schwenzer, I. (1987). *Vom Status zur Realbeziehung. Familienrecht im Wandel*. Baden-Baden: Nomos.

Schwenzer, I. (1992). Empfiehlt es sich, das Kindschaftsrecht neu zu regeln? In Ständige Deputation des Deutschen Juristentages (Hrsg.), *Verhandlungen des 59. Deutschen Juristentages, 1 (Gutachten), Teil A*. München: Beck, S. A1–A112.

Sieder, R. (1987). *Sozialgeschichte der Familie*. Frankfurt/M.: Suhrkamp.

Stein-Hilbers, M. (1994). *Wem ›gehört‹ das Kind? Neue Familienstrukturen und veränderte Eltern-Kind-Beziehungen*. Frankfurt/M.: Campus.

Tyrell, H. & Herlth, A. (1994). Partnerschaft versus Elternschaft. In A. Herlth (Hrsg.), *Abschied von der Normalfamilie? Partnerschaft kontra Elternschaft*. Berlin: Springer, S. 1–15.

Walter, W. (1996). Unterhaltsrecht und Generationenvertrag. In J. Mansel, G. Rosenthal & A. Tölke (Hrsg.), *Generationenbeziehungen und Generationenverhältnisse*. Opladen: Westdeutscher Verlag, S. 74–84.

Weber, M. (1980). *Wirtschaft und Gesellschaft. Grundriß der verstehenden Soziologie*. Tübingen: Mohr.

Wuermeling, F.-J. (1954). Familie, Staat und Recht. Nach einer Rede vor dem Deutschen Bundestag. *Gemeinschaft und Politik. Zeitschrift für soziale und politische Gestalt, 2 (3)*, S. 9–15.

Wuermeling, F.-J. (1957). Familie ohne Autorität? Die Verschiedenheit der Funktionen widerspricht nicht der Gleichberechtigung von Mann und Frau. *Rheinischer Merkur*, 11.1.57, S. 4.

Zinnecker, J. (1985). Kindheit. Erziehung. Familie. In Jugendwerk d. Dt. Shell *(Hrsg.), Jugendliche und Erwachsene '85. Generationen im Vergleich, 3*. Opladen: Leske & Budrich, S. 97–292.

CLAUDIA BORN & HELGA KRÜGER

Vaterschaft und Väter im Kontext sozialen Wandels

Über die Notwendigkeit der Differenzierung zwischen strukturellen Gegebenheiten und kulturellen Wünschen

Obwohl sich heute junge Väter in ihren Einstellungen, den Wünschen und Verhaltensweisen in Bezug auf ihre Familienrolle beträchtlich von den Vätern der vorhergehenden Generation unterscheiden, hat sich an der Lebensführung in der Elternschaft kaum Grundlegendes geändert: Auch in der jungen Generation finden wir die geschlechtsspezifisch arbeitsteiligen Zuständigkeiten, die für die alte fraglos gegolten haben. Es geht in diesem Aufsatz zum einen darum, die enormen Wandlungsprozesse der Männer zweier aufeinanderfolgender, familial verbundener Generationen zu belegen und in ihrer Entwicklung nachzuzeichnen; aber auch darum, die Beharrungstendenzen aufzuzeigen, die eine sozialstrukturell relevante Enttraditionalisierung der Geschlechterrollen verhindern. Herausgearbeitet wird, daß die auf Seiten der jungen Väter feststellbaren beträchtlichen Veränderungen im Partizipationsverhältnis von Familie und Erwerbsarbeit und der damit implizierten Geschlechterbeziehung auf der individuell-normativen Ebene verbleiben, während ihre sozialstrukturelle Ausformung sich wesentlich an den Grenzen der Institution Arbeitsmarkt bricht; mit dem Ergebnis einer von uns so genannten prozessualen Traditionalisierung in der Elternschaft. Empirische Basis der Ausführungen ist ein sich über drei Projektphasen erstreckender Forschungszyklus, in dem die Lebensverläufe von älteren (Ehe)Frauen und (deren Ehe)Männern sowie deren zum Befragungszeitpunkt erwachsenen Kindern untersucht wurden. Das zu den obigen mehrdimensionalen Analysen notwendige komplexe Design ist gesondert dargestellt.

Nowadays young fathers differ considerably from the fathers of the preceding generation concerning their attitudes, desires and conduct in respect to their family roles. The performance of parenthood however has not substantially changed. In fact, we find assignments of the gender-specific division of labour in the even young generation which were unquestionable for the old generation at their time. This essay depicts the enormous processes of change of men of two successive, family-related generations but also shows the tendencies towards a steady-state that prevent a social-structural relevant de-traditionalisation of gender roles. The article is empirically based on a research cycle of three successive projects in which the life courses of older (married) women and their husbands as well as their grown-up children were studied.

1 Die ›neuen Väter‹ – Lichtblick oder Selbstbetrug?

Unübersehbar hat sich das Engagement von Vätern ihren Kindern gegenüber erhöht: Man sieht sie Dinge tun, die noch in der Generation ihrer Väter undenkbar waren: Sie schieben Kinderwagen, wickeln Babies, beteiligen sich an Geburtsvorbereitungskursen. Es liegt ihnen daran, so fassen es Hess-Diebäcker & Stein-Hilbers (1989) zusammen, offene, zärtliche und spontane Beziehungen zu ihren Kindern zu haben. Doch kaum manifestieren sich derartige Bedürfnisse »moderner Identitätsformation« (Meuser 1998, S.303), wird gemutmaßt, daß die neuen Väter angesichts der Enttraditionalisierung von Geschlechterrollen möglicherweise die Bewertung ihres Beitrages in der Kindererziehung reichlich übertreiben (Metz-Göckel & Müller 1986). Ohne sich an dieser Diskussion beteiligen zu wollen: Auch neue Untersuchungen zeigen, daß selbst in Familien, in denen nach Bekunden beider Elternteile eine egalitäre Teilung familialer Arbeiten praktiziert wird, Aktivitäten der *haupts. Vater-Aktivitäten*

Betreuung der Kinder, wie Füttern, Spielen, zu Bett bringen, den Vätern näherliegen als Aktivitäten ihrer Versorgung, wie Aufräumen, Waschen und Kochen für sie (vgl. zusammenfassend Jurczyk & Rerrich 1993).

Aber es stellt sich aus soziologischer Sicht nicht nur die Frage nach Umfang und Ausgestaltung des als ›neue Vaterschaft‹ zu charakterisierenden Phänomens, sondern wesentlich auch die nach dessen Relevanz als Indikator für sozialen Wandel. Diese soziale Bedeutung der sog. ›neuen Väter‹ bestimmen zu wollen, setzt die Berücksichtigung des besonderen »settings« voraus, in das die ›alten Väter‹ eingebunden waren.[1] Die Ausformung der Vaterrolle war in Zeiten der Normalfamilienexistenz geradewegs synonym zu setzen mit der väterlichen Ernährerfunktion, die ihrerseits ausgefüllt wurde durch volle, kontinuierliche Integration in das Erwerbssystem. Die hiermit gegebene Deckungsgleichheit von außerfamilialer Arbeit und Vaterrolle bestimmt(e) sich bisher wesentlich durch das gesellschaftliche Grundverhältnis der Organisation von Arbeit, das (bislang) als ein ausgeprägt geschlechtsspezifisches zu charakterisieren ist. Neue Vaterschaft tangiert die mögliche Veränderung im Partizipationsverhältnis von Familie und Erwerbssystem ebenso wie sie veränderte Geschlechterbeziehungen impliziert.

Jedoch ist keineswegs davon auszugehen, und entsprechend unter anderem von Thompson & Pleck (1987) belegt, daß weibliche und männliche Rollen – wie Meuser (1998) es formuliert – wie »kommunizierende Röhren« zueinander stehen.[2] Bisher konzentriert sich die Forschung zum sozialen Wandel in den Geschlechterrollen zudem fast ausschließlich auf den weiblichen

---

1 Zu den unterschiedlichen Konzepten von Vaterschaft vgl. Rerrich (1984).

2 Kommunizierende Röhren sind unten miteinander verbunden und oben offene Röhren oder Gefäße, in denen eine Flüssigkeit gleich hoch steht. Modifizierungen der Flüssigkeitsmenge in einer Röhre bewirken aufgrund der sich dadurch ändernden Druckverhältnisse sofortige Reaktionen in der anderen Röhre, mit dem Resultat, daß die Flüssigkeit in beiden wieder gleich hoch steht.

Part. Die Frauen gelten als diejenigen, die das als arbeitsteilig konzipierte Komplementärverhältnis zwischen männlicher und weiblicher Lebensführung aufzugeben suchen und dem männlichen
Part die reaktive Seite in dieser Entwicklung zuspielen, nach dem
Motto: »Sex roles are reciprocal in any society; changes taking place among women, inevitably affect men« (Harrison 1978, S. 324,
zit. nach Meuser 1998). Und für Frauen lassen sich entsprechende
Verhaltensänderungen mühelos anhand von statistischen Daten
belegen (Stichwort Zunahme der Erwerbsarbeit von Müttern),
während sich in bezug auf die Männer hinsichtlich ihrer Vaterrolle weder lebenslaufstrukturelle Verschiebungen noch entsprechend demographisch relevante Verhaltensänderungen nachweisen lassen, wie zum Beispiel die Reduzierung der Erwerbsarbeits-
quote verheirateter Männer im mittleren Erwachsenenalter; und
dies, obwohl die Ausgestaltung von Paarbeziehungen und Elternschaft beide Geschlechter gleichermaßen betrifft. Aber dennoch
könnte die Entdeckung ›neuer Väter‹ und damit die Entdeckung
des Wandels in der Ausgestaltung der Vaterrolle, ein Lichtblick
sein, ein Indiz für aktive Selbstbeteiligung am Wandel angestammter Aufgabenfelder zwischen den Geschlechtern, wenn sie
sich mit der Aufkündigung des Komplementaritätsmodells verbindet, beziehungsweise dieses – bei weiterbestehender Zentrierung
um den Berufsbereich – zumindest durch erweiterte innerfamiliale Verantwortungsübernahme und Partizipation an dem Statusbe-
reich Familie aktiv verschiebt.

Allerdings: Während sich Veränderungen im Selbstverständnis
der Mütter im sich ändernden Erwerbsverhalten der Frauen manifestieren, das durch das öffentliche Regelungssystem von Erwerbsarbeit auch in graduellen Abstufungen nicht nur eindeutig zu definieren, sondern vor allem auch zu quantifizieren ist (Vollzeit,
Teilzeit, wöchentlich/monatlich geleistete Erwerbsarbeitsstun-
den), bietet der familiale Bereich entsprechende öffentlich sichtbar werdende »Meßlatten« in den Beteiligungsmustern kaum an
(Geissler & Krüger 1992, Krüger 1993). Die Forschungslage zur Beurteilung männlicher Haus- bzw. Familienarbeitsbeteiligung kann
entsprechend kaum als »realitätsabbildend« gekennzeichnet werden. Vorhandene Daten basieren entweder auf Selbsteinschätzungen der Männer (Metz-Göckel & Müller 1986) oder aber auf den

Wahrnehmungen und Beurteilungen, die Frauen bezüglich des Familienengagements ihrer Ehemänner formulieren (Born 1987).

Die Differenzen zwischen »männlicher« und »weiblicher« Sicht hinsichtlich der faktischen Beteiligung an der Familien- beziehungsweise Kinderbetreuungsarbeit sind so beachtlich (vgl. Metz-Göckel & Müller 1986, 1987), daß der Vorwurf der Überschätzung der »neuen« Vaterrolle gerechtfertigt erscheint. Andererseits, so belegt die amerikanische Forschung, unterliegt die Bewertung männlicher Verhaltensänderungen aufgrund des raschen Wandels bei den Frauen einem ›gender gap‹: Aus weiblicher Sicht – eingeschlossen eine Reihe von Frauenforscherinnen – scheinen die Männer »always traditional« zu bleiben. Die zu wählende Bezugsebene, um Wandel feststellen zu können, sei deshalb nicht die zum anderen Geschlecht, sondern die zum gleichen Geschlecht einer anderen Generation.[3]

Sozialer Wandel kommt oft »auf Samtpfoten« daher, das heißt in weiten Teilen unbemerkt (Born et al. 1996). Um ihm dennoch auf die Spur zu kommen, scheint die o.g., von Gerson (1993) eingeforderte, Vergleichsebene (Geschlechtsgleiche / intergenerational) hilfreich. Sie bietet die Chance, unterschiedliche Ebenen / Dimensionen des Wandels in der Vaterrolle einzubeziehen und den Gegenstand der Betrachtung umfassender zu definieren: Neue Väter sind als sozialstrukturelle Gruppe Teil der Männer, die aufgrund ihres Lebensalters (beziehungsweise ihrer Lebensbiographie) realiter oder potentiell mit versorgungsabhängigen Kindern in einem Haushalt zusammenleben; es geht um Männer im mittleren Erwachsenenalter. Diese sind zu vergleichen mit den entsprechenden der vorangehenden Generation. Der damit in den Blick zu nehmende Zeitraum umfaßt die historische Periode zwischen Kriegsende und heute, die, als Epoche der gesellschaftlichen Moderne, geradewegs gekennzeichnet ist durch wesentliche normative und sozialstrukturelle Veränderungen und Umbrüche, die unter den Begriffen ›Auflösung des Normalarbeitsverhältnisses‹, ›Auffächerung der Normalbiographie als standardisierter Lebenslauf‹,

---

3 Ausgeführt ist dies in der empirischen Studie von Gerson (1993) mit dem vielsagenden Titel »No man's land«.

›Destandardisierung der industriegesellschaftlichen Normalfamilie‹ allenthalben diskutiert werden.[4]

Auf der Basis unserer eigenen Forschungsarbeiten geht es im folgenden um die Ortsbestimmung der heute im mittleren Erwachsenenalter lebenden Männer im Generationenvergleich: in bezug auf die Ausformulierung der eigenen Rolle, die Beziehung zum anderen Geschlecht (in der jeweils eigenen Generation) und die Wahrnehmung der Vaterrolle zwischen Ernähreraufgabe und Ausgestaltung eines sozialen Verhältnisses im (familialen) »Setting«.

Wir betrachten zunächst den beachtlichen Wandel innerhalb der Geschlechterrollen zwischen beiden Generationen und wenden uns dann den nicht minder auffälligen Gegenläufigkeiten zu, den Innovationsresistenzen. Die Betrachtung dieser Widersprüche in Wandel und Beharrung fordert dazu heraus, in der Einschätzung von Veränderungen sorgfältig zwischen den verschiedenen Dimensionen des Wandels zu differenzieren: Zwischen Orientierungen/Normen und Strukturen, zwischen familialer und erwerblicher Arbeit, zwischen eigen- und gegengeschlechtlichen Erwartungen. Diesem Interesse gilt der letzte Teil der Ausführungen.

---

4 Die sich in den unterschiedlichen sozialstrukturellen Bereichen manifestierenden Wandlungsprozesse erklärt Hradil (1992) damit, daß die Gesellschaftsmitglieder die rigiden Anpassungsleistungen aufkündigen, die die Industriegesellschaft als der Moderne zugrundeliegendes Gesellschaftskonzept von ihnen verlangt, als Gegenwert für von ihr geschaffene relativ starre Institutionen (wie Schule und Kleinfamilie), die ihrerseits die entsprechenden Voraussetzungen und Handlungsressourcen (wie Bildung und Alterssicherung) zur Zielerreichung der Moderne bereitstellen.

2 Zum methodischen Vorgehen

Die hier dargestellten Ergebnisse basieren auf einem sich über drei Projekte erstreckenden Forschungszyklus.[5] Konzentrierte sich das erste Projekt auf die Lebensläufe der Frauen der älteren Generation, widmete sich das daran anschließende zweite Projekt deren Ehemännern. In der dritten Projektphase schließlich untersuchten wir die Lebensläufe der mittlerweile erwachsenen Töchter und Söhne der zuvor Befragten. Diese sich über drei Förderphasen erstreckende Untersuchung zum Wandel in männlichen und weiblichen Lebensführungen ist von besonderem Interesse, weil sie die Generationenfrage im doppelten Wortsinn stellt:

Zum einen handelt es sich um den Vergleich von (zum Befragungszeitpunkt erwachsenen) Kindern mit ihren in den beiden Vorläuferprojekten untersuchten Eltern, und damit um die Betrachtung einer familialen Generationenabfolge. Diese Konstellation ermöglicht es, den Beitrag der Herkunftsfamilie für die uns hier interessierenden Veränderungen im Selbstverständnis als Vater herauszuarbeiten.

Zum anderen gehören beide Seiten des filialen Generationenverhältnisses zu einer auch im Sinne der Mannheimschen Definition des Begriffs je eigenen Generation: Die ältere beziehungsweise Eltern-Generation – junge Erwachsene in den 50er Jahren, und damit zu einer Zeit, in der sich Ehe und Familie mit erwerbstätigem Mann und haustätiger Frau als quasi alternativlose, notwendige, allein selig machende soziale Lebensform herausbildete (Tyrell 1988) – ist Teil der Nachkriegsgeneration. Diese hat nicht nur das ›Wirtschaftswunder‹ hervorgebracht, sondern sie ist kulturell und

---

5 Es handelt sich um folgende von uns im Rahmen des Sonderforschungsbereichs (Sfb) 186 »Statuspassagen und Risikolagen im Lebensverlauf« realisierte, zeitlich aufeinander folgende und inhaltlich aufeinander bezogene Projekte: »Statussequenzen von Frauen zwischen Erwerbsarbeit und Familie«, durchgeführt von 1988–1991; »Erwerbsverläufe als Innovationsprozeß für Familienrollen. Zur Interdependenz von Passagengestaltungen und Verarbeitungsmustern bei Ehepaaren«, durchgeführt von 1991 bis 1993; »Statuspassagengestaltung und intergenerationales Erbe. Zum Wandel der Sequenzmuster zwischen Erwerbsarbeit und Familie im Generationentransfer«, durchgeführt von 1994–1996.

empirisch auch die Ausgestalterin maximaler Differenz geschlechtsspezifischer Lebensführungen. Hradil (1992) spricht denn auch vom goldenen Zeitalter der so definierten Normalfamilie. Deren Töchter und Söhne hingegen finden sich als junge Erwachsene integriert in die ›68er‹ Generation, das heißt die der Studentenunruhen, der Bildungsexpansion, der Entdeckung der Benachteiligung von Frauen und der Eindimensionalität der männlichen Ernährerrolle.

Es ist durch eine immense Vielzahl von in verschiedenen Wissenschaftsdisziplinen ermittelten und auch im Alltag wahrnehmbaren Indikatoren belegt, daß sich gerade in diesem einen von uns betrachteten Generationenabstand (aktive Vaterschaft in den 50er versus aktive Vaterschaft in den ausgehenden 70er und beginnenden 80er Jahren) auf der normativen wie sozialstrukturellen Ebene Umbrüche häufen. Dabei fällt auf, daß die meisten Studien sich als Indiz für den Wandel sozialer Verhältnisse auf den Kontext des familialen Geschehens beziehen. So sind zu nennen: Der Rückgang der jährlichen Eheschließungszahlen und -quoten und das beschleunigte Scheidungsverhalten (Burkart 1991), der insgesamt konstatierte regulative Bedeutungsverlust der Institution Ehe (Roussel 1988), die Ausweitung und Entstigmatisierung des Phänomens alleinerziehender Mütter wie die Zunahme alleinerziehender Väter (Nave-Herz 1989, Rerrich 1985), bei insgesamt sinkender Kinderzahl und steigendem Heiratsalter (Höhn 1980). Und auch die in diesem Zusammenhang zu nennende steigende Erwerbsquote von Ehefrauen und Müttern ist ein Bereich sozialstruktureller Wandlungsprozesse, der – obwohl zunächst der Institution Arbeitsmarkt zuzurechnen – die Geschlechterordnung auch im familialen Raum und damit die Ausgestaltung der Lebensführung der Väter nicht untangiert lassen kann.

Daß unser eigener Projektzyklus mit der alten Frauengeneration begann, hatte mit der These zu tun, daß deren Töchter, also die jungen Frauen, die heute im mittleren Erwachsenenalter stehen, sowohl in der Familien- als auch der Lebenslauf-, Arbeitsmarkt- und Sozialpolitikforschung als Betreiberinnen des konstatierten sozialen Wandels gelten, als diejenigen, die das bis in die 60er Jahre als selbstverständlich geltende, arbeitsteilig konzipierte Komplementaritätsmodell zwischen männlicher und weiblicher

Lebensführung aufzugeben scheinen. Doch die im folgenden zu diskutierenden Ergebnisse weisen schon die Mütter(generation) als diejenigen aus, die bereits nach durchschnittlich fünf Jahren ausschließlichen Familiendaseins auf den Arbeitsmarkt zurückzukehren suchten. Auch wenn sie dieses mit unterschiedlichem Erfolg taten: Ihre Orientierungen blieben den Töchtern nicht verborgen, aber genauso wenig den Söhnen.

Doch zunächst zum Forschungsdesign, das auf entsprechende Analysen angelegt war. Es handelt sich in allen drei Projekten um die Kombination von standardisierten Befragungen und – jeweils mit Teilgruppen unserer Stichproben zusätzlich durchgeführten – qualitativen Interviews.[6] Während die standardisierten Befragungen, die in allen drei Projektphasen jeweils die erste Teilerhebung ausmachten, vorrangig der sozialstrukturellen Einordnung des Samples in repräsentative Datensätze galten (der Abgleich entsprechender Parameter zeigte die von uns Untersuchten als »durchschnittlich«), nutzten wir die qualitativen Interviews, die als jeweils zweite Teilerhebung durchgeführt wurde, um Selbstverständnis, Verarbeitungsmuster, Orientierungen und Planungsverhalten der Untersuchten genauer erfassen zu können.

Den Umfang der jeweiligen Makro- und Mikro-Samples einschließlich ihrer Beziehungen zueinander zeigt Abbildung 1 auf der nächsten Seiten.

Das komplexe Design des aus den drei Teilprojekten bestehenden Projektzyklus gestattet es, die Perspektiven und unterschiedlichen Ebenen einerseits miteinander zu verknüpfen und sie gleichzeitig getrennt voneinander zu analysieren. Nachdem wir im ersten Projekt die Lebensverläufe der älteren Frauen(generation) analysiert hatten, bezogen wir im zweiten deren (Ehe)Männer in die Untersuchung ein unter der Frage, in welchen Bereichen/Dimensionen sich bei den Männern, über deren Lebenslauf betrachtet, ein Wandel würde feststellen lassen, bezüglich der eigenen Lebensführung und/oder der der Ehefrau, im Erwerbsbereich und/oder in der Familie, kulturell-normativ und/oder in faktischer Be-

---

6 Zur Verbindbarkeit und faktischen Kombination qualitativer und quantitativer Verfahren siehe Erzberger (1995, 1998).

Abbildung 1: Vergleichs- und Auswertungsebenen der
drei Projektphasen

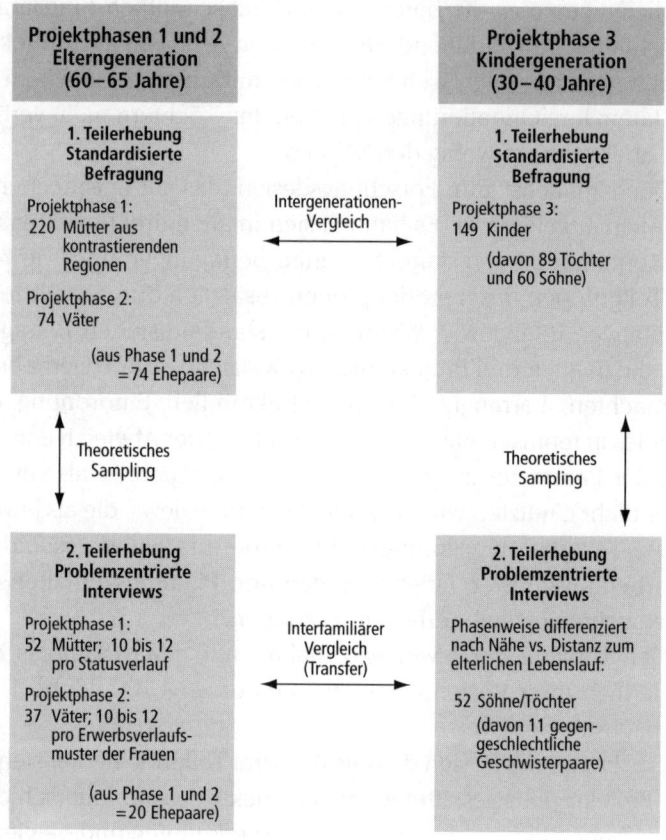

teilung an Familienarbeit. Der Vergleich der aus den ersten zwei
Projekten erhaltenen Ergebnisse gestattete es, innerhalb der älteren beziehungsweise der Elterngeneration Wandlungsprozesse in
deren Lebenslauf mit dem Fokus der Geschlechtsspezifik zu betrachten. Durch den Einbezug der Kinder(generation) in der dritten Projektphase gab die vergleichende Zusammenschau der
Ergebnisse aus den drei Einzelprojekten Auskunft über die sich
im Geschlechterverhältnis vollziehenden Wandlungen im Spannungsverhältnis von Individualisierung und traditionellem Familienmuster a) über den Generationenwechsel hinweg und b) in
Abhängigkeit von Familientraditionen, die die Lebensführungen

der Kinder (Söhne und Töchter), die zum Befragungszeitpunkt
bereits selbst im aktiven Erwachsenenleben standen, beeinflußt
haben könnten. Das Projektdesign ermöglichte die Einbindung
der Altersgleichen in den jeweils für sie geltenden Handlungsspielraum der Lebensgestaltung innerhalb jener Institutionen zu
untersuchen, die dem Lebenslauf seine möglicherweise genera-
tionsspezifische gesellschaftliche Struktur verleihen (30- bis 40jäh-
rige in den 50er Jahren vs. 30- bis 40jährige heute). Auf dieser Basis ist auch die Familienführung zwischen den Geschlechtern innerhalb derselben Generation (Mütter im Vergleich zu Vätern in
der älteren Kohorte, Mütter im Vergleich zu Vätern in der jüngeren Generation) und zwischen den aufeinanderfolgenden Generationen zu betrachten, und hier wiederum nach Differenzen
zwischen Geschlechtsgleichen zu schauen (alte Mütter im Vergleich zu jungen Müttern; alte Väter im Vergleich zu jungen Vätern).

3 Sozialer Wandel im Generationenabstand: zwei Schritte vor – einer zurück

3.1 Den größten Wandlungsprozeß in diesem Beziehungsgeflecht vollziehen die Männer

Der Wandel der Orientierungen spielt sich auf drei Ebenen ab und
umfaßt den Aktionsradius in drei familialen Handlungsfeldern. Es
betrifft dies a) die Frauenrolle, b) die Rolle der Kinder im Familiensetting und c) die familialen Entscheidungsprozesse. In allen
drei Bereichen, und das mag auf den ersten Blick vor allem Frauenforscherinnen überraschen, hat sich, wie wir im folgenden etwas näher betrachten, der größte Wandel nicht auf seiten der
Frauen vollzogen, sondern auf der der Männer.

Die Frauenrolle

Für die Väter/Männer der alten Generation war es eine Selbstverständlichkeit, daß die Frau mit dem Familienleben ausgefüllt sein würde (vgl. ausführlich Braemer 1994).

»Es war üblich, daß, wenn man heiratet, da hat eine Frau eben praktisch sich um Haushalt und Familie gekümmert.« (842)[7]

»Ich steh' da auch heute noch für, daß 'ne Frau ist 'ne Hausfrau.... Das ist einfach so, nicht? Verheiratet, dann bleibt se zu Hause.« (26)

Innerhalb der Vätergeneration gab es kaum Variationen zu diesen als Selbstverständlichkeit formulierten und als Gewißheit hingenommenen Aussagen. Und entsprechend formuliert ein Mann aus der Väter-/Elterngeneration:

»Oh, was meinen Sie, wie ich geschimpft hab. Die alte Einstellung, die Anerziehung von früher, Mutter bleibt zuhause, nicht, die war in mir fest verankert. Wie die ankam und sagt: »Du, ich fang da an, ich hab 'ne Halbtagsstelle wieder angenommen«. Da bin ich auf die Barrikaden gegangen. Das wollte ich nicht.« (22)

Ganz anders stellt sich die Situation für die Söhne dar, die, im folgenden Zitat auf den Punkt gebracht, von fast allen geteilt wurde:

»Bei mir gibt's keine Gründe dagegen (Berufsarbeit seiner Frau), nur Gründe dafür: Das Kinderblabla, der Haushalt, die Rente, sich qualifizieren, am Ball bleiben.« (41A)

Die Veränderung in der Vorstellung von der Frauenrolle ist in doppelter Hinsicht erstaunlich. Einmal, weil zwischen diesen unterschiedlichen Auffassungen eine Altersdifferenz von lediglich einer Generation liegt, zum anderen, weil die »alten« Väter in weit überwiegendem Maße diesen Wandel bis heute nicht mit- beziehungsweise nachvollzogen haben.

---

7 Die in Klammern angegebenen Zahlen geben die Codenummern wieder, unter der die Interviews bearbeitet und archiviert worden sind.

Daß sich der auf der männlichen Seite größere Sprung vor den Augen der damit sozialwissenschaftlich-forscherisch Befaßten quasi unbemerkt vollziehen konnte, ist auch einem weitverbreiteten Mißverständnis in der Forschung über Frauen geschuldet. Die normative Überformung der Geschlechterrollen als Faktum nehmend (bzw. der männlichen Sicht der Dinge als Realitätsmaß folgend), wurden Gegenwehr und Verarbeitungsmuster auf seiten der »alten« Frauen kaum untersucht (vgl. ausführlicher hierzu Born et al. 1996). Die in unsere Untersuchung Einbezogenen beantworteten die in der postalischen Befragung formulierte Frage, ob die Vereinbarkeitsproblematik zwischen Beruf und Familie ein neues Phänomen beziehungsweise eines der jüngeren Generation sei, zu mehr als 90 Prozent mit »nicht neu«. Und in der Tat: Sie akkumulierten durchschnittlich 27 Jahre Erwerbsarbeit bis zum Befragungszeitpunkt. Ihr eigenes Verhalten hatte bereits jenen Grad an »Modernität« erreicht, den wir gern erst den Jüngeren zusprechen.

Die Formulierung von Müttern und Töchtern zum Verhältnis von Erwerbsarbeit und Familientätigkeit in ihrem Leben lassen sich kaum generationsspezifisch zuordnen beziehungsweise differenzieren, wie es beispielhaft die folgende Aussage aus der älteren Generation

»Familie stand für mich genauso im Vordergrund wie das Arbeiten. Das eine gehört zum anderen dazu.« (091)

im Vergleich zu einer aus der Töchtergeneration deutlich macht:

»Für mich ist das (der Beruf) – ja, Teil meines Lebens. Teil meines Lebens, der für mich also auch ganz wichtig ist« (546D).

Die folgenden Aussagen von zwei Schwestern bringen es auf den Punkt:

»Meine Mutter hat eigentlich immer gearbeitet und eigentlich auch immer gern gearbeitet – genauso wie ich dann. Ich hab' auch immer gearbeitet, immer (trotz der zwei Kinder), und ich hab' auch immer gern gearbeitet.« (546B)
»Nur daß die Berufstätigkeit damals für meinen Vater nicht selbstverständlich war, meine Berufstätigkeit ist für meinen Mann ja eher selbstverständlich.« (546C)

Die männliche Seite hat aufgeholt. Und damit hat sich auch die Rolle der Kinder in der Familiendynamik geändert.

Die Rolle der Kinder im Familiensetting

Wenn die Väter der alten Generation überhaupt auf die Kinder Bezug genommen haben, dann in der Regel in Verbindung mit den Pflichten der Frau.

> »... und Kinder gehörten früher zur Ehe dazu, darüber hat man nicht nachgedacht.« (842)
>
> »Wir haben es so gesehen, daß, wenn Kinder da sind, die Mutter eigentlich nach Hause gehört und sich um die Kinder zu kümmern hat.« (81)

Nicht selten schildern die alten Väter ihre Verwunderung über die neuen Verhaltensweisen der jungen (Väter), wie es in dem folgenden Zitat zum Ausdruck kommt:

> »... also allein die Tatsache, wenn ich jetzt seh', daß ein Vater mit seinem Sohn Einkaufen geht, ihn auf dem Rücken hat und so...« (814)

Und sie unterstreichen, daß zu ihrer Zeit derartige Aktivitäten nahezu unmöglich gewesen wären:

> »Das war wirklich früher so, daß das für einen Mann als unangemessen angesehen wurde, daß der solche Dinge macht. Da lächelte man sozusagen drüber, wenn ein Mann einen Kinderwagen schob.« (130)

Darüber hinaus erfahren wir aus den Schilderungen der alten Frauen, wie sehr bei ihren Versuchen, auf den Arbeitsmarkt zurückzukehren – und trotz Familie und zu betreuender Kinder sind nur 12 Prozent des Samples gar nicht mehr erwerbstätig geworden – die Kinder immer wieder als wichtigstes Bollwerk gegen ihre (gewünschte) Erwerbsarbeit eingesetzt wurden, sozusagen instrumentalisiert als zusätzliche Unterstützung und Argumentationshilfe zur Aufrechterhaltung der Sichtweise der Väter über weibliche Pflichten. Eine Frau erzählt:

»Da bin ich durch einen dummen Zufall wieder reinge-
schlittert in meinen Beruf ... (Und mein Mann) der hat 'nen
Terror gemacht ... Das wär nicht ausgemacht, und das Kind
würde drunter leiden! Nein, also das wollte er nicht.« (528)
»Ich mein, er war lieb, aber berufstätig, ... das sollte ich
nicht sein, ... also das war ein Tabu-Thema, immer ... Das
war seine Auffassung: Er verdient genug Geld, ich hab' das
nicht nötig ... Ich soll für ihn – mach es mir gemütlich, sorg'
dafür, daß die Kinder in Ordnung sind, daß das alles läuft,
daß alles sauber ist. Das möchte ich nicht (daß du berufstätig bist). Ich helfe überhaupt nichts mit (im Haushalt) und
ich verbiete den Kindern auch, dir zu helfen.« (126)

Die Väter selbst haben Aufgaben der Versorgung, Erziehung und
Betreuung der Kinder, wenn überhaupt, nur in absoluten Ausnah-
mesituationen übernommen. Wie die Mithilfe im Haushalt, fast
noch stärker als dort, war jede Beteilung daran fast tabuisiert.

»Das war Frauensache. Um Gottes willen, konnt' ich nicht.
Da ging kein Mann dran. Ich weiß, das wär' wohl ... Wer
Kinder versorgt hätte, in meinem Alter, damals von jungen
Männern ... Das war unbedingt Frauensache.« (859)

Die Väter der jüngeren Generation beziehen sich ganz anders auf
ihre Kinder, wie die folgenden Interviewpassagen illustrieren:

»Wir haben zwei Kinder, die beide nicht gestillt werden. Das
ist noch einmal ein ganz anderer Bezug dann zu den Kindern, wenn man sich abwechselt die Nächte. Eine Nacht
der, die andere der.« (805)
»Es ist mir einfach wichtig, daß für das Kind dann Zeit
bleibt, und das Kind mich auch kennt, und nicht als Onkel
nachher bezeichnet.« (700C)
»Meine Frau bringt ihn hin (den Sohn zum Kindergarten) und ich hol ihn dann (an den Tagen, an denen die Frau
ganztags arbeitet) zweimal die Woche ab.« Interviewer:
»Haben Sie dafür ihre Arbeitszeit reduziert?« »Die Arbeitszeit reduzieren kann ich nicht, ich muß das schon da rein-
arbeiten, da muß ich schon zusehen, daß ich das da
reinarbeite, über Gleitzeit, Überstunden.« (700D)

Wie in bezug auf die Frauenrolle, so ist auch der Wandel in der Einstellung zu Kindern und der Umgang der Väter mit ihnen nicht zu übersehen. Und selbst wenn man in Rechnung stellt, daß bei den Männern der jungen Generation auch die im dritten nun vorzustellenden Bereich zu konstatierenden Veränderungen nicht unabhängig sind von den bereits benannten, so sind sie dennoch auch hier frappierend.

Familiale Entscheidungsprozesse

Die Frage um weibliche Erwerbsarbeit galt in der alten Generation als selbstverständliches Feld männlicher Entscheidung und wurde in der Regel gegen die (Erwerbsarbeits-) Wünsche der Frauen gefällt. Die Differenzen in den Rollenauffassungen und die daraus entstehenden Konfliktlinien liefen mitten durch die Paarbeziehung der alten Generation hindurch – und die Zahl und der Zeitpunkt für Kindergeburten war eh kein Verhandlungsgegenstand, wie die oben zitierten Aussagen belegen. Ganz anders stellt sich die Situation für die Söhne dar: Sie handeln aus. Sie sehen den Zusammenhang von Erwerbsarbeit und Kindern als Zeit- und Verfügbarkeitszwickmühle, als eine Problemstellung, die der Erörterung bedarf und deren Lösung nur Resultat einer gemeinsam und konsensuell getroffenen Entscheidung sein kann.[8] Frauen wie Männer schildern Balance-Akte der Abwägung und Planung. Eine Frau:

»Also mein Gefühl geht im Moment eher dazu … nicht noch'n zweites Kind. Und zwar auch aus, ja, aus beruflichen Gründen, ganz klar. Weil, ich denke mal, daß es schon schwer genug ist, ein Kind optimal irgendwie unterzubringen und zu versorgen, wenn man berufstätig ist.… Ich wäre eben noch länger raus … Und ganz konkret kann ich sagen, weil ich einfach auch denke, ich verpaß' auch den Anschluß an das, was da draußen passiert.« (804 A)

---

8 Gleiches gilt übrigens schon für den Zeitpunkt der Eheschließung selbst: In der älteren Generation gesetzt über den Mann (vgl. Born et al. 1996, Nave-Herz 1989), ist der Heiratszeitpunkt heute Ergebnis gemeinsamer Abwägungen (auch Burkart & Kohli 1992, Lüscher 1988).

Ein Mann:

»100 Prozent geplant ist noch gar nichts. Die Frage Kind ja
oder nein, oder Kinder, die wird jetzt langsam konkret, vom
Alter her und tendenziell würd' ich sagen, ja, wir kriegen
ein Kind. Und dann muß überlegt werden, wie's dann mit
der Arbeit aussieht. Und ich würd' mal vermuten, also wir
haben schon darüber gesprochen, daß also meine Partnerin vorübergehend dann zu Hause bleibt, einfach auch vom
Einkommen her, als Erzieherin jetzt 'ne Familie mit einem
oder mehreren Kindern zu ernähren, das ist eigentlich
nicht, oder kaum noch drin ...« (508)

Während wir bei der alten Generation hinsichtlich der Familiengründung und der daraus resultierenden elterlichen Arbeits(ver)-
teilung von ›passiven Entscheidungen‹ sprechen, von solchen, die
ob ihres normativ überformten Selbstverständlichkeitscharakters
als gegeben und damit als undiskutierbar galten, sind bei den Jungen alle dem familialen Bereich zuzuordnenden Entscheidungen /
Ereignisse Gegenstand von Aushandlungsprozessen, von Abwägen
und Konsensbildung. Auch wenn bei den zuletzt vorgestellten Zi-
taten wieder deutlich wird, wie wenig sich im Resultat tatsächlich
verändert hat – es ist die Frau, die Kinder und deren Betreuung als
ihre Aufgabe formuliert, und der Mann, der dies als realistisch bestätigt – so wird an der von ihm empfundenen Begründungs- und
Erklärungspflicht allemal die veränderte Vaterverantwortung deutlich, und damit der enorme Wandel, an dem die ältere Generation
allerdings nicht ganz »schuldlos« ist.

3.2 Innerfamiliales Erbe

In den Interviews der Söhne und Töchter fällt auf, daß deren Kritik
nicht etwa der Berufstätigkeit ihrer Mütter gilt, die durchaus Fami-
lienpflichten auf sie, die Kinder, verlagert hatte. Söhne wie Töchter empfinden die Handlungsweisen beziehungsweise Erwerbsar-
beitswünsche ihrer Mütter als nachvollziehbar, erinnern sich im
übrigen auch ohne (erwartbare) geschlechtsspezifische Differenzen an deren Erwerbsarbeitsphasen und beschreiben ihre eigene

Auffassung vom begründeten Interesse von heute jungen Frauen (auch als Mütter) an Berufsarbeit durchaus auch als Ergebnis der Erfahrungen zu Hause. Was sie gleichermaßen teilen, ist ihre Kritik an den Vätern als »ewig abwesend« (54), sich nur mittelbar, qua Erwerbsarbeit, um die Familie kümmernd, als Väter zu selten ansprechbar. Dieses ist die Vaterrolle, die sie nicht für sich übernehmen wollen, die, bei allem Verständnis für die damalige »Aufbausituation«, eher negativen Vorbildcharakter hat.

> »Ich meine, mein Vater hat immer viel und schwer gearbeitet, und das ist immer schwierig, jetzt zu sagen, ich hab' was vermißt oder ich hab' nichts vermißt. Aber ich meine, ich hab' jetzt selbst zwei Kinder, und ich hab' auch nicht viel Zeit, aber ich bemüh' mich halt, möglichst viel Zeit mit denen zu verbringen.« (516)

Nicht unwichtig für das männliche Selbstverständnis dürfte auch sein, daß die Mütter der älteren Generation die Söhne durchaus bewußt in die Hausarbeit einbezogen haben:

> »Mein Mann hat im Haushalt nicht geholfen. Und ich finde es unmöglich, und ich hab' von Anfang an meine Söhne dazu erzogen, die haben ihre feste Arbeit im Haushalt gehabt. Da war 'n Plan am Kühlschrank. Der eine mußte staubsaugen, der andere mußte einkaufen … Die Tochter mußte am Wochenende kochen. Aber ich hab' die Jungens zum Kochen auch mit rangezogen. Die Frauen kriegen Männer, alle drei, die sich total – die versorgen sich auch jetzt selbst. Weil, das hat mir so gestunken mit meinem Mann.« (037).

Die Mütter der älteren Generation haben das Versorgungsmodell, das noch ihre Ehemänner einklagten, nicht auf ihre Söhne übertragen. Und wiewohl die Motive der Mütter vornehmlich darin liegen, die Söhne vor der bei den eigenen Männern immer wieder konstatierten Hilflosigkeit zu bewahren, sie für den Notfall »überlebensfähig« zu machen, scheint es für die weit überwiegende Zahl der Söhne wirklich normal geworden zu sein, sich zumindest teilweise auch für die familiale Alltagsarbeit als zuständig zu definieren. Der enorme Wandel in der jungen Generation aus Sicht der Mütter:

»Früher, das gab's ja damals nicht. Also mein Schwiegersohn kocht gern, und der hat die Kinder von Anfang an gemacht ... Der hat von Anfang an alles mitgemacht.« (034)

Eine andere:

»Ich mein', mein Sohn, der macht auch, legt auch das Kind trocken und alles ...« (031)

Während die Männer der Vätergeneration das Verhalten ihrer Söhne und Schwiegersöhne wenn nicht kopfschüttelnd bestaunen, so doch eher distanziert betrachten, rechnen sich die alten Mütter diese in der Kindergeneration unübersehbaren Veränderungen durchaus selbst zu, und angesichts der Schilderungen über den Umgang mit ihren Söhnen durchaus zu Recht. Die neue Vaterrolle scheint nicht vom Himmel gefallen zu sein, sondern wurde sowohl durch faktische Familienarbeitserfahrung als auch durch das kritisch gesehene Negativbeispiel der eigenen Väter verfestigt.

Und doch: Schauen wir auf die Generation der Kinder, deren Einbindung in Erwerbs- und Familienarbeit, das heißt die Verlaufsmuster und Partizipationen in diesen Bereichen, soweit sie als sozialstrukturelle Daten sichtbar werden, dann zeigt sich zwischen den Geschlechtsgleichen in beiden Generationen, beginnend mit dem Zeitpunkt der Geburt des ersten Kindes, eine enorme Ähnlichkeit. Es sind die Frauen, die den Erziehungsurlaub wahrnehmen, zu Hause bleiben und ihre Erwerbsarbeit reduzieren, während sich die Männer auf den Erwerbsbereich konzentrieren und sich im Arbeitsmarkt etablieren. Bezogen auf die Erwerbsbeteiligungsmuster gleichen sich die Lebensverläufe der Jungen denen der Alten an, traditionalisieren sich; oder anders ausgedrückt: Die neuen Vaterrollen haben keinen Einfluß auf das Erwerbsverhalten der Mütter, und sie haben auch keinen sichtbaren auf ihr eigenes.

Erneut sei daran erinnert, daß schon die alte Frauengeneration zu einem viel höheren Maße und zu einem viel früheren Zeitpunkt in den Arbeitsmarkt zurückgekehrt ist als in der Literatur angenommen und vorgeschlagen (vgl. Myrdal & Klein 1956). Sie eilten in ihrem faktischen Verhalten dem in ihrer Zeit normativ Geforderten weit voraus (Born et al. 1996). Aber was sich nun zeigt:

fazit :

Der enorme Sprung der Männer nach vorn hat zwar innerfamiliale Auswirkungen, jedoch keine hinsichtlich der geschlechtsspezifischen Einbindungsmuster in Erwerbsarbeit. Der Wandel der Männer – und der erreichte Konsens mit den Partnerinnen – scheint zu einer Angleichung zwischen den Geschlechtern auf der Ebene der Normen geführt zu haben. Aber es gibt Grenzen.

3.3 Innovationsresistenzen

Die Interviews zeigen mit großer Deutlichkeit, wie die Konflikte zwischen den Ehepartnern, die noch die Verarbeitungsmuster in der alten Generation durchzogen, sich in der jüngeren Generation zu einem Konflikt zwischen – von beiden geteilten – Wünschen/ Intentionen und faktisch vorhandenen Möglichkeiten der Realisierung verschoben hat. Die Bereitschaft zum väterlichen Engagement scheint mit der einmal getroffenen Entscheidung der jungen Väter zur unverminderten Fortsetzung der eigenen Erwerbsarbeit (und ihrer möglichen Intensivierung durch nicht mehr addierbare Einkommen der Partnerin) auf »Berufs-Zeit-Lücken« zu schrumpfen. Und mit der Traditionalisierung der Männerrollen scheint sich gleichzeitig der Unmut der Mütter über die Reduzierung auf die Familienrolle zu steigern (vgl. auch Krüger et al. 1987). Was zunächst als Konsens getragen wird, kann sich in neue Spannungen verwandeln – die dann denen in der alten Generation gleichen.

Parallelen zur alten Generation

Um dieser Entwicklung, die wir als ›prozessuale Traditionalisierung in der Elternschaft« bezeichnen können, auf die Spur zu kommen, nutzten wir den Begriff der ›Innovationsresistenz‹ als Strukturkategorie, wiewohl er zunächst als Subjektkategorie erscheinen mag. Und in der Tat: In unserem Zusammenhang nähert er sich einem Kippbild zwischen Struktur und Norm:

Probleme

Die Schilderungen von Aushandlungs- und Entscheidungsprozessen beinhalten immer wieder Verweise auf außerfamiliale Zwänge auf die (nicht sicheren) Kindergartenplätze und die zunehmenden Versorgungs- und Koordinationsprobleme bei mehreren Kindern, vor allem aber auch auf Differenzen im Einkommen und in erwartbaren Karriereperspektiven zwischen den Partnern. Die standardisiert erfaßten Daten über Ausbildung und Arbeits-

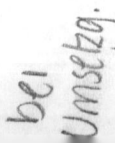
bei Umsetzg.)

marktplazierung von Männern und Frauen vor Geburt der Kinder belegen aber auch, daß sich in der Tat die Frauen ihren Partnern gegenüber mehrheitlich bereits vor partnerschaftlichen Aushandlungen um Erwerbsarbeitsreduzierung/-aufgabe in der schlechteren Ausgangsposition befinden. Durch die geschlechtsspezifische Segmentierung des Arbeitsmarktes und die Zuweisung von Frauen auf Berufe, die überwiegend Sackgassencharakter haben[9], erweisen sich die in die Aushandlung eingebrachten Ressourcen bereits als asymmetrisch. Die Mehrzahl der Frauen bringen geringere Verdienstmöglichkeiten mit, und beide Geschlechter schildern die beruflichen Zukunftsperspektiven der männlichen Partner als vielversprechender. Die langfristig männlicherseits gesicherten Lohnvorteile aber standardisieren nun ihrerseits den Ausgang der innerfamilial stattfindenden Entscheidungsprozesse. Und es erscheint als völlig sinnvoll und rational, als Sachzwang des Faktischen, daß dann doch die Frauen zurückstecken, mit dem Ergebnis, daß sich das Familienleben traditionalisiert, sich erneut der Wochenendvater herausbildet.

Schon fast abgelegte normative Zuschreibungen beleben sich unter dem heute verbreiteten ökonomischen Kalkül familialer Existenzabsicherung zwischen Partnern. Als Folgen von dann einsetzender Teilzeitarbeit bei Frauen, mehr noch von Unterbrechungen, weist Engelbrech (1991, S. 109) »die negativen Auswirkungen auf den Berufsverlauf« deutlich nach. Und wiewohl sich auf der männlichen Seite im Generationenabstand doch sehr Beachtliches getan hat, wird das alte Selbstverständnis der Väter faktisch wieder gestützt – mit im biographischen Verlauf möglicherweise zunehmenden Effekten auch auf die Vaterrolle der Jüngeren. Vaterschaft sieht sich erneut in die Ernährerrolle als dominante Dimension eingelassen und wird/bleibt Freizeitbeschäftigung.

Die Fraglosigkeit bezüglich der familialen Lebensführung (wie sie in den 50er und noch 60er Jahren galt), hat sich in die heute herrschende Aushandlung rund um Kinder, innerfamiliales Enga-

---

9 Merkmale solcher Berufe sind die mangelnden Perspektiven auf nennenswerte Gehaltsaufbesserung und/oder Karrieren bzw. in akademischen Berufen (abgesehen von der Lehrerschaft!) auf zu erwartende Probleme als »Mutter mit Kind« trotz formaler Karrierechancen.

gement, Mitverantwortung verwandelt – Indiz für eine deutliche Rollenerweiterung geschlechtsspezifischer Zuschreibungen. Das Paket der Institution Familie, in seiner Konzeption als Normalfamilie, die die lebenslang unauflösbare Ehe mit Kindern und selbstverständlicher geschlechtsspezifischer Arbeitsteilung beinhaltete und für die ältere Generation galt, ist, wie Peuckert (1991) es plastisch ausdrückt, für die jüngere »aufgeschnürt« worden. Nun gilt es, über jedes seiner einzelnen Bestandteile – Ehe, familiale Arbeitsteilung und Kinder – gesondert nachzudenken und daraus ein eigenes Paket zu packen. Jedoch: Die Frage, ob daraus – um im Peuckertschen Bild zu bleiben – nun völlig unterschiedliche, neue Pakete werden, ist zweifelhaft angesichts der dem Arbeitsmarkt strukturell zugrundeliegenden geschlechtsspezifischen Differenzierung, wonach »gender« selbst in die Berufskonstrukte eingelagert ist (Born 1998). Auch wenn man die neue Vaterrolle, die Beziehung zu den Kindern anders gestalten will als in der Vätergeneration, ist die Wahrscheinlichkeit dennoch groß, das Paket in seiner »alt« hergebrachten Form zu nutzen. Andere sind (noch?) nicht einfach erhältlich; sie müssen nicht nur normativ gewünscht, sondern faktisch geformt durchgesetzt werden – gegen eine bestehende Struktur, die die veränderte Vaterschaft nur so weit hinnimmt, wie sie nicht die Arbeitsmarktverfügbarkeit des Mannes betrifft. Hier die Grenzziehungen zu verschieben, scheint nicht einfach. Wie stark also ist der Wunsch nach mehr Zeit für die eigenen Kinder – für neue Vaterschaft?

4 Zukunftsperspektiven

Lebensläufe sind über Institutionen strukturiert, die individuelles Verhalten oft hinter dem Rücken der Beteiligten standardisierten (Mayer 1995, Born et al. 1996). Es verweist dies auf die Notwendigkeit, sozialen Wandlungsprozessen mit »Fingerspitzengefühl« nachzuspüren, das heißt zumindest zu differenzieren zwischen der sozialstrukturellen und der normativen Ebene. In der Realisierung neuer Vaterleitbilder kommt dem Arbeitsmarkt eine nicht zu unterschätzende und nicht schlicht zu personalisierende Wirkmächtigkeit bezüglich des individuellen Handelns zu. Einerseits nämlich fungiert er als Normgeber, bietet den Orientierungsrahmen, an dem Subjekte ihr Verhalten auszurichten haben. Andererseits aber ist er – wie die Institution Familie auch – gesellschaftlich-politisch gestaltet, und beide sind als Organisationen mit internem Regelwerk und extremer Verklammerung untereinander materialisiert.

Die Einbindung der Vaterrolle in eine bestimmte Geschlechterordnung umfaßt entsprechende Normalitätsunterstellungen hinsichtlich des partnerlichen Aufgabenbereichs, des Geld- und des Zeitmanagements zwischen Erwerbsarbeit und zu versorgenden Abhängigen. Der Wandel auf der Ebene der Normen zwischen beiden Generationen ist erstaunlich weitreichend und er betrifft die männliche Seite, die die weibliche eingeholt hat. Die dennoch fortbestehende Zu- bzw. Beschreibung der Männer als die im Geschlechterverhältnis Traditionellen und damit Unmodernen deckt das Problem der externen strukturellen Formung von Familienrollen zu – und gibt zugleich keinen Hinweis auf das Verhältnis von AkteurInnen und Institutionen im Modernisierungsprozeß.

Fragen wir nach den AkteurInnen im Wandel der Vaterrolle zwischen beiden Generationen, können wir sicherlich die Frauen der alten Generation als die entscheidenden Impulsgeberinnen für Veränderung der Familienrollen ausmachen. Sie kann man zu Recht als Pionierinnen des Wandels beschreiben, wenn diese Veränderungen auch im Arbeitsmarkt nur als Ausweitung der Teilzeitangebote für junge Frauen heute sichtbar werden.

Die Gefahr, daß diese Entwicklung beim nun Erreichten stehenbleibt, ist allerdings nicht nur wegen der »harten« Arbeitsmarktgrenzen groß, sondern auch wegen sich ändernder Sozialisationsbeziehungen zwischen den Generationen. Denn der familiale Kontext, aus dem heraus die alten Frauen agierten, hat sich faktisch zugleich mitverändert, und es ist keineswegs ausgemacht, daß junge Väter und Mütter (etwa in Übernahme der Sozialisationsleistungen ihrer Mütter) an der Fortsetzung der Veränderung angestammter Geschlechtsrollen bei ihren Kindern arbeiten. Die Familienarbeit hat sich durch Technisierung und Fertigprodukterstellung erheblich reduziert – und sich im gleichen Zeitraum in ein Problem des Familienmanagements verwandelt, des Jonglierens zwischen Ladenöffnungszeiten, Bringe- und Holdiensten der (als Geschwister keineswegs zeitsynchron vergesellschafteten) Kinder[10] und eigener Erwerbsarbeit (Jurczyk & Rerrich 1993, Krüger 1995). Die Rationalisierung der Hausarbeit, die die Notwendigkeit der Mithilfe von Familienmitgliedern erheblich reduziert, verleitet auch ›gendersensible‹ Eltern leicht dazu, unter dem eigenen Zeitdruck die Dinge schnell selbst zu erledigen, bevor sie lange mit den Kindern um deren Beteiligung diskutieren; mit der Folge, daß die Bereitschaft von Kindern, vor allem von Jungen, sich verantwortlich für das Familienleben zu fühlen, schnell wieder verlorengehen kann. Und auch die heute jungen Väter sehen wir – noch jedenfalls – nicht um Reduzierungen von Erwerbsarbeit zugunsten ihrer Vaterrolle kämpfen, und wir sind sicher auch noch ein gutes Stück davon entfernt, daß Männer selbst die unfreiwillige ›Freisetzung von Erwerbsarbeit‹ auch als Chance sehen (und nutzen), ihre Vaterfunktionen auszubauen.[11]

Mit Blick auf die Zukunft aber das bisher Erreichte zuzuschütten, kommt dem Bild mit dem halb vollen oder halb leeren Glas sehr nahe. Das volle anzustreben bedeutet, nicht einfach abzuwarten, sondern Selbstverständnisdebatten zu führen, Sozialisationsprozesse und Perspektiven zu erarbeiten, die auch für Männer chancengleiche Einbindungen von Eltern- und Erwerbsarbeit näher bringen, als positive und deshalb anzustrebende Alternativen zum Bestehenden.

---

10 Denkt man allein an die zeitliche Verfügbarkeit, so stellt die Betreuung unter dreijähriger andere Anforderungen als die von Kindergartenkindern, deren Betreuungsanspruch sich noch einmal von dem der Schulkinder unterscheidet.

11 Vor dem Hintergrund, daß Beschäftigungsrisiken auch auf männlicher Seite zunehmen, ist nicht auszuschließen, daß wir uns langsam amerikanischen und englischen Lebenslaufmustern in Paarbeziehungen nähern, bei denen die Chance, einer Erwerbsarbeit nachgehen zu können, dem jeweils anderen die Familienarbeit aufzwingt.

Literatur

Born, C. (1987). *Vereinbarkeit von Beruf und Familie: Ein Problem von Frauen – kein Frauenproblem.* Werkstattbericht des Forschungsschwerpunktes Arbeit und Bildung, Bd. 4, Universität Bremen.

Born, C. (1998). Bildung und Beruf – für Männer und Frauen gleiche Kategorien? In W. R. Heinz, W. Dressel, D. Blaschke & G. Engelbrech (Hrsg.), *Was prägt Berufsbiographien? Lebenslaufdynamik und Institutionenpolitik.* Nürnberg: IAB, S. 89–108.

Born, C., Krüger, H. & Lorenz-Meyer, D. (1996). *Der unentdeckte Wandel. Annäherung an das Verhältnis von Struktur und Norm im weiblichen Lebenslauf.* Berlin: Sigma.

Braemer, G. (1994). *Wandel im Selbstbild des Familienernährers? Reflexionen über vierzig Jahre Ehe-, Erwerbs- und Familienleben.* Arbeitspapier Nr. 29 des Sfb 186, Universität Bremen.

Burkart, G. (1991). Kohabitation und Individualisierung. *Zeitschrift für Familienforschung, 3,* S. 26–48.

Burkart, G. & Kohli, M. (1992). *Liebe, Ehe, Elternschaft. Die Zukunft der Familie.* München: Piper.

Engelbrech, G. (1991). Frauenspezifische Restriktionen des Arbeitsmarktes – Situationsbericht und Erklärungsansätze zu Phasen des Berufsverlaufs anhand von IAB-Ergebnissen. In K.-U. Meyer, J. Allmendinger und J. Huinink (Hrsg.), *Vom Regen in die Traufe: Frauen zwischen Beruf und Familie.* Frankfurt/M.: Campus, S. 91–118.

Erzberger, C. (1995). Die Kombination von qualitativen und quantitativen Daten. Methodologie und Forschungspraxis von Verknüpfungsstrategien. *ZUMA-Nachrichten, 36 (19),* S. 35–60.

Erzberger, Ch. (1998). *Zahlen und Wörter. Die Verbindung quantitativer und qualitativer Daten und Methoden im Forschungsprozess.* Weinheim: Deutscher Studien Verlag.

Geissler, B. & Krüger, H. (1992). Balancing the Life Course in Response to Institutional Requirements. In R. H. Walter (ed.), *Institutions and gatekeeping in the life course. Status passages and the life course, Vol. III.* Weinheim. Deutscher Studien Verlag, pp. 151–168.

Gerson, K. (1993). *No Man's land. Men's changing commitments to family and work.* New York: BasicBooks.

Hess-Diebäcker, D. & Stein-Hilbers, M.(1989). Das neue Leitbild der innerfamilialen »Partnerschaft« in Kinderbetreuung und Haushalt. In U. Müller und H. Schmidt-Waldherr (Hrsg.), *FrauenSozialKunde: Wandel und Differenzierung von Lebensform und Bewusstsein.* Bielefeld: AJZ-Verlag, S. 113–131.

Höhn, C. (1980). Rechtliche und demographische Einflüsse auf die Entwicklung der Ehescheidungen seit 1946. *Zeitschrift für Bevölkerungswissenschaft, 6,* S. 335–371.

Hradil, S. (1992). Die ›objektive‹ und die ›subjektive‹ Modernisierung. Der Wandel der westdeutschen Sozialstruktur und die Wiedervereinigung. *Das Parlament, B29–30,* Beilage: Politik und Zeitgeschichte, S. 3–14.

Jurczyk, K. & Rerrich, M. S. (1993). Wie der Alltag Struktur erhält. Objektive und subjektive Einflußfaktoren der Lebensführung berufstätiger Mütter. In C. Born & H. Krüger (Hrsg.), *Erwerbsverläufe von Ehepartnern und die Modernisierung weiblicher Lebensführung.* Weinheim: Deutscher Studien Verlag, S. 173–190.

Krüger, H. (1993). Bilanz des Lebenslaufs: Zwischen sozialer Strukturiertheit und biographischer Selbstdeutung. *Soziale Welt, 44(3),* S. 375–391.

Krüger, H. (1995). Geschlechtsspezifische Modernisierung im ehepartnerlichen Lebenslauf. In B. Nauck & C. Onnen-Isemann, *Familie im Brennpunkt von Wissenschaft und Forschung.* Neuwied: Kriftel, S. 437–455.

Krüger, H., Born, C., Einemann, B., Heintze, S. & Saifi, H. (1987). *Privatsache Kind – Privatsache Beruf. »... und dann hab' ich ja noch Haushalt, Mann und Wäsche!« Zur Lebenssituation von Frauen mit kleinen Kindern in unserer Gesellschaft.* Opladen: Leske & Budrich.

Lüscher, K., Schultheis, F. & Wehrspaun, M. (Hrsg.). (1988). *Die postmoderne Familie. Familiale Strategien und Familienpolitik in einer Übergangszeit.* Konstanz: Universitätsverlag.

Mayer, K.-U. (1995). Gesellschaftlicher Wandel, Kohortenungleichheit und Lebensverläufe. In P. A. Berger & P. Sopp (Hrsg.), *Sozialstruktur und Lebenslauf.* Opladen: Leske & Budrich, S. 27–47.

Metz-Göckel, S. & Müller, U. (1986). *Der Mann.* Weinheim: Beltz.

Metz-Göckel, S. & Müller, U. (1987). Partner oder Gegner? Überlebensweisen der Ideologie vom männlichen Familienernährer. *Soziale Welt, 1(38),* S. 4–28.

Meuser, M. (1998). *Geschlecht und Männlichkeit, soziologische Theorie und kulturelle Deutungsmuster.* Opladen: Leske & Budrich.

Myrdal, A. & Klein, V. (1956). *Woman's two roles. Home and work.* London: Routeledge (engl. Originalausgabe; erstmals in dt. Übersetzung 1960: Die Doppelrolle der Frau in Familie und Beruf. Köln: Kiepenheuer und Witsch).

Nave-Herz, R. (1989). Zeitgeschichtlicher Bedeutungswandel von Ehe und Familie in der Bundesrepublik Deutschland. In R. Nave-Herz & M. Markefka (Hrsg.), *Handbuch der Familien- und Jugendforschung,* Bd 1: Familienforschung. Neuwied: Luchterhand, S. 211–222.

Peuckert, R. (1991). *Familienformen im sozialen Wandel.* Opladen: Leske und Budrich.

Rerrich, M. S. (1985). Alle reden vom Vater. – Aber wen meinen sie damit? Zur Differenzierung des Vaterbildes. In Sektion Frauenforschung in den Sozialwissenschaften in der DGS (Hrsg.), *Frauenforschung.* Frankfurt/ M.: Campus, S. 223–232.

Roussel, L. (1988). Die soziologische Bedeutung der demographischen Erschütterung in den Industrieländern der letzten zwanzig Jahre. In K. Lüscher, F. Schultheis & M. Wehrspaun (Hrsg.), *Die postmoderne Familie. Familiale Strategien und Familienpolitik in einer Übergangszeit.* Konstanz: Universitätsverlag, S. 39–54.

Thompson, E. H. & Pleck, J. H. (1987). The structure of male role norms. In M. S. Kimmel (ed.), *Changing men. New directions in research on men and masculinity.* Newbury Park: Sage, pp. 26–36.

Tyrell, H. (1988). Ehe und Familie – Institutionalisierung und Deinstitutionalisierung. In: K. Lüscher, F. Schultheis & M. Wehrspaun (Hrsg.), *Die postmoderne Familie. Familiale Strategien und Familienpolitik in einer Übergangszeit.* Konstanz: Universitätsverlag, S. 145–156.

WERNER KUDERA

Neue Väter, neue Mütter –
neue Arrangements der
Lebensführung

Das Brüchigwerden eines tradierten Leitbildes »des«
Vaters und die Frage nach den »neuen Vätern« sind ein
Symptom allgemeiner gesellschaftlicher Entwicklungs-
tendenzen, in deren Rahmen sich die normativen und
faktischen Voraussetzungen familialen Lebens durch-
greifend verändert haben. Dabei sind generalisierte
Ideale von alten oder neuen Vätern als normative
Verhaltensvorgaben lediglich die eine Seite. Die andere
wird durch veränderte Anforderungsstrukturen,
Handlungsspielräume und verfügbare Ressourcen
sowie durch individuelle Dispositionen, biographisch
aufgeschichtete Selbstverständlichkeiten, normative
Konzepte und Lebenskalküle der beteiligten Personen
repräsentiert. Für die Analyse des alltagspraktischen
Zusammenspiels dieser Faktoren und der entsprechen-
den individuellen Gestaltungsleistungen wird das
Konzept der ›alltäglichen Lebensführung‹ vorgeschla-
gen. Auf dessen Grundlage werden an einer Reihe von
Fallbeispielen gegenwärtige Möglichkeiten und
Grenzen von ›Väterlichkeit‹ herausgearbeitet. Damit
soll empirisch fundiert dem voluntaristischen Mißver-
ständnis entgegengetreten werden, daß es – ange-
sichts sich ausweitender Options-Horizonte infolge von
Individualisierungs- und Pluralisierungsprozessen –
jedermann möglich sei, jederzeit beliebig zu ent-
scheiden, was er als Mann und als Vater tun oder
lassen möchte.

The erosion of the image of the traditional father and the quest for »new fathers« are both a symptom of a general social trend resulting in an extensive shift of some normative and factual conditions of family life. However, the ideal concepts of old or new fathers as patterns of behaviour mark just one point of view. The other one is represented by structural obligations, requirements and limits of behaviour, which have changed and, in addition, by individual dispositions, biographical developed taken-for-granted patterns of behavior as well as normative concepts, calculations and resources of life-construction as a whole. For the purpose of empirical research into that context we propose our concept called ›Alltägliche Lebensführung‹ (the conduct of everyday life). With that theoretical concept chances and limits of being a father are worked out on the basis of some typical cases. This is intended as an empirical objection to the voluntaristic misunderstandig, that due to increasing options – as a result of individualization and pluralization – everybody could decide anywhere at any time, what he wants to do or not to do as a male and a father.

1 Einleitung

Mitscherlichs in den frühen 60er Jahren diagnostizierte Entwicklung als Weg hin zu einer »vaterlosen Gesellschaft« scheint inzwischen Geschichte geworden zu sein. In heutiger Sicht jedenfalls beschreibt die Metapher der Vaterlosigkeit die längst eingetretenen Folgen einer Reihe von sozialstrukturellen und kulturellen Prozessen, die auf eine neue Definition und Verteilung von personaler Macht und Autorität zustreben. Der »alte Vater« ist tot. Ist er es wirklich? Könnte der Ruf nach »neuen Vätern« auf eine Renaissance der Vaterfigur hindeuten, allerdings auf eine in modisch aktualisierten Gewändern und auf kleineren Füßen? Empirisch gibt es jedenfalls Hinweise darauf, daß gegenwärtig die Väter weniger »neu« sind als erwartet, aber viel unterschiedlicher als gemeinhin unterstellt (vgl. Rerrich 1989).

Macht und Autorität im Bereich privaten Lebens waren lange Zeit an die Imago des Vaters gebunden und in physischer Konstitution, sozialer Position und ökonomischer Verfügungsgewalt verankert und rechtlich abgesichert. Diese Imago ist inzwischen von vielen Seiten her angenagt. Die biologische Notwendigkeit leiblicher Vaterschaft wird angesichts der Möglichkeit künstlicher Befruchtung außer Kraft gesetzt. Die rechtliche Entwicklung mit ihrem Ausbau der Gleichstellung von Mann und Frau stutzt die Sonderstellung des Vaters immer mehr zurück. Veränderte betriebliche Organisationsformen und Führungskonzepte signalisieren mit Konzepten wie ›Enthierarchisierung‹ und ›teamförmig organisierte Arbeit‹ das Dysfunktionalwerden traditioneller Definitionen von positionaler Macht und Autorität. Die im Rahmen von Globalisierungsprozessen dramatisch sich verschärfende Konkurrenz auf dem Arbeitsmarkt und eine stetig wachsende Sockelarbeitslosigkeit sowie der Abbau von beruflichen Privilegien betreffen zwar nicht nur Männer, aber sie untergraben die Rolle des Vaters als Haupternährer und seine daraus resultierende Verfügungsmacht über Ressourcen. Der Geltungsbereich väterlicher Autorität wird dadurch beschnitten, daß dem Bildungssystem Funktionen zugeschoben wurden und werden, die Bestandteil der Vaterrolle waren. Er schrumpft dadurch weiter zusammen, daß die Kinder den Vorsprung des Vaters an Kompetenzen und körperlicher Stärke immer früher einholen. Das Drängen von Frauen in einen Beruf ohne ein komplementäres Streben von Männern in die Funktion des Hausmannes wirft neue Probleme familialer Arbeitsteilung auf. Die inzwischen etablierten feministischen Anstrengungen schließlich laufen in dem Versuch einer Dekonstruktion traditioneller Geschlechtsrollen-Definitionen zusammen – mit einigem Erfolg zumindest auf der Ebene bestimmter Diskurse.

All diese Entwicklungen (vgl. z.B. Berger & Hradil 1990, Zapf 1991, Berger 1996) erschüttern nicht nur die Grundlagen der traditionell abgesicherten, kulturellen Selbstverständlichkeit des Bildes vom Mann und Vater als »Patriarchen«, als Repräsentanten gott- oder naturgegebener Macht und Autorität. Sie laufen nicht nur auf den Abbau traditioneller Privilegien, sie laufen letztlich auf die Abdankung eines orientierungsstarken Sozialtypus hinaus. Diese Abdankung kann man begrüßen oder beklagen. Sie bedeutet auf jeden Fall – jenseits von einer moralischen oder interessengeleiteten Bewertung – zugleich auch einen Verlust an Eindeutigkeit und Verhaltenssicherheit im Bereich biographischer Konstruktion und privater Lebensführung. Mit dem Verfall der lange Zeit fraglos akzeptierten Selbstverständlichkeit eines dominanten Leitbildes verschwindet eine bisher stabile Richtgröße sowohl für die Biographiekonstruktion als auch für die Organisation des alltäglichen Lebens. Dadurch ist ein erhebliches und folgenreiches Orientierungsproblem entstanden. Ein bisher vorgegebenes und funktionierendes Ordnungsschema muß durch subjektive Konstruktionen und durch subjektive Leistungen substituiert werden. Sowohl auf Männer als auch damit korrespondierend auf Frauen kommen neuartige Anforderungen und Entscheidungsnotwendigkeiten zu. Es entstehen durchaus neue Chancen, nämlich vieles selbst bestimmen und gestalten zu können, was früher durch die Fixierung auf ein selbstverständliches gesellschaftliches Leitbild vorgegeben war. Es entstehen aber auch neue Verantwortlichkeiten für das individuelle Handeln und die Organisation der alltäglichen Lebenspraxis. In diesem Dickicht von erweiterten Optionen und Zwängen muß das Leben individuell gestaltet werden. Erforderlich werden dabei neue Formen der Abstimmung und Regulierung von Bedürfnissen und Anforderungen, von Kompetenzen und Zuständigkeiten im Bereich von Erwerbsarbeit und Privatleben. Die entsprechende Zunahme von Orientierungs- und Handlungsalternativen und von komplementären Verantwortlichkeiten steigert die Notwendigkeit einer Selbstthematisierung und damit der Reflexivität von Lebensplanung und Lebenspraxis. Selbstthematisierung und Reflexivität aber sind zentrale Indikatoren dafür, was gegenwärtig als reflexive Modernisierung oder Modernisierung der Moderne diskutiert wird (vgl. Beck 1993, Bonß 1995, Giddens 1995).

2 Neue Väter, neue Mütter

Angesichts solcher Entwicklungen sind die Frage nach »Männern als Väter« und der Ruf nach »neuen Vätern« nur zu verständlich. Beides signalisiert Veränderungen in den Voraussetzungen familialer Beziehungen, die aus veränderten individuellen Ansprüchen und Lebenskalkülen, aus veränderten Wertvorstellungen sowie aus sozialstrukturell sich verändernden Optionen und Zwängen resultieren (vgl. Rerrich 1988). Selbstverwirklichung und egalitäre Partnerschaft als biographisches Programm und Regulativ des Alltagslebens sind gegenüber traditionellen Rollenzuschreibungen im Vordringen. Vor dem Hintergrund einer Individualisierung von Biographien und der Pluralisierung von Lebensformen (vgl. Kudera 1995b, Berger 1996) sollen oder wollen Männer im Rahmen ihrer Lebensplanung und ihrer Alltagspraxis sich von hergebrachten Rollenzuschreibungen verabschieden und auch Funktionen übernehmen, die bislang als Bestandteil allgemein geteilter Normalitätsvorstellungen Frauen zugedacht waren. Demgegenüber erobern Frauen sich Arbeits- und Lebensbereiche, die bislang als Domänen einer männlichen Welt galten und versuchen, ihre Lebensplanung auf Gleichberechtigung und ökonomischer Unabhängigkeit aufzubauen.

Allein daraus wird deutlich, daß die Suche nach »neuen Vätern« die komplementäre Definition von »neuen Müttern« einschließt, gleichviel, wer die treibende Kraft in diesem Spiel ist. Beides wiederum, sowohl die Kategorie des »neuen Vaters« als auch die implizite Kategorie der »neuen Mutter«, verweist auf den eigentlichen Kern dieser Suche; nämlich auf die Notwendigkeit neuer Konstruktionen familialen Zusammenlebens, wenn die bislang gegebenen oder zumindest unterstellten und durch geltende Traditionen gesicherten Voraussetzungen wegbrechen. Insofern ist die Verschrottung der traditionalen Vaterfigur nur ein Symptom für den Zerfall des Konstrukts der bürgerlichen Familie und einer Veränderung der Definition von Erziehung (vgl. z. B. Lüscher, Schultheis & Wehrspaun 1988, Rerrich 1988, Nave-Herz & Markefka 1989, Bertram 1991, 1992).

Dieser Zerfall führt nicht nur zu einer Veränderung der Qualität der traditional definierten Leitbilder von Vater, Mutter und Kind und ihrer Beziehung zueinander. In ihm drückt sich auch ein Wertewandel aus, den man als einen Aspekt von Modernisierung interpretieren könnte. Diese Modernisierung findet – idealtypisch zugespitzt – ihren Ausdruck in folgenden Tendenzen:

– Die eine Tendenz verläuft weg von dem kulturellen Leitbild einer nicht mehr durch geltende Traditionen und durch ökonomische Verfügungsgewalt legitimierten und mit physischer Gewalt durchsetzbaren Machtposition des Mannes. Sie geht weg von dem Modell des Autokraten und der disziplinierenden und strafenden Autorität hin zu dem eines Partners, dessen Verhalten sich durch Rationalität und Kompetenz, durch Fürsorge und Zärtlichkeit bewährt.

– Die andere Tendenz zeigt die Abkehr von einer traditionalen geschlechtsrollenspezifischen Zuordnung von Handlungs- und Lebensbereichen und entsprechenden Zuständigkeiten und Handlungsmustern im Rahmen des Modells der Normalfamilie. Diese Zuordnung knüpfte den Status des Mannes primär an den Beruf und die Welt der Erwerbsarbeit und verpflichtete ihn auf bedingungslose Konkurrenz mit anderen. Sie definierte den Status der Frau über die Rolle der Mutter und Hausfrau und fixierte ihre Existenz auf Heim, Herd und Fürsorge für andere. Hier geht die allgemeine Entwicklung hin zu dem Modell von diskursiv ausgehandelten und gemeinsam elaborierten, von Fall zu Fall auch zeitlich befristeten und räumlich separierten Arrangements gemeinschaftlicher Lebensführung.

Nun repräsentieren soziale Konstruktionen wie die des »Mannes«, des »Vaters«, der »Frau«, der »Mutter« oder des »Kindes« – gleichgültig ob alt oder neu – normative Erwartungen an Dispositionen, Einstellungen und Verhaltensweisen der ihnen zugeordneten Personen. Sie verkörpern gesellschaftliche Vorgaben von mehr oder weniger verbindlichen Wertvorstellungen und erwünschten Handlungsmustern, dienen der Regulierung der Beziehungen der Geschlechter und Generationen im Kontext privater, familial oder partnerschaftlich organisierter Lebensführung. Diese Regulierung wird wirksam dadurch, daß die entsprechenden normativen Vorgaben – durch freien Willen, durch Gewohnheit oder unter Zwang –

individuell übernommen, wechselseitig akzeptiert und im entsprechenden Handlungskontext praktiziert werden.

Im Prozess der gesellschaftlichen Modernisierung und kulturellen Pluralisierung haben sich nicht nur der Inhalt, sondern auch der Geltungsbereich solcher gesellschaftlich definierter Leitbilder sowie die Art ihrer Aneignung verändert. So weicht das ehedem vorherrschende, einheitliche Bild von »dem« Vater oder »der« Mutter einer Ausdifferenzierung von unterschiedlichen und gleichermaßen legitimen Vorstellungen darüber, wie man sich als Mann und als Frau oder als Individuum überhaupt in einer familialen Konstellation zu verhalten und welche Funktionen man dabei wahrzunehmen habe. Die Aneignung derartiger Vorstellungen wiederum erfolgt immer weniger in Form der fraglosen Übernahme einer tradierten und eingelebten Selbstverständlichkeit. Sie nimmt vielmehr immer mehr die Form einer reflexiv gesteuerten Auswahl aus dem kulturellen Katalog medial vermittelter Leitbilder an, die in das Kalkül einer eigenständig entworfenen und umgesetzten Biographiekonstruktion und Lebensführung integriert ist.

3 Ein Perspektivenwechsel

Normative Konstruktionen wie »Vater«, »Mutter« und »Kind« sind als idealisierende Leitbilder im kulturellen System und in den Köpfen der diesem System zugehörigen Personen verankert. Als solche können sie zum Gegenstand von Massenumfragen gemacht werden, um das Spektrum möglicher daran gekoppelter Erwartungen oder Unterstellungen und deren statistische Verteilung auf soziale Gruppen oder Schichten abzubilden. Sie können aber auch je nach wissenschaftlicher Ausgangsposition als Texte, kulturelle Objektivationen oder symbolische Repräsentationen unter dem Aspekt von Semantik und Code, latenter Sinnstruktur und Logik oder auch als Ideologie betrachtet werden.

Weder der Frage nach subkulturellen Leitbildern von Vätern und den komplementären Leitbildern von Mutter und Kind noch entsprechenden semantischen Analysen oder einer Ideologiekritik gilt freilich das Interesse dieses Beitrages. Auch auf die nahe-

151

liegende Verwendung des Konzepts der Rolle wird verzichtet. Als Kategorie einer funktionalistischen Betrachtungsweise ist das Konzept der Rolle im Rahmen soziologischer Analytik zwar durchaus bewährt und hat Verbreitung auch über den engeren wissenschaftlichen Kontext hinaus gefunden. Mit dessen Hilfe werden Verhaltenserwartungen, bezogen auf bestimmte Systeme sozialen Handelns, gebündelt, typisiert und jeweils spezifischen Trägern zugeordnet. Insofern ist es nützlich und plausibel, es schließt jedoch eine Reihe von spezifischen Denkhemmungen ein:

(a) Das Konzept der Rolle sperrt sich gegen eine Historisierung. Diese ist für unseren Zusammenhang jedoch deshalb wichtig, weil eine Rolle wie die des »Vaters« in Gehalt und Ausprägung einen jeweils spezifischen, historischen Stand der Regulierung von Beziehungen und Funktionen im Bereich privaten Lebens ausdrückt und weder ein ontologisches noch anthropologisches Substrat verkörpert, das sie legitimieren würde. Normative Konstruktionen sind stets gesellschaftlich produziert und Resultat von permanenten offenen oder verdeckten Auseinandersetzungen um Macht und Geltung. Dieser historische Charakter geht im Konzept der Rolle verloren.

(b) Das Konzept der Rolle friert durch seinen Status als idealisiertes und typisiertes Schema die Dynamik des sozialen Geschehens ein, auf die es sich bezieht. Damit läßt es nicht nur die Frage offen, ob und wie ernst eine Rolle individuell genommen und konkret praktiziert wird. Es unterschlägt vor allem auch die eigenständigen, konstitutiven Leistungen der Personen in jenen Bereichen, auf die das Konzept der Rolle projiziert wird, und kann diese subjektiven Leistungen lediglich als Abweichungen vom Rollenschema thematisieren.

(c) Das Konzept der Rolle abstrahiert schließlich von den lebensweltlichen, interaktiv produzierten Konstruktionen, in denen die entsprechenden typisierten Verhaltenserwartungen ihren Ort haben und durch deren Möglichkeiten und Grenzen ihre praktische Ausgestaltung mitkonstituiert wird. Rollendefinitionen wie die des »Vaters« fungieren ja lediglich als ein mögliches, normatives Element unter vielen anderen normativen und faktischen Elementen, die im Rahmen der Organisation eines familialen Zusammenlebens von Bedeutung sind. Was Vater heißt und wie die entsprechenden Verhaltenserwartungen wechselseitig definiert, akzeptiert und praktiziert werden, hängt wesentlich von den konkreten Grundlagen, Anforderungen und Bedürfnissen, von verfügbaren Ressourcen und gegebenen Macht-, Entscheidungs- und Konfliktregulierungsstrukturen familialer Lebensführung ab.

Aus diesen Gründen wird hier von der Verwendung des Rollenkonzepts als analytischer Kategorie Abstand genommen, ohne daß damit bestritten wird, daß es so etwas wie beispielsweise Geschlechtsrollen-Zuschreibungen als rekonstruierbares empirisches Faktum gibt. Darüber hinaus wird vorgeschlagen, sich überhaupt von der Konzentration auf die Figur des Vaters – ob alt oder neu, ob Wunschbild eines idealen Vaters oder Alltagspraxis des gewöhnlichen Vaters – zu lösen und die Blickrichtung zu ändern, ohne dem Thema Vater seine Bedeutung zu nehmen. Diese postulierte Änderung der Blickrichtung besteht darin, daß als Ausgangspunkt der Analyse nicht ein gängiges Leitbild oder eine jeweils individuelle Definition der Figur des Vaters gewählt wird. Als Ausgangspunkt dient vielmehr das System gemeinschaftlicher Lebensführung, in dem sowohl Mann als auch Frau als auch Kinder ihren jeweils eigenständigen, oft mit Konflikten verbundenen Beitrag zu einer gemeinsamen Konstruktion familialen Lebens und einer entsprechenden Arbeitsteilung und Beziehungsregulierung leisten. Insofern wird die Frage nach den »neuen Vätern« in der übergreifenden Frage nach gegenwärtigen Grundlagen und Formen, Möglichkeiten und Grenzen der Regulierung gemeinsamer Lebensführung aufgehoben und die Ebene gemeinschaftlich hergestellter Lebenspraxis anvisiert. Nicht mehr der Typus des Vaters steht im Zentrum der Aufmerksamkeit, sondern die jeweilige, interaktiv produzierte und reproduzierte Konstruktion familialen Zusammenlebens. Erst innerhalb einer solchen Konstruktion werden die jeweiligen Möglichkeiten und Grenzen von ›Väterlichkeit‹ erkennbar, wird deren konkrete Ausprägung im Spannungsfeld von strukturellen Bedingungen und individuellen Bedürfnissen definiert.

Für die Analyse eines solchen Zusammenhangs von interaktiv aufeinander bezogenen und abgestimmten subjektiven Leistungen der Herstellung und des Managements einer kohärenten und kontinuierlichen Lebenspraxis ist das Konzept der ›alltäglichen Lebensführung‹ entwickelt worden. Dieses Konzept wurde im Rahmen eines Forschungsprojekts des Sonderforschungsbereichs 333 »Entwicklungsperspektiven von Arbeit« der Universität München initiiert und ausformuliert sowie auf der Grundlage umfangreicher empirischer Studien elaboriert[1] (vgl. zuletzt Projektgruppe ›Alltägliche Lebensführung‹ 1995). Es wird in seinen Grundzügen im folgenden Abschnitt dargestellt. Im Anschluß daran werden einige Veränderungen im Bereich der Arbeitswelt skizziert, die neue Anforderungsstrukturen und Handlungsspielräume für die arbeitsteilige Ausgestaltung der Alltagspraxis mit sich bringen. Ob und welche Elemente von ›Väterlichkeit‹ in entsprechenden Arrangements der Lebensführung zum Vorschein kommen, wird in Abschnitt 6 anhand von typischen empirischen Beispielen herausgearbeitet.

4 Das Konzept der alltäglichen Lebensführung

4.1 Vorgeschichte

Alltägliche Lebensführung ist – jenseits der alltagssprachlichen Verwendung – als soziologisches Konzept neu und anspruchsvoll (vgl. Voß 1991, Kudera 1995a und b). Deshalb erfordert seine Darstellung mehr Raum als den von allgemein voraussetzbaren, konzeptuellen Präliminarien. Und obgleich das soziologische Konzept der alltäglichen Lebensführung neu ist, hat es doch seine Vorgeschichte. Diese konvergiert selbst mit historischen Vorgängen, die für das Verständnis der gegenwärtigen Situation alltäglichen Lebens und Überlebens von Bedeutung sind und auch die Einordnung des Problems der neuen Väter in seinen historischen Kontext ermöglichen. Väter sind immer Bestandteil einer übergreifenden Konstruktion institutionalisierten Zusammenlebens und diese

---

1 An diesem Forschungsprojekt waren beteiligt: L. Behringer, K. M. Bolte, S. Dietmaier, W. Dunkel, K. Jurczyk, W. Kudera, M. S. Rerrich und G. G. Voß.

Konstruktionen wiederum sind ihrerseits immer Ausdruck eines bestimmten gesellschaftlichen Entwicklungsstandes der Regulierung sozialen Lebens. Für unseren Zusammenhang wichtig ist dabei der Übergang von einer traditionalen zu einer modernen Gesellschaftsformation und die entsprechenden Veränderungen dessen, was als anständiges, richtiges oder gutes Leben gefordert, akzeptiert und praktiziert wird (vgl. dazu Kudera 1995a).

Bereits zu Beginn dieses Jahrhunderts hatte Max Weber im Rahmen seiner Studien zur Protestantischen Ethik aufgezeigt, daß sich unter dem Einfluß calvinistischer Ideen seit dem 16. Jahrhundert das Alltagsleben bestimmter sozialer Gruppen in charakteristischer Weise verändert hat. Seine These war, daß das bis dahin vorherrschende, rein durch Traditionen bestimmte Verhalten von einer ›methodischen‹, auf bestimmte, selbstgesetzte Ziele hin ausgerichteten, Lebensführung abgelöst würde. Bestimmend für diese Art der methodischen Lebensführung ist die Idee, daß sowohl jeder Augenblick des Lebens als auch die individuelle Lebensspanne insgesamt effektiv zu nutzen seien, das Leben also – jenseits aller religiösen Bezüge – ein knappes Gut darstelle, mit dem bedachtsam und haushälterisch umgegangen werden müsse. Zusammen mit dieser dem Individuum zugeschriebenen Verantwortlichkeit für sein eigenes Leben setzen sich anstelle von traditioneller oder göttlicher Lenkung Rationalität (im Sinne eines Zweck-Mittel-Kalküls) und Selbstregulierung (im Sinne von Selbstentwurf und Selbstkontrolle) als Steuerungselemente des Lebens durch. Sie machen sowohl die Biographie als auch die Lebensführung zur individuellen Gestaltungsaufgabe. Biographie und Lebensführung verkörpern dabei zwei Seiten ein und derselben Sache, nämlich der Konstruktion individuellen Lebens. Die Biographie repräsentiert den lebenszeitlichen Aspekt einer reflexiv gesteuerten Selbstverwirklichung als Entwicklungs- und Bildungsprozess. Lebensführung dagegen repräsentiert den alltagszeitlichen Aspekt einer reflexiven Regulierung der Lebenspraxis als zyklisch ablaufender Reproduktionsprozess. Beides, Biographie wie alltägliche Lebensführung, konstituieren sich insofern wechselseitig, als die individuelle Biographiekonstruktion sich im Medium alltäglichen Handelns und alltäglicher Erfahrung umsetzt und entfaltet, während alltägliche Lebensführung durch den biographischen Horizont Sinn und lebenszeitliche Perspektivität gewinnt (vgl. Kudera 1995b).

Der hier skizzierte Idealtypus der eigenständigen Konstruktion eines auf Rationalität und Effektivität gegründeten Lebens war auf die Figur des autonomen Bürgers zugeschnitten, der im politischen und wirtschaftlichen Geschehen vernünftig und selbständig agiert. Er war zugleich fundiert in dem Modell der bürgerlichen Familie, in welcher der Mann als Berufsmensch und väterliche Autorität fungiert, die Frau als Organisatorin von Haushalt, Kindererziehung und Harmonie des privaten Zusammenlebens. Hieraus speisen sich die klassischen Leitbilder von Vater und Mutter und eine entsprechende Zuordnung von Zuständigkeiten und Verhaltensmustern, deren Wirksamkeit sich bis in die Gegenwart erstreckt. Lebensführung im Weberschen Sinne als autonome Gestaltung von Biographie und Lebenspraxis ist damit eine – nur sehr allmählich heranreifende – Geburt der Moderne, sie repräsentiert einen *neuen Modus der Vergesellschaftung im Code von Individualität.*

Das soziologische Konzept der alltäglichen Lebensführung knüpft an die Überlegungen von Weber an. Es führt sie jedoch in der Weise weiter, daß es zum einen systematisch eine Typik von historisch ausdifferenzierten Formen gegenwärtiger Lebensführung auf empirischer Grundlage entwickelt, zum anderen den Weberschen Idealtypus der methodischen Lebensführung zu einem allgemeinen Konzept alltäglicher Lebensführung ausbaut.

4.2 Eine Typik von Formen alltäglicher Lebensführung

Jede Typik, ob lebensweltlich oder wissenschaftlich verankert, ist eine Konstruktion. Die folgende Typik von grundlegenden Formen alltäglicher Lebensführung beruht auf heuristischen Kontrastierungen, die unter verschiedenen theoretischen Perspektiven idealisierend jeweils einen zentralen Aspekt hervorheben. Ihre Skizzierung ist hier insofern erforderlich, als in ihr analytische Kategorien definiert werden, die für den gesamten Beitrag von Bedeutung sind.

So läßt sich *unter modernisierungstheoretischer Perspektive* eine *traditionale* von einer *reflexiven* Lebensführung unterscheiden. Traditional heißt, daß die alltägliche Lebensführung auf der Grundlage von fraglos geltenden Traditionen, Sitten und Gebräuchen funktioniert. Reflexiv als modernes Äquivalent heißt demgegenüber, die Lebensführung wird in der Weise gesteuert, daß die Individuen sich selbst thematisieren und bewußt sowie rational selbst entscheiden, wie ihr Leben aussehen soll.

Unter *handlungstheoretischer Perspektive* läßt sich eine *strategische* von einer *situativen* Lebensführung unterscheiden. Strategisch meint dabei, daß bestimmte Lebenskonzepte und -kalküle planmäßig und zweckrational umgesetzt und das entsprechende Alltagshandeln nach Möglichkeit strategisch darauf ausgerichtet und durchorganisiert wird. Dabei wird idealiter und oft kontrafaktisch eine grundsätzliche Berechenbarkeit der Handlungsbedingungen unterstellt. Situativ meint demgegenüber, daß das Alltagshandeln in Form einer reaktiven oder intentionalen Anpassung an gleiche oder wechselnde Situationen verläuft und je nach Lage der Dinge abgewartet oder entschieden und agiert wird. Situatives Handeln ist eine funktionale Reaktionsform auf offene und unkalkulierbare Handlungsbedingungen.

Darüber hinaus läßt sich unter der *Perspektive der Institutionalisierung von sozialen Prozessen eine routinisierte* von einer *improvisativen* Lebensführung unterscheiden. Routinisiert ist eine Lebensführung dann, wenn das alltägliche Leben sich auf der Grundlage eines verfestigten Systems von eingespielten Gewohnheiten vollzieht. Hier läuft tendenziell ein Tag wie der andere ab, sind Geschlossenheit und zyklische Abläufe die Regel. Als improvisativ gilt eine Lebensführung dagegen dann, wenn kein Tag wie der andere ist, jeder neu gestaltet wird, eine Institutionalisierung von Handlungsabläufen vermieden wird und Offenheit die Regel ist.

Schließlich läßt sich unter *herrschaftstheoretischer Perspektive* von Macht und Gleichberechtigung eine *hierarchisch* organisierte von einer *egalitär* fundierten Lebensführung unterscheiden. In dieser Unterscheidung wird folgendes hervorgehoben: Eine partnerschaftlich organisierte Lebensführung kann entweder auf einer Machtasymmetrie und einem entsprechenden Über- und Unterordnungsverhältnis beruhen. Oder sie basiert darauf, daß jeder Partner prinzipiell die gleichen Rechte hat und die Verteilung von Zuständigkeiten und Verpflichtungen auch faktisch durch entsprechende Regulierungsmechanismen abgesichert ist.

4.3 Das allgemeine Konzept der alltäglichen Lebensführung

Jenseits dieser Typik von ausdifferenzierten Formen alltäglicher Lebensführung wird deren grundlegende Konstruktion verallgemeinernd als eine Ordnung[2] definiert, die sich in bestimmten Regelmäßigkeiten des Alltagshandelns ausdrückt. Sie verleiht diesem im Fluß der täglichen Anforderungen und Ereignisse Beständigkeit und Verläßlichkeit und macht es dadurch auch für andere Personen und Institutionen berechenbar.

Eine solche Ordnung entsteht dadurch, daß sich je nach Lebensphase und Lebensform bestimmte Arrangements des Umgangs mit all jenen Bedingungen und Personen entwickeln, die im Alltagsleben eine Rolle spielen. Die Kategorie des Arrangements wird hier ganz bewußt gewählt. Mit ihr wird dem dynamischen Charakter, dem permanenten Prozeß von Produktion, Reproduktion und Transformation von alltäglicher Lebensführung im Spannungsfeld von Offenheit und Schließung Rechnung getragen. Denn Arrangements alltäglicher Lebensführung sind weder auf einmal da noch bleiben sie immer, was sie sind. Sie entstehen und verändern sich vielmehr allmählich – in Abhängigkeit von den jeweiligen Lebensumständen – durch das Zusammenspiel der beteiligten Personen. Dieses Zusammenspiel wiederum geschieht in einem Gemisch aus reflexiver Planung und Übernahme bewährter Muster, aus experimenteller Erprobung und Korrektur und vollzieht sich in den Medien von Macht und Arbeit, Interaktion und Kommunikation. Entscheidend ist, daß solche Arrangements sich im Lauf der Zeit verfestigen und der Lebensführung ge-

---

2 Eine solche Ordnung entwickelt sich sogar unter extremen Lebensbedingungen wie denen von Stadtstreichern (vgl. Kudera & Voß 1996)

wissermaßen Züge einer Institution mit gesicherten Grundlagen und Verfahrensweisen, eigenen Regeln, Prioritäten und Routinen verleihen. Auf diese Weise steuern die einmal eingespielten Arrangements als gemeinsam produzierte Ordnung eigener Art ihrerseits das Alltagsleben auf relativ stabile und dauerhafte Weise. Sie entlasten dadurch nicht nur von dem Zwang, ständig neu entscheiden zu müssen. Sie begründen auch insofern Verhaltenssicherheit, als das Alltagsleben weitgehend nach eingeübten Regeln und in vorhersehbaren Mustern abläuft und dadurch für alle Beteiligten – ceteris paribus – kalkulierbar wird. Dies bedeutet freilich nicht, daß derartige Arrangements, wenn sie einmal etabliert sind, starr und irreversibel wären. Von ihrem Elastizitätspotential hängt es ab, wieweit Arrangements der Lebensführung angesichts kritischer Lebensereignisse oder sich verändernder innerer und äußerer Bedingungen transformiert werden können oder kollabieren (vgl. Kudera 1998).

Arrangements der alltäglichen Lebensführung bilden den Ort, wo alles, was für das Leben von Bedeutung ist, zusammenkommt (vgl. Jurczyk & Rerrich 1993). In ihnen fließen nicht nur Werte, Leitbilder und Orientierungen, Bedürfnisse, Ansprüche und Lebenskalküle zusammen, die darüber bestimmen, was Menschen vom Leben *erwarten*. In sie gehen auch die tagtäglichen Anforderungen und individuell verfügbaren materiellen und kulturellen, personalen und sozialen Ressourcen ein, die darüber bestimmen, was sie vom Leben *erwarten können*. Weiterhin werden in der alltäglichen Lebensführung nicht nur gesellschaftliche Konventionen, Gesetze und vertragliche Regelungen wirksam, sondern auch Institutionen mit ihren eigenen Anforderungen und Verhaltenszumutungen, die darüber bestimmen, in welchem Rahmen und in welchen Handlungsbereichen die Menschen ihr Leben *gestalten müssen*. Arrangements alltäglicher Lebensführung repräsentieren also eine eigene, intermediäre Ebene sozialen Handelns sowie eine mehr oder weniger dauerhafte und kohärente Ordnung der Regulierung von Beziehungen und Alltagspraktiken. Sie haben die Funktion, die vielfältigen, widersprüchlichen und nicht selten konflikthaften Anforderungen des Alltagslebens in mehr oder weniger geregelter Weise auszubalancieren, Kohärenz sowie Kontinuität herzustellen und Verhaltenssicherheit zu stiften.

Im Rahmen der einleitend skizzierten Veränderungen bestimmter Arbeits- und Lebensbedingungen und Wertvorstellungen haben sich die Grundlagen verschoben, auf denen solche subjektiv erzeugten Ordnungen des Alltagslebens konstruiert werden, hat sich deren Regulierungsniveau im Sinne von mehr Reflexivität und Selbstkontrolle verändert, hat sich schließlich der Charakter von Lebensführung selbst gewandelt. Gehörte es früher zur sozialen Erfahrung bestimmter gesellschaftlicher Gruppen, deren Existenz von ihrer Arbeit abhängig war, daß man lebt, um zu arbeiten, hat sich dies im Rahmen wohlfahrtsstaatlicher Entwicklung umgekehrt. Heute läßt sich eher davon sprechen, daß man arbeitet, um zu leben. Je unterschiedlicher aber sich der Rhythmus von Arbeitszeit und freier Zeit, von Werktagen und arbeitsfreien Tagen für die Menschen gestaltet, je mehr Frauen und Männer entscheiden können und müssen, welche Rolle die berufliche, welche die familiale Arbeit in ihrem Leben spielen soll, desto mehr wird die Organisation von Lebenslauf und Alltagsleben zu einer spezifischen Aufgabe, die individuell bewältigt werden muß (vgl. Jurczyk & Rerrich 1993). In dem Maße wiederum, wie die Gestaltung des gesamten Alltagslebens zur eigenständigen, individuellen Aufgabe wird, nimmt in einer eigentümlichen Dialektik die alltägliche Lebensführung selbst den Charakter von Arbeit an (vgl. Voß 1991).

5 Familiale Arbeitsteilung als Medium von sozialen Zuweisungs- und Codierungsprozessen

5.1 Arbeitsteilung als zentrales Organisationsprinzip familialer Lebensführung

Arbeitsteilung ist nicht nur ein elementares Organisationsprinzip von Vergesellschaftung, sondern auch der Strukturierung und Ausdifferenzierung von Institutionen oder Lebensgemeinschaften wie der einer Familie. Familiale Arbeitsteilung regelt die Zuständigkeiten, Rechte und Pflichten in der wie immer definierten Familie entlang der Dimensionen Geschlecht, Alter und Beruf auf der Grundlage von sozialen Zuweisungs- und Codierungsprozessen.

Dadurch fließen in der familialen Arbeitsteilung die Definitionen von Mann und Frau, Vater, Mutter und Kind in einer interaktiv elaborierten und gemeinsam getragenen Wirklichkeitskonstruktion zusammen. Das verursacht methodische Schwierigkeiten bei deren Rekonstruktion. Denn in der beobachtbaren oder abfragbaren Praxis alltäglicher Lebensführung ist nur schwer voneinander zu scheiden, welche Handlungen jemand – sei es intentional oder normgesteuert – beispielsweise als Mann oder Frau oder aber als Vater oder Mutter vollzieht. Diese Unterscheidungen sind aber insofern von Bedeutung, als Veränderungen der familialen Arbeitsteilung gleichzeitig Veränderungen gesellschaftlicher Definitionen von Mann und Frau, Vater und Mutter signalisieren.

Historisch betrachtet, sah das in unserer Gesellschaft lange Zeit weit verbreitete Idealmodell familialer Arbeitsteilung vor, daß der Ehemann als Allein- oder Hauptverdiener für den Lebensunterhalt sorgte, während die Ehefrau als Hausfrau und Mutter für die Führung des Haushalts und die Betreuung der Kinder zuständig war (vgl. Rerrich 1988). Das schloß nicht aus, daß die Männer einen Teil häuslicher Verrichtungen mitübernahmen und die Frauen einer begrenzten Erwerbsarbeit nachgingen. Vor allem für Arbeiterhaushalte war die Mitarbeit der Ehefrau meist eine ökonomische Notwendigkeit und im Bereich der Landwirtschaft und des Handwerks eine Selbstverständlichkeit (vgl. Kudera 1995a). Die Konsequenz war, daß Frauen unter solchen Bedingungen einer Doppelbelastung von Erwerbsarbeit und Hausarbeit ausgesetzt waren. Eine familiale Arbeitsteilung, die diesem Idealmodell mit seinen eindeutig festgeschriebenen Zuständigkeiten entspricht, ist heute jedoch nur noch eine Variante unter anderen und repräsentiert keineswegs mehr die gesellschaftliche Normalität (vgl. Jurczyk & Rerrich 1993, Projektgruppe »Alltägliche Lebensführung« 1995). Das hängt mit der Pluralisierung von Lebensformen sowie mit dem insgesamt gestiegenen Bildungsniveau und der verstärkten Erwerbsbeteiligung von Frauen zusammen. Darin wiederum drückt sich eine Lebensorientierung von Frauen aus, die auf Familie und Beruf zugleich ausgerichtet ist. Viele Frauen sind nicht mehr bereit, sich »lebenslänglich« auf die Rolle der Hausfrau und Mutter festlegen zu lassen und pochen auf mehr Gleichberechtigung und Flexibilität in der Verteilung von häuslichen Rechten und Pflichten. Zugleich möchten sie verstärkt und autonom an wichtigen, die gemeinsame Lebensführung betreffenden, Entscheidungen beteiligt sein.

Solche Forderungen nach Enthierarchisierung und Umverteilung von Zuständigkeiten sind wohl ein wichtiger Hintergrund für den Ruf nach den »neuen Vätern«. Solche Forderungen müssen sich jedoch nicht nur als allgemein akzeptierte Werte durchsetzen, was sich im Rahmen des gegenwärtigen Wertewandel durchaus abzeichnet (vgl. Bolte 1993), sondern auch als Handlungsregulativ der konkreten Alltagswirklichkeit. Allgemein akzeptierte Ideale repräsentieren lediglich die eine Seite der Medaille, die faktischen Bedingungen ihrer Realisierung die andere. Angesichts dessen stellt sich die Frage, ob es – über kollektiv geteilte Wünsche, Interessen und Aspirationen hinaus – sozialstrukturelle Entwicklungen gibt, die neue Anforderungsstrukturen und Handlungsspielräume produzieren und dadurch die geforderte Umverteilung von Zuständigkeiten und eine Enthierarchisierung verhindern oder begünstigen.

5.2 Veränderungen von Anforderungsstrukturen und Handlungsspielräumen im Rahmen von alltäglicher Lebensführung und ihre Folgen für die familiale Arbeitsteilung

Ökonomische Selbständigkeit der Frauen allein scheint, wie das Beispiel der ehemaligen DDR zeigt, keine hinreichende Bedingung für eine Umwertung der traditionalen familialen Arbeitsteilung zu sein (vgl. Kudera 1993b, Diemer 1994, Kudera 1994, Schneider 1994). Selbst die nahezu hundertprozentige Erwerbsquote von Frauen hat das Modell der traditionalen Familienkonstellation nicht außer Kraft gesetzt: Die Männer blieben die »Vatis«, die Frauen blieben die »Muttis«. Allerdings hat sich in unserem empirischen Material auch gezeigt, daß Frauen im von ihnen bewußt aufrechterhaltenen Modell traditionaler Arbeitsteilung faktisch eine ganze Menge von Entscheidungskompetenzen an sich gezogen hatten und sich unter der Hand als die eigentlichen Lenkerinnen und »Macherinnen« der alltäglichen Lebensführung etablieren konnten. Die hohe Zahl von Scheidungen und alleinerziehenden Müttern ist jedoch ein Symptom dafür, daß die Funktionsfähigkeit auch dieses Modells einer modifizierten traditionalen Arbeitsteilung an seine Grenzen gelangt war.

In Westdeutschland dagegen vollzieht sich seit einiger Zeit eine Entwicklung im Bereich der Organisation gesellschaftlicher Arbeit, welche die herkömmliche Art familialer Arbeitsteilung und ihre Grundlagen zumindest in Bewegung bringen könnte. Hierbei handelt es sich um Prozesse, die durch neuartige Formen der betrieblichen Nutzung von Zeit auf eine Auflösung von Normalarbeitstag und Normalarbeitszeit hinauslaufen. Exemplarisch wird hier die Ausweitung von Schichtarbeit und die Durchsetzung von flexiblen Arbeitszeiten einschließlich Teilzeitarbeit betrachtet. Die Folgen dieser Prozesse auf die Art der familialen Arbeitsteilung sind durchaus zwieschlächtig (vgl. Jurczyk & Kudera 1991, Kudera 1993a).

Schichtarbeit ist ein Modell der Arbeitsorganisation, das aufgrund gesetzlicher Bestimmungen vor allem männlichen Erwerbstätigen vorbehalten ist. Es reduziert die sozial nutzbare Zeit und erhöht den Abstimmungsbedarf mit Personen und Institutionen, da Ladenschlußzeiten, öffentliche Verkehrszeiten oder Vereinstermine immer noch am Modell des Normalarbeitstages ausgerichtet sind. Eine familiale Lebensführung mit Kindern ist unter den Bedingungen von Schichtarbeit nur unter der Voraussetzung möglich, daß der jeweilige Partner entweder gar nicht oder nur eingeschränkt erwerbstätig ist. Und dieser Partner ist in der Regel immer noch die Ehefrau. Darüberhinaus schafft Schichtarbeit einen außergewöhnlich hohen zeitlichen Regulierungsbedarf, der offensichtlich nur auf der Basis einer zumindest traditional erscheinenden, familialen Arbeitsteilung zu bewältigen ist: Der Mann geht zur Arbeit, die Frau kümmert sich um die Organisation des privaten Lebens. Sie muß einen permanenten Abgleich der Arbeitszeiten des Mannes, ihrer eigenen häuslichen Arbeitszeit, der Zeitansprüche der Kinder und der öffentlichen Zeiten sowie schließlich der individuell verfügbaren und der gemeinsam genutzten Zeit vornehmen. Damit wird die Verläßlichkeit der Ehefrau als Hausfrau und Mutter sowie als Managerin des Alltags zur wesentlichen Funktions- und Stabilitätsbedingung nicht nur von

Schichtarbeit, sondern auch für eine durch sie bestimmte Art der Lebensführung. Schichtarbeit hat also insbesondere Folgen für die Ehefrau, sie betrifft aber auch das Verhältnis von Vater und Kind. Die Zeitordnung der Kinder ist vom Kindergarten bis zur Lehre oder bis zum Gymnasium weitgehend durch das Bildungssystem bestimmt, das immer noch am Normalarbeitstag ausgerichtet ist. Wegen der vom Normalarbeitstag abweichenden Zeitorganisation der Schichtarbeit kann der Mann als Vater nur sporadisch präsent sein: Meistens schläft er oder er ist in der Arbeit. Diese zeitlichen Inkongruenzen reduzieren die gemeinsam nutzbare Zeit und damit die Möglichkeit, überhaupt als Vater zu fungieren, wie im folgenden Abschnitt 6 noch näher ausgeführt wird.

Flexible Arbeitszeiten und Teilzeitarbeit dominieren im Bereich weiblicher Erwerbstätigkeit. Sie versprechen mehr Spielräume in der individuellen Nutzung von Zeit. Je mehr allerdings die Normalarbeitszeit flexiblen Arbeitszeitregelungen weicht, desto größer wird im familialen Kontext auch der Aushandlungsbedarf, desto mehr müssen die Zuständigkeiten neu und anders verteilt werden. Damit eröffnet die Flexibilisierung von Arbeitszeiten zwar mehr Gestaltungsmöglichkeiten für neue Modelle familialer Arbeitsteilung, sie schafft dadurch aber auch einen erhöhten Problemdruck, was die Organisation und Koordination der täglich immer wieder anfallenden Arbeiten anlangt. Faktisch zeigt sich, daß die mit Arbeitszeitflexibilisierung und Teilzeitarbeit entstandenen Spielräume an den prinzipiellen Zuständigkeiten bisher wenig geändert haben und die neu entstandenen Belastungen weitgehend auf die Frauen verlagert werden. Zwar sind Männer zunehmend bereit, mehr familiale Verpflichtungen zu übernehmen und einzuspringen, sofern ihr eigener Zeitplan es zuläßt. Die generelle Verantwortung für die Organisation des häuslichen Lebens ist jedoch nach wie vor bei den Frauen verblieben (vgl. Jurczyk 1993). Begünstigt wird diese Art der Arbeitsteilung durch das immer noch existierende Einkommensgefälle zwischen Männern und Frauen, mit dem die beruflichen Aspirationen von Frauen tendenziell immer zur Disposition stehen. Flexible Arbeitszeiten und Teilzeitarbeit ermöglichen deshalb zwar Frauen oftmals überhaupt erst die Verbindung von Beruf und Familie. Sie ändern jedoch für sich genommen nichts Wesentliches an den traditionellen Zuständigkeiten. Insofern sind flexible Arbeitszeiten und Teilzeitarbeit auch gegenüber den Möglichkeiten einer Neudefinition von Väterlichkeit und der Ausbildung eines entsprechenden Verhaltensrepertoirs neutral. Sie tangieren nicht die Rolle des Vaters, sie begünstigen vielmehr jene Doppelbelastung von Müttern, die für Frauen bestimmter sozialer Gruppen immer schon charakteristisch war und bürden ihnen die zusätzlich entstandenen Koordinations- und Synchronisationserfordernisse als neue Verpflichtung auf.

6 Väterlichkeit im Kontext von alltäglicher Lebensführung – empirische Fallbeispiele

6.1 Materialgrundlage und Methode

Bislang wurde der Frage nachgegangen, ob und wie weit bestimmte Entwicklungen insbesondere im Bereich der Arbeitswelt die Anforderungsstrukturen und Handlungsspielräume im Rahmen der alltäglichen Lebensführung verändern und über die jeweilige Form der familialen Arbeitsteilung auch die Zuordnung von väterlichen und mütterlichen Funktionen modifizieren können. Anhand von empirischen Falldarstellungen wird nun in einem weiteren Schritt aus der Nähe betrachtet, was Väterlichkeit im Kontext bestimmter Formen von alltäglicher Lebensführung bedeutet. Diese Falldarstellungen haben exemplarischen Charakter insofern, als sie jeweils einen bestimmten Typus repräsentieren, der wiederum eng mit berufsbiographischen Aspirationen und Bedingungen der Erwerbsarbeit der Betroffenen zusammenhängt, ohne daß diesen Faktoren eine monokausale Bedeutung zugeschrieben würde (vgl. Projektgruppe »Alltägliche Lebensführung« 1995). Daß dafür nur Männer ausgewählt wurden, ist nicht zufällig. Noch immer sind die Erwartungen von Väterlichkeit in der Regel an Männer gebunden. Die Auswahl ist aber insofern willkürlich, als Frauen zunehmend selbst, wenngleich zunächst einmal substitutiv – man denke nur an alleinerziehende Mütter – Elemente von Väterlichkeit entwickeln und praktizieren müssen.

Materialgrundlage für die Auswahl dieser Fälle sind 250 ausgewertete, themenzentrierte und erzählungsgenerierende Interviews, die von uns in Westdeutschland (Großraum München und Niederbayern) in den Jahren 1988 bis 1992 sowie in Ostdeutschland (Region Leipzig) nach der Vereinigung von 1991 bis 1993 durchgeführt wurden. Diese Interviews mit ausgewählten Gruppen von Erwerbstätigen entstanden im Rahmen eines großangelegten empirischen Forschungsprojekts, dessen Anlage und Methode qualitativ orientiert war, ohne sich der Ethnomethodologie (Glaser & Strauß 1976, Schütze 1983), Objektiven Hermeneutik (Oevermann 1979) oder Dokumentarischen Methode der Interpretation (Bohnsack 1991) strikt zu verpflichten. Gewählt wurde eine Vorgehensweise, die an den von den Personen sprachlich reproduzierten Handlungen und deren Regelhaftigkeit ansetzt, um aus dem sich herauskristallisierenden System von Handlungen dessen Typik und Logik zu rekonstruieren (vgl. Kudera 1992). Flankierend wurden Motive und Orientierungen, Kalküle und Deutungen abgefragt, um die dem System von Handlungen korrespondierenden subjektiven Wirklichkeitskonstruktionen zu erfassen. Denn beides, objektivierbares System von Handlungen und subjektive Wirklichkeitskonstruktion, fließt ja im Konzept der alltäglichen Lebensführung zu einer Einheit zusammen. Darüber hinaus erhobene sozialstatistische Angaben dienten der Verortung von Arrangements der Lebensführung im sozialen Raum. Bei der Generierung der Daten wurde ein pragmatischer Weg eingeschlagen, in dem sich ein seitens der Interviewer durch Vorwissen und Konzept gesteuerter Diskurs mit der Möglichkeit einer Selbstthematisierung und Selbstdarstellung der Befragten verband. Die Auswertung führte eine sequenzanalytische Bearbeitung hochkontrastiver Fälle und umfassende thematische Analysen in einer Typenbildung zusammen, die gleichzeitig die Grundlage für einen systematischen Vergleich bildete (vgl. ausführlich Projektgruppe »Alltägliche Lebensführung« 1995, S.45ff.). Die folgenden vier typischen Fälle sind diesem Kontext entnommen und wurden gemäß der Fragestellung dieses Beitrags reanalysiert.

6.2 Ein ländlich-traditionales Arrangement

Der nachstehende Fall eines Schichtarbeiters ist typisch für Arbeitsbedingungen und biographische Konstruktion, Lebensziele und Lebensführung von Arbeitern, die in einem Industriebetrieb in Niederbayern unter Bedingungen eines rotierenden Konti-Schichtsystems beschäftigt sind und hochgradig repetitive Arbeit verrichten (zum folgenden vgl. auch Kudera 1995c, Kudera 1997). Konti-Schicht ist ein extremes Modell von Schichtarbeit, bei dem die Arbeitszeitblöcke nicht nur über den Arbeitstag (zum Beispiel Früh-, Spät- und Nachtschicht), sondern auch über die Arbeitswoche hinweg zyklisch variieren (zum Beispiel drei Arbeitstage, ein arbeitsfreier Tag, vier Arbeitstage, zwei arbeitsfreie Tage, drei Arbeitstage usw.). Dadurch wird nicht nur der übliche Rhythmus von Arbeitstag und Feierabend, sondern auch der von Arbeitswoche und arbeitsfreiem Wochenende aufgehoben und eine Abkoppelung von den üblichen gesellschaftlichen Normalzeiten mit ambivalenten Folgen erzeugt.

Herr A. entstammt einem kleinbäuerlichen Elternhaus, er ist 40 Jahre alt, Facharbeiter in einem größeren Produktionsbetrieb, verheiratet und hat zwei Kinder. Eine von gesellschaftlichen Normalzeiten abgekoppelte Arbeitszeitregulierung und durchrationalisierte Arbeitsbedingungen bilden einen Rahmen für seine Lebensführung, dessen Rigidität wenig individuellen Spielraum läßt. Auch der regionale Arbeitsmarkt bietet wenig Optionen. Im Gegenteil, charakteristisch ist eher die Notwendigkeit, für einen Arbeitsplatz strapaziöse Arbeitsbedingungen, weite Wege und saisonale Arbeitslosigkeit hinnehmen zu müssen. Das bedeutet ökonomische Unsicherheit und strukturelle Kontinuität von erzwungener beruflicher Diskontinuität. Insofern teilt Herr A. mit anderen Arbeitern geringer bis mittlerer Qualifikation ein typisches Arbeiterschicksal, in dem nach Beendigung einer Lehre keine berufliche Karriere vorgesehen ist, sondern allenfalls – unter günstigen konjunkturellen Bedingungen – ein einigermaßen sicherer und angemessen bezahlter Arbeitsplatz. Mit der Auswegslosigkeit dieses Schicksals korrespondieren eine fatalistische Grundeinstellung, die alles nimmt, wie es kommt, sowie ein biographischer Horizont, der auf Sicherung und Bewahrung des Erreichten begrenzt ist. Entsprechend ist die Dynamik dieses Schicksals die einer Reproduktion von Gewohntem und Bewährtem, allenfalls unterbrochen durch besondere Ereignisse wie Feste und Feiern oder aber Arbeitslosigkeit, Krankheit, Geburt eines Kindes oder Scheidung.

Das biographische Programm von Herrn A. basiert nicht auf dem für ein modernes Lebenskonzept charakteristischen Prinzip der Selbstverwirklichung. Grundlegend ist vielmehr ein traditionales Konzept von beruflicher Arbeit und von vorgegebenen, konkreten Lebenszielen, die Lebenslauf und Lebenszuschnitt zugleich bestimmen. Diese Ziele sind elementar und entsprechen traditionell ländlichen Normalitätsvorstellungen als Nachhall dörflich-bäuerlicher Kultur. In diesem Lebenskontext bildete Besitz an Land die Grundlage der Existenz, diente Arbeit rund um die Uhr dazu, den Besitz zu erhalten und das Auskommen zu sichern. Die Familie stellte die erforderlichen Arbeitskräfte und garantierte die Versorgung im Alter. Zusammenhalt war notwendig, um das Überleben durch gemeinsame Anstrengungen zu garantieren, das Festhalten an bewährten Leitbildern und Praktiken schließlich begründete Verhaltenssicherheit und Erfolg. Entsprechend fungiert ein Arbeitsplatz als wirtschaftliche Absicherung und gesellschaftliche Legitimation der eigenen Existenz, stiftet eine Familie geordnete und solidarische Beziehungen als soziale Basis, garantiert der Besitz eines eigenen Hauses die territoriale Unabhängigkeit des privaten Lebens.

Diese Lebensziele fixieren nicht nur perspektivisch die wichtigste und auf relative Dauer angelegte Etappe eines geschlossenen biographischen Programms, sondern auch aktuell den Rahmen, der das Alltagsleben ordnet und begrenzt. Arbeitsplatz und Betrieb, Haus und Familie, markieren zum einen die wesentlichen Handlungsfelder, auf die sich das alltägliche Leben von Herrn A. zwischen Arbeit und Freizeit konzentriert. Sie umreißen zum anderen zugleich auch einen räumlich eng gezogenen Aktionsradius und beschränken soziale Kontakte auf einen Personenkreis, der sich aus Verwandtschaft, Kollegen und Nachbarn zusammensetzt. Dem korrespondiert eine Orientierung des Alltagslebens an den Werten von Häuslichkeit und Gemütlichkeit, die sich selber genug ist.

Die Schichtarbeit trägt das ihre zu einer privatistisch abgeschotteten, stationären Lebensweise von Herrn A. und seiner Familie bei. Denn sie macht wegen ihrer desynchronisierenden Wirkung die Partizipation an der lokalen Öffentlichkeit, die im wesentlichen durch Vereine gebildet wird, nahezu unmöglich. Im Zusammenhang mit der ohnehin nur gering ausgebauten Infrastruktur beschränken sich deshalb die privaten Aktivitäten von Herrn A., soweit sie sich nicht auf familiale Belange erstrecken, in der verbliebenen, verfügbaren freien Zeit auf jeweils einen ganz bestimmten Typus, nämlich auf Sport oder auf die eigene Werkstatt. Diese Aktivitäten fügen sich in einen Lebensstil ein, der auf der Basis von bescheidenen Ansprüchen um die Werte Sparsamkeit und Genügsamkeit zentriert ist.

Eckpfeiler dieses Arrangements der Lebensführung von Herrn A. und seiner Familie ist eine traditionale Form familialer Arbeitsteilung. In dieser Arbeitsteilung sind auf der Grundlage eines konsensuell geteilten, konventionellen Lebenskonzepts selbstverständliche Rechte und Pflichten verbindlich festgelegt, sie müssen nicht diskursiv immer wieder bestätigt oder revidiert werden. Klar und unzweifelhaft ist, daß im Prinzip Herr A. für das Einkommen sowie für den Bau und Erhalt des eigenen Hauses zuständig ist, die Frau von Herrn A. für Familie und Haushalt. Diese Eindeutigkeit und Verläßlichkeit trägt wesentlich zur Funktionsfähigkeit, aber auch zur Geschlossenheit der Konstruktion alltäglicher Lebensführung bei. Konflikte, die im Alltag entstehen, werden entweder nicht zugelassen und verdrängt oder aber, wenn sie dennoch manifest werden, beredet und durch Rituale der Versöhnung und Vergewisserung prinzipieller Gemeinsamkeit aus der Welt geschafft. Darüber hinaus bildet der ländliche Lebenskontext mit seiner immer noch ausgeprägten und umfassenden sozialen Kontrolle ein enges Korsett, das die Lebensführung auf die traditionellen Werte von Arbeitsamkeit, Ordnung und Anständigkeit verpflichtet.

Wenige biographische Optionen und eine fatalistische Grundeinstellung, ein hohes Maß an sozialer Kontrolle, eng begrenzte elementare Lebensziele, die Familie als selbstverständliche Lebensform, die Orientierung an traditionellen Werten und Gewißheiten, Sparsamkeit und Genügsamkeit sowie eine geringe Ausdifferenzierung von Interessen, beschränkte soziale Kontakte, ein enger sozialräumlicher Aktionsradius sowie eine Strategie des Sicherns und Bewahrens gehen also bei Herrn A. Hand in Hand und formieren eine Gesamtgestalt alltäglicher Lebensführung, für die Selbstbeschränkung und Geschlossenheit charakteristisch sind.

Im Rahmen dieser Konstruktion alltäglicher Lebensführung entscheidet neben dem ländlichen Lebenskontext, der traditionalen Arbeitsteilung und einem durch »moderne« Züge modifizierten traditionalen Leitbild des Vaters die begrenzte, gemeinsam nutzbare Zeit über die konkrete Praxis von ›Väterlichkeit‹. Die verfügbare Zeit von Herrn A. ist durch drei, infolge der Bedingungen von Schichtarbeit unterschiedlich standardisierte, Tagesabläufe bestimmt, die sich ihrerseits durch eine interne hochgradige Routinisierung auszeichnen. Je nach Schicht verbleiben Herrn A., die Phasen für notwendige eigene Rekreation abgerechnet, als mit den Kindern gemeinsam nutzbare Zeit wenige Stunden am Vormittag, Nachmittag oder am Abend. Lediglich bei zyklisch wiederkehrenden, arbeitsfreien Zeitblöcken über mehrere Tage stehen tendenziell ganze Tage zur Verfügung. Hier wird die ZwiESchlächtigkeit von Konti-Schichtarbeit mit ihrer Abkoppelung von den gesellschaftlichen Normalzeiten greifbar. Sie generiert einerseits »tote« Zeiten, die wegen ihrer Lage weder für die Familie genutzt werden können, die dann entweder schläft oder außer Haus ist, noch die Möglichkeit lassen, etwas Größeres in Angriff zu nehmen. Das sind die typischen Zeiten, die auf dem Kanapee mit Dösen, Fernsehen oder Zeitunglesen verbracht werden. Sie eröffnet andererseits aber auch längere Phasen gemeinsam nutzbarer Zeit, von der die Ehefrauen profitieren, sofern sie nicht selbst berufstätig sind, insbesondere aber die Kinder, solange sie noch nicht durch Kindergarten, Schule oder Lehre in die gesellschaftlichen Normalzeitstrukturen eingebunden sind. Diese potentiell gemeinsam nutzbare Zeit verteilt sich neben der Erledigung häuslicher Verpflichtungen wie Einkaufen, Staubsaugen und Reparaturen auf individuelle Hobbies und gemeinsame Unternehmungen mit den Kindern. Dabei dominieren als Aktivitäten Spiele (wie Mensch-ärgere-dich-nicht, Ratespiele, Kartenspiele), Sport (wie Ballspielen, Radfahren mit einem Kind auf dem Kindersitz, im Winter Skifahren, was durch die ›antizyklische‹ Lage der freien Tage besonders begünstigt wird) und Spazierengehen. In solchen gemeinsamen Aktivitäten fungiert Herr A. in eigenen Worten als »Spielkamerad«, eine Definition, die dem traditionalen Bild des Vaters durchaus neue Züge hinzufügt. Zu diesen neuen Zügen passen auch das Zubettbringen des jüngsten Kindes und das Vorlesen einer Gute-Nacht-Geschichte als Routinen, die er sich nicht nehmen läßt, wenn es der Schichtplan zuläßt. Diese Art der Beschäftigung mit den Kindern hat neben der Funktion einer sporadischen Entlastung seiner Frau den Charakter eines Rituals genauso wie das gemeinsame Essen, mit dem Zuwendung und Verbundenheit praktiziert und symbolisch gesichert werden. Jenseits solcher, an gemeinsam nutzbare Zeit gebundenen, Aktivitäten ist Herr A. virtuell als strafende Autorität permanent gegenwärtig und wird von seiner Frau im gegebenen Fall von Ungehorsam oder Verfehlungen der Kinder zitiert (»warte, bis der Papa kommt«) oder aktiviert. Der Charakter der strafenden Autorität hat sich dabei gegenüber dem traditionalen Leitbild mit seinem Gewaltmonopol insofern verändert, als Modernisierung dadurch eingezogen ist, daß Kommunikation, Entzug von Zärtlichkeit und Steuerung durch das Taschengeld wichtiger werden als systematisch eingesetzte körperliche Bestrafung.

An diesem Fall eines ländlichen Schichtarbeiters sollte das Zusammenspiel von Arbeitszeitregime, traditionalem Arrangement der Lebensführung, verfügbarer Zeit und einer bestimmten Form von ›Väterlichkeit‹ demonstriert werden. Im folgenden Fall wird es darum gehen, zu zeigen, welcher Handlungsspielraum in einem Arrangement der Lebensführung für ›Väterlichkeit‹ verfügbar ist, das völlig um berufliche Karriere und geschäftlichen Erfolg des Mannes zentriert ist. Hierfür wird ein Beispiel aus Ostdeutschland herangezogen, das insofern modellhaft ist, als durch die Vereinigung sich Bedingungen einstellten, die den Start einer entfesselten, individuellen Karriere gewissermaßen als Crash-Kurs ermöglichten (vgl. Kudera 1998).

6.3 Ein karrierezentriertes Arrangement

Im Gegensatz zum relativ statischen Modell einer ländlich-traditionalen Lebensführung kommt es hier darauf an, die berufsbiographische Dynamik als Schwungrad eines bestimmten Arrangements alltäglicher Lebensführung nachzuzeichnen. In dieser Dynamik tritt die Ambivalenz von Individualisierung zutage. Zum einen wird die Biographiekonstruktion als permanente individuelle Leistung in ihren Möglichkeiten und Grenzen erkennbar, zum anderen wird deutlich, daß eine individualisierte Biographiekonstruktion selbst auch nur wieder einen sozialen Typus, wenngleich der modernen Art, verkörpert.

Herr B. stammt aus einem Elternhaus mit hohem Sozialstatus, ist 33 Jahre alt, verheiratet und hat zwei Kinder. Sein Berufsweg bestand zunächst aus einer Lehre im Betrieb seines Vaters, dann absolvierte er einen Meisterlehrgang und wurde bereits mit 23 Jahren als Lehrmeister eingesetzt. Er trat in die SED ein, seine berufliche Laufbahn im Betrieb seines Vaters schien gesichert. Laut Kaderentwicklungsplan hätte Herrn B.s Leben »seinen sozialistischen Gang« genommen. Er brach jedoch aus der für ihn vorgesehenen Karriere aus. Die äußeren Zwänge engten ihn in seinem Tatendrang zu sehr ein. Er kündigte und begann in einem FDJ-Jugendclub als ungelernter Kellner zu arbeiten. Er holte die Ausbildung zum Kellner nach und qualifizierte sich bis zum Gaststättenleiter. Bald wurde er zum »Objektleiter« des Jugendclubs berufen und versuchte bereits vor der Wende, den Jugendclub, in dem er arbeitete, privat zu übernehmen.

Herr B. verkörpert den Typus eines Machers. Denn nicht nur im beruflichen, auch im privaten Bereich ist Herr B. sehr aktiv. Er erwarb Ende der 80er Jahre ein rohbaufertiges Eigenheim, das er weitgehend in Eigenarbeit ausbaute. Müßig herumzusitzen war ihm von jeher ein Greuel, sein »Aktivitätstag« (Arbeit im Club und Arbeit am Bau) dauerte auch früher schon 14 Stunden. Bereits zu DDR-Zeiten ordnete er seine Lebensführung seinem persönlichen Autonomiestreben und seinem Leistungsdrang unter und versuchte unentwegt, sich selbst etwas zu schaffen und aufzubauen. Deshalb begrüßte er auch die Wende in der DDR. Sie verband sich bei ihm mit der Vorstellung von Freiheit, einer Freiheit, nunmehr ganz auf sich gestellt machen zu können, was er möchte. Mit seiner individuellen Tüchtigkeit und seinem Streben, sich etwas zu schaffen und etwas zu werden, war Herr B. für martktwirtschaftliche Bedingungen geradezu prädestiniert. So ergriff er sofort nach der Wende die Initiative, stellte Imbißwagen auf, übernahm eine ehemalige HO-Gaststätte (die Handelsorganisation HO war die staatliche Organisation des Einzelhandels) und widmete sich mit ganzer Kraft der Gründung und Leitung einer Gastronomie GmbH. Seit dieser Zeit expandieren seine Geschäfte unaufhörlich.

Herr B. hat auch die Spielregeln rationeller Betriebsführung sogleich begriffen und es unter dieser Perspektive verstanden, seine bis dahin voll berufstätige Frau in das eigene Unternehmen einzubinden. Dies ging um so leichter, als Frau B. wie zahlreiche andere berufstätige Frauen ein Opfer der Entwicklung des ostdeutschen Arbeitsmarktes geworden war. Jedenfalls hat Frau B. nunmehr die Verantwortung für alles Finanzielle im Unternehmen ihres Mannes übernommen. Dieser full-time job seiner Frau erscheint Herrn B. jedoch nur als Nebentätigkeit, der es ihr erlauben muß, auch noch Kinder, Haus und Garten zu betreuen. Frau B. mußte sozusagen »mitwachsen« und ist jetzt gezwungen, viele Dinge zu erledigen, die sie früher nicht gemacht hatte und nicht gemacht hätte. Sie ist jetzt ganz auf die Sorge verpflichtet, ihm den Rücken soweit freizuhalten, daß er voll seinen beruflichen Plänen und Verpflichtungen nachgehen kann. Damit verstärkt sich das bisher ohnehin schon vorhandene Ungleichgewicht der familialen Arbeitsteilung, erhöht sich das Risiko des Zusammenbruchs des bisherigen Arrangements.

Zu DDR-Zeiten lebte Herr B. seine im Arbeitsbereich gebremsten Aktivitäten in der Freizeit und in der Familie aus. Heute konzentriert er alle Aktivitäten auf seine Geschäfte. So hat er einen 16-Stunden-Arbeitstag und arbeitet auch sonntags bis zum Mittag im Büro, lediglich den Sonntagnachmittag verbringt er mit der Familie. In den Jahren seit der Wende arbeitete Herr B. auch Weihnachten und Sylvester durch, ein Urlaub stand seither nicht mehr auf dem Programm. Er gönnt sich keine freien Tage mehr, er hat keine Zeit mehr für Familie und Kinder und ordnet das Familienleben ganz seinen eigenen beruflichen Ambitionen unter. Die unternehmerischen Aktivitäten haben auch die Alltagsstrukturen von

Herrn B. ziemlich verändert. Das ungehinderte Ausleben seines Lebenskonzepts zieht nicht nur den Rückzug aus allen privaten Bereichen nach sich (Familie, Haushalt, Freunde), Herr B. stellt auch Muße, Entspannung und Genuß zurück. Als Prototyp durchdrehender protestantischer Ethik und Askese lebt er nur noch für seine Geschäfte, ordnet ihnen alles unter, fühlt sich für alles selbst verantwortlich und überlastet sich dabei mit allzu vielen Kleinigkeiten. Erste gesundheitliche Probleme sind bereits aufgetreten, es ist eine offene Frage, wann sich der erste Kollaps einstellt.

Herr B. repräsentiert einen Typus, der nicht willens war oder es nicht vermochte, sich an die für ihn eigentlich günstigen Kaderpläne und Entwicklungsbedingungen anzupassen. Er brach seine in der DDR vorgesehene Betriebskarriere ab, weil ihm weder die erforderlichen Balanceakte noch das notwendige karrieresichernde Lavieren lag. Er wollte sich einzig und allein auf sich selbst und seine Tüchtigkeit verlassen. Individueller Leistungsdrang und Streben nach Erfolg als zentrale Elemente und Motor seines Lebenskonzepts prägten so die Lebensführung von Herrn B. trotz aller Einschränkungen und Begrenzungen der ineffizienten DDR-Wirtschaft. Unter den veränderten Bedingungen in Ostdeutschland behält er diese Logik der Lebensführung nicht nur bei, sie kann sich unter den neuen Bedingungen überhaupt erst ungebremst entfalten. Er ist dabei außerordentlich erfolgreich. Dieser Erfolg bestätigt und rechtfertigt nicht nur die Kontinuität seiner Biographie, sondern zugleich auch die seiner Lebensführung. Die Kehrseite seines Erfolges, den er seinem ungehemmten Leistungsdrang zu verdanken hat, macht sich unter den neuen gesellschaftlichen Bedingungen freilich darin bemerkbar, daß die Arbeitsbelastung nahezu grenzenlos ansteigt und die sozialen Kosten der Familie aufgebürdet werden.

Ein Arrangement der alltäglichen Lebensführung wie das dargestellte läßt erkennen, daß in einem Lebenskonzept, das auf einem unbedingten beruflichen Leistungs- und Erfolgsstreben des Mannes aufgebaut ist, kein Platz für praktizierte ›Väterlichkeit‹ bleibt. Die Ansprüche von Ehefrau und Kindern sind eher eine Last, die weggeschoben oder geschäftsmäßig abgewickelt wird. Für ein solches Lebenskonzept ist die Familie im Grunde genommen gleichgültig und bietet keine gemeinsam getragene Erfahrungs- und Entwicklungsbasis. Sie hat allenfalls noch die Bedeutung eines psychischen Rückhalts und eines Versorgungsunternehmens für elementare häusliche und private Bedürfnisse. Diese Funktionen könnten aber auch durch Therapeuten, Sekretärinnen, Putzfrauen und Gelegenheitsbekanntschaften erfüllt werden. Die Familie hat freilich den Vorteil, daß die entsprechenden Leistungen permanent verfügbar sind und in der Regel kostengünstiger, prompter und im Paket frei Haus geliefert werden.

6.4 Ein »modernes« Gegenmodell

Das folgende Beispiel eines »modernen« Arrangements alltäglicher Lebensführung repräsentiert ein Gegenmodell zu den beiden bisherigen insofern, als es nicht auf einer wie auch immer gearteten Hierarchisierung basiert, sondern auf dem Prinzip der Egalität und auf der wechselseitigen Respektierung individueller Ansprüche und Fähigkeiten.

Herrn C., dessen Fall hier herangezogen wird, könnte man als Typus dem akademisch-hedonistischen Milieu zuordnen. Er ist freier Mitarbeiter bei einer öffentlich-rechtlichen Medienanstalt, was Unregelmäßigkeit von Aufträgen und Einkommen bedeutet, 40 Jahre alt, stammt aus einem gehobenen Elternhaus, ist verheiratet und hat vier Kinder zwischen einem und neun Jahren. Seine biographischen Entscheidungen sind geprägt durch Vorlieben und Abneigungen, sein Handeln ist dadurch gesteuert, daß er weiß, was er *nicht* will und was er *nicht* kann. Er wollte nicht werden wie sein Vater – und er charakterisiert sich selbst als »faul«. Beides drückt sich in sehr gebremsten beruflichen Karriereambitionen aus. Dabei hat er durchaus inhaltliche und moralische Ansprüche an seine berufliche Arbeit und entwickelt auch ein Pflichtgefühl, wenn es darum geht, eine übernommene Arbeit fertigzustellen. Er ist sich aber auch dessen sehr bewußt, daß sein Arbeitstempo in der Regel stockend ist und es bei ihm an einer effektiven Selbstorganisation hapert. Hier liegen die Grenzen seiner Fähigkeiten. Auch sind ihm wesentliche Bedingungen, die das Umfeld seiner beruflichen Arbeit bestimmen, aus moralischen Gründen zuwider: nämlich opportunistische Konkurrenz, Vetternwirtschaft, Positionen als »Selbstbedienungsladen« und sinnlose Sitzungsrituale. Solche Erfahrungen helfen ihm dabei, seine Grenzen zu legitimieren. Darüber hinaus erweist er sich als Individualist. Er geht nämlich demonstrativ auf Distanz zu allen in seinen Augen konventionell den Männern zugeschriebenen Rollen wie der des Berufsmannes, des Ehemannes, des Vaters und des Hausmannes. Auch in diesem Bereich also weiß er genau, was er *nicht* sein will.

Wie immer nun familiale Arrangements der Lebensführung zustande kommen, er hat eine Frau geheiratet, die beruflich höchst effektiv arbeitet, ein bedeutend höheres Einkommen erzielt als er und Hausarbeit nicht gern macht. Darin steckt eine latente Logik. Denn diese Ausgangsbasis ermöglichte ein Arrangement, das den beiden spiegelverkehrten Dispositionen der Partner entgegenkommt: Die Ehefrau fungiert als Hauptverdienerin, der Ehemann nimmt neben seiner begrenzten beruflichen Tätigkeit die Führung des Haushalts und die Betreuung der Kinder in Kauf. Das könnte nach einer bloßen Umkehrung der traditionalen Arbeitsteilung aussehen, ist es aber keineswegs. Denn aufgrund konsensueller egalitärer Prinzipien und praktizierter Großzügigkeit folgt daraus zum einen keine Hierarchisierung und einseitige Abhängigkeit, die für die traditionale Konstellation üblich ist. Zum anderen wird dieses Schema der Arbeitsteilung nicht als naturwüchsige Selbstverständlichkeit übernommen, sondern reflexiv in bewußter Abstimmung der wechselseitigen Bedürfnisse und Fähigkeiten ausgestaltet. Zwar entwickelt sich auch in diesem Fall rasch eine feste Verteilung von Zuständigkeiten und entsprechenden Routinen, sie wird aber je nach Bedarf flexibel gehandhabt und ist durch Ab- und Aussprachen jederzeit revidierbar.

Frau C. übt einen Ganztagsberuf aus. Das beschränkt ihre mütterlichen Pflichten auf den Abend und auf das Wochenende. Herr C. dagegen kann seiner eingeschränkten Berufstätigkeit größtenteils zu Hause nachkommen. Das begünstigt seine Möglichkeiten, sich um Haushalt und Kinder zu kümmern. Er richtet seine eigenen Arbeitszeiten dabei, soweit nötig, an den unterschiedlichen Zeitrhythmen der Kinder aus: Eines ist noch Baby, eines geht in den Kindergarten, zwei besuchen die Schule. Er erledigt weitestgehend das, was üblicherweise Frauen tun: Er besorgt die Einkäufe, macht die Kinder für Kindergarten und Schule fertig und bringt sie mit dem Auto hin, holt sie wieder ab, kontrolliert Hausaufgaben, fährt die Kinder zu ihren Terminen, bereitet das rituelle, gemeinsame Abendessen und bringt die Kinder abends ins Bett. Auch sein Tagesablauf gleicht dem, wie er von vielen teilzeitbeschäftigten Müttern bekannt ist (vgl. Projektgruppe »Alltägliche Lebensführung« 1995). Darüber hinaus erledigt er den privaten Bürokram, bezahlt Rechnungen und macht die Steuererklärungen. Dennoch fühlt er sich wegen der Eigenständigkeit seiner beruflichen Tätigkeit und seiner ökonomischen Unabhängigkeit nicht als Hausmann.

Aber auch vom Ideal des engagierten Vaters ist er durchaus entfernt. So beschreibt er sein Verhältnis zu den Kindern keineswegs mit emotionaler Emphase, sondern eher defensiv, wenn er wiederholt äußert, daß er ihnen »nicht auskommt«. Die Initiative geht von den Ansprüchen und Bedürfnissen der Kinder aus, das akzeptiert Herr C. als Faktum. Diese Ansprüche und Bedürfnisse verdichten sich zu einer komplizierten Struktur von emotionalen, sachlichen und zeitlichen Anforderungen, denen er sich nicht entziehen kann, wie es ihm seine natürliche Bequemlichkeit erst einmal vorgibt. Hinzu kommen die anfallenden Aufgaben und Verpflichtungen der Haushaltsführung. Daß er diesen zeitlich und sachlich vernetzten Anforderungen nicht durch ein effektives, gut organisiertes Management beikommt, wie es für viele Frauen in einer vergleichbaren Situation charakteristisch ist (vgl. Projektgruppe »Alltägliche Lebensführung« 1995), sondern durch ein Gemisch aus Chaos, situativem Handeln und Routinen, ist nicht nur Ausdruck seiner Charakterstruktur, sondern auch ein Hinweis darauf, daß komplexe Anforderungen nicht automatisch eine Rationalisierung der entsprechenden Handlungen hervorbringen. Komplexe und widersprüchliche Bedingungen erzeugen eine Situation von Offenheit, deren effektive Bewältigung eine subjektive Leistung eigener Art repräsentiert. Da Herr C. zu diesen Leistungen nur begrenzt in der Lage ist, bedarf es funktionaler Äquivalente in Gestalt bestimmter Ressourcen. Und hiermit ist, wie sich zeigen wird, eine weitere wesentliche Voraussetzung des hier vorgestellten Modells von alltäglicher Lebensführung angesprochen.

So kann das hier beschriebene Modell einer reflexiv hergestellten Balance von Beruf und Familie auf egalitärer Grundlage auf den ersten Blick den Eindruck einer Harmonie erwecken, in der eins zum anderen paßt. Dieser Eindruck trügt auch nicht. Allerdings beruht das harmonische Funktionieren dieses Arrangements jenseits von egalitären Prinzipien und der wechselseitigen Respektierung und diskursiven Regulierung von Ansprüchen und Fähigkeiten auf einer weiteren elementaren Voraussetzung. Durch die berufliche Tätigkeit beider Partner kommt insgesamt so viel Geld ins Haus, daß nicht nur der gewünschte Lebensstil finanzierbar ist, sondern auch die Möglichkeit gegeben ist, sich eines Au-pair-Mädchens und einer Putzfrau als wesentliche Entlastung bei der Betreuung der Kinder und der Haushaltsroutinen zu bedienen. Ausreichende Ressourcen, das zeigt sich hier an diesem Fall, sind also eine notwendige, wenngleich nicht unbedingt hinreichende Bedingung für mögliche Veränderungen der familialen Arbeitsteilung und die Realisierung einer egalitär konstruierten Lebensführung. Sie ermöglichen die Verlagerung von bestimmten Dienstleistungen auf andere Personen, lassen großzügigere zeitliche Dispositionen zu und eröffnen Handlungsspielräume für andere, produktivere Bereiche familialen Lebens wie für die von »väterlichen« Aktivitäten. Wie diese Spielräume individuell genutzt werden, ist jedoch wiederum eine ganz andere Frage.

6.5 Zwischen ›Modernität‹ und ›Traditionalität‹ – die neue Normalität?

Das Gegenmodell eines »modernen« Arrangements alltäglicher Lebensführung, wie es am Fall von Herrn C. demonstriert wurde, ist wegen der Suspendierung von Geschlechtsrollen-Zuschreibungen, wegen der Reflexivität seiner Konstruktion und wegen seiner egalitären Fundierung unter politisch-moralischer Perspektive möglicherweise richtungweisend. Es dürfte aber wegen seiner Privilegiertheit nicht unbedingt das Normalmodell der Zukunft repräsentieren. Deshalb wird im folgenden abschließend das Modell einer Lebensführung vorgestellt, in dem sich ›Modernität‹ und

›Traditionalität‹ zu einem gut funktionierenden Arrangement verbinden. Enthierarchisierung und wechselseitiges Einverständnis in bezug auf ein bewußt gemeinsam geplantes und gemeinsam entschiedenes Lebenskonzept sind auch hier die wesentlichen Grundlagen.

Herr D. ist 27 Jahre alt und gehört damit einer jüngeren Generation an als die anderen drei Fälle. Außerdem steht er erst am Beginn der familialen Lebensphase, die bei den anderen bereits eingespielte Normalität ist. Die Familiengründung liegt noch nicht lange zurück, das erste Kind ist gerade ein Jahr alt. Herr D. stammt aus einem Beamtenhaushalt und ist ein typischer Aufsteiger. Er ist gegenwärtig als Operator tätig. Operatoren zählen zum Bedienungspersonal großer Computeranlagen, ihre Tätigkeit erfordert ein hohes Maß an Verantwortung und Konzentration. Für ihre Ausbildung gibt es noch keinen geregelten Ausbildungsgang, die erforderlichen Qualifikationen werden betriebsintern vermittelt. Da die Betriebszeiten von Groß-Computeranlagen sich rund um die Uhr erstrecken, ist Schichtarbeit die Regel. Hochspezialisierte Qualifikation und Schichtarbeit schlagen in einem überdurchschnittlichen Einkommen zu Buche, das ausreicht, um eine Familie angemessen zu versorgen (vgl. Dietmaier 1995).

Aufgewachsen ist Herr D. in einer Kleinstadt in ländlicher Region und er absolvierte nach der mittleren Reife eine Banklehre. Daran reizte ihn insbesondere das Flair der Internationalität von Geldgeschäften als Gegenhorizont zur ihn umgebenden provinziellen Enge. Die täglichen Schaltergeschäfte dagegen machten ihm keinen Spaß. Er kündigte deshalb, machte EDV-Lehrgänge und trat schließlich seinen derzeitigen Beruf als Operator an, der ihm auch Auslandsaufenthalte ermöglicht. Mobilität ist die Triebkraft seiner beruflichen Biographie, Spontaneität das Prinzip seines privaten Lebens. Mobilität und Spontaneität dienen ihm auch als Gegenhorizonte, über die er sich von der Lebensweise der Eltern abgrenzt, die durch Ordnungsdenken und konformistisches Verhalten gekennzeichnet war. Zwar sind seit der Gründung seiner Familie Mobilität und Spontaneität zugunsten eines kontinuierlichen und geregelten Familienlebens in den Hintergrund gerückt. Insofern hat sich sein Leben durch seine Frau und durch ihr gemeinsames Wunschkind geändert. Herr D. konnte sich jedoch durch eine bestimmte familiale Arbeitsteilung Freiräume für Spontaneität offenhalten.

Überhaupt ist Offenheit sowohl im Sinne von Sich-Offenhalten als auch im Sinne der Offenheit von Arbeits- und Lebensbedingungen für ihn kein Problem, sondern Orientierungsprinzip und Lebenselixier zugleich. Hierin unterscheidet er sich erheblich vom Typus jener Personen, für die Offenheit als Chiffre für eine Situation permanenter Entscheidungsnotwendigkeit und für Bedingungen von Diskontinuität, Unübersichtlichkeit und Unberechenbarkeit – wie sie für die Gegenwart charakteristisch sind – ein zentrales Problem ihrer Lebensführung markiert. Die Logik der Lebensführung von Herrn D. läßt sich insofern als modern bezeichnen, als sie ein reflexiv gesteuertes, funktionales Korrelat zu den aktuellen sozialstrukturellen Tendenzen von Deinstitutionalisierung und Deregulierung darstellt (vgl. Kudera 1995b). Freilich erfordert diese Offenheit ihre eigenen Stabilitätsbedingungen: Sie liegen im flexiblen Arrangement der Lebensführung, zu dem auf konsensueller Grundlage die Ehefrau als Managerin des Alltags entscheidend beiträgt. Diese Funktion erfüllt sie gern und effektiv und ist dabei auch insofern autonom, als sie voll über die Finanzen verfügen kann. Bemerkenswert an diesem Fall ist, daß die Stabilität der alltäglichen Lebensführung durch eine, allerdings flexibel aufgebrochene, traditionale Form der Arbeitsteilung verbürgt wird, die gleichwohl nicht fraglos übernommen ist, sondern aus einem konsensuell abgesicherten, gemeinsamen Lebenskalkül resultiert. Eine traditionale Form der Arbeitsteilung allein ist also nicht unbedingt Ausdruck einer traditionalen Basis von Lebensführung. Sie kann auch als funktionale und diskursiv ausgehandelte Antwort auf aktuelle Arbeits- und Lebensbedingungen im Rahmen einer modernen, egalitär fundierten Lebensführung verstanden werden. Deshalb ist es berechtigt, hier von einer Lebensführung zwischen ›Modernität‹ und ›Traditionalität‹ zu sprechen.

Wegen der Höhe des Einkommens von Herrn D. ist aus ökonomischen Gründen eine Erwerbstätigkeit seiner Frau nicht erforderlich. Sie hatte gleichwohl bis zur Schwangerschaft ihren eigenen Beruf ausgeübt und ihn erst aufgrund einer gemeinsamen Absprache aufgegeben, um sich voll dem Kind widmen zu können. Dabei war es für Herrn D. selbstverständlich, die Erfahrung von

Schwangerschaft, Geburt und Babyphase mit seiner Frau auch durch praktische Mithilfe zu teilen. In dieser Selbstverständlichkeit dürfte eine generationenspezifische Veränderung von Ansprüchen an Partnerschaftlichkeit, Zuwendung und Zärtlichkeit zum Ausdruck kommen. Und Herr D. ist ein liebevoller Partner und zärtlicher Vater, der gerne seine Zeit mit Frau und Kind verbringt. Mit dem Baby spielt er nicht nur, er füttert es auch, wechselt seine Windeln und verfolgt im übrigen mit großem Interesse seine Entwicklung, wenn er nicht gerade einkauft, Gartenarbeit macht oder Handwerkliches erledigt. Seine Schichtarbeit setzt dem aber Grenzen, insbesondere wenn sein Schlafbedürfnis tagsüber Ruhe erfordert. Für ungestörten Schlaf sorgt seine Frau, was durch das eigene Haus und die damit gegebene Möglichkeit der räumlichen Separation erleichtert wird. Wichtig ist aber auch, daß sie jederzeit mit dem Kind zur nahewohnenden Verwandtschaft fahren kann.

Nun setzt nicht nur die Schichtarbeit Grenzen für die Zeit, die für die Familie genutzt werden kann. Auch auf bestimmte private Bedürfnisse, insbesondere auf sportliche Aktivitäten wie Radeln, Tennisspielen und Skifahren, möchte Herr D. nicht verzichten. Um dadurch nicht die für ihn sehr wichtige Gemeinsamkeit mit seiner Frau zu beeinträchtigen, versucht er, sie nach Möglichkeit in diese Aktivitäten einzubinden. Dies wiederum gelingt dadurch, daß im Bedarfsfall auf Verwandte als Babysitter zurückgegriffen werden kann. Auch hier bestätigt sich die elementare Bedeutung von Ressourcen. Neben verfügbarem Geld sind auch verfügbare Personen eine unentbehrliche Grundlage sowohl für eine mögliche Enthierarchisierung als auch für die Flexibilität und Funktionsfähigkeit von alltäglicher Lebensführung.

7 Schlußbemerkung

Das Interesse des Beitrages gilt Bedingungen, die es Männern ermöglichen oder erschweren, »väterliche« Väter zu sein. Solche Bedingungen liegen, wie gezeigt wurde, im Bereich der Erwerbsarbeit als materieller Grundlage und zeitlichem Taktgeber familialen Lebens. Sie liegen im Bereich von kulturellen Traditionen, Wertvorstellungen, Leitbildern als zentralen Handlungsregulativen. Sie liegen in individuellen Dispositionen und eingeübten Selbstverständlichkeiten, Relevanzstrukturen und Lebenskalkülen der beteiligten Personen. Und sie liegen schließlich in den Anforderungsstrukturen und Handlungsspielräumen der konkreten Arrangements von alltäglicher Lebensführung, die sich – lebensphasenspezifisch – in einer gemeinsamen Lebenspraxis als Modus der Regulierung wechselseitiger Bedürfnisse und Erwartungen herausbilden. Was in einem solchen Rahmen jeweils »Vatersein« heißt und wie es praktiziert wird, entwickelt sich im Spannungsfeld von individuellen Ansprüchen und Fähigkeiten der beteiligten Personen, von normativen Vorgaben und Lebenskalkülen, von Aushandlungsprozessen und verfügbaren Ressourcen. Dieses Spannungsfeld kann durch eine Asymmetrie von Macht verzerrt sein, in der – trotz Prozessen der Modernisierung, Individualisierung und Pluralisierung – sozial konstituierte, an die Kategorie des Geschlechts gebundene Handlungsmuster und Hierarchisierungen weiterwuchern. Die empirischen Beispiele einer Auflockerung, wenn nicht gar Suspendierung der Selbstverständlichkeit solcher gesellschaftlichen Zuschreibungen signalisieren Möglichkeiten eines Abbaus von überkommenen Privilegien und Obligationen, wie sie im traditionellen Bild vom Mann als Vater personifiziert waren ebenso wie die Chancen einer Neuverteilung von Macht und Autorität. Notwendig sind dafür eine veränderte normative Basis, ein veränderter Modus der Verteilung von Zuständigkeiten und der Regulierung von Konflikten sowie die Verfügbarkeit von hinreichenden materiellen, personalen und sozialen Ressourcen. Daraus entstehen neue Anforderungsstrukturen und Handlungsspielräume. Welche Ausgestaltung sie in Arrangements alltäglicher Lebensführung erfahren, liegt nur begrenzt in der individuellen Definitionsmacht der beteiligten Personen.

Literatur

Beck, U. (1993). *Die Erfindung des Politischen. Zu einer Theorie reflexiver Modernisierung.* Frankfurt/M.: Suhrkamp.

Berger, P.A. & Hradil, S. (Hrsg.). (1990). Lebenslagen, Lebensläufe, Lebensstile. *Soziale Welt,* Sonderband 7. Göttingen: Schwarz & Co.

Berger, P.A. (1996). *Individualisierung.* Opladen: Westdeutscher Verlag.

Berger, P.A. & Sopp, P. (Hrsg.). (1995). *Sozialstruktur und Lebenslauf.* Opladen: Leske & Budrich.

Bertram, H. (Hrsg.). (1991). *Die Familie in Westdeutschland. Stabilität und Wandel familialer Lebensformen.* DJI: Familiensurvey 1. Opladen:Leske & Budrich.

Bertram, H. (Hrsg.). (1992). *Die Familie in den neuen Bundesländern. Stabilität und Wandel in der gesellschaftlichen Umbruchssituation.* DJI: Familiensurvey 2. Opladen: Leske & Budrich.

Bohnsack, R. (1991). *Rekonstruktive Sozialforschung. Einführung in Methodologie und Praxis qualitativer Forschung.* Opladen:Leske & Budrich.

Bolte, K. M. (1993). Lebensführung und Arbeitswelt. Ein Bericht über ein Forschungsprojekt. In K. M. Bolte, (Hrsg.), *Wertewandel, Lebensführung, Arbeitswelt.* Otto-von-Freising-Vorlesungen der Katholischen Universität Eichstätt, Bd. 8, München: Oldenbourg, S. 29–69.

Bolte, K. M. (1993). *Wertewandel, Lebensführung, Arbeitswelt.* Otto-von-Freising-Vorlesungen der Katholischen Universität Eichstätt, Bd. 8, München: Oldenbourg.

Bonß, W. (1995). *Vom Risiko. Unsicherheit und Ungewißheit in der Moderne.* Hamburg: Hamburger Edition HIS Verlagsges.mbH.

Diemer, S. (1994). *Patriarchalismus in der DDR.* Opladen: Leske & Budrich.

Dietmaier, S. (1995). Ein Arrangement auf Zeit: die Lebensführung von EDV-OperatorInnen. In Projektgruppe ›Alltägliche Lebensführung‹ (Hrsg.), *Alltägliche Lebensführung. Arrangements zwischen Traditionalität und Modernisierung.* Opladen: Leske & Budrich, S. 303–325.

Flecker, J. & Schienstock, G. (Hrsg.). (1991). *Flexibilisierung, Deregulierung und Globalisierung.* München: Hampp.

Giddens, A. (1995). *Konsequenzen der Moderne.* Frankfurt/M.: Suhrkamp.

Glaser, B. G. & Strauss, A. (1967). *Discovery of Grounded Theory: Strategies for Qualitative Research.* Chicago: Aldine.

Jurczyk, K. (1993). Bewegliche Balancen – Lebensführungsmuster bei »flexiblen« Arbeitszeiten. In K. Jurczyk & M. S. Rerrich (Hrsg.), *Die Arbeit des Alltags. Beiträge zu einer Soziologie der alltäglichen Lebensführung.* Freiburg: Lambertus, S. 235–259.

Jurczyk, K. & Kudera, W. (1991). Verfügung über Zeit? Die ganz unterschiedlichen Auswirkungen flexibler Arbeitszeiten auf die Lebensführung. In J. Flecker & G. Schienstock (Hrsg.), *Flexibilisierung, Deregulierung und Globalisierung*. München: Hampp, S.53–70.

Jurczyk, K. & Rerrich, M. S.(Hrsg.). (1993). *Die Arbeit des Alltags. Beiträge zu einer Soziologie der alltäglichen Lebensführung*. Freiburg: Lambertus.

Keupp, H. & Bilden, H. (Hrsg.). (1989). *Verunsicherungen. Das Subjekt im gesellschaftlichen Wandel*. Göttingen: Hogrefe.

Kudera, W. (1992). Die Crux mit den kleinen Zahlen – zum Generalisierungsproblem bei qualitativer Sozialforschung. In F. Lehner & J. Schmid (Hrsg.), *Technik Arbeit Betrieb Gesellschaft*. Opladen: Leske & Budrich, S.191–203.

Kudera, W. (1993a). Grenzen der Flexibilisierung. Zum Verhältnis von individueller und betrieblicher Zeitökonomie, *Mitteilungen 7 des SFB 333*, München, S.67–87.

Kudera, W. (1993b). Eine Nation, zwei Gesellschaften? In K. Jurczyk & M. S.Rerrich (Hrsg.), *Die Arbeit des Alltags. Beiträge zu einer Soziologie der alltäglichen Lebensführung*. Freiburg: Lambertus, S.133–159.

Kudera, W. (1994). Wie Geschichte in den Alltag eindringt. *Berliner Journal für Soziologie, 1*, S.55–76.

Kudera, W. (1995a). Lebensführung als individuelle Aufgabe. *Gegenwartskunde, 2*, S.155–166.

Kudera, W. (1995b). Biographie, Lebenslauf und Lebensführung. In P. A. Berger & P. Sopp (Hrsg.), *Sozialstruktur und Lebenslauf*. Opladen: Leske & Budrich, S.85–105.

Kudera, W. (1995c). Einleitung, Lebenskunst auf niederbayerisch: Schichtarbeiter in einem ländlichen Industriebetrieb. In Projektgruppe ›Alltägliche Lebensführung‹ (Hrsg.), *Alltägliche Lebensführung. Arrangements zwischen Traditionalität und Modernisierung*. Opladen: Leske & Budrich, S.121–170.

Kudera, W. (1997). Die Lebensführung von Arbeitern – ein gesamtdeutsches Phänomen. In G. G. Voß & H. Pongratz (Hrsg.), *Subjektorientierte Soziologie*. Opladen: Leske & Budrich, S.183–200.

Kudera, W. (2001). Anpassung, Rückzug oder Restrukturierung – zur Dynamik alltäglicher Lebensführung in Ostdeutschland. In B. Lutz (Hrsg.), *Entwicklungsperspektiven von Arbeit*. Berlin: Akademischer Verlag.

Kudera, W. & Voß G.G. (Hrsg.). (1996). *Pralleralltag*. München: Hampp.

Lehner, F. & Schmid, J. (Hrsg.). (1992). *Technik Arbeit Betrieb Gesellschaft*. Opladen: Leske & Budrich.

Lüscher, K., Schultheis, F. & Wehrspaun, M. (Hrsg.). (1998). *Die »postmoderne« Familie*. Konstanz: Universitätsverlag.

Lutz, B. (Hrsg.). (2001). *Entwicklungsperspektiven von Arbeit.* Berlin: Akademischer Verlag.

Nave-Herz, R. & Markefka, M. (Hrsg.). (1989). *Handbuch der Familien- und Jugendforschung.* Neuwied: Luchterhand.

Oevermann, U. (1997). Die Methodologie einer ›objektiver Hermeneutik‹ und ihre allgemeine forschungslogische Bedeutung in den Sozialwissenschaften. In H. G. Soeffner (Hrsg.), *Interpretative Verfahren in den Sozial- und Textwissenschaften.* Stuttgart: Metzler.

Projektgruppe ›Alltägliche Lebensführung‹ (Hrsg.). (1995). *Alltägliche Lebensführung. Arrangements zwischen Traditionalität und Modernisierung.* Opladen: Leske & Budrich.

Rerrich, M. S. (1988). *Balanceakt Familie. Zwischen alten Leitbildern und neuen Lebensformen.* Freiburg: Lambertus.

Rerrich, M. S. (1989). Was ist neu an den »neuen Vätern«? In H. Keupp & H. Bilden (Hrsg.), *Verunsicherungen. Das Subjekt im gesellschaftlichen Wandel.* Göttingen: Hogrefe, S. 93–102.

Schneider, N. F. (1994). *Familie und private Lebensführung in West- und Ostdeutschland.* Stuttgart: Enke.

Schütze, F. (1983). Biographieforschung und narratives Interview. *Neue Praxis, 3,* S. 283–293.

Soeffner, H. G. (Hrsg.). (1997). *Interpretative Verfahren in den Sozial- und Textwissenschaften.* Stuttgart: Metzler.

Voß, G. G. (1991). *Lebensführung als Arbeit. Über die Autonomie der Person im Alltag der Gesellschaft.* Stuttgart: Enke.

Voß, G.G. & Pongratz H. (Hrsg.). (1997). *Subjektorientierte Soziologie.* Opladen: Leske & Budrich.

Zapf, W. (Hrsg.). (1991). Die Modernisierung moderner Gesellschaften. Verhandlungen des 25. Deutschen Soziologentages in Frankfurt a.M. 1990. Frankfurt/M.: Campus.

MICHAEL MATZNER

Alleinerziehende Väter

Männer tragen nach einer Scheidung/Trennung oder
dem Tod der Mutter die Hauptsorge für ihre Kinder

*In Deutschland standen alleinerziehende Väter bisher
noch nicht im Mittelpunkt sozialwissenschaftlicher
Forschung, obwohl die sogenannten Vaterfamilien die
am schnellsten wachsende Familienform sind.
Die Alleinerziehendenforschung konzentrierte sich
auf die Mütter, so daß man bei der Beschreibung der
Situation von Vaterfamilien vor allem auf Vermutungen angewiesen war. Im folgenden Beitrag werden
die Ergebnisse einer Studie zur Lebenslage von Vaterfamilien dargestellt. Sechsundsechzig alleinerziehende Väter wurden zu den Themenbereichen Familienstruktur und -entstehung, Berufs- und Einkommenssituation, Regelung des Sorgerechts, Vereinbarkeit
von Beruf und Familie, Vater-Kind-Beziehung und
Selbstkonzept als Vater befragt. Die Ergebnisse
der Befragung deuten darauf hin, daß das Klischee
des akademisch ausgebildeten, gut verdienenden
alleinerziehenden Vaters, der sich das Sorgerecht
gegen die Mutter »erkämpft« hat und die Betreuung
und Erziehung seiner Kinder anderen Frauen und
Institutionen überläßt, zu korrigieren ist.*

*Up until single fathers have never been the focus of
social research in Germany, although the so-called
»father families« are the fastest growing family
form. Single-parent research has so far focused on
mothers, with the result that the description of
»father families« has been based primarily on
assumptions. The following article presents the
results of a study on the situation of »father*

families«. Sixty-six single-parent fathers were interviewed on the following topics: structure of the family, its constitution and development, occupational and financial status of the fathers, regulations concerning custody rights, compatibility of work and family, father-child-relationships, self-concept as father. The results of the survey indicate that the commonly accepted notion of the educated, high-income single-parent-father, who has obtained custody from his ex-wife and has left the caring and upbringing of his children to other women or public institutions are to be corrected.

1 Einleitung

»...fassungslos darüber, wie wir allein zurechtkommen.« So beantwortet der 45jährige Kai Lott die Frage nach den Reaktionen des sozialen Umfeldes auf die Tatsache, daß er seit der Scheidung vor fünf Jahren seine drei Kinder allein erzieht. Kai Lott ist einer der circa 210 000 alleinerziehenden Väter mit minderjährigen Kindern in Deutschland. Orientiert man sich an den amtlichen Daten, sind die sogenannten »Vaterfamilien«, wie Tabelle 1 zeigt, trotz der Mütterzentriertheit vieler Familiengerichte die am schnellsten wachsende Familienform. Gleichzeitig bilden alleinerziehende Väter eine Minderheit innerhalb der Minderheit Alleinerziehender; von 100 Alleinerziehenden sind 15 männlich.

Tabelle 1: Die quantitative Entwicklung von Familienformen seit
dem Jahr 1961 in Westdeutschland

Jahr	Zweieltern-familien	Eineltern-familien	Vater-familien	Mutter-familien
1961	100	100	100	100
1972	117	86	135	82
1975	116	90	150	85
1980	109	106	220	97
1985	92	115	216	107
1990	88	115	203	108
1992	89	125	214	117
1993	90	131	236	122
1994	90	136	247	126
1995	90	143	284	131
1996	90	150	334	134
1997	90	157	359	139

Der Index 100 als Basis bezieht sich auf die absoluten amtlichen Zahlen der jeweiligen Familienform mit
Kindern unter 18 Jahren im Jahr 1961 für das Gebiet Westdeutschlands (mit Berlin).

Im April 1999 gab es nach amtlichen Angaben mittlerweile 312 000
alleinerziehende Väter minderjähriger Kinder (16,0 Prozent aller
Alleinerziehenden; vgl. Statistisches Bundesamt 2000: 64). Von diesen 312 000 Vätern waren nach offiziellen Angaben 119 000 ledig,
47 000 verheiratet-getrennt lebend, 32 000 verwitwet und 114 000
geschieden. In den Haushalten dieser 312 000 Väter lebten 410 000
minderjährige Kinder. Der enorme Anstieg dieser Zahlen in den
vergangenen Jahren war der Frankfurter Allgemeinen Zeitung
1999 eine Meldung auf der Titelseite wert. Bereits im Jahr 1995 be-
wertete die Süddeutsche Zeitung diese Entwicklung als »Wende
am Wickeltisch«. Die tatsächliche Zahl alleinerziehender Väter ist
niedriger, ohne daß hier eine präzise Zahl genannt werden könnte. Eine Schätzung des Autors kommt für das Jahr 1999 auf circa
210 000 alleinerziehende Väter mit minderjährigen Kindern. Die
Zahlen über die Haushalte alleinerziehender Mütter und Väter in
der amtlichen Statistik unterliegen größeren Ungenauigkeiten, da
sie auch die Haushalte nichtehelicher Lebensgemeinschaften mit
Kindern umfassen. Dies wird beispielsweise daran erkennbar, daß

es nach den amtlichen Angaben im April 1999 insgesamt 119 000 alleinerziehende *ledige* Väter mit minderjährigen Kindern gegeben hätte (38,1 Prozent aller alleinerziehenden Väter). Aufgrund des gültigen Familienrechts ist eine solche Zahl *lediger* alleinerziehender Väter völlig auszuschließen. Das Statistische Bundesamt bestätigte dem Autor, daß es sich bei diesen Personen aufgrund von Mängeln des Mikrozensuserhebungsverfahrens in der großen Mehrheit um Väter handelt, die mit der Mutter sowie dem *gemeinsamen* leiblichen Kind in einem Haushalt zusammenleben. Die Zahl dieser nichtehelichen Lebensgemeinschaften mit gemeinsamen leiblichen Kindern ist in den letzten Jahren erheblich gestiegen (vgl. Bien & Schneider 1998, Schwarz 1995). Die steigenden amtlichen Zahlen der Vaterfamilien beruhen jedoch nicht nur auf diesem irreführenden Phänomen, sondern auch auf einer tatsächlichen starken Zunahme der Vaterfamilien gerade in den letzten Jahren. Ursache hierfür ist die wachsende Zahl der Scheidungen von Eltern minderjähriger Kinder. Da sich der prozentuale Anteil von Vaterfamilien an allen Einelternfamilien in den letzten Jahren nicht erheblich veränderte, basiert die Zunahme von Familien mit alleinerziehenden Vätern weniger auf einer veränderten Entscheidungspraxis der Familiengerichte, wenn es um die Zuteilung des elterlichen Sorgerechtes geht, als vielmehr auf den zunehmenden Scheidungszahlen (vgl. Schlegel 1997).

In Anbetracht der weiter steigenden Zahl von Betroffenen ist es sinnvoll, die Informationsgrundlage über die Lebenssituation und Lebensbedingungen von Vaterfamilien zu verbessern. Ein weiterer Grund für die Relevanz des Themas ist darin zu sehen, daß es sich bei alleinerziehenden Vätern um eine Gruppe von Menschen handelt, die sich abweichend verhalten. Diese Väter weichen insofern vom traditionellen Rollenmuster ab, als sie mit ihren Kindern ohne die Mutter im Haushalt zusammenleben und die Kinder zumeist weitgehend ohne die Beteiligung der Mutter betreuen und erziehen. Es ist interessant, sich damit auseinanderzusetzen, welche Gegebenheiten und Motive zu dieser Lebensform führten, insbesondere dann, wenn die Väter sich bewußt darum bemühten. Die Darstellung ihrer Situation könnte in Zukunft mehr Väter als bisher dazu bewegen, im Falle einer Scheidung sich diese Rolle zuzutrauen bzw. diese übernehmen zu wollen. Sie könnte eventuell

auch dazu beitragen, manchen Scheidungsbegleitern wie Rechts-
anwälten, Familienrichtern oder Mitarbeitern der Jugendämter
ihre eventuelle Voreingenommenheit zur Frage der Alleinerziehung von (Klein-)Kindern durch Väter zu nehmen. Ein weiteres
Argument für eine Erforschung dieser Familienform ist, daß Thesen zur Situation alleinerziehender Väter in Deutschland vertreten
werden, ohne sie empirisch belegen zu können. So existiert das
Klischee des akademisch ausgebildeten, gut verdienenden, alleinerziehenden Vaters, der sich »sein« Sorgerecht erstritten hat, um
danach die Betreuung und Erziehung des Kindes weitgehend
Frauen aus seinem sozialen Umfeld zu überlassen (vgl. Benard &
Schlaffer, zit. in: Pinl 1994, S.80, Heiliger 1990, S.70, Lempp 1989,
S.180, Leube 1988, S.152). Das Forschungsdesiderat zum Thema
Vaterfamilien wurde mehrfach angesprochen (vgl. Ballof 1991,
S.263, Fthenakis 1993, S.565 ff., Nave-Herz & Krüger 1992, S.25);
bisher jedoch, ohne daß entscheidende Konsequenzen daraus gezogen würden. Wohl auch deswegen, weil die generellen Einstellungen zur Bedeutung des Vaters auch unter Sozialwissenschaftlern bisweilen ideologisch und affektbesetzt sind (vgl. Schwägler
1978, S.149) und daher Vaterforschung in Deutschland insgesamt
nur von vergleichsweise wenigen Wissenschaftlern betrieben wird.

2 Zum Forschungsstand

Im Unterschied zu den angloamerikanischen Ländern (vgl. Greif
1985, Hipgrave 1982, Meyer & Garasky 1993) standen die alleinerziehenden Väter in Deutschland bisher sehr selten im Rampen-
licht der Forschung, worauf auch Fthenakis (1993, S.566) und Niepel (1994, S.98 ff.) aufmerksam gemacht haben. Wenn überhaupt,
fanden sie lediglich als Teilgruppe der Alleinerziehenden in einer
Reihe von Untersuchungen Interesse.

Napp-Peters (1987) führte 1980 bis 1984 ein Forschungsprojekt
über Ein-Elternteil-Familien durch. Ihr Sample beinhaltete auch
die Familien von 100 alleinerziehenden Vätern. Von diesen waren
50 verwitwet und 50 geschieden. In dieser bisher umfassendsten
Studie untersuchte die Autorin die sozioökonomische Lage, die

Situation der Kinder, die Entwicklung der Eltern-Kind-Beziehung, das familiale Selbstverständnis sowie Rollenkonflikte Alleinerziehender.

Kruber (1988) faßt in einem Aufsatz die Ergebnisse einer empirischen Studie des Jahres 1985 zur Lebenssituation von alleinerziehenden Müttern und Vätern in Schleswig-Holstein zusammen. Dazu waren auch 35 alleinerziehende Väter interviewt worden. Der Schwerpunkt der Untersuchung lag in der Ermittlung der sozioökonomischen Lage Alleinerziehender. In einem weiteren Teil wurden »pädagogische und sozialpsychologische Aspekte der Lebenssituation« untersucht, wobei hier nicht zwischen den alleinerziehenden Müttern und Vätern unterschieden wurde.

Neubauer (1988) analysierte die »Gesamtsituation« von alleinerziehenden Müttern und Vätern. Allerdings wurde bei vielen Aspekten nicht zwischen alleinerziehenden Müttern und Vätern unterschieden.

Nave-Herz & Krüger (1992) führten eine empirische Studie zur Lebenssituation und Lebensplanung alleinerziehender Mütter und Väter durch. Diese umfaßte auch qualitative Interviews mit zehn beziehungsweise teilstandardisierte Befragungen mit 66 geschiedenen alleinerziehenden Vätern. Den Autorinnen ging es dabei vor allem um die »verursachenden Bedingungen für die Entstehung von Vater-Familien durch Scheidung« und um die subjektive Bewertung dieser Lebensform durch die Väter.

Nestmann & Stiehler (1998) erforschten insbesondere die sozialen Netzwerke alleinerziehender Frauen und Männer in Sachsen. Dazu befragten sie in ihrer qualitativen Längsschnittuntersuchung jeweils 20 alleinerziehende Mütter und Väter zu ihrer Lebenssituation unter besonderer Berücksichtigung ihrer sozialen Unterstützung.

Die einzige uns bekannte Arbeit, welche sich auf die Situation von Vaterfamilien in Deutschland konzentriert, ist die unveröffentlichte Diplomarbeit von Paskuda (1988, rezipiert nach Fthenakis 1993, S.564–583). Der Autor befragte 30 geschiedene alleinerziehende Väter, deren Kinder und zehn der nicht sorgeberechtigten Mütter. In der Arbeit geht es vor allem um das Zustandekommen der Vaterfamilien, die Bewältigung des Alltags, die Situation der Kinder sowie die Entwicklung der Eltern-Kind-Beziehung.

Die eingegrenzten und zum Teil unterschiedlichen Fragestellungen dieser Untersuchungen, die teilweise geringen Stichprobengrößen sowie die starke Konzentration auf die Situation der alleinerziehenden Mütter trugen mit dazu bei, daß man bisher bei der Beschreibung der Situation von Vaterfamilien in Deutschland vor allem auf Vermutungen angewiesen war. Deshalb werden im folgenden Abschnitt auch kaum Bezüge zu den aufgeführten Untersuchungen hergestellt.

3 Eine aktuelle Studie zur Lebenssituation von Vaterfamilien in der Bundesrepublik Deutschland

Im folgenden werden zunächst die in einer eigenen Studie realisierte Forschungsstrategie und die für die Mitarbeit gewonnene Stichprobe beschrieben (Abschnitt 3.1). Sodann werden mit Hilfe der Studie gewonnene quantitative Befunde vorgestellt und diskutiert (Abschnitt 3.2). Schließlich kommen sechs der befragten Väter in Form von Zitatpassagen zu Wort, um die Vielfältigkeit der Lebensform Vaterfamilie noch anschaulicher zu machen (Abschnitt 3.3).

3.1 Forschungsprozedere und Stichprobe

Im Rahmen seiner Studie »Vaterschaft heute. Klischees und soziale Wirklichkeit« (Matzner 1998) führte der Autor unter anderem eine empirische Untersuchung zur Lebenslage alleinerziehender Väter und ihrer Familien durch. Die Erhebung geschah mittels schriftlicher Befragung. Der zehnseitige Fragebogen enthielt 79 Fragen / Satzanfänge, die zum Teil gemäß Multiple-choice-Vorgaben[1], zum Teil mit einer zusätzlichen Begründung / Erläuterung der getroffenen Wahl in eigenen Worten, zum Teil in Form einer Ergänzung der Multiple-choice-Vorgaben um eine weitere zutreffende Mög-

---

1 Wo es vom Fragebogenkonstrukteur für sinnvoll erachtet wurde, wurde auf die Möglichkeit von Mehrfachnennungen verwiesen.

lichkeit, zum Teil von vorneherein »offen« zu beantworten / fortzusetzen waren. Darüber sollten aussagekräftige Informationen zu den Themenbereichen Familienstruktur und -entstehung, Bildungs-, Berufs- und Einkommenssituation der Väter, Regelung des Sorgerechts, Übergang in die neue Lebensform, Probleme und Belastungen, Reaktionen des sozialen Umfeldes, Vereinbarkeit von Beruf und Familie, Organisation des Haushalts, Kinderbetreuung und Kinderziehung, Einbindung der Mütter, Vater-Kind-Beziehung und väterliches Selbstverständnis eingeholt werden – als Grundlage für weitere vertiefte Forschung zu den einzelnen Bereichen beziehungsweise ihr Zusammenspiel. Berechnungen wurden mit Hilfe von SPSS/PC erstellt.

In die Untersuchung einbezogen wurden ausschließlich Väter, die mit ihrem Kind / ihren Kindern ohne die leibliche Mutter in einem Haushalt zusammenlebten. Mindestens ein Kind mußte minderjährig sein. Die Sorgerechtsregelung war kein Kriterium. Es war ebenfalls unerheblich, ob im Haushalt des Vaters neben den Kindern noch eine weitere Person lebte. Väter, die ihre neue Partnerin geheiratet hatten, wurden nicht befragt. Die teilnehmenden Väter waren zu circa 30 Prozent durch Vermittlung von Organisationen Alleinerziehender, zu circa 40 Prozent über kirchliche Alleinerziehendenarbeit sowie zu circa 30 Prozent über Selbsthilfegruppen und sonstige Kontakte gebeten worden, an der Befragung teilzunehmen.

In den Monaten Februar bis Juni 1996 wurden innerhalb des Bundesgebietes 323 Fragebögen verschickt, von diesen liefen 68 (21,1 Prozent) bis Juli 1996 zurück; davon konnten 66 berücksichtigt werden. Die Untersuchungsgruppe hat am ehesten den Charakter einer bewußten Auswahl (vgl. Schnell et al. 1988, S.271f.), da ein großer Teil der Untersuchungsteilnehmer über die oben genannten Organisationen gewonnen wurde. Es liegt also keine Stichprobe vor, die durch eine Zufallsauswahl zustande gekommen wäre und das Kriterium der Repräsentativität erfüllte. Dies wäre aber auch bei einer Zufallsauswahl prinzipiell nicht möglich, da die Zahl und die Struktur der Grundgesamtheit nicht genau bekannt sind. Eine Gegenüberstellung von relativ sicheren aktuellen Daten bezüglich wesentlicher sozio-ökonomischer Variablen der Grundgesamtheit bzw. der Stichprobe mittels Chi^2-Test zeigte, daß die Stichprobe sich hinsichtlich der Variablen *Familienstand des Vaters, Altersverteilung der Väter* und *Erwerbsquote der Väter* nicht signifikant von der Grundgesamtheit unterscheidet. Die Häufigkeitsverteilungen der Variablen *Schul- und Berufsabschluß* sowie *Haushaltsnettoeinkommen* weisen auf eine mögliche Verzerrung der Stichprobe hin; wir können davon ausgehen, daß höher gebildete, besser verdienende, alleinerziehende Väter in unserer Untersuchungsgruppe etwas überrepräsentiert sind. Für die Variablen *Anzahl und Altersverteilung der minderjährigen Kinder* sowie *Zusammensetzung des Haushalts* konnten signifikante Unterschiede festgestellt werden. Danach betreuen die befragten Väter durchschnittlich mehr und jüngere Kinder als die Väter in der Grundgesamtheit. Der Anteil der Väter, die ohne eine weitere Person allein mit ihren Kindern leben, ist signifikant höher als in der Grundgesamtheit, auch wenn der Unterschied nicht groß ist. Hinsichtlich der Untersuchung waren diese Unterschiede in dem Sinne sogar von Vorteil, weil also die Mehrzahl der Väter mehrere (Klein-)Kinder allein, das heißt ohne Partnerin, erzieht beziehungsweise erzogen hat; und in diesem Sinne kein Unterschied zu vielen alleinerziehenden Müttern besteht.

3.2 Ergebnisse der Befragung

Das immer noch häufig anzutreffende Klischee zeichnet den »typischen«, akademisch ausgebildeten, alleinerziehenden Vater mit einem älteren Kind, das durch die neue Freundin betreut wird (vgl. Heiliger 1990, S. 70). Die soziale Realität sieht in den meisten Fällen anders aus. So kann mit Sicherheit festgestellt werden, daß es *den* alleinerziehenden Vater nicht gibt. Aufgrund vieler intervenierender Einflüsse und Lebensbedingungen stellen sich die konkreten Lebenslagen äußerst unterschiedlich dar. Wenn man trotz dem versucht, den »typischen« alleinerziehenden Vater aus den erhobenen Daten zu generieren, findet man nur drei wesentliche Merkmale, die für zwei Drittel aller befragten Väter *gleichzeitig* zutreffen. Fast zwei Drittel, genau 43 von 66 Vätern (65,2 Prozent), sind geschieden bzw. verheiratet-getrennt lebend, erwerbstätig und leben allein mit ihren Kindern im Haushalt.

Ansonsten bietet die Gruppe der Vaterfamilien bzw. der alleinerziehenden Väter ein recht buntes Bild verschiedenster Lebenslagen, was das Zustandekommen und die Struktur der Familie, die sozio-ökonomische Lage, die Bewältigung des Alltags, die Vereinbarung von Beruf und Vaterrolle, das soziale Netzwerk sowie das Selbstkonzept der Väter betrifft.

Dies zeigen schon die Daten zur Struktur der Familien. In Anzahl und Alter der Kinder existiert tatsächlich eine größere Vielfalt als es manchmal erwartet wird. Überraschend war das Ergebnis, daß ein erheblicher Teil der Väter zum Alleinerziehenden wurde, als die Kinder noch sehr klein waren. So waren 62,7 Prozent der Kinder zu Beginn der Alleinerzieherschaft des Vaters unter sechs Jahre alt. In den 66 Vaterfamilien leben 118 Kinder, von denen 115 minderjährig sind. Nur 36,3 Prozent waren Einkindfamilien.

Die Lebensform Vaterfamilie stellt für viele Betroffene nicht nur eine Übergangsphase von der Scheidung / Trennung beziehungsweise Verwitwung zur nächsten Heirat des Vaters dar, sondern ist häufig auf längere Zeit angelegt, wenn auch oft unbeabsichtigt. So war knapp die Hälfte der Väter (48,5 Prozent) zum Zeitpunkt der Befragung schon vier Jahre und länger alleinerziehend. Nur jeder elfte Vater (9,1 Prozent) lebte mit den Kindern und einer neuen Partnerin im gemeinsamen Haushalt zusammen.

Die Heterogenität der Lebenslagen von Vaterfamilien wird auch anhand der teilweise sehr unterschiedlichen materiellen Lebens bedingungen deutlich. So waren, entgegen herrschender Klischees, zwei Drittel der Väter der Stichprobe eben keine Akademiker mit entsprechendem Einkommen. Wahrscheinlich ist der Akademikeranteil in der Grundgesamtheit noch geringer, da sich »bildungsnähere« Väter wohl eher an der schriftlichen Befragung beteiligten. Vielmehr sind unter den alleinerziehenden Vätern alle Bildungs- und Berufsgruppen zu finden, vom Angelernten bis zum Akademiker. Nicht zuletzt deswegen, weil die Situation »alleinerziehend« nicht nur im Fall der Verwitwung Väter und Kinder eher zufällig »trifft« als daß sie eine frei wählbare Option wäre.

Auch wenn durch die Ergebnisse bestätigt wurde, daß alleinerziehende Väter in der Regel aufgrund ihrer Vollzeiterwerbstätigkeit über vergleichsweise günstigere materielle Bedingungen als alleinerziehende Mütter verfügen, darf nicht darüber hinweggesehen werden, daß auch die Väter ein relativ großes Risiko haben, arbeitslos zu werden: 30,6 Prozent waren dies irgendwann einmal während der Zeit ihrer Alleinerzieherschaft. Immerhin 27,4 Prozent der Familien lebten in Armutsnähe oder Armut. Dazu trugen oft auch die fehlenden Unterhaltsleistungen der Mütter bei: Nur jede fünfte Mutter zahlte Unterhalt für ihre Kinder (vgl. auch Gutschmidt 1995, S. 48). Jeder dritte Vater gab an, finanzielle Probleme zu haben, welche sich als sehr belastend darstellten.

Die Ergebnisse der Untersuchung bestätigen einige Erkenntnisse der Scheidungsforschung (vgl. Jopt 1992, S. 241). So kann auch aus der Perspektive geschiedener sorgeberechtigter Väter festgestellt werden, daß ein großer Teil von offiziell »einvernehmlichen« Sorgerechtsregelungen de facto eben doch nicht so einvernehmlich ist. Nach Ansicht der Väter gab es in nur 52,5 Prozent aller abgeschlossenen Sorgerechtsverfahren eine tatsächliche Einvernehmlichkeit der Eltern. Nur 41,2 Prozent der betroffenen Väter konnten mit den Müttern »zumindest was die Kinder betrifft, noch vernünftig miteinander reden«. Bei einem nicht unerheblichen Teil der betroffenen Vaterfamilien (33,4 Prozent) wirkt der Konflikt zwischen den Eltern noch zum Zeitpunkt der Befragung, das heißt teilweise nach mehreren Jahren der Trennung, so stark, daß die Väter dies als »schwerwiegende Belastung« ihres Lebens sowie desjenigen ihrer Kinder bewerteten.

Die Untersuchungsergebnisse stützen auch Erkenntnisse über die faktische Benachteiligung von Vätern bei der Zuweisung der elterlichen Sorge nach der Scheidung der Eltern (vgl. Schlegel 1997, S. 114). So deutet einiges darauf hin, daß es Väter wesentlich schwerer haben, das Sorgerecht zu bekommen; und zwar auch dann, wenn sie ihr Leben so organisiert haben, daß Berufs- und Vaterrolle miteinander vereinbart werden könnten. In den 17 Familien (30,4 Prozent), in denen beide Elternteile jeweils einen Antrag auf das alleinige Sorgerecht stellten, bekam die Mehrzahl der Väter nach eigener Aussage nur deswegen das Sorgerecht, weil die antragstellende Mutter ein wesentliches »Handicap« in Form von Alkoholkrankheit, psychischer Krankheit oder mangelnder Bindung zum Kind aufwies. Dies untermauert die These, daß es Väter in der Regel noch immer äußerst schwer haben, das Sorgerecht zu bekommen, wenn die »Erziehungsfähigkeit« der Mutter nach Auffassung von Jugendamt und Familiengericht nicht eingeschränkt ist und sie selbst das Sorgerecht haben möchte.[2] Die wachsende Zahl von Vaterfamilien ist also im wesentlichen auf die steigenden Scheidungszahlen und sicher sehr viel weniger auf eine veränderte Entscheidungspraxis der Familiengerichte zurückzuführen. Bei den 45 Familien[3], für die zum Zeitpunkt der Befragung das Sorgerecht durch das Familiengericht bereits neu geregelt worden war, war es zu folgenden Entscheidungen gekommen: In 29 Familien (64,4 Prozent) bekam der Vater für alle Kinder das alleinige Sorgerecht; in 11 Familien (24,4 Prozent) hatten Vater und Mutter das gemeinsame Sorgerecht; in 5 Familien (11,1 Prozent) hatten Vater und Mutter jeweils für die bei ihnen lebenden Kinder das alleinige Sorgerecht.

Das Motiv für die Lebensform Vaterfamilie ist in der Regel beziehungsorientiert. 86,8 Prozent der nichtverwitweten Väter antworteten, daß das Zusammenleben mit dem Kind von ihnen gewünscht wurde. Nur drei Väter (5,7 Prozent) waren der Auffassung, daß ihr Zusammenleben mit dem Kind/den Kindern »eher von meiner ehemaligen Frau/Partnerin als von mir selbst gewünscht« wurde. 67,9 Prozent der nichtverwitweten Väter gaben an: »Daß ich mit dem/den Kind(ern) zusammenlebe, wurde von dem Kind/den Kindern gewünscht.« (Diese eher niedrig anmutende Zahl kommt unter anderem dadurch zustande, daß ein Drittel der Väter zu Beginn der Alleinerzieherschaft mindestens ein Kind im Alter von unter drei Jahren hatte. Manche dieser Kinder konnten die Situation noch nicht begreifen und sich dementsprechend

---

2 In den anderen 49 Familien der Untersuchungsstichprobe waren zum Zeitpunkt der Untersuchung folgende Verhältnisse gegeben: 13 Vätern (23,2 Prozent) fiel aufgrund Verwitwung automatisch das Sorgerecht zu; sechs Ehepaare (10,7 Prozent) stellten einvernehmlich den Antrag, daß der Vater die alleinige Sorge erhalten sollte; in fünf Fällen (8,9 Prozent) stellte nur der Vater einen Antrag auf alleinige Sorge; sechs Ehepaare (10,7 Prozent) stellten zusammen einen Antrag auf gemeinsame Sorge; in neun Fällen (16,1 Prozent) war eine »andere Situation« bezüglich der Antragslage gegeben; zehn Väter beantworteten die Frage bezüglich der Antragslage vor der Entscheidung des Familiengerichts nicht.

3 Hier gehen die verwitweten alleinerziehenden Väter nicht ein.

auch nicht dazu äußern.) Diese Befunde unterscheiden sich von den Ergebnissen der Studie von Nave-Herz und Krüger (1992, S.67ff.). Die von diesen im Jahr 1990 befragten Väter sahen sich zumeist dazu »gezwungen«, die Rolle als Alleinerziehender zu übernehmen, weil sie das Kind in der gewohnten Umgebung belassen wollten, weil sich das Kind für ein Zusammenleben mit dem Vater entschieden hatte oder weil sie die untreu gewordene Ehefrau »bestrafen« wollten.

Aufgrund unserer Untersuchungsergebnisse sowie der Erkenntnisse anderer Studien (vgl. Fthenakis 1993, S.574) kann davon ausgegangen werden, daß Kinder von alleinerziehenden Vätern im Durchschnitt häufigeren und intensiveren Kontakt mit dem anderen Elternteil haben als im umgekehrten Fall, das heißt wenn die Kinder bei ihren Müttern leben. Vor der Trennung beziehungsweise Scheidung der Eltern verbrachten die Kinder, aufgrund der Vollzeiterwerbstätigkeit der Väter, in der Regel mehr Zeit mit ihren Müttern. Deswegen wird es einem alleinerziehenden Vater, auch im möglichen Falle seiner subjektiven Ablehnung der Mutter-Kind-Kontakte, oft viel schwerer fallen, eine Kontaktverhinderung beziehungsweise -verminderung zwischen Mutter und Kind zu legitimieren – so wie dies im umgekehrten Fall nicht selten alleinerziehende Mütter mit dem Argument tun, der Vater habe sich doch früher auch nicht für das Kind interessiert beziehungsweise engagiert (vgl. Figdor 1991, S.158ff., Klenner 1995, S.1531f.).

Die Untersuchung bestätigte Forschungserkenntnisse, wonach die Situation des Übergangs in die neue Lebensform, unabhängig vom Geschlecht des alleinerziehenden Elternteils, in der Regel von vielfältigen Problemen und Belastungen geprägt ist (vgl. Ballof 1991, S.257, Hurrelmann 1994, S.132). Die Hauptprobleme beziehungsweise -belastungen der betroffenen Väter zu Beginn ihrer Alleinerzieherschaft waren die Vereinbarkeit von Vollzeitberufstätigkeit und Vaterrolle (66,7 Prozent), weiterbestehende Konflikte mit der Mutter des Kindes (56,6 Prozent) sowie die Gefahr der Isolation (47,0 Prozent), insbesondere dann, wenn der Vater keine neue Partnerin findet.

Über die Hälfte der Betroffenen (55,5 Prozent) sehen im Fehlen einer Partnerin eine »schwerwiegende Belastung« ihrer gegenwärtigen Situation. Dies wird durch Antworten auf die Frage nach der Zufriedenheit mit der gegenwärtigen Lebenssituation verdeutlicht. 65,2 Prozent derjenigen Väter, die eine neue Partnerin hatten, waren mit ihrer gegenwärtigen Lebenssituation »sehr zufrieden« oder »zufrieden«. Für die Väter ohne neue Partnerin galt dies nur zu 30,3 Prozent. Berücksichtigt man noch die Erkenntnis, daß viele Väter eine neue Heirat anstreben (15,9 Prozent) beziehungsweise eine solche zumindest grundsätzlich nicht ausschließen (54,0 Prozent), so wird erkennbar, daß die Lebensform Vaterfamilie für die Mehrheit der Väter kein erwünschter Dauerzustand ist. Und zwar insbesondere dann, wenn der Vater noch keine neue Partnerin gefunden hat, unabhängig davon, ob diese mit Vater und Kindern im Haushalt zusammenlebt oder nicht.

Der Mehrzahl der Väter gelingt es, sich mit den Kindern in der neuen Lebensform einzuleben und nach einer mehr oder weniger problematischen Übergangsphase die Situation innerhalb der Vaterfamilien zu konsolidieren. Nur noch jeweils 18,2 Prozent der Väter nennen zum Zeitpunkt der Befragung die »Praktischen Anforderungen der Hausarbeit« beziehungsweise »Praktischen Anforderungen der Kindererziehung/-betreuung« als »schwerwiegende Belastung oder Problem« in ihrem Leben. Allerdings sind viele der Väter auch noch zum Zeitpunkt der Befragung vor allem durch Faktoren belastet, die außerhalb ihrer Familie liegen, aber in diese hineinwirken. Als solch eine »schwerwiegende Belastung oder Problem« werden vor allem die »Vereinbarung von Berufstätigkeit und Vaterrolle« (43,9 Prozent), »Konflikte mit der ehemaligen Frau/Partnerin« (33,4 Prozent der nichtverwitweten Väter) sowie »Finanzielle Probleme« (33,3 Prozent) genannt. Die anfänglichen Zweifel im sozialen Umfeld gehen stark zurück. So erfuhren 42,4% Prozent der Väter zu Beginn ihrer neuen Rolle »Kritik, Zweifel oder negative Reaktionen« durch Personen ihres sozialen Umfeldes, insbesondere durch Nachbarn und überraschenderweise auch häufiger durch die eigenen Eltern. Bis zum Zeitpunkt der Befragung sank diese Quote auf 22,7 Prozent. Über positive Reaktionen ihrer Mitmenschen können 78,1 Prozent der Väter berichten. Familienangehörige, Nachbarn, Arbeitskollegen, Freunde, Kindergärtnerinnen, Ärzte und Lehrerinnen waren daran beteiligt. Es fällt auf, daß viele Väter hier insbesondere immer wieder »die Frauen« nannten. Sie wurden von ihnen gelobt, manchmal gar

»bewundert«. Nicht wenige Väter wurden mit ihren Kindern einge-
laden. Manche erhielten Zuwendungen, zum Beispiel in Form von
Kinderbekleidung. Lediglich ein Vater berichtete, daß sich auch
die frühere Frau und Mutter der Kinder positiv geäußert habe.

Bei nicht seltener Unterstützung des beruflichen und privaten
Umfeldes konnte die Mehrzahl der Väter die Anforderungen ihrer
neuen Rolle offensichtlich erfüllen. Dabei scheint es von Vorteil
zu sein, daß sich ein großer Teil der Väter schon vor der Zeit ihrer
Alleinerzieherschaft in hohem Maße im Haushalt sowie bei der
Kinderbetreuung engagierte. Auch wenn man berücksichtigt, daß
die folgenden Zahlen nur die Wahrnehmung der Väter wiedergeben, ist man trotzdem sehr überrascht. So geben 42,2 Prozent der
befragten Väter dem Item »Wir teilten uns die Hausarbeit ungefähr
zu gleichen Teilen« ihre Zustimmung; und 17,2 Prozent der Väter
dem Item »Die Hausarbeit war vor allem meine Aufgabe«. 33 Prozent der befragten Väter stimmten dem Item »Ich beteiligte mich,
wenn auch in geringerem Maße als meine Frau, an der Betreuung
und Erziehung der Kinder« zu, während immerhin 43,1 Prozent
der Väter das Item »Wir teilten uns diese Aufgabe ungefähr zu gleichen Teilen« ankreuzten. Darüber noch hinausgehend bejahten
16,9 Prozent der Väter das Item »Die Betreuung und Erziehung der
Kinder war vor allem meine Aufgabe«. Wir wissen allerdings nicht,
ob ein Zusammenhang zwischen der hohen familialen Aktivität
dieser Väter während ihrer Ehe und ihrem späteren Status als
Alleinerziehendem besteht. Sind alleinerziehende Väter während
ihrer Ehe überdurchschnittlich aktive Väter gewesen? Weil die
Lebensform Vaterfamilie Väter und Kinder eher »trifft«, als daß sie
sich freiwillig dafür entscheiden könnten, spricht einiges dafür,
daß sich diese Väter bei ihrer Beteiligung an der Familienarbeit
während der Ehe nicht sehr von den mit Frau und Kindern zusammenlebenden Vätern unterscheiden. Dies würde neueste Erkenntnisse bestätigen, wonach die Familientätigkeit junger Väter bedeutend höher ist, als vielfach behauptet (vgl. Rosenkranz et al.
1998, vgl. auch Matzner 1998, S. 36 ff.).

Die befragten Väter bewältigten die Anforderungen des Haushalts sehr oft gemeinsam mit den Kindern bzw. weiteren Personen. Sie nutzten die Hilfe Dritter bzw. von Institutionen bei der Betreuung der Kinder. Innerhalb der eigenen vier Wände wurde die

Betreuung hauptsächlich vom Vater allein wahrgenommen. Den Vätern kam dabei zugute, daß ihre Kollegen und Vorgesetzten, soweit möglich, in 90 Prozent aller Fälle die familiale Situation bei der Arbeitsorganisation berücksichtigten. Trotzdem fiel 50 Prozent der Väter die Doppelrolle als Alleinerziehender und Vollzeiterwerbstätiger »eher schwer« (50 Prozent »eher leicht«).

Eine zentrale Erkenntnis bei der Auswertung der offenen Fragen ergaben die Antworten zu folgender Frage: »Was hat sich, seitdem Sie alleinerziehender Vater sind, in der Beziehung zwischen Ihnen und Ihrem Kind(ern) verändert? Berücksichtigen Sie in der Antwort bitte auch die Gefühle zwischen Ihnen und Ihrem Kind.« Drei Viertel der befragten Väter berichten von einer Veränderung in Richtung einer sehr positiven, zunehmend gefühlsbetonten Vater-Kind-Beziehung. Dies ist aus der Sicht der Väter insgesamt ein wesentliches Merkmal des Wandels im Vater-Kind-Verhältnis beim Wechsel von der vollständigen Familie zur Vaterfamilie. Manche Väter sind der Meinung, daß sich Kinder und Vater gegenseitig »neu« kennenlernen. Viele Väter verspüren ein gewachsenes gegenseitiges Vertrauen, eine engere Bindung zwischen Vater und Kind. Sie schätzen jetzt mehr die miteinander verbrachte Zeit.

Daneben wurden noch weitere Aspekte des Alleinerziehens, wie beispielsweise die Entscheidungsautonomie im Alltag (74,2 Prozent) oder die Möglichkeit, das Kind »unabhängig von den Vorstellungen eines Partners zu erziehen« (40,9 Prozent), positiv hervorgehoben. Der Vergleich der beiden zuletzt genannten Zahlen läßt vermuten, daß ein Teil der Väter ihre Kompetenzen im Erziehungsbereich niedriger einschätzt als die Kompetenzen im Bereich der Alltags- und Haushaltsorganisation. Trotzdem bleibt die Gesamtbewertung der Lebenslage auch bei den »zufriedenen« Vätern oft von Ambivalenzen geprägt. So hatte über die Hälfte der Väter nicht das Gefühl, in einer »normalen« Familie zu leben. 57,8 Prozent der befragten Väter gingen davon aus, daß ihren Kindern »in irgendeiner Art und Weise die Mutter fehlt«. Dies weist unter anderem darauf hin, daß die Lebensform »alleinerziehend«, auch in der Fachliteratur, zu Unrecht immer wieder pauschal verklärt wird (vgl. zum Beispiel Heiliger 1991).

Zwei Drittel der befragten Väter kritisierten, daß alleinerziehende Väter in der Öffentlichkeit »gar nicht« oder »kaum« wahrgenommen würden. Viele sahen sich als Exoten oder »schillernde Besonderheit«. Aufgrund einer fehlenden Lobby würde ihre Familienform auch kein Thema der Familienpolitik sein.

3.3 Vaterfamilien: Sechs exemplarische Skizzen

Wie eingangs bemerkt wurde, gibt es *den* typischen alleinerziehenden Vater nicht. Im folgenden Abschnitt werden die Lebenslagen von sechs alleinerziehenden Vätern, die sich an der Befragung beteiligten, skizziert. Die Auswahl der Zitatpassagen erfolgte nach dem subjektiven Ermessen des Autors. Dieser beabsichtigte dabei, ein besonders instruktives Bild von der Vielfältigkeit der Situationen von Vaterfamilien zu vermitteln. Die Vor- und Nachnamen sind erfunden; die Alters- und Zeitangaben beziehen sich immer auf das Jahr der Befragung, also 1996. Die Zitate entstammen den zum Teil sehr ausführlichen Antworten auf die im Rahmen der Untersuchung gestellten offenen Fragen. Die entsprechenden Fragen werden hier, der besseren Lesbarkeit wegen, weggelassen.

Jürgen Waschke ist 33 Jahre alt und erzieht seit der Trennung von seiner Frau vor einem Jahr die beiden Kinder Kevin (4 Jahre) und Julia (2 Jahre) allein. Herrn Waschke zufolge kam es hauptsächlich aufgrund der »Alkoholsucht und Untreue meiner Ehefrau« zur Trennung.

»Ich habe die Kinder einfach mitgenommen, weil die Versorgung der Kinder durch die Alkoholsucht meiner Frau nicht mehr gewährleistet war.«

Zum Zeitpunkt der Befragung war über das Sorgerecht noch nicht entschieden. Nach Herrn Waschke wurde im Zusammenhang mit der Zuweisung der Wohnung »vom Gericht festgestellt, daß die Kinder bei mir besser aufgehoben sind, zumal ich von Anfang an eng mit dem Sozialdienst katholischer Frauen zusammengearbeitet habe, um auf die Belange der Kinder einzugehen«. Jürgen Waschke unterbrach seine Berufstätigkeit als Schmelzschweißer und nahm Erziehungsurlaub, um die Betreuung und Erziehung seiner Kinder sicherzustellen.

»Ich mußte Erziehungsurlaub nehmen, weil sich mein Beruf nicht mit der Erziehung meiner Kinder vereinbaren läßt. Aus diesem Grund bin ich auf der Suche nach neuen beruflichen Perspektiven für Alleinerziehende.«

Die Familie Waschke bezieht zur Zeit laufende Hilfe zum Lebensunterhalt nach dem Bundessozialhilfegesetz sowie Leistungen der Unterhaltsvorschußkasse. Jürgen Waschke sah und sieht sich sowohl mit Kritik und negativen Reaktionen als auch mit positiver Resonanz und Unterstützung durch Dritte konfrontiert, wenn es um seine Situation als Alleinerziehender geht.

»Bekannte: Wenn es darum ging, kurzfristig auf die Kinder aufzupassen, wurde dies verneint, weil ich eher fragen sollte. Nachbarn: Kinderlärm, Besuche von Freunden oder alleinerziehenden Müttern mit ihren Kindern. Die Nachbarn beschwerten sich beim Vermieter oder riefen die Polizei wegen einer Bagatelle. Ehemalige Frau: Anrufe, um mich zu ärgern. Ich muß mich immer wieder durchsetzen, Handlungsweisen begründen und langfristig planen, wenn ich etwas Wichtiges vorhabe … Freunde finden es toll, wie ich mit der Situation klarkomme. Sie sagen mir dies auch. Sozialpädagogische Familienhilfe wurde mir vom Jugendamt gewährt. Nachdem diese abgelaufen war, wurde mir eine Tagesmutter für vormittags gewährt, damit ich mir neue Perspektiven suchen kann in Bezug auf Arbeit, Freizeit und auch mein Wohlbefinden.«

Für Herrn Waschke hat sich seit der Trennung von der Mutter der Kinder viel in der Beziehung zu seinen Kindern verändert.

»Die Kinder sehen in mir nicht mehr den Buhmann, der nur schimpft und Verbote erteilt, sondern auch den Spielkameraden und Freund. Meine Frau hat nur die angenehmen Dinge getan und keine oder nur sehr selten Verbote ausgesprochen oder geschimpft. Dadurch wurde ich in die Rolle der Respektsperson für die Kinder gedrängt. Darunter habe ich sehr gelitten, weil meine Kinder eher zu meiner Frau gingen als zu mir. Seitdem ich den Kindern auch mehr Liebe geben kann, haben sie viel Vertrauen … Ich habe sehr viel gelernt durch den Sozialdienst katholischer Frauen und auch mit der Tagesmutter rede ich über alles, was die Kindererziehung angeht.«

Seit der Trennung von seiner Frau haben die beiden Kinder die Mutter nicht mehr gesehen. Obwohl Herrn Waschke bewußt ist, daß den beiden eine Mutter fehlt (»Sie sagen zur Tagesmutter und auch Frauen, mit denen ich befreundet bin, Mama«), ist er gegen eine Beteiligung der Mutter an der Betreuung und Erziehung der beiden Kleinen, »weil die Kinder unter der Alkoholsucht meiner Frau sehr gelitten haben und sich, seitdem sie ihre Mutter nicht mehr gesehen haben, sehr gut entwickelt haben. Weil meine Exfrau nichts gegen die Sucht tun will.« Jürgen Waschke kritisiert, daß im Gegensatz zu alleinerziehenden Müttern die Situation alleinerziehender Väter bisher nicht berücksichtigt wird.

»Alleinerziehende Mütter ist die Regel, daß auch Männer ihre Kinder alleinerziehen könnten, ist gar nicht gedacht worden. Das sieht man daran, daß es zum Beispiel nur Mutter-Kind-Kuren gibt, oder Mutter-Kind-Wohnheime oder Frauenhäuser. Ich kenne kein Männerhaus, wo Männer mit Kindern in Notsituationen hingehen könnten, wenn die Frau durch Alkoholismus, Drogenmißbrauch oder psychische Krankheit nicht in der Lage ist, die Kinder zu erziehen und zu betreuen.«

Kai Lott ist 45 Jahre alt, geschieden und erzieht seine drei Kinder seit fünf Jahren allein. Nach der Scheidung im Jahr 1990 blieben die Tochter Sabine (damals 14 Jahre) und die zwei Söhne Heiko und Tim (damals 10 und 8 Jahre) bei der Mutter in Ostdeutschland, während Herr Lott nach schwieriger Suche einen Arbeitsplatz in Süddeutschland fand. Kurz darauf beging die Mutter Selbstmord. Neun Monate lang kümmerten sich die Eltern von Herrn Lott um die Kinder, die anschließend zum Vater nach Süddeutschland zogen. Eigentlich wollte Kai Lott schon nach der Scheidung mit seinen Kindern zusammenleben.

»Das Zusammenleben wurde von mir gewünscht. Die Tochter hat sich von Anfang an für die Mutter entschieden. Mit der Wende hat sich für mich damals die Arbeitsstelle hier ergeben. Ich habe damals auf die Kinder verzichtet, auch um ein Ausufern des Streits zu vermeiden.«

Die Verwandtschaft von Herrn Lott, besonders die eigenen Eltern, waren und sind sehr kritisch, was die Alleinerziehung der Kinder durch den Vater betrifft.

»Es wurden seitens meiner Eltern Nachforschungen angestellt. Es war jedoch leider nie möglich, offen darüber zu sprechen.«

Seine Eltern sind »fassungslos darüber, wie wir allein zurechtkommen«. Allerdings erfuhr Kai Lott auch Empathie und Hilfe, zum Beispiel durch den neuen Vermieter, die Tagesmutter, sowie Arbeitskollegen und Bekannte. Herr Lott arbeitet zur Zeit 40 und mehr Stunden pro Woche. Die Angst vor Arbeitslosigkeit verwehrt es ihm, sein berufliches Engagement zugunsten seiner Kinder zu verringern. Das mittlerweile fortgeschrittene Alter der Kinder läßt dies überhaupt erst zu. Für Herrn Lott sind die Beziehungen zu seinen Kindern »intensiver geworden. Wohl auch, weil wir mehr aufeinander angewiesen sind. Für den jüngsten Sohn bin ich wesentlich mehr Bezugsperson geworden. Mit der Tochter gibt es wesentlich mehr Spannungen. Gegen eine Klärung sträubt sie sich.« Bei der Erziehung seiner Tochter fühlt sich Herr Lott manchmal überfordert. Beispielsweise fallen ihm Gespräche über Partnerschaft und Sexualität schwer. Kai Lott sieht »es als Fehler an, daß unsere Tochter das erste Lebensjahr bei der Großmutter war und später in die Krippe ging. Ich habe früher die Bedeutung der Zuwendung der Eltern weit unterschätzt.« Herr Lott hat nicht das Gefühl, in einer »normalen« Familie zu leben: »Es fehlt eine Frau.« Den Kindern fehle ebenfalls die Mutter. Dies mache sich bemerkbar durch »Fragen der Kinder, wenn in meinem Umfeld eine Frau auftaucht. Sie erzählen, wie Mutter es früher gemacht hat«.

Wolfgang Born ist 49 Jahre alt und lebt seit dem Tod seiner Frau vor acht Jahren allein mit seinen beiden Töchtern. Nachdem die Mutter durch einen Verkehrsunfall ganz plötzlich ums Leben kam, erfuhr die Familie, die Töchter Eva und Maximiliane waren damals 2 und 9 Jahre alt, viel Zuwendung und Hilfe durch die Verwandtschaft. Eine Haushälterin und zwei Tanten unterstützten

Herrn Born bei Hausarbeit und Kinderbetreuung, so daß er voller-
werbstätig blieb. Seitdem Herr Born alleinerziehend ist, hat sich
für ihn und die Kinder auf der Beziehungsebene viel verändert:

> »Durch das Beschäftigen mit mir (speziell einem Seelenzu-
> stand wie Trauer/Alleinsein) bin ich durch eine Alleinste-
> hendengruppe, die ich auch jetzt noch besuche, sehr stark
> ein gefühlsbetonter Mensch geworden, was sich im Verhält-
> nis zu den Kindern (zwei Mädchen) sicherlich positiv (mit-
> fühlend/verstehend/einfühlsamer) bemerkbar gemacht hat.
> Aus einem mehr analytisch denkenden Mensch bin ich
> heute auch ein Gefühle entdeckender Mensch geworden
> (mein Kindheits-Ich ist sehr stark und mir sehr bewußt
> geworden – um in der Sprache der ›Transaktionsanalyse‹ zu
> sprechen).«

Seine Vaterrolle sieht Wolfgang Born vor allem in den folgenden
Aspekten:

> »Verläßlicher und Sicherheit gebender Vater; gesprächs-
> bereiter ›Freund‹ bzw. Vater; einer, der Grenzen setzen muß
> und sagen muß, warum ich das oder jenes so will, weil es
> mich direkt betrifft oder jemand anders; nicht Diktator, son-
> dern wichtiger Verhandlungspartner bei der Vergabe von
> Verantwortung und Verboten«.

Seitdem Herr Born allein erzieht, ist er allmählich »sicherer geworden, wo ich am Anfang hilflos oder überfordert oder mutlos
schien: bei Erziehungsaufgaben: Was soll nur aus den Kindern
ohne Mutter werden? Wie kann ich diese Rolle übernehmen? Hab'
ich mir natürlich abgeschminkt. Ich mußte also lernen und verstehen, daß es wichtig ist, daß beide mehrere Bezugspersonen (Frau-
en) haben, auch wenn mir viele Dinge erziehungsmäßig nicht
paßten. Das Lernen, in vielen Dingen/Gedanken/Befürchtungen
loszulassen.« Der Vater geht davon aus, daß den beiden Töchtern
»die eine« Mutter fehlt. Dies mache sich bemerkbar »in Trauer, die
bei der 16jährigen im Stillen abläuft, bräuchte sie eine ›Mutter‹ mit
der sie darüber sprechen könnte, die aber nicht da ist. Mit mir
kann sie das (noch) nicht.« Den Töchtern fehle eine Gesprächs-
partnerin »von Frau zu Frau für Emotions- und Körperfragen, ge-

schlechtsspezifische Fragen, Partnerfragen, Freundschaften, Kleidung, Vorbild, Mutterbild«. Wolfgang Born sehnt sich nach einer Partnerin, die er aber bisher auf Dauer nicht finden konnte. In seiner Freizeit engagiert er sich in einer Alleinerziehendengruppe. Aus seiner Erfahrung im Umgang mit anderen Alleinerziehenden folgert Herr Born, daß alleinerziehende Mütter und Väter nur schwerlich miteinander in dauerhaften Partnerschaften zusammenleben könnten. Alleinerziehende Frauen würden »Teile ihrer Fraueneigenarten aufgeben oder einfach aus der harten Situation ›männlicher‹ werden, männliche Eigenschaften/Unarten annehmen auf Kosten der Pflege der eigenen Gefühle, weil sie meinen, sie hätten keine Zeit mehr dafür, oder weil die Verletzung noch unverarbeitet ist. Deshalb ist es schwer, liebevollen Kontakt aufzunehmen. Wahrscheinlich ist dies umgekehrt für eine Frau (die ›hart‹ geworden ist durch Scheidung) auch schwierig, mit einem emotions-konvertierten Mann eine Beziehung anzufangen, obwohl doch beide sicherlich (ich meine Alleinerziehende trifft Alleinerziehenden) ihre Situation bestens verstehen.«

Der 42jährige Peter Schmidt lebt seit einem Jahr von seiner Frau getrennt und ist seitdem alleinerziehend. Die Trennung erfolgte aufgrund der Initiative seiner Frau. Herr und Frau Schmidt haben drei Kinder. Der 8jährige Sohn Pascal lebt seit der Scheidung bei Herrn Schmidt, während die beiden jüngeren Söhne Emil (6 Jahre) und Marc (4 Jahre) bei der Mutter leben. Zunächst hatte Frau Schmidt auf ihr Betreiben hin vom Familiengericht das alleinige Sorgerecht für alle drei Kinder zugewiesen bekommen, obwohl sich Herr Schmidt »massiv« dagegen gewehrt hatte. »Der älteste Sohn hat rebelliert, wollte zum Glück zu mir!« Herr Schmidt beantragte das alleinige Sorgerecht für alle drei Söhne. Vor der Entscheidung des Oberlandesgerichts gelang es Herrn Schmidt, »meine Frau vom Menschenrecht(!) Gemeinsames Sorgerecht zu überzeugen«. Die Eltern haben nun für die drei Söhne das gemeinsame Sorgerecht bei getrenntem Aufenthaltsbestimmungsrecht. Die zwei Jüngsten sehen Herrn Schmidt und den ältesten Sohn Pascal in der Regel jedes Wochenende. Herr Schmidt geht davon aus, daß er dies nur aufgrund seines »unermüdlichen aber diplomatischen Kampfes« erreicht hat. Dabei mußte er nach seiner Auffassung insbesondere ältere Frauen (Jugendamtmitarbeite-

rinnen, Familienrichterin, Lehrerinnen, Nachbarinnen) von seiner
Kompetenz als Vater überzeugen.

»Nervig ist, daß ältere Frauen oft meinen, einem unverlangt
mütterliche Fürsorge und Rat angedeihen lassen zu müssen. Druck geht hier insbesondere von Lehrerinnen aus.«

Herr Schmidt arbeitet zur Zeit circa 35 Stunden pro Woche. Aufgrund seiner Situation würde er gern weniger arbeiten, was er sich
aber finanziell nicht leisten kann. Die Doppelrolle als alleinerziehender Vater und Berufstätiger fällt ihm »eher schwer«. Wenn Herr
Schmidt nach der Arbeit Pascal aus der Kindertagesstätte abgeholt
hat, übernimmt er, im Gegensatz zu früher, die komplette Hausarbeit allein. Peter Schmidt hätte am liebsten das Aufenthaltsbestimmungsrecht für alle drei Söhne. Seitdem er allein erzieht, sind die
Beziehungen zu allen drei Kindern »noch inniger geworden. Den
Kindern imponiert, sich total auf ihren Vater verlassen zu können.«
In seiner Freizeit engagiert sich Peter Schmidt u.a. in verschiedenen Vätergruppen. Zeitweise fühlt er sich einsam, »weil noch die
Kleinen fehlen, weil neue Partnerschaften sich schlecht schließen
lassen (drei Kinder, noch verheiratet, vollberufstätig, dauerpleite,
gezwungenermaßen Arbeitstier…).« Obwohl er sich die Situation
als Alleinerziehender grundsätzlich nicht gewünscht hat, sieht er
als einen Vorteil des Alleinerziehens folgendes:

»Ich kann wenigstens eines von drei geliebten Kindern ständig bei mir haben, aufwachsen sehen und dafür Verantwortung tragen, ihm Liebe und Geborgenheit geben, was für
die Kleinen leider nur wochenends, bei Krankheit und im
Urlaub möglich ist.«

Herrn Schmidt zufolge haben es alleinerziehende Väter im Vergleich zu alleinerziehenden Müttern oft schwerer:

»Die Mütter konnten sich bereits eine größere Lobby verschaffen. Männer wurden oft eher zur Konkurrenz erzogen,
kommunizieren daher weniger, schließen sich – noch –
schlechter zusammen, haben weniger Mitleidsvorteil, lassen sich suggerieren, allein zurechtzukommen, stehen noch
am Anfang der auch für sie nötigen Emanzipation.«

Richard Mangold ist 38 Jahre alt und wurde vor vier Jahren von
seiner Frau geschieden, wobei die Initiative dazu von seiner Frau
ausging. Die Eltern stellten jeweils einen Antrag auf das gemeinsame Sorgerecht für die beiden Kinder Oliver (damals 10 Jahre)
und Christine (damals 8 Jahre). Nach Herrn Mangold gelang es
den Eltern trotz der »Zerrüttung der Ehe«, »was die Kinder betrifft,
noch vernünftig miteinander zu reden«. Die Eltern teilen sich seit
vier Jahren die Betreuung und Erziehung der Kinder. In der Praxis
bedeutet dies, daß die Kinder in zwei Haushalten leben und sich
dort jeweils halbwöchig aufhalten. »Der Kinder wegen« schätzt
Herr Mangold dieses Modell. Herr Mangold erfuhr keinerlei Kritik
oder negative Reaktionen durch sein soziales Umfeld, da »ich der
Verlassene war. Freunde und Nachbarn äußerten sich anerken-
nend über meine ›Leistungen‹ in Erziehung und Haushalt.« Richard Mangold arbeitet in Vollzeit. »Das dann fehlende Geld« verhindert eine in seinem Fall durchaus mögliche Teilzeitarbeit. Dem
Vater fällt die Doppelrolle »eher schwer, mir bleibt sehr wenig
Freizeit«. Die Kinder waren nach der Scheidung »eine lange Zeit
verschlossen, in sich gekehrt. Seit etwa einem halben Jahr hat sich
das positiv verändert. Wir können eigentlich über alle Probleme
(auch die Trennung von meiner Exfrau) ohne Scheu reden. Neben den Schul- und Alltagsproblemen, reden wir auch über künftige neue Lebensformen (vor allem für mich!)«. Richard Mangold
hat eine feste Freundin, die in ihrem eigenen Haushalt lebt. Herr
Mangold fühlt sich manchmal einsam oder isoliert, insbesondere
»wenn meine Partnerin übers Wochenende oder an Feiertagen arbeiten muß und ich entweder ohne Kinder (bei der Mutter) oder
mit zwei pubertierenden Kindern ein volles Wochenende meistern will«. Der Vater mußte, seitdem er allein erzieht, sein Erziehungsverhalten ändern, »weil ich für vieles die Zeit nicht mehr habe. Ich muß meine Kinder zwangsläufig mehr zur Selbständigkeit
erziehen«. Herr Mangold fühlt sich »allenfalls in einer Restfamilie.
Ich bin immer allein mit zwei Kindern unterwegs … Es fehlt eben
immer die ausgleichende zweite Meinung. Ich kann solche Situationen oft durch kurze Telefonate mit der Mutter klären. Es ist aber
trotzdem beschwerlich.« Für Herrn Mangold erfüllt jeder Elternteil
»seinen spezifischen Teil. Die Kinder haben immer das Bedürfnis
nach dem jeweils anderen Elternteil.«

Der 42jährige Harald Schenk ist Vater von vier Kindern. Sein Sohn Thorsten (14 Jahre) aus erster Ehe lebt seit der Geburt bei Herrn Schenks Mutter. Sein jüngster Sohn Sascha (3 Jahre) »lebt noch bei meiner Exfrau«. Seit knapp drei Jahren erzieht Harald Schenk die Geschwister von Sascha, die sechsjährige Nadine und den achtjährigen Thomas allein.

»Meine Frau verließ mich ohne mein Wissen mit den drei Kindern. Sechs Wochen danach bekam ich das Mädchen als Gegenleistung für Gegenstände, die ich brachte. Nach sieben Wochen bekam ich den ältesten Sohn, ebenfalls gegen Materielles, das sie von mir bekam. Drei Monate darauf wollte sie die Kinder wieder und versuchte die Kinder über das Gericht zurückzuholen durch Eidesstattliche Behauptungen, die ich ihr widerlegte durch Gutachten. Ich durfte die Kinder behalten ...

Meine Frau wußte, daß sie keine Chance hatte, das Sorgerecht zu bekommen. Trotzdem machte sie es mir nicht leicht. Sie gab es zwar nicht zu, aber innerlich wollte sie die beiden Erstgeborenen gar nicht. Wenn ich nicht wegen unserem kleinen Sohn (Bruder) einmal im Monat für zwei bis drei Tage die 300 Kilometer (einfache Strecke) in Kauf nehmen würde, wäre es ihr egal, ob sie jemals ihre beiden Kinder nochmals wiedersehen würde ... Meine Frau kam mit drei Kindern nicht zurecht, das gab sie später selbst zu. Deshalb kann ich den Richter nicht verstehen, weshalb er ihr das Sorgerecht für den Jüngsten gab und somit die Geschwister trennte. Sie wohnt immerhin 300 Kilometer von uns weg.«

Zu Beginn seiner Alleinerzieherschaft erfuhr Herr Schenk fast ausschließlich positive Reaktionen seines Umfeldes.

»Im großen und ganzen, da ich hier geboren bin, hatte ich sehr wenig Probleme mit dem Umfeld. Sicherlich wurde hinter meinem Rücken (Kindergarten, Nachbarschaft usw.) getratscht. Aber im großen ganzen wurde ich von Freunden und Familie unterstützt ... Als ich innerhalb von zwei Wochen meine beiden Kinder wieder hatte, kam als erstes Mal das Kleidungsproblem. Meine Frau nahm alle Kleider mit, gab mir aber die Kinder ohne zurück (es war Neujahr). Alle Bekannten suchten aus ihren Schränken Kleider für meine Kinder zusammen, von ihren eigenen, die ihnen paßten, keine Lumpen. Sie luden uns zum Essen ein. Sie besuchten uns sehr viel, wir gingen zusammen weg usw.«

Obwohl Harald Schenk nur halbtags berufstätig ist und seine private Situation beruflich besonders berücksichtigt wird, fühlt er sich regelmäßig überlastet. Seine Doppelrolle fällt ihm »eher schwer«. Dies hängt vermutlich auch damit zusammen, daß er sich vor der Scheidung wenig an der Hausarbeit beteiligte, während er im Bereich der Kinderbetreuung, soweit es sein Beruf als Kraftfahrer zuließ, aktiv war.

»Ich habe alle meine Kinder sehr lieb. Einer allein macht mir auch keine Schwierigkeiten. Wenn beide zusammen sind, machen sie, was sie wollen. Ich bringe es einfach nicht fertig, die Kinder zu schlagen. Das hat meine Frau zur Genüge getan. Meine Kinder haben auch immer Angst, wenn ich nur in den Keller gehe, ich würde nicht mehr kommen. In dieser Hinsicht kleben sie wie kleine Hunde an mir, was manchmal auch sehr lästig sein kann ... Wenn ich ehrlich bin, ich habe mir alles etwas leichter vorgestellt. Vielleicht sind meine beiden Kinder besonders wild. Aber sie werden bei mir auch groß und stark.«

Herr Schenk fühlt sich manchmal isoliert und einsam.

»Meine Kinder schlafen bei niemandem, sie weinen und schreien, wenn ich über Tag nur mal zum Zahnarzt muß und meine Mutter oder sonst jemand Bekanntes mal für eine Stunde auf sie aufpassen soll. Ich habe kaum eine Möglichkeit, mal abends wegzugehen.«

Harald Schenk sieht keinerlei Vorteile im Alleinerziehen.

»Die Kinder brauchen genauso die Mutter wie den Vater, auch wenn sie jetzt die Mutter ablehnen. Obwohl ich persönlich meine Frau nicht mehr wollte.«

Nach seiner Wahrnehmung »werden alleinerziehende Väter immer mehr geachtet, besonders von älteren Personen (Frauen). Sie finden es gut, daß langsam der Staat aufwacht und auch den Vätern die Chance gibt«.

4 Ausblick

Die Reaktionen des sozialen Umfeldes auf die alleinerziehenden Väter sowie in nicht wenigen Fällen deren eigenes Selbstverständnis zeigen, daß die Rolle des alleinerziehenden Vaters in der Bundesrepublik Deutschland noch nicht im Sinne einer »Normalbiographie« etabliert ist. Dies weist mit darauf hin, daß die Chancen der Familientätigkeit von Vätern, sei es als Alleinerziehender, als Vater im Erziehungsurlaub oder als berufstätiger Vater, innerhalb unserer Gesellschaft sowie von vielen Vätern selbst unterschätzt werden. In diesem Zusammenhang ist es dann auch plausibel, daß vermutlich (es existieren dazu keine amtlichen Zahlen) relativ wenige Väter im Falle einer Trennung oder Scheidung die Aufgabe der Betreuung und Erziehung der Kinder für sich reklamieren. Wenn sie dies doch tun, haben sie in der Regel nur dann eine gute Chance, wenn Jugendamt und Familiengericht die Mutter als »nicht erziehungsfähig« beurteilen, beziehungsweise die Mutter selbst auf das Sorge- beziehungsweise Aufenthaltsbestimmungsrecht verzichtet. All dies gilt noch einmal verstärkt im Falle von Kleinkindern. Deren eigener Wunsch hat eine noch geringere Bedeutung als derjenige älterer Kinder; und die ›tender years doctrine‹ [4] wirkt hier zusätzlich in die Entscheidung mancher Familiengerichte mit ein.

Dies soll kein Plädoyer dafür sein, daß sich mehr Väter als bisher das alleinige Sorgerecht beziehungsweise die Alleinerzieher

---

4 Unter der ›tender years doctrine‹ versteht man die Überzeugung, daß aufgrund ihrer biologischen Prädisposition nur Mütter Kleinkinder angemessen versorgen können.

schaft gegen die Mutter »erkämpfen« sollten, sondern es geht darum, daß im Interesse aller Betroffenen die gegenwärtige mütterzentrierte Entscheidungspraxis in Frage gestellt wird. Schließlich gibt es auch Fälle, in denen es nicht nur dem Kind und dem Vater, sondern auch der Mutter lieber wäre, wenn das Kind im Haushalt des Vaters leben würde. Allerdings trauen sich in diesen Fällen die Mütter häufig nicht, dies auch vor dem Familiengericht so zu äußern, da sie keine »Rabenmutter« sein wollen.

Ein zunehmendes »Herausstellen« gerade der Situation der »exotischen« alleinerziehenden Väter in Wissenschaft, Familienpolitik und Öffentlichkeit könnte mit dazu beitragen, daß die Lebensweise einer »neuen Väterlichkeit« befürwortet würde. Die Erfahrungen dieser Väter sowie anderer aktiver Väter und deren öffentliche Wahrnehmung dürften bei vielen Vätern mehr »Lust auf Vaterschaft« erzeugen. Mütter, Verwandte und Bekannte, Kollegen und Vorgesetzte, überhaupt »die Gesellschaft«, würden an eine neue Väterlichkeit »gewöhnt«. Hieraus ergäben sich mittel- und langfristig vielfältige Chancen für Kinder, Mütter und Väter – und damit im Kontext für die Bereiche Gleichberechtigung der Geschlechter, Zukunft der Arbeit und gelingende Erziehung/ Sozialisation der kommenden Generationen. Nach Auffassung des Autors kann es in diesen Bereichen nicht allein durch Frauenförderpläne, Soziale Arbeit und andere staatliche Eingriffe zu nachhaltigen Veränderungen kommen.

Eine enge Einbeziehung der Väter in die Betreuung und Erziehung der Kinder hat positive Auswirkungen für sie selbst, ihre Partnerinnen sowie die Kinder. So trägt eine aktive Vaterschaft zu einer glücklicheren und stabileren Beziehung zwischen den Eltern bei. Die Väter sind mit sich selbst sowie mit der Ausübung ihrer Vaterrolle zufriedener, wenn sie sich an der Betreuung und Erziehung des Kindes beteiligen. Durch die Entlastung der Mütter fördern sie deren Befinden und leisten damit einen Beitrag zum Erhalt der Partnerschaft. Aktive Väter werden von ihren Frauen »deutlich positiver« wahrgenommen (vgl. LBS-Familien-Studie »Übergang zur Elternschaft« 1998, S. 4 ff.).

Der sich immer schneller vollziehende Strukturwandel der Arbeitswelt verlangt eine zunehmende Flexibilität der Arbeitsplatznachfrager. Familien können sich dauerhaft nur dann erfolgreich als von Transfereinkommen[5] unabhängige Wirtschaftseinheit behaupten, wenn sie in der Lage sind, sich den Bedingungen des Arbeitsmarktes flexibel anzupassen. So können sich in den Familien, in welchen die Väter größere Teile der Familien- und Erziehungsarbeit übernehmen, die Mütter aufgrund der gestiegenen verfügbaren Zeit eine bessere Position im Arbeitsmarkt verschaffen bzw. erhalten. Die Väter und Mütter sind damit in der Lage, ihr familiales und berufliches Engagement, je nach Bedarf, zu variieren. Es erhöht sich die ökonomische Flexibilität der Wirtschaftseinheit Familie. Die in der Familie tätigen Väter erweitern und vertiefen im häufigeren Umgang mit ihren Kindern ihre sozialen Kompetenzen. Dies kann sich auch am Arbeitsplatz des Vaters positiv auswirken. Ausgeglichene Mitarbeiter bringen möglicherweise bessere Arbeitsleistungen als überlastete und gestreßte Mitarbeiter, die sich vorwiegend auf ihre berufliche Tätigkeit konzentrieren. Aus der Sicht der Kinder ist eine verstärkte Einbindung der Väter in die Familien- und Erziehungsarbeit ebenfalls zu begrüßen. Trotz der zunehmenden familialen Aktivität junger Väter (vgl. Rosenkranz et al. 1998) ist zu konstatieren, daß die Erziehung bei Jungen wie Mädchen in den ersten zehn Lebensjahren in der Regel in einer »frauendominierten Alltagswelt« stattfindet (vgl. Bründel & Hurrelmann 1999, S.24). Kinder werden an den Werktagen tagsüber in Kindergarten, Kinderhort und Grundschule vorwiegend von Frauen erzogen und betreut. Mädchen und insbesondere Jungen benötigen jedoch auch männliche Bezugspersonen und Rollenmodelle, um ihre eigene Geschlechtsrollenidentität entwickeln zu können. Erst recht gilt dies für die Söhne alleinerziehender Mütter. Ab einem gewissen Zeitpunkt wird von jedem Jungen ein »männliches« beziehungsweise »jungenhaftes« Verhalten erwartet. Jungen ohne männliche Bezugspersonen in Familie, Kindergarten und Schule geraten in das Dilemma, sich an alternativen, zum Beispiel medial vermittelten Bildern von Männlichkeit orientieren zu müssen. In ungünstigen Fällen kann dies eine Hin-

---

5 Unter Transfereinkommen versteht man ein Einkommen, das ein Empfänger ohne direkte Gegenleistung erhält; es wird vom Leistungseinkommen unterschieden. Staatliche Transfers sind zum Beispiel Kindergeld oder Leistungen der Sozial- und Arbeitslosenversicherung.

wendung zu sozial unverträglichen Männlichkeitsdefinitionen fördern, beipielsweise als Hooligan oder Skinhead (vgl. Matzner 1998, S.28 ff.).

Die Sozialwissenschaften, die Erziehungswissenschaft sowie die Psychologie sollten sich in Zukunft unbefangener und mehr als bisher für die konkrete Situation der circa acht Millionen Väter von minderjährigen Kindern in Deutschland interessieren. Eine vertiefte Auseinandersetzung mit den vielfältigen Fragestellungen zum Thema Vaterschaft, nicht zuletzt auch mit den von der Norm noch abweichenden alleinerziehenden Vätern, könnte dazu beitragen, bestehende Vorurteile in Wissenschaft, Sozial- und Familienpolitik, Rechtsprechung und Öffentlichkeit abzubauen.

Literatur

Ballof, R. (1991). Alleinerziehende Eltern. *Zentralblatt für Jugendrecht, 78*, S.256–264.

Benard, C. &. Schlaffer, E (1991). *Sagt uns, wo die Väter sind*. Reinbek: Rowohlt.

Bien, W. & Schneider, N. F. (Hrsg.). (1998). *Kind ja, Ehe nein? Status und Wandel der Lebensverhältnisse von nichtehelichen Kindern und Kindern in nichtehelichen Lebensgemeinschaften*. Opladen: Leske & Budrich.

Figdor, H. (1991). *Kinder aus geschiedenen Ehen: Zwischen Trauma und Hoffnung*. Mainz: Matthias Grünewald.

Frankfurter Allgemeine Zeitung, 19. Mai 1999, S.1: »*Zahl alleinerziehender Väter seit 1991 verdoppelt*«.

Fthenakis, W. E. (1993). Alleinerziehende Väter – eine zu vernachlässigende Minderheit? Zur Situation alleinerziehender Väter. Ein Befund. In R. Riess & K. Fiedler (Hrsg.), *Die verletzlichen Jahre: Handbuch zur Beratung und Seelsorge an Kindern und Jugendlichen*. Gütersloh: Gütersloher/Chr. Kaiser.

Fthenakis, W. E., Niesel, R. & Kunze, H.-R. (1982). *Ehescheidung. Konsequenzen für Eltern und Kinder*. München: Urban & Schwarzenberg.

Greif, G. L. (1985). *Single fathers*. Massachusetts: Lexington.

Gutschmidt, G. (1995). Alleinerziehende Mütter: Vom Vater Staat zur Ordnung gerufen? *Psychologie heute, 22 (5)*, S.45–49.

Heiliger, A. (1990). Alleinerziehende: Ohne Partner geht's oft besser. *Psychologie heute, November 1990*, S.70–77.

Heiliger, A. (1991). *Alleinerziehen als Befreiung*. Pfaffenweiler: Centaurus.

Hipgrave, T. (1982). Lone fatherhood: A problematic status. In L. McKee & M. O'Brien (eds.), *The father figure*. London: Tavistock, pp.171–195.

Hurrelmann, K. (1994). *Lebensphase Jugend*. Weinheim: Juventa.

Hurrelmann, K. & Bründel, H. (1999). *Konkurrenz, Karriere, Kollaps. Männerforschung und der Abschied vom Mythos Mann*. Stuttgart: Kohlhammer.

Jopt, U.-J. (1992). *Im Namen des Kindes. Plädoyer für die Abschaffung des alleinigen Sorgerechts*. Hamburg: Rasch & Roehring.

Klenner, W. (1995). Rituale der Umgangsvereitelung bei getrenntlebenden oder geschiedenen Eltern. *Zeitschrift für das gesamte Familienrecht, 42*, S.1529–1535.

Kruber, K.-P. (1988). Die Lebenssituation von alleinerziehenden Müttern und Vätern. Bericht über eine empirische Studie in Schleswig-Holstein. *Zeitschrift für Sozialreform, 34*, S.89–103.

LBS-Initiative Junge Familie (Hrsg.). (1998). LBS-Familien-Studie »Übergang zur Elternschaft«. Die Chancen der Vaterschaft. *Report 2/9*, S.1–4.

Lempp, R. (1989). Die Rolle des Vaters und ihre Veränderung im 20. Jahrhundert. In W. Faulstich & G. E. Grimm (Hrsg.), *Sturz der Götter? Vaterbilder im 20. Jahrhundert*. Frankfurt: Suhrkamp.

Leube, K. (1988). Neue Männer, neue Väter – neue Mythen?. In Deutsches Jugendinstitut (Hrsg.), *Wie geht's der Familie*. München: Kösel, S.145–154.

Matzner, M. (1998). *Vaterschaft heute. Klischees und soziale Wirklichkeit*. Frankfurt/M.: Campus.

Meyer D. R. & Garasky, S.(1993). Custodial fathers: Myths, realities, and child support policy. *Journal of Marriage and the Familiy, 55*, S.73–89.

Napp-Peters, A. (1987). *Ein-Elternteil-Familien: Soziale Randgruppe oder neues familiales Selbstverständnis?* Weinheim: Juventa.

Nave-Herz, R. & Krüger, D. (1992). *Ein-Eltern-Familien: eine empirische Studie zur Lebenssituation und Lebensplanung alleinerziehender Mütter und Väter*. Bielefeld: Kleine.

Nestmann, F. & Stiehler, S.(1998). *Wie allein sind Alleinerziehende? Soziale Beziehungen alleinerziehender Frauen und Männer in Ost und West*. Opladen: Leske & Budrich.

Neubauer, E. (1988). *Alleinerziehende Mütter und Väter – Eine Analyse ihrer Gesamtsituation*. Stuttgart: Kohlhammer.

Niepel, G. (1994). *Alleinerziehende: Abschied von einem Klischee*. Opladen: Leske & Budrich.

Pinl, C. (1994). *Das faule Geschlecht. Wie Männer es schaffen, Frauen für sich arbeiten zu lassen.* Frankfurt/M.: Eichborn.

Rosenkranz, D., Rost, H. & Vaskovics, L. A. (1998). *Was machen junge Väter mit ihrer Zeit? Die Zeitallokation junger Ehemänner im Übergang zur Elternschaft.* Forschungsbericht Nr. 2 des Staatsinstituts für Familienforschung an der Universität Bamberg.

Schlegel, D. (Hrsg.). (1997). *Bundesstatistik, Sondererhebung 1994–1995, Gemeinsame elterliche Sorge nach der Ehescheidung. Rechtstatsachenstudie.* Braunschweig: Eigenverlag.

Schnell, R., Hill, P. B. & Esser, E. (1988). *Methoden der empirischen Sozialforschung.* München: Oldenbourg.

Schwarz, K. (1995). In welchen Familien wachsen die Kinder und Jugendlichen in Deutschland auf? *Zeitschrift für Bevölkerungswissenschaft, 20,* S. 271–292.

Schwägler, G. (1978). Der Vater in soziologischer Sicht. In H. Tellenbach (Hrsg.), *Das Vaterbild im Abendland I.* Stuttgart: Kohlhammer.

Statistisches Bundesamt (Hrsg.). *Statistische Jahrbücher für die Bundesrepublik Deutschland für die Jahre 1961 bis 2000.* Stuttgart: Kohlhammer.

Süddeutsche Zeitung, 1. März 1995, S. 7: »*Wende am Wickeltisch*«.

HARALD SING & HANS-WOLFGANG STRÄTZ

Zur Entwicklung der rechtlichen Situation verheirateter und nicht verheirateter Väter

*Bis vor zwei Jahren behandelte das deutsche Kindschafts-
recht verheiratete und nicht verheiratete Väter deutlich
unterschiedlich. Dies widersprach zunehmend sowohl
den gesellschaftlichen Veränderungen als auch der
Rechtsentwicklung. Eine Skizze der Rechte beider
Vätergruppen, schwerpunktmäßig seit dem Nichtehelichengesetz von 1969, soll dies deutlich machen. Dazu
dienen auch Vergleiche mit der einschlägigen österreichischen Rechtslage. Schwerpunkt der Darstellung
sind die rechtliche Gestaltung der Sorge für das Kind
und des Umgangs mit dem Kind. Hinweise auf das am
1. Juli 1998 in Kraft getretene Kindschaftsrechtsreformgesetz beschließen den Beitrag.*

*Until two years ago German Child Law treated
married and unmarried fathers differently. This
principle, however, became increasingly less
compatible with the changing society as well as
with the general line of development of German
Family Law. The present review illustrates this
point analysing the legal situation of both groups
based mainly on the Illegitimate Child Act of 1969.
A comparison with the corresponding Austrian
regulations offers further confirmation of this
assessment. The article focuses on the legal
regulations concerning child care and custody.
A short account of the changes introduced by the
Child Law Reform Act which came into force on
1. July 1998 completes the review.*

1 Einleitung

Das eben erst hundert Jahre alt gewordene Bürgerliche Gesetzbuch vom 18. August 1896 (BGB) bestimmte das Verhältnis zwischen dem verheirateten oder nicht verheirateten Vater und seinem nichtehelichen Kinde so: »Ein uneheliches Kind und dessen Vater gelten als nicht verwandt.« Diese gesetzliche Fiktion (»gelten«) in § 1589 Abs. 2 BGB a.F. war genau 70 Jahre lang, vom Inkrafttreten des BGB am 1. Januar 1900 bis zum 31. Dezember 1969, dem Tag vor dem Inkrafttreten des am 19. August 1969 verabschiedeten Nichtehelichengesetzes, die rechtliche Ausgangsbasis für die Stellung des – wie man griffig, wenn auch sprachlich falsch, bis heute zu sagen pflegt – »nichtehelichen« Vaters. Sie besagt, daß zwischen dem biologischen Vater und dem von ihm gezeugten Kind kein rechtlicher Status, also keine »Verwandtschaft« im Sinne des bürgerlichen Rechts bestand. Selbstverständlich war das im Strafrecht anders: Der nichteheliche Vater wurde ebenso wie der eheliche Vater bestraft, wenn er seine Tochter sexuell mißbrauchte.

Hinter dieser gesetzlichen Verweigerung des Verwandtschaftsverhältnisses des unehelichen Kindes zum biologischen Vater – und damit zugleich zur gesamten väterlichen Familie und Verwandtschaft – stand das Bild des Mannes, der – sei er selbst verheiratet oder unverheiratet – ein Interesse allenfalls an der Frau, nicht jedoch an dem aus ihrer Verbindung entstandenen Kind habe bzw. haben dürfe. Falls es ein Interesse am natürlichen, illegitimen Kinde »ausnahmsweise« doch gab, bestand die Möglichkeit der »Legitimation«: durch nachträgliche Eheschließung der Eltern oder durch Ehelichkeitserklärung des Kindes; das heißt durch einen staatlichen Hoheitsakt, auf dessen Erteilung kein Rechtsanspruch bestand und der den Status des ehelichen Kindes nur gegenüber dem Vater selbst, nicht aber gegenüber der sonstigen väterlichen Verwandtschaft begründete. Letzteres ließ sich nur erreichen, wenn der Vater das Kind adoptierte. Gemeinhin aber konnte das Kind von seinem Vater nur »Alimente« verlangen, das heißt einen Unterhaltsbetrag grundsätzlich nur bis zum 16. Lebensjahr, der zudem der Höhe nach an der Lebensstellung der Mutter (»Dienstmädchen«, »Magd«) orientiert war.

Auch der Reform von 1969 lag die Vorstellung des Gesetzgebers zugrunde, daß im Familienrecht eine grundlegende Unterscheidung zwischen ehelichen und nichtehelichen Kindern vorzunehmen sei. Unter Anknüpfung an die Abstammung des Kindes ergaben sich weiterhin unterschiedliche Rechtsfolgen für den Vater, sowohl im Verhältnis zur Kindesmutter als auch gegenüber dem Kind selbst. Das Nichtehelichengesetz von 1969 verwirklichte jedoch nicht vollständig den Auftrag des Grundgesetzes, wonach gemäß Art. 6 Abs. 5 den unehelichen Kindern durch die Gesetzgebung die gleichen Bedingungen für ihre leibliche und seelische Entwicklung und ihre Stellung in der Gesellschaft zu schaffen sind wie den ehelichen Kindern. Mit der Zunahme der nichtehelichen Lebensgemeinschaften und deren gesellschaftlicher Anerkennung wuchs aber die Zahl von Vätern, die auch ohne Eheschließung eine Aufwertung ihrer rechtlichen Position forderten.

Die unterschiedliche Behandlung der verheirateten und nicht verheirateten Väter in Deutschland – auch nach 1969, nämlich bis zum 1. Juli 1998 – wird auf den Gebieten der elterlichen Sorge und des persönlichen Umgangs mit dem Kinde besonders deutlich, so daß hier die Schwerpunkte in der juristischen Diskussion zu finden waren und sind, die in den folgenden beiden Abschnitten skizzenhaft nachgezeichnet werden.

2 Die Ausgestaltung der elterlichen Sorge

Während ein verheirateter Vater mit der Geburt des gemeinsamen Kindes die elterliche Sorge mit seiner Ehefrau teilte, stand die elterliche Erziehungsverantwortung für ein nichteheliches Kind und dessen Vertretung nach § 1705 BGB a.F. allein der Mutter zu. Starb die Mutter oder fiel sie aus einem anderen Grunde aus, dann trat nicht automatisch der Vater des nichtehelichen Kindes an ihre Stelle, sondern es wurde ein Vormund bestimmt. Dieser konnte, mußte aber nicht der Vater sein, vielmehr ebenso ein Großelternteil, eine Behörde usw. Der nicht verheiratete Vater konnte jedoch durch Ehelichkeitserklärung oder durch Adoption die elterliche Sorge für das nichteheliche Kind erlangen. Eine Legitimation, das heißt, das bisher nichteheliche Kind erhält die rechtliche Stellung eines ehelichen Kindes, war auf drei Arten möglich: durch eine nachfolgende Ehe mit der Mutter des Kindes (§1719 BGB a.F.), durch eine Ehelichkeitserklärung auf Antrag des Vaters (§ 1723 BGB a.F.) und durch Ehelichkeitserklärung auf Antrag des Kindes (§ 1740a BGB a.F.). Während eine Legitimation durch eine nachfolgende Eheschließung zu einer gemeinsamen elterlichen Sorge führte, verlor die Mutter bei der Ehelichkeitserklärung auf Antrag des Vaters die elterliche Sorge. Ein weiterer Weg wurde dem nicht verheirateten Vater, der die elterliche Sorge begehrte, durch die Adoption seines eigenen Kindes eröffnet. Nach § 1741 Abs. 1 BGB a.F. war eine Annahme als Kind zulässig, wenn sie dem Wohl des Kindes diente und zu erwarten war, daß zwischen dem Annehmenden und dem Kind ein Eltern-Kind-Verhältnis entstand. Der Vater erhielt dann die alleinige elterliche Sorge, während das Verwandtschaftsverhältnis zwischen Mutter und Kind erlosch.

Der zunächst strikte Ausschluß des nicht mit der Kindesmutter verheirateten Vaters von der gemeinsamen elterlichen Sorge kennzeichnete das deutsche Kindschaftsrecht. Die gesetzliche Zuordnung des nichtehelichen Kindes zu einem Elternteil, wobei die nicht verheiratete Mutter eindeutig bevorzugt wurde, widersprach aber der allgemein anerkannten Maxime, daß eine gemeinsame Verantwortung nicht miteinander verheirateter Eltern sowohl der Forderung nach einer rechtlichen Gleichstellung beider Eltern als auch dem Bedürfnis des Kindes am besten entspricht. Ein Blick auf die Rechtslage in Österreich macht die Rückständigkeit des bis 1998 geltenden deutschen Nichtehelichenrechts deutlich.

In Österreich wurde mit dem am 1. Juli 1989 in Kraft getretenen Kindschaftsrechts-Änderungsgesetz (KindRÄG) eine Anpassung an die geänderten sozialen Verhältnisse versucht. Der Begriff der elterlichen Gewalt wurde durch den Rechtsbegriff der »Obsorge« ersetzt, um die Verantwortung der Eltern für die Erziehung und Pflege des Kindes auch sprachlich zum Ausdruck zu bringen. Besteht zwischen den Kindeseltern keine Ehe, so erhält die nichtverheiratete Mutter mit der Geburt des Kindes nach § 166 des österreichischen Allgemeinen Bürgerlichen Gesetzbuchs (ABGB) die alleinige Obsorge. Leben die nichtverheirateten Eltern aber in

einer dauernden häuslichen Gemeinschaft, so kann das Pfleg-
schaftsgericht eine gemeinsame Obsorge anordnen, wenn beide
Elternteile einen gemeinsamen Antrag stellen und die Sorge-
rechtsübertragung für das Kindeswohl nicht nachteilig ist (§ 167
Satz 1 ABGB). Der österreichische Gesetzgeber hat sich aus Gründen der eindeutigen Zuordnung gegen ein primäres Sorgerecht
des nicht verheirateten Vaters ausgesprochen. Doch haben es Eltern, die eine nichteheliche Lebensgemeinschaft eingegangen
sind, immer in der Hand, dem nicht verheirateten Vater die Position eines verheirateten Vaters zukommen zu lassen, der nach §
144 ABGB die elterliche Obsorge gemeinsam mit seiner Ehefrau
ausübt. Die Ablehnung des alleinigen Antragsrechts des nicht verheirateten Vaters beruht auf der Vorstellung, daß durch dieses
Modell gerichtliche Auseinandersetzungen zwischen den Eltern
über die Ausübung der Obsorge, die der Entwicklung des Kindes
nicht förderlich sein könnten, vermieden werden. Mit dieser Begründung wird auch eine gerichtliche Ersetzung der Zustimmung
der Mutter verneint, wenn sie sich weigert, dem Antrag des Vaters
zuzustimmen. Zugleich reicht aber die genetische Abstammung
nicht aus, um eine gemeinsame rechtliche Verantwortung zu erhalten. Vielmehr muß eine soziale Beziehung zwischen Vater und
Kind vorhanden sein, die bei einem Zusammenwohnen vermutet
wird. Problematisch war und ist das Tatbestandsmerkmal »dauernde häusliche Gemeinschaft«. Diese Regelung wurde zumindest
aus der Sicht der Eltern, nicht aus der Sicht des Kindes getroffen.
Für das Kind darf es keinen Unterschied geben, ob die Eltern verheiratet oder nicht verheiratet sind; zumal bei einer bestehenden
Ehe die elterliche Obsorge automatisch beiden Elternteilen zukommt, unabhängig von der Tatsache des Zusammenlebens.

Zerbricht die häusliche Gemeinschaft, nachdem die gemeinsame Obsorge ausgesprochen worden ist, dann verweist § 167 Satz 2
ABGB pauschal auf die Vorschriften über die Zuteilung der Obsorge bei Scheidung, bei Aufhebung und Nichtigkeitserklärung der
Ehe sowie bei nicht bloß vorübergehender Trennung ehelicher
Eltern (§ 177 Abs. 1 und 2 ABGB). Bei einer Scheidung wird die
gemeinsame elterliche Sorge aufgehoben und unter Berücksichtigung des Kindeswohls dem geeigneteren Elternteil von Amts wegen zugewiesen. Dagegen kann bei einer nicht bloß vorüberge-

henden Trennung der ehelichen Eltern die gemeinsame Sorge beibehalten werden, wenn nicht ein Elternteil einen Antrag stellt, ihm allein die elterliche Obsorge zuzuteilen. Es stellt sich nun die Frage, welche Konsequenzen sich für die gemeinsame elterliche Sorge nicht miteinander verheirateter Eltern ergeben, die sich dauernd getrennt haben. Es muß berücksichtigt werden, daß diese Eltern sich im Zurückliegenden entschlossen haben, gemeinsam für das Kind zu sorgen, und dies nach außen durch einen gemeinsamen Antrag und durch ihr Zusammenleben dokumentierten. Eine Zwangsintervention staatlicher Stellen bei Aufhebung der Lebensgemeinschaft mit dem Ziel, eine »Ein-Elternteil-Familie« herzustellen, würde sowohl dem Kindeswohl als auch dem Elternwillen widersprechen. Die Verweisung ist in der Weise auszulegen, daß die gemeinsame Obsorge nur auf einen Antrag hin aufzuheben ist, wobei beide Elternteile die gleiche Chance haben, die alleinige Obsorgezuständigkeit zu erhalten.

Hingegen kann das alleinige Sorgerecht auf den nicht verheirateten Vater, der mit der Mutter nicht zusammengelebt hat, nur dann übertragen werden, wenn der Mutter auf seinen Antrag hin deren alleinige Obsorge nach § 278 Abs. 1 ABGB entzogen wird, weil durch ihr Verhalten das Kindeswohl gefährdet ist.

Die österreichische Regelung verwirklicht die Forderung nach einer gemeinsamen elterlichen Sorge für alle Kinder und findet Anschluß an die Rechtsentwicklung der übrigen europäischen Staaten, wo eine gemeinsame elterliche Sorge nicht miteinander verheirateter Eltern an unterschiedliche Kriterien geknüpft ist.

Nicht nur die Rechtsentwicklung in den Nachbarstaaten, sondern auch die Rechtsprechung des Bundesverfassungsgerichts sowie die Vorgaben des Völkerrechts drängten zu einer Umgestaltung des deutschen Nichtehelichenrechts. Eine Besserstellung des nicht verheirateten Vaters folgte aus der Interpretation des Grundgesetzes durch das Bundesverfassungsgericht. Die Rechtsprechung des Gerichts betraf die Frage, ob der nicht verheiratete Vater als Träger des Elternrechts im Sinne des Art. 6 Abs. 2 des Grundgesetzes (GG) anzusehen ist. Denn nach Art. 6 Abs. 2 GG sind Pflege und Erziehung der Kinder das natürliche Recht der Eltern und die zuvörderst ihnen obliegende Pflicht. Wenn der nicht verheiratete Vater als Inhaber dieser rechtlichen Position anzusehen ist, dann wird dieses Recht durch eine familienrechtliche Regelung, wonach die elterliche Sorge allein der Mutter zusteht, verletzt. Zwar hat das Bundesverfassungsgericht im Urteil vom 24.3.1981 (s. Entscheidungen des Bundesverfassungsgerichts, Bd. 56, S.363ff.) den Ausschluß des nicht verheirateten Vaters von der elterlichen Sorge als noch verfassungsgemäß angesehen, doch korrigierte es seine Grundanschauung in dem Beschluß vom 7.5.1991 (s. Entscheidungen des Bundesverfassungsgerichts, Bd. 84, S.168ff.). Dessen Begründung bezog sich zwar auf das Institut der Ehelichkeitserklärung, doch wurde nicht verkannt, daß das Gericht dem Gesetzgeber damit einen Auftrag erteilt hatte, bei nichtehelichen Lebensgemeinschaften mit Kindern die starre Zuordnung der Kinder aufzubrechen und eine gemeinsame elterliche Sorge zu ermöglichen. Leben die Eltern eines nichtehelichen Kindes zusammen und sind sie bereit, das Sorgerecht gemeinsam auszuüben, dann besteht kein Grund, dem nicht verheirateten Vater die Teilhabe an der Sorge zu verweigern. Denn unter diesen Voraussetzungen ist auch der nicht verheiratete Vater als Träger des Elternrechts aus Art. 6 Abs. 2 GG anzusehen; daher mußte sich der Gesetzgeber überlegen, ob er weiterhin von einer Konfliktsituation zwischen Mutter und Vater ausgeht, die einer rechtlichen Absicherung der Vaterstellung entgegensteht.

Diese Linie wurde im Beschluß des Bundesverfassungsgerichts vom 7.3.1995 (s. Entscheidungen des Bundesverfassungsgerichts, Bd. 92, S.158 ff.) zur Adoption minderjähriger nichtehelicher Kinder durch die Mutter allein oder durch die Mutter und ihren Ehemann gegen den Willen des leiblichen Vaters fortgeführt. Nun konnte sich auch nach Ansicht des Bundesverfassungsgerichts der nicht verheiratete Vater, soweit er nach den einschlägigen gesetzlichen Bestimmungen als Vater feststand, uneingeschränkt auf Art. 6 Abs. 2 GG berufen. Diese Auslegung wurde in erster Linie mit der Bedeutung des Begriffs »Eltern« im gewöhnlichen Sprachgebrauch begründet, welcher die leiblichen Eltern eines Kindes bezeichne und somit unabhängig von einer Verbindung der Eltern durch eine Ehe gebraucht werde. Doch kann auf der verfassungsrechtlichen Ebene nicht danach differenziert werden, ob Vater und Mutter mit dem Kind zusammenleben oder nicht. Eine Anknüpfung des Elternrechts an dieses Kriterium erscheint dem

Gericht nicht tragbar, da die Lebensformen vielfältig und die Übergänge fließend sind. Vielmehr war es nun die Aufgabe des Gesetzgebers, für eine entsprechende einfachrechtliche Ausgestaltung zu sorgen, welche sich nicht auf ein vorgefaßtes Modell beschränkte, sondern auch dem nicht verheirateten Vater die Möglichkeit gewährte, unter Berücksichtigung sachgerechter Kriterien die gemeinsame elterliche Verantwortung zu erhalten. Weiter ist auch das Interesse des nichtehelichen Kindes zu berücksichtigen, dem zwei rechtlich gleichwertige Elternteile und die daraus sich ergebenden Gestaltungsmöglichkeiten für sein künftiges Leben nicht vorenthalten werden dürfen, wenn es nicht weiterhin gegenüber dem ehelichen Kind benachteiligt werden soll.

Die Anerkennung des nicht verheirateten Vaters als Inhaber des Elternrechts führte zu einer anderen Verteilung der Rechtfertigungslast. Nun mußte der Staat stichhaltige Gründe vortragen, wenn er dem nicht verheirateten Vater die Rechte vorenthielt, die er der nicht verheirateten Mutter ohne weiteres zubilligte.

Ein weiterer wesentlicher Anknüpfungspunkt für die Aufwertung der Stellung des nicht verheirateten Vaters waren die familienrechtlichen Bestimmungen in der Europäischen Konvention zum Schutze der Menschenrechte und Grundfreiheiten (EMRK) vom 4. November 1950 und die UN-Konvention über die Rechte des Kindes vom 20. November 1989. Von besonderer Bedeutung für den nicht verheirateten Vater sind die Art. 8 und 14 EMRK, die familienrechtliche Grundrechte gewährleisten. Art. 8 Abs. 1 EMRK bestimmt, daß jedermann ein Recht auf Achtung seines Privat- und Familienlebens hat, in das der Staat nur unter bestimmten Bedingungen, die in Art. 8 Abs. 2 EMRK aufgeführt sind, eingreifen darf. Das in Art. 14 EMRK statuierte allgemeine Diskriminierungsverbot wendet sich gegen jede Regelung, die den Genuß von Konventionsrechten aufgrund bestimmter Merkmale, wie zum Beispiel Geburt, unterschiedlich verteilt. Die Europäische Kommission und der Europäische Gerichtshof in Straßburg legen den Begriff »Familienleben« weit aus und erstrecken den Schutzbereich des Art. 8 Abs. 1 EMRK auch auf den nicht verheirateten Vater. Liegt eine genetische Verwandtschaft vor, dann spricht eine Vermutung für bestehende Kontakte zwischen den Beteiligten. Dies gilt auch dann, wenn der Vater mit dem nichtehelichen Kind nicht oder nicht mehr zusammenlebt. Die ausnahmslose rechtliche Zuordnung des nichtehelichen Kindes zu seiner Mutter im bis 1998 geltenden deutschen Familienrecht verstieß somit gegen Art. 8 Abs. 1 EMRK. Ein Verstoß war aber nach Art. 8 Abs. 2 EMRK nur dann gerechtfertigt, wenn diese Regelung zum Schutz der Gesundheit und Moral oder zum Schutz der Freiheiten und der Rechte anderer erlassen werden mußte. Die Vereinbarkeit von § 1705 BGB a.F. mit der EMRK wurde deshalb mit der erhöhten Schutzbedürftigkeit des nichtehelichen Kindes gerechtfertigt, da ja die Verbindung zwischen den nicht miteinander verheirateten Eltern jederzeit form- und folgenlos beendet werden konnte. Die feste Zuordnung des Kindes zur Mutter stelle eine angemessene Lösung dar, mit der Konflikte um das Kind bei einer Trennung vermieden werden könnten. Diese Argumentation konnte nicht überzeugen, da sie das Bild des nichtehelichen Vaters als »Störenfried« verfestigte und keine Antwort auf die Vielfalt der gelebten Lebensformen gab. Zudem verletzte der Ausschluß des nicht verheirateten Vaters von der gemeinsamen elterlichen Sorge das allgemeine Gleichbehandlungsgebot, da seine Benachteiligung mit sachlichen und vernünftigen Gründen nicht gerechtfertigt werden konnte.

Eine Stärkung der Position des nicht verheirateten Vaters folgte auch aus der UN-Konvention über die Rechte des Kindes, die in der Bundesrepublik Deutschland am 5. April 1992 in Kraft getreten ist. Die Konvention sieht das Kind als eine Person, die mit eigenen Menschenrechten ausgestattet ist. Nach Art. 18 Abs. 1 Satz 1 der UN-Konvention über die Rechte des Kindes werden die Vertragsstaaten dazu verpflichtet sicherzustellen, daß beide Elternteile gemeinsam für die Erziehung und Entwicklung des Kindes verantwortlich sind. Art. 18 Abs. 1 Satz 2 und 3 betonen die Aufgabe und Verantwortlichkeit der Eltern für die Entwicklung des Kindes unter Beachtung des Kindeswohls. Nach dem Wortlaut der Kinderrechtekonvention wird ein Unterschied zwischen nichtehelichen und ehelichen Kindern in dieser Vorschrift nicht gemacht, so daß dem Vater eines nichtehelichen Kindes die Gelegenheit eingeräumt werden muß, an der gemeinsamen elterlichen Sorge teilzuhaben. Ebenso verpflichtet das allgemeine Diskriminierungsverbot, das in Art. 2 Abs. 1 der UN-Konvention über die Rechte des Kindes enthalten ist, den deutschen Gesetzgeber, eine gemeinsame Elternverantwortung unabhängig vom Status des Kindes oder der Eltern zuzulassen.

3 Die Gestaltung des Umgangs mit dem Kind

Seit dem Nichtehelichengesetz von 1969 konnte der Vater eines nichtehelichen Kindes, der nicht mit dem Kind zusammenlebt und von der elterlichen Sorge ausgeschlossen ist, grundsätzlich nur dann einen persönlichen Kontakt mit seinem Kinde aufbauen und pflegen, wenn der Personensorgeberechtigte zustimmte, §1711 Abs. 1 BGB a.F. Weigerte sich die allein sorgeberechtigte Mutter des Kindes, so mußte der Vater das Vormundschaftsgericht anrufen und das Ob und Wie des persönlichen Umgangs mit seinem Kinde durch gerichtliche Anordnung festsetzen lassen. Maßstab der vormundschaftrichterlichen Entscheidung war, daß der Umgang dem Wohl des Kindes diente. Die Gerichte haben dann einen persönlichen Besuchskontakt gewährt, wenn dieser für das Kind »seelisch notwendig« war. Blieben jedoch Zweifel, ob der Umgang das Wohl des Kindes förderte, dann konnte der mit der Kindesmutter nicht verheiratete Vater gemäß § 1711 Abs. 3 BGB a.f. lediglich Auskunft über die Entwicklung des Kindes verlangen. Dagegen traf § 1634 BGB a.F. für den Vater eines ehelichen Kindes, der das Sorgerecht infolge einer gerichtlichen Sorgerechtsentscheidung verloren hatte, eine eigenständige Regelung. Danach war das Umgangsrecht ein subjektives Recht des nicht sorgeberechtigten Elternteils, das von seinem Wesen her einen unentziehbaren Restbestandteil des Personensorgerechts darstellte. Selbst wenn dem mit der Kindesmutter verheirateten Vater das Sorgerecht wegen Kindeswohlgefährdung nach § 1666 BGB a.F. entzogen worden war, so blieb das Umgangsrecht bestehen. Die Rückständigkeit des früheren deutschen Nichtehelichenrechts wird deutlich, wenn man die Rechtslage in Österreich in die Betrachtung einbezieht.

In Österreich wird das Umgangsrecht des Vaters mit seinem ehelichen oder nichtehelichen Kind einheitlich geregelt. So trifft das österreichische Recht keine Unterscheidung zwischen verheirateten und nicht verheirateten Vätern. Es verweist in § 166 Abs. 2 ABGB lediglich auf das Recht der ehelichen Kinder. Nach § 178 ABGB hat der nicht obsorgeberechtigte Elternteil das Recht auf persönlichen Verkehr mit dem Kinde; zudem das Recht, von außergewöhnlichen Umständen, die die Person des Kindes betreffen, und von den beabsichtigten Maßnahmen, zu denen sonst seine Zustimmung nötig wäre, rechtzeitig verständigt zu werden, damit er sich in angemessener Frist dazu äußern kann (Informations- und Äußerungsrecht). Die Ausgestaltung des Umgangsrechts, in Österreich »Besuchsrecht« genannt, ist in § 148 Abs. 1 ABGB geregelt. Danach hat der Vater, der von dem Kind getrennt lebt, das Recht, mit dem Kind einen persönlichen Kontakt zu pflegen. Jedoch soll in erster Linie eine einvernehmliche Regelung mit Kind und Mutter gefunden werden. Hinsichtlich der Mindestrechte, also dem Informations- und Äußerungsrecht, ist in Österreich danach zu unterscheiden, ob der Vater schon die Obsorgeberechtigung besaß oder nicht. Verliert er die Obsorge, so behält er die Mindestrechte nach § 178 ABGB, also das Informations- und Äußerungsrecht. Hatte er zu keinem Zeitpunkt die Obsorge, dann erfolgt eine Einschränkung des Informations- und Äußerungsrechts, er darf sich nur hinsichtlich wichtiger Maßnahmen der Pflege und Erziehung (§ 178 Abs. 1, Satz 1, 2. Halbsatz ABGB) äußern. Wird durch die Wahrnehmung der Mindestrechte das Kindeswohl ernstlich gefährdet, dann können die genannten Befugnisse dem nicht verheirateten Vater entzogen werden.

Aufgrund der oben skizzierten Rechtsprechung des Bundesverfassungsgerichts konnte mit überzeugenden Argumenten dargelegt werden, daß der rechtliche Ausschluß des nicht verheirateten Vaters vom Umgangsrecht wegen Verstoßes gegen das Elternrecht aus Art. 6 Abs. 2 GG verfassungswidrig ist. Daneben setzten sich die Ergebnisse der kinderpsychologischen Forschung, daß das Kind ein Bedürfnis hat, eine Beziehung zu beiden Elternteilen aufzubauen und pflegen zu können, in der Rechtswissenschaft mehr und mehr durch. Die UN-Kinderrechtekonvention bringt den Wechsel der Perspektive eindeutig zum Ausdruck und statuiert ein Recht des Kindes auf Umgang mit seinen Eltern. Nach Art. 9 Abs. 3 dieser Konvention haben die Vertragsstaaten die Pflicht, das Recht des Kindes, das von einem oder beiden Eltern getrennt lebt, auf persönliche Beziehungen und unmittelbare Kontakte zu achten. Die unterschiedliche Ausgestaltung des Umgangsrechts des nicht verheirateten und verheiraten Vaters war weiter an den Vorgaben der EMRK zu messen. Da bei einer Weigerung der Kindesmutter der nicht verheiratete Vater darlegen mußte, daß der begehrte persönliche Kontakt dem Kindeswohl diente, sah das bis 1998 geltende deutsche Kindschaftsrecht den Umgang des nicht verheirateten Vaters mit seinem Kinde lediglich als Ausnahme an. Damit schränkte die in § 1711 BGB a.F. getroffene Regelung nicht nur das Recht auf Familienleben ein, sondern sie verstieß auch gegen das Diskriminierungsverbot, weil das Umgangsrecht des Vaters ehelicher Kinder, dem die elterliche Sorge nicht zustand, als unentziehbares Recht ausgestaltet worden war.

4 Das deutsche Kindschaftsrechtsreformgesetz (KindRG) vom 16. Dezember 1997

Der Gesetzgeber hat mit dem KindRG, das am 1. Juli 1998 in Kraft getreten ist, versucht, die rechtliche Benachteiligung der nichtehelichen Kinder und ihrer Väter zu beseitigen. Diese umfassende Neuregelung hebt die bisherige Unterscheidung zwischen ehelichen und nichtehelichen Kindern auf, indem es nur noch Eltern kennt, die entweder bei der Geburt des Kindes miteinander verheiratet oder nicht miteinander verheiratet sind. Dem Wunsch des Vaters, der bei der Geburt des Kindes mit der Kindesmutter nicht verheiratet ist, an der Entwicklung seines Kindes teilzuhaben, trägt das Gesetz nun Rechnung, indem es ihm die Möglichkeit eröffnet, gemeinsam mit der Mutter die elterliche Sorge auszuüben. Ebenso hat das KindRG das elterliche Umgangsrecht mit dem ehelichen oder nichtehelichen Kind neu konzipiert und es nicht mehr als Recht der Eltern ausgestaltet, sondern als Pflichtrecht der Eltern im Interesse der Kinder. Das Bedürfnis des Kindes nach einem persönlichen Kontakt zu seinen Eltern fand in einem Recht des Kindes auf Umgang seinen Niederschlag.

Auch nach dem KindRG steht die elterliche Sorge für das nichteheliche Kind grundsätzlich der Mutter allein zu (§ 1626 a Abs. 2 BGB n.F.), so daß der mit der Kindesmutter nicht verheiratete Vater mit dem verheirateten Vater nicht gleichgestellt wurde. Jedoch kann der nicht verheiratete Vater nach § 1626 a Abs. 1 Nr. 1 und Nr. 2 BGB n.F. nun die gemeinsame elterliche Sorge erlangen, wenn seine Vaterschaft amtlich feststeht und beide Eltern die Erklärung abgeben, daß sie die Sorge gemeinsam übernehmen wollen, oder einander heiraten. Die Sorgeerklärungen können schon vor der Geburt des Kindes abgegeben werden; sie müssen öffentlich beurkundet werden. Auf ein Zusammenleben der Eltern kommt es nicht an. Trennen sich die nicht miteinander verheirateten Eltern endgültig, nachdem sie die Sorgeerklärungen abgegeben haben, dann bleibt zunächst die gemeinsame elterliche Sorge fortbestehen. In diesem Punkt werden die nicht miteinander verheirateten und die miteinander verheirateten Eltern gleich behandelt. Jedoch ist mit der dauernden Trennung der Eltern eine Veränderung der gemeinsamen elterlichen Sorge verbunden.

Der Gesetzgeber hat dem Elternteil, bei dem sich das Kind gewöhnlich aufhält, die Befugnis eingeräumt, in Angelegenheiten des täglichen Lebens allein zu entscheiden (§ 1687 Abs. 1 Satz 2 BGB n.F.). Nur bei Angelegenheiten von erheblicher Bedeutung müssen die Sorgeberechtigten gemeinsam handeln. Streiten sich die Eltern und können sie sich nicht einigen, so kann das Familiengericht angerufen werden, das die Entscheidung in der streitigen Angelegenheit auf den Vater oder die Mutter allein übertragen kann. Will ein Elternteil nach der Trennung die gemeinsame elterliche Sorge auflösen lassen, so muß er nach § 1671 Abs. 1 BGB n.F. beim Familiengericht beantragen, ihm die elterliche Sorge allein zu übertragen. Stimmt der andere Elternteil dem Antrag zu, dann ist das Gericht daran gebunden. Jedoch kann das gemeinsame Kind, das das vierzehnte Lebensjahr vollendet hat, eine Beendigung der gemeinsamen Sorge durch sein Veto verhindern. Widerspricht dagegen ein Elternteil der Auflösung der gemeinsamen Verantwortung, so entscheidet das Familiengericht nach umfassender und sorgfältiger Prüfung, welche Regelung dem Wohl des Kindes am besten entspricht. Da die Voraussetzungen für die Aufhebung des gemeinsamen Sorgerechts nur dann vorliegen, wenn sich die Eltern überhaupt nicht mehr verständigen können, ist in der familiengerichtlichen Praxis die gemeinsame elterliche Sorge als Regel und die alleinige Sorge als Ausnahme anzusehen.

Haben die nicht miteinander verheirateten Eltern keine Sorgeerklärungen abgegeben und nimmt deshalb der nicht verheiratete Vater an der elterlichen Sorge nicht teil, dann kann er die alleinige Sorgezuständigkeit nur dann erhalten, wenn die Mutter ausfällt oder ihr die Sorge entzogen wird; oder er kann bei einer nicht nur vorübergehenden Trennung von der Kindesmutter nach § 1672 Abs. 1 BGB n. F. beim Familiengericht beantragen, daß ihm die Alleinsorge ganz oder teilweise übertragen wird. Voraussetzung dafür ist, daß eine Zustimmung der Mutter vorliegt und die Übertragung dem Kindeswohl dient. Damit kann der nicht verheiratete Vater die alleinige elterliche Sorge erhalten, selbst wenn er mit der Mutter des Kindes zu keiner Zeit zusammengelebt hat.

Die gemeinsame elterlichen Verantwortung nicht miteinander verheirateter Eltern knüpft nach dem Gesagten allein am gemeinsamen Antrag der Eltern an. Weitere Voraussetzung, wie zum Beispiel das Zusammenleben der Eltern mit dem Kind oder eine gerichtliche Überprüfung des Kindeswohls, sind nicht vorgesehen, so daß dem nach außen bekundeten Willen der Eltern nun die entsprechende Achtung entgegengebracht wird. Wenn sich nicht miteinander verheiratete Eltern entschieden haben, eine gemeinsame Erziehungsverantwortung auszuüben, dann muß der Staat sich auf sein Wächteramt zurückziehen und darf nicht mit weiteren Voraussetzungen die Privatautonomie einschränken. Die Gleichstellung der nichtehelichen und ehelichen Kinder verbietet, die gemeinsame elterliche Sorge mit Kriterien zu verbinden, welche für die Einräumung der gemeinsamen Sorge miteinander verheirateter Eltern keine Rolle spielen. Nach dem nun geltenden Recht kann der Vater eines nichtehelichen Kindes die gemeinsame elterliche Sorge jedoch dann nicht erhalten, wenn die Kindesmutter sich weigert, die Sorgeerklärung abzugeben. Der Gesetzgeber räumt damit der Mutter des nichtehelichen Kindes nach wie vor eine starke Stellung ein, um mutmaßliche Streitigkeiten zwischen den Eltern über eine Beteiligung des Vaters an der elterlichen Verantwortung zu verhindern. Damit wird aber der Vater in seinem verfassungsrechtlich geschützten Elternrecht verletzt und das Recht des Kindes auf Erziehung und Sorge durch beide Eltern beeinträchtigt, so daß das Reformgesetz der Korrektur bedarf. Es wird auch zu prüfen sein, ob nicht den Interessen aller Beteiligten am besten entsprochen wird, wenn die Unterscheidung zwischen miteinander verheirateten und nicht miteinander verheirateten Eltern aufgegeben wird und damit die gemeinsame elterliche Sorge auch bei nicht miteinander verheirateten Eltern zur Regel wird.

Das KindRG hat das Umgangsrecht der verheirateten oder nicht miteinander verheirateten Eltern ebenfalls einheitlich geregelt und die Unterscheidung zwischen einem Umgangsrecht des verheirateten und einer Umgangsbefugnis des nicht verheirateten Vaters aufgehoben. Das Umgangsrecht des nicht verheirateten Vaters hängt nun nicht mehr vom Willen der Mutter ab; es ist ein Recht, das jedem Elternteil eigenständig und ohne Rücksicht auf die bestehenden Sorgerechtsverhältnisse zusteht. Der Wandel kommt darin zum Ausdruck, daß nun nicht mehr das Kind zum Objekt des Umgangsrechts gemacht wird, sondern nach § 1684 BGB n.F. das Kind ein Recht auf Umgang mit jedem Elternteil hat. Das Familiengericht hat somit nur noch die Aufgabe, die konkreten Umstände der Ausübung des Umgangsrechts zu regeln. Nach § 1686 BGB n.F. kann zusätzlich jeder Elternteil von dem anderen Elternteil Auskunft über die persönlichen Verhältnisse des Kindes verlangen, sofern er ein berechtigtes Interesse an der Auskunft geltend machen kann und dies dem Kindeswohl nicht widerspricht.

Die Umgestaltung des Umgangsrechts als Recht des Kindes, der auf der anderen Seite eine Pflicht des nicht sorgeberechtigten Elternteils entspricht, ist dann problematisch, wenn der umgangsberechtigte Elternteil kein Interesse an seinen Nachkommen zeigt. Soll das Umgangsrecht als ein Recht des Kindes ausgestaltet werden, dann müßte der persönliche Umgang konsequenterweise erzwingbar sein. Daß eine solche Betrachtungsweise nicht dem Wohl des Kindes dienen wird, bedarf keiner Begründung. Doch kommt als Sanktion auch in Betracht, vom säumigen und pflichtvergessenen Umgangsberechtigten Schadensersatz in Höhe der aufgewandten Betreuungskosten einzufordern.

INIGA SCHLOTTNER

Der Kinderwunsch von Männern: Bewußtes und Nicht-Bewußtes

In der vorliegenden Untersuchung werden erstmals
mit einem speziellen multimethodalen Vorgehen –
bestehend aus biographischer Methode und zwei
projektiven Verfahren – bewußte wie nicht bewußte
Kinderwunschmotive von Männern zu erfassen
versucht. Dabei zeigt sich, daß erst in der Zusammen-
schau der verschiedenen Methoden der männliche
Kinderwunsch in seiner Gesamtheit transparent wird.
Des weiteren wird es durch das Vorgehen möglich,
gemeinsame und unterschiedliche Motive für ein Kind
von Männern mit unerfülltem und Männern mit erfüll-
tem Kinderwunsch herauszuarbeiten.

> *The present study has recorded conscious as well*
> *as nonconscious reasons for the male desire for*
> *a child. For the first time this has been attained by*
> *a special procedure that involves several methods,*
> *including the biographical method and two pro-*
> *jective methods. It becomes evident that the male*
> *desire for a child can only be comprehended when*
> *the results rendered by the various methods are*
> *viewed as a whole. The procedure also allows*
> *elicitation of shared as well as differing motives for*
> *a child in sterile men and fathers.*

1 Problemstellung

In diesem Artikel geht es um die Frage des Kinderwunsches von Männern (nachfolgend auch als ›männlicher Kinderwunsch‹ bezeichnet). Aus einer Fülle von Ergebnissen, die im Rahmen einer qualitativen Studie zu diesem Thema zusammengetragen worden sind (vgl. Schlottner 1998), soll hier vor allem fokussiert werden, welche bewußten und welche nicht bewußten Aspekte ein männlicher Kinderwunsch beinhalten kann. Im vorliegenden Fall wird der Kinderwunsch von zwei verschiedenen Gruppen von Männern untersucht: Männern mit unerfülltem Kinderwunsch (psychogen sterilen Männern), sowie Männern mit erfülltem Kinderwunsch (Erst-Vätern).

Die genannte Thematik ist von besonderer Bedeutung: Wie Gloger-Tippelt et al. (1993) festgestellt haben, besteht ein großes Forschungsdefizit dahingehend, daß Männer bisher kaum bezüglich der Fragen des Kinderwunsches untersucht worden sind (vgl. auch Kühler 1989). Dies trifft insbesondere für nicht-rationale Aspekte des männlichen Kinderwunsches zu, die der von den Autorinnen postulierten »subjektiven Komponente des Kinderwunsches« – bestehend aus zum Teil nicht bewußten Motiven, Konflikten und Ambivalenzen – zuzuordnen sind (Gloger-Tippelt et al. 1993, S. 107f). – Auch im Rahmen der Sterilitätsproblematik wird bisher den Männern wenig Aufmerksamkeit geschenkt: So ist vor allem die Sterilität bei Frauen beziehungsweise die partnerschaftliche Dynamik gut untersucht; Männer als Individuen werden auch hier bisher kaum in die Forschung einbezogen (vgl. Bents 1985).

2 Methoden und Stichprobe

Aufgrund der komplexen Problematik wird ein multimethodales Vorgehen gewählt. Für die vorliegende Fragestellung liefern besonders die folgenden Methoden wichtige Ergebnisse: das biographische Interview nach Thomae (Thomae 1987) sowie zwei projektive Verfahren, der TAT (Revers 1979) und der Sceno-Test (von Staabs 1992).

Das biographische Interview nach Thomae (1987) stellt eine Synthese zwischen idiographischer und nomothetischer Forschung dar. Ziel ist es, sowohl die Verschiedenartigkeit als auch Gemeinsamkeiten von Lebensläufen zu erfassen, wobei deutlich werden soll, wie sich ein bestimmtes Verhalten eines Individuums aus seiner Lebensgeschichte herleiten läßt. Das biographische Interview nach Thomae beruht nicht auf einer fest umrissenen Theorie und ist daher methodisch als ein Erkundungsinstrument zu verstehen.

Die projektiven Verfahren nutzen den Mechanismus der ›Projektion‹, des »Hinausverlegen(s) von Innenvorgängen nach außen« (Dorsch 1994, S.592), um sich auf diesem Wege der Persönlichkeit des Probanden anzunähern. Im Falle des TATs (Revers 1979) sollen Probanden zu Bildern mit mehrdeutigen sozialen Situationen Geschichten erzählen. Beim Sceno-Test (von Staabs 1992), einem »Spieltest« mit Menschen- und Tierfiguren, Bauklötzen und weiteren Spielaccessoires wie Töpfchen, Liegestuhl oder Auto, soll der Proband Szenen aus seinem Leben – seiner Familie, Schule, seinem Arbeitsplatz u.ä. – auf einer Spielfläche aufbauen. Beide projektive Verfahren sind tiefenpsychologisch fundiert und gehen davon aus, daß sich in den Projektionen psychodynamische Konstellationen beziehungsweise Konflikte des Probanden zeigen, insbesondere solche, die ihm nicht ohne weiteres bewußt sind, jedoch aus dem ›Unbewußten‹ heraus sein Erleben und Handeln beeinflussen. – Beide projektive Verfahren sind im Hinblick auf die Fragestellung leicht modifiziert, indem spezielle – für den Kinderwunsch relevante – Tafeln des TATs zur Bearbeitung ausgewählt werden und im Sceno-Test spezielle mit Kinderwunsch und der Ursprungsfamilie in Zusammenhang stehende Aufgaben gestellt werden.[1]

---

1 Aus dem TAT werden die Tafeln 1, 6BM, 7BM, 7GF, 10, 13B, 13MF, 14, 16, 17BM und 18BM ausgewählt – Tafeln, von denen aufgrund ihrer thematischen Valenz vermutet werden kann, daß sie mit der Kinderwunschproblematik in Zusammenhang stehen. Beim Sceno-Test werden drei verschiedene Instruktionen gegeben: 1. Aufbau der Ursprungsfamilie als der Proband 3 bis 4 Jahre alt war; 2. Umplatzierung der Figur des Probanden an den Platz in der Familie, wo der Proband am liebsten wäre (Kindheit); 3. Aufbau der Idealfamilie des Probanden mit dem Probanden als Vater (Erwachsenenalter).

Der theoretische Hintergrund der Untersuchung ist ein tiefenpsychologischer; da die Verfasserin ausgebildete Gestalttherapeutin ist, fließen außerdem humanistische Theorie und Praxis in die Untersuchung ein.

Die Stichprobe besteht aus zwölf Männern im mittleren Erwachsenenalter; es handelt sich um Mittelschichtsangehörige, die in einer festen heterosexuellen Beziehung leben. Sechs von ihnen haben einen unerfüllten Kinderwunsch: Sie versuchen seit mindestens zwei Jahren vergeblich[2], mit ihrer Partnerin ein Kind zu zeugen; bei diesen Männern findet sich überwiegend eine organische Beeinträchtigung des Spermas[3], jedoch handelt es sich ausnahmslos um Formen ›relativer Sterilität‹ (Leidenberger 1995), das heißt eine organische Beeinträchtigung, die eine Zeugung ausschließt, liegt nicht vor. In Fällen ›relativer Sterilität‹ wird eine psychische Mitbeteiligung am Zustandekommen der Sterilität für besonders wahrscheinlich gehalten (Strauß 1991). Bei den sechs Vätern handelt es sich um Erst-Väter, deren Kinder unter zwei Jahre alt sind. Allen zwölf Männern ist gemeinsam, daß sie vor der Zeugung beziehungsweise den Zeugungsversuchen selbst einen expliziten Kinderwunsch hatten. Jedoch muß in Betracht gezogen werden, daß zum Zeitpunkt der Untersuchung die Väter schon auf konkrete Erfahrungen mit einem Kind zurückgreifen können, im Gegensatz zu den Männern mit unerfülltem Kinderwunsch.

Die einzelnen sterilen Männer werden nachfolgend mit »A« und einer Zahl von 1 bis 6, die Väter mit »B« und einer Zahl von 1 bis 6 bezeichnet.

---

2 Die WHO (Weltgesundheitsorganisation) bezeichnet ein Paar als steril, wenn nach zwei Jahren regelmäßigem und ungeschütztem Geschlechtsverkehr keine Schwangerschaft eingetreten ist (vgl. Leidenberger 1995).

3 Verringerte Spermienzahl, eingeschränkte Motilität oder Morphologie der Spermien.

3 Ergebnisse

3.1 Bewußtes

Mit Hilfe des biographischen Interviews[4] lassen sich bei Männern bewußte Motive für ein Kind und bewußte Motive gegen ein Kind ausmachen sowie »Funktionen« die Kindern zugeschrieben werden. Zu den *bewußten Motiven für ein Kind* (auf die Frage genannt: »Warum woll(t)en Sie ein Kind?«) zählen:

›*sich durch ein Kind verewigen wollen*‹ *(A5, A6 und B3, B4, B5)*
›*einen Lebenssinn finden*‹ *(A4, A6)*
›*egoistische Interessen*‹ *(A3, A6 und B2)*

> »Kinder, die müssen ja versorgt werden, daß man selber so
> 'ne Art Sorgepflicht hat, für andere was zu tun, für andere
> zu sorgen, ähm. Daß man letztendlich mit den Kindern sei-
> nem Leben einen besonderen Lebensinhalt gibt – (Daß
> man) zwischendurch schon mal so den Punkt hat, ich hab'
> ihn jedenfalls gehabt, wo man so sein ganzes Leben so ein
> bißchen in Frage stellt und sich überlegt: ›ja wofür eigent-
> lich, wofür leben?‹ – Und ich denke, daß Leute, die Kinder
> haben, weniger Chancen haben, über solche Fragen nach-
> zudenken, weil sie sind von den Kindern so in Anspruch
> genommen.« (A4)

> »Ähm, also es gibt zwei völlig unterschiedliche Ansätze, der
> eine ist der, das ist mein Egoismus, daß ich gerne mit Kin-
> dern spiele, Kinder wunderschön finde, viel Spaß mit Kin-
> dern habe, der andere ist dann mehr so der philosophische
> Ansatz, daß ich sage, irgendwas muß ja zurückbleiben,
> wenn ich diese Erde verlasse, der mit Sicherheit auch eine
> Rolle spielt, auch wenn es ein bißchen theatralisch sich

---

4 Ausschnitte aus den biographischen Interviews und den TAT-Protokol-
len werden im Ergebnisteil eingerückt in Anführungsstriche gesetzt; hier
gilt folgende Schreibweise: — bedeutet Sprechpause; … eine Auslassung
von Protokollteilen; (daß man) eine sinnvolle Ergänzung des Protokolls. In
› ‹ stehen die unterschiedlichen Antwortkategorien. Ergebnisse des Sceno-
Tests werden beispielhaft in Form von zwei Fotos wiedergegeben.

anhört. Ähm, ich glaube nicht, daß ich durch mein Berufsleben, über einen Film, oder irgendwas, was schaffen
werde, was, was auch in Zukunft noch an mich erinnern
wird. Da sind Kinder wirklich ein Punkt, wo ich sage, ich
möchte meine Idee, meine Vorstellungen vom Leben, eh,
weitergeben, möchte gucken, daß jemand meine Vorstellungen auch weiter vertritt, daß da jemand existiert.« (A6)

›Spaß, Freude und Glücksgefühle durch ein Kind zu haben‹
(A3, A4, A6 und B1, B2)

»Kinder geben ... mehr Leben im Haus, mehr Aktion, mehr
Aktion auch, ich sage mal in Anführungszeichen, auch
mehr Spaß, na ja, mehr Freude am Leben.« (A4)

›durch ein Kind an der Unmittelbarkeit und Reinheit des
kindlichen Gefühls teilhaben‹ (A4 und B3, B5, B6)

»Äh, aber es gibt nichts Schöneres, als wenn du nach Hause
kommst und er kommt dir durch die Tür gefegt und
schmeißt sich dir an den Hals und Küßchen, was Schöneres gibt es gar nicht. Also, das kann ich selbst von meiner
Frau, der Kuß ist nicht so toll, als wenn mein Sohn ange-
rannt kommt, ne? Also, da gibt's nichts drüber. Da ist alles
andere vergessen, den ganzen Nerv, da kann der die halbe
Nacht lang nerven, und trotzdem, wenn der dann morgens
ans Bett kommt und kommt zu dir und will schmusen, da
kannst du alles vergessen, und das hebt das eine wieder
auf. Und da gibt es halt wirklich keine Alternative, absolut
nicht. Und ich möchte es auch nicht vermissen, und die
Leute, die so was nicht kennenlernen, die sind selber
schuld, weil es ist schön, weil ein Kind ja irgendwie ganz
anders lebt wie ein Erwachsener — Ja, der kann sich zwei
Meter hoch in die Luft schmeißen, ja, und sich rumklam-
mern, und sich dabei jauchzen und freuen, das kann keine
Frau, oder kein Mann, eh, mit dem anderen machen, und
das sind Dinge, die, eh, sind unvergeßlich, ne? Und das
sind auch Glücksgefühle, die, eh, sind ganz anders wie bei
einem Partner, die haben nichts miteinander zu tun, ne?
Oder wenn, das sind andere Gefühle halt, ne?« (B6)

›*durch ein Kind eine emotionale Bindung erfahren*‹
(A3, A4 und B4, B6)

> »Also das Kind jetzt … was für mich auch tun kann, in Form
> von Gernhaben und von Liebe.« (B4)

›*erleben, wie das Kind sich entwickelt*‹ *(A1 und B5, B6)*

> »Ich möchte einfach die Kinder aufwachsen sehen — Ein-
> fach zu sehen, wie das aufwächst, wie das seine Welt er-
> kennt, wie es erwachsen wird.« (A1)

›*körperlicher Kontakt mit einem Kind*‹ *(A3 und B1, B6)*

> »Sich über jemanden freuen – sich sehen, knuffeln – den
> man lieb hat.« (A3)

In geringerem Umfang werden von den Männern auch Kinderwunschmotive im Hinblick auf die Partnerbeziehung genannt,
nämlich

›*der Wunsch, durch ein Kind komplett zu werden*‹
(Vollendung der Zweierbeziehung) *(A2, A6 und B1, B4)*

> »Der Grund war einfach nur eine spontane Idee, eine spon-
> tane Idee einer, — einer großen Liebe, die dann auch
> sofort übersetzt wurde.« (B1)

sowie das ›*Kind als Wunsch der Partnerin*‹ *(A2)*.

> »Also, für meine Frau – als Katholikin — gehört es dazu, in
> der Ehe 'nen Kind zu haben. Wenn man verheiratet ist.« (A2)

Wie die Darstellung deutlich macht, lassen sich bei den bewußten
Motiven der Männer für ein Kind kaum Unterschiede zwischen
den sterilen Männern und den Vätern feststellen. Ähnliches gilt für
die Motive gegen ein Kind (auf die Frage genannt: »Was sind die
Nachteile an einem Kind?«). Was diese *bewußten Motive gegen
ein Kind* angeht, spricht die Mehrheit der Männer von verschiede-
nen Nachteilen durch Kinder: ›*Einschränkung der persönlichen
Freiheit*‹ (der Spontaneität, von Hobbies, Ausgehen zu können)
(A1 und B1, B3, B5, B6), ›*permanent gefordert zu sein*‹ (A5 und B3,
B4, B6), ›*Geräuschbelästigung durch Schreien*‹ (A5 und B5, B6)

»...an Rumgekreische und an Nervenzerren und nachts aufstehen und Krankheiten und in die Ecke kotzen und was weiß ich nicht alles.« (A5)

und die ›*Notwendigkeit, die Lebensführung ändern zu müssen*‹ *(A1, A4, A6)*.

»Also der Nachteil ist sicher, daß man nicht mehr so leben kann, wie vorher. Also, man muß bestimmte Einschränkungen wahrscheinlich einfach hinnehmen« (A1)

Ein weiteres Motiv, das gegen Kinder sprechen kann, ist der ›*Konflikt zwischen Beruf und Kindern*‹. Ein Drittel der Männer, besonders Väter (A6, B1, B3, B4), erleben einen solchen Konflikt in stärkerem Maße, zwei Drittel der Männer hingegen in geringem Maße oder gar nicht.

»Was sich dann später einstellte, war einfach dieses Zeitproblem. Wie man das — hinkriegt, mit dem Beruf und Vater sein und P. (der Partnerin) gerecht zu werden, das war eigentlich das einzige Problem, was anstand, oder die einzige Befürchtung, die ich hatte, daß das Schwierigkeiten geben kann.« (B3)

Schließlich werden als »*Funktionen*« von *Kindern* (»Wofür ist ein Kind gut?«) im wesentlichen fünf Aspekte genannt: Die Hälfte der Männer meint, ›*ein Kind fördert die Persönlichkeitsentwicklung bzw. die Selbsterkenntnis*‹ (A3, A5, A6 und B3, B4, B5). Einige sind der Überzeugung, Kinder dienten dem ›*Erhalt und der Kontinuität der Gesellschaft*‹ (A3, A4, A5, A6 und B3), mit Kindern sei man ›*(im Alter) nicht allein*‹ (A2, A3, A5), Kinder brächten ›*emotionale Bereicherung*‹ (A3 und B2, B3) oder führten zum ›*Kontakt mit dem eigenen inneren Kind*‹ (A3 und B4).

»(Kinder sind gut dafür), daß nicht alles grau wird und stirbt und dingsbums ... unbeschwerte Freude, die die Kinder vermitteln und das läßt einen ja auch teilhaben dran.« (A3)

In der Frage nach der »Funktion« von Kindern fällt auf, daß die Hälfte der sterilen Männer (und nur sie) hofft, durch ein Kind Einsamkeit (im Alter) vermeiden zu können. Des weiteren wird die

Frage: »Wofür ist ein Kind gut?« zunächst von der Hälfte *aller* Männer – zum Teil empört – als unzulässig abgelehnt

(»Für nichts. Wieso muß ein Kind für irgendwas gut sein? Die sind einfach da und fertig!« (A1)).

Deutliche Unterschiede zeigen sich in dieser Frage nach der »Funktion« eines Kindes zwischen sterilen Männern und Vätern: Es sind fast ausschließlich sterile Männer (A1, A2, A3, A4, A6 und B1), die erst auf wiederholtes Nachfragen hin angeben können, wozu aus ihrer Sicht ein Kind gut sei, das heißt sie sehen erst dann »Funktionen«, die ein Kind haben kann.

3.2 Nicht-Bewußtes

Neben den genannten bewußten Aspekten des Kinderwunsches gibt die Untersuchung auch Hinweise auf Ambivalenzen, den Kinderwunsch betreffend, sowie verschiedene vorbewußte beziehungsweise unbewußte Motive. Hier lassen sich unbewußte Aspekte, die alle Männer betreffen, von solchen unterscheiden, die für eine der beiden Männergruppen zutreffen.

Ambivalenzen

Einige Männer formulieren im biographischen Interview neben dem Wunsch nach einem Kind und den damit verbundenen Motiven auch Ängste bezüglich der Vaterschaft: Die Hälfte der Männer erwähnt, sie hätten bzw. hatten bei Erfüllung des Kinderwunsches auch Befürchtungen hinsichtlich der eigenen Person. Insbesondere fürchten einige, ›den Anforderungen eines Kindes nicht gewachsen zu sein‹ (A4, A6 und B1, B3)

> »Angst, mich in meinen Grenzen zu sehen, daß man doch nicht halt mit Kindern umgehen kann. Das ist sicher auch eine Angst, ja.« (A6)

Zur Erhellung dieser Angst muß etwas weiter ausgeholt und die Beziehung der Männer zu ihrem eigenen Vater beleuchtet werden: Keiner der Männer hat heute das Gefühl, daß sich der Vater

243

in der eigenen Kindheit ausreichend mit ihm beschäftigt hätte (A1–A6; B1–B6). Besonders die sterilen Männer (A1–A4, A6, B1, B4) betonen den ›Mangel an Beschäftigung des Vaters‹ mit ihnen.

> »Also so — körperliche Zuwendung also so – null! Höchstens in Form von Strafe — Dann beschäftigen eben … über Arbeit – irgendwas machen. Hatte man eher Hilfsarbeitertätigkeiten … oder mal 'nen Ausflug machen. …so Gespräche über irgendwas, was einen bewegt, beschäftigt – das hat nie stattgefunden.« (A3)

Es überrascht daher nicht, daß die überwiegende Mehrheit der Männer (A1–A5, B1, B4) wenig ›Übereinstimmung der eigenen Vorstellungen von Vaterschaft mit denen des Rollenvorbildes‹ – ihres Vaters – angibt. Besonders bei den sterilen Männern entspricht das Rollenvorbild kaum eigenen Vorstellungen.

> »Nein! Ich würde natürlich anders erziehen – das ist doch klar.« (A3)

Dabei erwähnen die Männer eine Vielzahl von Dingen, die sie anders handhaben wollen als ihr Vater. Die Hälfte, überwiegend sterile Männer, möchten vor allem eine ›engere emotionale Beziehung zum Kind aufbauen‹, als dies mit ihrem Vater der Fall war (A3–A6 und B4, B6). Andere wichtige Aspekte sind der ›Vorsatz, dem Kind gegenüber weniger autoritär zu sein‹ als der Vater (A3, A4, A5), dem Kind gegenüber ›nicht brutal zu sein‹ (A4 und B4) und generell ›mehr Zeit für das Kind zu haben‹ (A2 und B1).

Hier zeigt sich eine Ambivalenz der Männer mit Kinderwunsch: Auf der einen Seite wünschen sie sich ein Kind und wollen es als Vater »besonders gut« machen, auf der anderen Seite haben sie zum Teil Sorge, ihren eigenen Ansprüchen als Vater nicht gerecht zu werden. (Auf den Zusammenhang zwischen dieser Ambivalenz und den Erlebnissen mit dem eigenen Vater in der Kindheit wird in der Diskussion noch einmal eingegangen.)

Vorbewußte Motive

Die Wünsche, Phantasien und Träume der Männer in bezug auf ihr Kind – ebenfalls im biographischen Interview formuliert – sind vielfältig. Es wiederholen sich insbesondere fünf Phantasien: So wollen einige Probanden ›*mit dem Kind etwas unternehmen, was sie selber gerne machen*‹ (A2, A3, A5, A6 und B1),

> »Ich freu' mich drauf, einfach alles mit Kindern zu machen: In Urlaub zu fahren oder eben die ganz normalen Freizeitbeschäftigungen … Freibad gehen oder Motorroller fahren, also so ja?« (A2)

oder stellen sich vor, das ›*Kind spiele im Freien und in der Natur*‹ (A3, A5, A6 und B1, B3):

> »Da hab' ich so Phantasien, mit dem Kind sowas im Garten rumzumachen … ja rumspielen, krabbelt da rum … hüpft da rum, reißt die Pflanzen aus. Ist eben ein kleines Kind, ne?« (A5)

Sie träumen davon, ›*Defizite, die sie selbst erlitten haben, mit ihren Kindern zu vermeiden*‹ (B1, B2, B4, B5),

> »Ich — würde — gerne haben, daß er irgendwann meine Liebe zu ihm spüren kann, ich meine, wirklich spüren kann, auch wenn wir Ärger haben werden, Zoff haben werden. Daß es immer noch weiß, daß ich es auf jeden Fall liebe — Wie ich von meiner Mutter glaube, daß sie nie gelernt hat, Liebe zu geben … so möchte ich doch eben in dem Bewußtsein — ja das unser Kind wissen lassen.« (B5)

›*ein emotional enges Verhältnis zum Kind zu haben*‹
(A6 und B3, B4, B5),

> »Daß wir uns einfach gut verstehen. Die zukünftige Zeit. So wie das jetzt auch ist, daß das bleibt, diese Nähe auch erhalten bleibt.« (B3)

sowie ›*Spaß mit dem Kind zu haben*‹ *(A1, A4, A6 und B1):*

> »Eben eine Gemeinsamkeit aufbauen, ähm, einfach was anzustellen, dieses übliche ›Pferde-Stehlen‹ zu können.« (A6)

Mit Hilfe einer offenen Fragestellung (»Welche Träume hast Du hinsichtlich eines eigenen Kindes?«), die zu assoziativem Denken anregt und damit vorbewußte Inhalte[5] zu erfassen vermag, lassen sich somit Gemeinsamkeiten und Unterschiede zwischen sterilen Männern und Vätern finden: Es sind insbesondere sterile Männer, die im Kind einen Begleiter ihrer eigenen Person sehen (›mit dem *Kind etwas unternehmen wollen, was man selber gerne macht*‹), und ausschließlich Väter, die formulieren, daß sie selbst erlittene Defizite beim eigenen Kind vermeiden möchten.

Eine »Kinder-Phantasie«, die von sterilen Männern wie von Vätern genannt wird, insgesamt fast von der Hälfte der Männer, ist das Spielen des Kindes im Freien und in der Natur. Offensichtlich besteht hier gedanklich eine enge Verbindung zwischen »Kindern« auf der einen Seite und »Natur« beziehungsweise »Sich-frei-bewegen-Können« auf der anderen.

Unbewußte Motive

Schließlich lassen sich durch den Sceno-Test und den TAT verschiedene unbewußte Motive der Männer im Zusammenhang mit dem Wunsch nach Kindern erfassen:

Wie die Sceno-Test-Bilder zur Ideal-Familie zeigen, wünscht sich die Mehrheit der Männer ›*Geborgenheit in ihrer Familie*‹ (im Sinne von Zusammengehörigkeit, eine Gruppe anderen gegenüber bilden) (A1–A5 und B2, B5, B6). In Abbildung 1 beispielsweise ordnet A4 seine Idealfamilie kreisförmig geschlossen um das kuschelige Fell an.

---

5 Das Vorbewußte bezeichnet im psychoanalytischen Denken das »Insgesamt der latenten, reproduzierbaren Gedächtnisinhalte« (Dorsch 1994, S. 860). Es ist »das, was dem aktuellen Bewußtsein entgeht, ohne im strengen Sinne unbewußt zu sein« (ebd.). Es ist vom Unbewußten durch die Zensur getrennt, die es »unbewußten Inhalten und Vorgängen nicht erlaubt, ohne vorherige Umwandlungen ins Vorbewußte zu gelangen« (ebd.).

Abbildung 1: Dritter Sceno-Test von A4

Die Hälfte der Männer wünscht sich und betont in ihrer Ideal-Familie außerdem den eigenen Kontakt mit ihren Kindern (A1, A3, A4, A6 und B1, B2). Wie in Abbildung 1 auch zu sehen ist, hält der Vater selbst sein Baby im Arm und sieht seinen anderen Kindern beim Spielen zu. Seine Frau, die im Liegestuhl liegt, scheint mit den Kindern weniger involviert.

In den in Abschnitt 3.1 herausgearbeiteten bewußten Kinderwunschmotiven zeigen sich kaum Gruppenunterschiede zwischen sterilen Männern und Vätern.Die Ergebnisse aus den projektiven Verfahren ergeben ein anderes Bild:

Im TAT (Tafel 7GF)[6] werden von sterilen Männern wie Vätern Kinder thematisiert. Inhaltlich unterscheiden sich ihre Geschichten jedoch: Die sterilen Männer erzählen Geschichten, in denen eher negative Kinder-Assoziationen angesprochen werden, wie die ›falsche Behandlung eines Babys‹ (A4, A5), ›zu jung zum Kinderwunsch gedrängt zu werden‹ (A3, A6), ›unerfüllter Kinderwunsch

---

6 Da die TAT-Tafeln in den 30er Jahren entwickelt wurden, sind ihre Bilder auf die damals herrschenden geschlechtsspezifischen Aufgaben zugeschnitten. So ist etwa auf der Tafel 7GF eine (Haus-)Frau mit Mädchen und Puppe/Baby auf einer Couch sitzend abgebildet. Bilder mit Männern in Interaktion mit Kindern sind leider nicht vorhanden. Die vorliegenden Geschichten der Probanden zeigen jedoch, daß diese Tafel trotz der genannten Problematik die Männer zu vielfältigen Projektionen und Identifikationen, Kinder und Kinderwunsch betreffend, anregen.

aufgrund mangelnder Reife‹ (A1) und ›*totes Baby*‹ (A4). Die Väter hingegen erwähnen eher positive Kinder-Assoziationen, wie die ›*positive Auseinandersetzung mit der eigenen Fruchtbarkeit als Heranwachsender*‹ (B1, B4) sowie ›*Eifersucht auf ein Geschwister-Baby, die positiv gelöst wird*‹ (B2, B5). Hierzu bespielhaft einige TAT-Geschichten:

›*zu jung zum Kinderwunsch gedrängt werden*‹:

»Also, es ist ein Mädchen und — die Haushälterin der Familie. Und das Mädchen ist ziemlich gelangweilt und genervt von dem, was die Haushälterin ihr da vorliest … ehm, weil, es geht darum, ja es geht um eine Ausrichtung für die Zukunft, daß die Eltern über die Haushälterin versuchen, das Mädchen in die Kleidung zu stecken und mit der Puppe als Kind schon mal vorzubereiten, was den Eltern vorschwebt, was die aus ihrer Zukunft machen soll. Äh, dazu gekommen ist es, weil die Eltern nicht da sind und es abgegeben haben – die Aufgabe der Erziehung für einen Abend oder einen Nachmittag.« (A6)

›*falsche Behandlung eines Babys*‹ und ›*totes Baby*‹:

»Ich würde mal sagen, was ich sehe, das ist ein Baby und keine Puppe —. Auf der anderen Seite, ist das ja keine Haltung, in der man ein Baby anfaßt, ich weiß auch nicht —. Das ist in meinen Augen ein verrücktes Bild — total verrücktes Bild —. Weil, die erwachsene Person dürfte normal nicht zulassen, daß dieses Mädchen das Baby so anfaßt — schwierig —. Also, — normalerweise würde ich mir zu dem Bild keine Gedanken machen wollen, weil das paßt irgendwie nicht. Na, gut, jetzt machen wir es dramatisch. Also, das Kind ist tot. Und, ähm, das hinten ist die Tante von dem Mädchen, also, das ist die Schwester.«(A4)

›*Eifersucht auf ein Geschwister-Baby, die positiv gelöst wird*‹:

»Ja, ein typisches Kleinfamiliendrama, was in jeder Familie vorkommt. Nämlich – es ist Nachwuchs ins Haus gekommen und die ältere Schwester, die das Kind auf dem Arm hat, guckt auch so weg von dem Kind, ist so ’ne typische

Eifersuchtsszene zwischen den älteren Geschwistern und dem Neugeborenen; so, weil das Neugeborene ja halt mehr Pflege und Zuneigung braucht und so weiter, und so weiter. Und sich die ältere Schwester in diesem Fall benachteiligt fühlt, und die Mutter versucht jetzt gerade ihrer ältesten Tochter dieses Kind nahezubringen und versucht Zuneigung der älteren Schwester zu ihrer kleinen Schwester zu gewinnen, was allerdings die ältere Schwester irgendwie überhaupt nicht zu interessieren scheint. Ja! Ist die Frage, ob das positiv oder negativ ist, aber ich würde mal sagen, sie entscheidet sich nach langem hin und her doch für ihre – doch dafür, sich ihrer kleinen Schwester anzunehmen und sie liebevoll zu betreuen.« (B2)

›positive Auseinandersetzung mit der eigenen Fruchtbarkeit als Heranwachsender‹:

»…Es stellt eine, die Mutter mit ihrer Tochter dar. Die Tochter ist — 12, 13. Sie sitzen beide auf dem elterlichen Sofa, also im Wohnzimmer, und — die — Tochter hat ihre erste Blutung bekommen. Die Mutter guckt so… ihr so auf den Bauch, auf die Eingeweide und … spricht mit der Tochter darüber, was das bedeutet, also was für ein großer Einschnitt das in ihrem Leben ist. Also auch rein wie das — wie das technisch alles so funktioniert, soweit sie ihr das mitteilen kann. Und die Tochter hört aber nicht richtig hin, sie hat immer mit — dieser Puppe gespielt, also die Puppe, die sie hat, seit — Anfang an. Diese Puppe ist ein kleines Baby. Und in dem Moment, also — also ab diesem Tag wird diese, diese, wird das junge Mädchen mit dieser Puppe nicht mehr spielen. Sie hält sie jetzt auch schon … sie guckt weg, hört der Mutter nicht hin, weiß aber, daß etwas Außergewöhnliches geschehen ist — und — weiß, daß eigentlich irgend etwas mit diesem Symbol, was sie in Händen hat, hält, zu tun hat. Also: hat irgend etwas mit Frau-Sein, mit Kindern zu tun usw. und so fort. Und das ist eigentlich der, ja die Stunde, in dem ihr — die Kindheit verloren geht, und sie wird ab dem Tage nicht mehr — nicht mehr mit der Puppe spielen, also ist — ist 'ne andere Welt, die sich ihr

auftut. ... Sie weiß, was Frau-Sein bedeutet, was Mensch-
Sein bedeutet, und sie weiß, daß das was mit den Kindern
zu tun hat...« (B1)

Ein weiteres Ergebnis, das auf unterschiedliche unbewußte Motive
von sterilen Männern und Vätern hinweist, zeigt sich im Sceno-
Test zur Herkunftsfamilie: Hier wird eine Geschwister-Rivalität
thematisiert und zwar fast ausschließlich von sterilen Männern
(A1, A2, A3, A5 und B3). Im unten abgebildeten Sceno-Test (siehe
Abbildung 2) von A2 beispielsweise befindet sich die kleine
Schwester (Baby) des Probanden (Junge mit Trägerhose) nahe
bei den Eltern (stehender Mann, Frau mit Schürze) und ist deutlich in die Höhe gehoben; sie bildet das Zentrum dieser Dreier-
Gruppe. Der Junge steht abseits und sieht – es scheint sehnsüchtig
– zu ihnen hin; er gehört zur Kleinfamilie nicht dazu.

Abbildung 2: Erster Sceno-Test von A2

Diese Rivalität zu einem Geschwisterkind in der Kindheit ist unbewußt; auf bewußter Ebenen – im biographischen Interview – beschreiben sich gerade die sterilen Männer (wie auch der Proband
A2) als »Muttersöhnchen« (im Sinne einer symbiotisch gefärbten,
engen Beziehung zur Mutter) und als vor anderen Geschwistern
besonders bevorzugt. Dabei scheint die unbewußte Geschwister-
Rivalität bis ins Erwachsenenalter nicht aufgelöst worden zu sein,
wie die Sceno-Tests der zum Untersuchungszeitpunkt erwachsenen Männer zeigen.

Im Hinblick auf den unerfüllten Kinderwunsch läßt sich somit sagen, daß bei den meisten sterilen Männern unbewußte, ungelöste Rivalitätsbeziehungen zu Geschwistern vorliegen.

4 Diskussion

Die in der vorliegenden Untersuchung gefundenen bewußten Motive von Männern für und gegen Kinder entsprechen zum Teil jenen in anderen Untersuchungen genannten (vgl. Hoffmann-Nowotny et al. 1984, Kühler 1989, Toman et al. 1977), zum Teil wurden sie bislang noch nicht benannt.

Hier zeigen sich – was die beiden Untersuchungsgruppen mit psychogen sterilen Männern und Vätern angeht – kaum Unterschiede. Daß ein Konflikt zwischen Beruf und Kindern eher von den Vätern thematisiert wird, mag daran liegen, daß die Väter diesen Konflikt schon erleben, die sterilen Männer hingegen (noch) nicht.

Auffällig ist jedoch schon bei den bewußten Motiven, daß eine Funktionalisierung des Kindes von den sterilen Männern zunächst empört zurückgewiesen wird, gerade von diesen aber erwähnt wird, mit Kindern sei man (im Alter) nicht alleine. Eventuell lehnen die Männer die Frage »Wofür ist ein Kind gut?« so heftig ab, weil sie Sorge haben, daß sie selbst ein potentielles Kind funktionalisieren würden. Die Tatsache, daß fast alle sterilen Männer von einer symbiotischen Beziehung zur Mutter in der Kindheit sprechen, weist auf eine mögliche Psychodynamik hin: Weil sie selbst in der Kindheit funktionalisiert wurden, besteht ihre Abwehr dieser Thematik gegenüber.

Die Ambivalenz einiger Männer der Vaterschaft gegenüber, ausgedrückt in ihrem Wunsch nach einem Kind auf der einen Seite und ihrer Angst, als Vater einem Kind nicht gewachsen zu sein, auf der anderen, ist in Zusammenhang mit der Beziehung der Männer zu ihren Vätern in ihrer Kindheit zu sehen: Die Männer erlebten weitgehend abwesende Väter. Zwar sind sie heute entschlossen, es selbst anders zu machen als ihre Väter (vgl. auch Münkel 1982), jedoch bestehen auf Grund mangelnder Erfahrung

Unkenntnis und Unsicherheit darüber, wie eine »anwesende Vaterschaft« aussehen kann. Die Befürchtung, dem eigenen Kind nicht gewachsen zu sein, wird aus diesem Dilemma verständlich (zur Ambivalenz von Kinderwunsch und Kinderangst bei Männern vgl. auch Kühler 1989, S.67ff.).

Interessant ist auch ein weiteres Motiv: Zu den von den Männern genannten bewußten Motiven für ein Kind gehört das Teilhaben an der Unmittelbarkeit und Reinheit des kindlichen Gefühls. Eine der Phantasien, Kinder betreffend, ist die, daß die Kinder im Freien, in der Natur spielen. In diesen beiden Motiven mag sich der Wunsch ausdrücken, durch das Kind zur Ursprünglichkeit, zum »Natürlich-Sein« zurückzufinden: Kinder werden hier mit »Natur« verbunden, Erwachsene (Männer) sind dieser »Natur« (im Sinne von Ursprünglichkeit etc.) schon entwachsen und wollen zu ihr – durch ein eigenes Kind – wieder zurückfinden.

Die Kinderwunschmotive der Männer, die durch die projektiven Verfahren erfaßt werden, weisen in ihren Ergebnissen weit über die durch das biographische Interview gewonnenen hinaus. Durch Sceno-Test und TAT werden Motive deutlich, die durch das biographische Interview nicht feststellbar sind bzw. sich hier allenfalls andeuten.

Die Sehnsucht nach Geborgenheit in der eigenen Familie, indem man mit Frau und Kindern zusammen eine ›geschlossene‹ Einheit – eine Einheit mit deutlichen Grenzen nach außen – bildet, ist ein solches Ergebnis, das von sterilen Männer wie von Vätern im Sceno-Test ausgedrückt, jedoch im biographischen Interview nicht verbalisiert wird. – Hier scheint außerdem für einige Männer die eigene Beziehung zum Kind große Bedeutung zu haben. Auch dies ist mit der häufig erlebten Abwesenheit der Väter der Probanden in ihrer Kindheit und dem daraus resultierenden Angewiesen-Sein auf die Beziehung zur Mutter zu erklären: Die Männer wollen unbewußt eine eigenständige Beziehung zum Kind führen, unabhängig von ihrer Frau; sie wollen es anders machen als ihr Vater, möglicherweise um Defizite, die sie in der Beziehung zum Vater erlebt haben, wieder »gut zu machen«.

Eine konflikthafte Einstellung der sterilen Männer im Hinblick auf ihren Kinderwunsch deutet sich durch das biographische Interview zwar an. Worin dieser Konflikt jedoch besteht, wird dort nicht deutlich. Erst im Sceno-Test zeigt sich, daß die meisten sterilen Männer in der Kindheit scheinbar einen Rivalitätskonflikt mit einem Geschwisterkind hatten, der bis ins Erwachsenenalter nicht aufgelöst worden ist. Daß im Zusammenhang mit dem Wunsch von Männern nach einem eigenen Kind Rivalitätskonflikte auftreten können, ist zwar schon von Jacobson (1950) postuliert worden, jedoch liefert die vorliegende Untersuchung erstmals deutliche Hinweise, daß bei sterilen Männern gehäuft ein solcher Konflikt vorliegt. Ein solcher unaufgelöster Rivalitätskonflikt ist im Zusammenhang mit dem gewünschten potentiellen Kind zu sehen: Durch eine Schwangerschaft der Partnerin und die Geburt eines Kindes würde der eigene kindliche Konflikt wieder aktualisiert (vgl. Jacobson 1950). Ein leibliches Kind kann von diesen Männern unbewußt als potentielle Bedrohung angesehen werden, als neuer Rivale um die Zuwendung der Partnerin.[7]

Neben diesem Ergebnis aus dem Sceno-Test wird auch in den TAT-Geschichten deutlich, daß bei sterilen Männern und bei Vätern unterschiedliche Motive im Zusammenhang mit dem Kinderwunsch vorliegen.

Inwieweit diese Unterschiede in den Kinderwunschmotiven primärer oder sekundärer Natur (also Ursache oder Folge der Kinderlosigkeit beziehungsweise Vaterschaft) sind, ist im Rahmen einer Querschnittsuntersuchung wie der vorliegenden nicht einfach zu beantworten. Natürlich mag die Sterilitätsdiagnose sowie die zahlreichen – vergeblichen – Versuche, ein Kind zu zeugen, die Einstellung der betroffenen Männer zu einem eigenen Kind verändert haben. Die entsprechende psychische Belastung könnte unter anderem eine Erklärung dafür sein, warum die TAT-Geschichten der sterilen Männer zum Thema Kinder häufig negativ getönt sind.[8]

---

7 Die sterilen Männer dieser Stichprobe neigen insgesamt zu symbiotischen Bindungen zu Frauen; so hatten sie nicht nur in der Kindheit mit der Mutter eine symbiotische Bindung, sondern auch ihre aktuelle Partnerbeziehung weist deutlich symbiotische Züge auf (vgl. Schlottner 1998).

8 Die sterilen Männer weisen bei einer Untersuchung mit einem weiteren Instrument, dem Gießen-Test, eine deutlich depressivere Haltung auf als die Väter (vgl. Schlottner 1998).

Andererseits bezieht sich die nicht verarbeitete Geschwister-rivalität auf Erlebnisse der sterilen Männer in der eigenen Kind-heit, und Projektionen eines Jugendlichen, der zu früh zum ›Kin-derkriegen‹ gedrängt wird, lassen Parallelen mit eigenen Erfahrun-gen in der Jugend vermuten. Beides kann als Hinweis dafür gewertet werden, daß es sich zumindest in den zuletzt genannten Fällen um primäre Unterschiede zwischen sterilen Männern und Vätern handelt. – Hingegen kann eine Projektion wie die eines ›toten Babys‹ auch die Folge der vergeblichen Bemühungen des betreffenden Mannes um ein leibliches Kind sein als Ausdruck des Gefühls der ›Unfähigkeit‹, kein lebendiges Kind zeugen zu können oder auch angesichts der Verzweiflung, daß seine Hoff-nung auf ein Kind (immer wieder) stirbt.

Die zuletzt angesprochenen Befunde und Argumente enthal-ten deutliche Hinweise darauf, daß sowohl die Art der konflikthaf-ten Einstellungen der sterilen Männer zu Kindern beziehungswei-se zum ›Kinderkriegen‹ als auch gewisse Kinderwunschmotive der Männer erst durch die projektiven Verfahren deutlich werden, da nur sie in der Lage sind, auch unbewußte Aspekte zu erfassen. Damit stellt erst die *Kombination* der drei verwendeten Untersu-chungsmethoden – biographisches Interview, Sceno-Test und TAT – ein adäquates Mittel zur Erfassung der männlichen Sterilität be-ziehungsweise des männlichen Kinderwunsches in seiner Gesamt-heit dar.

Literatur

Bents, H. (1985). Psychology of male infertility. *International Journal of Andrology*, 8, pp. 325–336.

Dorsch, F. (1994). *Psychologisches Wörterbuch*. Bern: Hans Huber.

Gloger-Tippelt, G., Gomille, B. & Grimmig, R. (1993). *Der Kinderwunsch aus psychologischer Sicht*. Opladen: Leske & Buderich.

Hoffmann-Nowotny, H.-J. et al. (1984). *Planspiel Familie. Familie, Kinderwunsch und Familienplanung in der Schweiz*. Bern: Rüegger.

Jacobson, E. (1950). Development of the wish for a child in boys. *Psychoanalytic Study of the Child*, 5, pp. 199–152.

Kühler, T. (1989). *Zur Psychologie des männlichen Kinderwunsches. Ein kritischer Literaturbericht*. Weinheim: Deutscher Studien Verlag.

Leidenberger, F. (1995). Fruchtbarkeit und Infertilität. In C. Schirren et al. (Hrsg.), *Unerfüllter Kinderwunsch. Leitfaden für Diagnostik, Beratung und Therapie in der Praxis*. (2. neu bearb. Aufl.) Köln: Deutscher Ärzte Verlag.

Münkel, W. (1982). *Bevölkerungsrückgang als Folge veränderten generativen Handelns des Mannes. Explikation anhand psychoanalytischer Theorien*. Unveröff. Dissertation, Berlin.

Revers, W. J. (1979). *Der thematische Apperzeptionstest (TAT)*. (4. Aufl.) Bern: Hans Huber.

Schlottner, I. (1998). *Untersuchungen zum männlichen Kinderwunsch – Zu biographischen und psychodynamischen Spezifika von psychogen sterilen Männern und Vätern*. Frankfurt: Peter Lang.

von Staabs, G. (1992). *Der Scenotest. Beitrag zur Erfassung unbewußter Problematik und charakterologischer Struktur in Diagnostik und Therapie*. (8.Aufl.) Bern: Hans Huber.

Strauß, B. (1991). *Psychosomatik der Sterilität und der Sterilitätsbehandlung*. Stuttgart: Enke.

Thomae, H. (1987). Zur Geschichte der Anwendung biographischer Methoden in der Psychologie. In: G. Jüttemann & H. Thomae (Hrsg.), *Biographie und Psychologie*. Berlin: Springer, S.3–25.

Toman, W., Hölzl, S.& Koreny, V. (1977). *Faktoren der Bevölkerungsentwicklung. Ursachen und Beweggründe für den Kinderwunsch*. Erlangen: Forschungsbericht des Psychologischen Instituts.

Erwin Bernat

Der anonyme Vater im System der Fortpflanzungsmedizin

Vorfindliches, Rechtsethik und Gesetzgebung

*Die vorliegende Arbeit untersucht die normativen Probleme
der sogenannten therapeutischen Donorinsemination.
Gleichzeitig werden die Interessen der an einem solchen
Verfahren beteiligten Personen (Wuncheltern, Samenspender, Kind) aufgezeigt. Empirische Studien lassen den
Schluß zu, daß Samenspender und Wuncheltern grundsätzlich an der Beibehaltung der Anonymität des Spenders
interessiert sind, während dem durch therapeutische
Donorinsemination gezeugten Kind die Kenntnis des
biologischen Vaters wichtig sein dürfte. Der Verfasser zeigt
die unterschiedlichen Ansätze auf, die die Ethik zur Lösung
dieses Interessengegensatzes erarbeitet hat. Am Ende der
Arbeit wird die österreichische Rechtslage dargestellt.*

*The arcticle discusses the moral and legal problems
arising from the practice of artificial insemination
with semen derived from a donor. What interests
do the parties involved (parents-to-be, donors, and
children) have? Empirical data lead to the
conclusion that parents-to-be and semen donors
generally prefer to have the anonymity of the donor
legally protected. On the other hand, it may be
important for the child to discover the identity of the
biological father. The author discusses the various
principles and methods which have been elaborated
by ethicists to solve this problem. Finally, the
Austrian Law on Procreative Medicine (1992) is
discribed.*

1 Einleitung

Die Methoden der Reproduktionsmedizin erweitern die Handlungsoptionen unfruchtbarer Paare, die sich ein eigenes Kind wünschen, beträchtlich. Das medizinierte System der Fortpflanzung kann aber auch Szenarien schaffen, die vom Arzt mehr fordern als die Einhaltung der ›leges artis medicinae‹.

Soweit der Gynäkologe bloß hilft, Ei- und Samenzelle der Wunscheltern zur Verschmelzung zu bringen, und soweit die Wunschmutter den so entstandenen Embryo selbst austrägt,[1] entspricht die soziale (und rechtliche) Elternschaft den Begriffen Vater und Mutter, wie wir sie wohl landläufig definieren: Vater ist der Mann, der das Kind gezeugt hat, Mutter die Frau, die es empfangen, ausgetragen und geboren hat. Der Umstand, daß die Zeugung iatrogen »vermittelt« worden ist, hat also im Kontext familialer Beziehungen so gut wie keine Signifikanz, wenn *Erzeugerschaft* und *Elternschaft* in einer Person vereinigt sind: eben dem Vater.

Der Kontext familialer Beziehungen erweitert sich freilich beträchtlich, wenn zur Zeugung der Samen eines Dritten, eines sogenannten Samenspenders, verwendet wird. Wer ist dann der Vater? Der biologische Erzeuger des Kindes oder der Mann, der sich das Kind sozial und rechtlich zurechnen lassen möchte?[2]

Die vorliegende Abhandlung ist bislang systematisch erhobenen Befunden sowie ethischen und rechtlichen Fragen gewidmet, die »der anonyme Vater im System der Fortpflanzungsmedizin« aufwirft. Diese Beschreibung des Samenspenders soll nicht als definitive Antwort auf die zuvor gestellte Frage, wer im System der

---

1 Gemeint sind sämtliche reproduktionsmedizinischen Eingriffe im sogenannten »homologen« System: Juristische und soziale Elternschaft entsprechen hier der biologischen Abstammung des Kindes. Eine Übersicht über sämtliche Eingriffsmöglichkeiten gibt Jüdes (1983), S. 17 (Schaubild).

2 Mutatis mutandis darf diese Frage auch gestellt werden, wenn die Wunschmutter ein Kind austrägt, das aus einer ihr gespendeten Eizelle entstanden ist. Empirisches Material zur sog. Eispende, die in Deutschland 1991 (§§ 1f. Embryonenschutzgesetz) und in Österreich 1992 (§ 3 Fortpflanzungsmedizingesetz) gesetzlich verboten worden ist, bei Feichtinger et al. (1988), S. 85ff.; Kemeter et al. (1987), S. 145ff., Bolton et al. (1991), S. 217ff., Power et al. (1990), S. 352 ff.

Zeugung mit Samen eines Dritten eigentlich der Vater sei, verstanden werden. Vielmehr möge sie dem Leser deutlich machen, worum es bei einer medizinisch unterstützten Zeugung mit Samen eines Dritten in aller Regel geht: Der Arzt appliziert der Wunschmutter Samen eines den Wuncheltern zumeist völlig unbekannten Mannes, weil der Wunschvater unfruchtbar ist. Die Identität des »Zeugungshelfers«, wie der Samenspender zum Teil euphemistisch genannt wird, soll weder dem Kind noch den Wuncheltern jemals bekanntgegeben werden.[3] Der Arzt ist bei der sogenannten therapeutischen Donorinsemination[4] also nicht nur an die Kunstregeln seines Faches (der Gynäkologie) gebunden. Vielmehr übt er eine sozial gestaltende Rolle aus. Er aquiriert den Samenspender und prüft, ob dieser geeignet ist, seine ihm zugedachte Aufgabe »zu meistern«. Der Samen des Spenders soll nicht nur fortpflanzungsfähig sein. Der Spender soll nach Möglichkeit auch dem Phänotypus des Wunschvaters entsprechen. Vielfach wird auch auf eine Ähnlichkeit des sozio-kulturellen Bezugsfeldes beider Männer geachtet.[5] – Diese Regeln haben sich in der Ärzteschaft entwickelt. Sie sind in vielen (wohl den meisten) Ländern nicht das Ergebnis einer gesamtgesellschaftlichen Normierung. So sind denn auch die einschlägigen Gesetzgebungsakte der jüngeren Vergangenheit häufig die Reaktion auf die Entfaltung ärztlicher Normen, die sich der Berufsstand selbst gesetzt hat.[6]

---

3 Zum technischen Vorgehen bei einer therapeutischen Donorinsemination vgl. Ranner (1985), S.23ff., Tauber (1985), S.198 ff.

4 Darunter versteht man im Gegensatz zur in-vitro-Fertilisierung (Befruchtung außerhalb des Körpers) die Einbringung von nicht vom Wunschvater stammender Samenflüssigkeit in den weiblichen Genitaltrakt zum Zwecke der Befruchtung (Ranner 1985, S.23).

5 Über entsprechende Praktiken berichten Kirchhoff & Wille (1970), S.336 und jüngst Golombok & Cook (1994), S.882ff.

6 Rechtsvergleichender Überblick bei Bernat (1995), S.251ff.

2 Das Dreieck Samenspender – Wunscheltern – Kind

Das Verhältnis zwischen Samenspender, Wunscheltern und Kind ist das Ergebnis eines sozial gestaltenden Eingriffs des Arztes. In der täglichen Praxis des Reproduktionsmediziners, der therapeutische Donorinseminationen durchführt, wird diese besondere Aufgabenstellung erkannt und entsprechend darauf reagiert. Der Arzt kommuniziert mit den Wunscheltern in einer Art und Weise, die weit über das hinausgeht, was zu seiner täglichen Routinearbeit im Rahmen »normaler« gynäkologischer Eingriffe gehört. Der Reproduktionsmediziner holt nicht nur einen ›informed consent‹[7] der Wunschmutter ein, der sich auf den recht einfach zu handhabenden Eingriff bezieht, sondern klärt die Wunscheltern auch über die sozialen und rechtlichen Auswirkungen seiner Substitutionstherapie auf.

Ein Münchener Gynäkologe läßt sich von den Wunscheltern etwa folgende vorformulierte Erklärung unterschreiben:

»Erklärung zur heterologen Insemination

Wir haben uns entschlossen, die Erfüllung unseres übereinstimmenden Wunsches nach einem gemeinsamen Kind mit Hilfe der heterologen Insemination zu verwirklichen, weil die Ehe bisher kinderlos geblieben ist und nach Ausschöpfung aller gegenwärtigen bestehenden Möglichkeiten der Diagnose und Therapie auch künftig bleiben wird.

Das aus dieser Behandlung hervorgehende Kind soll in jeder Beziehung und mit allen rechtlichen Konsequenzen unser gemeinsames eheliches Kind sein. Wir wollen es im vollen Bewußtsein unserer elterlichen Verantwortung zu einem gesunden und lebensfrohen, tüchtigen und allseits gebildeten Menschen erziehen.

Wir sind damit einverstanden, daß Herr Dr. P. in eigener Verantwortung einen geeigneten Spender entsprechend dem

---

7 Der Patient muß vor der Einwilligung in die Therapie also sachgerecht über die typischen Eingriffsrisiken aufgeklärt werden; Überblick über die einschlägigen Probleme jüngst bei Wolfslast (1996), S. 301 ff.

Ergebnis der nach dem gegenwärtigen wissenschaftlichen Erkenntnisstand notwendigen und durchführbaren Untersuchungen auswählt: Der Spender soll uns für immer unbekannt bleiben. Wir verzichten darauf, jetzt oder in Zukunft Angaben über den Spender von Herrn Dr. P. zu verlangen oder Ansprüche irgendwelcher Art aus einer sachgemäß durchgeführten Inseminationsbehandlung abzuleiten.

Über die Durchführung der Inseminationsbehandlung im einzelnen sind wir von ärztlicher Seite beraten und aufgeklärt worden.

Herr Dr. P. übernimmt keine Garantie für einen Erfolg der Behandlung, weder für den Eintritt einer Schwangerschaft noch für die körperlichen, geistigen oder psychischen Eigenschaften des Kindes.«[8]

Der Inhalt dieser Erklärung deutet konfligierende Interessen der an einer therapeutischen Donorinsemination beteiligten Personen an. Diesen Interessen soll im folgenden näher nachgegangen werden.

2.1 Der Samenspender

Ohne Einschaltung eines Dritten, des sogenannten Samenspenders, gäbe es keine therapeutische Donorinsemination. Grundsätzlich wäre es freilich möglich, daß der Samen des Spenders von den Wunscheltern »beigestellt« wird. Ein solches Vorgehen wird von einigen Autoren mit Hilfe ethischer und psychologischer Argumente eingefordert: Offengelegte Beziehungen seien besser als vorgetäuschte. Eine »Lebenslüge« schaffe ohnedies nur Proble-

8 Dieser Text ist einem Urteil entnommen, in dem der österreichische Oberste Gerichtshof erstmals zur Frage Stellung nehmen mußte, ob der Wunschvater nach Zustimmung zur therapeutischen Donorinsemination die Ehelichkeit des Kindes bestreiten könne: OGH, Juristische Blätter 1996, S. 717 ff. Der in dem Formblatt verwendete Begriff ›heterologe Insemination‹ entspricht der im vorliegenden Text verwendeten Bezeichnung ›therapeutische Donorinsemination‹.

me, und zudem sei das biologische Abstammungsverhältnis des Kindes nicht dauerhaft geheimzuhalten (Back & Snowden 1988, S.195 ff., Selb 1987, S.63).

Dennoch hat sich in der Reproduktionsmedizin die Praxis der (wenigstens vorläufigen) Anonymität des Spenders gegenüber den Wuncheltern und dem Kind nahezu einhellig durchgesetzt. Es gibt kaum Ärzte, die eine offene Beziehung des Spenders gegenüber Wuncheltern und Kind institutionalisiert haben. In den meisten Ländern wird der Anonymität des Spenders sowohl von seiten der Standesvertretung der Ärzte (Amercian Fertility Society 1993, S.2) als auch von seiten des Gesetzgebers ausdrücklich oder zumindest implizit das Wort geredet (Stepan 1990, S.545 ff.).

Diese Praxis erschwert die Beantwortung der Frage, welche Männer es denn sind, die ihren Samen einem Arzt zur Verfügung stellen, der ihn einer dem Spender unbekannten Frau inseminiert. Dennoch ist es einigen Sozialwissenschaftlern gelungen, einschlägige Befragungen durchzuführen; hauptsächlich im anglo-amerikanischen Raum, und hier im speziellen in Australien und Neuseeland.

Aus diesen Studien kann man ableiten, daß der Samenspender vorwiegend Student ist, soweit das Inseminationszentrum Teil einer universitären Einrichtung ist. Die Britinnen Cook & Golombok (1995, S.952), die die Einstellungen von 144 Samenspendern untersuchten, geben an, daß 65 Prozent Studenten, 11 Prozent arbeitslos und 26 Prozent beschäftigt waren. Der Anteil der unverheirateten Spender ist in dieser Studie sehr hoch (81 Prozent); die Quote jener Spender, die bereits eigene Kinder haben, niedrig (15 Prozent). Nur 4 Prozent leben von der Partnerin getrennt oder sind geschieden. Die empirischen Daten, die dieser Arbeit zugrundeliegen, wurden mit Hilfe von 14 Zentren gewonnen, die entsprechend dem englischen Recht eine Lizenz zur Durchführung von therapeutischen Donorinseminationen besitzen.

Aufgrund des spärlich vorliegenden Untersuchungsmaterials und sehr unterschiedlicher Zugänge zu den Befragten schiene es mir voreilig, von Spezifika oder Nicht-Spezifika »des« Samenspenders zu sprechen. Im folgenden seien noch Ergebnisse von zwei Untersuchungen berichtet, in denen sich ein deutlich anderes Spender-Bild abzeichnet.

Daniels (1987, S. 177) gibt für 37 befragte neuseeländische Spender einen »allgemein hohen Bildungsstand« an. Jedoch sind die Spender dieser Untersuchung nicht überwiegend Studenten, sondern Angehörige der mittleren bis oberen Bildungsschicht, die bereits im Berufsleben stehen. 20 Spender sind verheiratet, zehn haben eine feste Partnerbeziehung, nur vier sind Singles. 23 Spender haben bereits eigene Kinder. Tendenziell sehr ähnliche Ergebnisse hat ein australisches Forscherteam (Handelsman et al. 1985, S. 95) erzielt, das über einen Anteil von weniger als 5 Prozent Studenten unter den befragten 75 Spendern zu berichten weiß. Aus psychologischer Sicht sind Spender dieser Studie zufolge eher intelligenter, geistig reger, unternehmungslustiger, energischer und extrovertierter als die Durchschnittsbevölkerung Australiens.

In Frankreich haben die *Centres d'étude et de conservation du sperme* eine eigene Politik der Spenderauswahl entwickelt. Spender dürfen nur verheiratete Männer sein, die bereits (zumindest) ein eigenes Kind gezeugt haben (David 1986, S. 65ff.). Damit wollen die französischen *Cécos* erreichen, daß die Wunscheltern die Samenspende – gleich einer Adoptionsfreigabe – als Geschenk eines (ihnen fremden) Paares – und weniger als das Ergebnis einer ärztlichen Dienstleistung – begreifen.

Die Gründe, die einen Mann zur Weitergabe seines eigenen Keimgutes bewegen, sind vielfältig. In den empirischen Studien, die vorliegen, werden genannt: der Wunsch, einem unfruchtbaren Paar zu helfen, sich den Kinderwunsch zu erfüllen; das Interesse, über die eigene Fruchtbarkeit Bescheid zu wissen; das Interesse, sich fortzupflanzen; und schließlich das Interesse, aus der Samenspende »Geld zu machen«.

In den USA und Großbritannien scheinen die finanziellen Interessen des »Spenders« besonders ausgeprägt zu sein. Cook & Golombok (1995, S. 951ff.) fanden heraus, daß für 43 Prozent der von Ihnen Befragten die Bezahlung sehr wichtig, für 27 Prozent immerhin noch einigermaßen wichtig sei. 62 Prozent der Untersuchten gaben an, daß sie nicht mehr spenden würden, wenn sie künftig keine Bezahlung erwarten dürften. Eine noch deutlicher »gewinnorientierte Haltung« haben Schover et al. (1992, S. 575ff.) bei Spendern feststellen können, die im amerikanischen Bundesstaat Ohio befragt worden sind: 71 Prozent (von insgesamt

17 Männern) spendeten ausschließlich wegen des finanziellen Anreizes. Hingegen stehen die finanziellen Interessen der australischen und neuseeländischen Samenspender wohl deutlich hinter dem Interesse, einem unfruchtbaren Paar zu helfen, zurück (Daniels 1987, S.177 ff., Handelsman et al. 1985, S.95 ff., Kovacs et al. 1983, S.73f., Nicholas & Tyler 1983, S. 47 ff., Rowland 1983, S. 49 ff.). Generell kann man aus den einschlägigen Studien ableiten, daß der finanzielle Anreiz zur Samenspende vorwiegend bei jüngeren Männern, und hier insbesondere bei Studenten, einen entscheidenden Einfluß auf die Spendebereitschaft hat. Vorwiegend altruistische Beweggründe sind eher bei jenen Männern erkennbar, die schon selbst eine eigene Familie haben.

Nach mehrheitlich vertretener Auffassung der Samenspender soll an der Anonymität ihrer Person gegenüber Wunscheltern und Kind nicht gerüttelt werden. Die ganz überwiegende Zahl dieser Männer würde daher nicht mehr spenden, wenn ihre Anonymität gesetzlich fiele. Dabei spielt primär die Furcht vor finanzieller Verantwortlichkeit und weniger der Umstand eine Rolle, daß das Kind Jahre oder gar Jahrzehnte nach der Spende in das Leben seines biologischen Vaters treten könnte, der auf diese Kontaktaufnahme nicht entsprechend vorbereitet sein wird (Cook & Golombok 1995, S. 954, Daniels 1987, S. 183, Handelsman et al. 1985, S. 97f.). Von 37 Spendern, deren Werthaltung der Neuseeländer Daniels (1987) erforscht hat, glaubten nur sechs, das Kind solle das Recht haben, die Identität des biologischen Vaters in Erfahrung zu bringen; 22 Spender lehnten ein diesbezügliches Recht ab; neun waren in diesem Punkt unentschieden. Nur neun dieser 37 Männer würden trotz gesetzlicher Aufhebung der Anonymität weiterhin bereit sein zu spenden; elf wußten nicht anzugeben, wie sie auf die Aufhebung der Anonymität reagieren würden. Gleichzeitig vertraten 16 der 37 Spender die Meinung, daß das Kind allgemeine Angaben über den biologischen Vater erhalten solle (wie etwa Angaben zu Alter, Augen- und Haarfarbe, Beruf, etc.), wenn es nach Aufklärung durch die Wunscheltern danach fragt.

2.2 Die Wunscheltern

In der sozialwissenschaftlichen und psychologischen Literatur
(Haimes 1988, S. 46 ff., Ruyter 1996, S. 177 ff., Thévoz 1996, S. 195 ff.)
werden die Paare, die sich ein Kind über den Weg einer therapeutischen Donorinsemination wünschen, sehr häufig mit Adoptions-
werbern verglichen. Dieser Vergleich ist aus mehrfacher Sicht angemessen, weil beide Verfahren (die therapeutische Donorinsemination einerseits, die Adoption andererseits) viele Gemeinsamkeiten teilen. Sowohl die therapeutische Donorinsemination als auch
die Adoption ermöglicht es einem bislang kinderlosen Paar, sich
den Kinderwunsch zu erfüllen. In beiden Fällen liegt ungewollte
Kinderlosigkeit vor, weil die Wunscheltern unfruchtbar sind.[9] Beide Verfahren können aber auch indiziert sein, wenn der Wunschvater (die Wunschmutter) – trotz Fertilität – Träger einer Erbkrank-
heit ist und es vermeiden will, diese Krankheit auf das Kind zu
übertragen (Gigon 1974, S. 48). Häufig ist es in derlei Fällen gar so,
daß sich der Wunschvater (die Wunschmutter) vor der therapeutischen Donorinsemination (bzw. vor dem Antrag auf Adoption eines Kindes) sterilisieren läßt (Baran & Pannor 1989, S. 99 ff.).

Mit der Adoption hat die therapeutische Donorinsemination
auch gemeinsam, daß das Paar eine sozio-juristische Bindung zu
einem Kind erhält, die nicht das Ergebnis eines gemeinsamen
sexuellen Akts ist. Beide Verfahren führen daher zu einem Kindes-
verhältnis, bei dem die Elternschaft entweder gar nicht oder nur
zur Hälfte biologisch zu Buche schlägt. Am treffendsten ist wohl
der Vergleich zwischen einem Stiefvater, der das nichteheliche
oder das aus einer geschiedenen Ehe stammende Kind seiner
Frau adoptiert, und jenem Mann, der in die therapeutische Donorinsemination seiner Partnerin einwilligt (Gründel 1983, S. 260).
Beiden Verfahren ist schließlich gemeinsam, daß die Elternschaft
durch Personen ermöglicht wird, die sich aus einer bestehenden
Bindung entweder lösen (Adoption) oder eine solche Bindung
erst gar nicht entstehen lassen möchten (therapeutische Donorin-

---

9 Im Rahmen der Adoption ist Unfruchtbarkeit freilich nur die Regel. Bei
einer sogenannten »Stiefkindadoption« wird diese Regel durchbrochen.

semination). Der Begriff des »Dritten« hat aber noch eine weitere Dimension: Ohne Arzt beziehungsweise ohne Adoptionsvermittlungsbehörde käme es in der Regel weder zur therapeutischen Donorinsemination noch zur Adoption.

Neben die Gemeinsamkeiten von therapeutischer Donorinsemination und Adoption treten allerdings eine Reihe von Aspekten, die diese beiden Verfahren unterscheiden. Die Adoption ist wohl zuvörderst eine Einrichtung, die es unversorgten Kindern ermöglicht, in eine bestehende Partnerschaft aufgenommen zu werden. Die therapeutische Donorinsemination »erzeugt« hingegen erst das Kind, das von kinderlosen Paaren gewünscht wird. So gesehen sind Kinder aus einer therapeutischen Donorinsemination auch niemals »unerwünscht« gewesen (Ernst 1986, S. 81 ff.), während der Adoption ein ›social break‹ der biologischen Eltern (der biologischen Mutter) vorangeht. Die Adoption schafft zudem ein familiales Verhältnis zum Kind, dem in der Regel nur eine soziale und rechtliche Bindung der Wunscheltern entspricht. Diese Eltern sind also regelmäßig mit dem Kind biologisch gar nicht verwandt. Sie sind nicht die »leiblichen« Eltern, wie das österreichische Adoptionsrecht (vgl. § 180 Abs. 1 ABGB) die biologischen Eltern nennt. Demgegenüber ist das durch therapeutische Donorinsemination gezeugte Kind jedenfalls mit der Wunschmutter genetisch verwandt. Selbst wenn wir den Fall einer Stiefkindadoption mit einer Kindeszeugung durch therapeutische Donorinsemination vergleichen, können wir einen phänomenologischen Unterschied zwischen diesen beiden Verfahren festmachen: Durch die Typenangleichung (›matching‹), die im Rahmen einer therapeutischen Donorinsemination angepeilt wird, entspricht das so gezeugte Kind häufig dem Phänotypus des Wunschvaters, während eine Ähnlichkeit zwischen adoptierendem Stiefvater und Adoptivkind gar nicht oder nur zufällig zustande kommt.

Welche normativen Schlußfolgerungen aus der Analogie zur Adoption gezogen werden können oder sollen, wird in den Abschnitten 3 und 4 noch eingehend dargelegt. Hier soll vorläufig der Hinweis genügen, daß die gesellschaftliche Institutionalisierung beider Verfahren erst durch Einschaltung eines Dritten (der Adoptionsvermittlungsbehörde einerseits und des Arztes andererseits) möglich wird.

Über den sozio-kulturellen und sozio-emotionalen Status von Paaren, die ein Kind durch therapeutische Donorinsemination bekommen möchten, wird in der Literatur selten berichtet (Fiegl & Kemeter 1991, S.111ff., Ranner 1985, S.23ff., Snowden et al. 1985, S.31). Differenziertere Analysen legen nahe, daß Ehen von Eltern eines Inseminationskindes weit stabiler und daher auch weit weniger scheidungsanfällig sind als solche mit »natürlich« gezeugten Kindern (Berger 1982, S.49ff., Beuerlein 1963, S. 36ff., Kirchhoff & Wille 1970, S. 338). Einer jüngeren niederländischen Studie zufolge entscheiden sich mehr als die Hälfte aller Eltern eines durch ehefremden Samen gezeugten Kindes für ein zweites Kind (Kremer et al. 1984, S. 628). 98 Prozent von insgesamt 134 befragten Paaren beurteilten die Inseminationstherapie positiv. Sie gaben an, ihr Leben sei nach der Geburt des Kindes wie bisher weitergegangen, aber mit neuen – positiven – Inhalten bereichert worden.

Die aufgeführten Daten lassen zwei verschiedene Schlußfolgerungen zu: Einerseits wird in der Literatur die Meinung vertreten, daß jene Paare, die von der Möglichkeit einer therapeutischen Donorinsemination Gebrauch machen, schon von vornherein tief verbunden sind (Delaisi de Parseval & Janaud 1986, S. 157). Diese Verbundenheit sei es gerade, die die Gemeinschaft solcher Paare, unabhängig vom Erfolg der Sterilitätstherapie, außerordentlich stabil erscheinen lasse. Andererseits könnte die Stabilität solcher Ehen aber wohl auch mit der »Lüge« in Zusammenhang gebracht werden, die von den Eltern eines durch therapeutische Donorinsemination gezeugten Kindes in aller Regel das ganze Leben lang aufrechterhalten wird. Das Geheimnis der Abstammung des Kindes bindet seine Eltern vielleicht aneinander wie den Täter und den Anstifter einer verbotenen Tat. Nach der im gegebenen Zusammenhang aussagekräftigsten Studie (Snowden et al. 1985, S. 44ff.) behalten annähernd zwei Drittel aller Paare das Geheimnis der therapeutischen Donorinsemination ganz für sich. Nur der Arzt und das medizinische Personal sind in diesen Fällen »Mitwisser«. Von den übrigen Paaren haben fast alle nur ganz ausgewählte Verwandte oder Freunde eingeweiht. Daß die therapeutische Donorinsemination offen eingestanden wird, kommt bloß in wenigen Ausnahmefällen vor – wesentlich seltener als die Lüftung des Adoptionsgeheimnisses.

Warum haben die Eltern eines durch ehefremden Samen gezeugten Kindes eine derartige Scheu, Freunde, Verwandte, Arbeitskollegen, etc. von der Besonderheit der Kindeszeugung wissen zu lassen? Mir scheint die Annahme plausibel zu sein, daß die Grundidee, die hinter der Geheimhaltung der therapeutischen Donorinsemination steckt, mit der Scham des sozialen Vaters zu tun hat. Er und seine Frau wollen die »Schande« der Unfruchtbarkeit gar niemandem oder nur sehr eingeschränkt eingestehen (Ruyter 1996, S. 186), weil sie wohl fürchten, als »Versager« eingestuft zu werden. Im Gegensatz zur Adoption ist die therapeutische Donorinsemation viel weniger als soziale Institution verankert. Paare, die sich auf diese Fortpflanzungsmethode einlassen, gewinnen daher vielleicht schnell den Eindruck, als deviant abgekanzelt zu werden, wenn sie zu ihrem Verhalten stehen. In diesem Zusammenhang könnte auch die kategorische Ablehnung der therapeutischen Donorinsemination durch die christlichen Kirchen eine nicht unwesentliche Rolle spielen (Kongregation für die Glaubenslehre 1987, S. 25 ff.). Paare, die die therapeutische Donorinsemination der Adoption vorziehen, geben im übrigen auch an, ein Grund für ihre Entscheidung sei der Umstand, daß die therapeutische Donorinsemination viel leichter geheimgehalten werden könne als die Adoption (Baran & Pannor 1989, S. 32). Während das adoptierte Kind plötzlich – und für viele Außenstehende wohl unerwartet – in das Leben der Adoptiveltern tritt, weiß nach einer therapeutischen Donorinsemination niemand außerhalb des medizinischen Bereichs, daß die Frau nicht von ihrem Partner geschwängert worden ist (Snowden et al. 1985, S.41).

Logische Folge des Geheimhaltungsinteresses der Wunscheltern ist es schließlich, daß sie auch das Kind ein Leben lang glauben lassen wollen, der soziale Vater sei auch der leibliche. Nach Rowland (1985, S. 392) bekennen sich zur (späteren) Aufklärung des Kindes nur neun Prozent der betroffenen Paare. Diese Angaben entsprechen auch den Erfahrungen in Frankreich (David 1986, S. 74), während eine neuseeländische Studie zum Ergebnis kommt, daß die Eltern ihr Inseminationskind immerhin zu 23 Prozent über dessen biologische Abstammung aufklären möchten (Daniels 1988, S. 380).

2.3 Das durch therapeutische Donorinsemination gezeugte Kind

Da nur ganz wenige durch therapeutische Donorinsemination gezeugte Kinder Informationen über ihre wahre biologische Abstammung erhalten, gibt es auch kaum Studien zur Frage, wie solche Kinder reagieren, wenn sie mit der Wahrheit konfrontiert werden.

Einzelschicksale, auf die die Amerikaner Baran & Pannor verweisen (1989, S. 54 ff.), lassen den Schluß zu, daß ein zufälliges Bekanntwerden der genetischen Wahrheit teilweise wie ein Schock verarbeitet wird. Andererseits gab keines der in dieser Studie befragten Kinder an, sein Leben sei nach Aufdeckung des Inseminationsgeheimnisses wesentlich anders verlaufen als zuvor. Den Berichten von Snowden et al. (1985, S.45 ff.) kann man vielmehr entnehmen, daß Kinder, denen von ihren Eltern gezielt »reiner Wein eingeschenkt« wurde, sich darüber gefreut haben, daß sich ihre Eltern ein Kind gewünscht hatten und daß sie es waren, die den Eltern diesen Wunsch erfüllen konnten. Ein Kind etwa sagte: »Die Erkenntnis, daß ich nicht so ohne weiteres zur Welt gebracht wurde, sondern daß die Eltern einen langen Weg machen mußten, um ein Kind zu bekommen, berührt mich. Und plötzlich fühlte ich, daß sie mich auch unendlich lieben müßten, und daß ich besonders wichtig für sie wäre« (S. 46).

Derartige Aussagen legen nahe, daß das Inseminationskind die Information über seine biologische Abstammung eher als beglückend denn als belastend erlebt. Gleichzeitig machen sie plausibel, daß diese Information die Beziehung des sozialen Vaters zu seinem Kind verbessert, wenn sich durch die Aufdeckung des Abstammungsverhältnisses Spannungen in der Familie abbauen, die mit dem Inseminationsgeheimnis zu tun haben (Baran & Pannor 1989, S.69).

Die beschriebenen Reaktionen von Inseminationskindern auf die Bekanntgabe der biologischen Wahrheit zeigen, daß wohl den meisten an der Kenntnis ihres biologischen Vaters gelegen ist (Baran & Pannor 1989, S. 66 ff.). Dieser Wunsch, seine eigenen genealogischen Wurzeln zu kennen, hat vielleicht mit dem Selbstverständnis des Menschen zu tun. Nach meines Erachtens zutreffender Auffassung steckt dahinter das Streben, den kulturellen Zusammenhang mit den leiblichen Vorfahren herzustellen (Hassenstein 1988, S. 122).

Adoptionsstudien haben in diesem Zusammenhang den Begriff des ›genealogical bewilderment‹ geprägt (Hoffmann-Riem 1985, S. 281 ff., Sants 1964, S. 133 ff., Sorosky et al. 1982, S. 193 ff.). Dieser Zustand wird als eine Art von ›adoption stress‹ beschrieben, der dadurch entsteht, daß das adoptierte Kind entweder gar kein oder nur ein unzureichendes Wissen über seine leiblichen Eltern hat. Und diese Erkenntnis hat viele Gesetzgeber dazu veranlaßt, Adoptivkindern den Zugang zu ihren leiblichen Eltern zu verschaffen (Bernat 1989, S. 202 ff., Haimes 1989, S. 46 ff.): Ab einem gewissen Alter haben Adoptivkinder in vielen Rechtsordnungen die Möglichkeit, ihre biologischen Eltern kennenzulernen, weil sie ein Recht haben, die Identität dieser Personen im Personenstandsbuch abzufragen.[10]

Ist diese adoptionsrechtliche Regelung nun ein zwingendes Argument, die Stellung von Inseminationskindern der von Adoptivkindern anzugleichen? Dieser Frage werde ich im folgenden näher nachgehen.

---

10 Personenstandsbücher sind staatlich geführte Register und dienen der Beurkundung der Geburt, der Eheschließung und des Todes von Personen und ihres Personenstandes (vgl. § 1 öst. PersonenstandsG). Gem. § 37 Abs. 2 öst. PersonenstandsG wird ein Recht des inkognito adoptierten Kindes, die Identität der leiblichen Eltern durch Einsicht in das Geburtenbuch in Erfahrung zu bringen, ab Ehemündigkeit zugestanden.

3 Die ethische Beurteilung der konfligierenden Interessen

3.1 Der Ansatz des deutsches Bundesverfassungsgerichts

Recht einfach ist die Lösung unserer zuvor aufgeworfenen Fragestellung, wenn wir von einem kraft Verfassung geschützten Recht auf Kenntnis der biologischen Abstammung ausgehen dürfen. Verstehen wir unter einem Recht auf etwas einen Anspruch, den ein Individuum gegenüber einem Verpflichteten hat, dann folgt bei Annahme eines aus der Verfassung abgeleiteten Rechts auf Kenntnis der biologischen Abstammung folgendes: Der Staat hat durch entsprechende Regelungen Vorsorge zu treffen, daß jedem durch therapeutische Donorinsemination gezeugten Kind die Möglichkeit erhalten bleibt, seinen biologischen Vater kennenzulernen, wenn es das will. Dieser gesetzliche Auftrag impliziert also ein Verbot der Rekrutierung anonymer Spender durch den Arzt. Der Arzt müßte weiters verpflichtet werden, die den biologischen Vater identifizierenden Daten[11] selbst aufzunehmen und entweder selbst zu verwahren oder an eine staatliche Institution weiterzugeben.

Ganz in diesem Sinne dürfte wohl ein vielbeachtetes Urteil des deutschen Bundesverfassungsgerichts (BVerfG) aus dem Jahre 1989 (S. 335 ff.) zu verstehen sein (Starck 1989, S. 338). Dieses Urteil erging zwar nicht direkt zur Frage der Zulässigkeit des Einsatzes anonymer Samenspender, die Begründung der Entscheidung läßt aber kaum Zweifel offen, daß ein Recht auf Kenntnis der biologischen Abstammung zu den zuvor skizzierten Konsequenzen führen sollte: Verbot der Anonymität des Samenspenders; Pflicht des Arztes zur Dokumentation der den Spender identifizierenden Personenangaben.

Das BVerfG leitet ein Recht auf Kenntnis der eigenen biologischen Abstammung aus dem allgemeinen Persönlichkeitsrecht ab, dessen Aufgabe es sei, »im Sinne des obersten Konstitutions-

---

11 Also etwa Name, Geburtstag und Geburtsort, Staatsangehörigkeit, Anschrift, etc.

prinzips der Würde des Menschen (Art. 1 Abs. 1 GG) die eigene persönliche Lebenssphäre und die Erhaltung ihrer Grundbedingungen zu gewährleisten, die sich durch die traditionellen Freiheitsgarantien nicht vollständig erfassen lassen« (BVerfG 1989, S.336). Das allgemeine Persönlichkeitsrecht hat also nach Ansicht des BVerfG die Funktion einer Art Generalklausel, weil die einzelnen Freiheitsrechte nicht abschließend umschrieben werden können. Die Begründung für die Annahme eines Rechts auf Kenntnis der eigenen biologischen Abstammung, die das BVerfG in dieser Entscheidung gegeben hat, ist allerdings nicht unumstritten geblieben (Ramm 1989, S.1594ff., Smid 1990, S.221ff.). Das BVerfG meint: »Das Recht auf freie Entfaltung der Persönlichkeit und die Menschenwürde sichern jedem einzelnen einen autonomen Bereich privater Lebensgestaltung zu, in dem er seine Individualität entwickeln und wahren kann. ... Verständnis und Entfaltung der Individualität sind aber mit der Kenntnis der für sie konstitutiven Faktoren eng verbunden. Zu diesen zählt neben anderen die Abstammung. Sie legt nicht nur die genetische Ausstattung des einzelnen fest und prägt so seine Persönlichkeit mit. Unabhängig davon nimmt sie auch im Bewußtsein des einzelnen eine Schlüsselstellung für Individualitätsfindung und Selbstverständnis ein« (BVerfG 1989, S.336). Diese sehr einseitige Betonung der genetischen Faktoren (»Individualität«) ist zu Recht auf Kritik gestoßen (Hassenstein 1988, S.122). Nach allgemeinen Grundsätzen der Vererbungslehre läßt nämlich die genetische Abstammung keine Rückschlüsse auf die eigene natürliche Veranlagung zu (Hassenstein 1988, S.122). Wenn ein Recht auf Kenntnis der genetischen Abstammung Sinn macht, dann wohl primär unter dem Gesichtspunkt der Herstellung eines kulturellen Zusammenhanges mit den Vorfahren. Die Frage »Wer bin ich eigentlich?« zielt in unserem Zusammenhang in erster Linie darauf ab, zu wissen, welche Person der biologische Vater eigentlich ist. Entscheidend sind dabei weniger die genetische Konstitution als vielmehr das konkrete Erscheinungsbild, die kulturellen Interessen, der Bildungsstand, Beruf, etc.

Das BVerfG hat in seinem Urteil aus dem Jahre 1989 nicht entschieden, daß der einzelne ein Recht gegenüber dem Staat auf Verschaffung von Kenntnissen über die eigene Abstammung habe. Mit anderen Worten: Die Entscheidung will nur sichergestellt wissen, daß der Gesetzgeber Vorkehrungen trifft, die den Berechtigten in die Lage versetzen, sich die nötige Information zu verschaffen (Starck 1989, S.338).

Man könnte ein Recht auf Kenntnis der biologischen Abstammung aber noch weitergehend ausgestalten: Wenn Verpflichteter eines solchen Rechts nicht nur der Staat, sondern auch die Mutter des Kindes ist, dann würde es der Mutter auf den ersten Blick verwehrt sein, sich durch einen ihr anonymen Spender befruchten zu lassen. Die Drittwirkung des Rechts auf Kenntnis der biologischen Abstammung müßte allerdings nicht zwingend zum Verbot (vorerst) anonymer Samenspenden führen.[12] Die Verpflichtung der Mutter könnte nämlich auf die Preisgabe des Namens des Arztes reduziert werden, der ihr inseminiert hat. Auch auf diesem Wege würde das Kind die Identität seines biologischen Vaters in Erfahrung bringen können, wenn die Spenderdokumentation rechtlich abgesichert wäre.

Weder die eine noch die andere Drittwirkungs-Variante könnte freilich sicherstellen, daß das Kind auch tatsächlich über die Hintergründe seiner Zeugung erfährt. Wie wir wissen, wollen nur ganz wenige Eltern das Kind über dessen biologische Abstammung aufklären. Aus diesem Grunde wäre für die überwiegende Mehrheit dieser Kinder ein Recht auf Kenntnis der biologischen Abstammung nutzlos. Mit anderen Worten: Wer nicht weiß, daß er einen Anspruch hat, übt ihn auch nicht aus. Diese Konsequenz ließe sich nur vermeiden, wenn das Kind von Staats wegen (amtswegig) über seine biologische Abstammung aufgeklärt werden würde (dafür Sozialdemokratische Partei 1986, S.9, Back & Snowden 1988, S.197). Die Sinnhaftigkeit einer solchen Regelung darf aber stark bezweifelt werden. Hat das Kind keinen Grund, an seiner biologischen Abstammung zu zweifeln, erscheint ein »Aufdrängen« der Wahrheit als unzulässiger Eingriff in die Familien- und Eheautonomie der Eltern (Bernat 1989, S.208).

---

12 Unter »Drittwirkung« von Grundrechten bezeichnet man die Auffassung, der zufolge der Grundrechtsschutz nicht nur gegenüber dem Staat, sondern – mehr oder weniger – auch gegenüber privaten Individuen zugestanden wird; vgl. dazu Koziol & Welser (1995), S.28 ff.

3.2 Ein utilitaristischer Ansatz

Die vorherrschende fachwissenschaftliche Meinung unter Juristen in der Bundesrepublik Deutschland hielt schon vor dem Urteil des BVerfG aus dem Jahre 1989 die Anonymität des Samenspenders für verfassungswidrig (Giesen 1981, S.413ff., Laufs 1986, S.767ff.). Ihr ganz menschenrechtlich orientierter Ansatz stellt das Kind in den Mittelpunkt der Argumentation. Nun könnte man dieser Lehre zum Vorwurf machen, sie berücksichtige nicht die Interessen aller an einer therapeutischen Donorinsemination beteiligten Personen. In der Tat ist auffällig, daß die (möglichen) Interessen der Wunscheltern am Schutz ihrer Privatsphäre und die (möglichen) Interessen des Samenspenders an seiner Anonymität kaum den Interessen des Kindes gegenübergestellt werden.

Nehmen wir im Sinne der empirischen Studien, die unter 2.1 und 2.2 skizziert worden sind, grob vereinfachend einmal an, daß das »durchschnittliche« Wunschelternpaar tatsächlich ein Interesse hat, seine Privatsphäre vor dem Samenspender geschützt zu wissen und daß der »durchschnittliche« Samenspender sich tatsächlich zurückziehen würde, wenn seine Anonymität gesetzlich fiele. Auf der anderen Seite wollen wir annehmen, daß ein »durchschnittliches« Inseminationskind tatsächlich ein Interesse hat, sich auf die Suche nach seinem biologischen Vater zu begeben, wenn es einmal von seinem Status erfährt.

Wie würde ein Utilitarist diesen augenscheinlichen Interessenskonflikt zwischen Wunscheltern und Spender auf der einen Seite und dem Inseminationskind auf der anderen Seite lösen, wenn er von dem Prinzip der gleichen Interessenabwägung (Singer 1994, S.40ff.) ausgeht? Nehmen wir an, das Kind A ist das Ergebnis einer therapeutischen Donorinsemination und will mit 16 Jahren seinen biologischen Vater B kennenlernen, nachdem ihm seine Eltern »reinen Wein eingeschenkt« haben. Nehmen wir weiters an, daß B seinen Samen nur deswegen gespendet hat, weil damals seine Anonymität gegenüber A rechtlich abgesichert war. Schließlich gehen wir auch noch von der Annahme aus, daß A.s Eltern von der therapeutischen Donorinsemination Abstand genommen und C adoptiert hätten, wenn es B rechtlich in Aussicht gestellt worden wäre, herauszufinden, wer A.s Eltern eigentlich sind. Ohne die gesetzliche Zusicherung von B.s Anonymität wäre also A nicht gezeugt und geboren worden. A wird vielleicht Leid erfahren, weil sein Interesse, B kennenzulernen, nicht befriedigt werden kann. (A hat, wie wir annehmen, kein Recht auf Kenntnis seiner biologischen Abstammung.) Auf der anderen Seite wird A sein Leben nicht als »lebensunwert« einschätzen und seine Existenz – so wie sie ist – nicht in Frage stellen; ungeachtet eines ›genealogical bewilderment‹.

Wenn also die anonyme Samenspende die einzige Möglichkeit darstellt, die Wunscheltern vom Leid zu befreien, das der unerfüllt gebliebene Kinderwunsch verursacht hat, und wenn das Inseminationskind sein Leben als »Nettogewinn« einschätzt, spricht aus utilitaristischer Sicht wohl alles gegen ein Verbot der Anonymität des Samenspenders (Singer & Wells 1984, S. 74 f.).

Beurteilen wir nun die Interessen der an einer therapeutischen Donorinsemination beteiligten Personen, nachdem der Gesetzgeber entschieden hat, die Anonymität des Samenspenders aufzuheben, und gehen wir dabei von den zuvor getroffenen Annahmen aus. Ist dann das soeben beschriebene utilitaristische Kalkül noch aufrechtzuerhalten? Hat der Gesetzgeber wirklich falsch gehandelt, weil er es verhindert, daß A gezeugt und geboren wird und somit als Träger von Interessen nie existent sein wird? Weitgehende Einigkeit besteht hier wohl nur in einem Punkt. A.s Interessen können durch die Unterlassung der Zeugung nicht beeinträchtigt werden, weil es A als Träger von Interessen noch nicht gibt (Bayles 1975/76, S. 292 ff., Singer 1994, S. 133). Diese Erkenntnis führt jedoch nicht zu dem Schluß, daß es richtig war, die Anonymität des Samenspenders aufzuheben, wenn wir vom Prinzip der gleichen Interessenabwägung ausgehen. Denn die Interessen der Wunscheltern und die des Samenspenders[13] dürfen auch dann nicht ausgeblendet werden, wenn wir davon ausgehen, daß A.s Interessen nicht verletzt werden können, wenn A nicht gezeugt wird. Die Interessen der Wunscheltern und die des Samenspenders würden wohl schon per se ein Verbot der anonymen Samenspende als unangemessen erscheinen lassen. Erst die Aufhebung des Verbots

---

13 Das Interesse des Samenspenders wird nicht nur, wie wir gesehen haben, auf Schutz seiner Privatsphäre gerichtet sein, nachdem er gespendet hat. Vor der Spende mag er auch ein Interesse haben, einem kinderlosen Wunschelternpaar zu helfen.

könnte nämlich zur Befriedigung ihrer Interessen führen. Und wenn es wirklich gelingt, A durch Aufhebung des Verbotes zu zeugen, so erweist sich der Zeugungsakt als Handlung, die zur gesamtgesellschaftlichen Maximierung von Lust und Glück und zur gesamtgesellschaftlichen Minimierung von Schmerz und Unglück beiträgt.

Gibt es nun aufgrund des soeben beschriebenen Umstandes, daß die Zeugung von A erwartungsgemäß zur gesamtgesellschaftlichen Glücksmaximierung führt, eine moralische Pflicht, sich fortzupflanzen? In diesem Punkt herrscht Uneinigkeit. Ein Ansatz könnte Totalansicht (›total view‹) genannt werden. Ihm kommt es darauf an, »die Anzahl der lustvollen Leben zu erhöhen, um die Summe der Lust in der Welt zu steigern« (Singer 1994, S.138). Dementsprechend wäre es unter gewissen Voraussetzungen richtig, (weitere) Kinder zu bekommen und moralisch tadelnswert, die Zeugung von (weiteren) Kindern zu unterlassen. Ein anderer Ansatz berücksichtigt nur Wesen, die bereits existieren oder die unabhängig vom Verhalten des Menschen, das moralisch beurteilt werden soll, existieren werden (Robertson 1986, S. 1018). Dieser Ansatz (›prior existence view‹) leugnet, daß es moralisch gefordert sei, das Glück in der Welt zu maximieren, indem man neue Menschen hervorbringt (Singer 1994, S. 140). Welcher Ansatz im einzelnen überzeugender ist, muß im Rahmen unserer Aufgabenstellung nicht näher untersucht werden. Denn unabhängig davon, ob man sich für die eine oder die andere Variante utilitaristischer Deutung entscheidet, wäre es unter Berücksichtigung der zuvor getroffenen empirischen Annahmen immer richtig zu sagen, daß das Verbot anonymer Samenspender unzulässig erscheint, wenn vom utilitaristischen Prinzip der gleichen Interessenabwägung ausgegangen werden soll.

Ist nun der Anonymität des Spenders auf der Grundlage einer utilitaristischen Interessensbewertung ein für alle Mal das Wort geredet? Keineswegs. Wenn wir unsere empirischen Annahmen verändern, könnte die Spenderanonymität moralisch in einem anderen Lichte erscheinen. Wenn wir zum Beispiel annehmen dürfen, daß weder die Wuncheltern noch der Samenspender ein Interesse an der Beibehaltung der Anonymität haben, sollte diese Praxis tatsächlich abgeschafft werden.

4 Die Rechtslage in Österreich

In Österreich ist die Anonymität des Samenspenders durch das Fortpflanzungsmedizingesetz (FMedG)[14] aufgehoben worden. Dort sieht § 20 Abs. 2 FMedG nämlich vor, daß dem Kind auf dessen Verlangen nach Vollendung des vierzehnten Lebensjahres Einsicht in die Dokumentation zu gewähren ist, die die Krankenanstalt[15] über den Spender anlegen muß. Dazu gehören im wesentlichen die Personalien des Spenders (Name, Geburtstag und -ort, Staatsangehörigkeit und Wohnort) (§ 15 FMedG) sowie ein Befund über die Untersuchungen, denen der Spender und sein Samen unterzogen werden müssen. Diese Untersuchungen sollen sicherstellen, daß der Samen fortpflanzungsfähig ist und durch seine Verwendung keine gesundheitlichen Gefahren für die Wunschmutter oder das (erhoffte) Kind entstehen können (§ 12 FMedG).

Die Krankenanstalt muß sich vom Spender im übrigen schriftlich bestätigen lassen, daß dieser der Verwendung seines Keimgutes für eine therapeutische Donorinsemination zustimmt und daß er mit einer Auskunftserteilung gemäß § 20 FMedG einverstanden ist. Die Zustimmung des Spenders kann jederzeit formfrei (also auch mündlich) widerrufen werden. Dann ist jede weitere Verwendung seines Samens unzulässig. Die Krankenanstalt muß den Widerruf schriftlich festhalten und dem Spender hierüber auf dessen Verlangen eine Bestätigung ausstellen (§ 13 Abs. 1 FMedG).

Das Einsichtsrecht des Kindes ist höchstpersönlich. Wenn allerdings die Kenntnis des Spenders im Rahmen einer medizinischen Untersuchung oder Therapie des Kindes notwendig erscheint,[16]

---

14 Bundesgesetz, mit dem Regelungen über die medizinisch unterstützte Fortpflanzung getroffen sowie das allgemeine bürgerliche Gesetzbuch, das Ehegesetz und die Jurisdiktionsnorm geändert werden, Bundesgesetzblatt 1992/275.

15 Therapeutische Donorinseminationen dürfen nur in speziellen Krankenanstalten durchgeführt werden; vgl. § 5 Abs. 2 FMedG.

16 Der Justizausschußbericht erwähnt als Beispiel den Fall einer Leukämieerkrankung des Kindes, die eine Knochenmarksspende des biologischen Vaters oder seiner Blutsverwandten medizinisch indiziert erscheinen läßt (490 der Beilagen zu den Stenographischen Protokollen des Nationalrates, 18. Gesetzgebungsperiode, S.5).

kann auch der gesetzliche Vertreter des Kindes oder dessen Erzie-
hungsberechtigter Einsicht und Auskunft verlangen. Hierzu bedarf
es der Genehmigung des Pflegschaftsgerichtes (§ 20 Abs. 2, Satz 2
FMedG). Das Gericht hat in einem solchen Fall zu prüfen, ob das
Wissen um die Identität des Spenders medizinisch notwendig ist.
Damit will der Gesetzgeber verhindern, daß die Wunscheltern von
dieser Befugnis »aus reiner Neugier ohne Notwendigkeit« Gebrauch machen.[17]

Die Krankenanstalt, die zur Dokumentation der Spenderiden-
tität verpflichtet ist, muß die Aufzeichnungen 30 Jahre lang aufbe-
wahren. Nach Ablauf dieser Frist oder bei früherer Auflösung der
Krankenanstalt sind diese Unterlagen dem Landeshauptmann zu
übermitteln, der sie auf Dauer aufzubewahren hat (§ 18 Abs. 3
FMedG). Das FMedG enthält auch Gebote, die direkt an den Spender gerichtet sind. Der Spender darf seinen Samen nur einer
Krankenanstalt überlassen, die für die Durchführung therapeutischer Donorinseminationen eine spezielle Genehmigung besitzt
(§§ 5 Abs. 2, 11 FMedG). § 13 Abs. 2 FMedG ordnet weiters an,
daß der Spender seinen Samen nur ein und derselben Krankenanstalt überlassen darf. Hierauf hat ihn die Krankenanstalt besonders hinzuweisen (§ 13 Abs. 2, Satz 2 FMedG). Mit dieser Anordnung will der Gesetzgeber die Sicherstellung der in § 14 FMedG
verankerten Regelung erreichen. Der Samen des Spenders darf
nach dieser Bestimmung in höchstens drei Ehen oder eheähn-
lichen Lebensgemeinschaften verwendet werden.[18] Ziel dieser Bestimmung ist es, das Risiko zufälliger inzestuöser Verhältnisse zu
minimieren, deren sich zwei von ein und demselben Spender ab-
stammende Halbgeschwister gar nicht bewußt sein müssen.
Schließlich darf der Spender seinen Samen nicht mehr entgeltlich
zur Verfügung stellen (§ 16 FMedG). Allerdings ist ein Aufwands-
ersatz (zum Beispiel Fahrtkosten, etc.) von dieser Bestimmung
ausgenommen.

---

17 Justizausschußbericht, a.a.O., S.5.

18 § 14 FMedG »schließt allerdings nicht aus, daß in der jeweiligen Ehe
oder Lebensgemeinschaft – was vielleicht nicht unerwünscht ist – auch
mehrere Kinder mit dem Samen desselben Mannes gezeugt werden.«
(Erläuterungen zur Regierungsvorlage, 216 der Beilagen zu den Stenographischen Protokollen des Nationalrates, 18. Gesetzgebungsperiode, S.21).

Der Gesetzgeber hat durch eine Änderung des allgemeinen bürgerlichen Gesetzbuches (ABGB) den Wunscheltern die alleinige rechtliche Verantwortung gegenüber dem Inseminationskind zugeordnet. Zwar wird jedes Kind, das von einer verheirateten Frau geboren wird, automatisch dem Muttergatten zugeordnet, ohne daß die biologische Abstammung dieser (widerleglichen) Zuordnungsregel entsprechen müßte (§ 138 Abs. 1 ABGB). Ist das Kind jedoch von einem Dritten gezeugt worden – der Gesetzgeber dachte hier in erster Linie an den Ehebrecher –, kann der Muttergatte die Ehelichkeit dieses Kindes grundsätzlich bestreiten (§§ 156, 159 ABGB). Ob ein solches Bestreitungsrecht im Falle einer vom Ehegatten konsentierten therapeutischen Donorinsemination noch zulässigerweise ausgeübt werden darf (dagegen Ranner & Bernat 1984, S. 1345 ff.), war schon vor Inkrafttreten des FMedG strittig (dafür etwa Selb 1987, S. 55 ff.). § 156a ABGB in der Fassung des FMedG hat diese Streitfrage eindeutig geklärt: Der Ehemann der Mutter, der einer therapeutischen Donorinsemination in Form eines gerichtlichen Protokolls oder in Form eines Notariatsaktes zugestimmt hat, kann die Ehelichkeit des mit dem Samen des Dritten gezeugten Kindes nicht mehr bestreiten.

Für den Fall eines mit der Wunschmutter nicht verheirateten Mannes hat der Gesetzgeber eine »Zeugungsvermutung« eingeführt. § 163 Abs. 3 ABGB in der Fassung des FMedG stellt die Vermutung auf, daß der nichteheliche Lebensgefährte der biologische Vater des Kindes sei, wenn er seine Zustimmung zur therapeutischen Donorinsemination in der zuvor beschriebenen, besonders solennen Form (Notariatsakt oder Gerichtsprotokoll) abgibt. Die Verankerung dieser den biologischen Fakten nicht entsprechenden »Zeugungsvermutung« erschien vor allem rechtstechnischer Umstände wegen angezeigt zu sein. Während die Vaterschaft im Falle ehelicher Geburt allein kraft des ehelichen Personenstandes der Mutter dem Ehemann automatisch zugeordnet wird (vgl. nochmals § 138 ABGB), muß die Vaterschaft im Falle nichtehelicher Geburt entweder durch ein gerichtliches Urteil oder durch Anerkenntnis seitens des Vaters festgestellt werden (§ 163b ABGB). Erst die Feststellung der Vaterschaft begründet die juristische Vater-Kind-Beziehung. Zwar wird der nichteheliche Lebensgefährte nach Geburt eines durch therapeutische Donorinsemination gezeugten Kindes wohl in aller Regel freiwillig ein Vaterschaftsanerkenntnis abgeben, § 163 Abs. 3 ABGB trifft aber für jene Fälle Vorsorge, bei denen es sich der Mann zwischenzeitig »anders überlegt« hat. Mit einem Satz: § 163 Abs. 3 ABGB macht es möglich, daß das Kind den nichtehelichen Lebensgefährten der Mutter (der sich »aus der Verantwortung stehlen« möchte) auf Feststellung der Vaterschaft klagen kann (vgl. Bernat 1992, S.244ff.).

Die Grundidee der neuen abstammungsrechtlichen Regeln, wonach nur der Wunschvater die rechtliche Stellung als Vater hat (§§ 156a, 163 Abs. 3 ABGB), wird durch § 163 Abs. 4 ABGB ergänzt: »Ein Dritter, dessen Samen für eine medizinisch unterstützte Fortpflanzung verwendet wird, kann nicht als Vater des mit seinem Samen gezeugten Kindes festgestellt werden.« Mit dieser Regelung wollte der Gesetzgeber die rechtliche Verantwortung des Samenspenders auch in jenen Fällen ausschließen, in denen das Kind keinen sozialen Vater hat.[19] Zwar hat das FMedG die therapeutische Donorinsemination an einer alleinstehenden und an einer lesbisch veranlagten Frau (die gemeinsam mit ihrer Partnerin ein Kind haben möchte) ausdrücklich verboten (§ 2 Abs. 1 FMedG), § 163 Abs. 4 ABGB ist aber deshalb nicht obsolet. Immerhin ist daran zu denken, daß solche Inseminationen verbotswidrig durchgeführt werden könnten. Schließlich könnte der Ehemann die Ehelichkeit des Kindes auch bestreiten, wenn seine Zustimmung zur therapeutischen Donorinsemination etweder gar nicht oder nur formungültig[20] abgegeben worden ist. In all diesen Fällen wird der Samenspender familien- und erbrechtlich »immunisiert«. Weil seine Vaterschaft nicht festgestellt werden kann, läuft er niemals Gefahr, vom Kind beerbt zu werden oder Unterhalt zahlen zu müssen.

---

19 Vgl. die eindeutige Stellungnahme der Erläuterungen zur Regierungsvorlage, 216 der Beilagen zu den Stenographischen Protokollen des Nationalrates, 18. Gesetzgebungsperiode, S.26.

20 Ein solcher Sachverhalt lag der Entscheidung des OGH vom 13.3.1996, Juristische Blätter 1996, S.717ff zugrunde.

5 Ausblick

Kehren wir zu unserer Ausgangsfrage zurück: Wer ist im System der Zeugung mit Samen eines Dritten eigentlich als Vater zu verstehen? Der Partner der Wunschmutter oder der Samenspender? Unter normativem Gesichtspunkt ist diese Frage, jedenfalls im österreichischen Recht, eindeutig beantwortet worden. Familien- und erbrechtlich ist die Vaterschaft nach therapeutischer Donorinsemination jenem Mann zugeschrieben, der der Zeugung in besonders solenner Form (Notariatsakt oder gerichtliches Protokoll) zugestimmt hat. Auf der anderen Seite sind die möglichen Interessen des Kindes, den biologischen Vater kennenzulernen, nicht ausgeblendet worden. Das Auskunftsrecht gemäß § 20 FMedG verschafft dem Inseminationskind zwar keine materiellen Vorteile (argumento § 163 Abs. 4 ABGB), immerhin kann § 20 FMedG aber ideelle Interessen befriedigen, die das Kind haben mag.

Es ist heute, neun Jahre nach Inkrafttreten des FMedG, noch nicht abzusehen, wie viele durch therapeutische Donorinsemination gezeugte Kinder tatsächlich ihren genealogischen Wurzeln nachgehen werden. Die Spenderinsemination scheint in Österreich durch das FMedG merklich zurückgedrängt worden zu sein.[21] Viele Ärzte bieten diese Therapie nicht mehr an, weil sie entweder keine spezielle Krankenanstalt betreiben, die eine Voraussetzung für die zulässige Durchführung einer therapeutischen Donorinsemination ist (§ 5 Abs. 2 FMedG), oder weil sie kaum Samenspender finden, die die Aufhebung ihrer Anonymität in Kauf nehmen.[22] Schließlich könnte das Verbot der Bezahlung des Spenders (§ 16 FMedG) zu einem spürbaren Rückgang der therapeutischen Donorinsemination geführt haben. Wahrscheinlich trifft also die Annahme, die der Gesetzgeber im Zusammenhang mit der Schaffung von § 163 Abs. 4 ABGB getroffen hat, gar nicht zu. Für diese Bestimmung wurde nämlich vorgebracht, daß eine rechtliche Verantwortlichkeit des Samenspenders, die bis zum Inkrafttreten des FMedG nicht ausgeschlossen werden konnte »die Bereitschaft von Männern, sich für eine (therapeutische Donorin-

---

21 Persönliche Mitteilung von Peter Kemeter (Wien) 1997.
22 Persönliche Mitteilung von Franz Fischl (Wien) 1997.

semination) zur Verfügung zu stellen, aller Voraussicht nach empfindlich« beeinträchtigt habe.[23] Träfe diese Annahme zu, hätte die Anzahl der Samenspender nach Inkrafttreten des FMedG eher zu- als abnehmen müssen. Das Gegenteil scheint aber der Fall zu sein: Wenn der Gesetzgeber § 163 Abs.4 ABGB in der Absicht geschaffen hat, den Samenspender stärker zu schützen, dann stellt sich die Frage, warum nach dessen Inkrafttreten tatsächlich weniger Samenspenden zur Verfügung stehen. Die Antwort ist meines Erachtens klar: nicht zuletzt wegen § 20 FMedG (=Aufhebung der Anonymität) und § 16 FMedG (=Remu-nerationsverbot).

Die empirische Sozialforschung hat durch das österreichische Fortpflanzungsmedizingesetz die einzigartige Möglichkeit, viele Fragen zu klären, die ohne das Gesetz kaum oder gar nicht beantwortet werden können: Wie wirken sich die Aufhebung der Anonymität und das Remunerationsverbot à la longue tatsächlich auf die Praxis der therapeutischen Donorinsemination aus? Wie viele Kinder werden vom Auskunftsrecht gemäß § 20 FMedG Gebrauch machen? Wie viele Eltern werden das Kind über seine biologische Abstammung aufklären?[24] Wie werden die biologischen Väter auf das »Erscheinen« dieser Kinder reagieren, von deren Existenz sie gar nichts wissen?

Vielleicht wird die Beantwortung dieser Fragen hilfreich sein, um die normativen Grundlagen der therapeutischen Donorinsemination erneut zu überdenken. Videbimus.[25]

---

23 Erläuterungen zur Regierungsvorlage, 216 der Beilagen zu den Stenographischen Protokollen des Nationalrates, 18. Gesetzgebungsperiode, S.26.

24 Entgegen den Vorstellungen der Sozialdemokratischen Partei Deutschlands (1986, S.9) hat der österreichische Gesetzgeber davon Abstand genommen, das Kind amtswegig aufklären zu lassen. In den Erläuterungen zur Regierungsvorlage heißt es dazu: »Die Frage, ob und wann die Wunscheltern das Kind über seine Herkunft und die Umstände seiner Zeugung aufklären, soll [...] – so wie bei der Adoption – von den Eltern in eigener Verantwortung beantwortet werden.« (216 der Beilagen zu den Stenographischen Protokollen des Nationalrates, 18. Gesetzgebungsperiode, S.23).

25 Das Manuskript der vorstehenden Arbeit wurde im Januar 1997 abgeschlossen. Danach erschienene Literatur konnte daher nicht mehr berücksichtigt werden. Über Motivation und Einstellung der schwedischen Samenspender berichten nun einläßlich Daniels et al. (1998).

Literatur

American Fertility Society (1993). Guidelines for therapeutic donor insemination: sperm. *Fertility & Sterility, 59* (Supplement 1), pp. 1–4.

Back, K. W. & Snowden, R. (1988). The anonymity of the gamete donor. *Journal of Psychosomatic Obstetrics and Gynaecology, 9*, pp. 191–198.

Baran, A. & Pannor R. (1989). *Lethal secrets. The shocking consequences and unsolved problems of artificial insemination.* New York: Warner Books.

Bayles, M. D. (1975/76). Harm to the unconceived. *Philosophy & Public Affairs, 5*, pp. 292–304.

Berger, D. M. (1982). Psychological aspects of donor insemination. *International Journal of Psychiatry in Medicine, 12*, pp. 49–57.

Bernat, E. (1989). *Rechtsfragen medizinisch assistierter Zeugung.* Frankfurt/ M.: Peter Lang.

Bernat, E. (1992). Das Fortpflanzungsmedizingesetz: Neue Aufgaben für das Notariat. *Österreichische Notariatszeitung*, S. 244–246.

Bernat, E. (1995). Das Recht der Fortpflanzungsmedizin 1995. Ein Dreiländervergleich (Deutschland, Österreich, Schweiz). In F. Fischl (Hrsg.), *Kinderwunsch. In Vitro Fertilisierung und Assistierte Reproduktion – Neue Erkenntnisse und Therapiekonzepte.* Purkersdorf: Krause & Pachernegg, S. 251–263.

Beuerlein, I. (1963). *Die künstliche Samenübertragung beim Menschen im anglo-amerikanischen Bereich.* Stuttgart: Ferdinand Enke.

Bolton, V., Golombok, S., Cook, R., Bish, A. & Rust, J. (1991). A comparative study of attitudes towards donor insemination and egg donation in recipients, potential donors and the public. *Journal of Psychosomatic Obstetrics and Gynaecology, 12*, pp. 217–228.

Bundesverfassungsgericht (1989). Urteil vom 31.1.1989 – 1 BvL 17/87. *Juristenzeitung*, S. 335–338.

Cook, R. & Golombok, S.(1995). A survey of semen donation: phase II – the view of the donors. *Human Reproduction, 10*, pp. 951–959.

Daniels, K. R. (1987). Semen donors in New Zealand: their characteristics and attitudes. *Clinical Reproduction and Fertility, 5*, pp. 177–190.

Daniels, K. R. (1988). Artificial insemination using donor semen and the issue of secrecy: The views of donors and recipient couples. *Social Science & Medicine, 27*, pp. 377–383.

Daniels, K. R., Ericsson, H. L. & Burn, I. P. (1998). The views of semen donors regarding the swedish insemination act 1984. *Medical Law International, 3*, pp. 117–134.

David, G. (1986). L'expérience des C.É.C.O.S.(Centres d'étude et de conservation du sperme). In Institut suisse de droit comparé (ed.), *Procréation Artificielle, Génétique et Droit*. Zürich: Schulthess Polygraphischer Verlag, S. 65–75.

Delaisi de Parseval, G. & Janaud, A. (1986). *Ein Kind um jeden Preis. Ethik und Technik der künstlichen Zeugung*. Weinheim: Beltz.

Ernst, C. (1986). Psychosocial aspects of artificial procreation. In Institut suisse de droit comparé (ed.), *Procréation Artificielle, Génétique et Droit*. Zürich: Schulthess Polygraphischer Verlag, S. 77–88.

Feichtinger, W., Bernat, E., Kemeter, P., Putz, M. & Hochfellner, C. (1988). Eizellspende im Rahmen eines IVF-Programmes. Organisation, Ergebnisse und rechtliche Aspekte. *Fertilität, 4*, S. 85–92.

Fiegl, J. & Kemeter, P. (1991). Katamnestische Untersuchung von Paaren mit Kindern nach In-vitro-Fertilisation oder Samenspende. *Jahrbuch der medizinischen Psychologie, 5*, S. 111–122.

Giesen, D. (1981). Heterologe Insemination – Ein neues legislatorisches Problem? *Zeitschrift für das gesamte Familienrecht*, S. 413–418.

Gigon, U. (1974). Medizinische und rechtliche Aspekte der heterologen Insemination. *Schweizerische medizinische Wochenschrift, 104*, S. 48–51.

Golombok, S. & Cook R. (1994). A survey of semen donation: phase I – the view of UK licensed centres. *Human Reproduction, 9*, pp. 882–888.

Gründel, J. (1983). Theologisch-ethische Beurteilung der extrakorporalen Befruchtung und des Embryotransfers beim Menschen – Gedanken eines katholischen Theologen. In U. Jüdes (Hrsg.), *In-vitro-Fertilisation und Embryotransfer (Retortenbaby). Grundlagen, Methoden, Probleme und Perspektiven*. Stuttgart: Wissenschaftliche Verlagsgesellschaft mbH, S. 249–272.

Haimes, E. (1988). ›Secrecy‹: What can artificial reproduction learn from adoption? *International Journal of Law and the Family, 2*, pp. 46–61.

Handelsman, D. J., Dunn, S. M., Conway, A. J., Boylan, L. M. & Jansen, R. P. S. (1985). Psychological and attitudinal profiles in donors for artificial insemination. *Fertility & Sterility, 43*, pp. 95–101.

Hassenstein, B. (1988). Der Wert der Kenntnis der eigenen genetischen Abstammung. *Zeitschrift für das gesamte Familienrecht*, S. 120–123.

Hoffmann-Riem, Ch. (1985). *Das adoptierte Kind. Familienleben mit doppelter Elternschaft*. München: Wilhelm Fink.

Jüdes, U. (1983). Einführung: Eingriffe in die Fortpflanzung. In U. Jüdes (Hrsg.), *In-vitro-Fertilisation und Embryotransfer (Retortenbaby). Grundlagen, Methoden und Perspektiven*. Stuttgart: Wissenschaftliche Verlagsgesellschaft mbH, S. 13–23.

Kemeter, P., Feichtinger, W. & Bernat, E. (1987). The willingness of infertile women to donate eggs. In W. Feichtinger & P. Kemeter (eds.), *Future Aspects in Human in Vitro Fertilization*. Berlin: Springer, pp. 145–153.

Kirchhoff, H. & Wille, R. (1970). Künstliche heterologe Insemination. *Deutsches Ärzteblatt*, S. 335–342.

Kongregation für die Glaubenslehre (1987). *Instruktion über die Achtung vor dem beginnenden menschlichen Leben und die Würde der Fortpflanzung. Antworten auf einige aktuelle Fragen*. Vatikanstadt: Vatikanische Polyglott-Druckerei.

Kovacs, G. T., Clayton, C. E. & McGowan, P. (1983). The attitudes of semen donors. *Clinical Reproduction and Fertility*, 2, pp. 73–75.

Koziol, H. & Welser, R. (1995). *Grundriß des bürgerlichen Rechts. Band I: Allgemeiner Teil und Schuldrecht (10. Auflage)*. Wien: Manz.

Kremer, J., Frijling, B. W. & Nass, J. L. M. (1984). Psychosocial aspects of parenthood by artificial insemination donor. *The Lancet, I*, p. 628.

Laufs, A. (1986). Die künstliche Befruchtung beim Menschen. Zulässigkeit und zivilrechtliche Folgen. *Juristenzeitung*, S. 769–778.

Nicholas, M. K. & Tyler J. P. P. (1983). Characteristics, attitudes and personalities of AI donors. *Clinical Reproduction and Fertility*, 2, pp. 47–54.

Power, M., Baber, R., Abdalla, H., Kirkland, A., Leonard, T. & Studd, J. W. W. (1990). A comparison of the attitudes of volunteer donors and infertile patient donors on an ovum donation programme. *Human Reproduction*, 5, pp. 352–355.

Ramm, T. (1989). Ehelichkeitsanfechtung und Bundesverfassungsgericht. *Neue Juristische Wochenschrift*, S. 1594–1597.

Ranner, G. (1985). Aspekte der künstlichen Insemination. In E. Bernat (Hrsg.), *Lebensbeginn durch Menschenhand. Probleme künstlicher Befruchtungstechnologien aus medizinischer, ethischer und juristischer Sicht*. Graz: Leykam, S. 23–40.

Ranner, G. & Bernat, E. (1984). Heterologe Insemination und Zivilrecht. *Österreichische Ärztezeitung*, 39, S. 1345–1350.

Robertson, J. A. (1986). Embryos, families, and procreative liberty: The legal structure of the new reproduction. *Southern California Law Review*, 59, pp. 942–1040.

Rowland, R. (1983). Attitudes and opinions of donors on an Artificial insemination by donor (AID) Programme. *Clinical Reproduction and Fertility*, 2, pp. 249–259.

Rowland, R. (1985). The social and psychological consequences of secrecy in artificial insemination by donor (AID) programmes. *Social Science & Medicine*, 21, pp. 391–396.

Ruyter, K. W. (1996). The example of adoption for medically assisted conception. In D. Evans (ed.), *Creating the child. The ethics, law and practice of assisted procreation.* The Hague: Martinus Nijhoff, pp. 177–194.

Sants, H. J. (1964). Genealogical bewilderment in children with substitute parents. *British Journal of Medical Psychology,* 37, pp. 133–141.

Schover, L. R., Rothmann, S.A. & Collins, R. L. (1992). The personality and motivation of semen donors: a comparison with oocyte donors. *Human Reproduction,* 7, pp. 575–579.

Selb, W. (1987). *Rechtsordnung und künstliche Reproduktion des Menschen.* Tübingen: J. Mohr.

Singer, P. (1994). *Praktische Ethik* (2. Aufl.). Stuttgart: Reclam.

Singer, P. & Wells D. (1984). *The reproduction revolution. New ways of making babies.* Oxford: Oxford University Press.

Smid, S. (1990). Recht auf Kenntnis der eigenen blutsmäßigen Abstammung? *Juristische Rundschau,* S. 221–226.

Snowden, R., Mitchell, G. D. & Snowden, E. M. (1985). *Artefizielle Reproduktion.* Stuttgart: Enke.

Sorosky, A. D., Baran, A. & Pannor, R. (1982). *Adoption. Zueinander kommen – miteinander leben. Eltern und Kinder erzählen.* Reinbek: Rowohlt.

Sozialdemokratische Partei (1986). Sozialdemokratische Vorschläge zur Lösung von Problemen der Unfruchtbarkeit und der Anwendung gentechnologischer Methoden beim Menschen. In H. Däubler-Gmelin (Hrsg.), *Forschungsobjekt Mensch: Zwischen Hilfe und Manipulation.* München: J. Schweitzer, S. 1–16.

Starck, Ch. (1989). Entscheidungsbesprechung. *Juristenzeitung,* S. 338–339.

Stepan, J. (1990). Rechtsvergleichende Gedanken zur Regelung der heterologen Insemination. In W. Stoffel & P. Volken (Hrsg.), *Conflits et harmonisation. Mélanges en l'honneur d'Alfred E. von Overbeck.* Fribourg: Éditions universitaires, S. 545–574.

Tauber, P. F. (1985). Medizinische Aspekte und Probleme der homologen und donogenen Insemination. *Gynäkologe, 18, S. 198–207.*

Thévoz, J.-M. (1996). The rights of children to information following assisted conception. In D. Evans (ed.), *Creating the Child. The Ethics, Law and Practice of Assisted Procreation.* The Hague: Martinus Nijhoff, pp. 195–209.

Wolfslast, G. (1996). Aufklärungspflicht zwischen Informationsrecht und begrenzter Belastbarkeit des Patienten. *Jahrbuch für Recht und Ethik, 4,* S. 301–313.

»Der Erzeuger, der sich nicht um seine Kinder kümmert,
bleibt in den Augen aller dennoch
ihr Vater, allenfalls ein *schlechter Vater.*«
(Yvonne Knibiehler, *Geschichte der Väter*)

»It is a wise father that knows his own child.«
(William Shakespeare, *Der Kaufmann von Venedig*)

ANDREAS PAUL

Evolutionsbiologische Mutmaßungen über die Vaterschaft

*Im Gegensatz zur Mehrzahl der Kulturanthropologen und
Sozialwissenschaftler gehen Evolutionsbiologen davon aus,
daß das Verhalten menschlicher Väter (wie die meisten
übrigen Aspekte menschlichen Verhaltens) evolutionsbiologischen Regeln folgt. In diesem Kapitel wird ein Überblick über jene Fakten gegeben, die diese Sicht unterstützen.
Nach einer kurzen Übersicht über väterliches Verhalten in
modernen und traditionellen menschlichen Gesellschaften
sowie einer kurzen Einführung in die Evolutionstheorie wird
väterliches Verhalten bei Tieren, insbesondere Fischen, Vögeln und nichtmenschlichen Primaten untersucht. Dabei zeigt
sich, daß Konflikte um die Brutpflege zwischen den Geschlechtern bei Arten mit sexueller Fortpflanzung praktisch
universell sind, und daß die Entscheidung, sich an der Aufzucht der Jungen zu beteiligen, von den dabei entstehenden
relativen Kosten und Nutzen für das jeweilige Geschlecht abhängt. Der Grad der Vaterschaftssicherheit ist dabei nur einer
unter mehreren Faktoren. Daten zum menschlichen
Fürsorgeverhalten lassen den Schluß zu, daß dieses mit Voraussagen, die aus der Evolutionstheorie abgeleitet werden
können, übereinstimmt.*

287

In contrast to most cultural anthropologists and social scientists, evolutionary biologists generally suggest that human paternal behaviour (like most other aspects of human behaviour) is shaped by evolutionary rules. In this chapter the available evidence in support of this view will be reviewed. After giving a short overview of patterns of human paternal behaviour in modern and traditional societies and some basic evolutionary rules, patterns of paternal behaviour in animals, especially in fish, birds and nonhuman primates will be reviewed. It will be shown that conflicts between the sexes over parental care occur in almost all sexually reproducing species, and that the decision to provide care is affected by the relative costs and benefits, where paternity certainty is only one of the relevant factors. Available evidence from humans allows the conclusion that human parental behaviour is generally consistent with predictions derived from evolutionary theory.

1 Die Erfindung der Vaterschaft

»Zu Recht ist geschrieben worden, daß die Position des Vaters eine Erfindung der Menschen und nicht eine natürliche Tatsache sei«, stellt die französische Sozialhistorikerin Yvonne Knibiehler in ihrer bemerkenswerten »Geschichte der Väter« (1996, S.18) fest. Knibiehler bezieht sich mit ihrer Bemerkung auf die Kulturanthropologin Margaret Mead, die schon in den 40er Jahren die menschliche Vaterschaft als »soziale Erfindung« bezeichnete (Mead 1985). Zoologen dürften ob solcher Einschätzungen verwundert den Kopf schütteln: Sie kennen eine Vielzahl von Tierarten, bei denen sich der Vater an der Aufzucht des Nachwuchses beteiligt oder diese Aufgabe sogar ganz übernimmt (Clutton-Brock 1991, Ridley 1978, Trivers 1985). Seepferdchen, bei denen der Vater die Eier in einer Hauttasche ausbrütet, Stichlingsmännchen, die die von ihnen befruchteten Eier mehrerer Weibchen in einem selbst gebauten Nest bewachen, oder Singvögel, bei denen sich das Männchen an der Fütterung des Nachwuchses beteiligt, sind bekannte Beispiele. Selbst bei Wüstenasseln beteiligen sich Väter an der Brutpflege (Linsenmair 1979). Wenn es sich also bei der Vaterschaft um eine »soziale Erfindung« handelt, dann hat diese Erfindung in der Evolution nicht nur einmal, sondern mehrfach stattgefunden![1]

Natürlich könnte man hier einwenden, daß weder Vögel noch Fische und schon gar nicht Wüstenasseln über ihr Verhalten reflektieren und die Vaterschaft bei ihnen auch in keiner Weise institutionalisiert ist, so daß sich nach Ansicht der meisten in der Tradition von Max Weber (1972) oder Emile Durkheim (1961) stehenden Humansoziologen die Anwendung soziologischer Kategorien auf Tiere generell verbiete. Ganz in diesem Sinn argumentierte auch Mead, die meinte, daß das »Menschentum nicht vom Instinkt des Individuums, sondern von der traditionellen Weisheit ihrer Gesellschaft abhängt« (Mead 1985, S.178). Entscheidend war für Mead freilich, daß die Menschen »auf dem Entwicklungsstammbaum« weit von den Vögeln und Fischen entfernt seien – und damit deren Verhalten für das Verständnis unseres eigenen Verhaltens offenbar ganz und gar nutzlos ist.

Hat die Biologie mithin nichts – und schon gar nichts Erhellendes – zum Verständnis des Phänomens Vaterschaft beizutragen? Evolutionsbiologen sind hier naheliegenderweise ganz anderer Ansicht, zumal auch »soziale Erfindungen« selbstverständlich in den Bereich »natürlicher Phänomene« gehören und sich somit – ebenso selbstverständlich – nicht a priori einer naturwissenschaftlichen Analyse entziehen. Daß die Humanpsychologie von der Evolutionstheorie dereinst profitieren werde, hatte bekanntlich ja schon Charles Darwin vorhergesagt, und tatsächlich ist die Entwicklungspsychologie und die Psychologie elterlichen Verhaltens eines jener Gebiete, auf denen sich die Integration evolutionsbiologischer und »klassisch« psychologischer Erklärungsansätze der-

---

1 Näheres zu den evolutionsbiologischen Grundlagen des Patriarchats – das nicht Thema dieses Artikels ist – findet sich bei Smuts (1995).

zeit am deutlichsten vollzieht (z.B. Keller & Chasiotis 1991, Lamb et al. 1987, Vogel 1984). Wie zu zeigen sein wird, hält diese »neue Synthese« (Wilson 1975) auch für die von der Öffentlichkeit beklagte und von der Wissenschaft festgestellte Diskrepanz zwischen »Wunsch und Wirklichkeit« in Bezug auf die menschlichen Väter theoretisch fundierte Erklärungsansätze bereit.

2 Wunsch und Wirklichkeit

Vorstellungen über die Vaterschaft haben sich ebenso wie die Erwartungen, die an Väter gestellt werden, in den letzten Jahren und Jahrzehnten erheblich gewandelt (Fthenakis 1985). Und doch klaffen in kaum einem anderen gesellschaftlichen Bereich, so das Fazit einer jüngst von der LBS in Auftrag gegebenen Studie, Wunsch und Wirklichkeit so weit auseinander wie bei der Vaterrolle (Anonymus 1998). In den Medien sind Klagen über die »vaterlose Gesellschaft« mittlerweile Legion: Da ist in der *Zeit* vom Vater als einer »verschwindenden Spezies« die Rede (Nitzschke 1992), der *Stern* prangert »die Lüge von den neuen Vätern« an (Benard et al. 1992), das Magazin *Psychologie Heute* titelte im Februar des Jahres 1992 »Der Vater – das Phantom in der Familie«, und der *Spiegel* beklagt, daß sich die überwältigende Mehrheit der Trennungs- und Scheidungsväter ihrer elterlichen Verantwortung entzieht: Nur ein Drittel zahlt dem Nachwuchs regelmäßig Unterhalt (Kartte 1997).

Psychologen bescheinigen Vätern die gleiche elterliche Kompetenz im Umgang mit Säuglingen und Kleinkindern wie Müttern (Fthenakis 1985, Keller & Chasiotis 1991, Lamb et al. 1987, siehe aber Babchuck et al. 1985, Stallings et al. 1997). Dennoch bestätigen zahlreiche Studien, daß Väter in modernen westlichen Gesellschaften dazu tendieren, in erster Linie durch Abwesenheit zu glänzen (Übersichten bei Fthenakis 1985, Lamb et al. 1987). Zumeist US-amerikanische Untersuchungen aus den 70er und frühen 80er Jahren kamen zu dem Ergebnis, daß Väter zwischen 1,75 und 4 Stunden am Tag für ihre Kinder erreichbar waren, sich aber nur 15 Minuten bis maximal 2 Stunden mit ihnen beschäftigten –

wobei die höheren Werte üblicherweise auf mündlichen Angaben der Eltern beruhten, die niedrigeren dagegen auf genaueren schriftlichen Aufzeichnungen ihres Verhaltens (Lamb et al. 1987). Dies bestätigt einmal mehr, daß zwischen dem, was Menschen tun, und dem, was sie sagen (oder von dem sie glauben), daß sie es tun, beträchtliche Diskrepanzen bestehen können (vgl. Flinn 1988). Lamb und seine Koautoren (1987) schätzen, daß die Interaktionsfrequenz der Väter mit ihren Kindern zwei Drittel unterhalb der der Mütter liegt. Hinzu kommt, daß die Hauptbeschäftigung der Väter in spielerischen Aktivitäten besteht, die der Mütter dagegen in der routinemäßigen Versorgung der Kinder. Der Anteil der Väter, die Versorgungsaktivitäten wie Baden, Füttern und Windelwechseln in den alleinigen Zuständigkeitsbereich der Mutter verwiesen, lag in den genannten Studien bei 70 bis 75 Prozent. Familien mit alternativen Lebensentwürfen, bei denen sich die Väter verstärkt an der Betreuung der Kinder beteiligen, waren einer australischen Untersuchung zufolge (Russell 1983) – statistisch gesehen – vernachlässigbar: Ihr Anteil machte nur ein bis zwei Prozent aller Familien aus. Darüber hinaus sind selbst in diesen »nichttraditionellen« Familien Väter immer noch weniger involviert als die Mütter, die sich insbesondere dann, wenn beide Elternteile zu Hause sind, verstärkt um die Kinder kümmern. Von einem »Rollentausch«, so das Fazit von Fthenakis (1985), kann mithin auch in diesen Familien nicht die Rede sein.

Bevor man nach den Ursachen für das vergleichsweise geringe väterliche Engagement bei der Kinderbetreuung fragt, sollten sinnvollerweise zwei andere Fragen geklärt werden:

(1) Handelt es sich hier um ein neues Problem, wie es die Aufregung in den Medien suggeriert (eine »verschwindende Spezies« muß per definitionem einmal häufiger gewesen sein), oder haben wir es »nur« mit einem neuen Problembewußtsein zu tun?

(2) Handelt es sich um ein kulturspezifisches Merkmal westlicher (oder anderer) Industriegesellschaften, oder findet sich dasselbe Muster auch in anderen, traditionellen Kulturen?

Um die generelle Antwort vorwegzunehmen: Die »vaterlose Gesellschaft« ist weder ein neues Phänomen, noch eines, das auf moderne westliche Industriegesellschaften beschränkt wäre. Tatsächlich deutet alles darauf hin, daß sich heute – zumindest in »intakten« Familien – Väter stärker an der Versorgung ihrer Kinder beteiligen als noch vor 50 Jahren. Längsschnittuntersuchungen in einer kleinen amerikanischen Industriestadt zufolge verbrachten dort 1924 10 Prozent der Väter keinerlei Zeit mit ihren Kindern, 1978 war der Wert auf 2 Prozent gesunken (Caplow & Chadwick 1979). Weitergehende Untersuchungen ergaben, daß amerikanische Väter 1975 durchschnittlich 2,29 Stunden in der Woche ihren Kindern widmeten; 1981 waren es immerhin 2,88 Stunden – ein Anstieg um 26 Prozent (Lamb et al. 1987). Freilich: Knapp 25 Minuten pro Tag (einschließlich der Wochenenden) ist nicht eben viel. Der entsprechende Wert für die Mütter war mit 73 Minuten dreimal so hoch. Auch die bereits erwähnte LBS-Studie, die auf der Befragung von 175 deutschen Paaren basiert, die Mitte der 90er Jahre ein Kind bekamen, kommt zu dem Ergebnis, daß die Versorgung und Betreuung der Kinder nach wie vor überwiegend in den Verantwortungsbereich der Mutter fällt (Anonymus 1998). Unterstützt wird diese Aussage auch durch die (steigende) Anzahl Alleinerziehender: 1997 gab es in Deutschland 305000 alleinerziehende Väter mit Kindern unter 18 Jahren, aber 1529000 alleinerziehende Mütter (Statistisches Bundesamt 1998). Immerhin stieg zwischen 1991 und 1997 die Anzahl alleinerziehender Väter mit knapp 50 Prozent deutlich stärker als die alleinerziehender Mütter (20 Prozent).

Ein Blick auf traditionelle Kulturen ergibt kein grundsätzlich anderes Bild. Katz und Konner (1981), die die ethnographische Literatur gesichtet und Daten über Vater-Kind-Beziehungen aus 80 traditionellen Kulturen zusammengetragen haben, fanden, daß sich in 90 Prozent der Kulturen die Mutter hauptsächlich oder ausschließlich um die Kinder (im Alter von 0 bis 2 Jahren) kümmerte. Enge Beziehungen zwischen Vätern und Kleinkindern fanden sich in nur vier Prozent der untersuchten Kulturen. Detaillierte Studien an einzelnen Kulturen (Tabelle 1) kommen zu einem ähnlichen Ergebnis. Zwar beteiligen sich in vielen Kulturen neben der Mutter andere Personen an der Versorgung der Kinder (Betzig

1992); die direkte Beteiligung des Vaters ist aber meist minimal. Beispielsweise fand Hames (1988) bei den Ye'kwana, einer venezolanischen Ethnie, daß Väter ihre Kinder nur in 1,4 Prozent der Beobachtungszeit hielten oder trugen. Damit rangierten sie nicht nur weit hinter den Müttern (78 Prozent), sondern auch hinter Schwestern (9 Prozent), Kusinen (4 Prozent), hinter Großmüttern (3,5 Prozent) und Tanten (2,4 Prozent) der Kinder. Die Väter rutschten in dieser Rangfolge auch dann nicht weiter nach vorne, wenn Hames sämtliche möglichen Fürsorgeaktivitäten zusammenfaßte.

Eine Ausnahme stellen die von Hewlett (1988, 1991, 1992) untersuchten zentralafrikanischen Aka-Pygmäen dar. Aka-Väter verbringen 45 Prozent des 24 Stunden Tages in unmittelbarer Nähe (Armeslänge oder Körperkontakt) ihrer Kinder. Die Väter tragen die Kinder, wenn sie von ihren Jagdausflügen zurückkehren (während die Mütter das erbeutete Fleisch tragen), sie halten sie, während die Mütter das Essen zubereiten oder Feuerholz sammeln, sie beruhigen sie und sie säubern sie auch. Allerdings sind selbst die als außerordentlich zärtlich beschriebenen Aka-Väter deutlich weniger mit ihren Kindern involviert als die Mütter: Väter halten oder tragen ihre Kinder durchschnittlich 57 Minuten am Tag, die Mütter dagegen 490 Minuten.[2]

---

2 Beachte, daß dieses Maß für Vater-Kind-Kontakt nicht mit den in Tabelle 1 angegebenen identisch ist. Nach Hewlett (1992) hielten die von ihm beobachteten Aka-Väter ihre Kinder am Tage (zwischen sechs Uhr morgens und sechs Uhr abends) während knapp acht Prozent der Beobachtungszeit und verbrachten etwa ebensoviel Zeit in ihrer unmittelbaren Nähe; in den Abendstunden stiegen diese Werte deutlich an (Halten: 23,3 Prozent, Armeslänge: 28,3 Prozent). Systematische Nachtbeobachtungen wurden verständlicherweise nicht durchgeführt, aber üblicherweise verbringen Männer und Frauen die Nacht gemeinsam mit ihren Kindern.

Tabelle 1: Vater-Kind-Kontakt in 18 traditionellen Kulturen

Gesellschaft, Region	Lebens-grundlage	Sicht-kontakt[1]	Vater hält das Kind[2]	Alter der Kinder	Quelle
!Kung, Botswana	Sammeln, Jagen	30 %	1,9 % 4,0 %	0– 6 Monate 6–24 Monate	West&Konner (1976)
Aka-Pygmäen, Zentralafrik. Rep.	Jagen, Sammeln	88 %	22,0 % 14,0 %	1– 4 Monate 8–18 Monate	Hewlett (1991)
Efe-Pygmäen, Dem. Rep. Kongo	Sammeln, Jagen		2,6 %	1– 4 Monate	Winn et. al (1990)
Gusii, Kenia	Ackerbau	10%			Whiting&Whiting (1975)
Logoli, Kenia	Ackerbau	5 %	0,0 %	3–18 Monate	Munroe&Munroe (1989), zit. in Hewlett (1991)
Mukogodo, Kenia	Viehzucht	3 %			Cronk&Mathieu, zit. in Betzig (1992)
Hadza, Tansania	Sammeln, Jagen		5,6 %	0– 9 Monate	Marlowe (1999)
Newaren, Nepal	Ackerbau	7 %	2,0 %	3–18 Monate	Munroe&Munroe (1989), zit. in Hewlett (1991)
Rajputen, Indien	Ackerbau	3 %			Whiting&Whiting (1975)
Ilocano, Philippinen	Ackerbau	14 %			Whiting&Whiting (1975)
Okinawan, Japan	Ackerbau	3 %			Whiting&Whiting (1975)
Mixtecen, Mexiko	Ackerbau	9 %			Whiting&Whiting (1975)
Ache, Paraguay	Jagen, Sammeln		10 min/Tag		Hill et al. (1985)
Ye'kwana, Venezuela	Jagen, Pflanzen		1,4 %	0–40 Monate	Hames (1988)
Kariben, Belize	Ackerbau	3 %	0,0 %	3–18 Monate	Munroe&Munroe (1989), zit. in Hewlett (1991)
Gidgingali, Australien	Jagen, Sammeln		3,4 % 3,1 %	0– 6 Monate 6–18 Monate	Hamilton (1981)
Samoaner, Samoa	Ackerbau	8 %	0,0 %	3–18 Monate	Munroe&Munroe (1989), zit. in Hewlett (1991)
Ifalukese, Mikronesien	Fischfang, Pflanzen	13 %			Betzig et al. (1989)

1 Vater ist anwesend beziehungsweise in Sichtweite, Angabe in Prozent der Zeit Beobachtungszeit.
2 Angabe in Prozent der Beobachtungszeit.

Zusammenfassend läßt sich also feststellen, daß Väter überall auf der Welt deutlich weniger Zeit mit ihren Kindern verbringen als Mütter.[3] Dies scheint – zumindest in traditionellen Gesellschaften, die keine künstliche Babynahrung kennen – auf den ersten Blick eine einfache biologische Ursache zu haben: Männern fehlen die physiologischen Voraussetzungen, um Kinder zu stillen. Damit scheint die Biologie ihre Schuldigkeit aber auch schon getan zu haben, denn trotz der meist geringen väterlichen Beteiligung ist das Ausmaß väterlicher Fürsorge von Kultur zu Kultur – und auch innerhalb einer Kultur – durchaus unterschiedlich. Ist der Mensch also, wie die Ethnosoziologin Gisela Bleibtreu-Ehrenberg (1995, S.23) meint, »in Bezug auf Vaterschaft – wie im Hinblick auf viele andere wichtige Elemente des Soziallebens gleicherweise – weniger ein Natur- denn ein Kulturwesen«? Zweifellos ist das Verhalten von Vätern sowohl intra- als auch interkulturell erheblich variabler als das Verhalten von Müttern. Dennoch gehen aus evolutionsbiologischer Sicht beide Erklärungsansätze – also die Bezugnahme darauf, daß Männer nicht stillen können, ebenso wie die Vermutung, daß abgesehen von dieser basalen Tatsache die Biologie ausgedient und die Kultur die Oberhand über die Natur gewonnen hat – am eigentlichen Kern des Problems vorbei. Zur Begründung dieser Behauptung ist ein kurzer Ausflug in die Grundlagen der Evolutionsbiologie notwendig.

---

3 Natürlich ist die Zeit, die Väter mit ihren Kindern verbringen, nur ein relativ grobes und sicher nicht hinreichendes Maß für das Ausmaß ihres gesamten elterlichen Aufwandes oder die Qualität der Vater-Kind-Beziehung. Allerdings weist Knibiehler (1996, S.326) – sicher nicht ganz zu Unrecht – darauf hin, daß ein Vater, der häufig von zu Hause abwesend ist, seinen Kindern ein »höchst armseliges Beispiel« vermittelt. Darüber hinaus zeigen – wiederum mit Ausnahme der Aka-Pygmäen – sämtliche Untersuchungen, daß sich Väter auch in der Art und der Qualität ihrer Interaktionen mit Kindern von Müttern unterscheiden (vgl. Hewlett 1991, Lamb et al. 1987).

3 Eine Darwinische Sicht des Lebens

Warum bekommen Menschen Kinder? Die Frage klingt banal: Fortpflanzung ist schließlich eine der Grundeigenschaften lebendiger Systeme, und nur durch Fortpflanzung wird die Kontinuität des Lebens auf der Erde garantiert. Allerdings läßt sich auch eine solch scheinbar banale Frage ganz unterschiedlich beantworten: Menschen bekommen Kinder, weil sexuelle Interaktionen mit dem anderen Geschlecht Lustgewinn verschaffen, was zumindest unter vormodernen Verhältnissen regelmäßig zu generativen Konsequenzen führte; Menschen bekommen auch Kinder, weil sie einen psychologisch verankerten Kinderwunsch in sich verspüren und weil die Aufzucht von Kindern und die Lebenserfahrung mit ihnen psychisch »belohnen«; und schließlich bekommen Menschen auch deshalb Kinder, weil sie durch das kulturelle Normenverständnis ihrer Gesellschaft dazu motiviert werden. Auf der physiologischen, der psychologischen und der kulturellen Ebene läßt sich also ein ganzes Ursachenbündel menschlicher Reproduktion benennen.

Die Frage nach den *letzten* Ursachen menschlicher Reproduktion ist damit aber noch nicht geklärt: Warum verschafft Sex Lustgewinn, warum verspüren wir in uns einen Kinderwunsch und warum lassen sich Menschen im Hinblick auf ihre Fortpflanzung von gesellschaftlichen Normen beeinflussen? Kurz: Warum lassen sich Menschen von den genannten Mechanismen motivieren? Aus der evolutionsbiologischen Perspektive lautet die Antwort: Weil im Verlauf der Evolution die genetischen Dispositionen sämtlicher Organismen für alle Aspekte ihrer Lebensgestaltung, seien sie morphologischer, physiologischer oder psychologischer Art, von der natürlichen Selektion zwangsläufig auf die Maximierung ihres Reproduktionserfolges hin modelliert worden sind. Die genannten Mechanismen haben sich also – so steht zu vermuten – im Rahmen dieses Prozesses als wirkungsvolle Instrumentarien zur optimalen Umsetzung reproduktiver Interessen bewährt (Paul & Voland 1997).

Damit wird deutlich, daß sich die oben gestellte Frage (wie alle »Warum-Fragen« in der Biologie) auf ganz unterschiedlichen Ebenen beantworten läßt: Die eine Ebene betrifft die unmittelbaren oder proximaten »Wirkursachen« oder Mechanismen des Verhaltens, die andere die der »letzten« oder ultimaten »Zweckursachen« – also die Frage nach den funktionellen Hintergründen, den Selektionsvorteilen eines Verhaltensmusters oder einer morphologischen Struktur. Die Suche nach Antworten auf der proximaten Ebene ist traditionell Domäne der Psychologie (und natürlich auch anderer Disziplinen wie der Soziologie oder der Neurobiologie), die Suche nach Antworten auf der ultimaten Ebene dagegen die der Evolutionsbiologie und – im Bereich der Verhaltensforschung – ihrer jüngsten Tochterdisziplinen, der Soziobiologie und der Verhaltensökologie.

Wenn Evolutionsbiologen von evolvierten »Interessen« sprechen, meinen sie damit natürlich nicht, daß irgendeine nichtmenschliche Art von ihren reproduktiven »Interessen« wüßte oder diese gar bewußt und planvoll verfolgen würde (auch Menschen tun dies für gewöhnlich nicht). Um biologisch evolvierte »Interessen« zu verfolgen, bedarf es keiner zielgerichteten Absicht – beim Grippevirus ebensowenig wie bei der Honigbiene, dem Schimpansen oder dem Menschen. Und dennoch verhalten sich diese und alle anderen Arten im Durchschnitt ausgesprochen »quasirational« – so, *als ob* sie um ihre Interessen wüßten und wie kühl rechnende Ökonomen verschiedene Handlungsalternativen gegeneinander abwägten. Aber die in der Natur zu beobachtende Ökonomie beruht nicht darauf, daß die Individuen selbst komplizierte Rechnungen durchführten – sie ist ein Ergebnis jenes Prozesses, den Charles Darwin (1859) als den entscheidenden Evolutionsfaktor erkannt hatte, der natürlichen Selektion.

Darüber, was unter »natürlicher Selektion« zu verstehen ist, bestehen selbst unter Biologen zuweilen noch Unsicherheiten. Insbesondere das berühmte Schlagwort vom »survival of the fittest« gab und gibt immer wieder zu Mißverständnissen Anlaß. Für Darwin handelte es sich dabei schlicht um die Tatsache, daß die prinzipielle Begrenztheit lebensnotwendiger Ressourcen zusammen mit dem ungeheuren Vermehrungspotential sämtlicher Lebewesen Individuen mit ähnlichen Ansprüchen (also vor allem Artgenossen) in einen unerbittlichen »Kampf ums Dasein« zwingt, in dem nur wenige – die aufgrund ihrer spezifischen genetischen Ausstattung besser angepaßten Individuen – bestehen können. Entscheidend ist freilich nicht, daß manche Individuen länger *überleben* als andere; alles, worauf es ankommt, ist, daß sie sich erfolgreicher fortpflanzen beziehungsweise mehr Kopien der eigenen Gene in die nächste Generation bringen als ihre unmittelbaren Konkurrenten. Dies ist es, was Soziobiologen unter Fitnessmaximierung verstehen. Darwin selbst drückte es so aus: »Es sei vorausgeschickt, daß ich die Bezeichnung ›Kampf ums Dasein‹ in einem weiten metaphorischen Sinne gebrauche, der die Abhängigkeit der Wesen voneinander, und was noch wichtiger ist: nicht nur das Leben des Individuums, sondern auch seine Fähigkeit, Nachkommen zu hinterlassen, mit einschließt.« (Darwin 1963, S. 101)

Obwohl die natürliche Selektion somit an der Variabilität der individuellen Merkmalsträger (›Phänotypen‹) ansetzt, ist die eigentliche Ebene biologischer Anpassungsvorgänge also die der Gene: Nur sie – und nicht etwa ihre Träger, die Individuen – können von Generation zu Generation weitergegeben werden, und ihre potentielle Unsterblichkeit begründet die Kontinuität des Lebens. Konsequent zu Ende geführt wurde dieser Gedankengang erst Anfang der 60er Jahre: »Despite the principle of ›survival of the fittest‹ the ultimate criterion which determines whether [gene] G will spread is not whether the behavior is to the benefit of the behaver but whether it is to the benefit of the gene G«, formulierte William Hamilton 1963 (S. 209) erstmals jene zunächst als kühn empfundene zentrale These der Soziobiologie, die später unter dem Schlagwort vom »egoistischen Gen« (Dawkins 1994) bekannt wurde. Diese auf den Erkenntnissen Darwins basierende Sicht des Lebens, die mittlerweile vielfältig belegt ist (zum Beispiel Nesse & Williams 1997), leitete einen tiefgreifenden Paradigmenwechsel in der Biologie ein: Nicht »arterhaltende Zweckmäßigkeit« (Lorenz 1963) wird von der Selektion prämiert, sondern genetischer Eigennutz (Wickler & Seibt 1991, Williams 1966, Wilson 1975). Selektion ist also »ihrem Wesen nach ein durch und durch eigennütziger Prozeß, der nur am reproduktiven Vorteil, den er einem Individuum verschafft, gemessen wird« (Mayr 1994, S. 200). Dies wird häufig dahingehend mißverstanden, daß sich auch die Individuen als Träger der Gene immer und unter allen Umständen eigennützig verhalten müßten. Wie nicht anders zu erwarten, tun sie dies zwar oft genug; aber auch Kooperation und Altruismus können den genetischen Interessen des Individuums förderlich sein und somit von der Selektion prämiert werden – beispielsweise dann, wenn der Empfänger einer Hilfeleistung mit dem Helfer verwandt ist (Hamilton 1964; die Theorien der Verwandtenselektion und des reziproken Altruismus können hier nicht näher behandelt werden; Übersichten finden sich zum Beispiel bei Ridley 1997, Voland 1993). Ein zweites, in der Öffentlichkeit weit verbreitetes, Mißverständnis sei ebenfalls bereits hier angesprochen: Die Theorie des »egoistischen Gens« ist zweifellos eine genetische Theorie des Verhaltens. Dies bedeutet allerdings nicht, daß die Soziobiologie eine Theorie wäre, die behauptete, das Verhalten von Tieren und Menschen sei lückenlos genetisch determiniert und Umwelteinflüssen gegenüber immun (vgl. Hrdy 1999, Voland 1993). Tatsächlich haben sich vor allem für langlebige Organismen, die sich in komplexen Umwelten behaupten müssen, »offene Verhaltensprogramme« (Mayr 1979), die Spielraum für freie Entscheidungen lassen und dem Organismus die Fähigkeit verleihen, sich Erfahrungen zunutze zu machen, als evolutionär hochgradig erfolgreich erwiesen. Nicht von ungefähr ist in der Evolution vieler Säugetiergruppen – nicht nur jener Linie, die zum Menschen führte – eine Zunahme der Hirngröße zu beobachten.

Für das Verhältnis der Geschlechter hat diese Darwinische Sicht des Lebens tiefgreifende Konsequenzen. Zwar ist es offensichtlich, daß bei Arten mit sexueller Fortpflanzung beide Geschlechter – im eigenen Interesse – kooperieren müssen; dies bedeutet jedoch nicht, daß die reproduktiven Interessen der beiden Geschlechter identisch wären. Ironischerweise wird dies bei keiner Art so deutlich wie beim Menschen, wo der »Krieg der Geschlechter« geradezu sprichwörtlich ist und Ausdruck in einer weit verbreiteten »doppelten Sexualmoral« findet (Vogel 1992). Der Ursprung dieses Interessenkonflikts der Geschlechter liegt in einem zunächst unscheinbar wirkenden Geschlechtsunterschied, der für alle Arten mit zweigeschlechtlicher Fortpflanzung charakteristisch ist: die Größe und Menge der produzierten Keimzellen. Bei allen Arten mit zweigeschlechtlicher Fortpflanzung produzieren die Männchen sehr viele (meist bewegliche) kleine Keimzellen, die Spermien; die Weibchen dagegen sehr viel weniger, dafür aber große Keimzellen, die Eier. Ökonomisch ausgedrückt bedeutet dies, daß viele Spermien um die Befruchtung weniger Eizellen miteinander konkurrieren. Männchen können ihren Reproduktionserfolg daher steigern, wenn sie möglichst viele Eizellen befruchten, sich also mit möglichst vielen Weibchen paaren. Weibchen können dagegen nicht mehr Nachkommen erzeugen, wenn sie sich mit mehreren Männchen verpaaren (wenngleich damit andere Vorteile verbunden sein mögen, vgl. Hrdy 1986). Für das Weibchen ist es zweifellos vorteilhaft, wenn sich das Männchen an der Aufzucht der gemeinsamen Kinder beteiligt; für das Männchen ist es dagegen günstiger, möglichst wenig elterlichen Aufwand zu betreiben und statt dessen die ihm zur Verfügung stehende Energie in Aktivitäten zu investieren, die seine Chancen erhöhen, weitere Kinder zu zeugen.

Tatsächlich ist dies das in der Natur am häufigsten vorgefundene Muster: Männchen investieren nichts in die Aufzucht ihrer Nachkommen, Weibchen hingegen (sofern die betreffende Art überhaupt Brutpflege betreibt) alles (Trivers 1985). Dennoch gibt es, wie anfangs bereits erwähnt, eine ganze Reihe von Arten, bei denen sich Väter an der Aufzucht ihrer Kinder beteiligen oder diese Aufgabe sogar allein übernehmen. Drei Tiergruppen sind in diesem Zusammenhang besonders interessant: Fische, Vögel und Primaten.

4 Fische und Vögel: Konflikte um die Brutpflege

Alles Leben entstand im Meer. Für die meisten Meeresbewohner endet der Aufwand, den sie für die Fortpflanzung betreiben, mit der Abgabe ihrer (meist ungeheuer zahlreichen) Keimzellen ins Wasser. Viele Fische (und auch einige andere Arten) betreiben allerdings Brutpflege und erhöhen auf diese Weise die Überlebens- und Fortpflanzungschancen ihres Nachwuchses. Überraschenderweise ist es bei Fischen meist der Vater, der die Brutpflege übernimmt. Bemerkenswert ist dies aus zweierlei Gründen: Erstens scheint die Versorgung des Nachwuchses durch den Vater die stammesgeschichtlich ältere – man könnte also auch sagen: »primitivere« – Form der Brutpflege zu sein (Clutton-Brock 1991, Kurland & Gaulin 1984). Zweitens ist das höhere Reproduktionspotential von Männchen offensichtlich kein hinreichender Grund für die Evolution väterlicher Zurückhaltung bei der Brutpflege (Clutton-Brock 1991).

Sucht man nach den Gründen für das väterliche Engagement bei Fischen, fällt ein Faktum ins Auge: Väterliche Brutpflege ist bei Arten mit äußerer Befruchtung sehr viel häufiger als bei Arten mit innerer Befruchtung (Ridley 1978, Gross & Shine 1981). Eine mögliche Erklärung ist die folgende: Wenn elterliche Fürsorge für das Überleben der Jungen notwendig ist, aber die Pflege durch einen Elternteil ausreicht, dann kann derjenige, der seine Keimzellen als erster ins Wasser abgegeben hat, verschwinden und weitere Fortpflanzungschancen suchen. Seinen Partner zwingt er auf diese Weise allerdings in eine »grausame Bindung« (Trivers 1972), da der Erfolg des ganzen Unternehmens nun ganz allein von dessen Fürsorge abhängt (Dawkins & Carlisle 1976). Bei Fischarten mit innerer Befruchtung kann das Männchen das besamte Weibchen verlassen, bei Arten mit äußerer Befruchtung kann das Weibchen dagegen das Männchen in eine »grausame Bindung« zwingen – sofern es seine Eier zuerst ablegt. Tatsächlich könnte diese Hypothese erklären, warum auch bei anderen Tieren mit innerer Befruchtung, also etwa Säugetieren wie uns, väterliches Engagement bei der Jungenaufzucht so selten ist: Männer können das geschwängerte Weibchen »sitzenlassen« und weitere sexuelle Abenteuer suchen (was sie ja oft genug auch tun).

Genauere Untersuchungen bestätigen die Hypothese von der »grausamen Bindung« aber nicht (Ridley 1978, Gross & Shine 1981, siehe auch Clutton-Brock 1991, Dawkins 1994, Trivers 1985): Auch bei Arten, bei denen die Männchen die Gelegenheit haben, das Weibchen mit der Brut »sitzenzulassen«, übernehmen die Männchen die Brutpflege häufiger als man erwarten würde. Einer der Gründe, die dafür verantwortlich sind, dürfte in der Tatsache liegen, daß die Kosten für die Brutpflege gering sind und die Männchen nicht notwendigerweise daran gehindert werden, weitere Nachkommen zu zeugen (Clutton-Brock 1991): Stichlingsweibchen laichen beispielsweise bevorzugt in Nestern von Männchen ab, in denen bereits die Eier anderer Weibchen liegen.

Auch für Arten mit innerer Befruchtung ist die Hypothese von der »grausamen Bindung« wenig überzeugend. Vögel zeichnen sich ebenso wie Säugetiere durch innere Befruchtung aus. Dennoch ist väterliches Engagement bei Vögeln fast universell, bei Säugern dagegen extrem selten: Bei weniger als 5 Prozent der Säugetierarten beteiligen sich Männchen an der Aufzucht der Jungen, während es bei den Vögeln etwa 95 Prozent sind (Clutton-Brock 1991). Eine naheliegende Erklärung für diesen Unterschied könnte in der Tatsache liegen, daß Vogelväter beim Bebrüten der Eier und beim Füttern der Jungen helfen können, Säugetiermännchen in ihren Möglichkeiten dagegen sehr viel beschränkter sind, da nur die Mutter die Jungen stillen kann. Aber diese Erklärung bleibt ebenso an der Oberfläche des Phänomens wie die Feststellung, daß Säugetiermännchen wenig Neigung verspüren, sich an der Aufzucht ihrer Kinder zu beteiligen: In beiden Fällen handelt es sich um proximate Erklärungen. Die ultimaten Ursachen dafür, warum die Psyche und die Physis männlicher Säugetiere so und nicht anders beschaffen sind, müssen woanders gesucht werden. Salopp formuliert: Hätte die Evolution gewollt, daß Männer Kinder stillen, dann hätte sie sie mit den dafür notwendigen physiologischen Mitteln ausgestattet. Unterstützung erhält dieses Argument durch die Entdeckung, daß bei einer malaysischen Fledermausart die Männchen über funktionell intakte – wenngleich nicht sehr ergiebige – Milchdrüsen verfügen (Francis et al. 1994).

In der nüchternen Funktionslogik der Evolutionsbiologie ist elterliches Verhalten eine Frage der Kosten-Nutzen-Bilanz. In Bezug auf das Stillen scheint diese Bilanz für Männchen negativ auszufallen. Da Muttermilch eine hochwertige Nahrung ist, würde der Säugling zwar profitieren, und auch die Mutter könnte schneller wieder empfängnisbereit werden, wenn ein Teil der Stillarbeit vom Vater übernommen würde. Diesem Vorteil stehen aber hohe Kosten gegenüber, da die Produktion von Milch einen erheblichen Energieaufwand erfordert (Lee & Bowman 1995), was die weiteren Fortpflanzungsmöglichkeiten drastisch einschränken könnte. Hinzu kommt ein weiterer Kostenfaktor: die Unsicherheit der Vaterschaft.

Aus evolutionsbiologischer Sicht könnte man erwarten, daß Männchen sich grundsätzlich nur dann an der Brutpflege beteiligen, wenn sie sich ihrer Vaterschaft sicher sein können – die Kinder eines Nebenbuhlers aufzuziehen ist biologisch maladaptiv, das heißt fitnessmindernd (Trivers 1972). Bei äußerer Befruchtung kann sich ein Männchen relativ leicht Gewißheit darüber verschaffen, daß seine Spermien die einzigen sind, die die Eier eines Weibchens befruchten. Auch deshalb ist väterliche Brutfürsorge bei Fischen mit äußerer Befruchtung vermutlich so weit verbreitet. Bei innerer Befruchtung sind die Kontrollmöglichkeiten darüber, welche Spermien die Eier eines Weibchens befruchten, dagegen erheblich eingeschränkt. Paart sich ein Weibchen mit mehreren Männchen, kann sich keines mehr der Vaterschaft sicher sein. Bei vielen Arten versuchen Männchen daher, Weibchen sexuell zu monopolisieren. Vögel haben es in diesem Zusammenhang leichter als Säugetiere, da zwischen Begattung und Eiablage oft nur Stunden und selten mehr als wenige Tage verstreichen (Kurland & Gaulin 1984). Die Kosten der Partnerüberwachung sind also verhältnismäßig gering, der Nutzen väterlicher Brutpflege dagegen hoch: Zahlreiche Untersuchungen zeigen, daß sich die väterliche Beteiligung an der Brutpflege positiv auf die Überlebensrate der Jungvögel auswirkt (Clutton-Brock 1991).

Dennoch gibt es auch bei Vögeln Konflikte um die Brutpflege – manchmal mit dramatischen Konsequenzen. Ein instruktives Beispiel ist unser Haussperling oder Spatz. Spatzen sind oft monogam, viele Männchen begatten aber auch zwei oder drei Weibchen. Bei der Brutpflege helfen die Männchen allerdings nur einem Weibchen, der »Hauptfrau« – mit dem Effekt, daß der Aufzuchtserfolg der »Nebenfrauen« signifikant geringer ist als der der »Hauptfrauen«. Auch die »Hauptfrauen« haben aber ein Problem: Nicht selten wird ihr ganzes Gelege zerstört oder die gerade geschlüpften Jungen werden getötet. Täter sind die »Nebenfrauen«, die auf diese Weise versuchen, in den Genuß männlicher Hilfe zu kommen (Veiga 1990). Konflikte um die Brutpflege entstehen auch dann, wenn die Weibchen nicht »treu« sind: Männliche Rauchschwalben beispielsweise reduzieren ihre Hilfe bei der Brutpflege, wenn sie Hinweise dafür haben, daß ihre Partnerin »fremdgegangen« ist (Møller 1988). Eine vergleichende Analyse des Brutpflegeverhaltens von 52 Vogelarten ergab, daß sich die Männchen der jeweiligen Art um so weniger an der Fütterung der Jungen beteiligen, je unsicherer ihre Vaterschaft ist (Møller & Birkhead 1993).

5 Primaten: Viele Wege führen nach Rom

Primaten unterscheiden sich von den meisten anderen Säugetieren in zwei wesentlichen Punkten: Erstens sind ihre Jungen extrem lange von elterlicher Fürsorge abhängig. Evolutionsbiologisch ausgedrückt handelt es sich dabei um eine Strategie, aus vergleichsweise wenigen hilflosen Neugeborenen erfolgreiche Erwachsene zu machen: Primaten setzen bei der Produktion von Nachkommen eher auf Qualität als auf Quantität. Zweitens leben bei der Mehrzahl der Primaten Männchen und Weibchen das ganze Jahr über in Gruppen unterschiedlicher Größe und Zusammensetzung zusammen. Bei der Mehrzahl der übrigen Säuger treffen sich die Geschlechter dagegen nur zur Fortpflanzung, gehen aber ansonsten getrennte Wege (van Schaik 1996). Die naheliegende Vermutung, daß das Zusammenleben der Geschlechter auf sexueller Anziehung beruht (Zuckerman 1932), wird durch die Empirie nicht gestützt: Auch bei Arten mit streng saisonaler Fortpflanzung leben die Geschlechter dauerhaft zusammen (Lancaster & Lee 1965). Könnte es statt dessen sein, daß für die erfolgreiche Aufzucht der Jungen männliche Beteiligung an der Brutpflege notwendig ist?

Unterstützung erhält dieses Argument durch Befunde an einer Reihe meist kleiner, südamerikanischer Affenarten, bei denen sich die Männchen intensiv an der Fürsorge für die Kinder beteiligen. Bei den monogam lebenden Springaffen beispielsweise ist der Vater die Hauptbezugsperson für die Kinder. Ein neugeborenes Springaffenkind verbringt über 90 Prozent seiner Zeit in engem Körperkontakt mit seinem Vater; zur Mutter kommt es nur, um zu trinken (Wright 1984). Auch bei den knapp 30 verschiedenen Arten von Krallenaffen, die meist Zwillinge zur Welt bringen, beteiligen sich die männlichen Gruppenmitglieder intensiv an der Aufzucht der Jungtiere, die sie nicht nur tragen, sondern auch – sobald die Jungen in der Lage sind, feste Nahrung zu sich zu nehmen – füttern (McGrew & Feistner 1992). Freilanduntersuchungen zufolge wirkt sich die männliche Hilfe positiv auf die Überlebenschancen der Säuglinge aus: Je mehr männliche Helfer zur Stelle sind, desto höher ist die Überlebensrate der Jungtiere (Garber 1997, Koenig 1995). Nicht von ungefähr kommt es in Krallenaffengruppen daher – ähnlich wie bei den zuvor erwähnten Spatzen – zu Konflikten um die Brutpflege. Üblicherweise pflanzt sich in einer Krallenaffengruppe nur das ranghöchste Weibchen fort, das jegliche Fortpflanzungsversuche der anderen weiblichen Gruppenmitglieder schon in ihren Ansätzen unterdrückt (Abbott 1993).[4] Gebiert dennoch ein rangniederes Weibchen in der Gruppe Junge, werden diese vom Alphaweibchen getötet (Digby 1995).

Vergleichende Analysen zeigen, daß männliche Hilfe bei der Jungenfürsorge vor allem bei kleinwüchsigen Arten ausgeprägt ist, die (bezogen auf das mütterliche Gewicht) besonders schwere und schnell wachsende Junge zur Welt bringen (Ross & MacLarnon 1995). Da für solche Arten das primatentypische Tragen der Jungtiere energetisch besonders aufwendig ist, ist es eine biologisch adaptive Strategie, die Kosten der Aufzucht durch die Rekrutierung von Helfern zu verringern. Krallenaffen steigern ihre Reproduktionsrate zudem noch dadurch, daß sie bis zu zweimal im Jahr Zwillinge gebären.[5] Unter diesen Umständen wird es für eine Mutter nicht nur schwierig, ihre Jungtiere allein erfolgreich aufzuziehen; ohne die Hilfe anderer wäre sie vermutlich gar nicht in der Lage, eine so hohe Reproduktionsleistung zu erbringen.

Für die meisten anderen der etwa 250 bekannten Primatenarten gilt diese Argumentation aber offenbar nicht: Bei ihnen sind die Mütter in der Lage, ihre Jungen allein aufzuziehen. Affiliative Männchen-Kind-Interaktionen wie das Tragen von Jungtieren sind zwar bei Primaten insgesamt häufiger als in anderen Säugetiergruppen (Kleiman & Malcolm 1981), aber von einer substantiellen männlichen Beteiligung an der täglichen Versorgungsroutine kann nicht nur beim Menschen, sondern auch bei den meisten nichtmenschlichen Primaten nicht die Rede sein. Dennoch mehren sich die Hinweise, daß auch hier der Vater für die Entwicklung der Kinder von Bedeutung ist.

---

4 Im Freiland wurden Krallenaffengruppen mit bis zu vier erwachsenen Männchen und bis zu sechs erwachsenen Weibchen beobachtet, aber Gruppen mit mehr als zwölf Mitgliedern sind selten (Garber 1997).

5 Krallenaffen sind mit etwa drei Monaten entwöhnt und mit ein bis zwei Jahren geschlechtsreif, bleiben aber oft noch länger in ihrer Gruppe, ohne sich fortzupflanzen, und helfen statt dessen ihren Eltern bei der Aufzucht ihrer Geschwister.

Wenn das ranghöchste Männchen einer Gorillagruppe stirbt, haben seine noch nicht entwöhnten Kinder kaum Überlebensaus-
sichten: Sie werden von seinem Nachfolger mit hoher Wahrscheinlichkeit getötet (Watts 1989). Infantizid, also das Töten nicht ent-
wöhnter Kinder durch eigene Artgenossen, ist bei Primaten weit
verbreitet, und abgesehen von den oben erwähnten Fällen bei
Krallenaffen sind die Täter meist Männchen. Um den biologischen
Sinn von Infantizid rankt sich eine lange Debatte mit zum Teil
recht skurrilen Argumenten (für eine ausführlichere Diskussion
siehe Paul 1998a). Unter informierten Fachleuten ist man sich
allerdings einig, daß Infantizid ein evolutiv entstandenes Verhaltensmuster ist, das dem Täter unter bestimmten Umständen einen
Selektionsvorteil verschafft: Ein Gorillamännchen, das die noch
nicht entwöhnten Kinder seines Vorgängers tötet, sorgt dafür, daß
die nunmehr nicht mehr stillenden Mütter wieder paarungs- und
empfängnisbereit werden und der Täter somit – auf Kosten seines
Vorgängers, der betroffenen Weibchen und selbstverständlich der
getöteten Kinder – seine eigenen Gene weitergeben kann. Aufgrund ihrer langen Abhängigkeit und der durch das Stillen verur-
sachten physiologischen Unfruchtbarkeit der Mutter (›Laktations-
amenorrhoe‹)[6] sind Primatenkinder (mit Ausnahme der Krallenaffen) besonders infantizidgefährdet, da viele Männchen kaum
eine andere Chance haben, sich Fortpflanzungschancen zu verschaffen. Auch wenn sich der Vater nicht an der täglichen Versorgungsroutine beteiligt, tun Gorillaweibchen daher gut daran, eine
dauerhafte Allianz mit dem Vater ihrer Kinder einzugehen: Er ist
der einzige, der durch seine Wehrhaftigkeit das Überleben ihrer
Kinder sichern kann.[7] Indirekt scheint also tatsächlich die lange
Abhängigkeit von Primatenkindern für das Zusammenleben der

---

6 Gorilla- und Schimpansenkinder werden etwa vier Jahre lang gesäugt
und sind auch nach der Entwöhnung noch lange Zeit von ihrer Mutter
abhängig.

7 Die meisten Gorillas leben in Gruppen mit nur einem erwachsenen
Männchen; in Gruppen mit mehreren Männchen hat das ranghöchste
Männchen ein weitgehendes Paarungsmonopol, und die Weibchen haben
mit diesem Männchen eine besonders enge Beziehung.

Geschlechter verantwortlich zu sein; der entscheidende Grund ist aber nicht die Notwendigkeit routinemäßiger väterlicher Fürsorge, sondern der Schutz vor Infantizid (van Schaik & Kappeler 1997).

Ein toter Vater kann seine Kinder natürlich nicht mehr verteidigen. Unterstützung erhält diese Hypothese aber auch durch zahlreiche Fälle, in denen lebende Männchen sich im Beisein potentiell infantizidaler Konkurrenten besonders auffällig um Kinder ihrer Gruppe kümmern bzw. sie vor Attacken dieser Männchen beschützen (Paul et al. 2000). In einigen Fällen konnte durch DNA-Analysen bestätigt werden, daß es sich bei den Beschützern um die tatsächlichen Väter handelte (z.B. Borries et al. 1999), in anderen ist dies aufgrund anderer Daten wahrscheinlich. Womit wir wieder beim Problem der Vaterschaftssicherheit wären: Wie bedeutend ist dieser Faktor für die Evolution männlicher Beteiligung an der Jungenfürsorge bei Primaten tatsächlich?

In den oben erwähnten Fällen ist die Vaterschaftswahrscheinlichkeit offenbar hoch genug, um sich in (seltenen) Extremsituationen für das Überleben der betroffenen Kinder zu engagieren; aber sie scheint nicht hoch genug, um sich an der aufwendigen täglichen Routineversorgung der Kinder zu beteiligen. Hinzu kommt, daß jene Männchen, die ihre Kinder vor infantizidalen Männchen verteidigen, offenbar wenig Chancen haben, ihren Reproduktionserfolg durch die Zeugung weiterer Kinder zu maximieren: In der Regel handelt es sich um ältere Männchen, die ihre einstmals hohe – und mit hohen Fortpflanzungschancen verbundene – Rangstellung in ihrer Gruppe an jüngere und physisch überlegene Konkurrenten verloren haben. Damit wird ein weiteres Mal deutlich, daß der Faktor Vaterschaftssicherheit nur einer unter mehreren Faktoren ist, die die Kosten-Nutzen-Bilanz väterlicher Fürsorge beeinflussen. Insofern ist es nicht verwunderlich, daß auch Monogamie bei Primaten keineswegs immer mit väterlicher Hilfe bei der Jungenaufzucht verbunden ist (Paul 1998a). Überraschender ist vielleicht die Beobachtung, daß bei einer Reihe von Primaten Männchen sich auch um Kinder kümmern, mit denen sie nicht verwandt sind. Am eindeutigsten belegt ist dies für eine Altweltaffenart, die sich durch besonders enge Männchen-Kind-Beziehungen auszeichnet: den auf Gibraltar und in den Gebirgsregionen Marokkos und Algeriens heimischen Berberaffen.

Berberaffen leben in Gruppen mit mehreren erwachsenen Männchen, Weibchen und jüngeren Tieren aller Altersstufen. Neugeborene verbringen die meiste Zeit mit ihren Müttern, aber viele von ihnen werden auch bemerkenswert häufig von Männchen getragen, und nicht selten flüchten sich Kinder zu ihren männlichen Betreuern, wenn sie sich in Gefahr wähnen. Bei der Wahl der von ihnen betreuten Zöglinge gehen die Männchen durchaus gezielt vor: Sie kümmern sich nicht wahllos um alle Kinder der Gruppe. Vaterschaftstests ergaben allerdings, daß sie sich auch nicht bevorzugt um ihre eigenen Kinder kümmern – in den meisten Fällen sind die Männchen mit den von ihnen betreuten Kindern nicht verwandt (Paul et al. 1996). Welche Gründe könnte ein Männchen haben, sich so zu verhalten?

Primatologen sind sich schon lange einig, daß nicht alles, was wie väterliches Investment aussieht, tatsächlich auch väterliches Investment ist. Viele Beobachtungen deuten darauf hin, daß Primatenmännchen Babys auch für ihre eigenen, egoistischen Zwecke ausnutzen (Hrdy 1976). Im Fall der Berberaffen wurde beobachtet, daß Männchen die Babys als kontaktförderndes »soziales Werkzeug« einsetzen, um ihre Beziehungen mit anderen (meist ranghöheren) Männchen zu regeln (Deag & Crook 1971). Beobachtungen an Berberaffen und einer Reihe anderer Primaten deuten darauf hin, daß Männchen Kinder instrumentalisieren, um sich die Unterstützung einflußreicher Koalitionspartner zu sichern (Paul et al. 1996, Paul et al. 2000).

Männchen könnten aber noch einen weiteren Grund haben, sich um Kinder zu kümmern, mit denen sie nicht verwandt sind: Dies könnte ihre Chancen erhöhen, von der Mutter des Kindes als künftiger Sexualpartner akzeptiert zu werden. (Weibchen sollten wählerisch sein, und Hilfe bei der Aufzucht ist zweifellos ein guter Grund, ein Männchen zu erhören!) Für Berberaffen fand die Hypothese, die unter der Bezeichnung ›mating effort‹ (›Paarungsaufwand‹) in die Literatur einging (Smuts 1985, Smuts & Gubernick 1992), zwar keine Unterstützung (Paul et al. 1996); auch haben experimentelle Tests mit Krallenaffen (Tardif & Bales 1997) bislang keine eindeutigen Resultate erbracht (was freilich daran liegen könnte, daß die Weibchen keine wirklichen Wahlmöglichkeiten hatten). Davon abgesehen vermag die Hypothese vom Paarungsaufwand aber eine ganze Reihe ansonsten schwer verständlicher Beobachtungen zu erklären (Paul 1998a, Smuts & Gubernick 1992, van Schaik & Paul 1996). Darüber hinaus schließt sie die Möglichkeit mit ein, daß auch väterliches Engagement bei der Aufzucht der *eigenen* Kinder in erster Linie deshalb selektionsbegünstigt ist, weil dies die Wahrscheinlichkeit erhöht, mit der Mutter des Kindes *weitere* Kinder zeugen zu können (van Schaik & Paul 1996).

Für Primaten scheinen also tatsächlich viele Wege »nach Rom« (d.h. zur Fitnessmaximierung) zu führen: Sie betätigen sich als »temporary heroes« (Hrdy 1999), wenn das Überleben ihrer Kinder gefährdet ist; sie beteiligen sich an der Aufzucht ihrer Kinder, wenn die Belastung für die Mutter so hoch ist, daß der gemeinsame Reproduktionserfolg gefährdet ist; sie kümmern sich um fremde (oder eigene) Kinder, wenn dies ihre zukünftigen Fortpflanzungschancen erhöht; und sie benutzen Kinder als soziales Werkzeug, um ihren eigenen Machterhalt in ihrer »old boy clique« zu sichern. Tragen diese Einsichten zum besseren Verständnis menschlichen Verhaltens bei?

6 Folgerungen für den Menschen

Kann man vom Verhalten von Tieren auf das des Menschen schließen? Jeder Biologe, der seine Sinne einigermaßen beisammen hat, wird antworten: »selbstverständlich nicht«, weiß er doch nur zu gut, daß er auch Erkenntnisse über das Verhalten von Schimpansen nicht einfach auf den nächsten Verwandten des Schimpansen, den Bonobo, übertragen kann: Beide Arten unterscheiden sich gerade hinsichtlich ihres Sozialverhaltens tiefgreifend. Dennoch ist der vergleichende Ansatz der Evolutionsbiologie auch für das Verständnis der »conditio humana« von hohem heuristischem Wert, weil er Einblicke in jene Selektionsmechanismen gewährt, die auch für das Entstehen des Menschen und seiner Psyche verantwortlich waren. Ohne Einbeziehung der evolutionsbiologischen Perspektive bliebe jede Antwort auf die Frage, warum wir uns so verhalten, wie wir es tun, notwendigerweise fragmentarisch.

Woher stammt die so heftig beklagte Diskrepanz zwischen Wunsch und Wirklichkeit in Bezug auf die menschlichen Väter? Berufliche Beanspruchung, kulturell verfestigte Rollenerwartungen und geschlechtstypische Sozialisation sind keine hinreichenden Antworten auf diese Frage. Wie könnte mit diesen Faktoren geschlechtstypisches Verhalten bei anderen Säugern erklärt werden, die nicht über unser ausgefeiltes symbolisches Kommunikationssystem verfügen? Die eigentliche Ursache liegt tiefer: in den unterschiedlichen Reproduktionsinteressen der Geschlechter, die wir mit anderen Säugetieren teilen. Wir alle stammen von Vorfahren ab, bei denen die Männer ihre biologische Fitness erheblich effektiver maximieren konnten, wenn sie ihre begrenzten Energien darauf verwendeten, möglichst viele Frauen zu befruchten, anstatt in die Aufzucht von Kindern zu investieren, bei denen sie noch nicht einmal sicher sein konnten, daß es auch ihre eigenen waren. Über lange Zeit unserer Geschichte war das Streben nach sozialem Status beziehungsweise beruflichem Erfolg das wichtigste Mittel zur Umsetzung männlicher Fitnessinteressen, und dieses Mittel erweist sich auch heute noch als eines der größten (proximaten) Hindernisse für stärkeres väterliches Engagement. Angesichts der Tatsache, daß der Zusammenhang zwischen sozialem Status und Reproduktionserfolg zumindest in modernen westlichen Industrienationen weitgehend verloren gegangen zu sein scheint[8], entbehrt dies natürlich nicht einer gewissen Ironie.

Darüber hinaus lassen sich aber noch einige weitere, spezifischere, evolutionsbiologisch-theoretisch begründete und empirisch gestützte Mutmaßungen über die menschliche Vaterschaft anstellen:

(1) *Der (genetische) Vater ist wichtig!*

Wenn bei den Aché, einer indianischen Ethnie im Osten Paraguays, sich der Vater von seiner Familie trennt oder stirbt, steigt die Mortalitätsrate seiner hinterbliebenen Kleinkinder um das zwei- bis dreifache an. Eine der wichtigsten Todesursachen ist (bzw. war bis zu Beginn der 70er Jahre) Infantizid

---

8 Für die sich in diesem Zusammenhang ergebenden Fragen siehe Paul (1998a und b).

durch männliche Stammesangehörige (Hurtado & Hill 1992).[9] Aché-Väter sind (ebenso wie die zuvor erwähnten Gorilla-väter) nicht dafür bekannt, daß sie sich intensiv an der Aufzucht ihrer Kinder beteiligen (vgl. Tabelle 1); *ohne* sie sinken die Überlebenschancen ihrer Kinder aber dramatisch. Die Verhältnisse bei den Aché mögen nicht unbedingt repräsentativ sein; allerdings zeigen Analysen ostfriesischer Kirchenbücher aus dem 17. bis 19 Jahrhundert, daß Kinder von Witwen, die nach dem Tod des Mannes wieder heirateten, ein um 5 Prozent höheres Risiko hatten zu sterben als Kinder, deren Mütter nicht wieder heirateten – obwohl sich doch die Versorgungssituation mit der Wiederverheiratung der Mutter gebessert haben dürfte (Voland 1984). Und selbst in »modernen« Industrienationen wie Kanada, den Vereinigten Staaten, England und Australien haben Kinder, die mit einem Stiefelternteil aufwachsen, ein um das Hundertfache (oder mehr) erhöhtes Risiko, von ihrem (Stief-)vater getötet zu werden, als Kinder, die mit ihrem leiblichen Vater aufwachsen (Daly & Wilson 1988, 1994). Andere Risikofaktoren, wie niedriger sozioökonomischer Status, hohe Kinderzahl oder soziale Unreife tragen offenbar wenig dazu bei, diese Zahlen zu erklären (Daly & Wilson 1994). Auch Kindesmißhandlungen und sexueller Mißbrauch richten sich sehr viel häufiger gegen Stiefkinder als gegen leibliche Kinder (Daly & Wilson 1985, Lightcap et al. 1982, Parker & Parker 1986).

(2) *Vaterschaftswahrscheinlichkeit wirkt sich auf die Investitionsbereitschaft aus.*

In einer Reihe menschlicher Gesellschaften ist die Vaterschaftsunsicherheit aufgrund relativer sexueller Freizügigkeit

---

9 Infantizid ist bzw. war ein aus vielen traditionellen Kulturen bekanntes Phänomen, für das im wesentlichen zwei Ursachenkomplexe genannt werden: unverhältnismäßig hohe Kosten, die mit der Aufzucht eines (beispielsweise) kranken oder behinderten Kindes verbunden waren, oder Konflikte um die Vaterschaft (Daly & Wilson 1988). Im ersten Fall wurde die Tötung des Kindes meist mit dem Einverständnis der Mutter (oder durch sie) vollzogen, während im zweiten Fall – so auch bei den Aché – die Tötung meist gegen den Widerstand der Mutter vollzogen wurde.

besonders hoch. Hier investieren die Männer traditionell nicht in die Kinder ihrer Frauen, sondern in die ihrer Schwestern (z.B. Alexander 1979, Gaulin & Schlegel 1980, Hartung 1985). Von letzteren wissen sie in jedem Fall, daß sie mit ihnen verwandt sind, wenn auch der Verwandtschaftsgrad (das heißt der durchschnittliche Anteil durch Abstammung gemeinsamer Gene) geringer ist als zu einem leiblichen Kind. Dieses sogenannte ›Avunkulat‹ (lat. *avunculus*, der Oheim) erweist sich also nüchtern betrachtet als eine gesellschaftliche Institution zur Sicherung männlicher Fitnessinteressen.

Auch in Gesellschaften mit geringer sexueller Freizügigkeit zeigen Männer mehr Neigung in die Kinder ihrer Frau zu investieren, wenn sie ihrer Vaterschaft verhältnismäßig sicher sind (Flinn 1981, 1988, Marlowe 1999). Nicht von ungefähr versuchen Mütter (und deren Verwandte) daher, ihre Ehemänner in ihrer Vaterschaftssicherheit zu bestärken (Daly & Wilson 1982, Regalsky & Gaulin 1993).

(3) Väterliches Engagement ist an Kosten-Nutzen-Gesichtspunkten orientiert.

Trotz der Bedeutung des Faktors Vaterschaftswahrscheinlichkeit ist klar, daß dieser Faktor nicht alles erklärt. Beispielsweise haben Vaterschaftstests bei den Aka-Pygmäen und den !Kung-Buschleuten ergeben, daß in beiden Gruppen die Vaterschaftssicherheit (mit etwa 95 Prozent) gleich hoch war (Hewlett 1991). Es muß also andere Gründe dafür geben, daß sich Aka-Väter stärker engagieren als !Kung-Väter. Allerdings scheinen wir auch hier einem altbekannten Prinzip wiederzubegegnen: der Kosten-Nutzen-Bilanz. Bei den Aka gehen Männer, Frauen und Kinder gemeinsam auf die Jagd, wobei sie täglich 5 bis 15 km zurücklegen. Die energetischen Kosten für den Transport der Kleinkinder, die (relativ zum mütterlichen Gewicht) bei Pygmäen deutlich schwerer sind als in anderen menschlichen Populationen, sind also erheblich. Gleichzeitig haben Aka-Frauen eine für eine Jäger-Sammler-Population ungewöhnlich hohe Geburtenrate, ohne daß dies mit einer hohen Kindermortalität einherginge (Hewlett 1992). Ohne männliche Hilfe, so kann man vermuten, wäre der Reproduktionserfolg der Frauen geringer. Muß man noch erwähnen, daß davon natürlich auch die Männer profitieren – und das bei verhältnismäßig geringem Einsatz? Womit wir bei unserer letzten Voraussage wären:

(4) *Väterliches (bzw. männliches) Engagement kann als Strategie im Sinne des ›Paarungsaufwandes‹ interpretiert werden.*
Nicht alle Aka-Väter beteiligen sich gleichermaßen an der Versorgung ihrer Kinder. Nach Hewletts (1988) Daten engagieren sich Männer, die über wenig Ressourcen verfügen und nur eine Ehefrau haben, deutlich stärker als Männer, die über mehr Ressourcen, größeres Ansehen und mehrere Ehefrauen verfügen. Das läßt den Schluß zu, daß die benachteiligten Männer ihre geringere Attraktivität durch verstärktes väterliches Engagement ausgleichen (Smuts & Gubernick 1992). Interkulturelle Studien unterstützen diese Interpretation: In relativ egalitären Gesellschaften, in denen Männer wenig Möglichkeiten haben, Ressourcen zu akkumulieren, engagieren sich Väter stärker als in sozial stärker stratifizierten Gesellschaften, in denen Männer Ressourcen kontrollieren und akkumulieren (Katz & Konner 1981). Noch direkter wird die Hypothese vom Paarungsaufwand durch zwei weitere Beobachtungen gestützt: Männer, die um eine Frau mit einem Kind warben, zeigten einer in der Karibik durchgeführten Studie zufolge vor der Hochzeit deutlich mehr Interesse am Kind als hinterher (Flinn 1988). Umgekehrt zeigten amerikanische Frauen Interesse an Männern, die (auf einem Foto) freundlich mit Babys interagieren. Wurden ihnen dieselben Männer allein oder unbeteiligt neben einem schreienden Baby vorgeführt, wurden sie von den Frauen deutlich negativer beurteilt. In der umgekehrten Konstellation (Männer, denen entsprechende Bilder von Frauen gezeigt wurden) ergab sich dagegen keine signifikante Bevorzugung (La Cerra et al. 1993, zitiert in Buss 1994). Schließlich scheint auch die Hypothese empirische Unterstützung zu finden, daß die heute wieder vermißten »neuen Väter« eine Reaktion der von der Frauenbewegung (und zunehmender materieller Unabhängigkeit von Frauen) verunsicherten Männer waren (beziehungsweise sind), die sich ihre Reproduktionschancen sichern wollten

313

(Paul & Küster 1993): Männer sind eher geneigt, sich an »traditionell weiblichen« Hausarbeiten (und damit wohl auch an der Versorgung der Kinder, obwohl dies nicht speziell gefragt wurde) zu beteiligen, wenn ihre Partnerinnen entsprechende Erwartungen an sie stellen; Männer, deren Frauen ein traditionelles Rollenverständnis haben, halten sich dagegen in dieser Hinsicht zurück – ganz gleich, welches Rollenverständnis sie selbst haben (Greenstein 1996).[10]

Männer als Väter: Die empirischen Daten stimmen bemerkenswert gut mit den Voraussagen, die sich aus der Evolutionstheorie ableiten lassen, überein. Wohin wir auch blicken – unter dem dünnen Firnis der Kultur entdecken wir Natur. Nur bedeutet Natur eben nicht, daß wir geist- und willenlose Werkzeuge (un)heimlicher Instinkte wären, die sich jeder Außenwirkung gegenüber immun zeigen. Auch in der Kultur, mit der wir uns umgeben, und die sich oft genug als Fortsetzung der Biologie mit anderen Mitteln erweist, findet sich Natur.[11] »Pater semper incertus – Der Vater ist immer unsicher«, schließt Yvonne Knibiehler ihre »Geschichte der Väter« mit einem bemerkenswerten Rückgriff auf ein fundamental biologisches Konzept (1996, S.339). »Er ist es immer gewesen und er ist es heute mehr denn je. Aber auf diesem Zweifel beruht die Freiheit des Mannes gegenüber seinem Kind. Vaterschaft muß immer neu entworfen werden.« So ist es. Aber die Biologie begleitet uns dabei.

---

10 Ich danke Wassilios Fthenakis für den Hinweis auf diese Arbeit.

11 Als ein instruktives Einzelbeispiel mag die Auseinandersetzung mit dem im Text bereits erwähnten ›Avunkulat‹ dienen (vgl. Alexander 1979).

Literatur

Abbott, D.H. (1993). Social conflict and reproductive suppression in marmoset and tamarin monkeys. In W.A. Mason & S.P. Mendoza (eds.), *Primate social conflict*. Albany, NY: State University of New York Press, pp. 331–372.

Alexander, R.D. (1979). *Darwinism and human affairs*. Seattle: University of Washington Press.

Anonymus (1998). Die Chancen der Vaterschaft. In LBS-Initiative junge Familie (Hrsg.), *LBS-Familienstudie »Übergang zur Elternschaft«. Report, 2/98*, Münster.

Babchuck, W.A., Hames, R.B. & Thompson, R.A. (1985). Sex differences in the recognition of infant facial expressions of emotion: the primary caretaker hypothesis. *Ethology and Sociobiology, 6*, pp.89–101.

Benard, C., Schlaffer, E. & Fasel, C. (1992). Die Lüge von den neuen Vätern. Liebe, wenn's die Zeit erlaubt. *Der Stern Nr. 41*, S.127–138.

Betzig, L. (1992). Of human bonding: cooperation or exploitation? *Social Science Information, 31*, pp.611–642.

Betzig, L., Harrigan, A. & Turke, P. (1989). Child care on Ifaluk. *Zeitschrift für Ethnologie, 14*, S.161–177.

Bleibtreu-Ehrenberg, G. (1995). Vaterschaft im Kulturvergleich. In H. Michelsen (Hrsg.), *Über Vater. Skizzen einer wichtigen Beziehung*. Mainz: Matthias Grünewald-Verlag, S.23–39.

Borries, C., Launhardt, K., Epplen, C., Epplen, J.T. & Winkler, P. (1999). Males as infant protectors in Hanuman langurs (*Presbytis entellus*) living in multimale groups: defense pattern, paternity, and sexual behaviour. *Behavioral Ecology and Sociobiology, 46*, pp. 350–356.

Buss, D.M. (1994). *The Evolution of Desire*. New York: Harper Collins Publ.

Caplow, T. & Chadwick, B.A. (1979). Inequality and life-styles in Middletown, 1920–1978. *Social Science Quarterly, 60*, pp. 367–386.

Clutton-Brock, T.H. (1991). *The Evolution of Parental Care*. Princeton, NJ: Princeton University Press.

Daly, M. & Wilson, M. (1982). Whom are newborn babies said to resemble? *Ethology and Sociobiology, 3*, pp. 69–78.

Daly, M. & Wilson, M. (1985): Child abuse and other risks of not living with both parents. *Ethology and Sociobiology, 6*, pp. 197–210.

Daly, M. & Wilson, M. (1988): *Homicide*. New York: Aldine de Gruyter.

Daly, M. & Wilson, M. (1994): Stepparenthood and the evolved psychology of discriminative parental solitude. In S.Parmigiani & F.S.vom Saal (eds.), *Infanticide and Parental Care*. Chur: Harwood Academic Publishers, pp. 121–134.

Darwin, C. (1859). *The origin of species by means of natural selection, or the preservation of favoured races in the struggle for life.* London: John Murray. (dt.: *Die Entstehung der Arten durch natürliche Zuchtwahl.* Stuttgart: Reclam, 1963).

Dawkins, R. (1994). *Das egoistische Gen.* Heidelberg: Spektrum.

Dawkins, R. & Carlisle, T.R. (1976). Parental investment, mate desertion and a fallacy. *Nature, 262,* pp. 131–133.

Deag, J.M. & Crook, J.H. (1971). Social behaviour and »agonistic buffering« in the wild Barbary macaque. *Macaca sylvanus L. Folia Primatologica, 15,* pp. 183–200.

Digby, L. (1995). Infant care, infanticide, and female reproductive strategies in polygynous groups of common marmosets (*Callithrix jacchus*). *Behavioral Ecology and Sociobiology, 37,* pp. 51–61.

Durkheim, E. (1961). *Regeln der soziologischen Methode.* Neuwied: Luchterhand.

Flinn, M.V. (1981). Uterine vs. agnatic kinship variability and associated cousin marriage preferences. In R.D. Alexander & D.W. Tinkle (eds.), *Natural selection and social behavior. Recent research and new theory.* New York: Chiron Press, pp. 439–475.

Flinn, M.V. (1988). Step- and genetic parent/offspring relationships in a Caribbean village. *Ethology and Sociobiology, 9,* pp. 335–369.

Francis, C.M., Anthony, E.L.P., Brunton, J.A. & Kunz, T.H. (1994). Lactation in male fruit bats. *Nature, 367,* pp. 691–692.

Fthenakis, W.E. (1985). *Väter. Bd. 1: Zur Psychologie der Vater-Kind-Beziehung.* München: Urban & Schwarzenberg.

Garber, P.A. (1997). One for all and breeding for one: cooperation and competition as a tamarin reproductive strategy. *Evolutionary Anthropology, 5,* pp. 187–199.

Gaulin, S.J.C. & Schlegel, A. (1980). Paternal confidence and paternal investment: a cross cultural test of a sociobiological hypothesis. *Ethology and Sociobiology, 1,* pp. 301–309.

Greenstein, T.N. (1996). Husbands' participation in domestic labor: interactive effects of wives' and husbands' gender ideologies. *Journal of Marriage and the Family, 58,* pp. 585–595.

Gross, M.R. & Shine, R. (1981). Parental care and mode of fertilization in ectothermic vertebrates. *Evolution, 35,* pp. 775–793.

Hames, R.B. (1988). The allocation of parental care among the Ye'kwana. In L. Betzig, M. Borgerhoff Mulder & P. Turke (eds.), *Human reproductive behaviour. A Darwinian perspective.* Cambridge: Cambridge University Press, pp. 237–251.

Hamilton, W.D. (1963). The evolution of altruistic behavior. *American Naturalist, 97,* pp. 354–356.

Hamilton, W.D. (1964). The genetical evolution of social behavior, I. *Journal of Theoretical Biology, 7,* pp. 1–16.

Hartung, J. (1985). Matrilineal inheritance: new theory and analysis. *Behavioral and Brain Sciences, 8,* pp. 661–688.

Hewlett, B.S. (1988). Sexual selection and paternal investment among Aka pygmies. In L. Betzig, M. Borgerhoff Mulder & P. Turke (eds.), *Human Reproductive Behaviour. A Darwinian Perspective.* Cambridge: Cambridge University Press, pp. 263–276.

Hewlett, B.S. (1991). *Intimate fathers: The nature and context of Aka pygmy paternal infant care.* Ann Arbor: University of Michigan Press.

Hewlett, B.S. (1992). Husband-wife reciprocity and the father-infant relationship among Aka pygmies. In B.S. Hewlett (ed.), *Father-child relations. Cultural and biosocial contexts.* New York: Aldine de Gruyter, pp. 153–176.

Hill, K., Kaplan, H., Hawkes, K. & Hurtado, A.M. (1985). Men's time allocation to subsistence work among the Ache of Eastern Paraguay. *Human Ecology, 13,* pp. 29–47.

Hrdy, S.B. (1976). Care and exploitation of nonhuman primate infants by conspecifics other than the mother. *Advances in the Study of Behavior, 6,* pp. 101–158.

Hrdy, S.B. (1986). Empathy, polyandry, and the myth of the coy female. In R. Bleier (ed.), *Feminist Approaches to Science.* New York: Pergamon, pp. 119–146.

Hrdy, S.B. (1999). *Mother nature. A history of mothers, infants, and natural selection.* New York: Pantheon Books.

Hurtado, A.M. & Hill, K.R. (1992). Paternal effect on offspring survivorship among Ache and Hiwi hunter-gatherers: implications for modeling pair-bond stability. In B.S. Hewlett (ed.), *Father-child relations. Cultural and biosocial contexts.* New York: Aldine de Gruyter, pp. 31–55.

Kartte, S. (1997). Väter braucht das Land. *Der Spiegel, 51,* S. 50–55.

Katz, M.M. & Konner, M.J. (1981). The role of the father: an anthropological perspective. In M.E. Lamb (ed.), *The role of the father in child development.* New York: Wiley, pp. 155–186.

Keller, H. & Chasiotis, A. (1991). Die Rolle des Vaters für die frühe Entwicklung des Kindes. *Psychosozial, Heft 46,* S. 67–75.

Kleiman, D.G. & Malcolm, J.R. (1981). The evolution of male parental investment in mammals. In D.J. Gubernick & P.H. Klopfer (eds.), *Parental care in mammals.* New York: Plenum Press, pp. 347–387.

Knibiehler, Y. (1996). *Geschichte der Väter. Eine kultur- und sozialhistorische Spurensuche.* Freiburg: Herder.

Koenig, A. (1995). Group size, composition, and reproductive success in wild common marmosets (*Callithrix jacchus*). *American Journal of Primatology, 35*, pp. 311–317.

Kurland, J.A. & Gaulin, S.J.C. (1984). The evolution of male parental investment: effects of genetic relatedness and feeding ecology on the allocation of reproductive effort. In D.M. Taub (ed.), *Primate paternalism.* New York: Van Nostrand Reinhold, pp. 259–308.

Lamb, M.E., Pleck, J.H., Charnov, E.L. & Levine, J.A. (1987). A biosocial perspective on paternal behavior and involvement. In J.B. Lancaster, J. Altmann, A.E. Rossi & L.R. Sherrod (eds.), *Parenting across the life span. Biosocial dimensions.* New York: Aldine de Gruyter, pp. 111–142.

Lancaster, J.B. & Lee, R.B. (1965). The annual reproductive cycle in monkeys and apes. In I. DeVore (ed.), *Primate behavior. Field studies of monkeys and apes.* New York: Holt, Rinehart and Winston, pp. 486–513.

Lee, P.C. & Bowman, J.E. (1995). Influence of ecology and energetics on primate mothers and infants. In C.R. Pryce, R.D. Martin & D. Skuse (eds.), *Motherhood in human and nonhuman primates.* Basel: Karger, pp. 47-58.

Lightcap, J.L., Kurland, J.A. & Burgess, R.L. (1982). Child abuse: a test of some predictions from evolutionary theory. *Ethology and Sociobiology, 3*, pp. 61–67.

Linsenmair, K.E. (1979). Untersuchungen zur Soziobiologie der Wüstenassel *Hemilepistus reaumuri* und verwandter Isopodenarten. *Verhandlungen der Deutschen Zoologischen Gesellschaft*, S. 60–72.

Lorenz, K. (1963). *Das sogenannte Böse. Zur Naturgeschichte der Aggression* Wien: Borotha Schoeler.

Marlowe, F. (1999). Male care and mating effort among Hadza foragers. *Behavioral Ecology and Sociobiology, 46,* pp. 57–64.

Mayr, E. (1979). *Evolution und die Vielfalt des Lebens.* Berlin: Springer.

Mayr, E. (1994). *... und Darwin hat doch recht. Charles Darwin, seine Lehre und die moderne Evolutionstheorie.* München: Piper.

McGrew, W.C. & Feistner, A.T. (1992). Two nonhuman primate models for the evolution of human food sharing: chimpanzees and callitrichids. In J.H. Barkow, L. Cosmides & J. Tooby (eds.), *The Adapted Mind. Evolutionary Psychology and the Generation of Culture.* New York: Oxford University Press, pp. 229–243.

Mead, M. (1985). *Mann und Weib. Das Verhältnis der Geschlechter in einer sich wandelnden Welt.* Reinbek: Rowohlt.

Møller, A.P. (1988). Paternity and paternal care in the swallow, *Hirundo rustica*. *Animal Behaviour, 36*, pp. 996–1005.

Møller, A.P. & Birkhead, T.R. (1993). Certainty of paternity covaries with paternal care in birds. *Behavioral Ecology and Sociobiology, 33*, pp. 261-268.

Nesse, R.M. & Williams, G.C. (1997). *Warum wir krank werden. Die Antworten der Evolutionsmedizin*. München: Beck.

Nitzschke, B. (1992). Keine Einheit ohne Differenz. Neue Bücher zur Geschichte und Psychoanalyse des Geschlechterkampfes. *Die Zeit, 41*, S.46–47.

Parker, H. & Parker, S.(1986). Father-daughter sexual abuse: an emerging perspective. *American Journal of Orthopsychiatry, 56*, pp. 531–549.

Paul, A. (1998a). *Von Affen und Menschen. Verhaltensbiologie der Primaten*. Darmstadt: Wissenschaftliche Buchgesellschaft.

Paul, A. (1998b). Menschliches Sexualverhalten. In G. Hornung, W. Miram & A. Paul (Hrsg.), *Verhaltensbiologie. Materialien für die Sekundarstufe II, Biologie*. Hannover: Schroedel, S.128–131.

Paul, A. & Küster, J. (1993). Vater *sein* dagegen sehr? Beziehungen zwischen Primatenmännchen und -kindern. In E. Voland (Hrsg.), *Evolution und Anpassung. Warum die Vergangenheit die Gegenwart erklärt*. Stuttgart: S.Hirzel, S.104–124.

Paul, A. & Voland, E. (1997). Die soziobiologische Perspektive: Eltern-Kind-Beziehungen im evolutionären Kontext. In H. Keller (Hrsg.), *Handbuch der Kleinkindforschung*. Bern: Huber, S.121–147.

Paul, A., Kuester, J. & Arnemann, J. (1996). The sociobiology of male-infant interactions in Barbary macaques, *Macaca sylvanus*. *Animal Behaviour, 51*, pp. 155–170.

Paul, A., van Schaik, C.P. & Preuschoft, S.(2000). The other side of the coin: infanticide and the evolution of affiliative male-infant interactions in Old World primates. In C.P. van Schaik & C.H. Janson (eds.), *Infanticide by males and its implications*. Cambridge: Cambridge University Press, pp. 269–292.

Regalsky, J.M. & Gaulin, S.J.C. (1993). Whom are Mexican infants said to resemble? Monitoring and fostering paternal confidence in the Yucatan. *Ethology and Sociobiology, 14*, pp. 97–113.

Ridley, M. (1978). Paternal care. *Animal Behaviour, 26*, pp. 904–932.

Ridley, M. (1997). *Die Biologie der Tugend. Warum es sich lohnt, gut zu sein*. Berlin: Ullstein.

Ross, C. & MacLarnon, A. (1995). Ecological and social correlates of maternal expenditure on infant growth in haplorhine primates. In C.R. Price, R.D. Martin & D. Skuse (eds.), *Motherhood in human and nonhuman primates*. Basel: Karger, pp. 37–46.

Russel, G. (1983). *The changing role of fathers*. Stratford: Open University Press.

Schaik, C.P. van (1996). Social evolution in primates: the role of ecological factors and male behaviour. *Proceedings of the British Academy, 88,* pp. 9–31.

Schaik, C.P. van & Kappeler, P.M. (1997). Infanticide risk and the evolution of male-female association in primates. *Proceedings of the Royal Society London B, 264,* pp. 1687–1694.

Schaik, C.P. van & Paul, A. (1996). Male care in primates: Does it ever reflect paternity? *Evolutionary Anthropology, 5,* pp. 152–156.

Smuts, B.B. (1985). *Sex and friendship in baboons*. New York: Aldine.

Smuts, B.B. (1995). The evolutionary origins of patriarchy. *Human Nature, 6,* pp. 1–32.

Smuts, B.B. & Gubernick, D.J. (1992). Male-infant relationships in nonhuman primates: paternal investment or mating effort? In B.S.Hewlett (ed.), *Father-child relations. Cultural and biosocial contexts*. New York: Aldine de Gruyter, pp. 1–30.

Stallings, J.F., Fleming, A.F., Worthman, C.M., Steiner, M., Corter, C. & Coote, M. (1997). Mother/father differences in response to infant crying. *American Journal of Physical Anthropology, 24,* p. 217.

Statistisches Bundesamt (Hrsg.) (1998). *Statistisches Jahrbuch für die Bundesrepublik Deutschland*. Stuttgart: Metzler-Poeschl.

Tardif, S.D. & Bales, K. (1997). Is infant-carrying a courtship strategy in callitrichid primates? *Animal Behaviour, 53,* pp. 1001–1007.

Trivers, R.L. (1972). Parental investment and sexual selection. In B. Campbell (ed.), *Sexual selection and the descent of man, 1871–1971*. Chicago: Aldine, pp. 136–179.

Trivers, R.L. (1985). *Social evolution*. London: Benjamin/Cummings Publ.

Veiga, J.P. (1990). Sexual conflict in the house sparrow: interference between polygynuously mated females versus asymmetric male investment. *Behavioral Ecology and Sociobiology, 27,* pp. 345–350.

Vogel, C. (1984). Eine potentielle neue Kontaktperspektive von Anthropologie und Entwicklungspsychologie. *Zeitschrift für Entwicklungspsychologie und Pädagogische Psychologie, 16,* S. 119–133.

Vogel, C. (1992). Evolutionsbiologische Grundlagen für die »doppelte Moral« bei Mann und Frau. In W. Boehm & M. Lindauer (Hrsg.), *Mann und Frau – Frau und Mann. Hintergründe, Ursachen und Problematik der Geschlechterrollen*. Fünftes Würzburger Symposium der Universität Würzburg. Stuttgart: Klett, S. 151–164.

Voland, E. (1984). Bestimmungsgrößen für differentielles Elterninvestment in einer menschlichen Population. *Anthropologischer Anzeiger, 42*, S. 197–210.

Voland, E. (1993). *Grundriß der Soziobiologie*. Stuttgart: G. Fischer.

Watts, D.P. (1989). Infanticide in mountain gorillas: new cases and a review of evidence. *Ethology, 81*, pp. 1–18.

Weber, M. (1972). *Wirtschaft und Gesellschaft. Grundriß der verstehenden Soziologie*. Tübingen: Mohr.

West, M.M. & Konner, M.J. (1976). The role of the father: an anthropological perspective. In M.E. Lamb (ed.), *The role of the father in child development*. New York: Wiley, pp. 185–217.

Whiting, B.B. & Whiting, J.W. (1975). *Children of six cultures. A psychocultural analysis*. Cambridge, MA: Harvard University Press.

Wickler, W. & Seibt, U. (1991). *Das Prinzip Eigennutz. Zur Evolution sozialen Verhaltens*. München: Piper.

Williams, George C. (1966). *Adaptation and natural selection. A critique of some current evolutionary thought*. Princeton: Princeton University Press.

Wilson, E.O. (1975). *Sociobiology: the new synthesis*. Cambridge, MA: Belknap Press of Harvard University Press.

Winn, S., Morelli, G.A. & Tronick, E.Z. (1990). The infant and the group: a look at Efe care-taking practices. In J.K. Nugent, B.M. Lester & T.B. Brazelton (eds.), *The cultural context of infancy*. Norwood, NJ: Ablex, pp. 87–109.

Wright, P.C. (1984). Biparental care in *Aotus trivirgatus* and *Callicebus moloch*. In M.F. Small (ed.), *Female primates. Studies by women primatologists*. New York: Alan R. Liss, pp. 59–75.

Zuckerman, S. (1932). *The social life of monkeys and apes*. London: Routledge & Paul Kegan.

Brigitta Rollett & Harald Werneck

Die Vaterrolle in der Kultur der Gegenwart und die väterliche Rollenentwicklung in der Familie

In dem Beitrag werden zunächst die aktuellen Entwick-
lungen hinsichtlich der Vaterrolle, vor allem unter der
Perspektive der gesellschaftlichen, insbesondere der
kulturellen, Einflüsse auf deren Gestaltung analysiert.
Sowohl in der theoretischen Konzeption als auch an-
hand der gelebten Praxis der Vaterrolle lassen sich
gegenwärtig bemerkenswerte Veränderungsprozesse
konstatieren, die typischerweise mit Anzeichen von
Verunsicherung bei den Betroffenen einhergehen und
in vielen Fällen zusätzliche Belastungen, etwa für
die elterliche Partnerschaft, bedeuten. Dies konnte
unter anderem auch im Rahmen einer vierjährigen
Längsschnittstudie bei 175 werdenden Elternpaaren
gezeigt werden. In dieser waren die Väter auch drei
Monate nach der Geburt des Kindes nach ihren Rollen-
auffassungen deutlich clusteranalytisch unterscheid-
bar. Es ergaben sich die drei Gruppen der Neuen Väter,
der Familienorientierten Väter und der Eigenständigen
Väter. In Phasen gesellschaftlicher Rollenneudefini-
tionen sind derartige differentielle Ansätze nicht nur für
die Praxis sinnvoll, sondern auch für die Analyse von
Veränderungsprozessen unentbehrlich.

Initially, the article deals with current developments
concerning the role of the father, especially as regards
social and, above all, cultural influences. Both in
the theoretical conception and the experienced
practice of the role of father remarkable processes
of change can currently be observed which typically

*go hand in hand with feelings of insecurity among
the fathers concerned and which in many cases
imply additional burdens, for instance on the parental
partnership. Amongst other things, this could be
demonstrated within the scope of a four-year
longitudinal study of 175 parental couples-to-be.
According to their conceptions of role 3 months
after the birth of the child, the fathers could be sub-
divided cluster-analytically into three groups:
new fathers, family-oriented fathers and independent
fathers. In phases of social redefinitions of role such
differential approaches are not only meaningful
in practice, but also indispensable for the theoretical
analysis of processes of change.*

1 Vorbemerkung

Die Vater-Kind-Beziehung wird in der einschlägigen Literatur in
erster Linie aus Sicht des Kindes beziehungsweise in Hinblick auf
den Einfluß der individuellen Ausgestaltung dieser Beziehung auf
das Kind dargestellt (vgl. zum Beispiel Radin 1981, 1988). Ähnliches gilt für psychologische Untersuchungen über die Rolle des
Vaters (wobei unter Rolle zunächst »ein Bündel normativer Verhaltenserwartungen, die von einer Bezugsgruppe oder mehreren
Bezugsgruppen an Inhaber bestimmter sozialer Positionen herangetragen werden« zu verstehen ist; vgl. Peuckert 1986, S.252). Hinsichtlich der Auswirkungen des Übergangs zur Elternschaft auf die
Persönlichkeitsentwicklung allgemein und die des Vaters im besonderen bestehen in der Forschung dagegen noch Defizite. Nur
am Rande sei bemerkt, daß der persönlichkeitsbildende Einfluß
von Übergängen, wie die Elternschaft einen darstellt, von der Differentiellen Psychologie bisher nicht bearbeitet wurde.

2 Gesellschaftliche Entwicklung und Vaterrolle

In der Fachdiskussion wird vielfach darauf hingewiesen, daß sich die traditionellen Familienrollen, wie sie zum Beispiel noch Parsons in seinem seinerzeit sehr einflußreichen Modell des »Social System« beschrieben hatte (vgl. Parsons 1951), entscheidend geändert haben. Die strikten Rollenzuschreibungen, wonach die Mutter für die innerfamilialen Arbeitsaufgaben und die Beziehungsebene, der Vater für die Vertretung nach außen und die Normsetzungen zuständig war, wurden zugunsten der Forderung nach einer egalitären Rollenverteilung aufgegeben. In der Beziehung zum Kind wurden autokratische Modelle der Gestaltung der väterlichen Rolle durch sozialintegrative Formen abgelöst. Von den »Neuen Vätern« erwartet man eine familienfreundlichere, kindzentrierte Haltung, die sich in der Bereitschaft zur Annahme von egalitären Rollenmustern innerhalb und außerhalb der Familie manifestiert.

Um den angesprochenen Trend familienbezogen zu überprüfen, untersuchten Eitler und Rollett bereits 1984 (vgl. Eitler 1984, Eitler & Rollett 1984) die Vater-Sohn-Beziehung jeweils in derselben Familie über drei Generationen hinweg: Die Stichprobe umfaßte 43 Familien, in denen die Großväter, Väter und Söhne jeweils bezüglich des selbstperzipierten und des verwirklichten Erziehungsstils sowie der resultierenden Beziehungsmuster untersucht wurden. Für die Söhne wurde eine Altersspanne von 10 bis 14 Jahren (Mittelwert: 11 Jahre) festgelegt. Dabei zeigte sich, daß autokratische und autoritäre Erziehereinstellungen und -verhaltensweisen von der Urgroßväter- über die Großväter- bis zur Vatergeneration signifikant abgenommen hatten, während die Bereitschaft zur Äußerung von Zärtlichkeit in der Vater-Sohn-Beziehung gewachsen war. Die »Ähnlichkeit« mit dem Sohn, das heißt die Identifikation mit ihm, von der die Väter berichteten, hatte ebenfalls zugenommen. Emotionale Bindungen zwischen Vater und Sohn scheinen daher an Bedeutung gewonnen zu haben. Die Neigung zu einer egoistisch motivierten Permissivität, die als Ausdruck von Gleichgültigkeit dem Sohn gegenüber interpretiert werden kann und über die mit Bezug auf die Urgroßväter noch verstärkt berichtet wurde, hatte über die Generationen hinweg abgenommen. Die

Väter identifizierten sich in höherem Maße mit ihren Söhnen und waren bereit, sich stärker in der Erziehung zu engagieren, als dies bei ihren eigenen Vätern der Fall gewesen war. Die Söhne erlebten außerdem mehr Unterstützung und geringere Strenge von seiten ihrer Väter, als dies in der Beziehung zwischen den Vätern und den Großvätern zum Ausdruck gekommen war. Von einer Abnahme autokratischer Erziehungsmethoden vom Großvater zum Vater berichten auch Simons et al. (1991, S.170). Wie diese Befunde zeigen, gehen die Entwicklungslinien, die zu den»Neuen Vätern« führten, auf einen langen gesellschaftlichen Wandlungsprozeß zurück, der entsprechend viel Zeit in Anspruch nimmt und auch heute noch nicht abgeschlossen ist.

Die gesellschaftliche Neudefinition eines Lebensabschnittes und der zugeordneten Rollenerwartungen ist ein vielschichtiges prozeßhaftes Geschehen. Es beeinflußt seinerseits die individuellen Definitionen der Rollenträger, ihre Erwartungen, Hoffnungen und Enttäuschungen. Hareven (1985, zitiert nach Zimbardo 1988, S.64) beschreibt den Vorgang der gesellschaftlichen Neukonstruktion eines Lebensabschnitts und der darauf bezogenen Neuorientierungen von Rollenvorschriften und Handlungserwartungen wie folgt:

(1) Individuen werden sich der veränderten Erfahrungen in ihrer privaten Lebenswelt bewußt.

(2) Fachleute beobachten diese Veränderungen und beginnen, die dafür verantwortlichen Bedingungen zu analysieren und zu dokumentieren.

(3) Die Alltagskultur und die Massenmedien beginnen darauf öffentlich Bezug zu nehmen.

(4) Die staatlichen Stellen entwickeln eine Rechtsprechung und gründen Institutionen, um mit den damit zusammenhängenden»Problemen« fertig zu werden und die Rechte der Betroffenen zu wahren.

(5) Der Entwicklungskreislauf ist abgeschlossen, sobald durch diese gesellschaftlichen Initiativen ein entscheidender Einfluß auf die Betroffenen nachzuweisen ist, so daß Normen entstehen, die den adäquaten Zeitpunkt für den Eintritt in dieses Stadium und seinen Abschluß beschreiben.

Diese komplexen Wechselwirkungsprozesse unterscheiden sich in unterschiedlichen Kulturen in charakteristischer Weise. Ein Forschungsdefizit, auf das Nickel (1996b) hinwies, betrifft die zu geringe Berücksichtigung kulturvergleichender Studien (siehe dazu auch Eckensberger 1990, Thomas 1993, Trommsdorff 1993). Dieselben Übergangssituationen können in unterschiedlichen Kulturen zu weitgehend differierenden gesellschaftlichen Verarbeitungsprozessen und, in der Folge davon, unterschiedlichen Normierungen und Rollenvorschriften führen (vgl. Nauck & Schönpflug 1997). Dadurch kommt es zu Unterschieden in den charakteristischen Copingstrategien der Betroffenen einerseits und den gesellschaftlichen Maßnahmen andererseits, die getroffen werden, um diese zu unterstützen und unerwünschten Konsequenzen vorzubeugen.

2.1 Anpassung an neue Rollenerwartungen

Die veränderten gesellschaftlichen Rollenerwartungen erfordern Anpassungsprozesse, die vor allem dann problembelastet sein können, wenn noch keine allgemein gelebten und in ihren Ausprägungen definierten Rollenmuster vorhanden sind. Der Übergang zur Elternschaft bedeutet daher heute für beide Partner ein kritisches Lebensereignis, für die Väter insbesondere deshalb, da die auf sie projizierten Erwartungen sich nachhaltig geändert haben (Fthenakis 1988a, Kap. 6.3, 1988b). Diese Anpassungsprozesse sind in verschiedenen Längsschnittstudien (zum Beispiel Petzold 1997) beschrieben worden. Übereinstimmend zeigte sich, daß die Integration eines Kindes in die Familie eine Belastung bedeutet, die sehr oft zu einer Verschlechterung der Qualität der Partnerschaft führt, und zwar auch, wenn es sich nicht um das erste, sondern das zweite oder ein weiteres Kind handelt (Belsky et al. 1985, Engfer et al. 1988, Nickel 1996b, Nickel et al. 1995, Schneewind 1983). Entsprechend haben Studien zum Übergang zur Elternschaft neuerdings ein besonderes Interesse auf sich gezogen (vgl. Reichle & Werneck 1999).

Übernimmt man Bronfenbrenners Unterscheidung von ineinander übergreifenden sozialen Systemen unterschiedlicher Komplexität (vgl. Bronfenbrenner 1979), so können zusätzliche Probleme identifiziert werden, die dadurch entstehen, daß die einzelnen Teilsysteme divergierende Rollenvorschriften präferieren: So ist zum Beispiel die in Deutschland und Österreich vorgesehene Möglichkeit der Wahrnehmung des »Babyjahres« durch den Vater und der – im Sinne traditioneller Vorstellungen – damit verbundene Rollentausch ein Spezifikum, das in einer patriarchalisch orientierten Kultur nicht denkbar wäre. Sie wird zwar in der öffentlichen Diskussion in den beiden Ländern im Sinne einer Vorausnahme zukünftiger und als notwendig angesehener Entwicklungen positiv bewertet. Die noch relativ kleine Gruppe von Vätern, die von dieser Möglichkeit Gebrauch macht, hat jedoch mit wesentlichen Rollenproblemen zu kämpfen, da nicht selten sowohl die eigenen wie die Herkunftsfamilien der Partnerinnen, als auch die umgebende Rahmengesellschaft immer noch eher von der traditionellen Rollenteilung ausgehen, auch wenn in verschiedenen, sich progressiv verstehenden Settings und vielfach auch in den Medien egalitäre Rollenvorstellungen propagiert werden. Videointerviews mit betroffenen Vätern, die W. Hartmann im Rahmen eines Seminars an der Universität Wien (1997, persönliche Mitteilung) durchführen ließ, waren in dieser Hinsicht besonders aufschlußreich: Die Väter beklagten sich, daß sie in ihren täglichen Kontakten »immer nur mit Müttern« zusammen seien und Schwierigkeiten hätten, eigene Rollendefinitionen der Väterlichkeit in diese Kontexte einzubringen. Hier handelt es sich um Reaktionen auf typische Übergangssituationen mit uneindeutigen und sich zum Teil widersprechenden Rollenvorschriften.

2.2 Der Wandel der Vaterrolle in der Gegenwart

Diese Entwicklungen der Vaterrolle äußern sich einerseits in einem Wandel der entsprechenden Ansätze in der Vaterforschung, wie zum Beispiel der Ablösung des Defizit-Paradigmas, welches Väter grundsätzlich als im Vergleich zur Mutter nachrangige Bezugspersonen konzipiert, durch das – in Anlehnung an Erikons Modell beziehungsweise Terminologie – »generative fathering« genannte Konzept; dieses fokussiert auf die konstruktiven Komponenten der Vaterrolle (vgl. dazu Hawkins & Dollahite 1997). Andererseits lassen sich konkret beobachtbare – mehr oder weniger ausgeprägte – Verhaltensänderungen der Väter durchaus auch im Sinne neuer Normen feststellen: So liegt der Anteil der bei der Geburt ihrer Kinder anwesenden Väter im mitteleuropäischen Raum mittlerweile relativ übereinstimmend bei circa 90 Prozent (vgl. Huwiler 1995, Nickel 1988, Werneck 1998). Der Anteil der Väter unter den alleinerziehenden Eltern stieg in den letzten Jahren auf immerhin circa 14 Prozent (vgl. Österreichisches Bundesministerium für Jugend und Familie 1995), wobei allerdings berücksichtigt werden muß, daß die gängige Rechtspraxis bei Sorgerechtsprozessen vor allem bei jüngeren Kindern die Mütter als Sorgeberechtigte bevorzugt. Wie Völkl-Kernstock (1994) in einer Inhaltsanalyse der richterlichen Entscheidungskriterien bei 92 Sorgerechtsprozessen in Österreich mit 136 betroffenen Kindern feststellte, werden Alter und Geschlecht des Kindes bei Entscheidungen offenbar berücksichtigt. Im Kleinkind- und Volksschulalter werden Mädchen eher der Mutter als dem Vater zugeteilt. Wesentlich ist außerdem die Bindung des Kindes an einen Elternteil. Wird das Kind dem Vater zugeteilt, so ist außerdem seine bessere finanzielle Situation, die berufliche Position und seine Schichtzugehörigkeit von Bedeutung, während bei der Sorgerechtszuteilung zur Mutter vor allem die Wohnsituation angeführt wird. Auch die Persönlichkeit der Eltern wird häufig bei den Begründungen erwähnt. Negative Eigenschaften, die dazu führen, daß das Kind nicht dem Vater zugeteilt wird, sind neurotische Persönlichkeitszüge, negative Beurteilung seiner Erziehungsfähigkeit sowie ein Verhalten, das zu einer körperlichen und emotionalen Gefährdung des Kindes führen könnte. Ein weiteres häufig genanntes Kriterium ist die Kontinuität der Pflege und Erziehung. Steht der Mutter mehr Zeit zur Pflege des Kindes zur Verfügung, wird es ihr signifikant häufiger zugeteilt. Verschuldensfragen spielen dagegen offenbar keine Rolle mehr.

Kulturell definierte Elternrollen bauen auf den Erfordernissen auf, die sich aus der Notwendigkeit einer angemessenen Versorgung der Kinder und aus der Unterstützung von deren Einbindung in die Umgebungskultur ableiten lassen. Ihre Verwirklichung in einem persönlichen Lebensentwurf ist von den individuellen Voraussetzungen in der Persönlichkeit der Betroffenen ebenso abhängig wie von ihrer Lebenssituation und ihrer Bereitschaft, sich bestimmten Rollenerwartungen zu fügen oder ihre Elternrolle in bestimmten Aspekten neu zu definieren.

2.3 Vaterrolle und Gratifikation

Ein Aspekt, der in der öffentlichen Diskussion der veränderten Vaterrolle häufig übersehen wird, ist die große Bedeutung der mit der Vaterrolle verbundenen Gratifikationen für die Lebenszufriedenheit und die seelische Gesundheit der Betroffenen. Barnett, Marshall und Pleck (1992) führten dazu eine Studie bei 300 verheirateten Männern zwischen 25 und 40 Jahren durch, in der die subjektive Bedeutung verschiedener Rollen (Berufs-, Ehemann- und Vaterrolle) untersucht wurde, wobei einerseits die rollenbezogenen Gratifikationen, andererseits die mit der Rolle verbundenen Belastungen erfaßt wurden. Für den Rollenqualitätsscore wurde pro Rolle die Differenz zwischen Gratifikations- und Belastungsscore gebildet. Es zeigte sich, daß Defizite in einem Rollenbereich durch eine höhere Rollenqualität in einem anderen Bereich ausgeglichen werden konnten. Wurde zum Beispiel die Berufsrolle als unbefriedigend erlebt, so konnte dies durch eine subjektiv erlebte hohe Qualität der Vaterrolle beziehungsweise der Rolle als Ehemann ausgeglichen werden. Defizite in zwei Rollenbereichen hatten in der Regel negative seelische Auswirkungen zur Folge. Diese Ergebnisse weisen darauf hin, daß einer befriedigenden Gestaltung der Vaterrolle ein ebenso großer Stellenwert für die Lebenszufriedenheit des Mannes zukommt wie der Berufs- beziehungsweise Partnerrolle.[1]

---

1 Aber auch die Kinder können in mehrfacher Hinsicht von ihren Vätern profitieren: Neben den Faktoren Bildungsniveau und Einkommen des Vaters, welche den Ausbildungsstand des Kindes (für sich genommen wiederum eine Schlüsselvariable) entscheidend beeinflussen, wirkt sich väterliche Unterstützung vor allem positiv auf den Selbstwert und das Streßverhalten der Kinder aus (vgl. Amato 1998).

3 Die Geburt des ersten Kindes als Anlaß für Rollenneudefinitionen

In den entwickelten Ländern befinden sich Väter bei der Geburt ihres ersten Kindes heute in einer doppelten Übergangssituation: Einerseits hatte der »Funktionsverlust« der Familie in unserem Jahrhundert zur Folge, daß der Befriedigung emotionaler Bedürfnisse in Partnerschaft und Familie ein höherer Stellenwert zugewiesen wird; andererseits forderte die Verschiebung der Verantwortung für die Versorgung des Kindes von der Mutter zu beiden Eltern wesentliche Neuorientierungen, für die verbindliche Rollenmuster zum Teil noch fehlen. Die Anpassung an die neue Situation der Vaterschaft bedeutet bereits per se eine Neukonstruktion der eigenen gesellschaftlichen Rollenposition: Anstelle der Rolle des (erwachsenen) »Sohnes« tritt nun jene des »Vaters« in den Vordergrund. Bisher versäumte Ablösungsprozesse müssen spätestens zu diesem Zeitpunkt bewältigt werden. Falls das Kind das erste Enkelkind in der Herkunftsfamilie darstellt, haben die Eltern des Vaters gleichzeitig den Übergang zur Großelternschaft zu bewältigen, der in einer Zeit der vorherrschenden Jugendkultur nicht ohne Probleme verläuft (Papalia & Wendkos Olds 1995, S. 462). Die Partnerschaft muß neu geordnet werden, wobei vor allem die zusätzliche Arbeitsbelastung durch den Säugling und die resultierende Neuverteilung der Familienarbeit ein Problem darstellt, dem sich nicht alle Paare gewachsen fühlen. Ein wesentlicher Faktor jeder positiven Beziehung ist die für gemeinsame Erlebnisse zur Verfügung stehende Zeit. Bleiben dafür zu wenige unbelastete Stunden, so kann die Partnerbeziehung leiden. Entsprechend zeigen Untersuchungen (vgl. Gloger-Tippelt et al. 1995) eine Verschlechterung der Partnerbeziehung im Gefolge der Geburt von Kindern an (vgl. auch Abschnitt 2.1).

3.1 Unterschiedliche Vaterrollen für Söhne und Töchter?

Verschiedene Studien legen eine unterschiedliche Ausgestaltung der Interaktionen zwischen Vätern und ihren Kindern je nach Geschlecht nahe (vgl. die Arbeit von Lytton & Romney 1991, in der 172 zwischen 1952 und 1987 durchgeführte Untersuchungen zu diesem Problemgebiet dargestellt werden). Liebevolle Akzeptanz wird von Vätern vor allem im Kontakt mit Töchtern im Kleinkindalter verwirklicht, während Söhne mehr kontrollierende Strenge erfahren (Bronstein 1988). In der österreichischen Längsschnittstudie »Familienentwicklung im Lebenslauf« zeigte sich drei Monate nach der Geburt des Kindes, daß sich die Partnerschaft ungünstiger entwickelte, wenn das Baby ein Junge war (vgl. zum Beispiel Werneck & Rollett 1999, S. 119).[2]

4 Die Entwicklung väterlicher Rollenauffassungen: ausgewählte Befunde einer Längsschnittstudie

Im Rahmen der Studie »Familienentwicklung im Lebenslauf« (FIL, vgl. Rollett & Werneck 1993) wurde unter anderem die Entwicklung der väterlichen Rollenauffassungen und ihrer Bedingungen untersucht. Sie stellt mit ihren ersten beiden Untersuchungszeit-

---

2 Aus Perspektive des Kindes scheint die Persönlichkeit des Vaters besonders für die spätere Karriereorientierung von Bedeutung zu sein. In einer von Augusta (1986) durchgeführten Untersuchung bei weiblichen und männlichen Studierenden, die entweder ein geschlechtsrollenkonformes oder ein nicht den geschlechtstypischen Studienfachwahlen entsprechendes Studium gewählt hatten (Lehramt Geschichte versus Informatik), konnte beobachtet werden, daß bei beiden Geschlechtern die Karriereorientierung des Vaters selbst und die leistungsbezogene Unterstützung durch ihn mit signifikant mehr Leistungsehrgeiz bei den Studierenden einhergingen, daß diese Faktoren aber besonders für Frauen, die das »Männerstudium« Informatik gewählt hatten, von entscheidender Bedeutung waren: Sie identifizierten sich stärker mit dem Vater und schätzten dessen Karriereorientierung höher ein als Frauen, die das Geschichtestudium gewählt hatten.

punkten ein Teilprojekt des von der Forschungsgruppe Nickel (zum Beispiel 1996a) initiierten interkulturellen Forschungsprojekts »Übergang zur Elternschaft« dar, das in den alten und neuen Ländern der Bundesrepublik Deutschland, in Korea, in den USA und in Österreich durchgeführt wurde (vgl. Grant 1992, Pesce-Trudell 1992, Yang 1990). Werdende Mütter und Väter wurden zum Zeitpunkt des 6. Schwangerschaftsmonats und ein zweites Mal, als das Kind drei Monate alt war, unter anderem mit Hilfe eines 82 Items umfassenden Elternschaftsfragebogens (vgl. Grant 1992, Nickel 1990, Nickel et al. 1990, Nickel et al. 1995) untersucht. An der österreichischen Teilstudie nahmen 175 Familien teil, die außerdem zu einem dritten Zeitpunkt, als die Kinder ungefähr drei Jahre alt waren, erneut untersucht wurden.

Von besonderem Interesse für die Väterforschung sind die beiden Skalen »(emotionaler) Wert von Kindern« (Beispiel-Items: »Durch eigene Kinder erfahre ich, was wirklich wichtig ist«, oder: »Für das Heranwachsen eines Menschen gebraucht zu werden, ist für mich ein wichtiger Lebensinhalt«. Cronbach's Alpha bei den österreichischen Vätern:.83) und »Belastung durch Kinder« (Beispiel-Items: »Wenn man Kinder hat, hat man kaum mehr eigene Freizeit«, oder: »Kinder schränken die Eltern stark ein«. Cronbach's Alpha: .84). Diese beiden Perspektiven müssen einander nicht ausschließen, wie verschiedene Untersuchungen gezeigt haben – obwohl Kinder eine Belastung bedeuten, werden sie auch als Wert wahrgenommen (vgl. Grant 1992, Hoffman & Hoffman 1973, Olbrich & Brüderl 1986, Rollett & Werneck 1993, Werneck et al. 1996).

Wie die Fragebogenergebnisse erhellten, gaben die Väter zum dritten Erhebungszeitpunkt kaum Probleme im Umgang mit den Kindern (erfaßt durch den Fragenkomplex »Anpassung an das Kind«, vgl. zum Beispiel Rollett & Werneck 1993, Werneck 1998, S. 75) an, wohl aber bereits zum zweiten Zeitpunkt eine Einschränkung des Freundeskreises und der Möglichkeit zu Sozialkontakten außerhalb der Familie (s. auch Petzold 1994, S. 67).

Eine weitere kritisch einzuschätzende Entwicklung bezieht sich auf die Spannungen innerhalb der Familie, gemessen mit dem Partnerschaftsfragebogen PFB von Hahlweg (1979), die sich über die drei Meßzeitpunkte hinweg verstärkten (signifikanter Abfall der Werte in den Skalen ›Zärtlichkeit‹ und ›Gemeinsamkeit/Kommunikation‹ sowie ›Anstieg des Streitverhaltens‹ – vgl. auch Werneck 1998, Werneck & Rollett 1999).

Diese beiden möglichen Problemfelder, Partnerschaft und (abnehmende) Sozialkontakte, können wohl – in Verbindung mit der Tatsache, daß vor allem der Beginn der Vaterschaft sehr oft mit einer zeitintensiven beruflichen Aufbauphase zusammenfällt – als wichtigste Risikofaktoren für die Vaterschaft betrachtet werden. Ihr Konfliktpotential wird in unserem Kulturbereich durch die (oben bereits erwähnten) sich in Wandel befindlichen, derzeit noch diffusen Rollenerwartungen noch verstärkt. Von den Faktoren, die diesen potentiellen Belastungskomponenten entgegenwirken (Gratifikationen; vgl. Abschnitt 2.3), legen die Studienergebnisse in erster Linie das Ausmaß an Freude nahe, die dem Vater direkte Interaktionen mit dem Kind bereiten (vgl. zum Beispiel Werneck 1997).

4.1 Änderungen der väterlichen Rollenbilder in Österreich und die »Neuen Väter«

In der FIL-Studie konnten charakteristische Verschiebungen der von den Vätern gelebten Rollenbilder über die drei Testzeitpunkte hinweg beobachtet werden (vgl. Rollett & Werneck 1993, 1994b, Werneck 1998). Eine Clusteranalyse der Väterdaten drei Monate nach der Geburt des Kindes ergab folgende Gruppierungen, die vom Testzeitpunkt 1 zum Testzeitpunkt 2 und vom Testzeitpunkt 2 zum Testzeitpunkt 3 mehr oder weniger ausgeprägte ›Ab- beziehungsweise Zuwanderungen‹ erfuhren: ›Neue Väter‹ (1. Testzeitpunkt: 12,7 Prozent, 2. TP: 7,1 Prozent, 3. TP: 8,7 Prozent), ›Familienorientierte‹ (1. TP: 31,7 Prozent, 2. TP: 29,4 Prozent, 3. TP: 25,4 Prozent) und ›Eigenständige‹, die dazu neigten, sich von der Familie zurückzuziehen (1. TP: 55,6 Prozent, 2. TP: 63,5 Prozent, 3. TP: 65,9 Prozent). Im Detail sind die ›Ab- und Zuwanderungen‹ in Abbildung 1 wiedergegeben.[3]

---

3 In der Analyse über alle drei Testzeitpunkte hinweg werden insgesamt 126 Väter berücksichtigt, deren Entwicklung während des gesamten Erhebungszeitraums nachvollzogen werden kann.

Abbildung 1: »Wanderungen« zwischen den drei Vätergruppierungen während der drei Testzeitpunkte drei Monate vor, drei Monate nach und drei Jahre nach der Geburt des Kindes. Fett gedruckt ist die Anzahl der Väter in der jeweiligen Gruppe, die Zahlen neben den Pfeilen geben an, wie viele Väter zum jeweils nächsten Testzeitpunkt einer anderen Gruppierung zuzuordnen waren.

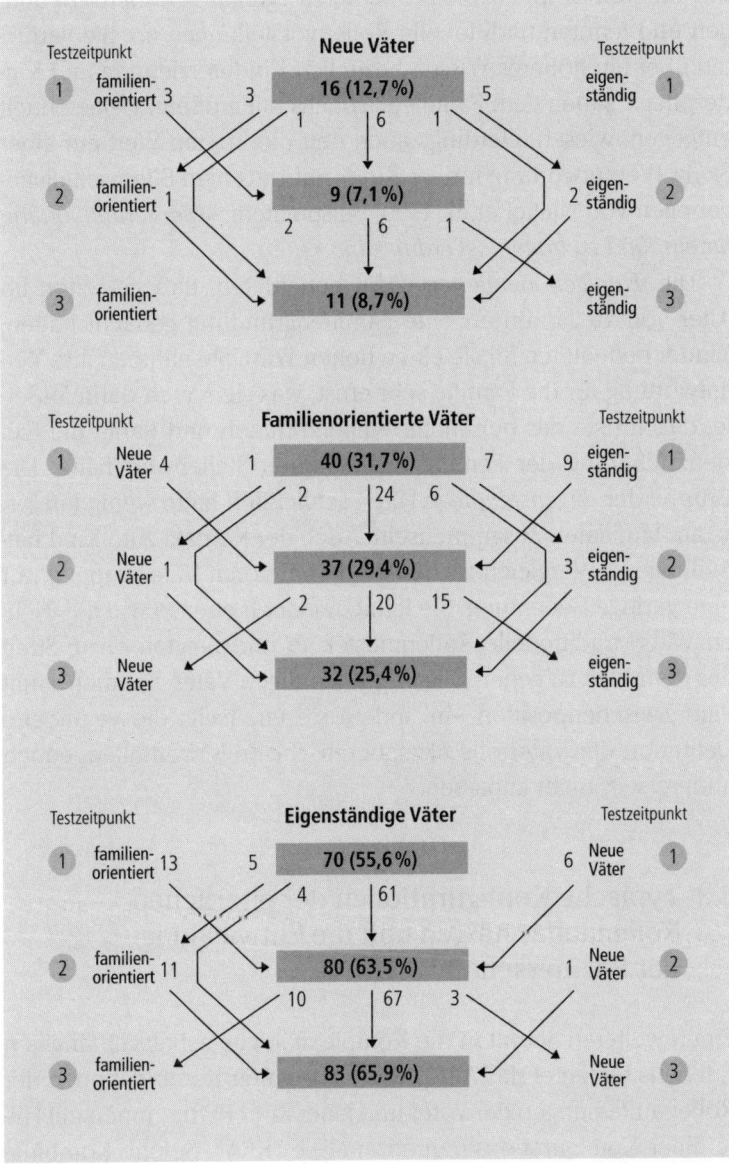

In der für die gesellschaftliche Entwicklung besonders interessanten, gleichzeitig kleinsten Gruppe der *Neuen Väter* war über die drei Erhebungszeitpunkte hinweg prozentual der stärkste Rückgang zu beobachten. Drei Monate vor der Geburt beurteilten diese Väter ihre Partnerschaft (gemessen mit dem PFB) glücklicher als die anderen Gruppen. Sie bevorzugten egalitäre Partnerbeziehungen und lehnten traditionelle Rollenvorstellungen ab. Sie verfügten über ein höheres Wissen bezüglich Kindererziehung und Kinderpflege; sahen dem Familienzuwachs mit größerer Gelassenheit entgegen, wiesen allerdings auch den niedrigsten Wert auf einer Skala »Verantwortung für das Kind« auf (aus dem Elternschaftsfragebogen von Nickel et al. 1990; Beispielitem: »*Die Verantwortung für ein Kind zu tragen, ist erdrückend.*«).

Die ›*Familienorientierten Väter*‹ berichteten, daß sie schon im Alter von 16 Jahren an eine Familiengründung gedacht hatten. Kinder bedeuteten für sie einen hohen Wert. Sie nahmen ihre Verantwortung für die Familie sehr ernst, was sich auch darin äußerte, daß für sie das berufliche Weiterkommen und damit die Existenzsicherung der Familie einen hohen Stellenwert hatte. Die Gruppe der ›*Eigenständigen Väter*‹ schließlich hatte wenig Interesse am familialen Zusammensein. Auch der Kontakt zum Kind hatte für sie im Vergleich zu den beiden anderen Vätergruppen nur eine geringe Bedeutung. Sie lehnten jedoch ebenso wie die ›Neuen Väter‹ traditionelle Rollenmuster ab und neigten dazu, Streit aus dem Weg zu gehen. Die ›Eigenständigen Väter‹ nehmen somit eine Zwischenposition ein, indem sie einerseits die veränderte Definition der Vaterrolle akzeptieren, ihr Rollenverhalten jedoch andererseits nicht anpassen.

4.2 Typische Konfigurationen der elterlichen Rollenauffassungen und die Entwicklung der Partnerschaft

Einen weiteren Schritt in die Komplexität vaterschaftsabhängigen Erlebens bedeutet das Aufspüren bestimmter Kombinationen der Rollenauffassungen der Väter und jener ihrer Partnerinnen mit Hilfe einer Konfigurationsfrequenzanalyse (KFA). Solche Kombinationen beziehungsweise Väter und Mütter solcher Kombinationen wurden anschließend hinsichtlich der emotionalen Zufriedenheit mit ihrer Beziehung analysiert (operationalisiert über das »globale« Item des PFB von Hahlweg, 1979: »Wie glücklich schätzen Sie zum jetzigen Zeitpunkt Ihre Beziehung ein?« mit sechs Antwortalternativen von »sehr unglücklich« bis »sehr glücklich«).

Zwei der identifizierten Kombinationen fielen auf ›Eigenständige Väter‹ mit ›Emanzipierten Müttern, die Kinder als Belastung erleben‹ (zur Definition bzw. Operationalisierung der Müttergruppen siehe zum Beispiel Werneck & Rollett 1994) sowie ›Familienorientierte Väter‹ mit ›Selbstbewußten kinderliebenden Partnerinnen‹. Wie Abbildung 2 zeigt, lassen sich auf Väterseite sowohl für die ›Eigenständigen‹ als auch für die ›Familienorientierten‹ relativ konstante Werte ihrer Partnerschaftszufriedenheit in dem halben Jahr um die Geburt des Kindes festhalten, dann aber gefolgt von einem relativ steilen Abfall drei Jahre nach der Geburt des Kindes – für die ›Eigenständigen‹ (mit ihren emanzipierten Partnerinnen) allerdings auf durchgehend deutlich niedrigerem ›Glücklichkeitsniveau‹ als für die ›Familienorientierten‹ (vgl. Werneck 1998).

Wie Männer ihre Rolle als Väter für sich selbst (mehr oder weniger bewußt) definieren und entsprechend gestalten (lassen), ihre Einstellungen und – in weiterer Folge – Verhaltensweisen, all das steht also auch in Wechselwirkung mit Parametern ihres sozialen Umfelds.

Abbildung 2: Vergleich zweier Paarkombinationen – eigenständige Väter mit emanzipierten Müttern, die Kinder als Belastung erleben (A), und familienorientierte Väter mit selbstbewußten kinderliebenden Müttern (B) hinsichtlich ihrer emotionalen Zufriedenheit mit ihrer Beziehung.

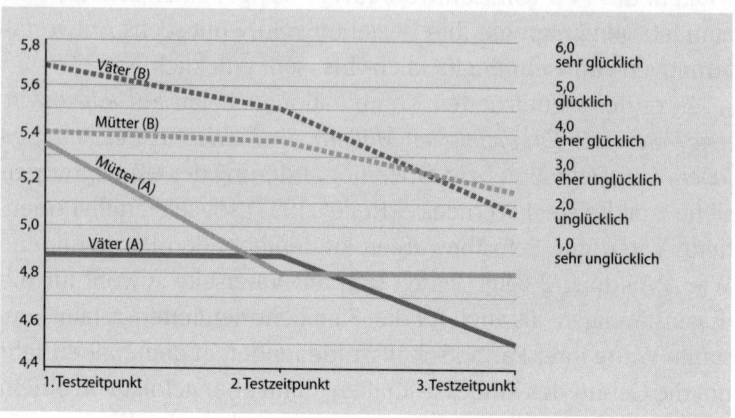

4.3 Resümee

Die Übernahme der Elternrolle bedeutet vielfältige Neuanpassungen. Dieser Prozeß stellt sich in Österreich, wie in vielen entwickelten Ländern, vor allem deshalb problembelastet dar, weil eindeutige Rollenkonstruktionen und daraus abgeleitete Verhaltenserwartungen weitgehend fehlen. Sowohl auf institutioneller Ebene als auch auf der individuell zu verantwortenden Entscheidungsebene existiert eine relativ große Auswahl an möglichen Handlungsmodellen, die in ihrer Pluralität zwar einerseits die Chance bieten, den unterschiedlichen Wünschen und Bedürfnissen der einzelnen Elternpaare gerecht zu werden, andererseits aber die Gefahr in sich bergen, schon vorhandene Krisenherde in der elterlichen Partnerschaft oder Unsicherheiten im eigenen Rollenverständnis zu verstärken. Dies gilt besonders für die Vaterrolle, die von den gesellschaftlichen Veränderungen am stärksten betroffen ist, wie das Konstrukt »Neuer Vater« andeutet. Die gemeinsame Arbeit an der Beziehung der Ehepartner zueinander und zu den Kindern stellt daher heute eine Aufgabe dar, die noch mehr als früher Toleranz, Anpassungsfähigkeit und auch Kreativität verlangt.

Literatur

Amato, P. (1998). More than money? Men's contributions to their children's lives. In A. Booth & A. C. Crouter (eds.), *Men in families. When do they get involved? What difference does it make?* Mahwah, NJ: Lawrence Erlbaum Associates, pp. 241–279.

Augusta, R. (1986). *Leistungsmotivation und Einstellung zur weiblichen Berufstätigkeit von Studierenden der Studienfächer Betriebs- und Wirtschaftsinformatik und Lehramt-Geschichte.* Unveröff. Dissertation, Universität Wien.

Barnett, R. C., Marshall, N. L. & Pleck, J. H. (1992). Men's multiple roles and their relationship to men's psychological distress. *Journal of Marriage and the Family, 54,* pp. 358–367.

Belsky, J., Lang, M. E. & Rovine, M. (1985). Stability and change in marriage across the transition to parenthood. A second study. *Journal of Marriage and the Family, 47,* pp. 855–865.

Booth, A. & Crouter, A. C. (eds.). (1998). *Men in families. When do they get involved? What difference does it make?* Mahwah, NJ: Lawrence Erlbaum.

Bronfenbrenner, U. (1979). *The ecology of human development.* Cambridge, MA: Harvard University Press.

Bronstein, P. (1988). Father-child interaction. Implications for gender role socialization. In P. Bronstein & C. P. Cowan (eds.), *Fatherhood today: Men's changing role in the family.* New York: Wiley, pp. 107–124.

Eckensberger, L. (1990). On the necessity of the culture concept in psychology. In F. J. R. van de Vijver & G. J. M. Hutschemakers (eds.), *The investigation of culture. Current issues in cultural psychology.* Tillbourgh: University Press, pp. 153–183.

Eitler, G. (1984). *Der Vater – Erzieherverhalten in der Generationenfolge.* Unveröff. Dissertation, Universität Wien.

Eitler, G. & Rollett, B. (1984). Erzieherverhalten in der Generationenfolge. In K.-H. Ingenkamp (Hrsg.), *Sozial-emotionales Verhalten in Lehr- und Lernsituationen.* Bericht über die 34. Tagung der Arbeitsgruppe für empirische pädagogische Forschung in der DGfE vom 28. – 30.9.1983 in Landau/Pfalz. Landau/Pfalz: Erziehungswissenschaftliche Hochschule Rheinland-Pfalz, S. 181–189.

Engfer, A., Gavranidou, M. & Heinig, L. (1988). Veränderung in Ehe und Partnerschaft nach der Geburt von Kindern, *Verhaltensmodifikation und Verhaltensmedizin, 9,* S. 297–311.

Erikson, E. H. (1959). *Identity and the life cycle.* New York: Norton.

Fthenakis, W. E. (1988a). *Väter. Zur Psychologie der Vater-Kind-Beziehung,* Bd. 1. München: Deutscher Taschenbuch Verlag.

Fthenakis, W. E. (1988b). *Väter. Zur Vater-Kind-Beziehung in verschiedenen Familienstrukturen*, Bd. 2. München: Deutscher Taschenbuch Verlag.

Gloger-Tippelt, G., Rapkowitz, I., Freudenberg, I. & Maier, S. (1995). Veränderungen der Partnerschaft nach der Geburt des ersten Kindes. Ein Vergleich von Eltern und kinderlosen Paaren. *Psychologie in Erziehung und Unterricht, 42*, S. 255–269.

Grant, H.-B. (1992). *Übergang zur Elternschaft und Generativität. Eine ökologisch-psychologische Studie über die Bedeutung von Einstellungen und Rollenauffassungen beim Übergang zur Elternschaft und ihr Beitrag zur Generativität.* Aachen: Shaker.

Hahlweg, K. (1979). Konstruktion und Validierung des Partnerschaftsfragebogens PFB. *Zeitschrift für Klinische Psychologie, 8*, S. 17–40.

Hawkins, A. J. & Dollahite, D. C. (eds.). (1997). *Generative fathering. Beyond deficit perspectives.* Thousand Oakes, CA: Sage.

Hoffman, L. W. & Hoffman, M. L. (1973). The value of children to parents. In J. T. Fawcett (eds.), *Psychological perspectives on population.* New York: Basic Books, pp. 19–76.

Huwiler, K. (1995). *Herausforderung Mutterschaft. Eine Studie über das Zusammenspiel von mütterlichem Erleben, sozialen Beziehungen und öffentlichen Unterstützungsangeboten im ersten Jahr nach der Geburt.* Bern: Huber.

Lytton, H. & Romney, D. M. (1991). Parents' differential socialization of boys and girls: A meta-analysis. *Psychological Bulletin, 109(2)*, pp. 267–296.

Nauck, B. & Schönpflug, U. (Hrsg.). (1997). *Familien in verschiedenen Kulturen.* Stuttgart: Enke.

Nickel, H. (1988). Die Rolle des Vaters während der Schwangerschaft und Geburt und seine Bedeutung für die postnatale Entwicklung des Kindes. In H. Schusser & W. Hatzmann (Hrsg.), *Das Leben vor und während der Geburt.* Osnabrück: Universitätsdruck, S. 251–271.

Nickel, H. (1990). Pränatales und postnatales Engagement von Vätern und das Verhalten ihrer neun Monate alten Kinder in einer Trennungssituation. *Psychologie in Erziehung und Unterricht, 37*, S. 26–32.

Nickel, H. (1996a). Junge Eltern im Kulturvergleich. Einführung in ein interkulturelle Forschungsprojekt aus vier Ländern. [Abstract]. In K. U. Ettrich, G. Friedrich, M. Fries & E. Witruk (Hrsg.), *Abstractband zu den Tagungen der Fachgruppen Entwicklungspsychologie und Pädagogische Psychologie der Deutschen Gesellschaft für Psychologie e.V. in Leipzig.* Universität Leipzig, S. 76.

Nickel, H. (1996b). Sozial-kulturelle Faktoren der Familienentwicklung beim Übergang zur Elternschaft – Ausgewählte Ergebnisse eines interkulturellen Forschungsprojektes aus drei Kontinenten. In W. Edelstein, K. Kreppner & D. Sturzbecher (Hrsg.), *Familie und Kindheit im Wandel*. Potsdam: Verlag für Berlin-Brandenburg, S.273–286.

Nickel, H., Grant, H.-B. & Vetter, J. (1990). *Fragebogen zur Elternschaft*. Düsseldorf: Heinrich-Heine-Universität, Institut für Entwicklungs- und Sozialpsychologie.

Nickel, H., Quaiser-Pohl, C., Rollett, B., Vetter, J. & Werneck, H. (1995). Veränderung der partnerschaftlichen Zufriedenheit während des Übergangs zur Elternschaft. *Psychologie in Erziehung und Unterricht, 42*, S.40–53.

Olbrich, E. & Brüderl, L. (1986). Frühes Erwachsenenalter: Partnerwahl, Partnerschaft und Übergang zur Elternschaft. *Zeitschrift für Entwicklungspsychologie und Pädagogische Psychologie, 18*, S.189–213.

Österreichisches Bundesministerium für Jugend und Familie (Hrsg.). (1995). *Wo kommt unsere Zeit hin? Beruf – Familie – Freizeit. Das Zeit-Budget der österreichischen Familien*. Wien: Autor.

Papalia, D. E. & Wendkos Olds, S. (1995). *Human Development*. New York: McGraw-Hill.

Parsons, T. (1951). *The social system*. Glencoe, Ill.: The Free Press.

Pesce-Trudell, A. M. (1992). *Role attitudes and marital satisfaction during the transition to parenthood: primiparous/multiparous mothers and early/late pregnancy*. Unveröff. Dissertation, University of Athens, Georgia.

Petzold, M. (1994). Der Vater im Übergang zur Elternschaft. *Psychosozial, 58*, S.61–74.

Petzold, M. (1997). *Elternschaft. Qualitative Forschung zur Familie*. St. Augustin: Gardez!-Verlag.

Peuckert, R. (1986). Rolle, soziale. In B. Schäfers (Hrsg.). *Grundbegriffe der Soziologie*. Opladen: Leske & Budrich, S.252–256.

Quaiser-Pohl, C. (1996). *Übergang zur Elternschaft und Familienentwicklung in Deutschland und Südkorea. Eine interkulturelle Untersuchung*. Münster: Waxmann.

Radin, N. (1981). The role of the father in cognitive, academic, and intellectual development. In M. E. Lamb (ed.), *The role of the father in child development*. New York: Wiley.

Radin, N. (1988). Primary caregiving fathers of long duration. In P. Bronstein & C. P. Cowan (eds.), *Fatherhood today: Men's changing role in the family*. New York: Wiley.

Reichle, B. & Werneck, H. (1999). Übergang zur Elternschaft und Partnerschaftsentwicklung: Ein Überblick. In B. Reichle & H. Werneck (Hrsg.),

Übergang zur Elternschaft. Aktuelle Studien zur Bewältigung eines unterschätzten Lebensereignisses. Stuttgart: Enke, S. 1–16.

Rollett, B. & Werneck, H. (1993). *Die Bedeutung von Rollenauffassungen junger Eltern für den Übergang zur Elternschaft.* Wien: Universität, Institut für Psychologie, Abteilung für Entwicklungspsychologie und Pädagogische Psychologie.

Rollett, B. & Werneck, H. (1994a). Die Bewältigung des Übergangs zur Elternschaft: Ergebnisse eines Forschungsprojektes [Abstract]. In K. Pawlik (Hrsg.), *39. Kongreß der Deutschen Gesellschaft für Psychologie*, Bd. II, Hamburg: Psychologisches Institut I der Universität Hamburg, S. 586.

Rollett, B. & Werneck, H. (1994b). Veränderungen in der Partnerschaft beim Übergang zur Elternschaft. In H. Janig (Hrsg.), *Psychologische Forschung in Österreich. Bericht über die 1. Wissenschaftliche Tagung der Österreichischen Gesellschaft für Psychologie.* Klagenfurt: Universitätsverlag Carinthia, S. 183–186.

Schneewind, K. A. (1983). Konsequenzen der Erstelternschaft. *Psychologie in Erziehung und Unterricht, 30*, S. 161–172.

Simons, R. L., Whitbeck, L. B., Conger, R. D. & Chyi-In, W. (1991). Intergenerational transmission of harsh parenting. *Developmental Psychology, 1*, pp. 159–171.

Thomas, A. (1993). *Kulturvergleichende Psychologie.* Göttingen: Hogrefe.

Trommsdorff, G. (1993). Entwicklung in der Kindheit aus kulturvergleichender Sicht. *Zeitschrift für Sozialisationsforschung und Erziehungssoziologie, 13*, S. 98–101.

Völkl-Kernstock, S. (1994). *Richterliche Entscheidungskriterien im Sorgerechtsverfahren.* Unveröff. Diplomarbeit, Universität Wien.

Werneck, H. (1997). Belastungsaspekte und Gratifikationen beim Übergang zur Vaterschaft. *Psychologie in Erziehung und Unterricht, 44*, S. 276–288.

Werneck, H. (1998). *Übergang zur Vaterschaft. Auf der Suche nach den »Neuen Vätern«.* Wien: Springer-Verlag.

Werneck, H. & Rollett, B. (1994). Übergang zur Elternschaft. In G. Gittler, M. Jirasko, U. Kastner-Koller, C. Korunka & A. Al-Roubaie (Hrsg.), *Die Seele ist ein weites Land. Aktuelle Forschung am Wiener Institut für Psychologie.* Wien: WUV-Universitätsverlag, S. 175–182.

Werneck, H., Nickel, H. Rollett, B. & Yang, M.-S. (1996). Kinder als Wert oder als Belastung? Einstellungen deutscher, österreichischer und südkoreanischer Eltern im Vergleich. In K. U. Ettrich & M. Fries (Hrsg.), *Lebenslange Entwicklung in sich wandelnden Zeiten*, Landau: Verlag Empirische Pädagogik, S. 298–305.

Werneck, H. & Rollett, B. (1996). Subjektive Wahrnehmung der Hausarbeitsaufteilung und Übergang zur Elternschaft. In M. Jirasko, J. Glück, Rollett, B. (Hrsg.), *Perspektiven psychologischer Forschung in Österreich*. Wien: WUV-Universitätsverlag, S. 125–128.

Werneck, H. & Rollett, B. (1999). Die Wiener Längsschnittstudie »Familienentwicklung im Lebenslauf (FIL)« – Ausgewählte Befunde und Implikationen. In B. Reichle & H. Werneck (Hrsg.), *Übergang zur Elternschaft. Aktuelle Studien zur Bewältigung eines unterschätzten Lebensereignisses*, Stuttgart: Enke, S. 109–126.

Yang, M.-S. (1990). *Die Bedeutung von Rollenauffassungen bei koreanischen Eltern, ihre Stabilität beim Übergang zur Elternschaft und ihr Beitrag zur Generativität*. Unveröff. Dissertation, Heinrich-Heine-Universität Düsseldorf.

Zimbardo, P. G. (1988). *Psychology and Life*. Glenview, Ill.: Scott, Foresman and Company.

KURT KREPPNER

Väter in ihren Familien

Differentielle Aspekte für die Sozialisation

Dieser Beitrag stellt Väter in ihrer Doppelrolle in der Familie
vor. Zum einen sind Väter Kommunikations- und Inter-
aktionspartner ihrer Kinder und beeinflussen durch ihre
Aktivitäten direkt deren Entwicklung. Zum anderen sind sie
Teil der Familie als ganzes und tragen ihren Teil zum Ge-
lingen oder Mißlingen des Zusammenlebens bei; sie üben
so, auf eher indirektem Wege, ebenfalls eine sozialisierende
Funktion für die Heranwachsenden aus. Es werden daher
empirische Ergebnisse aus Studien vorgestellt, die helfen
sollen, die besondere Rolle der Väter in ihrer sozialisa-
torischen Funktion gegenüber den Kindern sowie in ihrem
Einfluß auf das Meistern von Entwicklungsübergängen in
der Familie zu verdeutlichen. Das Zusammenführen von
theoretischen Überlegungen und empirischem Material soll
die Diskussion um die Rolle der Väter in der Familie erleich-
tern. Die Betonung des differentiellen Aspekts für die
Erklärung der Funktion der Väter erscheint dabei wesent-
lich: Väter an sich haben keine einheitliche Wirkung auf die
Individualentwicklung der Kinder, es ist vielmehr ihre diffe-
rentielle Wirkung in einer Familie, die es zu betrachten gilt.

This contribution focuses on the double role of
fathers in their families. On the one hand, fathers
are interaction- and communication partners of their
children; by their activities they have an essential
impact on children's developmental pathways. On
the other, fathers are also part of the family as a
whole and foster or impede the modes of living
together. In this article, empirical results are
presented which may help clarify fathers' specific
function for their children's socialization as well as

*paternal influence on the mastering of critical
periods during family development. The discussion
about fathers' essential part in a family is
illuminated by both theoretical considerations and
empirical results. The emphasis is put on the
differential aspect of fathers' function in the family.
It is argued that fathers do not have a uniform or
stereotyped effect on their children's individual
development; they rather do have a differential
impact on the constitution and further course of
development of the entire family which makes up
the essential environment for the child.*

1 Vorbemerkung

Im folgenden Beitrag wird auf zwei theoretischen Ebenen argumentiert. Die eine Ebene beschreibt das individuelle Kind und seine Entwicklung im familialen Kontext, die andere betrachtet die
Familie in ihrer Gesamtheit und ihre Entwicklung, das heißt ihre
Anpassung an veränderte Bedingungen des Zusammenlebens,
wenn die Kinder größer und die Eltern älter werden. Die Väter
werden dabei zum einen als Mitglieder der Familie betrachtet, die
stabilisierenden oder destabilisierenden Einfluß auf das Bewältigen von Aufgaben besitzen, die die Familie und ihr Zusammenleben als ganzes betreffen, zum anderen als Elternteil mit einer
intergenerationellen Funktion. Väter sind also – wie Mütter auch –
in einer Doppelrolle: Als Familienmitglieder gestalten sie die Balance in der Familie mit, als Elternteil erfüllen sie intergenerationelle Aufgaben und gestalten so den Entwicklungsweg des eigenen Nachwuchses.

Nach einer kurzen historischen Übersicht wird in diesem Beitrag versucht, den Aspekt des Vaterseins unter Gesichtspunkten
der Kommunikationsgestaltung in der Familie, der Beteiligung der
Väter am Meistern der kritischen Übergänge von der Partnerschaft
zur Elternschaft sowie der Bewältigung von verschiedenen Entwicklungsübergängen der Kinder anhand einzelner empirischer

Ergebnisse zu erläutern. Überlegungen zur Familienentwicklung im allgemeinen und zur Einbettung von normativen Entwicklungsveränderungen der Kinder in den spezifischen familialen Kommunikationsprozess im besonderen dienen als Hintergrund für die Darstellung.

2 Einleitung

1991 schrieb der Ethnologe Kraemer in der Zeitschrift ›Family Process‹ einen Aufsatz über die historisch-soziobiologische Sicht der Vaterschaft. Vaterschaft, so Kraemer, sei eine Erfindung der Menschen, ein Konzept, das man beispielsweise bei der Betrachtung der Primaten nicht feststellen könne. Bei der Entwicklung von Sammler- und Jägergesellschaften hin zu agrarischen Gesellschaften sei die Bedeutung der Väter insofern größer geworden, als sie ihre Kinder als ihr Eigentum betrachteten, über das sie Verfügungsgewalt besaßen. Im Zuge der Industrialisierung und der langen Abwesenheit von Vätern von der Familie sei es zu einem erneuten Zustand der Entfremdung und marginalen Bedeutung der Väter gekommen. Mit der zunehmenden Eingliederung der Frauen in den Arbeitsmarkt allerdings wurde die Frage der getrennten oder gemeinsamen Kindererziehung und -pflege erneut aktuell.

Diese These mag eine einseitige Sicht repräsentieren, auch in soziobiologischer Perspektive. Sie soll jedoch vorab als Markierung dafür dienen, daß tatsächlich die Rolle der Väter für die Sozialisation der Kinder lange Zeit unterschätzt wurde und vermutlich noch immer unterschätzt wird. Das gilt nicht nur für die Bedeutung, die Väter für jugendliche Kinder in der direkten Interaktion und Anleitung besitzen, das gilt auch für die Einschätzung der Sozialisationsrolle, die Väter in ihren Familien innehaben, in denen Klein- und Schulkinder heranwachsen. Daß hier die Wirkung der Väter auf die Entwicklung der Kinder oft als indirekt bezeichnet wird, also über die Unterstützung läuft, die die Väter den Müttern gewähren, unterstreicht dabei die Rolle der Väter in einem größeren Zusammenhang. Väter wirken als Stabilisatoren in einem komplexen Beziehungsgefüge, insbesondere in Zeiten von

Veränderungen, wenn ein Kind geboren wird oder im weiteren Verlauf von dessen Entwicklung, wenn auf die neuen Bedürfnisse und Fähigkeiten eingegangen werden muß, um ein weiteres Zusammenleben in der Familie zu gestalten.

Als primäre Bezugspersonen für Kleinkinder gelten oft nur die Mütter oder allenfalls andere weibliche Personen in Institutionen wie Kindergärtnerinnen oder Vorschullehrerinnen. Daß Väter nicht nur als indirekte Faktoren, also etwa durch die Sicherung der finanziellen Basis für das Heim und die Ernährung der Familie, sondern auch als konkrete Interaktionspartner für die Entwicklung der Kleinkinder hohe Relevanz besitzen, ist in der Entwicklungspsychologie erst vergleichsweise spät thematisiert worden. Noch 1975 wählte Michael Lamb als Titel für sein Plädoyer, Väter als relevante Entwicklungszuträger zu benennen »Fathers: Forgotten contributors to child development«. In einem Übersichtsartikel versuchte in dieser Zeit auch Ross Parke (1976), Väter als »competent caretakers« aus der Versenkung innerfamilialen Geschehens hervorzuholen. Wie kam es zu dieser Wende in der Vorstellungswelt der Entwicklungspsychologen Mitte der 70er Jahre?

Es lassen sich vermutlich vier verschiedene Aspekte isolieren, die zu einem Erkenntnisschub in der Entwicklungspsychologie geführt und die Rolle der Väter neu definiert haben:

(1) Die Entwicklung des Kindes wurde mit *ethologischen Methoden* neu untersucht. Hierbei wurden vor allem die Mutter-Kind- und die Vater-Kind-Dyade in ihrer natürlichen Umwelt einer genauen Beobachtung unterzogen.

(2) *Säugling* und *Kleinkind* wurden als *soziale Wesen* konzipiert, die schon von Anfang an ihre Umwelt aktiv mitgestalten und sehr früh eine differenzierte soziale Kompetenz entwickeln, sichtbar beim Umgang mit Mutter und Vater.

(3) Die *gesamte Familie*, nicht nur die Mutter-Kind- oder Vater-Kind-Beziehung, wurde als relevante sozialisatorisch wirksame Umwelt einbezogen.

(4) Die *Familie* wurde als *sich entwickelnde Einheit* konzipiert, die sich den Wachstumsprozessen ihrer Mitglieder und den damit verbundenen sich verändernden Bedürfnissen anpaßt.

Wie hat sich dieser Erkenntnisschub auf Veränderungen der Vorstellungen von den Vätern ausgewirkt? Im folgenden werden unterschiedliche Aspekte zur Bedeutung der Väter für die Sozialisation vorgestellt. Dabei sollen verschiedene Ergebnisse aus der Forschung über die Rolle der Väter berichtet werden; ebenso historische Trends und theoretische Erweiterungen bei der Betrachtung der Väter in ihrer Bedeutung für die Entwicklung der Kinder.

3 Das langsame Auftauchen der Väter in der Kleinkindforschung

In den Entwicklungsmodellen für Kleinkinder gab es bis in die 70er Jahre hinein in der Regel ausschließlich eine weibliche primäre Bezugsperson, die Mutter. Im Grunde hat es erst die Revolution der Humanethologie, mit ihrer aus der Tierbeobachtung übernommenen Methode der genauen Beschreibung des tatsächlichen Verhaltens in Eltern-Kind-Interaktionen, möglich gemacht, die Bedeutung des Vaters für die Individualgenese im Kleinkindalter im Detail zu analysieren. Die Vorstellung, daß Väter mit Säuglingen und Kleinkindern überhaupt nicht angemessen umgehen, wurde schon von Parke & Sawin (1975) und später in weiteren Studien von den gleichen Autoren (1980) und Russell (1983) widerlegt. Untersuchungen zum frühen Bindungsverhalten haben darüber hinaus gezeigt, daß im Alter von 18 und 24 Monaten Kinder bei Streß (wie dieser etwa in Experimenten mit Hilfe der Fremdesituation von Ainsworth, Bell & Stayton 1971, 1974 simuliert wurde) zwar die Mutter dem Vater vorziehen (Lamb 1977), diese Präferenz aber in der vertrauten häuslichen Umgebung nicht mehr festzustellen ist (Kotelchuck 1975, Lamb 1981) und die Kinder zum Spielen sogar den Vater bevorzugen (Belsky 1979, Lamb 1977, Yogman et al. 1977, Yogman 1983). Die Bedeutung des Vaters für die Identitätsentwicklung des Kindes im frühen Entwicklungsstadium wurde auch von Abelin (1971, 1975) hervorgehoben. Eine systematische Beobachtung des Umgangs von Vätern und Müttern mit den Kleinkindern brachte verschiedene Umgangsstile von Müttern und Vätern ans Licht (siehe Parke & Tinsley 1987, Parke

1996). Diese Unterschiede zeigten sich aber auch noch später, bei 2-, 4-, und 6jährigen Kindern (Power et al. 1994). Die Autoren geben als ein Hauptergebnis ihrer Untersuchung unterschiedliche Kommunikationsstile der Eltern mit ihren Kindern an; nämlich mehr indirekte und abgemilderte Kontroll- und Weisungskommunikationen der Mütter gegenüber definitiven und klar formulierten sozialisatorischen Anweisungen der Väter. Ähnlich zeigen neuere Längsschnittuntersuchungen von Gottman et al. (1996), daß die Art und Weise, wie Eltern ihre eigenen Gefühle und die Gefühle ihrer Kinder akzeptieren, die Entwicklung der sozialen Kompetenz der Kinder beeinflussen. Besonders deutliche Effekte zeigten sich dann, wenn auch die Väter die emotionalen Äußerungen bei der Unterstützung der Kinder zuließen. Daß Väter eine andere Rolle bei der Ausbildung der Regulation von Emotion spielen als Mütter, zeigt auch die Zusammenstellung von Untersuchungen von Larson & Richards (1994). Hervorzuheben ist dabei insbesondere der Aspekt der ›Koregulation‹ in der Vater-Kind-Beziehung, also das gemeinschaftliche Bearbeiten von negativen und positiven Emotionen. Gerade hier scheint die Bedeutung der Väter, sowohl für Töchter wie für Söhne, in unterschiedlicher Weise hochrelevant zu sein (vgl. Abschnitt 5.1). Es werden Fähigkeiten vermittelt, die für die Entwicklung der sozialen Kompetenz des Kindes wichtig erscheinen: die Fähigkeiten, in Beziehungen gemeinschaftlich Emotionen zu zeigen und zu regulieren. Gerade in kritischen Entwicklungsphasen wird die soziale Kompetenz ausschlaggebend für ein Gelingen oder Mißlingen des zukünftigen Zusammenlebens in der Familie, wenn Veränderungen im alltäglichen Zusammensein verarbeitet und neue Formen des Zusammenlebens gefunden werden müssen. Regulation von Emotion ist aber auch eine Fähigkeit, die für das Etablieren und Gestalten von Beziehungen außerhalb der Familie wichtig erscheint, etwa für das Gewinnen von Freunden (Parke & Buriel 1998). Untersuchungen zeigen, daß die soziale Kompetenz bei denjenigen Kindern geringer ausgeprägt ist, deren Eltern einen hohen Grad an Konflikten in ihrer eigenen Beziehung zeigen (Boyum & Parke 1995).

Wenn man die Diskussion über die Rolle der Väter in den späten 70er und frühen 80er Jahren betrachtet, so kann man, an einigen wenigen Beispielen, etwa folgenden Trend für die wachsende Bedeutung der Väter im Kleinkind- und Kindesalter nachzeichnen:

Belsky thematisierte in seinem Aufsatz »Early human experience: A family experience« (1981) die Rekursivität der Mutter-Vater-Kind-Triade und unterstrich damit auch die indirekte Wirksamkeit der Väter in der Familie für die Sozialisation schon im frühen Kindesalter.

Frank Pedersen (1980) faßte die Ergebnisse der Studien aus den 70er Jahren über die Unterschiede zwischen Müttern und Vätern im Umgang mit den Kindern folgendermaßen zusammen: Zuallererst sei zu vermerken, daß die Kompetenzen des Kindes im frühkindlichen Entwicklungsstadium sehr viel größer sind als bislang angenommen. Weiter hätten sich in den letzten 20 Jahren erhebliche Veränderungen beim Geburtsverhalten (Teilnahme der Väter, rooming in) und bei der Arbeitsteilung innerhalb und außerhalb des Haushalts in der Zeit der frühen Kinderversorgung feststellen lassen. Insgesamt seien die Ähnlichkeiten der Eltern beim Umgang mit ihrem Kind größer als die Differenzen, jedoch disziplinierten Mütter ihre Kinder in der Regel mehr als die Väter, wohingegen die Väter eine Präferenz für körperbetontes Spiel mit den Kindern zeigten. Im Kleinkindalter nehmen mit der Zeit die Unterschiede beim Umgang der Eltern mit Söhnen und Töchtern eher ab. Bei der Zusammenschau der vorliegenden Ergebnisse hinsichtlich der Unterschiede im Umgang mit Söhnen und Töchtern ergäbe sich ein sehr inkonsistentes Bild. Beispielsweise gibt es Ergebnisse, daß Eltern-Kind-Stimulationen größer sind, wenn eine gleichgeschlechtliche Konstellation vorliegt (Mütter-Töchter, Väter-Söhne); es gibt aber auch Ergebnisse, die zeigen, daß die Stimulation immer in der Interaktion mit den Vätern größer ist. Generell weist auch Pedersen darauf hin, daß das väterliche Verhalten nie für sich allein genommen betrachtet werden kann, sondern immer in seiner Einbettung in die anderen Beziehungen innerhalb der Familie gesehen werden muß. Wie bei Belsky (1981) wird auch schon bei Pedersen das Eingebettetsein des Kindes in die Familie betont und das Betrachten der Triade Vater-Mutter-Kind anstelle der Mutter-Kind-Dyade gefordert.

Ganz besonders sei in diesem Zusammenhang die Untersuchung von Clarke-Stewart (1978) erwähnt, in der die Mutter-Vater-

Kind-Triade zu drei verschiedenen Zeitpunkten in der Entwicklung des Kindes (15 Monate, 20 Monate und 30 Monate) beobachtet worden war. Die Ergebnisse zeigen zum einen spezifische Umgangsformen zwischen Vätern und Müttern mit dem Kind schon im Alter von 15 Monaten, zum andern aber im Alter von 20 Monaten weniger Unterschiede. Mütter wiesen insgesamt im Vergleich mit den Vätern eine höhere Quote von Interaktionen mit den Kindern auf, wobei Pflegehandlungen und Instruktionen überwogen. Beim sozialen Spiel hingegen fanden sich keine Unterschiede zwischen Vätern und Müttern. Das physikalische Spiel (etwa Hochwerfen des Kindes) wurde mehr bei Interaktionen mit den Vätern als mit den Müttern festgestellt. Auch gingen die Aktivitäten der Mütter mit dem Kind dann zurück, wenn die Väter dabei waren.

4 Die Rolle der Väter bei der Gestaltung der Familie und ihrer Kommunikationsform

In den letzten 15 Jahren hat sich insgesamt die Betrachtung elterlicher Einflußnahme auf die Kinder grundlegend verändert. Nach der Analyse der direkten Wirkungen in den dyadischen Beziehungen Mutter-Kind und Vater-Kind hat sich das Interesse auf mögliche indirekte Wirkungen ausgedehnt. Besonders die Wirkung der Beziehungsqualität zwischen den Eltern auf die Entwicklung des Kindes erlangte erhöhte Aufmerksamkeit bei den Forschern. Die Perspektive auf die Rolle der Väter bei der Sozialisation ihrer Kinder hat sich damit entsprechend erweitert. Väter tragen zur Beziehungsqualität bei, die zwischen den Eltern herrscht und die dann in einem ›spill-over‹-Effekt generell die Eltern-Kind-Beziehung beeinflußt; so auch die direkte Beziehung zwischen Mutter und Kind (Engfer 1988). Für das Kind zeigt sich die Qualität der Elternbeziehung bevorzugt darin, wieweit sich beide Eltern beim Umgang mit ihm gegenseitig unterstützen oder gegeneinander arbeiten. Das mit dem Ausdruck ›coparenting‹ bezeichnete Zusammenwirken der Eltern bei der Erfüllung ihrer sozialisatorischen Aufgaben hat sich als maßgeblich für Entwicklungsverläufe im Kindesalter herausgestellt (Belsky et al. 1995, Belsky et al. 1996,

Fainsilber-Katz & Gottman 1996, Grych & Fincham 1990). Erweitert wurde diese Forschungsperspektive schließlich methodisch in zweierlei Hinsicht: Zum einen wurde die Qualität der Ehebeziehung direkt von den Eltern eingeschätzt, zum anderen fanden sich in der triadischen Konstellation Vater-Mutter-Kind bei Beobachtungen erhebliche Unterschiede bezüglich des gemeinschaftlichen Umgangs mit dem Kind. Je nach der Qualität der eingeschätzten Elternbeziehung ließ sich das Verhalten der Eltern mit dem Kind vorhersagen (McHale 1995).

4.1 Die Rolle der Väter bei der Konstitution der Familie am Beispiel einer Längsschnittstudie von Cowan und Cowan

Eine der vollständigsten Studien zum Einfluß der Väter auf die Entwicklung der Zufriedenheit in jungen Familien ist die Längsschnittstudie von Cowan und Cowan (1987, 1988, 1992). Hier wurden drei Gruppen von jungen Ehepaaren (jeweils 24 Paare), die ein Kind erwarteten, sowie eine weitere Gruppe von Ehepaaren (24 Paare), die kein Kind erwarteten (aus Kontrollgründen in die Untersuchung aufgenommen, um Veränderungen der Beziehungsqualität bei Paaren ohne Kinder bei der Analyse berücksichtigen zu können) im Längsschnitt befragt. Besonders ging es dabei um den Einfluß der Qualität der Ehebeziehung, der Arbeitssituation, des erlebten Stresses und der Erfahrung mit der Herkunftsfamilie auf die Zufriedenheit der Väter während der ersten 18 Monate nach der Geburt des ersten Kindes. Die drei Gruppen von Paaren, die ein Kind erwarteten, wurden unterschiedlichen Prozeduren unterzogen. In zwei Gruppen wurden Paare drei Monate vor der Geburt, sechs Monate und 18 Monate nach der Geburt des ersten Kindes befragt. In der dritten Gruppe erfolgte die Befragung erst nach der Geburt. Sie diente als Kontrolle für die mögliche Wirkung der Befragung vor der Geburt auf die Paare. In einer der beiden vor und nach der Geburt befragten Gruppen erfolgte eine Intervention, in der anderen nicht. Die Intervention bestand darin, daß sich alle Elternpaare der ausgewählten Gruppe in der Zeit zwischen der späten Schwangerschaft und dem Zeitpunkt nach der Geburt des

Kindes, an dem es drei Monate alt war, wöchentlich mit einem Trainer trafen und sich unter seiner Anleitung über Schwierigkeiten austauschen konnten.

In bezug auf die Beteiligung der Väter an der Kinderversorgung in den ersten 18 Monaten zeigt sich ein sehr komplexes Bild. Je mehr Haushaltsaufgaben die Väter übernahmen, desto mehr waren sie auch bei der Kinderpflege beteiligt. Außerdem war die Arbeitssituation beider Eltern ein wirkungsvoller Prädiktor für das Ausmaß der Teilnahme der Väter an der Versorgung der Kinder: Väter mit höherer Beteiligung arbeiteten weniger als Väter mit niedrigerer Beteiligung; ihre Frauen arbeiteten mehr Stunden außerhalb des Hauses als die Frauen derjenigen Väter, die sich weniger mit der Kinderversorgung beschäftigten.

Insgesamt zeigte sich aber im zeitlichen Verlauf der Väterbeteiligung als generelles Muster, daß sich die Beteiligung über die Zeit von 6 Monaten bis 18 Monate nach der Geburt stark veränderte. Während bei einem Alter von sechs Monaten die Beteiligung der Väter eher gering war, stieg sie bei 18 Monaten stark an. Die Beteiligung war umso höher, je größer der Einfluß der Väter auf Entscheidungen bei Familien- und Erziehungsfragen war. Väter mit hoher Anteilnahme bei der Versorgung des Kindes zeigten auch größere Zufriedenheit und hatten auch schon vor der Geburt ein höheres Maß an Selbstbewußtsein und mehr kinderorientierte Einstellungen geäußert. Das Ausmaß der Ehezufriedenheit war der beste Prädiktor für den erlebten Streß in der Vaterrolle, das heißt, je höher die Zufriedenheit schon während der Schwangerschaft war, desto geringer wurde die Belastung erlebt. Die Beteiligung der Väter in der Zeit nach Ankunft des ersten Kindes, also in einer für die Konstitution der Familie ausschlaggebenden Periode, zeigt sich als ein komplexes zirkuläres Interaktionsmuster, bei dem jeder Bereich des Familienlebens – wie Entscheidungsstruktur, Zufriedenheit, Selbstbild und Lohnarbeit – jeden anderen beeinflußt.

Cowan & Cowan unterscheiden bei der Interpretation dieses Interaktionsgefüges zwei Barrieren, die die Beteiligung der Väter und ihre Bindung an die Familie in dieser Zeit beeinflussen, Barrieren außerhalb und innerhalb der Familie. Eine große äußere Barriere stellt dabei die mögliche schlechte Erfahrung dar, die junge Väter in ihren Herkunftsfamilien mit ihren eigenen Vätern gemacht haben. Sie können auf kein positives Modell zurückgreifen. Oftmals erfahren diese Väter von ihren Eltern zusätzlich Erstaunen oder Ablehnung hinsichtlich ihrer Vaterrolle; sie werden ermahnt, mehr auf ihre Arbeit und ihre Karriere zu achten als auf die Kinder. Ein anderes Beispiel für eine von außen gesetzte Barriere ist für viele Väter die Arbeitswelt, in der oft gerade zur Zeit der jungen Vaterschaft vermehrte Anforderungen gestellt werden und der Wunsch, mehr Zeit für das Kind zu bekommen, negativ bewertet und abgelehnt wird.

Die Dynamik im Inneren der Familie nach der Geburt des ersten Kindes wird von der Paarbeziehung und den Adaptionsversuchen an die neue Situation bestimmt. Hier bestehen die inneren Barrieren für den Vater. Oft zeigen Mütter, deren Männer sich intensiv um das Baby kümmern, ambivalente Gefühle. Sie wechseln zwischen dem Bedürfnis nach Unterstützung und deren Zurückweisung. Cowan & Cowan bezeichnen dieses Phänomen als ›marital gavotte‹. Damit beziehen sie sich auf den Tanz, bei dem sich die Tänzer abwechselnd heranziehen und wieder voneinander abstoßen. Einerseits fordern die Mütter Unterstützung durch die Väter; wenn diese aber zuviel Engagement zeigen, werden sie von den Müttern wieder auf die Versorgerrolle reduziert. Ziehen sich die Väter dann darauf zurück, wird ihnen gerade dies zum Vorwurf gemacht.

Insgesamt zeigte sich beim Vergleich der beiden im gesamten Längsschnitt untersuchten Gruppen von jungen Familien mit und ohne Intervention, daß sich bei der Gruppe mit Intervention in Abhebung zur Noninterventionsgruppe zum Zeitpunkt von 18 Monaten nach der Geburt eine größere Zufriedenheit hinsichtlich der Beteiligung an der Kinderversorgung eingestellt hatte. Die eheliche Zufriedenheit der Interventionsgruppe war in der Zeit zwischen 6 Monaten und 18 Monaten nach der Geburt konstant geblieben, während die der Noninterventionsgruppe weiter gesunken war, noch stärker als in den 6 Monaten nach der Geburt. Auch das Interventionsprogramm hatte also nicht ein Absinken der ehelichen Zufriedenheit in der ersten Zeit nach der Geburt des Kindes verhindern, wohl aber bleibenden Schaden von der Ehe, der Familie und der Beziehung abwenden können.

4.2 Neue Aufgaben für die Väter bei der Erweiterung von der Einkind- zur Zweikindfamilie

Beim Ereignis der Ankunft des ersten Kindes, wenn sich die Familie im eigentlichen Sinne konstituiert, findet eine Neudefinition der Beziehungen statt. Diese ziehen ihre aktuelle Gestaltung aus der Bandbreite bisheriger Anpassungsformen von Vater und Mutter sowie aus der generellen Qualität der Ehebeziehung. In der Regel wird nach der Geburt des ersten Kindes die Mutter die Hauptversorgerin sein. Die Väter entlasten die Mütter durch Übernahme von Routinen oder versuchen, die Mütter emotional zu unterstützen. Die Bedeutung der Väter für die Erhaltung der Balance in einer bereits etablierten Familie mit einem Kind wird besonders deutlich, wenn es zu einer weiteren strukturellen Veränderung kommt, das heißt, ein zweites Kind geboren wird. Es ist dies die Zeit, in der die Väter ganz besonders und auf eine neue Weise gefordert sind. Denn nun ist die Mutter vornehmlich mit der Versorgung des neuen Kindes beschäftigt, das erste Kind muß sich in seiner bisherigen Rolle als Einzelkind und alleiniges Zentrum mütterlicher und väterlicher Aufmerksamkeit stark zurückgesetzt fühlen. Schon allein aus diesen strukturellen Gründen, weil die Mutter nicht wie bisher verfügbar sein kann, wird das erste Kind mehr als bisher den Vater als Ansprechpartner ansteuern. Zudem wird die Mutter, vielleicht mit zwei Kindern während der Zeit der Abwesenheit des Vaters besonders belastet, auch von sich aus mehr Mitarbeit bei der Kinderversorgung fordern.

Beispielhaft soll hier die *Aufgabe der Eltern, beim Zusammensein mit den Kindern die Situation zu kontrollieren,* betrachtet werden. In einer eigenen Studie (Kreppner et al. 1982, Kreppner 1988a, b, Kreppner 1997) wurden 16 Familien, die alle ein zweites Kind bekamen, über einen Zeitraum von zwei Jahren regelmäßig einmal im Monat zu Hause besucht und in ihrem alltäglichen Zusammensein – bei Anwesenheit des Vaters – beobachtet und die Interaktionen und Kommunikationen zwischen den Familienmitgliedern videographiert. Die Analyse des Materials – pro Besuch etwa eine Stunde Videoaufnahmen in jeder Familie – erfolgte nach einem Time-sampling-Verfahren, bei dem der Strom des Geschehens in Zeiteinheiten aufgeteilt wird, in unserem Falle in Intervalle von 20 bis 40 Sekunden, die als ›Episoden‹ bezeichnet wurden. In einem insgesamt zehn Kategorien umfassenden Kodierschema wurden vier Domänen familialer Interaktion berücksichtigt: Konstellation, Dynamik, sozialisatorische Aktivitäten und Beschreibung der familientypischen Interaktionsformen. Details dieses Codierschemas sind an anderer Stelle ausführlicher dargestellt (Kreppner 1984, von Eye & Kreppner 1989, Kreppner 1997). Auf diese Weise entstand ein Datenmaterial, das familiale Interaktionsformen und -veränderungen über einen Zeitraum von zwei Jahren nach der Geburt eines zweiten Kindes im Detail beschreiben kann. Das hier angeführte Beispiel aus dem Bereich der elterlichen sozialisatorischen Aktivitäten gegenüber dem zweiten und dem ersten Kind verdeutlicht, in welchem Ausmaß Mütter und Väter diese elterlichen Aufgaben gegenüber beiden Kindern in dem untersuchten Zeitraum wahrnehmen.

Durchgängig zeigt sich im beobachteten Zeitraum, daß die Mutter sowohl bei dem ersten als auch bei dem zweiten Kind deutlich häufiger die Kontrollaufgabe übernimmt als der Vater. Gleichzeitig variiert das Ausmaß des Kontrollverhaltens je nach Altersperiode. Wie in Abbildung 1 veranschaulicht, kommt es im Alter zwischen dem 4. und 16. Lebensmonat des zweiten Kindes

Abbildung 1: Situationskontrolle von Mutter und Vater gegenüber dem zweiten Kind

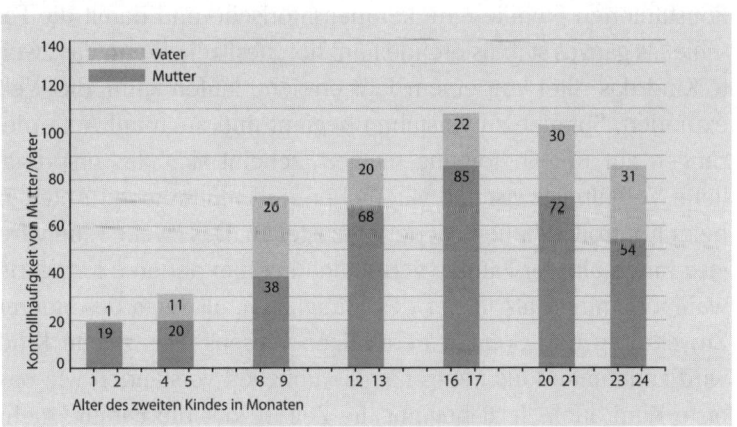

diesem gegenüber zu einem massiven Anstieg der mütterlichen Kontrolle.

Die Mutter ist es, die in der kritischen Entwicklungsphase des zweiten Kindes zwischen dem 12. und 21. Lebensmonat das Kontrollverhalten bevorzugt ausübt. Es ist dies die Zeit, in dem nach Piaget (1937) das Kind im Rahmen seiner zunehmenden Mobilität und seiner fortschreitenden sensumotorischen Entwicklung seine Liebe zur Welt entdeckt und mit oft wagemutigen Experimenten die Dinge seiner unmittelbaren Umwelt zu explorieren sucht. Mit Ende des zweiten Lebensjahres pendelt sich das Kontrollverhalten langsam auf mittlerer Stufe ein.

Beim Vater dagegen lassen sich ab dem 8. Monat gegenüber dem zweiten Kind keine großen altersspezifischen Variationen erkennen. Mit dem 8. Monat beteiligen sich zwar offensichtlich auch die Väter an der Situationskontrolle, ihr Anteil bleibt aber in der gesamten Beobachtungszeit geringer als der Anteil der Mütter.

Gemäß unseren theoretischen Vorüberlegungen sei nun ein Blick auf diese sozialisatorischen Aktivitäten gegenüber dem ersten Kind in der Zeit nach der Ankunft des zweiten Kindes geworfen: Abbildung 2 zeigt, daß die Anteile der Mütter auch bei der Kontrolle des ersten Kindes insgesamt größer sind als die der Väter, jedoch gibt es eine markante Ausnahme: Wenn das zweite Kind zwischen 4 und 12 Monaten alt ist, wächst der Anteil der väterlichen Kontrollaktivität gegenüber dem ersten Kind stark an. In dieser Altersperiode zeigt sich, wie die Väter innerhalb der schon konstituierten Familie eine kompensatorische und damit die Familie als ganzes stabilisierende Funktion besitzen. Wenn das zweite Kind das Alter von einem Jahr erreicht, laufen kann, die Welt exploriert, Sprache zu verstehen beginnt und auch auf Aufforderungen zur Regelbefolgung reagiert, scheint sich das ursprüngliche Verhältnis zwischen väterlichen und mütterlichen Anteilen beim Kontrollverhalten wieder herzustellen: Das zweite Kind wird jetzt innerhalb der Familie vermutlich in einer anderen Kategorie wahrgenommen als in der des »Säuglings«, also des besonderer Zuwendung und Sorgfalt bedürftigen Wesens. Das zweite Kind wird zunehmend als neues Familienmitglied verstanden wie das erste Kind auch. Jetzt beginnt die Zeit, in der die Familie mehr

Abbildung 2: Situationskontrolle von Mutter und Vater gegenüber dem ersten Kind in verschiedenen Lebensmonaten des zweiten Kindes

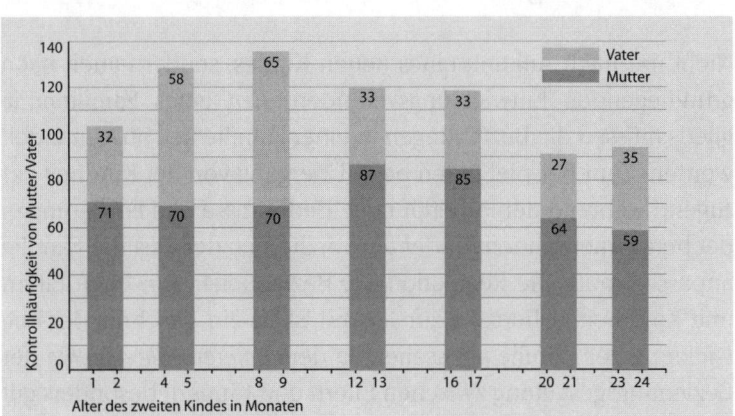

und mehr mit ihrer Erweiterung zurechtkommt und nun auch die Mütter wieder die Kontrolle für das erste Kind und damit über beide Kinder übernehmen. Beide Kurven zeigen, daß insgesamt in der Familie die sozialisatorischen Aktivitäten der Situationskontrolle abnehmen.

Ein zum bislang Gesagten in Beziehung stehender, weiterer Aspekt elterlicher Erfahrung in dieser Zeit der Familienkonstitution sei noch erwähnt: Der Umgang nicht nur mit einem, sondern gleichzeitig mit zwei Kindern fördert die Entwicklung des Bewußtseins von Elternschaft bei Müttern und Vätern in besonderem Maße. Die Eltern müssen Beziehungen nicht mehr nur auf individueller Ebene, sondern auf einer allgemeineren intergenerativen Grundlage gestalten. Mit der Notwendigkeit, auch die neu entstehende Beziehung zwischen dem ersten und dem zweiten Kind zu etablieren und zu regulieren, geht die Notwendigkeit einher, Generationengrenzen in der Familie vielleicht bewußter als bisher zu ziehen. Auf diese Weise wird der individuelle Umgang mit dem Einzelkind auf eine andere Ebene gehoben. Die Eltern sind nun nicht mehr Mutter oder Vater von einem individuellen Kind, sondern, da es sich nun um zwei ganz verschiedene Individuen handelt, *Eltern von Kindern,* ein Status, der die Eltern im Sinne von Erikson (1959) selbst zu einem neuen Stadium in der Erwachsenenentwicklung zu bringen vermag.

5 Über den besonderen Umgang der Väter mit ihren jugendlichen Kindern

Nicht nur nach Ankunft eines neuen Kindes, sondern auch nach grundlegenden Entwicklungsveränderungen eines Familienmitglieds müssen die Beziehungen in einer Familie neu ausgehandelt werden. Zum Beispiel treten beim Übergang von der Kindheit zur Jugend während der Pubertät neue Bedürfnisse und Forderungen der heranwachsenden Kinder auf, an die sich der Rest der Familie anpassen muß. Die Regulation der Beziehungen zwischen Eltern und Kind beim Übergang zur Jugend ist als ein Abschnitt der Entwicklung der Familie anzusehen, in dem *differentielle Aspekte* der Beziehungsgestaltung zwischen Eltern und Kindern besonders gut untersucht werden können. Anders als in der frühen Kindheit ist in dieser Phase immer schon eine Geschichte der Beziehung vorauszusetzen, und Verhandlungen zwischen Eltern und Kindern über eine Neugestaltung der Beziehungen in der Familie finden in der Alltagskommunikation im Bewußtsein dieser gemeinsamen Geschichte früherer innerfamilialer Anpassungsprozesse statt.

Diese Regulationen zeigen sich gewöhnlich in ganz alltäglichen Auseinandersetzungen, etwa bei der Blockade des Telefons durch den Jugendlichen, bei der Ansicht des nicht aufgeräumten Zimmers oder beim zu späten Nachhausekommen (Kidwell et al. 1983, Montemayor 1983). Im Alter zwischen 11 und 13, also zur Zeit der frühen Pubertät, werden bestehende Grenzen vom Kind ausgetestet und die Beziehung mit den Eltern auf vielfältige Weise neu verhandelt. John Hill (1987) hat in einer Metaanalyse gezeigt, daß sich bei den Alltagsthemen, an denen sich diese Auseinandersetzung zwischen den Generationen entzündet, praktisch seit den 20er Jahren nichts verändert hat. So konstant diese Themen in den Familien mit jugendlichen Kindern zu sein scheinen, so spärliche Informationen gibt es derzeit darüber, wieweit *unterschiedliche Beziehungsqualitäten,* wie sie sich in der Beziehungsgeschichte zwischen Eltern und Kind etabliert haben, das Lösen dieser Übergangsprobleme beeinflussen. – Welche Rolle spielen nun Väter bei der Neugestaltung der Beziehungen innerhalb der Familie bei diesen kritischen Entwicklungsübergängen?

In der intensivsten Studie an Schulkindern (6- und 7jährigen) von Russell & Russell (1987), in der u.a. die unterschiedliche Verfügbarkeit[1] von Müttern und Vätern für ihre Kinder untersucht worden war, ergaben sich sehr deutliche Unterschiede für die Anzahl der Stunden, in denen Mütter (57,7 Stunden pro Woche) und Väter (34,6 Stunden pro Woche) für die Kinder da sind. Hinsichtlich der dyadischen Interaktion sind die Unterschiede noch deutlicher, nämlich 22,6 Stunden pro Woche, in denen die Mütter mit den Kindern zusammen sind, gegenüber nur 2,4 Stunden in der Woche, die Väter und Kinder gemeinsam verbringen. Bei jugendlichen Kindern zeigen sich ähnliche Unterschiede; so berichtet Montemayor (1982), daß 15- bis 16jährige angeben, doppelt soviel Zeit mit ihrer Mutter als mit ihrem Vater allein zu verbringen. Diese Angaben der Kinder über unterschiedliche Zeiten des Zusammenseins mit ihren Vätern und Müttern wird ergänzt durch die Konkretisierung der gemeinsamen Tätigkeiten. In einer Studie von Larsson (1993) ergaben sich bereichsspezifische Unterschiede in den gemeinsamen Aktivitäten der Jugendlichen mit den Eltern: Vor allem ›Medien‹ und ›aktive Erholung‹ waren Aktivitäten, die die Jugendlichen signifikant häufiger mit ihren Vätern als mit ihren Müttern durchführten, während beispielsweise Haushaltsarbeiten mehr mit der Mutter verrichtet wurden. Zwischen Kindern und vor allem den Vätern gibt es deutlich unterschiedliche Einschätzungen über die gemeinsam verbrachte Zeit. Die Erklärung mag darin liegen, daß von den Vätern übereinstimmend die Zeit in der Familie als ihre glücklichste Zeit angegeben wird, in der sie sich von der Zeit im Berufsleben zu erholen pflegen. Jugendliche dagegen geben an, daß ihre glücklichste Zeit die mit den Freunden ist; dies wird immer deutlicher mit zunehmendem Alter. Nach Youniss (1980) hat dies auch mit dem unterschiedlichen Status von Vater und Jugendlichem in der Familie zu tun. Schließlich sei noch auf eine Studie von Gjerde (1986) verwiesen, in der die Triaden Vater-Mutter-Kind untersucht wurden. Väter erscheinen in den Triaden zusammen mit ihren jugendlichen Kindern und den Müttern eher passiv, unengagiert und nehmen nur marginal am Geschehen teil.

---

1 Anwesenheit von Mutter bzw. Vater während der Wachzeit des Kindes.

5.1 Über Unterschiede in der Kommunikation von Müttern und Vätern mit ihren Kindern während der (Vor-) Pubertät

Väter erscheinen in ihrer Interaktion mit den Kindern weniger direktiv als Mütter (Russell & Russell 1987), deren Kommunikation mit ihren Kindern vor allem in der Zeit der Pubertät auch als gestörter, das heißt als konfliktträchtiger und häufiger Mißverständnisse produzierend beschrieben wird als die Kommunikation der Väter mit ihren Kindern (Steinberg 1981, 1987, 1988, Hill 1988, Gjerde 1988). Andererseits sind bei der väterlichen Kommunikation die Inhalte weniger reichhaltig als bei der Kommunikation der Kinder mit ihren Müttern (Youniss & Smollar 1985). Studien zur innerfamilialen Kommunikation im Zusammenhang mit der Identitätsentwicklung von Jugendlichen (Grotevant&Cooper 1985, 1986) ergaben große Unterschiede im Kommunikationsverhalten der Dialogpartner in den verschiedenen Dyaden der Familie. In dieser Studie wurden die Kinder danach unterschieden, ob sie einen hohen oder niedrigen Grad an Identität aufwiesen. Söhne mit hohem Grad an Identität brachten beispielsweise in der Kommunikation mit den Vätern ihre eigenen Vorschläge viel direkter ein als sie dies in der Kommunikation mit ihren Müttern taten; auch zeigten sie den Vätern gegenüber offener, wenn sie nicht mit deren Meinung übereinstimmten.

Es gab aber auch deutliche Unterschiede der Väter beim Umgang mit ihren Kindern, je nachdem, ob es Söhne oder Töchter waren. Väter akzeptierten häufiger die Vorschläge der Söhne und zeigten weniger oft, daß sie nicht mit der geäußerten Meinung übereinstimmten. Den Töchtern gegenüber fanden sich weniger Komponenten der Gegenseitigkeit, die Väter unterbrachen die Töchter öfter mit Kommentaren und zeigten offen ihre abweichende Meinung. Aber auch die Töchter zeigten im Vergleich zu den Söhnen unterschiedliches Kommunikationsverhalten gegenüber den Vätern. Auch hier spielt allerdings der erreichte Grad an Identitätsbildung eine wichtige Rolle: Die Töchter mit hohem Identitätsgrad machten in den Diskussionen mit ihren Vätern mehr indirekte Vorschläge, was sie eher vor einer direkten Kritik durch ihre Väter bewahrte und insgesamt weniger angreifbar machte als dies beim Äußern direkter Vorschläge wohl der Fall gewesen wäre.

Die Bedeutung der Vaterpräsenz für die Identitätsentwicklung der Kinder wird auch noch in einer Reihe von weiteren Studien deutlich, in denen die Unterschiede der Kommunikation in den verschiedenen Eltern-Kind-Konstellationen untersucht wurden (Hauser et al. 1987, Shulman & Klein 1993). Es zeigte sich, daß die Interaktion der Jugendlichen mit ihren Vätern und nicht die mit ihren Müttern ausschlaggebend für die Vermittlung von Selbstvertrauen und Verantwortungsgefühl ist. Die positive Kommentierung und Unterstützung der Väter beim Reden und Diskutieren mit ihren Kindern vermehrte das Vertrauen und die gegenseitige Verläßlichkeit, während die mütterliche Unterstützung keinen Zusammenhang mit der Selbstentwicklung der Jugendlichen aufwies. Die Selbständigkeitsbestrebungen der Kinder wurden von den Vätern aktiv unterstützt, nicht jedoch von den Müttern. Dieses väterliche Verhalten zeigte Wirksamkeit auf die Entwicklung von Selbstbewußtsein und Ich-Stärke bei beiden Geschlechtern.

5.2 Einführung in die Diskussionsformen der Erwachsenenwelt: die differentielle Wirkung der Väter in der Familie

In unserer eigenen Längsschnittstudie wurde das Kommunikationsverhalten in Eltern-Kind-Dyaden in Familien während des Übergangs von der Kindheit zur Jugend über einen Zeitraum von 3,5 Jahren in acht Erhebungswellen intensiv erforscht (Kreppner 1996, Kreppner & Ullrich 1998, Kreppner 2000 a, b). Die Familien wurden regelmäßig alle sechs Monate über einen Zeitraum von 3,5 Jahren besucht. Zu Beginn der Studie war das älteste Kind im Durchschnitt 11,5 Jahre, am Ende 15 Jahre alt. Dabei zeigte sich, daß die Kinder bei der Einschätzung der Qualität ihrer Beziehung zu den Eltern ein differenziertes Bild besitzen und zwei Dimensionen unterscheiden, ›Alltagsverläßlichkeit‹ (Beispiel-Item: »Mit ihm/ihr kann ich mich immer gut unterhalten«) und ›emotionale Ambivalenz‹ (Beispiel-Item: »Es kommt öfter vor, daß ich meinen Vater/meine Mutter umarmen möchte, es aber doch nicht tue«).

Details zu diesen beiden Skalen zur Einschätzung der Beziehungsqualität finden sich in Spiel, Kreppner & von Eye (1995). Zur Ergänzung dieser Einschätzung wurde von den Jugendlichen noch
die Häufigkeit erfragt, mit der in der Familie konflikthafte Themen
diskutiert werden können. Hierzu wurde ein vorhandenes Instrument von Robin & Weiss (1980) benutzt, das das ›Diskussionspotential‹ in der Beziehung zwischen Jugendlichen und Eltern thematisiert (Beispiel-Item: »Während der letzten zwei Wochen hatten wir häufig Streit darüber, wie ich meine Freizeit verbringe«).

Die Einschätzungen der Jugendlichen über die Qualität der
Beziehung zu ihren Eltern sowie zum ›Diskussionpotential‹ wurden nach der ersten Erhebungswelle einer Clusteranalyse (Ward
1963) unterzogen. Dabei gingen in diese Analyse, die die Jugendlichen nach den Unterschieden in ihren Beurteilungen auf den
verschiedenen Skalen gruppiert, die Einschätzungen für ›Alltagsverläßlichkeit‹ und ›emotionaler Ambivalenz‹ gegenüber Mutter
und Vater ein, für das ›Diskussionspotential‹ nur gegenüber der
Mutter.[2] Wie Abbildung 3 zeigt, ergab die Clusteranalyse drei klar
sich voneinander unterscheidende Gruppierungen in der Beurtei-
lungsstruktur der Heranwachsenden, die entsprechend ihren Be-
urteilungsprofilen auf den verschiedenen Skalen als (1) ›habituell‹, (2) ›ambivalent‹ und (3) ›sicher‹ bezeichnet wurden. Die
Gruppe der ›Habituellen‹ schätzte die Verläßlichkeit eher leicht
skeptisch ein und bezeichnet das Diskussionspotential ebenfalls
als eher gering. Andererseits ist aber auch die Ambivalenz gegenüber den Eltern gering. Das heißt, die Jugendlichen haben keine
emotionalen Probleme mit den Eltern, aber sie diskutieren auch
nicht viel. Die Gruppe der ›Ambivalenten‹ zeichnet sich gerade
dadurch gegenüber den anderen Gruppierungen aus, daß sie ihre
Beziehung vor allem als ambivalent, also emotional unsicher einschätzen. In beiden anderen Aspekten schätzen sie ihre Bezie-

---

2 ›Alltagsverläßlichkeit‹ und ›emotionale Ambivalenz‹ waren von allen
Jugendlichen der Stichprobe gegenüber Mutter und Vater beurteilt worden, auch von den Jugendlichen, die getrennt von ihren Vätern lebten. Die
Angaben zum ›Diskussionspotential‹ dagegen, da auf konkrete Auseinandersetzung in den letzten zwei Wochen bezogen, waren von allen Jugendlichen vollständig nur für die Mutter gegeben worden.

Abbildung 3: Clusterprofile der drei Gruppen von habituellen, ambivalenten und sicheren Jugendlichen nach ihren unterschiedlichen Einschätzungen der Beziehungsqualität zu Mutter und Vater

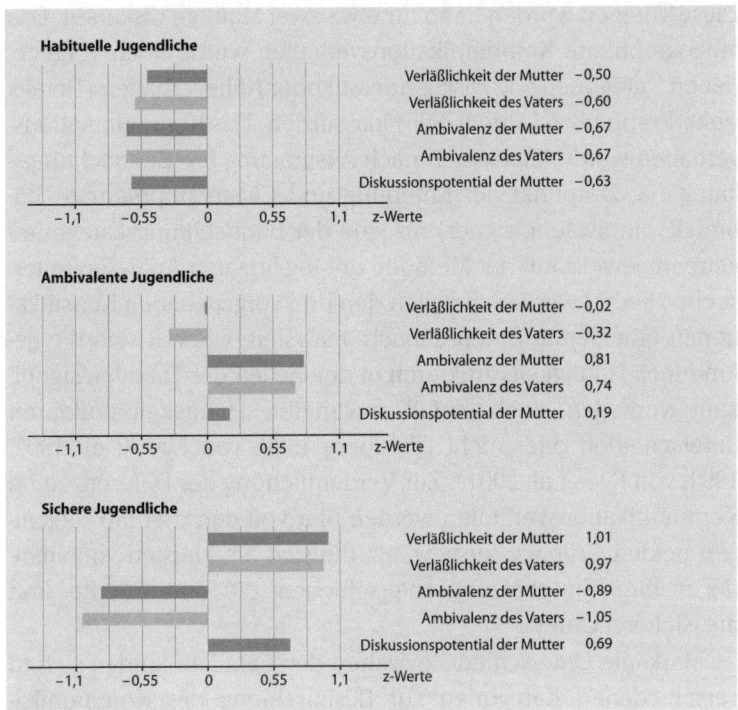

hung als eher durchschnittlich ein. In der Gruppe der ›sicheren‹ Jugendlichen sind die Einschätzungen der Verläßlichkeit und auch des Diskussionspotentials auf der positiven Seite, während die Beurteilung der Ambivalenz hohe negative Werte aufweist. Diese Jugendlichen fühlen sich also in ihrer Beziehung mit den Eltern emotional sehr sicher, sie können sich auf ihre Eltern verlassen und in Konfliktfällen kann diskutiert werden. Vergleichende Analysen dieser Gruppierungen über die Zeit ergaben eine erstaunliche Robustheit der Einschätzungen der Jugendlichen (siehe Kreppner 1996).

Im Rahmen der Studie war das konkrete Kommunikationsverhalten zwischen Eltern und Kindern im Längsschnitt zu verschiedenen Zeitpunkten erhoben worden, als die Kinder 11,5, 13, 14 und 15 Jahre alt waren. Hierzu wurden Eltern und Kindern in dyadischen Konstellationen standardisierte Alltagsthemen wie etwa »Wir planen zusammen einen Ausflug« oder »Manche in der Familie räumen ihr Zimmer nicht so auf wie sie es sollten« vorgegeben. Diese Themen wurden dann für etwa zwei Minuten diskutiert. Das videographierte Kommunikationsverhalten wurde nach vorgegebenen Kategorien wie Diskussionsstil oder Näheverhalten (Details siehe Kreppner & Ullrich 1996) klassifiziert. Das Kommunikationsverhalten wurde, klassifiziert nach Ausprägung pro Beobachtungskategorie, Zeitpunkt der Erhebung und Clustergruppierung (habituell, ambivalent, sicher) für jede der Beobachtungskategorien getrennt jeweils mit der Methode der log-linearen Analysen untersucht. Hierbei werden die nach den drei vorgegebenen Klassifikationen tabellierten Daten danach analysiert, wieweit sich die gefundenen Häufigkeitsstrukturen in den Zellen der Tabellen signifikant von den nach Zufall erwarteten Häufigkeitsstrukturen unterscheiden oder nicht (Fienberg 1980, von Eye et al. 1992, 1994, von Eye et al. 2001). Zur Verdeutlichung der Differenzen im Kommunikationsverhalten werden hier von den drei nur diejenigen beiden Gruppen ausgewählt, die sich am klarsten voneinander in ihrer Einschätzung unterschieden: die ›ambivalente‹ und die ›sichere‹ Gruppe.

Markante Unterschiede zwischen den Familien fanden sich in verschiedenen Kategorien zur Beschreibung des Kommunikationsverhaltens, hauptsächlich im Verhalten der Väter, weniger bei den Müttern. Für die Jugendlichen, die die Qualität ihrer Beziehung zu den Eltern unterschiedlich als entweder ›ambivalent‹ oder ›sicher‹ beurteilt hatten, ergaben sich während des Übergangs von der Kindheit zur Jugend deutliche Differenzen bei den Erfahrungen mit den Diskussionsformen in der Familie. Beispielsweise erwiesen sich gerade die Väter in den verschiedenen Gruppen als unterschiedlich sensibel für eine Anpassung ihrer Kommunikationsform an die sich verändernden Fähigkeiten ihrer Kinder in dieser Entwicklungsphase. Im folgenden sollen einige wenige Beispiele diese differentielle Bedeutung der Väter in ihren Familien illustrieren.

Bei der Analyse des väterlichen Diskussionsverhaltens über die Zeit fanden sich besonders klare Unterschiede beim Gebrauch von ›Behauptungen‹. Bei diesem Aspekt des Diskussionsstils handelt es sich um Äußerungen, die nicht weiter verhandelt und die relativ selbstbewußt und initiativ, nicht reaktiv, abgegeben werden. Wenn man den Verlauf im Gebrauch von ›Behauptungen‹ bei den Vätern in den beiden Gruppen betrachtet (siehe Abbildung 4), so finden sich während des gesamten Zeitraums durchgängig deutlich hohe Frequenzen bei den Vätern der ›ambivalenten‹ Jugendlichen, während bei den Vätern der ›sicheren‹ Jugendlichen ein zunächst niedriger Wert zu Beginn unserer Untersuchung auftrat, das heißt wenn das Kind etwa 11,5 Jahre alt war. Mit der Zeit aber veränderte sich die Häufigkeit des Gebrauchs der väterlichen Behauptungen, er nahm zu, je älter die Kinder wurden.

Väter von Jugendlichen, die ihre Beziehung als emotional sicher beschrieben hatten, zeigen also im Gegensatz zu den Vätern der ambivalenten Jugendlichen ein beträchtliches Maß an *Variation,* oder – anders ausgedrückt – an *Entwicklungssensibilität* gegenüber ihren Kindern. Sie scheinen das Kind altersadäquat an neue Formen der Kommunikation heranzuführen.

Abbildung 4: Kommunikationsstil in der Diskussion.
Behauptungen: Väter gegenüber Kindern

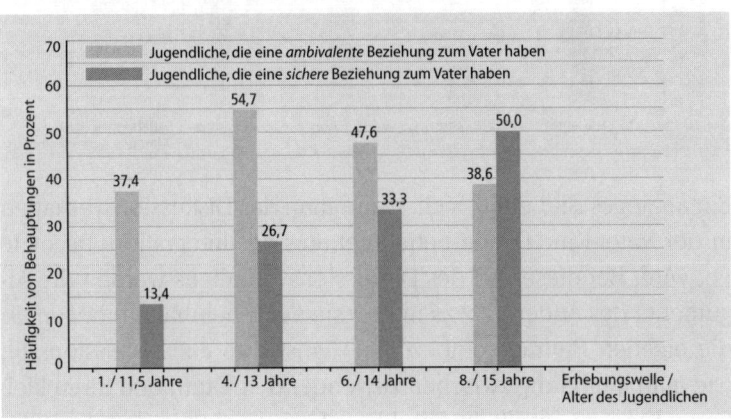

Den korrespondierenden Gebrauch von Behauptungen, nun bei den Jugendlichen in der Diskussion mit ihren Vätern, veranschaulicht Abbildung 5. Auf relativ hohem Niveau im Alter von 11,5 Jahren beginnend, sinkt zunächst diese Art der Auseinandersetzung bei den Kindern aus der sicheren Gruppe – vielleicht in Reaktion auf das Ansteigen der väterlichen Behauptungen in der Diskussion. Der Gebrauch von Behauptungen beginnt aber danach stetig anzuwachsen und erreicht am Ende der Untersuchungszeit ein vergleichsweise hohes Niveau. Ganz anders zeigt sich der Verlauf des Gebrauchs von Behauptungen bei den Jugendlichen der ambivalenten Gruppe: Hier ist, ähnlich wie im Falle der Väter, wenig Variation über die Zeit festzustellen. Diese Jugendlichen werden demnach von ihren Vätern, die permanent ein hohes Maß an Behauptungen in der Diskussion benutzen, nicht in diese Form der Auseinandersetzung eingeführt und verbleiben insgesamt auf einem niedrigen Niveau.

Abbildung 5: Kommunikationsstil in der Diskussion.
Behauptungen: Kinder gegenüber Vätern

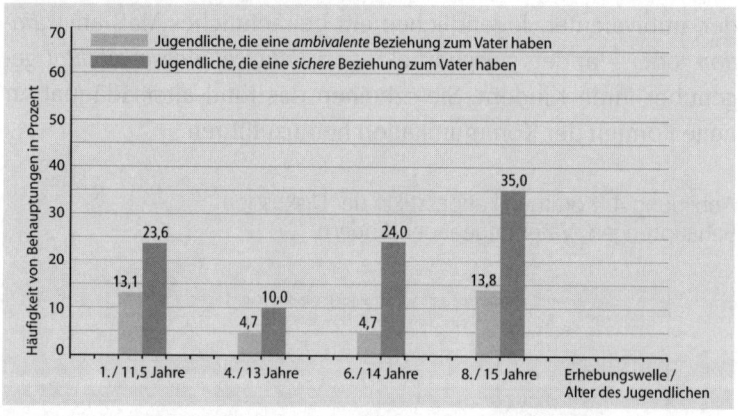

Ein analoges Bild ergibt sich, wenn man das Diskussionsverhalten in der Vater-Kind-Dyade betrachtet, das als ›Integration‹ bezeichnet wird. Bei dieser Art des Diskussionsverhaltens werden die Argumente des anderen, was immer sie auch beinhalten mögen, in die eigenen Beiträge einbezogen. Es ist dies ein Diskussionsstil, wie man ihn häufig zwischen zuwendenden Eltern und ihren kleineren Kindern antrifft. In Abbildung 6 wird sichtbar, daß die Väter in den beiden Gruppen wieder ein sehr unterschiedliches Muster des Gebrauchs dieser Diskussionsmodalität über die Zeit zeigen. Die Väter der sicheren Jugendlichen reduzieren über die Zeit hinweg ihr integratives Verhalten, während die Väter der ambivalenten Kinder ohne entwicklungssensible Variation in einer mittleren Ausprägung verharren.

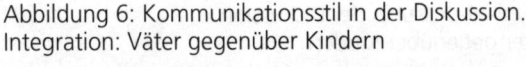

Abbildung 6: Kommunikationsstil in der Diskussion.
Integration: Väter gegenüber Kindern

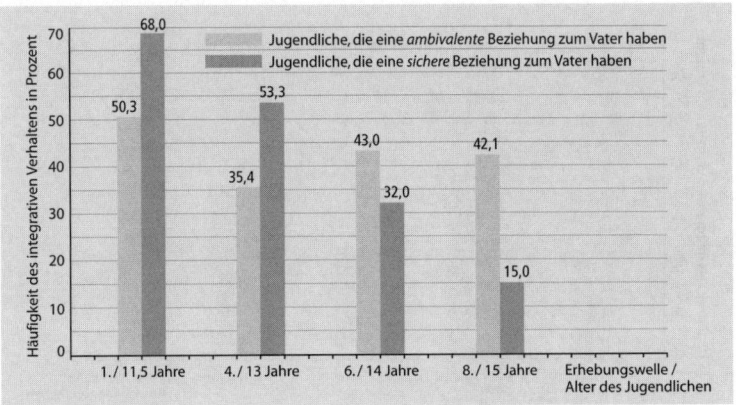

Auch bei diesem Beispiel eröffnet sich eine neue Sicht auf das Funktionieren der Väter in dieser kritischen Entwicklungsphase der Heranwachsenden. Entgegen vordergründigen Erwartungen, daß Jugendliche, die eine ›sichere‹ Beziehung zu ihren Eltern haben, auch ›integrative‹ Väter besitzen, das heißt Väter, die die Vorstellungswelt ihrer Kinder überdauernd in ihre eigene einbeziehen und kindorientiert argumentieren wollen, sehen wir hier Väter, die ihr ›integratives‹ Kommunikationsverhalten in den Diskussionen mit ihren Kindern Schritt für Schritt reduzieren. Keine großen Veränderungen sieht man dagegen bei den Vätern der ›ambivalenten‹ Jugendlichen. Was sich hier abzeichnet, ist eine Unterscheidung von Familien nach ihrer Transitionskompetenz, das heißt ihrer Fähigkeit, mit Entwicklungsübergängen der Kinder umzugehen.

Wie aus den Daten unserer Längsschnittstudie ersichtlich, sind es hauptsächlich die Väter, die eine entscheidende Rolle bei der differentiellen Sozialisation ihrer jugendlichen Kinder spielen. Es finden sich aber auch einige Unterschiede für die Mütter bezüglich ihrer Diskussionsweisen mit den Kindern. Abbildung 7 veranschaulicht, daß die Mütter der ›ambivalenten‹ Jugendlichen nach dem 13. Lebensjahr ihre Diskussionsform mit Behauptungen eher zu reduzieren scheinen. Hingegen erhöhen die Mütter der ›sicheren‹ Jugendlichen den Anteil dieses Merkmals ihrer Diskussionsform im 13. Lebensjahr der Kinder deutlich und behalten ihn auf hohem Niveau bei.

Abbildung 7: Kommunikationsstil in der Diskussion.
Behauptungen: Mütter gegenüber Kindern

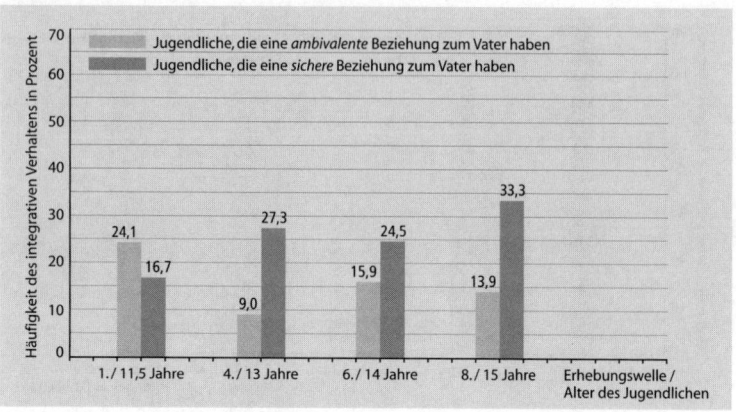

Es ist festzuhalten, daß in der sensiblen Zeit des Übergangs von der Kindheit zur Jugend, also in der hier untersuchten Zeitspanne zwischen 11,5 Jahren und 15 Jahren, die Jugendlichen, die ihre Beziehungsqualität zu den Eltern als unterschiedlich eingeschätzt hatten, tatsächlich unterschiedliche Erfahrungen in der alltäglichen Kommunikation mit ihren Eltern machen, sowohl mit den Vätern wie auch mit den Müttern. Jugendliche aus der ›sicheren‹ Gruppe diskutieren mit ihren Eltern eher in von den Eltern kontrollierten und altersbedingt variierten Formen. Jugendliche aus der ›ambivalenten‹ Gruppe dagegen erfahren keine entwicklungssensible Behandlung von ihren Eltern. Zu betonen ist auch, daß die Jugendlichen, die deutliche Variationen der väterlichen und mütterlichen Verhaltensweisen erleben, sich stets in ihrer Beziehung zu den Eltern als ›sicher‹ einschätzen. Diese Koinzidenz von positiver Einschätzung der Beziehungsqualität und erfahrener Diskussionsführung durch die Eltern weist vermutlich darauf hin, daß in diesem Stadium sowohl die Kinder wie auch die Eltern auf Muster zurückgreifen können, die bei zurückliegenden kritischen Entwicklungsphasen des Kindes positive Konsequenzen zeigten, also ein Meistern von kritischen Situationen auf der Basis eines gegenseitigen Verstehens beinhalten und von Eltern und Kind als eine *passagere* Verhaltenssteuerung begriffen und akzeptiert werden. Ganz anders stellt sich der Übergang für Jugendliche aus der ›emotional ambivalenten‹ Gruppe dar. Hier finden sich keine Variationen im väterlichen Kommunikationsverhalten, die Mütter reduzieren eher ihre sozialisatorischen Aktivitäten durch den eingeschränkten Gebrauch von ›Behauptungen‹.

Mit den hier ausgewählten Ergebnissen unserer Längsschnittstudie sollte verdeutlicht werden, welche besondere differentielle Bedeutung die Väter bei kritischen Entwicklungsübergängen besitzen. Auch die Mütter sozialisieren, jedoch scheint die besondere Hinführung in eine Diskussionsform, wie sie unter Erwachsenen und Gleichberechtigten üblich ist, eine Aufgabe zu sein, die die Väter dort erfolgreich erfüllen, wo sich die Jugendlichen in einer ›sicheren‹ Beziehung sehen. In einer ›ambivalenten‹ Beziehung dagegen ist wenig von einem entwicklungssensiblen Eingehen der Väter bei ihrer Diskussionsform mit dem jugendlichen Kind zu erkennen. Die Variationsfähigkeit in Zeiten des Übergangs scheint dabei von ganz besonderer Bedeutung für ein Gelingen der Einführung in die Diskussionsformen der Erwachsenenwelt zu sein. Wird in kritischen Phasen der Entwicklung keine Anpassungsbemühung sichtbar, so bleibt die Auseinandersetzung an alltäglichen Themen mehr oder weniger beliebig, das heißt es werden auch für den Jugendlichen keine *systematischen Muster* für eine neue Balance in der Familie sichtbar.

6 Schlußfolgerungen

Väter sind, wie aus den vielfältigen Untersuchungen zu den verschiedenen Stadien der Individual- und Familienentwicklung hervorgeht, ein wichtiger Sozialisationsfaktor, die zusätzlich zu den sozialisatorischen Aktivitäten der Mütter den Kindern ein eigenständiges Modell für Umgangsformen und Kommunikationsmodi bieten. Unter einer Perspektive, die die Familie als ganze und ihre Entwicklung berücksichtigt, kann man – wenn man die Gruppe der ›sicheren‹ Jugendlichen herausgreift – die Väter als sensible Gestalter und Fortentwickler des familialen Beziehungssystems betrachten, die in kritischen Zeiten kindlicher Entwicklung Veränderungen in den Eltern-Kind-Beziehungen einführen und durch diese Veränderung einen wichtigen Anpassungsprozeß innerhalb der Familie leisten. Väter sind also keine zu vernachlässigende Größe bei der Kindererziehung, deren Fehlen mehr oder weniger leicht kompensiert werden könnte. Sowohl in direkter Wirkung als Erfahrung alternativer Kommunikationsformen als auch in indirekter Wirkung als Erleben der Kommunikation zwischen den Eltern entfalten Väter für das Kind ganz spezifische Sozialisationsbedingungen. Von den Kindern werden die Väter von klein auf in der Regel als primäre Bezugspartner erlebt, die anders sind als die Mütter und die durch die Vermittlung von Alternativerfahrungen im Alltag zur Relativierung der Rahmenbedingungen innerfamilialer Beziehungsformen erheblich beitragen. Daneben prägen sie die Kommunikationsformen mit, die für das Kind als Modell bei der Etablierung von Umgangsformen auch außerhalb der Familie von großem Einfluß sind.

Die Existenz der Väter als Faktor im System Familie, der die Spezifität der inneren Balance maßgeblich mitgestaltet, erscheint unter zweifacher Hinsicht von großer Bedeutung: Zum einen beeinflußt ein Vater durch seine Art, direkte Beziehungen zu gestalten, nicht nur die Erfahrung des Kindes, sondern, wie Clarke-Stewart (1978) oder Cowan & Cowan (1992) gezeigt haben, auch alle anderen Beziehungen innerhalb der Familie. Zum anderen bietet die Existenz eines zweiten Sozialisationsmodells in einer Familie eine Erweiterung des Erfahrungshorizontes des Kindes, die vermutlich nicht zu unterschätzen ist (Abelin 1971, 1980).

Die Forschungen der letzten 15 Jahre haben die Bedeutung der Umgangs- und Kommunikationsformen der Eltern untereinander für die Entwicklung der Kinder besonders hervorgehoben (Erel & Burman 1995). Dem Kind wird durch die prinzipielle Möglichkeit der Erfahrung nicht nur des Unterschieds zwischen mütterlichen und väterlichen Kommunikationsmodi in der Mutter-Kind- oder Vater-Kind-Dyade, sondern auch der elterlichen Lösungsstrategien für Konflikte untereinander eine Lernerfahrung höherer Ordnung in der Familie geboten, die Bateson (1973) als ›Kontext-Lernen‹ bezeichnet hat (siehe hierzu auch Kreppner 1991, S. 331–333). Dies ist eine Lernform, die gerade für den Erwerb sozialer Sensibilität besonders wichtig erscheint.

Die unterschiedlichen Umgangsformen, die Mütter und Väter mit den Kindern pflegen, scheinen nicht nur im Kleinkindalter, sondern auch bei der Sozialisation von Jugendlichen wirksam zu sein (Parke 1996). Die mehr instinktive und pflegerische Aktivität der Mutter gegenüber dem mehr körperbetonten Spielen der Väter scheint sich auf anderer Ebene in der Jugend fortzusetzen. Väter unterstützen im Jugendalter das identitätsfördernde Verhalten ihrer Kinder, erscheinen im Umgang mit den größer werdenden Kindern mehr als Peers und fordern die Heranwachsenden mehr heraus als die Mütter. Insgesamt unterscheiden sich in der Zeit des Übergangs von der Kindheit zur Jugend Mütter und Väter deutlich in ihren Umgangsformen, denn Väter versuchen früher als Mütter, egalitäre Beziehungen zu etablieren (Larson & Richards 1994).

Es gibt noch einen anderen Aspekt in der neueren Familienforschung, der die Bedeutung der Väter für die Entwicklung der Kinder unterstreicht. Aus verschiedenen Vergleichen zwischen vollständigen und alleinerziehenden Familien geht hervor, daß Mütter in alleinerziehenden Familien eine Art ›special relationship‹ zwischen sich und dem Kind zu etablieren scheinen, das Kind gleichsam als Partner heranziehen, was an der Oberfläche oft ein Bild voller Harmonie erzeugt (Kreppner & Ullrich 1999). Ob dies allerdings für die Entwicklung insgesamt einen förderlichen Einfluß ausübt, bleibt dahingestellt (Smetana et al. 1991). In einer Längsschnittstudie zu unterschiedlichen Einflüssen von Familientypen (alleinerziehende Mütter, Stieffamilien und biologische Familien) auf die Entwicklung von Kindern fanden beispielsweise Hetherington et al. (1992) heraus, daß die Kinder aus den alleinerziehenden Familien eine erheblich höhere Quote an Verhaltensstörungen und Inkompetenzen aufwiesen als dies bei den Kindern aus den vollständigen (biologischen und Stief-) Familien der Fall war. Schulschwierigkeiten fanden sich in einer Studie von Zill (1994) vermehrt für Kinder aus Scheidungs- und auch aus Stieffamilien. Insgesamt scheint es keine Einzelvariablen, vielmehr eine Summierung von jeweils die Lebensqualität mindernden Einzelfaktoren zu geben, die die Entwicklung von Kindern aus unvollständigen Familien beeinträchtigen können (Hetherington et al. 1998).

Generell bleibt festzuhalten, daß die Wirkung von Vätern auf die Entwicklung der Kinder nicht ohne den Familienkontext, nicht ohne das Zusammenspiel der Mütter und Väter, aber auch nicht ohne die Geschwisterkinder – falls vorhanden – untersucht werden kann. Dabei scheint die Qualität der Beziehung, die die Ehepartner schon vor der Geburt des ersten Kindes haben, von großer Bedeutung dafür zu sein, wie die Zeit der Umstellung und des Stresses nach Ankunft des Kindes überstanden wird und wie sich die Familie konstituiert.

Vielleicht weist der Gedanke, daß *Variation* an Sozialisationserfahrung für das erfolgreiche Durchlaufen von verschiedenen Entwicklungsphasen in der Familie essentiell ist, und daß Kinder durch die Existenz ihrer Väter Variation zu ihren Müttern in direkter und indirekter Interaktion erleben, in eine neue Richtung zur gezielten Erforschung von familialen Sozialisationseinflüssen. Variation in erlebter Sozialisation kann unter einer Perspektive der fortlaufenden notwenigen Veränderungen altersangepaßter Umgangsformen in der Familie eine Vergrößerung des Verhaltensreservoirs bedeuten, auf das alle Beteiligten beim Suchen nach neuen Umgangsformen dann leichter zurückgreifen können, wenn – wie in Zeiten massiver Entwicklungsveränderungen – neue Balancen in der Familie gefunden und Beziehungsformen zwischen Eltern und Kindern neu geregelt werden müssen. Zukünftige Untersuchungen zur Bedeutung der Väter sollten demnach zwei Bedingungen erfüllen: Sie sollten zum einen die gesamte Familie einbeziehen und einen langen, möglichst für die Entwicklung der Kinder kritischen Zeitraum umfassen. Sie sollten zum anderen versuchen, nicht nur Einzelvariablen, sondern den komplexen Prozeß der Familiensozialisation und -entwicklung in Bezug auf die Bedeutung der Väter zu analysieren.

Literatur

Abelin, E. L. (1971). The role of the father in the separation-individuation process. In J. McDevitt & C. F. Settlage (Eds.), *Separation-Individuation: Essays in Honor of Margaret S. Mahler.* New York: International Universities Press, pp. 229–253.

Abelin, E. L. (1975). Some further comments and observations on the earliest role of the father. *International Journal of Psychoanalysis, 56,* pp. 293–302.

Abelin, E. L. (1980). Triangulation, the role of the father and the origins of core gender identity during rapprochement subphase. In R. Lax, A. J. Burland, & S. Bach (Eds.), *Rapprochement: The Critical Subphase of Separation.* New York: Jason Aronson, pp. 151–169.

Ainsworth, M. D., Bell, S. M. & Stayton, D. J. (1971). Individual differences in strange situation behavior of one-year-olds. In H. R. Schaffer (Ed.), *The Origins of Human Social Relations.* New York: Academic Press, pp. 17–58.

Ainsworth, M. D., Bell, S. M. & Stayton, D. J. (1974). Infant-mother attachment and social development: Socialization as a product of reciprocal responsiveness to signals. In M. P. Richards (Ed.), *The integration of the child into a social world.* London: Cambridge University Press, pp. 99–135.

Bateson, G. (1973). The logical categories of learning and communication. In Bateson, G. (Ed.), *Steps to an Ecology of Mind.* Frogmore: Paladin, pp. 250–279.

Belsky, J. (1981). Early human experience: A family perspective. *Developmental Psychology, 17,* pp. 3–23.

Belsky, J., Crnic, K. & Gable, S. (1995). The determinants of coparenting in families with toddler boys: Spousal differences and daily hassles. *Child Development, 66,* pp. 629–642.

Belsky, J., Putnam, S. & Crnic, K. (1996). Coparenting, parenting, and early emotional development. In J. P. McHale & P. A. Cowan (Eds.), *Understanding how family-level dynamics affect children's development: Studies of two-parent families. New Directions for Child Development, 74.* San Francisco: Jossey Bass, pp. 45–55.

Boyum, L. A. & Parke, R. D. (1995). The role of family emotional expressiveness in the development of children's social competence. *Journal of Marriage and the Family, 57,* pp. 593–608.

Clarke-Stewart, K. A. (1978). And daddy makes three: The father's impact on mother and young child. *Child Development, 49,* pp. 466–478.

Cowan, C. P. & Cowan, P. A. (1987). Men's involvement in parenthood: Identifying the antecedents and understanding the barriers. In P. W. Berman & F. A. Pedersen (Eds.), *Men's Transition to Parenthood.* Hillsdale, NJ: Lawrence Erlbaum, pp. 145–174.

Cowan, P. A. & Cowan, C. P. (1988). Changes in marriage during the transition to parenthood. In G. Y. Michaels & W. A. Goldberg (Eds.), *The transition to parenthood: Current theory and research.* Cambridge: Cambridge University Press, pp. 114–154.

Cowan, C. P. & Cowan, P. A. (1992). *When partners become parents:The big life change for couples.* New York: Basic Books.

Engfer, A. (1988). The interrelatedness of marriage and the mother-child relationship. In: R. A. Hinde & J. S.Hinde (Eds.), *Relationships within families:Mutual influences.* Oxford University Press, pp. 104–118.

Erel, O. & Burman, B. (1995). Interrelatedness of marital and parent-child relations: A meta-analytic review. *Psychological Bulletin, 118,* pp. 108–132.

Erikson, E. H. (1959). Identity and the life cycle. *Psychological Issues, 1,* monograph no. 1.

Fainsilber-Katz, L. & Gottman, J. M. (1996). Spillover effects of marital conflict: In search of parenting and coparenting mechanisms. In J.P. McHale & P. A. Cowan (Eds.), *Understanding how family-level dynamics affect children's development: Studies of two-parent families. New Directions for Child Development, 74.* San Francisco: Jossey Bass, pp. 57–76.

Fienberg, S.E. (1980). *The analysis of crossclassified categorical data.* Cambridge, MA: The MIT Press.

Gjerde, P. F. (1986). The interpersonal structure of family interaction settings: Parentadolescent relations in dyads and triads. *Developmental Psychology,22,* pp. 297–304.

Gjerde, P. F. (1988). Parental concordance on child rearing and the interactive emphases of parents: Sex-differentiated relationships during the preschool years. *Developmental Psychology,24,* pp. 700–706.

Gottman, J. M., Fainsilber-Katz, L. & Hooven, C. (1996). *Meta-Emotion:How Families Communicate Emotionally.* Mahwah, NJ: Erlbaum.

Grotevant, H. D. & Cooper, C. R. (1985). Patterns of interaction in family relationships and the development of identity exploration in adolescence. *Child Development,56,* pp. 415–428.

Grotevant, H. D, & Cooper, C. R. (1986). Individuation in family relationships. *Human Development,29,* pp. 82–100.

Grych, J. H. & Fincham, F. (1990). Marital conflict and children's adjustment: A cognitive-contextual framework. *Psychological Bulletin, 108,* pp. 267–290.

Hauser, S.T., Book, B. K., Houlihan, J., Powers, S., WeissPerry, B., Follansbee, D., Jacobson, A. M. & Noam, G. G. (1987). Sex differences within the family: Studies of adolescent and parent family interactions. *Journal ofYouth and Adolescence, 16,* pp. 199–220.

Hetherington, E. M., Clingempeel, W. G., Anderson, E. R., Deal, J. E., Hagan, M. S., Hollier, E. A. & Lindner, M. S.(1992). Coping with marital transitions: A family systems perspective. *Monographs of the Society for Research in Child Development, 57 (2–3, Serial No. 227)*.

Hetherington, E. M., Bridges, M. & Insabella, G. M. (1998). What matters? What does not? Five perspectives on the association between marital transitions and children's adjustment. *American Psychologist, 53*, pp. 167–184.

Hill, J. P. (1987). Research on adolescents and their families: Past and prospect. In W. Damon (Ed.), *New directions for child development: Adolescent health and social behavior Vol 37*. San Francisco: Jossey Bass, pp. 13–32.

Hill, J. P. (1988). Adapting to menarche: Familial control and conflict. In M. R. Gunnar & W. A. Collins (Eds.), *Development during the Transition to Adolescence. Minnesota Symposia on Child Development, Vol. 21*. Hillsdale, NJ: Lawrence Erlbaum, pp. 43–77.

Kidwell, J., Fischer, J. L., Dunham, R. M. & Baranowski, M. (1983). Parents and adolescents: Push and pull of change. In H. I. McCubbin & C. R. Figley (Eds.), *Stress in the Family: Coping with Normative Transitions*. New York: Bruner & Mazel, pp. 74–89.

Kotelchuck, M. (1975). The infant's relationship to the father: Experimental evidence. In M.E. Lamb (Ed.), *The Role of the Father in Child Development*. New York: Wiley, pp. 329–344.

Kraemer, S. (1991). The origins of fatherhood: An ancient family process. *Family Process, 30*, pp. 377–392.

Kreppner, K. (1984). *Kategoriensystem zur Beschreibung familialer Interaktionen*. Unveröffentlichtes Manuskript, Max Planck Institut für menschliche Entwicklung und Erziehung, Berlin.

Kreppner, K. (1988a). Changes in parent-child relationships with the birth of the second child. *Marriage and Family Review, 12*, pp. 157–181.

Kreppner, K. (1988b). Changes in dyadic relationships within a family after the arrival of a second child. In R. A. Hinde & J. Stevenson-Hinde (Eds.), *Relationships within families: Mutual influences*. Oxford: Oxford University Press, pp. 143–167.

Kreppner, K. (1991). Sozialisation in der Familie. In K. Hurrelmann & D. Ulich (Hrsg.), *Neues Handbuch der Sozialisationsforschung*. München: Psychologie Verlags Union, S. 321–334.

Kreppner, K. (1996). Kommunikationsverhalten zwischen Eltern und ihren jugendlichen Kindern und der Zusammenhang mit Indikatoren des Selbstwertgefühls. *Praxis der Kinderpsychologie und Kinderpsychiatrie, 45*, S. 130–147.

Kreppner, K. (1997). Beobachtung und Längsschnitt in der Kleinkindforschung. In H. Keller (Hrsg.) *Handbuch der Kleinkindforschung*. Bern: Huber, S. 315–344.

Kreppner, K. (2000a). Entwicklung von Eltern-Kind-Beziehungen: Normative Aspekte im Rahmen der Familienentwicklung. In K. A. Schneewind (Hrsg.), *Familienpsychologie im Aufwind*. Göttingen: Hogrefe, S. 174–195.

Kreppner, K. (2000b). Die Bedeutung familialer Beziehungen und Kommunikationsmuster für die Persönlichkeitsentwicklung von Kindern. In A. Herlth, A. Engelbert, J. Mansel, & C. Palentien (Hrsg.), *Spannungsfeld Familienkindheit*. Opladen: Leske & Budrich, S. 136–154.

Kreppner, K., Paulsen, S. & Schuetze, Y. (1982). Infant and family development: From triads to tetrads. *Human Development, 25*, pp. 373–391.

Kreppner, K. & Ullrich, M. (1996). Familien-Codier-System. Beschreibung eines Codiersystems zur Beurteilung von Kommunikationsverhalten in Familiendyaden. *Materialien aus der Bildungsforschung, 57*. Berlin: Max-Planck-Institut für Bildungsforschung.

Kreppner, K. & Ullrich, M. (1998). Talk to mom and dad, and listen to what is in between. In M. Hofer, P. Noack, & J. Youniss (Eds.), *Verbal interaction and development in families with adolescents*. Greenwich, CT: Ablex, pp. 83–108.

Kreppner, K. & Ullrich, M. (1999). Ablöseprozesse in Trennungs- und Nicht-Trennungsfamilien: Eine Betrachtung von konkretem Kommunikationsverhalten in Familien mit Kindern im frühen bis mittleren Jugendalter. In S. Walper & B. Schwarz (Hrsg.), *Was wird aus Kindern? Chancen und Risiken für die Entwicklung von Kindern aus Trennungs- und Stieffamilien*. München: Juventa Verlag, S. 91–120.

Lamb, M. (1975). Father: Forgotten contributors to child development. *Human Development, 18*, pp. 245–266.

Lamb, M. E. (1977). The development of mother-infant and father-infant attachments in the second year of life. *Developmental Psychology, 13*, pp. 637–648.

Lamb, M. (1981). Fathers and child development. In M. Lamb (Ed.), *The father's role in child development*. New York: Wiley.

Larson, R. W. (1993). Finding time for fatherhood: The emotional ecology of adolescent-father interactions. In S. Shulman & W. A. Collins (Eds.), *Father-adolescent relationships. New directions for child development, No. 62*. San Francisco: Jossey Bass, pp. 7–25.

Larson, R. W. & Richards, M. H. (1994). *Divergent realities: The emotional lives of mothers, fathers, and adolescents*. New York: Basic Books.

McHale, J. P. (1995). Coparenting and triadic interactions during infancy: The roles of marital distress and child gender. *Developmental Psychology, 31*, pp. 985–996.

Montemayor, R. (1982). The relationship between parent-adolescent conflict and the amount of time adolescents spend alone and with parents and peers. *Child Development, 53*, pp. 1512–1519.

Montemayor, R. (1983). Parents and adolescents in conflict: All families some of the time and some families all of the time. *Journal of Early Adolescence, 3,* pp. 83–103.

Parke, R. D. (1976). Parent-infant interaction: Progress, paradigms, and problems. In G. P. Sackett & H. C. Haywood (Eds.), *Observing behavior theory and applications in mental retardation.* Baltimore: University Park Press, pp. 69–94.

Parke, R. D. (1996). *Fatherhood.* Cambridge, MA: Harvard University Press.

Parke, R. D. & Sawin, D. B. (1975). *Infant characteristics and behavior as elicitors of maternal and paternal responsibility in the newborn period.* Paper presented at the Biennial Meeting of the Society for Research in Child Development. Denver, April 1975.

Parke, R. D. & Sawin, D. B. (1980). The family in early infancy: Social interactional and attitudinal analyses. In F. A. Pedersen (Ed.), *The father-infant relationship: Observational studies in the family setting.* New York: Praeger, pp. 44–70.

Parke, R. D. & Tinsley, B. J. (1987). Family interaction in infancy. In J. D. Osofsky (Ed.), *Handbook of Infant Development.* New York: Wiley, pp. 579–641.

Parke, R. D. & Buriel, R. (1998). Socialization in the family: Ethnic and ecological perspectives. In W. Damon & N. Eisenberg (Eds.), *Handbook of Child Psychology, Fifth Edition, Vol. 3: Social, Emotional, and Personality Development.* New York: Wiley, pp. 463–552.

Pedersen, F. A. (1980). *The Father-Infant Relationship.* New York: Praeger.

Piaget, J. (1937). *La construction du réel chez l'enfant.* Neuchatel: Delachaux et Niestlé.

Power, T. G., McGrath, M. P., Hughes, S.O. & Manire, S.H. (1994). Compliance and self-assertion: Young children's responses to mothers versus fathers. *Developmental Psychology, 30,* pp. 980–989.

Robin, A. & Weiss, J. (1980). Criterion related validity of behavioral and self-report measures of problem-solving communication skills in distressed and non-distressed parent-adolescent dyads. *Behavioral Assessment, 2,* 339–352.

Russell, G. (1983). *The Changing Role of Fathers?* St. Lucia, Queensland: University of Queensland Press.

Russell, G. & Russell, A. (1987). Mother-child and father-child relationships in middle childhood. *Child Development, 58,* pp. 1573–1585.

Shulman, S.& Klein, M. M. (1993). Distinctive role of the father in adolescent separation-individuation. In S.Shulman & W. A. Collins (Eds.), *Father-Adolescent Relationships. New Directions for Child Development, 62.* San Francisco: Jossey Bass, pp.41–57.

Smetana, J. G., Yau, J., Restrepo, A. & Braeges, J. L. (1991). Adolescent-parent conflict in married and divorced families. *Developmental Psychology, 27,* pp. 1000–1010.

Spiel, C., Kreppner, K. & von Eye, A. (1995). Die Familien-Beziehungs-Skalen, FBS: Bericht über die Entwicklung eines Screening Instruments zur Erfassung von Beziehung Jugendlicher zu ihren Eltern. *Diagnostica, 41*, S.322–333.

Steinberg, L. D. (1981). Transformations in family relations at puberty. *Developmental Psychology, 17*, pp. 833–840.

Steinberg, L. D. (1987). The impact of puberty on family relations: Effects of pubertal status and pubertal timing. *Developmental Psychology, 23*, pp. 451–460.

Steinberg, L. D. (1988). Reciprocal relations between parent-child distance and pubertal maturation. *Developmental Psychology, 24*, 122–128.

von Eye, A., Schuster, C., & Kreppner, K. (2001). Sampling schemes and the selection of log-linear models for longitudinal data. *Journal of Adolescent Research, 16*, 222–235.

von Eye, A., Kreppner, K., & Weßels, H. (1994). Log-linear modeling of categorical data in developmental research. In D. L. Featherman, R. M. Lerner, & M. Perlmutter (Eds.), *Life-span development and behavior, Vol 12*, (pp. 225–248). Hillsdale, NJ: Erlbaum.

von Eye, A., Kreppner, K., & Wessels, H. (1992). Differential change in systems of categorical variables. In J. B. Asendorpf & J. Valsiner (Eds.), *Stability and change in development: A study of methodological reasoning* (pp. 21–53) Newbury Park, CA: Sage.

von Eye, A. & Kreppner, K. (1989). Family systems and family development: The selection of analytical units. In K. Kreppner & R. M. Lerner (Eds.), *Family systems and lifespan development*, Hillsdale, NJ: Lawrence Erlbaum, pp. 247–269.

Ward, J. H. (1963). Hierarchical grouping to optimize an objective function. *Journal of the American Statistical Association, 58*, pp. 236–244.

Yogman, M. W. (1983). Development of the father-infant relationship. In H. Fitzgerald, B. Lester & M. W. Yogman (Eds.), *Theory and Research in Behavioral Pediatrics (Vol 1)*. New York: Plenum, pp. 63–98.

Yogman, M. W., Dixon, S., Tronick, E., Als, H., Adamson, L., Lester, B. & Brazelton, T.B. (1977). *The Goals and Structure of FacetoFace Interaction between Infants and Fathers*. Paper presented at the meeting of the Society for Research in Child Development, New Orleans.

Youniss, J. (1980). *Parents and Peers in Social Development: A Sullivan-Piaget Perspective*. Chicago: University of Chicago Press.

Youniss, J. & Smollar, J. (1985). *Adolescent Relations with Mothers, Fathers, and Friends*. Chicago: University of Chicago Press.

Zill, N. (1994). Understanding why children in stepfamilies have more learning and behavior problems than children in nuclear families. In A. Booth & J. Dunn (Eds.), *Stepfamilies. Who Benefits? Who Does Not?* Hillsdale, NJ: Erlbaum, pp. 97–106.

MATHIAS GRAF & HEINZ WALTER

Herrn Adams
Vaterwerden und Vatersein

Eine rekonstruktionslogische Analyse

In der vorliegenden Arbeit wird mittels der Objektiven Hermeneutik die ›Fallstruktur‹ des Vaters eines zweijährigen Sohnes rekonstruiert. Nach einer kurzen Einführung zum methodischen Vorgehen wird zunächst die Biographie des Vaters interpretiert. Diese verweist auf eine Doppelstruktur, kurz zu kennzeichnen als traditionale Verankerung mit deutlichen Neuerungstendenzen. Nachdem sich diese Struktur zunächst im beruflichen Werdegang widerspiegelt, zeigt sie sich auch in einem spezifischen Ausfüllen von Vaterwerden und Vatersein. Jenes wird ebenfalls mit traditionalen und nichttraditionalen Elementen gestaltet. Zentral bildet sich die Doppelstruktur in einem spannungsreichen Verhältnis von »Spaß«und »Pflicht« ab: der Spaß wird zur Pflicht und die Pflicht muß ihrerseits Spaß machen. Dies wird über die Interpretation eines Gesprächs mit Herrn Adam deutlich. Der Weg zum Vatersein, auf dem sich Herr Adam zuerst für ein Kind entscheidet und dann eine passende Frau hierfür sucht, kann heute und hierzulande als eher ungewöhnlich gelten. Er erscheint nach der Interpretation von Biographie und Gespräch jedoch als logische Konsequenz des im Lebenslauf ausgebildeten ›generativen Prinzips‹.

In this paper the ›case-structure‹ of the father of a two-years-old boy is reconstructed by means of Objective Hermeneutics. After a brief introduction to the methodical procedure the father's biography is interpreted first. This points to a double structure, which can be briefly characterized as a traditional embedding with clear innovational tendencies. This structure is reflected first in the career, then it also appears in a specific fulfilment of becoming and being a father. This fulfilment is also formed by traditional and nontraditional elements. It is a main point that the double structure is formed in a complex relationship of ›enjoyment‹ and ›duty‹: enjoyment becomes duty, and in its turn duty must be enjoyable. This is revealed through the conversation with Herr Adam. It seems rather unusual that Herr Adam, wanting to become a father, first decides that he wants a child and only then looks for an appropriate woman. After a close study of Herr Adam's biography and the conversation with him this decision appears, however, as a logical consequence of the ›generative principle‹ which he developed over his life-span.

1 Zum Forschungsverfahren

Der vorliegende Beitrag wird die ›Fallstruktur‹ des Vaters eines zweijährigen Jungen rekonstruieren. Als Fallstruktur wird das Ergebnis einer Analyse mittels ›Objektiver Hermeneutik‹ bezeichnet. Dieses von Ulrich Oevermann begründete Forschungsverfahren geht davon aus, daß jede Art von Text – dazu zählen nicht nur Sprache und Schrift, sondern grundsätzlich alles von Menschen Hergestellte oder Beeinflußte – mehrere Bedeutungsmöglichkeiten in sich trägt (Oevermann 1993, Oevermann et al. 1979, Reichertz 1995). So läßt sich zu jedem gesprochenen Satz eine bestimmte Anzahl von möglichen Bedeutungen finden. Voraussetzung ist, daß der Sprecher ein kompetentes Mitglied einer entsprechenden Sprachgemeinschaft ist, und daß er darauf aus war, verstanden zu werden. Unter diesen Bedingungen läßt sich dann zum einen angeben, was alles dieser Satz bedeuten könnte, zum anderen, was er auf keinen Fall bedeuten kann. Je verläßlicher die Informationen über den Kontext sind, in dem die Äußerung fiel, desto genauer kann eingegrenzt werden, welche der grundsätzlich möglichen Bedeutungen in diesem speziellen Falle in Frage kommen bzw. ausscheiden. Mit anderen Worten müssen viele Bedeutungsmöglichkeiten erst gar nicht in Erwägung gezogen werden, wenn vorab schon bekannt ist, in welcher Situation ein bestimmter Satz gesagt wurde. Die Informationen über den Kontext, in dem ein bestimmtes Datum erhoben wurde, beeinflussen also ganz wesentlich das Verständis von diesem Datum.

Dieses Faktum ermöglicht im Alltag eine (scheinbar) reibungslose, ökonomische Interaktion. Im alltäglichen Umgang mit Mitmenschen ist es nicht zu leisten, sich alle Bedeutungen der Äußerung des Gegenübers zu vergegenwärtigen, um dann daraus mittels eines komplexen Prozesses den passendsten Sinn herauszufiltern. Als Alltagshandelnde sind wir vielmehr darauf angewiesen, aufgrund unseres Wissens um die aktuelle Situation Gespräche und Handlungen sehr schnell in einer ganz bestimmten, durch das Kontextwissen determinierten Art und Weise zu verstehen. Es liegt jedoch auf der Hand, daß dieses alltägliche Vorgehen auch gravierende Nachteile hat: Ein Rezipient kann aus verschiedenen Gründen aus den unterschiedlichen Bedeutungsmöglichkeiten eine falsche, unpassende auswählen. So entstehen Mißverständnisse.

Die Objektive Hermeneutik steuert solchen Fehlinterpretationen entgegen, indem sie zunächst grundsätzlich alle Bedeutungsmöglichkeiten ausschöpft. Erst nach einem komplexen und zeitaufwendigen Interpretationsverfahren schält sie allmählich die passendste heraus. Konkret bedient sie sich dabei der ›Sequenzanalyse‹. Dazu ist es zunächst nötig, daß das Material, dem seine ›objektive Bedeutung‹ abgerungen werden soll, in verschrifteter Form vorliegt. Zur Rekonstruktion der ›Fallstruktur‹ eines Textes wird dann folgendermaßen vorgegangen: Ohne sich zuvor über den realen Kontext in Kenntnis gesetzt zu haben, wird zusammengetragen, was die erste Sequenz (der erste Satz, das erste Datum) des zu interpretierenden Materials bedeuten könnte, beziehungsweise in welchen potentiellen Kontexten diese grundsätzlich sinnvoll wäre. Erst dann wird diese Palette aller möglichen Bedeutungen beziehungsweise Kontexte mit dem tatsächlichen Kontext konfrontiert.[1] Sollte der tatsächlich vorliegende Kontext in der erstellten Palette nicht enthalten sein, stößt man damit auf einen wichtigen ersten Hinweis auf eine »fallspezifische Abweichung von common-sense-Normen handlungs- und sprachkompetenter Gesellschafter der everyday- und der scientific community« (Soeffner 1989, S.71). Ist er jedoch enthalten – und das wird der Regelfall sein –, so werden alle Bedeutungsmöglichkeiten in der weiteren Interpretation belassen, die in diesem Kontext sinnvoll sind. Der nächste Schritt besteht in einer Prognose für die zweite Textsequenz: Wie könnte der Sprecher bei der noch verbleibenden Palette weitermachen? Im Rahmen der Konfrontation dieser Möglichkeiten mit der tatsächlichen Weiterführung werden wieder Bedeutungsmöglichkeiten eingeschränkt. Indem der Objektive Hermeneut von Sequenz zu Sequenz immer wieder diesen möglichen Optionsbogen aufbaut und dann beobachtet, welche Option der Sprecher davon wählt und welche nicht, kann er ganz allmählich das Prinzip erkennen, nach dem letzterer vorgeht. Das Endergebnis stellt die ›Fallstruktur‹ dar.

Auf die beschriebene Art und Weise können, wie bereits erwähnt, nicht nur Gesprächstexte interpretiert werden. So werden in der vorliegenden Darstellung zwei Fallstrukturen rekonstruiert: eine aus den biographischen Daten des Vaters und eine aus einem Gespräch mit ihm. Die Interpretation der biographischen Daten wird das Prinzip eruieren, nach dem sich dieser Mann sein Leben immer wieder einrichtet. Dieses ›generative Prinzip‹ bildet die erste ›Strukturhypothese‹. Danach wird die Frage gestellt: Wenn dies nun die ›objektive Struktur‹ ist, nach der dieser Mann lebt, welchen Sinn macht es, daß er Vater wird, und wie wird er dieses Vatersein gestalten? Die nun vorliegende, erste Strukturhypothese muß erlauben, hierzu eine bedingte Prognostik abzugeben. Die dann folgende Interpretation des Gesprächs mit diesem Vater zwei Jahre nach der Geburt seines ersten Kindes muß ebenfalls Antwort auf diese Frage geben und damit gleichzeitig als Falsifikationsinstanz für die Prognose fungieren, die mit Hilfe der ersten

---

1 Im Falle eines verschrifteten Textes heißt die Standardfrage an dieser Stelle: Wer hat diesen Satz bei welcher Gelegenheit zu wem gesagt?

Hypothese erstellt wurde. Diese Interpretation des Gesprächs ist daher in der Lage, die erste Strukturhypothese zu modifizieren und zu präzisieren. Dadurch kann schließlich als Ergebnis der Arbeit eine ›abschließende Strukturhypothese‹ entwickelt werden.

Herr Adam wurde als potentieller Interviewpartner über die standesamtlichen Nachrichten in einer Lokalzeitung akquiriert. Schriftliche und telefonische Kontakte führten zur Vereinbarung eines Interviewtermins. Das Interview wurde mit einem ›erzählgenerierenden Stimulus‹ eröffnet, über den dem Interviewee Gelegenheit gegeben wurde, über selbstgewählte Themen seines Vaterseins frei zu erzählen (vgl. ›narratives Interview‹ nach Fritz Schütze, zum Beispiel Hermanns 1991). Wenn der Erzählfluß des Gesprächspartners versiegte, wurden Fragen gestellt, die zentral dazu dienten, eine Vertiefung von bereits Erwähntem anzuregen. Im Anschluß daran wurden die Daten zum Lebenslauf erhoben.

Die nun folgende Fallrekonstruktion beginnt mit den biographischen Daten (siehe Abschnitt 2) und deren Interpretation, die in die erste Strukturhypothese mündet (siehe Abschnitt 3). Danach folgen die ersten Passagen aus dem Interviewtranskript und deren Interpretation (siehe Abschnitt 4). Als Ergebnis der Konfrontation und Falsifikation der ersten Strukturhypothese mit der aus der Interpretation des Transkripts gewonnenen zweiten Strukturhypothese wird im Abschnitt 5 eine abschließende Strukturhypothese formuliert.

Sowohl das Datenmaterial als auch dessen Interpretationen können hier nicht in ihrer ursprünglichen Ausführlichkeit wiedergegeben werden. Zwar sind die biographischen Daten komplett abgedruckt, die in Abschnitt 4 interpretierten Gesprächspassagen entsprechen aber nur noch den ersten 23 Zeilen aus insgesamt 21 Transkriptseiten. Auch die sequenzanalytische Erschließung sowohl der biographischen Daten als auch des Interviewanfangs können nicht vollständig ausgeführt werden. Sie erstrecken sich in dem zugrundeliegenden Forschungsbericht über 82 Seiten (Graf 1997). Die Problematik, die sich für die Darstellbarkeit der Ergebnisse hermeneutischer Analysen aufgrund der Fülle des Daten- und Interpretationsmaterials ergibt, läßt sich bislang nicht befriedigend lösen. Zum einen ist nämlich darauf zu achten, daß der Leser Schlüsse beziehungsweise Ausschlüsse logisch stringent nachvollziehen kann, daß die Glieder in der Interpretationskette also möglichst vollständig aufgeführt werden. Zum anderen ist neben dem zur Verfügung stehenden Publikationsraum auch die Konzentrationskapazität des Rezipienten zu berücksichtigen, die durch Wiederholungen strapaziert wird, welche sich aufgrund von ›Strukturreproduktionen‹[2] und der immer wieder erweiterten Strukturhypothese zwangsläufig ergeben (vgl. Oevermann 1993, S.141ff. und S.265). Der vorliegende Beitrag stellt in diesem Sinne einen Versuch dar, die Explikationen der methodisch geführten Rekonstruktion soweit nur irgend möglich – vielleicht unzulässig radikal – zu beschneiden, ohne die Stringenz der Darstellung zu gefährden. So wurde zur Demonstration der Weiterentwicklung einer Strukturhypothese lediglich eine einzige vorläufige Hypothese in der Darstellung belassen: bei der Interpretation der biographischen Daten (siehe Abschnitt 3). Alle anderen »Strukturhypothese-Vorstufen«, die in der Originalarbeit aufeinander aufbauend immer wieder weiterentwickelt wurden, fielen dem Rotstift zum Opfer. Außerdem wurde versucht, so oft wie möglich auf die Explikation von bedeutungserzeugenden Algorithmen (Begründungen, warum für einen bestimmten Satz eine spezifische Bedeutung angenommen beziehungsweise ausgeschlossen wurde) zu verzichten und möglichst viele Schlüsse und Erklärungen wegzulassen, bei denen davon ausgegangen wurde, daß sie von den allermeisten Lesern nicht in Frage gestellt werden. Also alles, wovon angenommen wurde, daß es »ohnehin jedem klar« sei, wurde dem Diktat des zur Verfügung stehenden Platzes geopfert. Es stellt dies freilich einen waghalsigen Versuch dar, der sich erst noch an hoffentlich nicht allzu oft kopfschüttelnden und stirnrunzelnden Lesern bewähren muß.

---

2 Damit ist gemeint, daß bei der Interpretation von verschiedenen Textstellen die gleiche zugrundeliegende Struktur gefunden wird.

2 Biographische Daten[3]

Großeltern

Über die Großeltern mütterlicherseits liegen keine, über die Großmutter väterlicherseits nur sehr wenig explizite Informationen vor. Vom Großvater väterlicherseits ist bekannt, daß er während oder nach dem Zweiten Weltkrieg ein Baugeschäft eröffnete, das er später – aus nicht näher bekannten Gründen – wieder schloß. Ein Großvater (ob väterlicherseits oder mütterlicherseits ist unbekannt) erwarb 1962 ein zwei Jahre altes Haus, in das er und seine Frau gemeinsam mit der Familie von Herrn Adams Eltern und einer unverheirateten Tante von Herrn Adam einzogen. Zuvor wohnten diese alle gemeinsam in einem alten Bauernhaus. Der Großvater starb ungefähr 1975, die Großmutter ungefähr 1965.

Eltern

Der Vater wurde 1921 geboren. Er war zum Zeitpunkt von Herrn Adams Geburt 35 Jahre und ist jetzt 74 Jahre alt. Er machte zunächst eine Ausbildung bei einer Versicherung. Als der Großvater das Baugeschäft eröffnete (s.o.), begann er eine Maurerlehre. Nach der Schließung des Geschäfts arbeitete er wieder als kaufmännischer Angestellter. Zuletzt war er an einer Schätzstelle bei der Raiffeisenbank beschäftigt. Jetzt ist er Rentner. Die Mutter wurde 1926 geboren. Sie war zum Zeitpunkt von Herrn Adams Geburt 30 Jahre und ist jetzt 69 Jahre alt. Sie stammt von einem Bauernhof. Beide Elternteile sind römisch-katholisch.

Geschwister

Herr Adam hat eine drei Jahre ältere Schwester und einen sieben Jahre jüngeren Bruder.

Herr Adam

Herr Adam wurde 1956 in Düsseldorf geboren und ist dort aufgewachsen. Er ist römisch-katholisch und heute 39 Jahre alt. Mit vier oder fünf Jahren kam er in den Kindergarten. Es folgten vier

---

3 Die Daten wurden für die Veröffentlichung anonymisiert. Interpretiert wurden die Originaldaten. Es wurde versucht, die Originaldaten mittels vergleichbaren anderen zu anonymisieren.

Jahre Grundschule, dann fünf Jahre Hauptschule, zwei Jahre Berufsfachschule und drei Jahre Lehre als Fernmeldemonteur, alles noch in Düsseldorf. Nach dem sich anschließenden Grundwehrdienst arbeitete er in seinem Beruf und besuchte gleichzeitig die Abendschule. Dann studierte er an der Fachhochschule Düsseldorf fünf Jahre Nachrichtentechnik, mit Abschluß. In diesem Beruf war er im Großraum Stuttgart in einem einschlägigen Großbetrieb tätig. Nach circa zweieinhalb Jahren kündigte er und ging mit Hilfe eines Stipendiums in die USA, wo er gleichzeitig auch eine Assistentenstelle innehatte und den Master of Science machte. Nach dem USA-Aufenthalt wohnte er 2 bis 3 Monate bei seinen Eltern in Düsseldorf. Anschließend erhielt er eine Stelle in Friedrichshafen, arbeitet dort seit fünf Jahren in seinem Beruf, schreibt hardwarenahe Software.

Frau Adam

Frau Adam stammt aus dem Ruhrgebiet. Sie studierte nach dem Abitur Diplompädagogik und lernte an der Fachhochschule Düsseldorf Herrn Adam kennen. Das nahezu fertige Studium brach sie ab und folgte Herrn Adam ein halbes Jahr nach dessen Stipendiumsbeginn in die USA. Heute studiert sie seit vier Jahren an der Fachhochschule Ravensburg-Weingarten Physikalische Technik.

Standesamtlich heirateten Herr und Frau Adam in den USA. Die kirchliche Heirat folgte während der zwei bis drei Monate in Düsseldorf.

Sohn Elias

Er wurde 1994, nach dem 5. Semester des Zweitstudiums von Frau Adam, geboren. Diese setzte ein Semester mit dem Studium aus. Als er acht Monate alt war, machte Frau Adam ein Praxissemester in Kansas/USA. Herr Adam nahm Erziehungsurlaub, ging mit nach Kansas und kümmerte sich während dieser vier Monate um den Sohn. Heute ist Elias zwei Jahre alt und zum Teil halbtags, zum Teil ganztags bei einer Tagesmutter.

3 Optionsbogen und Generatives Prinzip aus den biographischen Daten von Herrn Adam

3.1 Biographische Ausgangsbasis in Eltern- und Großelterngeneration

Vom Großvater väterlicherseits können wir annehmen, daß er zwischen 1880 und 1890 geboren wurde, also seine Sozialisierung im Wesentlichen in der Kaiserzeit erhielt. Das Baugeschäft dürfte er wohl kurz nach dem Zweiten Weltkrieg aufgemacht haben, da sein Sohn schon in dem Alter war, daß er nach einer ersten Lehre eine zweite anfangen konnte. Möglich wäre allenfalls noch, daß es während des Krieges war. In beiden Fällen spricht dieser Beginn einer Selbständigkeit für besondere Risikobereitschaft; während des Krieges, weil er auf keinen guten Absatzmarkt zählen konnte, nach dem Krieg – etwa in Wirtschaftswunderzeiten –, weil er damit noch einmal seine Altersversorgung aufs Spiel setzte, falls das Projekt scheiterte.

Wenn Herr Adam berichtet, daß die Familie mit den Großeltern »in einem alten Bauernhaus« lebte, so sind damit wahrscheinlich auch die Eltern des Vaters gemeint; es war also nicht das Elternhaus der Mutter. Denn es wäre sehr ungewöhnlich, daß der Vater von Herr Adam ohne landwirtschaftliche Ausbildung in einen Bauernhof einheiratete. Man kann dann auch mutmaßen, daß es diese Großeltern waren, die mit in das neue Haus umgezogen sind, und daß dieses Haus auch demselben Großvater gehörte. Dieser lebte dann noch bis circa 1975 mit in diesem Haus, also bis Herr Adam circa 20 Jahre alt war.

Der Vater von Herrn Adam wurde 1921 geboren. Er machte eine Ausbildung bei einer Versicherung. Nach dem Zweiten Weltkrieg hängte er sich an das Baugeschäft seines Vaters an. Egal, ob er dies aus eigener Motivation tat oder auf den Druck des Vaters hin, er begab sich damit in die Abhängigkeit von seinem Vater. Da er dazu zunächst noch einmal eine Lehre machen mußte, verschlechterte er seine berufliche Position gegenüber der Option, bei einer Versicherung zu arbeiten. Daß es sich um eine Abhängigkeit dem Vater gegenüber handelte, bestätigt sich, als er nach der Aufgabe des Geschäftes den eingeschlagenen Weg nicht durchzog, sondern wieder im alten Beruf landete. Gleichzeitig scheint er die Möglichkeit, eine selbständige Versicherungsagentur zu gründen oder etwas ähnliches ad acta gelegt zu haben; er zog offensichtlich einen sicheren Angestelltenposten einer finanziell attraktiveren, aber risikoreicheren Selbständigkeit vor.

1953 kam das erste Kind, als er bereits 32 Jahre alt war. Anzunehmen ist, daß er sich an die Familiengründung erst machte, als er eine gesicherte Stelle innehatte, und als die ärgste Not der Nachkriegsjahre vorüber war. Dies war für damalige Zeiten ein sehr konventioneller Familienplan. Auch daß die Familie zunächst noch mit den Großeltern väterlicherseits unter einem Dach wohnte, war nicht außergewöhnlich, daß aber alle zusammen in ein neues Haus umzogen, war nicht üblich. Es kann dies nach der beruflichen Laufbahn als weiteres Indiz dafür gewertet werden, daß der Vater von Herrn Adam keine Selbständigkeit gegenüber seinem Vater etablieren konnte, jedenfalls lebte die Großfamilie bis zum Tod der Großeltern sehr eng zusammen.

Die Mutter von Herrn Adam wurde 1926 geboren. Sie war am Ende des Krieges 19 und beim ersten Kind 27 Jahre alt. Das heißt, sie gehörte nicht mehr zu der Frauengeneration, die während und nach dem Krieg aufgrund der Abwesenheit der Männer für den Unterhalt der Familie alleine zu sorgen hatte. Für sie galt schon ein traditionales Muster mit geschlechtsspezifischer Arbeitsteilung, nach dem sie zuhause für die Familienarbeit zuständig war, und der Mann der Erwerbsarbeit nachging. Der Altersunterschied zu ihrem Mann lag noch im Rahmen eines solchen traditionalen Familienmusters. Auch die Herkunft aus katholischer Landwirtschaft unterstützte eine traditionale Familienorientierung mit einer praktisch ausgerichteten, katholisch orientierten Erziehung von seiten dieser Mutter.

3.2 Der Optionshorizont, der sich aus den familialen Voraussetzungen für Herrn Adam ergibt

Die am ausführlichsten beschriebenen Personen sind Herrn Adams Vater und der Großvater väterlicherseits, außerdem die Mutter. Es sind dies drei Personen, die sich in ihren Lebensvollzügen sehr deutlich voneinander unterscheiden. Die bisher interpretierten Daten dieser drei Personen zeigen nun, daß es sich dabei um eine besonders auffällige Konstellation handelt, da sie sich aus *zwei bedeutsamen Dyaden* zusammensetzt, in denen sich jeweils zwei Personen auffällig kontrastieren.

Zum einen handelt es sich um das Elternpaar. Von der Mutter ist anzunehmen, daß sie sehr häufig anwesend ist, einen Erziehungsstil pflegt, der Werte, Normen und andere Vorstellungen vor allem in den praktischen Lebensvollzügen vermittelt. Von ihrer Herkunft her ist nicht zu erwarten, daß sie besonders ambitionierte Zukunftsvorstellungen für ihren Sohn hat. Somit kann sie eine Art »lebenspraktische Selbstverständlichkeit« symbolisieren. Auf Herrn Adam könnte dies als Auftrag wirken, am ehesten eine praktische, vielleicht handwerkliche Ausbildung anzustreben und gleichzeitig möglichst lange zu Hause bei seinen Eltern zu bleiben, vielleicht sogar eine Familie unter dem Dach der Eltern zu gründen. Der Vater ist beruflich bedingt relativ wenig anwesend. Seine Wertvorstellungen etc., aber auch seine Vorstellungen hinsichtlich der Zukunft seines Sohnes, werden im Gegensatz zur Mutter zum großen Teil abstrakt auf den Sohn übertragen; zum Beispiel dadurch, daß der Sohn den beruflichen Werdegang des Vaters beobachtet, oder diesen über Arbeit, Politik oder andere außerhäusliche Themen reden hört. Von seinem Vater bekommt Herr Adam vorgelebt, daß dieser beruflicherseits keinen steilen Karriereweg einschlägt, also nicht immer wieder möglichst höher dotierte Positionen erklimmt, sondern die relative Sicherheit eines einfachen Dienstleistungsberufes vorzieht.

In der zweiten Dyade kontrastiert sich der Großvater gegenüber dem Vater dadurch, daß er sich durch besondere Tatkraft auszeichnet. Er nimmt auch in fortgeschrittenem Alter das Risiko einer Geschäftsgründung auf sich. Außerdem »bringt er es zu etwas«, er baut oder kauft nämlich das Haus, in das die Großfamilie einzieht. Mit diesem Großvater lebt Herr Adam unter einem Dach, bis er 20 Jahre alt ist. Auch er kann also gewichtigen Einfluß auf Herrn Adam ausüben. Er kann zum Beispiel als eine Art Familienheld eine Orientierungsfigur für Herrn Adam darstellen, den großen alten Mann, der ein Lebensmuster anbietet, das es nachzueifern gilt. Der Vater von Herrn Adam hingegen nimmt sowohl nach der ersten wie auch nach der zweiten Ausbildung die Option, Selbständigenstatus zu erwerben, nicht wahr: er gründet weder eine Versicherungsagentur noch übernimmt er das Baugeschäft seines Vaters.

Die Optionen, die sich für Herrn Adam aus dieser Konstellation ergeben, sind zunächst folgende:

Aufsteiger-Folie

Dazu kommt es, wenn er sich am Großvater orientiert. Nach dieser Folie macht er das Abitur. Er kommt 1965 aufs Gymnasium. Zu dieser Zeit gibt es kein Schulgeld mehr, es herrscht eine offene Bildungssituation, in der Angestellte bemüht sind, ihre Kinder beziehungsweise Söhne auf eine höhere Schule zu schicken, vor allem im städtischen Bereich. Einzig die Tatsache, daß es sich um eine katholische Familie handelt, spricht gegen diese Option (vgl. Picht 1964). Nach dem Abitur geht er zur Bundeswehr, studiert danach, am ehesten in einem technischen oder wirtschaftlichen Bereich. Relativ bald nach dem Studium heiratet er. Heute hat er zwei Kinder, circa 8 und 10 Jahre alt, und übt einen Beruf mit mittlerem oder gehobenem Gehalt aus. Er befindet sich in der Mitte seiner Karriere.

Praktiker-Folie

Wenn er sich nach seiner Mutter richtet, beziehungsweise wenn Herr Adam sich am tatsächlichen, beruflichen Status seines Vaters orientiert, sieht sein Lebensweg anders aus. Dann macht er maximal einen Realschulabschluß, danach eine Ausbildung im handwerklichen oder kaufmännischen Bereich. Er hat früher geheiratet, seine Kinder sind älter und wahrscheinlich sind es auch mehr als in der ersten Option. Er bezieht ein deutlich niedrigeres Einkommen.

Gemischte Version

Wenn er sich sowohl an seine Mutter hält als auch an den Großvater, läßt sich die Praktiker-Folie anlegen mit dem Zusatz, daß er sich als Meister o.ä. selbständig macht, was auch ein höheres Einkommen zur Folge hat.

Da er in den ersten beiden Folien jeweils die Last auf sich nimmt, einer oder gar zwei zu Hause vorgelebten Lebensorientierungen nicht nachzukommen, erscheint die dritte Version im Moment als die wahrscheinlichste. In jeder Version ist anzunehmen, daß sich Herr Adam noch in einem weiteren Konflikt entscheiden muß: Zum einen wird er der Spannung, die er durch die verschiedenen Ansprüche an sich verspürt, möglichst bald entgehen wollen, indem er zu Hause auszieht. Zum anderen wird aber von der ganzen Großfamilie, die sich nie trennte, an den ältesten Sohn auch die Erwartung vorhanden sein, daß er diese Tradition fortführt und zu seiner späteren Familiengründung auch dieses bereits vorhandene Nest benutzt.

Außer den explizierten wahrscheinlichen gibt es natürlich auch noch weitere, unwahrscheinliche; auch außergewöhnliche Varianten sind noch möglich, zum Beispiel Fußballtrainer, Politiker, auch Bankräuber. Auf solche Möglichkeiten gibt es in der vorliegenden Biographie allerdings keine Hinweise, weswegen im Sinne der in der Objektiven Hermeneutik üblichen Sparsamkeitsregel nur die Optionen ausgeführt wurden, die mit den wenigsten Zusatzannahmen auskommen.

3.3 Welchen der möglichen Lebenswege realisiert Herr Adam?

Mit dem Hauptschulabschluß begibt sich Herr Adam zunächst auf den Pfad der Praktikerfolie. Wie auch immer dieser Schulabschluß motiviert war, Herr Adam schlägt damit jedenfalls nicht den Weg eines geradlinigen Aufsteigers ein.

Nach diesem Abschluß bildet er sich in der Berufsfachschule weiter. Er befindet sich damit in einer verzögerten Aufsteigerfolie oder in einer gemischten. Die einfache Praktikerlaufbahn verläßt er hier. Für die Lehre zum Fernmeldemonteur ist er jetzt überqualifiziert.[4] Er scheint damit in die Praktikerlaufbahn zurückzu-schwenken. Mit der Abendschule verläßt er die Praktikerfolie nun wieder. Es sieht wieder nach der verzögerten Aufsteigerkarriere aus wie schon bei der Berufsfachschule.

Mit dem Studium verläßt er die Folien 2 und 3 endgültig. Herr Adam beschreitet also einen Mittelweg, der aus Arbeit in einem praktischen Beruf und Aufstieg durch Weiterbildung besteht. Mit dem Großbetrieb im Raum Stuttgart verläßt er auch die Schiene der Arbeitsplatzsicherheit im staatlichen Unternehmen. Wenn er hier wieder zwei Jahre arbeitet, scheint er seinen bisherigen Mittel-weg zwischen Arbeit im Beruf und Weiterbildung weiterzugehen.

Nachdem er sich mit dem Studium endgültig aus seinem Her-kunftsmilieu ausgeschlichen hat, verwundert es an dieser Stelle auch nicht, daß er sich nach dem Studium zum ersten Mal von Düsseldorf entfernt. Scheinbar kann er dem Wunsch, zu Hause auszuziehen erst nachgeben, als er sich durch seine Biographie deutlich genug von seinen Eltern abgesetzt hat.

In den USA bildet sich Herr Adam wieder weiter. Die Weiterbil-dungsschritte macht er jeweils auf einen Abschluß hin, über-schaubar; das Ende ist jeweils festlegbar, definierbar. Die Option, daß es ihm an seiner Stelle im Stuttgarter Betrieb nicht gefiel, ist nach diesem Schritt eher unwahrscheinlich, denn dann hätte er sich nicht gleichzeitig wieder weiterzubilden brauchen. Er hätte dann wohl eher die Stelle gewechselt.

---

4 Für die Ausbildung zum Fernmeldemonteur (heute: »Fernmeldeelektro-niker«) genügt ein Hauptschulabschluß.

3.4 Vorläufige Überlegungen zur ersten Strukturhypothese aufgrund der bisherigen Interpretationsergebnisse

Bisher laufen zwei Stränge parallel (Doppelstruktur): die Weiterbildung und der Beruf. Herr Adam hat bisher die Arbeit im Beruf auch dazu genutzt, sich nebenher weiterzubilden bzw. sich auf einen weiteren Weiterbildungsabschnitt vorzubereiten (siehe Abendschule, Stipendienantrag).

Bezogen auf seine Ausgangsposition in seiner Herkunftsfamilie erscheint diese Doppelstruktur in folgendem Licht: Herr Adam versucht, zwei Dinge unter einen Hut zu bekommen. Zum einen übernimmt er die solide, arbeitsame Haltung seiner Elternfamilie (vgl. Vater/Mutter), die nicht auf Karriere aus ist, sondern auf den gesicherten Broterwerb abzielt. Zum anderen treibt es ihn doch aus seinem elterlichen Herkunftsmilieu hinaus (vgl. Großvater). Bildlich gesprochen beginnt Herr Adam vergleichbar mit seinem Vater (Hauptschule). Dann scheint es ihn aber doch zu »jucken«, und er macht einen ersten kleinen Schritt nach oben, allerdings sehr überschaubar. Dann, wie vom schlechten Gewissen dazu gerufen, macht er dennoch eine einfache Ausbildung. Es geht nicht lange, da »sticht ihn wieder der Hafer«. Wieder ein kleines Stück nach oben. Und so weiter. In diesem unsteten Hin und Her beschreibt er eine Bewegung, die *seiner Herkunft die Treue zu halten und ihr gleichzeitig zu entkommen* versucht.

3.5 Zweiter Interpretationszyklus: Falsifikationen und Modifikationen dieser vorläufigen Überlegungen auf der Grundlage weiterer biographischer Informationen

In Friedrichshafen verbindet er im Grunde genommen Arbeit im Beruf mit Aufstieg: Er arbeitet nicht einfach als Ingenieur für Nachrichtentechnik, sondern in einem Berufszweig, der zu dieser Zeit boomt und besseres Fortkommen verspricht. Vielleicht hat er sich auch für diese Tätigkeit mit der Arbeit in den USA qualifiziert. Auffällig ist allerdings, daß er jetzt schon fünf Jahre auf dieser Stelle bleibt. Solange hat er es bisher noch nie ausgehalten, bisher hat er immer schon früher die nächste Stufe nach oben genommen, mit Ausnahme des FH-Studiums, wo er nicht früher weiterkonnte. Also: Reicht es ihm jetzt? Will er sich nicht mehr weiterbilden? Oder bereitet er sich auf die Selbständigkeit vor? Oder strebt er intern eine höhere Stelle an, für die er eine längere ›Anlaufphase‹ braucht? Oder gibt es andere, nicht-berufliche Gründe, die gegen eine berufliche Veränderung sprechen oder die die Funktion der bisherigen Karriereleiter übernommen haben?

Anhand der spärlichen Informationen, die über Herrn Adams Frau vorliegen, kann man lediglich konstatieren, daß sie sich mehr an ihm orientiert als umgekehrt. Sie folgt ihm zum einen nach Amerika, zum anderen schlägt sie einen sehr ähnlichen Berufszweig ein wie er. Daß das Paar die beiden Trauungen auseinander zieht, zeigt ein gewisses Gespaltensein. Sie haben sich scheinbar von ihren Herkunftsfamilien so weit abgesetzt, daß sie die gesetzlich relevante Hochzeit fernab der Heimat, wahrscheinlich in Abwesenheit der Verwandtschaft vollziehen. Die kirchliche, gleichsam traditionell-symbolische Hochzeit findet als eine Art Tribut an diese familiale, katholisch verbundene Herkunft zu Hause in Düsseldorf statt. Herr Adam bricht also auch in diesem Bereich nicht radikal mit seinem Herkunftsmilieu, wenngleich er sich faktisch davon entfernt hat.

Der Sohn wird geboren, als die beiden schon drei Jahre verheiratet sind. Daß die Frau ihr Praktikum in Kansas absolviert, zeigt, daß sie das Studium wegen des Kindes nicht schleifen lassen wird, einen möglichst guten Abschluß anstrebt und danach auch beabsichtigt, in diesem Beruf zu arbeiten. Und offensichtlich zieht Herr Adam bei diesen Plänen mit. Er unterstützt sie ja, indem er mit nach Amerika geht und sich um das Kind kümmert. Diese Pläne vorausgesetzt, verwundert der Zeitpunkt für das Kind nicht. Denn wenn man üblicherweise annehmen würde, daß das Paar abwartet, bis die Frau ihre Ausbildung beendet hat, so ist dies hier nicht der Fall, wenn die Frau nach dem Abschluß versuchen will, eine möglichst attraktive Stelle zu finden.

Für Herrn Adam bedeutet dies, daß das Kind beziehungsweise die Familie nicht einfach nebenher läuft. Er nimmt sein Vatersein sehr ernst in dem Sinne, daß er auch zeitlich für seine Familie zur

Verfügung steht. Wenn seine Frau noch studiert, wird er zu Hause trotz Tagesmutter in Haushalt und Kinderversorgung mehr eingespannt sein, als wenn seine Frau voll zu Hause wäre. Er macht also Abstriche im Beruf, wird sich dort nicht mit zahllosen Überstunden engagieren können, jedenfalls nicht an jedem beliebigen Tag. Er muß für Familienarbeit kalkulierbar sein. Spätestens während des Praktikums in Kansas fällt er sogar für den Beruf zugunsten der Familie ganz aus. Somit nimmt neben seiner Frau auch Herr Adam mit dieser Konstellation eine besondere Belastung auf sich; es wird ihm schwer fallen, alles unter einen Hut zu bringen. Die bisherige Karriere wird durch Kind plus studierende Frau gehemmt werden. Auch im Familientypus hat sich Herr Adam also sehr deutlich von seiner Herkunftsfamilie abgewandt.

3.6 Erste Strukturhypothese als Ergebnis der Interpretation der biographischen Daten

Als *generatives Prinzip*, das sich in Herrn Adams beruflichem und familialem Werdegang bis hierhin rekonstruieren läßt, kann eine Doppelstruktur angesehen werden aus einer *Orientierung* am eigenen Herkunftsmilieu und einer gleichzeitigen, klein portionierten *Ablösung* davon. Der erste Teil läßt ihn beruflicherseits immer wieder Plateaus von Erwerbsarbeit, also ordentlichem und gesichertem Broterwerb, einlegen, bei der Familiengründung im Heimatort kirchlich heiraten und zum Kinderkriegen nach Deutschland zurückkehren. Der zweite Teil motiviert immer wieder kleine, überschaubare Weiterbildungen und eine standesamtliche Heirat fernab der Heimat mit einer Frau, die nach der Hochzeit noch ein Studium beginnt.

An der Verwirklichung der Struktur von Arbeit und Bildung scheint Herr Adam jetzt allerdings etwas zu ändern, er befindet sich ja schon fünf Jahre auf demselben Posten. Auch der gewählte Familientypus hemmt nun die bis dahin verfolgte Struktur von Aufstieg durch Weiterbildung, indem er zumindest noch während des Studiums von Frau Adam erhebliche Ressourcen in Beschlag nimmt, die Herr Adam somit für einen weiteren Aufstieg im Moment nicht zur Verfügung stehen. Daß Herr Adam für seine Familie sogar eine Berufspause einlegt, bestätigt am deutlichsten, daß er seinen weiteren beruflichen Aufstieg zumindest vorerst ad acta gelegt hat.

Als Interpretation kommt für diesen scheinbaren Bruch am ehesten eine Verlagerung der Doppelstruktur von einem (beruflichen) auf einen anderen (familialen) Lebensbereich in Frage. Die traditionell-modernistische Doppelstruktur von Beruf und Weiterbildung läßt sich nämlich beschreiben durch »einer ordentlichen Arbeit nachgehen« und »aus der festen Arbeit aussteigen, um ein kleines Stück nach oben zu kommen«. Egal wie lange er diese Strategie dann weiterverfolgt, sie wird irgendwann darin enden, daß der zweite Teil davon aufgegeben werden muß, weil das Ende der Fahnenstange erreicht ist. Insofern besitzt die Doppelstruktur im beruflichen Bereich eine selbstzerstörerische Eigenlogik. Wenn Herr Adam weiterhin einer traditionellen Orientierung mit gleichzeitigen Neuerungstendenzen nachkommen will, muß er entweder beruflich etwas ganz anderes machen oder sich einen anderen Lebensbereich suchen, in dem er damit aussichtsreicher zurecht kommt. In diesem Sinne würde zum Beispiel ein nonkonformistischer Familientypus mit traditionellen Grundlagen den Vorteil bieten, daß er beiden Strukturteilen gleichzeitig zugänlich wäre, Herr Adam also nicht jeweils abwechselnd sich ein paar Jahre für das eine und die nächsten dann für das andere entscheiden müßte, wie dies in seiner beruflichen Laufbahn der Fall war.

Welche Optionen ergeben sich nun daraus für das Vatersein und das Kind? Als weitaus wahrscheinlichste Option kann gelten, daß die Familie einen neuen Lebensabschnitt darstellt, mit Hilfe dessen er sich auf einem neuen Gebiet von seiner Herkunftsfamilie absetzen kann, ohne die traditionale Verwurzelung wirklich aufzugeben. Nachdem Herr Adam sich für einen endgültigen Beruf entschieden hat, tritt er ins Erwachsenenleben ein, indem er diesen Beruf kontinuierlich verfolgt und außerdem eine Familie gründet.

Diese Version kommt nur für Herrn Adam in Frage, Frau Adam beginnt ja gerade zur Zeit der Familiengründung einen völlig neuen Lebensabschnitt. Diese Option könnte einen gewissen Interessenkonflikt im Paar implizieren. Auf der einen Seite möchte Frau

Adam nicht ausgerechnet zu diesem Zeitpunkt ein Kind, da sie in ihrem neuen Studium genügend neue Lebensumstände auf sich zukommen sieht. Außerdem wird sie nicht begeistert sein von der Belastung, die durch ein Kind auf sie als studierende Mutter zukommt. Allerdings lehnt sie ein Kind auch nicht kategorisch ab. Auf der anderen Seite sucht Herr Adam nach einem langwierigen Weg des beruflichen Aufstiegs einen neuen Lebensinhalt. In seinem Berufsleben hat er eine kritische Schwelle erreicht, über die er nicht hinaus will. Damit ist er im Grunde genommen am Ziel dieses Weges und gleichzeitig an einem Punkt, an dem er über die üblicherweise geforderte Ausstattung für eine Familiengründung samt Kind verfügt. Wenn Frau Adam grundsätzlich auch Kinder möchte, könnte sich aber gerade dieser scheinbare Interessenkonflikt im oben beschriebenen Sinne in eine Interessenkonstellation verwandeln, in der der gewählte Zeitpunkt der Familiengründung für beide optimal wird. Herr Adam kann seinen neuen Lebensabschnitt entsprechend seinem generativen Prinzip (auch) unkonventionell gestalten, indem er ungestört ein ›neuer‹, verfügbarer Vater sein kann, Frau Adam kann auf seine tatkräftige Hilfe bauen und die Kinder damit noch zu einem Zeitpunkt bekommen, zu dem diese die eigenen Berufschancen am wenigsten beeinträchtigen. Aus der Tatsache, daß Herr Adam sich tatsächlich für die Familie engagiert (siehe Berufspause während des Praktikums der Frau), kann man endgültig schließen, daß es Herrn Adam nicht nur um die beiläufige, ausschließlich gesellschaftlich geforderte Familiengründung geht, sondern daß er sich ein Kind wünscht, weil er sich davon eine neue, erfüllendere Lebensaufgabe als Vater verspricht.

Herr Adam hat sich in dieser Version deutlich gegen eine Vaterschaft, wie er sie aus seiner traditional ausgerichteten Herkunftsfamilie kennt, entschieden. Durch die kirchliche Heirat zu Hause in Düsseldorf kann man aber auch Herrn Adams familialen Weg ganz ähnlich verstehen wie den beruflichen. Er schleicht sich auch hier gleichsam aus seinem Milieu aus, indem er milieukonform beginnt. Der zweite Schritt, mit dem sich die junge Familie Adam nach der standesamtlichen Trauung in Amerika von Herrn Adams Herkunftsfamilie absetzt, ist das Studium von Frau Adam. Auch als das Kind geboren wird, ist der Bruch wieder nicht so krass, wie er hätte sein können. Herr Adam hätte beispielsweise auch eine Halbtagsstelle annehmen können oder einen ausgedehnteren Erziehungsurlaub, um sich dem Kind widmen zu können. Erst als es die äußere Situation deutlich nahe legt (Praktikum der Frau), pausiert er für eine beschränkte Zeit in seinem Beruf. Er lebt also auch familial in einer völlig anderen Konstellation wie in seinem Herkunftsmilieu, ohne an einer Stelle radikal damit gebrochen zu haben.

Dies legt auch für die Verwirklichung seiner Vaterschaft wieder die bereits bekannte Doppelstruktur nahe. Zum einen wird er sich dort, wo es in seiner neuen Familie überhaupt noch möglich ist, auch weiterhin an seiner eigenen Herkunftsfamilie orientieren, zum anderen sich aber auch immer wieder davon absetzen. Er muß also das Kunststück vollbringen, ein traditioneller Vater zu sein, der gleichzeitig kein traditioneller Vater ist.

Prognostisch wäre in dieser Option zu erwarten, daß Herr Adam seinen Karriereweg insofern beendet, als er sich nicht mehr weiterbildet, es sei denn, das Kind beziehungsweise das Familienleben erfüllen seine Erwartungen gar nicht. Wahrscheinlich wird Frau Adam sich nach dem Studium eine entsprechende Stelle suchen, Herr Adam wird sich beruflich anpassen. Er wird in eine kleinere Firma wechseln, falls diese weniger Überstunden und Streß verspricht. Ansonsten ist auch denkbar, daß er sich eine Halbtagsstelle sucht. Je nach dem, wie sehr ihn das Vatersein begeistert, wird er sogar Hausmann und Vollzeitvater sein. Eine solch krasse Abkehr von seinem Herkunftsmilieu und dem Weg, den er bis zu seiner Vaterschaft verfolgt hat, ist freilich nicht sehr wahrscheinlich. Falls das Vatersein Herrn Adam die erhoffte Erfüllung bringt, wird er sich auch ein zweites Kind wünschen. Ob seine Frau da mitspielt, ist allerdings fraglich. Für sie wäre der optimale Zeitpunkt für ein zweites Kind noch vor ihrem Studienabschluß, oder sie wartet damit, bis sie eine sichere Stelle gefunden und sich dort etabliert hat.

Neben dieser ersten Option gibt es noch weitere, unwahrscheinlichere Optionen, die hier nicht expliziert werden können.

4 Interviewinterpretation

Wie oben beschrieben, wird im Folgenden der Anfang des Interviews interpretiert, das mit Herrn Adam geführt wurde, um daraus eine zweite Strukturhypothese zu gewinnen. Diese beinhaltet die aktuelle Fallstrukturgesetzlichkeit, denn mit dem Interview liegt ein aktuelles Selbstdeutemuster des Erzählenden vor. Wieder aus platzökonomischen Gründen entfällt die Interpretation des narrativen Stimulus. Die Interpretation setzt mit dem Beginn der Erzählung Herrn Adams ein.[5]

> »Vielleicht fangen wir ganz vorne an. Irgendwann, das ist ganz sicherlich schon – ja, ich schätze sieben oder acht –, ne — ja doch vielleicht sieben Jahre her ...« (3/6)

Wenn Herr Adam über das Thema Vater sprechen soll, dann fängt das bei ihm also circa fünf Jahre vor der Geburt seines ersten Kindes an.[6] »Ganz sicherlich schon« beinhaltet, daß er es schon als langen Zeitraum einstuft. Das wird deutlich, wenn man diese Formulierung kontrastiert mit anderen, die hier stehen könnten: »das ist vielleicht grade mal ...« oder einfach »das ist jetzt ...«. Bedeutungsmöglichkeiten dieser Einschätzung von Herrn Adam sind, daß er sich als kompetent für das Thema Vater präsentieren will. Obwohl der Sohn erst zwei Jahre alt ist, kann er hier doch schon über einen Zeitraum von sieben Jahren sprechen. Oder er betont, wie ernst ihm die Sache mit seinem Vatersein war. Für ihn hat das Thema schon fünf Jahre vor der Geburt angefangen. Er hat sich die Sache also nicht leicht gemacht, sondern lange abgewogen, ob es nun gut ist, Vater zu werden oder nicht; beziehungsweise er

---

5 Anteile des Interviewers sind kursiv gedruckt, die von Herrn Adam normal. Die Zahlen in Klammern geben jeweils die fortlaufenden Zeilennummern des Interviewtransskripts wieder. Gedankenstriche zeigen eine Pause an. Die Pause ist um so größer, je länger der Gedankenstrich.

6 Die Einführung dieser Kontextinformation (Kind ist zwei Jahre alt) stellt hier lediglich eine Abkürzung dar. Korrekterweise hätten alle Optionen, die diese Information nicht enthalten, aufgeführt werden müssen. Ich erlaube mir jedoch diese abweichende Vorgehensweise, weil der Interviewer schon im voraus das Alter des Kindes angesprochen hatte.

hat es schon vor fünf Jahren gewußt, daß er Vater werden will, er hat sich dann aber noch fünf Jahre Zeit genommen, um die äußeren oder inneren Rahmenbedingungen zu schaffen. Es würde auch zeigen, wie wichtig ihm die Vaterschaft war, wenn er jetzt sagen würde, daß er und seine Frau schon vor sieben Jahren ein Kind wollten, seine Frau aber erst fünf Jahre später, eventuell durch medizinische Hilfe, schwanger wurde.

»…und irgendwann ist mir klar geworden …« (6/7)

Herr Adam spricht davon, daß ihm etwas »klar geworden« ist. Wenn etwas klar wird, war es zuvor unklar. Es bestand also zunächst Unklarheit. Dieses Klarwerden bildet dann den Abschluß der nicht benannten, unklaren Vorboten (also einer Art ›Vaterdämmerung‹) und stellt damit den eigentlichen Beginn des Themas Vater dar. Herr Adam wird als nächstes darüber Auskunft geben müssen, worüber in diesem Augenblick Klarheit bestand. Optionen hierfür: Ihm wird klar, daß er Vater werden will; daß er ein Kind will; daß sich in seiner Beziehung etwas ändern muß; daß er Familie gründen will; daß er sein Leben ändern will; daß er heiraten will; daß er seine Kinder einmal ganz anders erziehen will, als seine Eltern dies getan haben; daß ihm seine Eltern doch eine sehr gute Erziehung angedeihen ließen, obwohl er das lange Zeit nicht so sehen konnte; daß er ohne Kind nur ein halber Mann sei; daß er etwas für die Zukunft dieser Erde tun müsse; etc. Noch ist alles offen, was in irgendeiner Weise mit seinem Vatersein zu tun hat.

»…daß ich ein Kind haben wollte.« (7)

Der konkrete Wunsch nach einem Kind stellt also den Anfang der Vaterschaft dar. Es ist nach der Interpretation der Sequenz zuvor ein Wunsch ohne benennbare Ursachen. Das Thema liegt irgendwie in der Luft, aber der eigentliche Wunsch, die Gewißheit des Wollens ist dann urplötzlich da, fällt sozusagen vom Himmel. Das Kind wollte er nicht nur, sondern er wollte es haben. Die Frage: wozu, was wolltest Du mit ihm machen oder wozu brauchtest Du es, liegt hiermit näher, als wenn er dieses »haben« weggelassen hätte. »Haben wollen« zeigt einen Bedarf an, etwas zu besitzen. Nur mit »wollen« formuliert läßt dieser Satz noch die Lesart zu: die reine Existenz des Kindes wollen, neues Leben schaffen wollen.

Mit »haben wollen« ist diese Möglichkeit weit weniger wahrscheinlich. Es geht also nicht um die Entstehung des Kindes, sondern um das lebende, bereits geborene Kind selber, und zwar im Bezug zu seinem Vater, oder im Besitz seines Vaters, oder im Macht-/Wirkungsbereich seines Vaters. Im Zentrum seines Wunsches steht also nicht das Vaterwerden, sondern das Vatersein. Es gibt also keine langsame Entwicklung, an dessen Ende sich Herr Adam nach langen Abwägungen und endlosen Diskussionen mit seiner Frau allmählich vorstellen kann, die Familie durch ein Kind zu vervollständigen. Die Frau selbst taucht hier zum Beispiel noch gar nicht auf. Herr Adam stellt den gedanklichen Beginn seiner Vaterschaft als eine einsame Entscheidung dar, völlig abgekoppelt von seiner (zukünftigen) Frau, der potentiellen Mutter des Kindes. Diese wird zu diesem Zeitpunkt noch völlig ausgespart, obwohl sie natürlich bereits in diesem Moment implizit benannt ist, denn ohne Mutter kein Kind.

Mit der Betonung des Vaterseins ist außerdem auch ausgeschlossen, daß das Kind für Herrn Adam die Bedeutung hat, daß dieser seine Männlichkeit mit der Zeugung eines Kindes unter Beweis stellen wollte, was bei einer Formulierung wie: »daß ich ein Kind wollte« möglich gewesen wäre, erst recht bei solchen Formulierungen wie: »daß ich ein Kind in die Welt setzen wollte«, oder gar: »daß ich ein Kind zeugen wollte«.

»Daß ich also Vater sein wollte.« (7)

Er bestätigt, daß im Zentrum seines Wunsches das Vatersein stand. Noch deutlicher als im Satz zuvor wird hier aber, daß das Ziel dieses Wollens eine Veränderung in seiner eigenen Person darstellt. Das Verhältnis zwischen Kind und Vaterschaft wird ausgerichtet: Wenn ich Vater sein will, dann brauche ich dafür natürlich auch ein Kind. Und nicht: Wenn ich ein Kind will, dann muß ich eben auch Vater werden. Wenn schon zuvor die Möglichkeit, daß er dieses Kind für einen so spezifischen Teilaspekt wie etwa vermeintliche finanzielle Vorteile brauchte, eher unwahrscheinlich war, so wird sie dies jetzt noch mehr. Zwar wäre in »haben wollen« potentiell noch die Variante enthalten: ich wollte es haben, um mir finanzielle Vorteile zu sichern. Daß er dann aber hinzufügt, daß er »Vater sein wollte«, wäre nur noch möglich, wenn er sich oder andere täuschen wollte. Denn um ein Vatersein, das eine Vielfalt an Rechten und Pflichten einschließt, ginge es im Falle finanzieller Vorteile natürlich gerade nicht.

> »Das war irgendwas, was ich wohl irgend – irgendwie immer abgelehnt – habe.« (7/8)

Der erste Teilaspekt des Vaterwunsches, den Herr Adam benennt, ist also, daß er ihn wohl irgendwie immer abgelehnt habe. Wenn er sagt, daß er den Vaterwunsch zuvor »abgelehnt« hat, dann heißt dies, daß der Vaterwunsch auch vorher schon existiert hat, denn sonst hätte er ihn ja nicht ablehnen können. Und zwar hat er immer existiert, er hat ihn ja auch »immer« abgelehnt. Es handelt sich also um einen lange andauernden Prozeß, der immer wieder diese Unklarheit, aus der zuletzt Klarheit wurde, hervorbrachte: Und schon immer wäre es möglich gewesen, die Unklarheit durch den Wunsch nach einem Kind zu klären.

Als nächstes kann man nach der objektiven Bedeutung dessen fragen, was er eigentlich immer abgelehnt hat, nämlich den Wunsch nach einem Kind, also nach der Gründung einer eigenen Familie. Die Familiengründung ist eine der gesellschaftlichen Forderungen, die an ein erwachsenes Mitglied eben dieser Gesellschaft herangetragen werden (vgl. Oevermann 1988). Wer sich ihr entzieht, benötigt eine Rechtfertigung (Ordensgelübde o. ä.), um nicht tendenziell als Sonderling betrachtet zu werden. Damit kann vermutet werden, daß die Episode der Unklarheit, die dem Kinderwunsch vorausging, der Prozeß des Erwachsenwerdens war, also auch der Ablösung aus der eigenen Herkunftsfamilie.

> »Irgendwann ist mir das klar geworden, und danach wollte ich erstmal heiraten (lachend).« (8/9)

Der Anfang des Vaterseins war also die Erleuchtung, danach kam der Wunsch, zu heiraten. Dies ist allerdings kein Wunsch, der ihm erst einmal klar werden mußte, er scheint eine logische Folge des ersten Wunsches zu sein. Es ist also tatsächlich so, daß Herr Adam gedanklich das Pferd von hinten aufzäumt, er denkt bei Familiengründung nicht zuerst ans Heiraten und dann ans Kinderkriegen, sondern umgekehrt zuerst an das Kind und dann an die Heirat. Auch bei diesem zweiten Schritt auf seinem Weg zum Vatersein wird die zukünftige Mutter, die Familie, die Triade zwar implizit thematisiert, aber gleichzeitig ausgespart. Er weist auf seine Frau hin, führt sie aber nicht explizit in die Geschichte ein, sie bleibt anonym.

Die Idee, daß er seine Frau braucht, um sein Kind auszutragen, ist eine Möglichkeit. Dann ist aber fraglich, wieso er sie dann heiraten muß. In dieser Erzähllogik wäre dann doch zu erwarten, daß Herr Adam nach dem Kind von seiner Frau spricht und nicht von der Heirat. Praktisch hätte es dann ja auch genügt, sie zum Kind zu überreden. Im Extremfall hätte er sie sogar hintergehen können, die Pille mit einem unwirksamen Präparat vertauschen können oder ähnlichem. Mit »heiraten« ist aber mehr gemeint, als nur die biologische Mutterschaft zu sichern, denn heiraten bedeutet, sich auf bürgerliche Ehe einzulasssen, also zum Beispiel grundsätzlich auch auf lebenslange Unkündbarkeit dieser Verbindung (vgl. Oevermann 1988). Es scheint hier mehr um eine Legitimation für die Vaterschaft zu gehen im Sinne einer Anlehnung an traditionelle Orientierungen. Ein Kind ist für Herrn Adam ohne Verankerung in einer Ehe nicht denkbar, der Wunsch, Vater zu sein, setzt die Heirat zwingend voraus. Eine Instrumentalisierung der Frau ist damit allerdings nach wie vor gegeben. Sie soll in die Ehe einwilligen, nicht aus einer romantischen Vorstellung von Besiegelung einer unendlichen Liebe o.ä. und auch nicht, weil das Paar den Zeitpunkt gekommen sieht, Kinder zu bekommen und beide aus traditioneller Orientierung dazu heiraten wollen, oder weil gar schon ein Kind unterwegs ist. Einzig und allein, weil Herr Adam Vater sein will, soll sie seine Frau werden. Denn von einer Beziehung zwischen den beiden zukünftigen Eltern ist zu diesem Zeitpunkt noch keine Rede. So wie Herr Adam bisher erzählt, ist noch nicht einmal die Tatsache, daß er zu diesem Zeitpunkt mit einer Frau liiert war, zwingend.

»Ah ja. Ah ja.« »Als mir das klar wurde (noch lachend).« (9/10)

»Also, das war Ihnen vorher klar?« (12)

»Erst – erst … Das war mir (...) ja, ja. Also, also ich wollte erst Vater sein, und dann wollte ich heiraten. (Ja.) Und dann habe ich mir dann gesagt…« (13/14)

Der dritte Schritt wird eingeleitet. Im Gegensatz zur Formulierung »ist mir klargeworden« oder »wollte«, legt diese Formulierung (Z. 13/14) nahe, daß es in ihm so etwas wie zwei Instanzen gibt. Die eine sagt etwas zur anderen, die zuhören muß. Die eine Instanz möchte Vater werden, die andere legt als eine Art Gewissen oder Überich die Bedingungen fest, unter denen dieser Wunsch zu verwirklichen ist.

> »...und du willst (oder: ›wirst‹?) ein guter Vater sein ...«
> »mhm« (14/15)

Die Verknüpfung dieses Satzes mit den Sequenzen zuvor ist das »und«. Das heißt, diese Information war im Bisherigen noch nicht enthalten. Daß Herr Adam beschließt, Vater zu werden, und daß er dazu vorher heiraten will, beinhaltet also noch nicht, daß er auch ein guter Vater sein will. »Guter Vater« bezieht sich nun eindeutig auf das Kind. Egal was Herr Adam im Detail damit meint, ob er sich darunter vorstellt, daß er immer ordentlich die Brötchen für das Kind verdienen will oder daß er viel mit ihm spielen, es wickeln und baden oder auch mit Strenge und Disziplin entsprechende Normen vermitteln will, er sagt damit, daß er sich vornimmt, die Pflichten, die einem Mann durch seine Vaterschaft entstehen, konsequent zu übernehmen. Damit wird nun eindeutig, daß es ihm bei der Vaterschaft nicht ausschließlich darum gehen kann, daß ihm das Kind durch seine bloße Existenz Erwachsenenstatus verleihen soll. Selbst wenn es doch darum geht, gibt es noch eine Instanz in ihm, die sozusagen den Preis dafür diktiert. Denn in der Vorstellung, das Vatersein könne ihm als Lösung für ein schon lange bestehendes Problem dienen, war der gute Vater noch nicht enthalten. Er fordert sich dazu ja erst auf, als er die Erlösung von der ominösen Unklarheit durch die Vaterschaft bereits beschlossen hatte. Dies scheint der Hinweis auf einen zweiten Strang in Herrn Adams Struktur zu sein. Zum einen gibt es die Orientierung, durch das Kind eine Art Erlösung als Erwachsener zu finden, zum anderen aber einen erhobenen Zeigefinger, der zum notwendigen Ernst bei der Sache mahnt. Es darf nicht Erlösung zum Nulltarif geben.

Etwas forsch könnte man vermuten, daß dies gerade der elterliche Zeigefinger ist, von dem er sich durch die Vaterschaft eben lösen wollte. Dies würde bedeuten, daß er in der Art, wie er seine Vaterschaft plant, paradoxerweise die Intention, die damit verbunden war, auch sabotiert, indem er nämlich den Geist der Herkunftsfamilie, aus der er sich lösen will, gleichzeitig in diesem Plan verwirklicht.

> »... vorher und (?) mittlerweile festgestellt, daß es gar nicht so einfach ist...« (15/16)

Damit präsentiert Herr Adam das Ergebnis einer Vaterschaft, an die bereits Jahre vor ihrer Realisierung zwei strukturelle Grundelemente geknüpft waren: Erlösung und Pflicht. Die verwirklichte Vaterschaft scheint Probleme mit diesen zwei tendenziell schwer integrierbaren Komponenten bekommen zu haben.

> »*Aha.*« »Und das hat dann eine ganze Weile gedauert,– ähm das ist mir in Amerika klar gewesen, da hab ich noch studiert. Und dann sind wir nach hier, und meine Frau, die studiert noch Physikalische Technik...« (16/17/18)

Das erste, was Herr Adam speziell von seiner Frau erzählt, ist, daß sie noch Physikalische Technik studiert. Sie wird also explizit als Studentin in die Vaterschaftsgeschichte eingeführt, nicht als Mutter des Kindes und nicht als Partnerin, mit der ein Kind geplant wird, auch nicht als die große Liebe oder was auch immer sonst. Die Frau hat neben dem Kind her einen zweiten Job, der sie auslasten könnte. Außerdem wird nicht nur erzählt, daß die Frau studiert, sondern auch, was sie studiert, nämlich Physikalische Technik, also nicht etwa Pädagogik oder Psychologie oder sonst etwas, was sie in einem Mutterleben eventuell gebrauchen könnte, sondern etwas, das mit Muttersein nicht im Entferntesten zu tun hat. Wenn sie ernsthaft studiert, also sich auch regulär auf die entsprechenden Prüfungen vorbereitet, dann wird sie hier als Mutter vorgestellt, bei der das Kind nebenher laufen muß und die nur sehr begrenzt Zeit für das Kind hat.

Die Frau taucht in der Vatergeschichte als Mutter gar nicht auf. Damit wird auch die Mutter-Kind-Dyade ausgeblendet. Diese Dyade ist diejenige in der familialen Triade, aus der der Vater grundsätzlich ausgeschlossen ist. Für den neuen, endgültig erwachsenen Lebensabschnitt scheint eine Mutter, die eine exklusive Mutter-Kind-Beziehung zu seinem Kind aufbaut, aus der er als Dritter ausgeschlossen ist, ganz offensichtlich problematisch. Um der Gefahr, der ausgeschlossene Dritte zu sein, zu entgehen, reduziert er diese Triade zu einer Dyade, in der die Frau als Mutter fehlt.

> »... das heißt, das ging also in den ersten Semestern auch nicht mit Kind.« (18/19)

Die ausführliche, aber hier nicht explizierte Interpretation der Zeilen 16 bis 19 ergibt folgende Diskrepanz: für Herrn Adam macht das Studium bis zum Schluß ein Kind unmöglich, bei Frau Adam nur in den ersten Semestern. Vermutlich ist es also so, daß bei Frau Adam die äußeren Umstände des Studiums zunächst ein Kind verhindern, also hohe Wochenstundenzahlen und wenig Spielraum in der Kursbelegung o.ä. in den ersten Semestern. Bei Herrn Adam hingegen ist das nicht abgeschlossene Studium an sich unvereinbar mit einem Kind. Das entspricht der traditionellen Sicht, daß die Voraussetzung für die Gründung einer Familie der abgeschlossene Beruf des Vaters ist, der das tägliche Brot der Familie sichert, und außerdem eine für das Kind verfügbare Mutter. Damit verfestigt sich das Bild einer äußerst diffizilen Strukturkonstellation: auf ein ausgesprochen traditionelles Familienbild pfropft Herr Adam eine dazu konträre Vorstellung von einer Familie auf, die eigentlich nur aus Vater und Kind besteht, und in der die Mutter-Kind-Beziehung nur ein zwangsläufiges Nebenprodukt der eigentlich dominierenden Vater-Kind-Beziehung darstellt.

> »*Aha.*« »Mußten wir also eine Weile warten und das (...) ja je (...) gut.« (19/20)

Zu erwarten wäre gewesen, daß Herr Adam an dieser Stelle einen weiteren Schritt auf dem Weg zur Verwirklichung der Vaterschaft benennt. Er setzt an mit »und das«, will also zunächst wahrscheinlich tatsächlich noch in seiner Aufzählung fortfahren oder noch etwas zum Satz zuvor erläutern, bricht dann aber ab und zeigt mit seinem »gut« schließlich an, daß er hier doch einen Schlußpunkt setzt, mit dem er wieder gleichzeitig etwas Neues ankündigt. Was schließt er hier ab? Entweder die Erzählung von der Wartezeit oder gar die von der Vaterschaft selbst.

»Unser Sohn ist also jetzt mittlerweile zwei Jahre.« (20)

Jetzt wird auch der Sohn selbst in die Geschichte der Vaterschaft eingeführt. Herr Adam springt damit bis in die Gegenwart. Das heißt, daß er in seiner Aufzählung der Stationen seiner Vaterschaft jetzt schon am Ende ist. Er hat die gesamte restliche Zeit in diesen einen Satz gepackt. Das zeigt das »mittlerweile«. Es beinhaltet die Zeit von damals, als die Adams noch eine Weile warten mußten, bis jetzt. Diese Lesart würde bedeuten, daß die Sequenz, in der Herr Adam der Reihe nach die Geschichte seiner Vaterschaft erzählt, hier beendet ist. Es müßte im folgenden irgendwie anders weitergehen. Entweder er erklärt seine Erzählung für beendet, gibt das Wort an den Interviewer zurück, oder er läßt genügend Luft, daß dieser einhaken kann, oder er beginnt einen neuen Abschnitt.

»*Mhm*« ... »Und —, ja ich muß sagen —, eigentlich — so richtig Spaß machen — der so richtig Freude und eine Beziehung zu dem Kind hab ich eigentlich erst, seit er älter ist. *(Aha)*. Vielleicht seitdem er —, na vielleicht ein Jahr ist.« (20/21/22/23)

Nachdem Herr Adam seine Vatergeschichte abgeschlossen hat, resümiert er die Zeit, seit sein Sohn auf der Welt ist, indem er diese Zeit danach einteilt, ob sie Spaß beziehungsweise Freude gemacht hat oder nicht. Die (hier aus Platzgründen fehlende) konsequente Interpretation der Einleitungsformulierung dieser Sequenz (»ja ich muß sagen, eigentlich«) zeigt, daß dies gleichzeitig eine Beurteilung darstellt, ob sie seinen ursprünglichen Vorstellungen entspricht oder nicht. (Ebenso wird hier die ausführliche Interpretation der drei Komponenten »Spaß«, »Freude« und »Beziehung zum Kind« vorenthalten. In der Präsentation dieser drei Elemente ist bereits ein Hinweis darauf zu finden, daß die »Beziehung zum Kind« ein Tribut an den sozialwissenschaftlichen Interviewer darstellt. Das tatsächliche Einteilungskriterium Herrn Adams stellt der Spaß dar. Diese Einschätzung wird im weiteren Verlauf des Interviews bestätigt). Damit konkretisiert sich nun eines der beiden wesentlichen Elemente der Strukturhypothese: Die Erlösung (und damit Ablösung aus der eigenen Herkunftsfamilie) sollte in einer Vaterschaft, die »richtig Spaß« macht, bestehen.

Zum einen hatte Herr Adam also die Mahnung seines traditionellen, pflichtbewußten Gewissens im Kopf, er müsse ein guter Vater sein. Die zweite Maxime für sein Vatersein, mit der er sich von dieser traditionellen Sicht absetzt, ist nun, daß das Vatersein Spaß machen soll. Beides zusammengenommen will er also einen pflichtbewußten Vater verkörpern, dem seine Pflichten grundsätzlich auch Spaß machen. Diese Konstellation birgt ein problematisches Potential: Herr Adam darf nicht wie in einem romantisch-hedonistischen Konzept ausschließlich darauf aus sein, das Vatersein nur zu genießen. Genuß wird für ihn zwar zur Pflicht, gleichzeitig aber muß auch die Pflicht als Genuß empfunden werden können. Wo immer es Situationen geben wird, in denen die väterlichen Pflichten nicht gerade als sonderlich spaßig empfunden werden können, wird Herr Adam mit dieser Strukturkonstellation Probleme bekommen.

An dieser Stelle wird in der Originalarbeit eine ausführliche Strukturhypothese formuliert. Sie stellt das Resultat der jeweiligen Weiterentwicklungen von ersten, vorläufigen Strukturhypothesen dar, die im Verlauf der Interviewinterpretation bis zu diesem Zeitpunkt immer wieder entworfen und dann an den nachfolgenden Sequenzen getestet und entsprechend modifiziert wurden. Diese ausführliche Strukturhypothese wurde dann mit der aus den biographischen Daten ermittelten Fallstruktur, der ersten Strukturhypothese, konfrontiert. Das Ergebnis dieser Konfrontation wurde in einem nächsten Schritt mit dem restlichen Interviewtext kontrastiert, das heißt, das weitere Gespräch wurde nach Falsifikationsmöglichkeiten durchforstet. Diese Schritte müssen dem Leser leider vorenthalten werden. Im nächsten Abschnitt wird daher die abschließende Strukturhypothese präsentiert, wie sie sich nach diesen Schritten darstellt.

5 Abschließende Strukturhypothese

Zunächst erscheint der Weg, auf dem Herr Adam zu seiner Vaterschaft kommt, eher ungewöhnlich: Zuerst entwickelt Herr Adam den Kinderwunsch und sucht sich dann zur Verwirklichung dieses Wunsches eine passende Partnerin, bzw. gewinnt dann seine derzeitige Partnerin für diesen Plan. Nach der nun durchgeführten Rekonstruktion der Strukturhypothese erscheint dieses Vorgehen allerdings absolut stringent und keinesfalls unverstehbar.

Aus den vorliegenden Daten kann eine Doppelstruktur aus *traditionaler Verankerung* mit *modernen Neuerungstendenzen* als latente Sinnstruktur von Herrn Adam rekonstruiert werden, die sich auch in seinem Vatersein zeigt.

Ontogenetisch kann eine ausgeprägt ambivalente »Auftragslage« in der Familienkonstellation der Eltern- und Großelterngeneration angenommen werden. Dort wird Herr Adam in ein traditionelles Familiensetting hineingeboren, in dem die Eltern mit einer Tante und den Großeltern bis zu deren Tod unter einem Dach leben. In dieser Großfamilie wird Herr Adam mit zwei sehr verschiedenen männlichen Vorbildern konfrontiert: dem Großvater, der tatkräftig versucht, sich aus seiner sozialen Schicht herauszuarbeiten, und dem verunsicherten Vater, der sich dem Einfluß des Großvaters nicht entziehen kann. Beiden gemeinsam ist, daß sie derselben Großfamilie verhaftet bleiben.

Zunächst realisiert Herr Adam die benannte Struktur in seiner Bildungskarriere durch Arbeit und Weiterbildung. Nach einiger Zeit gibt er es dort auf, sich immer wieder durch Weiterbildung dem traditionellen Rahmen zu entziehen, er verankert sich in einer kontinuierlichen Erwerbsarbeit. Er beginnt, in einer neuen Ära seine Neuerungstendenzen in einer Familie zu verwirklichen, also auf einem Gebiet, auf dem er nie etwas anderes als einen traditionellen Typus erfahren hat. Als Vorbild für seine Vaterschaft wählt er sich daher einen modernen Vatertypus, der die Pflichten eines »guten Vaters« gewissenhaft wahrnimmt und Spaß dabei hat. Die Pflichten eines guten Vaters sind in Herrn Adams Sichtweise nicht traditioneller Art: zeitliche Verfügbarkeit, Übernahme von Pflege- und auch Hausarbeit und als oberstes Gebot strikte Orientierung an den Bedürfnissen des Kindes.

Um zu gewährleisten, daß sich die für dieses Konzept nötige Vater-Kind-Beziehung einstellt, was gleichzeitig bedeutet, daß Herr
Adam Spaß haben wird, wenn er seinen Vaterpflichten nach-
kommt, wird die Frau als störende Dritte gedanklich und wo immer möglich auch reell aus der familialen Triade ausgeschlossen.
Ihr Engagement als Studentin außerhalb der Familie setzt den
Sohn für die Vater-Kind-Dyade frei. Die nichttraditionelle Beset-
zung der Mutterposition soll es Herrn Adam ermöglichen, die
nichttraditionelle Vaterschaft zu realisieren, obwohl die Vaterposition durch ihn selbst traditionell besetzt wird (Broterwerb).

Dreierlei *Konflikte* stellen sich ein:

(1) Obwohl Frau Adam engagiert studiert und Herr Adam, soweit
es sein Beruf zuläßt, den Pflichten des guten Vaters nach-
kommt, »ist die Mutterbeziehung irgendwo stärker«.[7] Das Kind
selbst richtet sich die Triade nach einem *traditionellen Muster*
aus: »Mein Sohn ist halt ein wirkliches Mamakind: Erstmal
kommt Mama, dann kommt lange Zeit nichts, dann kommt
Papa«. »Wenn sie da ist, wenn irgendwas ist, dann, dann muß
er erst mal zu Mama«. »Und wenn das Kind dann immer zur
Mama rennt, das ist dann schwierig;« Herr Adam bekommt
Probleme mit seinem »Selbstwertgefühl«. Zu Papa kommt das
Kind zu »Raufereien«, zum »Toben« und »zu den praktischen
Dingen«. Aber nicht nur das Kind orientiert sich traditionell,
sondern auch das Interaktionsverhalten der Eltern entspricht
traditionellen Vorstellungen: zum Raufen, Toben und zu praktischen Dingen geht das Kind deswegen zum Vater, weil »das
macht sie einfach nicht mit ihm«. Wenn sich Erziehungspro-
bleme nicht mehr lösen lassen, »liest (sie) da mehr nach«, sie
schimpft »immer schwer« mit ihm, wenn er sich pädagogisch
daneben benimmt, was Herr Adam dann auch einsieht und
sein läßt. Und grundsätzlich ist die Mutter gegenüber dem
Kind »weicher und kompromißbereiter« als der Vater.

---

7 Dieses und die folgenden Zitate stammen aus weiteren Teilen des Interviews.

(2) Die Vaterpflichten machen oft *keinen Spaß.* Herr Adam muß sich daher fragen, ob er wirklich ein guter Vater ist, denn dieser hat doch Spaß an seinen Pflichten. Statt dessen war es bei ihm so, daß das ganze erste Jahr, sogar die intensive Betreuung während des Praktikums der Frau, nur »eine distanzierte Beziehung« zu dem Kind brachte. Das Kind selbst war »halt da und war viel Arbeit«, mehr nicht. Später konnten zwar Spielen und Toben schon Spaß machen, aber Herr Adam merkt auch da, daß es ihm »also oft dann auch langweilig wird«. Dann fällt es ihm auch schwer, sich den Vaterpflichten zu widmen: »und da seh ich halt dann doch, daß es, daß es schon schwierig ist für mich, mich, mich auf ihn einzustellen und, und mit ihm zu spielen«.

(3) Immer wieder gibt es Situationen, in denen es Herrn Adam nicht gelingt, den Pflichten eines guten Vaters gerecht zu werden, sei es »aus bestimmten Zwängen, oder weil man das grade will«, oder weil es in einem »emotionalen Ausbruch« dazu kommt, daß Herr Adam »das einfach nicht steuern« kann. Herr Adam versucht sich dann zwar klarzumachen, daß es so »vielleicht … sogar besser« sei, oder er sagt sich: »das muß jetzt (einfach) gemacht werden«. Trotzdem läßt sich das *schlechte Gewissen* nicht vermeiden, denn: »bemerken tu ich's trotzdem. Und stören tut's mich auch«. Er muß sich klar machen, daß er so kein guter Vater ist, denn er merkt, daß dieses Verhalten »nicht immer der richtige Weg ist«. Oder: »… also ich merke dann einfach, … daß ich dem Kind dann irgend so was überstülpe, was es eigentlich gar nicht will. Und das wehrt sich innerlich dagegen.«

Herr Adam sieht die latenten Strukturprobleme, die für diese Konflikte verantwortlich sind, nicht. In seiner *subjektiven Sicht* sind die Ursachen für das unbefriedigende Erleben der Vaterschaft in anderen Faktoren zu suchen:

(1) Für den ersten Konflikt in der *Natur der verschiedenen Eltern-Kind-Beziehungen,* die aus der immer noch zu geringen zeitlichen Verfügbarkeit des Vaters für das Kind resultieren: »ich glaube im Endeffekt ist halt … die Mutterbeziehung irgendwo

stärker ... also auch in den vier Monaten, was weiß ich, ob die nicht gereicht haben.«

(2) Dafür, daß die Vaterpflichten oft keinen Spaß machen, macht Herr Adam den *Entwicklungsstand* des Kindes verantwortlich: »er ist ja grade mal zwei Jahre alt, und er sieht die Welt natürlich aus einem ganz anderen Blickwinkel.«.

(3) Dieser Entwicklungsstand ist es auch, der Herrn Adam manchmal dazu bringt aus der Haut zu fahren, zum Beispiel weil er »natürlich seine Gefühle noch nicht richtig kontrollieren kann«. Dies wird durch das *Naturell* des Kindes noch verschärft, weil er nämlich »sowieso sehr überschwenglich ist und also auch ziemlich forsch«.

(4) Ein weiterer Grund für solch einen »emotionalen Ausbruch«, zu dem das Kind ihn treibt, liegt in der *beruflichen Überlastung*: »Liegt bei mir auch vielleicht damit... ich habe beruflich im Moment sehr, sehr viel Streß,« er muß »fast immer Überstunden machen«.

Die *bedingte Prognostik*, die sich aus den interpretierten Daten erstellen läßt, bezieht sich auf folgende *Strukturtransformationsspielräume:*

(1) Da Herr Adam dafür, daß er Abstriche machen muß »von dieser Vorstellung, ein guter Vater zu sein«, seine berufliche Überlastung verantwortlich macht, weil »sich halt alles nicht unter einen Hut bringen« läßt, will er den Beruf der Familie anpassen: »hab eigentlich jetzt überlegt, daß ich mich jetzt woanders bewerbe,« denn »für die Familie bleibt einfach zu wenig Zeit.« Zumindest äußerlich wäre möglich, daß Herr Adam sich von seiner traditionellen Verankerung soweit löst, daß er sein *berufliches Engagement* zugunsten der intensiveren Vater-Kind-Beziehung immer weiter zurückschraubt, vielleicht sogar aufgibt, wenn er merkt, daß eine Reduzierung des Berufes »immer noch nicht reicht«, um die traditionelle Ausrichtung der Triade zu verändern. Daß er grundsätzlich dazu bereit ist, zeigt er im Erziehungsurlaub in Kansas. Dem käme entgegen, daß Frau Adam sehr wahrscheinlich beabsichtigt, sich nach

dem Studium beruflich zu engagieren (straffer Studienplan, Praktikum in Kansas). Ein tatsächlicher »Rollentausch« (Hausmann, berufstätige Mutter) ist beim derzeitigen Stand der Dinge aus verschiedenen Gründen allerdings unwahrscheinlich:

a) Herrn Adams implizites Familienbild ist nach wie vor traditionell orientiert, die Zuständigkeit für das Kind liegt bei der Frau: »Er geht ja jetzt noch zu einer Tagesmutter, damit *sie* studieren kann und ich arbeiten kann« (Hervorhebung/besondere Betonung von Herrn Adam im Interview). Der erste und eindeutige Grund, weshalb ein Kind eine Tagesmutter braucht, ist also der, daß die zuständige Mutter nicht verfügbar ist, erst in zweiter Linie die Berufstätigkeit des Vaters. Er »hütet« das Kind nur, wenn die Mutter verhindert ist.

b) Herr Adam sieht den mangelnden Spaß zum einen im noch wenig ausgereiften Entwicklungsstand des Kindes (s.o.). Zum anderen sieht er es so, »daß die Beziehung wohl erst, erst wächst mit dem Kind.« Beides bedeutet, daß er nur lange genug zu warten braucht, damit ihm die Zeit allein sowohl eine befriedigende Beziehung als auch Spaß mit dem Kind beschert.

c) Die Familie (oder nur Herr Adam?) plant ein zweites Kind, das die Mutter zumindest begrenzt an Haus und Herd bindet: »Es ist vielleicht auch etwas Positives, daß das nächste Kind dann vielleicht etwas weniger Aufwand macht.« Und: »Wir haben auch noch kein Mädchen, also ich weiß, weiß nicht, wie das dann mal wird.«

d) Die Zeit, in der er Vollzeitvater war, fand Herr Adam gar nicht berauschend, er fand sie »anstrengender eigentlich als, als acht Stunden in der Firma«.

e) Für die Tatsache, daß ihn die Übermacht der Mutter-Kind-Beziehung in letzter Zeit weniger belastet, macht Herr Adam auch den Umstand verantwortlich, daß er »in den letzten zwei, drei Monaten ziemlich stark belastet« war, »beruflich«, und sich Vater und Kind deswegen »weniger gesehen« haben. Die beruflich bedingte Abwesenheit in der Familie hat also auch den Vorteil, daß Herr Adam mit seinem Strukturproblem nicht konfrontiert wird.

f) Herr Adam räumt ein, daß es »auch seine praktischen Seiten« hat, wenn das Kind so an der Mutter hängt, weil er dadurch mehr Freiraum erhält.

Frau Adam müßte also schon enormen Druck auf ihren Mann ausüben, sollte sie ihn zum Rollentausch überreden wollen. Dagegen spricht, daß sie sich bisher eher ihrem Mann angepaßt hat als umgekehrt (Amerika, technisches Studium, auch im Haushalt »hat sie immer noch ein bißchen mehr gemacht im Studium.«). Würde sich das Paar dennoch für die Konstellation Hausmann/erwerbstätige Frau entscheiden, läge im Interesse der beruflichen Ambitionen der Frau nahe, den zweiten Kinderwunsch durch eine Adoption oder ein Pflegekind zu realisieren, oder bei einem eigenen Kind wenigstens nicht mehr voll zu stillen. Dies würde auch am ehesten den Wünschen von Herrn Adam entsprechen, da dann gemäß seiner Vorstellung, daß »das Zusammensein« Beziehung schafft, durch das Wegfallen der Stillzeit eine engere Vater-Kind- als Mutter-Kind-Beziehung zu erwarten wäre.

(2) Die zweite Möglichkeit für eine Strukturtransformation liegt in der *strikten Teilung* der Vaterschaft in einen Bereich, in dem der gute Vater problemlos verwirklicht werden kann, weil dort die Pflichten auch tatsächlich Spaß machen (Beobachten des »Ausdrucks«, der »aus dem Kind so rausstrahlt«; »Toben und Spielen«, solange es »Spaß macht«), einen zweiten Bereich, in dem er den modernen Vaterpflichten auch ohne Spaß nachkommen kann (langweiliges Spiel, auf das Kind eingehen, auch wenn es schon lange nervt) und in einen dritten Bereich, in dem nach traditionellem Vorbild ohne Rücksicht auf die Bedürfnisse des Kindes bestimmte Dinge einfach durchgesetzt werden müssen (Kind ins Auto packen, auch wenn es schreit). Eine Strukturtransformation stellt diese (potentielle) Teilung in Pflicht- und Spaßbereiche insofern dar, als Herr Adam ursprünglich beides gleichzeitig wollte. Deswegen versteht er zum Beispiel nicht, weshalb das Vatersein im ersten Jahr, als er sich den Pflichten intensiv widmete, keinen Spaß machte, genauso wie er frustriert darüber ist, daß das Spielen mit einem kleinen Kind sehr schnell keinen Spaß mehr

macht. Kognitiv hat Herr Adam seine Vaterschaft schon jetzt in diese Bereiche aufgeteilt. Affektiv schafft er es aber nicht, sie auseinanderzuhalten, denn nach wie vor merkt er, daß er sein »Gefühl überbügelt«, was ihn sehr stört.

Wenn *keine Strukturtransformationen* eintreten, ist am wahrscheinlichsten, daß Herr Adam sich nach dem Studienabschluß seiner Frau beruflich so verändern wird, daß er flexibler für die Familie wird. Er könnte zum Beispiel als freier Mitarbeiter in ein Computerbüro einsteigen, um Arbeitspensum und Arbeitszeiten (vermeintlich?) den Bedürfnissen der Familie anpassen zu können. Frau Adam könnte sich eine Stelle suchen, um sich beruflich zu etablieren. Den zweiten Kinderwunsch könnte die Familie noch vor der Stellensuche verwirklichen oder erst, wenn Frau Adam ein oder zwei Jahre im Beruf gearbeitet hat. Sie würde dann eine möglichst kurze Babypause einlegen, Herr Adam würde einspringen, soweit es sein berufliches Engagement dann zuläßt, der Rest wird über eine Tagesmutter abgedeckt. Der ältere Sohn wäre bis dahin schon im Kindergarten.

Das Vatersein wird nach wie vor immer wieder unbefriedigend erlebt werden, Herr Adam wird noch häufig Schwierigkeiten mit seinem Selbstwertgefühl bekommen, weil die schwer integrierbare Strukturkonstellation nach wie vor im Verborgenen ihr Unwesen treiben wird. Mit zunehmendem Entwicklungsstand des Kindes wird sich das tendenziell antagonistische Verhältnis von Spaß und Pflicht nicht automatisch in Luft auflösen. Wenn das Kind zum Beispiel in der Schule nicht mitkommt, wird Herr Adam sich als guter Vater geduldig mit seinem Kind hinsetzen und ihm die Rechenaufgaben zum fünfzigsten Mal erklären müssen, auch wenn es ihm schon beim fünften Mal langweilig wird. Frau Adam wird dann aber »schwer mit ihm schimpfen«, wenn ihm beim fünfzehnten Mal tatsächlich der Kragen platzt, weil sein Sohn so begriffsstutzig ist, und Herr Adam muß ein schlechtes Gewissen entwickeln, weil er natürlich einsieht, daß seine Frau recht hat, zumal die eigentliche Erziehungskompetenz bei ihr liegt. Sowohl hierin als auch in der Tatsache, daß Herr Adam bemerkt, daß das Kind entgegen seinen Wünschen zur Mutter eine engere Bindung hat als zu ihm, liegt ein nicht geringes Konfliktpotential für die Ehe.

Das Kind, für das erkennbar wird, daß Spaß zur Pflicht gehört, und daß Pflicht seinerseits Spaß machen muß, wird mit dieser Doppelanforderung fertig werden müssen, genauso wie mit der Tatsache, daß seine Eigenschaftscharakteristik vom Vater für dessen Lebensfrustrationen mit verantwortlich gemacht wird. Auf der anderen Seite erfährt es aber, daß es gerade sein eigenes Wesen ist, woran sich der Vater immer wieder aufbaut. Einerseits wird es sich also als »guten Menschen« in Frage stellen müssen, sollte ihm zum Beispiel die Schule einmal zum Halse heraushängen, andererseits wird es in seiner Persönlichkeit durch die ambivalent erfahrene Beziehung zum Vater stark verunsichert werden.

Literatur

Graf, M. (1997). *Vatersein: Männer erleben die ersten Jahre mit ihrem Kind.* Unveröff. Diplomarbeit, Universität Konstanz.

Hermanns, H. (1991). Narratives Interview. In U. Flick, E. von Kardorff, H. Keupp, L. von Rosenstiel & S. Wolff (Hrsg.), *Handbuch qualitative Sozialforschung. Grundlagen, Konzepte, Methoden und Anwendungen.* Weinheim: Psychologie Verlags Union, S. 182–185.

Oevermann, U. (1988). Eine exemplarische Fallrekonstruktion zum Typus versozialwissenschaftlichter Identitätsformation. In H.-G. Brose & B. Hildenbrand (Hrsg.), *Vom Ende des Individuums zur Individualität ohne Ende.* Opladen: Leske & Budrich, S. 243–286.

Oevermann, U. (1993). Struktureigenschaften supervisorischer Praxis. Exemplarische Sequenzanalyse des Sitzungsprotokolls der Supervision eines psychoanalytisch orientierten Therapie-Teams im Methodenmodell der objektiven Hermeneutik. In B. Bardé & D. Mattke (Hrsg.), *Therapeutische Teams.* Göttingen: Vandenhoeck & Ruprecht, S. 141–269.

Oevermann, U., Allert, T., Konau, E. & Krambeck, J. (1979). Die Methodologie einer »objektiven Hermeneutik« und ihre allgemeine forschungslogische Bedeutung in den Sozialwissenschaften. In H.-G. Soeffner (Hrsg.), *Interpretative Verfahren in den Sozial- und Textwissenschaften.* Stuttgart: Metzlersche Verlagsbuchhandlung, S. 353–434.

Picht, G. (1964). *Die deutsche Bildungskatastrophe.* Freiburg: Walter.

Reichertz, J. (1995). Die objektive Hermeneutik – Darstellung und Kritik. In E. Koenig & P. Zedler (Hrsg.), *Bilanz qualitativer Forschung. Band II: Methoden.* Weinheim: Deutscher Studienverlag, S. 379–423.

Soeffner, H.-G. (1989). *Auslegung des Alltags. Der Alltag der Auslegung.* Frankfurt/M.: Suhrkamp.

HELGE WENGER-SCHITTENHELM & HEINZ WALTER

Das Konstanzer Väterinstrument

Ein Fragebogen zu erlebter Vaterschaft

Im vorliegenden Beitrag wird die Entwicklung eines Frage-
bogens zum Erleben der Vaterschaft von Männern mit
Kindern im Alter von drei bis sechs Jahren – des Konstanzer
Väterinstruments (KOVI) – dargestellt. Dieses erfaßt ver-
schiedene Bereiche der selbstperzipierten väterlichen Kom-
petenz sowie die selbstwahrgenommene Bereicherung und
Belastung der Vaterrolle. Die Konstrukte werden auf der
Grundlage des aus der Identitätstheorie stammenden
Begriffs Vateridentität konzeptualisiert und unter Einbezug
von Studien zum Selbstbild von Vätern und zum Wert des
Kindes operationalisiert. Es folgen die Beschreibung der
Vorform des KOVI, seine Revision auf der Grundlage einer
Itemanalyse und eines Sozialen Erwünschtheitsratings
sowie die Überprüfung von Reliabilität und Validität der
KOVI-Endform. Abschließend werden Einsatz- und Verbes-
serungsmöglichkeiten des Instruments kritisch diskutiert.

In the following article the development of a
questionnaire is presented which refers to the
experience of fatherhood of men with children
between three and six years of age – the
Constance Father Instrument (KOVI). The
questionnaire includes different aspects of self-
valued paternal competence and self-perceived
gratifications and burdens of the role as a father.
The different aspects are theoretically embedded in
the framework of identity theory generating the
concept of father identity. Their operationalization
is inspired by studies on the self-perception of
fathers and on values of children. A description
of the first draft of KOVI, its revision by means of

*items analyses and a social desirability rating,
as well as an examination of the reliability and
validity of the final draft of KOVI follow.
Possibilities of empirical work with KOVI and
optimalization of KOVI are discussed.*

1 Vateridentität

Nachdem Männer in der Väterforschung bislang in erster Linie in
ihrer Funktion als Sozialisationsagenten untersucht wurden, rük-
ken neuerdings ihre eigenen Erfahrungen als Vater in den Mittelpunkt des Interesses: Unter dem Stichwort *Sozialpsychologie der
Vaterschaft* beschäftigt sich insbesondere die aus der Tradition
des Symbolischen Interaktionismus abgeleitete *Identitätstheorie*
mit der subjektiven Perspektive von Vätern (Burke & Tully 1977,
Ihinger-Tallmann et al. 1995, Marsiglio 1995). Diese Theorie ermöglicht eine Konzeptualisierung der *erlebten Vaterschaft*, indem sie
subjektive Selbstdeutungen und darauf aufbauende Interaktionen
der betroffenen Männer zu einem Gegenstand der Väterforschung
macht (Burgess 1926).

In der Identitätstheorie wird das Selbstverständnis eines Mannes in der Vaterrolle unter dem Konzept *Vateridentität* subsumiert;
wobei eine internale und eine externale Komponente unterschieden wird (Burke & Tully 1977, Ihinger-Tallmann et al. 1995). Die
›externale Komponente‹ – die Vaterrolle – umfaßt die für Väter
allgemeingültigen Normen, die das erforderliche Wissen über Vaterschaft, die notwendigen Fähigkeiten, die verlangte Motivation
und die Erwartungen über die Angemessenheit von Richtung,
Ausmaß und Dauer der Gefühle als Vater spezifizieren (LaRossa &
Reitzes 1993).

Solche Normen werden für einen Mann bedeutsam, wenn er
Vater wird: Durch Wahrnehmung und Interpretation seiner Interaktion mit anderen entwickelt er mittels kognitiver Konstruktion
die ›internale Komponente‹ der Vateridentität beziehungsweise
nun die Vateridentität per se, die ihm als Bezugsrahmen für die
Interpretation sowohl seines väterlichen Verhaltens als auch sei-

nes Erlebens der Vaterrolle dient (Burke 1980, Burke & Reitzes 1981). Die Ergebnisse dieser Interpretation, die auch als eine individuelle Beurteilung von internaler und externaler Komponente der Vateridentität aufgefaßt werden können, sollen anhand des Konstanzer Väterinstrument erfaßt werden, indem es zum einen *die Bewertung des eigenen Verhaltens in der Vaterrolle – die selbstperzipierte väterliche Kompetenz* – und zum anderen *die Bewertung der Vaterrolle als Betroffener – die selbstperzipierte Bereicherung und Belastung der Vaterrolle* – mißt.

1.1 Selbstperzipierte väterliche Kompetenz

Für die Effektivität, mit der eine Person verschiedene Rollen und Aufgaben erfüllt, wird generell der Begriff Kompetenz (Heath 1976) beziehungsweise spezifisch für die der Bewertung des elterlichen Verhaltens *elterliche Rollenkompetenz* (Sabatelli & Waldron 1995) verwendet. Die Beurteilung des eigenen Verhaltens wird sowohl mit *subjektiver Kompetenz* (Sabatelli et al. 1995) als auch mit *Selbstwertgefühl* (Rustemeyer 1993) bezeichnet. Als inhaltliche Konkretisierung des allgemeineren Konzepts Selbstwertgefühl wird im folgenden für die Einschätzung von sich selbst beziehungsweise dem eigenen Verhalten in der Vaterrolle der Begriff *selbstperzipierte väterliche Kompetenz* gewählt, definiert als das Ergebnis eines Selbstbewertungsprozesses, dessen Gegenstand die Qualität der Erfüllung der mit der Vaterrolle verbundenen Anforderungen und Aufgaben ist.

Bislang entwickelte Instrumente zur Erfassung der selbstwahrgenommenen väterlichen Kompetenz lassen insbesondere zwei Fragen offen (z.B. Ballenski & Cook 1982, Gibaud-Wallston 1978, DeLuccie & Davis 1991a). Zum einen: Welche Inhalte oder Aufgaben der Vaterrolle sind für Väter selbstwertrelevant beziehungsweise wie muß diesen Anforderungen entsprochen werden, um zu einem positiven Beurteilungsergebnis zu gelangen? Zum anderen: Ist das Konstrukt global oder bereichsspezifisch zu konzeptualisieren?

Einen Beitrag zur Klärung der ersten Frage leistet eine Studie zum Selbstbild von Vätern (Stein 1983). Auf der Grundlage von halbstrukturierten Interviews wurde ermittelt, wie Väter von Vorschulkindern im Alter von 3 bis 4 Jahren sich im Alltag erleben. Die Schilderungen der Väter geben unter anderem Aufschluß über die Themen, die für Männer bei der Einschätzung ihrer väterlichen Kompetenz von Bedeutung sind, indem Eigenschaften und Verhaltensweisen erfragt werden, welche sie bei sich als Vater positiv, welche negativ einschätzen. Interessanterweise thematisierten die Väter in erster Linie ihren persönlichen Umgang mit ihrem Kind in Alltagssituationen und sprachen nur selten andere potentielle väterliche Aufgaben an, wie zum Beispiel die Versorgung des Kindes. Dies deutet darauf hin, daß für Väter in erster Linie die *Erzieherrolle*[1] selbstwertrelevant ist.

In der inhaltsanalytischen Auswertung der väterlichen Darstellungen kristallisierten sich folgende bedeutsame Themen heraus: *Geduld mit dem Kind haben, sich mit ihm beschäftigen beziehungsweise mit ihm Zeit verbringen, eine emotionale Beziehung zu ihm haben, sich ausreichend durchsetzen können* und *dem Kind ausreichend Spielraum und Entscheidungsfreiheit gewähren* (Stein 1983).

Eine solche Differenzierung der väterlichen Selbstbeschreibungen nach verschiedenen inhaltlichen Bereichen gibt zugleich Aufschluß darüber, ob das Konstrukt selbstperzipierte väterliche Kompetenz bereichsspezifisch oder global zu konzeptualisieren ist. Die Annahme eines bereichsspezifischen Selbstwerts geht von einem mehrdimensionalen Selbst aus, unterschiedliche Facetten des Selbst werden bewertet. Dies entspricht der Konzeptualisierung des Selbst im strukturalen symbolischen Interaktionismus (Stryker 1980), welcher das Selbst als komplex und differenziert beschreibt und das Selbstwertgefühl als Produkt und Ausdruck der Interaktion mit *bestimmten Bereichen* der sozialen Umwelt einer Person betrachtet. Bei der Konzeptionalisierung des väterlichen Selbstwertgefühls beziehungsweise der selbstperzipierten väterlichen Kompetenz kann entsprechend den von Stein (1983) herausgearbeiteten, für Väter selbstwertrelevanten Themen davon ausgegangen werden, daß die Annahme einer Bereichsspezifität der Selbst-

---

1 Die ›Erzieherrolle‹ bezieht sich sowohl auf intentionale als auch auf nicht-intentionale Vater-Kind-Interaktionen im familiären Alltag.

bewertungen auch innerhalb der Erzieherrolle gilt. Es darf davon ausgegangen werden, daß Väter sich hinsichtlich verschiedener väterlicher Aufgaben unterschiedlich einschätzen. Diese Annahme ermöglicht die Entwicklung verschiedener bereichs- beziehungsweise themenspezifischer Skalen zur Erfassung der selbstperzipierten väterlichen Kompetenz, die eine Abbildung der Kompetenz in Form eines vaterspezifischen Profils ermöglichen.

Zusätzlich zu den aufgeführten spezifischen Bereichen beurteilen die Väter jedoch auch global ihre Vaterqualitäten etwa wie folgt: »Ich bin ein leidenschaftlicher Vater.« (Stein 1983, S.54) Derartige Einschätzungen unterstützen die Annahme einer globalen Selbstbewertung, die das Grundgefühl über sich als Vater widerspiegelt. Dies deutet darauf hin, daß bei der Einschätzung der väterlichen Kompetenz neben jeweils gesondert beurteilten, spezifischen Themen auch eine Gesamtbewertung durch die Väter vorgenommen wird. Letztere muß in einer eigenständigen Skala eines Instruments, das die selbstperzipierte väterliche Kompetenz messen möchte, erfaßt werden.

Zusammenfassend wird das Konzept *selbstperzipierte väterliche Kompetenz* zur Erfassung der Bewertung des eigenen väterlichen Verhaltens in der Erzieherrolle beziehungsweise der internalen Komponente der Vateridentität verwendet. Selbstperzipierte väterliche Kompetenz wird dabei als multidimensionales Konstrukt betrachtet, dessen Dimensionen das Ergebnis mehrerer Selbstbewertungsprozesse sind, die sich zum einen aus einer globalen Selbstbeurteilung der väterlichen Aufgabenbewältigung und zum anderen aus mehreren spezifischen Selbsteinschätzungen zusammensetzen; letztere beziehen sich auf die Qualität der Erfüllung der mit der väterlichen Erzieherrolle verbundenen Anforderungen, die sich auf folgende Bereiche erstrecken: Geduld haben, mit dem Kind Zeit verbringen, eine Beziehung zu ihm haben und diese ausdrücken, sich ihm gegenüber durchsetzen können, ihm Freiraum gewähren.

1.2 Selbstperzipierte Bereicherung und Belastung der Vaterrolle

Da sich in der Untersuchung von Stein (1983) die Erzieherrolle als die für Väter besonders selbstwertrelevante Vaterrolle herauskristallisierte, beschränkt sich die Konzeptionalisierung der externalen Komponente der Vateridentität – die Bewertung der Vaterrolle – ausschließlich auf die Beurteilung dieser, auch wenn im folgenden weiterhin der geläufigere Begriff Vaterrolle verwandt wird. Diese externale Komponente der Vateridentität wird in Anlehnung an die Definition der Rollenidentität (Burke et al. 1977) verstanden als die Bedeutungen, die ein Mann der Vaterrolle für sich selbst im positiven wie im negativen Sinne zuschreibt.

In den *Value-of-Children-(VOC)studies* wird diese Thematik angegangen, indem dort die Bedeutung von Kindern für ihre Eltern untersucht wird. Dort werden im Rahmen der Erforschung des Kinderwunsches verschiedene Kategorienschemata zum ›Wert‹ (satisfaction) beziehungsweise zu den ›Kosten‹ (dissatisfaction) von Kindern entwickelt. So geben diese Schemata Anhaltspunkte zur Konkretisierung der Bedeutung, die Väter ihrer Vaterrolle zuschreiben (Hoffman & Hoffman 1973, Arnold et al. 1975, Nauck 1991). Ein aktuelles Schema differenziert die Vorteile von Kindern in ›emotionalen Wert‹ (»z.B. Kinder machen Freude und Spaß, erweitern die Persönlichkeit, die eigene Kompetenz und das Selbstwertgefühl, Kinder machen glücklich, machen stolz, Kinder gehören einfach zu einer Familie dazu usw.« (Grant 1992, S.61) und ›funktionalen Wert‹ (»zum Beispiel Bereicherung für die Ehebeziehung, ›Ehekitt‹, Kinder als Alterssicherung, Kinder als Brücke zur Herkunftsfamilie und anderen sozialen Kontakten, Kinder als Quelle sozialer, gesellschaftlicher Anerkennung, Kinder, damit man im Alter nicht allein ist, usw.« (ebd., S.61). Die Nachteile werden in der Einschränkung der persönlichen Freiheit beziehungsweise des Lebensstandards, in finanziellen Kosten, Sorgen und Ängsten um das Kind und physiologischen Belastungen gesehen (ebd.).

Auskunft über das Verhältnis positiv und negativ gewerteter Aspekte der Vaterrolle gibt die Konzeptionalisierung des Konstrukts *paternal satisfaction* – definiert als affektive Reaktion eines

Vaters auf das erfahrene Ausmaß an Gratifikation in der Vaterrolle (Burr et al. 1979). Hoffman & Manis (1978) differenzieren nach väterlicher Zufriedenheit und Unzufriedenheit und betrachten sie als zwei verschiedene, wenn auch kovariierende Dimensionen des väterlichen Erlebens.

Auf der Grundlage der Ergebnisse der VOC-Studien und der Forschung zur väterlichen Zufriedenheit wird das Konzept *Bewertung der Vaterrolle* im folgenden als ein Ausschnitt des wesentlich umfassenderen Konzepts *Wert des Kindes* aufgefaßt: Es bezieht sich auf die Frage, was Vaterschaft beziehungsweise die Erziehung eines Kindes für die eigene Person – das Selbst – in positiver wie in negativer Hinsicht bedeutet. Orientiert man sich an der neuesten Kategorisierung des Werts von Kindern nach Grant (1992), geht es nicht um die Funktionalität der Vaterschaft für Ehe, Finanzen etc., sondern um die emotionalen bereichernden und belastenden beziehungsweise einschränkenden Aspekte von Vaterschaft.

Zusammenfassend wird das Konzept *Bewertung der Vaterrolle* definiert als erstens *selbstperzipierte Bereicherung* und zweitens als *selbstperzipierte Belastung bzw. Einschränkung der Vaterrolle,* die als zwei verschiedene aber durchaus in Verbindung stehende Aspekte aufgefaßt werden. Wahrgenommene Bereicherung der Vaterrolle bezeichnet dabei das Ausmaß, in dem ein Vater seine Vaterrolle positiv einschätzt hinsichtlich der damit verbundenen Erfahrungen an Freude, Selbsterfüllung, Lebenssinn und positiv erlebter Herausforderung (Arnold et al. 1975, Chilman 1979, Grant 1992, Hoffman et al. 1973, Veroff et al. 1981). Die in der Vaterrolle erlebte Belastung beziehungsweise Einschränkung meint, inwieweit der Vater seine Elternschaft als Einengung seiner Lebensgestaltung beziehungsweise als Überbeanspruchung seiner Möglichkeiten erlebt (Arnold et al. 1975, Grant 1992, Hoffman et al. 1973, Stein 1983).

2 Methode

2.1 Entwicklung des Konstanzer Väterinstruments

Im folgenden wird die Definition des Geltungs- beziehungsweise des Gültigkeitsbereichs des Konstanzer Väterinstruments (KOVI), die Skalenbildung sowie die Itemgenerierung und die Gestaltung des Antwortformats der Items dargestellt.[2]

Der Geltungsbereich des KOVI ist definiert für Väter mit *leiblichen* Kindern im Kindergartenalter, also Kindern zwischen drei und sechs Jahren. Diese Zielgruppe wurde aus mehreren Gründen gewählt: Bislang wurden Väter mit Kindern dieser Altersgruppe vergleichsweise selten untersucht (De Luccie et al. 1991b, Nickel & Köcher 1986). Dies gilt besonders für die subjektive Perspektive von Vätern, die in erster Linie während des Übergangs zur Vaterschaft beziehungsweise bei Vätern von Kleinstkindern von Interesse war und aktuell ist (z.B. Gibaud-Wallston 1978, Grant 1992, Petzold 1991). Beides überrascht, da Väter gerade in dieser Familienphase durch die vielfältigen Entwicklungsveränderungen ihres Kindes stärker in das familiäre Geschehen einbezogen werden, sogar wenn sie sich zuvor eher passiv verhielten (Woodworth, Belsky & Crnic 1996).

So lassen die von Duvall (1977) postulierten Familienentwicklungsaufgaben für Familien mit Vorschulkindern – »Anpassung an Bedürfnisse von Vorschulkindern und deren Stimulierung«, »Auseinandersetzung mit Energieverlust und eingeschränkter Privatheit« (zitiert nach Petzold 1991, S.40) – die Gruppe der Väter mit drei- bis sechsjährigen Kindern besonders interessant erscheinen, wenn es um die Untersuchung von selbstperzipierter väterlicher Kompetenz sowie wahrgenommener Bereicherung und Belastung der Vaterrolle geht.

Die Bestimmung des Gültigkeitsbereichs des KOVI erfolgt auf der Grundlage der Ausführungen zur Konzeptionalisierung der interessierenden Konstrukte. Die Bewertung des eigenen Verhaltens in der Vaterrolle wird über das Konstrukt *selbstperzipierte väter-*

---

2 Die Fragebogeninstruktion kann von den Autoren angefordert werden.

liche Kompetenz erfaßt, das neben einer globalen Kompetenzbewertung die Themen Geduld haben, sich Zeit nehmen beziehungsweise sich auf sein Kind einlassen, eine Beziehung zum Kind
haben und ausdrücken, Durchsetzungsvermögen haben sowie
dem Kind Freiraum gewähren umfaßt. Die Konstrukte *selbstperzipierte Bereicherung der Vaterrolle* und *selbstperzipierte Belastung
beziehungsweise Einschränkung der Vaterrolle* werden als zwei
Aspekte gesehen, die für Väter bei der Bewertung ihrer Vaterrolle
bedeutsam sind.

Entsprechend der Konzeptualisierung der zu erfassenden Konstrukte werden zur selbstperzipierten väterlichen Kompetenz sechs
Skalen gebildet, die jeweils eines der oben aufgeführten Themen
erfassen, und zwei weitere Skalen zur selbstperzipierten Bereicherung und Belastung der Vaterrolle.

Die Analyse der Merkmale mit anschließender Itemgenerierung stützt sich im wesentlichen auf drei Quellen: die einschlägige
Literatur, die Erfahrung von Experten zum Thema Vaterschaft und
eine Exploration von Mitgliedern der Zielgruppe. Besonders die
Studien von Stein (1983), Arnold et al. (1975) und Grant (1992)
sind als Literaturbezüge zu nennen. Als Vaterschafts-Experten werden die Mitarbeiter der Projektgruppe ›Erleben von Vätern‹ des
Arbeitsbereichs Pädagogische Psychologie konsultiert, die teilweise zugleich selbst Väter sind. Die dritte Quelle bezieht sich auf
eine Reihe offener Interviews, die mit Vätern von Kindern im
Kindergartenalter durchgeführt wurden, um ein besseres Verständnis von »Freud und Leid« von Vätern in ihrem Alltag zu bekommen. Zusätzlich werden die Items während des gesamten Prozesses der Item-Entwicklung Laien zur Beurteilung vorgelegt, um Ver-
ständlichkeit und Alltagsnähe der Items zu gewährleisten.

Die resultierende Erstversion des KOVI umfaßt acht Skalen mit
insgesamt 282 Items, jeweils etwa zur Hälfte aus positiv und negativ formulierten Aussagen, die in zufälliger Reihenfolge angeord-
net sind. Im folgenden sind die einzelnen Skalen aufgeführt, die
anhand einer Kurzbeschreibung inhaltlich charakterisiert werden.

(1) *Globale Kompetenz*
Es soll erfaßt werden, inwieweit der Vater sich generell
als kompetenter beziehungsweise guter Vater erlebt.

(2) *Geduld*
Das Ausmaß an Geduld und Gelassenheit im Umgang
mit dem Kind wird abgefragt.

(3) *Zeit*
Bereitschaft zu und Realisierung von gemeinsamen
Aktivitäten von Vater und Kind werden ermittelt.

(4) *Beziehung*
Der Vater bewertet, wie gut es ihm gelingt eine
Beziehung zum Kind aufzubauen und auszudrücken.

(5) *Durchsetzen*
Das eigene Durchsetzungsvermögen gegenüber seinem
Kind wird vom Vater eingeschätzt.

(6) *Freilassen*
Es geht um die Beurteilung des Vaters, inwiefern er seinem
Kind ausreichend Freiraum und Eigenständigkeit zugesteht.

(7) *Bereicherung*
Es wird gefragt, ob die Vaterschaft eine bereichernde Erfahrung für den Vater darstellt.

(8) *Belastung*
Die Skala erfragt, inwieweit sich Männer durch die Vaterschaft
belastet und in ihrer Lebensgestaltung eingeschränkt fühlen.

Das Antwortformat der Items ist als bipolare vierstufige Likert-Ska-
la konzipiert (−2 nein, trifft nicht auf mich zu; −1 trifft eher nicht
auf mich zu; +1 trifft eher auf mich zu; +2 ja, trifft auf mich zu). Bei
der Kodierung der Antwortkategorien wird die numerische Rating-
Skala je nach positiver beziehungsweise negativer Polung des Items
in Itemscores von 1 bis 4 umgewandelt, so daß ein höherer Item-
score einer positiveren Bewertung der selbstperzipierten väterlichen Kompetenz, einem Mehr an Bereicherung und einem Weniger an Belastung beziehungsweise Einschränkung in der Vaterrolle
entspricht.

2.2 Durchführung der Untersuchung und Stichprobenbeschreibung

Eine erste Erprobung des KOVI wurde von April bis Juli 1996 an Vätern von Kindern im Alter von drei bis sechs Jahren durchgeführt, die einen Kindergarten im Raum Konstanz oder Heilbronn besuchten. Insgesamt wurden 1841 Fragebögen verteilt. Der Rücklauf betrug 531 (Rücklaufquote 28,8 Prozent), davon konnten 525 in die Auswertung einbezogen werden. Die Angaben der Väter zu soziodemographischen Fragen sind häufig nicht vollständig, so daß bei der Beschreibung der Stichprobe unterschiedliche Stichprobengrößen als Grundlage für die verschiedenen soziodemographischen Merkmale herangezogen werden; sie werden im folgenden jeweils in Klammer angegeben.

Die befragten Väter haben im Durchschnitt zwei Kinder (M = 2,123; SD=0,811; N=514), wobei 53,2 Prozent Väter den Fragebogen für ihr erstes Kind (N=275) und 34,4 Prozent für ihr zweites Kind (N=178) ausfüllen; nur 12,4 Prozent der Väter beziehen sich auf ein drittes oder weiteres Kind (N=64). Das Kind ist durchschnittlich circa fünf Jahre alt (M=4,969; SD=0,893), in 51,9 Prozent der Fälle handelt es sich um ein Mädchen, in 48,1 Prozent der Fälle um einen Jungen (N=516). Die Väter selbst sind zum Zeitpunkt der Untersuchung im Mittel ungefähr 36 Jahre alt (M = 36,387; SD=5,313; N=506) und zum größten Teil deutscher Nationalität (85,2 Prozent von insgesamt N=514). Die meisten von ihnen leben mit Mutter und Kind (N=485), 19 Väter wohnen getrennt von ihrer Familie und fünf sind alleinerziehend. Bezüglich des Bildungsniveaus der Väter ergab sich folgende Verteilung innerhalb der Stichprobe (N=467): 40,9 Prozent haben einen Hauptschulabschluß, 23,6 Prozent die Mittlere Reife, 34,7 Prozent Abitur oder Fachhochschulreife und 0,9 Prozent keinen Schulabschluß. Während die Väter im Durchschnitt rund 41 Stunden (M−41,222; SD−11,048; N=199) in der Woche arbeiten, sind knapp die Hälfte ihrer Partnerinnen nicht berufstätig (49,2 Prozent), 37,7 Prozent sind halbtags (20 Stunden) und weniger beschäftigt und nur 13,1 Prozent arbeiten mehr als 20 Stunden pro Woche (N=490). Insgesamt beträgt das monatliche Familiennettoeinkommen durchschnittlich 4541,13 D-Mark oder 2321,84 Euro (SD 1897,49 D-Mark/970,14 Euro; N=435).

2.3 Auswertung[3]

Kontrolle der Sozialen Erwünschtheit und Itemanalyse

Zur Revision des KOVI werden mehrere Verfahren eingesetzt: Der erste Schritt zielt auf die Kontrolle der Antworttendenz der *Sozialen Erwünschtheit* ab. Eine über die üblichen Maßnahmen hinausgehende Methode zur Kontrolle der Sozialen Erwünschtheit erscheint erforderlich, da es sich bei der Bewertung des väterlichen Verhaltens und der Vaterrolle um besonders sensible Aspekte der männlichen Identität handelt, die vor allem im Zusammenhang mit den Veränderungen des Vaterbildes in den letzten Jahrzehnten hin zum *neuen Vater* (Schneider 1989) mit zahlreichen idealisierten gesellschaftlichen Erwartungen behaftet sind. Es ist zu erwarten, daß diese eine beschönigende Darstellung von sich selbst als Vater und der Vaterrolle begünstigen. Demnach sind, um einer Beantwortung von Items im Sinne der Sozialen Erwünschtheit entgegenzuwirken, Items zu eliminieren, bei denen ein hoher Konsens hinsichtlich ihrer Bewertung aufgrund bestehender sozialer Normen zu erwarten ist. Zu diesem Zweck wird der Grad der Sozialen Erwünschtheit der Items der Vorform des KOVI anhand eines Expertenratings bestimmt: Neun Mitarbeiter eines kooperierenden pädagogisch-psychologischen Lehrstuhls werden gebeten, das KOVI im sozial erwünschten Sinne auszufüllen. Bei der Auswertung der Ratings wird der Mittelwert für jedes Item errechnet, unter der Annahme, daß ein Mittelwert von 4 eine völlige Einigkeit der Experten hinsichtlich hoher Sozialer Erwünschtheit eines Iteminhalts signalisiert. Dies bedeutet, daß solche Items relativ eindeutige soziale Normen bezüglich des Verhaltens von Vätern beziehungsweise der Bewertung der Vaterrolle verkörpern und somit anfälliger für eine beschönigende Beantwortung sind. Ein Mittelwert kleiner als 4 weist hingegen auf fehlenden Konsens bei den Experten hinsichtlich der Sozialen Erwünschtheit eines Items hin, und es kann von einer geringeren Anfälligkeit für Soziale Erwünschtheitstendenzen ausgegangen werden. Dementsprechend

---

3 Die statistische Auswertung erfolgte mit Programmen aus dem Paket SAS (SAS Institute Inc., 1990).

sollen nur Items in das revidierte KOVI eingehen, deren Mittelwert
– im weiteren als Sozialer Erwünschtheitswert bezeichnet – möglichst stark von 4 abweicht. Dieser geht als zusätzliches Kriterium
für die Item-Auswahl in die sich anschließende Itemanalyse ein.
Bei dieser erfolgt eine statistische Überprüfung jedes Fragebogen-
Items hinsichtlich seines Schwierigkeitsgrades und seiner Trennschärfe. Weiterhin soll jede Skala möglichst sowohl positiv als auch
negativ formulierte Items beinhalten, um Aquieszenz-Tendenzen
bei den Probanden vorzubeugen. Als rein formales Kriterium wird
zusätzlich der angestrebte Gesamtumfang des Fragebogens von 70
bis 80 Items bei der Itemselektion berücksichtigt, das heißt jede
Skala soll aus etwa zehn Items bestehen.

Reliabilität, Skalenkennwerte, Verteilungsform und Validität

Zur Bestimmung der Reliabilität der aufgrund der Itemselektion
revidierten Skalen des KOVI wird Cronbachs Alpha ermittelt. Weiterhin werden Skalenkennwerte wie Mittelwert, Standardabweichung, Schiefe sowie Exzeß der einzelnen Skalen berechnet. Mit
dem Shapiro-Wilk-Test werden die Skalen auf Normalverteilung
überprüft.

Zur Untersuchung der Gültigkeit des KOVI wird eine interne
Validierung in Form einer exploratorischen Faktorenanalyse nach
der Maximum-Likelihood-Methode mit anschließender Promax-
Rotation auf einer Datengrundlage von 435 vollständig ausgefüll-
ten Fragebögen durchgeführt. Angestrebt wird eine Faktoren-
lösung, welche die Skalen des KOVI bzw. die zugrundeliegende
angenommene Dimensionalität der erlebten Vaterschaft, gemäß
dem Kriterium der Einfachstruktur, abbildet. Die Entscheidung zu
einer schiefwinkligen Rotation der Faktoren ist theoretisch begründet: Bei den sechs Skalen zum Konstrukt selbstperzipierte
Kompetenz wird bereits bei der Konzeptionalisierung angenommen, daß es sich zwar um inhaltlich abgrenzbare Aspekte des
Selbstwertgefühls als Vater handelt, die jedoch nicht völlig unabhängig voneinander zu sehen sind. Auch hinsichtlich der beiden
Skalen selbstperzipierte Bereicherung und Belastung der Vaterrolle wurde belegt, daß diese Bewertungen der Vaterschaft zwar als
unterschiedlich, aber miteinander verbunden betrachtet werden

müssen (Hoffman et al., 1978). Von einem Zusammenhang zwischen den Konstrukten selbstperzipierte väterliche Kompetenz und Bereicherung beziehungsweise Belastung in der Vaterrolle wird aufgrund entsprechender Hinweise aus der Literatur ebenfalls ausgegangen (Burr et al. 1979, Chilman 1979, McBride 1989), was jedoch in zukünftiger Forschung weiterer Überprüfung und Präzisierung bedarf.

3 Ergebnisse

3.1 Itemanalyse

Nach der Itemanalyse besteht das revidierte KOVI aus 71 Items, die sich auf die a priori definierten acht Skalen mit 7 bis 11 Items verteilen. Die entsprechenden Itemformulierungen und -polungen sind in Tabelle 1 wiedergegeben.

In Tabelle 2 sind die Itemkennwerte der KOVI-Skalen aufgeführt. Es werden für jedes Item Mittelwert, Standardabweichung, eine aus dem Mittelwert transformierte Kennzahl für Schwierigkeit, Trennschärfe und Sozialer Erwünschtheitswert angegeben. Der Schwierigkeitsgrad der KOVI-Items bewegt sich in einem Bereich zwischen .512 und .792. Lediglich die Items der Skala »Bereicherung« (bis auf R5 und R8) sowie zwei weitere Items (B8 und L5) weisen Schwierigkeitsindices über .8 auf. Keines der Items erreicht einen höheren Sozialen Erwünschtheitswert als 3.778. Hinsichtlich der Trennschärfe nehmen nahezu alle Items (bis auf Item B8) Werte über .5 an.

Tabelle 1: Itemformulierungen und -polungen des KOVI

Kode	Itemformulierung	Polung
	Skala 1 ›Globale Kompetenz‹	
K 1	Ich glaube, daß ich meine väterlichen Aufgaben gut erfülle.	(+)
K 2	Ich bin so, wie ich mir einen guten Vater vorstelle.	(+)
K 3	Ich habe das Gefühl, daß ich ein guter Vater bin.	(+)
K 4	Ich glaube, ich gehe gut auf mein Kind ein.	(+)
K 5	Ich bin durchaus zufrieden mit mir als Vater.	(+)
K 6	Ich glaube, daß ich ein gutes Vorbild für mein Kind bin.	(+)
K 7	Ich bin zufrieden damit, wie ich mein Kind erziehe.	(+)
K 8	Ich glaube, ich habe einen guten Einfluß auf mein Kind.	(+)
K 9	Wenn ich darüber nachdenke, wie ich als Vater bin, kommen mir so manche Bedenken.	(−)
K10	Ich kann mich gut auf die Bedürfnisse meines Kindes einstellen.	(+)
	Skala 2 ›Geduld‹	
G 1	Leider reagiere ich meinem Kind gegenüber häufig gereizt.	(−)
G 2	Ich werde zu schnell ungeduldig mit meinem Kind.	(−)
G 3	Ich sollte mich bei meinem Kind mehr beherrschen.	(−)
G 4	Ich sollte meinem Kind gegenüber nicht so oft ärgerlich werden.	(−)
G 5	Leider rege ich mich sehr schnell über mein Kind auf.	(−)
G 6	Als Vater habe ich gute Nerven.	(+)
G 7	Ich sollte als Vater ausgeglichener sein.	(−)
G 8	Ich sollte meinen Streß weniger an meinem Kind auslassen.	(−)
G 9	Auch in schwierigen Situationen mit meinem Kind bleibe ich gelassen.	(+)
G10	Es gelingt mir gut, meinem Kind gegenüber nicht laut zu werden.	(+)
	Skala 3 ›Zeit‹	
Z 1	Ich spiele zu wenig mit meinem Kind.	(−)
Z 2	Ich sollte mir für mein Kind mehr Zeit nehmen.	(−)
Z 3	Ich habe das Gefühl, daß mein Kind bei mir zu kurz kommt.	(−)
Z 4	Ich komme zu wenig dazu, mich mit meinem Kind zu unterhalten.	(−)
Z 5	Ich beschäftige mich nicht genügend mit meinem Kind.	(−)
Z 6	Ich sollte mich mehr auf mein Kind einlassen.	(−)
Z 7	Ich unternehme viel mit meinem Kind.	(+)
Z 8	Ich gebe mich viel mit meinem Kind ab.	(+)
Z 9	Ich sollte meinem Kind mehr Aufmerksamkeit widmen.	(−)
Z10	Ich bekomme vieles von meinem Kind gar nicht mit.	(−)

Kode	Itemformulierung	Polung

Skala 4 ›Beziehung‹

B 1	Ich sollte meinem Kind mehr Liebe und Geborgenheit vermitteln.	(–)
B 2	Mein Verhältnis zu meinem Kind könnte besser sein.	(–)
B 3	Ich sollte mehr Zuneigung für mein Kind haben.	(–)
B 4	Ich sollte mehr Verständnis für mein Kind haben.	(–)
B 5	Ich sollte mehr für mein Kind empfinden.	(–)
B 6	Zwischen mir und meinem Kind sollte eine größere Vertrautheit bestehen.	(–)
B 7	Ich habe Schwierigkeiten, meinem Kind meine Liebe zu zeigen.	(–)
B 8	Zeitweise fühle ich Fremdheit zwischen mir und meinem Kind.	(–)

Skala 5 ›Durchsetzen‹

D 1	Ich bin meinem Kind gegenüber zu nachgiebig.	(–)
D 2	Ich sollte mich meinem Kind gegenüber besser durchsetzen können.	(–)
D 3	Ich lasse meinem Kind zu viel durchgehen.	(–)
D 4	Ich kann meinem Kind gegenüber standhaft bleiben.	(+)
D 5	Ich schaffe es nur schwer, meinem Kind gegenüber nein zu sagen.	(–)
D 6	In der Erziehung meines Kindes bin ich konsequent.	(+)
D 7	Ich lasse mir zu oft von meinem Kind auf der Nase herumtanzen.	(–)

Skala 6 ›Freilassen‹

F 1	Ich sollte meinem Kind mehr Freiraum lassen.	(–)
F 2	Ich sollte meinem Kind mehr Eigenständigkeit zugestehen.	(–)
F 3	Ich habe das Gefühl, daß ich meinem Kind zu wenig Freiheit lasse.	(–)
F 4	Ich schränke mein Kind zu sehr ein.	(–)
F 5	Ich habe das Gefühl, daß ich mein Kind mit meiner Überbesorgtheit einschränke.	(–)
F 6	Ich lasse mein Kind zu wenig alleine machen.	(–)
F 7	Ich verbiete meinem Kind zuviel.	(–)

Skala 7 ›Bereicherung‹

R 1	Meine Aufgaben als Vater bringen mir viel Freude.	(+)
R 2	Vatersein gibt mir sehr viel.	(+)
R 3	Ich genieße es, Vater zu sein.	(+)
R 4	Ich fühle mich wohl in der Rolle als Vater.	(+)
R 5	Es gefällt mir, als Vater eine verantwortungsvolle Aufgabe zu haben.	(+)
R 6	Ich empfinde meine Vaterschaft als bereichernd für mein Leben.	(+)
R 7	Das Teilhaben an der Welt meines Kindes vermittelt mir besonders schöne Erlebnisse.	(+)
R 8	Aus meinem Vatersein kann ich immer wieder neue Energie schöpfen.	(+)

Kode	Itemformulierung	Polung
	Skala 8 ›Belastung‹	
L 1	Als Vater habe ich zu wenig Zeit für mich selbst.	(–)
L 2	Als Vater habe ich leider vieles aufgeben müssen.	(–)
L 3	Ich habe das Gefühl, daß ich mich zu wenig selbstverwirklichen kann, seit ich Vater bin.	(–)
L 4	Durch mein Vatersein bleibt mir leider keine Zeit für viele andere Dinge.	(–)
L 5	Ich fühle mich durch mein Vatersein ziemlich eingeschränkt.	(–)
L 6	Ich habe das Gefühl, daß ich als Vater nie Dinge tun kann, die ich tun möchte.	(–)
L 7	Als Vater muß ich viele Opfer bringen.	(–)
L 8	Vater zu sein stellt für mich Belastung dar.	(–)
L 9	Ich würde gerne öfters ausgehen, als es mir als Vater möglich ist.	(–)
L 10	Meine Freizeit wird zu sehr von den Bedürfnissen meines Kindes bestimmt.	(–)
L 11	Ich empfinde das Vatersein als sehr anstrengend.	(–)

Tabelle 2: Itemkennwerte des KOVI
Mittelwert (M); Standardabweichung (SD); Schwierigkeit (P=[M−1]);
Trennschärfe (T); Sozialer Erwünschtheitswert (SW)

Kode	M	SD	P	T	SW
Skala 1 ›Globale Kompetenz‹					
K 1	3.252	0.662	.751	.768	3.111
K 2	3.105	0.721	.702	.742	3.222
K 3	3.287	0.686	.762	.707	3.111
K 4	3.327	0.601	.776	.706	3.333
K 5	3.296	0.688	.765	.704	3.111
K 6	3.170	0.645	.723	.650	3.111
K 7	3.276	0.682	.759	.647	3.222
K 8	3.331	0.621	.777	.624	3.111
K 9	3.137	0.808	.712	.592	3.000
K 10	3.136	0.653	.712	.590	3.111

Kode	M	SD	P	T	SW
Skala 2 ›Geduld‹					
G 1	3.000	0.838	.667	.793	3.222
G 2	2.961	0.846	.654	.759	3.111
G 3	2.887	0.891	.629	.747	2.889
G 4	2.808	0.891	.603	.732	3.000
G 5	3.159	0.862	.720	.720	3.333
G 6	2.985	0.760	.662	.672	3.111
G 7	2.760	0.928	.587	.669	2.667
G 8	2.912	0.969	.637	.636	2.444
G 9	2.862	0.777	.621	.599	3.000
G10	2.528	0.816	.509	.594	3.111
Skala 3 ›Zeit‹					
Z 1	2.913	0.863	.638	.761	3.333
Z 2	2.536	0.929	.512	.704	2.556
Z 3	3.187	0.805	.729	.681	3.667
Z 4	2.850	0.865	.617	.673	3.111
Z 5	3.061	0.834	.687	.673	3.444
Z 6	2.804	0.818	.601	.661	2.778
Z 7	3.049	0.737	.683	.646	3.333
Z 8	3.008	0.759	.669	.636	3.222
Z 9	2.538	0.915	.513	.623	2.222
Z10	2.856	0.863	.619	.559	3.222
Skala 4 ›Beziehung‹					
B 1	3.049	0.889	.683	.742	2.778
B 2	3.159	0.925	.720	.680	3.222
B 3	3.217	0.909	.739	.663	2.778
B 4	2.903	0.863	.634	.651	2.667
B 5	3.389	0.836	.796	.611	3.222
B 6	2.971	0.967	.657	.605	3.111
B 7	3.375	0.880	.792	.512	3.556
B 8	3.481	0.755	.827	.489	3.000

Kode	M	SD	P	T	SW
Skala ›Durchsetzen‹					
D 1	2.859	0.828	.620	.647	2.778
D 2	2.948	0.856	.649	.613	2.667
D 3	2.888	0.836	.629	.610	2.778
D 4	3.079	0.849	.693	.603	2.889
D 5	2.948	0.886	.649	.598	2.889
D 6	2.786	0.834	.595	.589	2.778
D 7	2.985	0.897	.662	.574	3.111
Skala 6 ›Freilassen‹					
F 1	2.998	0.788	.666	.680	2.778
F 2	3.107	0.809	.702	.652	2.778
F 3	3.311	0.740	.770	.593	3.333
F 4	3.307	0.718	.769	.590	3.444
F 5	3.366	0.724	.789	.568	3.222
F 6	3.171	0.747	.724	.549	3.111
F 7	3.208	0.772	.736	.522	3.333
Skala 7 ›Bereicherung‹					
R 1	3.516	0.628	.839	.757	3.556
R 2	3.506	0.626	.835	.749	3.667
R 3	3.541	0.661	.847	.702	3.556
R 4	3.564	0.586	.855	.673	3.778
R 5	3.365	0.646	.788	.666	3.667
R 6	3.485	0.668	.828	.637	3.778
R 7	3.469	0.624	.823	.617	3.556
R 8	3.104	0.790	.701	.580	3.444

Kode	M	SD	P	T	SW
Skala 8 ›Belastung‹					
L 1	3.208	0.807	.736	.736	2.889
L 2	3.311	0.784	.770	.711	3.000
L 3	3.222	0.811	.741	.697	2.889
L 4	3.044	0.851	.681	.684	3.000
L 5	3.409	0.766	.803	.680	3.333
L 6	3.374	0.768	.791	.655	3.444
L 7	3.167	0.864	.722	.654	2.778
L 8	3.330	0.770	.777	.647	3.222
L 9	3.078	0.918	.693	.615	2.778
L 10	3.072	0.785	.691	.597	3.111
L 11	3.171	0.836	.724	.578	3.222

3.2 Reliabilität, Skalenkennwerte und Verteilungsform

Tabelle 3 führt neben Reliabilitätsschätzungen (Cronbachs Koeffizient α) auch die Kennwerte für die einzelnen Skalen auf. Für die interne Konsistenz der einzelnen Skalen ergeben sich Werte zwischen .84 und .92. Nach dem Shapiro-Wilk-Test zeigen alle Skalen eine signifikante Abweichung von der Normalverteilung (p<.05).

Tabelle 3: Itemanzahl, Mittelwert (M), Standardabweichung (SD), Schiefe, Exzeß, Shapiro-Wilk-W (SWW), p und Cronbachs Koeffizient α

Skala	Items	M	SD	Schiefe	Exzeß	SWW	p	α
1 Globale Kompetenz	10	3.232	0.502	−0.670	1.133	.933	.000	.91
2 Geduld	10	2.886	0.649	−0.431	−0.134	.957	.000	.92
3 Zeit	10	2.880	0.618	−0.271	−0.249	.965	.000	.90
4 Beziehung	8	3.193	0.636	−0.847	0.305	.914	.000	.87
5 Durchsetzen	7	2.929	0.617	−0.414	−0.078	.957	.000	.85
6 Freilassen	7	3.212	0.541	−0.715	0.684	.933	.000	.84
7 Bereicherung	8	3.444	0.500	−0.872	0.619	.890	.000	.89
8 Belastung	11	3.217	0.592	−0.792	0.370	.924	.000	.91

3.3 Faktorenanalyse

Zur Überprüfung der Dimensionalität des KOVI wird eine Faktorenanalyse nach der Maximum-Likelihood-Methode auf der Basis von N=435 durchgeführt. Die zur Bestimmung der Faktorenanzahl herangezogenen Informationskriterien AIC, SBC und TLRC nehmen für eine achtfaktorielle Lösung optimale Werte an. Die anschließende Promax-Rotation demonstriert, daß die a priori definierten Skalen sich jeweils in einem Faktor abbilden, das heißt jedem Faktor können eindeutig die Items einer Skala auf der Grundlage ihrer Ladungshöhe zugeordnet werden. In Tabelle 4 sind die standardisierten Regressionskoeffizienten der Faktorstrukturmatrix und die resultierenden Kommunalitäten der einzelnen Items dargestellt. Entgegen der gängigen Konvention, Ladungen ≥.50 als maßgeblich für die eindeutige Zuordnung zu betrachten (Backhaus, Erichson, Plinke & Weiber 1994), ist wegen der Größe der Stichprobe (N>300) eine Zuordnung schon ab einer Ladungshöhe von .40 als eindeutig anzusehen (Guadagnoli & Velicier 1988, zitiert nach Bortz 1993). Somit entspricht die Ladungsmatrix den Kriterien der Einfachstruktur und der Forderung nach möglichst vielen positiven Ladungen der Variablen: Die meisten Items laden auf dem zugehörigen Faktor deutlich über .40 und in den restlichen Faktoren deutlich unter .30. Lediglich die fünf Items K9, K10, B4, B7 und B8 bleiben unter einer Ladung von .40 auf ihrem jeweiligen Faktor. Da sie jedoch in anderen Faktoren niedrige Ladungen aufweisen, können auch sie eindeutig jeweils ihrem Faktor zugeordnet werden. Gemeinsam erklären die acht Faktoren 53,161 Prozent der Gesamtvarianz. Tabelle 5 gibt den Anteil an erklärter Varianz für jeden einzelnen Faktor an und Tabelle 6 die Interkorrelationen zwischen den Faktoren.

Tabelle 4: Standardisierte Regressionskoeffizienten und Kommunalitäten (h²) der Items

Faktoren	Standardisierte Regressionskoeffizienten								
	I	II	III	IV	V	VI	VII	VIII	h²
Skala 8 ›Belastung‹									
L 1	.863	.076	.008	−.078	−.042	−.028	−.059	−.023	.663
L 2	.795	−.057	.061	−.077	.018	−.022	.025	−.037	.595
L 4	.781	.057	.006	−.051	−.070	.074	−.094	−.054	.555
L 3	.759	−.047	−.014	−.043	.084	.018	.002	.002	.579
L 9	.735	.092	−.179	−.016	−.112	−.026	.115	.001	.495
L 7	.660	−.010	.009	.031	.038	−.047	.050	.007	.483
L 10	.623	−.068	.019	.086	.187	−.110	−.113	.059	.470
L 6	.588	.069	−.016	.059	.076	−.048	.076	.021	.479
L 5	.561	.035	.009	.244	−.003	−.031	.061	.017	.548
L 8	.527	−.002	.043	.213	−.057	.119	.028	.027	.535
L 11	.504	−.069	.209	.089	−.061	.122	−.036	.064	.458
Skala 3 ›Zeit‹									
Z 1	.075	.814	.051	.032	−.053	−.035	−.040	.003	.680
Z 2	−.004	.814	.064	−.107	−.083	−.029	.049	.021	.642
Z 7	−.060	.752	−.090	.124	.023	.179	−.182	−.088	.563
Z 5	.073	.647	−.042	.045	−.004	.053	.000	.060	.510
Z 4	.035	.637	.070	−.056	−.007	−.015	.013	.018	.454
Z 8	−.071	.587	.013	.156	−.082	.161	.040	−.075	.543
Z 9	−.041	.567	.044	−.142	.070	−.023	.256	.017	.552
Z 3	.112	.521	.004	−.030	.014	.162	.119	.011	.554
Z 6	−.016	.479	.098	.017	.148	−.089	.260	−.035	.579
Z 10	.054	.426	.072	.026	.059	.071	.036	−.023	.357
Skala 2 ›Geduld‹									
G 10	−.026	−.083	.787	−.089	−.031	.105	−.119	−.073	.456
G 1	.005	.080	.781	.043	.070	−.112	−.011	.030	.691
G 2	−.038	.149	.772	.046	.102	−.062	−.139	−.010	.663
G 3	−.007	.022	.752	−.016	.100	−.088	.109	.028	.701
G 6	.001	−.123	.700	.040	−.085	.239	−.014	−.012	.573
G 4	.011	.066	.698	.011	.091	−.064	.100	.045	.702

Faktoren	I	II	III	IV	V	VI	VII	VIII	h²
Standardisierte Regressionskoeffizienten									

Skala 2 ›Geduld‹ (Fortsetzung)

	I	II	III	IV	V	VI	VII	VIII	h²
G 9	.013	.083	.581	.029	-.110	.084	-.039	.002	.410
G 5	.160	.037	.579	.008	.158	-.055	.049	.002	.599
G 8	.019	.102	.523	-.009	.079	.037	.056	-.020	.470
G 7	-.030	.278	.486	-.008	-.092	.051	.105	.079	.577

Skala 7 ›Bereicherung‹

	I	II	III	IV	V	VI	VII	VIII	h²
R 2	-.043	.044	.000	.859	-.019	-.081	.012	-.009	.666
R 1	-.004	.113	-.024	.833	-.009	-.037	-.059	.036	.686
R 6	-.028	-.132	-.120	.724	.090	-.071	.259	.048	.526
R 3	.037	-.112	.052	.651	-.051	.142	.047	-.026	.559
R 7	.012	.000	.009	.606	.058	.054	-.020	-.087	.421
R 5	.020	.008	.020	.577	.010	.174	-.075	.065	.489
R 4	.168	-.019	-.028	.513	.055	.242	.024	-.043	.592
R 8	.110	.087	.140	.483	-.259	.006	.064	-.045	.441

Skala 6 ›Freilassen‹

	I	II	III	IV	V	VI	VII	VIII	h²
F 1	.029	.088	.006	-.096	.680	-.043	.132	.020	.622
F 4	.007	.026	.008	.025	.637	.066	-.014	-.097	.424
F 3	.058	-.006	.009	.075	.625	.068	-.091	-.010	.422
F 6	.048	-.109	.045	-.061	.624	.083	.010	.046	.441
F 2	-.053	.103	-.036	.030	.611	-.022	.210	.019	.576
F 5	-.011	-.077	.003	-.032	.600	.022	.087	.093	.425
F 7	-.056	-.018	.204	.004	.541	.161	-.075	-.133	.400

Skala 1 ›Globale Kompetenz‹

	I	II	III	IV	V	VI	VII	VIII	h²
K 7	.079	-.013	-.070	-.045	.070	.713	-.029	.143	.541
K 5	.026	.077	-.055	.029	.033	.703	.014	-.008	.549
K 3	-.078	-.032	.074	.093	-.013	.666	.210	-.015	.691
K 2	-.005	.084	.099	.045	.034	.647	.037	-.111	.625
K 1	-.115	.170	.081	.090	-.042	.638	.024	.093	.700
K 6	.047	.125	.031	.201	.032	.470	-.083	.042	.495
K 8	-.041	.005	.077	.119	.115	.466	.001	.045	.409
K 4	-.027	.163	.052	.126	.228	.434	-.036	.009	.546

| Faktoren | Standardisierte Regressionskoeffizienten | | | | | | | | |
	I	II	III	IV	V	VI	VII	VIII	h²
Skala 1 ›Globale Kompetenz‹ (Fortsetzung)									
K 9	.155	−.010	.097	−.064	.070	.366	.283	.076	.515
K 10	.019	.125	.269	.043	.086	.340	−.005	.008	.485
Skala 4 ›Beziehung‹									
B 3	−.039	.048	−.015	.084	−.080	−.077	.811	−.008	.618
B 5	.089	−.088	−.129	.068	.109	.044	.679	−.067	.480
B 2	−.024	.057	−.006	−.002	−.011	.097	.671	−.016	.539
B 1	.014	.213	−.033	−.022	.040	.051	.647	−.004	.661
B 6	−.046	.103	.046	−.035	.101	.051	.503	−.010	.420
B 4	−.059	.272	.226	.068	.078	−.086	.399	.092	.640
B 7	.016	.132	.035	.106	.016	.047	.346	.025	.319
B 8	.164	−.057	.121	.085	.025	.109	.319	−.082	.312
Skala 5 ›Durchsetzen‹									
D 1	−.004	.029	−.096	.100	.199	−.093	−.112	.764	.620
D 6	−.092	−.072	.132	.052	−.218	.066	.050	.717	.514
D 3	.005	.011	.047	.057	.028	−.032	−.076	.676	.468
D 4	−.010	−.071	−.035	−.096	−.109	.144	.023	.672	.438
D 2	.021	−.031	.067	−.046	−.037	.025	.140	.631	.475
D 5	.023	.104	−.148	−.054	.203	.038	−.116	.624	.477
D 7	.074	.031	.023	−.045	−.037	.016	.006	.593	.382

Tabelle 5: Anteil an erklärter Varianz für jeden Faktor

	I	II	III	IV	V	VI	VII	VIII
Varianzaufklärung	27,292	37,662	38,781	29,143	24,695	33,818	32,837	15,145

Tabelle 6: Interkorrelationen der Faktoren bzw. der KOVI-Skalen
(Faktoren sind mit römischen Zahlen bezeichnet)

		Skala 1 VI	Skala 2 III	Skala 3 II	Skala 4 VII	Skala 5 VIII	Skala 6 V	Skala 7 IV
Skala 2	III	.532						
Skala 3	II	.516	.601					
Skala 4	VII	.440	.540	.587				
Skala 5	VIII	.235	.293	.240	.247			
Skala 6	V	.327	.441	.422	.477	.334		
Skala 7	IV	.575	.413	.400	.385	.055	.136	
Skala 8	I	.304	.381	.319	.327	.218	.355	.456

4 Diskussion

4.1 Beurteilung des KOVI

Das hier vorgestellte Konstanzer Väterinstrument (KOVI) zur Erfassung selbstperzipierter väterlicher Kompetenz und selbstwahrgenommener Bereicherung und Belastung der Vaterrolle wurde auf der Grundlage der Identitätstheorie konzeptualisiert (z. B. Burke et al. 1977, Ihinger-Tallmann et al. 1995, La Rossa et al. 1993) und unter Einbezug von Studien zum Selbstbild von Eltern (z.B. Stein 1983) und zum Wert des Kindes (z.B. Arnold et al. 1975, Grant 1992) operationalisiert.

Nach einer ersten Erprobung des KOVI mit anschließenden inhaltlichen und statistischen Analysen weist das Instrument psychometrische Eigenschaften auf, die seinen Einsatz als Forschungsinstrument in der Zukunft nahelegen. Im Rahmen einer allgemeinen Einschätzung der Ergebnisse können sowohl die Item-Kennwerte Schwierigkeit und Trennschärfe, als auch die Gütekriterien der Skalen in Form von interner Konsistenz und faktorieller Validität insgesamt als durchaus akzeptabel beurteilt werden. Auch auftretenden Antworttendenzen im Sinne der Sozialen Erwünschtheit wurde durch ein Expertenrating, dessen Ergebnisse in die Itemanalyse einbezogen wurden, Rechnung getragen, wodurch – soweit möglich – Beschönigungstendenzen bei der Beantwortung des KOVI vorgebeugt wird. Des weiteren kann das KOVI aufgrund seines Umfangs von 71 Items als ökonomisch und zumutbar bewertet werden. Selbstverständlich müssen zukünftig weitere Validitätshinweise für das KOVI erbracht werden, bevor es als bewährtes Instrument gelten kann (vgl. 5.3).

Bei einer detaillierten Betrachtung der Ergebnisse fällt jedoch folgendes auf: Zum einen konnte das ursprüngliche Ziel, die Entwicklung von Skalen mit je zur Hälfte positiv und negativ gepolten Items zur Vermeidung von Antworttendenzen im Sinne der Aquieszenz während der Itemrevision nicht aufrechterhalten werden. Inwieweit die Vernachlässigung dieses Kriteriums zukünftig Einfluß auf das Antwortverhalten der Probanden hat, muß Gegenstand weiterer Prüfungen sein. Zum anderen ist die Schwierigkeit der Items mit Werten zwischen .5 und .8 insgesamt eher als zu leicht zu bewerten. Dennoch kann unter Berücksichtigung zweier Überlegungen die Schwierigkeit der Items als vertretbar beurteilt werden: Erstens ist nach neuerer sozialpsychologischer Forschung zum *positivity bias* bei Bewertungen, die die eigene Person betreffen – und somit auch die Selbsteinschätzungen von Vätern – generell eher mit positiven als negativen Urteilen zu rechnen (Taylor & Brown 1988). Zweitens liegen die Ergebnisse des Sozialen Erwünschtheits-Ratings mit Werten unter 4 in einem Bereich, der nicht auf einen Konsens bei den Experten hinsichtlich der Sozialen Erwünschtheit der Iteminhalte schließen läßt. Demnach sind die hohen Schwierigkeitsindices eher auf die Thematik des Fragebogens als auf mangelhafte Qualität der Items zurückzuführen. Die Trennschärfe hingegen kann über alle Items hinweg als zufriedenstellend eingeschätzt werden, da sie bis auf Item B8 (.498) weit über dem Kriterium einer Mindest-Trennschärfe von .5 liegt. Die Items trennen also zwischen Vätern mit hoher und niedriger Ausprägung auf der jeweiligen Skala der erlebten Vaterschaft. Weiterhin sind die internen Konsistenzen der Skalen mit Werten zwischen einem Alpha von .84 und .92 akzeptabel, weshalb die Skalen als reliabel und homogen betrachtet werden können.

Bemerkenswert sind die Ergebnisse der Faktorenanalyse, die erste Anhaltspunkte für die Validität des Instruments liefern, da sie die theoretisch begründete Dimensionalität der erfaßten Konstrukte vorläufig belegen. Die Faktoren, die eine Gesamtvarianz von

53,2 Prozent aufklären, entsprechen den gebildeten Skalen; so erübrigt sich ihre eigenständige Interpretation. Allerdings kann kritisiert werden, daß die verwendete Maximum-Likelihood-Methode zur Schätzung der Faktorstruktur auf der Annahme einer multivariaten Normalverteilung der latenten Variablen basiert, welche gemäß dem Shapiro-Wilk-Test für die Skalen des KOVI verletzt ist. Daher wurde auf Grundlage *polychorischer Korrelationen* erneut eine Faktorenanalyse nach der Maximum-Likelihood-Methode mit anschließender Promax-Rotation durchgeführt, und es ergab sich eine nahezu identische Faktorstrukturmatrix, was die faktorielle Validität des KOVI belegt. Das Resultat der Faktorenanalyse auf der Grundlage polychorischer Korrelationen beseitigt einen weiteren möglichen Kritikpunkt am KOVI: Es könnte behauptet werden, die Items des KOVI würden nicht das für eine Faktorenanalyse erforderliche Intervallskalenniveau, sondern lediglich Ordinalskalenniveau aufweisen. Da aber bei polychorischen Korrelationen ohnehin von ordinalskalierten Variablen ausgegangen wird (Jöreskog & Sörbom 1993) erübrigt sich die Diskussion über das Skalenniveau der Variablen. Kritiker könnten weiter entgegenhalten, daß bei einer Ordinalskalierung der Itemantworten keine Summenwerte über die Skala gebildet werden dürfen, da diese nicht sinnvoll interpretierbar sind. Betrachtet man nämlich die Kodierung der Items, die die Zuordnung äquidistanter Codes zu den Stufen der Ratingsskala umfaßt (von 1 bis 4), so kann man argumentieren, dies setze das Niveau einer Intervallskala voraus, das den Daten gar nicht zukomme. Wären die Daten nun tatsächlich ordinalskaliert, ließe sich jedoch die Bildung eines Summenscores unter der Annahme eines *ordinalen Raschmodells* rechtfertigen, zumal in diesem Modell der Summenscore als die *Anzahl der Schwellen* aufgefaßt wird, die eine Person im Laufe der Bearbeitung der Items einer Skala überschritten hat. »Damit ist gemeint, daß zwischen den Kategorien einer (m+1)-stufigen Ratingskala genau *m* Übergänge, sogenannte *Schwellen* liegen. Ein Kreuz auf einer m-stufigen Ratingskala zu machen, setzt bei der befragten Person m-mal die Entscheidung voraus, eine Schwelle zu überschreiten oder nicht. Ein Kreuz in Kategorie x gibt an, daß die Person x-mal eine Schwelle überschritten hat. Der Code x ist also eine *Häufigkeitsangabe* und kein intervallskalierter Meßwert.« (Rost 1996, S.90)

Weiterhin könnte angesichts der Skalen zur selbstperzipierten Kompetenz (globale Kompetenzbewertung, Geduld, Zeit, Beziehung, Durchsetzen und Freilassen) sowie der Skalen zur selbstwahrgenommenen Bereicherung und Belastung der Vaterrolle bemerkt werden, das KOVI erfasse vergleichsweise triviale Aspekte von Vaterschaft. Dieser Aussage muß insofern zugestimmt werden, als eine Untersuchung des väterlichen Erlebens im Alltag notgedrungen im Bereich des Alltäglichen, also dem Bekannten bleibt (Lüscher & Stein 1985). Aber gerade deshalb ist das KOVI in der Lage – und darauf kommt es an – eine Vielfalt an väterlichen Erfahrungsmomenten einzufangen, die auch die tatsächlichen Belange der Väter wiedergeben. Insofern ist das KOVI als Beitrag zu einer Familienforschung zu sehen, welche die bislang vernachlässigte »Perspektive der ›Beteiligten‹ selbst« (Stein 1983, S.221) thematisiert.

4.2 Die Bedeutung des KOVI in der aktuellen Väterforschung

Im folgenden wird nun versucht, die Frage nach dem Nutzen eines Instruments zu beantworten, das Ausschnitte der subjektiven Perspektive von Vätern – die *Vateridentität* in Verbindung mit der *Erzieherrolle* – erfaßt. Welche Bedeutung haben die Konstrukte des KOVI in der aktuellen Väterforschung? Welchen Beitrag können sie bei der Klärung verschiedener Fragestellungen leisten?

Diese Fragen erscheinen berechtigt, da der Vateridentität erst in jüngerer Zeit vermehrte Aufmerksamkeit in der Väterforschung zuteil wird. Dies geschieht in erster Linie in Verbindung mit der Frage nach *paternal involvement* bei der Betreuung und Erziehung des Kindes (Lamb, Pleck, Charnov & Levine 1985)[4], das als ein bedeutsamer Faktor für das Wohlbefinden des Kindes betrachtet wird. Das Ausmaß des väterlichen Engagements wird gemäß dem Vier-Faktoren-Modell von Lamb et al. (1985) beeinflußt

---

4 *Paternal involvement* wird im folgenden mit dem Begriff *väterliches Engagement* übersetzt.

von der entsprechenden *Motivation* des Vaters, seinen *Fähigkeiten*
beziehungsweise seinem *Selbstvertrauen* bezüglich seiner Vaterschaft, der erhaltenen *sozialen Unterstützung* und verschiedenen
institutionellen Faktoren. Die Integration von Identitätstheorie und
Vier-Faktoren-Modell (Lamb et al. 1985) schafft eine theoretisch
bedeutsame Verbindung zwischen väterlicher Selbstwahrnehmung und väterlichem Engagement, indem die Vateridentität als
ein wesentlicher motivationaler Faktor für väterliches Engagement (Burke 1980, Pleck 1997) betrachtet wird, da das väterliche
Verhalten Ausdruck der Vateridentität ist (Ihinger-Tallmann et al.
1995, LaRossa et al. 1993). Die Vateridentität wird bislang vor allem
im Hinblick auf ihre Bedeutsamkeit im Vergleich zu anderen
Identitäten (*identity salience*) und dem *commitment*[5] eines Vaters
gegenüber seinem Status als Vater untersucht. Zwei Studien berücksichtigen jedoch als weitere relevante Komponenten der Vateridentität auch die *väterliche Kompetenz* und *Rollenzufriedenheit*
als Einflußfaktoren auf das väterliche Engagement (Ihinger-Tallman et al. 1995, Minton & Pasley 1996).[6] Im Rahmen der Identitätstheorie und des Vier-Faktoren-Modells des väterlichen Engagements kann also das KOVI mit seinen Skalen zur selbstperzipierten Kompetenz sowie zur Bereicherung und Belastung der
Vaterrolle als Messung der gleichnamigen Identitätskomponenten
eingesetzt werden, um deren Bedeutsamkeit als motivationale
Faktoren für das väterliche Engagement – und dem daraus resultierenden kindlichen Wohl – zu erforschen.

Die Komponente *selbstperzipierte Kompetenz* wird weiterhin
besonders im Zusammenhang mit der These der »asynchrony be-

---

5 Burke & Reitzes (1991) definieren *commitment* beispielsweise als »the
sum of the forces that maintain congruity between one's identity and the
implications for one's identity of the interactions and behaviors in the
interactive setting« (S. 244). Allerdings gibt es bislang in der Forschung keinen Konsens über die Definition des Konzepts.

6 Die Unterscheidung der Faktoren *Motivation* und *Fähigkeiten* beziehungsweise *Selbstvertrauen* im Vier-Faktoren-Modell vom Lamb et al.
(1985) erscheint bei einer Integration des Konzepts Identität als ein motivationaler Aspekt für väterliches Engagement hinfällig, da im Rahmen der
Identitätstheorie selbstwahrgenommene Kompetenz als ein Aspekt der
Identität zu betrachten und insofern ebenfalls motivationaler Natur ist.

tween the culture and conduct of fatherhood« (LaRossa 1988, S.451) diskutiert. Sie besagt, das Vaterbild habe sich aufgrund verschiedener gesellschaftlicher Veränderungen schneller gewandelt als das tatsächliche Vaterverhalten, und das Ideal des sogenannten »neuen Vaters« führe bei vielen Vätern zu ambivalenten Gefühlen beziehungsweise zu Zweifeln über die Angemessenheit ihres Verhaltens als Vater. Als weitere Gründe für mögliche Unsicherheiten von Männern in ihrer Vaterrolle nennt Palkovitz (1984) neben fehlenden Möglichkeiten, sich auf die Vaterschaft vorzubereiten, begrenzte institutionelle Unterstützung für die Väter und mangelnde Vater-Kind-Interaktionen, besonders das Fehlen von adäquaten Rollenmodellen für die heutigen Väter.

Zu der spezifischen Frage, inwieweit Väter von Vorschulkindern derartige Zweifel an ihrer Kompetenz als Vater erleben, gibt es bislang allerdings widersprüchliche Befunde. So fanden zum Beispiel DeLuccie & Davis (1991b) in einer Längsschnittstudie, daß sich Väter von Kindern im Alter von acht, zwölf und sechzehn Jahren kompetenter einschätzten als Väter von vierjährigen Kindern. Dies wird darauf zurückgeführt, daß Väter älterer Kinder schon mehr Zeit hatten, eine Beziehung zu ihrem Kind aufzubauen, sich also sicherer in ihrer Rolle fühlen als Väter von Vorschülern. Nach Galinsky (1981) haben Väter von Vorschulkindern unrealistischere Erwartungen an die Beziehung zu ihren Kindern, erleben sich daher eher unzureichend, als Väter von älteren Kindern. Stein (1983) hingegen kommt zu dem Ergebnis, daß die meisten Väter von Vierjährigen ihr Erziehungsverhalten in einzelnen Bereichen zwar kritisch einschätzen, ihre Erziehungsleistung insgesamt jedoch positiv bewerten. Diese günstige Bewertung sei unter anderem auf zwei Faktoren zurückzuführen: Zum einen würden »Selbstbeurteilungen … per se die Bewertung eigener Leistung und Bemühens im Hinblick auf die Erziehung des Kindes [enthalten.] … Ein Eingeständnis völligen Scheiterns im Hinblick auf die Erziehung des Kindes oder die Gestaltung der Familienbeziehungen ist daher kaum zu erwarten« (Stein 1983, S.76f). Zum anderen spiele das Alter des Kindes eine Rolle. »Erste Konstituierungs- oder Anpassungsprobleme (Geburt des Kindes, Betreuungsregelung) sind vermutlich bewältigt, Schulprobleme stehen noch nicht zur Diskussion« (ebd., S.212).

Die Komponente Rollenzufriedenheit beziehungsweise selbstwahrgenommene Bereicherung und Belastung der Vaterrolle gewinnt in der Väterforschung zunehmend an Bedeutung. Es wurde
erkannt, daß die Bewertung der Vaterrolle neben ihrem Einfluß
auf das Ausmaß an väterlichem Engagement (Minton et al. 1996)
auch für die allgemeine Lebenszufriedenheit des Mannes relevant
ist (McLanahan & Adams 1987). Barnett, Marshall & Pleck (1992)
zeigen zum Beispiel, daß die Zufriedenheit in der Vaterrolle ein
ebenso wichtiger Faktor für die Lebenszufriedenheit des Mannes
ist, wie jene in der Berufs- bzw. der Partnerrolle. Die Bewertung
der Vaterrolle ist ein zentrales Kriterium für die gewünschte Kinderzahl einer Familie, nachdem aufgrund der Möglichkeiten der
Geburtenkontrolle die Vaterschaft zu einer überlegten Entscheidung wurde, bei der Vor- und Nachteile abgewägt werden (Guidubaldi und Cleminshaw 1985). Die wahrgenommene Bereicherung und Belastung der Vaterrolle ist insofern ein zentraler Faktor
bei der Bestimmung des Lebensstils und der allgemeinen Lebenszufriedenheit von Männern.

Allerdings liegen nur wenig differenzierte Ergebnisse zur Frage
nach der Bewertung der Vaterrolle durch Betroffene vor. In einer
Literaturübersicht zur elterlichen Zufriedenheit kommt Götting
(1986) zwar zu dem Schluß, daß die Zufriedenheit in der elterlichen Rolle allgemein als hoch bewertet wird; zudem Eltern die
größte Zufriedenheit dann erfahren, wenn die Kinder jung sind,
während in der Adoleszenz und im Erwachsenenalter der Kinder
die Zufriedenheit nachläßt. Diese Befunde werden jedoch von
der Autorin selbst aufgrund mangelhafter Methoden zur Erfassung
der elterlichen Zufriedenheit relativiert. Speziell zur Zufriedenheit
von Vätern von Drei- bis Sechsjährigen ist uns nur eine Studie bekannt, die ebenfalls eine hohe Zufriedenheit der Väter bei verschiedenen elterlichen Aufgaben feststellt (Urman-Klein 1983). In
einer Längs-schnittstudie über das Erleben von Vätern mit Kindern bis zu drei Jahren kommt Werneck (1998) bei zunehmendem Alter des Kindes hingegen zu dem Ergebnis: »Die positiven
Einstellungen Kindern gegenüber einerseits und das stark steigende Empfinden der mit Kindern indirekt verbundenen Belastungen
… lassen auf eine steigende Ambivalenz gegenüber der Vaterschaft schließen« (S. 146).

Zusammenfassend kann gesagt werden, daß ein Meßinstrument benötigt wird, welches einerseits die selbstperzipierte väterliche Kompetenz mit ihren verschiedenen Bereichen von Vätern mit Kindern im Alter von drei bis sechs Jahren und andererseits deren selbstwahrgenommene Bereicherung und Belastung der Vaterrolle differenziert erfaßt. Das KOVI entspricht diesen Erfordernissen und kann daher zur Beantwortung von Fragestellungen eingesetzt werden, etwa welche Faktoren zu einer positiv oder negativ bewerteten Kompetenz von Vätern und ihrer Bereicherung und Belastung der Vaterrolle beitragen; und welche Auswirkungen sich durch Einschätzungen dieser Komponenten der Vateridentität in einer positiven oder negativen Richtung auf andere Aspekte, wie zum Beispiel dem väterlichen Engagement, ergeben.

Eine differenzierte Beantwortung solcher Fragestellungen kann durch die Bildung von Vätergruppen, die sich anhand ihrer Profile in den acht erfaßten Bereichen unterscheiden, zusätzlich erreicht werden. Weiterhin ermöglicht das KOVI die Identifikation von väterlichen Ressourcen und Defiziten, die für die Beratung von Eltern von Bedeutung sein kann (Ballenski et al. 1982). Das KOVI ermöglicht demnach differenzierte Erkenntnisse über Bedingungsfaktoren und Auswirkungen zur Kompetenz von Vätern mit Kindern im Kindergartenalter ebenso wie zur Bereicherung und Belastung der Vaterrolle für die betroffenen Männer. Weiterhin kann aufgrund der gemeinsamen Erfassung der internalen und externalen Komponente der Vateridentität Aufschluß über die Struktur dieser Identität gewonnen werden. Denn wie bereits angedeutet, gibt es mehrfache Hinweise auf Zusammenhänge zwischen den Konstrukten elterliche Kompetenz und elterliche Zufriedenheit. So fand Chilman (1979), daß elterliche Kompetenz signifikant verbunden ist mit Zufriedenheit in der Elternrolle. McBride (1989) ermittelte bei Vätern von Kindern im Alter zwischen 19 und 58 Monaten eine inverse Beziehung zwischen dem wahrgenommenen elterlichen Kompetenzgefühl und dem Ausmaß an Streß, der in der elterlichen Rolle erlebt wird, wobei die Kausalität zwischen beiden Aspekten ungeklärt blieb. Das KOVI könnte hier zur Klärung beitragen, welche Aspekte der Kompetenz die Bereicherung und Belastung (beziehungsweise umgekehrt) in welchem Ausmaß beeinflussen.

4.3 Das KOVI im Projekt ›Erleben von Vätern‹

Die aktuelle Forschung im Projekt ›Erleben von Vätern‹ an der Universität Konstanz widmet sich der Konstruktvalidierung des KOVI, die bislang unter mehreren Perspektiven erfolgt: Ein erster Ansatz untersucht in Anlehnung an *das Prozeßmodell der Elternfürsorge* (Belsky 1984) die Zusammenhänge zwischen Vateridentität, verstanden als eine Dimension der Persönlichkeit des Vaters mit motivationalem Charakter (Pleck 1997), und den Modellkomponenten väterliches Erziehungsverhalten sowie Qualität der Partnerschaft. Ein zweiter Ansatz erforscht Beziehungen der KOVI-Konstrukte mit den verwandten Konzepten allgemeiner Selbstwert und selbstperzipierte Familienbeziehungen. Weiterhin werden Konvergenz beziehungsweise Divergenz von selbst- und fremdperzipierter väterlicher Kompetenz überprüft; für letzteres wird sowohl die kindliche als auch die Perspektive der Partnerin des Vaters hinzugezogen. Zukünftig ist eine Erweiterung des Projekts geplant, in dem unter anderem die Anwendbarkeit des KOVI auf Väter mit Kindern im Alter von zwei Jahren und im Grundschulalter geprüft wird, um im Rahmen einer Längsschnittstudie die Entwicklung der Vateridentität unter dem Einfluß verschiedener Kontextvariablen zu untersuchen.

Literatur

Arnold, F., Bulatao, R. A., Buribakdi, C., Chung, B. J., Fawcett, J. T., Iritani, T., Lee, S.J., Wu, T.-S. & Albores, S.C. (1975). *The value of children: A cross-national study (Vol. 1)*. Honolulu: University Press of Hawai.

Backhaus, K., Erichson, B., Plinke, W. & Weiber, R. (1994). *Multivariate Analysemethoden. Eine anwendungsorientierte Einführung*. Berlin: Springer.

Ballenski, C. B. & Cook, A. S.(1982). Mothers' perception of their competence in managing selected parenting tasks. *Family Relations, 31*, pp. 489–494.

Barnett, R. C., Marshall, N. L. & Pleck, J. H. (1992). Men's multiple roles and their relationship to men's psychological distress. *Journal of Marriage and the Family, 54*, pp. 358–367.

Belsky, J. (1984). The determinants of parenting: A process model. *Child Development, 55*, pp. 83–96.

Bortz, J. (1993). *Statistik für Sozialwissenschaftler* (4. neubearbeitete Aufl.). Berlin: Springer.

Burgess, E. W. (1926). The family as a unity of interacting personalities. *The Family, 7*, pp. 3–9.

Burke, P. J. & Tully, J. C. (1977). The measure of role identity. *Social Forces, 55*, pp. 881–897.

Burke, P. J. (1980). The self: Measurement requirements from an interactionist perspective. *Social Psychology Quarterly, 43*, pp. 18–29.

Burke, P. J. & Reitzes, D. C. (1981). The link between identity and role performance. *Social Psychology Quarterly, 44*, pp. 83–92.

Burke, P. J. & Reitzes, D. C. (1991). An identity approach to commitment. *Social Psychology Quarterly, 54*, pp. 239–251.

Burr, W. R., Leigh, G. K., Day, R. D. & Constantine, J. (1979). Symbolic interaction and the family. In W. R. Burr, R. Hill, F. I. Nye & I. L. Reiss (Eds.), *Contemporary theories about the family (Vol. 2)*. New York: Free Press, pp. 42–111.

Chilman, C. S. (1979). Parent satisfactions–dissatisfactions and their correlates. *Social Service Review, June*, pp. 195–213.

De Luccie, M. F. & Davis, A. J. (1991a). Do men's adult life concern affect their fathering orientations? *The Journal of Psychology, 125*, pp. 175–188.

De Luccie, M. F. & Davis, A. J. (1991b). Father-child-relationships from the preschool years through mid-adolescence. *The Journal of Genetic Psychology, 152*, pp. 225–238.

Galinsky, E. (1981). *Between generations: The six stages of parenthood.* New York: Time Books.

Gibaud-Wallston, J. (1978). Self-esteem and situational stress: Factors related to sense of competence in new parents. *Dissertation Abstracts International, 1978.* (University Microfilms No. AAD78–9936).

Götting, A. (1986). Parental satisfaction: A review of research. *Journal of Family Issues, 7*, pp. 83–109.

Grant, H.-B. (1992). *Übergang zur Elternschaft und Generativität. Eine ökologisch-psychologische Studie über die Bedeutung von Einstellungen und Rollenauffassungen beim Übergang zur Elternschaft und ihr Beitrag zur Generativität.* Aachen: Shaker.

Guidubaldi, J. & Cleminshaw, H. K. (1985). The development of the Cleminshaw-Guidubaldi Parent Satisfaction Scale. *Journal of Clinical Child Psychology, 14*, pp. 293–298.

Heath, D. H. (1976). Competent fathers: Their personalities and marriages. *Human Development, 19*, pp. 26–39.

Hoffman, L. W. & Hoffman, M. L. (1973). The value of children to parents. In J. T. Fawcett (Ed.), *Psychological perspectives on populations*. New York: Basic Books, pp. 19–76.

Hoffman, L. W. & Manis, J. D. (1978). Influences of children on marital interaction and parental satisfaction. In R. M. Lerner & G. B. Spanier (Eds.), *Child influences on marital and family interaction: A life-span perspective*. New York: Academic Press, pp. 131–154.

Ihinger-Tallman, M., Pasley, K. & Buehler, C. (1995). Developing a middle-range theory of father involvement post divorce. In W. Marsiglio (Ed.), *Fatherhood: Contemporary theory, research and social policy*. Thousand Oaks, CA: Sage, pp. 57–77.

Jöreskog, K. & Sörbom, D. (1993). *Lisrel 8: Structural equitation modeling with the SIMPLIS command language*. Chicago, IL: Scientific Software International.

Lamb, M. E., Pleck, J. H., Charnov, E. L. & Levine, J. A. (1985). Paternal behavior in humans. *American Zoologist, 25*, pp. 883–894.

LaRossa, R. (1988). Fatherhood and social change. *Family relations, 37*, pp. 451–457.

LaRossa, R. & Reitzes, D. C. (1993). Symbolic interactionism and family studies. In P. G. Boss, W. J. Doherty, R. LaRossa, W. R. Schumm & S.K. Steinmetz (Eds.), *Sourcebook of family theories and methods: A contextual approach*. New York: Plenum Press, pp. 135–163.

Lüscher, K. & Stein, A. (1985). *Die Lebenssituation junger Familien – die Sichtweise der Eltern*. Konstanz: Universitätsverlag.

Marsiglio, W. (1995). Fatherhood scholarship: An overview and agenda for the future. In W. Marsiglio (Ed.), *Fatherhood: Contemporary theory, research and social policy*. Thousand Oaks, CA: Sage, pp. 1–20.

McBride, B. A. (1989). Stress and fathers' parental competence: Implications for family life and parent educators. *Family Relations, 38*, pp. 385–389.

McLanahan, S. & Adams, J. (1987). Parenthood and psychological well-being. *Annual Review of Sociology, 13*, pp. 237–257.

Minton, C. & Pasley, K. (1996). Fathers' parenting role identity and father involvement: A comparison of nondivorced and divorced, nonresident fathers. *Journal of Family Issues, 17(1)*, pp. 26–45.

Nauck, B. (1991) Generationenvertrag, generatives Verhalten und Eltern-Kind-Beziehungen im interkulturellen Vergleich. In A. Engfer, B. Minsel & S. Walper (Hrsg.), *Zeit für Kinder! Kinder in Familie und Gesellschaft*. Weinheim: Beltz, S. 125–132.

Nickel, H. & Köcher, E. M. T. (1986). Väter von Säuglingen und Kleinkindern: Zum Rollenwandel in der Bundesrepublik Deutschland. *Psychologie in Erziehung und Unterricht, 33*, S. 171–184.

Palkovitz, R. (1984). Parental attitudes and fathers' interactions with their 5-months-old-infants. *Developmental Psychology, 20*, pp. 1054–1060.

Petzold, M. (1991). *Paare werden Eltern: Eine familienentwicklungspsychologische Längsschnittstudie.* München: Quintessenz.

Pleck, J. H. (1997). Paternal involvement: Levels, sources and consequences. In M. E. Lamb (Ed.), *The role of the father in child development, 3rd ed.* New York: Wiley, pp. 66–103.

Rost, J. (1996). *Testtheorie und Testkonstruktion.* Göttingen: Huber.

Rustemeyer, R. (1993). *Aktuelle Genese des Selbst: Motive und Verarbeitung selbstrelevanter Rückmeldungen.* Münster: Aschendorff.

Sabatelli, R. M. & Waldron, R. J. (1995). Measurement issues in the assessment of the experiences of parenthood. *Journal of Marriage and the Family, 57*, pp. 969–980.

SAS Institute Inc. (1990). *SAS/STAT User's Guide, Version* (Vol. 1, 4th ed.). Cary, NC: SAS Institute. Inc.

Schneider, W. (1989). *Die neuen Väter – Chancen und Risiken: zum Wandel der Vaterrolle in Familie und Gesellschaft.* Augsburg: AV-Verlag.

Stein, A. (1983). *Selbstbild und Erziehungsverständnis junger Elternpaare. Ein Beitrag zur Analyse innerfamiliärer Rollenbeziehungen in der Erziehungssituation.* Konstanz: Hartung-Gorre.

Stryker, S. (1980). *Symbolic interactionism: A social structural version.* Menlo Park, CA: Benjamin/Cummings.

Taylor, S.E. & Brown, J. D. (1988). Illusion and well-being: A social psychological perspective on metal health. *Psychological Bulletin, 103*, pp. 193–210.

Urman-Klein, P. (1983). Behavior and satisfaction of fathers in dual-career families with one preschool child. *Dissertation Abstracts International 45* (2) (University Microfilms No. AAD84–10855).

Werneck, H. (1998). *Übergang zur Vaterschaft: Auf der Suche nach den »Neuen Vätern«.* Wien: Springer.

Woodworth, S., Belsky, J. & Crnic, K. (1996). The determinants of fathering during the child's second and third years of life: A developmental analysis. *Journal of Marriage and the Family, 58*, pp. 679–692.

PETER NOACK

Väterliches Wohlbefinden in Familien mit Kindern im Jugendalter

Die Studie[1] untersucht den Einfluß von Interaktionen in Familien mit Söhnen oder Töchtern im Jugendalter auf das Wohlbefinden von Vätern. In insgesamt 30 Familien wurde das Verhalten der Mütter und Jugendlichen (mittleres Alter: 12,9 Jahre) in triadischen Gesprächssituationen zum ersten Meßzeitpunkt der Untersuchung erfaßt. In der Auswertung wurden unterstützende, herausfordernde, konflikthafte und lenkende Äußerungen berücksichtigt. Als Aspekte des väterlichen Wohlbefindens gingen das Selbstwertgefühl, Selbstwirksamkeitserwartungen, Lebenszufriedenheit und die selbstperzipierte gesundheitliche Verfassung zum selben Zeitpunkt sowie im Folgejahr in die Analyse ein. Ungerichtete querschnittliche wie gerichtete längsschnittliche Zusammenhänge weisen auf systematische Variationen des väterlichen Wohlbefindens in Abhängigkeit vom Verhalten der Interaktionspartner hin. Beispielsweise zeigen sich Einbrüche im Wohlbefinden als Funktion konflikthafter Äußerungen seitens der Mütter und Jugendlichen, die als psychosoziale Kosten phasentypischer Aushandlungsprozesse in der Familie gedeutet werden.

---

1 Die berichteten Arbeiten entstanden im Rahmen des von der Deutschen Forschungsgemeinschaft geförderten Projekts »Jugendgespräche«.

The study examines the influence of interactions in families with adolescent sons or daughters on paternal well-being. At first measurement, assessments included the observation of verbal behaviors of mothers and adolescents (mean age: 12,9 years) from 30 families in triadic conversations. Supportive, challenging, conflictuous, and directive utterances were considered in the analyses. Self-esteem, self efficacy, life satisfaction, and subjective health were included as aspects of paternal well-being at first and second measurement (one year later). Contemporaneous correlations and directed longitudinal associations point to systematic variations of fathers' well-being depending on the behavior of their partners in interactions. For instance, decreases in well-being were observed as a function of conflictuous utterances on the part of mothers and adolescents. Paternal responses are discussed as costs of family negotiations typical of this particular phase of family development.

1 Einleitung

Auf den folgenden Seiten geht es um Einflüsse der familialen Beziehungen auf das Wohlbefinden von Vätern mit Söhnen oder Töchtern im Jugendalter. Daß in diesem Abschnitt der Familienentwicklung ein beträchtlicher Wandel der Beziehungsmuster und des Umgangs miteinander stattfindet, ist vielfach dokumentiert (z.B. Pikowsky & Hofer 1992, Steinberg 1990). Das Ausmaß der Veränderungen könnte vielleicht mit jenem verglichen werden, das die Erstelternschaft oder die Geburt eines weiteren Kindes mit sich bringt. Entsprechend ist von Anforderungen und Belastungen für alle Beteiligten auszugehen, die auch Auswirkungen auf den Gang ihrer individuellen Entwicklung haben sollten. Diese Erwartung gilt ungeachtet der Tatsache, daß traditionelle Vorstellungen der Jugendzeit als »Sturm und Drang«-Periode, verbunden mit heftigen Auseinandersetzungen und einer Entfremdung innerhalb der Familie, im Lichte neuerer Forschungsergebnisse kaum mehr haltbar und zunehmend moderateren Positionen gewichen sind.

Neuere Sichtweisen werden in Ansätzen der Individuation Jugendlicher im Familienkontext auf den Punkt gebracht, die beispielsweise in der Interpretation von Youniss und Smollar (1985, Grotevant & Cooper 1986) von einer markanten Veränderung der Beziehungsstruktur ohne nennenswerte Einbrüche in der Verbundenheit zwischen den Familienmitgliedern ausgehen. Danach werden die hierarchischen Beziehungsmuster der Kindheit zunehmend aufgegeben. Sie gehen nach und nach in einen Umgang zwischen Eltern und Jugendlichen über, der durch Gleichberechtigung, Gegenseitigkeit und eine wechselseitige Wahrnehmung als individuelle Persönlichkeiten geprägt ist. Abweichend von dem früheren, psychoanalytisch orientierten Verständnis (z.B. Blos 1979) wird dieser Prozeß, speziell hinsichtlich der Söhne und Töchter, jedoch nicht als eine Bewegung von den Eltern fort oder gar gegen die Eltern gesehen, sondern als gemeinsame Auseinandersetzung mit einer Anforderung, die in anderer Terminologie als Entwicklungsaufgabe der Familie (vgl. Duvall & Miller 1985) gekennzeichnet werden kann. Als Motor, der die Entwicklung vorantreiben soll, wird die familiale Kommunikation betrachtet.

Es würde an dem Anliegen der Vertreter dieser Sichtweise vorbeigehen, eine völlig reibungslose und ungebrochen harmonische Umgestaltung zu erwarten. In deren Verlauf treffen Vorstöße der Jugendlichen in Richtung auf mehr Autonomie und Anerkennung und elterliche Kontrollbemühungen aufeinander. Es gilt, in der Veränderung durch fortwährende Aushandlungsprozesse die delikate Balance zwischen teils widersprüchlichen Zielen zu sichern. Dabei wird der Mutter-Jugendlichen-Beziehung eine gewisse Schrittmacherfunktion zugesprochen, in der die Individuation früher einsetzen soll als im Umgang zwischen Vätern und Jugendlichen (Youniss&Smollar 1985, Noack 1995). Empirische Befunde zeigen, daß in diesem Rahmen wiederum die jeweils gleichgeschlechtlichen Eltern-Kind-Dyaden eine ausgeprägtere emotionale Intensität, eine innigere Zuneigung sowie heftigere Konflikte aufweisen

(Noack 1995). Entsprechend gilt die Beziehung von Vätern und Töchtern als die im Mittel distanteste (Youniss & Smollar 1985).

Ein gelungener Verlauf der Veränderungen in der Familie sollte sich positiv auf die Familienmitglieder auswirken. Fortschritte Jugendlicher in ihrer Selbstkonzept-, Identitäts- und sozialkognitiven Entwicklung in Abhängigkeit von der Ausprägung des familialen Miteinanders sprechen für diese Annahme (z.B. Allen et al. 1994, Cooper et al. 1983, Noack 1995). Noack (1995) deutet Einflüsse auf das Selbstkonzept in Anlehnung an Harter (1990, vgl. Mead 1978) nicht zuletzt als Resultat von Informationen über die Fremdwahrnehmung der eigenen Person, die in der gemeinsamen Interaktion explizit und häufiger noch durch die Form des Umgangs implizit kommuniziert und von Jugendlichen in ihre Sicht von sich selbst integriert wird. Es ist davon auszugehen, daß dasselbe im Prinzip auch für die Eltern gilt. Dabei ist denkbar, daß der Einfluß in Abhängigkeit vom Gegenüber variiert. So mag die Fremdwahrnehmung durch den Ehepartner für das Selbstkonzept eines Elternteils bedeutsamer sein als jene der Söhne oder der Töchter.

Trotz früher Hinweise beispielsweise auf die Einflüsse von Kindern auf ihre Eltern (Lerner & Spanier 1978) spiegelten die Forschungsinteressen bislang jedoch weitgehend ein unidirektionales Sozialisationsmodell wider und richteten sich auf Effekte der Eltern oder Familienbeziehungen auf Jugendliche. Auswirkungen familialer Erfahrungen auf die Eltern wurden vergleichsweise selten untersucht. Als Ausnahme sind indessen eine Reihe von Untersuchungen anzuführen, die den Einflüssen der im Laufe des Jugendalters zunehmenden Autonomie auf die psychosoziale Anpassung von Eltern nachgingen (z.B. Silverberg & Steinberg 1987, Small et al. 1988). Sie belegen, daß das Streben nach ebenso wie die Realisierung von mehr Autonomie seitens Jugendlicher mit erhöhtem Streßerleben der Eltern und deren stärkerer Auseinandersetzung mit Fragen hinsichtlich der eigenen Identität einhergeht. Als problematisch erwiesen sich insbesondere gleichgeschlechtliche Eltern-Jugendliche-Dyaden. Nur bei Müttern waren Beziehungskonflikte mit einem verringerten Wohlbefinden assoziiert. Allerdings fanden Beck et al. (1993), die Zusammenhänge zwischen verschiedenen Aspekten der Qualität von Familienbeziehungen und dem elterlichen Wohlbefinden explorierten, für Väter wie Mütter durchweg positive Assoziationen. Danach ist ein beeinträchtigtes Familienklima mit einem geringeren Wohlbefinden auch von Vätern verbunden. Der Interpretation dieser Befunde sind jedoch dadurch Grenzen gesetzt, daß jeweils querschnittliche Datensätze analysiert wurden. Entsprechend ist die ebenfalls plausible Annahme nicht zu widerlegen, daß die beobachteten Zusammenhänge auf Einflüsse der Personmerkmale der Eltern auf den Charakter der familialen Beziehungen und die Autonomieentwicklung ihrer Söhne und Töchter zurückgehen. Weiterhin beschränkten sich die erwähnten Studien auf die Analyse von Selbstauskünften der Familienmitglieder, die – wie beispielsweise die wahrgenommene Beziehungsqualität – schon das Produkt eines komplexen Verarbeitungsprozesses sind, in das neben dem tatsächlichen Umgang miteinander eine Reihe weiterer Faktoren eingehen (vgl. Noack 1993).

In der eigenen, im folgenden wiedergegebenen Studie wird die Frage nach Einflüssen des familialen Umgangs auf der Ebene von Familieninteraktionen untersucht. Es soll geklärt werden, wie sich das Verhalten der Familienmitglieder in gemeinsamen Unterhaltungen auf verschiedene Aspekte des väterlichen Wohlbefindens auswirkt. An den vorliegenden Gesprächen waren neben den Vätern jeweils die Mütter und ein Sohn beziehungsweise eine Tochter in der ersten Hälfte des Jugendalters beteiligt. Im Zusammenhang mit der Fragestellung sind konfrontative sowie unterstützende Verhaltensweisen der Mütter und Jugendlichen in den Interaktionen von besonderem Interesse. Als Maße des väterlichen Wohlbefindens wurden vier Selbstkonzeptmerkmale berücksichtigt: Selbstwert, Selbstwirksamkeitserwartungen, Lebenszufriedenheit und (wahrgenommene) körperliche Gesundheit. Die zentrale Untersuchungsfrage richtet sich auf Effekte des Verhaltens der Interaktionspartner auf das Wohlbefinden. Die allgemeine Hypothese lautete, daß affektiv negativ getönte Einlassungen der Interaktionspartner das Wohlbefinden der Väter beeinträchtigen. Für Konfrontationen, die – zumindest ihrer Form nach – auf der Sachebene geäußert werden, wie Ablehnungen und Kritik, sowie Beiträge, die durch den Ausdruck von Dominanzansprüchen die väterliche Rolle in Frage stellen, sollte im Prinzip ähnliches gelten. Verhalten mit affektiv positiver Tönung sollte auf Väter hingegen aufbauend wirken.

Für die Auswertungen steht ein längsschnittlicher Datensatz zur Verfügung. So ist es neben der Prüfung gleichzeitiger Zusammenhänge möglich, auch die postulierte Effektrichtung, Einflüsse des Interaktionsverhaltens auf das väterliche Wohlbefinden, in den Auswertungen zu spezifizieren.

In weiterführenden Analysen werden schließlich zwei Fragen exploriert:

(1) Angesichts der bisherigen Befundlage (z.B. Silverberg & Steinberg 1987, vgl. Noack 1995) ist zu erwarten, daß sich Einflüsse des Verhaltens von Söhnen und von Töchtern in der Familieninteraktion auf die Väter unterscheiden. Entsprechend werden zusätzlich zu den Zusammenhangsanalysen in der Gesamtstichprobe auch Auswertungen getrennt für Familien mit männlichen und weiblichen Jugendlichen durchgeführt.

(2) Des weiteren soll untersucht werden, ob das Ausgangsniveau des väterlichen Wohlbefindens Effekte des Verhaltens der anderen Familienmitglieder moderiert. So mögen Väter mit ohnehin angeschlagener Befindlichkeit eher mit weiteren Einbrüchen hinsichtlich Selbstwahrnehmung und Zufriedenheit auf Herausforderungen reagieren als solche, die kaum Probleme aufweisen. Dieses Muster entspräche der allgemeinen Annahme akzentuierender Effekte belastender Erfahrungen (Caspi & Moffitt 1993).

2 Methode

Die vorliegende Studie ist Teil einer umfangreicheren Untersuchung zur Entwicklung von familialen und Freundschaftsbeziehungen in der ersten Hälfte des Jugendalters. Im Rahmen dieses längsschnittlich angelegten Projekts wurden Selbstauskunftsdaten der Beteiligten zur eigenen Person und zu ihren nahen Beziehungen erhoben sowie Beobachtungen des Verhaltens in Familien- und Freundschaftsinteraktionen durchgeführt. Die im folgenden vorgestellten Analysen beruhen auf längsschnittlichen Daten vom ersten und zweiten Meßzeitpunkt des Gesamtprojekts.

2.1 Stichprobe

Angesichts des zeitintensiven Charakters der Erfassung und Aufbereitung von Beobachtungsdaten konnte nur eine Stichprobe geringen Umfangs erfaßt werden. Vor diesem Hintergrund wurden nur Familien mit Jugendlichen einbezogen, die das Gymnasium besuchten, um eine vergleichsweise hohe Homogenität des Teilnehmerkreises zu sichern. Insgesamt stützen sich die berichteten Analysen auf Daten von 30 Familien, deren Kinder zum ersten Meßzeitpunkt im Mittel 12,9 Jahre alt waren, zum zweiten 13,8 Jahre. Mädchen und Jungen sind dabei in gleichen Anteilen vertreten.

Die teilnehmenden Väter waren bei der ersten Erhebung im Mittel 44,1 Jahre alt und wiesen überdurchschnittliche Bildungsabschlüsse auf sowie einen vergleichsweise hohen beruflichen Status. Beispielsweise hatte etwa die Hälfte von ihnen Abitur. Bis auf einen Fall handelte es sich um die biologischen Väter der Jugendlichen. Ihre Ehepartnerinnen waren im Durchschnitt etwa vier Jahre jünger als sie und verfügten ebenfalls über eine für ihre Generation recht hohe formale Bildung. Anhand dieser und weiterer soziodemographischer Merkmale können die Familien mehrheitlich der oberen Mittelschicht zugerechnet werden.

einseitige Betrachtung

2.2 Variablen

Als Merkmale des *väterlichen Wohlbefindens* gingen Selbstauskünfte der Väter zu ihrem Selbstwertgefühl, ihren Selbstwirksamkeitserwartungen, ihrer Lebenszufriedenheit sowie dem Selbstkonzept der gesundheitlichen Verfassung in die Auswertungen ein, die zu beiden Meßzeitpunkten als Teile standardisierter Fragebögen in den Wohnungen der Familien erhoben wurden. Die Väter schätzten jeweils eine Reihe einschlägiger Aussagen danach ein, in welchem Ausmaß sie die eigene Sicht angemessen wiedergaben. Das geschah anhand vierstufiger Ratings (0 = trifft nicht zu;

3 = trifft völlig zu), die zu Auswertungszwecken für jeden Aspekt aufsummiert und durch die Anzahl der Aussagen dividiert wurden. Das globale *Selbstwertgefühl* wurde durch sechs Items erfaßt (z.B. »Im Grunde tue ich viel, worauf ich stolz sein kann.«; »Ich bin mit mir zufrieden.«; *alphas* = .82, .72). Die Skala zu *Selbstwirksamkeitserwartungen* der Väter bestand aus zehn Items (z.B. »Es bereitet mir keine Schwierigkeiten, meine Absichten und Ziele zu verwirklichen.«; »In unerwarteten Situationen weiß ich immer, wie ich mich verhalten soll.«; *alphas* = .90, .87). *Lebenszufriedenheit* wurde durch fünf Items gemessen (z.B. »Ich fühle mich glücklich.«; »In meinem Leben müßte sich einiges zum Besseren ändern.«, negativ gepolt; *alphas* = .84, .82). Einschätzungen zur eigenen *Gesundheit* und körperlichen Robustheit gaben die Väter schließlich anhand von fünf Items ab (»Ich muß selten wegen einer Krankheit zuhause bleiben«; »Ich bin ziemlich anfällig für Krankheiten«, negativ gepolt; *alphas* = .76, .78).

Neben den Fragebogenerhebungen wurden zu jedem Meßzeitpunkt *Interaktionsdaten* erfaßt. Die vorliegende Arbeit bezieht sich auf Gespräche zwischen Vätern und Müttern und den teilnehmenden Jugendlichen, die durch eine Planungsinstruktion (›plan-something-together task‹, Grotevant & Cooper 1985) in standardisierter Weise evoziert wurden. Die im Mittel etwa 15minütigen Unterhaltungen wurden auf Tonband aufgezeichnet und wörtlich transkribiert. Die Kodierung erfolgte durch eine adaptierte Version eines von Powers (1982) eingeführten Kategoriensystems (DECS). Der Gesprächsfluß wurde zu diesem Zweck in Äußerungseinheiten (›speech‹) eingeteilt, welche die Redebeiträge eines Sprechers bis zu ihrem spontanen Ende oder Abschluß durch eine gelungene Unterbrechung seitens der Partner umfassen. Jede Äußerung wurde einer von insgesamt 25 Basiskategorien zugeordnet, die wie ›Frage nach Fakten‹, ›Gegenmeinung‹ oder ›einfache Zustimmung‹ von Powers mit dem Ziel entwickelt wurden, die Funktion von Beiträgen im Verlauf der Unterhaltung zu erfassen. Das genauere Vorgehen und die Basiskategorien werden von Eichler et al. (1993) berichtet. Eine Zusammenfassung in acht Aggregatkategorien hat sich in früheren Analysen des Materials bewährt (z. B. Noack & Fingerle 1994, Noack 1995).

Im Sinne der vorliegenden Fragestellung konzentrierten sich die Auswertungen auf vier Aggregatkategorien. Unter den Äußerungen der Interaktionspartner der Väter waren dabei zunächst affektiv getönte Beiträge von besonderem Interesse. In die Kategorie *Unterstützung* gehen explizite Ermutigungen sowie verbindlicher Humor ein. *Konflikt* hingegen umfaßt verbale Angriffe und Ausfälle sowie sarkastischen oder abwertenden Humor. Die übrigen berücksichtigten Kategorien betreffen Äußerungen auf der Sachebene, das heißt solche, die an der gemeinsamen Planungsaufgabe orientiert sind. Allerdings zeigen sie sachliche oder Statuskonfrontationen an. Es handelt sich um Dominanz beanspruchendes *Lenken* (Aufforderungen, Befehle, gesprächsteuernde Einlassungen) und *Herausforderungen* (Gegenmeinung, Gegenargument, Kritik, einfache Ablehnung). Die einbezogenen Kategorien sind in der Abbildung 1 zusammengefaßt und durch Beispieläußerungen veranschaulicht.

Abbildung 1: Kategorien und Gesprächsbeispiele

Unterstützung

| Mutter: | Nach Sinsheim ins Automuseum, das ist ein toller Vorschlag. |

Konflikt

Jugendliche/r:	Da wirst Du auch so braun.
Mutter:	Du willst braun werden, also diesen komischen Kuraufenthalt…
Jugendliche/r:	Ich will aber nicht auf 'ne Rundreise.
Vater:	Reiß dich mal zusammen, verdammt.

Lenkung

| Mutter: | Also halten wir fest, wir machen eine Mittelmeerkreuzfahrt. |
| Mutter: | Jetzt paß doch auf. |

Herausforderung

| Jugendliche/r: | …und ihr sitzt im Planwagen und ich reit' dann nebenher. |
| Vater: | Ja und wer soll dann die Pferde führen? |

Die Äußerungen, auf die sich die jeweilige Kategorie bezieht, sind hervorgehoben.

Um mögliche Verzerrungen zu vermeiden, die aus Variationen in der Länge der jeweils geführten Gespräche resultieren können, wurden je Kategorie relative Häufigkeiten gebildet, d.h. die Auswertungen basieren auf dem Anteil einer Kategorie an der Gesamtzahl der Äußerungen eines Sprechers.

2.3 Auswertungsschritte im Überblick

Als Basis für das Verständnis der zentralen Ergebnisse wurden in einem vorgeschalteten Auswertungsschritt die *Mittelwerte* der vier Aspekte väterlichen Wohlbefindens untersucht. Diesem Zweck dienten multivariate Varianzanalysen mit dem Geschlecht der Jugendlichen und dem Alter der Väter als unabhängige Variablen sowie dem Meßzeitpunkt als Meßwiederholungsfaktor. Die Berechnungen wurden nach der ›Regressionsmethode‹ durchgeführt, so daß mögliche Meßwiederholungseffekte kontrolliert waren für das Alter der Väter und mithin als Hinweise auf Einflüsse zu deuten sind, die von der Entwicklung der Jugendlichen ausgehen.

Zusammenhänge zwischen dem Wohlbefinden der Väter und dem Interaktionsverhalten ihrer Partner wurden durch Korrelationen geprüft. Neben den querschnittlichen Korrelationen zum ersten Meßzeitpunkt wurden längsschnittliche Partialkorrelationen berechnet, die es erlauben, die vermutete Richtung der Effekte zu spezifizieren. Zu diesem Zweck wurde das väterliche Wohlbefinden zum Meßzeitpunkt 2 mit dem Partnerverhalten zum Meßzeitpunkt 1 korreliert, unter Auspartialisierung des Wohlbefindens zum Meßzeitpunkt 1. Die resultierenden Koeffizienten, die – technisch gesprochen – Zusammenhänge zwischen den Verhaltensweisen der Interaktionspartner und Veränderungen des Wohlbefindens der Väter im Folgejahr anzeigen, können zwar im strikten Sinne nicht als Test auf Kausalbeziehungen gelten. Durch die erfolgte Kontrolle möglicher Drittvariableneffekte sowie von Einflüssen des väterlichen Wohlbefindens auf das Partnerverhalten bieten sie jedoch die größtmögliche Annäherung daran auf der Basis natürlich anfallender Variationen und Kovariationen. Um mögliche Unterschiede in den Assoziationen als Funktion des Geschlechts und des absoluten Niveaus des väterlichen Wohlbefin-

dens zu explorieren, wurden neben den Korrelationen für die Gesamtgruppe auch Zusammenhänge separat für Väter von Söhnen
und Väter von Töchtern bestimmt sowie separat für Väter mit
niedriger ausgeprägtem und mit höher ausgeprägtem Wohlbefinden. Die letztere Gruppierung geschah durch Medianhalbierung
für das jeweils betrachtete Wohlbefindensmerkmal.

3 Ergebnisse

Im folgenden werden zunächst Ergebnisse der vorgeschalteten Varianzanalysen zur mittleren Veränderung des väterlichen Wohlbefindens während des Untersuchungsjahres berichtet. Dem schließt
sich die Darstellung der Befunde aus den Zusammenhangsanalysen an, zuerst zum väterlichen Wohlbefinden und dem Verhalten
der Mütter, dann zum Wohlbefinden und den Einlassungen der
Jugendlichen in die Familiengespräche. In Hinblick auf letztere
werden auch Unterschiede in den Zusammenhangsmustern nach
Geschlecht der Jugendlichen sowie nach dem Ausgangsniveau
des väterlichen Wohlbefindens angesprochen.

3.1 Veränderungen im väterlichen Wohlbefinden während des Untersuchungszeitraums

Insgesamt läßt sich zunächst festhalten, daß die untersuchten Väter aus ihrer eigenen Sicht in allen betrachteten Aspekten des
Wohlbefindens zu beiden Meßzeitpunkten positive Ausprägungen
aufwiesen. Mit Mittelwerten zwischen 1.96 und 2.19 bewegten sich
die Einschätzungen deutlich oberhalb der Skalenmitte von 1.5. In
den Varianzanalysen ergaben sich signifikante Effekte nur für das
Selbstwertgefühl sowie die Lebenszufriedenheit, während hinsichtlich Selbstwirksamkeitserwartungen und Gesundheit weder
das Alter der Väter noch das Geschlecht der Jugendlichen oder
der Meßzeitpunkt zur Aufklärung der beobachteten Variationen
beitrugen. Tabelle 1 auf der nächsten Seite zeigt die Mittelwerte für
Selbstwert und Lebenszufriedenheit zu beiden Meßzeitpunkten.

Tabelle 1: Selbstwertgefühl und Lebenszufriedenheit von Vätern in Abhängigkeit vom Meßzeitpunkt (Mzp) und Geschlecht der Kinder im Jugendalter[1]

| | Selbstwertgefühl[*] | | Lebenszufriedenheit[**] | |
	Zeitpunkt 1	Zeitpunkt 2	Zeitpunkt 1	Zeitpunkt 2
Väter von Söhnen	2.20	2.20	2.17	2.14
Väter von Töchtern	1.82	2.07	1.73	1.88

1 n=30; Meßzeitpunkte im Abstand von einem Jahr, Durchschnittsalter der Jugendlichen zum Meßzeitpunkt 1 lag bei 12,9 Jahren.

* Signifikante Effekte in MANOVA mit Alter der Väter, Geschlecht der Jugendlichen und Meßzeitpunkt als Faktoren: Geschlecht ($F_{(1/29)}$=3.24, p<.10, Eta^2=.10), Meßzeitpunkt ($F_{(1/29)}$=5.31, p<.05, Eta^2=.16), Geschlecht × Meßzeitpunkt ($F_{(1/29)}$=5.16, p<.05, Eta^2=.15).

** Signifikante Effekte in MANOVA mit Alter der Väter, Geschlecht der Jugendlichen und Meßzeitpunkt als Faktoren: Geschlecht ($F_{(1/29)}$=2.97, p<.10, Eta^2=.09).

Ein marginaler Effekt des Geschlechts der Kinder auf das *Selbstwertgefühl* der Väter ($F_{(1,29)}$=3.24, p<.10, Eta^2=.10) ging darauf zurück, daß Väter von Söhnen zu beiden Meßzeitpunkten positivere Einschätzungen abgaben als Väter von Töchtern. Daneben ergab sich eine Steigerung des Selbstwerts über das Untersuchungsjahr (Meßzeitpunkt: $F_{(1/29)}$=5.31, p<.05, Eta^2=.16), die allerdings wesentlich aus einer Zunahme bei Vätern von Töchtern resultierte (Geschlecht × Meßzeitpunkt: F(1/29)=5.16, p<.05, Eta2=.15). Parallel zu diesen Befunden zeigte sich auch bei der berichteten *Lebenszufriedenheit* ein marginaler Geschlechtseffekt ($F_{(1/29)}$=2.97, p<.10, Eta^2=.09). Auch hier äußerten sich Väter von Söhnen im Mittel positiver. Veränderungen über die Zeit waren bei diesem Wohlbefindensaspekt hingegen nicht zu beobachten.

3.2 Zusammenhänge zwischen väterlichem Wohlbefinden und dem Interaktionsverhalten der Mütter

Erwartungsgemäß waren eine Reihe signifikanter Zusammenhänge zwischen dem Wohlbefinden der Väter und dem Verhalten ihrer Ehepartnerinnen im Familiengespräch festzustellen. Am systematischsten zeigten sich diese für konflikthaftes und lenkendes Verhalten der Mütter. In Tabelle 2 sind die quer- und längsschnittlichen Korrelationskoeffizienten zusammengestellt.

Je konflikthafter sich die Mütter in die Unterhaltungen einschalteten, umso geringer war das Wohlbefinden der Väter. Während diese negativen Zusammenhänge querschnittlich nur für das väterliche Selbstwertgefühl sowie ihre Lebenszufriedenheit signifikant waren, ergaben sich bedeutsame Partialkorrelationen für alle vier Aspekte des Wohlbefindens. Mithin scheint Konfliktverhalten seitens der Mütter wie vorhergesagt eine Verringerung des Wohlbefindens ihrer Partner nach sich zu ziehen. Ähnliches gilt in abgeschwächter Form auch für Dominanzansprüche der Mütter, die sich in lenkenden Gesprächsbeiträgen äußern. Unter den gleichzeitigen Zusammenhängen waren jene mit der väterlichen Lebenszufriedenheit und ihrer wahrgenommenen Gesundheit signifikant, längsschnittlich fand sich eine substantielle Partialkorrelation mit der Selbstwirksamkeit der Väter.

Tabelle 2: Querschnittliche und gerichtete Zusammenhänge zwischen mütterlichem Interaktionsverhalten in Familiengesprächen und väterlichem Wohlbefinden[1]

Aspekte des Verhaltens der Mutter	Wohlbefinden des Vaters			
	Selbstwertgefühl	Selbstwirksamkeit	Lebenszufriedenheit	Gesundheit
Lenken				
r	$-.23$	$-.12$	$-.36$ (p<.05)	$-.29$ (p<.10)
r_{part}	$-.18$	$-.28$ (p<.10)	$-.12$	$-.09$
Herausforderung				
r	$-.12$	$-.10$	$-.07$	$.07$
mr_{part}	$.14$	$.07$	$-.24$	$.12$
Konflikt				
r	$-.43$ (p<.01)	$-.17$	$-.30$ (p<.10)	$-.23$
r_{part}	$-.33$ (p<.05)	$-.42$ (p<.05)	$-.33$ (p<.05)	$-.25$ (p<.10)
Unterstützung				
r	$-.17$	$-.17$	$-.29$ (p<.10)	$.00$
r_{part}	$.27$ (p<.10)	$.21$	$-.03$	$-.14$

1 Berichtete querschnittliche Korrelationen beruhen auf Daten von Meßzeitpunkt 1 (n=30); gerichtete Effekte wurden spezifiziert durch Partialkorrelationen zwischen dem mütterlichen Verhalten (Mzp 1) und väterlichem Wohlbefinden im Folgejahr (Mzp 2) unter Kontrolle der Vormessung des väterlichen Wohlbefindens (Mzp 1) (n=27).

Hinsichtlich herausfordernder Äußerungen der Mütter war das Muster der Korrelationen wenig eindeutig. Ein auf den ersten Blick gegenintuitives Muster war für mütterliche Unterstützungen einerseits sowie Selbstwert und Selbstwirksamkeit der Väter andererseits zu beobachten. Während die gleichzeitigen Korrelationen negativ ausfielen, waren die gerichteten Zusammenhänge positiv (Selbstwert: $r_{part} = .27$, $p < .10$; Selbstwirksamkeit: $r_{part} = .21$, ns). Unterstützung war offenbar erwartungsgemäß dem väterlichen Selbstkonzept förderlich. Im Einklang mit der Interpretation eines früheren Befunds negativer simultaner Zusammenhänge zwischen mütterlicher Unterstützung und der gleichzeitigen Qualität des Familienklimas (Noack 1993) lassen sich die querschnittlichen Korrelationen als Anzeichen gegensinniger Effekte deuten: Mütter scheinen auf aktuelle oder antizipierte Probleme in der Familie mit affektiv positiven Äußerungen zu reagieren, etwa mit dem Ziel, Eskalationen vorzubeugen. Die negativen simultanen Assoziationen, die in der hier berichteten Studie beobachtet wurden, könnten entsprechend darauf zurückgehen, daß mütterliche Unterstützungen in einer aktuell angespannten Situation das Klima fördern und auf diesem Weg indirekt auch die Väter positiv beeinflussen.

3.3 Zusammenhänge zwischen väterlichem Wohlbefinden und dem Interaktionsverhalten von Jugendlichen

Auch konflikthaftes Verhalten seitens der Jugendlichen in den Familien wirkte sich offenbar negativ auf das väterliche Wohlbefinden aus. Während dies zwar praktisch nicht für die berichtete Gesundheit der Väter galt, waren die querschnittlichen Korrelationen für die drei übrigen Aspekte im Einklang mit den Hypothesen hochsignifikant, die Partialkorrelationen mit dem väterlichen Selbstwert zumindest in der erwarteten Richtung und marginal bedeutsam. Lenkende Äußerungen der Jugendlichen schienen in der Gesamtgruppe hingegen nicht dieselbe Rolle zu spielen wie Lenkungen durch die Mütter. Demgegenüber zeigten sich hinsichtlich des herausfordernden Verhaltens der Jugendlichen zumeist negative Zusammenhänge. Querschnittlich galt dies praktisch durchweg, längsschnittlich wurde allerdings nur der gerichtete Zusammenhang mit den väterlichen Selbstwirksamkeitserwartungen signifikant. Das väterliche Wohlbefinden variierte schließlich weitgehend unabhängig von unterstützenden Einlassungen der Jugendlichen in die Familiengespräche. Nur der gerichtete Effekt auf die väterliche Gesundheit war marginal bedeutsam ($r_{part} = .25, p < .10$). In Tabelle 3 werden die Korrelationen vorgestellt.

Tabelle 3: Querschnittliche und gerichtete Zusammenhänge zwischen dem Interaktionsverhalten von Jugendlichen in Familiengesprächen und Aspekten des väterlichen Wohlbefindens[1]

| Verhalten der/des Jugendlichen | Wohlbefinden des Vaters | | | |
	Selbstwert-gefühl	Selbst-wirksamkeit	Lebens-zufriedenheit	Gesund-heit
Lenken				
r	−.08	.09	−.28 (p<.10)	.00
r$_{part}$	.05	−.10	.12	−.01
Herausforderung				
r	−.34 (p<.05)	−.24	−.29 (p<.10)	−.34 (p<.05)
r$_{part}$	−.15	−.35 (p<.05)	.10	.09
Konflikt				
r	−.63 (p<.001)	−.42 (p<.01)	−.64 (p<.001)	−.07
r$_{part}$	−.27 (p<.10)	−.30 (p<.10)	−.10	−.10
Unterstützung				
r	.03	.03	.10	.13
r$_{part}$	−.03	.17	−.07	.25 (p<.10)

1 Berichtete querschnittliche Korrelationen beruhen auf Daten von Meßzeitpunkt 1 (n=30); gerichtete Effekte wurden spezifiziert durch Partialkorrelationen zwischen dem Verhalten der Jugendlichen (Mzp 1) und väterlichem Wohlbefinden im Folgejahr (Mzp 2) unter Kontrolle der Vormessung des väterlichen Wohlbefindens (Mzp1) (n=27).

3.4 Ergänzende Befunde

Angesichts der geringen Größe der Teilstichproben, die zur Untersuchung *geschlechtsspezifischer Variationen* gebildet wurden, mag es nicht verwundern, daß die Koeffizienten für Söhne und Töchter nur in wenigen Fällen substantiell voneinander abwichen. So erwiesen sich beispielsweise lenkende Äußerungen der Söhne als abträglich für die von den Vätern wahrgenommene eigene Gesundheitsverfassung ($r = -.48$, $p < .05$), während das Gegenteil für Lenkungen seitens der Töchter galt ($r = .56$, $p < .05$). Herausforderungen der Töchter gingen indessen mit einer Abnahme der erlebten väterlichen Selbstwirksamkeit einher ($r = -.66$, $p < .01$), das Vorzeichen in der Teilstichprobe der Söhne war hingegen positiv ($r = .21$, ns). Diese bedeutsamen Unterschiede illustrieren jedoch treffend das Gesamtmuster der Koeffizienten. Während die Väter

auf konfrontative Äußerungen ihrer Töchter eher mit Wohlbefindenseinbußen reagierten, schienen entsprechende Äußerungen
der Söhne tendenziell förderlich zu sein. Das Gegenteil war für das
dominanzbeanspruchende Lenken zu beobachten. Weniger einheitlich waren die Korrelationen für Unterstützung. Sie lassen allerdings vermuten, daß affektiv positives Verhalten eher Wohlbefin-
denssteigerungen nach sich zog, wenn es von Söhnen und nicht
von Töchtern ausging.

Auch der *Vergleich der korrelativen Muster für Väter mit höher
beziehungsweise niedriger ausgeprägtem Wohlbefinden* ergab einige interessante Befunde. Sie lassen sich dahingehend zusammenfassen, daß konflikthaftes sowie herausforderndes Verhalten der
Jugendlichen eher das Wohlbefinden jener Väter zu gefährden
scheint, die ohnehin in ihrem Lebensgefühl und Selbstkonzept
beeinträchtigter sind. Diese Gruppe reagierte hingegen positiv auf
unterstützende Äußerungen der Söhne und Töchter, während
Väter mit gut ausgeprägtem Wohlbefinden mitunter sogar negative
Reaktionen zeigten. Substantielle Unterschiede ergaben sich allerdings vor allem für die gleichzeitigen Korrelationen. Hinsichtlich
lenkendem Verhalten, das von den Jugendlichen ausging, waren
die Korrelationsmuster wenig eindeutig. Dennoch läßt sich festhalten, daß Väter mit einer pessimistischen Perspektive auf ihr eigenes Leben vulnerabler für konflikthaftes und herausforderndes
Verhalten ihrer Söhne und Töchter waren, das ihre negative Sicht
noch zu akzentuieren schien.

4 Weiterführende Diskussion

Das Ziel der berichteten Studie war, Einflüsse der Qualität der Beziehungen in Familien mit Jugendlichen, wie sie sich im familialen
Interaktionsverhalten äußern, auf das Wohlbefinden von Vätern zu
untersuchen. Die betrachteten Aspekte des Wohlbefindens zeigten
zwar im Mittel nur leichte Veränderungen über den erfaßten Zeitraum von einem Jahr. Interindividuelle Unterschiede zwischen
den Vätern sowohl im Ausmaß des Wohlbefindens als auch in dessen Veränderung ließen sich jedoch systematisch durch Merkmale
des Interaktionsverhaltens von Müttern und Jugendlichen aufklä-

ren. Vor allem konflikthafte Äußerungsformen der Partner aus beiden Generationen setzten der väterlichen Befindlichkeit zu. Dieser Befund bestätigt die Deutung von in früheren Arbeiten (zum Beispiel Silverberg & Steinberg 1987) gefundenen Zusammenhängen zwischen Konflikten in Familien mit Jugendlichen und Maßen der psychosozialen Anpassung von Vätern in zweierlei Hinsicht. Zum einen legt die Tatsache, daß sich diese Beziehung auch bei Berücksichtigung von Verhaltensdaten nachweisen läßt, nahe, daß tatsächlich der konkrete Umgang innerhalb der Familie Väter nicht unberührt läßt und daß die erfaßten Zusammenhänge nicht bloß auf eine positiver oder negativer gefärbte Wahrnehmung zurückgehen, die das Erleben der Familie wie das Konzept von der eigenen Person prägt. Zum anderen konnte auch die angenommene Richtung der Effekte belegt werden.

Die Untersuchung zeigte weiterhin, daß nicht nur wütende Angriffe, sarkastischer Humor und Abwertungen seitens der Partner eine Wirkung auf die Befindlichkeit von Vätern haben, sondern auch das Ausmaß, in dem Mütter und Jugendliche – oft scheinbar – auf der Sachebene konfrontativ agieren. Bei den Müttern zeigten eher dominanzbeanspruchende Verhaltensweisen diesen Effekt, wenn sie beispielsweise viele Aufforderungen äußerten oder lenkend in das Gespräch eingriffen. Ähnliches scheint tendenziell auch für Söhne zu gelten. Eine vergleichbare Rolle spielen in Familien mit Töchtern offenbar Herausforderungen durch die weiblichen Jugendlichen. Es ist allerdings zu berücksichtigen, daß diese nach dem Geschlecht der Jugendlichen differenzierten Ergebnisse angesichts der noch schmaleren Datenbasis nur mit Vorsicht interpretiert werden sollten. Dennoch gibt es also Anhaltspunkte dafür, daß interpersonale Konflikte scheinbar auch auf der Sachebene ausgetragen werden und die Väter systematisch entsprechende Reaktionen zeigen. Ähnliches hatte sich auch in früheren Analysen des Selbstkonzepts der Jugendlichen in Abhängigkeit vom Partnerverhalten ergeben (Noack 1995). Dies ist insofern eine wichtige Beobachtung, als affektives Konfliktverhalten im Mittel mit eher niedriger Frequenz auftritt, während zumindest Herausforderungen im gemeinsamen Planungsgespräch wie auch in anderen Gesprächstypen nicht selten sind. Vor diesem Hintergrund läßt sich vermuten, daß sachorientierte Konfrontationen eine wesentliche Rolle als »zivilisierte«, implizite Form der Austragung von Gegensätzen und der Aushandlung von Rollen in der Familie mit Jugendlichen darstellen könnten. Würden sie nicht in diesem Sinne als ernst verstanden, wären die festgestellten Reaktionen unwahrscheinlich.

Der Befund legt auch eine Qualifizierung individuationstheoretischer Aussagen nahe. Zwar ist beispielsweise Youniss und Smollar (1985) beizupflichten, daß die Aushandlungen, die den Wandel der Familienbeziehungen während des Jugendalters voranbringen, nicht die grundlegende Verbundenheit der Familienmitglieder zu gefährden scheinen. Hinzuzufügen ist jedoch, daß die Verhandlung unterschiedlicher Sichtweisen und Ansprüche von Eltern und Jugendlichen offenbar ihre psychosozialen Kosten haben.

Die eigenen Ergebnisse geben allerdings auch erste Hinweise darauf, daß eine Einschränkung des Gesagten angezeigt ist. Sowohl die Wohlbefindenseinbußen unter dem Eindruck konfliktären und konfrontativen Partnerverhaltens als auch die aufbauende Wirkung von Unterstützungen zeigten sich in stärkerem Maße bei Vätern mit einer vergleichsweise schlechteren Befindlichkeit. Jene Väter hingegen, die über ein besseres Wohlbefinden berichteten, waren im Mittel weniger beeindruckt von den Erfahrungen in der familialen Interaktion. Offenbar akzentuieren Auseinandersetzungen in der Familie, wie vermutet, ein schlechteres Selbstkonzept und eine geringere Lebenszufriedenheit bei Vätern. Das Muster erinnert an analoge Befunde zur familialen Entwicklung im Jugendalter (Steinberg 1993, vgl. Montemayor 1983).

Heftige Konflikte scheinen Familien nicht »aus heiterem Himmel« zu treffen. Offenbar gilt das nur für eine verschwindend geringe Minderheit der Fälle, während betroffene Familien zumeist schon auf eine bis in die Kindheitsjahre der Jugendlichen zurückreichende Geschichte von Familienkonflikten zurückblicken, die unter den familialen Herausforderungen und möglichen Belastungen in der ersten Hälfte des Jugendalters wieder zum Ausbruch kommen oder sich verschärfen. Auch was diesen Teil der eigenen Untersuchung angeht, sollten angesichts der geringen Fallzahl, die aus der für die Analyse notwendigen Aufteilung der Stichprobe resultierte, Schlußfolgerungen nur mit Zurückhaltung gezogen werden.

Allgemein muß die berichtete Studie wegen der geringen Stichprobengröße als explorativ gelten. Die Befunde können nur Suchrichtungen für zukünftige Forschungen weisen. Eine weitere Einschränkung ergibt sich aus der homogenen, mittelschichtlastigen Zusammensetzung der Untersuchungsgruppe. Neben der Replikation der Ergebnisse wäre demnach eine weitere Anforderung an auf sie aufbauende Arbeiten, zu prüfen, ob ähnliche Muster auch für Familien in anderen sozialen Lagen gelten.

Schließlich ist bei der Interpretation zu berücksichtigen, daß das erfaßte Partnerverhalten ohne Spezifizierung des jeweiligen Adressaten in die vorgestellten Analysen einging. Es bleibt beispielsweise offen, ob Herausforderungen seitens der Jugendlichen jeweils den Vätern oder aber den Müttern galten. Dieser Umstand ist weitgehend unproblematisch, wenn die analysierten Äußerungen als Indikatoren der Qualität familialer Beziehungen auf Verhaltensebene aufgefaßt werden. Eine interessante weiterführende Frage wäre indessen, ob Väter (noch) heftiger in ihrem Wohlbefinden reagieren, wenn sie die direkte Zielscheibe konfrontativer Einlassungen sind. Noch einen Schritt darüber hinaus würde die Berücksichtigung der Abfolge von Äußerungen führen, wie sie eine sequenzanalytische Bearbeitung von Interaktionsdaten bereitstellt (vgl. Gottman & Bakeman 1979). So wäre zu prüfen, ob eine systematische Abwehr oder Kritik väterlicher Meinungsäußerungen die gleichen Konsequenzen zeitigt wie Herausforderungseskalationen zwischen Vätern und Jugendlichen, die für sachorientierte Auseinandersetzungen als typisch gelten können (z.B. Hofer et al. 1993). Eine solche Aufbereitung der eigenen Daten hatte beispielsweise mit Blick auf die Jugendlichen in den Familien gezeigt, daß mit dem Anteil von Herausforderungseskalationen an den erfaßten Unterhaltungen – also Sequenzen, in denen Herausforderungen eines Interaktionsteilnehmers direkt mit der Herausforderung durch einen anderen beantwortet werden – ein schlechteres Selbstkonzept der Jungen und Mädchen einherging (Stulgies 1995). Analoge Auswertungen, die Einflüssen auf die Väter nachgehen, stehen derzeit noch aus. Im Verlauf der eigenen Arbeiten ebenso wie vor dem Hintergrund des allgemeinen Forschungsstands stellt die berichtete Studie einen ersten Schritt dar, wobei die ermittelten Ergebnisse ermutigen, den eingeschlagenen Weg weiterzuverfolgen.

Literatur

Allen, J. P., Hauser, S.T., Bell, K. L. & O' Connor, T. G. (1994). Longitudinal assessment of autonomy and relatedness in adolescent-family interactions as predictors of adolescent ego-development and self-esteem. *Child Development, 65*, pp. 179–194.

Beck, A., Fingerle, M. & Noack, P. (1993). *Einflüsse der Pubertät Jugendlicher auf Familienklima und elterliche Selbstkonzepte.* Poster auf der 4. Tagung der Fachgruppe Pädagogische Psychologie, Mannheim, 22. bis 24. September.

Blos, P. (1979). *The adolescent passage.* New York: International Universities Press.

Caspi, A. & Moffitt, T. (1993). When do individual differences matter? A paradoxical theory of personality coherence. *Psychological Inquiry, 4*, pp. 247–271.

Cooper, C. R., Grotevant, H. D. & Condon, S.M. (1983). Individuality and connectedness in the family as a context for adolescent identity formation and role-taking skill. *New Directions for Child Development, 22*, pp. 43–58.

Duvall, E. M. & Miller, B. C. (1985). *Marriage and family development.* New York: Harper & Row.

Eichler, A., Fingerle, M. & Noack, P. (1993). *Jugendgespräche. Manual Kategorisierung.* Unveröff. Manuskript, Universität Mannheim.

Gottman, J. M. & Bakeman, R. (1979). The sequential analysis of sequential data. In M. E. Lamb, S.J. Suomi & G. R. Stephenson (eds.), *Social interaction analysis.* Madison: The University of Wisconsin Press, pp. 185–206.

Grotevant, H. D. & Cooper, C. R. (1986). Individuation in family relationships. A perspective on individual differences in the development of identity and role-taking skill in adolescence. *Human Development, 29*, pp. 82–100.

Harter, S. (1990). Self and identity development. In S.S.Feldman & G. R. Elliott (eds.), *At the threshold.* Cambridge: Harvard University Press, pp. 352–387.

Hofer, M., Pikowski, B., Fleischmann, T. & Spranz-Fogasy, T. (1993). Argumentsequenzen in Konfliktgesprächen. *Zeitschrift für Sozialpsychologie, 24*, S. 15–24.

Lerner, R. M. & Spanier, G. B. (eds.) (1978). *Child influences on marital and family interaction. A life-span perspective.* New York: Academic Press.

Mead, G. H. (1978). *Geist, Identität und Gesellschaft.* Frankfurt/M.: Suhrkamp.

Montemayor, R. (1983). Parents and adolescents in conflict. All families some of the time and some families most of the time. *Journal of Early Adolescence, 3,* pp. 83–103.

Noack, P. (1993). Zusammenhänge zwischen Familieninteraktionen und Beziehungsqualitäten aus Sicht der Familienmitglieder. *Zeitschrift für Familienforschung, 5,* S. 115–133.

Noack, P. (1995). *Entwicklung naher Beziehungen im Jugendalter. Individuation in Familie und Freundschaft und ihre Zusammenhänge mit autonomierelevanten Aspekten des Selbstkonzepts Jugendlicher.* Unveröff. Habilitationsschrift, Universität Mannheim.

Noack, P. & Fingerle, M. (1994). Gespräche Jugendlicher mit Eltern und gleichaltrigen Freunden. *Zeitschrift für Entwicklungspsychologie und Pädagogische Psychologie, 4,* S. 331–349.

Pikowsky, B. & Hofer, M. (1992). Die Familie mit Jugendlichen. Ein Übergang für Eltern und Kinder. In M. Hofer, E. Klein-Allermann & P. Noack (Hrsg.), *Familienbeziehungen.* Göttingen: Hogrefe, S. 194–216.

Powers, S. I. (1982). *Family interaction and parental moral development as a context for adolescent moral development.* Unveröff. Diss., Harvard University.

Silverberg, S. B. & Steinberg, L. (1987). Adolescent autonomy, parent-adolescent conflict, and parental well-being. *Journal of Youth and Adolescence, 3,* pp. 293–312.

Small, S. A., Eastman, G. & Cornelius, S. (1988). Adolescent autonomy and parental stress. *Journal of Youth and Adolescence, 5,* pp. 377–391.

Steinberg, L. (1990). Autonomy, conflict, and harmony in the family relationship. In S. S. Feldman & G. R. Elliott (eds.), *At the threshold.* Cambridge: Harvard University Press, pp. 255–276.

Steinberg, L. (1993). *Adolescence.* New York: McGraw Hill.

Stulgies, S. (1995). *Sequentielle Organisation von Gesprächen mit Eltern und Freunden und Persönlichkeitsentwicklung im Jugendalter.* Unveröff. Diplomarbeit, Universität Mannheim.

Youniss, J. & Smollar, J. (1985). *Adolescent relations with mothers, fathers, and friends.* Chicago: University of Chicago Press.

LOTHAR SCHON

Vater und Sohn

Entwicklungspsychologische Betrachtungen
der ersten Jahre einer bedeutsamen Beziehung

Der Beitrag bietet einen Überblick zur Entwicklung der
Vater-Sohn-Beziehung aus psychoanalytischer
Perspektive. Der Schwerpunkt liegt dabei auf den
bisher noch weitgehend vernachlässigten ersten
Lebensjahren des Sohnes. Nach einigen Überlegungen
zum Wunsch des erwachsenen Mannes nach einem
Sohn folgt eine Betrachtung der Vater-Sohn-Beziehung
im ersten Lebensjahr. Der Autor zeigt, daß der Vater
in dieser Zeit keineswegs als eine Art »zweite Mutter«
für den Sohn fungiert. Anschließend wird das psycho-
analytische Konzept der frühen Triangulierung auf die
Charakteristika der Beziehung zwischen Vater und
Sohn im zweiten und dritten Lebensjahr übertragen.
Der anwesende Vater als Befreier, Störenfried und
Identifikationsfigur spielt eine große Rolle bei der
Festigung des Selbst und der Objektbeziehungen des
kleinen Sohnes. Das überwiegend positiv getönte
Beziehungsdreieck zwischen Vater, Mutter und Sohn
erleichtert dem Jungen zwischen viertem und sechstem
Lebensjahr die Bewältigung des ödipalen Konflikts.
Nach einem kurzen Ausblick auf Latenz und Adoles-
zenz endet der Artikel mit einem Abschnitt über die
Vatersehnsucht vaterloser Söhne, die der Autor in
einem eigenen Forschungsprojekt untersucht hat.

This article offers a summary of the development of
the father-son-relationship from a psychoanalytic
perspective with the focus on the first years of the
son's life, sofar neglected by psychological
research. After some thoughts on the wish of the

adult male for a son the survey begins with a consideration of the father-son-relationship in the first year of the son's life. The author shows that during this period the father is not just a kind of »second mother« for his son. Subsequently, the psychoanalytic concept of early triangulation is transferred to the characteristics of the father-son-relationship during the second and third year of life. The present father as liberator, intruder and object of identification plays an important role in the little son's development of self and object relation. The mainly positive family triangle of father, mother and son alleviates the mastering of the oedipal conflict between the age of four and six. After a brief look at latency and adolescence the article ends with a paragraph on the father hunger of fatherless sons, on which the author has himself done some research.

1 Einleitung

Die Beziehung zwischen Vater und Sohn hat zu allen Zeiten die Menschen bewegt, vor allem natürlich die Männer: als Söhne ihrer Väter und als Väter ihrer Söhne; als junge Schutzbefohlene älterer Männer und als Meister, Leitfiguren oder Vorgesetzte jüngerer Männer. Das tiefe Band zwischen dem Vater und seinem leiblichen Sohn, aber auch die Verbindung zwischen Vaterfiguren und »Söhnen« im übertragenen Sinn prägen das Leben eines jeden Mannes im Guten wie im Schlechten.

Erst kürzlich hat der Kinofilm »Der erste Ritter« die Über-höhung dieser Bindung in der Tafelrunde des sagenumwo-benen Königs Artus erneut thematisiert. Die enge Verbun-denheit mit dem »Vater« (hier: König) gipfelt nicht nur in dieser Legende in der Bereitschaft, für ihn und seine Sache in den Tod zu gehen. Wir brauchen unser Jahrhundert gar nicht zu verlassen, um zahllose Beispiele dieses hehren Loya-litätsbeweises zu finden.

Eine sehr einfühlsame Geschichte erzählt der Film »Il Postino«: Während seines Aufenthalts im italienischen Exil lernt der berühmte chilenische Dichter Pablo Neruda einen naiven Fischerssohn kennen, der ihm täglich seine Post bringt. Zwischen beiden entsteht eine durch Bewunderung und Idealisierung seitens des Jüngeren gekennzeichnete Vater-Sohn-Beziehung. Durch den großen Dichter entdeckt der Hilfspostbote die Poesie, und Neruda wird für ihn sogar zum persönlichen Glücks- und Ehestifter. Nach seinem Vorbild beginnt der Jüngere, sich politisch für die Kommunisten zu engagieren. Das traurige Ende des Films zeigt, wie er bei einer kommunistischen Großdemonstration zu Tode kommt, auf der er ein selbstverfaßtes politisches Gedicht vortragen wollte.

Auch für ein anderes negatives Extrem – die Ermordung des Vaters durch den Sohn – gibt es in Geschichte und Mythologie ebenso wie in der Gegenwart zahllose Beispiele: »Auch du, mein Sohn Brutus!« soll Cäsar ausgerufen haben, als der junge Römer, den er nach einem Aufstand großmütig verzeihend unter seinen Schutz genommen hatte, ihn mit dem Dolch erstach. In dem Film »Kinderspiele« tötet der junge Micha seinen Vater unbeabsichtigt und in Notwehr, als dieser ihn gerade einmal wieder brutal zusammenschlägt. Ähnliche Fälle werden häufig in den Zeitungen berichtet.

Ist die Vater-Sohn-Beziehung mörderisch, möchte man sich angesichts dieser Beispiele fragen? Müssen Söhne für ihren Vater oder einen Ersatzvater in den Tod gehen, wie es abertausende deutscher Männer für ihren »Führer« taten? Muß ein Sohn seinen Vater oder dessen psychischen Stellvertreter töten, um seinen Platz einzunehmen, wie dies Brutus beabsichtigte? Die Psychoanalyse hat – unter anderem mit der Formulierung der Narzißmustheorien und des Ödipuskomplexes – brauchbare Hypothesen zur Erklärung solcher Phänomene angeboten.

Aus heutiger psychologischer Perspektive möchte ich folgende Fragen stellen: Unter welchen Umständen ist die Beziehung zwischen Vater und Sohn »mörderisch« (auch im übertragenen Sinn)? Warum und wie kann sich eine solche Dynamik entwickeln? Und unter welchen Bedingungen ist sie es nicht? Wie kann eine erfreuliche, lebensbejahende und entwicklungsfördernde Vater-Sohn-Beziehung aussehen?

Diesen Fragen liegt eine Annahme zugrunde, die für mich erste Voraussetzung meiner Beschäftigung mit dem Thema ist, und die ich an dieser Stelle auch nicht weiter hinterfragen möchte. Es ist die Annahme, daß die Beziehung zwischen Vater und Sohn eine existentiell wichtige und bedeutsame Beziehung für beide ist. Den potentiell positiven Seiten dieser Beziehung möchte ich in meinem Beitrag einen größeren Raum geben, aber ich meine, die destruktiven und gefährlichen Aspekte, die sich auch heute allenthalben auswirken, verlangen ebenfalls nach Beachtung.

Der Schwerpunkt meiner entwicklungspsychologischen Betrachtungen liegt auf den ersten Jahren dieser Beziehung. Ein ursprünglich geplanter Längsschnitt über alle Entwicklungsphasen bis hin zum Erwachsenenalter des Sohnes hätte den Rahmen dieses Beitrags überschritten. Die ersten Jahre der Vater-Sohn-Beziehung bestimmen zudem sehr weitgehend darüber, was später möglich ist und was nicht. Insofern scheint es mir lohnenswert, sie eingehender zu beleuchten.

An anderer Stelle (Schon 1995) habe ich die entwicklungspsychologische Tradition der Mutter-Kind-Forschung aus zweierlei Gründen kritisiert: Erstens wegen ihrer *Einseitigkeit*, der die Annahme zugrunde liegt, die Mutter sei zumindest in den ersten Lebensjahren die ausschließliche Bezugsperson des Kindes. Zweitens wegen ihrer *dyadischen* Betrachtungsweise. – Fast immer wurde die Mutter-Kind-Beziehung unter dem Aspekt der Zweisamkeit untersucht, und man vergaß, daß diese Beziehung in der Realität häufig und innerpsychisch immer in ein *Beziehungsdreieck* eingebunden ist, in dem (auch bei alleinerziehenden Müttern!) der Vater und seine Beziehungen zu Frau und Kind(ern) eine wichtige Rolle spielen. Wenn ich mich im folgenden mit der Vater-Sohn-Dyade beschäftige, so möchte ich nicht ebenfalls den Fehler begehen, sie als eine isolierte Zweierbeziehung zu betrachten. Auch diese Dyade ist eingebettet in ein reales und innerpsychisches Beziehungsdreieck, aus dem die Mutter im wahrsten Sinne des Wortes nicht wegzudenken ist. Und so werde ich nicht umhin können – auch wenn es in diesem Band um Väter geht – immer wieder auch nach der Mutter zu fragen.

2 Der Wunsch des Mannes nach einem Sohn

Frick-Bruder und Schütt unterscheiden narzißtische, depressive und kreative Anteile des Kinderwunsches bei Männern und Frauen. Welche Anteile jeweils überwiegen, hängt vom eigenen kindlichen Erleben der werdenden Eltern ab. Voraussetzung für ein Vorherrschen schöpferischer Anteile des Kinderwunsches ist die gelungene *Triangulierung* (s.u.). Wenn diese gegeben ist, wird das Kind »als autonomes Drittes einer libidinös lebendigen Beziehung um seiner selbst willen gewünscht, das heißt, es überwiegt bei den Eltern die Freude, ihm seine Individuation zu ermöglichen« (Frick-Bruder & Schütt 1992, S.227).

Ein zukünftiges Kind »um seiner selbst willen zu wünschen« hieße konsequenterweise auch, keine Vorlieben zu hegen gegenüber seinem Geschlecht. Es ist jedoch eine Tatsache, daß ein überwiegender Teil aller Männer sich eher einen Sohn wünscht als eine Tochter. Dies gilt in nahezu allen Kulturen; bei manchen Völkern führte und führt es sogar zur Tötung von erstgeborenen Mädchen. »Rationale« Beweggründe wie die Notwendigkeit eines »Stammhalters« oder der Wunsch eines Bauern oder Handwerkers nach einem kräftigen Sohn, der ihm bei der Arbeit zur Hand geht, können nur eine oberflächliche Erklärungsfolie für das Phänomen der männlichen Bevorzugung von Söhnen bieten. Feministische Ansätze, die den Erhalt der patriarchalen Vormachtstellung des Mannes und die Sicherung der Unterdrückung des Weiblichen hervorheben, bilden nur einen Teilausschnitt tieferliegender Hintergründe ab. In unserer Gesellschaft, in der die Gleichberechtigung der Frau zumindest vordergründig weit fortgeschritten ist, erfährt die männliche Bevorzugung eines Sohnes eine nicht zu unterschätzende soziale Zensur: Viele Männer würden sie nicht mehr offen äußern, bei anderen ist die tiefe Sehnsucht nach einem Sohn längst der Verdrängung anheimgefallen.

Welche unbewußten Gründe kann der starke Wunsch des Mannes nach einem Sohn haben? Diamond (1991) nennt einige Aspekte, von denen ich drei herausgreifen und näher beleuchten möchte.

2.1 Die Umkehrung der Vater-Sohn-Beziehung

Diamond betont die Bedeutung der Beziehung eines Mannes zu den fürsorglichen Qualitäten seines eigenen Vaters (Diamond 1991, S.48). Aus der überwiegend positiv erlebten Zuwendung des Vaters kann im erwachsenen Mann der Wunsch entstehen, nun selbst väterliche Liebe an einen Sohn weiterzugeben. In diesem guten Fall kann der betreffende Mann sozusagen »aus dem vollen schöpfen«: Wie oft ertappt sich ein solcher Vater dabei, daß er dem Sohn auf genau dieselbe Weise etwas erklärt oder beibringt, wie es einst sein Vater mit ihm tat.

In dem Disney-Streifen »König der Löwen« rettet Mufasa, der König, seinen Sohn Simba aus einer tödlichen Gefahr, in die dieser aus Leichtsinn und Übermut geraten war. Danach entwickelt sich ein Gespräch zwischen Vater und Sohn über Mut, Angst und Stärke. Mufasa bringt seinem Sohn bei, daß es nicht mutig ist, sich in Gefahr zu begeben, sondern dumm. Und die idealisierte Vorstellung des Sohnes, sein Vater habe niemals Angst, rückt er zurecht mit den Worten: »Doch, auch ich habe Angst. Ich hatte Angst um dich!«

Danach erzählt er Simba etwas, das schon sein eigener Vater ihm einst sagte: Er weist auf den Sternenhimmel mit der Bemerkung, dort oben seien alle Könige der Vorzeit versammelt und schauten auf sie herab. Wenn Simba einmal allein und hilflos sei, solle er sich dessen bewußt sein und sich an ihre Stärke und Weisheit erinnern. Auch er selbst, Mufasa, werde nach seinem Tod dort oben sein.

Es ist diese innere Repräsentanz eines schützenden, liebevollen und klugen Vaters, die es dem später vaterlos heranwachsenden Simba ermöglicht, seinen Platz im Leben zu finden. Eine Repräsentanz, die aus der realen Erfahrung mit seinem leiblichen Vater gespeist wird, aber auch aus dem Erleben, daß dieser Vater selbst eingebettet ist in eine Form von übergeordneter, positiv besetzter Väterlichkeit.

Doch auch eine negative Vater-Sohn-Beziehung kann den unbewußten Wunsch entstehen lassen, nun einmal »den Spieß herumzudrehen« und mit Hilfe eines eigenen Sohnes all die Gefühle von Ohnmacht und Hilflosigkeit loszuwerden, die der Vater einem beschert hat.

Ein weiterer Aspekt betrifft die Wiedergutmachung als Ausdruck von Schuldgefühlen über die eigene Abnabelung: Indem man(n) den Eltern einen Enkel schenkt, gibt man ihnen den kleinen Sohn wieder, der man selbst nicht mehr ist.

Die Wiederbelebung des eigenen, bereits verstorbenen Vaters kann heimliches Motiv des männlichen Wunsches nach einem Sohn sein. Brazelton & Cramer (1991) beschreiben unter der Überschrift »Der Säugling als Geist der Vergangenheit« eindrucksvolle Fälle von Eltern, die in ihrem Kind unbewußt einen Elternteil und die Interaktion mit diesem wiederbeleben.

2.2 Die Erweiterung und das Überleben des eigenen Selbst

Unter diese Kategorie fallen narzißtische Tendenzen in der Vaterschaft im guten wie im schlechten Sinne: Das Streben nach Selbstaktualisierung in der Beziehung zu einem erwünschten Sohn kann bedeuten, die eigene kindliche Entwicklung mit seinem Jungen noch einmal nachzuerleben, sich den damals erfahrenen Problemen und Konflikten erneut zu stellen und daran zu wachsen.

Doch auch der unbewußte Wunsch nach Unsterblichkeit gehört hierher: Der schwer zu ertragende Gedanke an das Älterwerden und den Tod kann durch einen »Wunschsohn« kompensiert werden, der in Vaters Fußstapfen treten und sein Leben und Werk fortsetzen soll. Der phantasierte Sohn kann in der Vorstellung des Vaters auch all das verwirklichen, was dem Vater selbst verwehrt blieb, zum Beispiel ein berühmter Tennis-Star zu werden. In diesem Bereich liegt schon vor der Geburt eines realen Sohnes durchaus destruktives Konfliktpotential: Je mächtiger die selbstreparativen und selbstaufwertenden Vorstellungen des Mannes über seinen künftigen Sohn sind, desto größer wird seine narzißtische Wut sein, wenn der Sohn sich ganz anders entwickelt, als der Vater es für ihn geplant hat.

An dieser Stelle kommen natürlich auch die Vorstellungen der Mutter ins Spiel. Auch sie hat ja Phantasien darüber, wie ihr »Sohnemann« einmal werden soll. Ähneln sie dem Bild, das ihr Mann von seinem künftigen Sprößling hat, oder sind sie vielleicht ganz das Gegenteil davon? Wie viele Jungen wurden schon von ihren Vätern verächtlich als »Muttersöhnchen« bezeichnet? Und wie viele Mütter wenden sich mit der Bemerkung »Genau wie dein Vater!« enttäuscht von ihren Söhnen ab? Hier wird deutlich, wie groß auch der Einfluß der elterlichen Beziehung auf die künftige Entwicklung des Sohnes ist.

In dem autobiographischen Roman »Padre Padrone« schildert Gavino Ledda die quälende und brutale Geschichte der Beziehung zwischen sich und seinem Vater: Der Vater nimmt den kleinen Gavino aus der Schule und entfernt ihn von Mutter und Geschwistern, um ihn zu seinem Ebenbild zu machen – einem Schafhirten in den kargen Hügeln Sardiniens. Es beginnt ein zähes Ringen um Autonomie und Unterwerfung, und als der herangewachsene Sohn beschließt zu lernen, um den Schulabschluß nachholen und studieren zu können, will der Vater ihn töten. Die ebenfalls unterdrückte Mutter und die Geschwister werden zu ängstlichen Randfiguren in dem mörderischen Kampf zwischen Vater und Sohn, der nur durch einen totalen Abbruch der Beziehung und das Fortgehen Gavinos aus seiner Heimat beendet werden kann.

2.3 Der Wunsch nach einem Sohn als Ausdruck homosexueller Libido

Ross (1982) hat sich die Mühe gemacht, in den Schriften Freuds versprengte Anmerkungen über homosexuelle Libido und den negativen Ödipuskomplex im Zusammenhang mit dem männlichen Kinderwunsch zusammenzutragen. Vereinfachend kann man diese Zusammenhänge etwa so formulieren: Ausgehend von seiner These der ursprünglichen psychischen Bisexualität des Kindes nahm Freud an, daß sich der vollständige Ödipuskomplex (s.u.) aus einem positiven und einem negativen Bestandteil zusammensetzt.[1] Der negative Ödipuskomplex des Jungen ist Ausdruck seiner homosexuellen Libido, die sich auf den Vater richtet: In Identifikation mit der Mutter nimmt der Junge in psychosexueller Hinsicht eine passive Position ein und wünscht sich ein Kind von seinem Vater. Diese Wünsche werden jedoch meistens zugunsten einer Identifikation mit dem Vater und einer aktiven psychosexuellen Position – den heterosexuellen Strebungen – rasch und umfassend verdrängt. Dennoch ist der Kinderwunsch des Mannes zu einem nicht unerheblichen Teil auf diese weibliche Identifikation zurückzuführen (zu anderen Motiven des männlichen Kinderwunsches, vgl. Mertens 1994, S.189f.).

Was ist nun das Schicksal der homosexuellen Libido im heterosexuell lebenden Mann? Ein Weg besteht in der Sublimierung homoerotischer Strebungen in innigen nicht-sexuellen Beziehungen zu anderen erwachsenen Männern. Einen anderen Ausdruck findet die homosexuelle Libido im männlichen Wunsch nach einem Sohn und in der gelebten Beziehung zu diesem. Häufig ist die Beziehung zu einem Sohn der einzige Ort, an dem ein Mann sich gestattet, auch zärtliche Liebesregungen gegenüber einem anderen männlichen Wesen auszudrücken und zu leben. Problematisch sind in diesem Zusammenhang Vater-Sohn-Beziehungen, die durch eine überstarke Homophobie des Vaters geprägt werden: Solche Väter verbieten sich und ihren Söhnen jeglichen Ausdruck von Weichheit und Zärtlichkeit in der gleichgeschlechtlichen Beziehung.

Das Gegenstück des Wunsches und der Sehnsucht ist die Angst vor einem Sohn. Auch diese Angst kann viele Gesichter haben. Neben der Befürchtung, vom eigenen Sohn einst überflügelt und in seinen Schwächen bloßgestellt zu werden, ist die Furcht des Mannes zu erwähnen, durch den Sohn bei seiner Frau an die zweite Stelle verwiesen zu werden. Hier kann sich sowohl eine alte Geschwisterrivalität des werdenden Vaters spiegeln als auch

---

1 »Positiv« und »negativ« sind nicht im Sinne von Wertungen gemeint, sondern ähnlich dem Begriff der positiven und negativen Ladung in der Physik zu verstehen. Weniger mißverständlich wäre es vielleicht, von einem hetero- und einem homosexuellen Bestandteil des Ödipuskomplexes zu sprechen.

die einstige kindliche Stellung im Beziehungsdreieck mit den eigenen Eltern, wie Frick-Bruder und Schütt betonen: »Die Angst vor dem Verlust der Zuwendung einer Mutter-Frau ... ist dann besonders stark, wenn der Sohn in der unglücklichen Ehe seiner Eltern Partnerersatz der Mutter war« (Frick-Bruder & Schütt 1992, S.225).

Ich meine, man kann davon ausgehen, daß die Gefühle der meisten Väter gegenüber ihren künftigen Söhnen eine Mischung aus Wünschen, Hoffnungen und Ängsten, aus liebevollen und feindseligen Impulsen darstellen. Auch wird die künftige reale Beziehung zwischen Vater und Sohn immer positive und negative Seiten enthalten, wenn auch von Fall zu Fall in durchaus unterschiedlicher Gewichtung. Denn mit Stanley Cath ist davon auszugehen, »that not only do our parents fill us with growing, but they simultaneously interfere with the process« (Cath 1989, S.301f.).

3   Muttergefühle?
Der Vater und sein männlicher Säugling

3.1 Allgemeine Anmerkungen zur frühesten Vater-Kind-Beziehung

Werden Väter an der Wiege und am Wickeltisch gebraucht? Und wenn ja: Wozu? Fungieren sie als eine Art zweite Mutter, so wie das auch Omas, Tanten oder Babysitterinnen tun, oder gibt es eine spezifisch väterliche Funktion gegenüber dem Säugling und Kleinstkind? – Mit der Diskussion dieser Frage kann man hitzige Debatten unter Entwicklungspsychologen, Psychoanalytikern, Säuglingsforschern und anderen Fachleuten auslösen. Doch leider ist die empirische Ausgangsbasis im Sinne differenzierter Befunde über diesen Gegenstand ausgesprochen dürftig, so daß nach wie vor Yogmans bedauerliches Fazit Gültigkeit behält: »In spite of all that has recently been written, our knowledge of the nature of the father's relationship with and influence on young infants is still quite limited« (Yogman 1982, S.121). Immerhin gibt es einige relativ gesicherte psychologische Erkenntnisse:

(1) Für das Baby ist es förderlich, mehr als eine verläßliche Bezugsperson zu haben. Die Vorteile liegen auf der Hand: Für den Säugling bestehen sie in einem breiteren Angebot an Außenreizen und Interaktionsmöglichkeiten, für die sogenannten »primären Bezugspersonen« in einer Entlastung von der ständigen Fürsorge und alleinigen Verantwortung.

(2) Im Sinne der Entwicklung von Psychosexualität und Geschlechtsidentität (vgl. dazu Mertens 1992) ist es für Kinder beiderlei Geschlechts wichtig und gut, möglichst von Anfang an positive und verläßliche Beziehungserfahrungen mit weiblichen *und* männlichen Bezugspersonen sammeln zu können. Alleinige Beziehungen zu versorgenden Frauen führen unter anderem dazu, daß Väter, Männer und Männlichkeit zu einer Art angstmachendem »dunklen Kontinent« werden.

(3) Väter eignen sich im Normalfall aufgrund ihrer spezifischen Beziehungen zu Frau und Kind besonders gut als »Dritte im Bunde«: Wenn die elterliche Beziehung überwiegend positiv getönt ist und der Vater sich das Kind gewünscht hat und es mag, dann kann sich von Geburt des Kindes an ein Beziehungsdreieck entwickeln, das allen drei Beteiligten Wachstum ermöglicht.

Winnicott prägte den Begriff der »primären Mütterlichkeit« und meinte damit, »daß die Mutter … während einiger Wochen nach der Geburt eines Kindes vor allem eingestimmt ist auf (oder besser ›hingegeben an‹) die Versorgung ihres Babys, das ihr zunächst wie ein Teil ihrer selbst vorkommt; außerdem ist sie sehr stark mit dem Baby identifiziert und weiß sehr gut, wie das Baby sich fühlt. Dafür benützt sie ihre eigenen Erfahrungen als Baby. Auf diese Weise ist die Mutter selbst in einem abhängigen Zustand und sehr verletzlich« (Winnicott 1990, S. 109). Dem Vater kommt nach Winnicott die Aufgabe zu, diese Mutter-Kind-Symbiose von außen zu sichern und der ihrerseits abhängigen Mutter durch liebevolle und verläßliche Zuwendung und emotionale Unterstützung die Regression zu ermöglichen, die dieses »Hingegebensein« an das Baby erfordert.

Ist dies wirklich das einzig denkbare und »natürlichste« Modell der Rollenverteilung zwischen Mutter, Vater und Kind? Ist eine

Mutter wirklich in der Lage (und sollen wir es ihr abverlangen), über Wochen und Monate regressiv hingegeben an ihren Säugling stets einfühlsam zwischen Wiege und Wickeltisch hin- und herzuschweben? Und ist es wünschenswert, daß der Vater – ganz Vertreter der Außenwelt – diese Mutter-Kind-Einheit lediglich mittelbar stützt und sichert? Gibt es auch so etwas wie »primäre Väterlichkeit«, eine unmittelbare und vielleicht partiell ebenfalls regressiv getönte Beziehung des Vaters zu seinem neugeborenen Kind?

Frick-Bruder und Schütt meinen dazu: »Primäre Väterlichkeit resultiert aus dem Bewußtsein der Zeugung…, das heißt aus bewußt übernommener Verantwortung für das Kind und aus Freude an seiner Entwicklung. Die Anwesenheit einer dritten Person, *die nicht irgendwann dazukommt, sondern von Anfang an gleichberechtigte Bedeutung hat,* stellt die natürlichste Lösung aus dem Abhängigkeits- und Überforderungsdilemma der frühen Mutter-Kind-Beziehung dar« (Frick-Bruder & Schütt 1992, S. 224, Herh. v. Verf.).

Hier ist also die erste und wichtigste Aufgabe des Vaters als Drittem zu sehen: selbst eine Beziehung zu seinem Baby zu entwickeln und damit das »Abhängigkeits- und Überforderungsdilemma« der allzu engen und auschließlichen Mutter-Kind-Beziehung aufzufangen oder besser gar nicht erst entstehen zu lassen. Weiter meinen Frick-Bruder und Schütt: »Dabei liegt die Chance dieser Konstellation auch darin, daß Mutter und Vater sich hinsichtlich ihrer Weiblichkeit und Männlichkeit klar voneinander unterscheiden und damit das jeweils Andere und Anderssein verkörpern, aber auch über Anteile des jeweils anderen Geschlechts verfügen.«

Funktion Nummer zwei des frischgebackenen Vaters: Er ist *anders* als die Mutter! Das betrifft zum einen sein Geschlecht, zum anderen aber seine Andersartigkeit als Individuum überhaupt. Väter können durchaus zuweilen »mütterlich« mit ihren Babys umgehen und Mütter eher »väterlich« (s. u.). Für das Baby geht es in erster Linie um »Differenzerfahrungen« innerhalb der Triade Vater-Mutter-Kind (Buchholz 1990, S. 124).

Es ist also nicht Aufgabe des Vaters, »zweite Mutter« für das Baby zu sein und möglichst alles ganz genauso zu machen wie Mama. Frick-Bruder und Schütt warnen vor dieser falsch verstandenen »neuen Väterlichkeit« und halten sie für eine weibliche Identifizierung, »die auf Gleichheit statt Unterschied abzielt und sich damit auch dem eigentlichen Vatersein entzieht« (Frick-Bruder & Schütt 1992, S.226). Auch Jessner sieht es eher kritisch, wenn Väter in Konkurrenz zu den Müttern treten, anstatt ihrer Andersartigkeit im Kontakt mit dem Kind Ausdruck zu verleihen: »Wenn sie (die Väterlichkeit, Anm. d. Verf.) hingegen identisch mit Mütterlichkeit anstatt komplementär zu ihr gesehen wird, kommt es zu einer Verzerrung der authentischen elterlichen Rolle« (Jessner et al. 1970, zit. nach Diamond 1991, S.41).

Ingrid Peisker (1991) spricht von einer »Überbewertung des Mutterns« und der »Verachtung des Väterlichen« in unserer Gesellschaft. Sie betont die Wichtigkeit einer frühen Beziehung zum Vater sowohl für Jungen als auch für Mädchen. Nicht nur der Abwesenheit des Vaters, sondern auch der Passivität, Distanziertheit, mangelnden Männlichkeit und dem Versagen der Autorität des *anwesenden* Vaters schreibt sie einen äußerst negativen Einfluß bereits auf die frühkindliche Entwicklung zu. Durch all diese Faktoren sei das Kind ausgeliefert »an die übermächtige, überbehütende, dominante, verschlingende Mutter« (Peisker 1991, S.17). Dies ist jedoch von Peisker keinesfalls als Schuldzuschreibung an die Adresse der Mütter gerichtet. Schließlich muß man sich fragen, wie es kommt, daß Mütter überbehütend *werden* und welche Rolle die Männer dabei spielen.

Schnack und Neutzling meinen dazu: »Die Beziehung zwischen Mutter und Kind ist leiblich begründet. Auch wenn sich ein Vater sehr um sein Kind kümmert, nachts aufsteht, es wickelt, füttert und mit Küssen überhäuft – der Besonderheit, der ›Exklusivität‹ der frühen Mutter-Kind-Beziehung können all diese sinnvollen Aktivitäten nichts anhaben.« Das Gefühl, trotz gegenteiliger Bemühungen in diese »exklusive« Gemeinschaft nicht hineinzukommen, kann heftigen Neid oder starke Eifersucht hervorrufen: »Manche Männer kultivieren in diesem Zusammenhang ihren Gebärneid. *Wahrscheinlich sind die meisten froh, daß sie ein gutes Argument gefunden haben, um sich von der anstrengenden Versorgung des Neugeborenen zurückzuziehen«* (Schnack & Neutzling 1990, S.15, Hervorh.v.Verf.). Wenn Väter sich in dieser frühen Zeit neidisch, eifersüchtig oder narzißtisch gekränkt aus dem Beziehungsdreieck mit Frau und Kind zurückziehen oder sich erst gar nicht auf dieses Dreieck einlassen können, überlassen sie nicht nur das Baby, sondern auch ihre Partnerin der engen dyadischen Beziehung, in der Mutter und Kind all ihre Bedürfnisse befriedigen müssen.

Es ist bislang hoffentlich deutlich geworden, daß das *Beziehungsdreieck* Vater-Mutter-Kind von Anfang an auf vielfältige Weise eine Rolle spielt und daß der Vater vom ersten Tag an einen erheblichen Einfluß auf die Entwicklung seines Kindes nimmt – auch dann, wenn er sich der aktiven Einflußnahme durch Abwesenheit, Distanz oder Passivität entzieht. Doch was sind die für den Säugling so notwendigen »Differenzerfahrungen«? Was ist »mütterlich«, was »väterlich«, und welche Rolle spielt das Geschlecht des jeweiligen Kindes und Elternteils? Trotz der unbefriedigenden Forschungssituation auf diesem Gebiet können hier zusammenfassend drei Aspekte benannt werden:

(1) Anstatt von »mütterlichen« und »väterlichen« Eigenschaften zu sprechen und diese geschlechtsstereotyp der Mutter und dem Vater zuzuordnen, hält Peisker (1991) es für sinnvoller, ein »mütterliches Prinzip« von einem »väterlichen Prinzip« zu unterscheiden und meint, daß die Erfahrung beider Modi unabdingbar für die psychische Entwicklung ist. Das »mütterliche Prinzip« kann mit Begriffen wie Verschmelzung, Dyade, Harmonie, Empathie und »Hingegebensein« umschrieben werden, das »väterliche Prinzip« läßt sich charakterisieren durch Trennung, Triade, Störung der Harmonie und Abgrenzung zwischen Ich und Du. Es wird nun klar, daß kein Elternteil jemals reiner Vertreter eines dieser beiden Prinzipien sein kann und sollte: »Indem die ›böse‹, ausstoßende Mutter zur Störung der Symbiose beiträgt, übt auch sie väterliche Funktion aus; und indem der Vater die Symbiose aktiv oder begleitend unterstützt, übt auch er mütterliche Funktion aus« (Peisker 1991, S.54). Erst die ausgewogene Mischung beider Erfahrungen – »mütterlicher« und »väterlicher« im übertragenen Sinne[2] – ermöglicht den von Mahler et al. (1982) beschriebenen Entwicklungsprozeß von Loslösung und Individuation, der mit der Geburt – dem ersten Erlebnis von Trennung – einsetzt.

(2) Jeder Säugling macht vom ersten Tag an »gute« und »böse« Beziehungserfahrungen. Eine der schwierigsten Entwicklungsaufgaben besteht darin, diese gegensätzlichen Erfahrungen zunehmend zu integrieren, anstatt die »bösen« Erlebnisse und die damit verbundene Aggression abzuspalten und zu verdrängen. Diese allmähliche Entwicklung des Aushaltens und Akzeptierens von Ambivalenz kann laut Winnicott durch die Erfahrung einer »hinreichend guten Mutter« gewährleistet werden. Heute wissen wir, daß dieses Konzept einer Idealisierung und maßlosen Überforderung der Mutter entspricht und daß zur Integration des »Bösen« in jedem Fall ein Dritter vonnöten ist (s.u.). Das *muß* nicht zwangsläufig der Vater sein, aber er bietet sich im Normalfall dazu an (vgl. dazu Herzog 1982).

Peisker meint dazu: »Je mehr sich die Mutter als ›gute‹ Mutter zu profilieren bemüht, ... desto eher führen ... Ängste und Schuldgefühle in eine Sackgasse; denn ohne den Einfluß des Väterlichen ... verwandelt sich die ›gute‹ Mutter in die ›böse‹ symbiotische, verschlingende, entwicklungshemmende Mutter« (Peisker 1991, S. 126). – Wenn der Vater hingegen anwesend und bereit ist, sich auf eine Beziehung zu seinem Kind einzulassen, ermöglicht er der Mutter, sich ohne schlechtes Gewissen auch zuweilen von den kindlichen Bedürfnissen abzugrenzen (»väterlich« zu sein) und entlastet sie von dem Zwang, sich als »nur gute« Mutter zu »profilieren«.

Umgekehrt wird der ausschließlich im Sinne des väterlichen Prinzips störende, trennende Vater als »nur böser« Vater erlebt, der Integration nicht fördert, sondern behindert: Ob das Kind auch zum Vater eine Beziehung entwickeln kann, die weder einseitig idealisiert noch einseitig als bedrohlich erlebt werden muß, »hängt wesentlich davon ab, inwiefern es

---

2 Im Sinne der Vermeidung von wenig hilfreichen Geschlechtsstereotypien wäre es vielleicht überlegenswert, nicht vom »mütterlichen« und »väterlichen«, sondern von einem »dyadischen« und einem »triangulären Prinzip« zu sprechen. – So kann unter heutigen soziologischen Gegebenheiten durchaus ein Hausmann oder ein alleinerziehender Vater stärker das dyadische Prinzip vertreten, während die Mutter oder andere »bedeutende Dritte« dafür sorgen, daß sich die Dyade öffnet.

dem Vater zusätzlich gelingt, ein ›guter, symbiotischer‹ Vater zu sein, und dies wiederum ist ... entscheidend von den jeweiligen soziologischen Gegebenheiten abhängig« (a.a.O., S. 134).[3] Zusammenfassend können wir also sagen, daß die frühe Erfahrung einer »hinreichend guten *und* bösen Mutter« sowie eines »hinreichend guten *und* bösen Vaters« eine gute Voraussetzung ist, um im Zuge der folgenden Entwicklungsphasen allmählich Aggressionen bewältigen und Ambivalenz aushalten zu lernen.

(3) Die Entwicklung von Psychosexualität und Geschlechtsidentität wird ebenfalls von Anfang an durch die primären Bezugspersonen maßgeblich beeinflußt. Im klassischen Familiensetting steht Kindern beiderlei Geschlechts in der frühesten Entwicklung ein weibliches Liebesobjekt – die Mutter – zur Verfügung, ein männliches hingegen fehlt oder »glänzt« durch weitgehende Abwesenheit. Dies hat unterschiedliche Konsequenzen für Jungen und Mädchen, für beide sind sie jedoch nachteilig (vgl. dazu zum Beispiel Günzel 1989, Olivier 1987). Auch dieser Aspekt spricht also für eine frühe Anwesenheit und Beteiligung von Mutter *und* Vater.

---

3 Eine Kollegin machte mich darauf aufmerksam, daß sich mein Aufsatz an manchen Stellen so liest, als redete ich den traditionellen »soziologischen Gegebenheiten« das Wort, in denen der Vater eine exklusive Ausnahmeerscheinung ist, während ich doch im Gegenteil für die *Anwesenheit und Verfügbarkeit* des Vaters plädieren wolle. – Ich glaube, dieses Dilemma hängt damit zusammen, daß sich mein »psychoanalytischer Blick« sehr stark auf das richtet, was in Vergangenheit und Gegenwart für die allermeisten Kinder Familienrealität ist: eine stark präsente Mutter und ein entweder abwesender oder aber weniger verfügbarer Vater. Die Entwicklung des großen Teils aller Kinder ereignet sich im Rahmen der Verarbeitung genau dieser Konstellationen. Die Utopie einer Gleichberechtigung zwischen Mann und Frau im Hinblick auf die Verteilung der elterlichen Rollen ist bisher meines Erachtens weitgehend eine Utopie geblieben. Natürlich plädiere ich dafür, daß Mütter und Väter eine gleichermaßen starke Präsenz für das Kind haben. Ich glaube allerdings, daß auch unter in diesem Sinne veränderten sozialen Bedingungen entscheidende Unterschiede zwischen Müttern und Vätern, Männern und Frauen bestehen bleiben. Doch die Auseinandersetzung mit dieser Thematik wäre Gegenstand eines anderen Aufsatzes.

3.2 Die Bedeutung der frühesten Beziehung zwischen Vater und Sohn

Wir können nach dem oben Gesagten davon ausgehen, daß der Vater-Kind-Beziehung bereits von Geburt an große Bedeutung zukommt, und daß diese Aussage für Kinder beiderlei Geschlechts gilt. Ist es aber möglich, konkrete Aussagen über die Besonderheiten der Beziehung zwischen einem Vater und seinem *männlichen* Säugling zu machen? Wie oben bereits erwähnt, fehlt es an entsprechenden empirischen Befunden. Sicher drückt sich auch in der einschlägigen Forschung die von Peisker konstatierte Überbewertung des Mutterns und die Geringschätzung des Väterlichen aus. Hier liegt meines Erachtens ein breites wissenschaftliches Feld für Säuglings- und Kleinkindforscher. Immerhin ist es uns möglich, die oben angesprochenen Themenbereiche auf das frühe Dreieck Mutter-Vater-Sohn zu übertragen und einige Vermutungen anzustellen.

a) Einfühlung in den männlichen Säugling

Winnicott hat die Fähigkeit der Mutter thematisiert, sich mit dem Baby zu identifizieren und intuitiv zu wissen, wie das Baby sich fühlt: »Dafür benützt sie ihre eigenen Erfahrungen als Baby« (Winnicott 1990, S. 109). Wenn man davon ausgeht, daß es ein solches präverbales und unbewußtes Wissen aus der eigenen Säuglingszeit gibt und daß sich dieses Wissen positiv auf den Umgang mit dem Baby auswirken kann, dann muß man sich die Frage stellen, ob ein Vater sich nicht in mancher Hinsicht besser in den männlichen Säugling einfühlen kann als eine Mutter. Winnicotts generalisierte These würde ja bedeuten, daß geschlechtsspezifische Unterschiede des Erlebens im Säuglingsalter nicht existierten, und daß Mütter sich sozusagen »geschlechtsneutral« in männliche wie weibliche Babys gleichermaßen identifikatorisch einfühlen könnten, während diese Fähigkeit bei Männern nicht vorhanden oder von Bedeutung sei. Demgegenüber können wir mit Peisker davon ausgehen, daß der »gute, symbiotische Vater« selbstverständlich dieses Einfühlungsvermögen besitzt und diese Fähigkeit seinem Sohn (und natürlich auch seiner Tochter) angedeihen lassen sollte.

b) Umgang mit dem männlichen Säugling

Wir haben inzwischen gesicherte Befunde, daß Mütter mit männlichen Säuglingen anders umgehen als mit weiblichen. Ein Beispiel für geschlechtsspezifisches Pflegeverhalten ist das »Begehren im Blick der Mütter« gegenüber ihren kleinen Söhnen, das die Töchter entbehren müssen, wenn sie es nicht mit dem Vater erleben (vgl. dazu Olivier 1988; aber auch Amendt 1993). Entsprechend gehen wir davon aus, daß auch Väter ihre Söhne von Anfang an anders (an)sehen und behandeln als ihre Töchter. *Beide* Erfahrungen (der »weibliche« und der »männliche« Blick und Umgang) sind für den Säugling wichtig und bedeutsam. So kann beispielsweise die Belastung einer von seiten der Mutter allzu erotisch aufgeladenen Interaktion mit dem männlichen Kind, wie Amendt (1993) sie in seiner Studie beschreibt, durch anders geartete Interaktionen mit dem Vater ausgeglichen werden.

> Brazelton und Cramer (1991) haben auf die Bedeutung früher elterlicher »Phantasmen« und Bedeutungszuschreibungen für den realen Umgang mit den Kindern und damit für die kindliche Entwicklung hingewiesen. So mag Frau A., wenn sie ihren Sohn badet und wickelt, etwa folgende, teils unbewußte Gedanken und Empfindungen haben: »Seine Haut fühlt sich so weich an. Er schaut so lieb, sein Blick ist ganz warm. Man kann jetzt schon sehen, daß er einmal einen kräftigen, männlichen Körper haben wird – so wie sein Vater. Bestimmt wird er einmal ein einfühlsamer und guter Liebhaber«. Herr A. hat bei den selben Verrichtungen ganz andere Phantasien: »Du bist jetzt schon ganz schön kräftig, kleiner Kerl! Ich freu' mich darauf, wenn wir zusammen im Wald herumtollen und Baumhäuser bauen. Du bist auch gar nicht empfindlich, kannst einen kleinen Knuff ganz gut wegstecken. Bestimmt kannst Du Dich mal gut durchsetzen bei den anderen Jungs, darüber mach' ich mir keine Sorgen.«

> Wenn wir uns vorstellen, daß der kleine Junge auf dem Wickeltisch eine Erektion hat, werden auch damit Mutter und Vater auf ganz unterschiedliche Weise umgehen: Frau A. bekommt vielleicht einen kleinen Schreck – die erotische Komponente, die ihr Umgang mit dem Sohn vorbewußt hatte,

droht nun bewußt zu werden und erzeugt in ihr Scham- oder Schuldgefühle. Schnell packt sie den »kleinen Mann« in die Windel, nimmt ihn hoch und beginnt eine ganz andere Interaktionssequenz, indem sie mit ihm spielt. Herr A. empfindet eine Mischung aus Stolz und aufkeimender männlicher Rivalität: »Sieh einmal an, auch hier ›stehst Du also schon Deinen Mann‹, Du kleiner Schwerenöter.« Doch die empathische Identifikation mit den Lust- und Wonneempfindungen des Sohnes überwiegt die Angst vor seiner zukünftigen »Potenz«, und so läßt Herr A. den Sohn noch eine Weile ohne Windel und beobachtet verhalten schmunzelnd, wie der Kleine beginnt, an seinem Penis herumzuspielen. Erst als der Junge seine Aufmerksamkeit auf etwas anderes richtet, beginnt der Vater, ihn anzuziehen.

c) *Vorläufer einer männlichen Geschlechtsidentität*

Im Hinblick auf das Geschlecht verkörpert die Mutter für den Sohn »Anderssein«, der Vater »Gleichsein«. Dies gilt jedoch (zumindest in *kognitiver* Hinsicht) nicht für das erste Lebensjahr, da in dieser Zeit dem Kind Geschlechtsunterschiede noch nicht »bewußt« sind. Der kleine Sohn »weiß» also noch nichts von seinem Geschlecht.[4] Vater und Mutter jedoch sind sich durchaus bewußt, daß sie einen »kleinen Mann« vor sich haben und gehen darum auch von Anfang an geschlechtsspezifisch mit ihm um, wie wir oben gesehen haben.

Wir wissen inzwischen, daß sich die »Kerngeschlechtsidentität« – das sichere Empfinden, *einem* biologischen Geschlecht anzugehören – in den ersten zwei Lebensjahren stabil herausbildet, und zwar ab der Geburt des Kindes. »Dieses Erleben wurzelt ... in den sensomotorischen Erfahrungsmustern ... und stellt ... eine in den Körper und in die Sinne hineingeschriebene Auffassung dar« (Mertens 1992, S. 24).

---

4 Oder doch? *Wir* wissen nicht, was *er* weiß und auf welche Weise er es weiß! Die Beobachtung mancher Interaktionssequenz läßt einen Kollegen vermuten, daß bereits der sechs oder acht Monate alte männliche Säugling auf irgendeine Weise »ahnt« oder »spürt«, daß er ein männliches Wesen ist wie Bruder oder Vater (mündliche Mitteilung von Dr. Franz Rohrmeier).

Wie dieser Prozeß des »Hineinschreibens« der Auffassung des Geschlechts vonstatten geht, darüber sind wir weitgehend auf Vermutungen und psychoanalytische Rekonstruktionen angewiesen. Die Säuglingsforschung hat zu diesem Thema bisher wenig beitragen können. Doch es ist klar, daß eine Mutter *ihre* Auffassung von Männlichkeit – ihre Wünsche, ihr Begehren, ihre Ablehnung usw. – in den Sohn »hineinschreibt« und der Vater *seine*. »These earliest communications between mother and child as well as father and child form the anlagen around which gender-role identity also gradually takes shape« (Tyson 1982, S.177).

Pedersen und Rabson (1969), zwei amerikanische Bindungsforscher, gehören zu den wenigen Autoren, die sich empirisch mit der Vater-Sohn-Beziehung im ersten Lebensjahr befaßt haben: »Pedersen and Rabson found that the degree to which the father participated in caretaking…, engaged in stimulating play…, and was generally emotionally involved with his infant son was related to the infant's attachment to the father. The authors speculated that such early father-son attachment may be an important factor in the sex-role development process« (Biller 1971, S.5). In seinem Buch über väterliche Deprivation trägt Biller Daten zusammen, die unsere Vermutung bekräftigen, »that the quality of the early father-child attachment is an important factor in the child's sex role and personality development« (Biller 1974, S.44).

Während sich der Sohn später durchaus mit den mütterlichen *Vorstellungen von Männlichkeit* identifizieren kann, muß er sich doch von dem realen Geschlecht der Mutter zumindest partiell ent-identifizieren. Sie ist sozusagen kein leibhaftiges »Modell« für Männlichkeit. Das ist der Vater hingegen sehr wohl. Der später unter Umständen schmerzliche Prozeß des Erkennens, nicht so zu sein wie Mama, wird mit großer Wahrscheinlichkeit entlastet, wenn der kleine Junge von Anfang an sensorische, motorische und affektive Erlebnisse mit seinem Vater hat, wenn ihm also im Moment der *kognitiven* Erkenntnis des Geschlechtsunterschieds (etwa ab der Mitte des zweiten Lebensjahres) bereits eine stabile Beziehungserfahrung mit einem, »der so ist wie ich«, zur Verfügung steht.[5]

4 Der Vater als »bedeutsamer Anderer, der so sein muß wie ich«

Die Ausführlichkeit der Betrachtung des ersten Jahres der Vater-Sohn-Beziehung war mir aus zweierlei Gründen wichtig: Zum einen, weil diese Betrachtung – wie mehrfach erwähnt – bisher ein Stiefkind der Forschung zu sein scheint, was sich durchaus ändern ließe. Zum anderen, weil einige der grundlegenden Themen der Vater-Sohn-Beziehung und des Beziehungsdreiecks Vater-Mutter-Kind und somit einige der entscheidenden Entwicklungsaufgaben der nun folgenden Jahre bereits in diesem ersten Jahr angelegt sind. Diese Themen lauten:

(1) »Separation und Individuation« (Mahler et al. 1982), das heißt, die Entwicklung eines zunehmend abgegrenzten Selbsterlebens;

(2) »Ambivalenz«, das heißt, die Integration von »guten« und »bösen« Beziehungserfahrungen und die Handhabung der Aggression innerhalb von Beziehungen;

(3) Bewältigung der psychischen Bisexualität (Buchholz 1990) und Entwicklung einer zunehmend gefestigten Geschlechtsidentität (Mertens 1992, 1994) innerhalb des Beziehungsdreiecks Vater-Mutter-Kind.

Diese Entwicklungsaufgaben und noch einige mehr (zum Beispiel das Thema »Nähe und Distanz« in Beziehungen oder die Fähigkeit zur Symbolbildung) lassen sich zusammenfassen im psychoanalytischen Konzept der Triangulierung. Denn sie sind nicht innerhalb der geschlossenen Zweierbeziehung zu bewältigen, sondern bedürfen eines Drei- oder Mehr-Personen-Beziehungsgefüges, wobei

---

5 Schnack und Neutzling weisen auf eine wichtige unbewußte Motivation *jener* Väter hin, die sich aus der frühen Mutter-Sohn-Beziehung heraushalten: Der überwiegend abwesende, passive Vater ist möglicherweise heilfroh, »daß sein Sohn die emotionalen Bedürfnisse seiner Frau auch weiterhin abdecken wird: Der mächtige Sog der Mutter (und *Frau!*, Anm. d. Verf.) gilt nicht ihm, sondern dem kleinen Hänschen« (Schnack & Neutzling 1990, S. 13).

dem Kind mindestens zwei stabile Bezugspersonen (möglichst unterschiedlichen Geschlechts) zur Verfügung stehen sollten, die auch miteinander in Beziehung stehen. In diesem Sinne spricht manches für die klassische Kernfamilie Vater-Mutter-Kind, und mein Beitrag kann durchaus als Plädoyer für die *Anwesenheit des Vaters* aufgefaßt werden. Doch auch alleinerziehende Eltern oder solche Eltern, die alternative Lebensformen freiwillig oder unfreiwillig gewählt haben, sollten an dieser Stelle nicht verzweifeln. Zum einen belegen viele Forschungsergebnisse, daß ein dauerhaft schlechtes Klima in der Zwei-Eltern-Familie Kindern mehr schadet als eine stabile und friedliche Ein-Eltern-Familie. Zum anderen können Triangulierungsprozesse auch mit anderen Personen als Mutter und Vater durchlebt und bewältigt werden.

Ich habe zu verdeutlichen versucht, daß diese Prozesse bereits mit der Geburt einsetzen. Im zweiten Lebensjahr gewinnen sie nun verstärkt an Bedeutung. Im Bereich der Motorik ermöglicht der aufrechte Gang dem Kind, sich zielstrebig von einem Objekt weg- und zu einem anderen hinzubewegen. In diesem Zusammenhang führen Trennungs*wünsche* ebenso wie Trennungs*ängste* zur Verschärfung des Nähe-Distanz-Themas in der sogenannten »Wiederannäherungskrise« (Mahler et al. 1982). Im Bereich der Kognition vollzieht sich ebenfalls eine enorme Entwicklung: Das Kind beginnt, sprechen zu lernen.[6] Es lernt Objekte und auch sich selbst zu benennen, und es erfaßt irgendwann im zweiten Lebensjahr seine Zugehörigkeit zu einem Geschlecht (und damit die Nicht-Zugehörigkeit zum anderen Geschlecht).

Abelin (1971, 1975, 1986) hat in seiner Theorie der ›frühen Triangulierung‹ den Vater als ersten und bedeutsamsten »Anderen« bezeichnet, der das Kleinkind gegen Ende des ersten und vor allem im zweiten Lebensjahr aus der Enge der Zweisamkeit zwischen Mutter und Kind herausführt und ihm damit zur Entwicklung eines abgegrenzten und eigenständigen Selbst verhilft. Wir haben im vorausgegangenen Abschnitt gesehen, daß die Anwesenheit des Vaters bereits von Geburt an die Ausschließlichkeit

---

6 Und auch die Sprache ist ja etwas Drittes in der Beziehung zu einem Gegenüber.

und »Enge« der Mutter-Kind-Beziehung relativieren kann. Insofern wäre im Zusammenhang des ersten Lebensjahres durchaus von einer »frühesten Triangulierung« zu sprechen.[7]

Erst im Drei-Personen-Beziehungsgefüge zwischen Mutter, Kind *und* Vater und durch den damit möglichen Perspektivenwechsel in der »rotierenden Triade« (Buchholz 1990) wird es dem Kind ermöglicht, sich als autonomes Wesen zu erleben. Es findet also ein Übergang statt von einem stärker dyadisch geprägten Beziehungsmodus (mit Mutter, mit Vater und auch mit anderen) im ersten Lebensjahr zu einem zunehmend triangulären Beziehungserleben im zweiten und dritten Lebensjahr. Dazu ist es notwendig, daß das Kind die psychische Leistung des Erkennens und Anerkennens der elterlichen Beziehung vollbringt. Das rein dyadische Beziehungserleben des Kindes mit der Mutter oder dem Vater birgt die Gefahr des Verbleibens im »narzißtischen Universum« gegenseitiger Spiegelung, die keine klaren Grenzen zwischen Selbst und Anderem zuläßt. Erst die »Spiegelung des Spiegels« (Abelin) mit Hilfe der Beziehung *zweier* bedeutsamer Anderer (in der Regel der Eltern) führt das Kind aus sich selbst heraus und via Identifikation mit dem »Anderen« wieder zu sich selbst zurück, nämlich zu einem abgegrenzten Selbsterleben.

Diesen Prozeß beschreibt Abelin etwa folgendermaßen: Im zunehmend bewußteren Erleben der elterlichen Beziehung entstehen beim Kleinkind im zweiten Lebensjahr Gefühle der Eifersucht und Rivalität. Diese für das noch unentwickelte Selbst des Kindes bedrohlichen Gefühle können durch Identifikation mit dem »Dritten«, dem jeweiligen Rivalen, bewältigt werden: Das Kind versteht etwa ab dem zweiten Lebensjahr, daß dieser Dritte ebensolche Beziehungswünsche an den Zweiten hat wie es selbst. Indem es sich nun in diesen Dritten hineinversetzt, kann es indirekt und in-

---

7 Atkins meint dazu: »This concept (›frühe Triangulierung‹, Anm. d. Verf.) suggests that triangulation is truly present only when the child can *cognitively* assimilate its presence. I postulate that a ›triangular‹ family constellation has a developmental impact on a child from birth on, even though these complex relationships are neither objectified nor differentiated in the child's early experience« (Atkins 1982, S. 144, Hervorhebung L.S.).

nerlich an der Beziehung teilhaben, von der es real zeitweise ausgeschlossen ist.[8]

Abelin (1975) beschreibt diesen Prozeß anhand der Beobachtung von Michael, der nach einem heftigen Anfall von Eifersucht auf die sich umarmenden Eltern im Alter von elf Monaten immer wieder aktiv den Wunsch zum Ausdruck bringt, Papa möge Mama küssen und zärtlich zu ihr sein. Es würde zu kurz greifen, diese Interaktion lediglich als eine Art frühe Reaktionsbildung im Dienste der Abwehr von Eifersucht zu verstehen. Michael hat offenbar auch *Vergnügen* daran, wenn »*der*, der so ist wie ich« *die* umarmt, bei der er selbst so gern im Arm liegt.

Dieses aus Eifersucht und Rivalität entstehende »Hineinversetzen« in die Perspektive eines anderen Menschen ist das erste Aus-sich-Herausgehen, das nie mehr vollkommen rückgängig zu machende Verlassen des narzißtischen Universums. Es ist Triangulierung im eigentlichen Sinne.

Während Abelin aus matrizentrischer Perspektive davon ausging, daß der Dritte immer *ein anderer als die Mutter* ist – in erster Linie der Vater, darüberhinaus aber auch Geschwister und andere wichtige Bezugspersonen –, meine ich, daß die Rollen im Dreieck ständig wechseln und somit auch die Mutter die Dritte sein kann, nämlich dann, wenn das Kind auf deren Beziehung zum Vater eifersüchtig ist und sich situativ Nähe zum Vater und nicht zur Mutter wünscht. Natürlich kann auch ein Elternteil der situativ ausgeschlossene Dritte sein, der eifersüchtig ist auf die Beziehung der beiden anderen.

Es gibt hinsichtlich der Entwicklungsaufgabe der ›frühen Triangulierung‹ große interindividuelle Unterschiede, die mit der kon-

---

8 Hier wird auch der Zusammenhang von Triangulierung und Symbolbildung angedeutet: Für das Kind entsteht ein symbolischer, *innerer* Beziehungsraum, den es jederzeit betreten kann, unabhängig von der äußeren Anwesenheit und Zugewandtheit realer Bezugspersonen. Der erste Schritt dieser Entwicklung der »Fähigkeit zum Alleinsein« wurde von Winnicott mit dem Konzept des »Übergangsobjekts« beschrieben (z.B. Winnicott 1990, S. 143ff.).

kreten Familienkonstellation zusammenhängen, beispielsweise mit dem Ausmaß der Anwesenheit des Vaters, der Rollenverteilung der Eltern, der An- oder Abwesenheit von Geschwistern usw. Auch kann man mit Abelin davon ausgehen, daß dieser Entwicklungsschritt bei Jungen und Mädchen unterschiedlich verläuft.[9]

Wie nun kann die Beziehung zwischen Vater und Sohn während dieser frühen Triangulierung des Sohnes aussehen?

4.1 Der Vater als »Befreier« des Sohnes

Im »klassischen« Familiensetting mit traditioneller Rollenverteilung gestaltet sich diese Entwicklungsphase etwa folgendermaßen: Durch die wachsende und heftige »Ambitendenz« (Mahler et al. 1982) des Sohnes gegenüber der Mutter – das Hin- und Hergerissensein zwischen Nähe- und Distanzwünschen, liebevollen und feindseligen Gefühlen – wird die Mutter-Sohn-Beziehung zunehmend instabil, aufreibend und bedrohlich. Der von diesen Konflikten »unkontaminierte« Vater (Abelin) wird zum Retter und »Ritter in schimmernder Rüstung« (Kris), der den Sohn von Zeit zu Zeit aus dieser aufgeladenen Atmosphäre herausholt und ihm eine verläßliche, neue, aufregende Beziehung anbietet, die dadurch gekennzeichnet ist, daß der Vater dem Sohn »die Welt« zeigt, also mit ihm gemeinsam das mütterliche Universum verläßt. Zudem bietet der Vater dem Sohn ein Modell dafür, daß Entfernung von der Mutter keineswegs Abbruch der Beziehung zu ihr bedeutet: Der Vater geht ja täglich fort von der Mutter, ohne sie zu verlieren: Er kehrt stets zu ihr zurück und wird (im guten Fall)[10]

---

9 Wenngleich das von ihm diesbezüglich entwickelte Modell meines Erachtens zu verwerfen ist (Abelin 1986, vgl. dazu Schon 1995).

10 Hierher gehört das »Hänschen-Klein«-Thema, das verdeutlicht, wie entscheidend die mütterliche Reaktion auf das »Fortgehen« des Sohnes ist: Muß sie so sehr weinen, daß Hänschen voller Schuldgefühle zurückkehrt, noch bevor er die Welt entdeckt hat? Oder kann sie mit einem gewissen Stolz die zunehmende Eigenständigkeit des Sohnes fördern? – Leider gibt es im Lied vom Hänschen keinen Vater, der an dieser Stelle für beide hilfreich sein könnte...

immer wieder liebevoll empfangen, so daß auch der Sohn es wagen kann, sich zu entfernen.[11]

In einem »modernen« Familiensetting, das durch die frühe Anwesenheit des Vaters geprägt ist, erfaßt die zunehmende Konflikthaftigkeit auch die Vater-Sohn-Beziehung. Nicht nur die Mutter wird mal als »gut« und mal als »böse« erlebt, sondern auch der Vater (s.o.). In diesem Fall fungieren beide Eltern abwechselnd als »Retter«: Wird der eine Elternteil situativ als »böse« erlebt, existiert immer noch die Sicherheit der Beziehung zum anderen Elternteil, der dann kurzfristig zum »nur guten« Befreier und Erlöser werden kann.

Im Falle des Sohnes kommt allerdings eine Komponente hinzu, die dem Vater als Retter noch eine andere Bedeutung verleiht: Es geht nicht nur um die Rettung aus einer allzu engen, »verschlingenden« Beziehung zur Mutter – also um das Nähe-Distanz-Thema (wie ja beim Mädchen auch), sondern zunehmend auch um die Sicherung der aufkeimenden Geschlechtsidentität: Die »böse« Mutter »verschlingt« im Erleben des Sohnes nicht nur dessen Autonomiestrebungen und droht ihm die Freiheit zu nehmen, sondern sie bedroht auch das aufkeimende Gefühl des »Andersseins« im Sohn, das sich durch die Erkenntnis des Geschlechtsunterschieds zunehmend entwickelt. Dieses »Anderssein als Mama« wird vom Vater in der Regel nicht bedroht, sondern unterstützt und gestärkt (s.u.).

4.2 Der Vater als »Störenfried« und Rivale des Sohnes

Wenn wir also davon ausgehen, daß auch die Beziehung zum (anwesenden!) Vater durch Ambitendenz gekennzeichnet ist, dann besteht der Gegenpol zum »Vater als Befreier« aus der zu eng ge-

---

11 Wie trügerisch diese einseitig glorifizierte Vater-Sohn-Beziehung, die angeblich so »unkontaminiert« von Ambitendenz und Aggression sein soll, selbst in diesem traditionellen Familiensetting sein kann, davon zeugt Goethes »Erlkönig«, der die bedrohlichen Seiten auch dieser Beziehung thematisiert. Herzog (1980) hat Goethes Gedicht aufgegriffen, um die Bedeutung der Vater-Sohn-Beziehung für die Bewältigung von Aggression hervorzuheben.

wordenen Mutter-Sohn-Beziehung im »Vater als Störenfried«, der die harmonischen und glückspendenden Nähe-Erlebnisse mit der Mutter immer wieder dadurch beeinträchtigt, daß er auf den Plan tritt und die Mutter seinerseits beansprucht: In Hänschen dämmert die Erkenntnis, daß Mama keineswegs mit ihm alleine glücklich ist, sondern daß sie sich nach Papa sehnt, sich freut, wenn er kommt und dann vielleicht zeitweise Hänschen durchaus vernachlässigt. – Das ist natürlich ein klassisch ödipales Thema, und schon Klein (1927) hat darauf hingewiesen, wie früh die ödipale Konfliktsituation Eingang findet in das Beziehungsdreieck. Allerdings meine ich, daß im zweiten und dritten Lebensjahr seitens des Sohnes diesem Rivalitätskonflikt noch die genital-sexuelle Ebene fehlt, die zwischen dem 4. und 6. Lebensjahr durchaus an Bedeutung gewinnt (s.u.). In der frühen Triangulierung geht es um das Gewahrwerden, daß die eigenen Beziehungswünsche mit denen der anderen kollidieren können und um den Umgang mit daraus resultierenden Aggressionen. Der Vater hat eben nicht nur eine wichtige Bedeutung als Befreier (»guter Vater«) – auch seine Funktion als Störenfried (»böser Vater«) ist wichtig und notwendig für die Entwicklung des Sohnes, und ein Vater, der sich (aus welchen Gründen auch immer) der Aufgabe entzieht, die Mutter-Sohn-Beziehung zu »stören« und als Dritter präsent zu sein, versagt im Sinne des »väterlichen Prinzips«.

4.3 Der Vater als »einer, der so ist wie ich«

Mit der Erkenntnis des anatomischen Geschlechtsunterschieds wird der Vater für den Sohn zu »einem, der so ist wie ich« (s.o.). Diese psychosexuelle Identifikation spielt auf vielfältige Weise in die anderen Entwicklungsthemen (Autonomie, Aggression usw.) hinein. An dieser Stelle ist es nun entscheidend, ob der reale Vater eine vertraute Bezugsperson ist oder ein »dunkler Kontinent« (s.o.). Die ohnehin schwierige teilweise Ent-Identifizierung von der Mutter wird zusätzlich erschwert, wenn der Vater sich als vertrautes, positives Identifikationsobjekt nicht zur Verfügung stellen kann. In diesem Fall kann der Sohn die so notwendige Differenzierung von der Mutter nicht bzw. nur unvollständig oder verzögert wagen, da ihm kein väterliches Alternativ-Angebot zur Verfügung steht.

Demgegenüber kann die Vater-Sohn-Beziehung auf der Basis gegenseitiger Identifikation im 2. und 3. Lebensjahr eine »Hochblüte« erreichen in gemeinsamen Spielen und Unternehmungen, die das »Wir-Gefühl« auf der männlichen Ebene stärken, ohne jedoch gegen die Mutter und die Frauen im allgemeinen gerichtet zu sein.

4.4 Die Rolle der Mutter für die Beziehung zwischen Vater und Sohn

Natürlich kommt auch hier die Mutter aktiv ins Spiel, indem sie ihre Einstellung gegenüber dem Vater an den Sohn (unbewußt) weitervermittelt. Hält auch sie ihren Mann für ein liebens- und begehrenswertes Gegenüber, oder ist ihre eigene Beziehung zu ihm so negativ geprägt, daß sie den Sohn vor dem Vater schützen möchte beziehungsweise eine innige Beziehung zwischen Vater und Sohn nicht billigen kann? »Discovering Daddy: The Mother's Role« ist der Titel eines Beitrags von Atkins (1982), der dem mütterlichen Einfluß auf die Vater-Sohn-Beziehung auf die Spur geht.

Im guten, einigermaßen gelungenen Fall kann die frühe Triangulierung für den kleinen Jungen bedeuten, ein abgegrenztes Selbsterleben zu entwickeln, »böse« und »gute« Aspekte von Mutter und Vater in differenzierten Beziehungen zu beiden zunehmend zu integrieren und dadurch auch mit eigenen »bösen« Anteilen (Aggressionen) umgehen zu lernen sowie ein gefestigtes, positiv besetztes Gefühl dafür zu erlangen, ein Junge zu sein, der sich in mancher (aber keineswegs in jeder) Hinsicht von Mädchen und Frauen unterscheidet.

5 Liebe und Rivalität: Wenn Hänschen die Frau von Hans begehrt

In Astrid Lindgrens Kinderbuch »Karlsson vom Dach« sitzt Lillebror, der kleine Held der Geschichte, eines morgens bei der Mutter auf dem Schoß, nachdem Vater und ältere Geschwister bereits aus dem Haus gegangen sind. In einem Gespräch mit der Mutter entwickelt Lillebror folgende Gedanken: Wenn sein großer Bruder Birger einmal heirate und dann sterben würde, ob er – Lillebror – dann seine »alte Frau« nehmen müsse, da er doch von Birger auch immer dessen abgetragene Kleidung und nicht mehr benötigte Spielsachen bekomme? Die Mutter lacht und beruhigt Lillebror: Nein, die alte Frau von Birger müsse Lillebror nicht heiraten, er könne sich eine eigene aussuchen. Mit seiner kleinen Freundin Gunilla mag Lillebror sich allerdings ein Zusammenleben nicht vorstellen, obwohl er sie gern hat. Statt dessen meint er, er könne doch die Mutter heiraten, die sei ihm sowieso am liebsten von allen. Die Mutter gibt zu bedenken, daß sie ja bereits mit Papa verheiratet ist, und was der wohl dazu sagen würde? Nach einigem Nachdenken meint Lillebror, es sei doch wirklich zu dumm, daß er und der Vater in dieselbe Frau verliebt seien. Die Mutter sagt, sie fände das eigentlich ganz schön. Nach einer weiteren Pause bemerkt Lillebror, immerhin könnten sie auf diese Weise alle zusammenleben, und das findet er »phenominal«.

Auf erfrischende und amüsante Weise schildert Astrid Lindgren hier den ödipalen Konflikt des kleinen Lillebror, den man aus psychoanalytischer Sicht folgendermaßen interpretieren könnte: Lillebror hat zunächst einmal die ödipale Thematik vom Vater auf den größeren Bruder verschoben. Das ist weniger bedrohlich und irrealer, da es in Birgers Leben noch gar keine Frau gibt. Lillebror stellt sich vor, daß Birger heiratet und dann stirbt. Dieser Todesgedanke, den Lillebror völlig unbefangen äußert, ist einigermaßen befremdlich. Wieso sollte Birger sterben? Das Resultat dieser Phantasie scheint jedoch für Lillebror folgerichtig: Er muß dann die »abgetragene« Frau von Birger heiraten, so wie er auch Birgers alte Schlafanzüge trägt. Diese Vorstellung stößt ihn jedoch eher ab, denn die Frau, die er *eigentlich* will, ist Mama. An Papa hat er dabei gar nicht gedacht! Das heißt, er verleugnet in diesem Moment die Realität der elterlichen Beziehung, um dem innerpsychischen Konflikt mit dem Vater auszuweichen. Doch Mama läßt ihm das nicht durchgehen. Einfühlsam, aber bestimmt bringt sie Papa ins Spiel: Was der wohl dazu sagen würde, wenn Lillebror seine Mama heiratete?

Es wäre nun eigentlich folgerichtig, wenn Lillebror sich ausmalte, daß *Papa* stirbt, denn dann wäre Mama frei für ihn. Rein logisch betrachtet ist es ja auch viel wahrscheinlicher, daß Papa irgendwann stirbt als daß der jugendliche Birger das Zeitliche segnet. Aber Lillebror begnügt sich damit, es »zu dumm« zu finden, daß Papa dieselbe Frau liebt wie er. Er akzeptiert die Tatsache, daß aus seiner Heirat mit Mama wohl nichts wird und tröstet sich damit, daß sie immerhin alle als Familie weiter zusammenleben.

An dieser Stelle muß angemerkt werden, daß Lillebror seinen Vater liebt und ein sehr gutes Verhältnis zu ihm hat. Auch die Ehe der Eltern ist intakt – Vater und Mutter lieben einander, und so fällt es der Mutter nicht schwer, Lillebrors Heiratswünschen eine Beziehung entgegenzusetzen, die sie sehr schätzt.

Es bleibt unserer Phantasie überlassen sich auszumalen, wie die kleine Szene verlaufen würde, wenn Lillebror und sein Vater eine weniger liebevolle Beziehung zueinander hätten. Wenn der Vater zu der Sorte von Vätern gehörte, die ihren Sohn regelmäßig prügeln. Was wäre, wenn die Mutter seit langem unter einem Mann zu leiden hätte, der permanent fremdgeht und sie tyrannisiert, wenn er zu Hause ist? All das ist nicht eben selten! Wir können uns vorstellen, daß sich in diesem Fall die Aggressionen von Mutter und Sohn gegen »den Alten« auf verhängnisvolle Weise verbinden würden. Jeder von beiden könnte sich auf seine Weise ein friedliches und glücklicheres Leben zu zweit ausmalen. Mit Sicherheit hätte Lillebror als Jugendlicher und als erwachsener Mann große Schwierigkeiten, sich von der Mutter zu lösen, und auch die Mutter würde ihn möglicherweise nur ungern aus der tröstlichen, engen Bindung entlassen. Noch komplizierter wird die Ausgestaltung des ödipalen Konfliktes zwischen Mutter und Sohn, wenn ein Vater überhaupt nicht anwesend ist, wenn die alleinerziehende Mutter ohne Partner mit dem Sohn zusammenlebt.

Mit diesem kleinen Beispiel soll angedeutet werden, daß die Heftigkeit der ödipalen Problematik von der realen Familienkonstellation abhängt: von der psychischen Struktur der Eltern, der Qualität ihrer Beziehung zueinander und den jeweiligen Beziehungserfahrungen, die Mutter und Sohn sowie Vater und Sohn in den ersten Lebensjahren des Sohnes miteinander machen konnten. Lillebror hat großes Glück: Mutter und Vater sind ihm gleichermaßen vertraut und lieb, und er erlebt eine elterliche Beziehung, die durch liebevollen Umgang, gegenseitigen Respekt und (last not least!) noch nicht erloschene Leidenschaft füreinander geprägt ist.

Wir können davon ausgehen, daß Lillebror die vorhergehenden Entwicklungsphasen aus diesem Grund ohne gravierende Störungen durchlaufen hat, daß in dieser Familienkonstellation Triangulierung möglich war und stattgefunden hat, und daß Lillebror deswegen die Irritationen des Ödipuskomplexes relativ rasch und mit gutem Ausgang bewältigen kann: »Hat das Kind von Geburt an Triangulierung positiv erlebt, wird es auch die narzißtische Kränkung, die mit der Erfahrung des Generationenunterschiedes und der daraus folgenden Erkenntnis, (beim Geschlechtsverkehr der Eltern) ausgeschlossener Dritter zu sein, verbunden ist, nur kurzfristig im sogenannten Ödipuskomplex aufheben wollen. Es wird den Wunsch, den Vater bei der Mutter oder die Mutter beim Vater zu ersetzen, aufgeben und in der Identifikation mit den Eltern auch die Gefühlsbeziehung zum späteren Partner triangulieren, das heißt, in Verbindung mit dem kreativen Wunsch nach einem Kind besetzen können« (Frick-Bruder & Schütt 1992, S.226). Den zuletzt genannten Schritt hat Lillebror noch nicht vollzogen, aber wir können davon ausgehen, daß er sich im Zuge seiner weiteren Entwicklung damit beschäftigen wird, vielleicht doch einmal Gunilla (oder ein anderes Mädchen) zu heiraten und mit ihr eine Familie zu gründen. Der ödipale Konflikt ist ja keineswegs im Kindesalter abgeschlossen, sondern setzt sich in der Adoleszenz fort (vgl. dazu Mertens 1994, Schon 1995). Erst dann können ödipale Wünsche im guten Fall vollständig aufgegeben werden.

Es ist an dieser Stelle nicht möglich, all die verschiedenen Ausgestaltungen und Facetten des Ödipuskomplexes in der Beziehung zwischen Mutter, Vater und Sohn zu thematisieren. Doch es erscheint mir wichtig, die bisher entwickelten Gedanken um den

Aspekt des »negativen Ödipuskomplexes« (s. o.) zu vervollständigen: Lillebror liebt ja nicht nur seine Mutter, wobei ihm zuweilen der Vater als »zu dummes« Hindernis erscheint. Er liebt auch
seinen Vater, und auch diese Zuneigung ist zuweilen mit
Wünschen nach Ausschließlichkeit dieser Beziehung und Rivalität mit der Mutter verbunden. In seiner gedanklichen und emotionalen Beschäftigung mit Vater und Mutter, der Rolle des Geschlechtsunterschieds, der Frage nach der Herkunft der kleinen
Babies und der Bedeutung der elterlichen Beziehung in diesem
Geschehen ist Lillebror keineswegs nur der »kleine Mann«, der
einmal Gunilla heiraten und mit ihr Kinder haben wird. Er erlebt
auch diffuse und erregende Phantasien, die durch seine partielle
Identifikation mit der Mutter begründet sind: Wie es wohl ist, von
jemandem wie Papa ein Baby zu bekommen? Und wie das geht?
Doch ebenso wie alle *erwachsenen* Männer reagiert auch der kleine Lillebror mit Schrecken, wenn solche Phantasien bewußt zu
werden drohen: Er ist doch ein *Junge!* Während es vollkommen in
Ordnung scheint, Mama beim Frühstück einen Heiratsantrag zu
machen und Papa dabei einfach zu vergessen, kommt wohl kaum
ein Fünfjähriger auf den Gedanken, seinem Vater ein entsprechendes Anliegen vorzutragen. – Wir wissen bis heute wenig über
das Schicksal negativ-ödipaler Strebungen, aber es ist leicht vorstellbar, daß dieses Kapitel der Vater-Sohn-Beziehung ein für beide heikles Thema darstellt (vgl. Schon 2000).

Der Vater hat in der ödipalen Entwicklungsphase des Sohnes
folgende Aufgaben: Er muß mit heftigen Attacken von Eifersucht
und Aggression des »kleinen Mannes« umgehen. In diesem Zusammenhang ist es wünschenswert, daß er seinem Sohn nicht aus eigener narzißtischer Problematik heraus dessen Unterlegenheit und
Schwäche demonstrieren muß. In gewisser Weise sollte er Verständnis und Toleranz dafür aufbringen, daß der Sohn seine Frau
liebt und ihn dabei manchmal »zum Teufel« wünscht. Doch mindestens ebenso wichtig für den Sohn ist die Erfahrung, daß Papa für
Mama »erste Wahl« ist. Die Erkenntnis des Generationenunter-
schieds hängt entscheidend davon ab, daß weder Vater noch Mutter sich wünschen, der Sohn möge den Platz des Vaters einnehmen. Auf welche Weise Vater und Mutter mit dem ödipalen Kon-
fliktgeschehen umgehen können, hängt aber nicht nur von der

Qualität ihrer Paarbeziehung, sondern auch von ihren eigenen kindlichen Erfahrungen in der jeweiligen Herkunftsfamilie ab.

Als wäre dies alles noch nicht kompliziert genug, soll der Vater nun auch noch mit zärtlichen Liebesregungen seines Sohnes umgehen können! Auch hier ist es einerseits wichtig, sich in die Wünsche des Sohnes einzufühlen und sie anzunehmen (zum Beispiel in Form gemeinsamer Unternehmungen *ohne* die Mutter), andererseits aber auch einer Verbrüderungstendenz zu entgehen, die ebenfalls die Grenzen der Generationen verwischen würde. Wenn Papa Probleme mit seiner Frau hat, dann sollte er sich mit Gleichaltrigen darüber austauschen, anstatt negativ-ödipale Wünsche des Sohnes dadurch zu bestärken, daß er sich mit ihm gegen die Frauen solidarisiert. Auch im negativen Ödipuskomplex ist für den Jungen das Erleben zentral, daß Mama Papas »erste Wahl« ist und bleibt.

Denn die wichtigste Erfahrung des Sohnes ist die, daß die elterliche Beziehung durch seine Wünsche und Phantasien nicht gefährdet wird, sondern weiterbesteht: »Während es zunächst so aussieht, als bestünde das höchste Glück im Sieg über den Rivalen (sprich in seiner Beseitigung), geht es ganz im Gegenteil darum, zu erlernen, daß Zweierbeziehungen eben *nicht* ausschließlich (im Wortsinne: den Dritten ausschließend) sein müssen … Hier wird deutlich, daß die Dreieckskonstellation Mutter-Vater-Kind nicht nur Voraussetzung des Ödipuskomplexes ist, sondern daß ihr Fortbestehen das Ziel des Konflikts sein muß!« (Schon 1995, S.73). – Lillebror erkennt erleichtert, daß die Familie weiterhin zusammen leben kann. Er findet das »phenominal«, gibt dafür (wenn auch vielleicht nicht gerne) seine Heiratspläne auf und vertröstet sich auf später, wenn er als Erwachsener eine eigene Familie gründen kann.

Nun ist die heile Welt von Lillebror aus Stockholm nicht gerade die prototypische Familienkonstellation, in der sich vier- bis sechsjährige Jungen heutzutage in unserer Gesellschaft wiederfinden. In solchen Familien, in denen alle Mitglieder noch als vollständige Kernfamilie zusammenleben, gibt es nicht selten chronische Beziehungsprobleme zwischen den Eltern. Daneben werden Ein-Eltern-Familien immer häufiger, auch diese in unterschiedlichsten Konstellationen. Stieffamilien sind ebenfalls häufig, also

Familien, in denen auf der Erwachsenenebene ein Partnerwechsel stattgefunden hat. Auch unter diesen nicht gerade mit unserem Ideal von der intakten, klassischen Kernfamilie zusammenpassenden Lebensbedingungen entwickelt jeder Junge einen Ödipuskomplex und muß ihn in irgendeiner Form bewältigen. Es würde den Rahmen dieses Beitrags sprengen, dem Schicksal der Vater-Sohn-Beziehung in all diesen unterschiedlichen Konstellationen nachzugehen.

6 Ausblick: Die Rolle des Vaters in Latenz und Adoleszenz

Meine ausführlichen Betrachtungen der ersten Jahre der Vater-Sohn-Beziehung enden hier. Dennoch möchte ich einige der Themen dieser Beziehung in den nun folgenden Entwicklungsphasen des Sohnes zumindest andeuten.

In der sogenannten Latenzzeit (zwischen dem Eintritt ins Schulalter und dem Beginn der Pubertät) kann die Vater-Sohn-Beziehung eine relativ konfliktfreie Phase durchlaufen. In dieser Zeit ist der Vater häufig die bevorzugte Bezugsperson (»Weiber sind doof!«), und er kann im guten Fall dem Sohn ein realistisches *Vorbild* werden. Während er in den Jahren zuvor häufig maßlos idealisiert wurde (»Mein Vater ist der Stärkste!«), werden seine Eigenschaften vom Sohn nun adäquater eingeschätzt: Der Vater ist nicht mehr in allem der Beste, sondern wird in seinen realen Fähigkeiten und Vorzügen bewundert. In dieser Zeit lernen Söhne besonders gern und gut von ihren Vätern.

> Jasons Vater ist ein leidenschaftlicher Heimwerker und ein guter Sportler. Während es ihm schwerfällt, mit seinen Kindern einfach bloß zu spielen, kann Jason in diesen beiden Bereichen viel gemeinsame Zeit mit dem Vater verbringen. Der Vater geht mit ihm Joggen und bringt ihm Tennis bei. An den Wochenenden werkeln beide unermüdlich im und am Haus, wo es stets etwas zu tun gibt. Der Vater erklärt Jason geduldig den Umgang mit verschiedenen Werkzeugen und Materialien und läßt ihn auch sehr vieles ausprobieren. Mit

10 Jahren hat Jason bereits ein so ausgeprägtes handwerkliches Können wie viele Männer es niemals erlangen. Außerdem ist er ein leidenschaftlicher Sportler geworden, der nach und nach auch Sportarten auszuprobieren beginnt, die sein Vater nicht beherrscht.

In der Adoleszenz wird die Vater-Sohn-Beziehung in der Regel noch einmal ausgesprochen konflikthaft, manchmal auch explosiv. In seinem Buch »Sohn und Vater« hat Peter Blos die Höhen und Tiefen dieser Zeit ausführlich beschrieben (Blos 1990). Der Sohn sucht sich zunehmend andere Leitbilder, oft ganz bewußt *Gegenbilder* zu seinem realen Vater. Dies ist unter anderem notwendig, um zu einer eigenen, abgegrenzten Identität zu finden. Nun steht weniger das Gemeinsame im Vordergrund als das Trennende. »Der Alte« wird oft als »Spießer« erlebt, und Väter müssen in dieser Zeit zuweilen massive Angriffe und Abwertungen über sich ergehen lassen. Wenn die Vater-Sohn-Beziehung tragfähig ist, kann sie diese Belastung überstehen. Bei manchen Jugendlichen ereignet sich jedoch in dieser Zeit ein dauerhafter Bruch mit dem Vater oder beiden Eltern.

Jason gibt sich große Mühe, seinen Vater »auf die Palme« zu bringen. Er hat mit dem Rauchen begonnen, was der gesundheitsbewußte und sportliche Vater nur schwer ertragen kann. Er bleibt abends oft viel länger weg als es ausgemacht war und kommt betrunken nach Hause. Er geht sonntags nicht mehr mit in die Kirche, was seinen Vater ebenfalls empfindlich trifft, da er ein ausgesprochen gläubiger Katholik ist. Wenn der Vater schimpft und tobt, bietet ihm der aufmüpfige Sohn immer häufiger die Stirn und läßt sich gar nichts mehr sagen. In der Schule provoziert Jason vor allem das männliche Lehrpersonal und bringt immer schlechtere Noten nach Hause. Bei all diesem »Sturm und Drang« zeigt sich aber auch, daß Jason mit dem Vater eine solide innere Beziehung zu Männern und Männlichkeit hat aufbauen können: Er sucht in dieser Zeit den Kontakt zu erwachsenen Männern, die deutlich jünger sind als der Vater, die aber in ihrem erwachsenen Mann-Sein Vorbild- und Mentorenfunktion für Jason übernehmen können. Diese Männer üben eine

Mittlerfunktion im Konflikt mit dem Vater aus, da sie sich einerseits noch gut in Jason hineinversetzen können und manchen Unfug mitmachen, andererseits aber auch die Erwachsenen-Perspektive verkörpern und vorleben, die Jason am Vater so heftig bekämpft.

7 Söhne ohne Väter: Geschichten einer ungestillten Sehnsucht

Ich möchte im letzten Abschnitt einige Anmerkungen zur Situation vaterlos aufwachsender Söhne machen, da ich mich im Rahmen eines Forschungsprojekts mit diesem Thema befasst habe.

Erstaunlicherweise gibt es eine unüberschaubare Fülle von Untersuchungen über die Situation vaterloser Kinder. Dies steht im krassen Gegensatz zu dem eklatanten Mangel an Forschung über den *anwesenden* Vater. Das hat unter anderem mit einem einseitig experimentellen Wissenschaftsverständnis innerhalb der Psychologie zu tun: Der vordergründig einfachste Weg, um etwas über den Einfluß des Vaters auf die kindliche Entwicklung herauszufinden, scheint darin zu bestehen, die Variable »väterliche Anwesenheit« experimentell zu variieren. Streng genommen müßte man einigen Kindern den Vater wegnehmen, um sie dann mit solchen Kindern zu vergleichen, denen man den Vater nicht weggenommen hat.

Praktischerweise hat das Leben selbst bereits diese Variationen bereitgestellt, und so stürzen sich Entwicklungspsychologen mit Tests und Fragebögen auf das Heer der vaterlosen Kinder in der Hoffnung, bei ihnen etwas darüber herauszufinden, was es bedeutet, einen Vater zu *haben*. Biller, einer der prominentesten Verteter der Forschung zur Vaterdeprivation, kritisiert dieses Vorgehen zurecht: »... although studying the father-absent family may be of heuristic value in identifying the tremendous void left by father loss, such research is no substitute for direct analysis of the father's complex role in the intact family« (Biller & Salter 1989, S.369). Biller und Salter weisen auch auf die Vielzahl von häufig nicht berücksichtigten intervenierenden Variablen hin, die den simplen

Vergleich zwischen Vateranwesenheit und Vaterabwesenheit als wenig ergiebig erscheinen lassen. Einige Einflußgrößen seien hier erwähnt: Ursache der Vaterlosigkeit (zum Beispiel Tod oder Scheidung); genetische und pränatale Einflüsse; mütterlicher Streß; materielle Situation der vaterlosen Familie; Alter, Intelligenz und soziale Kompetenzen des Kindes; bewußte, vorbewußte und unbewußte Verarbeitungsprozesse; mütterliche Einstellung gegenüber dem abwesenden Vater; An- oder Abwesenheit von Geschwistern sowie von Personen, die eine Art Vaterersatz darstellen und so weiter (a.a.O., S. 367 f.).

Aus diesem Dilemma gibt es zwei methodische Auswege: Zum einen den der äußerst umfangreichen, differenzierten und die Komplexität der Zusammenhänge halbwegs berücksichtigenden multivariaten Längsschnittstudie, den Biller und Salter vorschlagen. Zum anderen den von mir präferierten Weg der qualitativen Untersuchung einzelner Familien, die der Komplexität der Einflußgrößen wesentlich gerechter wird, was allerdings eine deutliche Reduktion der Anzahl untersuchter Familien bedeutet. Ich ziehe diese Art der Forschung auch deswegen vor, weil die konventionellen Studien zur Vaterlosigkeit von Söhnen in allen wichtigen Bereichen der psychischen Entwicklung widersprüchliche Ergebnisse hervorgebracht haben. Auch dazu einige wenige Beispiele:

– Geschlechtsrollenverhalten: Vaterlose Söhne verhalten sich männlicher / weniger männlich als Söhne mit Vater;

– Aggression: Vaterlose Söhne sind deutlich aggressiver/deutlich weniger aggressiv als Söhne mit Vater;

– Kognitive Entwicklung: Vaterlose Söhne zeigen bessere schulische Leistungen / schlechtere schulische Leistungen als Söhne mit Vater.

Ich vermute, daß alle diese Ergebnisse richtig sind und daß sie allesamt letztlich nur eine Tatsache bekräftigen: Söhne verarbeiten die Gegebenheit, vaterlos zu sein, auf sehr verschiedene Weise. Warum der eine betroffene Junge ein auffallend männliches Verhalten an den Tag legt, während der andere eher einen femininen Eindruck macht, darüber läßt sich mit Fragebögen und Testbatterien nichts herausfinden. Man muß als Forscher den betroffenen Jungen oder Mann kennenlernen, um von ihm persönlich im gelungenen Fall etwas über seine Lebenssituation ohne Vater vermittelt zu bekommen. In solchen intensiven und sehr persönlichen Kontakten kann man etwas erfahren von der ganz individuellen Geschichte einer tiefen Sehnsucht: der Sehnsucht nach dem Vater.

Oliver ist 21 Jahre alt. Er verlor seinen Vater mit drei Jahren durch einen tödlichen Unfall. Er lebt zusammen mit seinem vier Jahre älteren Bruder und der Mutter, die seit dem Tod des Mannes keine feste Partnerschaft mehr eingegangen ist. Oliver hat sich gut entwickelt. Er ist ein sympathischer junger Mann, war erfolgreich in der Schule und wird auch beruflich erfolgreich sein. Niemand, der ihn in alltäglichen Zusammenhängen kennenlernt, würde vermuten, daß Oliver in seiner Entwicklung einen gravierenden Mangel erlebt hat. Doch in der »besonderen Gesprächssituation« (Argelander 1970) des psychoanalytisch orientierten Forschungsinterviews ergeben sich einige Auffälligkeiten: In seinem Verhalten mir gegenüber wechseln versteckte Idealisierungswünsche mit latenter Aggression und Abwertung. Ich selber verhalte mich ungewöhnlich »zahm«, man könnte auch sagen »aggressionsgehemmt«. Olivers Versuche, mich »ganz toll« zu finden, nehme ich nicht wahr, während mich seine versteckten Angriffe treffen und kränken. Trotzdem mag ich ihn, aber nach dem Gespräch bin ich irgendwie »gefühllos«. Erst während der Auswertung des Gesprächs in der Gruppe meines Forschungsseminars nehme ich Olivers Versuche wahr, in mir ein Vorbild zu sehen, und werde unendlich traurig.

Die psychoanalytische Auswertung des hier extrem verkürzt wiedergegebenen Interviews ergibt folgenden (hier extrem verkürzt dargestellten) Eindruck: Die gesamte Familie hat bis heute nicht um den verstorbenen Vater getrauert. Es hat kein Abschied von ihm stattgefunden, und es ist, als würden alle drei seinen Platz bis heute »freihalten«. Die Mutter hat keinem anderen Mann den Platz des Lebensgefährten eingeräumt, und Oliver kann sich an keinen einzigen Mann in seinem Leben nach Vaters Tod erinnern, der ihm wirklich nahegestanden hätte. Der verstorbene Vater ist ein-

seitig idealisiert, es gibt keinen noch so winzigen Sprung in seinem Bild. Psychoanalytisch gesprochen war es Oliver nicht möglich, ein ambivalentes Verhältnis zu seinem Vater zu entwickeln.
Seine innerpsychische Vaterrepräsentanz ist »nur gut«, was auch
erklärt, warum es keinem lebendigen Mann aus Fleisch und Blut
gelungen ist, einen innigen Kontakt zu Oliver herzustellen. – Diesem Bild kann kein realer Mann gerecht werden. Nun klärt sich
auch das Übertragungs- und Gegenübertragungsgeschehen während des Gespräches auf: Die Erfüllung von Olivers Sehnsucht
nach einem »tollen Mann«, der ihm Vorbild sein könnte, wird
durch seine mangelnde Ambivalenzfähigkeit vereitelt. Der unbewußte Idealisierungswunsch ist so heftig, daß schon kleine (ganz
realistisch wahrgenommene) Fehler und Mängel des Gegenübers
Aggressionen in ihm hervorrufen und die Idealisierung zusam-
menbrechen lassen. In seiner Enttäuschung entwertet er den anderen Mann, von dem er sich so viel erhofft hatte.[12] Nach dem Gespräch fiel mir spontan folgende Überschrift ein: »An den Vater
laß ich keinen ran!«

---

12 Michael Ermann (1985) bezeichnet diese Dynamik als »Fixierung in der
frühen Triangulierung«. Sie ist gekennzeichnet durch mangelnde Ambivalenz des Vaterbildes: Der Vater wird einseitig entweder als »nur gut« oder
»nur böse« erlebt.

Literatur

Abelin, E. L. (1971). The role of the father in the separation-individuation process. In J. MacDevitt & C. Settlage (eds.), *Separation-Individuation*. New York: International Universities Press, pp. 229–252.

Abelin, E. L. (1975). Some further observations and comments on the earliest role of the father. *International Journal of Psychoanalysis, 56*, pp. 293–302.

Abelin, E. L. (1986). Die Theorie der frühkindlichen Triangulation. Von der Psychologie zur Psychoanalyse. In J. Stork (Hrsg.), *Das Vaterbild in Kontinuität und Wandlung*. Stuttgart: Frommann-Holzboog, S.45–72.

Atkins, R. N. (1988). Discovering daddy: The mother's role. In S.H. Cath, A. R. Gurwitt & J. M Ross (eds.), *Father and child*. Boston: Little, Brown and Company, pp. 139–149.

Biller, H. B. (1971). *Father, child and sex role*. Lexington, MS: Heath Lexington Books.

Biller, H. B. (1974). *Paternal deprivation*. Lexington, MS: Lexington Books.

Biller, H. B. & Salter, M. (1989). Father loss, cognitive and personality functioning. In R. D. Dietrich & P. C. Shabad (eds.), *The problem of loss and mourning*. Madison, CT: International Universities Press, pp. 337–377.

Blos, P. (1990). *Sohn und Vater. Diesseits und jenseits des Ödipuskomplexes*. Stuttgart: Klett-Cotta.

Brazelton, T. B. & Cramer, B. (1991). *Die frühe Bindung*. Stuttgart: Klett-Cotta.

Buchholz, M. B. (1990). Die Rotation der Triade. *Forum der Psychoanalyse, 6*, S.116–134.

Diamond, M. D. (1991). Der werdende Vater. Psychoanalytische Ansichten über den vergessenen Elternteil. In R. M. Friedmann & L. Lerner (Hrsg.), *Zur Psychoanalyse des Mannes*. Berlin: Springer, S.39–64.

Dornes, M. (1993). *Der kompetente Säugling*. Frankfurt/M.: Fischer.

Ermann, M. (1985). Die Fixierung in der frühen Triangulierung. *Forum der Psychoanalyse, 1*, S.93–110.

Fremmer-Bombik, E. & Grossmann, K. E. (1993). Über die lebenslange Bedeutung früher Bindungserfahrungen. In H. Petzold (Hrsg.), *Frühe Schädigungen — späte Folgen? Psychotherapie und Babyforschung*, Bd. I. Paderborn: Junfermann, S.83–110.

Frick-Bruder, V. & Schütt, E. (1992). Zur Psychologie des männlichen und weiblichen Kinderwunsches. Entwicklungsbedingungen narzißtischer, depressiver und kreativer Anteile. *Psychotherapie, Psychosomatik und medizinische Psychologie, 42*, S.221–227.

Herzog, J. (1980). Sleep disturbance and father hunger in 18- to 28-months-old boys. *Psychoanalytic Study of the Child, 35*, pp. 219–233.

Herzog, J. (1988). On father hunger: the father's role in the modulation of aggressive drive and fantasy. In S.H. Cath, A.R. Gurwitt & J. M. Ross (eds.), *Father and child*. Boston: Little, Brown and Company, pp. 163–174.

Günzel, S.(1989). Ava und Edam — zur Partnerschaft der Geschlechter. *Psyche, 43*, S.219–237.

Klein, M. (1927). Frühstadien des Ödipuskonfliktes. *Internationale Zeitschrift für Psychoanalyse, 14(1)*, S.7–21.

Mahler, M. S., Pine, F. & Bergman, A. (1982). *Die psychische Geburt des Menschen*. Frankfurt/M.: Fischer.

Mertens, W. (1992). *Entwicklung der Psychosexualität und der Geschlechtsidentität. Bd. 1: Geburt bis 4. Lebensjahr*. Stuttgart: Kohlhammer.

Mertens, W. (1994). *Entwicklung der Psychosexualität und der Geschlechtsidentität. Bd. 2: Kindheit und Adoleszenz*. Stuttgart: Kohlhammer.

Olivier, C. (1987). *Iokastes Kinder*. Düsseldorf: Claassen.

Peisker, I. (1991). *Die strukturbildende Funktion des Vaters*. Pfaffenweiler: Centaurus.

Ross, J. M. (1988). The roots of fatherhood: excursions into a lost literature. In S.H. Cath, A. R. Gurwitt & J. M. Ross (eds.), *Father and child*. Boston: Little, Brown and Company, pp. 3–20.

Schnack, D. und Neutzling, R. (1990). *Kleine Helden in Not. Jungen auf der Suche nach Männlichkeit*. Reinbek: Rowohlt.

Schon, L. (1995). *Entwicklung des Beziehungsdreiecks Vater-Mutter-Kind*. Stuttgart: Kohlhammer.

Schon, L. (2000). *Sehnsucht nach dem Vater. Die Dynamik der Vater-Sohn-Beziehung*. Stuttgart: Klett-Cotta.

Tyson, P. (1988). The role of the father in gender identity, urethral erotism, and phallic narcissism. In S.H. Cath, A. R. Gurwitt & J. M. Ross (eds.), *Father and child*. Boston: Little, Brown and Company, pp. 175–187.

Winnicott, D. W. (1990). *Reifungsprozesse und fördernde Umwelt*. Frankfurt/M.: Fischer.

Yogman, M. W. (1988). Observations on the father-infant relationship. In S.H. Cath, A. R. Gurwitt & J. M. Ross (eds.), *Father and Child*. Boston: Little, Brown and Company, pp. 101–122.

VERA KING

Tochterväter

Dynamik und Veränderungen einer Beziehungsfigur

Was heißt es, Vater einer Tochter zu sein? Welche Bedeutung hat der Vater für die Entwicklung der Töchter? Mit diesen beiden scheinbar einfachen Fragen ist das große Feld abgesteckt, in dem soziologische und psychologische Analysen der Vater-Tochter-Beziehungen verortet sind. Aus diesem großen Feld werden einige als zentral erachtete Aspekte von Vater-Tochter-Beziehungen herausgegriffen, indem das Augenmerk auf Strukturmerkmale, Erscheinungsformen und ihre historisch-kulturellen Veränderungen gerichtet wird, wie sie auch in den Theorien über Vater-Tochter-Beziehungen zum Ausdruck kommen. Dazu soll untersucht werden, worin zum einen die Besonderheiten und Konfliktpotentiale der Vater-Tochter-Beziehungen im Rahmen konventioneller Geschlechterbeziehungen liegen, und inwiefern sich zum andern im Zuge des Wandels der Geschlechterbeziehungen – in Richtung eines partiell realisierten, normativen Anspruchs egalitärer Arbeitsteilung zwischen den Geschlechtern – die Vaterschaft und damit die Potentiale der Vater-Tochter-Beziehung verändert haben. Durch eine soziologische Lektüre psychologischer beziehungsweise psychoanalytischer Theorien und Befunde soll gezeigt werden, daß die Dynamiken von Vater-Tochter-Beziehungen eingebettet sind in einen Strukturwandel der Geschlechterbeziehungen und damit auch der Väterlichkeit.

What does being the father of a daughter imply? What significance do fathers have for the development of their daughters? These apparently simple questions mark off the wide-ranging area in which sociological and psychological analyses of father-daughter relations are sited. The article selects a number of crucial aspects of father-daughter relations, examining structural features, materialization forms and the historical and cultural changes they have been subjected to, changes which are also reflected in the various theories on relations between fathers and daughters. The aim of the study is on the one hand to identify the specifics and the conflict potential inherent in the father-daughter relationship in the framework of conventional gender relations, and on the other to gauge the extent to which paternity and with it the potentialities of father-daughter relationships have changed in the line with the development of gender relations in general toward a normative (and already partially realized) ideal of an egalitarian division of labor between the sexes. A sociological reading of psychological and psychoanalytic theories and findings sets out to demonstrate the dynamics of father-daughter relations are embedded in a structural transformation of gender relations and hence of fatherhood itself.

1 Bilder von Vätern von Töchtern

Betrachten wir in einem ersten Schritt die Bilder von Vätern von Töchtern, wie sie sowohl in psychoanalytisch-entwicklungspsychologischen Konzepten und deren sozialwissenschaftlicher Rezeption als auch in literarischen Gestaltungen entworfen werden, so tauchen regelmäßig zwei sich polar gegenüberstehende Varianten von Vätern von Töchtern auf: In einer Variante erscheint der *Vater als idealisierter Retter und Befreier,* der als Gegenpol zu den unumgänglichen Verstrickungen der gleichgeschlechtlichen Mutter-Tochter-Beziehung das Prinzip Individuation verkörpern soll. In der zweiten Variante wird der seinerseits verschlingende und *ausbeutende patriarchale Vater* beschrieben, der seine Tochter als (sexuellen) Besitz behandelt und ihre Individuation, vorzugsweise im Kontext einer inzestuös aufgeladenen patriarchalen *folie à deux*, gerade systematisch verhindert.[1] Beide Vaterbilder können zunächst als symbolische Verdichtungen psychischer Realitäten begriffen werden, die sich vorübergehend konstellieren, dabei eben phasenweise wirksam, hilfreich oder bedrohlich sind, jedoch im günstigen Fall auch wieder aufgelöst werden. Sofern diese beiden Vaterbilder jedoch fixierte psychosoziale Wirklichkeiten repräsentieren, sind sie Ausdruck und Resultat eines konventionellen patriarchalen Geschlechterverhältnisses, in dem die mütterlich-weibliche Sphäre einseitig auf ein zudem noch entwertetes Familiendasein festgelegt scheint, während ebenso einseitig die männlich-väterliche Sphäre die verheißungsvolle Außenwelt repräsentiert. Dabei stellt sich die Frage, in welchem Verhältnis diese Vaterfiguren zu jenen »neuen Vätern« stehen, die den »Weg in die Familie« (Pruett 1987) eingeschlagen haben, die weder einseitig die Außenwelt repräsentieren noch sich als Herrscher in der Familie begreifen, sondern ein fürsorgliches Verhältnis zu ihren Kindern einnehmen. Um dieser Frage nachzugehen, sollen die beiden Vatervarianten des konventionellen Geschlechterverhältnisses konfrontiert werden mit einem an den Qualitäten von *Väterlichkeit* orientierten Modell von Vaterschaft. Ein an den Qualitäten von Väterlichkeit orientiertes Modell von Vaterschaft ist dabei als Teil einer Elternschaftskonstellation[2] zu verstehen, in der beide Geschlechter gemeinsam, in jeweils unterschiedlich praktizierten und auszuhandelnden Mischformen, sowohl für die Fürsorge als auch für Abgrenzung und Autonomie einstehen.[3] Auch wenn dieses Modell sich historisch erst langsam, partiell und zunächst vorwiegend normativ zu etablieren beginnt, da »die versorgende Rolle zu großer Ambivalenz und Unsicherheit unter den Vätern

---

1 Bilder des *idealisierten* Vaters sind literarisch in ihren Licht- und Schattenseiten vielfach ausgemalt. Eine ironisierende Variante hat zum Beispiel Jane Austen in ihrem Roman »Stolz und Vorurteil« gezeichnet. Die *ausbeuterische patriarchale folie à deux* ist kunstvoll und anschaulich ausgestaltet in dem in diesem Zusammenhang vielzitierten »König Lear« von Shakespeare. Vgl. auch Fußnote 6.

2 In Abwandlung und Erweiterung des von Stern (1995) entwickelten Konzepts der ›Mutterschaftskonstellation‹.

führt« und im kulturellen Selbstverständnis »aktive Vaterschaft noch immer nicht zu echter Männlichkeit (paßt)«, so scheint der Vater sich aus soziologischer Sicht doch »von seiner Position als abwesender ... zu entfernen. Er ist nicht länger derjenige, der die Außenwelt repräsentiert und sich selbst zum Haupt der Familie erhebt« (Knijn 1995, S. 176). Hieraus ergibt sich schließlich die Frage, auf welchen Voraussetzungen Väterlichkeit als eine Beziehungsqualität, in diesem Fall der Vater-Tochter-Beziehung, beruht, und welche Folgen für die Individuierungspotentiale von Vater und Tochter sich aus einem die väterliche Fürsorge konsequent realisierenden Modell von Vaterschaft ergeben.

2 Strukturmomente der Vater-Tochter-Beziehungen

Die Art und Weise, wie ein Mann seine Vaterschaft erlebt und gestaltet, hängt zunächst wesentlich davon ab, in welcher Tradition und Genealogie von Väterlichkeit er sich subjektiv und objektiv bewegt (King 2000c). Das heißt, die Qualität und Besonderheit der Ausgestaltung seiner Elternschaft ist daran gebunden, in welchem Maße er über eine innerhalb mehrerer Generationen gewachsene psychische Kompetenz verfügt, die Beziehung zu seinen Kindern, seien es Töchter oder Söhne, fürsorglich und verantwortungsvoll, in diesem Sinne väterlich, zu gestalten. Insofern es sich bei Väterlichkeit zugleich um eine Beziehungsqualität handelt, die auch aus der Beziehungsmatrix der Elternschaft hervorgeht, die also bis zu einem gewissen Grad zwischen Vater und Mutter ausgehandelt und hervorgebracht wird, ist Väterlichkeit zugleich eine Funktion der Qualität der Beziehung zwischen den Eltern als Mann und Frau, Vater und Mutter. Diese Perspektive

---

3 Vgl. in diesem Sinne Bürgin: »Kinder von Vätern, die neben ihren grenzsetzenden Funktionen auch ›mütterliche‹ Eigenschaften haben, die mit Wärme und Zuneigung auf sie zugehen, sie beschützen, pflegen und auch trösten, entwickeln sich allem Anschein nach am glücklichsten. Väterliche Zuwendung steht in deutlicher und proportionaler Beziehung zu einem guten Selbstbewußtsein des Kindes«. (1998, S. 186)

macht in einem weiteren Schritt deutlich, daß die Betrachtung von Vater-Tochter-Beziehungen eine strukturlogische Verkürzung und Abstraktion von dem familialen Dreieck, dem Ursprungsdreieck Vater-Mutter-Kind, darstellt. So besteht dieses Dreieck zwar aus drei Dyaden, die vorübergehend (oder im pathologischen Fall: auch dauerhaft) ihre eigene Verabsolutierung – das heißt den konkreten oder psychischen Ausschluß des Dritten – betreiben, sich aber dennoch immer in Balance bringen müssen zur Gesamtheit der die Familie strukturierenden Dyaden als einer dialektischen Einheit. Ob und wie diese Balance hergestellt wird und welche Schieflagen und besonderen Merkmale das Dreieck – und zwar als basale Struktur, nicht als Modell der Kleinfamilie (vgl. dazu Allert 1998) – charakterisieren, hängt dabei wesentlich davon ab, wie die Beziehungen von Mann und Frau als Vater und Mutter kulturell entworfen und individuell gestaltet werden. Entsprechend sind die kulturellen Veränderungen dessen, was Väterlichkeit ausmacht, auch eingebettet in die jeweilige, kulturell und historisch spezifische, Organisation der Geschlechterbeziehungen und damit auch in den *Strukturwandel der Geschlechterbeziehungen*. Dies wird um so deutlicher, als ja auch die Fokussierung auf die Beziehungen zwischen Vätern und Töchtern die Bedeutungen des Geschlechts – des Vaters als Mann und der Tochter als werdender oder heranwachsender Frau – hervorhebt.

Insofern Vater-Tochter-Beziehungen als Teil der sich verändernden Geschlechterverhältnisse einem Strukturwandel unterliegen, spiegeln sich diese Wandlungen teils explizit, überwiegend implizit innerhalb der Theorien, die diese Beziehungen zu erfassen oder zu beschreiben versuchen. So sind zum Beispiel etliche Aspekte der Vaterschaft erst in den letzten Jahren in den Mittelpunkt des Interesses gerückt und damit auch präzisiert worden. Dies hängt genau mit dem Strukturwandel und dem aus ihm resultierenden Krisen- und Erkenntnispotential zusammen: Erst dadurch, daß bestimmte Aspekte von Männlichkeit und Vaterschaft in die Krise geraten sind (vgl. Knijn 1995), sind sie zugleich konturiert und reflektierbar geworden. Erst in jenem Moment, in dem sie sich in Auflösung oder zumindest in der Krise befinden, also ihre scheinbar naturwüchsige und präreflexiv-praktische Selbstverständlichkeit verloren haben, werden einzelne Bestimmungsmomente von Männlichkeit, Vaterschaft oder der Geschlechterbeziehungen begreifbar. Dies führt zwangsläufig dazu, daß Theorien – in diesem Fall Theorien, die sich auf solche sozialen Zusammenhänge beziehen wie die Psychologie der Geschlechterbeziehungen – die sich verändernde Realität oft nur partiell abbilden können. Im Hinblick auf Vater-Tochter-Beziehungen heißt dies: Zwangsläufig beziehen sie sich oft auf *teilweise* bereits überholte Familienstrukturen, oder sie setzen Verhältnisse voraus, die nur für Minderheiten gelten, wie zum Beispiel egalitäre Geschlechterbeziehungen im Feld der familialen Arbeitsteilung – oder aber, und dies scheint am häufigsten der Fall zu sein, sie nehmen als allgemeingültig oder universell an, was lediglich einer bestimmten sozialen und historischen Situation geschuldet ist. Im günstigen Fall werden Wandel und Kontinuitäten des Forschungsgegenstands in seine analytische Betrachtung mit einbezogen.

Eine Facette dieser historisch noch relativ neuen Reflexion der Vater-Tochter-Beziehung besteht darin, daß sie wenn, dann vorwiegend aus der Perspektive der Tochter thematisiert worden ist. Dies gilt offenbar nicht nur für psychologische Theorien, denn auch bei einer Durchsicht literarischer Zeugnisse hinsichtlich der Vater-Tochter-Thematik, wie sie exemplarisch von Gidion (1999) vorgenommen wurde, und die, wie Gidion festgestellt hat, sehr häufig auffindbar ist, fällt deren relative Einseitigkeit auf: »...und so halten es die Autorinnen fast alle: Ihre Versuche, den Vater zu beschreiben, zielen auf das Verhältnis, das er zu ihnen hat. Festzuhalten ist die Tatsache: In der Mehrzahl sind es die Töchter, die diesen Versuch unternehmen. Nicht die Väter...« (S.8). Wir können an diesen Umstand die Vermutung anschließen, daß diese auffällige NichtThematisierung seitens der Väter für die konventionelle, in vieler Hinsicht eben präreflexive Vaterrolle geradezu konstitutiv ist, eine Haltung, die gerade die Töchter umso mehr in die komplementär-konventionelle Haltung versetzt, den Vater zu *verstehen* und damit zu *ihrem Vater* zu machen. Oft sind solche literarischen Zeugnisse offenbar getragen von der verzweifelten Suche nach dem Vater (ebd., S.24). Aus dieser Perspektive deutet sich die Notwendigkeit an, die beiden Eingangsfragen nach der wechselseitigen Bedeutung von Vätern und Töchtern zu erweitern um die Frage, was es Vätern schwer macht, im Verhältnis zu ihren

Töchtern angemessene Formen der Väterlichkeit zu entwickeln.[4] Dazu soll die psychologische Dynamik der Vater-Tochter-Beziehungen von verschiedenen Seiten skizziert werden.

3 Die entwicklungsfördernden Bedeutungen des Vaters

Im Mittelpunkt werden zunächst solche Theorieansätze stehen, die die Bedeutungen des Vaters für die Tochter hinsichtlich seiner auf unterschiedlichen Ebenen und Entwicklungsniveaus fördernden und die Individuation damit schrittweise vorantreibenden Funktion akzentuieren. Dazu sollen einige Entwicklungsphasen und dabei herausragende Aspekte skizziert werden, um einen Eindruck von dem Stand der theoretischen Entwürfe wie auch von darin noch offenen Fragen zu vermitteln.

3.1 Der Vater als erregender Anderer oder Teil der frühen Triade

Auch wenn über lange Zeit im großen Strom der Säuglingsforschung der Vater durch Abwesenheit glänzte[5], gibt es doch zunehmend auch Konzepte und Forschungsansätze, die die Bedeutungen des Vaters von Anfang an untersuchen. In diesem Zusammenhang wird häufig darauf verwiesen, daß Säuglinge schon sehr früh Vater und Mutter unterscheiden können und mit beiden Elternteilen intensive und verschiedene Interaktionen ablaufen (Yogman 1982). Ein Augenmerk richtet sich dabei auch auf signifikante Differenzen zwischen väterlichen und mütterlichen Inter-

---

4 Nach Knijn (1995) hat sich der Schwerpunkt der neueren Vaterforschung von der Frage »Welchen Einfluß hat eine spezifisch männliche Rolle für das Aufwachsen von Kindern?« zu derjenigen Frage »Welche Aspekte der männlichen Geschlechtsidentität verhindern, daß Männer ihren Beitrag zur Erziehung der Kinder leisten?« (S. 178) verschoben.

5 Vgl. dazu die Kritik von Schon in seinem Beitrag zu diesem Band.

aktionsstilen. Väter neigen demnach eher zu größerer Heftigkeit, harmonieunterbrechenden, erregungsteigernden, waghalsigeren Spielen mit Säuglingen und Kleinkindern als Mütter, die eher das Gleichgewicht und die Kontinuitäten zu sichern suchen. Herzog (1998) betont in diesem Zusammenhang, daß die beschriebenen Differenzerfahrungen unerläßlich seien, um die Fähigkeit zum Wechsel von dyadischen zu komplexeren triadischen Beziehungs-modi zu erlangen. Entsprechend wird hier dem Vater bereits eine die Dyade transzendierende Funktion zugeschrieben, insofern dieser durch seine Interaktionsstile das Kind immer wieder aus dyadischen Beziehungsbalancen herausholt. Herzog beobachtet allerdings auch, daß kleine Töchter anders als Söhne eher dazu neigen, den »Kamikaze-Stil« des Vaters zu korrigieren und aktiv zu formen und dem Vater weichere und ausgeglichenere Interakti-onsstile beizubringen, die sie offenbar häufig bevorzugen. Diese Beobachtung deutet daraufhin, daß die Frage, welche Art von Dif-ferenzerfahrung (vgl. Buchholz 1990) für das Kind zum einen not-wendig, zum andern geschlechtsgebunden ist, vorwiegend empi-risch und weniger normativ beantwortbar ist.

Eine grundlegend andere Perspektive auf die frühen triadi-schen Interaktionen bieten Forschungsansätze, die die Repräsen-tanzenwelt von Vätern und Müttern von Anfang an, das heißt schon während der Schwangerschaft, dahingehend erforscht ha-ben, ob sie sich auf dyadischem oder triadischem Niveau bewe-gen, ob mit anderen Worten »in der vorgestellten Beziehung des einen Elternteils zum Kind der andere Elternteil Platz hatte oder ob Ausschlußtendenzen vorlagen« (von Klitzing 1998, S.105). Da-bei wurde festgestellt, daß die jeweiligen Tendenzen sich über längere Untersuchungszeiträume bestätigen ließen und sich inso-fern gleichsam familiale Niveaus der Fähigkeit zum »Trialog« (ebd., S.111) bestimmen (oder auch therapeutisch bearbeiten) lassen. Ein weiteres zentrales Ergebnis bestand darin, daß »die In-nenwelt der Eltern, ihre innere triadische Szene, wie wir sie be-reits beim Erstinterview erfaßten, bevor das Kind überhaupt da war, die Dreierinteraktion Mutter-Vater-Kind … stärker zu beein-flussen (schien) als die Art und Weise, wie Vater und Mutter ge-trennt voneinander in den Dialog mit dem Kind treten konnten. Ein besonders hoher statistischer Zusammenhang ergab sich zwischen der pränatalen elterlichen Repräsentanzen- und Beziehungswelt und der ›Trialogfähigkeit‹ des Kindes, das heißt der Intensität, mit der das Kind in der Dreierinteraktion mit *beiden* Eltern wechselseitig Beziehung aufnahm« (ebd., S.113). Und schließlich schien sich anzudeuten, daß rigide Geschlechtssterotypisierungen seitens der Eltern eher dazu dienen, trianguläre Beziehungskonflikte zu vermeiden (ebd., S.107).

Diese Ergebnisse legen die Annahme nahe, daß die Fähigkeit zur Individuierung sich über verschiedene Entwicklungsschritte vor allem aus der Qualität des Zusammenspiels innerhalb der Triade entwickelt, aus der Art und Weise, in der innerhalb der Familie die Spannung zwischen dyadischen und triadischen Interaktionen von allen Beteiligten stets aufs Neue bewältigt wird. Damit ist zugleich ein Ausweg angedeutet aus den sich regelmäßig als Sackgassen erweisenden Debatten darüber, ob und inwiefern der Vater als »Dritter« oder als »Mann« im Verhältnis zur Tochter das Prinzip der Getrenntheit, der Individuation usw. verkörpert. Denn diese Konzepte, die die Fähigkeit zur Individuierung mit väterlichen Identifizierungen gleichsetzen, tragen stets das Problem mit sich, daß sie eine historisch vorfindliche Arbeitsteilung zwischen den Geschlechtern indirekt normativ aufladen, indem der empirisch oftmals nur randständig an der alltäglichen Fürsorge beteiligte Vater zugleich zum Ritter, Retter und Befreier stilisiert wird. Dabei stellt sich für die Tochter regelmäßig die Frage, wie sie sich die väterlich vorgelebte Fähigkeit zur Individuierung aneignen können soll, wenn diese an das *andere*, männliche Geschlecht gebunden erscheint. Diese Problematik stellt sich verschärft im Verständnis der im folgenden dargestellten Entwicklungsphase.

3.2 Der Vater als erregende Verkörperung der Außenwelt und begehrtes Objekt der kindlichen Identifizierungsliebe

Eine große Bedeutung wird dem Vater gemeinhin bei jenen wichtigen Schritten im Individuierungsprozeß im zweiten Lebensjahr zugemessen, bei denen das Kind sich zunehmend der Getrenntheit von der Mutter bewußt wird, diese sowohl fürchtet als auch begrüßt, sich teils ängstlich zurückzieht und sich dann wieder mit Neugierde der aus diesem Gewahrwerden der Getrenntheit auch neu erfahrbaren Außenwelt zuzuwenden versucht. In diesem schwierigen und von Ambivalenz durchzogenen Prozeß (den Mahler als Wiederannäherungskrise beschrieben hat), spielt der Vater für beide Geschlechter eine herausragende Rolle. In Anknüpfung an Abelins (1971) berühmt gewordenes Konzept der Triangulierung, welches den Vater als jene Person versteht, die für das Kind die gefahrlose Trennung von der Mutter vorlebt und damit dem Kind ermöglicht, sich weiter aus der engen Mutterbindung zu wagen, wurde in Weiterentwicklungen wie zum Beispiel derjenigen von Benjamin (1993) betont, daß die Anziehungskraft des Vaters in dieser Phase vor allem in seiner Verbindung zur Außenwelt, jenseits der mütterlichen Kontrolle und Macht, liege: »Mit ihm identifiziert sich das Kind in einer besonderen Weise, weil er vom ersten Objekt verschieden ist, ein Subjekt ist«; »er repräsentiert ein Subjekt, das wollen kann und entsprechend handelt, um das Wollen zu erfüllen« (S. 29). Benjamin nennt diesen drängenden Wunsch, darin dem Vater gleich zu sein, ›identifikatorische Liebe‹, eine Liebe, die im Dienst des Wunsches steht, »sich sein eigenes Begehren anzueignen« (ebd.). Diese präödipale Form der Aneignung des eigenen Begehrens bildet dann auch eine günstige Ausgangsbasis für die stürmischen Konflikte der ödipalen Phase. Wenn der Vater jedoch die identifikatorische Liebe zurückweist oder mit einer ödipalen Verliebtheit verwechselt, mündet die Bewunderung der väterlichen Autonomie leicht in eine unterwürfige Idealisierung, wie Benjamin vermutet. Eine solche Idealisierung wäre demzufolge gleichbedeutend damit, daß sich im Erleben der Tochter die Vorstellung fixiert, daß die erregende Außenwelt für sie als Mädchen unerreichbar und das idealisierte, großartige, männliche Andere immer draußen, das heißt außerhalb ihrer Identität bliebe. Wie die Konstellationen dieser Phase erlebt und verarbeitet werden, fließt wiederum in die ödipale Konfliktverarbeitung ein.

3.3 Der Vater als Rivale und als das andere begehrte Objekt

Eine neue Stufe der Individuation stellt nun in psychoanalytisch orientierten Entwicklungstheorien die ödipale Phase dar, in der sich die Differenzerfahrungen mit den ausschließenden und begrenzenden Geschlechtsunterschieden verbinden. Aus dem vorausgehenden Wunsch der präödipalen Phase, sich als Subjekt des eigenen Begehrens empfinden zu können, entwickelt sich nun die kindliche ödipale Liebe zu Mutter und Vater. Dabei ist in Hinblick auf die weibliche Entwicklung schon vielfach hervorgehoben worden, daß die Auseinandersetzung mit dem Vater, sei es als ödipalem Rivalen, sei es als Objekt ihrer kindlichen Verliebtheit, vom Mädchen großen Wagemut erfordert, da der Vater ihr fremder ist als die Mutter und im Lichte der ödipalen Dynamik eher noch fremder wird. Aber auch die ödipale Mutter wird nun in ihrer Unabhängigkeit vom Mädchen deutlicher konturiert, da nun der Tochter offenbar wird, »daß die Mutter Interessen und Begierden hat, die nicht auf ihr Kind, sondern auf den ödipalen Vater bezogen sind« (Mertens 1994, S. 85). Die Vielschichtigkeit und Komplexität der ödipalen Beziehungskonstellationen, bei denen die Tochter Mutter und Vater abwechselnd oder gar gleichzeitig als Rivalen und begehrte Geliebte erlebt, erfordern und fördern im günstigen Fall zunehmend die Fähigkeiten zu Ambivalenz, Frustrationstoleranz und zum Ertragenkönnen des Ausgeschlossenseins. Dies gelingt vor allem dann, wenn die Beziehung zwischen den Eltern als überwiegend positiv getönt wahrgenommen werden kann, wenn die Tochter nicht von einem Elternteil als Ersatzpartnerin oder Komplizin in Dienst genommen wird, wenn sich insofern die Anerkennung des Ausschlusses aus der Liebesbeziehung der Eltern mit dem inneren Bild einer Verheißung verknüpfen kann (King 1995, S. 373f.) – eine Frage, die insbesondere in der Adoleszenz von ausschlaggebender Bedeutung sein wird.

3.4 Trennungen und Neugestaltungen der Adoleszenz

Nicht zufällig werden gerade für die Adoleszenz als jener neuen und lebensgeschichtlich entscheidenden Runde der Individuation die verschiedenen Facetten der Vater-Tochter-Beziehungen im Spannungsfeld von Trennung, ödipaler Liebe, Rivalität und Identifizierung nicht nur in psychologischen Theorien, sondern auch in zahlreichen künstlerischen, vorwiegend tragischen Ausgestaltungen der Weltliteratur plastisch beschrieben.[6] Stehen sich doch nun in Vater und Tochter ein mit dem Älterwerden und allen damit verbundenen Konflikten konfrontierter Mann und eine herangewachsene junge Frau gegenüber, die mit ihren neu erwachten Liebes- und Hingabewünschen ebenso ringt wie mit ihren Wünschen nach Selbstbehauptung und der Verwirklichung ihrer kreativen oder ehrgeizigen Phantasien und Vorstellungen. Väter müssen sich nun der schwierigen Herausforderung stellen, auf die Wünsche der Tochter, vom Vater sowohl als autonome, als auch verführerische junge Frau gesehen zu werden, angemessen zu reagieren. Daraus entsteht die Notwendigkeit, ihre autonomen Wünsche anzuerkennen wie auch ihren kindlichen Seiten Raum zu geben, Grenzen zu ziehen, ohne die Tochter zu brüskieren. Denn die körperliche Nähe und Zärtlichkeit der Kindheit wird nun zwangsläufig erotisiert und ruft Ängste und Phantasien hervor, die Inzestschranken zu überschreiten. Die damit einhergehenden Rückzüge oder Vermeidungen von Nähe sind wiederum mit Trennungsschmerzen, Trauer oder dem Wunsch verbunden, die adoleszenten Veränderungen rückgängig zu machen oder verleugnen zu können. Insofern verlangen die adoleszenten Veränderungen der Tochter vom Vater große Sensibilität und Einfühlungsvermögen, wie Steffens (1986) hervorhebt. Die Beziehung zu der der Kindheit entwachsenen Tochter muß nun in einer neuen Beziehungsgestaltung aufgehoben werden, indem beispielsweise die körperliche

---

6 Beispielhaft, wie erwähnt, *König Lear* und Cordelia, Wotan und Brünnhilde im *Ring des Nibelungen*, Ödipus und *Antigone* – oder, in modernisierter Variante, als prominentes Vater-Tochter-Paar der deutschen Nachkriegsliteratur: *Homo Faber* und Sabeth.

Zärtlichkeit zunehmend in einer Kultur des Gesprächs und der Reflexion oder anderen Formen gemeinsamer sublimierter Aktivitäten aufgehen kann. Welche starken Schwankungen zwischen Progression und Regression dabei auftreten können, welche ausgeprägten Wechsel zwischen dem Aufflammen ödipaler Liebe zum Vater und den Verliebtheiten in Gleichaltrige stattfinden und den Vater dabei ständig vor neue Situationen stellen müssen, ist aus der Perspektive der Tochter zum Beispiel im »Tagebuch der Anne Frank« eindrücklich dargestellt. Der Vater wird jedoch in der Adoleszenz nicht nur als einst wichtigstes männliches Liebesobjekt bedeutsam, von dem sich die Tochter in dieser seiner Bedeutungen trennen muß, wie auch von anderen Schattierungen des ödipalen Elternpaars. Die Eltern erlangen zudem auch Bedeutung in Hinblick auf die Lebensentwürfe, die sie repräsentieren, die sie als Mann oder Frau und als Paar gemeinsam realisieren konnten oder wollten. Diese Gesamtheit der elterlichen Entwürfe und Identitätsaspekte bildet einen Ausgangspunkt des töchterlichen Identitätsprojekts und somit auch die Basis dafür, welche Entwürfe die Tochter als Frau entwickeln kann.

Betrachten wir in Hinblick auf diese Fragen die Theorieentwicklung, so zeigt sich, daß sich seit Freuds Formulierungen, daß gerade die Mädchen »zur Freude der Eltern weit über die Pubertät hinaus bei der vollen Kinderliebe verbleiben« (1905, S. 128) und sich nicht vom Vater ablösen, offenkundig ein tiefgreifender Wandel vollzogen hat: ein Wandel, der sich in der relativen Selbstverständlichkeit ausdrückt, mit der in der Regel davon ausgegangen wird, daß auch für Mädchen und junge Frauen Trennungsschritte und der »Eintritt in den größeren Lebenskreis« der »Kulturarbeit« (Freud 1930, S. 462) anstehen sollten. Allerdings wiederholt und verschärft sich in der Adoleszenz das Dilemma, daß die Tochter sich nun einerseits ihre weibliche Geschlechtsidentität aneignen soll, andererseits – unter den Bedingungen *traditioneller* Geschlechterpolarisierungen – Individuation und insbesondere die Entwürfe beruflicher Identität häufig noch mit Bildern von Männlichkeit verknüpft werden. Entsprechend reproduziert sich jene in der Entwicklungstheorie und – in mancher Hinsicht – auch in der Praxis dominierende Konstellation, daß der Vater als Leitfigur töchterlicher Individuation erscheint.

3.5 Zwischenresümee und weiterführende Perspektiven

Fassen wir die bisherigen Betrachtungen zusammen, so wird in zahlreichen Theorien zur Vater-Tochter-Beziehung für verschiedene Entwicklungsphasen die hohe Bedeutsamkeit und fördernde Funktion des Vaters für die Tochter hervorgehoben. Dabei erscheinen allerdings jene Theorien und Forschungsansätze geeigneter, das Verständnis auch für Vater-Tochter-Konstellationen jenseits konventionell-patriarchaler Familienbeziehungen offen zu halten, die sich jenseits von Geschlechtsstereotypisierungen auf die verschiedenen Facetten der Ursprungstriade Vater-Mutter-Tochter und die Entwicklungsprozesse und Relationen der darin enthaltenen und aufeinander bezogenen Paare (Vater-Mutter, Vater-Kind, Mutter-Kind) konzentrieren. Entsprechend scheint es ratsam, psychische Entwicklungen radikal unter dem Gesichtspunkt der Qualität sowohl der elterlichen Paarbeziehung als auch der Triade zu fassen[7] und dabei konsequent die Fortentwicklung triadischer Qualitäten von ihren Ursprüngen her zu betrachten. Wie Allert (1998) für die Familiensoziologie vorgeschlagen hat, lassen sich psychische Entwicklungen im Rahmen einer Soziologie (und, wie hinzugefügt werden kann, Psychologie beziehungsweise Psychoanalyse) der Liebe und der Paarbeziehung rekonstruieren, die die Kompetenz und Bereitschaft, sich gegenüber einem Dritten zu öffnen oder nicht zu öffnen, begrifflich zu fassen versteht. Geht man (anders als in Ansätzen, in denen etwa die Entwicklung des Säuglings ausschließlich im Rahmen der dyadischen Beziehung zur Mutter diskutiert wird) in diesem Sinne davon aus, daß die Beziehungswelt von Anfang an triadisch und potentiell »trialogisch« (von Klitzing 1998) strukturiert ist, so können auch die Weiterentwicklungen der Triade auf ödipalem Niveau in Kindheit und Adoleszenz (King 1999), in der sich Differenzerfahrungen mit dem Ge-

---

7 Vgl. zur Bedeutung der ›Triade im Innern‹ und der verinnerlichten Bilder der elterlichen Paarbeziehung für die Entwicklung der Tochter: King (1999, 1995); zur Entwicklung der Triade aus unterschiedlichen Perspektiven: Fivaz-Depeursinge und Corboz-Warnery (1999), von Klitzing (1998), Schon (1995), Buchholz (1990).

schlecht verbinden, differenziert beschrieben werden, ohne dabei die geradezu mythische stereotype Gleichsetzung von Individuation und Männlichkeit – und sei es auch in kritischer Absicht – fortzuschreiben. Dabei würde dann auch deutlicher, was an sich selbstverständlich sein müßte und doch regelmäßig in den Hintergrund gerät, daß die Entwürfe der eigenen Weiblichkeit oder Männlichkeit und das Maß kreativer Ausgestaltung der Geschlechtsidentität in vieler Hinsicht eine Funktion der Bilder über die Qualität der elterlichen Beziehung im besonderen und der Geschlechterbeziehungen im allgemeinen sind (King 2000b).

Dieser Zusammenhang wird besonders markant am Beispiel der weiblichen Adoleszenzentwicklung, in der der geschlechtsreif gewordene Körper als potentieller Ort einer neuen Ursprungstriade angeeignet werden muß. Denn die in der Adoleszenz sich wandelnden Bilder des eigenen Körpers, im besonderen des eigenen Innenraums, sind verknüpft mit den Phantasien über die Beziehungen zwischen Vater und Mutter, Mann und Frau, verdichtet im Bild der Urszene und des eigenen Ursprungs. Im Bild der Urszene, das in der Adoleszenz neue Bedeutung bekommt, verdichten sich *in der psychischen Realität* die Phantasien über den Ursprung des Subjekts, über die Bedeutung des Kindes für die Eltern und ihre Beziehung, und die Phantasien über die zerstörerischen und schöpferischen Aspekte der Beziehung von Mutter und Vater, Frau und Mann (King 1995, insbes. S. 120ff.). Nur mit einem *Ambivalenzen integrierenden* verinnerlichten Bild der Beziehung von Vater und Mutter, Mann und Frau, die gemeinsam ein Drittes hervorbringen, kann ein selbstbewußtes Bild des eigenen Körpers als künftigem psychischen und realen Ort eines neuen Ursprungs, einer neuen Urszene und damit ein schöpferisches Selbst hervorgebracht werden (vgl. King 1999, 2000a). Individuierung basiert insofern auf einer kreativen Verarbeitung der ambivalenten Bilder von Vater und Mutter, Mann und Frau, und der produktiven wie destruktiven Facetten ihrer Beziehung zueinander. Dies wird im Fall der weiblichen Entwicklung besonders deutlich, gilt jedoch mit unterschiedlichen Folgen und Bedeutungen für männliche und weibliche, hetero- und homosexuelle Entwicklungen (vgl. auch Reiche 2000). Demgegenüber scheinen jene Theorien, die Autonomieentwicklung und Individuierung umstandslos mit der

Orientierung an der väterlichen Position in eins setzen, eine in der psychischen Realität problematische Polarisierung konventioneller Geschlechterbeziehungen nachzuvollziehen, deren Auswirkungen im nächsten Abschnitt vertieft werden sollen.

4 Das Dilemma widersprüchlicher Identifizierungen: der Vater als Leitfigur der Individuation

Sofern Individuation einseitig auf väterlichen Identifizierungen gründet, entsteht, so wurde bereits angedeutet, nicht nur in der Theorie, sondern auch in der psychischen Realität ein fatales Dilemma: »Unter den bestehenden gesellschaftlichen Bedingungen der Organisation des Geschlechterverhältnisses sind berufliche Erfolge und die Selbstdefinition über Leistungen – weitgehend ›männliches‹ Terrain und damit lebensgeschichtlich an den Vater geknüpft – seinem Weg zu folgen kann für das Mädchen heißen, die symbolisch mit der Mutter verknüpfte Lebensweise zu verlassen, und psychisch die Bedeutung einer mit Schuldgefühlen verbundenen Abwendung von ihr zugunsten des Vaters erhalten, zugleich aber auch innere Konflikte im Verhältnis zum Vater mit sich bringen, wenn berufliche Erfolge als Entmachtung des Vaters empfunden werden« (Flaake & King 1992, S. 18).

Wie zum Beispiel Benjamin (1993) bemerkt, ist die Idealisierung des Vaters, insofern sie der ungleichen familialen Arbeitsteilung in Familie und Kultur geschuldet ist, selbst »Teil des Problems« (S. 33). Benjamin fügt – in Hinblick auf die Bedeutung, die sie dem Vater für die Subjektwerdung des Mädchens zumißt – kritisch hinzu, daß es »für Jungen wie für Mädchen viel besser (wäre), in ihrer Mutter einen ebenso machtvollen Repräsentanten des Begehrens, ein gleiches Subjekt zu finden, sowohl auf der präödipalen wie der ödipalen Ebene« (1993, S. 33). Berger (1996) hat anhand ihrer Analyse literarischer Texte diesen Zusammenhang präzise ausgeleuchtet und die problematischen Konsequenzen herausgearbeitet, die sich für die Tochter daraus ergeben, daß »dem Vater im patriarchalen Kontext die Funktion des Förderers und Zerstörers von töchterlichen Autonomiewünschen und Identitätsversuchen zufällt« (S. 122). In einer Konstellation, in der vor dem Hintergrund einer entwerteten oder machtlosen Mutterfigur ausschließlich der Vater sowohl Modell als auch Förderer der töchterlichen Individuation sein soll, besteht demnach die Gefahr, daß der Vater die Tochter als Selbstobjekt und Komplizin im Verhältnis zur Mutter-Frau mißbraucht, und die Pseudoautonomie der Tochter immer an die Zustimmung und die Vorgaben des Vaters gebunden bleibt (Rohde-Dachser 1990, S. 280 ff., sowie Flaake 1999, S. 60 f.). Diese Konstellation hat auch schon Chasseguet-Smirgel (1964) beschrieben in ihrer Arbeit über eine, nach ihrer damaligen Ansicht weitverbreitete, Lösung des weiblichen Ödipuskomplexes. Diese problematische Lösung liege demnach darin, daß die Tochter enttäuschende Erfahrungen mit dem Vater abwehren muß und ihn umso mehr idealisiert. Eine solche unaufgelöste Idealisierung des Vaters führe die Tochter später dauerhaft in die Position des Anhängsels, etwa als »rechte Hand des Meisters«. Chasseguet-Smirgel betont die von der Tochter schwer überwindbaren Hemmungen und Schuldgefühle, die aus dem Bild eines enttäuschenden und in diesem Sinne schwachen Vaters resultieren und die für die Ablösung notwendige Trennungsaggression nicht gegen den Vater, sondern nach innen wenden. Aus dieser Perspektive verdeutlicht sich, daß die Idealisierung des Vaters nicht nur vor dem Hintergrund erschwerter Abgrenzung von der Mutter entsteht, sondern ihre Ursache gerade auch in negativen Erfahrungen mit dem Vater selbst hat. Hinter dem festgefügt idealisierten Bild des Vaters verbergen sich mit anderen Worten Enttäuschungserfahrungen (vgl. auch Buchholz & Dümpelmann 1993).

5 Abwesende Väterlichkeit

Konfrontieren wir aus dieser Perspektive die Theorien zur individuationsfördernden Bedeutung des Vaters mit empirischen Untersuchungen zu Vaterschaft und Väterlichkeit, mit kasuistischen Beschreibungen von Vater-Tochter-Dynamiken oder auch mit den in der Literatur ausgebreiteten zentralen Konfliktthematiken berühmter Vater-Tochter-Paare, so erscheinen die mit so viel Hoffnung auf Autonomisierung und Rettung aus Abhängigkeiten beladenen Vaterbilder in der Tat oftmals in trübem Licht.

Auf eine besonders im Verhältnis zu Töchtern problematische und eher selbstbezogene Tendenz weisen bereits Studien hin, die die unterschiedlichen Bedeutungen, die das Geschlecht der Kinder für Väter hat, zum Gegenstand haben. Demnach verbinden Väter mit Söhnen vor allem die Vorstellungen, sich in ihnen fortsetzen, vererben oder widerspiegeln zu wollen, während sie sich von ihren Töchtern offenbar eher erhoffen, geliebt zu werden (Happel 1996, S. 56 ff.). Diese Befunde könnten noch als unspektakulär betrachtet werden, da im Kinderwunsch generell narzißtische Wünsche eine große Rolle spielen, wenn sich die darin aufgefundene Konstellation nicht im weiteren fortsetzte und vertiefte. Sofern diese Stereotypen ihre Geltungskraft behalten, kann angenommen werden, daß sie jeweils die basalen Erfahrungen mit den eigenen Eltern als Vater und Mutter in reziproken Rollen aufnehmen und auch schon in die frühen Interaktionen mit der Tochter einfließen. Dies kann mitunter dazu führen, daß es manchen Männern leichter fällt, bestimmte Formen der Fürsorge und des Trostes im Verhältnis zur Tochter zu entwickeln als im Verhältnis zu Söhnen (vgl. Meyer-Krahmer 1980, S. 92 ff., zit. n. Schablow 1984, S. 83 f., Stechhammer 1981, S. 57 ff. und S. 119 ff.); aber auch dazu, daß Söhne, insbesondere die erstgeborenen, von Vätern stärkere Zuwendung erfahren als Töchter (Rothbart & Maccoby 1966, Osofsky & O'Connell 1972, zit. n. Schablow 1984, S. 82). Nach den von Happel (1998, S. 56 ff.) referierten Studien zeigen Väter überwiegend größeres Interesse an kleinen Söhnen als an Töchtern[8], indem sie sich stärker und intensiver in den Interaktionen mit Söhnen engagieren und diese stärker zur Selbständigkeit zu ermutigen scheinen. Diese Feststellungen konvergieren mit jenen Studien, nach denen Väter generell eher als Mütter zu Geschlechtsstereotypisierungen neigen, vermeintliche oder reale Geschlechterdifferenzen betonen und auf ihre Töchter verstärkt konventionelle Weiblichkeitsmuster projizieren (vgl. Happel, ebd., Fthenakis 1985, S. 300). In derselben Tendenz liegt die Vermutung, daß Väter ihren Töchtern die Möglichkeit, sich mit ihnen zu identifizieren (im Sinne der ausgeführten Identifizierungsliebe der präödipalen Phase) eher verweigern (Mertens 1992, Benjamin 1993) oder diese als Verliebtheit mißverstehen.

Gemäß den väterlichen Wünschen, von der Tochter (wie einst von der Mutter) geliebt zu werden, wird in Hinblick auf die ödipale Konstellation in Kindheit und Adoleszenz häufig die Tendenz von Vätern herausgestellt, Idealisierungen der Tochter zu begünstigen, die verführerischen Annäherungen der Tochter entweder zu sehr zu beantworten, oder aber in Reaktionsbildung auf die Schwierigkeit, eine elterngemäße innere Haltung zu finden, die Tochter brüskierend zurückzuweisen.[9] Gerade die adoleszenten Dynamiken scheinen das Verführungspotential zu verstärken, das darin liegt, die Tochter als Komplizin im Verhältnis zur Mutter-Frau zu benutzen. Diese Komplizenkonstellation ist dann häufig mit den unbewußten oder bewußten Einforderungen unbedingter töchterlicher Loyalitätsbindung verknüpft, die deren Weiterentwicklungen gleichsam nur unter der Bedingung erlaubt, dem Vater treu und in dessen Besitz zu bleiben. Berger (1996) hat diese patriarchalen Vater-Tochter-Konstellationen paradigmatisch anhand verschiedener literarischer Beispiele analysiert und dabei gezeigt, daß die adoleszenten Töchter oft »wie Schachfiguren« (S. 138) im psychischen (und sozialen) Spiel der Väter benutzt und mißbraucht werden. Solche Konstellationen lassen sich in Abwandlung der berühmten Metapher vom ›abwesenden Vater‹

---

8 Anhand der Literatur entsteht mitunter der Eindruck, daß sich dieses Verhältnis in der Adoleszenz umkehrt, allerdings nicht unbedingt im günstigen Sinne, wie sich zeigen wird.

9 So kann die plötzliche Konfrontation mit der »Weiblichkeit« der Tochter, wie sie zum Beispiel über die Menarche repräsentiert ist, in einer Art Reaktionsbildung auf die ödipale Nähe auch zu einer brüsken und angstvollen Abwendung von der Tochter führen (vgl. dazu Flaake 1997, 1999).

eher durch ›abwesende Väterlichkeit‹ charakterisieren. Denn sich in die »wachsende Welt der Adoleszenz einzufühlen und sich gleichzeitig zunehmend und unmerklich aus ihr ausgeschlossen zu fühlen, verlangt Reife und Empathie für andere, um das natürliche Gefühl des Verlustes und der Trauer auszugleichen und die allgemeinen Neidgefühle zu bewältigen oder zu neutralisieren« (Kernberg 1988, S. 157). ›Abwesende Väterlichkeit‹ bedeutet hierbei, sich den unausweichlichen Empfindungen von Verlust oder Neid nicht selbst zu stellen und sie je eigenständig zu verarbeiten, sondern die adoleszenten Kinder zur Verhüllung oder Kompensation der eigenen Bedürftigkeit in Funktion zu nehmen. Dafür bietet offenbar die klassisch-patriarchale Vater-Tochter-Konstellation eine ideale Nische, in der psychische Arbeit und Trauer zu vermeiden versucht werden und nicht der Vater zunehmend aus der wachsenden Welt der adoleszenten Tochter, sondern die Mutter – und damit Mütterlichkeit und Väterlichkeit – aus der Vater-Tochter-Beziehung ausgeschlossen werden.

Die Töchter wiederum, deren Autonomisierungsversuche in den beschriebenen regressiven Loyalitätsbindungen verstrickt bleiben und deren angestrebte Individuation immer eine bleiben muß, die sie »aus der Hand des Vaters« bekommen haben (Rohde-Dachser 1991, S. 280), bleiben oft auch als Erwachsene jene »Vatertöchter«, deren Lebensentwürfe einseitig von Identifizierungen mit dem Vater geprägt sind (vgl. dazu Eckart 1988, Flaake 1998, Hudewentz 1998). In diesen Entwürfen gründet Erfolg in starkem Maße auf einer inneren Bezugnahme auf den Vater, von dem »Vatertöchter« häufig auch Unterstützung erfahren haben, allerdings um den Preis einer Abwertung der Mutter, einer Entwertung und ambivalenten Beziehung zur eigenen Weiblichkeit oder zu mütterlichen Identifizierungen. Mythischer Prototyp und strukturlogisches Extrem einer »Vatertochter« ist Pallas Athene, deren mythischer Ursprung in einer Kopfgeburt des Vaters Zeus liegt und deren Selbstbeschreibung in der Äußerung gipfelt: »Weiß ich von keiner Mutter doch, die mich gebar. Dem Männlichen gehört mein ganzes Leben an!« (zit. n. Chasseguet-Smirgel 1988, S. 25). Damit ist treffend eine psychische Konfiguration bezeichnet, die eine der charakteristischen Ausformungen weiblicher Individuierungsbestrebungen vor dem Hintergrund eines patriachalen Geschlechterarrangements repräsentiert: Selbstbehauptung und Expansion erscheinen dabei nur möglich durch eine radikale Ablehnung und eine, letztlich die Grundlagen des eigenen Selbst infragestellende, Desidentifizierung mit der Welt des Mütterlichen und eine komplementäre Komplizenschaft mit dem Vater.

Zusammenfassend können wir bis dahin festhalten, daß offenbar die beiden beschriebenen Vaterbilder, das Bild des allein Individuation verkörpernden Vaters und das des ausbeuterisch-besitzergreifenden Vaters, aus demselben patriarchalen Zusammenhang entspringen und nur zwei Seiten derselben Medaille darstellen. Allerdings finden sich, so kann vermutet werden, in der sozialen wie in der psychischen Realität nicht ausschließlich oder gar jeder Hinsicht konventionell patriarchale Konstellationen. Es scheint vielmehr plausibel, von einer Gemengelage aus traditionellen und modernisiert-egalitären Arrangements auszugehen, bei denen häufig der Anspruch einer egalitären Fürsorge den in vieler Hinsicht traditionellen Praxisformen gegenübersteht (vgl. zusammenfassend Knijn 1995). Damit wird erneut die bereits gestellte Frage in Erinnerung gerufen: Was hindert oder ermöglicht es Männern, väterlich zu ihren Töchtern zu sein? In welchem Verhältnis stehen die beschriebenen Konstellationen zu den ›neuen‹ Formen von Väterlichkeit?

6 Genealogien der Väterlichkeit

Wie eingangs hervorgehoben, ist die Vater-Tochter-Beziehung Teil einer *Genealogie der Vaterschaft*, das heißt einer über Generationen hinweg teils transformierten, teils beibehaltenen kulturellen Gestaltung und Interpretation der Position des Vaters. Dies wiederum ist, wenngleich miteinander verbunden, nicht zu verwechseln mit einer Genealogie der Väterlichkeit. Letztere impliziert eine spezifische Qualität der Verpflichtungen der Vaterschaft: diejenige der Fürsorge, des Engagements, der Verantwortung und der liebevollen Betreuung – die über die konventionelle Rolle des Vaters als Familienoberhaupt hinausgeht. Die normativen Vorstellungen zur Väterlichkeit und ihre soziale Realisierung sind kulturell unterschiedlich ausgestaltet, historisch relativ neu, weder allgemein verbreitet noch in ihrem Entwicklungstrend abschließend bestimmbar. Hervorstechend ist in diesem Wandlungsprozeß das Spannungsverhältnis zwischen den normativen Implikationen von Väterlichkeit und der gesellschaftlichen Konstruktion von Männlichkeit, die in vieler Hinsicht, etwa in Bezug auf Attribute wie Emotionalität oder Fürsorglichkeit, in Widerspruch zueinander zu stehen scheinen (Knijn 1995, S.176). Die kontradiktorischen Aspekte im Verhältnis der normativen Konstruktionen von Männlichkeit und Väterlichkeit müssen auch subjektiv Verunsicherungen und Verwirrungen zur Folge haben, wie empirische Forschungen belegen (ebd., Sauter 2000).

Bemerkenswert sind in diesem Zusammenhang auch die Thesen des Säuglingsforschers Stern (1995), der in seinen vielrezipierten Untersuchungen zur frühen Entwicklung des Säuglings und seiner versorgenden Umgebung grundsätzlich davon ausgeht, daß die Mütter und nicht die Väter jene psychischen Veränderungen und Neuorganisationen durchmachen, die mit der existentiellen Fürsorge für ein neugeborenes Baby eingeleitet werden. In dieser Hinsicht geht Stern – wie er selbst betont: vorwiegend aus empirischen Gründen – von einer »traditionellen« Arbeitsteilung der Geschlechter aus: »Die soziale Entwicklung hin zur ›neuen Familie‹ vollzieht sich nur langsam, auch wenn sie den Vorstellungen vieler moderner Eltern entspricht. Der intergenerationelle Einfluß ist ein konservativer Faktor (Frascarolo-Moutinot 1994). Und wird der Vater, wenn er die primäre Bezugsperson des Kindes ist, ebenfalls eine Mutterschaftskonstellation entwickeln? Schließlich war seine Bezugsperson (in den meisten Fällen) die Mutter. Oder wird die Notwendigkeit, sich mit seinem Vater zu identifizieren, diese Situation in nennenswertem Maße verändern? Antworten auf diese Fragen werden sich im Laufe der Zeit finden. Die Mutterschaftskonstellation bleibt, was die unmittelbare Zukunft betrifft, deutlich die vorherrschende psychische Organisation der Mütter. Ob sie unter soziokulturellem Aspekt wünschenswert erscheint oder nicht – wir müssen ihr heute therapeutisch Rechnung tragen« (Stern 1995, S.231f.).

Ob dieser Standpunkt geteilt wird oder nicht, unhintergehbar und für weitere Forschungsfragen relevant bleibt Sterns Hinweis, daß Väterlichkeit zwangsläufig und strukturell Teil einer Genealogie ist, die in vieler Hinsicht noch offen oder instabil wirkt. In diesem Sinne wird in Sterns Perspektive deutlich, daß Väterlichkeit (ebenso wie Mütterlichkeit) sich aus den Qualitäten der Eltern-Sohn-(oder Tochter-)Beziehungen über die Generationen hinweg herausbildet – oder eben auch nicht. Ihre Qualität konstituiert sich in diesem Sinne auch aus den jeweiligen sozialisatorischen Erfahrungen des Vaters mit den eigenen Primärobjekten.

Dies bedeutet zugleich, daß aus psychologischer Sicht die Modernisierung der Geschlechterbeziehungen in Richtung einer gleichwertigen und gleich-verantwortungsvollen Elternschaft langsam und widersprüchlich vonstatten geht. Väterliches Verhalten hieße, aus fürsorglichen Eigenschaften und Handlungen Befriedigung zu ziehen. Diese Form der Befriedigung basiert wiederum auf Identifizierungen – etwa mit der fürsorglichen Väterlichkeit des eigenen Vaters und dem damit zusammenhängenden Wunsch, darin dem eigenen Vater gleich zu werden – und wird durch soziale Anerkennung verstärkt, das heißt durch eine Umgebung, die diese Haltung bejaht, positiv sanktioniert und unterstützt. Beides kann in der Regel nur bedingt vorausgesetzt werden. In Hinblick auf eine mehrgenerationelle Identifizierungsgeschichte der väterlichen Fürsorge kann angenommen werden, daß die Bilder der Väterlichkeit innerhalb dieses Jahrhunderts, insbesondere seit den Nachkriegsjahren, enormen Veränderungen unterlagen und die jeweiligen Ausgestaltungen der Vaterschaft in den einzelnen

Generationen daher sehr unterschiedlich waren. Aus dieser Perspektive wird auch deutlich, daß die Identifizierungsmuster sich kulturell unterscheiden. So sind in Deutschland bei den Nachkriegs-Generationen die Vaterbilder und Identifizierungen zwangsläufig geprägt und gebrochen von den Thematiken der Schuld, Zerstörung und beschädigten Männlichkeit, wie sie aus den unterschiedlichen Verstrickungen als Täter oder Opfer der NS-Diktatur und den Zerstörungen des Krieges resultierten (vgl. Eckstaedt 1989, Moser 1996).

Aus den bisherigen Überlegungen kann geschlossen werden, daß ein Teil der ›Krise der Vaterschaft‹, wie es Knijn (1995) nennt, zwangsläufig auch mit der Diskrepanz zusammenhängt zwischen normativen Vorstellungen über Väterlichkeit einerseits, wie sie durchaus teilweise von beiden Geschlechtern geteilt werden, und dem Mangel an psychisch gewachsener Kompetenz, diese Normen zu erfüllen, andererseits. Fügen wir dem noch hinzu, daß diese Väterlichkeit dabei nicht nur entwickelt, sondern auch erkämpft wird, etwa durch den anwachsenden Druck innerhalb der Geschlechterbeziehungen, die Individuierungspotentiale für beide Geschlechter zu optimieren. Insofern es dabei auch darum geht, die Fürsorge und die Dimensionen der Bezogenheit zwischen den Eltern anders zu gewichten und selbstbezogene Positionen aufzugeben, ist diese Umverteilung mit Verlusten, entsprechenden Widerständen, Kämpfen und Schmerzen verbunden – und erst langsam wird sich deutlicher der psychische Gewinn herauskristallisieren, der für beide Geschlechter mit der Fähigkeit der *Integration* von Fürsorge und Selbstbezogenheit, von Narzißmus und Objektbindung und mit dem sublimatorischen Potential der Fähigkeit zu Verzicht und Hingabe verbunden ist (King 2000a). In jedem Fall aber werden auch Vater-Tochter-Beziehungen auf spezifische Weise von dem Ringen der Geschlechter um Individuierungschancen affiziert sein. Denn je nachdem, ob wir (in der sozialen oder psychischen Realität: beide Realitäten sind nicht einfach linear oder deckungsgleich verknüpft) von der alten patriarchalen Konstellation ausgehen müssen, in der Töchter vorrangig den sozialen (oder im Psychischen: den »sexuellen«) Besitz (Mertens 1994, S. 138) des Vaters repräsentieren, oder ob wir von einer Situation der engagierten Väterlichkeit und postkonventionellen

Geschlechterbeziehungen ausgehen, die gekennzeichnet sind von dem Bestreben, die Individuierungspotentiale der einzelnen Familienmitglieder mit den Beziehungswünschen in Balance zu halten, je nachdem werden Töchter eher als Selbstobjekte des Vaters erscheinen oder als Subjekte im eigenen Recht ihr Leben gestalten.

In der Regel können wir von einer Situation des Umbruchs der Familien- und Geschlechterbeziehungen ausgehen, von einem Umbruch, in dem alte Muster mit neuen normativen und realen Beziehungskonzepten in Konflikt stehen, die Positionen der engagierten Väterlichkeit oft noch fragil und die Schicksale der Vater-Tochter-Beziehungen in diesem Sinne wechselhaft sind und einer Reihe von Konfliktspannungen ausgesetzt, die mit den tradierten Geschlechterbildern und konventionellen familialen Positionierungen in Zusammenhang stehen. Aus dieser Perspektive entscheiden der *Grad der Internalisierung einer fürsorglichen Haltung und die fürsorgliche Kompetenz* darüber, ob das Recht- und Besitzdenken oder die Verpflichtungsethik überwiegt, was in der Beziehung zur Tochter eine spezifische Rolle spielt: Zum einen, weil, wie gezeigt wurde, eine überwiegend selbstbezogene, narzißtische Position es dem Vater schwermacht, die Tochter in ihrem Wunsch nach Identifizierung mit seinen expansiven Aktivitäten anzuerkennen, zu bestätigen und zu bestärken. Er wird demgegenüber dazu neigen, die Tochter in konventioneller Weise auf die komplementären weiblichen Rollen festzulegen. Zum anderen wird es dem Vater aus einer solchen Position heraus schwerfallen, die Tochter in ihrer geschlechtlichen und generativen Differenz in der Weise anzuerkennen, daß er sie nicht als Besitz zu usurpieren sucht und ihre eigenständigen und eigensinnigen leidenschaftlichen, sexuellen oder ehrgeizigen Projekte, sei es unterschwellig, sei es offen, bekämpfen muß. Gelingt es dem Vater jedoch, fürsorgliche Haltungen positiv zu besetzen und den selbstbezogenen Wunsch nach Inbesitznahme sublimatorisch umzugestalten, so kann die Beziehung zur Tochter zu produktiven Erweiterungen des eigenen Selbst und zur Bereicherung der männlichen Identität um die dem anderen Geschlecht zugeschriebenen Eigenschaften führen, wie im folgenden erläutert werden soll.

7 Bedeutungen der Tochter für den Vater

Durch die Geburt einer Tochter werden zwei sich gleichsam kreuzende Identifizierungslinien aktiviert: zum einen die Identifizierung mit dem eigenen Vater als Vater, bei der die in dieser Beziehung erlebte väterliche Liebe, Ablehnung oder Gleichgültigkeit, die Fürsorge oder das Desinteresse, die Qualitäten und Formen des väterlichen Engagements, die zwischen den Eltern erlebte Beziehung und Interaktionsweisen aktualisiert werden; *zum anderen wird im besonderen durch die Geburt einer Tochter – qua Gleichheit des Geschlechts – die vergangene Objektbeziehung zur Mutter mit umgekehrten Rollen wachgerufen.* Diese Aktualisierung vergangener Beziehungserfahrungen birgt Chancen und Gefahren in sich. Wie zum Beispiel Kernberg (1988) betont hat, ergeben sich »im frühen oder mittleren Erwachsenenalter ... normalerweise viele Gelegenheiten für Beziehungen in der Realität, die vergangene Beziehungen mit umgekehrten Rollen wiederholen. Typisch dafür ist die Beziehung von Eltern im mittleren Alter zu ihren kleinen und adoleszenten Kindern.« Kernberg geht davon aus, daß diese »Aktivierung reziproker Rollen, die auf verinnerlichte Objektbeziehungen der Vergangenheit zurückgehen, ... ein gesteigertes Bewußtsein und einen verbesserten Umgang mit Identifikationen, in denen die gesamte Spanne des Lebens zum Ausdruck kommt«, bewirken kann (S. 140f.).

Vater einer *Tochter* zu sein, bietet aus dieser Perspektive potentiell die Chancen einer intensivierten Erweiterung der Bilder des eigenen Selbst um die Dimensionen der dem anderen Geschlecht zugeschriebenen Qualitäten oder Eigenschaften. Eine solche konstruktive Erweiterung gelingt in dem Maße, wie die frühen Identifizierungen mit der Mutter integriert und mit väterlich-männlichen Identifizierungen in den Selbstbildern als Junge, Adoleszenter und erwachsener Mann legiert werden konnten. Mußten die mütterlichen Identifizierungen überwiegend abgewehrt werden, sei es etwa aufgrund von Abgrenzungsproblemen in der Mutter-Sohn-Beziehung oder aufgrund mangelnder Erfahrungen mit väterlicher Fürsorge, so wird auch die Identifizierung mit dem Kind erschwert und dies einen Mangel an Empathie und Beziehungsfähigkeit zur kleinen und heranwachsenden Tochter nach sich ziehen.

Der Wunsch oder die Ablehnung, Vater zu werden, und die Art und Weise, wie die Erfahrungen der Elternschaft verarbeitet werden, sind in diesem Sinne davon geprägt, wie die eigenen Beziehungen zu Vater und Mutter in Kindheit und Jugend erlebt wurden (vgl. auch Diamond 1991, Frick-Bruder & Schütt 1992). Das heißt, in die Wünsche, Phantasien und Normen, die das Verhältnis zum Kind betreffen, fließen die Bilder der Beziehung zur eigenen Mutter und zum eigenen Vater ein. Diese Bilder und Erfahrungen erzeugen die Motiv- und Bedürfnisstrukturen, die die Beziehung zu den eigenen Kindern, seien es Söhne oder Töchter, maßgeblich bestimmen. Ein Beispiel dafür ist der Umstand, daß Väter als zentrales Motiv ihrer Vaterschaft oft den Wunsch angeben, väterlicher zu sein als der eigene Vater (Cath 1991, S.71). Und entsprechend sind auch die Vorstellungen, die die Vaterschaft speziell im Verhältnis zu einer Tochter betreffen, regelmäßig verbunden mit unterschiedlichen Varianten von rivalisierenden Vorstellungen oder von Wiedergutmachungswünschen: es besser zu machen als Vater, Mutter oder die eigenen Eltern als Paar.

Diese auf bewußter Ebene zunächst progressiv erscheinenden Absichten können allerdings konterkariert sein durch unbewußte Wünsche, von der Tochter das zu bekommen, was in der eigenen Kindheit oder Jugend im Verhältnis zu den Eltern, im besonderen zur Mutter, vermißt wurde. Regressive Wünsche werden häufig dadurch wachgerufen, daß die einzelnen Entwicklungsschritte und das psychische Wachstum der Tochter zwangsläufig immer wieder an kritische Punkte der eigenen Entwicklungsgeschichte rühren. So kann, um ein erstes Beispiel zu nennen, der Vater auf schmerzliche Weise mit der Erfahrung konfrontiert sein, daß er das, was sein Kind von ihm möchte, selbst nicht bekommen hat. Die Absicht, gegenüber der kleinen Tochter väterlich zu sein, kann dadurch von auftauchenden Mangelgefühlen geradezu überwältigt und auch verhindert werden. Ein weiteres Beispiel läge darin, daß das Größerwerden der Tochter und die damit verbundenen Trennungsschritte besonders kritische Punkte der männlichen Entwicklung in Schwingungen versetzen, nämlich den nun erneut erlebbaren Verlust der früheren Intimität zwischen Sohn und Mutter.[10]

---

10 Vgl. dazu Bosse (1994, 2000)

Trennungsschmerzen können sich – insbesondere in der Adoleszenz – in großer Heftigkeit mit Neidgefühlen und Eifersucht auf neue Liebesobjekte der Tochter verbinden. Daher enthält gerade die erste Liebesbeziehung der Tochter zu einem »anderen Mann« explosiven Zündstoff und wird zur klassischen Nagelprobe der Vater-Tochter-Beziehung. So verdichten sich insbesondere in der Adoleszenz die verschiedenen kritischen Thematiken der präödipalen und ödipalen Entwicklung und verlangen vom Vater im Verhältnis zur Tochter ein großes Maß an Verzichtsleistung, Trauer- und Sublimierungspotentialen.

Demgegenüber stellt, wie erwähnt, die inbesitznehmende Beziehung zur adoleszenten Tochter eine Art Nische her, innerhalb derer aufgrund der relativen Macht des Vaters und der Abhängigkeit der Tochter die Illusion bewahrt werden soll, daß die Mühsal des Verzichts und des Abschieds ohne Schaden umgangen werden könne: Nährt doch die phantasmatische Paarbildung mit der eine Generation jüngeren Tochter die Illusion, die Schmerzen des Alterns und des in der Lebensmitte sich aufdrängenden »Bewußtseins von der Flüchtigkeit des Menschenlebens« (Kernberg 1988, S. 143) fernhalten, die näherrückenden Bilder der Vergänglichkeit und Begrenztheit verleugnen und sich gleichsam inzestuös verjüngen zu können[11] – eine wiederum für die Tochter psychisch tödliche Vereinnahmung, wenn sie Realität wird (wie in Frischs *Homo Faber* durchgespielt); und die immer auf der Voraussetzung beruht, daß der Tochter die Mutter aus unterschiedlichen Gründen nicht zur emotionalen Verfügung steht und die (innere) Beziehung des Vaters zur (Mutter-)Frau gestört ist.[12] Zugleich kann in der komplizenhaften Paarbildung mit der Tochter der infantile Wunsch des Vaters zur Geltung gebracht werden, es der enttäu-

---

11 Nicht zufällig wird die psychische Besitznahme und emotionale Ausbeutung der Tochter durch den Vater häufig als psychischer Inzest beschrieben (vgl. auch Wagner 1995, S. 31). »Der Inzest indiziert ... einen ... Rückzug aus dem universalen gesellschaftlichen Spiel, dem Spiel des Gebens und Nehmens. Er inszeniert, nach einer Formulierung von Lévi-Strauss (1981, S. 663, V.K.), den Traum, ›man könne das Gesetz des Tauschs überlisten, man könne gewinnen, ohne zu verlieren, genießen, ohne zu teilen‹.« (Allert 1998, S. 159)

schenden Mutter-Frau zu »zeigen« und sich zudem auch noch ein weibliches Komplement zu erschaffen, das im unmittelbarsten Sinne jenes frühe Mutterbild der Kindheit wiederauferstehen läßt, das im Dienste der omnipotenten Wunscherfüllung ausgemalt oder erträumt wird: »Sie selbst war«, so *Wotans* paradigmatische Beschreibung seines Bildes der Beziehung zur Tochter *Brünnhilde* im *Ring des Nibelungen*, »meines Wunsches schaffender Schoß«.[13]

Verknüpfen wir diese psychischen Konstellationen mit ihren sozialen Voraussetzungen, so scheint zunächst die Verführung, diese Art von Konstellation nicht nur partiell und passager durchzuspielen, sondern agierend daran festzuhalten, im Rahmen konventioneller Geschlechterbeziehungen und patriarchaler Machtverhältnisse besonders groß. Diese Konstellation behält ihre Anziehungskraft jedoch durchaus auch im Rahmen (partiell) modernisierter Geschlechterbeziehungen, innerhalb derer die Ablösung des Vaters von der Tochter in mancher Hinsicht zusätzlich erschwert ist:

Zum einen gestaltet sich die klassische Lösung des väterlichen Ablösungsprozesses zunehmend schwieriger. Nach dieser findet der Vater Trost und Befriedigung in der Vorstellung, in der künftigen Mutterschaft der Tochter die Generationenlinie fortsetzen zu können. Denn, wie es Oevermann aus strukturtheoretischer Sicht treffend auf den Punkt gebracht hat, »geben« Familien ihre Kinder nur »ab«, »damit diese ihrerseits wieder Familien gründen können«: »Die Zeugungsfamilien ihrer Kinder sind für die Herkunftsfamilie strukturell zugleich immer auch eine Konkurrenzfamilie,

---

12 Auch hier geht es um eine strukturtheoretische Betrachtung, d.h. um die Qualität innerer Beziehungsfiguren, die nicht gleichzusetzen sind mit den in der Realität anwesenden Personen, etwa bei unvollständigen oder vollständigen Kleinfamilien, (vgl. dazu auch Allert 1998 sowie Hildenbrand 1998).

13 »Keine wie sie kannte mein innerstes Sinnen: keine wie sie wusste den Quell meines Willens! Sie selbst war meines Wunsches schaffender Schoss: und so nun brach sie den seligen Bund, daß treulos sie meinem Willen getrotzt, mein herrschend Gebot offen verhöhnt, gegen mich die Waffe gewandt, die mein Wunsch allein ihr schuf!« Wotan über seine Tochter Brünnhilde in: Richard Wagners ›Der Ring des Nibelungen‹, ›Die Walküre‹, 3. Aufzug, 2. Szene.

aber es ist die einzige Konkurrenzfamilie, die sie in der Dialektik von Bindung und Ablösung anerkennen kann und muß, denn diese setzt die Lebenspraxis fort« (Oevermann 1984, S.117). Diese klassische Kompensation des Verlusts, in den Kindern, in diesem Fall in den Kindern der Tochter die Fortsetzung der Generationenlinie und darin die praktische Erweiterung der eigenen Existenz realisiert zu sehen, stellt in der Regel angesichts der veränderten Lebensentwürfe, der verlängerten Adoleszenz und der damit zeitlich verschobenen Elternschaft in der Adoleszenz der Tochter zumindest keine *unmittelbar* greifbare Verarbeitungsmöglichkeit mehr dar.

Zum anderen geht mit der Trennung von der Tochter unter diesen modernisierten Bedingungen eine zweite zusätzliche Herausforderung einher, da die töchterlichen Autonomisierungsprojekte, professionellen Identitätsentwürfe und Kämpfe um Einflußnahme im öffentlichen Raum eine weitere konflikthafte Dimension im Verhältnis zwischen Vätern und Töchtern ins Spiel bringen, die konventionell auf das Verhältnis zu den Söhnen beschränkt war – nämlich die Rivalität zwischen Vater und Tochter im Feld des beruflichen Erfolgs oder der kulturellen Leistungen einschließlich der ambivalent erlebten Möglichkeit, daß die Tochter den Vater im eigenen Terrain übertreffen könnte.[14] Tritt also im Rahmen konventioneller Geschlechterbeziehungen klassischerweise die Krise dann ein, wenn die Tochter in der Adoleszenz sich vom Vater abwendet und einem (anderen) Mann zuwendet, so hat sich die Krisenpotentialität in der modernisierten Geschlechterkonstellation vervielfältigt: zur »ersten Liebe« der Tochter in der Adoleszenz tritt die heftige und nachhaltige adoleszente »Liebesaffäre mit der Welt« hinzu. Auch in Hinblick auf dieses zweite, mit Neid, Eifersucht und Rivalität bedachte Objekt der töchterlichen Begierde können nun wiederum zahlreiche Kontrollmaßnahmen auf den Plan treten, wie sie im Zusammenhang mit der Beschreibung der »Vatertöchter« bereits angesprochen worden sind.

---

14 Zu den soziologischen Aspekten dieser Ambivalenz vgl. Bourdieus (1993) Analyse anhand des Vater-Sohn-Verhältnisses.

Zugleich liegt jedoch gerade in dieser verschärften Herausforderung auch eine Entwicklungschance für Väter, die mit den schmerzlichen Seiten der verlängerten Adoleszenz der Töchter und der verzögerten (oder mitunter gänzlich abgeschnittenen) Fortsetzung der Generationenlinie im günstigen Fall versöhnen kann: in der Kompensation des Verlusts durch eine, unumgänglich durch Trauer eingeleitete, konstruktiv-sublimatorische Umwandlung des väterlichen Besitzwunsches in eine partielle Identifizierung mit der Autonomie der Tochter. Diese Identifizierung mit der Autonomie der Tochter schließt innerlich an Entwicklungsprojekte der eigenen Lebensgeschichte an und bereichert zugleich das eigene Selbst um Aspekte einer weiblichen Anderen, die sowohl – als Tochter – selbst geschaffen ist und doch in Gänze eine eigensinnige Andersheit verkörpert. Eine solche partielle identifikatorische Verschmelzung mit der autonomen Andersheit der eigenen Tochter entspricht zugleich einer Umkehrung und reziproken Gestaltung jener von Benjamin (1993) beschriebenen identifikatorischen Liebe der Tochter zum Vater in der Kindheit, die auf sein Verhältnis zur erregenden und verheißungsvollen Außenwelt zielte. Denn in der Adoleszenz sind es nun die herangewachsenen Kinder, die nicht nur Liebesaffären mit anderen Männern oder Frauen, sondern auch, im Mahlerschen Sinne, »mit der Welt« auf neue Weise beginnen können, und an der der Vater (und die Mutter) aus einer Position »identifikatorischer Liebe« in dem Maße partizipieren können, wie sie zugleich darauf verzichten, Töchter (oder Söhne) aus eigener narzißtischer Bedürftigkeit heraus in Loyalitätsbindungen festzuhalten.

Väterlichkeit (und Mütterlichkeit) erweist sich aus dieser Perspektive als eine spezifische Verbindung von Versagung *und* Engagement, von Identifizierungs- *und* Trennungsfähigkeit. Beides ist wiederum im vollständigen Sinne nur vorstellbar im Rahmen einer ausreichend erfüllten, von Anerkennung geprägten, in diesem Sinne postkonventionellen Geschlechter- oder Elternbeziehung[15]: Nur dann wird es möglich sein, die mit dem zunehmenden Ausgeschlossensein aus der Welt der Töchter und Söhne verbundenen

---

15 Vgl. auch Fußnote 12.

Schmerzen und Trauerempfindungen bei sich und unter sich zu behalten, anstatt sie den Adoleszenten aufzubürden und sie dadurch zu binden. Gelingt Vätern und Müttern dieser schwierige Balanceakt, zu partizipieren ohne festzuhalten, zu begleiten und doch loszulassen – und in diesem Sinne immer wieder eine der Adoleszenz angemessene Form der Väterlichkeit und Mütterlichkeit herzustellen – so kann sich schließlich in der von Töchtern oder Söhnen eingegangenen »Liebesaffäre mit der Welt« die Fortsetzung der Generationenlinie auch auf symbolisch-sublimierter Ebene realisieren.

Literatur

Abelin, E. L. (1971). The role of the father in the separation-individuation process. In J. B. McDevitt & C. F. Settlage (Hrsg.), *Separation-Individuation: Essays in honor of Margaret S. Mahler.* New York: International University Press, pp. 229–252.

Allert, T. (1998). *Die Familie. Fallstudien zur Unverwüstlichkeit einer Lebensform.* Berlin: de Gruyter.

Benjamin, J. (1993). *Phantasie und Geschlecht. Psychoanalytische Studien über Idealisierung, Anerkennung und Differenz.* Basel: Stroemfeld/Nexus.

Berger, M. (1996). »Durch diese schöne Anstrengung mit sich selbst bekannt gemacht...« Über Texte zu Töchtern und Vätern. In M. Berger & J. Wiesse (Hrsg.), *Geschlecht und Gewalt. Psychoanalytische Blätter.* Göttingen: Vandenhoeck & Ruprecht, S. 120–160.

Bosse, H. (1994). *Der fremde Mann. Jugend, Männlichkeit, Macht. Eine Ethnoanalyse.* Frankfurt/M.: Fischer.

Bosse, H. (2000). Die Trennung vom Weiblichen. Rituelle und moderne Formen der Vermännlichung bei Adoleszenten. In H. Bosse & V. King (Hrsg.), *Männlichkeitsentwürfe. Wandlungen und Widerstände im Geschlechterverhältnis.* Frankfurt/M.: Campus, S. 51–70.

Bourdieu, P. (1993). Widersprüche des Erbes. In P. Bourdieu (Hrsg.), *Das Elend der Welt.* Konstanz: Universitätsverlag, S. 651–658.

Buchholz, M. (1990). Die Rotation der Triade. *Forum der Psychoanalyse, 6,* S. 116–134.

Buchholz, M. & Dümpelmann, M. (1993). Väter bei Anorexie. In G. Seidler (Hrsg.), *Magersucht – öffentliches Geheimnis.* Göttingen: Vandenhoeck & Ruprecht, S. 53–86.

Bürgin, D. (1998). Vater als Person und Vater als Prinzip. In D. Bürgin (Hrsg.), *Triangulierung. Der Übergang zur Elternschaft.* Stuttgart: Schattauer, S. 179–214.

Cath, S. (1991). Vatersein von der Kindheit bis ins Alter: Ein Abriß neuerer psychoanalytischer Konzepte. In R. Friedman & L. Lerner (Hrsg.), *Zur Psychoanalyse des Mannes.* Heidelberg: Springer, S. 65–76.

Chasseguet-Smirgel, J. (1964). Die weiblichen Schuldgefühle. In J. Chasseguet-Smirgel (Hrsg.), *Psychoanalyse der weiblichen Sexualität.* Frankfurt/M.: Fischer, S. 134–191.

Chasseguet-Smirgel, J. (1988). Freud und die Weiblichkeit. In J. Chasseguet-Smirgel (Hrsg.), *Zwei Bäume im Garten. Zur psychischen Bedeutung der Vater- und Mutterbilder.* München: Verlag Internationale Psychoanalyse 1988, S. 1–25.

Diamond, M. D. (1991). Der werdende Vater: Psychoanalytische Ansichten über den vergessenen Elternteil. In R. Friedman & L. Lerner (Hrsg.), *Zur Psychoanalyse des Mannes*. Heidelberg: Springer, S. 39–64.

Eckart, C. (1985). Töchter in einer »vaterlosen Gesellschaft«. Das Vorbild des Vaters als Sackgasse zur Autonomie. In C. Hagemann-White & M. Rerrich (Hrsg.), *FrauenMännerBilder. Männer und Männlichkeit in der feministischen Diskussion*. Bielefeld: AJZ, S. 170–193.

Eckstaedt, A. (1989). *Nationalsozialismus in der »zweiten Generation«. Psychoanalyse von Hörigkeitsverhältnissen*. Frankfurt/M.: Fischer.

Fivaz-Depeursinge, E. & Corboz-Warnery, A. (1999). *The primary triangle. A developmental systems view of mothers, fathers, and infants*. Oxford: Basic Books.

Flaake, K. (1997). »Mit der Pubertät kommt die Zukunft nicht nur näher, sie richtet sich im Körper ein...« Zur Bedeutung der körperlichen Veränderungen in der weiblichen Adoleszenz. In H. Krebs & A. Eggert-Schmid Noerr (Hrsg.), *Lebensphase Adoleszenz*. Mainz: Grünewald, S. 93–107.

Flaake, K. (1999). Weibliche Adoleszenz – Neue Möglichkeiten, alte Fallen? Widersprüche und Ambivalenzen in der Lebenssituation und den Orientierungen junger Frauen. In M. Oechsle & B. Geissler (Hrsg.), *Die ungleiche Gleichheit. Junge Frauen und der Wandel im Geschlechterverhältnis*. Opladen: Leske & Budrich, S. 43–66.

Flaake, K. & King, V. (1992). Psychosexuelle Entwicklung, Lebenssituation und Lebensentwürfe junger Frauen. Zur weiblichen Adoleszenz in soziologischen und psychoanalytischen Theorien. In K. Flaake & V. King (Hrsg.), *Weibliche Adoleszenz. Zur Sozialisation junger Frauen*. Frankfurt/M.: Campus., S. 13–39.

Freud, S. (1905). *Drei Abhandlungen zur Sexualtheorie*. GW V, S. 27–145.

Freud, S. (1930). *Das Unbehagen in der Kultur*. GW XIV, S. 419–506.

Frick-Bruder, V. & Schütt, E. (1992). Zur Psychologie des männlichen und weiblichen Kinderwunsches. *Psychotherapie, Psychosomatik, Medizinische Psychologie, 42*, S. 221–227.

Fthenakis, W. E. (1985). *Väter. Zur Psychologie der Vater-Kind-Beziehung*. München: Urban & Schwarzenberg.

Gidion, H. (1999). *Töchter und ihre Väter. Literarische Entdeckungsreisen*. Frankfurt/M.: Fischer.

Happel, F. (1996). *Der Einfluß des Vaters auf die Tochter. Zur Psychoanalyse weiblicher Identitätsbildung*. Eschborn: Verlag Dietmar Klotz.

Herzog, J. (1998). Frühe Interaktionen und Repräsentanzen: Die Rolle des Vaters in frühen und späten Triaden; der Vater als Förderer der Entwicklung von der Dyade zur Triade. In D. Bürgin (Hrsg.), *Triangulierung. Der Übergang zur Elternschaft*. Stuttgart: Schattauer, S. 162–178.

Hildenbrand, B. (1998). *Der abwesende Vater – ein strukturelles Problem im* Sozialisationsprozeß. Antrittsvorlesung, Friedrich-Schiller-Universität, Jena.

Hudewentz, R. (1998). *Gespräche mit Antigone. Zur Beziehung von Töchtern und Vätern.* Pfaffenweiler: Centaurus.

Kernberg, O. (1988). *Innere Welt und äußere Realität. Anwendungen der Objektbeziehungstheorie.* München: Verlag Internationale Psychoanalyse.

King, V. (1995). *Die Urszene der Psychoanalyse. Adoleszenz und Geschlechterspannung im Fall Dora.* Stuttgart: Verlag Internationale Psychoanalyse.

King, V. (1997). Weibliche Adoleszenz im Wandel. Innere und äußere Räume im jugendlichen Schöpfungsprozeß. In H. Krebs & A. Eggert-Schmid Noerr (Hrsg.), *Lebensphase Adoleszenz.* Mainz: Grünewald, S. 32–49.

King, V. (1999). Der Ursprung im Innern. Weibliche Genitalität und Sublimierung. In E. Brech, K. Bell & Ch. Mahrarens-Schürg (Hrsg.), *Weiblicher und männlicher Ödipuskomplex.* Göttingen: Vandenhoeck & Ruprecht, S. 204–229.

King, V. (2000a). Narzißmus und Objektbindung in der weiblichen Adoleszenz: Wandlungen der Autonomie. *Zeitschrift für psychoanalytische Theorie und Praxis, Jg. XV,* S. 386–409.

King, V. (2000b). Geschlechtsidentität. In W. Mertens & B. Waldvogel (Hrsg.), *Handbuch psychoanalytischer Grundbegriffe.* Stuttgart: Kohlhammer, S. 245–249.

King, V. (2000c). Entwürfe von Männlichkeit in der Adoleszenz. Wandlungen und Kontinuitäten von Familien- und Berufsorientierungen. In H. Bosse & V. King (Hrsg.), *Männlichkeitsentwürfe. Wandlungen und Widerstände im Geschlechterverhältnis. Frankfurt/ M.: Campus, S. 92–107.*

Knijn, T. (1995). Hat die Vaterschaft noch eine Zukunft? Eine theoretische Betrachtung zu veränderter Vaterschaft. In C. Armbruster, U. Müller & M. Stein-Hilbers (Hrsg.), *Neue Horizonte? Sozialwissenschaftliche Forschung über Geschlechter und Geschlechterverhältnisse.* Opladen: Leske & Budrich, S. 171- 192.

Mahler, M., Pine, F. & Bergman, A. (1978). *Die psychische Geburt des Menschen.* Frankfurt/M.: Fischer.

Mertens, W. (1992). *Entwicklung der Psychosexualität und der Geschlechtsidentität.* Bd 1. Geburt bis 4. Lebensjahr. Stuttgart: Kohlhammer.

Mertens, W. (1994). *Entwicklung der Psychosexualität und der Geschlechtsidentität.* Bd 2. Kindheit und Adoleszenz. Stuttgart: Kohlhammer.

Moser, T. (1996). *Dämonische Figuren. Die Wiederkehr des Dritten Reiches in der Psychotherapie.* Frankfurt/M.: Suhrkamp.

Oevermann, U. (1984). Neue Jugendsekten als Ort der Verweigerung der Lebenspraxis. In S.Messner, W. K. Pfeifer & M. Weber (Hrsg.), *Beratung im Umfeld von Jugendreligionen.* Göttingen: Vandenhoeck & Ruprecht, S.113–120.

Pruett, K. (1987). *Die neuen Väter. Männer auf dem Weg in die Familie.* München: Mosaik-Verlag.

Reiche, R. (2000). Der gewöhnliche Weg zur Homosexualität beim Mann. In H. Bosse & V. King (Hrsg.), *Männlichkeitsentwürfe. Wandlungen und Widerstände im Geschlechterverhältnis.* Frankfurt/M.: Campus, S.178–198.

Rohde-Dachser, C. (1990). Über töchterliche Existenz. Offene Fragen zum weiblichen Ödipuskomplex. *Zeitschrift für pychosomatische Medizin und Psychoanalyse, 36,* S.303–315.

Rohde-Dachser, C. (1991). *Expedition in den dunklen Kontinent.* Heidelberg: Springer.

Sauter, S.(2000). Väterlichkeit – eine normative Kategorie in der Familienforschung. *Zeitschrift für Familienforschung, 1,* S.27–48.

Schablow, M. (1984). Väter und Töchter. In L. Gravenhorst, M. Schablow & B. Cramon-Daiber (Hrsg.), *Lebensort Familie.* Opladen: Leske & Budrich, S.49–114.

Schon, L. (1995). *Entwicklung des Beziehungsdreiecks Vater-Mutter-Kind.* Stuttgart: Kohlhammer.

Steffens, W. (1986). Zur Psychodynamik der Vater-Tochter-Beziehung in der Adoleszenz. *Psychotherapie, Psychosomatik, Medizinische Psychologie, 36,* S.215–220.

Stern, D. (1995). *Die Mutterschaftskonstellation. Eine vergleichende Darstellung verschiedener Formen der Mutter-Kind-Psychotherapie.* Stuttgart: Klett-Cotta.

von Klitzing, K. (1998). »Wenn aus zwei drei werden...«Ergebnisse einer prospektiven Studie zur Entstehung der Eltern-Kind-Beziehung. In D. Bürgin (Hrsg.), *Triangulierung. Der Übergang zur Elternschaft.* Stuttgart: Schattauer, S.104–115.

Wagner, N. (1995). Vom Inzest in Wagners *Ring.* In Patronatsverein für die Theater der Stadt Frankfurt/Main (Hrsg.), *Rund um den Ring. Ein Frankfurter Vortragszyklus zu Richard Wagners ›Der Ring des Nibelungen‹,* S.28–33.

Yogman, M. W. (1982). Observations on the father-infant-relationship. In S.H. Cath, A. R. Gurwitt & J. M. Ross (Hrsg.), *Father and child: Developmental and clinical perspectives.* Boston: Little, Brown & Company, pp. 101–122.

HORST NICKEL

Väter und ihre Kinder
vor und nach der Geburt

Befunde zum Übergang zur Vaterschaft aus
deutscher und kulturvergleichender Perspektive

Die neuere Vaterforschung ergab, daß Väter sowohl in
psychologischer Hinsicht als auch auf physiologischer
Ebene über hinreichende Voraussetzungen für einen
einfühlsamen Umgang mit Neugeborenen und
Säuglingen verfügen und daß sie darüber hinaus bereits
vor der Geburt die Grundlagen für eine positive Vater-
Kind-Interaktion legen können. In einer longitudinalen
Untersuchungsreihe wurde gezeigt, wie sich das prä-
natale und postnatale Engagement von Vätern auf ihre
Kinder auswirken und deren Entwicklung positiv beein-
flussen kann. In einer kulturvergleichenden Studie
konnte darüber hinaus der Einfluß unterschiedlicher
sozial-kultureller Makrosysteme auf Einstellungen
und Verhalten junger Väter aufgedeckt werden. Dabei
stellte sich die Bewältigung der Übergangssituation für
deutsche Väter als besonders problematisch dar.
Insgesamt weisen die Ergebnisse darauf hin, daß Väter
bereits in der Zeit vor und nach der Geburt eine eigen-
ständige Bedeutung für ihre Kinder besitzen und ihre
Beteiligung nicht in erster Linie als Entlastung der
Mütter verstanden werden darf.

Most recent research of the father's role has proven
that fathers sufficiently meet both the psychological
and the physiological preconditions necessary
for a sensitive treatment of new-borns and infants,
and furthermore have the ability to create the
foundations for positive father-child interaction even
before the child's birth. In a longitudinal series of

studies it has been shown how pre-natal and post-natal participation of fathers reflects on their children and affects their development in a positive way. In a cross-cultural study the influence of diverse socio-cultural macrosystems on attitudes and behaviour of young fathers has become clear. In this study, mastering the transitional period is described as being especially problematic for German fathers. To sum up, the findings lead to the conclusion that fathers play a distinctive role for their children already before and just after birth and that their participation should not primarily be considered as a mere relief of the strain on mothers.

1 Psychologische Vaterforschung im Umbruch

Bis in die siebziger Jahre stand im Mittelpunkt der psychologischen Vaterforschung in erster Linie die Frage, welche Folgen sich aus dem Fehlen einer väterlichen Identifikationsfigur für die Persönlichkeitsentwicklung von Kindern ergeben. Theoretisch wurde diese Fragestellung vor allem durch tiefenpsychologische Konzepte nahegelegt, zum Beispiel durch die Annahme einer vermeintlich zentralen Rolle des sogenannten Ödipuskomplexes für die weitere Persönlichkeitsentwicklung (vgl. dazu Roos & Greve 1996); in praktischer Hinsicht ergab sie sich aus der großen Zahl vaterlos aufwachsender Kinder nach dem Zweiten Weltkrieg. Als Resümee aus den damaligen internationalen Befunden ziehen Scharmann und Scharmann (1979, S.305) den Schluß, daß diese trotz unterschiedlicher Stichproben und Untersuchungsmethoden die Annahme gestatten, beim Kind seien mit Sicherheit Ausfälle und Verhaltensstörungen festzustellen, wenn der Vater als Identifikationsobjekt entfällt. In einem zusammenfassenden Überblick weist Meyer-Krahmer (1980) ferner darauf hin, daß sich nicht nur deutliche Zusammenhänge zwischen der Vaterabwesenheit und der Geschlechtsrollenidentifikation von Jungen und Mädchen nachweisen lassen, sondern daß sich auch Beziehungen zur moralischen und intellektuellen Entwicklung abzeichnen. Dies konnte in der zwischenzeitlichen Vaterforschung bestätigt und weiter differenziert werden (Werneck 1998).

Ein grundlegender Wandel in der psychologischen Vaterforschung ging im Verlauf der siebziger Jahre von den USA aus und ist insbesondere mit dem Namen Michael E. Lamb verbunden. Er sah im Vater nicht nur einen wichtigen Interaktionspartner des Kindes, sondern betonte vor allem auch seine spezifische Bedeutung für die kindliche Entwicklung. So trat die Erforschung der Vater-Kind-Interaktion gleichrangig neben die der Mutter-Kind-Beziehung (Lamb 1975, 1977a,b, 1981). Gleichzeitig rückte jetzt das früheste Kindesalter in den Mittelpunkt der Beachtung. Diese erste Lebenszeit des Kindes galt bisher ausschließlich als die Domäne der Mutter, der neben der Pflege- und Betreuungsfunktion vor allem die Aufgabe zugeschrieben wurde, eine stabile emotionale Bindungsfähigkeit im Kind zu evozieren. Die Aufgabe des Vaters im Rahmen der Betreuung und Erziehung von Säuglingen und Kleinkindern wurde in erster Linie darin gesehen, den Lebensraum von Mutter und Kind wirtschaftlich abzusichern und emotional zu unterstützen.

Die angesprochene Auffassung hat ihre wesentliche Ursache in den grundlegenden Annahmen der Attachment- oder Bindungs-Theorie (Ainsworth 1969, 1979, Bowlby 1969). Danach bildet eine sichere Bindung die Voraussetzung für eine ungestörte weitere Entwicklung des Kindes, und die Mutter galt als die von der Natur dazu vorbestimmte primäre Bezugsperson. Die Befunde einer umfangreichen empirischen Forschung, die durch die Attachment-Theorie ausgelöst worden ist, weisen nun in der Tat darauf hin, daß Säuglinge über eine Reihe von spezies-charakteristischen Verhaltensweisen verfügen, die als Signale gegenüber der Mutter dienen. Deren Sensitivität und Kompetenz, auf diese Signale angemessen zu reagieren, bilden eine entscheidende Voraussetzung für den Aufbau einer sicheren Bindung (vgl. Spangler & Zimmermann 1995).

Hier stellt sich allerdings eine Frage, die für die Vaterforschung im ersten Lebensjahr von grundsätzlicher Bedeutung ist, nämlich, ob es sich dabei um Voraussetzungen handelt, die nur Müttern beziehungsweise Frauen zu eigen sind, etwa aufgrund biogene-

tisch vorgegebener Bedingungen. Tatsächlich ging die Bindungs-
Theorie ursprünglich von der Hypothese aus, daß Mutter und Kind
über gleichsam instinktmäßig vorgegebene Verhaltensmuster im
Sinne aufeinander abgestimmter Signalsysteme verfügen, deren
Funktion durch erste Kontakte unmittelbar nach der Geburt in
Gang gesetzt wird. Andererseits kann eine emotionale Sensitivie-
rung durch das Ereignis der Geburt und durch erste Kontakte mit
dem Neugeborenen unter bestimmten Bedingungen auch bei
Vätern registriert werden. Darin könnte man zum Beispiel eine
mögliche positive Wirkung der Teilnahme am Geburtsvorgang
sehen, insbesondere dann, wenn eine entsprechende Voreinstel-
lung gegeben ist (vgl. Abschnitt 2.1). Bezüglich des Umgangs von
Vätern mit Neugeborenen und Kleinstkindern sind daher zwei
grundsätzliche Fragen zu klären:

(1) Besitzen auch Väter die Fähigkeit zu einem sensitiven und
kompetenten Umgang mit Neugeborenen und Säuglingen?

(2) Müssen sie gegebenenfalls diese Fähigkeiten erst im Umgang
mit dem Kind erlernen, oder verfügen sie ebenso wie Mütter
bereits über entsprechende biogenetisch verankerte Verhaltensmuster?

Die erste Frage nach der Sensitivität und Kompetenz von Vätern
kann aufgrund der Ergebnisse der internationalen Forschung der
letzten Jahrzehnte eindeutig positiv beantwortet werden. In einer
Pilotstudie von Parke & Sawin (1980), die in dieser Richtung bahnbrechend war, wurden Sensitivität und Kompetenz von Vätern
beim Füttern von Neugeborenen untersucht, und zwar allein, ohne
Gegenwart der Mutter. Dabei ergab sich, daß Väter durchaus sehr
sensibel auf die Signale des Kindes reagierten. Kein Unterschied
zeigte sich beim Vergleich mit Müttern in der konsumierten Milch-
menge der Kinder; Väter waren beim Füttern nicht nur ebenso
feinfühlig wie Mütter, sondern auch genauso erfolgreich. Die Feinfühligkeit der Väter im Umgang mit Säuglingen und Kleinkindern
wurde inzwischen durch zahlreiche weitere Untersuchungen bestätigt und bezieht eine gut abgestimmte sprachliche und mimi-
sche Reaktion auf die Lautäußerungen des Säuglings mit ein (Papoušek & Papoušek 1983, vgl. auch Bartoszyk 1984, Wenzel 1987).

Damit kommen wir zur zweiten Frage nach einer möglichen biolo- *2. frage* gischen Verankerung einer sensitiven Vater-Kind-Interaktion. Bereits die Untersuchungen von Papoušek & Papoušek (1983) legen die Vermutung nahe, daß die bei Müttern und Vätern in gleicher Weise beobachtete Feinabstimmung der verbalen beziehungsweise präverbalen Interaktion mit Kleinstkindern nicht ausschließlich erlernt sein kann. Die Annahme, daß Väter ebenso wie Mütter über nicht gelernte und damit genetisch verankerte Verhaltensweisen verfügen, die es ihnen erlauben, kindliche Signale wahrzunehmen und angemessen zu beantworten, konnte insbesondere durch mehrere Untersuchungen der amerikanischen Forschergruppe um Frodi und Lamb bestätigt werden (Frodi & Lamb 1978, Frodi et al. 1978a, Frodi et al. 1978b). In diesen Arbeiten wurden die physiologischen Reaktionen von Eltern auf ruhige, lächelnde und weinende Säuglinge untersucht. Dabei zeigte sich, daß in den autonomen physiologischen Reaktionen auf kindliche Signale zwischen Müttern und Vätern kein Unterschied bestand.

Insgesamt legen die Ergebnisse der internationalen Forschung *fazit* eindeutig die Schlußfolgerung nahe, daß Väter bei der Interaktion mit Neugeborenen und Säuglingen ebenso sensibel reagieren können wie Mütter, und dies nicht nur im offenen Verhalten, sondern auch auf physiologischer Ebene. Ähnlich wie Mütter verfügen sie über die entsprechenden biogenetischen Prädispositionen (vgl. Fthenakis 1988).

Diese Befunde dürften einerseits geeignet sein, die psychologische Vaterforschung wesentlich zu stimulieren. Andererseits geriet letztere in jüngerer Zeit zunehmend auch unter den Einfluß einer gesellschaftlichen Entwicklung, die ihr eine einseitige Aktualisierung verlieh. Der grundlegende Wandel bezüglich mütterlicher Rollenvorstellungen, der sich in den beiden letzten Jahrzehnten vollzog (Brüderl 1992, Hettlage 1992), führte dazu, daß die Vaterrolle nun in erster Linie unter dem Aspekt einer Entlastungsfunktion für die Mutter gesehen wurde. Die in der psychologischen Vaterforschung gewonnenen Erkenntnisse, daß Väter andere Funktionen in der Interaktion mit dem Kind erfüllen als Mütter (Lamb 1977a, b, Schmidt-Denter 1984), wurden in diesem Kontext ebenso vernachlässigt wie ihre generelle Bedeutung für die frühkindliche Entwicklung. Aus streng feministischer Perspektive mußten diese Befunde sogar als kontraproduktiv angesehen werden, da sie dem Vater eine eigenständige, aber ebenso notwendige Bedeutung für eine optimale psychosoziale Entwicklung des Kindes zusprachen. So zielt denn auch die seit den achtziger Jahren zunehmend erhobene Forderung nach den sogenannten »Neuen Vätern« in erster Linie auf eine Entlastung der Mutter, nicht auf deren Ergänzung im Sinne einer Optimierung der Entwicklungsvoraussetzungen des Kindes. Das Angesprochene gilt ganz besonders für den deutschsprachigen Bereich und könnte, zumindest teilweise, die Tatsache erklären, daß die psychologische Vaterforschung hier im internationalen Vergleich nach einigen verheißungsvollen Ansätzen während der frühen achtziger Jahre (vgl. Köcher & Nickel 1985, Nickel & Köcher 1987) auf äußerst niedrigem Niveau stagniert, in Österreich und der Schweiz noch ausgeprägter als in Deutschland (Werneck 1998).

Eine Arbeitsgruppe, in der die Rolle des Vaters während der Schwangerschaft und Geburt sowie in den ersten Lebensjahren des Kindes seit den achtziger Jahren einen bevorzugten Forschungsgegenstand bildete, befand sich unter Leitung des Verfassers bis 1997 am Institut für Entwicklungs- und Sozialpsychologie der Heinrich-Heine-Universität Düsseldorf. Die Untersuchungen erfolgten sowohl aus deutscher Perspektive als auch im interkulturellen Vergleich. Aus den verschiedenen einschlägigen Arbeiten sollen in diesem Beitrag einige der wichtigsten Ergebnisse zusammenfassend dargestellt werden. Der Schwerpunkt liegt dabei zum 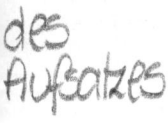 einen auf der Bedeutung des Vaters für die allererste Lebenszeit des Kindes (einschließlich der Pränatalzeit), zum anderen auf der Bewältigung des Übergangs zur Elternschaft durch Väter verschiedener Länder.

2 Der Vater in der ersten Lebenszeit des Kindes

2.1 Die Vater-Kind-Beziehung in der pränatalen und der postnatalen Phase

Eine positive Einstellung des Vaters zur Schwangerschaft und eine grundsätzlich emotional unterstützende Haltung gegenüber seiner Partnerin und werdenden Mutter bilden nach Gloger-Tippelt (1988) eine wichtige Voraussetzung für eine erfolgreiche Bewältigung der verschiedenen von ihr unterschiedenen Phasen des Schwangerschaftsverlaufs. Bei der Konzeptualisierung dieser Phasen orientiert sich Gloger-Tippelt allerdings in erster Linie am Erleben der Schwangerschaft durch Frauen, während Männer nach May (1985) bei der Entwicklung ihres Vaterschaftserlebnisses deutlich abweichende Stadien durchlaufen. Bei ihnen sind zu Beginn einer Schwangerschaft ihrer Partnerin sowohl Glücksgefühle als auch Schockerlebnisse zu beobachten, teilweise sogar einander abwechselnd. In der folgenden Zeit wird der angehende Vater einerseits durch das verstärkte Bedürfnis seiner Partnerin nach Zuwendung und Unterstützung zusätzlich beansprucht, andererseits hat er die Tatsache des Vaterwerdens noch keineswegs hinreichend verarbeitet, so daß es durchaus zu ambivalenten Gefühlsreaktionen kommen kann. So wird diese Zeit zu einem besonders schwierigen Lebensabschnitt, in dem sich entscheidet, ob der Mann zur Vaterschaft mit all ihren Veränderungen psychisch und physisch bereit ist.

Während die meisten Autoren die Rolle des Vaters während der Schwangerschaft ähnlich wie Gloger-Tippelt (1988) in erster Linie in einer Unterstützung der werdenden Mutter sehen, hat demgegenüber die Pränatale Psychologie in neuerer Zeit nachdrücklich auf die aktive Funktion des Mannes als Vater auch schon für die Entwicklung des ungeborenen Kindes hingewiesen (Nickel 1988b, 1995a, Schindler 1987, 1991). Bereits während der Pränatalzeit werden die Grundlagen für die künftige Vater-Kind-Beziehung gelegt. Zwar ist dem Vater eine sensorische Wahrnehmung des Ungeborenen nur über die Mutter möglich, zum Beispiel durch Hören oder Fühlen des Kindes in ihrem Bauch. Andererseits kann der Vater sein Kind bereits in dieser Zeit akustisch stimulieren; und das Ungeborene gewöhnt sich bereits an seine Stimme, die es nach der Geburt auch wiedererkennt. Auf diese Weise werden die ersten Grundlagen für eine emotionale Beziehung und spätere Bindung gelegt (vgl. Babic 1993, Hurst 1993).

Eine weitere wichtige Rolle für die Entwicklung einer positiven Vater-Kind-Beziehung spielen das Erlebnis der Geburt sowie der Anblick des neugeborenen Kindes und die allerersten Körperkontakte. Die amerikanischen Forscher Greenberg & Morris (1974) beobachteten Väter und Neugeborene kurz nach der Geburt und konnten dabei eine spontane Begeisterung der Väter sowie eine tiefe Zuneigung und emotionale Bindung zum Kind feststellen. Sie bezeichneten dieses Phänomen als ›engrossment‹. Analoge Beobachtungen ergaben sich auch in den Untersuchungen des Verfassers (Bartoszyk & Nickel 1993). Diese Anziehungskraft des Neugeborenen zeigt sich allerdings auch bei solchen Vätern, die die Geburt nicht miterlebt haben. Es scheint deshalb eine generelle Bereitschaft des Vaters für eine frühe Beziehung zum Neugeborenen zu bestehen, wobei der erste Anblick des Kindes und die direkten Kontakte nach der Geburt eine wichtige Rolle spielen. Diese Empfänglichkeit ist nach Grossmann & Volkmer (1984) von entsprechenden Einstellungen des Vaters wesentlich beeinflußt. Wichtige Determinanten für eine positive Einstellung des Vaters zur Schwangerschaft der Partnerin und zum eigenen Kind sind nach den Ergebnissen von Bartoszyk & Nickel (1993) vor allem die Erwünschtheit des Kindes sowie eine als befriedigend erlebte Partnerschaft.

Die meisten Väter sind in neuerer Zeit nicht nur bei der Geburt ihres Kindes anwesend, sondern besuchen auch gemeinsam mit ihren Partnerinnen Vorbereitungskurse. Dabei werden traditionelle Säuglingspflegekurse und teilweise auch spezifische Übungen zur Vorbereitung auf den Geburtsvorgang von beiden Elternteilen wesentlich stärker frequentiert als solche Angebote, die sich auf den späteren Umgang mit dem Kind beziehen oder gar auf die Bewältigung der Übergangsphase rund um die Geburt (Nickel 1993, Nickel et al. 1993). Die Frage, wie sich die Teilnahme angehender Väter an traditionellen Säuglingspflegekursen auf ihr künftiges Engagement auswirkt und ob sich das in der Entwicklung des Kindes in irgendeiner Weise niederschlägt, war Gegenstand eines Längsschnittprojekts der Düsseldorfer Arbeitsgruppe (vgl. Bartoszyk & Nickel 1993, Nickel 1987, 1988a). Nach einem quasi-experimentellen Versuchsplan mit anfallenden Stichproben wurden zwei Gruppen von Elternpaaren untersucht, die ihr erstes Kind erwarteten. Die Väter der ersten Gruppe besuchten keinen Vorbereitungskurs und verfügten auch nicht über praktische Erfahrungen im Umgang mit einem Kind, während die Väter der zweiten Gruppe gemeinsam mit den werdenden Müttern einen Säuglingspflegekurs besucht hatten. Neben diesen beiden Hauptaspekten bot die Längsschnittuntersuchung mit mehreren Meßwiederholungen die Möglichkeit, eine Vielzahl weiterer Fragen zur Eltern-Kind-Interaktion empirisch zu überprüfen. Sie reichen vom Erlebnis der Geburt über die Kontakte zum Neugeborenen, die Beteiligung der Väter an der Betreuung des Kindes bis zu verschiedenen Aspekten der frühkindlichen Entwicklung in beiden Gruppen. Die Untersuchungsinstrumente bestanden zum einen aus einer Reihe speziell für dieses Projekt entwickelter Fragebögen, zum anderen aus einem Entwicklungstagebuch, das die Eltern von der vierten Lebenswoche des Kindes an bis zum Ende des neunten Lebensmonats führten. Darüber hinaus wurden die Eltern zweimal (im 3. und 9. Lebensmonat) um quasi-experimentelle Aufzeichnungsmöglichkeiten per Video zur Beobachtung der Mutter-Vater-Kind-Interaktion gebeten.

Bei einem statistischen Vergleich des Verhaltens vorbereiteter und unvorbereiteter Väter während der Geburt ergaben sich keine Unterschiede in der Verteilung der folgenden Variablen: Anwesenheit des Vaters bei der Geburt, Beurteilung des Geburtsverlaufs, Zeitpunkt und Art des ersten Kontaktes zum Kind. Die meisten Väter (78 Prozent) waren unabhängig von ihrer Beteiligung an Vorbereitungsmaßnahmen während der gesamten Zeit im Kreißsaal anwesend, weitere 13 Prozent nahmen nur an einem Abschnitt des Geburtsvorgangs teil (Beginn oder Abschluß), lediglich 9 Prozent waren überhaupt nicht beteiligt. Die überwiegende Mehrzahl der Väter beschrieb den Geburtsverlauf und ihr eigenes Erleben durchweg als positiv. Der erste Vater-Kind-Kontakt erfolgte in den meisten Fällen unmittelbar nach der Geburt (Bartoszyk & Nickel 1993). Bezüglich der Erlebnisbeschreibung beim ersten Anblick des Kindes ergaben sich allerdings zwei signifikante Unterschiede: Die vorbereiteten Väter fühlten sich mehr zum Kind hingezogen und waren stärker emotional betroffen beziehungsweise gerührt als die unvorbereiteten. Weitere signifikante Unterschiede zwischen den beiden Vätergruppen zeigten sich in der Folgezeit vor allem bezüg-lich des Körperkontakts. Während vorbereitete Väter signifikant häufiger ein körpernahes Verhalten bevorzugten, das sich insbesondere durch einen engen Hautkontakt auszeichnete und den ganzen Körper des Kindes einbezog, waren unvorbereitete Väter im Umgang mit ihrem Kind nicht nur insgesamt deutlich unsicherer, sondern sie beschränkten sich vielfach auf die (vorsichtige) Berührung einzelner Köperteile. Bei einer die Beobachtung ergänzenden Befragung betonten vorbereitete Väter denn auch, daß ihnen besonders der enge Körperkontakt zu ihrem Kind am meisten Freude bereite. Wenn auch noch offenbleiben muß, inwieweit dabei grundlegende Einstellungen der Väter dieser Gruppe eine wichtige Rolle spielen (vgl. dazu Grossmann & Volkmer 1984 sowie Abschnitt 2.2), so darf man doch mit gewisser Berechtigung vermuten, daß sie durch die Teilnahme an den Säuglingspflegekursen eventuell bestehende Hemmungen im Umgang mit dem zerbrechlichen Wesen eines Neugeborenen und Säuglings überwunden haben und eine größere Sicherheit erreichen konnten als die Vergleichsgruppe.

2.2 Väter und Kinder im ersten Lebensjahr

Zur Analyse der Vater-Kind-Beziehung im ersten Lebensjahr wurden unter anderem beide Elternteile beim Umgang mit ihrem Kind jeweils unter standardisierten Bedingungen beobachtet. Die Auswertung des per Videoaufzeichnung registrierten Verhaltens (freies Spiel beziehungsweise Face-to-face-Kontakte) erfolgte über die Einschätzung einzelner Verhaltensstichproben von jeweils zehn Sekunden Dauer durch trainierte Rater (Nickel 1988a).

Für das Verhalten beider Vätergruppen ergaben sich im dritten Lebensmonat der Kinder zwei signifikante Unterschiede: Vorbereitete Väter zeigten beim freien Spiel mehr Einfühlungsvermögen und äußerten in der Face-to-face-Interaktion größere Herzlichkeit und Wärme als unvorbereitete. Im neunten Lebensmonat der Kinder wurde das Verhalten der vorbereiteten Väter auf allen entsprechenden Skalen günstiger eingeschätzt, allerdings waren die Gruppenunterschiede numerisch geringer als im dritten Monat. Die Differenz zugunsten eines größeren Einfühlungsvermögens der vorbereiteten Väter konnte jetzt nur noch auf dem 10-Prozent-Niveau gesichert werden. Diese Annäherung im Verhalten der beiden Vätergruppen könnte darauf hinweisen, daß die unvorbereiteten Väter durch den konkreten Umgang mit ihrem Kind inzwischen jene Lernprozesse nachgeholt hatten, die die vorbereitete Vätergruppe möglicherweise als Folge der Kursteilnahme früher und schneller vollziehen konnte (Nickel 1988a, Bartoszyk & Nickel 1993).

Von besonderem Interesse war in dieser Untersuchung die Frage, ob und gegebenenfalls in welcher Weise sich das unterschiedliche Verhalten der beiden Vätergruppen auf das Verhalten ihrer Kinder auswirkt. Deshalb wurden auch die drei beziehungsweise neun Monate alten Kinder aufgrund der erhobenen Beobachtungsdaten einer Verhaltenseinschätzung unterzogen. Danach ließen sich im dritten Lebensmonat noch keine Unterschiede zwischen den Kindern der beiden Gruppen nachweisen, wohl aber im neunten Lebensmonat. Jetzt wurden die Kinder vorbereiteter Väter im ›freien Spiel‹ auf allen drei eingesetzten Skalen höher eingestuft. Für die Skalen ›Qualität der Lautäußerung‹ und ›Responsivität‹[1] waren die Unterschiede auf dem 10-Prozent- beziehungsweise 5-Prozent-Niveau signifikant; für die Skala ›Stimmungslage‹ verfehlte der Unterschied zugunsten größerer ›Heiterkeit‹ nur knapp das Signifikanz-Niveau.

Weiterhin sollte in einer Situation, in der die Trennung des Kindes von den Eltern evoziert wurde, das Zuneigungs- und Bindungsverhalten der neun Monate alten Kinder untersucht werden. Zu diesem Zweck wurde in mehreren Vorversuchen eine experimentelle Situation entwickelt, die bei zumutbarer emotionaler Belastung für Kinder und Eltern eine eindeutige und quantitativ auswertbare Aussage über das Zuneigungsverhalten ermöglicht (vgl.

---

1 Es handelt sich um sechsstufige Ratingskalen. Sie reichen bei der Skala »Qualität der Lautäußerungen« von »Das Kind weint oder schreit intensiv« bis »Das Kind lacht oder quietscht vor Vergnügen«; bei der Skala »Responsivität« von »Das Kind reagiert gar nicht auf Anregungen« bis »Das Kind geht prompt auf Anregungen ein«.

Nickel 1992). Die Ergebnisse lassen sich kurz wie folgt zusammenfassen: In beiden Vätergruppen zeigte etwa die Hälfte der Kinder ($n=24$) eine eindeutige Präferenz für die Mutter, während die andere Hälfte eher unentschieden zwischen Mutter und Vater schwankte, was als Hinweis auf eine beginnende Doppelbindung an beide Elternteile gewertet werden kann. Einige Kinder entschieden sich aber auch eindeutig für den Vater, meistens zur Überraschung der Mütter. Eine statistische Differenzierung nach den beiden Vätergruppen war dabei nicht möglich. Wohl aber unterschieden sich Kinder vorbereiteter und unvorbereiteter Väter signifikant in der Art der Streßbewältigung: Kinder der vorbereiteten Gruppe schrien unter der Belastung der Trennung weniger, gaben mehr positive Lautäußerungen von sich und ließen insgesamt eine deutlich bessere Stimmungslage erkennen.

Eine Analyse des Entwicklungstagebuchs ergab in einigen Bereichen des Sozialverhaltens (insbesondere Lächeln beim Anblick vertrauter Personen, zurückhaltend-ängstliche Reaktion auf Fremde) bedeutsame Unterschiede zugunsten jener Kinder mit vermuteter Doppelbindung. Allerdings zeigte sich dabei auch ein signifikanter Unterschied zuungunsten dieser Gruppe: Die Objektpermanenz trat bei ihnen einige Wochen später auf. Da diese als eine wichtige Voraussetzung für den Aufbau einer sicheren Bindung gilt, muß man annehmen, daß letztere bei diesen Kindern möglicherweise etwas später eintritt. Damit weisen die Ergebnisse insgesamt sowohl auf mögliche Vor- als auch Nachteile einer Doppelbetreuung hin: Kinder, die fast ausschließlich von einer einzigen Pflegeperson betreut werden, scheinen zwar früher fest gebunden zu sein als Kinder, die gleichzeitig Bindungen zu zwei Bezugspersonen aufbauen müssen. Der Vorteil einer Doppelbindung wird dagegen in der konkreten Alarmsituation deutlich, in der das Bindungsverhalten durch Streß aktiviert wird. Hier zeigen jene Kinder, deren Väter sich ebenfalls als Bezugspersonen engagiert haben, signifikant weniger negative Lautäußerungen und mehr positive Gefühle; sie vermögen solche Belastungssituationen offensichtlich besser zu bewältigen.

Ein überraschendes Ergebnis erbrachte eine neue Datengruppierung, bei der nicht mehr wie bisher die Kinder vorbereiteter und unvorbereiteter Väter verglichen wurden, sondern die Kinder von Vätern mit mittlerer bis hoher Pflegebeteiligung und solche mit niedrigem bzw. fehlendem pflegerischen Engagement: Damit verschwanden alle signifikanten Unterschiede, die sich in der Trennungssituation zwischen dem Verhalten der beiden Kindergruppen gezeigt hatten (Nickel 1990). Das väterliche Engagement in der Säuglingspflege kann also die unterschiedliche Reaktion der Kinder beider Vätergruppen nicht erklären, dafür müssen wohl andere Faktoren in Betracht gezogen werden. Möglicherweise spielen hier grundlegende Einstellungen der Väter zum Kind und die dadurch beeinflußte Art des Umgangs im Sinne eines sensitiven Zuwendungsverhaltens die entscheidende Rolle. Es muß aber noch offenbleiben, inwieweit solche Einstellungen schon vor der Teilnahme an den Vorbereitungskursen bestanden, beziehungsweise ob sie dort erst geweckt oder zumindest intensiviert wurden. Die von uns durchgeführten kulturvergleichenden Untersuchungen tragen hier zu einer Präzisierung der Annahmen bei; zentraler Aspekt ist dabei die Einstellung zum Wert von Kindern (vgl. Abschnitt 3.2).

2.3 Frühe Vater-Mutter-Kind-Triaden

Daß Väter in der Eltern-Kind-Triade schon während des ersten Lebensjahres keineswegs nur eine der Mutter nachgeordnete Rolle spielen müssen, sondern auch eine aktive und zugewandte Funktion übernehmen können, darf als wichtigstes Ergebnis der Analyse einer triadischen Spielsituation unter quasi-experimentellen Bedingungen gewertet werden. Dabei wurde das Verhalten wiederum mittels Videoaufzeichnung registriert und anschließend von speziell trainierten Ratern nach jeweils mehreren Skalen für Mütter, Väter und Kinder eingeschätzt (Grant, Nickel & Vetter 1993). Zur Analyse des Geschehens innerhalb der Triade wurde der Cluster-Algorithmus nach Ward herangezogen (vgl. Steinhausen & Langer 1977). Auf diese Weise ließen sich drei signifikant verschiedene Gruppen von Eltern-Kind-Triaden identifizieren:

Eine *erste Gruppe* wird von Eltern-Kind-Triaden mit vielfältiger Interaktion gebildet. Beide Eltern reagieren sehr sensitiv auf das Kind, und dies wiederum beantwortet deren Anregungen mit hoher Responsivität; eine Dominanz des einen oder des anderen

Elternteils ist nicht zu erkennen. Das Kind zeichnet sich durch eine heitere Grundstimmung und vorwiegend positive Lautäußerungen aus. Man könnte hier geradezu von einem positiven Modellfall einer Eltern-Kind-Interaktion sprechen.

In der *zweiten Gruppe* bestimmen dagegen ausschließlich die Mütter das Geschehen, und zwar ohne große Herzlichkeit und emotionale Wärme, aber auch ohne Unfreundlichkeit. Sowohl Väter als auch Kinder weisen auf den meisten Skalen ausgesprochen niedrige Werte auf. Für die Kinder stellt diese Triade ein ungünstiges soziales Beziehungsgeflecht dar, wie ihre geringe Responsivität anzeigt.

Die *dritte Gruppe* schließlich bietet sich als ein Umkehrspiegel der zweiten Gruppe dar. Ein hoher Einfühlungswert der Väter und ein hoher Responsivitätswert der Kinder weisen hier auf eine intensive Vater-Kind-Interaktion hin. Dabei drängen die Väter die Mütter deutlich in den Hintergrund; diese zeigen nicht nur einen sehr niedrigen Dominanzwert, sondern auch ihre Beschäftigung mit dem Kind sowie die von ihnen ausgehenden Anregungen werden als sehr gering eingeschätzt. Eine solche weitgehend auf eine Vater-Kind-Dyade reduzierte Gruppenbeziehung könnte als Analogon zur traditionell beschriebenen Mutter-Kind-Dyade verstanden werden. Interessant ist dabei, daß sich hier ähnlich hohe Werte für das Einfühlungsvermögen der Väter einerseits und die Responsivität der Kinder andererseits finden, wie sie vielfach als Kennzeichen einer gut funktionierenden Mutter-Kind-Interaktion beschrieben werden.

Die Ergebnisse bestätigen zunächst die Feststellung von Lamb (1977a, b) sowie Clarke-Stewart (1978), daß besonders in Spielsituationen der Vater oftmals der bevorzugte Interaktionspartner ist. Weiterhin unterstützen sie die Annahme, daß Väter in ähnlicher Weise einfühlsam mit Säuglingen umgehen können wie Mütter und daß Kinder entsprechend darauf reagieren (vgl. Abschnitt 1). Insbesondere aber weisen sie darauf hin, daß die günstigsten Entwicklungsbedingungen in einer Eltern-Kind-Triade bestehen, in der ähnlich wie in der oben beschriebenen ersten Gruppe eine allseitige positive Interaktion von Mutter, Vater und Kleinstkind gegeben ist, ohne die Dominanz oder bewußte Zurückhaltung eines Elternteils.

3 Die Bewältigung des Übergangs zur Vaterschaft in verschiedenen Ländern

Nachdem im zurückliegenden Abschnitt Beziehungs- und Inter-
aktionsaspekte zwischen dem Vater und seinem noch nicht geborenen beziehungsweise sehr jungen Kind auf der Basis entsprechender empirischer Befunde dargelegt und diskutiert wurden,
soll nun der Frage nachgegangen werden, wie Männer aus unterschiedlichen sozialkulturellen Makrosystemen den Übergang in
die Vaterschaft bewältigen. Entsprechende Untersuchungen erfolgten im Rahmen eines interkulturellen Forschungsprojekts, das
in den letzten Jahren ebenfalls von der Düsseldorfer Arbeitsgruppe unter der Leitung des Verfassers konzipiert und in Zusammenarbeit mit Universitäten verschiedener Länder durchgeführt wurde (Nickel 1994, 1996, 1999, Nickel & Rollett 1996, Nickel & Quaiser-Pohl 2001).

3.1 Vaterforschung im interkulturellen Kontext

Ausgangspunkt der Untersuchungen bildete der in den letzten
Jahrzehnten zu beobachtende soziale Wandel, der mit einem tiefgreifenden Einstellungswandel bei Männern und Frauen im beruflichen und familiären Bereich verbunden ist (Brüderl 1992, Hettlage 1992). Da dieser Wandel in unterschiedlichen Ländern von
verschiedenen Bedingungen ausgeht, ist anzunehmen, daß auch
die Entwicklung der Elternrollen in einem gewissen Ausmaß län-
derspezifisch verläuft. Um eine Abgrenzung allgemeiner Entwicklungstrends von solchen makrosystemischen beziehungsweise
kulturspezifischen zu ermöglichen, sollte die Untersuchung in
mehreren Ländern mit unterschiedlichen sozialkulturellen Gesell-
schaftsstrukturen, aber annähernd ähnlichem Industrialisierungs-
stand durchgeführt werden. Die bisherigen Erhebungen erstrek-
ken sich auf Deutschland (West und Ost), Österreich, Südkorea
und die US-Bundesstaaten Georgia und Iowa.

Den theoretischen Bezugsrahmen bildete der ökologisch-syste-
mische Ansatz in Anlehnung an Bronfenbrenner (1981, 1986). Die
Untersuchungen bezogen sich auf alle Ebenen dieses Bronfen-

brennerschen Modells und deren Wechselbeziehungen das *Mikrosystem* Familie, die zum *Mesosystem* gehörenden Herkunftsfamilien beider Elternteile, die *Exosysteme* Berufswelt und Freizeit sowie das *Makrosystem* der sozialkulturellen Rahmenbedingungen in den einzelnen Ländern. Die *Untersuchungsinstrumentarien* bestanden in erster Linie aus einer Reihe von Fragebögen, die speziell für dieses Projekt konzipiert worden waren; diese bezogen sich auf folgende Merkmalsgruppen: Rollenauffassungen, kindbezogene Einstellungen, Herkunftsfamilie und Freundeskreis, Haushaltsaufteilung, Betreuungsverhalten, mütterliche Berufstätigkeit, Umgang mit dem Kind sowie Bewältigung der Anforderungen der Übergangssituation beziehungsweise Anpassung an das Kind. Ferner wurden der Partnerschaftsfragebogen von Hahlweg (1979) beziehungsweise die koreanische Version der Marital Satisfaction Scale (MSS nach Lee 1986) sowie das Freiburger Persönlichkeitsinventar von Fahrenberg et al. (1984) eingesetzt (nicht in Südkorea). Außerdem wurden grundlegende soziodemographische Daten (wie Alter, Religionszugehörigkeit, Schulbildung, Berufstätigkeit, Einkommen und Wohnsituation) erhoben sowie verschiedene personenbezogene Merkmale (zum Beispiel Zustandekommen und Dauer der Partnerschaft, Alter zu deren Beginn und Altersunterschied der Partner sowie Kinderwunsch). Die partnerschaftliche Zufriedenheit wurde ergänzend zu den o.a. Fragebögen auch noch durch eine weitere Befragung im Sinne eines standardisierten Interviews erfasst.

Da bei den hier dargestellten Ergebnissen von Vätern aus drei Ländern den Rollenauffassungen und kindbezogenen Einstellungen eine besondere Bedeutung zukommt, sollen die einzelnen Skalen, mit denen diese Merkmale erfaßt wurden und durch deren Items sie operational definiert sind, kurz charakterisiert werden. Eine Faktorenanalyse der Items dieser Fragebögen ergab drei Faktoren (Nickel & Quaiser-Pohl 2001): Der *erste Faktor* wird durch solche Einstellungen gebildet, die sich auf den »*Wert von Kindern*« im psychologischen Sinne beziehen, etwa in Anlehnung an den ›Value-of-children-Ansatz‹ in der amerikanischen Forschung (Nikkel & Quaiser-Pohl 1999, Werneck et al. 1996). Die entsprechende Skala wird durch Items wie diese gekennzeichnet: »Mit Kindern zu leben, heißt die Welt neu entdecken«; »Indem man die Verantwortung für ein Kind übernimmt, wird man erst richtig erwachsen«; »Ein Leben ohne Kinder stelle ich mir langweilig und eintönig vor«.

Der *zweite Faktor* umfaßt solche Items, die eine Einstellung widerspiegeln, *»Kinder als Belastung«* zu erleben. Bei dieser Skala stehen Aspekte der psychischen Belastung im Vordergrund, und zwar sowohl im Sinne einer Einschränkung persönlicher Bedürfnisse und Interessen als auch durch die Reaktion der Gesellschaft beziehungsweise Öffentlichkeit auf Kinder, dabei werden auch materiell-finanzielle Aspekte nicht ausgeklammert, wie die folgenden Items zeigen: »Kinder zu haben, bedeutet ein ständiges Eingebundensein«; »Kinder schaffen Probleme mit Nachbarn, auf Reisen und in der Öffentlichkeit«; »Kinder bedeuten eine finanzielle Belastung, die den Lebensstandard einschränkt«. Auf dem *dritten Faktor* laden jene Items, die die Einstellungen zur Elternrolle kennzeichnen, wobei eine *traditionelle/konservative Rollenauffassung* durch hohe Werte auf dieser Skala zum Ausdruck kommt, eine *egalitäre Rollenauffassung* durch entsprechend niedrige. Dazu ebenfalls drei Beispiele: »Füttern, Wickeln und Babybaden macht Müttern mehr Spaß als Vätern«; »Im ersten Lebensjahr braucht das Kind viel mehr die Nähe zur Mutter als zum Vater«; »Meiner Meinung nach ist Babypflege allein Frauensache« (Nickel 1995b).

In einer vergleichenden Analyse deutscher und südkoreanischer Eltern ergab sich noch ein *vierter Faktor*, der durch solche Items gebildet wird, die die Einstellung zu einer Verbindung von Mutterschaft und Berufstätigkeit thematisieren (Quaiser-Pohl 1996). In den meisten Analysen fielen diese jedoch mit den *Rollenauffassungen* zusammen, zu denen durchaus deutliche inhaltliche Zusammenhänge bestehen, wie die folgenden Beispiel-Items zeigen: »Ich glaube, daß es für die Entwicklung eines Kindes schlecht ist, wenn die Mutter berufstätig ist«; »Kinder machen eine Einschränkung der Berufstätigkeit notwendig«; »Solange kleine Kinder da sind, sollte eine Frau nicht außer Haus arbeiten«. Tatsächlich spielte in den weiteren Analysen diese Problematik auch nur bei deutschen Eltern eine herausragende Rolle (Nickel & Quaiser-Pohl 2001).

Für die beteiligten Länder wurden englische und koreanische Parallel-Fassungen erstellt und mittels der Rückübersetzungsmethode auf sprachliche Äquivalenz geprüft. Die funktionale Äquivalenz sowie die Meßäquivalenz konnten im Rahmen des dafür verfügbaren methodischen Instrumentariums ebenfalls als näherungsweise erreicht gelten (Nickel & Quaiser-Pohl 2001). Untersucht wurden Eltern mit jeweils einem, zwei oder mehreren Kindern zu zwei Meßzeitpunkten (sechster Schwangerschaftsmonat und dritter Lebensmonat des Kindes). Damit handelt es sich bei dem Versuchsplan um ein kombiniertes *Querschnitt-Längsschnitt-Design*. Bei der Auswertung standen je nach Fragestellung eher querschnittliche oder längsschnittliche Aspekte im Vordergrund, oder aber beide wurden miteinander kombiniert. Das gilt auch für die hier auszugsweise dargestellten Ergebnisse aus Deutschland (West), Österreich und Südkorea (Nickel 1995b, Nickel & Quaiser-Pohl 2001).

3.2 Kinder als Wert und Belastung für junge Väter

Ein Auswertungsansatz ging der Frage nach, welchen »Wert« Kinder für ihre jungen Eltern in verschiedenen Kulturkreisen besitzen und in welchem Ausmaß bzw. unter welchen Bedingungen diese Eltern ihre Kinder als Belastung erleben. Zur Überprüfung dieser Frage wurden zunächst Pfadanalysen mit den Daten vom zweiten Meßzeitpunkt nach dem ›Partial-least-squares-Verfahren‹ (Wold 1981) durchgeführt, und zwar jeweils getrennt für Väter und Mütter sowie für die drei Länder. Dabei wurden neben den entsprechenden Fragebogendaten auch Variablen aus den Bereichen Beruf, Freizeit und Herkunftsfamilie sowie soziodemographische Daten einbezogen (Werneck et al. 1996).

Die Einstellung zum »Wert von Kindern« läßt sich bei deutschen und österreichischen Eltern, übereinstimmend zwischen Vätern und Müttern, am besten durch das Ausmaß vorhersagen, in dem sie ihren Kindern eine persönliche Bedeutung für sich selbst zuschreiben: für ihr eigenes Selbstwertgefühl, zur Bestätigung ihrer eigenen Gebär- und Zeugungsfähigkeit, hinsichtlich ihrer Stellung in Familie und Gesellschaft. In Südkorea dagegen lassen sich die Werteinstellungen zu Kindern am besten durch konservative vs. egalitäre Rolleneinstellungen vorhersagen: Die

Wertschätzung von Kindern wird danach um so größer, je konservativer die Rolleneinstellungen sind; das gilt auch dort nicht nur für Väter, sondern in gleicher Weise für Mütter.[2]

Hinsichtlich traditioneller bzw. *konservativer Rolleneinstellungen* ergab sich jeweils für beide Elternteile folgende Rangfolge: Südkorea – Österreich – Deutschland. Konservative Rollenauffassungen waren also bei südkoreanischen Eltern am stärksten ausgeprägt – was wiederum dem tradierten konfuzianischen Weltbild entspricht (Yang 1990) – bei deutschen am geringsten. Gleichzeitig zeigten Väter in allen drei Ländern signifikant traditionellere Rolleneinstellungen als die Mütter. Die höchsten konservativen Rolleneinstellungen besaßen Väter aus Südkorea. Mit diesen verbunden ist deren Einstellung, Kinder eher als Belastung zu erleben. Ebenso groß, allerdings mit negativem Vorzeichen, war der Einfluß der »Qualität der Partnerschaft« auf die Belastungseinstellung.

Eine Clusteranalyse über die Einstellungsskalen (»Traditionalismus«, »Wert von Kindern« und »Kinder als Belastung«) ergab für die Väter eine deutliche länderspezifische Klassifizierung. Die Mehrzahl der *deutschen Väter* findet sich entweder in jenen Clustern, die auf eine egalitäre Rollenwahrnehmung und ein unterdurchschnittliches Belastungserleben hinweisen, oder in denen die Werte für alle drei Skalen nicht bedeutsam vom Durchschnittswert abweichen. Demgegenüber war eine verhältnismäßig große Zahl von *Vätern aus Österreich* in solchen Clustern anzutreffen, die zwar ebenfalls einen eher geringen Traditionalismus aufweisen, aber zugleich ein hohes Belastungserleben und eine eher geringe Werteinstellung. Im Unterschied dazu finden sich

---

2 Ein Unterschied in den Prädiktorvariablen für die Werteinstellungen zu Kindern war in allen drei Ländern bei den Vätern nicht festzustellen, wohl aber bei den Müttern aus Deutschland und Südkorea im Unterschied zu Österreich. Für deutsche und koreanische Mütter besitzt auch die Einstellung zur Berufstätigkeit einen signifikanten Einfluß auf ihre Werteinstellung gegenüber Kindern: So sprechen zum Beispiel berufstätige deutsche Mütter Kindern einen geringeren Wert zu als nichtberufstätige; in Korea nahm dagegen die Wertschätzung von Kindern durch nichtberufstätige Mütter vom ersten zum zweiten Kind deutlich ab.

84 Prozent der *koreanischen Väter* in einer Gruppe mit stark ausgeprägten konservativen Rolleneinstellungen bei ebenfalls hohem
Belastungserleben und zugleich überdurchschnittlich hoher Werteinstellung.

Die Befunde dieser Analysen zeigen deutlich, wie sehr das Erleben der Vaterschaft und die Bewältigung der Übergangssituation von dem jeweiligen sozialkulturellen Makrosystem beeinflußt
wird. Dabei geht es nicht nur um Einflußfaktoren im Sinne unterschiedlicher kultureller Überlieferungen, wie zum Beispiel zwischen dem westlich-abendländischen und dem fernöstlichen Kulturkreis, im vorliegenden Falle repräsentiert durch Deutschland
und Südkorea. Vielmehr spielen auch Differenzen in der makrosystemischen Feinstruktur eine wichtige Rolle, wie bei dem Vergleich deutscher und österreichischer Väter deutlich wurde, die
man vordergründig demselben Kulturkreis zurechnet.

3.3 Die Anpassung an die Situation mit dem Kind

Im Rahmen des interkulturellen Forschungsprojekts wurden Väter
und Mütter auch jeweils drei Monate nach der Geburt des Kindes
anhand mehrerer Items befragt, inwieweit ihnen die Anpassung
an die Elternschaft gelungen sei. Insbesondere ging es darum, ob
sie die erste Zeit nach der Geburt eher als schwierig oder eher als
problemlos erlebt hatten, ob die neue Situation ihren Erwartungen entsprach, wie sicher sie sich im Umgang mit dem Säugling
fühlten, in welchem Ausmaß sie sich durch die Säuglingspflege
als belastet erlebten, ob sie sich in ihrer neu entstandenen beziehungsweise größer gewordenen Familie vernachlässigt fühlten.
Die Beantwortung erfolgte auf drei- bis fünfstufigen Ratingskalen
(Quaiser-Pohl 1996, Nickel & Quaiser-Pohl 2001).

Anhand der entsprechenden Befunde wurden getrennt für Väter und Mütter sowie für die drei Länder Deutschland, Österreich
und Südkorea hierarchische Clusteranalysen nach Ward (1963)
durchgeführt. Dies erbrachte für beide Elternteile und jedes Land
jeweils sechs signifikant verschiedene Subgruppen. Diese fügten
sich je nach dem Gelingen/Mißlingen der Anpassung zu einer
Rangordnung, die von ›voll gelungen beziehungsweise problem-

los‹ bis zu ›sehr problematisch beziehungsweise noch nicht bewältigt‹ reichte. Während in jedem Land je ein Väter- beziehungsweise Mütter-Cluster eine besonders gut gelungene und eine sehr problembefrachtete Bewältigung der Übergangssituation anzeigte, wiesen die anderen vier Cluster jeweils auf eine nur teilweise gelungene und teilweise unbewältigte Anpassung hin (Nickel & Rollett 1996, Nickel & Quaiser-Pohl 2001).

Zur näheren Kennzeichnung der einzelnen Subgruppen wurde in anschließenden Varianzanalysen überprüft, ob die so gruppierten Eltern in weiteren Variablen, besonders in den Rollenauffassungen und kindbezogenen Einstellungen, signifikante Unterschiede aufwiesen (Quaiser-Pohl 1996). Dadurch ließen sich die bestimmenden Einflußvariablen aufdecken und die einzelnen Cluster genauer beschreiben. Für die Väter erwiesen sich dabei, zunächst unabhängig von ihrer nationalen beziehungsweise kulturellen Zugehörigkeit, insbesondere die folgenden fünf Variablen als bedeutsam für das Gelingen oder Mißlingen der Anpassung: die kindbezogenen Einstellungen (›Wert‹ beziehungsweise ›Belastung‹), Rollenauffassungen, partnerschaftliche Zufriedenheit und Berufstätigkeit der Mutter (Nickel & Quaiser-Pohl 2001).

Danach geht eine gelungene Bewältigung der Übergangssituation durch die jungen Väter einher mit hohen Werteinstellungen, einem eher egalitären Rollenverständnis und einer großen partnerschaftlichen Zufriedenheit. Am problematischsten verläuft dagegen die Anpassung für Väter mit einem hohen konservativen beziehungsweise traditionellen Rollenverständnis bei gleichzeitiger geringer partnerschaftlicher Zufriedenheit. Zwischen diesen beiden Variablen ergeben sich darüber hinaus noch verschiedene Wechselbeziehungen. So zeigen Väter mit einem sehr traditionellen Rollenverständnis ihrer Partnerinnen unter anderem deshalb erhebliche Anpassungsprobleme, weil sie sich in der Partnerschaft vernachlässigt fühlen; dies war besonders bei Vätern aus Südkorea zu beobachten. Deutsche Väter mit deutlich traditionellen Rollenauffassungen lassen ähnliche Probleme besonders dann erkennen, wenn die Mütter berufstätig sind und ihnen zwangsläufig ein erheblicher Anteil an der Kindesbetreuung zufällt.

Umgekehrt erbrachte eine weitere Analyse unter Einbeziehung von Persönlichkeitsvariablen (gemessen mit dem Freiburger Per-

sönlichkeitsinventar; Fahrenberg et al. 1984) den folgenden über-
raschenden Befund: Ein Teil der Väter mit Anpassungsschwierig-
keiten wies deutliche Streßsymptome auf, wie erhöhte Erregbar-
keit, aggressive Reaktionen bei Belastung sowie psychische und
physische Labilität bis hin zu psychosomatischen Störungen. Dabei handelt es sich entgegen den naheliegenden Erwartungen
vielfach um Väter mit besonders egalitären Rolleneinstellungen.
Offensichtlich fühlten sie sich jedoch in der gegebenen Situation
(möglicherweise bei hoher beruflicher Belastung) nicht in der
Lage, ihre eigenen Einstellungen praktisch zu realisieren und reagierten gleichsam kompensatorisch mit den entsprechenden Symptomen (Nickel & Quaiser-Pohl 2001).

Insgesamt kann man den Einfluß der verschiedenen Variablen auf
die Art der Bewältigung der Übergangssituation in den drei Ländern in folgender Weise charakterisieren:

Bei den *deutschen Vätern* ergaben sich schon in der ersten Erhebung (während der Schwangerschaft der Frau) statistisch signifikante Unterschiede zwischen den verschiedenen Anpassungs-
clustern hinsichtlich zahlreicher Einstellungsvariablen, sogar in
stärkerem Ausmaß als bei deutschen Müttern. Das gilt vor allem
für ihre Rolleneinstellungen. Dabei zeigten die deutschen Väter
mit Abstand die egalitärsten Rollenauffassungen. Dies kann einerseits als Hinweis auf eine starke Sensibilisierung für das Thema
›Vaterschaft‹ in Deutschland angesehen werden. Andererseits
führt diese Einstellung bei einer Teilgruppe deutscher Väter zu
persönlichen Schwierigkeiten beziehungsweise Bewältigungspro-
blemen, insbesondere dann, wenn sich ihre progressiven Einstellungen in der Situation mit dem Kind nicht entsprechend realisieren lassen.

Bei den *österreichischen Vätern* spielte in erster Linie die Zufriedenheit mit der Partnerschaft eine Rolle für das Gelingen der
Anpassung. Weiterhin beeinflußten die eigenen Einstellungen
zum Wert von und zur Belastung durch Kinder sowie auch die
von Müttern die Bewältigung des Übergangs. Schließlich unterschieden sich die einzelnen Anpassungscluster deutlich im Grad
der Schulbildung: je höher die Schulbildung, desto gelungener
die Anpassung.

Die Anpassung der *koreanischen Väter* wurde dagegen kaum von eigenen Einstellungen beeinflußt, wohl aber ganz erheblich vom Rollenverständnis ihrer Partnerinnen. Dies steht mit dem allgemeinen Rollen- beziehungsweise Einstellungswandel der koreanischen Frauen in Zusammenhang, wie er in letzter Zeit als Folge einer raschen Industrialisierung in Südkorea zu registrieren ist (Cho 1981, Lee 1980, Yang 1990). Darüber hinaus standen auch die Einstellungen der Väter in keinerlei Zusammenhang mit der Bewältigung des Übergangs durch die Mütter. Der einzige Einfluß einer Vater-Variablen betraf seine Schulbildung. Dies deutet darauf hin, daß der Übergang zur Elternschaft beziehungsweise das Kinderkriegen in Korea in den meisten Fällen gemäß konfuzianischer Tradition immer noch fast ausschließlich eine Angelegenheit der Frau ist.

Für die Anpassung junger Väter an die Situation mit ihrem ersten oder zweiten Kind läßt sich einerseits also durchaus ein *länderübergreifender Trend* feststellen. Er zeigt sich darin, daß bestimmte Faktoren die Bewältigung dieser Situation generell erleichtern (zum Beispiel kindorientierte Einstellungen, egalitäre Rollenauffassungen und eine hohe partnerschaftliche Zufriedenheit), während andere sie ungünstig beeinflussen (zum Beispiel traditionelle Rollenauffassungen und eine geringe partnerschaftliche Zufriedenheit). Andererseits ergaben sich aber auch deutliche *länderspezifische* makrosystemische sowie situative *Einflüsse*, die untereinander wiederum in einer gewissen Wechselbeziehung stehen. Bei den drei hier untersuchten Ländern traten die deutlichsten Unterschiede erwartungsgemäß zwischen deutschen und koreanischen Vätern auf, also zwischen den Makrosystemen, die hinsichtlich der kulturellen Tradition am stärksten voneinander abweichen. Aber auch Väter aus Österreich unterscheiden sich in bestimmten Variablen nicht nur von den koreanischen Vätern, sondern auch von den deutschen, die ihnen kulturell wesentlich näherstehen. Dies weist darauf hin, daß auch relativ geringfügige, vielfach kaum beachtete makrosystemische Differenzen nicht vernachlässigt werden dürfen (Nickel 1994).

4 Zusammenfassung und Schlußfolgerungen

Die dargestellten empirischen Untersuchungen bestätigen, daß auch Väter über die notwendigen Voraussetzungen verfügen, bereits vor und unmittelbar nach der Geburt ein einfühlsames Beziehungsverhältnis zu ihren Kindern aufzubauen. Weiterhin zeigen sie, daß sich ein entsprechendes Engagement auch deutlich positiv auf die frühkindliche Entwicklung auswirkt. Väter mit unterschiedlichen Vorerfahrungen unterscheiden sich dabei insbesondere bezüglich solcher Verhaltensweisen, die Ausdruck eines sicheren und einfühlsamen Umgangs mit dem Kind sind (vgl. Abschnitt 2.1 und 2.2). Darüber hinaus ergab sich im interkulturellen Vergleich, daß das Erleben und Verhalten junger Väter wesentlich durch die jeweiligen sozialkulturellen Rahmenbedingungen beeinflußt wird. Das gilt nicht nur für die Rollenauffassungen von Vätern und Müttern, sondern ganz besonders für ihre kindbezogenen Einstellungen (im Sinne von psychologischem Wert und erlebter Belastung) sowie für die wechselseitige partnerschaftliche Zufriedenheit (vgl. Abschnitt 3.2 und 3.3). Selbst bei kulturell so ähnlichen Ländern wie Deutschland und Österreich wirkte sich die jeweilige makrosystemische Feinstruktur entsprechend modifizierend aus.

Besonders auffallend war weiterhin, daß die Bewältigung des Übergangs, das heißt der Anpassung an die neue Situation mit dem Kind, bei deutschen Vätern (bezogen auf die alte Bundesrepublik) die größten Probleme aufwarf; das gilt in gleicher Weise auch für deutsche Mütter (Nickel & Quaiser-Pohl 1999). Dies könnte möglicherweise darauf hinweisen, daß sich die Einstellungen und Erwartungen westdeutscher Eltern besonders stark verändert haben, und zwar in weitaus größerem Ausmaß als die entsprechenden sozialpolitischen Rahmenbedingungen, auch wenn sich diese in Deutschland durchaus noch am günstigsten darstellen.

So äußerten deutsche Väter vor der Geburt ihres Kindes mit Abstand die egalitärsten Rollenauffassungen, ihr späteres Verhalten nach der Geburt wich jedoch in vielen Fällen ganz erheblich davon ab. Ein Teil der Väter reagierte auf eine offensichtliche Überforderung beziehungsweise die Erfahrung, den eigenen Konzepten nicht entsprechen zu können, mit erhöhter Streßsympto-

matik bis hin zu psychosomatischen Störungen. Das zeigt, daß die
Verbindung von Kindesbetreuung und erfolgreicher Berufstätig-
keit nicht nur für Mütter ein Problem darstellt, sondern daß auch
Väter, die sich stark für ihre neugeborenen Kinder engagieren
möchten, vor ähnlichen Schwierigkeiten stehen (Nickel 1999,
Nickel & Quaiser-Pohl 2001).

Es erscheint dringend notwendig, junge Eltern besser auf die
Bewältigung des Übergangs vorzubereiten. Das gilt ganz besonders für junge Väter, da die bisher angebotenen Maßnahmen in
erster Linie auf werdende Mütter ausgerichtet sind und sich außerdem vor allem auf die Geburtsvorbereitung und spätere Säuglingspflege beziehen. Grundlegende Einstellungen und Verhaltensmuster, die wesentlich mit darüber entscheiden, ob die Herausforderungen der Übergangssituation bewältigt werden, finden dabei
kaum Berücksichtigung. Es genügt keineswegs nur die Bereitschaft junger Männer zur Annahme der Rolle eines »Neuen Vaters«, sondern diese muß systematisch eingeübt werden.

Insgesamt zeigen die vorliegenden Untersuchungen, daß es im
Hinblick auf die eigenständige Bedeutung des Vaters für die frühkindliche Entwicklung nicht gerechtfertigt, sondern geradezu kontraproduktiv ist, den vielfach propagierten »Neuen Vater« in erster
Linie in seiner Entlastungsfunktion für berufstätige Mütter zu sehen, gleichsam unter dem Aspekt des Rollentauschs (vgl. Nickel
& Ehlert 1988). Vielmehr muß er psychologisch als gleichberechtigter Partner in der Eltern-Kind-Interaktion verstanden werden,
dessen Engagement von Geburt an und auch schon pränatal für
den Aufbau einer sicheren Bindung des Kindes notwendig und
für eine möglichst positive Entwicklung unbedingt gefordert ist.

Literatur

Ainsworth, M. D. S. (1969). Object relations, dependency, and attachment: A theoretical review of the infant-mother-relationship. *Child Development, 40,* pp. 969–1025.

Ainsworth, M. D. S. (1979). Infant-Mother-Attachment. *American Psychologist, 34,* pp. 932–937.

Babic, Z. (1993). Towards linguistic framework of prenatal language stimulation. In T. Blum (ed.), *Prenatal perception learning and bonding.* Berlin: Leonard Publishers, pp. 361–386.

Bartoszyk, J. (1984). *Vorbereitung auf die Elternschaft und die ersten drei Lebensmonate des Kindes. Eine empirische Untersuchung unter besonderer Berücksichtigung des Vaters.* Unveröff. Diss., Universität Düsseldorf.

Bartoszyk, J. & Nickel, H. (1993). Geburtsvorbereitung, Geburtserlebnis und Eltern-Kind-Kontakt während des Klinikaufenthaltes: Eine empirische Untersuchung unter besonderer Berücksichtigung der Rolle des Vaters. In H. Nickel et al. (Hrsg.), *Psychologie der Entwicklung und Erziehung.* Pfaffenweiler: Centaurus, S. 15–25.

Bartoszyk, J., Nickel, H. & Wenzel, H. (1993). Die Bedeutung des Vaters für die Betreuung und Entwicklung von Säuglingen. Eine empirische Untersuchung über den Einfluß von Vorbereitungskursen für werdende Väter. In H. Nickel et al. (Hrsg.), *Psychologie der Entwicklung und Erziehung.* Pfaffenweiler: Centaurus, S. 58–67.

Bowlby, J. (1969). *Attachment and loss (vol. 1: Attachment).* New York: Basic Books.

Bronfenbrenner, U. (1981). *Die Ökologie der menschlichen Entwicklung.* Stuttgart: Klett.

Bronfenbrenner, U. (1986). Ecology of the family as a context for human development. *Developmental Psychology, 56,* pp. 723–724.

Brüderl, L. (1992). Beruf und Familie. Frauen im Spagat zwischen zwei Lebenswelten. In L. Brüderl & H. Paetzold (Hrsg.), *Frauenleben zwischen Beruf und Familie.* Weinheim: Juventa, S. 11–34.

Cho, H. (1981). Modern society and the family. In *Seminar reports of the Korean committee of UNESCO.* Unveröff. Manuskript, Seoul.

Clarke-Stewart, K. A. (1978). And daddy makes three. The fathers' impact on mother and young child. *Child Development, 49,* pp. 466–478.

Fahrenberg, G., Hampel, R. & Selg, H. (1984). *Das Freiburger Persönlichkeitsinventar FPI. Revidierte Fassung FPI-R und teilweise geänderte Fassung FPI-A1. Handanweisung (4. neubearbeitete Aufl.).* Göttingen: Hogrefe.

Frodi, A. M. & Lamb, M. E. (1978). Sex differences in responsiveness to infants. A developmental study of psychophysiological and behavioral responses. *Child Development, 49,* pp. 1182–1188.

Frodi, A. M., Lamb, M. E., Leavitt, L. A. & Donovan, W. L. (1978a). Fathers' and mothers' responses to infant smiles and cries. *Infant Behavior and Development, 1*, pp. 187–198.

Frodi, A. M., Lamb, M. E., Leavitt, L. A., Donovan, W. L., Neff, C. & Sherry, D. (1978b). Fathers' and mothers' response to the faces and cries of normal and premature infants. *Developmental Psychology, 14*, pp. 490–498.

Fthenakis, W. E. (1988). *Väter. Zur Psychologie der Vater-Kind-Bindung.* München: dtv.

Gloger-Tippelt, G. (1988). *Schwangerschaft und erste Geburt. Psychologische Veränderungen der Eltern.* Stuttgart: Kohlhammer.

Grant, H., Nickel, H. & Vetter, J. (1993). Interaktion in der Eltern-Kind-Triade in einer freien Spielsituation. In H. Nickel et al. (Hrsg.), *Psychologie der Entwicklung und Erziehung.* Pfaffenweiler: Centaurus, S. 68–75.

Greenberg, M. & Morris, N. (1974). Engrossment. The newborn's impact upon the father. *American Journal of Orthopsychiatry, 44*, pp. 520–531.

Grossmann, K. E. & Volkmer, H.-J. (1984). Father's presents during birth of their infants and prenatal involvement. *International Journal of Behavioral Development, 7*, pp. 157–165.

Hahlweg, K. (1979). Konstruktion und Validierung des Partnerschaftsfragebogens PFB. *Zeitschrift für Klinische Psychologie, 8*, S. 17–40.

Hettlage, R. (1992). *Familienreport. Eine Lebensform im Umbruch.* München: Beck.

Hurst, C. (1993). Prenatal bonding. In T. Blum (ed.), *Prenatal Perception Learning and Bonding.* Berlin: Leonardo Publishers, pp. 141–152.

Köcher, E. M. T. & Nickel, H. (1985). Die Berücksichtigung des Vaters in der gegenwärtigen Forschungspraxis. Ergebnisse einer Umfrage im deutschsprachigen Raum. *Psychologie in Erziehung und Unterricht, 32*, S. 288–292.

Lamb, M. E. (1975). Fathers: forgotten contributers to child-development. *Human Development, 18*, pp. 245–266.

Lamb, M. E. (1977a). Father-infant and mother-infant interaction in the first year of life. *Child Development, 48*, pp. 167–181.

Lamb, M. E. (1977b). The development of mother-infant and father-infant interaction in the second year of life. *Developmental Psychology, 13*, pp. 639–648.

Lamb, M. E. (ed.). (1981). *The Role of the Father in Child Development.* New York: Wiley.

Lee, J. S. (1986). *An Assessment of the Validity of the Martial Satisfaction Scale – MSS of Roach, Frazler, Bowden.* Seoul: Kyunghee University.

Lee, K. K. (1980). Traditional family structure of the Korean family. A study on Korean society. Seoul.

May, K. A. (1985). Three phases of father involvement in pregnancy. In R. H. Moos (ed.), *Coping with Life Crisis. An Integrated Approach.* New York: Plenum Press, pp. 115–127.

Meyer-Krahmer, K. (1980). Die Rolle des Vaters in der Entwicklung des Kindes. *Psychologie in Erziehung und Unterricht, 27,* S. 87–102.

Nickel, H. (1987). Die Bedeutung des Vaters für die Betreuung und Entwicklung von Säuglingen. Eine empirische Untersuchung über den Einfluß von Vorbereitungskursen für werdende Väter. In P. G. Fedor-Freybergh (Hrsg.), *Pränatale und Perinatale Psychologie und Medizin.* Berlin: Rotation, S. 45–60.

Nickel, H. (1988a). The role of the father in care-giving and the development of the infant. An empirical study on the impact of prenatal courses on expectant fathers. In P. G. Fedor-Freybergh & V. M. L. Vogel (eds.), *Prenatal and Perinatal Psychology and Medicine.* Casterton Hall/Lancs.: Partenon Publishing, pp. 101–121.

Nickel, H. (1988b). Die Rolle des Vaters während der Schwangerschaft und Geburt und seine Bedeutung für die postnatale Entwicklung des Kindes. In G. Schusser & W. Hatzmann (Hrsg.), *Das Leben vor und während der Geburt. Schriftenreihe des Fachbereichs Erziehungs- und Kulturwissenschaften der Universität Osnabrück.* Osnabrück: Universität, S. 251–271.

Nickel, H. (1990). Pränatales und postnatales Engagement von Vätern und das Verhalten ihrer neun Monate alten Kinder in einer Trennungssituation. *Psychologie in Erziehung und Unterricht, 37,* S. 26–32.

Nickel, H. (1992). Experiment und komplexes Verhalten im ersten Lebensjahr. Möglichkeiten und Grenzen einer experimentellen Prüfung des Zuneigungs- und Bindungsverhaltens von Säuglingen. In H. Gundlach (Hrsg.), *Psychologische Forschung und Methode. – Das Versprechen des Experiments.* Passau: Pasavia Universitätsverlag, S. 155–162.

Nickel, H. (1993). Möglichkeiten und Grenzen einer psychologischen Unterstützung des Übergangs zur Elternschaft. *International Journal of Prenatal and Perinatal Psychology and Medicine, 5,* pp. 55–66.

Nickel, H. (1994). Zur Bedeutung der sozialkulturellen Makrostruktur für die Persönlichkeitsentwicklung. Dargestellt an Befunden einer interkulturellen Vergleichsstudie mit jungen Eltern. In H.-J. Roth (Hrsg.), *Integration als Dialog.* Hohengehren: Schneider, S. 111–133.

Nickel, H. (1995a). Pränatale Psychologie aus ökopsychologischer Perspektive. Plädoyer für ein noch immer vernachlässigtes Gebiet der Entwicklungspsychologie. *Psychologie in Erziehung und Unterricht, 42,* S. 77–81.

Nickel, H. (1995b). *Junge Eltern im Kulturvergleich. Einführung in ein interkulturelles Forschungsprojekt aus vier Ländern.* Vortrag auf der 12. Tagung Entwicklungspsychologie. Leipzig: Universität.

Nickel, H. (1996). Soziokulturelle Faktoren der Familienentwicklung beim Übergang zur Elternschaft. Ausgewählte Ergebnisse eines interkulturellen Forschungsprojektes aus drei Kontinenten. In W. Edelstein, K. Kreppner & D. Sturzbecher (Hrsg.), *Familie und Kindheit im Wandel.* Potsdam: Verlag für Berlin-Brandenburg, S. 255–270.

Nickel, H. (1999). Übergang zur Elternschaft, Familienentwicklung und Generativität in drei Kontinenten. Überblick über ein interkulturelles Forschungsprojekt. In B. Reichle & H. Werneck (Hrsg.), *Übergang zur Elternschaft. Aktuelle Studien zur Bewältigung eines unterschätzten Lebensereignisses.* Stuttgart: Enke, S. 55–75.

Nickel, H. & Köcher, E. M. T. (1987). West Germany and the German-speaking countries. In M. E. Lamb (ed.), *The father's role. Cross-cultural Perspectives.* Hillsdale, N. J.: Lawrence Erlbaum.

Nickel, H. & Ehlert, U. (1988). Neue Väter. Ergebnisse und Perspektiven der Vaterforschung in der Bundesrepublik Deutschland. *Die Frau in unserer Gesellschaft, 3,* S. 2–7.

Nickel, H. & Quaiser-Pohl, C. (1999). Ist der Übergang zur Elternschaft für Paare in Deutschland besonders problematisch? Konsequenzen kulturvergleichender Untersuchungen. In B. Hacker & M. Rinck (Hrsg.), *Bericht über den 41. Kongreß der Deutschen Gesellschaft für Psychologie in Dresden 1998.* Lengerich: Pabst Science Publishers, S. 433–444.

Nickel, H. & Quaiser-Pohl, C. (2001). *Junge Eltern im kulturellen Wandel. Untersuchungen zur Familiengründung im internationalen Vergleich.* Weinheim: Juventa.

Nickel, H., Quaiser-Pohl, C. & Vetter, J. (1993). Veränderungen von kindbezogenen Kognitionen und Einstellungen bei Ersteltern durch pränatale und perinatale Interventionen. In H. Nickel et al. (Hrsg.), *Psychologie der Entwicklung und Erziehung.* Pfaffenweiler: Centaurus, S. 32–40.

Nickel, H. & Rollett, B. (1996). Einstellungen junger Eltern. Berufstätigkeit der Mutter und Generativität im interkulturellen Kontext. In H. Mandl (Hrsg.), *Bericht über den 40. Kongreß der Deutschen Gesellschaft für Psychologie 1996 in München, Abstraktband.* München: software H.P. Klein.

Papoušek, H. & Papoušek, M. (1983). Biological basis of social interactions. Implications of research for and understanding of behavioural deviance. *Journal of Child Psychology and Psychiatry, 24,* pp. 117–129.

Parke, R. D. & Sawin, D. B. (1980). The family in early infancy. Social interactional and attitudinal analyses. In F. A. Pederson (ed.), *The family-infant relationship. Observational studies in a family setting.* New York: Praeger, pp. 44–70.

Quaiser-Pohl, C. (1996). *Übergang zur Elternschaft und Familienentwicklung in Deutschland und Südkorea*. Dissertation der Heinrich-Heine-Universität Düsseldorf 1995. Münster: Waxmann.

Roos, J. & Greve, W. (1996). Eine empirische Überprüfung des Ödipus-Komplexes. *Zeitschrift für Entwicklungspsychologie und Pädagogische Psychologie, 28*, S. 295–315.

Scharmann, D.-L. & Scharmann, T. (1979). Die Vaterrolle im Sozialisations- und Entwicklungsprozeß des Kindes. Theoretische Ansätze und empirische Materialien (2. neub. Aufl.). In F. Neidhardt (Hrsg.), *Frühkindliche Sozialisation. Theorien und Analysen.* Stuttgart: Enke, S. 270–320.

Schindler, S. (1987). Sozialisation in Abhängigkeit von der durch Personen vermittelten Umwelt. In H. Nickel & S. Schindler (Hrsg.), *Ökopsychologie der Entwicklung im frühen Kindesalter. Salzburger Sozialisationsstudien Nr. 11.* Salzburg: Universität, S. 5–12.

Schindler, S. (1991). Ökologischer Aspekt der Frühentwicklung. In U. Schmidt-Denter & W. Manz (Hrsg.), *Entwicklung und Erziehung im ökopsychologischen Kontext.* München: Reinhardt, S. 17–27.

Schmidt-Denter, U. (1984). *Die soziale Umwelt des Kindes.* Berlin: Springer.

Spangler, G. & Zimmermann, P. (Hrsg.). (1995). *Die Bindungstheorie. Grundlagen, Forschung und Anwendung.* Stuttgart: Klett-Cotta.

Steinhausen, D. & Langer, K. (1977). *Clusteranalyse. Einführung in Methoden und Verfahren der automatischen Klassifikation.* Berlin: Walter deGruyter.

Ward, J. H. (1963). Hierarchical grouping to optimizean objective function. *Journal of the American Statistical Association, 58*, pp. 236–244.

Wenzel, H. (1987). *Der Vater als Bezugsperson im Säuglingsalter. Eine empirische Untersuchung zur Auswirkung väterlicher Vorbereitung auf den Umgang mit seinem Kind.* Unveröff. Diss. Universität Düsseldorf.

Werneck, H. (1998). *Übergang zur Vaterschaft. Auf der Suche nach den »Neuen Vätern«.* Wien: Springer.

Werneck, H., Nickel, H., Rollett, B. & Yang, M. S. (1996). Kinder als Wert oder als Belastung? Einstellungen deutscher, österreichischer und südkoreanischer Eltern im Vergleich. In K. U. Ettrich & M. Fries (Hrsg.), *Lebenslange Entwicklung in sich wandelnden Zeiten.* Landau: Verlag Empirische Pädagogik, S. 298–305.

Wold, H. (1981). Model construction and evaluation when knowledge is scare. On the theory and application of partial least squares. In J. Kmenta & J. Ramsey (eds.), *Model Evaluation in Econometrics.* New York: Academic Press.

Yang, M. S. (1990). *Die Bedeutung von Rollenauffassungen bei koreanischen Eltern, ihre Stabilität beim Übergang zur Elternschaft und ihr Beitrag zur Generativität.* Unveröff. Diss. der Heinrich-Heine-Universität Düsseldorf.

Alois Herlth

Ressourcen der Vaterrolle

Familiale Bedingungen der Vater-Kind-Beziehung

Bisherige Forschung führt zur Vermutung, daß die Qualität der Vater-Kind-Beziehung im Unterschied zur Mutter-Kind-Beziehung stärker von Merkmalen der Ehebeziehung und des elterlichen Rollenarrangements beeinflußt wird. Gestützt auf eine Stichprobe von 315 vollständigen Familien mit wenigstens einem Kind im Alter von 10 bis 12 Jahren kann bestätigt werden, daß die eheliche Zufriedenheit der Mütter und die vom Vater erfahrene Kommunikativität der Ehebeziehung sowie die Beteiligung der Väter an der Arbeit im Haushalt als wesentliche Faktoren bei der Erklärung von Unterschieden in der Qualität der Vater-Kind-Beziehung betrachtet werden müssen. Die entscheidende Ressource jedoch muß in der ›interpersonellen Sensitivität‹ der Väter gesehen werden, das heißt in ihrer Bereitschaft und Fähigkeit, die Bedürfnisse und Interessen der anderen Familienmitglieder wahrzunehmen und zu berücksichtigen.

Previous research leads to the assumption, that in contrast to the mother-child relationship the quality of the father-child relationship seems to be more strongly influenced by marital factors and parental role arrangements. Utilizing a sample of 315 ›complete‹ families with at least one child aged 10–12, it can be confirmed that the ›marital satisfaction‹ of mothers, and the ›marital communicativity‹ perceived by the fathers as well as their involvement in household-activities can be considered as important causal factors to explain differences in the quality of the father-child-

*relationship. As the crucial resource however we
have to consider the ›interpersonal sensitivity‹ of
the fathers, i.e. their willingness and their ability
to perceive and to take into account the needs and
the interests of the other members of the family.*

1 Die Vaterrolle und die Modernisierung der Familie

Wenn immer öfter beobachtet wird, daß Väter sich an der Erziehung ihrer Kinder beteiligen, indem sie sie zum Beispiel beauf-
sichtigen und betreuen, pflegen und versorgen, sie beschäftigen
und mit ihnen spielen – sich ihnen also unmittelbar zuwenden[1],
dann zeigt eine solche Beobachtung nicht nur an, daß sich die Vater-Kind-Beziehung offensichtlich gewandelt hat. Vielmehr kann
darüber hinaus vermutet werden, daß sich darin eine generelle
Modernisierung der Vaterrolle ausdrückt (von den ›neuen Vätern‹
ist häufig die Rede), die auch eine gewandelte Form der Integration der Männer als Väter in den familialen Lebenszusammenhang
beinhaltet. Folgt man diesem Gedanken, so dürfte die weitere Vermutung, daß dann auch die Qualität der Vater-Kind-Beziehung
insbesondere von der Art und Weise dieser Integration der Väter
in den familialen Lebenszusammenhang abhängig ist, nicht unplausibel sein. Mit dieser Perspektive wird nach den ›familialen
Ressourcen‹ der Vaterrolle gefragt, nach familialen Faktoren also,
die die Qualität der Vater-Kind-Beziehung bestimmen und die auf
der Ebene der elterlichen Ehebeziehung und der familialen Rollenverteilung zu suchen sind.

Traditionellerweise waren Väter – und sind es zweifellos zum
größten Teil auch heute noch – überwiegend über ihre Ernährerrolle in die Familienstruktur eingebunden, über die sie ihren spezifischen innerfamilialen Status gewannen und die ihnen in der

---

1 Zahlreiche Befunde aus letzter Zeit belegen dies. Da andere Beiträge in
diesem Sammelband darauf näher eingehen, soll hier lediglich auf zwei
Quellen verwiesen werden, die einen guten Überblick über diesen Wandlungsprozeß vermitteln: Fthenakis (1985) und Lamb (1986).

Regel unangefochten die instrumentelle Führungsposition in der Familie einbrachte.[2] Mit der Übernahme der Ernährerrolle waren Männer – so legte es das Leitbild der ›bürgerlichen Familie‹ nahe – zugleich von fast allen binnenfamilialen Aufgaben, und zwar vor allem im Bereich des Haushalts und der Betreuung und Versorgung von Kindern, freigesetzt. Demzufolge waren Väter in der Binnenwelt der Familien vor allem symbolisch präsent und ihr unmittelbarer Umgang mit Kindern beschränkte sich meistens auf symbolische Akte des »Erziehens« (zum Beispiel disziplinarische Maßregelung) oder der »Familienpräsentation« (zum Beispiel der Sonntagsspaziergang).

Im Zuge der sich vor allem in den letzten 30 Jahren verschärfenden Modernisierung der Familie, auf die ich hier nicht näher eingehen kann,[3] beobachten wir nun eine allmähliche Veränderung in der Ausgestaltung der Vater-Kind-Beziehung. Markant an dieser Veränderung ist nicht nur, daß Väter mehr Interesse am Alltag ihrer Kinder entwickeln und demzufolge mehr Zeit mit ihnen verbringen, sondern daß auch sie vermehrt Formen der Fürsorglichkeit und liebevollen Zuwendung praktizieren und damit Interaktionsweisen an den Tag legen, die traditionellerweise als typisch »mütterlich« gelten (Lamb 1986, Fthenakis 1992).

Der Rahmen für diese Veränderung wird zweifelsohne vom individualisierungsbedingten Wandel der Frauenrolle geschaffen (vgl. Beck-Gernsheim 1983). Die Aufkündigung des ›Geschlechtervertrages‹ durch die Frauen (Kaufmann 1988) und deren zunehmende Orientierung am Leitbild der ›doppelten Lebensführung‹ (Geissler & Oechsle 1994) legt den Männern eigentlich »im Gegenzug« eine verstärkte Familienorientierung nahe. Wie aber gerade Forschungsbefunde zur geschlechtsspezifischen Arbeitsteilung belegen (Künzler 1994), folgt allerdings allein aus einer zunehmenden Berufsorientierung von Frauen keineswegs zwangsläufig ein

---

2 Nirgendwo wurde dieses traditionelle Verständnis der Vaterrolle klarer und eindrücklicher herausgearbeitet als bei Talcott Parsons (vgl. Parsons & Bales 1955). Ähnliches findet sich auch bei König (1974), S.71 f. unter Bezug auf A. Mitscherlichs Begriff vom ›unsichtbaren Vater‹.

3 Eine genaue Analyse dieses Modernisierungsprozesses finden wir bei Kaufmann (1988).

verstärktes Engagement der Männer im gemeinsamen Familien-
haushalt. Das dennoch vermehrte Interesse der Väter, sich mit ihren Kindern »abzugeben«, läßt sich noch nicht hinreichend durch
den Rollenwandel der Frau erklären, sondern muß weitere Ursachen haben. Diese könnten in einem grundlegenden Wandel der
Familie als einem gesellschaftlichen Funktionssystem liegen, der
sich als Folge voranschreitender gesellschaftlicher Differenzierung vollzogen hat und eine verstärkte Intimisierung und Perso-
nenorientierung innerhalb des sozialen Systems ›Familie‹ bewirkt
(vgl. Kieserling 1994). Ein Effekt dieses zweiten Modernisierungs-
aspektes der Familie ist ganz offensichtlich, daß sich Familien zunehmend als »Beziehungen« konstituieren und stabilisieren (und
immer häufiger auch zerbrechen). Wenn dem so ist, dürfte die Bereitschaft und Fähigkeit der Familienmitglieder, über gegenseitige
affektive Zuwendung, emotionale Unterstützung und vorbehalt-
lose Annahme einander Zugehörigkeit und Geborgenheit zu vermitteln, zunehmend zur entscheidenden Voraussetzung für das
Funktionieren von Familien werden. Die Erwartungen an die Vaterrolle und an die Leistung der Väter im Familienalltag betreffen
dann weniger ihre »Ernährerqualitäten«, sondern vielmehr ihre
»Qualitäten« im Hinblick auf die Ausgestaltung gegenseitiger personaler Beziehungen, und zwar sowohl auf der Paarebene als
auch auf der Eltern-Kind-Ebene.[4] Im Familienalltag zählt dann weniger, was Väter wirtschaftlich leisten und welchen sozialen Status
sie der Familie verschaffen, als vielmehr das, was auch sie auf der
Ebene zwischenmenschlicher Beziehungen (liebevolle Zuwendung, Aufmerksamkeit, Anerkennung u. a. m.) zu leisten imstande
sind.

Wenn man diesen Überlegungen folgt, dann müßte sich eine
beobachtbare stärkere Familienorientierung der Väter, das heißt
mehr Interesse am Familienalltag, mehr Präsenz und Engagement
im Familienalltag, auch auf der Ebene der Beziehungsqualität nie-

---

4 »Beziehungsarbeit« wird dann – wie dies von Karl Lenz überzeugend herausgearbeitet wurde (vgl. Lenz 1998) – zum entscheidenden Institutionali-
sierungsfaktor.

derschlagen, und zwar insbesondere auf der Ebene der Vater-Kind-Beziehungen. Die Qualität der Vater-Kind-Beziehung müßte dann im besonderen von der Einbindung der Väter in den Familienalltag abhängen.

2 Die »Qualität« der Vater-Kind-Beziehung

Gerade wenn die Vater-Kind-Beziehung als für die Entwicklung von Kindern ebenso bedeutsam erachtet wird wie die Mutter-Kind-Beziehung (Fthenakis 1992, Grusec & Lytton 1988, Amato 1996), erscheint es sinnvoll, von einem allgemeinen Konstrukt elterlichen Einflusses auf die Persönlichkeitsentwicklung der Kinder auszugehen, wie dies beispielsweise von Belsky (1984) mit seinem ›process model of parenting‹ konzipiert wurde. Dabei bemißt sich »Qualität« immer nach den Konsequenzen des Elternverhaltens für die Persönlichkeitsentwicklung des Kindes. Bereits auf der Grundlage der Erziehungsstilforschung der 60er und 70er Jahre war es möglich, elterliches Unterstützungsverhalten und elterliches Kontrollverhalten als die zentralen entwicklungsrelevanten Dimensionen des Elternverhaltens festzulegen, wobei in erster Linie die Unterstützungsdimension mit einer Reihe wünschbarer Kompetenzmerkmale bei Kindern korrelierte (vgl. zusammenfassend Walters & Stinnett 1971, Rollins & Thomas 1979, Maccoby & Martin 1983). »Unterstützung« beinhaltet dabei ein weites Spektrum von Verhaltensweisen, die bewirken, daß Kinder sich in Anwesenheit ihrer Eltern wohlfühlen, sich anerkannt und akzeptiert wissen (Thomas et al. 1974). Dies umfaßt im einzelnen die Vermittlung von Liebe und Akzeptanz (Barnes & Farrell 1992), emotionaler Wärme und Responsivität (Dekovic et al. 1991) sowie die Gestaltung einer positiven, affektiven persönlichen Beziehung (Barber 1992). Besonders gut belegt sind – wie gerade auch neuere Studien bestätigen – die Wirkungen eines solchen responsiv-unterstützenden Elternverhaltens im Hinblick auf die Entwicklung des Selbstkonzeptes und des Selbstwertgefühls von Kindern (Gecas & Schwalbe 1986, Demo et al. 1987, Felson & Zielinski 1989, Hoelter & Harper 1987, Isberg et al. 1989, Scott et al. 1991).

In dem Maße, wie gerade dem elterlichen Unterstützungsverhalten eine besondere Bedeutung im Rahmen der kindlichen Sozialisation zukommt, macht es Sinn, vor allem das Unterstützungsverhalten des Vaters als Indikator für die Qualität der Vater-Kind-Beziehungen zu betrachten. Besonders der häufig belegte Zusammenhang zwischen elterlicher Unterstützung und der Entwicklung des Selbstwertgefühls bei Kindern rechtfertigt dies, zumal das Selbstwertgefühl mittlerweile als eine Schlüsselvariable der Persönlichkeitsentwicklung überhaupt betrachtet werden kann (Broderick 1993).[5] Im weiteren ist nun zu fragen, welche familialen Faktoren die Qualität der Vater-Kind-Beziehung beeinflussen und welche Bedeutung der Familienorientierung der Väter und ihrer Einbindung in die Binnenwelt der Familie dabei zukommt.

3 Familiale Bedingungen der Vater-Kind-Beziehung

Eine der für die Erforschung des Familieneinflusses auf die Entwicklung von Kindern ganz entscheidenden Entwicklungen der letzten zwei Dekaden war die Einsicht, daß Familieneinfluß nicht ausschließlich auf unmittelbare Eltern-Kind-Interaktion reduziert werden darf. Vielmehr gilt es, die systemischen Zusammenhänge im Familienalltag im Hinblick auf die Ausprägung des elterlichen Verhaltens und im Hinblick auf Aspekte der kindlichen Entwick-

---

5 Weit weniger einheitlich stellt sich demgegenüber die Dimension der elterlichen ›Kontrolle‹ dar, und zwar sowohl hinsichtlich ihrer inhaltlichen Konzeption als auch hinsichtlich des empirischen Zusammenhangs mit Maßen der kindlichen Entwicklung. Während Techniken positiver Verstärkung (wie z.B. Lob) und Elemente von ›induction‹ (geduldiges Erklären) auch in einem Katalog unterstützender Verhaltensweisen auftauchen könnten, scheinen zumindest bestimmte Formen der Bestrafung sowie Kontrolle durch ›coercion‹ kaum mit hohen Ausprägungen von Unterstützung vereinbar zu sein. Demgemäß kann mit Barnes & Farrell (1992, S.769) ›coercion‹ teilweise auch als negativer Ausdruck des Unterstützungskonstrukts aufgefaßt werden. Diese Vielschichtigkeit des Kontrollbegriffs dürfte mitverantwortlich dafür sein, daß Forschungsergebnisse zu Effekten elterlicher Kontrolle auf die kindliche Entwicklung insgesamt weniger einheitlich und konsistent ausfallen als die zu elterlicher Unterstützung.

lung vermehrt zu berücksichtigen (vgl. Stafford & Bayer 1993).[6] Zusätzlich zur Mutter-Kind-Beziehung und zur neuerdings mehr beachteten Vater-Kind-Beziehung muß auch der Umstand berücksichtigt werden, daß Mütter und Väter nicht nur Beziehungen zu ihren Kindern haben, sondern auch miteinander in einer Paarbeziehung stehen, deren Anforderungen und Regelstruktur sie sich unterwerfen müssen, und daß diese Beziehungen unter den Bedingungen eines Familienalltages gelebt werden, dessen Bewältigung spezifische Anforderungen an die familiale Alltagsorganisation stellt (vgl. Herlth 1988), wie zum Beispiel die arbeitsteilige Bewältigung familialer »Aufgaben« (vgl. Lüscher 1988).

In der Forschung wird seit einiger Zeit besonders auf Zusammenhänge zwischen den elterlichen Ehebeziehungen auf der einen Seite und dem Erziehungsverhalten bzw. der Kompetenzentwicklung von Kindern auf der anderen Seite hingewiesen (vgl. Petzold & Nickel 1989, Herlth 1993, Herlth et al. 1995). Die Wirkungen elterlicher Ehekonflikte auf das Erziehungsverhalten sind im Zusammenhang mit der Scheidungsfolgenforschung und der Risikokinderforschung relativ gut erforscht (vgl. Rutter 1981, Markman & Jones-Leonard 1985, Hetherington 1989). Dabei werden neben direkten Effekten auf die Persönlichkeitsentwicklung des Kindes auch »Qualitätseinbußen« in den Eltern-Kind-Beziehungen beobachtet, die sich als Folge ehelicher Konflikte einstellen (Peterson & Zill 1986). Auch positive Merkmale der Ehequalität, die sich in harmonischen Beziehungen und einer hohen Ehezufriedenheit äußern, dürften die Qualität der Eltern-Kind-Beziehungen beeinflussen (Belsky 1981, Bristol et al. 1988, Durrett et al. 1986, Wandersman et al. 1980 sowie Quinton et al. 1985). Dabei erge-

---

6 Einflüsse von Persönlichkeitsmerkmalen der Eltern und über die Familie vermittelte Einflüsse sozialstruktureller und sozialökologischer Rahmenbedingungen sind bislang gut belegt. Dabei wird aber die Ebene des Familiensystems als mögliche Quelle von Einflüssen, die das Elternverhalten oder die kindliche Entwicklung erklären können, weitgehend vernachlässigt. Inwieweit zum Beispiel das Elternverhalten familiensystemischen Einflüssen unterliegt und in welchem Maße es durch sog. ›second order‹-Effekte (zum Beispiel Einflüsse anderer binnenfamilialer Subsysteme oder familienexterner Sozialsysteme auf die Eltern-Kind-Beziehung) beeinflußt wird, müßte noch eingehender geklärt werden.

ben sich aber für Väter und Mütter jeweils unterschiedliche Auswirkungen der Ehequalität auf die Eltern-Kind-Beziehungen: Die Ehequalität scheint für die Vater-Kind-Beziehung bedeutsamer zu sein als für die Mutter-Kind-Beziehung (Herlth et al. 1995), so daß insbesondere Merkmale der elterlichen Ehebeziehung als Ressourcen der Vaterrolle in Betracht zu kommen scheinen.

Die Qualität der Vater-Kind-Beziehung scheint – wie auch die jüngere Väterforschung unterstreicht – vor allem durch die Beziehungsqualität der väterlichen Partnerbindung, also in der Regel der Ehebeziehung, beeinflußt zu sein; im Unterschied zur Qualität der Mutter-Kind-Beziehung, die sich gegenüber den Wechselfällen des ehelichen Zusammenlebens als wesentlich stabiler erweist. Untersuchungen von Brody et al. (1986), Goldberg & Easterbrooks (1984) sowie Belsky et al. (1989) zeigen, daß das Ausmaß ehelicher Zufriedenheit sowie weitere Merkmale der ehelichen Interaktion die Qualität des väterlichen ›Parenting‹ vorhersagen lassen, während dies für die Mutter-Kind-Beziehung nicht gilt. Belsky et al. (1991) zeigen sogar, daß beobachtete Verschlechterungen in der Qualität der ehelichen Beziehung auch zu Verschlechterungen in der Vater-Kind-Beziehung führten, hingegen nicht in der Mutter-Kind-Beziehung.

Solche bisher schon vorliegenden Befunde sprechen für eine eher familial vermittelte Vaterrolle. Das soll heißen, daß die Qualität der Vater-Kind-Beziehung in wesentlich stärkerem Maße als bei den Müttern einer Stützung und Absicherung durch weitere familiale Rahmenbedingungen bedarf, was schon Goldberg & Easterbrooks (1984) vermuteten.

In der neueren Literatur finden sich ferner erste Hinweise dafür, daß sowohl die Qualität der Vater-Kind-Beziehung als auch die der Partnerbeziehung in Abhängigkeit vom Ausmaß der Familienorientierung der Väter zu sehen sind, das heißt von der Art und Weise, wie der Vater seine Rolle in der Familie definiert und in welchem Maße er sich an Haushalt und Kindererziehung beteiligt (Fthenakis 1992). So wird berichtet, daß eine nichttraditionelle Rollenaufteilung in der Familie sowohl den Ehebeziehungen wie den Vater-Kind-Beziehungen zugute kommt. Für Väter, die Haushalt und Kindererziehung als gemeinsame Angelegenheit der Eltern betrachten und die sich dementsprechend intensiv an der Arbeit im Haushalt beteiligen, müßte sich daher eine hohe Qualität der Ehebeziehungen und der Eltern-Kind-Beziehungen voraussagen lassen.

4 Väterliches Unterstützungsverhalten im binnenfamilialen Kontext

Aufschlüsse über die familiale Bedingtheit der Vater-Kind-Beziehung lassen sich anhand der Daten der ›Bielefelder Ehe- und Erziehungsstudie‹ gewinnen.[7] Diese Studie befaßt sich bislang als einzige deutsche Untersuchung zentral mit der Bedeutung von Ehebeziehungen für die Qualität der Familienerziehung und ermöglicht eine weitergehende Analyse der familialen Bedingungen der Vaterrolle.

Die Daten zu den im folgenden verwendeten Meßinstrumenten sowie weitere kind-, ehe- und familienbezogene Merkmale wurden 1993 in Zusammenarbeit mit der GFM-GETAS erhoben: Repräsentativ für Nordrhein-Westfalen wurde in einem Quotenauswahlverfahren eine Stichprobe von 315 Familien zusammengestellt, in denen wenigstens ein Kind im Alter von 10 bis 12 Jahren (Zielkind) zusammen mit seinen verheirateten, in der Regel leiblichen Eltern in einem Haushalt lebt.[8] In diesen Familien wurden das Zielkind und beide Eltern getrennt interviewt.

---

7 Es handelt sich um das Teilprojekt A6 ›Familienunterstützung: familiale Bedingungen des elterlichen Unterstützungsverhaltens‹ des SFB 227 ›Prävention und Intervention im Kindes- und Jugendalter‹ unter der Leitung von Alois Herlth und Franz-Xaver Kaufmann (vgl. Ossyssek et al. 1994 sowie Herlth et al. 1995, Böcker et al. 1996).

8 Mittels eines standardisierten Fragebogens wurde das Kind zusammen mit seiner Mutter interviewt und der Vater in einem weiteren Interview davon getrennt befragt. Informationen, die sich auf den ehelichen Intimbereich und die Beziehung der Befragten zueinander bezogen, wurden unter Ausschluß wechselseitiger Beeinflussungen in sogenannten »Selbstausfüllern« erfaßt. Die Befragung wurde von Juli bis September 1993 in allen fünf Regierungsbezirken des Landes Nordrhein-Westfalen durch den Interviewerstab der GFM-GETAS durchgeführt.

Auf der Ebene bivariater Zusammenhänge zeigt auch die Bielefelder Studie deutliche Zusammenhänge zwischen dem väterlichen Unterstützungsverhalten und der Ehequalität. Da in dieser Studie die elterliche Ehebeziehung ein besonderer Schwerpunkt war, sind differenziertere Betrachtungen dahingehend möglich, welche Aspekte der Ehequalität der Qualität der Vater-Kind-Beziehung – hier als väterliches Unterstützungsverhalten operationalisiert – besonders zugute kommen. Bezüglich der Messung von ›Unterstützung‹ haben wir uns an der von Schludermann & Schludermann (1988) vorgenommenen Revision des klassischen ›Children's Ratings of Parent Behavior Inventory‹ (CRPBI, Schaefer 1965) orientiert und erfassen damit die vom Kind perzipierte ›Unterstützung‹ durch den Vater. Gemessen wird also das vom Kind wahrgenommene Ausmaß der liebevollen Zuwendung, der Akzeptanz und des Verständnisses seitens des Vaters.[9]

Wie die einschlägige Forschungsliteratur zeigt, wird die Ehequalität besonders gut und zuverlässig durch die Ehezufriedenheit der beiden Partner bestimmt (vgl. Sander & Böcker 1993). Dieses Kriterium hat sich vor allem deswegen bewährt, weil das Ausmaß der Zufriedenheit mit der Beziehung zum einen eine »Gesamtschau« der unterschiedlichsten Aspekte ehelichen Zusammenlebens beinhaltet und zum anderen subjektive Erwartungen als relativierende Beurteilungsmaßstäbe einbezieht.[10] Das bedeutet – wie unsere Daten ebenfalls bestätigen –, daß Ehezufriedenheit immer auch andere meßbare Qualitätsmerkmale ehelichen Zusammenlebens mit abbildet; d.h. mit ihrer Ehe hochgradig Zufriedene

---

9 Das Instrument umfaßt in seiner Originalform 30 Items, von denen jeweils 10 für die Dimensionen ›acceptance‹, ›firm control‹ und ›psychological control‹ stehen. Für die Entwicklung unserer Meßskalen wurden die ins Deutsche übersetzten Items des CRPBI noch um einige Items eines von Dornbusch et al. (1987) entwickelten Erhebungsinstruments sowie um einige selbstformulierte Items ergänzt, die aufgrund unserer Pretestergebnisse in unsere Version des CRPBI integrierbar erschienen. Die hier verwendete Skala ›Unterstützung‹ setzt sich aus 13 Items zusammen (z.B. »Mein Vater/Meine Mutter zeigt viel Interesse für mich«, »mein Vater/meine Mutter lobt mich oft«, »mit meinem Vater/meiner Mutter kann ich gut reden«). Der Reliabilitätskoeffizient ALPHA beträgt 0,90 in der Vater- und 0,86 in der Mutterversion.

erleben ihren Partner beziehungsweise ihre Partnerin auch als sehr liebevoll, aufmerksam, emotional aufgeschlossen, unterstützend und wenig machtorientiert. Sie berichten deutlich weniger eheliche Konflikte und beschreiben das Konfliktverhalten ihres Partners bzw. ihrer Partnerin als eher entgegenkommend und weniger aggressiv und verletzend.[11]

Unter den von uns erfragten und gemessenen Qualitätsmerkmalen der Ehe fällt insbesondere ein weiteres Merkmal auf, das nicht ganz so stark mit der Ehezufriedenheit korreliert wie die anderen oben erwähnten. Dabei handelt es sich um die von den Befragten wahrgenommene partnerschaftliche Kommunikativität. Damit ist gemeint, in welchem Maße sich die Partner über ihre Befindlichkeit und ihr Erleben kommunikativ austauschen.[12] Zwar korreliert Kommunikativität – wie Tabelle 1 zeigt – ebenfalls noch relativ stark mit der Ehezufriedenheit, was auch plausibel ist; leistet aber dennoch – wie unten noch näher darzustellen sein wird – einen eigenständigen, von der Ehezufriedenheit unabhängigen Erkärungsbeitrag für die Qualität der Vater-Kind-Beziehung.

Die Beschäftigung mit der Ehequalität und ihren Konsequenzen für das Elternverhalten führt bei Meßverfahren, die auf Befra-

---

10 Zur Messung der Ehezufriedenheit – hier wie üblich definiert als subjektive Bewertung der Ehe insgesamt – verwenden wir die »Relationship Assessment Scale« (RAS, Hendrick 1988), die in einer deutschen Version vorliegt (Sander & Böcker 1993). Die Skala enthält sieben Items (z.B. »Wie zufrieden sind Sie insgesamt mit Ihrer Beziehung?«, »Wie gut ist Ihre Beziehung verglichen mit anderen?«) Die Reliabilität (ALPHA) beträgt für Mütter 0,93 und für Väter 0,90.

11 Die von uns gemessenen Merkmale wie zum Beispiel ›eheliche Unterstützung‹, ›Konflikthäufigkeit‹, ›Machtorientierung‹, ›aggressives‹ oder ›entgegenkommendes Konfliktverhalten‹ korrelieren mit der Ehezufriedenheit mit r >0,6 bzw. –0,6.

12 Die Skala ›eheliche Kommunikativität‹ basiert auf der Arbeit von Bienvenu (1970) und mißt, in welchem Maße die Befragten bezüglich der sie gemeinsam betreffenden Fragen des Familienalltages und ihr eigenes Erleben mit dem Partner bzw. der Partnerin kommunizieren. Items, die das erfassen, sind zum Beispiel: »Wir reden miteinander über Dinge, die uns gemeinsam betreffen« oder »Meine Frau spricht mit mir über ihren Beruf und ihre Interessen«. Die Skala besteht aus vier Items und hat in der Vaterversion eine Reliabilität von ALPHA= 0,74.

gungen basieren, unvermeidlich zu einer Verdoppelung der Beobachtungen, wie sie auch in Tabelle 1 zu finden ist: Bewertungen und Beschreibungen jeweils des männlichen und des weiblichen Partners. Damit ergibt sich im Forschungsprozeß die Notwendigkeit, nach »väterlicher« und »mütterlicher« Wahrnehmung und Bewertung zu differenzieren. Zwar ist in der Regel auch bei getrennten Befragungen – wie in unserem Fall – zwischen beiden Wahrnehmungsweisen und Bewertungen ein recht hoher Grad an Übereinstimmung gegeben, aber es ist trotzdem nicht auszuschließen, daß ihr jeweiliger Beitrag für die Erklärung des Elternverhaltens unterschiedlich ausfallen kann. Insbesondere im Hinblick auf die Erklärung des Vaterverhaltens müssen – wie oben bereits vermerkt – auch mütterliche Beobachtungen und Bewertungen ehe-licher Verhaltensweisen in Betracht gezogen werden. Auf der Ebene bivariater Zusammenhänge, wie sie in Tabelle 1 dargestellt sind, wird das allerdings noch nicht erkennbar.

Tabelle 1: Ehequalität und väterliches Unterstützungsverhalten[1]

	Ehezufriedenheit der Mutter	Ehezufriedenheit des Vaters	Kommunikativität aus Sicht der Mutter	Kommunikativität aus Sicht des Vaters
Väterliche Unterstützung	$r=,44$	$r=,34$	$r=,39$	$r=,42$
Ehezufriedenheit der Mutter		$r=,71$	$r=,55$	$r=,46$
Ehezufriedenheit des Vaters			$r=,45$	$r=,52$
Kommunitivität aus der Sicht der Mutter				$r=,66$

1 Pearson-Korrelationen (r) auf der Grundlage von $n=292$ (listenweiser Fallausschluß), Signifikanz-Niveau: alle $p<,001$

In Tabelle 1 korrelieren alle vier in Betracht gezogenen Merkmale der Ehequalität, also nicht nur die vaterbezogenen, sondern auch die mutterbezogenen, stark mit dem väterlichen Unterstützungsverhalten: Je zufriedener die Eltern mit ihrer Ehe sind und je kommunikativer die Ehebeziehung wahrgenommen wird, desto unterstützender wird der Vater von den Kindern erlebt. Zugleich zeigt sich aber auch ein hohes Maß an Kovariation, die besagt, daß ein Merkmal der Ehequalität möglicherweise auch Einflüsse der anderen Merkmale widerspiegelt. Letzteres wird durch Partialkorrelationen bestätigt, durch die solche Effekte statistisch »eliminiert« werden. Tabelle 2 zeigt die bivariaten Zusammenhänge zwischen dem väterlichen Unterstützungsverhalten und den Merkmalen der Ehequalität bei gleichzeitiger Kontrolle des Einflusses der jeweils anderen Variablen.

Tabelle 2: Partial-Korrelationen von Merkmalen der Ehequalität* mit dem väterlichen bzw. dem mütterlichen Unterstützungsverhalten**

| | Ehezufriedenheit | | Kommunikativität aus Sicht | |
	der Mutter	des Vaters	der Mutter	des Vaters
Väterliche Unterstützung	r = ,24 p = ,00	r = ,04 p = ,50	r = ,06 p = ,00	r = ,20 p = ,00
Mütterliche Unterstützung	r = ,03 p = ,62	r = -,01 p = ,88	r = ,11 p = ,06	r = ,17 p = ,00

* Zusammenhänge kontrolliert für die jeweils anderen Merkmale der Ehequalität.
** Messung analog zur väterlichen Unterstützung (vgl. Fußnote 9).

Überraschend ist vor allem, daß für die Erklärung des vom Kind wahrgenommenen väterlichen Unterstützungsverhaltens nicht die Ehezufriedenheit des Vaters selbst, sondern die der Mutter in Betracht zu ziehen ist. Die Bedeutung dieser Befunde erschließt sich so recht erst, wenn man sie mit den Zusammenhängen zwischen der Ehequalität und der Qualität der Mutter-Kind-Beziehung vergleicht, weshalb in Tabelle 2 auch die entsprechenden partiellen Korrelationskoeffizienten für das mütterliche Unterstützungsverhalten angeführt sind. Für die Mutter-Kind-Beziehung scheint weder die mütterliche noch die väterliche Ehezufriedenheit eine Rolle zu spielen. Nur die Kommunikativität – und hier überraschenderweise wiederum die vom Vater wahrgenommene – korreliert signifikant. Dieser Befund spricht für die Annahme einer im Vergleich zur Mutter-Kind-Beziehung stärkeren »Eheabhängigkeit« der Vater-Kind-Beziehung (hierzu ähnlich Stafford & Bayer 1993, S. 133). Dabei wäre dann die eheliche Kommunikativität als eine Art »Einladung« für die Väter in die Binnenwelt der Familie zu verstehen: Beziehungsqualität in Familien basiert auf ehelicher Kommunikativität.

Warum aber korreliert bei einer Partialisierung nur die mütterliche Ehezufriedenheit und nicht die väterliche mit dem kindperzipierten väterlichen Unterstützungsverhalten? Zur Deutung dieses Befundes könnte man argumentieren, daß hier von der Mutter wie dem Kind das Verhalten ein und derselben Person bewertet wird und sich somit in der Korrelation ein hohes Maß an übereinstimmender Wahrnehmung väterlichen Verhaltens widerspiegelt. Allerdings gerät man dann in die Schwierigkeit zu erklären, warum sich das mit Blick auf das mütterliche Unterstützungsverhalten und die väterliche Ehezufriedenheit nicht so verhält. Plausibler erscheint mir statt dessen die Annahme eines Effektes der mütterlichen Ehezufriedenheit auf die Vater-Kind-Beziehung, da sich letztere in einem viel stärkeren Maße gleichsam vor den Augen der Mutter ereignet als umgekehrt Mutter-Kind-Beziehungen vor den Augen der Väter. Ein hoher Grad an mütterlicher Ehezufriedenheit könnte einen positiven Verstärkereffekt auf die Interaktion zwischen dem Vater und dem Kind haben – ähnlich wie dies bei der vaterperzipierten ehelichen Kommunikativität der Fall sein dürfte.

Bevor diese Befunde auf der Basis weiterer Analyseschritte vertieft interpretiert werden, sind – wie oben bereits vermerkt – noch weitere mögliche Ressourcen der Vaterrolle zu betrachten, die mit der Integration der Väter in die Binnenwelt der Familie zu tun haben: nämlich die Rollenwahrnehmung und Rollenausübung der Väter im Familienalltag. Wie bereits an anderer Stelle dargelegt, dürfte die Qualität der Vater-Kind-Beziehung zum einen vom Ausmaß der väterlichen »Familienorientierung« abhängen (vgl. Böcker et al. 1996), also davon, wie sehr der Vater Haushalt und Kindererziehung auch als seine Aufgabe versteht und sich als dafür zuständig betrachtet; man könnte auch von einer modernisierten Geschlechtsrollenorientierung sprechen. Daß eine solche Familienorientierung die Qualität der Vater-Kind-Beziehung stärkt, wäre nicht unplausibel. Zum anderen ist auch erwartbar, daß gerade eine verstärkte Präsenz des Vaters im Familienalltag, wie sie über eine stärkere Beteiligung der Väter an der Arbeit im Haushalt indiziert wäre, ebenfalls für die Vater-Kind-Beziehung von Vorteil ist, da die tatsächliche personelle Präsenz des Vaters die Kommunikation von Zuwendung und Unterstützung erheblich erleichtert. Fraglich ist aber, ob ein solcher Effekt unabhängig von der Familienorientierung beobachtet werden kann.

Die Haushaltsbeteiligung von Männern ohne aufwendige Zeitbudgetmessung durch Befragung zu erfassen, ist nicht ganz unproblematisch. Im Rahmen eines Interviews kann das Ausmaß nur grob geschätzt werden und die Verläßlichkeit solcher Schätzungen bleibt ungeklärt. Da es aber für unsere Zwecke einer Einschätzung des Ausmaßes der väterlichen Haushaltsbeteiligung nicht auf das tatsächliche zeitliche Ausmaß ankommt, vielmehr nur auf eine Intensitätseinschätzung, dürfte es vertretbar sein, Mütter nach ihrem eigenen zeitlichen Aufwand im Haushalt und dem Ausmaß der Beteiligung ihrer Ehemänner zu befragen und die Haushaltsbeteiligung der Väter als relativen Anteil am Gesamtaufwand zu berechnen.[13] Bezüglich jener Dimensionen der Geschlechtsrollenorientierung des Vaters, die von uns als ›Familienorientierung‹ bezeichnet wird, wurde gemessen, in welchem Maße die befragten Väter Haushalt und Kinderbetreuung als zwischen den Geschlechtern »egalitär« zu bestreitende »Aufgaben« betrachten (vgl. Böcker et al. 1996).[14]

Wie in Tabelle 3 zu sehen, zeigen sich auch die erwarteten deutlichen Zusammenhänge der Familienorientierung mit dem väterlichen Unterstützungsverhalten und den Merkmalen der Ehequalität. Jedoch erwies sich diese Meßskala bei weiteren Analysen in methodischer Hinsicht als problematisch. Wie bereits an anderer Stelle vermerkt (Böcker et al. 1996), korreliert die gemessene Familienorientierung so stark mit der ebenfalls gemessenen kindbezogenen Sensitivität des Vaters[15] ($r=0,65$), daß eine Eindimensionalität beider Konstrukte angenommen werden sollte. Diese Annahme der Eindimensionalität ließ sich faktorenanalytisch verifizieren. Die Items beider Einzelskalen bilden einen gemeinsa-

---

13 Im Durchschnitt übernehmen Väter danach etwa 20 Prozent der anfallenden Arbeit im Haushalt. Ein hälftiger Anteil wird in gerade mal 3 von 100 Haushalten festgestellt.

14 Die Skala basiert auf drei Items (zum Beispiel »Eine Frau sollte immer von ihrem Mann erwarten, daß er ihr bei der Hausarbeit hilft«). Zusammen mit anderen Items, die sich auf andere Dimensionen der Geschlechtsrollenorientierung beziehen, wurden sie der Subskala »Role Orientation« des »Marital Satisfaction Inventory« (Snyder 1979) entnommen. In der Vaterversion ist diese Skala bei einer Reliabilität von ALPHA = 0,66 interpretierbar.

men Faktor, so daß es geboten erscheint, die Items auch gemeinsam zur Skalenbildung zu verwenden. Die auf dieser Grundlage neu gebildete Skala ›väterliche Sensitivität‹ drückt aus, in welchem Maße der Vater bereit ist, auf die Bedürfnisse und Interessen der anderen Familienmitglieder einzugehen und sie zu respektieren, und zwar sowohl die des Kindes als auch die seiner Frau.[16] Bei Vätern sind beide Aspekte offensichtlich hochgradig miteinander verwoben – was übrigens bei Müttern ganz und gar nicht der Fall ist. Dies bestätigt bereits zuvor veröffentlichte Vermutungen, daß die Basis einer modernisierten männlichen Geschlechtsrollenorientierung vor allem in der interpersonellen Sensitivität zu sehen ist (Böcker et al.1996).

Tabelle 3: Interkorrelationen der Untersuchungsvariablen[1]

	Ehe-zufrieden-heit der Mutter	Kommu-nikativität aus Sicht des Vaters	Haus-haltsbe-teiligung des Vaters	Sensi-tivität des Vaters	Familien-orientie-rung des Vaters
Väterliche Unterstützung	r = ,43	r = ,43	r = ,28	r = ,47	r = ,42
Ehezufriedenheit der Mutter		r = ,46	r = ,06	r = ,30	r = ,36
Kommunikativität aus Sicht des Vaters			r = ,09	r = ,42	r = ,37
Haushaltsbeteiligung des Vaters				r = ,26	r = ,35
Sensitivität des Vaters					r = ,82

1 Pearson-Korrelationen (r) auf der Grundlage von n = 247 (listenweiser Fallausschluß)
Signifikanz: alle p < ,001

---

15 Gemessen wurde damit das Ausmaß, in dem der Vater Bedürfnisse und Interessen des Kindes wahrnimmt und beachtet. Bei der Skalenbildung wurden sieben Items berücksichtigt, wie zum Beispiel » Eltern sollten ihren Kindern gegenüber Fehler immer eingestehen«, »Bei allem, was Kinder sagen, sollten Eltern sie ernst nehmen«.

16 Die Skala besteht aus zehn Items. Neben Items der Skala Familienorientierung sind weitere sieben Items enthalten, die die kindbezogene Sensitivität des Vaters ausdrücken, wie zum Beispiel »Eltern sollten ihren Kindern gegenüber ihre Fehler immer eingestehen« oder »Eltern sollten ihren Kindern gegenüber immer mit offenen Karten spielen«. Die Reliabilität der Skala ist mit einem ALPHA=0,88 ausgewiesen.

Wie Haushaltsbeteiligung und Sensitivität miteinander und mit den zuvor eingeführten Variablen korrelieren, zeigt Tabelle 3 ebenfalls. Alle angeführten Variablen korrelieren stark mit dem väterlichen Unterstützungsverhalten. Bezüglich der Korrelationen zwischen der Haushaltsbeteiligung und den Merkmalen der Ehequalität fällt allerdings auf, daß es – entgegen allen Erwartungen – keine signifikanten Zusammenhänge gibt, und zwar weder zwischen der Haushaltsbeteiligung und der ehelichen Kommunikativität noch zwischen der Haushaltsbeteiligung und der Ehezufriedenheit der Mütter. Für die Qualität der ehelichen Beziehungen scheint die tatsächliche Mitarbeit der Väter im Haushalt allem Anschein nach bedeutungslos zu sein. Die Sensitivität der Väter hingegen kommt ganz offensichtlich der Ehequalität zugute und scheint auch die Bereitschaft der Väter, sich an der Haushaltsarbeit zu beteiligen, zu fördern. Daß die Sensitivität der Väter sowohl mit dem väterlichen Unterstützungsverhalten stark korreliert als auch mit der Ehezufriedenheit der Mütter und erst recht mit der ehelichen Kommunikativität, ist hier keineswegs überraschend. Denn schließlich ist Sensitivität ein Maß für die »Beziehungsfähigkeit« der Väter. Betrachtet man die Variable Familienorientierung der Väter, dann fallen diese Zusammenhänge bezüglich der Ehequalität sogar noch stärker aus. Sensitivität bzw. die damit zugleich gemessene Familienorientierung werden ganz offensichtlich auf der Beziehungsebene honoriert. Dabei wird ferner erkennbar, daß die Kommunikativität der ehelichen Beziehung ein Merkmal ist, das im besonderen Maße von sensitiven Vätern berichtet wird; und je mehr das der Fall ist, desto zufriedener sind auch die Mütter mit ihrer Ehe. Darüber hinaus hat die tatsächliche Mithilfe der Väter im Haushalt allem Anschein nach zwar keinen positiven Effekt auf die Qualität des ehelichen Zusammenlebens, wohl aber auf die Qualität der Vater-Kind-Beziehung.

Wie zuvor bereits näher ausgeführt, liegt es theoretisch nahe, die Qualität der Vater-Kind-Beziehung abhängig von der Ehequalität zu sehen. Ähnlich dürfte man auch die interpersonelle Sensitivität der Väter und ihr Rollenverhalten als Voraussetzungen für eine funktionierende Vater-Kind-Beziehung betrachten. Es macht daher Sinn, im Rahmen eines regressionsanalytischen Vorgehens die bislang berücksichtigten Variablen auf ihre Prädiktoreigen-

Abbildung 1: Pfadmodell zur Erklärung des väterlichen Unterstützungsverhaltens (N=247)

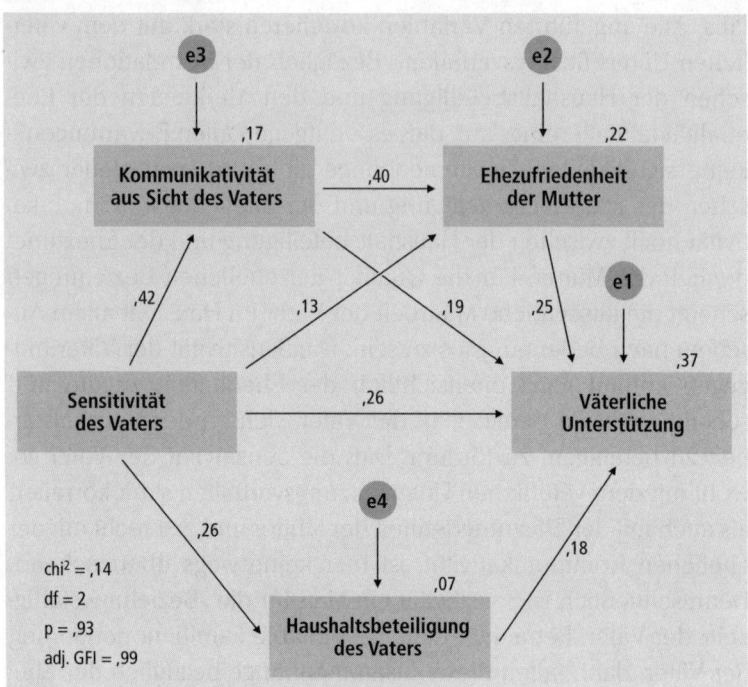

schaft für das väterliche Unterstützungsverhalten hin zu überprüfen und die entsprechenden Effekte pfadanalytisch darzustellen.

Das Pfadmodell in Abbildung 1 zeigt zum einen die direkten
Wirkungen der 4 erklärenden Variablen, die unabhängig von einander bestehen und insgesamt 37 Prozent der Varianz der abhängigen Variablen erklären. Das Ausmaß des väterlichen Unterstützungsverhaltens wird – wie die mittels Regression geschätzten
Pfadkoeffizienten zeigen – in besonders starker Weise von der Ehezufriedenheit der Mutter und der Sensitivität der Väter bestimmt.
Unabhängig von diesen Einflüssen sind auch signifikante Effekte
der ehelichen Kommunikativität und der Haushaltsbeteiligung
der Väter zu beobachten, wenn auch etwas schwächer. Auch in
diesem Modell ist es statistisch nicht möglich, Effekte der Haushaltsbeteiligung auf die Merkmale der Ehequalität anzunehmen.
Der zuvor korrelationsstatistisch festgestellte starke Zusammen-

hang zwischen der Sensitivität der Väter und der Ehezufriedenheit der Mütter erweist sich als wesentlich durch die eheliche Kommunikativität vermittelt.

Pfadanalysen sind natürlich immer mit dem Manko behaftet, daß sich die jeweils angenommene Wirkrichtung der Effekte selbst der empirischen Prüfung entzieht. Auch regressionsanalytische Verfahren geben nur statistische Zusammenhänge wieder. Somit können die Pfadrichtungen nur mittels theoretischer Plausibilität festgelegt werden. Die dokumentierte Modellgüte (adj. GFI) schließt allerdings statistische Einwände gegen das Erklärungsmodell aus, das heißt die vorgefundene empirische Datenstruktur läßt sich so interpretieren.

Die zentrale Aussage ist, daß in der Sensitivität der Väter eine Art Schlüsselvariable des Gelingens familialer Beziehungen sowohl auf der Ebene der Ehe als auch auf der Ebene der Vater-Kind-Beziehungen zu sehen ist. Eine entscheidende weitere Bedingung für das Funktionieren von ehelichen Beziehungen ist dabei das Ausmaß der Kommunikativität, die von den Vätern wahrgenomen wird. Überraschend deutlich erweist sich auch die Haushaltsbeteiligung der Väter als wichtige Voraussetzung zumindest für das Funktionieren der Vater-Kind-Beziehungen: Ganz gleich, wie die Ehequalität beschaffen ist und wie es um die Sensitivität der Väter bestellt ist; je mehr letztere sich im Haushalt engagieren, desto unterstützender werden sie von ihren Kindern wahrgenommen.

5 Schlußfolgerungen

Gewiß sollte man die Aussagen von Pfadanalysen nicht überbewerten. Ihr Vorteil liegt in erster Linie in der graphischen Veranschaulichung komplexer Zusammenhangsstrukturen und in der Zurückweisung von Annahmen über Zusammenhänge, die von den erhobenen Daten nicht »gedeckt« sind. Wie man die jeweiligen »Kausalrichtungen« vermutet und ob man überhaupt »Kausalrichtungen« vermutet, bliebe im einzelnen zu diskutieren. Hier ist zunächst einmal entscheidend, daß sich zwischen den drei im Modell enthaltenen Ebenen (Vater-Kind-Beziehungen, Ehebezie-

hungen und Einbindung des Vaters in den Familienalltag) deutliche Zusammenhänge zeigen. Daraus läßt sich folgern, daß eine
– aus der Sicht des Kindes – »gute« Vater-Kind-Beziehung eine
funktionierende Ehe ebenso voraussetzt wie ein hohes Maß an
väterlicher Haushaltsbeteiligung und an väterlicher Sensitivität,
wobei letztere auch für eine modernisierte Geschlechtsrollenorientierung steht, die hier Familienorientierung genannt wurde. Die
ebenfalls berücksichtigten Merkmale der Ehequalität zeigen, daß
neben einer ehezufriedenen Mutter gerade das Gelingen des kommunikativen Austausches zwischen den Partnern die Basis funk-
tionierender Vater-Kind-Beziehungen ist. Weitere Qualitätsmerkmale der Ehe spiegeln sich darin wieder (zum Beispiel
emotionale Unterstützung oder das Ausmaß ehelicher Konflikte)
oder sie spielen wissenschaftlich betrachtet keine Rolle. Betrachtet man Familien vor allem als eine dauerhafte Struktur personaler
Beziehungen, so überrascht es nicht, daß Merkmale, die Bezie-
hungskompetenz anzeigen – väterliche Sensitivität wäre ein solches Merkmal – mit der Qualität der Vater-Kind-Beziehungen ko-
variieren. Dabei wird mit Blick auf die Ehebeziehung deutlich,
daß diese Kompetenz im wesentlichen durch kommunikativen
Austausch zwischen den Eltern ehewirksam wird. Daß sich väterliches Engagement im Haushalt mit Blick auf die Ehe nicht
»auszahlt«, wird vor allem diejenigen überraschen, die in einem
solchen Engagement das »notwendige« Pendant zur doppelten Lebensorientierung bei Frauen sehen. Doch eigentlich zeigt schon
die Alltagserfahrung, daß väterliche »Hilfe im Haushalt« keineswegs zwangsläufig zur ehelichen Harmonie beiträgt, sondern oft
genug auch gegenteilige Folgen zeitigt. Dies könnte ein Hinweis
sein, daß die Modernisierung der Vaterrolle trotz aller beobachtbaren Vorzüge auf der Ebene familialer Beziehungen nicht frei
von Ambivalenzen ist.

Literatur

Amato, P. R. (1996). *More than money? Men's contributions to their children's lives.* Paper presented at the Men in Families Symposion, The Pennsylvania State University.

Barber, B. K. (1992). Family, personality, and adolescent problem behaviors. *Journal of Marriage and the Family, 54,* pp. 69–79.

Barnes, G. M. & Farrell, M. P. (1992). Parental support and control as predictors of adolescent drinking, delinquency, and related problem behaviors. *Journal of Marriage and the Family, 54,* pp. 763–776.

Beck-Gernsheim, E. (1983). Vom »Dasein für andere« zum Anspruch auf ein Stück »eigenes Leben« – Individualisierungsprozesse im weiblichen Lebenszusammenhang. *Soziale Welt, 34,* S. 307–341.

Belsky, J. (1981). Early human experience: A family perspective. *Developmental Psychology, 17,* pp. 3–23.

Belsky, J., Rovine, M. & Fish, M. (1989). The developing family system. In M. Gunnar (ed.), *Minnesota Symposia of Child Psychology. Vol. 22. Systems and Development.* Hillsdale, NJ: Erlbaum, pp. 119–166.

Belsky, J. & Rovine, M. (1990). Patterns of marital change across the transition to parenthood: Pregnancy to three years. *Journal of Marriage and the Family, 52,* pp. 5–19.

Belsky, J., Youngblade, L., Rovine, M. & Volling, B. (1991). Patterns of marital change and parent-child interaction. *Journal of Marriage and the Family, 53,* pp. 487–498.

Bienvenu, M. J. (1970). Measurement of marital communication. *The Family Coordinator, 19,* pp. 26–31.

Böcker, S., Herlth, A. & Ossyssek, F. (1996). Modernität der Familie und Kompetenzentwicklung von Kindern. Konsequenzen familialer Rollenarrangements für die Entwicklung von Kindern. *Zeitschrift für Sozialisationsforschung und Erziehungssoziologie, 16 (3),* S. 270–283.

Bristol, M. M., Gallagher, J. J. & Schopler, E. (1988). Mothers and fathers of young developmentally disabled and nondisabled boys: Adaptation and spousal support. *Developmental Psychology, 24,* pp. 441–451.

Broderick, C. B. (1993). *Understanding family process. Basics of family systems theory.* Newbury Park: Sage.

Brody, G. H., Pillegrini, A. D. & Sigel, I. E. (1986). Marital quality and mother-child interactions and father-child interactions with school-aged children. *Developmental Psychology, 22,* pp. 291–296.

Dekovic, M., Gerris, J. R. & Janssens, J. M. (1991). Parental cognitions, parental behavior, and the child's understanding of the parent-child-relationship. *Merrill-Palmer Quarterly, 37,* pp. 523–541.

Demo, D. H., Small, S.A. & Savin-Williams, R. C. (1987). Family relations and the self-esteem of adolescents and their parents. *Journal of Marriage and the Family, 49,* pp. 705–715.

Dornbusch, S.M., Ritter, P. H., Leiderman, P. H., Roberts, D. F. & Fraleigh, M. J. (1987). The relation of parenting style to adolescent school performance. *Child Development, 58,* pp. 1244–1257.

Durrett, M. E., Richards, P., Otaki, M., Pennebaker, J. W. & Nyquist, L. (1986). Mothers involvement with infant and her perception of spousal support, Japan and America. *Journal of Marriage and the Family, 48,* pp. 187–194.

Felson, R. B. & Zielinski, M. A. (1989). Children's self-esteem and parental support. *Journal of Marriage and the Family, 51,* pp. 727–735.

Fisher, L., Kokes, R. F., Cole, R. E., Perkins, P. M. & Wynne, L. C. (1987). Competent children at risk: A study of well-functioning offspring of disturbed parents. In E. J. Anthony & B. J. Cohler (eds.), *The invulnerable child,* New York: Guilford Press, pp. 222–228.

Fthenakis, W. E. (1985). *Väter Bd. 1. Zur Psychologie der Vater-Kind Beziehung.* München: Urban & Schwarzenberg.

Fthenakis, W. E. (1992). Zur Rolle des Vaters in der Entwicklung des Kindes. *Praxis der Psychotherapie und Psychosomatik, 37,* S. 179–189.

Gecas, V. & Schwalbe, M. L. (1986). Parental behavior and adolescent self-esteem. *Journal of Marriage and the Family, 48,* pp. 37–46.

Geissler, B. & Oechsle, M. (1994). Lebensplanung als Konstruktion: Biographische Dilemmata und Lebenslaufentwürfe junger Frauen. In U. Beck & E. Beck-Gernsheim (Hrsg.), *Riskante Freiheiten. Individualisierung in modernen Gesellschaften.* Frankfurt/M.: Suhrkamp, S.139–167.

Goldberg, W. A. & Easterbrooks, M. A. (1984). The role of marital quality in toddler development. *Developmental Psychology, 20,* pp. 504–514.

Grusec, J. E. & Lytton, H. (1988). *Social development: History, theory and research.* New York: Springer.

Harris, K. M. & Morgan, S.P. (1991). Fathers, sons and daughters: Differential paternal involvement in parenting. *Journal of Marriage and the Family, 53,* pp. 5531–5544.

Herlth, A. (1988). Was macht Familien verletzlich? Bedingungen der Problemverarbeitung in familialen Systemen. In K. Lüscher, F. Schultheis & M. Wehrspaun (Hrsg.), *Die ›postmoderne‹ Familie. Familiale Strategien und Familienpolitik in einer Übergangszeit,* Konstanz: Universitätsverlag, S.312–326.

Herlth, A. (1993). Die Bedeutung von Partnerbeziehungen für die Qualität der Familienerziehung. *Das Parlament, B17,* S.23–29.

Herlth, A., Böcker, S.& Ossyssek, F. (1995). Ehebeziehungen und Kompetenzentwicklung von Kindern. In B. Nauck & C. Onnen-Isemann (Hrsg.), *Familie im Brennpunkt von Wissenschaft und Forschung.* Neuwied: Luchterhand, S.221–235.

Hetherington, E. M. (1989). Coping with family transitions: Winners, loosers, and survivors. *Child Development, 60*, pp. 1–14.

Hoelter, J. & Harper, L. (1987). Structural and interpersonal family influences on adolescent self-conception. *Journal of Marriage and the Family, 49*, pp. 129–139.

Isberg, R. S., Hauser, S.T., Jacobson, A. M., Powers, S., Noam, G., Weiss-Perry, B. & Follansbee, D. (1989). Parental contexts of adolescent self-esteem: A developmental perspective. *Journal of Youth and Adolescence, 18*, pp. 1–23.

Kaufmann, F.-X. (1988). Familie und Modernität. In K. Lüscher, F. Schultheis & M. Wehrspaun (Hrsg.), *Die »postmoderne« Familie. Familiale Strategien und Familienpolitik in einer Übergangszeit.* Konstanz: Universitätsverlag, S. 391–415.

Kieserling, A. (1994). Familien in systemtheoretischer Perspektive. In A. Herlth, E. J. Brunner, H. Tyrell & J. Kriz (Hrsg.), *Abschied von der Normalfamilie? Partnerschaft kontra Elternschaft.* Heidelberg: Springer, S. 16–30.

König, R. (1974). *Die Familie der Gegenwart. Ein interkultureller Vergleich.* München: Beck.

Künzler, J. (1994). *Familiale Arbeitsteilung. Die Beteiligung von Männern an der Hausarbeit. Bielefeld: Kleine.*

Lamb, M. E. (1986). The changing roles of fathers. In M. E. Lamb (ed.), *The father's role. Applied perspectives.* New York: John Wiley, pp. 3–27.

Lenz, K., (1998): *Soziologie der Zweierbeziehung. Eine Einführung,* Opladen: Westdeutscher Verlag.

Lüscher, K. (1988). Familie und Familienpolitik im Übergang zur Postmoderne. In K. Lüscher, F. Schultheis & M. Wehrspaun (Hrsg.), *Die »postmoderne« Familie. Familiale Strategien und Familienpolitik in einer Übergangszeit.* Konstanz: Universitätsverlag, S. 15–36.

Maccoby, E. E. & Martin, J. A. (1983). Socialization in the context of the family: Parent-child interaction. In E. M. Hetherington & P. H. Mussen (eds.), *Handbook of child psychology, Vol. 4: Socialisation, personality and social development.* New York: Wiley, pp. 1–101.

Markman, H. J. & Jones-Leonard, D. (1985). Marital discord and children at risk. Implication for research and prevention. In W. K. Frankenburg, R. N. Emde & J. W. Sullivan (eds.), *Early identification of children at risk. An international perspective.* New York: Plenum, pp. 59–77.

Ossyssek, F., Böcker, S.& Giebel, D. (1995). Alltagsbelastungen, Ehebeziehungen und elterliches Erziehungsverhalten. In U. Gerhardt, S.Hradil, D. Lucke & B. Nauck (Hrsg.), *Familie der Zukunft.* Opladen: Leske & Budrich, S. 245–260.

Parsons, T. & Bales, R. F. (eds.). (1955). *Family socialization and interaction process.* Glencoe, Ill.: The Free Press.

Peterson, G. W. & Rollins, B. C. (1987). Parent-child socialization. In M. B. Sussman & S.Steinmetz (eds.), *Handbook of marriage and the family*. New York: Plenum, pp. 471–508.

Peterson, J. L. & Zill, N. (1986). Marital disruption, parent-child-relationships, and behavior problems in children. *Journal of Marriage and the Family, 48,* pp. 295–307.

Petzold, M. & Nickel, H. (1989). Grundlagen und Konzept einer entwicklungspsychologischen Familienforschung. *Psychologie in Erziehung und Unterricht, 36,* S.241–257.

Quinton, D., Rutter, M. & Liddle, C. (1985). Institutional rearing, parenting difficulties and marital support. In S.Chess & A. Thomas (eds.), *Annual progress in child psychiatry and child development*, New York: Brunner/ Mazel, pp. 173-206.

Rollins, B. C. & Thomas, D. L. (1979). Parental support, power, and control techniques in the socialisation of children. In W. R. Burr, R. Hill, F. J. Nye & I. L. Reiss (Eds.), *Contemporary theories about the family. Research-based theories, Vol. 1.* New York: The Free Press, pp. 317–364.

Rutter, M. (1981). *Hilfen für milieugeschädigte Kinder.* München: Reinhard.

Sander, J. & Böcker, S.(1993). Die deutsche Form der Relationship Assessment Scale (RAS): Eine kurze Skala zur Messung der Zufriedenheit in einer Partnerschaft. *Diagnostica, 39,* S.55–62.

Schaefer, E. (1965). Children's reports of parental behavior: An inventory. *Child Development, 36,* pp. 413–424.

Schludermann, S. & Schludermann, E. (1988). Questionnaire for Children and Youth (CRPBI-30), Schludermann Revision. University of Manitoba, Department of Psychology. Winnipeg / Man., Canada R3T 2N2.

Scott, W. A., Scott, R. & McCabe, M. (1991). Family relationships and children's personality: A cross-cultural, cross-source comparison. *British Journal of Social Psychology, 30,* pp. 1–20.

Snyder, D. K. (1979). Multidimensional assessment of marital satisfaction. *Journal of Marriage and the Family, 48,* pp. 813–823.

Stafford, L. & Bayer, C. L. (1993). *Interaction between parents and children.* Newbury Park, Ca.: Sage.

Thomas, D. L., Gecas, V., Weigert, A. & Rooney, E. (1974). *Family socialization and the adolescent.* Lexington, Mass.: Heath.

Volling, B. L. & Belsky, J. (1991). Multiple determinants of father involvement during infancy in dual-earner and single-earner families. *Journal of Marriage and the Family, 53,* pp. 461–474.

Wandersman, L., Wandersman, A. & Kahn, S.(1980). Social support in the transition to parenthood. *Journal of Community Psychology, 8,* pp. 332–342.

Walters, J. & Stinnett, N. (1971). Parent-child relationships: A decade review of research. *Journal of Marriage and the Family, 33,* pp. 70–111.

LUDWIG STECHER

Der Habitus der Väter und der Bildungserwerb der Kinder

Ein Vergleich zwischen ost- und westdeutschen Vätern

Ausgehend von Pierre Bourdieus und Jürgen Zinneckers
Arbeiten untersucht der Beitrag den Einfluß väterlicher
Habituseigenschaften (Statuserwerbsphilosophien,
Bildungsaspirationen, kulturelle Interessen etc.) auf den
Bildungserwerb der Kinder. Die Ergebnisse – auf der
Grundlage der Daten von 552 Vätern zehn- bis dreizehn-
jähriger Kinder (›Kinder- und Elternsurvey 1993‹) –
zeigen, daß der Schulerfolg der Kinder vor allem mit den
kulturellen Interessen der Väter und deren Status-
erwerbsphilosophien in Zusammenhang steht. Kinder
von Vätern, die sich für kulturelle Dinge interessieren
(Musik, Kunst und Malerei) und die der Meinung sind,
daß eine gute (Schul-)Bildung wichtig ist, damit aus
Kindern »etwas wird«, besuchen häufiger das Gymna-
sium als andere Kinder. Während dieses Ergebnis in
Ost- und Westdeutschland gleichermaßen gilt, zeigt
sich, daß in Westdeutschland die kulturellen Interessen
und die Statuserwerbsphilosophien der Väter stärker mit
deren Bildungsstatus gekoppelt sind, als dies in Ost-
deutschland der Fall ist.[1]

---

1 Für wichtige Hinweise und Anregungen zu meinem Beitrag
möchte ich mich sehr herzlich bei Prof. Dr. Heinz Walter und
bei Prof. Dr. Jürgen Zinnecker bedanken.

Based on the work of Pierre Bourdieu and Jürgen Zinnecker this article examines the influence of paternal habitus (achievement-related believes, academic aspirations, cultural interests etc.) on the school career of children. The results – based on the data of 552 fathers of 10 to 13 years old children and adolescents (>Kinder- und Eltern-survey 1993<) – show that the school success of children is linked especially with the cultural interests and the achievement-related believes of the fathers. For children whose fathers are interested on cultural things (like music, art, and painting) and believe that academic achievement is important for children to be successful in later life the probability for visiting the Gymnasium (the highest school trac in Germany) is higher than for other children. While this result holds in East- and in West-Germany the cultural interests and the achievement-related believes of the fathers are more related with the educational status of the fathers in West- than in East-Germany.

1 Statusreproduktion und elterlicher Habitus

Die schichtspezifische Sozialisationsforschung hat seit den 60er Jahren vielfach belegt, wie elterliche Handlungsorientierungen und Persönlichkeitseigenschaften den Schulerfolg und im weiteren den Statuserfolg der Kinder beeinflussen (b:e Redaktion 1971, Baur 1972, Krapp 1973, Rodax & Spitz 1978, Meulemann 1985, Mansel 1993). Der Habitus der Eltern, wie Jürgen Zinnecker in Anlehnung an die einschlägigen bildungs- und reproduktionssoziologischen Arbeiten Pierre Bourdieus (1973, 1983, 1992) das Ensemble der elterlichen Orientierungen und Eigenschaften nennt, umfaßt dabei nicht nur die Einstellungen der Eltern etwa in bezug auf Erziehung und Familie, sondern bezieht sich auf das ganze »System verinnerlichter Muster« (Bourdieu 1974, S.143), wie sie zum Beispiel in den individuellen Neigungen, im Geschmack, im (Alltags-) Wissen der Eltern über gesellschaftliche Zusammenhänge zutage treten und – *bewußt wie unbewußt* – deren Handeln, Wahrnehmen und Denken leiten. Der Habitus eines Menschen ist seine spezifische Sicht auf die Welt, seine spezifische Aneignung von Wirklichkeit, das Konstruktionsprinzip seiner gesamten Lebenspraxis.

Ein solches Sozialisationsverständnis, das die Eltern in ihrer ganzen habitualisierten Persönlichkeit einbezieht, stellt spezifische Anforderungen an die Forschung. Diese wurden im ›Kinder- und Elternsurvey 1993‹, aus dem die nachfolgend referierten Daten stammen (siehe den folgenden Abschnitt), durch eine möglichst breit gefächerte Auswahl relevanter Fragenbereiche empirisch einzulösen versucht. Während zu manchen Bereichen elterlicher Habituseigenschaften relativ gesicherte empirische Zusammenhänge zum kindlichen Statuserwerb vorliegen – wie etwa der Einfluß des Erziehungsstils (Mansel 1993) und der elterlichen Status- beziehungsweise Schulaspirationen (Sauer & Gamsjäger 1996, S.148) – betritt der Kinder- und Elternsurvey in mancherlei Hinsicht Neuland. So konnten Georg & Zinnecker (1996) in einem Strukturgleichungsmodell[2] nachweisen, daß eine meritokratische, das heißt án Bildung und Leistung orientierte *Statuserwerbsphilosophie* der Eltern indirekt den Schulerfolg des Kindes beeinflußt: Je mehr die Eltern daran glauben, daß Bildung und Leistung dazu beitragen, daß »aus einem Kind einmal etwas Richtiges wird«, desto mehr glauben dies auch die Kinder und desto positiver sind diese Kinder der Schule und dem Lernen gegenüber eingestellt. Eine positive Schuleinstellung wiederum fördert – wie Zinnecker & Georg (1996) an anderer Stelle belegen – den Schulerfolg.

Ausgehend von den Traditionen der schichtspezifischen Sozialisationsforschung und von Zinneckers und Bourdieus Habituskonzept versucht der vorliegende Beitrag, auf der Grundlage der Selbsteinschätzungen von Vätern Habitus*konfigurationen* zu identifizieren, die mehr oder weniger förderlich für den Statuserwerb der Kinder sind. Im Rahmen dieser Arbeit geht es allerdings nicht

---

2 In (linearen) Strukturgleichungsmodellen werden komplexe Zusammenhangsstrukturen zwischen mehreren unabhängigen und abhängigen Merkmalen/Variablen simultan überprüft.

darum, den Statuserwerb der Kinder umfassend zu erklären. *Im Zentrum der Darstellung stehen die Väter und ihre Habitusmerkmale* – und die Frage, in welchem Zusammenhang diese Merkmale mit dem von den Kindern besuchten Schulzweig (als Indikator für den Statuserwerb in der Kindheit) stehen.

Haben wir bisher den Habitus der Eltern als ein deren Lebenspraxis *hervorbringendes* Prinzip beschrieben, ist es auf der anderen Seite ebenso wichtig zu betonen, daß der Habitus selbst wiederum das *Produkt* gesellschaftlicher Praxis ist: In den Habituseigenschaften der Eltern spiegeln sich *deren* sozialisatorische Erfahrungen wider. Diese nehmen ihren Ausgangspunkt in der eigenen Kindheit durch die Aneigung der Familienkultur, wie sie aufgrund der sozialen und ökonomischen Lebensbedingungen der Herkunftsfamilie geprägt war.»Die habitualisierten Handlungskompetenzen und Handlungsmotive von Vater und Mutter sind wesentlich durch die *Strukturbedingungen* (Hervorhebung d. Verf.) geprägt, die der Familiengruppe und ihrer Geschichte zugrunde liegen« (Zinnecker 1994, S.44). Weitere Erfahrungen im Laufe des biographischen Weges ins Erwachsenenalter verändern und modifizieren den Habitus.

Als solche Strukturmerkmale lassen sich das Bildungs- und Ausbildungsniveau der Eltern zu Beginn ihres Erwachsenenlebens, die sozialen Netzwerke der Familie oder auch entsprechende Eigenschaften der Herkunftsfamilie in der Großelterngeneration nennen. Kulturelle Zugehörigkeit, wie sie durch die Zugehörigkeit zum Ost- beziehungsweise Westteil der Bundesrepublik Deutschland definiert ist, bildet einen weiteren Rahmen unterschiedlicher Strukturbedingungen für die Habitusentwicklung. Für uns war und ist die Frage virulent, inwieweit die verschiedenen gesellschaftlichen Systeme der alten Bundesrepublik auf der einen und der ehemaligen DDR auf der anderen Seite in den Familien nachwirken. So steht der Blick auf ost- und westdeutsche Väter im Mittelpunkt der folgenden Analysen. Aus sozialisationstheoretischer Perspektive ist es darüber hinaus interessant zu untersuchen, ob sich – ähnlich den beobachtbaren Geschlechtstypiken in den Beziehungen zwischen Eltern und ihren Kindern – Väter von Söhnen und Väter von Töchtern in ihren habituellen Eigenschaften und Einstellungen unterscheiden.

2 Die Stichprobe

Die Väterbefragung, über die hier berichtet wird, ist Teil eines im Projektverbund der Universitäten Siegen (Zinnecker, Sozialpädagogik und Sozialisation[3]) und Jena (Silbereisen, Entwicklungspsychologie) 1993 begonnenen und für das Gebiet der Bundesrepublik repräsentativen Kinder- und Elternlängsschnitts (s. Zinnecker 1994, Zinnecker & Silbereisen 1996). Im Zeitraum zwischen dem 29. Juni und 17. September 1993 erfolgte eine mündliche standardisierte Befragung von 703 zehn- bis 13jährigen Kindern in den alten und neuen Bundesländern.[4] Die Stichprobenziehung erfolgte auf der Grundlage einer Zufallsauswahl von Wohngemeinden, verbunden mit einer darauf aufbauenden Quotenauswahl nach Alter, Geschlecht und besuchtem Schulzweig der Kinder (ausführlicher siehe Stecher 1996). Die Daten der Eltern wurden anhand dreier verschiedener Fragebögen erhoben, die zeitgleich zu den Kinderinterviews auszufüllen waren: 1. Fragebogen für die Mütter; 2. Fragebogen für die Väter; 3. Allgemeiner Fragebogen (Haushaltsbogen) für die Eltern, der vom Vater, der Mutter oder von beiden gemeinsam ausgefüllt werden konnte.

Im Unterschied zu den mündlichen Interviews mit den Kindern wurden die Eltern also schriftlich befragt. Von den 703 Kindern der Ausgangsstichprobe liegen parallel die Angaben von 692 Müttern und 611 Vätern vor. Der niedrigere Rücklauf bei den Vätern gegenüber jenem bei den Müttern ergibt sich aus dem Anteil unvollständiger Familien im Sample – nicht aus einer geringeren

---

3 Projekt Bildungsmoratorium an der Universität-Gesamthochschule Siegen: ›Kindliches und jugendliches Bildungsmoratorium und kulturelle Transferbeziehungen zwischen Eltern und Kindern. Zum Wandel familialer Generationsbeziehungen in Deutschland‹; von 1993 bis 1999 gefördert von der Deutschen Forschungsgemeinschaft innerhalb des Schwerpunktprogramms ›Kindheit und Jugend in Deutschland vor und nach der Vereinigung – Entwicklungsbedingungen und Lebenslagen im Wandel‹. Leitung: Prof. Dr. Jürgen Zinnecker, MitarbeiterInnen: Dipl. Psych. Catarina Eickhoff, Dipl. Sportwiss. Ralph Hasenberg, Dr. Ludwig Stecher, Dipl. Soz. Christiane Strzoda und Christine Pfeffer.

4 Kinder beziehungsweise Familien ausländischer Nationalität wurden nicht in die Stichprobe miteinbezogen.

Bereitschaft der Väter, an der Befragung teilzunehmen. Grundlage der vorliegenden Auswertungen bilden 552 Väter, die angeben, bei dem befragten Kind handle es sich um ihr leibliches Kind. Zu 90 Prozent leben die Väter dabei in erster Ehe mit den Müttern der Kinder. Ergebnisse aus dem Bereich der Familien- und Sozialisationsforschung (Astone & McLanahan 1991) sprechen dafür, die Gruppe der Stief- und Adoptivväter getrennt von derjenigen der leiblichen Väter zu analysieren. Da ihre Zahl in der vorliegenden Stichprobe zu klein ist (n=51 beziehungsweise n=8), um – vor allem im Hinblick auf notwendige Untergruppierungen wie zum Beispiel nach dem Geschlecht des Zielkindes – statistisch verläßliche Aussagen zu treffen, werden sie im weiteren nicht berücksichtigt. Tabelle 1 beschreibt die Väterstichprobe, auf die wir uns im folgenden konzentrieren, nach wesentlichen soziodemographischen Merkmalen.

Tabelle 1: Verteilung ausgewählter soziodemographischer Merkmale in der Stichprobe – getrennt nach ost- und westdeutschen Vätern

	Ostdeutschland (n=153)	Westdeutschland (n=399)	Statistische Signifikanz[3]
Schulbildung[1]			
Hauptschulabschluß bzw. Abschluß 8. Klasse oder weniger	15 %	48 %	
Realschule bzw. Abschuß 10. Klasse	66 %	24 %	p<.001
Abitur oder Fachhochschulreife	19 %	28 %	
Monatliches Einkommen[2]			
bis 1 999 DM	5 %	1 %	
2 000 bis 2 999 DM	39 %	16 %	
3 000 bis 3 999 DM	36 %	31 %	p<.001
4 000 bis 4 999 DM	15 %	25 %	
5 000 bis 5 999 DM	5 %	13 %	
6 000 und mehr DM	1 %	15 %	
Familienstruktur			
Anzahl der Kinder insgesamt	2,1	2,2	n.s.
Kinder zur Zeit in der elterlichen Wohnung lebend	1,9	2,0	p<.05
Alter der Väter in Jahren	39,2	40,8	p<.01

1 In wenigen Fällen wurden »sonstige Abschlüsse« angegeben. Diese sind hier nicht berücksichtigt.
2 Monatliches Netto-Einkommen der Eltern einschließlich Renten, sonstigen Einkünften und Kindergeld.
3 Chi-Quadrat- bzw. T-Test, zweiseitig.

Die Daten in Tabelle 1 zeigen, daß auch sozialstatistische Gründe dafür sprechen, ost- und westdeutsche Väter in den weiteren Auswertungen voneinander zu trennen. Hier rücken sozialstrukturelle Unterschiede in den Vordergrund, wie zum Beispiel die unterschiedlichen Schulsysteme in der ehemaligen Bundesrepublik und der ehemaligen DDR, die die großen Differenzen vor allem in den unteren und mittleren Schulabschlüssen erklären. In der DDR wurde die Polytechnische Oberschule 1959 als zehnjährige Pflichtschule eingeführt. Sie sollte auf breiter Basis eine »Grundbildung auf dem Niveau einer *weiterführenden* Schule ... sichern« (Arbeitsgruppe Bildungsbericht 1994, S.185). Ab Mitte der 70er Jahre erreichten ungefähr 85 Prozent eines Schuljahrgangs den Abschluß der 10. Klasse. Die Übertrittsquote nach der 10. Klasse auf die Erweiterte Oberschule, die mit dem Abitur abgeschlossen wurde, war auf etwa 15 Prozent reglementiert. Im gleichen Zeitraum stieg die Abiturientenquote in der ehemaligen Bundesrepublik von 15 Prozent auf etwa 22 Prozent (1989), während der Hauptschulbesuch kontinuierlich an Attraktivität verlor (1970/71 besuchten 53 Prozent der Schüler im 7. Jahrgang die Hauptschule, 1990/91 waren es nur noch 31 Prozent; Bellenberg & Klemm 1995, S.218).

3 Die Untersuchungsinstrumente und erste Befunde. Ost- und West-Väter beziehungsweise Sohn- und Tochter-Väter im Vergleich

Die zur Beschreibung der Väter herangezogenen Untersuchungsinstrumente sind in Tabelle 2 mit den Antwortverteilungen für ost- und westdeutsche Väter vorgestellt. Eine weitere Differenzierung erfolgt nach Vätern von Söhnen und Vätern von Töchtern.[5] Zur besseren Wiedererkennung sind die einzelnen Instrumente im Text mit Buchstaben versehen.

---

5 Dies bezieht sich auf das Zielkind, das in unsere Befragung einbezogen wurde (siehe zur Stichprobe). In den Analysen zu Tabelle 2 wird außerdem das Geschlecht der Geschwister der Zielkinder kontrolliert. Auf Ergebnisse dieser Auswertungen wird im Text verwiesen.

Schulorientierung

Die Schulorientierung der Väter (A) wird anhand zweier Variablen erhoben: zum einen über die Frage, ob die Väter auf die Schulnoten achten, die ihr Kind nach Hause bringt; zum zweiten über die Frage, inwieweit sie dessen Schulzeugnisse ernstnehmen (zur Skalierung siehe Legende zu Tabelle 2).

Wie Tabelle 2 ausweist, zeigen sich zwischen ost- und westdeutschen Vätern Unterschiede in bezug auf ihre Schulorientierungen. Ostdeutsche Väter geben häufiger an, daß sie auf die Noten und Zeugnisse ihrer Kinder achten und diese ernst nehmen. Die starke Zentrierung der ostdeutschen Väter auf die schulische Ausbildung ihrer Kinder ist ein Faktum, das im weiteren noch mehrfach Bestätigung findet.

Erziehungseinstellungen

Die Erziehungseinstellungen der Väter wurden in Anlehnung an Kurzformen der einschlägigen Instrumente von Schneewind et al. (1985) erhoben. Für die vorliegenden Auswertungen sind zwei Faktoren ausgewählt, die sich inhaltsgleich sowohl für ost- als auch für westdeutsche Väter identifizieren lassen (siehe Hasenberg et al. 1994, S.176f.). Der Faktor ›Lenkung an der langen Leine‹ (B) wird durch drei Items indiziert (»Mein Kind soll möglichst seine eigenen Erfahrungen sammeln«, »Ich gebe meinem Kind möglichst viel Freiheit, um sich zu entwikkeln«, »Mein Kind muß auch lernen, sich anzupassen«); der Faktor ›Inkonsequente Erziehung‹ (C) durch zwei Items (»Wenn ich etwas verbiete, und mein Kind bettelt eine Weile, erlaube ich es schließlich doch«, »Wenn ich etwas verbiete, bleibe ich dabei und erlaube es auch später nicht«). Das letzte Item wurde invertiert, so daß hohe Werte auf dem Index eine sehr inkonsequente Erziehung bedeuten. Tabelle 2 weist nur geringfügige Unterschiede in den Erziehungseinstellungen der verschiedenen Vätergruppen aus.

Statusaspirationen für das Kind

In der ersten Frage zu den Statusaspirationen der Väter für ihre Kinder wird gefragt, wie »anspruchsvoll und ehrgeizig« sie in bezug auf die Lebensziele für ihre Kinder sind (D). Ostdeutsche Väter zeigen sich hierin deutlich anspruchsvoller und ehrgeiziger für ihre Kinder als westdeutsche. (Dieser Vorsprung gilt im übrigen in noch etwas stärkerer Ausprägung für die ost- gegenüber den westdeutschen Müttern.) Vergleicht man die Väterangaben isoliert nach dem Geschlecht des in die Befragung einbezogenen Kindes, zeigen sich weder in Ost- noch in Westdeutschland geschlechtsspezifische Unterschiede. (Unterschiede bleiben auch aus, wenn man darüber hinausgehend das Geschlecht der anderen in der Familie lebenden Kinder kontrolliert.)

Hinsichtlich des für das Kind gewünschten beruflichen Ausbildungsabschlusses (E), unterscheiden sich ost- und westdeutsche Väter wenig. Hinweisen möchte ich lediglich auf ein Spezifikum im Osten Deutschlands: Während dort die Väter für ihre Söhne zu etwa 42 Prozent wünschen, diese sollten einen Fachhochschulbeziehungsweise einen Hochschulabschluß erlangen, geben Väter von Töchtern dies in 57 Prozent der Fälle zu Protokoll. (Dieser Unterschied verfehlt nur knapp ein konventionelles Signifikanzniveau). Vor allem also für ihre Töchter sehen die ostdeutschen Väter eine akademische Ausbildung vor. Im Westen läßt sich eine solche Typik nur ansatzweise beobachten.

Statuserwerbsphilosophien

Das im Rahmen des Kinder- und Elternsurveys entwickelte Instrument erfaßt die Kontrollphilosophien der Väter in bezug auf einen erfolgreichen Lebensweg ihrer Kinder; das heißt die Väter werden gefragt, was ihrer Meinung nach nötig bzw. hilfreich ist, damit »aus einem Kind einmal etwas Richtiges wird«. Dabei lassen sich drei Faktoren unterscheiden (vgl. Hasenberg et al. 1994, S. 178ff.): Der erste Faktor, ›soziales Kapital‹ (F) betitelt, wird mittels dreier Variablen (»Das Kind muß in der richtigen Familie aufwachsen«, »sich einen guten (Ehe-)Partner suchen«, »die richtigen Freunde suchen«) indiziert und bezieht sich auf die Wichtigkeit sozialer (Familien-)Beziehungen. Der zweite Faktor, ›Bildungskapital‹ (G), fragt nach der Bedeutung von Schulabschluß und eigener Leistung. Hierzu werden ebenso drei Fragen gestellt (»Das Kind muß einen sehr guten Schulabschluß erwerben«, »sehr begabt sein«, »sich jahrelang anstrengen«). Der dritte Faktor (H) schließlich erfaßt, inwieweit die Väter den Lebenserfolg der Kinder einem außerhalb der persönlichen Beeinflussung liegenden Faktor zuschreiben – nämlich dem Glück.

Während sich in Tabelle 2 keine wesentlichen Unterschiede zwischen den Angaben der Väter hinsichtlich des Geschlechts ihrer Kinder zeigen, finden sich solche sehr wohl zwischen ost- und westdeutschen Vätern. Ostdeutsche Väter schätzen die Verfügung sowohl über soziales wie über Bildungskapital höher für einen erfolgreichen Lebensweg der Kinder ein als westdeutsche. Hinzu kommt, daß ostdeutsche Väter sich in der Beantwortung der entsprechenden Fragen »einiger« sind als die westdeutschen. Die (signifikant) niedrigeren Standardabweichungen der Ostdeutschen weisen diese als eine in ihrem Antwortverhalten homogenere Gruppe aus.

Tabelle 2: Indikatoren für den (statusrelevanten) Habitus der Väter in Ost- und Westdeutschland – jeweils gesamt und differenziert nach dem Geschlecht des Kindes (Mittelwerte bzw. Prozentangaben[1]; in Klammern Standardabweichungen)

Indikatoren	Ostdeutsche Väter von...			Westdeutsche Väter von...		
	Jungen n=65	Mädchen n=88	Gesamt n=153	Jungen n=206	Mädchen n=189	Gesamt n=395
Schulorientierung						
A: Wichtigkeit von Schulnoten und Zeugnissen	3,4 (0,54)	3,4 (0,53)	3,4 (0,53)	3,2 (0,62)	3,2 (0,63)	3,2 (0,63)
	Jungen p<.05; Mädchen p<.01; Gesamt p<.001					
Erziehungseinstellungen						
B: Lenkung an der langen Leine	3,2 (0,34)	3,2 (0,46)	3,2 (0,41)	3,2 (0,50)	3,2 (0,47)	3,2 (0,49)
C: Inkonsequenter Erziehungsstil	2,2 (0,44)	2,2 (0,64)	2,3 (0,57)	2,4 (0,57)	2,3 (0,59)	2,4 (0,58)
	Gesamt p<.05					
Statusaspirationen für das Kind						
D: Anspruch und Ergeiz in bezug auf die Lebensziele des Kindes[2]	3,8 (0,81)	3,9 (0,90)	3,8 (0,86)	3,4 (0,87)	3,3 (0,93)	3,4 (0,90)
	Jungen p<.01; Mädchen p<.001; Gesamt p<.001					
E: Wunsch für das Kind: Fachhoch- oder Hochschulabschluß[3]	42%	57%	50%	42%	44%	43%
Statuserwerbsphilosophien						
F: Soziales Kapital	3,6 (0,45)	3,7 (0,41)	3,6 (0,43)	3,4 (0,54)	3,5 (0,54)	3,5 (0,54)
	Jungen p<.05; Mädchen p<.05; Gesamt p<.001					
G: Bildungskapital	3,4 (0,41)	3,4 (0,40)	3,4 (0,40)	3,1 (0,49)	3,1 (0,58)	3,1 (0,54)
	Jungen p<.001; Mädchen p<.001; Gesamt p<.001					

Indikatoren	Ostdeutsche Väter von...			Westdeutsche Väter von...		
	Jungen n=65	Mädchen n=88	Gesamt n=153	Jungen n=206	Mädchen n=189	Gesamt n=395
Statuserwerbsphilosophien *(Fortsetzung)*						
H: Glück	3,0 (0,65)	3,2 (0,69)	3,1 (0,68)	3,2 (0,68)	3,1 (0,71)	3,1 (0,69)
Kulturelle Interessen						
I: Interesse an der Musik oder an Kunst und Malerei	2,4 (0,67)	2,4 (0,64)	2,4 (0,65)	2,4 (0,74)	2,5 (0,78)	2,4 (0,76)
Einstellung zur eigenen Zukunft						
J: Zukunftsoptimismus (»eher zuversichtlich«)[3]	52%	55%	54%	64%	68%	66%
			Gesamt p<.05			
Selbstwirksamkeitsüberzeugungen						
K: Selbstwirksamkeitsindex	3,1 (0,40)	3,1 (0,43)	3,1 (0,41)	3,0 (0,44)	3,1 (0,48)	3,1 (0,46)
Werte für das eigene Leben[4]						
L: Macht, Reichtum und Autorität	4,4 (1,11)	4,9 (1,01)	4,7 (1,08)	4,4 (1,10)	4,4 (1,32)	4,4 (1,21)
		Jungen p<.01; Mädchen p<.01; Gesamt p<.05				
M: Kreativität und abwechslungsreiches Leben	5,4 (1,02)	5,4 (1,00)	5,4 (1,01)	5,3 (1,03)	5,3 (1,06)	5,3 (1,04)

1 Die Kennwerte sind jeweils aus der Summe der auf die einzelnen Fragen gegebenen Antworten, geteilt durch die Anzahl der Einzelfragen, gebildet. So lassen sich die Indexwerte im Sinne der für die jeweiligen Einzelfragen vorgegebenen Antwortstufen interpretieren – jeweils viergestufte Anwortalternativen vom Typ Likert: 1=maximale Ablehnung, ... 4=maximale Zustimmung (bis auf ›Anspruch und Ehrgeiz in bezug auf die Lebensziele des Kindes‹ – siehe Anmerkung und ›Werte für das eigene Leben‹ – siehe Anmerkung 4).

2 Fünfstufige Antwortvorgabe von 1=»nicht so anspruchsvoll und ehrgeizig« bis 5=»sehr anspruchsvoll und ehrgeizig«.

3 Dummy-Variable.

4 Siebenstufige Antwortvorgabe von 1=»nicht wichtig« bis 7=»äußerst wichtig«.

Kulturelle Interessen

In den Arbeiten Bourdieus wird die Bedeutung der Kulturvermittlung für die Statusreproduktion in der Familie hervorgehoben (1973, 1983). Den mit einer solchen Beteiligung korrespondierenden ›Kulturhabitus‹ messen wir an den kulturellen Interessen der Väter (I). Im Kinder- und Elternsurvey werden diese anhand zweier Bereiche erfaßt; zum einen als das Interesse der Väter an Musik, zum anderen an Malerei und Kunst.

Unterschiede in der Ausprägung der kulturellen Interessen zeigen sich dabei weder zwischen den Vätern in Ost- und Westdeutschland, noch zwischen den Vätern von Söhnen beziehungsweise Töchtern. Hier sind es vor allem die unterschiedlichen Bildungsschichten, die zu Buche schlagen (nicht dargestellt).

Zukunftsoptimismus

Hier werden die Väter gefragt, wie sie den Fortgang des eigenen Lebens, ihre eigene Zukunft einschätzen (J). Dabei sind drei Antwortmöglichkeiten vorgesehen: »eher düster«, »gemischt, mal so, mal so« und »eher zuversichtlich«. (Selten wurde »eher düster« angegeben, so daß die ersten beiden Antwortkategorien zu einer zusammengefaßt wurden.) Während westdeutsche Väter zu 66 Prozent angeben, daß sie die Zukunft eher zuversichtlich einschätzen, geben ostdeutsche diese Einschätzung nur zu 54 Prozent an. Wenn auch keine unmittelbaren Vergleichsdaten zu Zeiten vor der Wende vorliegen, läßt sich dies auf dem Hintergrund der rapiden Veränderungen und der damit gestiegenen Unsicherheiten (vor allem mit Hinblick auf die Arbeitssituation) im Osten Deutschlands plausibel interpretieren.

Selbstwirksamkeits-Überzeugungen

Sie werden über die Annahmen der Väter erfaßt, in schwierigen Situationen zurechtzukommen, Probleme adäquat lösen zu können, oder sich gegen den Widerstand anderer durchzusetzen (K). Dazu werden den Vätern insgesamt 10 Fragen gestellt, die in einem gemeinsamen Summenindex verrechnet werden (Quelle: Schwarzer 1986).

Obwohl wir sahen, daß ostdeutsche Väter weniger häufig optimistisch in ihre eigene Zukunft blicken, sind sie im Durchschnitt ebenso wie die westdeutschen Väter davon überzeugt, sich durchsetzen zu können und für Probleme und in unerwarteten Situationen die richtige Lösung parat zu haben. Die Summenscores von Ostdeutschen und Westdeutschen sind nahezu identisch. Ebenso macht es keinen Unterschied, ob man Väter von Söhnen beziehungsweise Töchtern betrachtet; und auch nicht, ob man gleichzeitig kontrolliert, welches Geschlecht die sonstigen Geschwister des Zielkinds haben.

Werte für das eigenes Leben

Die Werte, welche die Väter als wichtig für das eigene Leben ansehen, werden anhand zweier Faktoren erfaßt (vgl. Hasenberg et al. 1994, S.209 ff.).[6] Auf der einen Seite stehen die Werte Reichtum, Macht und Autorität (L), auf der anderen Kreativität und ein anregendes beziehungsweise abwechslungsreiches Leben, erfüllt von neuen Erfahrungen, Herausforderungen und Veränderungen (M). Während die erstgenannten eher den materialistischen Werten zuzuordnen sind, läßt sich die zweite Gruppe von Werten eher unter dem Rubrum postmaterialistisch einordnen. Hier finden wir einen (leichten) »materialistischen Vorsprung« der ostdeutschen Väter. Als wichtiger im Vergleich zu den westdeutschen Vätern schätzen sie die Werte Reichtum und Macht für ihr Leben ein. Zurückzuführen ist dieses Ergebnis vor allem auf die Väter von Töchtern: besonders sie betonen diese Werte. In Westdeutschland läßt sich eine solche Geschlechtstypik nicht beobachten.

4 Zwischenbetrachtung

Fassen wir die bisherigen Ergebnisse kurz zusammen. Während das Geschlecht des befragten Kindes – im statistischen Sinne – im allgemeinen einen eher geringen Effekt auf die, von uns gemessenen habituellen Persönlichkeitseigenschaften ausübt (auch dann, wenn man die Geschlechterkonstellation vorhandener Geschwister berücksichtigt), zeigen sich Unterschiede sehr wohl zwischen ost- und westdeutschen Vätern. Hervorzuheben sind hier folgende

---

6 Beide Faktoren bzw. die dazugehörigen Items wurden aus praktisch-methodischen Erwägungen im Hinblick auf die Durchführung der Cluster-analyse aus einem insgesamt 20 einzelne Werte umfassenden Instrument ausgewählt. Betrachtet man Werte, die nicht in Tabelle 2 aufgenommen wurden, fallen weitere Unterschiede zwischen Ost und West ins Auge (vgl. Hasenberg et al. 1994, S.89ff.). So sind es vor allem Ehrgeiz (harte Arbeit, Ziele im Leben) und Erfolg (Ziele erreichen), die von den ostdeutschen gegenüber den westdeutschen Vätern stärker präferiert werden; ebenso familiäre Sicherheit (Sicherheit von geliebten Personen) und auch eine Welt in Frieden, frei von Konflikten und Krieg. Auf westdeutscher Seite schlagen demgegenüber die Loslösung von weltlichen Dingen und die Freiheit des Handelns und des Denkens hoch zu Buche. Väter von Töchtern betonen stärker als Väter von Söhnen familiäre Sicherheit, ein Leben in Einheit mit der Natur, eine Welt der Schönheit und Ehrgeiz als wichtige Werte.

Punkte: Ostdeutsche Väter sind deutlich ehrgeiziger und anspruchsvoller in bezug auf die Lebensziele ihrer Kinder als westdeutsche. Dabei setzen sie auf die Kraft der sozialen Beziehungen (außerhalb wie innerhalb der Familie) und vor allem auf die hohe berufliche Qualifikation (akademische Ausbildungsabschlüsse) ihrer Kinder. Dies ist ein Ergebnis, das mit dem seit kurz nach der Wende zu beobachtenden Boom höherer schulischer Ausbildungsgänge in Ostdeutschland korrespondiert.[7] Im weiteren trennen besonders die Fragen nach den für das Leben wichtigen Werten die Väter beider Landesteile. Entsprechend der Ansichten in bezug auf die Lebensziele ihrer Kinder betonen die ostdeutschen Väter für sich selbst Autorität, Macht und Reichtum. Daß der (Bildungs-)Ehrgeiz der ostdeutschen Väter für ihre Kinder gleichzeitig mit einer im Vergleich zu den westdeutschen Vätern geringeren Zuversicht in die eigene Zukunft zusammenfällt, muß abschließend hervorgehoben werden. Die schulische Ausbildung ihrer Kinder – so könnte man die Ergebnisse unter dem Vorbehalt der Ausschnitthaftigkeit unserer Analysen interpretieren – stellt für die ostdeutschen Väter einen Weg dar, die Unsicherheiten des gesellschaftlichen Transformationsprozesses, welche die Gegenwart und die Zukunft ihrer eigenen Generation bestimmen, zu überwinden (vgl. Wessel et al. 1997).

5 Clusteranalyse väterlicher Habituskonfigurationen in Ost- und Westdeutschland

Während wir bisher einzelne Elemente des väterlichen Habitus beleuchtet haben, geht es in der folgenden Analyse darum, anhand der gemeinsamen Betrachtung dieser Elemente mehrdimensionale Zusammenhänge herauszuarbeiten. Da das vornehmliche Ziel ist, die Komplexität der Realität auf ein überschaubares Raster von

---

7 Bereits 1991/92 lag der Anteil der Gymnasiasten an allen Schülern der 7. Jahrgangsstufe auf dem Niveau der westlichen Bundesländer, also bei etwa 30 Prozent (Arbeitsgruppe Bildungsbericht 1994, S. 216f). Manche Autoren sprechen von einem regelrechten Ansturm auf die Gymnasien in den neuen Bundesländern (Lang 1994, S. 119).

Merkmalskombinationen zu reduzieren, bietet sich hier ein typologisches Vorgehen an, wie es zum Beispiel der Clusteranalyse zugrunde liegt. Die Clusteranalyse ist ein statistisches Verfahren, mittels dessen sich Objekte/Personen – in unserem Falle die befragten Väter – in Gruppen unterteilen lassen, welche auf der einen Seite in sich relativ merkmalshomogen sind, das heißt gleiche, zumindest ähnliche Eigenschaften aufweisen, sich aber auf der anderen Seite möglichst stark voneinander unterscheiden. Die Gruppen sind jeweils durch ein spezifisches Merkmalsprofil identifiziert. Für unsere Fragestellung bietet dieses Vorgehen zwei wesentliche Vorteile: Zum einen lassen sich alle bisher beschriebenen relevanten Habitusmerkmale der Väter in einem simultanen statistischen Modell gemeinsam betrachten. Zum anderen ermöglicht es, spezifische Merkmalskonfigurationen zu identifizieren, die die Heterogenität der sozialen Realität in interpretierbare Segmente unterteilt.

Für die vorliegende Analyse habe ich das Programm CONCLUS von Hans Bardeleben (1990) verwendet.[8] Bei der Interpretation der Clusterbeschreibungen, die den jeweiligen Tabellen für ost- und westdeutsche Väter folgen, ist zu bedenken, daß diese Beschreibungen immer relativ zum Niveau (Mittelwert) der Gruppe der jeweils betrachteten Väter erfolgen. Dies ist beim Lesen der Ergebnisse in Erinnerung zu halten.

---

8 CONCLUS beruht auf einem nichthierarchischen, partitionierenden Verfahren. Es geht im allgemeinen von einem metrischen Niveau der in die Analyse einbezogenen Variablen aus. In neueren Programmversionen sind Optionen implementiert, mit ordinalen Daten umzugehen. Da Bardeleben selbst die vorgeschlagenen Transformationen skeptisch beurteilt und mir Dr. W. Georg, Professor für Methoden der empirischen Sozialforschung an der Universität Konstanz, in einem persönlichen Gespräch aufgrund eigener Erfahrungen dazu riet, wird in der vorliegenden Analyse auf entsprechende Transformationen verzichtet und die Berechnung auf einem ordinalen Datenniveau durchgeführt.

5.1 Sechs unterschiedliche Habistuskonfigurationen der westdeutschen Väter

Für die westdeutschen Väter erweist sich, nach dem von Barde-leben bevorzugten Kriterium zur Bestimmung der optimalen Clu-steranzahl (Delta-Eta^2; siehe Bardeleben 1990, S.28), eine Sechs-Cluster-Lösung als angemessen. Durch die Unterteilung der Väter in sechs distinkte Gruppen lassen sich 29 Prozent der Gesamtvari-anz auf den einbezogenen Variablen erklären. Tabelle 3 enthält die Merkmalsprofile der westdeutschen Väter-Cluster. Die Anzahl der Zeichen + und – gibt das (auf die jeweilige Standardabweichung bezogene) Ausmaß an, in dem der Clustermittelwert vom Gesamt-mittelwert aller westdeutschen Väter je Merkmal (Variable) nach oben beziehungsweise unten abweicht: ++ bedeutet, daß der Clu-stermittelwert um zwei Drittel Standardabweichungen höher als der Gesamtmittelwert über alle Befragten liegt, +++ entsprechend um (mehr als) eine ganze Standardabweichungseinheit.

Statistische Zwischenüberlegung: Der niedrige Konsistenzkoef-fizient von 0,10 für Cluster 2 weist dieses als ein Cluster mit hoher interner Heterogenität aus (siehe Legende zu Tabelle 3). Das heißt, obwohl die Väter dieser Gruppe in ihrer Gesamtheit zwar ein mar-kantes multivariates Eigenschaftsprofil aufweisen, beinhaltet die-ses Cluster eine in sich doch recht unterschiedliche Gruppe von Vätern. Um zu überprüfen, ob aufgrund dieses unbefriedigenden Einzelergebnisses die gesamte Clusterlösung abzulehnen ist, wur-de die Analyse ohne diejenigen Väter wiederholt, auf die sich die hohe Streuung innerhalb dieses Clusters hauptsächlich zurückfüh-ren läßt. Es zeigt sich, daß im großen und ganzen die Clusterzu-ordnungen in diesem zweiten Durchgang sehr ähnlich zu den ursprünglichen Zuordnungen ausfallen, so daß von stabilen Grup-pierungsmustern ausgegangen werden kann. Damit erscheint es gerechtfertigt, das Sechs-Clustermodell beizubehalten. In die Aus-wertungen wird Cluster 2 allerdings nicht miteinbezogen. [9]

---

[9] Anhand der von CONCLUS ausgegebenen Ähnlichkeitsmatrix der ver-bleibenden 5 Cluster lassen sich die Clusterpaare 1/3, 1/4 und 3/5 als die gegeneinander trennschärfsten Gruppierungen identifizieren, während Cluster 6 relativ große Ähnlichkeiten zu allen anderen Clustern aufweist.

Im folgenden werden die Cluster anhand ihrer spezifischen multivariaten Merkmalsprofile kurz beschrieben. Die dabei für die Cluster vergebenen Labels sind notwendig selektiv in bezug auf das gesamte Merkmalsprofil eines Clusters und verkürzen die Gruppenprofile auf die hervorstechenden Merkmale. Sie sind damit als nominale, nicht als reale Begriffsdefinitionen zu verstehen.

Tabelle 3: Cluster-Patterns für die westdeutschen Väter
(6-Cluster-Lösung); Eta^2: 0,29

Index	Cluster 1 K* 0,32 n=43 bzw. 12%	Cluster 2 K* 0,10 n=58 bzw. 16%	Cluster 3 K* 0,27 n=67 bzw. 18%	Cluster 4 K* 0,34 n=77 bzw. 21%	Cluster 5 K* 0,31 n=68 bzw. 19%	Cluster 6 K* 0,39 n=55 bzw. 15%
A: Wichtigkeit von Schulnoten und Zeugnissen	++	––	–			+
B: Lenkung an der langen Leine	+	–			++	–
C: Inkonsequenter Erziehungsstil		–			–	+
D: Anspruch und Ergeiz in bezug auf die Lebensziele des Kindes	+++	––				+
E: Wunsch für das Kind: Fachhoch- oder Hochschulabschluß	++	–	++		––	
F: Soziales Kapital	+	––		+	+	––
G: Bildungskapital	+++	––	–			
H: Glück	+		–	+		
I: Interesse an der Musik oder an Kunst und Malerei	+	–	+++		–	
J: Zukunftsoptimismus (»eher zuversichtlich«)		–				+
K: Selbstwirksamkeitsindex	++	––	–		++	
L: Macht, Reichtum und Autorität	++	–	––		+	++
M: Kreativität und abwechslungsreiches Leben	+	––	+	––	++	

* Konsistenzkoeffizient, darunter Anzahl bzw. prozentualer Anteil der diesem Cluster zugeordneten Väter. – »Die Konsistenz eines Clusters ist ein Maß für die Homogenität der dem Cluster angehörenden Fälle ., Ein Konsistenzwert von 1.0 bedeutet, daß das Clusterprofil mit den multivariaten Profilen der Pbn vollständig übereinstimmt; ein Wert von 0.0 hingegen, daß dieses Cluster keine Varianz aufklärt.« (Bardeleben 1990, S. 31)

Cluster 1: ›ehrgeizige Bildungsanhänger‹

Die Mittelwerte für die Väter des Clusters 1 liegen auf den meisten Indizes über dem allgemeinen Niveau, das heißt über dem

Gesamtmittelwert aller westdeutschen Väter. Neben dem Ehrgeiz, den sie für die Lebensziele ihrer Kinder entwickeln, betonen sie besonders die Bedeutung von Bildung für die erfolgreiche Zukunft des Kindes.

Cluster 3: ›kulturinteressierte Väter‹

Die Väter des Clusters 3 zeichnen sich durch ein starkes Interesse am Kulturellen aus. Deutlich häufiger als andere geben sie an, sich für Musik, Kunst und Malerei zu interessieren. Für ihre Kinder hegen sie überdurchschnittliche Ausbildungspläne und lehnen häufiger als andere materialistische Werte wie Macht und Reichtum ab.

Cluster 4: ›Durchschnittsväter‹

In Cluster 4 versammeln sich Väter, die insgesamt ein wenig profiliertes Habitus-Milieu verkörpern. Außer, daß sie ein abwechslungsreiches Leben mehr als andere ablehnen, liegen die sonstigen Merkmalsmittelwerte dieser Gruppe auf oder nahe dem (westdeutschen) Durchschnittsniveau.

Cluster 5: ›aspirationslose Väter‹

Cluster 5 erweist sich in bezug auf die väterlichen Schulaspirationen als ein Gegenpol zu allen anderen Clustern. Zu keinem anderen Cluster gehören Väter, die vergleichbar geringe Pläne für die schulische Zukunft ihrer Kinder hegen. Diese aspirationslosen Väter – wie ich sie hier nenne – gewähren ihren Kindern dabei gleichzeitig mehr Freiräume als irgendeine andere Vätergruppe, sind von ihren Fähigkeiten, mit schwierigen Situationen umgehen zu können, überzeugt und betonen den Wert von Kreativität und einem abwechslungsreichen, mit neuen Erfahrungen erfüllten Leben. [10]

---

10 Man könnte hinter diesem Merkmalsprofil ein »postmodernes Menschenbild« vermuten. Dagegen spricht, daß es sich bei Cluster 5 um die Gruppe von Vätern mit der geringsten formalen Bildung handelt (siehe Tabelle 5). Da die elterlichen Aspirationen eine zentrale Rolle bei der Schulwahl der Eltern bzw. Kinder spielen, wähle ich das – nichtsdestotrotz – verkürzende Label der ›aspirationslosen Väter‹.

Cluster 6: ›Väter, die soziales Kapital geringschätzen‹

Ebenso wie Cluster 4 weist diese Gruppe von westdeutschen Vätern ein insgesamt wenig ausgeprägtes Profil auf. Lediglich in der Geringschätzung von sozialem Kapital für das Fortkommen des Kindes im Leben stellen sie einen Gegenpol zu allen anderen Vätergruppen dar. Sie glauben nicht, daß die Familie und die Freunde eine große Rolle dabei spielen, ob aus ihrem Kindes einmal etwas wird. Die hohe Bewertung von Macht und Reichtum teilen sie mit den Vätern des Clusters 1.

5.2 Fünf unterschiedliche Habituskonfigurationen der ostdeutschen Väter

Für die ostdeutschen Väter ergibt sich eine Fünf-Cluster-Lösung. Die Varianzaufklärung, die durch diese Gruppenaufteilung erreicht wird, beträgt – wie im westdeutschen Modell – 29 Prozent. Auch die Konsistenzwerte für die Cluster des ostdeutschen Vätermodells entsprechen recht genau denen für die westdeutschen Cluster. [11]

Cluster 1: »negatives‹ Habitus-Milieu«

Unter diese Gruppe von ostdeutschen Vätern fallen diejenigen, die in nahezu allen Bereichen unter dem Niveau der anderen ostdeutschen Väter liegen. Sie achten weniger als andere auf die Noten und Zeugnisse ihrer Kinder, sind weniger ehrgeizig, erachten Bildung als weniger wichtig für das Fortkommen der Kinder, lehnen sowohl ein abwechslungsreiches Leben als auch Werte wie Macht und Reichtum für sich selber ab. Vor allem aber geringschätzen sie das soziale Kapital, das heißt die Bedeutung der Familie und der Freunde für den Lebenserfolg der Kinder. Alles in allem entsteht für diese Gruppe das Bild eines im Sinne unserer einführenden Gedanken im ersten Abschnitt wenig förderlichen Habitus-Milieus.

---

11 Die Ähnlichkeitsmatrix für die ostdeutschen Cluster zeigt die Clusterpaare 1/2 und 1/4 als die gegeneinander trennschärfsten Gruppierungen. Die übrigen Cluster weisen zueinander mehr oder weniger deutliche paarweise Ähnlichkeiten auf.

Cluster 2: ›zukunftsunsichere Bildungsanhänger‹

Die Väter dieses Clusters setzen im Vergleich zu allen anderen Vätern am stärksten auf Bildung und eigene Leistung (Bildungskapital). Sie betonen die Notwendigkeit einer Freiraum gewährenden, nichtsdestotrotz gelenkten Erziehung. Gleichzeitig sehen sie »Glück« als wichtigen Faktor an, wie ihr Kind im Leben zu Erfolg gelangen kann und betrachten ihre eigene Zukunft vergleichsweise düster oder mit gemischten Gefühlen.

Cluster 3: ›optimistische nicht kulturinteressierte Väter‹

Cluster 3 ist ein Durchschnittscluster, das sich durch ein besonders niedriges Interesse an kulturellen Dingen kennzeichnen läßt. In Kontrast zu Cluster 2 und 5 (s. u.) blicken diese Väter gleichzeitig relativ zuversichtlich in die eigene Zukunft. Ich nenne sie deshalb die optimistischen, nicht kulturinteressierten Väter.

Cluster 4: ›optimistische kulturinteressierte Väter‹

Cluster 4 weist eine gewisse Nähe zu Cluster 3 auf. Ebenso wie die Väter aus Cluster 3 sehen die Väter dieses Clusters optimistisch in die Zukunft. Von den Vätern aus Cluster 3 unterscheidet sie allerdings ihr deutlich höheres Interesse an kulturellen Belangen wie Kunst, Musik und Malerei, so daß ich hier von den optimistischen kulturorientierten Vätern spreche.

Cluster 5: ›pessimistische Väter‹

Cluster 5 zeigt sich – ähnlich Cluster 3 – als ein Cluster ohne deutliches Profil. Lediglich vereinen sich darin Väter, die die Zukunft eher düster und gemischt sehen. In Kontrast zu Cluster 3 sollen diese Väter die pessimistischen heißen.

Tabelle 4: Cluster-Patterns für die ostdeutschen Väter
(5-Cluster-Lösung); Eta^2: 0,29

Index	Cluster 1 K* 0,26 n=28 bzw. 19%	Cluster 2 K* 0,32 n=25 bzw. 17%	Cluster 3 K* 0,27 n=24 bzw. 17%	Cluster 4 K* 0,34 n=33 bzw. 23%	Cluster 5 K* 0,28 n=34 bzw. 24%
A: Wichtigkeit von Schulnoten und Zeugnissen	− −	+	−	+	
B: Lenkung an der langen Leine	−	++			−
C: Inkonsequenter Erziehungsstil	−				
D: Anspruch und Ergeiz in bezug auf die Lebensziele des Kindes	− −	+		+	
E: Wunsch für das Kind: Fachschulreife (Hochschulreife)	−	+		+	−
F: Soziales Kapital	− − −	+			+
G: Bildungskapital	− −	++	+		
H: Glück	−	+++		−	
I: Interesse an der Musik oder an Kunst und Malerei	−		− −	++	
J: Zukunftsoptimismus		− −	++	++	− −
K: Selbstwirksamkeitsindex	−	+		+	−
L: Macht, Reichtum und Autorität	− −	+	+	+	
M: Kreativität und abwechslungs- reiches Leben	− −	+	+		

* Konsistenzkoeffizient, darunter Anzahl und prozentualer Anteil der diesem Cluster zugeordneten Väter.

5.3 Bildungshintergrund und bildungsbezogener Habitus des Vaters

Wie in der Einleitung beschrieben, sind die verschiedenen Habitusformen Ergebnis jeweils über die realen Lebensbedingungen vermittelter familialer und gesellschaftlicher Strukturbedingungen. Das heißt, den unterschiedlichen Clusterprofilen – so ist zu erwarten – entsprechen unterschiedliche, jeweils damit korrespondierende Strukturmerkmale. Als ein mögliches Hintergrundmerkmal der Habitusbildung nannten wir die Bildungsbiographie der Väter, wie sie sich beispielsweise in deren allgemeinbildenden Schulabschlüssen widerspiegelt. Im Kinder- und Elternsurvey läßt sich aber auch die Bildung der Eltern der Väter – und damit die Ressourcenebene der Großelterngeneration – als ein solches Hintergrundmerkmal einbeziehen.

Betrachtet man die Cluster für die *westdeutschen Väter* in Tabelle 5 nach der Schulausbildung der Väter, zeigen sich die kulturinteressierten Väter des Clusters 3 als die Gruppe mit den höchsten Schulabschlüssen. 65 Prozent von ihnen haben die Hochschulreife erworben – während im Vergleich dazu der Anteil von Vätern mit Hochschulreife im gesamten westdeutschen Sample 29 Prozent beträgt. Ihnen folgen die Väter des Clusters 1 mit 39 Prozent Abiturienten. In Cluster 4 und 5 hingegen sind die Väter mit einem Hauptschulabschluß (oder weniger) überrepräsentiert. In Cluster 6, in dem sich die Väter durch eine geringe Betonung des sozialen Kapitals auszeichnen, sind die Väter mit Hauptschulabschluß ebenso unterrepräsentiert wie in Cluster 1 und 3 – hier aber zugunsten eines vergleichsweise hohen Anteils von Vätern mit mittlerer Reife (nicht dargestellt). Ein analoges Bild ergibt sich, wenn wir die Schulabschlüsse der Väter[12] der Väter – und damit die Bildungsressourcen der Großelterngeneration – in Betracht ziehen. Die Väter des Clusters 3 haben zu 32 Prozent Väter, die selbst die Hochschulreife besitzen, während im Gesamtsample dies nur für 13 Prozent der Großväter zutrifft. Im »Durchschnittscluster« (Cluster 4) und bei den »aspirationslosen Vätern« aus Cluster 5 überwiegen dagegen die Großväter mit Hauptschulabschluß beziehungsweise keinem schulischen Abschluß.

Zusammengefaßt läßt sich das westdeutsche Cluster 3 der kulturinteressierten Väter damit als ein – über die Großvätergeneration hinweg – besonders bildungsnahes Cluster bezeichnen, Cluster 4 und 5 hingegen als ein besonders bildungsfernes.

Ein interessantes Profil weist Cluster 1 auf. Während in der Vätergeneration die Quote der Hochschulreife mit 39 Prozent etwas über dem Durchschnitt (29 Prozent) liegt, verschwindet dieser »Vorsprung«, betrachtet man die Großvätergeneration. Dort liegt der Anteil derer, die das Abitur erworben haben, bei 17 Prozent. In der Grundgesamtheit sind es 13 Prozent. Über dem Durchschnitt

12 Die Schulabschlüsse der Mütter der Väter (Großmütter) weisen insgesamt nur eine geringe Varianz auf, so daß hier lediglich die Schulabschlüsse der Großväter herangezogen wurden.

liegen in der Großvätergeneration allerdings die mittleren Bildungsabschlüsse mit 26 Prozent gegenüber 13 Prozent. Im Vergleich zu Cluster 3, für dessen Väter Bildung zum familialen (Status-)»Erbe« gehört, konzentrieren sich im Cluster 1 Väter, die aus der Sicht der Bildungsschicht der Großväter als »Aufsteiger« zu bezeichnen sind. Die habituellen Eigenschaften beider Vätergruppen unterscheiden sich dabei deutlich voneinander (siehe oben). Bourdieu hat vielfach darauf hingewiesen, daß ein wichtiger Faktor zur Erklärung habitueller Unterschiede nicht nur die Bildungsschicht als solche ist, sondern ebenso die Dauer der Zugehörigkeit zu dieser bestimmten Schicht. Seine empirischen Arbeiten belegen (Bourdieu 1992), daß die ausgeprägte Neigung zu (hoch-)kulturellen Dingen ein typisches Merkmal bourgeoiser Gruppen, die Fokussierung auf Bildung und dessen Institutionen ein Merkmal aufsteigender sozialer Gruppen ist (vergleiche auch Zinnecker 1994, S. 47ff.).

Tabelle 5: Bildungsmerkmale der Väter-Cluster und deren Anteil in der Stichprobe (alle Angaben in Prozent)

Cluster	C 1	C 3	C 4	C 5	C 6	Stichprobe
Westdeutsche Väter **Schulabschluß**						
Hauptschule (oder keiner)	37	14	71	62	37	48
Hochschulreife	39	65	16	9	30	29
Abschluß des Großvaters **väterlicherseits**						
Hauptschule (oder keiner)	57	51	88	86	68	74
Hochschulreife	17	32	8	5	17	13

Cluster	C 1	C 2	C 3	C 4	C 5	Stichprobe
Ostdeutsche Väter **Schulabschluß**						
Abschluß 10. Klasse[1]	64	71	73	73	61	68
Hochschulreife	21	17	18	21	16	19
Abschluß des Großvaters **väterlicherseits**						
Abschluß 8. Klasse bzw. Hauptschule (oder keiner)	79	91	74	62	75	76
Hochschulreife	7	4	17	17	11	12

1 Aufgrund der geringen Fallzahlen niedrigerer Bildungsabschlüsse wurde hier auf den »mittleren« Abschluß Bezug genommen. Aber auch hier liegen die Zellenbesetzungen nicht höher als bei n=10.

Für die fünf Cluster der *ostdeutschen Väter* lassen sich kaum Bildungseffekte in bezug auf die Vätergeneration feststellen. Begründet liegt dies in der bereits im Zusammenhang mit Tabelle 1 beschriebenen geringen Varianz der väterlichen Schulabschlüsse. Lediglich in Cluster 5, das sich durch einen unterdurchschnittlichen Zukunftsoptimismus auszeichnet, überwiegen etwas die Väter mit der geringsten formalen Bildung (Abschluß 8. Klasse; nicht dargestellt; siehe die Legende zu Tabelle 5). Zieht man die Bildung der Großväter heran, zeigt sich, daß die ›zukunftsunsicheren Bildungsanhänger‹ aus dem ostdeutschen Cluster 2 überdurchschnittlich häufig Väter mit geringer formaler Bildung haben; während auf der anderen Seite die Großväter aus Cluster 4 (›optimistische kulturorientierte Väter‹) vergleichsweise häufig mittlere und höhere Bildungsabschlüsse besitzen (100 minus 62 Prozent = 38 Prozent). Bei den geringen Zellenbesetzungen in den ostdeutschen Clustern sollten diese Ergebnisse allerdings mit Vorsicht interpretiert werden.

6 Väterlicher Habitus und kindlicher Statuserwerbsprozeß

Obwohl es an dieser Stelle interessant wäre, die Väter-Cluster anhand weiterer sozialisationsrelevanter Merkmale zu beschreiben, etwa das väterliche Einfühlungsvermögen in die Sorgen und Nöte des Kindes (als weiteren Erziehungsindikator neben den Erziehungsstilen), möchte ich mit Rücksicht auf den zur Verfügung stehenden Raum darauf verzichten und abschließend die bisherigen Ergebnisse auf den kindlichen Statuserwerbsprozeß rückbinden. Als Indikator des Statuserwerbs habe ich den von den Kindern gegenwärtig besuchten Schulzweig ausgewählt. Tabelle 6 enthält die entsprechenden Angaben zu den Kindern, aufgeschlüsselt nach der Clusterzugehörigkeit ihrer Väter.

Zuvor jedoch ein kurzer Hinweis: Die Frage nach dem besuchten Schulzweig der Kinder ist bei einem bundesweiten Survey und für die untersuchte Altersgruppe der 10- bis 13jährigen nicht unproblematisch. Zum einen schlagen sich in den Angaben der Kinder die in den einzelnen Bundesländern geltenden unterschiedlichen Regelungen zum Übergang von der Grundschule in die weiterführenden Schulzweige nieder. Zum anderen können Schullaufbahnkorrekturen (nach oben wie unten[13]) nicht hinreichend berücksichtigt werden. Die während des Umstrukturierungsprozesses der ostdeutschen Schulsysteme geltenden Übergangsregelungen und länderspezifischen Besonderheiten (siehe Arbeitsgruppe Bildungsbericht 1994, Kap. 4.5, Fuchs & Reuter 1995, vor allem Kapitel 3 und S. 394 ff.) und die wie erwähnt geringen Fallzahlen in den ostdeutschen Clustern sind weitere Gründe, warum die folgenden Auswertungen nur ein vorläufiges Bild entwerfen können.

In Tabelle 6 sind neben den Vätern mit der höchsten auch diejenigen Väter mit der geringsten formalen Bildung je Cluster auf-

---

13 Während einerseits darauf hingewiesen wird, daß Schullaufbahnkorrekturen nach oben nicht zu unterschätzen sind (Arbeitsgruppe Bildungsbericht 1994, S.223), zeigen neuere Arbeiten, daß diese Korrekturen vergleichbaren sozialen Selektionsmechanismen unterliegen wie die ursprüngliche Schulwahl (Henz 1997).

genommen.[14] Dadurch läßt sich kontrollieren, ob der Bildungserfolg der Kinder lediglich als Effekt der väterlichen Bildungsschicht zu interpretieren oder ob er (auch) auf die in den Clusteranalysen identifizierten Habituskonfigurationen rückführbar ist. So ist zu erwarten, daß zum Beispiel die westdeutschen Väter der bildungs- bzw. kulturorientierten Cluster 1 und 3, die eine geringe formale Bildung aufweisen, häufiger in ihrer Schullaufbahn erfolgreiche Kinder haben als Väter derselben Bildungsschicht aus anderen Clustern (in denen die Väter ein (hypothetisch) weniger bildungswirksames Habitusprofil aufweisen).

Tabelle 6: Schulbesuch der Kinder aus den Väter-Clustern und deren Anteil in der Stichprobe (alle Angaben in Prozent)

Cluster	C 1	C 3	C 4	C 5	C 6	Stichprobe
Besuchter Schulzweig[1] der Kinder aller westdeutscher Väter						
Hauptschule	26	21	47	78	42	48
Gymnasium	57	62	30	2	29	31
Besuchter Schulzweig der Kinder westdeutscher Väter mit Hauptschulabschluß						
Hauptschule	36	25	58	94	59	66
Gymnasium	64	50	21	0	6	16

Cluster	C 1	C 2	C 3	C 4	C 5	Stichprobe
Besuchter Schulzweig der Kinder aller ostdeutscher Väter						
Hauptschule	24	11	32	11	33	23
Gymnasium	43	78	41	70	30	51
Besuchter Schulzweig der Kinder ostdeutscher Väter mit Abschluß 10. Klasse[2]						
Hauptschule	33	17	33	11	28	24
Gymnasium	33	67	33	72	39	49

1 Ohne Einbeziehung der Grundschule.

2 Aufgrund der geringen Zahl niedrigster Schulabschlüsse wurde auf „mittlere" Bildungsabschlüsse Bezug genommen. Aber auch hier liegen die Zellenbesetzungen nicht höher als bei $n = 10$.

---

14 Für die ostdeutschen Väter mußte der Abschluß der 10. Klasse gewählt werden, da niedrigere Abschlüsse zu selten auftreten.

Für die *westdeutschen Väter-Cluster* läßt sich diese Erwartung bestätigen. Auch unter Kontrolle der väterlichen Bildungsressourcen bleiben die Cluster 1 und 3 diejenigen Vätergruppen, in denen die Kinder überdurchschnittlich häufig den höchsten schulischen Abschluß, die Hochschulreife, anstreben. Von den Vätern mit nur Hauptschulabschluß besuchen die Kinder aus Cluster 1 zu 64 Prozent, die Kinder aus Cluster 3 zu 50 Prozent das Gymnasium. Der Durchschnitt für Kinder dieser Bildungsschicht liegt lediglich bei 16 Prozent. Während die Cluster 4 und 6 sich als in diesem Sinne bildungsindifferent zeigen, weisen die Kinder von Vätern aus Cluster 5 die deutlich niedrigste »Neigung« zu höheren Schulabschlüssen auf.

Auch für die *ostdeutschen Väter* lassen sich zwei Cluster benennen, die aus reproduktionstheoretischer Sicht als besonders günstig zu bezeichnen sind. Das sind zum einen die zukunftsunsicheren Väter des Clusters 2, die sich gleichzeitig durch hohe Bildungsaspirationen für ihre Kinder auszeichnen, und zum anderen die kulturorientierten Väter des Clusters 4. Dieser »Vorsprung« der beiden Cluster bleibt auch erhalten, wenn die Bildung der Väter kontrolliert wird.

Für beide Landesteile läßt sich damit die grundlegende Hypothese bestätigen, wonach die von uns in die Analyse einbezogenen Habitusmerkmale der Väter in Zusammenhang mit dem Bildungserwerb der Kinder stehen.

7 Zusammenfassung und Diskussion der Ergebnisse

Auf der Grundlage verschiedener Arbeiten Pierre Bourdieus (1973, 1983, 1992) und Jürgen Zinneckers (1994) zur sozialen Reproduktion in der Familie geht der vorliegende Beitrag der Frage nach, welche Rolle bestimmte väterliche Habituseigenschaften – wie Statuserwerbsphilosophien, Bildungsaspirationen, Überzeugungen hinsichtlich der eigenen Selbstwirksamkeit u.a.m. – für den Erwerb von Bildungskapital der Kinder der Väter spielen. Als Datenbasis dienen die Angaben von 552 leiblichen Vätern 10- bis 13jähriger Kinder, die 1993 repräsentativ für die gesamte Bundesrepublik schriftlich befragt wurden.

Während in einem ersten Schritt die einzelnen in die Untersuchung einbezogenen väterlichen Merkmale getrennt nach ost- und westdeutschen Vätern und nach dem Geschlecht der Kinder vorgestellt werden, zielt ein zweiter Schritt auf die typologische Identifikation spezifischer Habitus*konfigurationen*. Diese werden in einem dritten Schritt im Hinblick auf ihre Relevanz für den Schulbesuch (Erwerb von Bildungskapital) der Kinder untersucht.

Als im Ost-West-Vergleich hervorstechendstes Merkmal zeigt sich die starke Bildungsorientierung der ostdeutschen Väter. Auf der Grundlage eines ehrgeizigen Anspruchsniveaus für die Lebensziele ihrer Kinder (wie für sich selbst) und einer allgemeinen Unsicherheit, was die eigene Zukunft anlangt, führt die Verwirklichung eines erfolgreichen Lebensweges ihrer Kinder für viele Väter über eine möglichst gute Schulausbildung. Stärker als die westdeutschen Väter achten sie im Durchschnitt auf die Schulnoten und Schulzeugnisse ihrer Kinder. Vor allem für ihre Töchter sehen sie eine hohe berufliche (akademische) Ausbildungskarriere vor. Für den erfolgreichen Lebensweg ihrer Kinder betonen die Ostdeutschen daneben die Bedeutung der Beziehungen zur Familie und zu den »richtigen« Freunden.

Ost- und westdeutsche Väter unterscheiden sich nicht in ihren von uns untersuchten Erziehungsstilen und auch nicht danach, in welchem Maße sie von ihrer eigenen Selbstwirksamkeit zur Lösung von Problemen und Schwierigkeiten überzeugt sind. Dagegen stellen die Werte, die die Väter als für ihr eigenes Leben wichtig erachten, ein weites Feld für Unterschiede zwischen Ost und West dar. Dabei betonen die ostdeutschen Väter eher materialistische Werte wie Macht und Reichtum, die westdeutschen eher als postmaterialistisch zu bezeichnende Werte wie die Loslösung von weltlichen Dingen oder die Freiheit des Handelns und Denkens (siehe Fußnote 6) – Unterschiede im übrigen, die sich auch beim Vergleich jüngerer Geburtsjahrgänge ansatzweise wiederfinden lassen (Jugendwerk der Deutschen Shell 1992, S.148f.).

In den anschließenden Clusteranalysen, in die sämtliche Habituseigenschaften der ost- beziehungsweise westdeutschen Väter simultan eingehen, lassen sich sowohl im Osten als auch im Westen der Republik jeweils zwei Habituskonfigurationen ausmachen, die in höherem Maße als andere mit einem höherwertigen

Schulbesuch der Kinder korrespondieren. Bedeutsamste Merkmale dieser aus reproduktionstheoretischer Sicht erfolgreichen Vätergruppen sind – kurz gesagt – zum einen eine an Bildung und Leistung orientierte Statuserwerbsphilosophie und zum anderen ein starkes Interesse an kulturellen Dingen wie Musik, Malerei und Kunst. Während in Westdeutschland die Väter-Cluster bildungsabhängig sind – in dem Sinne, daß eine starke Bildungsorientierung eher in der Gruppe bildungsbezogener »Aufsteiger« zu finden ist, ein ausgeprägter Kulturhabitus vermehrt in der Gruppe von Vätern auftritt, deren Elterngeneration bereits über überdurchschnittliche Bildungsressourcen verfügt –, diskriminiert die väterliche Bildung die Väter-Cluster in Ostdeutschland nicht.

Bei der Einordnung der Ergebnisse dürfen die Einschränkungen, denen der vorliegende Beitrag unterliegt, nicht übersehen werden. Dies betrifft vor allem die Clusteranalyse. Sowohl in Ost- als auch in Westdeutschland klärt die Einteilung der Väter in sechs beziehungsweise fünf Gruppen nur knapp ein Drittel der Gesamtvarianz (des jeweiligen Cluster-Modells) auf – ein wenig befriedigendes Ergebnis. Auch die einzelnen Clusterparameter (Konsistenzkoeffizienten und Ähnlichkeitsmaße zwischen den Clustern) liegen am unteren Ende des akzeptierbaren Bereichs. Darüber hinaus habe ich darauf hingewiesen, daß die Schulwahl 10- bis 13jähriger Kinder aufgrund der institutionellen Verschiedenheiten in den einzelnen Bundesländern und individueller Schullaufbahnkorrekturen nur als ein vorläufiger Indikator für den Statuserwerb der Kinder anzusehen ist.

Jenseits dieser Einschränkungen lassen sich mit der Clusteranalyse drei wichtige Aspekte der familialen Transferprozesse herausarbeiten, die es mir haben gerechtfertigt erscheinen lassen, die Ergebnisse der Clusteranalyse im Rahmen dieses Beitrags vorzustellen.

Youniss bezeichnet die Eltern als »cognitive agents«, deren persönliche Ansichten von sozialen gesellschaftlichen Zusammenhängen als Filter kindlicher Entwicklungsmöglichkeiten fungieren. Die kognitiven Überzeugungen der Eltern (beliefs) – die in engem Zusammenhang mit der sozialen Position der Eltern stehen – wirken direkt über das Erziehungsverhalten als auch indirekt über die (unbewußte) Erschließung der Erfahrungswelt der

Kinder sozialisationsrelevant (Youniss 1994). Eine Bestätigung findet diese These in unserer Untersuchung am Beispiel der Statuserwerbsphilosophien der Väter, in denen sich solcherart kognitive Muster repräsentieren. Georg & Zinnecker (1996) bezeichnen sie als »Alltagsphilosophien« darüber, welche Wege Kinder zu einem wünschenswerten Platz in der Erwachsenengesellschaft führen. Sie gründen darauf, daß »sich Eltern … ›ihren Reim‹ auf die soziale Differenzierung in der Gesellschaft und auf die Wirksamkeit unterschiedlicher Strategien und Umstände des Statuserwerbs im Verlauf von Kindheit und Jugend machen« (S.253). Wie die Ergebnisse zeigen, sind es (neben den kulturellen Interessen) vor allem die (bildungsbezogenen) Statuserwerbsphilosophien, die die aus reproduktionstheoretischer Sicht »erfolgreichen« Vätergruppen von anderen Vätern unterscheiden.

Ein zweiter Punkt. Aschaffenburg und Maas (1997) weisen darauf hin, welche hohe Bedeutung der Erwerb kulturellen Kapitals (im Sinne Bourdieus) in der Kindheit und im weiteren Verlauf des Aufwachsens für die Bildungskarriere der Kinder besitzt. Wie Zinnecker, Hasenberg & Eickhoff (1998) dies für den Bereich des Transfers musikalischer Interessen und Kompetenzen beschreiben, steht der Erwerb kulturellen Kapitals in enger Verbindung mit dem Kulturhabitus der Eltern, das heißt deren Interessen und Kompetenzen in (hoch-)kulturellen Lebensbereichen wie Musik, Theater oder Literatur. Dieser Zusammenhang läßt sich auch in der Clusteranalyse bestätigen. Die Väter des Clusters 3 in Westdeutschland (die ›Kulturinteressierten‹) und jene des Clusters 4 in Ostdeutschland (›optimistische kulturinteressierte Väter‹) haben deutlich häufiger Kinder, die den höchsten schulischen Ausbildungsweg beschreiten als andere Väter. Dies gilt unabhängig von der väterlichen Bildung. Wie wir in einer anderen Arbeit zeigen konnten, ist der Kulturhabitus auch auf seiten der Kinder ein wichtiges Moment ihres Schulerfolges. Kinder, die trotz fehlender Bildungsressourcen der Eltern eine Neigung zu Sprachen (und auch mathematisch-naturwissenschaftlichen Fächern) und Interesse an hochkulturellen Aktivitäten (wie ins Theater oder Museum gehen) entwickeln, besuchen bei weitem häufiger das Gymnasium als Kinder derselben Bildungsschicht, die entsprechende Neigungen und Interessen nicht besitzen (Stecher & Dröge 1996).

Der dritte Punkt schließlich ergibt sich aus den beiden vorgenannten und verweist auf einen aus erziehungswissenschaflticher Perspektive wichtigen Umstand. Über den hohen Zusammenhang zwischen der elterlichen Schulbildung und der ihrer Kinder hinaus, zeigen die Ergebnisse, daß »Bildungsvererbung« keine *deterministische* Folge unterschiedlicher Bildungslagen ist. Der Bildungserwerb der nächsten Generation bedarf interaktiver *Vermittlungsprozesse* zwischen den Eltern und den Kindern. Dies ist ein prinzipiell störanfälliger Prozeß. Die ›erfolgreiche‹ Vermittlung (Interaktion) zwischen den Generationen muß über einen langen Zeitraum – mindestens über die Zeit bis zum Ende des Schulbesuchs des Familienkindes – hinweg aufrechterhalten werden. »So, for example, a child may have a talented and highly educated parent and thus be genetically endowed with great potential for cognitive development, but interactions with that parent are needed to convey encouragement and expectations.« (Bianchi & Robinson 1997, S.333) Wenn das Scheitern dieses Vermittlungsprozesses prinzipiell möglich ist, so zeigen die Ergebnisse im umgekehrten Falle, daß Väter mit niedrigen Bildungsressourcen diese im reproduktionstheoretischen Sinne ungünstigen Startbedingungen für ihre Kinder durch spezifische Persönlichkeitsmerkmale, wie sie in den Bildungs- und Kulturorientierungen der Väter zum tragen kommen, zu »kompensieren« in der Lage sind.

Literatur

Arbeitsgruppe Bildungsbericht am Max-Planck-Institut für Bildungsforschung. (1994). *Das Bildungswesen in der Bundesrepublik Deutschland*. Reinbek: Rowohlt.

Aschaffenburg, K. & Maas, I. (1997). Cultural an educational careers: The dynamics of social reproduction. *American Sociological Review*, 62, pp. 573–587.

Astone, N. M. & McLanahan, S.S.(1991). Family structure, parental practices, and high school completion. *American Sociological Review*, 56, pp. 309–320.

b:e Redaktion (Hrsg.). (1971). *Familienerziehung, Sozialschicht und Schulerfolg*. Weinheim: Juventa.

Bardeleben, H. (1990). *Conclus. Manual.* Gießen: Eigendruck.

Baur, R. (1972). *Elternhaus und Bildungschancen.* Weinheim: Beltz.

Bellenberg, G. & Klemm, K. (1995). Bildungsexpansion und Bildungsbeteiligung. In W. Böttcher & K. Klemm (Hrsg.), *Bildung in Zahlen.* Weinheim: Juventa, S.217–226.

Bianchi, S.M. & Robinson, J. (1997). What did you do today? Children's use of time, family composition, and the acquisition of social capital. *Journal of Marriage and the Family,* 59, pp. 332–344.

Bourdieu, P. (1973). *Kulturelle Reproduktion und soziale Reproduktion.* Frankfurt/M.: Suhrkamp.

Bourdieu, P. (1974). *Zur Soziologie der symbolischen Formen.* Frankfurt/M.: Suhrkamp.

Bourdieu, P. (1983). Ökonomisches Kapital, kulturelles Kapital, soziales Kapital. In R. Kreckel (Hrsg.), *Soziale Ungleichheiten. Soziale Welt Sonderband 2.* Göttingen: Schwartz, S.183–198.

Bourdieu, P. (1992). *Die feinen Unterschiede.* Frankfurt/M.:Suhrkamp.

Fuchs, H.-W. & Reuter, L. R. (Hrsg.). (1995). *Bildungspolitik seit der Wende, Dokumente zum Umbau des ostdeutschen Bildungssystems (1989 bis 1994).* Opladen: Leske & Budrich.

Georg, W. & Zinnecker, J. (1996). Philosophien des Statuserwerbs. Ihre Weitergabe von der Eltern- auf die Kindergeneration. In J. Zinnecker & R. K. Silbereisen. *Kindheit in Deutschland.* Weinheim: Juventa, S. 253–264.

Hasenberg, R., Marx, B., Stecher, L. & Strzoda, C. (1994). *Mütter- und Väterbefragung zum Kindersurvey 1993. Grundauszählungen und Skalen.* Siegen: Universitätsdruck.

Henz, U. (1997). Die Messung der intergenerationalen Vererbung von Bildungsungleichheit am Beispiel von Schulformwechslern und nachgeholten Bildungsabschlüssen. In R. Becker (Hrsg.), *Generationen im Wandel.* Opladen: Leske & Budrich, S.111–133.

Jugendwerk der Deutschen Shell (Hrsg.). (1992). *Jugend '92, Bd. 4: Methodenberichte, Tabellen, Fragebogen.* Opladen: Leske & Budrich.

Krapp, A. (1973). *Bedingungen des Schulerfolges.* München: Oldenburg.

Lang, C. (1994). Schule als Eintrittspforte in die Leistungsgesellschaft. In W. Bien, U. Karig, R. Kuhnke, C. Lang & M. Reißig, *Cool bleiben – erwachsen werden im Osten.* München: DJI, S.113–136.

Mansel, J. (1993). Zur Reproduktion sozialer Ungleichheit. *Zeitschrift für Sozialisationsforschung und Erziehungssoziologie,* 13 (1), S.36–60.

Meulemann, H. (1985). *Bildung und Lebensplanung. Die Sozialbeziehung zwischen Elternhaus und Schule.* Frankfurt/M.: Campus.

Rodax, K. & Spitz, N. (1978). *Sozialstatus und Schulerfolg.* Heidelberg: Quelle & Meyer.

Sauer, J. & Gamsjäger, E. (1996). *Ist Schulerfolg vorhersagbar? Die Determinanten der Grundschulleistung und ihr prognostischer Wert für den Sekundarschulerfolg.* Göttingen: Hogrefe.

Schneewind, K. A., Beckmann, M. & Hecht-Jackel, A. (1985). *Das ES- [ET-, EZS- u. EZT-] Testsystem. Testmanual. Forschungsberichte aus dem Institutsbereich Persönlichkeitspsychologie und Psychodiagnostik der Universität München.* München: Institut.

Schwarzer, R. (Hrsg.). (1986). *Skalen zur Befindlichkeit und Persönlichkeit. Forschungsbericht 5 der FU Berlin, Institut für Psychologie, Abt. Pädagogische Psychologie.* Berlin: Institut für Psychologie.

Stecher, L. (1996). Datenerhebung und Stichprobenbeschreibung [zum Kinder- und Elternsurvey 1993]. In J. Zinnecker & R. K. Silbereisen, *Kindheit in Deutschland.* Weinheim: Juventa, S. 427–430.

Stecher, L. & Dröge, K. (1996). Bildungskapital und Bildungsvererbung in der Familie. In R. K. Silbereisen, L. A. Vaskovics & J. Zinnecker (Hrsg.), *Jungsein in Deutschland.* Opladen: Leske & Budrich, S. 331–348.

Wessel, A.,Merkens, H. & Dohle, K. (1997). *Entscheidung ins Ungewisse* (Arbeitsbericht Nr. 1 zum Projekt Schulwahlverhalten von Eltern und Schülern in Berlin und Brandenburg). Berlin: Universitätsdruck.

Youniss, J. (1994). Rearing children for society. In J. G. Smetana (ed.), *Beliefs about parenting: Origins and developmental implications.* San Francisco: Jossey-Bass, pp. 37–50.

Zinnecker, J. (unter Mitarbeit der Projektgruppe Bildungsmoratorium). (1994). *Projekt Bildungsmoratorium. Zielsetzung und Untersuchungsdesign.* Siegen: Universitätsdruck.

Zinnecker, J. & Georg, W. (1996). Soziale Interaktion in der Familie und ihre Wirkung auf Schuleinstellung und Schulerfolg der Kinder. In J. Zinnecker & R. K. Silbereisen, *Kindheit in Deutschland.* Weinheim: Juventa, S. 303–314.

Zinnecker, J. Hasenberg, R. & Eickhoff, C. (1998). Die Familie als Vermittlerin kultureller Kompetenz zwischen den Generationen. Das Beispiel der gemeinsamen musikalischen Praxis von Eltern und Kindern. In H. Oswald (Hrsg.), *Sozialisation und Entwicklung in den neuen Bundesländern.* Weinheim: Juventa, S. 228–247.

Zinnecker J. & Silbereisen, R. K. (1996). *Kindheit in Deutschland.* Weinheim: Juventa.

Matthias Moch

Beziehungen zwischen geschiedenen Vätern und ihren erwachsenen Töchtern

Im vorliegenden Beitrag wird der Frage nachgegangen, in welcher Weise geschiedene Väter und ihre erwachsenen Töchter ihre Beziehungen einige Jahre nach der elterlichen Trennung gestalten. In einer interpretativen Vorgehensweise wird untersucht, welche unterschiedlichen Bedeutungen Väter und Töchter ihren Beziehungen wechselweise zuschreiben und welche Regeln oder ›logische Muster‹ ihre Beziehungen prägen. Als Datengrundlage dienen umfassende qualitative Einzelinterviews mit vier Vater-Tochter-Dyaden. Die Väter waren zum Scheidungszeitpunkt circa 45, die Töchter mindestens 16 Jahre alt. Die Interviews wurden einige Jahre nach der Scheidung durchgeführt. Auf der Grundlage von zwei generellen Bedeutungsdimensionen werden vier kontrastierende Muster von Vater-Tochter-Beziehungen herausgearbeitet, welche die Dynamik zwischen emotionaler Nähe und Distanz einerseits und zwischen Wiederherstellung beziehungsweise Erneuerung früherer Familienrollen andererseits verdeutlichen

This study examines the way in which divorced fathers and their adult daughters shape their relationships some years after the parental divorce. The different meanings which fathers and daughters ascribe to their relationships and the

rules or logic patterns which shape their relation-
ships are examined using an interpretive method.
The data stem from large qualitative individual
interviews with four father-daughter-dyads. The
fathers were approximately 45 years old, the
daughters at least 16 at the time of the divorce.
The interviews were conducted some years after
the divorce. On the basis of two general
dimensions of meaning four contrasting patterns
of father-daughter relationships can be isolated
which emphasize the dynamics between
emotional closeness versus distance on the
one hand and reconstruction versus renewal
of former family roles on the other hand.

1 Scheidung und die Vater-Tochter-Beziehung

Vaterschaft umfaßt auch jene in der Regel weit größere Lebensspanne, in der der Vater nicht mit seinen Kindern zusammenlebt
und dennoch seine Rolle als Vater behält. Diese verändert sich
nicht nur mit fortschreitendem Lebensalter, sondern kann auch
durch besondere Lebensereignisse in ihren Inhalten und Formen
beeinflußt werden. Dies ist insbesondere auch dann der Fall,
wenn sich die Eltern im Verlauf des Erwachsenwerdens ihrer Kinder trennen (Hagestad et al. 1983). Vor solchem Hintergrund fokussiert der vorliegende Beitrag[1] auf die Beziehung zwischen jungen Frauen und ihren Vätern, die sich in ihrem 5. oder 6. Lebens-

1 Dieser Beitrag beruht auf Arbeiten, die ich im Rahmen des Projekts ›Generationenbeziehungen nach einer Scheidung‹ (Antragsteller: K. Lüscher,
M. Moch, B. Pajung-Bilger) innerhalb des Forschungsschwerpunktes ›Gesellschaft und Familie‹ an der Universität Konstanz durchgeführt habe. Ich
danke Harald Hinderer, Anja Böhme, Russel Deighton und Eva Stahl für
Hilfen bei der Datenaufbereitung sowie insbesondere meiner Frau,
Manuela Junker-Moch, für inhaltliche Diskussionsbeiträge.

jahrzehnt scheiden ließen; zu einem Zeitpunkt, als ihre Töchter bereits erwachsen (oder nahezu erwachsen) waren. Es wird der Frage nachgegangen, wie Väter und Töchter ihre Beziehungen in den Jahren nach der Scheidung gestalten, mit welchen Schwierigkeiten sie konfrontiert sind und von welchen Bedingungen die Entwicklung ihrer Beziehungen abhängt.

Die verbreitete Annahme, eine Scheidung habe im allgemeinen für Jungen negativere Effekte als für Mädchen (Hetherington 1980, Hetherington et al. 1978), kann – zumindest in Hinsicht auf längerfristige Folgen – aufgrund der aktuellen Literaturlage nicht aufrechterhalten werden. Die Gründe hierfür liegen in den Konsequenzen einer Scheidung der Eltern für die Persönlichkeitsentwicklung der Tochter. Die Befunde einschlägiger Studien (Hetherington 1972, McLanahan 1985, Wallerstein 1986, Wallerstein & Blakeslee 1989, Wallerstein & Corbin 1989, Wallerstein & Kelly 1980, zusammenfassend: Furstenberg & Cherlin 1993) sprechen dafür, daß das negativ erlebte Ehemodell der Eltern für die unbefriedigenden Partnerschaften der Tochter zumindest mitverantwortlich ist. Denn wie insbesondere vergleichende Studien (Amato & Keith 1991a, 1991b, Booth et al. 1984) zeigen, ist für die langfristigen negativen Auswirkungen der Scheidung nicht die Abwesenheit des Vaters als solche, sondern vielmehr das Ausmaß des elterlichen Konflikts vor und nach der Trennung der Eltern entscheidend. Dieser veranlaßt die Tochter dazu, ihr Elternhaus früher als andere zu verlassen. Entsprechend kann das frühe Heiratsalter von Töchtern aus Scheidungsfamilien als zuverlässigster Prädikator für die Wiederholung einer Scheidung in der nächsten Generation angesehen werden (Glenn & Kramer 1987).

Nicht nur hinsichtlich ihrer Partnerschaften, sondern auch im sozialen und beruflichen Leben sind Töchter durch die Scheidung ihrer Eltern langfristig beeinträchtigt (Umberson 1992). In einer Meta-Analyse auf der Grundlage von 37 amerikanischen Einzelstudien, die sich auf Scheidungsfolgen im Erwachsenenalter der Kinder beziehen, berichten Amato & Keith (1991b), daß eine Scheidung der Eltern für Töchter insgesamt schwerwiegendere Folgen hat als für Söhne. Töchter, die bei einem alleinstehenden Elternteil aufgewachsen sind, zeichnen sich gegenüber den Söhnen vor allem durch ein niedrigeres Ausbildungsniveau aus. Die Autoren führen dies darauf zurück, daß geschiedene Väter eher ihre Söhne als ihre Töchter bei der Ausbildung finanziell und ideell unterstützen.

Die Scheidung ihrer Eltern als solche kann von der Tochter aber auch als Modell für eine positive Bewältigungsstrategie erfahren werden. Glenn & Kramer (1987) fanden in ihrer Auswertung von elf amerikanischen Surveys, daß eine Transmission des Scheidungseffektes über die Generationen hinweg vor allem bei Töchtern aus der weißen, individualistisch orientierten Mittelschicht festzustellen ist, die sich nach einer Scheidung ihrer Eltern der Institution Ehe weniger verpflichtet fühlen. Kulka & Weingarten (1979) stellen eine langfristige Veränderung dahingehend fest, daß in den vergangenen 30 Jahren Scheidungstöchter ihre Erfahrungen zunehmend für eine positive eigene Lebensbewältigung nützen.

Insgesamt kann festgestellt werden, daß Töchter, die zum Zeitpunkt der Scheidung ihrer Eltern bereits weitgehend selbständig waren, in geringerem Maße durch die Scheidung ihrer Eltern beeinflußt sind. Booth & Amato (1994) konnten nachweisen, daß die emotionale Vater-Tochter-Beziehung nach einer Scheidung um so besser ist, je älter die Tochter zum Zeitpunkt der Scheidung war. Ist sie bereits erwachsen, so leidet zwar auch die Intimität in der Vater-Tochter-Beziehung in besonderem Maße, zu einer Reduktion oder gar zu einem Abbruch der Kontakte, wie er bei jüngeren Kindern vielfach beobachtet wird, kommt es jedoch nicht unbedingt (Cooney 1994). Denn in diesem Fall bestimmen nicht die Eltern allein über den weiteren Kontakt. Auch scheinen Töchter, welche zum Scheidungszeitpunkt bereits erwachsen waren, in ihren langfristigen Beziehungen zu ihren geschiedenen Vätern weit weniger durch die vergangenen Ehekonflikte beeinträchtigt zu sein als Söhne. Hier profitieren Töchter offensichtlich von ihren sozialen Fähigkeiten, während Söhne in konflikthaften Beziehungen zu ihren Vätern stärker auf die Vermittlung durch ihre Mütter angewiesen sind (Cooney 1994).

Was die Vater-Tochter-Beziehung anbelangt, so wird diese im Rahmen einer elterlichen Trennung meist auch deshalb besonders belastet, weil die Tochter bei Ehekonflikten meistens auf der Seite der Mutter steht (Uddenberg 1976). Dies hat zur Folge, daß die Kontakte des Vaters zu seiner Tochter in der Regel nach der Scheidung seltener und oberflächlicher werden als zu seinem Sohn.

Mit zunehmendem Erwachsenwerden der Tochter mag jedoch auch zum Tragen kommen, daß letztere in der Vergangenheitsbewältigung des geschiedenen Vaters in einem wesentlichen Punkt eine einzigartige Stellung einnimmt. In dem Maße, in dem sich die Tochter, die ja aus seiner Ehe hervorgegangen ist, zur erwachsenen Frau entwickelt, kann der Vater deutlicher die Gemeinsamkeiten wie auch die Unterschiede zwischen ihr und seiner geschiedenen Frau feststellen. In diesem Sinne mag die Beziehung zu seiner Tochter für ihn auch jene Aspekte des vergangenen Ehe- und Familienlebens repräsentieren, die möglicherweise zur Ehekrise und schließlich zur Scheidung beigetragen hatten, wie etwa Konflikte zwischen den eher männlich dominierten und den eher weiblich dominierten Bereichen des (Ehe- und Familien-) Lebens (etwa Berufswelt vs. Familienwelt; wirtschaftliche vs. emotionale Familienbeziehungen u. ä.).

Kommt es (lange) nach der Trennung der Eltern zu neuen Begegnungen mit der Tochter, so wird der Vater bei der Aufarbeitung der Scheidungserfahrung mit seinen eigenen Beiträgen zu diesen Konflikten konfrontiert. Die Überwindung der Krise eröffnet ihm möglicherweise neue Blickwinkel, in denen er jetzt – mehr als früher – seine Mißerfolge eingestehen und seine schwachen Seiten anerkennen kann. Es kommt ihm nicht mehr darauf an, der idealen Vaterrolle um jeden Preis zu entsprechen. Die Anerkennung der Grenzen seiner eigenen Fähigkeiten und Möglichkeiten, die Einsicht in die Notwendigkeit, alte Loyalitätsbindungen – in erster Linie zu den eigenen Kindern – aufrechtzuerhalten (Stierlin 1989), bedeuten eine Bearbeitung anstehender Lebensaufgaben und berühren wohl auch wesentlich die aktuelle und zukünftige Beziehung zu seiner erwachsenen Tochter.

Jahre nach der Scheidung – auch wenn er diese damals als notwendige Veränderung in seinem Leben erfahren hat – mag er vielleicht erkennen, daß die inzwischen neu gefundene Lebensform wiederum nur einen Kompromiß darstellt. Im Rückblick auf die Bewältigung von Lebenskrisen wirken die früheren Beziehungen nach (Lewinson 1979).

Zusammenfassend läßt sich aus den vorliegenden Befunden schlußfolgern: Eine Ehescheidung der Eltern hat für Töchter nicht selten langfristige negative Folgen, die sich vor allem in ihrer Berufskarriere und ihrer Partnerschaftswahl zeigen können. Diese Auswirkungen sind aber wesentlich vom Alter der Tochter zum Zeitpunkt der elterlichen Trennung abhängig. Die Scheidung der Eltern stellt in vielen Fällen zunächst einen Abstand in der Beziehung zwischen Tochter und Vater her. Mit zunehmender Reife und Selbständigkeit der Tochter eröffnen sich Möglichkeiten, daß Vater und Tochter mit neuen und jeweils eigenen Vorstellungen aufeinander zugehen und ihre Beziehung zur Vergangenheitsbewältigung und Identitätsbildung nutzen.

2 Zur Bedeutung von Generationenbeziehungen und ihrer ›sozialen Logik‹

Wie alle längerfristigen menschlichen Beziehungen, so zeichnen sich auch die Beziehungen zwischen Familiengenerationen durch überdauernde »Interaktionsmuster (aus), welche es den Teilnehmern ermöglichen, den beiderseitigen Beiträgen einen Sinn zu geben« (Youniss 1994, S. 110). Eltern und Kinder explizieren und bestätigen diesen Sinn ihrer lebenslangen Beziehung durch ihre wechselseitigen Handlungen, die den jeweiligen Lebensphasen und Bedürfnissen mehr oder weniger angepaßt sind. Das heißt, sie verständigen sich implizit darüber, entsprechend welchen Aufgaben, Erwartungen und Interessen die Beteiligten handeln und sich aufeinander beziehen. In dieser Weise schreiben Eltern und Kindern ihren Beziehungen bestimmte Bedeutungen zu.

Der amerikanische Pragmatist Charles Peirce (1976) hat diesen Vorgang des Zuschreibens von Bedeutungen genauer untersucht und definiert. Er versteht Bedeutungszuschreibungen als Regeln, die das Handeln anleiten. Wenn Familienmitglieder ihrem wechselseitigen Handeln einen Sinn oder eine Bedeutung zumessen, bedeutet dies im Peirceschen Verständnis, daß sie in ihrer Beziehung eine Regel zur Anwendung bringen. Indem die Beteiligten nach dieser Regel handeln, bestätigen sie ihre Beziehung stets von neuem, bis gegebenenfalls durch eine Nichteinhaltung der Regel die Beziehung (in ihrer bisherigen Bedeutung) in Frage gestellt wird.

Generationenbeziehungen sind also dadurch gekennzeichnet, daß Eltern und Kinder im gegenseitigen Handeln gewisse Regeln anerkennen und immer wieder neu bestätigen. Diese Regeln sind als interpretative Schemata zu verstehen und dienen als Schablonen, anhand derer soziale Sachverhalte sinnvoll eingeordnet und interpretiert werden. Sie geben vor, nach welchen kulturellen, familiengeschichtlichen und psychologischen Maßgaben die Beziehungen zu gestalten sind. Rothbaum et al. (1982) sprechen in solchem Zusammenhang von ›interpretive control‹. Dabei werden eigene Erfahrungen und Überzeugungen wie etwa Vererbungstheorien, Erziehungstheorien, Familienmythen miteinbezogen. Die Regelhaftigkeit, nach welcher Eltern und Kinder ihre lebenslange Beziehung wechselseitig interpretieren, rekonstruieren und bewerten, bezeichnen wir als die ›soziale Logik‹ der Generationenbeziehung (Moch 1995, Moch & Junker 1997, 1998; vgl. auch Freedle 1975 sowie Stierlin 1989, S.69). Eine Beziehungslogik beinhaltet das wechselseitige Aufeinander-Bezogensein verschiedener kontextspezifischer Bedeutungen oder Sinnzuschreibungen. Dies entspricht dem Begriff des »Deutungsmusters« als immerwiederkehrendem Muster von »mehr oder weniger zeitstabilen und in gewisser Weise stereotypen Sichtweisen und Interpretationen« (Arnold 1983, zit. nach Lüders 1991, S.385), denen entsprechend Familienmitglieder ihr Handeln implizit oder explizit begründen. Diese Muster müssen nicht Bestandteil des expliziten Wissens sein.

Bisherige Untersuchungen (Moch 1993, 1996, 1999, Moch & Junker 1998, Moch & Lüscher 1994, Pajung-Bilger & Lüscher 1994) haben gezeigt, daß sich diese Muster und ihre spezifische ›Logik‹ systematisch darstellen lassen als Konstrukt aus zwei sich überlagernden Bedeutungszuschreibungen: Zum einen sind dies die lebensweltlich geprägten normativen Vorstellungen darüber, was unter bestimmten Lebensumständen ›Familie‹ sein soll und welche Gewohnheiten, Verbindlichkeiten und Normen zwischen verschiedenen Familiengenerationen bestehen (›institutionelle Bedeutung‹). Die Bedeutungszuschreibungen lassen sich hier auf einem Spektrum zwischen einer ›Wiederherstellung‹ früherer

Eltern-Kind-Beziehungen (mit den Eigenschaften von Loyalität und Verpflichtung) und einer ›Erneuerung‹ im Sinne einer individua-listisch-symmetrischen Beziehung zwischen Erwachsenen (mit den Eigenschaften Freiwilligkeit und Unabhängigkeit) abbilden. Zum anderen sind die Bedeutungszuschreibungen von den Hand-lungsmustern geprägt, welche die einzelnen Familienmitglieder im Verlauf ihrer Beziehungsgeschichte innerhalb der Familie eta-bliert haben (›biographische Bedeutung‹); die Bedeutungspole lassen sich hier am besten mit den Begriffen von ›Nähe‹ und ›Di-stanz‹ charakterisieren. Die folgende Analyse hat zum Ziel, auf der Grundlage dieser generellen Differenzierung unterschiedliche Mu-ster der ›sozialen Logik‹ in den Beziehungen zwischen geschiede-nen Vätern und ihren erwachsenen Töchtern herauszuarbeiten und einander gegenüberzustellen.

3 Leitlinien der empirischen Analyse

Emotionale Nähe in den Beziehungen zwischen Vätern und ihren erwachsenen Töchtern können darin zum Ausdruck kommen, daß beide Generationen sich gegenseitig aufsuchen, persönliche An-liegen miteinander besprechen, daß sie trotz Meinungsverschie-denheiten sich ihrer gegenseitigen Zuneigung sicher sein können und Dritten gegenüber zu ihrer Beziehung stehen. Wie Stierlin (1989) betont, hängt das Gelingen der Beziehung zwischen Kin-dern und Eltern in der Loslösungsphase von der Balancierung Nähe suchender und Abstand herstellender Bestrebungen ab. Stierlin spricht in diesem Zusammenhang von einer ›Individuation mit‹ versus einer ›Individuation gegen‹ und bringt dabei die Be-deutung dieser Konstellation für die Persönlichkeitsentwicklung der Beteiligten zum Ausdruck. In bezug auf unser Thema wäre etwa zu fragen, inwieweit sich Vater und Tochter bei der Nutzung ihrer unterschiedlichen Fähigkeiten und Positionen gegenseitig unterstützen oder aber behindern. Dies gilt insbesondere für jene Bereiche in Familie, Erwerbsleben und Sozialkontakten, in denen geschlechtsspezifische Rollen neu definiert werden. Hier mag die Kommunikation zwischen Vater und Tochter für beide Seiten von besonderer Bedeutung sein, um frühere Familienrollen abzulegen und neue einzuüben.

Die langfristige Scheidungsbewältigung in der Beziehung zwischen Vater und Tochter ist in vielen Fällen gekennzeichnet durch eine allmähliche ›Wiederannäherung‹ nach einer Phase tiefgreifender familialer Konflikte und oftmals auch vorübergehender Trennung. Entsprechend wird die Vater-Tochter-Beziehung hier als Prozeß verstanden, in dem beide Generationen darum bemüht sind, nach einer Phase des Umbruchs zueinander eine »optimale Entfernung« (Mahler et al. 1985, S. 132) herzustellen. Es ist anzunehmen, daß diese in erheblichem Maße von der Vater-Tochter-Beziehung vor der Scheidung der Eltern abhängt. Denn diese dürfte sozusagen den Maßstab dafür vorgeben, was beiderseits an emotionaler Nähe erwartet werden kann.

Man kann weiterhin davon ausgehen, daß der Vater ebenso wie die Tochter mit Konflikten konfrontiert ist, die sich aus der veränderten Familienkonstellation ergeben. Dies ist um so mehr der Fall, als die Tochter das Erwachsenenalter erreicht hat und sich beide Generationen als ›Gleichberechtigte‹ gegenübertreten können. Eine wesentliche Aufgabe in diesem Lebensabschnitt besteht daher im Bemühen um einen Neuanfang in der Beziehung. Darunter verstehen wir, daß Vater und Tochter sich in ihrem alltäglichen Leben unabhängig voneinander arrangieren und sowohl in materieller wie in emotionaler Hinsicht die Freiheit besitzen, ihre Beziehung nach ihren eigenen Vorstellungen auszugestalten.

Die spezifischen Fragestellungen der vorliegenden Untersuchung lassen sich wie folgt formulieren:

(1) In welcher Weise bewältigen geschiedene Väter und ihre erwachsenen Töchter die Aufgabe, ihre Beziehung nach der Scheidung weiterzuentwickeln und den neuen familialen Bedingungen entsprechend anzupassen?

(2) Mit welchen Problemen sind sie dabei konfrontiert und nach welchen Regeln gestalten sie insbesondere die emotionale Nähe und Distanz in ihrer Beziehung?

(3) Welche Bedingungen begünstigen die Entwicklung einer gleichberechtigten und emotional vertrauten Beziehung in diesem Lebensabschnitt?

Folgende Thesen leiten die Auswertung des empirischen Materials:

(1) Die Beziehung zwischen einem geschiedenen Vater und seiner erwachsenen Tochter läßt sich als Prozeß wechselseitiger Individuation verstehen, der die Scheidungsereignisse überdauert. Das Bemühen um emotionale Nähe und das Streben nach Gleichberechtigung und Freiwilligkeit in der Beziehung stehen in einem dynamischen Wechselwirkungsverhältnis.

(2) Bei der Herstellung emotionaler Nähe nach der Scheidung bauen beide Seiten auf Erfahrungen auf, die sie in der früheren gemeinsamen Familienzeit miteinander gemacht haben. Positive emotionale Erfahrungen in früheren Jahren können die Wiederannäherung nach einer Phase gegenseitiger Distanzierung begünstigen.

(3) Eine gleichberechtigte und freiwillige Beziehung zwischen Vater und Tochter nach der elterlichen Scheidung wird durch eine Abgrenzung beider Seiten vom ehemaligen gemeinsamen Familienleben positiv beeinflußt. Im Verlauf der Reorganisation der eigenen Lebenspraxis (ggf. durch eine eigene beziehungsweise neue Familiengründung) wird die Beziehung von beiden Seiten einige Jahre nach der Scheidung als befriedigender erlebt als in der Zeit unmittelbar vor und nach der Trennung der Eltern.

4 Untersuchungsansatz, Daten und Methode

Die Grundlagen der vorliegenden empirischen Analyse entstammen einer umfassenden qualitativen Studie über die Beziehungen zwischen jungen Erwachsenen und ihren geschiedenen Eltern (Moch 1993, Moch & Lüscher 1994, Moch & Pajung-Bilger 1994, Pajung-Bilger & Lüscher 1994). Die Probanden dieser Untersuchung waren Geschiedene, die nach 1945 geboren waren und deren ältestes Kind zum Scheidungszeitpunkt mindestens 16 Jahre alt war. Das der Untersuchung zugrundeliegende Sample besteht aus 25 geschiedenen Müttern und 8 geschiedenen Vätern im Alter zwischen 47 und 70 Jahren (Median: 52 Jahre), sowie 28 ihrer erwachsenen Kinder (6 Söhne und 22 Töchter) im Alter zwischen 22 und 36 Jahren (Median: 29 Jahre), die alle einzeln in ihren Wohnungen interviewt wurden.[2] Alle befragten erwachsenen Kinder waren zum Scheidungszeitpunkt mindestens 16 Jahre alt gewesen. Als sie interviewt wurden, war der Großteil von ihnen unverheiratet, drei waren verheiratet, einer geschieden. Etwa ein Drittel von ihnen hatten selbst ein oder zwei Kinder im Alter zwischen einem und 13 Jahren.

Von fünf der 33 untersuchten Familien liegt uns sowohl vom Vater wie auch von der Tochter jeweils ein Interview vor. Auf diese Vater-Tochter-Dyaden bezieht sich der vorliegende Bericht. Vier dieser fünf Beziehungen werden in Abschnitt 5 in Einzelfallanalysen dargestellt. Ein Fall blieb bei der Gegenüberstellung der Einzelfälle unberücksichtigt, da er über die vier hier analysierten Fälle hinaus keine wesentlich neuen Aspekte beinhaltet.

Die Interviewmethode orientierte sich an dem von Witzel (1985) erarbeiteten Konzept des ›problemzentrierten Interviews‹ mit ausgeprägten narrativen Elementen. Der Interviewleitfaden enthielt offene Fragen zu folgenden Themen: aktuelle Kontakte (Form, Anlässe, Häufigkeit) zu anderen Familienmitgliedern, Beziehungsinhalte (Aktivitäten, Gesprächsthemen, Tabus), Hilfeleistungen zwischen Eltern und Kindern (Form, Anlässe), emotionale Beziehungen zwischen den Generationen (Ausdrucksformen, Zufriedenheit, Konflikte), sowie Vorstellungen über Familiennormen und Familienideale. Die Interviews dauerten jeweils zwischen einer und zwei Stunden und wurden vollständig und wörtlich transkribiert. Die Textauswertung erfolgte in Anlehnung an die

---

2 Die geschiedenen Eltern hatten in den Jahren zwischen 1951 und 1965 geheiratet (Median: 1962) und sich zwischen 1977 und 1990 (Median: 1986) scheiden lassen. Zum Interviewzeitpunkt lag die Scheidung durchschnittlich vier Jahre zurück. Ein Drittel lebte damals in einer dörflichen Umgebung, die anderen in Städten. Zwei Drittel waren ganztags erwerbstätig. Sechs Probanden arbeiteten Teilzeit und vier waren nicht erwerbstätig. Die Höhe des monatlichen Nettohaushaltseinkommens bewegte sich zwischen ›unter 1 500 DM‹ und ›über 6 000 DM‹, wobei die meisten Probanden über ein Einkommen bis zu 3 000 DM im Monat verfügten. Das Einkommen stammte in den meisten Fällen vorwiegend aus nicht-selbständiger Arbeit.

Grundlagen der ›Grounded Theory‹, wie sie von Strauss (1991) dargestellt worden sind. Die qualitativen Fallanalysen beruhen jeweils auf einer Gegenüberstellung der ermittelten Sichtweisen beider Generationen. In den hier dargestellten Einzelfallanalysen werden Aussagen des Vaters und Aussagen der Tochter direkt miteinander verglichen und aufeinander bezogen. Dabei wird versucht, die spezifischen Merkmale jeder untersuchten Vater-Tochter-Beziehung in einen jeweils in sich stimmigen, intersubjektiv verstehbaren Zusammenhang zu bringen. Dieser wird auf der Grundlage der Interviewdaten rekonstruiert. Ziel der Analyse ist es, die Motive und Absichten beider Seiten im wechselseitigen Handeln einsichtig und nachvollziehbar zu machen.[3]

Durch den Vergleich der Perspektiven und Zuschreibungen beider Generationen wurden gemeinsame Bedeutungselemente herausgearbeitet, die den Fall in seiner spezifischen Beziehungs-Logik widerspiegeln. Aufgrund der jeweils vorläufigen Annahmen, die sich im Verlauf der fallspezifischen Analyse ergaben, wurde ein Fall nach dem anderen so ausgewählt, daß sich der jeweils letzte vom zuvor analysierten möglichst stark unterschied. In einer fortschreitenden Differenzierung nach dem Prinzip der Fallkontrastierung (Hildenbrand 1991) wurden die Fälle auf Unterschiede und Ähnlichkeiten untersucht. Ziel war es, verschiedene Beziehungsmuster voneinander abzugrenzen und vor dem Hintergrund verschiedener Bedeutungsdimensionen in ihrer jeweiligen ›sozialen Logik‹ darzustellen.

---

3 Es ist nicht beabsichtigt, Beobachtungen an Einzelfällen auf eine Grundgesamtheit zu verallgemeinern. Die Chance der Einzelfallanalyse liegt vielmehr darin, daß sich an ihr Handlungsmuster aufzeigen lassen, die auf eine übergeordnete Struktur verweisen, in die die Beziehung eingelagert ist (Terhart 1985). Diese Struktur gilt es anhand der Rekonstruktion sozialer Sinngehalte zu explizieren.

5 Muster in Vater-Tochter-Beziehungen

Die Fälle, an denen die unterschiedlichen Vater-Tochter-Beziehungen untersucht wurden, repräsentieren verschiedene Strukturen der Beziehungskonstellation im Scheidungsgeschehen. In zwei Fällen war die Beziehung nach der Scheidung für längere Zeit völlig unterbrochen, in zwei weiteren Fällen kam es nie zu einem Kontaktabbruch. In zwei Fällen bestand bereits vor der Scheidung eine emotional enge Vater-Tochter-Beziehung, in den beiden anderen stand die Tochter dem Vater eher distanziert gegenüber. Jede Fallanalyse ist in drei Abschnitte gegliedert:

(1) Vater-Tochter-Beziehung in der Ambivalenzphase und während der Trennungszeit der Eltern;

(2) Vater-Tochter-Beziehung in den Jahren nach der Scheidung der Eltern;

(3) Zusammenfassung der zentralen Bedeutungen der Beziehung und vorläufige Formulierung einer der Beziehung zugrundeliegenden ›Regel‹.

5.1 Familie Abt: »…weil ich auch eine gewisse Distanz gewonnen habe«

Herr Abt ist Beamter im höheren Dienst und hat zwei Töchter und einen Sohn. Als er sich nach 17 Ehejahren scheiden ließ, war er 42, seine ältere Tochter 16 Jahre alt. Bei der Trennung zog die Frau mit den beiden Töchtern aus dem gemeinsamen Haus aus. Drei Jahre später heiratete Herr Abt wieder und zog mit seinem Sohn zu seiner neuen Frau. Zum Untersuchungszeitpunkt – neun Jahre nach der Scheidung – lebt der Vater mit seinem 18jährigen Sohn und seiner zweiten Ehefrau in einem eigenen Haus in ländlicher Gegend. Die ältere, inzwischen 25jährige Tochter, deren Vaterbeziehung hier thematisiert wird, ist ledig und studiert in einer 200 Kilometer entfernten Großstadt. Sie hat zu ihrer Mutter, zu der sie monatlich »nach Hause« kommt, einen recht engen Kontakt. Herr Abt wird von seiner Tochter alle zwei bis drei Monate besucht. Er selbst hat aber den Kontakt zu seiner ehemaligen Ehefrau völlig abgebrochen.

Ambivalenzphase und Trennungszeit

Zwischen den Eheleuten Abt war es in den letzten Ehejahren zu heftigen Auseinandersetzungen gekommen. Als der Ehestreit eskalierte und es in der Zuspitzung der Ehekrise zu tätlichen Auseinandersetzungen kam, mußten die Kinder große Ängste durchstehen. Die älteste Tochter berichtet, wie sie durch die »Gefühlsausbrüche« ihres Vaters »ziemlich viel Angst vor ihm gekriegt« hatte. Noch Jahre nach der Trennung träumte sie von ihrem gewalttätigen Vater, und es war vorgekommen, daß sie in Tränen ausbrach, wenn sie gewalttätige Szenen zwischen anderen Eltern und ihren Kindern nur beobachtete.

Unmittelbar nach der Trennung kam es noch zu einigen Treffen zwischen dem Vater und seinen beiden Töchtern (»an einem neutralen Platz«), die beide Seiten in negativer Erinnerung haben. Der Vater hatte den Eindruck, seine Töchter wollten ihm »im Grunde genommen Vorwürfe machen« beziehungsweise »nur an der harmonischen Oberfläche bleiben«. Auf die Frage, wie wichtig ihm die Gespräche mit seinen Töchtern damals waren, sagt er:

> »Da muß ich jetzt ziemlich hart sagen, die sind mir von sehr
> geringer Bedeutung für mich selbst. Ich stehe da, oder …
> ich muß korrigieren, ich stand lange so ein ganz klein biß-
> chen abgehoben drüber. Ich habe das Ganze mitgemacht,
> so als konventionelles Spiel, das gehört sich halt so.«

Die Tochter hatte damals ihrerseits den Eindruck gewonnen, daß der Vater sie nicht ernst nahm und sie nach wie vor belehren und erziehen wollte. Sie empfand die Gespräche als »nicht besonders fruchtbar« und brach schließlich von sich aus den Kontakt ab. Über ihre Motive sagt sie rückblickend:

> »Bei mir war es dann auch so, ich hab' mir vorgenommen,
> ich treff' mich mit meinem Vater nimmer, bis ich mich stark
> genug fühle, ihm gegenüberzutreten, ohne daß er mir da
> irgendwelche Sachen einreden kann, wie er es damals ver-
> sucht hat.«

Nach der Scheidung

In der Folgezeit hatten Vater und Tochter fünf Jahre keinen Kontakt mehr zueinander. Lediglich über den Sohn, der aus eigener Initiative etwa monatlich seine Mutter und seine Schwestern besuchte, erfuhr Herr Abt vom Leben seiner Töchter. Nach dieser langen Trennung nahm zuerst die jüngere Tochter und dann auch die ältere zum Vater wieder Kontakt auf. Dieser zeigte sich durchaus aufgeschlossen, vor allem weil er meinte, die Kontakte seien für die Töchter und ihre Entwicklung bedeutsam. Dennoch sah er den Begegnungen mit ambivalenten Gefühlen entgegen. Einerseits hatte er sich vorgenommen, die alten Verletzungen von sich aus nicht mehr anzusprechen, andererseits wußte er nicht so recht, welche Themen er sonst mit seinen Töchtern besprechen konnte. Sobald er im erneuten Kontakt aber bemerkt hatte, daß seine ältere Tochter »über eine Lebenserfahrung verfügt und daß sie ein gleichwertiger Gesprächspartner geworden ist«, empfand er »einen gewissen Stolz« darüber und freut sich mittlerweile über weitere Besuche und Gespräche.

Auf seiten der Tochter besteht ebenfalls Interesse an weiterem Kontakt. Wie sie es sich seinerzeit vorgenommen hatte, vertritt sie zum Interviewzeitpunkt gegenüber ihrem Vater einen eigenen Standpunkt. Nach anfänglicher Unsicherheit hat sie inzwischen mehr Selbstvertrauen im Kontakt mit dem Vater gewonnen. Als Beispiel für ihre neuen Erfahrungen mit ihm mag eine Episode dienen, die sich erst vor kurzer Zeit beim Abschied nach einem Besuch beim Vater ereignet hatte:

> »Ich bin dann zu ihm hin und hab ihm noch so einen Abschiedskuß gegeben. Und dann hab ich also gemerkt, wie er also total aus dem Konzept gerät, also wie er irgendwie total verunsichert ist. Und da ist bei mir viel Angst verloren gegangen vor meinem Vater, weil ich irgendwie gemerkt hab: Ach Gott, den kann man ja so leicht verunsichern, das gibt's ja gar nicht. Da war ich dann plötzlich in so 'ner überlegenen Rolle.«

Die Tochter fühlt sich inzwischen von ihrem Vater ernstgenommen und in ihrer Meinung respektiert, empfindet jedoch keine große emotionale Nähe zu ihm. Wie früher hat sie auch heute noch das Gefühl, daß sie es sich in seiner Gegenwart nicht leisten kann, sich so zu geben, wie sie ist: emotional im Ausdruck und nicht immer »so gut drauf«. Da sie sich beim Vater nicht unkontrolliert zeigen kann, ist sie darauf bedacht, emotionale Distanz zu ihm zu halten. Sie bringt ihr Empfinden zum Ausdruck, wie beide Seiten sich bemühen, die früheren Emotionen nicht wieder hochkommen zu lassen:

> »Ich bin schon froh, daß der Kontakt nicht enger ist, als er jetzt zur Zeit ist. Also ich wollt' es gar nicht enger haben... So hat man halt genug Distanz, jeder strengt sich an.«

Einem ähnlichen Empfinden gibt der Vater Ausdruck. Er betont, daß er selbst »eine gewisse Distanz gewonnen« hat und spürt diese auch bei seiner Tochter. Er weiß, daß »was von früher (aus der Ambivalenzphase) noch im Raume steht, (was) noch nicht aufgearbeitet ist«. Dies hat für ihn zur Folge, daß er – ebenso wie die Tochter – sich im Gespräch sehr vorsichtig verhält und Inhalte vermeidet, die die Beziehung belasten könnten:

> »Ich freue mich, ich stell' aber auch gewisse ... Fehlentwicklungen (bei den Töchtern) fest. Aber weil ich auch eine gewisse Distanz gewonnen habe, greife ich auch nicht stark ein. Damit ist auch eine emotionale Aufladung bei weitem nicht so stark.«

Im neu entstandenen Kontakt fühlt sich der Vater aufgrund der vergangenen Konflikte verunsichert: Zum einen will er eigene frühere Verletzungen nicht mehr aufrühren, zum anderen ist er sich über die Wünsche und Gefühle seiner Töchter im unklaren. Manchmal fragt er sich, »was die Mädchen bewogen hat, wieder den Kontakt aufzunehmen und was in deren Köpfen vorgegangen ist«.

Die Tochter hat ihrerseits in den neuerlichen Begegnungen an Sicherheit gewonnen. Sie macht die Erfahrung, daß sie nach einer Phase des Abstands die Beziehung in ganz anderer Weise als früher nun gleichberechtigter gestalten kann, und dies stärkt ihr Selbstbewußtsein:

> »Irgendwie gibt mir das schon viel Selbstbewußtsein, daß das jetzt so geklappt hat und daß er mich so nimmt, wie ich

jetzt bin, und nicht mehr versucht, an mir rumzuerziehen, weil im Grunde: Der Zug ist schon abgefahren.«

Zusammenfassung

In der Rekonstruktion der gemeinsamen Familienzeit überwiegen sowohl bei der Tochter wie beim Vater die negativen Erinnerungen. Diese Erfahrungen sowie die lange Unterbrechung der Kontakte führten bei der Wiederbegegnung zu einer erheblichen Vorsicht und Behutsamkeit im Umgang miteinander, welche die Beziehung auch Jahre später noch wesentlich prägen. Der Kontakt wird zwar gesucht, die Beziehung ist emotional aber nicht belastbar. Obwohl sich beide Seiten um gegenseitige Akzeptanz bemühen, herrscht in der Beziehung trotz Zuneigung eine spürbare emotionale Distanz vor. Die gegenseitige emotionale Abgrenzung ist die Grundlage dafür, daß eine neue, eher gleichberechtigte Form der Beziehung möglich wird. Vater und Tochter gestalten ihre Beziehung nach der Regel: »Vermeide zu große emotionale Nähe, dann gelingt ein befriedigender und gleichberechtigter Austausch am besten.«

5.2 Familie Iffel: »Meine Tochter braucht mich!«

Herr Iffel, einfacher Angestellter bei einer Handelsgesellschaft, war 47, seine Tochter 18 Jahre alt, als er nach 18 Ehejahren geschieden wurde. Nach dem Auszug seiner Frau blieben Tochter und Sohn in seinem Haushalt wohnen. Vier Jahre nach der Scheidung lebt der Vater noch mit seinem 20jährigen Sohn im eigenen, ehemals ehelichen Haus am Rande einer Kleinstadt. Er hat eine feste Partnerin, wohnt mit dieser aber nicht zusammen. Seine Tochter ist nach einer Lehre inzwischen erwerbstätig und hat mit ihrem Freund wenige Kilometer entfernt einen eigenen Haushalt gegründet. Vater und Tochter besuchen sich gegenseitig etwa zweimal wöchentlich und unterstützen einander in alltäglichen Dingen. Herrn Iffels ehemalige Frau, zu der er nur noch selten Telefonkontakt hat, lebt mit ihrem zweiten Ehemann mehrere 100 Kilometer entfernt. Die Tochter besucht ihre Mutter zweimal jährlich.

Ambivalenzphase und Trennungszeit

Bei Familie Iffel handelt es sich um einen jener noch nicht häufigen Fälle, bei denen Tochter und Sohn nach der Trennung der Eltern beim Vater wohnen bleiben. Zwischen den Ehepartnern gab es vor und in der Trennungszeit keine offenen Konflikte. Schon während der Ehe war die Mutter sehr oft krank, so daß ihr Mann und die Kinder den Familienalltag weitgehend ohne sie bewältigen mußten. Die Eheleute lebten sich zunehmend auseinander und sprachen zuletzt kaum mehr miteinander. Die Tochter stand in dieser Zeit emotional zwischen den Eltern und wurde von diesen auch als Vermittlerin eingesetzt. In dieser Lage ist es für sie »dann schwierig gewesen, da den goldenen Mittelweg zu finden« und nicht einseitig Partei zu ergreifen.

Schließlich entschloß sich die Mutter zu Auszug und Trennung. Der Vater war darüber sehr verzweifelt und erwartete von seiner Tochter, daß sie sich fortan für den Haushalt verantwortlich fühlte. Er war damals der Ansicht, »sie müßte jetzt die Rolle der Mutter übernehmen« und »den ganzen Haushalt schmeißen«. Er sah es weitgehend als selbstverständlich an, daß die Tochter die Versorgung der Wäsche sowie das Kochen übernahm. Wie Herr Iffel bestätigt, löste dies zwischen Vater und Tochter erhebliche Konflikte aus.

Herr Iffel beschreibt sich selbst in der Rückschau als ein »flehender Vater, der rumgemeckert hat« und für die Empfindungen seiner Tochter wenig offen war. Er begründet sein damaliges Verhalten mit seiner eigenen Schwierigkeit, sich auf die neue Situation einzustellen:

»Ja, gut, in der Zeit damals nach der Trennung hätte ich mir manchmal von meinen Kindern, insbesondere also von der Tochter, mehr erwartet, daß sie zu Hause gewesen wäre, gerade vielleicht, weil ich jetzt allein war oder weil jetzt die Mutter nicht mehr da war. Also ich glaube, wenn man auch verheiratet gewesen wäre, das wäre ähnlich gewesen, nur wäre halt das vielleicht nicht so aufgefallen, weil dann die Frau noch da gewesen wäre, gell. Aber für mich war es am Anfang schon – also es – es ist mir sehr schwergefallen, meinetwegen nach der Arbeit nach Hause zu kommen, und es war überhaupt niemand da. Und das ist mir schon am Anfang sehr schwergefallen.«

Die eigene Einsamkeit wurde für Herrn Iffel um so mehr spürbar, als die Tochter sich zunehmend ihrem ersten Freund zuwandte. Wie die Tochter berichtet, hatte der Vater anfänglich große Schwierigkeiten, ihren Freund überhaupt zu akzeptieren. Wenn er auch durchaus dafür Verständnis hatte, »daß sie sich einfach einen Halt in einem Jungen gesucht hat«, gibt er zu, daß ihm die Beziehung »gar nicht so gepaßt und auch weh getan« hat.

Dennoch brachte es die Wohnsituation mit sich, daß sich die »Restfamilie« nach dem Wegzug der Mutter arrangieren mußte. Kinder und Vater waren aufeinander angewiesen, zumal die Mutter keines der Kinder in ihren neuen Haushalt aufnehmen wollte. Obwohl sich die Tochter ihre persönliche Freiheit damals gegen erheblichen Widerstand des Vaters erkämpfen mußte, war sie weiterhin an die Familie gebunden. Ihre Mitarbeit im Haushalt und ihre Unterstützung des Vaters waren notwendig, um das Familienleben aufrechtzuerhalten. Sie berichtet:

»Wir Kinder sind beim Vater geblieben, wo das große Haus also noch da war. Da hat es dann also schon geheißen mit anpacken, sonst wäre es nicht gegangen.«

Im Interview rechtfertigt sie nachträglich ihr Verhalten in der Familie sowie ihr Engagement im Haushalt und bestätigt damit die Lebensform, die die Familie damals mehr aus Notwendigkeit als aus freier Entscheidung praktizierte.

Nach der Scheidung

Drei Jahre nach der Scheidung zog die inzwischen 21jährige Tochter aus dem elterlichen Haushalt aus und nahm mit ihrem neuen Freund zusammen wenige Kilometer von ihrem Elternhaus entfernt eine Wohnung. Der Vater war von der »nichtehelichen Gemeinschaft« seiner Tochter nicht begeistert, mußte sie aber mehr oder weniger akzeptieren (»wie es halt heute so ist«; »da geht kein Weg dran vorbei«). Dessen ungeachtet stehen Vater und Tochter recht häufig miteinander in Kontakt. Sie sehen sich ein- bis mehrmals in der Woche, kochen und essen des öfteren zusammen, unternehmen etwas gemeinsam und führen auch viele Gespräche miteinander. Ihre Äußerungen machen deutlich, daß ihnen diese Begegnungen wichtig sind:

Der Vater

»Ich freue mich immer (wenn die Tochter kommt), weil es so üblich war hier, daß wir uns gegenseitig die Haare geschnitten haben, (dann) macht sie das auch für den Sohn noch. ... Oder wir trinken hier miteinander Kaffee. ... Ja, oder wir machen miteinander auch mal einen Spaziergang, oder grillen mal miteinander irgendwo im Wald, was wir früher auch getan haben.«

Die Tochter

»Also mit meinem Vater kann ich also viel reden über alles mögliche. Und wir essen zusammen Mittag bzw. kochen, weil eben die Mutter nicht mehr da ist. Dann geht das immer gemeinsam mit Freund und mit der Freundin noch von meinem Bruder, und mit der Freundin noch von meinem Vater. Dann geht man mal wandern oder unternimmt irgendeinen Theaterbesuch.«

Was Vater und Tochter miteinander tun, knüpft sehr an dem an, was früher in der Familie üblich war. Ihre Kontakte erwachsen zum Großteil aus alltäglichen Notwendigkeiten, teilweise aber auch aus dem Bedürfnis nach »selbstverständlichem« Zusammensein, bei dem die Gelegenheit zu Gesprächen besteht. Beide sind unmittelbar aufeinander verwiesen und sehen den jeweils anderen als bedürftig an. Wenn Tochter und Vater sich gegenseitig helfen, nehmen sie dabei Rollen ein, die es ihnen ermöglichen, die frühere Familienstruktur zumindest teilweise aufrechtzuerhalten.

Während Herr Iffel für seine Tochter Gesprächspartner und Ratgeber in wichtigen Lebensfragen sein möchte, übernimmt die Tochter auch nach ihrem Auszug hauswirtschaftliche Arbeiten für ihren alleinstehenden Vater. Das Elternhaus ist nach wie vor ihr »Zuhause«, wo sie nach wie vor gebraucht wird; und wo der Vater sich wünscht, von der Tochter noch »als Vater« gebraucht zu werden.

Der Vater

»Also ich merke schon bei meiner Tochter, daß sie jemanden, also daß sie mich braucht, daß sie einfach mal anruft oder daß sie mal kommt und auch mal einen Spaziergang sucht, denn so alles ist also bei ihr auch nicht in Ordnung, und da braucht man schon mal jemanden, vielleicht auch mal einen Vater, mit dem man mal darüber reden kann.«

Die Tochter

»Also es ist immer noch so, daß ich heimgehe zu meinem Vater und dort helfe. ... Also das Haus ist immer noch da. Mein Bruder wohnt noch bei meinem Vater ...«

(Interviewer: »Und was machen Sie da?«)

»Ja, also kochen oder mal backen und zum Teil auch bügeln und so Sachen.«

Zusammenfassung

Vater und Tochter bringen zum Ausdruck, daß sie die wechselseitige Unterstützung schätzen und sich gegenseitig brauchen. Diese Einschätzung wird durch die gemeinsame Alltagserfahrung unterstützt und bestätigt. Für den Vater wie für die Tochter ist die Beziehung von Inhalten geprägt, wie sie zur Zeit des gemeinsamen Familienlebens üblich waren. Emotionale Nähe und Vertrautheit werden vor allem dort empfunden, wo beide Seiten ihre gewohnten Rollen einnehmen und sich darum bemühen, ein gemeinsames »Zuhause« zumindest teilweise zu erhalten. Die Regel, die dieser Beziehung zugrunde liegt, lautet: »Emotionale Nähe läßt sich dort am ehesten aufrechterhalten, wo auf die vertrauten familialen Rollen zurückgegriffen wird.«

5.3 Erste Zwischenbilanz

Beide bisher analysierten Beziehungsmuster zeigen deutliche Unterschiede in Hinsicht auf die gegenseitige Vertrautheit, das gemeinsame Wissen und die emotionale Nähe zwischen Vater und Tochter. Während in der Familie Abt Vater und Tochter wenig miteinander vertraut sind und ihre Beziehung vorwiegend als unsicher und distanziert charakterisieren, wird sie in der Familie Iffel – trotz vorübergehender Probleme – als sehr vertraut und emotional nah beschrieben. Es hat den Anschein, daß die aktuelle Beziehung von Erfahrungen mitbestimmt wird, die Vater und Tochter vor und in der Trennungszeit der Eltern miteinander gemacht (oder nicht gemacht) haben. Die Gegenüberstellung der beiden Fälle legt die folgende *erste Vermutung* nahe:

Haben Vater und Tochter ihre Beziehung vor der Trennung als emotional nah und unterstützend erfahren, dann ist es wahrscheinlich, daß sie auch in der Trennungszeit größere emotionale Nähe zueinander empfinden und deshalb den Kontakt aufrechterhalten. Dies scheint insbesondere dann der Fall zu sein, wenn beide auch nach der Scheidung einen Erfahrungsbereich haben, in dem sie auf gegenseitige Unterstützung angewiesen sind. Positive gemeinsame Erfahrungen stärken die Bereitschaft, sich auch künftig gegenseitig zu helfen. War jedoch die Vater-Tochter-Beziehung bereits in der Ehezeit distanziert, so kommt es vor diesem Hintergrund im Verlauf der elterlichen Trennung und Scheidung eher zu einem emotionalen Zerwürfnis zwischen Vater und Tochter. In der Folge ist es wahrscheinlich, daß sich beide über längere Zeit nicht sehen und sich infolgedessen auch emotional noch mehr voneinander entfernen.

Betrachtet man die beiden Vater-Tochter-Dyaden unter den Gesichtspunkten von Unabhängigkeit, Freiwilligkeit und Gleichberechtigung, so ergibt sich ein anderes Bild. Es wird deutlich, daß der gemeinsame Alltag in der Familie Iffel Vater und Tochter dazu veranlaßt, ihre früheren traditionellen Familienrollen zu einem großen Teil beizubehalten. Demgegenüber hat die Tochter Abt durch die Distanzierung von ihrem Vater erreicht, daß sie sich diesem gegenüber unabhängiger und gleichberechtigter verhalten kann und damit – wenn auch auf Kosten der emotionalen Nähe – die Kommunikation mit ihrem Vater eher nach eigenen Vorstellungen gestaltet.

Die bisherige Analyse legt also eine *zweite Vermutung* nahe, daß nämlich emotionale Nähe zwischen Vater und Tochter nur um den Preis zu erreichen bzw. zu erhalten ist, daß die traditionelle Rollenverteilung der Vater-Tochter-Beziehung aufrechterhalten bleibt (›Logik der familialen Fürsorge‹). Umgekehrt würde dies bedeuten, daß neue, mehr freiwillig gewählte und gleichberechtigte Formen der Kommunikation nur über den Weg einer emotionalen Distanzierung und – damit einhergehend – mit selteneren Kontakten herzustellen ist (›Logik der kritischen Distanz‹).

So naheliegend diese Schlußfolgerungen auf den ersten Blick auch erscheinen mögen, so sind bezüglich ihrer Allgemeingültigkeit sowohl aus theoretischer Sicht wie aus Plausibilitätsgründen erhebliche Zweifel angebracht. Denn es ließen sich einerseits Fälle denken, bei denen auch im Verlauf einer zunehmend gleichberechtigten und individualistisch-symmetrischen Vater-Tochter-Beziehung die emotionale Nähe aufrechterhalten bleibt oder gegebenenfalls nach vorübergehender Entfernung wiederhergestellt wird. Andererseits kann gerade auch eine Beziehung, die sehr an der Vergangenheit orientiert und von großer Abhängigkeit zwischen Vater und Tochter geprägt ist, mit erheblichen Spannungen einhergehen. Für eine entsprechende Klärung müssen zusätzliche Fälle herangezogen werden. Im nächsten Analyseschritt soll es daher um die Frage gehen, in welcher Weise sich eine Vater-Tochter-Beziehung gestaltet, die einerseits von emotionaler Nähe, andererseits aber auch von gleichberechtigter und unabhängiger Lebensführung beider gekennzeichnet ist.

5.4 Familie Ziegler: »Denen ihre Geschichte ist auch ein bißchen meine Geschichte«

Herr Ziegler, Vater dreier Töchter und eines Sohnes, arbeitet als Ausbilder in einer sozialen Einrichtung. Er war zum Zeitpunkt der Trennung 50 Jahre alt. Nachdem seine drei ältesten Kinder aus dem Haus waren, zog er nach 26 Ehejahren aus dem ehelichen Haushalt aus. Seine jüngste Tochter, die damals 16 Jahre alt war, blieb bei der Mutter wohnen. Der Kontakt zwischen Vater und Kindern war während der Trennungszeit abgebrochen.

Zum Interviewzeitpunkt – zwei Jahre nach der Trennung – hat Herr Ziegler eine eigene Wohnung, lebt aber vorwiegend in der Familie seiner neuen Freundin mit deren beiden Kindern. Seine Beziehung zur jüngsten, heute 18jährigen Tochter, die hier untersucht werden soll, kann als sehr vertraut beschrieben werden. Vater und Tochter sehen sich mehrmals im Monat. Das Verhältnis zu den beiden anderen Töchtern, die weiter entfernt wohnen, ist eher kühl, Kontakt besteht nur sehr selten und vorwiegend über das Telefon. Seinen 20jährigen Sohn, der weniger als 50 Kilometer von ihm entfernt lebt, sieht Herr Ziegler mehrmals im Monat, zu seiner ehemaligen Frau hat er keinen Kontakt.

Ambivalenzphase und Trennungszeit

Bereits während seiner Ehe hatte sich Herr Ziegler mit seiner jüngsten Tochter sehr gut verstanden. Als sie noch ein Kind war, hatte er sich viel um sie gekümmert, hatte sie oft betreut und auch später zu ihr »ein sehr herzliches, enges Verhältnis gehabt«. In den letzten Ehejahren kam es des öfteren zu heftigem Streit zwischen den Eheleuten, unter anderem wegen finanzieller Unterstützung der Kinder und außerehelichen Kontakten der Ehepartner. Die Tochter hatte unter den Streitigkeiten der Eltern erheblich zu leiden und war froh, wenn sie sich an Wochenenden zu ihrem Freund absetzen konnte, der in der Nähe wohnte.

Der Vater hatte nach der Trennung sehr darunter gelitten, daß der Kontakt zu seinen Kindern abgebrochen war. Einerseits hing er sehr an ihnen und hätte sie gerne gesehen, wußte aber nicht, wie er die entstandene Distanz überwinden sollte. Er war auch eifersüchtig auf seine Frau, die weiterhin mit den Kindern in engem Kontakt stand und deren Wohnung noch eine längere Zeit das »Zuhause« der jüngsten Tochter gewesen war. Andererseits aber suchte er auch bewußt den Abstand zum vergangenen Familienleben:

> »Die erste Zeit (nach der Trennung) war ziemlich ruhig ...
> (damals) war ich ja mehr einsam oder allein, ich meine,
> ich wollte auch gar nicht so groß (Kontakt). Ich mußte erstmal mich selbst finden, mit mir selber ins Reine kommen,
> wissen, was ich will und was ich nicht will und wie ich's
> möchte.«

Die Tochter wohnte bis zum Abschluß ihrer Lehre noch bei der Mutter. Finanziell wie hinsichtlich des Wohnens war sie auf ihre Mutter angewiesen, die auch schon während der Ehe durch eigene Erwerbstätigkeit den größten Teil des Familieneinkommens verdient hatte. In dieser Zeit wurde die Tochter – wie sie rückblickend berichtet – stark »von daheim« in ihrer Haltung gegenüber dem Vater beeinflußt:

> »Und also die Anfangszeit hat man halt eigentlich mehr zu
> der Mutter geholfen, die ja noch daheim war. Eigentlich –
> ja, von der Beeinflussung her – hat man einfach schon
> mehr von daheim mitgekriegt.«

Erst nachdem sie ihre Ausbildung abgeschlossen hatte und von der Mutter weggezogen war, ergaben sich wieder Kontakte zwischen ihr und dem Vater. In der Zwischenzeit ist sie mit ihrem Freund zusammengezogen, hat geheiratet und hat inzwischen ein Kind. Sie wohnt nur wenige Kilometer von der Wohnung der Freundin des Vaters entfernt. Mit ihrem Mann hatte die Tochter viel über den Vater gesprochen; von ihm wurde sie auch dann bei der ersten Kontaktaufnahme mit dem Vater unterstützt. Als es später im Scheidungsprozeß zu Auseinandersetzungen zwischen den Eltern darüber kam, wer nachträglich für die Kosten der Ausbildung der Tochter aufzukommen habe, schlug sich die Tochter auf die Seite des Vaters.

Nach der Scheidung

Mit der Scheidung änderte sich das Leben des Vaters grundlegend. Er lebt nun vorwiegend im Haus seiner Freundin, die selber zwei (noch schulpflichtige) Kinder hat, mit denen er sich gut versteht. Allmählich wird der Kontakt zu seinem Sohn und zu seiner jüngsten Tochter wieder intensiver. Auf seine Rolle als Vater angesprochen, meint Herr Ziegler:

> »Ich bin gerne der Vater meiner Kinder ... das ist mir schon wichtig, aber genauso – muß ich sagen – möchte ich auch für mich sein, da grenze ich schon ab. Die haben sich jetzt abgenabelt und abgelöst und im Grunde genommen ist das auch richtig. Es freut mich, wenn sie mal kommen, und es freut mich auch, wenn sie wieder gehen.«

Wenn seine Tochter ihn besucht, ist sie im Haus der Freundin gerne gesehen. Sie genießt es, den Vater anrufen zu können und sich selbst in seinem neuen Zuhause zum Mittagessen einzuladen. Im Gegensatz zu Gesprächen mit der Mutter, die sie als »inzwischen sehr oberflächlich« einschätzt, nehmen für sie die Gespräche mit dem Vater einen »sehr hohen« Stellenwert ein. In ihren Äußerungen wird deutlich, wie sie sich – nach Jahren des Lebens mit der Mutter – erst langsam wieder auf den Vater zubewegt hat. In vielen Gesprächen mit ihm greift sie auf frühere Erfahrungen zurück:

»Da ist auch viel besprochen worden … Also mein Vater ist schon von uns Kindern ziemlich – ja, wie soll ich jetzt sagen – er hängt halt ziemlich an uns. Also inzwischen ist eigentlich das Verhältnis zu ihm recht freundschaftlich, kann man sagen.«

Herr Ziegler bestätigt diese Einschätzung. Er zeigt Optimismus und Offenheit für neue Beziehungsformen und betont, daß er von seinen Kindern »ihr Jungsein« gelernt und angenommen hat. Es ist ihm wichtig, an ihrem Leben Anteil zu nehmen, und er sieht darin eine unmittelbare Verbindung zu seinem eigenen Leben:

»Ich möcht' genauso, sagen wir, ein bißchen mit ihrer Geschichte mitleben und mitbegleiten, daß ich sagen kann: Denen ihre Geschichte ist auch ein bißchen meine Geschichte. Und ich möchte sie in ihrer Geschichte ein bißchen mitbegleiten.«

Zusammenfassung

Der Vater hat sich nach längerer Auseinandersetzung mit sich selbst und seiner Vergangenheit innerlich von seiner Familie gelöst. Dies macht es ihm möglich, seine aktuelle Beziehung zu seiner Tochter als ein neues Verhältnis zwischen zwei eigenständigen Personen zu verstehen, die einerseits in ihrem aktuellen Leben voneinander getrennt, andererseits jedoch über eine gemeinsame Geschichte miteinander verbunden sind. Beide schätzen den gegenseitigen Kontakt und nehmen gerne am Leben des anderen Anteil, ohne daß damit besondere Erwartungen für das eigene Leben verbunden sind. Die Familienkonflikte in der Vergangenheit verletzen nicht mehr, Vater und Tochter sehen der Entwicklung ihrer Beziehung mit Gelassenheit und gegenseitiger Anteilnahme entgegen. Die dieser Beziehung zugrunde liegende Regel lautet: »Wenn jeder sein eigenständiges Leben lebt, dann kann jeder am Leben des anderen am besten teilhaben.«

5.5 Zweite Zwischenbilanz

Die Logik dieses zuletzt analysierten Musters grenzt sich von beiden zuvor dargestellten ab, weist zum Teil jedoch auch Parallelen auf. So zeigt die Vater-Tochter-Beziehung in der Familie Ziegler einerseits Gemeinsamkeiten mit jener in der Familie Iffel, was die emotionale Nähe und das Vertrauensverhältnis zwischen Vater und Tochter betrifft. Andererseits bleiben Vater und Tochter im zuletzt dargestellten Fall nicht in ihren familialen Rollen verhaftet, sondern stehen sich eher als zwar vertraute, aber dennoch voneinander getrennte Individuen gegenüber. Deutlicher erscheinen die Unterschiede zum Beziehungsmuster der Familie Abt, das von Distanz und Unsicherheit gekennzeichnet ist. Hinsichtlich der Aspekte ›individuelle Freiwilligkeit‹ und ›Überwindung verpflichtender Eltern-Kind-Rollen‹ sind die Muster der Familien Abt und Ziegler jedoch durchaus miteinander vergleichbar.

Es wurde argumentiert, daß emotionale Nähe in unterschiedlicher Weise aufrechterhalten bzw. wiederhergestellt werden kann. Wie der Fall der Familie Ziegler zeigt, sind emotionale Nähe und freiwilliger Austausch zwischen Vater und Tochter durchaus miteinander vereinbar; und es hat den Anschein, daß sich in diesem Muster Vater und Tochter am ehesten in ihrer Individuation wechselseitig unterstützen. Vor dem Hintergrund dieser Erkenntnis können die bisherigen Annahmen durch eine weitere *dritte Vermutung* präzisiert werden, welche in der Regel des zuletzt analysierten Musters zum Ausdruck kommt: »Eine Aufrechterhaltung beziehungsweise Wiederherstellung emotionaler Nähe zwischen Vater und Tochter gelingt insoweit, als beide ihre jeweils eigenen Lebensbereiche etablieren und im Alltag nicht aufeinander angewiesen sind.« (›Logik der gegenseitigen Teilhabe‹). Dies würde umgekehrt implizieren, daß einseitige Abhängigkeit und ein Mangel an selbständiger Lebensführung die Entwicklung der Beziehung beeinträchtigen. Diese These wird durch die Analyse des folgenden Falles unterstützt.

5.6 Familie Poller: »Ich kann doch meine Kinder damit nicht belasten, wenn ich Probleme habe.«

Herr Poller, städtischer Angestellter und Vater einer Tochter und eines Sohnes, war zum Scheidungszeitpunkt 45 Jahre alt. Nach 21 Ehejahren zog er aus der Wohnung der Familie aus und mietete sich mit seinem Sohn eine andere Wohnung in derselben Großstadt. Damals war seine Tochter 19, sein Sohn 15 Jahre alt.

Zum Interviewzeitpunkt lebt Herr Poller ohne Partnerin mit seinem Sohn zusammen. Seine inzwischen 24jährige Tochter, die im Jahr der elterlichen Scheidung geheiratet hatte, hat nach einer Lehre zwei Kinder bekommen und wohnt mit ihrer Familie nur wenige Kilometer vom Vater entfernt. Der Kontakt zwischen dem Vater und ihr war über die Trennungszeit hinweg nie abgebrochen. Sie sieht ihn mehrmals in der Woche, und beide unterstützen sich in alltäglichen Dingen. Zu seiner ehemaligen Frau, die etwa 30 Kilometer entfernt wohnt, hat Herr Poller sporadischen Telefonkontakt. Die Tochter sieht ihre Mutter mehrmals im Monat.

Ambivalenzphase und Trennungszeit

In den letzten Jahren der Ehe war Herr Poller halbtags beschäftigt und studierte, während seine Frau ganztags erwerbstätig war. Dies führte zu Spannungen zwischen den Ehepartnern. Schon früher hatten sich die Eltern und Schwiegereltern von Herrn Poller häufig in die Familienangelegenheiten eingemischt und dadurch die ehelichen Probleme noch verschärft. Kurz nachdem sein Schwiegervater gestorben war, entschloß sich Herr Poller zur Trennung. Er sah damals keine Möglichkeiten mehr, in der Familie seinen eigenen Standpunkt zu vertreten und sich in seinen persönlichen Anliegen verständlich zu machen.

Wie die Tochter berichtet, war damals die Kommunikation zwischen ihren Eltern bereits abgebrochen. Obwohl sie als Jugendliche von der Mutter oft ins Vertrauen gezogen worden war (»Ich wußte sowieso alles, was meine Mutter wußte!«) und ihrem Vater gegenüber ein eher distanziertes Verhältnis hatte, nahm sie in der Zeit der Ehekonflikte eine neutrale Position zwischen beiden Eltern ein. Als es zur Trennung kam, informierte der Vater zunächst seine Tochter und erst später seine Frau und seinen Sohn über seine Auszugspläne.

Nachdem Herr Poller mit seinem Sohn ausgezogen war, gingen die Schwierigkeiten weiter. Der Sohn verlor seine Lehrstelle, war einige Zeit arbeitslos und kam wegen Ladendiebstahls mit dem Gesetz in Konflikt. Von seiner ehemaligen Frau wie auch von der Schwiegermutter wurden dem Vater deshalb Vorwürfe gemacht, er sei in seiner Erziehung zu nachgiebig. Die Tochter lebte noch drei Jahre mit der Mutter zusammen, bis sie mit ihrem Mann einen eigenen Hausstand gründete. Sie versuchte immer, sich aus den Streitigkeiten herauszuhalten und grenzte sich frühzeitig sowohl von ihrer Mutter wie auch von ihrem Vater ab.

Nach der Scheidung

Etliche Jahre nach der Scheidung lebt Herr Poller weiterhin mit seinem Sohn zusammen. Er ist keine neue Partnerschaft eingegangen, und viele seiner Äußerungen lassen darauf schließen, daß er sich sozial isoliert fühlt. Insbesondere von seiner Schwiegerverwandtschaft sieht er sich beschuldigt, die ihm nach wie vor Erziehungsfehler bei seinem Sohn vorwirft, die Tochter aber als »Lieblingsenkelin« feiert:

»…Und mit einer Tochter kann man sagen, die hat zwei Kinder, hat einen Mann, der ist Hausmeister, rechtschaffen und gutbürgerlich. Da kann man ja mehr glänzen. Da kann man auch Bilder zeigen.«

Wenn Herr Poller auch angibt, daß er sich von seiner Tochter »angenommen« und manchmal auch »verstanden« fühlt, so wird in seiner weiteren Darstellung doch seine Resignation hinsichtlich der Beziehungsentwicklung deutlich. Denn mit ihrem Auszug hatte sich die Position der Tochter in der Familie grundlegend verändert. Seit ihrer eigenen Familiengründung ist sie bemüht, zu beiden Eltern Abstand herzustellen. Während ihre Mutter mit dem Verhalten der Tochter gut zurechtkommt, da sie sich einen neuen Freundeskreis aufgebaut hat, erlebt die Tochter in ihrer Beziehung zum Vater zunehmend eine Umkehrung der Eltern-Kind-Rollen.

Schon früher konnte die Tochter mit dem Vater über ihre Probleme nicht sprechen; daran hat sich bis heute kaum etwas geändert:

> »Der (Vater) hat mir zwar zugehört, aber … dann hat er immer soviel geredet, das kann er ja heute noch gut. Und deshalb war das also nicht so…«

Daher erwartet die Tochter inzwischen von ihrem Vater keine Hilfestellung mehr, die in einem Gespräch vermittelbar wäre. Dagegen kommt es häufig vor, daß sie ihm bei praktischen Dingen des Alltags unter die Arme greift. Er erweist sich in vielen Dingen als unselbständig und bedürftig und nimmt vielfach ihre Hilfe in Anspruch: beim Einkaufen, bei Tips für den Haushalt, oder etwa wenn ihm ein Knopf an seiner Hose abgerissen ist. Der Vater versucht, seiner Tochter durch kleine Aufmerksamkeiten eine Freude zu machen, denen er selbst jedoch nur einen geringen Stellenwert beimißt (»einen Strauß Blumen, ich weiß jetzt nicht, wie sie heißen«). Bisweilen braucht er ihre Unterstützung so häufig, daß die Tochter den Kontakt eher lästig findet. Aus diesem Grund sucht sie etwas den Abstand und sieht auch keine Notwendigkeit, von sich aus auf den Vater zuzugehen:

> »Mein Vater kommt sowieso immer (lacht) … Ich meine, manchmal ist es schon so, daß es mir manchmal zuviel wird, wenn er dann also fast jeden Tag dann da steht. Ich meine, jetzt ist er zwei Wochen weg, und wenn er dann wiederkommt, dann freut man sich auch drauf wieder und – doch.«

Herr Poller ist sich durchaus bewußt, daß er der Tochter manchmal zur Last fällt. Er wünscht sich zwar einen unkomplizierten und entspannten Kontakt, merkt aber, daß er seine eigenen Probleme mit der Tochter nicht besprechen kann. So pflegen beide zwar einen recht häufigen, aber vordergründigen und scheinbar an den Notwendigkeiten des Alltags orientierten Umgang, ohne daß sie sich gegenseitig über persönliche Dinge austauschen. Obwohl Herr Poller weiterhin durch die Streitigkeiten mit seiner ehemaligen Frau und seiner Schwiegermutter emotional erheblich belastet ist, hält er sich im Kontakt mit der Tochter diesbezüglich zurück:

>»Ich kann doch nicht meine Kinder mit so – jetzt sage ich es mal ganz brutal – mit so einem Scheiß belasten ... und die da über den Tisch ziehen: ›Hier, guckt mal, was bin ich für ein toller Hecht!‹ ... Ich kann doch meine Kinder damit nicht belasten, wenn ich Probleme habe.«

Dennoch leidet er nach wie vor darunter, von seiner Frau und deren Familie verkannt worden zu sein und verspricht sich von der Beziehung zu seiner Tochter eine Stärkung seiner eigenen Position. Gleichzeitig ist er sich aber unsicher, was er an Unterstützung von seiner Tochter erwarten kann. Auf die Frage, ob er von seinen Kindern mehr erwartet habe, reagiert er eher resigniert als zuversichtlich:

>»Was soll ich machen, also ich bin an sich, insgesamt von keinem enttäuscht. Ich kann ja nicht von denen (den Kindern) erwarten, daß die alle sagen, ›Das hast du richtig gemacht.‹ Oder so.«

Zusammenfassung

Der Vater kämpfte während seiner Ehe lange Zeit mit der Schwierigkeit, von seinen Familienmitgliedern Anerkennung zu bekommen. Nach dem Scheitern seiner Ehe bemüht er sich darum, über den Kontakt mit seiner Tochter einen Rest von Familienbeziehungen aufrechtzuerhalten. Die Tochter bemerkt die Bedürftigkeit des Vaters und reagiert mit vorsichtiger Zurückhaltung, da sie sich von ihm in ihren eigenen Möglichkeiten überfordert fühlt. Vater und Tochter erhalten zwar ihre alltäglichen Kontakte aufrecht, erfahren darin jedoch wenig gegenseitiges Verständnis, was beide zu innerer Distanzierung veranlaßt. Während die Tochter Nähe vermeidet, bemüht sich der Vater darum, daß seine Enttäuschung und Resignation nicht überhand nehmen. Die Regel, die in diesem Muster deutlich wird, lautet: »Wenn du Enttäuschungen vermeiden willst, so begib dich nicht in einseitige Abhängigkeiten.«

In dieser letzten Fallanalyse zeigt sich, daß ein Festhalten beziehungsweise ein Rückfall in frühere Familienrollen in der Beziehung auch zu Lasten der Tochter gehen kann, wenn der Vater nach der Scheidung Schwierigkeiten hat, sich in seinem neuen so-

zialen Umfeld zu orientieren. Damit bestätigt sich die zuletzt ge-
machte Annahme, daß eine emotional befriedigende Beziehung
durch eine einseitige Abhängigkeit gefährdet sein kann, und zwar
unabhängig von der Häufigkeit alltäglicher Kontakte. Der Beziehung liegt die ›Logik‹ zugrunde: »Einseitige Abhängigkeit beeinträchtigt die emotionale Zufriedenheit und gibt Anlaß zu emotionaler Enttäuschung und Distanzierung.« (›Logik der Verstrickung‹)

Damit ist zunächst die Gegenüberstellung verschiedener Muster der Vater-Tochter-Beziehung und ihrer ›Logiken‹ abgeschlossen. Gewiß lassen sich noch weitere Konstellationen denken. In
bezug auf die oben (in Abschnitt 2) dargelegten Dimensionen
sind jedoch die zentralen Unterschiede herausgearbeitet worden.
Sie sollen im folgenden nochmals in einer Übersicht dargestellt
und aufeinander bezogen werden.

6 Eine Typologie der Beziehungsmuster

Die Dimensionen ›emotionale Nähe vs. emotionale Distanz‹ und
›Wiederherstellung vs. Erneuerung früherer Eltern-Kind-Rollen‹
haben sich für die Charakterisierung von Vater-Tochter-Beziehungen nach einer elterlichen Scheidung als inhaltlich und analytisch
nützlich erwiesen. Innerhalb des Bedeutungsraumes, den diese
Dimensionen aufspannen, lassen sich die Beziehungsrekonstruk-
tionen sinnvoll einordnen und differenzieren. Die analysierten Muster lassen sich verstehen als unterschiedliche Konstellationen innerhalb dieser beiden Dimensionen. Ihre Zuordnung wird hier
dargestellt.

Abbildung 1: Muster ›sozialer Logik‹ in Vater-Tochter-Beziehungen nach der elterlichen Scheidung

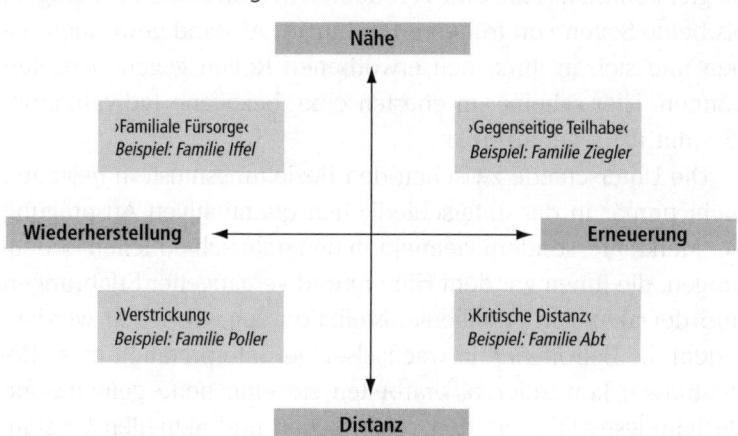

In diesem Modell sind beide Dimensionen dynamisch aufeinander bezogen: Eine Balanceverschiebung auf der einen Dimension kann durch eine Balanceverschiebung auf der anderen Dimension ausgeglichen werden.

In diesem Modell sind beide Dimensionen dynamisch aufeinander bezogen: Eine Balanceverschiebung auf der einen Dimension kann durch eine Balanceverschiebung auf der anderen Dimension ausgeglichen werden.

Beim ›kritisch-distanzierten‹ Beziehungsmuster der Familie Abt erscheint die Distanz als geeignete Bedingung, um nach schweren emotionalen Enttäuschungen auf beiden Seiten eine Kommunikation überhaupt wieder herzustellen. Dabei versucht jede Seite gleichermaßen, frühere Konflikte und einseitige Machtstrukturen zu vermeiden.

Beim ›verstrickten‹ Beziehungsmuster der Familie Poller wird die Distanz als Folge einer einseitigen Abhängigkeit zwischen Vater und Tochter interpretiert. Im untersuchten Fall ist es in erster Linie die Tochter, die sich zunehmend distanziert, um ihre Eigenständigkeit gegenüber ihrem abhängigen Vater zu behaupten.

Das ›fürsorgende‹ Beziehungsmuster der Familie Iffel zeichnet sich dadurch aus, daß der Familienalltag nur durch die Aufrechterhaltung der früheren Vater-Tochter-Beziehung zu bewältigen ist. Gegenseitige Nähe wird als Bedingung für eine befriedigende Alltagsbeziehung interpretiert.

Beim Beziehungsmuster der ›gegenseitigen Teilhabe‹ der Familie Ziegler kommen Nähe und Vertrautheit in dem Maße zum Tragen, als beide Seiten von früheren Bindungen Abstand gewonnen haben und sich in ihren neu erworbenen Rollen gegenübertreten können. Hier scheint am ehesten eine ›bezogene Individuation‹ (Stierlin 1989) gelungen.

Die Unterschiede zwischen den Beziehungsmustern bestehen nicht primär in der unterschiedlichen quantitativen Ausprägung der Merkmale, sondern vielmehr in den unterschiedlichen Bedeutungen, die ihnen vor dem Hintergrund vergangener Erfahrungen und der aktuellen Familienkonstellation zugeschrieben werden. Indem die Betroffenen in wechselseitiger Interpretation diese Bedeutungen konstruieren, erarbeiten sie eine neue gemeinsame Beziehungsrealität, die den vergangenen und aktuellen Umständen Rechnung trägt.[4] Die Fallanalysen haben gezeigt, daß trotz unterschiedlicher Perspektiven beide Seiten dazu beitragen, der Beziehung eine gemeinsame Bedeutung zu verleihen. Die Entwicklung der Beziehung nach der Scheidung ist also davon geprägt, auf welche gemeinsame Beziehungsrealität sich Vater und Tochter einigen können und welche konkreten Schritte sie diesbezüglich unternehmen.

7 Schlußfolgerungen

Es wurde postuliert, daß die Bedeutungen, die Väter und ihre erwachsenen Töchter ihren Beziehungen nach der elterlichen Trennung zuschreiben, sich in spezifischen Mustern darstellen lassen, denen jeweils eine besondere Art ›sozialer Logik‹ zugrunde liegt.

---

4 Es ist nicht ausgeschlossen, daß in den Rekonstruktionen einer Beziehungsgeschichte phasenspezifisch unterschiedliche, oder auch widersprüchliche Tendenzen feststellbar sind, bzw. ein zunächst dominantes Muster sich über den Beziehungsverlauf hinweg ändert. So lassen sich etwa in der Familie Iffel neben großer Nähe auch Distanzierungsbemühungen der Tochter feststellen und bei Familie Abt sehen wir, daß nach langer Zeit des Verhaftetseins an alte Rollen sich erst allmählich eine neue und zunehmend gleichberechtigte Beziehung entwickelt.

Bei der Analyse wesentlicher Strukturmerkmale der Beziehung wurden zwei Dimensionen herausgestellt, die auch für die Persönlichkeitsentwicklung der Beteiligten eine Rolle spielen: Zum einen wird die Vater-Tochter-Beziehung durch das Erleben emotionaler Nähe bzw. emotionaler Distanz charakterisiert. Zum anderen kann sie danach eingeschätzt werden, inwieweit es Vätern und Töchtern gelungen ist, im Verlauf der Scheidungsbewältigung ein neues, nicht an traditionellen Rollen orientiertes Verhältnis zueinander aufzubauen. Es wurde gezeigt, daß frühere Erfahrungen sowie bestimmte Übergänge in den individuellen Lebensläufen, wie die Verselbständigung und Familiengründung der Tochter oder eine neue Partnerschaft des Vaters, sowohl für die Rekonstruktion des Beziehungsverlaufs wie auch für die Gestaltung der aktuellen Beziehung relevant sind.

Aus den Erfahrungsberichten, die Väter und Töchter über ihre Beziehungen geben, lassen sich Handlungsmuster rekonstruieren, die sich in Form von Regeln darstellen lassen. Diese Regeln können als Leitlinien gelten, an denen sich die Beteiligten orientieren. Werden diese Regeln im Beziehungsverlauf immer wieder bestätigt, so kann von einer ›sozialen Logik‹ gesprochen werden. Die analysierten Muster ›sozialer Logik‹ beschreiben mögliche Formen der Individuation (Stierlin 1989) in der Beziehung zwischen Vätern und erwachsenen Töchtern, die vor dem Hintergrund einer elterlichen Scheidung vielleicht besonders hervortreten, möglicherweise aber auch unabhängig von einer Scheidung beobachtbar sind.

Aus dem Vergleich der unterschiedlichen Muster lassen sich folgende allgemeine Schlüsse ableiten:

(1) Väter und Töchter ringen in den Jahren nach der elterlichen Trennung und Scheidung um eine ›optimale Entfernung‹ zueinander. Unabhängig von den konkreten Lebensumständen lassen sich in den Beziehungen sowohl Bestrebungen zur ›Individuation mit‹ als auch zur ›Individuation gegen‹ (Stierlin 1989) nachweisen. Dennoch wird deutlich, daß diejenigen Töchter und Väter, die aus der Zeit des gemeinsamen Familienlebens über eine größere emotionale Nähe zueinander berichten, Jahre nach der Scheidung eine engere emotionale

Beziehung zueinander entwickelt haben als diejenigen, deren Beziehung schon immer eher distanziert war. Im Zuge der Trennungsbewältigung können Vater und Tochter auf Erfahrungen zurückgreifen, die beide in früherer Zeit miteinander gemacht haben. Das bedeutet, daß die Scheidung als solche die Beziehungen lediglich modifiziert, ihre emotionale Basis auf Dauer jedoch nicht grundlegend verändert. Vielmehr etabliert sich bereits in der gemeinsamen Familienzeit ein Beziehungsmuster, auf welches nach der Scheidung wieder zurückgegriffen werden kann.

(2) Die Ergebnisse differenzieren die vorliegenden Befunde, die nach der Scheidung einen generellen Rückgang der Kontakte zwischen Vätern und Kindern (im Vergleich zu den Mutter-Kind-Kontakten) postulieren (Cherlin 1981, Napp-Peters 1985, Seltzer & Bianchi 1988). Letzteres läßt sich offensichtlich nicht auf Familien übertragen, bei denen die Scheidung im späten Jugendalter oder im jungen Erwachsenenalter der Kinder erfolgte. Vielmehr werden in unseren Ergebnissen die Hinweise von Booth & Amato (1994) bestätigt, daß mit zunehmendem Alter der Kinder zum Scheidungszeitpunkt die Chancen für eine Wiederaufnahme des Kontakts steigen. Die Analysen zeigen, in welcher Weise Töchter im jungen Erwachsenenalter hinsichtlich ihrer Vaterbeziehungen eigene Standpunkte einnehmen und sich damit einer einseitigen Identifikation mit der Mutter entziehen können. Dies könnte erklären, warum eine Scheidung für ältere Töchter weniger negative Folgen hat als für jüngere Töchter (Hetherington 1972): Eine mit zunehmendem Alter größere Eigenständigkeit macht die Tochter in ihrer eigenen Entwicklung nicht nur unabhängiger von den elterlichen Konflikten, vielmehr ist es ihr später eher möglich, von sich aus auf den Vater zuzugehen.

(3) Die subjektiven Rekonstruktionen der emotionalen Qualität der Beziehung weisen in vielen Fällen einen u-förmigen Verlauf auf. Das heißt Väter und Töchter erleben in ihrem Vertrauensverhältnis über die Trennung und die Scheidung hinweg einen Einbruch, der in den Jahren nach der Scheidung wieder überwunden werden kann. Die Qualität der Beziehung ist nach vorübergehender Trennung und Wiederan-

näherung jedoch eine andere als vor der Scheidung der Eltern. Vater und Tochter können sich jetzt in viel stärkerem Maße als Gleichberechtigte begegnen. Das bedeutet, daß beide Seiten individuell und aus freien Stücken darüber entscheiden, inwieweit sie aufeinander zugehen oder sich voneinander distanzieren, ohne dabei auf Dritte – etwa die Mutter – Rücksicht nehmen zu müssen. Die Entwicklung einer individuell geprägten, freiwilligen Beziehung kann somit als Voraussetzung einer gelungenen Wiederannäherung gewertet werden.

(4) Damit es auch in einem emotionalen Sinne zu einer Wiederannäherung kommen kann, müssen Gelegenheiten gegeben sein, bei denen sich Vater und Tochter aus eigenen Interessen und aus gegenseitiger Initiative heraus begegnen. Erst dadurch, daß sich Vater und Tochter nach der Trennungszeit wieder mehr oder weniger regelmäßig sehen und austauschen, wird es ihnen möglich, die Beziehung in positiver Weise zu rekonstruieren. Das bedeutet – und darauf haben auch Southworth & Schwarz (1987) hingewiesen – daß die Wiederbegegnung selbst dazu beiträgt, daß die Beziehung insgesamt positiver beurteilt wird, als wenn es nicht zur Wiederbegegnung gekommen wäre. Diese Beobachtung spricht dafür, daß – ungeachtet der früheren Erfahrungen während der gemeinsamen Familienzeit – es von der Initiative zur Wiederbegegnung abhängt, ob Vater und Tochter ihre Beziehung auch nach schwierigen Phasen wieder positiver beurteilen können.

(5) Das Erleben emotionaler Nähe und das Herstellen einer individualistisch-unabhängigen Beziehung wirken als sich gegenseitig relativierende und korrigierende Beziehungsmerkmale. Töchter, die sich von ihrem Vater nicht ernstgenommen fühlen, reagieren in ähnlicher Weise mit emotionaler Distanzierung wie Töchter, denen die Abhängigkeit ihres geschiedenen Vaters zur Last wird. Mit ihrem distanzierenden Verhalten versuchen sie – wenn auch mit unterschiedlichem Erfolg – die Einseitigkeit der Beziehung auszugleichen (vgl. auch Hill 1970).

Daneben gründet ein emotional nahes Verhältnis nicht in jedem Fall auf einem individuell-selbstbestimmten Austausch.

Vielmehr können Vater und Tochter über lange Zeit die frühere Eltern-Kind-Beziehung aufrechterhalten. In diesem Fall bestehen in weit stärkerem Maße einseitige Abhängigkeiten als in einer Konstellation, in der die gegenseitige Nähe auf einer frei gewählten Wiederannäherung beruht, die erst nach einer beiderseitigen Verselbständigung erfolgen kann.

(6) Das Erwachsenwerden der Tochter geht damit einher, daß sie sich aus der triangulären Beziehung löst, in der sie als Kind mit Vater und Mutter verbunden war. Als wesentliches Merkmal einer ›erwachsenen‹ Vater-Tochter-Beziehung nach einer Scheidung kann gelten, daß beide sich unabhängig von ihrer jeweiligen Beziehung zur Mutter bzw. ehemaligen Ehefrau begegnen und austauschen können. Für die Töchter und Väter besteht hier in der Praxis eine besondere Schwierigkeit, weil die Tochter unmittelbar nach der Trennung sich in der Regel stärker mit der Mutter identifiziert (Hetherington 1972). Offensichtlich bestätigen sich hier Befunde von Cooney (1994), wonach die Beziehungen erwachsener Kinder zu ihren geschiedenen Eltern von der jeweiligen Beziehung zum anderen Elternteil abhängig sind. Dies würde bedeuten, daß in vielen Fällen eine emotionale Wiederannäherung an den Vater mit einer Neubestimmung der Beziehung zur Mutter einhergeht.

Literatur

Amato, P. R. & Keith, B. (1991a). Parental divorce and the well-being of children. A meta-analysis. *Psychological Bulletin, 110*, pp. 26–46.

Amato, P. R. & Keith, B. (1991b). Parental divorce and adult well-being. A meta-analysis. *Journal of Marriage and the Family, 53*, pp. 43–58.

Booth, A., Brinkerhoff, D. B. & White, L. K. (1984). The impact of parental divorce on courtship. *Journal of Marriage and the Family, 46*, pp. 85–94.

Booth, A. & Amato, P. R. (1994). Parental marital quality, parental divorce, and relations with parents. *Journal of Marriage and the Family, 56*, pp. 21–34.

Cherlin, A. J. (1981). *Marriage, divorce, remarriage.* Cambridge (Mass.): Harvard University Press.

Cooney, T. M. (1994). Young adults' relations with parents. The influence of recent parental divorce. *Journal of Marriage and the Family, 56*, pp. 45–56.

Freedle, R.O. (1975). Dialogue and inquiring systems. The development of a social logic. *Human Development, 18*, pp. 97–118.

Furstenberg, F. F. & Cherlin, A. J. (1993). *Geteilte Familien.* Stuttgart: Klett-Cotta.

Glenn, N. & Kramer, K. (1987). The marriages and divorces of the children of divorce. *Journal of Marriage and the Family, 49*, pp. 811–825.

Hagestad, G. O., Smyer, M. A. & Stierman, K. (1983). The impact if divorce in middle age. In R. Cohen, S. Weissman & B. Cohler (eds.), *Parenthood. Psychodynamic Perspectives.* New York: Guilford Press, pp. 247–262.

Hetherington, E. M. (1972). Effects of father absence on personality development in adolescent daughters. *Developmental Psychology, 7*, pp. 313–326.

Hetherington, E. M. (1980). Scheidung aus der Perspektive des Kindes. *Report Psychologie, 5*, S. 6–23.

Hetherington, E. M., Cox, M. & Cox, R. (1978). The aftermath of divorce. In J. H. Stevens & M. Mathews (eds.), *Mother-child, father-child relationship.* Washington: Nat. assoc. for the studies of young children, pp. 149–176.

Hildenbrand, B. (1991). *Alltag als Therapie. Ablöseprozesse Schizophrener in der psychiatrischen Übergangseinrichtung.* Bern: Huber.

Hill, R. (1970). *Family Development in Three Generations. A Longitudinal Study of Changing Family Patterns of Planning and Achievement.* Cambridge (Mass.): Schenkman.

Kulka, R. A. & Weingarten, H. (1979). The long-term effect of parental divorce in childhood on adult adjustment. *Journal of Social Issues, 35*, pp. 50–78.

Lewinson, D. J. (1979). *Das Leben des Mannes. Werdenskrisen, Wendepunkte, Entwicklungschancen.* Köln: Kiepenheuer & Witsch.

Lüders, C. (1991). Deutungsmusteranalyse – Annäherungen an ein risikoreiches Konzept. In D. Garz & K. Kraimer (Hrsg.), *Qualitativ-empirische Sozialforschung. Konzepte, Methoden, Analysen.* Opladen: Westdeutscher Verlag, S. 377–408.

Mahler, M. S, Pine, F. & Bergman, A. (1985). *Die psychische Geburt des Menschen. Symbiose und Individuation.* Frankfurt/M.: Fischer.

McLanahan, S. S. (1985). Family structure and the reproduction of poverty. *American Journal of Sociology, 90*, pp. 873–901.

Moch, M. (1993). Subjektive Repräsentationen von ›Familie‹ nach einer Scheidung im mittleren Lebensalter. In K. Lüscher & F. Schultheis (Hrsg.), *Generationenbeziehungen in ›postmodernen‹ Gesellschaften.* Konstanz: Universitätsverlag, S. 215–234.

Moch, M. (1995). *The social meaning of intergenerational relationships.* Paper presented at the 7. European Conference on Developmental Psychology in Krakau.

Moch, M. (1996). Geschiedene Väter und ihre Eltern – Zur sozialen Bedeutung der Herkunftsfamilie im Scheidungsfall. *Familiendynamik, 21,* S. 268–283.

Moch, M. (1999). Intergenerationale Beziehungen geschiedener Väter und ihre familialen Kontexte. In E. Sander (Hrsg.), *Trennung und Scheidung: Die Perspsektive betroffener Eltern.* Weinheim: Deutscher Studienverlag, S.152–165.

Moch, M. & Junker, M. (1997). *Divorced fathers and their parents – On the ›social logic‹ of intergenerational relationships in divorced german and american families.* Working Paper #97–04, Bronfenbrenner Life Course Center, Cornell University, N.Y.

Moch, M. & Junker, M. (1998). Zur ›sozialen Logik‹ der Generationenbeziehungen deutscher und amerikanischer Scheidungsväter. *Zeitschrift für Soziologie der Erziehung und Sozialisation,18,* S. 250–266.

Moch, M. & Lüscher, K. (1994). Bedeutungen finanzieller Transfers zwischen geschiedenen Eltern und ihren erwachsenen Kindern. *System Familie, 7,* S. 234–244.

Moch, M. & Pajung-Bilger, B. (1994). Generationenbeziehungen nach einer Scheidung. In N. Schneider (Hrsg.), *Familie und Familienprobleme im Wandel.* Sonderheft 1/94 der Zeitschrift für Familienforschung.

Napp-Peters, A. (1985). *Ein-Elternteil-Familien.* Weinheim: Juventa.

Pajung-Bilger, B. & Lüscher, K. (1994). Bedingungen und Stellenwert einer neuen Partnerschaft von geschiedenen Eltern und deren Einfluß auf die Generationenbeziehungen. *Zeitschrift für Familienforschung, 6,* S. 221–250.

Peirce, C. S.(1976, Orig. 1878). Wie unsere Ideen zu klären sind. In C. S. Peirce, neu hrsg. v. K. O. Apel, *Schriften zum Pragmatismus und Pragmatizismus.* Frankfurt/M.: Suhrkamp, S.182–214.

Rothbaum, F., Weisz, J. R. & Snyder, S.S.(1982). Changing the world and changing the self: A two-process modell of perceived control. *Journal of Personality and Social Psychology, 42,* pp. 5–37.

Seltzer, J. A. & Bianchi, S.M. (1988). Childrens contact with absent parents. *Journal of Marriage and the Family, 50,* pp. 663–677.

Southeworth, S.& Schwarz, C. (1987). Post-divorce contact, relationship with father, and heterosexual trust in female college students. *American Orthopsychiatric Association, 57,* pp. 371–381.

Stierlin, H. (1989). *Individuation und Familie.* Frankfurt/M.: Suhrkamp.

Strauss, A. L. (1991). *Grundlagen qualitativer Sozialforschung. Datenanalyse und Theoriebildung in der empirischen soziologischen Forschung.* München: Fink.

Terhart, E. (1985). Das Einzelne und das Allgemeine – Über den Umgang mit Fällen im Rahmen erziehungswissenschaftlicher Forschung. *Zeitschrift für internationale erziehungs- und sozialwissenschaftliche Forschung, 2,* S. 283–312.

Uddenberg, N. (1976). Mother-father and daughter-male relationships: A comparison. *Archives of Sexual Behavior, 5.(1),* pp. 69–79.

Umberson, D. (1992). Relationships between adult children and their parents. Psychological consequences for both generations. *Journal of Marriage and the Family, 54,* pp. 664–674.

Wallerstein, J. (1986). Women after divorce. Preliminary report from a ten-year follow-up. *American Journal of Orthopsychiatry, 56,* pp. 65–77.

Wallerstein, J. & Blakeslee, S. (1989). *Gewinner und Verlierer. Frauen, Männer, Kinder nach der Scheidung.* München: Droemer Knaur.

Wallerstein, J. & Corbin, S. (1989). Daughters of divorce. Report from a ten-year follow-up. *American Journal of Orthopsychiatry, 59,* pp. 593–604.

Wallerstein, J. & Kelley, J. (1980). *Surviving the breakup. How children and parents cope with divorce.* New York: Basic Books.

Witzel, A. (1985). Das problemzentrierte Interview. In G. Jüttemann (Hrsg.), *Qualitative Forschung in der Psychologie.* Weinheim: Beltz, S. 227–255.

Youniss, J. (1994): *Soziale Konstruktion und psychische Entwicklung.* Frankfurt/M: Suhrkamp.

HEINZ KINDLER, KARIN GROSSMANN & PETER ZIMMERMANN

Kind-Vater-Bindungsbeziehungen und Väter als Bindungspersonen

Die Bindungsforschung untersucht, wie Kinder Bindungen zu ihren Eltern aufbauen und welchen Einfluß diese auf die Entwicklung der kindlichen Persönlichkeit nehmen. Obwohl Väter nur in einen kleinen Teil der Studien einbezogen wurden, liegt inzwischen eine beachtliche Anzahl an Befunden zu Kind-Vater-Bindungsbeziehungen und Vätern als Bindungspersonen vor. Eine Übersicht über diese Befunde wird gegeben. Kinder bauen in der Regel Bindungen zu ihren Vätern auf. Deren Qualität hängt nicht von den Erfahrungen des Kindes mit der Mutter ab, jedoch konnten die interaktiven Wurzeln der Kind-Vater-Bindungsqualitäten bislang nur unzureichend aufgeklärt werden. Eine mangelnde Berücksichtigung spezifischer Merkmale von Vater-Kind-Interaktionen, wie etwa einem kindliche Kompetenzen herausfordernden väterlichen Spielstil, hat vermutlich zu diesem Ergebnis beigetragen. In der Bielefelder Längsschnittstichprobe erwies sich die Fähigkeit zur ›sensitiven Herausforderung‹ des 2jährigen Kindes als bedeutsamer Aspekt der Güte väterlichen Interaktionsverhaltens. Zusammenhänge zu Kernelementen der Bindungsentwicklung des Kindes über einen Zeitraum von mehr als zehn Jahren wurden gefunden. Die Qualität der Kind-Vater-Bindungsbeziehung im zweiten Lebensjahr wies demgegenüber keine längschnittlichen Bezüge auf. Eine positive Einstellung zur Bedeutung von Bindungen im Leben geht bei Vätern einher mit einer hohen Güte des Interaktionsverhaltens und begünstigt den Aufbau einer sicheren Bindungsbeziehung des Kindes zum Vater. Erste Befunde zur Einbettung des Fürsorgeverhaltenssystems in die Persönlichkeit von Vätern, insbesondere Zusammenhänge zum Selbstkonzept, werden erörtert. Abschließend werden offene Fragen zur Bindungsforschung mit Vätern formuliert.

Infants form attachment relationships that exert influences on children's personality development. Although many longitudinal studies have solely focused on child-mother bonds considerable knowledge on child-father attachment relationships and fathers as attachment figures has emerged. This research is reviewed in the present article. Some studies have failed to find significant connections between father-child interaction, quality of child attachment to father and child outcome in attachment related areas of development. It is argued that methods developed for mother-child dyads may loose validity when used in father-child research. For example the more challenging play style of fathers may not be adequately tapped. Findings from the Bielefeld Longitudinal Study show paternal but not maternal ability to sensitively challenge and guide their toddler during freeplay was linked with coping styles, peer relationships and attachment representations of the child fourteen years later.

1 Einleitung

Vater-Kind-Beziehungen können, wie alle zwischenmenschlichen Beziehungen, unter einer Vielzahl von Gesichtspunkten betrachtet werden. Mehrere für die Beschreibung von Beziehungen bedeutsame Aspekte wurden vom englischen Verhaltensforscher Hinde (1993) in einem kürzlich auf deutsch erschienenen Artikel herausgearbeitet. Als Beispiele relevanter Dimensionen könnten demnach genannt werden: Inhalt und Vielfältigkeit von Interaktionen, Verteilung von Macht, Ausmaß an Beziehungszufriedenheit und Engagement. Qualitative Aspekte zählen nach Hinde (1993) zu den »bedeutsamsten und zugleich am schwierigsten zu messenden« (S. 16) Gesichtspunkten bei der Beschreibung von Beziehungen. Als einer der von Hinde (1993) genannten Forschungsansätze

bietet die Bindungstheorie einen konzeptuellen, wie auch methodologischen Rahmen zur qualitativen Beschreibung bestimmter
Aspekte von Eltern-Kind-Beziehungen. Auf der Basis einer Vielzahl
längsschnittlicher Befunde hat sich die Bindungstheorie, wie
Michael Rutter (1995, S.550), einer der gegenwärtig weltweit be-
kanntesten Kinder- und Jugendpsychiater, anmerkt, zur einflußreichsten empirisch verankerten Theorie auf dem Feld der sozialen Entwicklung herausgebildet. Die bei weitem überwiegende
Mehrzahl an Informationen wurde hierbei über Kind-Mutter-Bindungsbeziehungen und Mütter als Bindungspersonen gesammelt
(für eine Übersicht: Belsky & Cassidy 1994, Grossmann et al., 1997).
Aufgabe des vorliegenden Artikels ist es, bestehende Befunde zu
Kind-Vater-Bindungsbeziehungen und Vätern als Bindungspersonen zusammenzutragen und die Frage spezifischer Einflüsse oder
Einflußwege der mit dem Vater gemachten Bindungserfahrungen
auf den Verlauf der kindlichen Persönlichkeitsentwicklung zu er-
örtern. Zunächst erscheint es zum besseren Verständnis jedoch
sinnvoll, einige Grundlagen der Bindungstheorie zumindest grob
zu umreißen.

2 Grundlagen der Bindungstheorie

Die Bindungstheorie wurde vom englischen Psychoanalytiker und
Kinderpsychiater John Bowlby (1975, 1976, 1983, 1995) unter Einbeziehung ethologischen, entwicklungspsychologischen und evolutionsbiologischen Gedankenguts formuliert. Im Unterschied zu
damaligen Strömungen der klinisch-psychoanalytischen Theorie
betonte Bowlby (1975, 1976, 1983) die Bedeutung realer Beziehungserfahrungen für die kindliche Persönlichkeitsentwicklung
und forderte die Prüfung seiner Hypothesen mittels prospektiver
Beobachtungsstudien. Die theoretischen und methodologischen
Forschungsbeiträge der amerikanischen Psychologin Mary Ainsworth (Ainsworth 1967, Ainsworth et al. 1978) trugen wesentlich
dazu bei, die Bindungstheorie für eine empirische, an interindivi-
duellen Unterschieden interessierte Entwicklungspsychologie zu
öffnen (zur Geschichte der Bindungsforschung: Bretherton 1995,
Holmes 1993, Grossmann 1995).

Im Rückgriff auf regelsystemtheoretische Modelle postulierte John Bowlby (1975) beim Kind ein evolutionär verankertes *Bindungsverhaltenssystem*, dem auf der Seite der Bindungspersonen ein komplementäres *Fürsorgeverhaltenssystem* entspricht. Die grundlegende evolutionär-adaptive Funktion des Zusammenwirkens von kindlichem Bindungsverhaltenssystem und dem Fürsorgeverhaltenssystem der Bindungspersonen liegt in der Regulierung von Nähe und Distanz zwischen Kind und Bindungsfiguren im Dienst des Überlebens des Kindes. Ein gelingendes Zusammenspiel beider Verhaltenssysteme wird vom Kind als Gefühl von Sicherheit und Vertrauen erfahren.

Das Bindungsverhaltenssystem eines vorsprachlichen Kindes kann beispielsweise durch eine als bedrohlich wahrgenommene Situation, Krankheit, Müdigkeit und Erschöpfung oder die verminderte Zugänglichkeit seiner Bindungspersonen aktiviert werden. Durch verschiedene Signale und Verhaltensweisen, wie etwa Rufen, Weinen oder Nachfolgen, kann das Kind versuchen, Nähe zu einer Bindungsfigur herzustellen. Auf der Seite der Bindungsfigur können umgekehrt verschiedene Verhaltensweisen (zum Beispiel Zuwenden, Aufnehmen) dazu beitragen, ein Gefühl der Sicherheit beim Kind wiederherzustellen.

Als ›*Bindungsverhaltensweisen*‹ können nach Bowlby (1975) Signale oder Handlungen angesehen werden, die dazu dienen, Nähe zu einer Bindungsfigur herzustellen oder beizubehalten. Eine Vielzahl von Verhaltensweisen können diese Funktion übernehmen, dabei in anderen Situationen jedoch durchaus im Dienst weiterer Verhaltenssysteme stehen (zum Beispiel Annäherung zur Aufnahme einer spielerischen Interaktion). Als ›*Bindungsverhaltenssystem*‹ des Kindes wird die innere, auf einen Zielzustand (erlebte Sicherheit) bezogene und situationsabhängig mit unterschiedlicher Intensität aktivierte Organisation von Bindungsverhaltensweisen und zugehörigen Gefühlen bezeichnet. Konkrete, das Bindungsverhaltenssystem aktivierende Situationen verändern sich im Verlauf der Ontogenese eines Menschen. Jedoch sprach Bowlby (1975, S. 197) von einer lebenslangen Bedeutung und Wirksamkeit des Bindungsverhaltenssystems. Der Begriff der ›*Bindungsbeziehung*‹ schließlich meint den Vertrauensaspekt der Beziehungen zwischen einem Kind und seinen Bindungspersonen. Im

Unterschied zum situationsabhängigen Auftreten oder Fehlen von Bindungs- oder Fürsorgeverhalten wird die Bindungsbeziehung als kontinuierlich vorhanden gedacht. Bowlby (1975) beschrieb einen altersabhängigen Entwicklungsverlauf beim Aufbau von Bindungsbeziehungen. Er nahm an, daß alle Kinder, sofern ihnen die Gelegenheit hierzu geboten wird, im Verlauf der zweiten Hälfte des ersten Lebensjahres Bindungsbeziehungen aufbauen.

Das Bindungsverhaltenssystem wirkt im Zusammen- oder Wechselspiel mit weiteren kindlichen Verhaltenssystemen (Ainsworth 1984, S.566). Beispielsweise sprechen Grossmann & Grossmann (1994, S.28) von einer *Balance zwischen dem kindlichen Bindungs- und Explorationsverhaltenssystem* (siehe auch Bowlby 1975). Unter Bedingungen von emotionaler Beunruhigung und Belastung organisiert sich das kindliche Verhalten im Hinblick und in Richtung auf seine Bindungspersonen. Neugier und Exploration treten in den Hintergrund. Unter den Bedingungen emotionaler Sicherheit und Beruhigung kann dagegen das kindliche Erkundungssystem aktiviert werden.

Mit dem Begriff der ›sicheren Basis‹ (›secure base‹) beschrieb Ainsworth (1967) die Rolle der Bindungsperson im Rahmen der Balance zwischen Bindung und Erkundung. In dem Maße, in dem eine Bindungsperson vom Kind effektiv als sichere Basis genutzt werden kann, wird daher die Erkundung, Auseinandersetzung und Aneignung der Umwelt durch das Kind gefördert. Carlson & Sroufe (1995, S.584) bezeichnen dies als zweite adaptive Funktion des Bindungsverhaltenssystems.

Ainsworth (Ainsworth et al. 1978) gelang es als erster, *interindividuelle Unterschiede* in der Organisation des kindlichen Bindungsverhaltenssystems in Richtung auf spezifische Bindungspersonen, in diesem Fall die Mütter der Kinder, aufzuzeigen. Die Verhaltensstrategien der Kinder in bezug auf ihre Mütter wurden in einer emotional belastenden Situation, der sogenannten ›Fremdesituation‹, mittels verschiedener Beurteilungsskalen in Bezug auf ihr Bindungsverhalten beschrieben. Weiterhin erfolgte eine globale Kategorisierung der Bindungsmuster der beobachteten Dyaden. Die ›*Fremdesituation*‹ besteht aus einer standardisierten Abfolge von acht Episoden und wird in einem Alterszeitraum von 11 bis 20 Monaten angewandt. Das Kind begegnet einer fremden Person und erlebt eine zweimalige, kurzzeitige Trennung von der Bindungsperson. Beide Arten von Ereignissen sind geeignet, eine emotionale Verunsicherung beim Kind auszulösen und damit das Bindungsverhaltenssystem zu aktivieren. Hierauf deuten inzwischen auch psychophysiologische Untersuchungen hin (Spangler und Grossmann 1993).[1]

Ainsworth et al. (1978) unterschieden in der ›Fremdesituation‹ drei Verhaltensmuster, die sie als Ausdruck zugrundeliegender *Bindungsqualitäten* interpretierten und als A bzw. ›unsicher vermeidend‹, B bzw. ›sicher‹ oder C bzw. ›unsicher ambivalent‹ bezeichneten. *Sicher gebundene Kinder* konnten, wenn sie mit der Bindungsperson alleine waren, entspannt explorieren. Nach einer Trennung suchten sie vermehrt Nähe und Kontakt zur Bindungsfigur und zeigten kein oder kaum kontaktvermeidendes Verhalten. Wenn sie emotional stark verunsichert waren, kommunizierten diese Kinder ihre Befindlichkeit gegenüber der Bindungsperson offen.

Unsicher vermeidend gebundene Kinder ignorierten ihre Bindungspersonen dagegen bei deren Rückkehr nach einer Trennung. Insbesondere wenn sie durch die vorangegangene Trennung emotional deutlich bekümmert waren, vermieden diese Kinder die Kommunikation mit der Bindungsperson (Grossmann et al. 1986). *Unsicher ambivalent gebundene* Kinder schließlich zeigten in Anwesenheit der Bindungsperson kein oder kaum Explorationsverhalten in einer positiven Stimmung. Während der Trennungsepisoden waren diese Kinder sehr aufgebracht und unglücklich. Bei der Wiedervereinigung verhielten sie sich teilweise passiv, teilweise trat ein intensiver Wunsch nach Kontakt, vermischt mit einem ärgerlichen Kontaktwiderstand auf. Im Unterschied zu sicher gebundenen Kindern waren diese Kinder nur schwer zu beruhigen.

Das Verhalten der überwiegenden Mehrzahl der in der ›Fremdesituation‹ beobachteten Kinder läßt sich einer der drei beschriebenen Bindungsmuster zuordnen. Als pragmatische Annä-

---

1 Für eine weiterführende Beschreibung und Diskussion zur ›Fremdesituation‹ als Forschungsinstrument: Diskussion in der Zeitschrift *The Behavioral and Brain Sciences*, Jg. 7, Heft 1, S. 127–161, Belsky & Braungart (1991).

herung an beobachtbare Phänomene erheben die von Ainsworth et al. (1978) entworfenen Bindungsmuster aber nicht den Anspruch einer vollständigen und abschließenden Erfassung möglicher Verhaltensstrategien von Kindern in bindungsrelevanten Situationen. So wird etwa in neueren Untersuchungen auf Anzeichen von Desorganisation oder Desorientierung (zum Beispiel kurzzeitiges »Erstarren« des Kindes) im Verhalten des Kindes geachtet (Main 1995, Spangler et al. 1996). Solche Verhaltensweisen werden zusätzlich zu den Bindungsmustern nach Ainsworth et al. (1978) notiert.[2]

Die in der ›Fremdesituation‹ beobachtbaren Verhaltensmuster von Kindern wurden von der Bindungsforschung als Ausdruck interaktionsgeschichtlich entstandener Erwartungen der Kinder hinsichtlich des Umgangs ihrer Mütter mit Bindungssignalen interpretiert. Entsprechend wurde in einer Vielzahl von Studien versucht, an Hand verschiedener Merkmale elterlicher Fürsorge im ersten Lebensjahr Bindungsqualitäten vorherzusagen. Eine Schlüsselstellung nahm hierbei das von Ainsworth entworfene Konzept der ›Feinfühligkeit‹ gegenüber kindlichen Signalen ein (Ainsworth et al. 1974; deutsche Übersetzung bei Grossmann 1977). Feinfühligkeit wurde hierbei definiert als Fähigkeit, Signale des Kindes wahrzunehmen, richtig zu interpretieren und angemessen sowie prompt zu beantworten. In einer Reihe von Studien in verschiedenen Kulturen und mit verschiedenen Gruppen von Kindern (zum Beispiel Unterschicht: Egeland & Farber 1984; hoch irritierbare Kinder: Van den Boom 1994) erwies sich eine hohe mütterliche Feinfühligkeit zu verschiedenen Meßzeitpunkten im ersten Lebensjahr als vorhersagekräftig für die Ausbildung einer sicheren Kind-Mutter-Bindungsqualität (Übersicht bei Goldsmith & Alansky 1987). Babys mit einer sehr feinfühligen Mutter erleben ein Gegenüber, das aufmerksam, geduldig und zuverlässig auf ihre Signale reagiert, Bedürfnisse nach Kontakt akzeptiert, aber auch Erkundungswünsche respektiert. Diese Erfahrung erlaubt es dem Kind, psychische Belastungen gegenüber seinen Vertrauenspersonen offen

---

2 Da noch kaum entsprechende Studien für Kind-Vater-Bindungsbeziehungen vorliegen, wird auf Desorganisation hier nicht näher eingegangen.

auszudrücken und sie mit deren Hilfe zu bewältigen. Ein solches Verhaltensmuster unterscheidet sich deutlich von den Verhaltensstrategien unsicher gebundener Kinder, die von Main (1990) als kindliche Anpassungen an verschiedene Formen wenig feinfühligen Verhaltens ihrer Bindungspersonen interpretiert wurden. Werden beispielsweise kindliche Bindungssignale im ersten Lebensjahr häufig ignoriert oder zurückgewiesen, so zeigen die Kinder die paradox anmutende Strategie in emotional beunruhigenden Situationen (z.B. ›Fremdesituation‹) die Kommunikation belastender Gefühle zu vermeiden (Grossmann et al. 1986, Isabella 1993). Main (1990) beschreibt dies als ein ›Vermeiden im Dienst von Nähe‹, da es das Kind auf diese Weise vermeidet, ablehnende, Distanz vergrößernde Reaktionen bei der Bindungsperson hervorzurufen. Eine inkonsistente, für das Kind nicht vorhersagbare Beachtung seiner Bindungssignale ist demgegenüber mit dem unsicher-ambivalenten Bindungsmuster assoziiert, das als Ausdruck einer ›Hyperaktivierung‹ des Bindungsverhaltenssystems gedeutet werden kann (Übersicht bei Cassidy & Berlin 1994). Hinsichtlich der Vorhersage von Bindungsqualitäten erwiesen sich, zumindest bei Mutter-Kind-Dyaden, die von Ainsworth et al. (1978) vorgeschlagenen globalen Beurteilungsskalen zur Interaktionsbeschreibung gegenüber den an diskreten Verhaltensweisen ausgerichteten Variablen als überlegen (Goldsmith & Alansky 1987), da sie eher in der Lage scheinen, den Kontext und die Bedeutung von Verhaltensweisen zu berücksichtigen (Egeland 1991). Aber auch für die Ainsworth-Skalen sind die statistischen Zusammenhänge nur von mittlerer Stärke, so daß von einer zufriedenstellenden Aufklärung der Entstehungsweisen der unterschiedlichen Bindungsqualitäten noch nicht ausgegangen werden kann.[3] Qualitative Merkmale der Fürsorge durch Bindungspersonen, wie etwa die Feinfühligkeit, stellen keine isolierten Faktoren dar, sondern können durch kontextuelle Bedingungen, etwa durch das Familiensystem (Übersicht bei Belsky et al. 1995) oder die kulturelle

---

3 Die durchschnittliche Effektstärke für die Ainsworth-Skalen in der Meta-Analyse von Goldsmith & Alansky (1987) war *d=0.68*, nach Cohen (1977, S.26 f) ein mittlerer Effekt.

Ökologie der Fürsorge (Grossmann & Grossmann 1990) beeinflußt werden.

Bowlby (1975) postulierte einen bedeutsamen *Einfluß früher Bindungserfahrungen auf die kindliche Persönlichkeitsentwicklung.* So sah er etwa im kindlichen »Vertrauen in die stete Zugänglichkeit und Verfügbarkeit von Bindungsfiguren das Fundament für die Entwicklung einer stabilen und selbstvertrauenden Persönlichkeit« (Bowlby 1976, S. 379). Die Ergebnisse einer beachtlichen Anzahl längsschnittlicher Studien zur Kind-Mutter-Bindung erwiesen sich als konsistent mit dieser von Bowlby geäußerten Ansicht. So fanden sich beispielsweise Zusammenhänge zur *Resilienz* von Kindern in verschiedenen Altersstufen, also einem positiven Entwicklungsverlauf trotz ungünstiger Lebensumstände, chronischer psychosozialer Belastungen oder psychischer Traumata (Egeland et al. 1993, Fonagy et al. 1994). Auch konnten bei Kindern mit sicheren Bindungserfahrungen theoretische Vorhersagen über den Aufbau einer hohen *emotionalen Integrität und Kohärenz* bestätigt werden, das heißt der Fähigkeit »negative und positive Gefühle auf ihre externen Ursachen zurückzuführen, als gegeben zu akzeptieren und die erlebten Konflikte durch aktives, wirklichkeitsbezogenes Handeln und Kommunizieren, zum Beispiel indem man um Hilfe bittet, zu lösen« (Grossmann et al. 1989, S.49; für eine neuere Literaturübersicht siehe Cassidy 1994). Weiterhin unterschieden sich sicher und unsicher gebundene Kinder in verschiedenen Altersstufen in ihrer *sozialen Kompetenz* im Umgang mit Gleichaltrigen und nicht-elterlichen Erziehungspersonen (Elicker et al. 1992, Suess et al. 1992). Da viele der angesprochenen Befunde in Abwesenheit der Eltern erhoben wurden, müssen gefundene Zusammenhänge zu den Bindungserfahrungen der Kinder über einen Prozeß der Verinnerlichung vermittelt worden sein. Bowlby (1976) spricht hierbei von einer allmählichen Organisation der Bindungserfahrungen des Kindes in ›*inneren Arbeitsmodellen*‹ (›*internal working models*‹) der Umwelt und des Selbst. Als Schlüsselmerkmal des kindlichen Arbeitsmodells der Umwelt betrachtet Bowlby (1976) »die Vorstellung von dem wer seine Bindungspersonen sind, wo es sie finden kann, und wie sie wahrscheinlich reagieren«. Komplementär hierzu sieht er in der kindlichen »Vorstellung, wie akzeptabel oder inakzeptabel es in den Augen seiner Bindungspersonen« ist, ein Schlüsselmerkmal des kindlichen Selbstbildes (S.247). Beide Modelle sind miteinander verknüpft, da ihr gemeinsamer Ursprung in den wiederkehrenden Interaktionserfahrungen des Kindes liegt. Innere Arbeitsmodelle wirken handlungsleitend, indem sie die Situationseinschätzung und Handlungsplanung des Kindes im Hinblick auf seine Ziele vor allem in bindungsrelevanten Situationen beeinflussen. Bowlby (1975) beschreibt innere Arbeitsmodelle als dynamisch und anpassungsfähig. Da einmal gebildete Arbeitsmodelle dazu neigen, außerhalb des Bewußtseins zu operieren, spricht er jedoch auch von einer Tendenz zur Stabilität. Theorie und Empirie der Bindungsforschung deuten auf einen signifikanten Einfluß früher Bindungserfahrungen hin (siehe insbesondere Oppenheim et al. 1988, Sroufe et al. 1990), geben jedoch keinen Anlaß, von einer determinierenden Wirkung auszugehen (Zimmermann et al. 1995).

Die Frage nach der Stabilität von Bindungsqualitäten hat, insbesondere zu Beginn der Bindungsforschung, viel Aufmerksamkeit auf sich gezogen. Stabilität über verschiedene Alterszeitpunkte hinweg kann hierbei nicht auf der Ebene einzelner Verhaltensweisen, sondern nur auf der Ebene einer funktional ähnlichen Organisation altersentsprechender Handlungsweisen erwartet werden (Sroufe & Waters 1977). Wird eine solche Perspektive zugrundegelegt, so kann zwischen dem ersten und sechsten Lebensjahr eine hohe Stabilität der Qualität von Mutter-Kind-Bindungsbeziehungen demonstriert werden (Wartner et al. 1994). Die Frage nach der Stabilität von Bindungsqualitäten mündet in die weitergehende Frage nach der Tradierung von Bindungsmustern über Generationen hinweg. Wird eine Tradierung angenommen, so impliziert dies im Verlauf des Aufwachsens eine Transformation von Bindungserfahrungen in interindividuell unterschiedlich organisierte Fürsorgestrategien. Ein entsprechender Prozeß kann bislang weder als theoretisch hinreichend verstanden gelten, noch konnte er empirisch belegt werden. Jedoch konnte als Zwischenschritt gezeigt werden, daß die *Einstellung zur Bedeutung von Bindungen*, forschungstechnisch ›Bindungsrepräsentation‹ genannt, eine prospektive Vorhersagekraft für die Bindungsqualität des Kleinkindes zur Mutter besitzt, selbst wenn die Bindungsrepräsentation bereits während der Schwangerschaft erhoben wurde (Überblick bei Van

Ijzendoorn 1995). Diese Befunde lassen den vorläufigen Schluß zu, daß die Bindungsrepräsentation von Müttern mit ihrer Fürsorgestrategie bedeutsam verbunden ist. Die Qualität der Bindungsrepräsentation wurde hierbei mittels des halbstrukturierten ›Bindungsinterviews für Erwachsene‹ (›Adult Attachment Interviews‹, Main & Goldwyn 1985) erhoben. Die Interviewfragen zielen auf bindungsrelevante Erinnerungen aus der Kindheit der befragten Personen ab. Die Auswertung stützt sich auf die Organisation der berichteten Erinnerungen (zum Beispiel die Entsprechung zwischen Generalisierungen und Detailerinnerungen), die Ausführlichkeit und sprachliche Flüssigkeit der Präsentation, sowie die Bewertung der berichteten Erinnerungen im Licht gegenwärtiger Erfahrungen der befragten Person. Wird im Interview offen und kohärent über positive und negative Erfahrungen gesprochen, und werden Bindungserfahrungen als einflußreich für den Lebensweg eingeschätzt, so wird die Kategorie ›sicher-autonom‹ vergeben, die im Zusammenhang mit der Ausbildung einer sicheren Bindungsbeziehung des Kindes zur Mutter steht. Zu den verschiedenen Mustern einer unsicheren Bindungsrepräsentation zählen Interviews, die gekennzeichnet sind durch fehlende Erinnerungen an bindungsrelevante Erfahrungen, Idealisierungen und eine Abwertung der subjektiven Bedeutung von Bindungsbeziehungen (›unsicher-distanziertes‹ Muster), sowie Interviews, die eine anhaltende emotionale Verstrickung mit den Eltern zum Ausdruck bringen (›unsicher-verstricktes‹ Muster).

Im Zuge einer ab den 70er Jahren wieder heftiger geforderten ökologischen Orientierung in der Entwicklungspsychologie wurde kindliche Entwicklung vermehrt als in Beziehungsnetzen verankert wahrgenommen (Bronfenbrenner 1979, Lewis 1982). Für die konzeptuell offene Bindungstheorie ergab sich hieraus der Anstoß, auch Kind-Vater-Beziehungen unter dem Aspekt der Bindung zu betrachten (z. B. Lamb 1978). In einer Reihe von Studien, deren Ergebnisse nachfolgend dargestellt werden, wurde dieser Forderung in der Zwischenzeit empirisch nachgegangen.

3 Kind-Vater-Bindungsbeziehungen

3.1 Entwickeln sich zwischen Vätern und Kindern in der Regel schon früh Bindungsbeziehungen?

Mit großer Einheitlichkeit scheint diese Frage von der Bindungs-forschung bejaht zu werden. Trotz einer entgegenstehenden psy-choanalytischen Denktradition erkannte Bowlby im ersten Band seiner 1969 im englischen Orginal erschienenen Bindungstrilogie ausdrücklich an, daß »mit zwölf Monaten die Existenz einer Viel-zahl von Bindungsfiguren wahrscheinlich die Regel« sei (1975, S.280). Zugleich ging Bowlby nicht davon aus, daß alle Bindungs-personen vom Kind ähnlich behandelt werden würden. Bei einer empirischen Annäherung an die Frage wäre zu erwarten, daß Kin-der ohne Bindungsbeziehung zum Vater in der ›Fremdesituation‹ keine kohärente, auf den Vater hin ausgerichtete Bindungsstrate-gie zeigen können. Im Klassifikationssystem von Ainsworth et al. (1978) hätte dies eine Eingruppierung in die Restkategorie ›nicht klassifizierbar‹ zur Folge. Eventuell wäre, so eine Überlegung, die Van Ijzendoorn et al. (1992) anstellten, auch eine Fehlklassifika-tion in die Gruppe der ›unsicher-vermeidend‹ gebundenen Kinder denkbar. Ein Vergleich der Eingruppierungsraten bei Kind-Vater-und Kind-Mutter-Stichproben sollte deutlich erhöhte Anteile an ›nicht klassifizierbaren‹ bzw. als ›unsicher-vermeidend‹ klassifizier-ten Kind-Vater-Dyaden erbringen, falls tatsächlich einige oder viele Kinder keine Bindung zum Vater aufbauen.

Bei einer Durchsicht der Literatur konnten fünf Studien aus den Vereinigten Staaten (Main & Weston 1981), Israel (Sagi et al. 1985), Holland (Van Ijzendoorn et al. 1992) und der Bundesre-publik Deutschland (Bielefelder und Regensburg-I-Längsschnitt-stichproben: Escher-Gräub & Grossmann 1983, Grossmann et al. 1981) lokalisiert werden, in denen Bindungsqualitäten des Kindes zu Vater und Mutter mittels der ›Fremdesituation‹ bestimmt wur-den, und die Angaben über ›nicht-klassifizierbare‹ Fälle enthiel-ten. Weitere vier Stichproben lieferten zusätzliche Angaben zur Anzahl ›unsicher-vermeidend‹ an Vater beziehungsweise Mutter gebundener Kinder (Belsky et al. 1984, Belsky & Rovine 1987, Lamb et al. 1982). Bei einer Gesamtzahl von 313 beziehungsweise

322 untersuchten Kind-Vater- beziehungsweise Kind-Mutter-Dyaden waren 4,5 Prozent (*n*=14) beziehungsweise 5,3 Prozent (*n*=17) der Dyaden als ›nicht klassifizierbar‹ beurteilt worden. Werden alle Studien zusammengefaßt, so waren 26,5 Prozent von 539 im Vergleich zu 22,7 Prozent von 551 Kindern ›unsicher-vermeidend‹ an Vater beziehungsweise Mutter gebunden. Bei einer ähnlichen Anzahl ›nicht klassifizierbarer‹ Kind-Mutter- bzw. Kind-Vater-Dyaden und einem nur leicht erhöhten Anteil ›unsicher-vermeidend‹ an den Vater gebundener Kinder erscheint es somit aus empirischer Sicht begründet, von einem in der Regel stattfindenden Aufbau einer Bindungsbeziehung zwischen Kind und Vater in der frühen Kindheit auszugehen.

3.2 Hängt die Qualität der Kind-Vater-Bindung von den Erfahrungen des Kindes mit dem Vater ab?

Die Erhebung der Bindungsbeziehungen zu beiden Elternteilen eröffnet darüber hinaus die Möglichkeit zu prüfen, ob die Qualität der Bindungsbeziehung eines Kindes zum Vater von der spezifischen Interaktionsgeschichte mit ihm abhängt. Als Alternativhypothesen könnten eine prototypische Bedeutung der Kind-Mutter-Bindung, wie von der psychoanalytischen Tradition nahegelegt (zum Beispiel Freud 1944, 126 ff.), oder eine entscheidende Rolle kindlicher Charakteristika in Betracht gezogen werden. In diesen Fällen wäre eine überzufällige Übereinstimmung der Bindungsqualitäten des Kindes zu Mutter und Vater zu erwarten. Die Mehrzahl der hierzu durchgeführten Studien (acht von elf) erbrachten, wie Fox et al. (1991) anmerken, keinen statistischen Zusammenhang zwischen beiden Bindungsbeziehungen. Bei einer meta-analytischen Zusammenfassung der Stichproben (*n*=672) ergab sich jedoch ein signifikantes Ergebnis (Fox et al. 1991). Die angesichts des Stichprobenumfanges aussagekräftigere Stärke des Zusammenhanges blieb allerdings gering (*log odds ratio*=0.5). Zusätzlich relativiert wird der Befund zudem durch eine Studie von Steele et al. (1993), die in ihrer Stichprobe sowohl das ›Bindungsinterview für Erwachsene‹ als auch die ›Fremdesituation‹ mit beiden Elternteilen durchführten. Steele et al. (1993) fanden einen Zusammenhang zwischen Bindungsrepräsentation und Partnerwahl. Überzufällig häufig hatte ein Elternteil mit einem als ›sicher-autonom‹ klassifizierten Bindungsinterview einen ebensolchen Partner.[4] Da die im ›Bindungsinterview für Erwachsene‹ erhobene Organisation bindungsrelevanter Erinnerungen das Fürsorgeverhalten zu beeinflussen scheint, wird durch dieses Ergebnis bereits eine gewisse Übereinstimmung der Bindungsqualitäten eines Kindes mit Vater und Mutter vorhergesagt. Wurde dieser Effekt statistisch kontrolliert, konnte in der Studie von Steele et al. (1993) kein Zusammenhang zwischen den Bindungsbeziehungen des Kindes zu beiden Elternteilen mehr festgestellt werden.

Insgesamt deuten die vorliegenden Befunde daher auf einen entscheidenden Einfluß der spezifischen Erfahrungen eines Kindes mit dem Vater beim Aufbau der Bindungsbeziehung zu ihm hin.

3.3 Beeinflußt die zeitliche Verfügbarkeit des Vaters die Qualität der Kind-Vater-Bindungsbeziehung?

Über die langfristige Stabilität von Kind-Vater-Bindungsbeziehungen ist noch kaum etwas bekannt. In einer amerikanischen Untersuchung (Main & Cassidy 1988), die einen Zeitraum von der frühen Kindheit (12 bis 18 Monate) bis zum sechsten Lebensjahr des Kindes umspannte, blieb die Bindungsqualität zum Vater in 61 Prozent der Fälle ($n=33$) stabil. Dieser Wert liegt deutlich unter dem vergleichbarer Mutter-Kind-Studien. Mangels Replikationen ist es derzeit noch unklar, ob dieser Befund auf Stichprobencharakteristika, eine für Mütter und Väter unterschiedliche Angemessenheit der Erhebungsinstrumente oder auf andere Gründe zurückzuführen ist. So wäre etwa an eine geringere Stabilität der Fürsorgestrategie von Vätern aufgrund einer kulturell weniger elaborierten Vorbereitung und einer sozial uneindeutiger definierten Elternrolle zu denken. Dieser Faktor wird beispielsweise von Belsky & Volling (1987) als »most important and distinctive difference between

---

4 Für eine meta-analytische Bestätigung dieses Zusammenhanges siehe Van Ijzendoorn & Bakermans-Kranenburg (1996); für ein abweichendes Ergebnis siehe Grossmann (2000).

fathers and mothers« (S. 60) bezeichnet. Weiterhin könnte es mit wachsenden kognitiven Fertigkeiten und einer entstehenden Fähigkeit zum Aushandeln gemeinsamer Pläne (Crittenden 1992) für Kinder leichter werden, den Vater, trotz häufiger Trennungen, als prinzipiell verfügbar zu erleben und ein entsprechendes inneres Bild des Vaters aufrecht zu erhalten. Dies entspräche der in der Studie von Main & Cassidy (1988) aufgetretenen geringen Stabilität der ›unsicher-vermeidenden‹ Kategorie im Verhältnis zur Dimension der Sicherheit (Main et al 1985). Generell ist jedoch nur wenig darüber bekannt, inwieweit das Ausmaß der zeitlichen Verfügbarkeit eines Vaters die Bindungsqualität oder die Auswirkungen der Bindungserfahrungen eines Kindes beeinflußt. In verschiedenen Studien (Easterbrooks & Goldberg 1984, Cox et al. 1992, Volling & Belsky 1992, Willie 1993, Wutz 1985) wurde zwar ein möglicher Einfluß des väterlichen Engagements auf die Kind-Vater-Bindungsbeziehung untersucht. Die Studien sind methodisch jedoch nur schwer vergleichbar. Während sich etwa Wutz (1985), die ihre Untersuchung im Rahmen der Bielefelder Längsschnittstudie durchführte, auf mehrere, im Verlauf des ersten Lebensjahres in Interviews gewonnene mütterliche Einschätzungen der väterlichen Erziehungsbeteiligung stützte, erhoben Easterbrooks & Goldberg (1984) zeitgleich zur Erhebung der Bindungsqualität mittels eines Fragebogens Informationen vom Vater. Wutz (1985) und Willie (1993) fanden für die Kind-Vater-Bindungsqualität keinen Effekt des zeitlichen Engagements des Vaters. Dagegen berichten Volling & Belsky (1992) einen Zusammenhang zwischen der Beteiligung des Vaters an traditionell weiblichen Haushaltätigkeiten und einer sicheren Bindungsbeziehung zum Kind. Eine Studie von Easterbrooks & Goldberg (1984) bestätigte diesen Zusammenhang, aber nur für Söhne und Väter. Eine Untersuchung von Cox et al. (1992) erlaubt es, den Einfluß des zeitlichen Umfangs von Vater-Kind-Kontakten auf die Bindungsqualität des Kindes zum Vater im Zusammenhang mit qualitativen Aspekten der Vater-Kind-Interaktion zu betrachten. In 38 Familien wurden Väter und Mütter drei Monate nach der Geburt des ersten Kindes beobachtet und zu ihrer Einstellung gegenüber der Elternschaft sowie dem Ausmaß der mit dem Kind verbrachten Zeit befragt. In einer hierarchischen multiplen Regressionsanalyse erwies sich das zeitliche Engagement des

Vaters, nach den Variablen ›positive Interaktion mit dem Kind‹ und ›Einstellung gegenüber dem Kind und der Elternschaft‹, als dritter signifikanter Prädiktor der Kind-Vater-Bindungsqualität am Ende des ersten Lebensjahres. Unter der durch die Regressionsanalyse gegebenen Bedingung einer statistischen Kontrolle qualitativer Aspekte der Vater-Kind-Interaktion, sowie der Einstellung des Vaters gegenüber der Elternschaft für sein Kind, wurde eine sichere Bindungsbeziehung des Kindes durch ein hohes zeitliches Engagement des Vaters aber nicht mehr gefördert. Im Gegenteil, Väter, die mehr Zeit mit ihren Kindern verbrachten, hatten mit einer geringeren Wahrscheinlichkeit Kinder mit einer sicheren Bindungsbeziehung. Eine intensive zeitliche Beteiligung des Vaters an der Betreuung des Kindes kann, so läßt sich vorläufig schließen, eine sichere Qualität der Kind-Vater-Bindungsbeziehung nur dann fördern, wenn sie mit positiven Interaktionen einhergeht. Dieses Ergebnis steht in Übereinstimmung mit Forschungen zur Wirkung der väterlichen Erziehungsbeteiligung auf die soziale und kognitive kindliche Entwicklung. Wie Lamb & Oppenheim (1989, S. 22) festhalten, hängt eine entwicklungsförderliche Wirkung weniger vom Ausmaß der väterlichen Erziehungsbeteiligung *per se*, als vielmehr vom *wie* des väterlichen Verhaltens ab.

3.4 Hat sich die Qualität der Kind-Vater-Bindungsbeziehung als bedeutsam für den weiteren Entwicklungsverlauf der Kinder erwiesen?

Einige wenige Studien, die nach einer Erhebung der Kind-Vater Bindungsqualität in den ersten beiden Lebensjahren fortgeführt wurden, ermöglichen einen ersten längsschnittlichen Blick. Da in allen Studien, in denen mögliche Auswirkungen der Bindungserfahrungen eines Kindes mit dem Vater geprüft wurden, auch Informationen über die Kind-Mutter-Bindungsqualität vorlagen, kann auch der gemeinsame beziehungsweise kompensierende Einfluß der Bindungsbeziehungen zu beiden Elternteilen sowie die relative Bedeutung beider Beziehungen betrachtet werden. Untersucht wurden bei 6- bis 8jährigen Kindern Selbst- und Beziehungsrepräsentationen, weiterhin soziale Kompetenzen im Umgang mit

Fremden, Krippen- oder Kindergartenpersonal und Gleichaltrigen. Schließlich liegen auch Befunde zur Entwicklung verschiedener, in Anlehnung an Block & Block (1980) konzipierter ›Ich-Funktionen‹, wie ›Ich-Kontrolle‹ und ›Ich-Flexibilität‹, vor. Das Konzept der ›Ich-Kontrolle‹ »refers to the threshold or operating characteristic of an individual with regard to the expression or containment of impulses, feelings, and desires« (S.43). Im Vergleich zu einem überkontrollierten oder einem sehr impulsiven Verhaltensmuster gehen mittlere Werte auf der Dimension der ›Ich-Kontrolle‹ am ehesten mit einer positiven sozialen Anpassung einher. Die Dimension der ›Ich-Flexibilität‹ beschreibt die Fähigkeit eines Individuums, sich flexibel auf Belastungssituationen einstellen zu können. In drei Studien aus den Vereinigten Staaten, Israel und der Bundesrepublik Deutschland wurden Ich-Funktionen im 5. bis 6. Lebensjahr der Kinder unabhängig von den Eltern eingeschätzt (Easterbrooks und Goldberg 1990, Oppenheim et al. 1988; Suess, 1980). Easterbrooks & Goldberg (1990) berichten einen Zusammenhang zwischen einer sicheren Kind-Vater-Bindungsbeziehung und einer optimalen ›Ich-Kontrolle‹. In den beiden weiteren Untersuchungen fehlen signifikante Befunde. Werden jedoch die Bindungsbeziehungen zu beiden Elternteilen gemeinsam betrachtet, so verändert sich das Bild. In allen drei Untersuchungen zeigen Kinder mit sicheren Bindungsbeziehungen zu beiden Elternteilen mit einer höheren Wahrscheinlichkeit Merkmale optimaler ›Ich-Funktionen‹.

Die Ergebnisse zweier Untersuchungen, in denen soziale Fähigkeiten von fünfjährigen Kindern mit Gleichaltrigen in Abwesenheit beider Elternteile erhoben wurden (Suess et al. 1992, Youngblade & Belsky 1992) vermitteln ein weitgehend ähnliches Bild. Wiederum zeigen sich nur stellenweise die erwarteten Zusammenhänge mit der in der ›Fremdesituation‹ erhobenen Kind-Vater-Bindungsqualität. Um soziale Fähigkeiten im Umgang mit Gleichaltrigen zu bestimmen, wurden Kinder etwa im Spiel mit einem Freund/einer Freundin hinsichtlich dyadisch positiver (vertraute, synchrone Interaktion) Verhaltensweisen eingeschätzt (Youngblade & Belsky 1992), ohne daß hierbei ein statistischer Zusammenhang zur Kind-Vater-Bindungsqualität festgestellt werden konnte.

In einer deutschen, im Rahmen des Regensburg-I-Längsschnittes durchgeführten Beobachtungsstudie (Suess et al. 1992) mit

39 fünfjährigen Kindern in 33 verschiedenen Kindergärten zeigten in der frühen Kindheit sicher an den Vater gebundene Kinder im Spiel mit Gleichaltrigen seltener negative Emotionen, sie konnten Konflikte häufiger selbständig lösen und waren im zwischenmenschlichen Kontakt ohne gemeinsames Spielthema seltener angespannt. Durch die große Anzahl der getesteten und nicht-signifikanten Variablen (17) wird die Aussagekraft dieser Ergebnisse jedoch reduziert. Bei der Zusammenfassung der Variablen zu Verhaltensbereichen (Spielqualität, Konfliktlösung, Problemverhalten und soziale Wahrnehmung) erreichte der Einfluß der Kind-Vater-Bindung zudem in keinem Bereich statistische Signifikanz. Zusammenhänge zur Kind-Mutter-Bindungsqualität fielen demgegenüber weit deutlicher aus. Auch bei einer Verwendung von Mutter/Vater-Doppelbindungsgruppen (BB, BA, AB, AA) ergaben sich einige signifikante statistische Zusammenhänge, zum Beispiel zum Anteil konzentrierten Spiels an der insgesamt im Spiel verbrachten Zeit, sowie zum Anteil selbständiger Lösungsversuche bezogen auf die Anzahl der sozialen Konflikte, die das Kind erlebte.

Im Verlauf der kindlichen Entwicklung zunehmend verbalisierbare Arbeitsmodelle von sich und der Beziehung zu den Eltern wurden in verschiedenen Studien durch ein Abfragen von Selbsteinschätzungen, Handlungsstrategien und vermuteten elterlichen Reaktionen in verschiedenen Problemsituationen erhoben. Ein Schwerpunkt der ausgewählten Problemsituationen lag bei antizipierten Trennungen von den Eltern. Neben den Antworten der Kinder wurde häufig ihr emotionaler Ausdruck, sowie die sprachliche Flüssigkeit und Koheränz der Antworten ausgewertet. Im Kontrast zu deutlichen Befunden für Kind-Mutter-Bindungsbeziehungen fanden Main et al. (1985) in ihrer amerikanischen Stichprobe sechsjähriger Kinder keine Unterschiede zwischen sicher und unsicher an den Vater gebundenen Kindern in ihren Reaktionen auf die Präsentation eines Familienfotos und in der Auseinandersetzung mit einer vorgestellten Trennung von den Eltern. In einer Vergleichsstudie mit deutschen Kindern (Bielefelder Längsschnitt: Geiger 1991) entwickelten Kinder mit einer sicheren Vater-Bindung in der antizipierten Auseinandersetzung mit Trennungssituationen häufiger sinnvolle Handlungsperspektiven, während Hilflosigkeit (zum Beispiel »weiß nicht, was ich dann tun könnte«)

oder extremer Pessimismus (zum Beispiel »die Eltern kommen vielleicht nie wieder«) seltener vorkamen. Zugleich blieben diese Kinder im emotionalen Ausdruck eher entspannt. Die Zusammenhänge zur Kind-Mutter-Bindungsqualität waren jedoch auch in dieser Studie deutlicher. Die Verwendung von Mutter/Vater-Doppelbindungsgruppen ermöglichte eine zusätzliche Verbesserung der statistischen Vorhersage kindlicher Reaktionen.

In der Regensburg-I-Längsschnittstichprobe wurden achtjährige zu ihrem Selbstbild und ihrer Verarbeitung negativer Rückmeldungen oder emotional belastender Erfahrungen in verschiedenen Lebensbereichen befragt. Eindeutige Selbstbeurteilungen, ob positiv oder negativ, wurden dabei über das gesamte Interview hinweg häufiger von sicher an den Vater gebundenen Kindern abgegeben, während Kinder mit einer unsicheren Bindungsgeschichte eher indifferent antworteten und kein klares Selbstbild im Interview vermitteln konnten. Vergleichbare Zusammenhänge fanden sich zur Kind-Mutter-Bindungsbeziehung (Kindler 1990).

Die vorliegenden Befunde weisen insgesamt hinsichtlich zweier Punkte eine weitgehende Übereinstimmung auf: Zum einen scheinen zwei sichere Bindungsbeziehungen eines Kindes in der Familie mit einer positiveren sozioemotionalen Entwicklung einherzugehen im Vergleich zu Kindern mit nur einer oder keiner sicheren Bindungsbeziehung zu den Eltern. Zweitens fanden sich zur Kind-Vater- im Vergleich zur Kind-Mutter-Bindungsbeziehung prospektiv statistisch weniger bedeutsame Ergebnisse.

3.5 Wie beeinflußt die familiäre Ökologie der Fürsorge für das Kind die Rolle des Vaters in der Bindungsentwicklung des Kindes?

Der Eindruck einer relativ geringeren Bedeutung der Bindungserfahrungen eines Kindes mit dem Vater im Vergleich zur Mutter wurde in der Literatur teilweise mit der von Bowlby (1975) angenommenen Hierarchie der Bindungsbeziehungen eines Kindes erklärt (Main et al. 1985). Bowlby (1975) unterschied ›Hauptbindungspersonen‹, an die das Kind gewöhnlich und insbesondere bei einer intensiven Alarmierung sein Bindungsverhalten richtet, von ›Nebenbindungspersonen‹. Das Konzept der Bindungshierarchie wurde von Bowlby theoretisch nicht weiter ausgearbeitet, auch fehlen bislang empirische Herangehensweisen. Da Kinder Bindungsbeziehungen zu Mutter und Vater, sowie unter Umständen zu weiteren Bindungspersonen (zum Beispiel in der Kinderkrippe: Van Ijzendoorn et al. 1992) aufbauen, wächst die Bedeutung der Frage, wie Kinder verschiedene Bindungserfahrungen integrieren (Bretherton 1985). Werden Befunde zur relativen längsschnittlichen Bedeutung verschiedener Bindungsbeziehungen als Hinweis auf eine zugrundeliegende Bindungshierarchie akzeptiert, so belegen die Ergebnisse einer israelischen Studie mit Kibbuzkindern (Oppenheim et al. 1988) die Bedeutung sozialer Faktoren, wie etwa der sozial geprägten Strukturierung des kindlichen Tagesablaufs, beim Aufbau einer Bindungshierarchie. Die Bindungsbeziehung zur Kibbuzerzieherin, mit der die Kinder die meiste Zeit des Tages verbrachten, erwies sich selbst nach einem routinemäßig zwischen dem ersten und fünften Lebensjahr erfolgenden Wechsel der Gruppe als einflußreicher für die sozioemotionale Entwicklung der Kinder als die Bindungsbeziehungen zu Mutter oder Vater. Bindungshierarchien können also als Ausdruck familiärer oder auch sozialer Regulationen der für ein Kind aufgewendeten Fürsorge verstanden werden. Diese Regulationen sind eingebettet in einen familiären Kontext des Bemühens um die Bewältigung oft vielfältiger Familienaufgaben, der seinerseits durch gesellschaftliche Strukturen des Geschlechterverhältnisses, wie etwa die geschlechtsbezogene Arbeitsteilung (Connell 1987, Hochschild & Machung 1993), beeinflußt wird. Einen Hinweis auf die Rolle familiärer Regulationen gibt ein Vergleich väterlichen Verhaltens in An- bzw. Abwesenheit der Mutter. Stewart (1977, zit. in Marvin & Stewart 1990) fand in einer modifizierten ›Fremdesituation‹ ein eher geringes väterliches Interesse an einer Interaktion mit dem Kleinkind, wenn die Mutter anwesend war. Verließ die Mutter hingegen den Raum, bemühten sich die Väter, einer emotionalen Beunruhigung des Kindes vorzubeugen oder das Kind zu trösten. Spiegelbildlich hierzu fand Lamb (1977 a,b), der in einer Laborsituation Bindungsverhaltensweisen von 12 und 18 Monate alten Kindern in An- beziehungsweise Abwesenheit von Mutter und Vater analysierte, eine Ausrichtung auf den Vater, wenn dieser als einziger Elternteil verfügbar war, aber eine Bevorzugung der Mutter in Anwesenheit beider Elternteile (Für einen übereinstimmenden Befund siehe Kotelchuck 1976). In der Bielefelder Längsschnittuntersuchung notierte Wutz (1985) im Verlauf von Hausbeobachtungen mit allen Familienmitgliedern im ersten Lebensjahr eine Tendenz von Vätern, ihre Kinder, wenn sie weinten, an die Mutter weiterzureichen, anstatt selbst den Versuch zu unternehmen, sie zu trösten. Eine familiäre Aufgabenteilung im Hinblick auf kindliche Bedürfnisse nach Trost und Beruhigung spiegelte sich auch in den Angaben der Väter aus der Regensburg-I-Längsschnittstichprobe (Friedl 1997). Die Interviews wurden geführt, als die Kinder acht Jahre alt waren. Mehr als die Hälfte der Väter gaben an, das Kind kaum zu trösten, bzw. nur in Abwesenheit der Mutter oder wenn das Kind sich mit der Mutter gestritten habe.

Familiäre Abstimmungsprozesse bei der Organisation des Alltags mit dem Kind legen die These nahe, die Bedeutung des Vaters für die Bindungsentwicklung des Kindes lasse sich nur dann umfassend beschreiben, wenn indirekte Auswirkungen väterlichen Verhaltens auf das Wohlbefinden des Kindes in der Familie berücksichtigt werden. Eine solche, über die Kind-Vater-Dyade hinausreichende Perspektive setzt voraus, die Familie als ein System sich auf vielfältige Weise wechselseitig beeinflussender Mitglieder zu betrachten (Minuchin 1985, Kreppner 1987, Marvin & Stewart 1990). Im Rahmen einer familiensystemischen Betrachtungsweise kann ein väterlicher Einfluß auf die Bindungsentwicklung des Kindes dann als indirekt bezeichnet werden, wenn er vermittelt durch ein weiteres Familienmitglied ausgeübt wird. Für den Fall eines triadischen Vater-Mutter-Kind-Familiensystems wurde von Parke et al. (1979) eine Klassifikation möglicher direkter und indirekter Einflußwege vorgeschlagen. In dem Modell werden eine primäre Einflußquelle, ein primärer Empfänger, eine sekundäre Einflußquelle, sowie ein sekundärer Empfänger berücksichtigt. Bei einem als ›indirekt transitiv‹ bezeichneten Einflußweg wirkt ein Familienmitglied über ein zweites, das als primärer Empfänger sowie sekundäre Einflußquelle fungiert, auf das dritte Familienmitglied. Beeinflußt ein Vater etwa durch soziale und emotionale Unterstützung der Mutter deren Feinfühligkeit, wodurch wiederum eine sichere Bindung des Kindes an die Mutter gefördert wird, so läßt sich von einem indirekt transitiven Einfluß des Vaters auf die Bindungsentwicklung des Kindes sprechen. Bereits von Bowlby (1951, S. 13) wurde die Bedeutung einer solchen väterlichen Unterstützung der Mutter für eine positive Mutter-Kind-Beziehungsentwicklung hervorgehoben und von Ainsworth et al. (1978) an Hand zweier Fallbeispiele von Familien mit erheblichen Ehekonflikten illustriert. In einer Reihe von Studien wurde eine unterstützende Haltung des Vaters als Bestandteil einer positiven Partnerschaftsbeziehung interpretiert, während aus einer negativen Partnerschaftsbeziehung auf eine nicht unterstützende Haltung des Vaters geschlossen wurde. In mehr als einem Dutzend Studien (Übersicht bei Belsky et al. 1995) wurden Zusammenhänge zwischen Partnerschaftsbeziehung und Kind-Mutter-Bindungsbeziehung untersucht. In der Mehrzahl der Untersuchungen, jedoch nicht durchgängig, bestätigte sich hierbei die erwartete positive Verbindung. Isabella (1994) konnte Zusammenhänge zwischen der vor der Geburt des Kindes erhobenen Ehebeziehung und einer unterstützenden Haltung des Partners, der Zufriedenheit der Mutter mit ihrer Situation nach der Geburt des Kindes, ihrer Feinfühligkeit in der Interaktion mit dem Kind und der Kind-Mutter-Bindungsqualität schrittweise aufzeigen. In einer Untersuchung von Das-Eiden et al. (1993) fand sich die positive Wirkung einer guten Ehebeziehung und unterstützenden Haltung des Partners insbesondere bei Müttern mit einer unsicheren Bindungsrepräsentation. Vermittelt über eine eher geringe Feinfühligkeit bestand für diese Gruppe von Müttern, mit einer ›unsicher-distanzierten‹ oder ›unsicher-verstrickten‹ Einstellung zur Bedeutung von Bindungen, allgemein ein hohes Risiko für eine unsichere Bindungsbeziehung des Kindes am Ende des ersten Lebensjahres. Lebte die Mutter jedoch in einer unterstützenden Partnerschaft, so zeigte sich kein erhöhtes Risiko für eine unsichere Kind-Mutter-Bindungsbeziehung. In eine ähnliche Richtung deuten Befunde von Cohn et al. (1992). Mütter mit einer unsicheren Bindungsrepräsentation zeigten im Spiel mit ihren Kindern mehr Wärme, wenn die Bindungsrepräsentation des Partners als ›sicher-autonom‹ eingeschätzt wurde. Bei der Interpretation dieses Befundes ist neben einem indirekt transitiven väterlichen Einfluß jedoch auch eine von Parke et al. (1979) als ›indirekt parallel‹ bezeichnete Wirkungsweise des väterlichen Einflusses in Betracht zu ziehen. Eine ›indirekt parallele‹ Wirkung liegt dann vor, wenn sich die Mutter als sekundäre Einflußquelle an einem Interaktionsstil orientiert, den zunächst der Vater gegenüber dem Kind als primärem Empfänger gezeigt hat. Ein als ›indirekt zirkulär‹ bezeichneter Einfluß schließlich läge beispielsweise dann vor, wenn das Kind auf ärgerliche oder gar gewalttätige Auseinandersetzungen des Vaters mit der Mutter mit einer Verunsicherung seines Bindungsverhaltens gegenüber dem Vater reagieren würde. In diesem Fall wäre der Vater primäre Einflußquelle und zugleich sekundärer Empfänger, während das Kind als sekundäre Einflußquelle anzusehen wäre. Systematische empirische Herangehensweisen an die verschiedenen indirekten Einflußwege väterlichen Verhaltens auf die Bindungsentwicklung des Kindes fehlen bislang, so daß sich hier ein reichhaltiges Feld für zukünftige Forschungen eröffnet.

3.6 Ist die ›Fremdesituation‹ für Kind-Vater-Bindungsbeziehungen eine ökologisch valide Methode?

Befunde zur vergleichsweise geringeren langfristigen Bedeutung von Kind-Vater- in Relation zu Kind-Mutter-Bindungsbeziehungen wurden zunächst unter Rückgriff auf das Konzept der Bindungshierarchie sowie unter dem Blickwinkel indirekter väterlicher Einflüsse erörtert. Eine weitere These wurde verschiedentlich von Belsky (z. B. Youngblade & Belsky 1992) formuliert. Youngblade & Belsky (1992) sehen die Erforschung langfristiger Wirkungen der Kind-Vater-Bindungsbeziehung durch eine mangelnde Validität der ›Fremdesituation‹ für diese Beziehungen beeinträchtigt. Ihrer Argumentation zufolge wurde die Validität des Verfahrens für Vater-Kind-Beziehungen im Übertrag vorliegender Mutter-Kind-Befunde erschlossen, ohne jedoch die Bedeutung und Aussagekraft der Klassifikation für alltägliche Vater-Kind-Kontakte in eigenen Studien hinreichend abzusichern. Falls die ›Fremdesituation‹, aus welchen Gründen auch immer, ein wenig valides Bild der Kind-Vater-Bindungsbeziehung vermittelt, werden langfristige Korrelate der Bindungsklassifikation bereits aus methodischen Gründen weniger wahrscheinlich. Die von Youngblade & Belsky (1992) aufgeworfene Frage nach den interaktiven Wurzeln der in der ›Fremdesituation‹ eingeschätzten Kind-Vater-Bindungsqualität kann gegenwärtig an Hand von sechs Stichproben aus den Vereinigten Staaten, Holland und der Bundesrepublik Deutschland erörtert werden. In nur drei dieser Studien wurde allerdings die Interaktion des Vaters mit dem Kind tatsächlich vor der Einschätzung der Bindungsqualität im Verlauf des ersten Lebensjahres untersucht (Cox et al. 1992, Volling & Belsky 1992, Wutz 1985). Cox et al. (1992) schätzten in einer dyadischen Freispielsituation die Qualität der väterlichen Interaktion mit dem drei Monate alten Kind hinsichtlich einer Vielzahl von Verhaltensaspekten ein und fanden für eine faktorenanalytisch gebildete Variable ›Positive Interaktion‹ einen hochsignifikanten Zusammenhang zur Bindungssicherheit. Untersuchungen von Volling & Belsky (1992) beziehungsweise Wutz (1985), die jeweils Hausbeobachtungen in Anwesenheit beider Elternteile durchführten, erbrachten hingegen keine aussagekräftigen Prädiktoren der späteren Kind-Vater-Bindungsqualität. Zum gleichen Ergebnis kamen zwei Studien, in denen qualitative Maße der väterlichen Interaktion in unmittelbarem Anschluß an die ›Fremdesituation‹ erhoben worden waren (Easterbrooks & Goldberg 1984, Schneider-Rosen & Rothbaum 1993). Van Ijzendoorn et al. (1991), die mit einer holländischen Stichprobe eine Freispielsituation mittels der Ainsworth-Feinfühligkeitsskalen analysierten, berichten einen signifikanten Zusammenhang zwischen Feinfühligkeit und Kind-Vater-Bindungsqualität.

Zusammenfassend vermitteln diese Studien ein uneinheitliches Bild. Qualitative Unterschiede in Vater-Kind-Interaktionen, die im ersten Lebensjahr mit großer Wahrscheinlichkeit zur Ausbildung verschiedener Kind-Vater-Bindungsqualitäten führen, sind noch kaum bekannt. Verschiedene Ursachen können in Betracht gezogen werden, um die oft fehlenden Zusammenhänge zwischen Vater-Kind-Interaktion und Bindungsqualität zu erklären:

(1) Wurde versucht, väterliche Feinfühligkeit oder Responsivität gegenüber kindlichen Signalen als mögliche Wurzel einer sicheren Vertrauensbeziehung zu erheben, so könnte die Anwesenheit der Mutter aufgrund bereits angesprochener fami-

liärer Aufgabenteilungen hierfür einen wenig geeigneten Kontext darstellen.

(2) Beobachtungen des Interaktionsverhaltens von Vater-Kind-Dyaden wurden bislang nur in relativ kurzen Zeitsequenzen durchgeführt. Dies kann die Validität der erhobenen Aspekte der väterlichen Interaktionen mit dem Kind beeinträchtigen (Wachs 1987). Zudem ist über die zeitliche und kontextbezogene Stabilität väterlichen Verhaltens noch kaum etwas bekannt.

(3) Zur Beschreibung von Vater-Kind-Interaktionen wurden überwiegend Variablen verwendet, die zuerst für Mutter-Kind-Stichproben entwickelt worden waren. Unter Umständen sind diese Verfahren aber weniger geeignet, bindungsrelevante Aspekte von Vater-Kind-Interaktionen zu erheben, da sie kaum Bezug auf väterliche Verhaltensstile nehmen.

4 Von der sicheren Basis zur sensitiven Herausforderung – ein neuer Ansatz zur Rolle des Vaters in der Bindungsentwicklung

Ein großer Teil der von Vätern mit ihren Kindern verbrachten Zeit entfällt auf das gemeinsame Spiel (Parke 1995). Bereits zu Beginn der empirischen Väterforschung wurde daher ein direkter väterlicher Einfluß auf die kindliche Entwicklung überwiegend im Verhaltenskontext ›Spiel‹ vermutet (Parke 1981).

4.1 Väter als Herausforderer kindlicher Kompetenzen

Im Verhältnis zu Müttern wurden Väter im Spiel als eher handlungs- und lösungsorientiert (Le Chanu & Marcos 1994), die kindliche Selbstregulation fördernd (Parke & Tinsley 1987), Fähigkeiten des Kindes herausfordernd (Barton & Tomasello 1994) und, bei älteren Kindern, als eher aufgabenbezogen (Hartup 1989) charakterisiert. Im Spiel mit ihren Säuglingen bevorzugten Väter beispielsweise ideosynkratische Bewegungs- und Berührungsspiele mit hohem Erregungsniveau und akzentuierten Aufmerksamkeitswechseln (Lamb 1977, Yogman 1982). Zudem waren Väter weniger als Mütter bereit, sich bei ihren Spielangeboten durch Anzeichen kindlichen Interesses an bestimmten Aktivitäten leiten zu lassen (Power 1985, Power & Parke 1983). Während des zweiten Lebensjahres verwendeten sie Spielzeug in einer eher unkonventionellen Weise und »neckten« ihre Kinder, indem sie sie spielerisch mit Hindernissen oder Überraschungen konfrontierten (Pecheux & Labrell 1994). In Spiel- und Problemlösesituationen mit drei- bis sechsjährigen Kindern griffen Väter häufiger in den Problemlöseprozeß ein (Osofsky & O'Connell 1972) und machten mehr anleitende Äußerungen (Bright & Stockdale 1984, McLaughlin 1983, McLaughlin et al. 1980). Sie gaben komplexere verbale Anweisungen (Le Chanu & Marcos 1994) und zeigten mehr Ungeduld oder emotionalen Rückzug bei einem Mißerfolg des Kindes (Harrington et al. 1978, Osofsky & O'Connell 1972). Väter beharrten bei häuslichen Beobachtungen mehr auf der Durchsetzung von Verhaltensregeln (Baumrind 1982) und milderten ihre Anweisungen seltener semantisch ab (Power et al. 1994). Zugleich forderten sie mehr selbständige Entscheidungen von ihren Kindern (Baumrind 1982) und tolerierten geringfügige Gefahren für das Kind eher ohne einzugreifen (Fagot et al. 1985). Wir sehen als Gemeinsamkeit in den aufgezählten väterlichen im Vergleich zu mütterlichen Verhaltensweisen, daß Väter sich eher als Herausforderer kindlicher Kompetenzen zu verstehen scheinen, indem sie mehr von ihren Kindern in den Bereichen Selbstregulation, Exploration, Kommunikation, Verhaltenskontrolle und Selbständigkeit verlangen.

4.2 Die Fähigkeit zur sensitiven Herausforderung bei der Einschätzung väterlicher Feinfühligkeit

Ein solcher väterlicher Verhaltensstil kann unterschiedlich bewertet werden. Während er einerseits als fördernd für die kognitive Flexibilität und emotionale Kompetenz des Kindes angesehen wird (Parke 1990, Pecheux & Labrell 1994), spricht Maccoby (1990) andererseits von einer bei Vätern geringeren Fähigkeit, eine wechselseitige Bezogenheit zum Kind aufzubauen. Zu diesen unterschiedlichen Sichtweisen trägt möglicherweise bei, daß bislang in kaum einer Studie väterliche ›Herausforderungen‹ qualitativ, hinsichtlich ihrer Angemessenheit für das Kind, eingeschätzt wurden. Ebenso wurden individuelle Differenzen zwischen Vätern hinsichtlich der Ausgeprägtheit des Stils nicht untersucht. Die Forschung konzentrierte sich vielmehr auf den Gruppenvergleich zwischen Vätern und Müttern.

In der Bindungsforschung stand in bisherigen Definitionen und Beobachtungsskalen elterlichen Interaktionsverhaltens das Konzept einer ›gewährenden Feinfühligkeit‹ (Grossmann 1984) im Mittelpunkt. Im Bild der Mutter als ›sicherer Basis‹ für das Kind wird dies prägnant zum Ausdruck gebracht. Wird jedoch die Fähigkeit eines Erwachsenen, das Kind auch ›herauszufordern‹, anzuleiten und zu lenken stärker in die Betrachtung einbezogen, so ermöglicht dies unter Umständen eine adäquatere Beurteilung spielerischer Interaktionen in bezug auf väterliche Feinfühligkeit.

Eine Erfassung individuell unterschiedlicher Fähigkeiten von Vätern als sensitive ›Herausforderer‹ für ihr Kind zu handeln, muß auf den Entwicklungsstand und die Entwicklungsaufgaben des Kindes bezogen werden. Sroufe (1979) nennt beispielsweise das Erlernen erster selbstregulativer Fähigkeiten als Entwicklungsaufgabe des 1. Lebensjahres. Soziale Stimulationen sind in dieser Zeitspanne für das Baby attraktiv und schaffen Gelegenheiten zur Einübung und Entfaltung selbstregulativer Fähigkeiten, sofern sie dem Erregungszustand des Babys angemessen sind (Field 1981, Power & Parke 1982). Im Verlauf des 2. Lebensjahres gewinnt die elterliche Fähigkeit zur Lenkung des zunehmend eigenständigeren und selbstbewußteren Kindes kulturübergreifend stark an Bedeutung (Edwards 1995). Kindangemessene Anforderungen können darüber hinaus Zweijährige mobilisieren und begeistern (Rheingold et al. 1987). Einen weiteren großen Schritt für die Entwicklung der Kinder stellt die Übertragung sozialer Aufgaben und Verantwortlichkeiten dar, die in vielen Kulturen etwa im Alter von 5 bis 7 Jahren allmählich vollzogen wird (Rogoff et al. 1975). In unserer Kultur entspricht das dem Beginn der Beschulung.

4.3 Gewährende und herausfordernde Feinfühligkeit. Ergebnisse einer aktuellen Studie

Um die Fähigkeit von Vätern zur sensitiven Herausforderung ihrer Kinder im Spiel als Bestandteil väterlicher Feinfühligkeit erfassen und im längsschnittlichen Kontext untersuchen zu können, wurden Daten aus der Bielefelder Längsschnittstudie für eine Analyse herangezogen. Die Bielefelder Längsschnittstudie wurde 1976 von Grossmann und Grossmann mit einer Stichprobe von 49 Familien begonnen und wird seither fortgeführt (für eine Beschreibung der Stichprobe und der Forschungsstrategie: Grossmann & Grossmann 1983, Spangler & Grossmann 1995). Es liegen unter anderem Informationen vor zur Bindungsqualität des Kindes mit beiden Elternteilen in der ›Fremdesituation‹ (Grossmann et al. 1981); zur Bindungsrepräsentation beider Elternteile (Grossmann et al. 1988, Grossmann & Fremmer-Bombik 1994); zum Umgang des Kindes mit Freundschaftsbeziehungen sowie belastenden Gefühlen und Problemen mit 10 (Scheuerer-Englisch 1989) und 16 Jahren (Zimmermann 1994, Merkl 1995); zur kognitiven Entwicklung des Kindes mit zwei (Grossmann 1984) und 10 Jahren (Stephan 1989); sowie schließlich zur Bindungsrepräsentation der Jugendlichen im Alter von 16 Jahren (Zimmermann 1994).

Als die Kinder zwei Jahre alt waren, wurden die Väter, während eines Hausbesuchs, gebeten, mit ihren Kindern und einem für die Kinder unvertrauten Spielmaterial (Knete) zu spielen. Die Situation dauerte etwa zehn Minuten. 47 Vater-Kind-Paare wurden videographiert. Da das Spielmaterial allen Kindern (außer einem) unbekannt war, bot die Situation den Vätern die Gelegenheit, ihre Kinder mit der Knete und den darin enthaltenen Gestaltungsmöglichkeiten vertraut zu machen. Bei der Beurteilung der väterlichen Interaktionsgüte in dieser Situation wurde, neben der Fähigkeit des Vaters, kindliche Signale wahrzunehmen und angemessen zu beantworten (›gewährende‹ Komponente der Feinfühligkeit), auch die Bereitschaft und Fähigkeit des Vaters, dem Kind den Umgang mit dem Spielmaterial angemessen zu vermitteln (Komponente der ›sensitiven Herausforderung‹), berücksichtigt. Es wurde darauf geachtet, inwieweit dem Vater hierbei eine Orientierung am kindlichen Handlungsvermögen und Interesse glückte. Beide

Komponenten wurden zum Konstrukt der ›väterlichen Vermittlungsgüte‹ in einer Spielsituation mit dem 2jährigen Kind zusammengefaßt und mittels einer globalen Neun-Punkt-Einstufungsskala erhoben (Kassubek 1995). Als hohe Vermittlungsgüte wurde es angesehen, wenn es dem Vater gelang, auf kindliche Signale einzugehen, sowie dem Kind in einer adäquaten Weise den Umgang mit dem Spielmaterial zu vermitteln. Aktives Fördern und vertrauensvolles Gewährenlassen sollten sich dabei im Gleichgewicht befinden. Dieser Beschreibung entsprach beispielsweise ein Vater, der seinem Kind zu Beginn der Spielsituation grundlegende Formen des Umganges mit dem Material vermittelte (Rollen, Kneten). Einhergehend mit der Bewältigung dieser väterlichen Anforderungen entstand eine hohe gemeinsame Spielfreude bei Vater und Kind. Im Anschluß wiederholte das Kind mehrmals weitgehend eigenständig und nur im Bedarfsfall mit Unterstützung des Vaters das Rollen von Knete. Mit nachlassendem Interesse an dieser Aktivität gelang es dem Vater, das Kind in ein komplexes Spiel (Bau einer Figur) einzubeziehen.

Da im Verlauf des Hausbesuches auch mit den Müttern und einem anderen, ebenfalls unbekannten Material (Mosaiksteine) eine Spielsituation durchgeführt wurde, standen Vergleichsdaten zur mütterlichen Vermittlungsgüte zur Verfügung. Vier Jahre später wurden dieselben Familien, wiederum bei einem Hausbesuch, erneut beim gemeinsamen Spiel mit ihrem Kind beobachtet. Altersentsprechend handelte es sich dabei um eine schwierige Aufgabensituation mit einem klaren Ziel: Jeder Elternteil sollte an Hand einer von ihm ausgewählten Vorlage das Kind, das die Vorlage nicht sehen konnte, zum Nachbau eines Bauwerkes aus Bauklötzen anleiten. Dem Alter der Kinder gemäß und bezogen auf die neue Situation wurde die Skala zur Einschätzung der Vermittlungsgüte Veränderungen unterworfen (Ekhardt 1995). So wurde etwa berücksichtigt, inwieweit es dem Vater gelang, eine Orientierung an dem von außen vorgegebenen Handlungsziel mit einer kindgerechten Gestaltung des Lösungsprozesses zu verbinden. Relevante Aspekte des Lösungsprozesses betrafen etwa die Fähigkeit des Vaters, die Spielfreude und Aufgabenmotivation des Kindes zu stützen, sowie dem Kind eine positive Selbstbewertung zu ermöglichen (zum Beispiel keine abwertenden Bemerkungen des

Vaters bei Fehlern des Kindes). Als hohe Vermittlungsgüte wurde es angesehen, wenn ein Vater Signale des Kindes zuverlässig und angemessen beantwortete (›gewährende‹ Komponente) und das Kind in einer für die Aufgabenbewältigung produktiven, die Motivation und das Selbstvertrauen des Kindes fördernden, Weise anleitete (Komponente der ›sensitiven Herausforderung‹).

Folgende Fragen standen im Mittelpunkt der längsschnittlichen Auswertung:

(1) Erleben Kinder mit einer sicheren Bindungsbeziehung zum Vater häufiger eine hohe väterliche Vermittlungsgüte im Spiel?

(2) Geht eine ›sicher-autonome‹ Bindungsrepräsentation des Vaters einher mit einer hohen Vermittlungsgüte gegenüber dem Kind?

(3) Stehen die Erfahrungen, die ein Kind mit der Vermittlungsgüte des Vaters macht, in Zusammenhang mit seiner späteren Herangehensweise an Probleme?

(4) Finden sich Zusammenhänge zum Bild von Freundschaftsbeziehungen, sowie zur Einstellung gegenüber Bindungsbeziehungen im Jugendalter?

(5) Bestehen für die väterliche im Verhältnis zur mütterlichen Vermittlungsgüte deutlichere längsschnittliche Bezüge zur kindlichen Entwicklung?

(6) Zeigt sich für die väterliche Vermittlungsgüte ein ähnlich ausgeprägtes Muster längsschnittlicher Verbindungen wie für die Qualität der Kind-Vater-Bindungsbeziehung?

Eine erste Analyse möglicher soziodemographischer Einflüsse auf die väterliche Vermittlungsgüte erbrachte einen deutlichen Zusammenhang zwischen der Schichtzugehörigkeit der Familie und der väterlichen Vermittlungsgüte mit zwei ($r=.44$, $p<.01$) beziehungsweise sechs Jahren ($r=.40$, $p<.01$). Mit gehobenerer sozialer Schicht nahm die Vermittlungsgüte des Vaters im Spiel mit dem Kind, beziehungsweise bei der Bewältigung der Aufgaben, zu. Eine mögliche Interpretation dieses Ergebnisses sieht die konkrete Ausgestaltung der Vaterrolle in hohem Maße durch das soziale Umfeld beeinflußt, wobei das Leitbild eines spielerisch auf das

Kind eingehenden Vaters in höheren sozialen Schichten bislang eine weitere Verbreitung erfahren hat (Parke & Stearns 1993).

Bei der nachfolgenden Überprüfung statistischer Zusammenhänge zwischen väterlicher Vermittlungsgüte mit zwei Jahren und der Qualität der Kind-Vater-Bindungsbeziehung beziehungsweise der Bindungsrepräsentation des Vaters mittels einer mehrfaktoriellen Varianzanalyse (ANOVA) wurde die Schichtzugehörigkeit der Familie kontrolliert, das heißt als Kovariante benutzt. Als zusätzlicher unabhängiger Faktor wurde das Geschlecht des Kindes verwendet, da väterliches Verhalten verschiedentlich als in hohem Maße geschlechtsdifferenziert beschrieben wurde (Block 1983). Bei einer 2×2-ANOVA (Geschlecht des Kindes×Vaterbindungsqualität: sicher vs. unsicher) mit der väterlichen Vermittlungsgüte im Alter von 2 Jahren als abhängigem Faktor ergab sich ein tendenziell signifikanter Haupteffekt für die Kind-Vater-Bindungsqualität ($F_{(1,39)}$=3.1, p<.10). Eine weitere 2×2-ANOVA (Geschlecht des Kindes×Bindungsrepräsentation des Vaters: ›sicher-autonom‹ vs. ›unsicher‹), ebenfalls mit der väterlichen Vermittlungsgüte im Alter von zwei Jahren als abhängigem Faktor, erbrachte einen signifikanten Haupteffekt für die väterliche Bindungsrepräsentation ($F_{(1,32)}$=5.3, p<.05). Das Geschlecht des Kindes erwies sich statistisch nicht als bedeutsam, ebenso fehlten Interaktionseffekte.

Wurde die väterliche Vermittlungsgüte mit sechs Jahren als abhängige Variable einer 2×2-ANOVA (Geschlecht des Kindes×Vaterbindungsqualität: sicher vs. unsicher) verwandt, so ergaben sich keine statistisch signifikanten Ergebnisse. Dies änderte sich jedoch, wenn die Bindungsrepräsentation des Vaters (sicher vs. unsicher) als unabhängiger Faktor betrachtet wurde. Es fand sich ein signifikanter Haupteffekt der väterlichen Bindungsrepräsentation ($F_{(1,32)}$=6.1, p<.05), sowie ein Interaktionseffekt zwischen der Bindungsrepräsentation des Vaters und dem Geschlecht des Kindes ($F_{(1,32)}$=4.9, p<.05). Insbesondere Väter mit einer unsicheren Bindungsrepräsentation und einer Tochter zeigten eine eher geringe Vermittlungsgüte. Post hoc T-Tests ergaben einen hochsignifikanten Unterschied zum Verhalten der Gruppe von Vätern mit einer sicheren Bindungsrepräsentation und einer Tochter (p=.004), sowie tendenziell signifikante Unterschiede zum Verhalten von Vätern mit einem Sohn und einer sicheren (p=.07) beziehungsweise einer unsicheren Bindungsrepräsentation (p=.07). Vergleiche dazu die folgende Abbildung.

Abbildung 1: Väterliche Vermittlungsgüte in einer Aufgabensituation mit sechsjährgen Kindern in Abhängigkeit von der Bindungsrepräsentation des Vaters und dem Geschlecht (Post hoc T-Test)

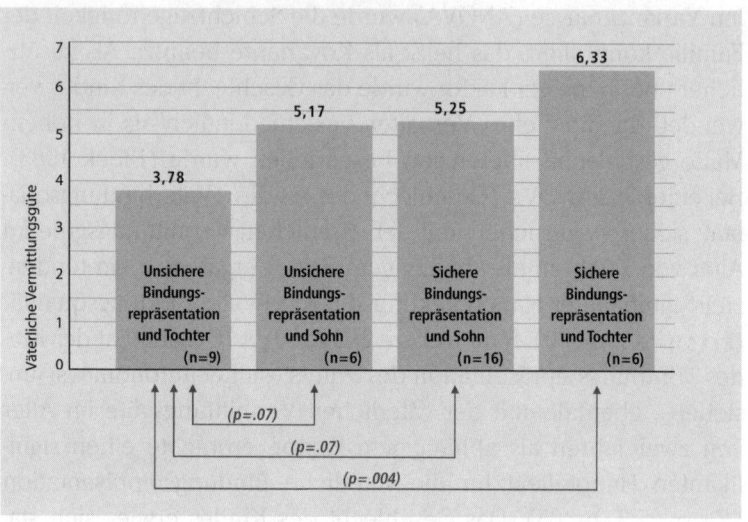

Väter, die im Bindungsinterview die Kriterien einer sicheren Bindungsrepräsentation erfüllten, also eine wertschätzende Haltung gegenüber der Bedeutung von Bindungen einnahmen, sowie lebendig und offen über ihre eigenen, positiven wie negativen Bindungserfahrungen berichten konnten, waren eher in der Lage, auf eine ›feinfühlig gewährende‹ und ›sensitiv herausfordernde‹ Weise sowohl mit ihrem Kind zu interagieren, als dieses zwei, dann sechs Jahre alt war. Es läßt sich vermuten, daß diese Kinder ihre Väter als anregend und zugleich einfühlsam erlebten. Die Bindungsrepräsentation des Vaters stand auch in anderen Untersuchungen mit der Güte des väterlichen Interaktionsverhaltens gegenüber dem Kind in Zusammenhang (vgl. Abschnitt 5). Für den Umgang von Vätern mit ihren Kindern erscheint es also bedeutsam, welche Haltung ein Vater gegenüber seinen eigenen Erfahrungen mit Bedürfnissen nach Fürsorge und Schutz einnimmt. Eine eher distanzierte Haltung läßt insbesondere Väter mit Töchtern in einer Aufgabensituation ohne ausreichende Handlungsorientierung. Eine mit zunehmendem Alter des Kindes wachsende Unsicherheit und Unausgewogenheit im Umgang mit Anforderungen wurde verschiedentlich für Vater-Tochter-Dyaden beschrieben (Lamb et al. 1979) Jedoch handelt es sich, dem vorliegenden Befund zufolge, um einen von der Persönlichkeit des Vaters abhängigen Effekt.

Die Bindungsqualität des Kindes zum Vater war demgegenüber in der vorliegenden Studie wie auch anderen (Easterbrooks & Goldberg 1984) weniger aussagekräftig hinsichtlich qualitativer Aspekte väterlichen Verhaltens. Dies könnte darauf zurückzuführen sein, daß die ›Fremdesituation‹ kein sehr zutreffendes Bild der Kind-Vater-Beziehung zu vermitteln in der Lage ist. Möglicherweise ist die Güte väterlichen Verhaltens gegenüber dem Kind in dessen ersten Lebensjahren aber auch einem raschen Wandel unterworfen.

In der längsschnittlichen Analyse zeigten sich statistische Beziehungen zwischen der väterlichen Vermittlungsgüte im Spiel mit seinem zweijährigen Kind und dem später vom Kind geschilderten Umgang mit Problemsituationen. Mit 10 Jahren wurden die Kinder in Einzelinterviews zu ihren Verhaltensstrategien im Umgang mit emotional belastenden Situationen (z.B. »Gibt es etwas, wovor du Angst hast? Was machst du dann?«) befragt. Kinder, deren Väter sich durch eine hohe Vermittlungsgüte auszeichnet hatten, beschrieben im Interview mit 10 Jahren eher beziehungsorientierte Strategien im Umgang mit emotionalen Belastungen, das heißt, wenn sie ihre eigenen Bewältigungsmöglichkeiten als nicht ausreichend ansahen, fanden diese Kinder Sicherheit in der Vorstellung, Hilfe bei Bezugspersonen zu suchen (vgl. Tabelle 1).

Sechs Jahre später erhielten die nun 16jährigen einen Fragebogen (Seiffge-Krenke 1989) zu ihrem Problembewältigungsverhalten in verschiedenen Lebensbereichen vorgelegt. Bei der Auswertung wurden aktiv-problemorientierte (zum Beispiel »Ich suche Trost und Zuwendung bei Leuten, denen es ähnlich ergeht«), problemmeidende (zum Beispiel »Ich lasse mir nichts anmerken und tue so, als ob alles in Ordnung wäre«), emotional beschwichtigende (zum Beispiel »Ich mache mir klar, daß es immer irgendwelche Probleme geben wird«) und mentale (zum Beispiel »Ich denke über das Problem nach und spiele verschiedene Lösungsmöglichkeiten in Gedanken durch«) Bewältigungsstrategien voneinander unterschieden. In sozialen Beziehungen beinhaltete eine Strategie der mentalen Bewältigung darüber hinaus die innere Bereitschaft, sich auf einen Prozeß wechselseitiger Zugeständnisse einzulassen (zum Beispiel »Ich schließe Kompromisse«). Da Mehrfachnennungen möglich waren, wurde die relative Häufigkeit der einzelnen Strategien berechnet. Kinder, die mit zwei bzw. sechs Jahren eine hohe väterliche Vermittlungsgüte erlebt hatten, zeigten im Jugendalter signifikant (vgl. Tabelle 1) bzw. tendenziell signifikant ($r=.29$, $p<.10$) höhere Anteile mentaler Strategien im Umgang mit Problemen. Zudem ging eine hohe väterliche Vermittlungsgüte mit zwei Jahren einher mit einem geringeren Anteil emotional beschwichtigender Strategien 14 Jahre später.

Langfristig, so lassen sich die vorgelegten Befunde interpretieren, geht ein einfühlsam herausfordernder Interaktionsstil des Vaters einher mit der Bereitschaft und dem Selbstvertrauen, durch eine gedankliche Exploration von Schwierigkeiten zu Lösungen zu gelangen (zum Beispiel »Ich denke über das Problem nach und spiele verschiedene Lösungsmöglichkeiten in Gedanken durch«). In den Modellvorstellungen der Bindungstheorie entspricht dies einer Förderung der explorativen Seite der Bindungs-Explorations-Balance durch einen sensitiv herausfordernden Vater. Zumindest die beziehungsorientierten Bewältigungsstrategien der Zehnjährigen sprechen zudem für ein hohes Vertrauen in eine unterstützende Haltung des Vaters, wenn dieser in der Kindheit als feinfühlig-gewährend und sensitiv-herausfordernd erlebt wurde. Für eine langfristige Generalisierung in Form einer hohen Bereitschaft, bei Schwierigkeiten soziale Unterstützung zu suchen (zum Beispiel »Ich suche Trost und Zuwendung bei Leuten, denen es ähnlich ergeht«), ist möglicherweise die ›gewährende Komponente‹ des väterlichen Interaktionsverhaltens ausschlaggebender. Eine sichere Kind-Vater-Bindungsqualität, die eher eine gewährende denn herausfordernde Haltung des Vaters reflektiert, stand nämlich in statistischem Zusammenhang (T-Test: $t=-2.0$, $p<.05$) mit einer aktiv-problemorientierten Bewältigungsstrategie im Jugendalter (Zimmermann 1994).

Eine zentrale These der Bindungstheorie besagt, daß Beziehungserfahrungen mit Bindungspersonen in neue Beziehungen, etwa zu Gleichaltrigen, eingebracht werden und deren Wahrnehmung, Gestaltung und Reflexion beeinflussen (Sroufe & Fleeson 1988). Zur Überprüfung dieser Hypothese wurden die 16jährigen der Bielefelder Längsschnittstichprobe zu ihren Beziehungen mit gleich- und gegengeschlechtlichen Gleichaltrigen befragt. Bei der Auswertung wurden Angaben zur Größe und Ausdehnung des Freundschaftsnetzwerkes, der Gestaltung und dem Konzept gleichgeschlechtlicher Freundschaften, zum Umgang mit gegengeschlechtlichen Kontakten, sowie zur Lösung von Konflikten für eine Konstruktion qualitativer Einstufungsskalen herangezogen (Merkl 1995). Jugendliche, die in ihrer frühen Kindheit eine sensitive Herausforderung durch den Vater erfahren hatten, beschrieben im Jugendalter eher Freundschaftsbeziehungen zu gleichgeschlechtlichen Jugendlichen, die durch häufige Kontakte und gegenseitige Wertschätzung gekennzeichnet waren. Dem entsprach ein Konzept von Freundschaftsbeziehungen als unterstützendes, persönliches Vertrauensverhältnis. Bei einer hohen väterlichen Vermittlungsgüte betonten die Jugendlichen auch in gegengeschlechtlichen Beziehungen eher die Bedeutung emotionaler Offenheit und Nähe. Ebenso schilderten sie bezüglich sozialer Konfliktsituationen seltener beziehungsgefährdende Strategien der Auseinandersetzung. Es fanden sich seltener Hinweise auf eine feindselige Haltung gegenüber anderen Gleichaltrigen. Zwischen der väterlichen Vermittlungsgüte mit zwei Jahren und der Ausdehnung des geschilderten Freundschaftsnetzwerkes bestanden keine Zusammenhänge. Die väterliche Vermittlungsgüte gegenüber dem sechsjährigen Kind erbrachte keine statistisch bedeutsamen Verbindungen zum Bereich der Freundschaftsbeziehungen.

In Übereinstimmung mit Annahmen der Bindungstheorie standen Interaktionserfahrungen des Kindes mit relevanten Bindungspersonen, hier Erfahrungen mit einer feinfühligen Herausforderung durch den Vater, in deutlichem Zusammenhang zum Umgang mit Gleichaltrigenbeziehungen mehr als zehn Jahre später. Verbindungen bestanden dabei insbesondere zum Bereich enger freundschaftlicher oder partnerschaftlicher Beziehungen, weniger jedoch zur Größe des Freundschaftsnetzwerkes. Die Anzahl der statistisch bedeutsamen Zusammenhänge war für die väterliche Vermittlungsgüte im Spiel mit dem zweijährigen Kind größer (in

5 von 7 Fällen), als für die Kind-Mutter-Bindungsqualität (1 von 7) oder die mütterliche Feinfühligkeit im ersten Lebensjahr (3 von 7) beziehungsweise die mütterliche Vermittlungsgüte im zweiten Lebensjahr (1 von 7). Im Bereich der Gleichaltrigenbeziehungen fand sich somit kein Hinweis auf einen größeren Einfluß bindungsrelevanter Erfahrungen eines Kindes mit der Mutter im Vergleich zum Vater. Dagegen standen die Befunde in Übereinstimmung mit Theorien einer hohen bereichsspezifischen Bedeutung des Vaters für die Entwicklung sozialer Fähigkeiten im Umgang mit Gleichaltrigen (Hartup 1989, Parke 1990).

Mit dem Erreichen des 16. Lebensjahres wurde eine Erhebung der Bindungsrepräsentation bei den Jugendlichen der Bielefelder Längsschnittstichprobe für sinnvoll erachtet. Im ›Bindungsinterview für Erwachsene‹ (‹Adult Attachment Interview›) wurden sie zu ihren Vertrauensbeziehungen in Kindheit und Gegenwart, sowie zur Bedeutung dieser Beziehungen für ihr Leben und ihre Persönlichkeit befragt. Die Antworten der Jugendlichen wurden mittels der Q-Sort Methode von Kobak (1993) auf drei Dimensionen eingeschätzt, die angeben, inwieweit ein Interview einem idealtypisch ›sicheren‹, ›unsicher-distanzierten‹ und ›unsicher-verstrickten‹ Antwortmuster entspricht (für eine detaillierte Beschreibung des Verfahrens: Zimmermann 1994). Ein hoher Wert auf der Dimension ›sicher‹ kennzeichnet beispielsweise ein Interview mit vielen Merkmalen eines idealtypisch ›sicheren‹ Antwortmusters, das heißt es wurde offen und kohärent über die Beziehung zu Bindungspersonen berichtet. Entsprechend beschreibt ein hoher Wert auf der Dimension ›distanziert‹ ein Interview, das durch fehlende beziehungsweise widersprüchliche Erinnerungen und eine Abwertung von Bindungsbeziehungen charakterisiert ist. Eine zusätzliche vierte Dimension ›deaktiviert vs. hyperaktiviert‹ gibt schließlich Aufschluß darüber, inwieweit in einem Interview von bindungsrelevanten Themen und Erinnerungen abgelenkt (Deaktivierung), bzw. deren Ausdruck übersteigert wurde (Hyperaktivierung).

Jugendliche, die durch ihre Väter in der frühen Kindheit eine sensitive Herausforderung erfahren hatten, sprachen im Interview eher offen und kohärent über ihre Bindungserfahrungen (Dimension ›sicher‹), nahmen seltener eine abwertende Haltung gegenüber der Bedeutung von Bindungsbeziehungen ein (Dimension

›distanziert‹) und lenkten im Interview seltener von bindungsrelevanten Themen ab (Dimension ›deaktiviert vs. hyperaktiviert‹). Da
die mit zehn Jahren erhobene Intelligenz der Kinder einige statistische Bezüge zu den Dimensionen der Bindungsrepräsentation im
Jugendalter aufwies (Zimmermann 1994), wurde ein möglicher
Einfluß der Intelligenz auf den Zusammenhang zwischen väterlicher Vermittlungsgüte gegenüber dem zweijährigen Kind und Bindungsrepräsentation im Jugendalter mittels Partialkorrelation ausgeschlossen. Statistisch bedeutsame Beziehungen blieben, wenngleich auf verringertem Niveau, bestehen. Die Werte der entsprechenden Partialkorrelationskoeffizienten sind in Tabelle 1 ebenfalls

Tabelle 1: Verhaltensstrategien von Jugendlichen im Zusammenhang mit
der im Alter von zwei Jahren erlebten väterlichen Vermittlungsgüte

Alter der Jugendlichen und deren Verhaltensstrategie		Zusammenhang zu der mit zwei Jahren erlebten väterlichen Vermittlungsgüte	
Geschilderte Bewältigungsstrategien			
10 J.	Beziehungsorientiertheit bei emotionaler Belastung	.36	p<.05 Spearman-Rangkorrelation
16 J.	Mentale Bewältigungsstrategien	.31	p<.05 Pearson-Korrelation
16 J.	Emotionale Selbstbeschwichtigung als Bewältigungsstrategie	−.28	p<.10 Pearson-Korrelation
Geschilderter Umgang in Freundschaften			
16 J.	Qualität gleichgeschlechtlicher Freundschafts-beziehungen	.32	p<.05 Spearman-Rangkorrelation
16 J.	Verständnis von Freundschaft als Vertrauensverhältnis	.31	p<.05 Spearman-Rangkorrelation
16 J.	Bedeutung von Vertrauen in gegengeschlechtlichen Beziehungen	.40	p<.10 Spearman-Rangkorrelation
16 J.	Beziehungserhaltende Strategien der Konfliktregelung	.31	p<.05 Spearman-Rangkorrelation
16 J.	Feindseligkeit gegenüber Gleichaltrigen	−.32	p<.05 Spearman-Rangkorrelation
Bindungsrepräsentation im Jugendalter			
16 J.	Dimension ›sicher‹	.33	p<.05 (.26; p<.10)° Pearson-Korrelation
16 J.	Dimension ›distanziert›	.38	p<.05 (.32; p<.05)° Pearson-Korrelation
16 J.	Dimension ›deaktiviert vs. hyperaktiviert‹	−.38	p<.01 (−.38; p<.01)° Pearson-Korrelation

Alle Fragestellungen zweiseitig. In Klammern Partialkorrelation mit kindlicher Intelligenz (10 Jahre) als
kontrollierter Variable.

angegeben. Statistisch bedeutsame Zusammenhänge zwischen der väterlichen Vermittlungsgüte in einer Aufgabensituation mit dem sechsjährigen Kind und dem Bindungsinterview zehn Jahre später bestanden nicht.

Entsprechend den vorliegenden Ergebnissen weisen frühe Interaktionserfahrungen des Kindes im Spiel mit dem Vater bedeutsame Verbindungen zu Kernbereichen der Bindungsentwicklung (Bindungsrepräsentation, enge Freundschaftsbeziehungen) auf. Ein Einfluß der Kind-Vater-Bindungsqualität oder der Bindungsrepräsentation des Vaters konnte demgegenüber in diesen Bereichen nicht nachgewiesen werden. Auf der mütterlichen Seite stand zwar die Bindungsrepräsentation der Mutter, nicht aber die Kind-Mutter-Bindungsqualität oder die mütterliche Feinfühligkeit bzw. Vermittlungsgüte im 1. und 2. Lebensjahr in Zusammenhang mit den Angaben der Jugendlichen im Bindungsinterview (Zimmermann 1994).

Die dargestellten Befunde[5] verdeutlichen, wie wichtig qualitative Unterschiede zwischen Vätern für eine Erforschung der langfristigen Bedeutung der Vater-Kind-Beziehung sein können. Mit einer Erhebung der väterlichen Fähigkeit, in einer Spielsituation ›feinfühlig gewährend‹ und ›sensitiv herausfordernd‹ auf sein zweijähriges Kind einzugehen, wurde ein für Vater-Kind-Beziehungen ökologisch valider Aspekt des väterlichen Interaktionsverhaltens erfaßt. Dieser Aspekt wurde jedoch nur unvollständig von der Klassifikation der Kind-Vater-Bindungsqualität in der ›Fremdesituation‹ reflektiert. Zwischen der Qualität der Bindungsbeziehung zum Vater und der väterlichen Vermittlungsgüte bestanden nur schwache statistische Zusammenhänge. Im Unterschied zur väterlichen Vermittlungsgüte gegenüber dem zweijährigen Kind wies die Qualität der Bindungsbeziehung zum Vater zudem keine längsschnittlichen Bezüge zu Kernbereichen der Bindungsentwicklung (Bindungsrepräsentation, enge Freundschaftsbeziehungen) auf. Bestehende Zweifel (Volling & Belsky 1992) an der Eignung der ›Fremdesituation‹ als einzigem Instrument zur Einstu-

---

5 Für weitere Analysen siehe Grossmann (1997), Grossmann et al. (1997), Kindler & Grossmann (1997), Kindler (im Druck), Grossmann et. al. (im Druck).

fung der Bindungsqualität für Vater-Kind-Beziehungen werden durch diese Befunde genährt.

Trotz einer hohen Kontinuität der väterlichen Vermittlungsgüte über einen Zeitraum von immerhin vier Jahren hinweg ($r = .63$, $p < .001$) waren in einer Aufgabensituation mit dem sechsjährigen Kind kaum längsschnittliche Verbindungen der väterlichen Vermittlungsgüte feststellbar. Die durch den expliziten Aufgabencharakter der Situation auferlegten Beschränkungen des väterlichen Handlungsspielraumes sowie die mit zunehmendem Alter wachsenden kommunikativen und regulativen Fähigkeiten des Kindes erfordern möglicherweise für beide Komponenten der väterlichen Vermittlungsgüte differenziertere Analysemethoden zur Aufdeckung relevanter qualitativer Unterschiede im väterlichen Verhalten. Die bei der Aufgabensituation in der Regel anwesenden Mütter griffen zudem nicht selten in die Bearbeitung der Aufgabe durch Vater und Kind ein. Unterschiede zwischen Vätern wurden hierdurch möglicherweise verwischt.

Die mütterliche Vermittlungsgüte wies weder mit zwei noch mit sechs Jahren längsschnittliche Bezüge zum geschilderten Umgang des Kindes mit emotionalen Belastungen oder Schwierigkeiten, den beschriebenen Gleichaltrigenbeziehungen sowie der Bindungsrepräsentation der Jugendlichen auf. Die für Mütter und Väter unterschiedlichen Ergebnisse können verschieden interpretiert werden. Falls Väter alltägliche Interaktionssituationen eher als Mütter dafür nutzen, spielerische Anforderungen an ihr Kind zu stellen, könnte ihrer Fähigkeit zur sensitiven Herausforderung eine größere Bedeutung für die kindliche Entwicklung zukommen. Von Hartup (1989) wurde die weitergehende Vermutung formuliert, die Bedeutung des Vaters wachse mit zunehmender Unterschiedlichkeit der Erfahrungen eines Kindes mit Vater und Mutter. Eine hohe Vermittlungsgüte des Vaters wäre demnach insbesondere dann für das Kind von Bedeutung, wenn der Mutter in anderer Art (zum Beispiel als sichere Basis) oder in anderen Situationen ein feinfühliges Eingehen auf das Kind gelänge. Alternativ könnte danach gefragt werden, ob sich Kinder durch ähnliche Verhaltensweisen von Vater und Mutter in unterschiedlicher Weise beeinflussen lassen. Reiss (1989) hat darauf hingewiesen, daß sich Familien auf der Ebene ihrer Interaktionspraxis, sowie auf der Ebene der repräsentierten Familienbeziehungen untersuchen lassen. Die innerpsychische Verarbeitung erlebter Interaktionen mit Vater und Mutter könnte durch eine Zuschreibung unterschiedlicher elterlicher Rollen beeinflußt werden. Losgelöst von der Frage, ob Unterschiede zwischen Vater und Mutter auf der Ebene der familiären Interaktionspraxis, der repräsentierten Familienbeziehungen oder auf beiden Ebenen bestehen, wurden von Bowlby (1982) Studien zitiert, denen zufolge im Erwachsenenalter selbstsichere und gesunde Persönlichkeiten unterstützende Beziehungen zu beiden Eltern schilderten. Während sie sich bei der Mutter sicher gefühlt hätten, seien sie zugleich stark mit einem ›vitalen‹ (Kor-chin & Ruff 1964) Vater identifiziert gewesen. Die Beziehung zu beiden Elternteilen habe es ihnen ermöglicht, sich auf andere zu verlassen und vorhandene Herausforderungen anzunehmen.

5 Einstellung zu Bindungen, Persönlichkeit und Beziehung zum Kind

Wiederholt konnte demonstriert werden, daß Persönlichkeit und Einstellungen eines Vaters Einfluß nehmen können auf die Art der Fürsorge, die er seinen Kindern anbietet. Eine positive Erwartungshaltung gegenüber der Vaterschaft sowie eine generelle Offenheit für neue Erfahrungen während der Schwangerschaft gingen etwa in einer Studie von Levy-Shiff & Israelashvili (1988) einher mit einem zärtlichen Eingehen auf Bedürfnisse des Kindes neun Monate nach dessen Geburt. Aus der Sicht der Bindungstheorie stellt die Einstellung eines Vaters zur Bedeutung von Bindungen im Leben (Bindungsrepräsentation) einen Aspekt der Persönlichkeit dar, der für die Bereitschaft und Fähigkeit, sensitiv auf das Kind zuzugehen, von großer Bedeutung ist. Der postulierte Zusammenhang zwischen Bindungsrepräsentation und Fürsorge ist Teil einer Theorie der Weitergabe von Bindungsmustern über Generationen. Die psychische Organisation und Reflexion bindungsrelevanter Erfahrungen beeinflußt demnach das Fürsorgeverhaltenssystem einer Bindungsperson und wirkt sich über die Güte der Interaktion mit dem Kind in bindungsrelevanten Situationen auf die entstehende Bindungsqualität aus.

Prospektiv konnte bislang der Zusammenhang zwischen Bindungs-repräsentation, Feinfühligkeit und Bindungsqualität geprüft wer-den. Die postulierten Zusammenhänge wurden bei Vätern wie Müttern erwartet. Bereits zu Beginn der Bindungsforschung war je-doch auch über Geschlechtsunterschiede im Prozeß der Transfor-mation von Bindungserfahrungen in Fürsorge spekuliert worden (Ainsworth 1984, Bowlby 1975). Ainsworth (1984) vermutete etwa, ein Fürsorgeverhaltenssystem sei bei Männern zwar phylogene-tisch angelegt, jedoch schwerer zu aktivieren. In diesem Fall wären vergleichsweise schwächere Zusammenhänge sowohl zwischen Bindungsrepräsentation des Vaters und seiner Feinfühligkeit als auch zwischen Bindungsrepräsentation und Qualität der Bin-dungsbeziehung des Kindes zum Vater zu erwarten. Alternativ könnte angenommen werden, die ›Fremdesituation‹ sei aufgrund einer für Vater-Kind-Beziehungen geringeren ökologischen Validi-tät einer dyadischen Trostsituation weniger aussagekräftig für Va-ter-Kind- als für Mutter-Kind-Beziehungen. Eine vergleichsweise ge-ringere Rate der Übereinstimmung zwischen Bindungsrepräsenta-tion des Vaters und Qualität der Bindungsbeziehung des Kindes zum Vater wäre auch in diesem Fall zu erwarten, nicht jedoch ge-schlechtsabhängig unterschiedlich enge Zusammenhänge zwi-schen Bindungsrepräsentation und Güte der Interaktion mit dem Kind.

Väterliche Bindungsrepräsentation und Bindungsqualität zum Kind konnten bislang in Stichproben aus Australien, den Vereinig-ten Staaten, Großbritannien, Holland und der Bundesrepublik Deutschland miteinander verglichen werden. Werden etwa die 69 Väter aus der Bielefelder und Regensburg-I-Längsschnittstudie zusammen betrachtet, so ergibt sich in 65 Prozent eine Überein-stimmung der sicheren beziehungsweise unsicheren Bindungs-repräsentation mit einer entsprechenden Bindungsqualität des Kindes zum Vater (Grossmann & Fremmer-Bombik 1994). Prospek-tive Studien von Radojevic & Russell (under review), sowie Steele et al. (1993) fanden überzufällige Konkordanzen zwischen der Bindungsrepräsentation des Vaters während der Schwangerschaft und der Bindungsqualität des Kindes zum Vater am Ende des er-sten Lebensjahres (Übereinstimmung für sichere vs. unsichere Bindungsrepräsentation: 77 Prozent bzw. 71 Prozent). Die Studien stimmen darin überein, daß insbesondere Kinder von Vätern, die im Bindungsinterview kohärent, offen und mit einem guten Erinnerungsvermögen von unterstützenden Erfahrungen mit mindestens einer Bindungsperson berichten, mit einer hohen Wahrscheinlichkeit eine sichere Bindungsbeziehung zum Vater aufbauen. Da sich die beiden verwendeten Forschungsinstrumente stark voneinander unterscheiden (Interview vs. Beobachtung), sind die berichteten Übereinstimmungen sicherlich eindrucksvoll. Tendenziell fallen die Zusammenhänge bei Mutter-Kind-Stichproben jedoch enger aus. Dies trat etwa bei einer Meta-Analyse von Van Ijzendoorn (1995) hervor. Die Effektstärke der Bindungsrepräsentation betrug für Väter beziehungsweise Mütter $d=.80$ vs. $d=1.14$, das heißt 37 Prozent mehr Kinder von Vätern mit einer sicheren Bindungsrepräsentation im Vergleich zu Kindern von Vätern mit einer unsicheren Bindungsrepräsentation entwickelten eine sichere Bindungsbeziehung zum Vater. Jedoch 50 Prozent mehr Kinder von Müttern mit einer sicheren Bindungsrepräsentation im Vergleich zu Kindern von Müttern mit einer unsicheren Bindungsrepräsentation bauten eine sichere Bindungsbeziehung zur Mutter auf.

Qualitative Aspekte von Vater-Kind Interaktionen wurden in mehreren Studien vor dem Hintergrund der väterlichen Bindungsrepräsentation betrachtet. Über Befunde aus der Bielefelder Längsschnittstichprobe, wonach Väter mit einer sicheren Bindungsrepräsentation ihr Kind mit 2 und 6 Jahren feinfühliger anleiten und auf es eingehen konnten (väterliche Vermittlungsgüte), wurden bereits im vorangegangenen Abschnitt berichtet. Ebenso zeigte sich im Rahmen der Regensburg-I-Längsschnittstichprobe in einer Freispielsituation mit 12 beziehungsweise 18 Monaten ein signifikanter Zusammenhang zwischen Feinfühligkeit und väterlicher Bindungsrepräsentation (Grossmann & Fremmer-Bombik 1994). In einer Studie aus den Vereinigten Staaten wurden Väter dreijähriger Kinder in einer Reihe von Aufgabensituationen als engagierter, wärmer und strukturierter eingeschätzt, wenn sie eine sichere Bindungsrepräsentation aufwiesen (Cohn et al. 1992). Eine holländische Untersuchung (Van Ijzendoorn et al. 1991) fand hingegen in einer Freispielsituation im 3. Lebensjahr des Kindes keine Unterschiede in Abhängigkeit von der Bindungsrepräsentation des Vaters. In allen vier Studien lagen für Mütter Vergleichsdaten vor. Mit Ausnahme der Eltern mit einer Tochter in der holländischen Stichprobe fanden sich in keiner dieser Untersuchungen bei Müttern im Vergleich zu Vätern engere Zusammenhänge zwischen Bindungsrepräsentation und Güte der Interaktion mit dem Kind.

Zusammenfassend erlaubt die Bindungsrepräsentation bei Vätern im Vergleich zu Müttern eine weniger gute Vorhersage der Qualität der Bindungsbeziehung des Kindes zum jeweiligen Elternteil. Dies sollte jedoch nicht als Hinweis auf ein bei Vätern situationsübergreifend durch kindliche Signale schwerer zu aktivierendes Fürsorgeverhaltenssystem gewertet werden. Zumindest in Beobachtungssituationen scheint Vätern wie Müttern mit einer positiven Einstellung zur Bedeutung von Bindungen im Leben ein feinfühliger Umgang mit Bindungsbedürfnissen des Kindes eher zu gelingen, auch wenn sie sich unter Umständen darin unterscheiden, in welcher Form sie dies tun (zum Beispiel sensitiv herausfordernd vs. gewährend). Möglicherweise wird die Entwicklung des Kindes hierdurch unterschiedlich beeinflußt. Hierauf deuten Ergebnisse einer Studie von Cowan et al. (1996) hin. Ein ausagierendes und aggressives Verhalten im Kindergarten stand hierbei in engerem Zusammenhang zu verschiedenen Aspekten der väterlichen Bindungsrepräsentation, während umgekehrt die Aspekte der mütterlichen Bindungsrepräsentation eher eine Verbindung zum Ausmaß nach innen gerichteter Problemverhaltensweisen des Kindes aufwiesen.

Die Einbettung des Fürsorgeverhaltenssystems in die Organisation der Persönlichkeit wurde bei Vätern wie Müttern bislang kaum untersucht. Jedoch existieren erste Überlegungen zu einer besonderen Bedeutung des Selbstwertgefühls und Selbstbildes bei Vätern. So sah etwa einerseits Pedersen (1988, zitiert in Volling & Belsky 1992) in einem hohen Selbstwertgefühl bei Vätern, nicht aber bei Müttern, einen Prädiktor für eine sichere Bindungsbeziehung. Andererseits wurde verschiedentlich angenommen, die Geburt eines Kindes gehe zwar bei beiden Elternteilen mit einer Reflexion des Selbstbildes einher (Cowan & Cowan 1994), könne aber insbesondere bei Vätern, im Fall einer gelingenden Beziehung zum Kind, zum Aufbau einer fürsorglicheren Haltung auch außerhalb der Familie führen (Snarey 1993). Selbstkonzeptinterviews mit den Vätern und Müttern der Regensburg-I-Längsschnittstichprobe liefern einen ersten Beitrag zur Exploration der Zusammenhänge zwischen Selbstkonzept, Bindungsrepräsentation und Qualität der Bindungsbeziehung des Kindes zum Vater (August-Frenzel 1993). Die Interviews wurden sechs Jahre nach der ›Fremdesituation‹ und zwei Jahre nach dem Bindungsinterview durchgeführt, als die Kinder acht Jahre alt waren. Erfragt wurden Selbstbewertungen in verschiedenen Lebensbereichen sowie der Umgang mit potentiell selbstwertbelastenden Erlebnissen. Väter von Kindern mit einer sicheren Bindungsbeziehung vermittelten hierbei hochsignifikant häufiger ein insgesamt positives Selbstbild. Für Mütter ergab sich ein schwächerer Effekt in entgegengesetzter Richtung. Eine sichere Kind-Vater-Bindungsbeziehung ging in 10 von 13 Fällen (77 Prozent) mit einem insgesamt positiven Selbstbild des Vaters einher, während sich bei einer unsicheren Kind-Vater-Bindungsbeziehung nur 3 von 19 Vätern (16 Prozent) insgesamt positiv beschrieben.

Die entsprechenden Vergleichszahlen für die Mütter betragen 46 Prozent und 69 Prozent. Bei der Interpretation der Befunde von August-Frenzel (1993) sind die geringen Fallzahlen zu berücksichtigen. Auch muß offen bleiben, ob ein insgesamt positives Selbstbild bei Vätern Prädiktor und/oder Folge einer sicheren Kind-Vater-Vertrauensbeziehung ist. Verschiedene Erklärungen für den in der Studie geschlechtsspezifisch engen Zusammenhang zwischen Vertrauensbeziehung des Kindes und Selbstbild des jeweiligen Elternteils sind denkbar. Möglicherweise handhaben selbstbewußte Väter kulturelle Vorgaben, die eine hohe männliche Einsatz- und Leistungsbereitschaft für die Familie fordern, aber mit einer (räumlichen) Distanz einhergehen, flexibler. Wenn diese Väter zusätzlich eine positive Einstellung zur Bedeutung von Bindungen im Leben einnehmen, orientieren sie sich mehr an den Bindungsbedürfnissen des Kindes.

In der Studie von August-Frenzel (1993) ging ein insgesamt positives Selbstbild des Vaters dementsprechend insbesondere dann mit dem Befund einer sicheren Bindungsbeziehung des Kindes zum Vater einher, wenn der Vater eine sichere Bindungsrepräsentation aufwies (in 8 von 9 Fällen).

6 Schluß

Trotz des stetigen Anwachsens der Forschungsliteratur über Kind-Vater-Bindungsbeziehungen und Väter als Bindungspersonen bleiben viele Fragen noch weit von einer Klärung entfernt. Vorliegende Studien weisen konsistent darauf hin, daß die Fähigkeit eines Vaters, dem eigenen Kind emotionale Sicherheit zu vermitteln, durch die Zugänglichkeit und Reflexion eigener Bindungserfahrungen beeinflußt wird. Auch liegen erste Befunde zur Bedeutung des väterlichen Selbstkonzeptes vor. Jedoch wurde bislang kaum die Frage gestellt, wie das Fürsorgeverhaltenssystem bei Vätern organisiert ist (mit einer Ausnahme: Bretherton et al. 1993). George & Solomon (1993) konnten in Interviews mit Müttern verschiedene »Strategien« der Fürsorge für ihre Kinder unterscheiden und mit der Qualität der Bindungsbeziehung des Kindes zur Mutter verbinden. Welche Strategien der Fürsorge finden sich bei Vätern, eventuell in Abhängigkeit vom Gelingen einer ›Erziehungsallianz‹ zwischen den Eltern (Gable et al. 1992) und der Qualität der Fürsorge für das Kind durch die Mutter? Weiterhin ließe sich danach fragen, ob Väter durch das Modell der Fürsorge des eigenen Vaters in der Herkunftsfamilie in besonderer Weise beeinflußt werden. Crittenden (1992) sieht in der Vorbereitung auf die Fürsorge für die nachfolgende Generation einen notwendigen Bestandteil jeglicher Sozialisation. Welche Formen der Sozialisation männlicher Fürsorge existieren in unserer Kultur? Ethnologische Untersuchungen zu kulturellen Bildern von Männlichkeit (Gilmore 1990) betonen, daß Jungen häufig auf eine eher mittelbare Form der Fürsorge vorbereitet werden, indem sie dazu erzogen werden, ihren Beitrag zur Versorgung des gesamten Familienverbandes zu leisten.

Kinder bauen in der Regel Bindungsbeziehungen zu ihren Vätern auf. Die Qualität der Bindungsbeziehung zum Vater wird nicht durch die Erfahrungen des Kindes mit der Mutter bestimmt. Es ist jedoch unklar, welche Aspekte der Vater-Kind-Interaktion die Qualität der Bindungsbeziehung in hohem Maße beeinflussen und mit welcher Methodik ein zuverlässiges Bild der Kind-Vater-Vertrauensbeziehung gewonnen werden kann. Die Einbeziehung spezifisch väterlicher Verhaltensstile kann dazu beitragen, ein angemessenes Verständnis der Güte väterlichen Interaktionsverhaltens zu erlangen. Wird neben einer ›gewährenden‹ Komponente auch die Fähigkeit des Vaters zur ›sensitiven Herausforderung‹ des Kindes erhoben, so werden längsschnittliche Bezüge zwischen Vater-Kind Interaktionen und Kernbereichen der Bindungsentwicklung über Zeiträume von mehr als zehn Jahren sichtbar.

Literatur

Ainsworth, M. D. S. (1967). *Infancy in Uganda. Infant care and growth of love*. Baltimore: Johns Hopkins University Press.

Ainsworth, M. D. S., Bell, S. M. & Stayton, D. J. (1974). Infant-mother attachment and social development: »Socialisation« as a product of reciprocal responsiveness to signals. In P. M. Richards (Ed.), *The integration of a child into a social world*. Cambridge: Cambridge University Press, pp. 99–135.

Ainsworth, M. D. S., Blehar, M. C., Waters, E. & Wall, S. (1978). *Patterns of attachment. A psychological study of the strange situation*. Hillsdale, NJ: LEA.

August-Frenzel, P. (1993). *Selbstbewertungen von Vätern, Müttern und ihren achtjährigen Kindern im Kontext ihrer Bindungserfahrungen*. Unveröff. Dissertation, Universität Regensburg.

Barton, M. & Tomasello, M. (1994). The rest of the family. The role of fathers and siblings in early development. In C. Gallaway & B. J. Richards (Eds.), *Input and interaction in language acquisition*. Cambridge: Cambridge University Press, pp. 109–303.

Baumrind, D. (1982). Are androgynous individuals more effective persons and parents? *Child Development, 53*, pp. 44–75.

Baumrind, D. (1989). The permanence of change and the impermanence of stability. *Human Development, 32*, pp. 187–195.

Belsky, J., Garduque, L. & Hrncir, E. (1984). Assessing performance, competence, and executive capacity in infant play. Relations to home environment and security of attachment. *Developmental Psychology, 20*, pp. 406–417.

Belsky, J. & Rovine, M. (1987). Temperament and attachment security in the Strange Situation: An empirical rapprochement. *Child Development, 58*, pp. 787–795.

Belsky, J. & Volling, B. L. (1987). Mothering, fathering, and marital interaction in the family triad during infancy. In P. W. Berman & F. A. Pedersen (Eds.), *Men's transition to parenthood. Longitudinal studies of early familiy experience*. Hillsdale: Lea, pp. 37–63.

Belsky, J. & Braungart, J. (1991). Are insecure-avoidant infants with extensive day care experience less stressed by and more independent in the
Strange Situation? *Child Development, 62*, pp. 567–571.

Belsky, J. & Cassidy, J. (1994). Attachment: Theory and evidence. In M. Rutter & D. F. Hay (Eds.), *Development Through Life. A Handbook for Clinicians*. Oxford: Blackwell, pp. 373–402

Belsky, J., Rosenberger, K. & Crnic, K. (1995). The origins of attachment
security. »Classical« and Contextual Determinants. In S.Goldberg, R.
Muir & J. Kerr (Eds.), *Attachment theory. Social, developmental, and
clinical perspectives*. Hillsdale NJ.: The Analytic Press, pp. 153–183.

Block, J. H. (1983). Differential premises arising from differential socialisation of the sexes: Some conjectures. *Child Development, 54*, pp.
1335–1354.

Block, J. H. & Block, J. (1980). The role of ego-control and ego-resiliency in
the organization of behavior. In W. A. Collins (Ed.), *Minnesota Symposium on Child Psychology. Vol. 13*. Hillsdale NJ: Lea, pp. 39–101.

Bowlby, J. (1951). *Maternal care and mental health*. Geneva: WHO.

Bowlby, J. (1975). *Bindung*. München: Kindler (engl. Original: *Attachment*,
1969).

Bowlby, J. (1976). *Trennung*. München: Kindler (engl. Original: *Separation*,
1973).

Bowlby, J. (1982). *Das Glück und die Trauer. Herstellung und Lösung affektiver Bindungen*. Stuttgart: Klett-Cotta. (engl. Orginal: *The making and
breaking of affectional bonds*, 1979).

Bowlby, J. (1983). *Verlust*. Frankfurt/Main: Fischer (engl. Original: *Loss*,
1980).

Bowlby, J. (1995). *Elternbindung und Persönlichkeitsentwicklung. Therapeutische Aspekte der Bindungstheorie*. Heidelberg: Dexter (engl. Orginal:
A Secure Base, 1988).

Bretherton, I. (1995). Die Geschichte der Bindungstheorie. In G. Spangler &
P. Zimmermann (Hrsg.), *Die Bindungstheorie: Grundlagen, Forschung
und Anwendung*. Stuttgart: Klett-Cotta, S.27–49

Bretherton, I. (1985). Attachment theory: Retrospect and prospect. In I. Bretherton & E. Waters (Eds.), *Growing points in attachment theory and
research. Monographs of the Society for Research in Child Development,
50*, 1–2 (Serial No. 209), pp. 3–35.

Bretherton, I., Golby, B. & Halvorsen, C. (1993). *Fathers as attachment and
caregiving figures*. Paper presented at the Biennial Meeting of the
Society for Research in Child Development, New Orleans.

Bright, M. C. & Stockdale, D. F. (1984). Mothers', fathers', and preschool
children's interactive behaviors in a play setting. *The Journal of Genetic
Psychology, 144*, pp. 219–232.

Bronfenbrenner, U. (1981). *Die Ökologie der menschlichen Entwicklung.* Stuttgart: Klett-Cotta (engl. Orginal: The Ecology of Human Development, 1979)

Carlson, E. A. & Sroufe, L. A. (1995). Contribution of Attachment Theory to Developmental Psychopathology. In D. Ciccetti & D. J. Cohen (Eds.), *Developmental psychopathology. Vol.1: Theory and methods.* New York: Wiley, pp. 581–617.

Cassidy, J. (1994). Emotion regulation: Influences of attachment relationships. In N. Fox (Ed.), *Emotion regulation: Biological and behavioral considerations. Monographs of the Society for Research in Child Development, 59* (2–3), pp. 228–283.

Cassidy, J. & Berlin, L. J. (1994). The Insecure/ambivalent pattern of attachment: Theory and research. *Child Development, 65,* pp. 971–991.

Cohen, J. (1977). *Statistical power analysis for the behavioral sciences.* San Diego: Academic Press.

Cohn, D. A., Cowan, P. A., Cowan, C. P. & Pearson, J. (1992). Mothers and fathers working models of childhood relationships, parenting styles, and child behavior. *Development and Psychopathology, 4,* pp. 417–431.

Connell, R. W. (1987). *Gender and Power.* Cambridge: Polity Press.

Cowan, P. A., Cohn, D. A., Cowan, C. P. & Pearson, J. L. (1996). Parents attachment histories and children's externalizing and internalizing behaviors: Exploring family sytems models of linkage. *Journal of Consulting and Clinical Psychology, 64,* pp. 53–63.

Cowan, C. P. & Cowan, P. A. (1994). *Wenn Partner Eltern werden. Der große Umbruch im Leben eines Paares.* München: Piper.

Cox, M., Owen, M. T., Henderson, V. K. & Margand, N. A. (1992). Prediction of Infant-Father and Infant-Mother Attachment. *Developmental Psychology, 28,* pp. 474–483.

Crittenden, P. M. (1992). Quality of attachment in the preschool years. *Development and Psychopathology, 4,* pp. 209–241.

Das-Eiden, R., Teti, D. & Corns, K. (1993). *Maternal working models of attachment, maritial adjustment, and the parent-child relationship.* Paper presented at the biennial meeting of the Society for Research in Child Development, New Orleans.

Easterbrooks, A. M. & Goldberg, W. A. (1984). Toddler development in the family. Impact of father involvement and parenting characteristics. *Child Development, 55,* pp. 740–752.

Easterbrooks, A. M. & Goldberg, W. A. (1990). Security of Toddler-Parent Attachment. In M. T. Greenberg, D. Ciccetti & M. E. Cummings (Eds.), *Attachment in the preschool years.* Chicago: The University of Chicago Press, pp. 221–244.

Edwards, C. P. (1995). Parenting toddlers. In M. H. Bornstein (Ed.), *Handbook of parenting. Vol. 1: Children and parenting*. Mahwah: LEA, pp. 41–63.

Egeland, B. (1991). From data to definition. *Development and Psychopathology, 3*, 37–43.

Egeland, B., Carlson, E. & Sroufe, L. A. (1993). Resilience as process. *Development and Psychopathology, 5*, pp. 517–528.

Egeland, B. & Farber, E. A. (1984). Infant-mother attachment: Factors related to its development and changes over time. *Child Development, 55*, pp. 753–771.

Ekhardt, C. (1995). *Elterliche Vermittlungsgüte und Verhaltensstrategien sechsjähriger Kinder: Längsschnittliche Zusammenhänge mit Bindungsqualität und Intelligenz*. Unveröff. Diplomarbeit, Universität Regensburg.

Elicker, J., Englund, M. & Sroufe, L. A. (1992). Predicting peer competence and peer relationships in childhood from early parent-child relationships. In R. D. Parke & G. W. Ladd (Eds.) *Family-Peer Relationships: Modes of Linkage*. Hillsdale: Lea, pp. 77–106.

Escher-Gräub, D. C. & Grossmann, K. E. (1983). *Bindungsunsicherheit im zweiten Lebensjahr – Die Regensburger Querschnittuntersuchung*. Unveröff. Forschungsbericht, Universität Regensburg.

Fagot, B. I., Kronsberg, S. & MacGregor, D. (1985). Adult responses to young children in risky situations. *Merrill-Palmer Quarterly, 31*, pp. 385–395.

Field, T. (1981). Infant arousal, attention and affect during early interactions. *Advances in Infancy Research, 1*, pp. 57–100.

Fonagy, P., Steele, M., Steele, H., Higgit, A. & Target, M. (1994). The Emanuel Miller Memorial Lecture 1992. The theory and practice of resilience. *Journal of Child Psychology and Psychiatry, 35*, pp. 231–257.

Fox, N. A., Kimmerly, N. L. & Schaffer W. D. (1991). Attachment to mother/ attachment to father. A meta-analysis. *Child Development, 62*, pp. 210–225.

Freud, S. (1944). *Neue Folge der Vorlesungen zur Einführung in die Psychoanalyse*. Gesammelte Werke, Band 15. Frankfurt/Main: Fischer Verlag.

Friedl, R. (1997) *Darstellungen achtjähriger Kinder und ihrer Väter zum väterlichen Erziehungsengagement: Bindungstheoretische Analysen*. Unveröff. Diplomarbeit, Universität Regensburg.

Gable, S., Belsky, J. & Crnic, K. (1992). Marriage, parenting, and child development. Progress and prospects. *Journal of Family Psychology, 5*, pp. 276–94.

Geiger, U. (1991). *Reaktionen Sechsjähriger Kinder in Imaginären Trennungssituationen*. Unveröff. Diplomarbeit, Universität Regensburg.

Gilmore, D. D. (1990). *Manhood in the making. Cultural concepts of masculinity*. London. (dt. 1991)

Goldsmith, H. H. & Alansky, J. A. (1987). Maternal and infant temperamental predictors of attachment. A meta-analytic review. *Journal of Consulting and Clinical Psychology, 55*, pp. 805–816.

Grossmann, K. (1984). *Zweijährige Kinder im Zusammenspiel mit ihren Müttern, Vätern, einer fremden Erwachsenen und in einer Überraschungssituation: Beobachtungen aus bindungs- und kompetenztheoretischer Sicht*. Unveröff. Dissertation, Universität Regensburg.

Grossmann, K. (1997). Infant-father attachment relationship. Sensitive challenges during play with toddler is the pivotal feature. Poster presented at the 1997 SRCD Biennial Meeting, April 3–6, 1997, Washington, DC.

Grossmann, K. (2000). Shared dyadic parent-child programmes: Evidence for separate qualitative functioning of the play and the attachment programme. In P. M. Crittenden (Ed.), *The organisation of attachment relationships. Maturation, culture, and context*. Cambridge: Cambridge University Press, pp. 13–37

Grossmann, K. & Grossmann, K. E. (1983). *Verhaltensontogenie bei menschlichen Neugeborenen – Die Bielefelder Längsschnittuntersuchung*. Unveröff. Manuskript, Universität Regensburg.

Grossmann, K., Fremmer-Bombik, E., Rudolph, J. & Grossmann, K. E. (1988). Maternal attachment representations as related to infant-mother attachment and maternal care during the first year. In R. A. Hinde & Stevenson-Hinde (Eds.) *Relationships within families. Mutual influences*. Oxford: Claredon, pp. 241–260.

Grossmann, K. & Fremmer-Bombik, E. (1994). *Fathers attachment representations and the quality of their interactions with their children in infancy and childhood*. Poster presented at ISSBD, Amsterdam, 28.6–2.7.1994

Grossmann, K. E. (1977). Skalen zur Erfassung mütterlichen Verhaltens von Mary D. S. Ainsworth. In K. E. Grossmann (Hrsg.), *Entwicklung der Lernfähigkeit in der sozialen Umwelt*. München: Kindler, S. 96–107.

Grossmann, K. E. (1995). The evolution and history of attachment research and theory. In S. Goldberg, R. Muir & J. Kerr (Eds.), *Attachment theory. Social, developmental, and clinical perspectives*. Hillsdale NJ.: The Analytic Press, pp. 85–122.

Grossmann, K. E., Grossmann, K., Huber, F. & Wartner, U. (1981). German children's behavior towards their mothers at 12 months and their fathers at 18 months in Ainsworth's Strange Situation. *International Journal of Behavioral Development, 4*, pp. 157–181.

Grossmann, K. E., Grossmann, K. & Schwan, A. (1986). Capturing the wider view of attachment: a reanalysis of Ainsworth's Strange Situation. In C. E. Izard & P. B. Read (Eds.), *Measuring emotions in infants and children. Vol. 2*. Cambridge: Cambridge University Press, pp. 124–171.

Grossmann, K. E., Fremmer-Bombik, E., Friedl, A., Grossmann, K., Spangler, G. & Suess, G. (1989). Die Ontogenese emotionaler Integrität und Kohärenz. In E. Roth (Hrsg.) *Denken und Fühlen*. Berlin: Springer, S.36–55.

Grossmann, K. E. & Grossmann, K. (1990). The wider concept of attachment in cross-cultural research. *Human Development, 33*, pp. 31–47.

Grossmann, K. E., Becker-Stoll, F., Grossmann, K., Kindler, H., Schieche, M., Spangler, G., Wensauer, M. & Zimmermann, P. (1997). Die Bindungstheorie: Modell, entwicklungspsychologische Forschung und Ergebnisse. In H. Keller (Hrsg.), *Handbuch der Kleinkindforschung*. Bern: Hans Huber, S.51–95

Harrington, D. M., Block, J. H. & Block, J. (1978). Intolerance of ambiguity in preschool children: Psychometric considerations, behavioral manifestations, and parental correlates. *Developmental Psychology, 14*, pp. 242–256.

Hartup, W. W. (1989). Social relationships and their developmental significance. *American Psychologist, 44*, pp. 120–126.

Hinde, R. (1993). Auf dem Wege zu einer Wissenschaft zwischenmenschlicher Beziehungen. In A. E. Auhagen & M. Von Salisch (Hrsg.), *Zwischenmenschliche Beziehungen*. Göttingen: Hogrefe, S.7–36.

Hochschild, A. & Machung, A. (1993). *Der 48-Stunden-Tag. Wege aus dem Dilemma berufstätiger Eltern*. München: Knaur (engl. Orginal: 1989).

Holmes, J. (1993). *John Bowlby & Attachment Theory*. London: Routledge.

Isabella, R. A. (1994). Origins of maternal role satisfaction and its influences on maternal interactive behavior and infant-mother attachment. *International Journal of Behavioral Development, 17*, pp. 381–388.

Isabella, R. A. (1993). Origins of attachment: Maternal interactive behavior across the first year. *Child Development, 64*, pp. 373–384.

Kassubek, B. (1995). *Elterliche Vermittlungsgüte und Spielgestaltung ihrer zweijährigen Kinder: Längsschnittliche Aspekte*. Unveröff. Diplomarbeit, Universität Regensburg.

Kindler, H. (1990). *Analyse der Selbstbewertungen achtjähriger Kinder. Längsschnittliche Zusammenhänge*. Unveröff. Diplomarbeit, Universität Regensburg.

Kindler, H. & Grossmann, K. (1997*). Longitudinal sequelae of fathers' sensitivity while challenging the child during joint play*. Poster presented at the 1997 SRCD Biennial Meeting, April 3–6, 1997, Washington, DC.

Kobak, R. R. (1993). *The Attachment-Q-Sort*. Unpublished manuscript.

Korchin, S. J. & Ruff, G. E. (1964). Personality characteristics of the mercury astronauts. In C. H. Grosser, H. Wechsler & M. Greenblatt (Eds.), *The threat of impending disaster. Contributions to the psychology of stress*. Cambridge: MIT Press, pp. 197–207.

Kotelchuck, M. (1976). The infant's relationship to the father: Experimental evidence. In M. E. Lamb (Ed.), *The role of the father in child development*. New York: Wiley, pp. 255–262.

Kreppner, K. (1987). Attachment inside the family. In L. W. C. Taveccio & M. H. van Ijzendoorn (Eds.), *Attachment in social networks*. Amsterdam: Elsevier, pp. 227–266.

Lamb, M. E. (1975). Fathers: Forgotten contributors to child development. *Human Development, 18*, pp. 245–266.

Lamb, M. E. (1977a). Effects of stress and cohort on mother- and father-infant interaction. *Developmental Psychology, 12*, pp. 435–443.

Lamb, M. E. (1977b). Twelve-month-olds and their parents. Interaction in a laboratory playroom. *Developmental Psychology, 12*, pp. 237–244.

Lamb, M. E. (1977c). Father-infant and mother-infant interaction in the first year of life. *Child Development, 48*, pp. 167–181.

Lamb, M. E., Owen, M. T. & Chase-Lansdale, L. (1979). The father-daughter relationship. Past, present, and future. In C. B. Kopp (Ed.), *Becoming female. Perspectives on development*. NY: Plenum Press, pp. 89–112.

Lamb, M. E., Hwang, C.-P., Frodi, A. M. & M. Frodi (1982). Security of mother- and father-infant attachment and its relation to sociability with strangers in traditional and nontraditional swedish families. *Infant Behavior and Development, 5*, pp. 355–367.

Lamb, M. E. & Oppenheim, D. (1989). Fatherhood and father-child relationships. Five years of research. In S. H. Cath, A. Gurwitt, & L. Gunsberg (Eds.), *Fathers and their families*. Hillsdale: The Analytic Press, pp. 11–26.

Le Chanu, M. & Marcos, H. (1994). Father-child and mother-child speech: A perspective on parental roles. *European Journal of Psychology of Education, 9*, pp. 3–13.

Lewis, M. (1982). The social network systems model. Toward a theory of social development. In T. Field (Ed.), *Review of human development. Vol. 1*. New York: Wiley, pp. 180–214.

Maccoby, E. E. (1990). Gender and relationships. A developmental account. *American Psychologist, 45*, pp. 513–520.

McLaughlin, B. (1983). Child compliance to parental control techniques. *Developmental Psychology, 19*, pp. 667–673.

McLaughlin, B., Schutz, C. & White, D. (1980). Parental speech to five-year-old children in a game-playing situation. *Child Development, 51*, pp. 580–582.

Main, M. (1990). Cross-cultural studies of attachment organisation. Recent studies, changing methodologies, and the concept of conditional strategies. *Human Development, 33*, pp. 48–61.

Main, M. (1995) Desorganisation im Bindungsverhalten. In G. Spangler & P. Zimmermann (Hrsg.), *Die Bindungstheorie: Grundlagen, Forschung und Anwendung.* Stuttgart: Klett-Cotta, S.50–63.

Main, M. & Weston, D. (1981). The quality of the toddler's relationship to mother and to father. Related to conflict behavior and the readiness to establish new relationships. *Child Development, 52,* pp. 932–940.

Main, M., Kaplan, N. & Cassidy, J. (1985). Security in infancy, childhood and adulthood. A move to the level of representation. In I. Bretherton & E. Waters (Eds.), *Growing points in attachment theory and research. Monographs of the Society for Research in Child Development,* 50, 1–2 (Serial No. 209), pp. 66–104.

Main, M. & Goldwyn, R. (1985). *Adult attachment classification and rating system.* Unpublished manuscript, University of California, Berkeley.

Marvin, R. S.& Stewart, R. (1990). A family systems framework for the study of attachment. In M. T. Greenberg, D. Ciccetti & M. E. Cummings (Ed.), *Attachment in the preschool years.* Chicago: The University of Chicago Press, pp. 51–86.

Merkl, P. (1995). *Beziehungen Jugendlicher zu Gleichaltrigen: Entwicklungspsychologische Zusammenhänge mit der Bindungsqualität.* Unveröff. Diplomarbeit, Universität Regensburg.

Minuchin, P. (1985). Families and individual development. Provocations from the field of family therapy. *Child Development, 56,* S.289–302.

Oppenheim, D., Sagi, A. & Lamb, M. (1988). Infant-adult attachments on the kibbutz and their relation to socioemotional development four years later. *Developmental Psychology, 24,* pp. 427–433.

Osofsky, J. D. & O'Connell, E. J. (1972). Parent-child interaction. Daughters' effects upon mothers' and fathers' behaviors. *Developmental Psychology, 7,* pp. 157–168.

Parke, R. D. (1981). *Fathering.* Glasgow: Fontana Paperbacks.

Parke, R. D. (1990). In Search of fathers. A narrative of an empirical journey. In I. E. Sigel & G. H. Brody (Ed.) *Methods of family research. Biographies of research projects. Vol.1: Normal families.* Hillsdale : Lea, pp. 153–188.

Parke, R. D. (1995) Fathers and families. In M. Bornstein (Ed.), *Handbook of parenting. Vol. 3: Status and social conditions of parenting.* Mahwah: Lea, pp. 27–63.

Parke, R. D., Power, T. G. & Gottman, J. M. (1979). Conceptualizing and quantifying influence patterns in the family triad. In M. E. Lamb, S. J. Suomi & G. R. Stephenson (Eds.), *Social interaction analysis. Methodological Issues.* University of Wisconsin Press, pp. 231–251.

Parke, R. D. & Tinsley, B. J (1987). Family Interaction in Infancy. In J. D. Osofsky (Ed.), *Handbook of Infant Development (2nd Ed.)*. New York: Wiley, pp. 579–641.

Parke, R. D. & Stearns, P. N. (1993). Fathers and child rearing. In G. H. Elder, J. Modell & R. D. Parke (Eds.), *Children in time and place. Developmental and historical insights*. Cambridge: Cambridge University Press, pp. 147–170.

Pecheux, M.-G. & Labrell, F. (1994). Parent-infant interactions and early cognitive development. In A. Vyt, H. Bloch & M. H. Bronstein (Eds.), *Early child development in the french tradition*. Hillsdale N.J.: Lea, pp. 255–267.

Pedersen, F. A. (1988, April). *A conceptual scheme of the antecedents of secure father-infant attachment*. Paper presented at the International Conference on Infant Studies, Washington, DC.

Power, T. G. (1985). Mother- and father-infant play: A developmental analysis. *Child Development, 56*, pp. 1514–1524.

Power, T. G. & Parke, R. D. (1982). Play as a context for early learning. In I. E. Sigel & L. M. Laosa (Eds.), *The Family as a Learning Environment*. New York: Plenum, pp. 147–178.

Power, T. G. & Parke, R. D. (1983). Patterns of mother and father play with their 8-month-old infant. A multiple analyses approach. *Infant Behavior and Development, 6*, pp. 543–459.

Power, T. G., McGrath, M. P., Hughes, S. O. & Manire, S. H. (1994). Compliance and self-assertion. Young children's responses to mothers versus fathers. *Developmental Psychology, 30*, pp. 980–989.

Radojevic, M. & Russell, G. (under Review). *Pre-natal paternal representations of attachment predict infant-father attachment at 15 months. An Australian study*.

Reiss, D. (1989). The represented and practicing family. Contrasting visions of family continuity. In A. J. Sameroff & R. N. Emde (Eds.), *Relationship disturbances in early childhood. A developmental approach*. New York: Basic Books, pp. 191–220.

Rheingold, H. L., Cook, K. V. & Kolowitz, V. (1987). Commands activate the behavior and pleasure of 2-year-old children. *Developmental Psychology, 23*, pp. 146–151.

Rogoff, B., Sellers, M. J., Pirrotta, S., Fox, N. & White, S. H. (1975). Age of assignment of roles and responsibilities to children. *Human Development, 18*, pp. 353–369.

Rutter, M. (1995). Clinical implications of attachment concepts. Retrospect and prospect. *Journal of Child Psychology and Psychiatry, 36*, pp. 549–571.

Sagi, A., Lamb, M. E., Lewkowicz, K. S., Shoham, R., Dvir, R. & Estes, D. (1985). Security of infant-mother, -father, and metapelet attachments among kibbuz reared Israeli children. In I. Bretherton & E. Waters (eds.), *Growing points in attachment theory and research. Monographs of the Society for Research in Child Development*, 50,1–2 (Serial No. 209), pp. 257–275.

Schneider-Rosen, K. & Rothbaum, F. (1993). Quality of parental caregiving and security of attachment. *Developmental Psychology, 29*, pp. 358–367.

Scheuerer-Englisch, H. (1989). *Das Bild der Vertrauensbeziehung bei zehnjährigen Kindern und ihren Eltern: Bindungsbeziehungen in längsschnittlicher und aktueller Sicht.* Unveröff. Dissertation, Universität Regensburg.

Seiffge-Krenke, I. (1989). Bewältigung alltäglicher Problemsituationen. Ein Copingfragebogen für Jugendliche. *Zeitschrift für Differentielle und Diagnostische Psychologie, 10*, S. 201–220.

Snarey, J. (1993). *How fathers care for the next generation. A four-decade study.* Cambridge: Harvard University Press.

Spangler, G. & Grossmann, K. E. (1993). Biobehavioral organisation in securely and insecurely attached infants. *Child Development, 64*, pp. 1439–1450.

Spangler, G. & Grossmann, K. (1995). Zwanzig Jahre Bindungsforschung in Bielefeld und Rgensburg. In G. Spangler & P. Zimmermann (Hrsg.), *Die Bindungstheorie: Grundlagen, Forschung und Anwendung.* Stuttgart: Klett-Cotta, S. 50–63.

Spangler, G. & Zimmermann, P. (1995). *Die Bindungstheorie: Grundlagen, Forschung und Anwendung.* Stuttgart: Klett-Cotta.

Spangler, G., Fremmer-Bombik, E. & Grossmann, K. (1996). Social and individual determinants of infant attachment security and disorganization. *Infant Mental Health Journal, 17*, S. 127–139.

Sroufe, L. A. (1979). The coherence of individual development. Early care, attachment, and subsequent developmental issues. *American Psychologist, 34*, pp. 834–841.

Sroufe, L. A. & Waters, E. (1977). Attachment as an organisational construct. *Child Development, 48*, pp. 1184–1199.

Sroufe, L. A., Egeland, B. & Kreutzer, T. (1990). The fate of early experience following developmental change. Longitudinal approaches to individual adaptation in childhood. *Child Development, 61*, pp. 1363–1373.

Steele, M., Steele, H. & Fonagy, P. (1993). *Associations among attachment classifications of mothers, fathers, and their infants. Evidence for a relationship-specific perspective.* Paper presented at the biennial meeting of the Society for Research in Child Development, New Orleans.

Stephan, C. (1989). *Die sachorientierte Beziehung und die Entwicklung von Interessenssytemen. Beziehungsaspekte aus der Sicht 10-jähriger Kinder und ihrer Eltern.* Unveröff. Dissertation, Universität Regensburg.

Stewart, R. (1977). *Parent-child interactions in a quasi-naturalistic setting.* Unpublished master's thesis, Pennsylvania State University.

Suess, G. (1987). *Auswirkungen frühkindlicher Bindungserfahrungen auf die Kompetenz im Kindergarten.* Unveröff. Dissertation, Universität Regensburg.

Suess, G. J., Grossmann, K. E. & Sroufe, L. A. (1992). Effects of infant attachment to mother and father on quality of adaptation in preschool. From dyadic to individual organisation of self. *International Journal of Behavioral Development, 15,* pp. 43–65.

Van den Boom, D. (1994). The influence of temperament and mothering on attachment and exploration. An experimental manipultion of sensitive responsiveness among lower-class mothers with irritable infants. *Child Development, 65,* pp. 1449–1469.

Van Ijzendoorn, M. H. (1995). Adult attachment representations, parental responsiveness, and infant attachment. A meta-analysis on the predictive validity of the Adult Attachment Interview. *Psychological Bulletin, 117,* pp. 387–403.

Van Ijzendoorn, M. H. & Bakermans-Kranenburg, M. J. (1996). Attachment representations in mothers, fathers, adolescents, and clinical groups. A meta-analytic search for normative data. *Journal of Consulting and Clinical Psychology, 64,* pp. 8–21.

Van Ijzendoorn, M. H., Kranenburg, M. J., Zwart-Woudstra, H. A., Van Busschbach, A. M. & Lambermon, W. E. (1991). Parental attachment and children's socio-emotional development: Some findings on the validity of the adult Attachment Interview in the Netherlands. *International Journal of Behavioral Development, 14,* pp. 375–394.

Van Ijzendoorn, M. H., Sagi, A. & Lambermon, W. E. (1992). The multiple caretaker paradox. Data from Holland and Israel. In R. C. Pianta (Ed.), *Beyond the parent: The role of other adults in children's lives.* (New Directions for Child Development, 57), pp. 5–45.

Volling, B. & Belsky, J. (1992). Infant, father, and marital antecedents of infant-father attachment security in dual-earner and single-earner families. *International Journal of Behavioral Development, 15,* pp. 83–100.

Wachs, T. D. (1987). Short-term stability of aggregated and nonaggregated measures of parental behavior. *Child Development, 58,* pp. 796–797.

Wartner, U. G., Grossmann, K., Fremmer-Bombik, E. & Suess, G. (1994). Attachment patterns at age six in south Germany. Predictability from infancy and implications for preschool behavior. *Child Development, 65,* pp. 1014–1027.

Willie D. E. (1993). *Parental characteristics and infant security of attachment.* Paper presented at the biennial meeting of the Society for Research in Child Development, New Orleans.

Wutz, C. (1985). *Die Vater-Kind-Beziehung im ersten Lebensjahr: Trost, Spiel, Pflege.* Unveröff. Diplomarbeit, Universität Regensburg.

Yogman, M. W. (1982). Observations on the father-infant relationship. In S. H. Cath, A. R. Gurwitt & J. M. Ross (Eds.), *Father and child. Developmental and clinical perspectives.* Boston: Brown, pp. 101–122.

Youngblade, L. M. & Belsky, J. (1992). Parent-child antecedents of 5-year-olds close friendships. A longitudinal analysis. *Developmental Psychology, 28,* pp. 700–713.

Zimmermann, P. (1994). *Bindung im Jugendalter: Entwicklung und Umgang mit aktuellen Anforderungen.* Unveröff. Dissertation, Universität Regensburg.

Zimmermann, P., Fremmer-Bombik, E., Spangler, G. & Grossmann, K. E. (1995). *Attachment in adolescence. A longitudinal perspective.* Poster presented at the Biennial Meeting of the Society for Research in Child Development, Indianapolis, March 30–April 2, 1995.

Bruno Hildenbrand

Der abwesende Vater als strukturelle Herausforderung in der familialen Sozialisation

In diesem Aufsatz soll der Frage nachgegangen werden, was es für den Prozeß der sozialisatorischen Interaktion in der Familie bedeutet, wenn Paar- und Eltern-
Kind-Beziehung auseinandertreten und die von
wichtigen Richtungen der soziologischen Sozialisationstheorie angenommene Verschränkung von Paar-
und Eltern-Kind-Beziehung in der sozialisatorischen
Triade sich sukzessive auflöst. Über die Analyse von
Vaterabwesenheit wird sich die Tragfähigkeit der Annahme der Triade von Mutter, Vater und Kind als
Grundeinheit der Sozialisation erweisen. Einige Fallskizzen sollen dazu dienen, das verhandelte Thema
anschaulich zu machen.

This article explores the question what it means to
the process of socialization in families when the
couple relationship and the parent-child-
relationship begin to separate. This separation
leads to the gradual disintegration of the couple
relationship and the parent-child-relationship in the
socializing triad, assumed by major trends in
theories of socialization. In analysing the absence
of the father it will become clear whether the theory
of seeing the triad of mother, father and child as
an entity of socialization can be maintained.
Case studies are designed to illustrate the issue
under discussion.

1 Einleitung

In der zeitgenössischen sozialwissenschaftlichen Literatur ist der abwesende Vater vorwiegend in folgender Version anzutreffen: Der Vater läßt seine Kinder und deren Mutter allein, das heißt im Stich, und das hat im wesentlichen drei Konsequenzen: Er behindert wirtschaftlich die Lebenschancen von Mutter und Kindern. Dies ist vor allem bei Trennungen und Scheidungen gegeben. Er belastet physisch die Mutter, da er sie bei Haushalts- und Erziehungsaufgaben nicht unterstützt. Er belastet seine Partnerin emotional, weil er ihr Wohlbefinden nicht stärkt und sie damit in der Wahrnehmung ihrer Aufgaben als Mutter behindert (Benard & Schlaffer 1992, S.22).

Das Thema des abwesenden Vaters als strukturelle Herausforderung im Sozialisationsprozeß läßt damit zunächst an die Frage der Auswirkungen des Alleinerziehens auf die Entwicklung von Kindern denken. Untersuchungen zur Auswirkung von Vaterlosigkeit haben daher vorrangig die Situation von Alleinerziehenden und ihren Kindern zum Gegenstand. Im Hintergrund schwingen dabei Vorstellungen mit, denen zufolge das Alleinerziehen nicht per se als eine Abweichung von der »normalen« Zwei-Eltern-Familie betrachtet wird, sondern als eine eigenständige und legitime Form familialen Zusammenlebens.

Dem Familienatlas II (Bauereiss et al. 1997) ist zu entnehmen, daß 1994 in Westdeutschland 87,4 Prozent der Kinder unter 18 Jahren bei Ehepaaren lebten, 17,6 Prozent lebten bei einem alleinerziehenden Elternteil. 1970 betrug das entsprechende Verhältnis 92,7 Prozent zu 7,3 Prozent. Im Jahre 1961 betrug das Verhältnis 91,7 Prozent zu 8,3 Prozent. Davon deutlich abweichend lebten 1994 in Ostdeutschland 78,1 Prozent der Kinder unter 18 Jahren bei Ehepaaren, 21,9 Prozent der Kinder bei einem alleinstehenden Elternteil (1991: 81,2 Prozent zu 18,8 Prozent) (Bauereiss et al. 1997, S.24). Die Mehrzahl der Kinder mit nur einem Elternteil lebt bei der Mutter, etwa 2 Prozent der Kinder bis 14 Jahre leben bei einem alleinstehenden Vater (Bundesministerium für Familie, Senioren, Frauen und Jugend 1998, S.26).

Angesichts dieser Zahlen erscheint es als berechtigt, die Frage nach der Bedeutung der Abwesenheit eines Elternteils für den Er-

ziehungsprozeß und dabei vor allem die Frage nach dem abwesenden Vater zu stellen.

Familiale Beziehungen können jedoch auch jenseits des
Alleinerziehens so konstelliert sein, daß der Vater abwesend ist in
dem Sinne, daß er als bedeutsame Figur im Sozialisationsprozeß
teilweise oder ganz ausfällt. Deshalb gehe ich im folgenden zunächst auf verschiedene Variationen von Vaterabwesenheit anhand von Beispielen ein, um dann auf einschlägige theoretische
Positionen zu sprechen zu kommen.

2 Variationen der Abwesenheit von Vätern: einige Fallskizzen

Fallskizze 1

Der Vater wird von seinem Kind beziehungsweise seinen Kindern
als abwesend wahrgenommen, für seine Partnerin ist er jedoch
anwesend, und die Partnerin ist ihrerseits gegenüber den Kindern
anwesend. Historisch hat diese Variante eine vorübergehende Bedeutung nach dem Zweiten Weltkrieg gehabt, als die Väter, von
denen man nicht wußte, ob sie Krieg und Gefangenschaft über-
lebt haben, unverhofft zu Hause auftauchten und in die Mutter-
Kind-Dyade einbrachen, was von den Kindern mitunter als traumatisch erlebt wurde:[1]

> »Fünfeinhalb Jahre lang hatte er seine Mutter für sich
> allein. Und seine Mutter hatte ihn. Als er vier war, sprach
> sie mit ihm wie mit einem Erwachsenen. Sie sagte ihm,
> daß er auf sie aufpassen, daß er sie beschützen müsse in
> diesem langen Krieg. Er war dazu mit großem Ernst ent-
> schlossen.
> ... Dann war der Krieg zu Ende, und der Vater kam

---

1 Vgl. zur Situation nach dem Zweiten Weltkrieg ausführlicher M. B. Buchholz, »NS-Vergangenheit und Vaterlosigkeit«, in Buchholz (1995, S. 395–
422). Dort spielt vor allem das Problem der seelischen Abwesenheit bei
körperlicher Anwesenheit eine Rolle.

zurück. Mißtrauisch beobachtete er den fremden Mann. Er lief hinter ihm her, wenn der Vater vom Wohnzimmer in die Küche ging, von der Küche ins Schlafzimmer. Am Anfang hatte er ein paar Mal zu seinem Vater gesagt: ›Das darfst du nicht anfassen‹ oder, wenn der Vater sich in den Sessel mit den geschnitzten Armlehnen gesetzt hatte: ›Der Sessel gehört meiner Mutter.‹ Aber der fremde Mann war daraufhin böse geworden, und nun folgte er ihm nur noch stumm, verwirrt und erbittert.

Am wenigsten verstand er, daß die Mutter das Verhalten des fremden Mannes billigte. Die Mutter hatte sich sehr verändert. Es kam nur noch selten vor, daß sie zu ihm wie zu einem Erwachsenen sprach, und das geschah immer nur, wenn sie allein mit ihm war. In Gegenwart des Vaters behandelte sie ihn wie ein Kind.« (Malkowski 1991)

An dieser Darstellung überrascht vor allem der Umstand, daß die Mutter ihren Mann bei ihrem Kind offenbar *als Vater* nicht eingeführt hat. Damit war der Vater, so ist zu vermuten, während seiner Abwesenheit für den Jungen symbolisch nicht repräsentiert.[2] Diese symbolische Repräsentanz hätte in der Form realisiert werden können, daß Geschichten über ihn erzählt wurden und daß Gegenstände wie zum Beispiel Bilder an ihn erinnerten. Hier liegt offenbar der Fall vor, daß die Mutter sich ihres Mannes nicht sicher war. Vielleicht befürchtete sie von vornherein seinen Tod im Krieg, vielleicht war die Paarbeziehung von Anfang an eine flüchtige. Letzteres halte ich für wahrscheinlicher.

Vaterlosigkeit war zur damaligen Zeit nichts Außergewöhnliches. Das oben erwähnte Kind hat dieses Schicksal mit einer Anzahl Altersgenossen geteilt, vielleicht hatte es Freunde, Verwandte oder Schulkameraden in derselben Situation. So kann diese Situation sozial gerahmt werden.[3] Wenn aber Mutter und Sohn sich von ihrer sozialen Umgebung abschließen und sich vorwiegend auf

---

2 Die dadurch induzierte (lebenslange) Suche nach dem Vater hat Albert Camus in seinem nachgelassenen Manuskript »Der erste Mensch« (Camus 1995) eindringlich dargestellt.

ihre Zweierbeziehung konzentrieren, dabei den abwesenden Vater aber symbolisch ausschließen, dann ist der Weg gebahnt für eine Beziehungskonstellation der Art, die Malkowski beschrieben hat.[4]

Fallskizze 2

Weder Vater noch Mutter sind bei den Kindern als Eltern anwesend, und als Paar sind sie ebenfalls nicht existent. Dies ist vor allem dort der Fall, wo Familienbeziehungen reduziert werden auf Geschäftsbeziehungen. Die Paarbeziehung wird zur Geschäftsbeziehung, die Eltern-Kind-Beziehung zur Chef-Mitarbeiter-Beziehung.

In einem Interview mit Eltern, die sich zu diesem Zeitpunkt aus dem Geschäftsleben (sie besaßen ein Hotel – »erstes Haus am Platz« – und bewirtschafteten eine große Kantine) zurückgezogen haben und im Süden alleine (als Paar!) leben, und dem inzwischen erwachsen gewordenen Sohn kommt eine Situation aus der Familiengeschichte zur Sprache; eine Situation, in der der Sohn allmählich in ein psychotisches Erleben hineingeraten war und auf die die Eltern erst reagierten, nachdem der Sohn in der Öffentlichkeit auffällig geworden war. Auf die Forderung des Sohnes »Aber wenn das eigene Kind zwölf Nächte nicht schläft, das muß man doch merken« lautete die Antwort der Mutter: »Ja, das muß man merken, aber wer denn«, und die des Vaters: »Der Koch hat das doch auch nicht bemerkt«.[5] Stierlin (1980, 1994) beschreibt solche Familien als zentrifugale, wir nennen sie »veröffentlichte Familienmilieus« (Hildenbrand 1991). Als dann später die Eltern

---

3 Vgl. dazu exemplarisch Camus (1995, S. 167 ff., v. a. S. 174). Hier erfolgt die Rahmung im wesentlichen über den Volksschullehrer (der im übrigen viele Jahre später, als Camus den Literaturnobelpreis erhielt, von Camus als zweiter, nach der Mutter, von dieser Ehrung benachrichtigt wurde).

4 Auch hierzu ist das Beispiel Camus instruktiv: Er wuchs im Haushalt seiner herrischen(!) Großmutter auf, zu dem neben seiner (meist schweigenden) Mutter ein ihm zugewandter Onkel gehörte; letzterer führte ihn in die Männerwelt (z. B. bei der Jagd) ein.

5 Für eine ausführliche Interpretation dieser Sequenz vgl. Hildenbrand (1987).

nach ihrem Rückzug aus dem aktiven Berufsleben zaghaft began-
nen, erneut als Paar zusammenzufinden, wurde dieser Prozeß
nachhaltig gestört durch den inzwischen als »chronisch schizo-
phren« diagnostizierten Sohn, der immer dann, wenn die Eltern
merken ließen, daß sie nun ihren eigenen Weg gehen würden,
durch Verstärkung seiner psychotischen Symptome die Eltern-
Kind-Beziehung einklagte, worauf die Mutter Mann und Haus im
Süden verließ, um nach Deutschland zu eilen und den Sohn im
Krankenhaus zu besuchen.

Fallskizze 3 und 4

Der Vater ist gegenüber seinen Kindern anwesend, die Paarbeziehung steht jedoch zur Disposition.

(a) Ein Paar (er Sozialpädagoge, sie Psychologin) hatte beschlossen, eine Ehe auf Zeit zu schließen; als Zeitraum wurden zehn
Jahre ins Auge gefaßt. Auf Kinder wollte man jedoch nicht verzichten. Dadurch machten sich die unterschiedlichen Zeit-
horizonte von Partnerschaft (bislang in der Regel auf Dauer
angelegt) und Elternschaft (manifest bis zur Ablösung der
Kinder aus der Familie, latent lebenslang) in besonders radi-
kaler Weise bemerkbar, während Kinder zunächst fraglos darauf vertrauen, daß ihre Eltern als Paar zumindest so lange für
sie da sind, bis sie selbst erwachsen geworden sind (Kieserling 1994, S.26).

Nach Ablauf dieser Frist eröffneten die Eltern ihren drei
Kindern beim Mittagessen, daß die ins Auge gefaßte Ehezeit
demnächst ablaufe und Veränderungen ins Haus stünden.
Die Kinder waren zunächst fassungslos, erklärten dann aber
die Eltern für verrückt und blieben so beharrlich bei ihrer Ansicht, daß das Paar seinen früheren Beschluß revidierte und,
sich schmerzhaft vom ursprünglichen Entwurf ihrer Paarbeziehung verabschiedend, beschloß, nun auf unbefristete Zeit
zusammenzuleben.

(b) Eine alleinlebende Künstlerin aus einer rheinischen Großstadt verspürt einen Kinderwunsch, will jedoch nicht mit einem Partner zusammenleben, weil sie um ihre Freiheit und

Unabhängigkeit fürchtet. Ihre Freundin, ebenfalls Künstlerin, die sie darüber ins Vertrauen zieht, bietet an, daß sich ihr Mann (freischaffender Kunstgewerbler), mit dem sie bereits ein Kind hat, als Vater zur Verfügung stellen könne. Nach ein bis zwei Jahren des Abwägens wird diese Lösung realisiert.

Die Beziehung zwischen dem daraufhin geborenen Martin und seiner Mutter gestaltet sich eng. Bis zu seinem vierten Lebensjahr wird Martin gestillt. Im ersten Lebensjahr zeigt Martin Eß- und Schlafprobleme, die die Mutter mit vermehrtem Stillen zu bewältigen versucht. Bis zum zehnten Lebensjahr schläft Martin im Zimmer seiner Mutter; als er aber ein eigenes Zimmer verlangt, wird ihm dies ohne Diskussionen zugestanden. Offenbar macht diese räumliche Differenzierung der Mutter keine Schwierigkeiten, so weit reicht die enge Verbundenheit der Mutter mit ihrem Sohn nicht.

Daraufhin befragt, erinnert die Mutter wichtige Zeitpunkte von Entwicklungsschritten bei Martin nicht, und sie sagt, daß es ihr schwerfalle, mit Martin zu spielen und auf seine Eigenheiten einzugehen – warum könne er sich nicht verhalten wie ein normales Kind?

Von seinem Vater wird Martin regelmäßig betreut, teils bei ihm zu Hause, teils in der Wohnung von Martin und seiner Mutter. Vor allem spielen die beiden miteinander. Dies genießt der Vater, während er sich lebenspraktischen Anforderungen und Verpflichtungen eher entzieht.

Zur Mutter Martins hat der Vater regelmäßigen, auch intimen Kontakt, der aber nicht so weit geht, daß daraus eine längerfristige Partnerschaft entstehen könnte. Martins Mutter will ihre Freiheit behalten, sein Vater pendelt zwischen den beiden Familien; er hat auch an eine Trennung von seiner Ehefrau gedacht. Alimente für Martin bezahlt er nicht, seine Beziehung zu ihm ist die eines Spielkameraden. Für den finanziellen Unterhalt kommt Martins Mutter selbst auf, dabei unterstützt von ihrem Vater.

Im Alter von 10 Jahren wird Martin von seiner Mutter nach einer Woche ferienbedingten engen Zusammenseins in einer kinderpsychiatrischen Einrichtung vorgestellt. Dabei werden als Martins aktuelle Probleme nächtliches Einnässen, Kontaktscheue außerhalb der Familie sowie massive Trennungsängste bezüglich der Mutter geschildert. Martin fürchtet, daß seiner Mutter außerhalb der Wohnung etwas zustoßen könne, und er will sie beschützen, wenn sie aus dem Haus geht.

Diese Beispiele zeigen noch vor jeder gründlichen Interpretation, daß das Thema des abwesenden Vaters breit angelegt werden muß und nicht auf die Lebenslagen von Alleinerziehenden beschränkt werden kann. Vor allem muß bestimmt werden, welches die Bedeutung des Vaters in der Paar- und Eltern-Kind-Beziehung ist.

Zunächst werde ich Positionen der älteren und neueren Familiensoziologie vorstellen und dann ein Modell der familialen Sozialisation vorschlagen, das interdisziplinär angelegt ist. Es führt Theoriebestände der soziologischen Sozialisationstheorie, der Psychoanalyse und der Entwicklungspsychologie zusammen und läuft auf die Frage zu, welche familialen Bedingungen günstig für das Aufwachsen von Kindern sind.

3 Der abwesende Vater als Thema der älteren und neueren Familiensoziologie

3.1 Vaterabwesenheit als abweichendes Verhalten

René König handelt das Thema des abwesenden Vaters unter dem Stichwort der desintegrierten Familie und damit im Kontext abweichenden Verhaltens ab. Desintegration kann in einer Familie demzufolge aufgrund von Störungen der innerfamilialen emotionalen Struktur, wie auch aufgrund der Herauslösung einer Familie aus gesamtgesellschaftlichen Zusammenhängen entstehen; der hier interessierende Aspekt ist aber der der Unvollständigkeit von Familien aufgrund des »Ausfalls im personalen Inventar« (König 1976, S. 131), anders gesprochen: aufgrund des Ausfalls von einer der Personen, die strukturell ein sozialisatorisches Interaktionssystem ausmachen.

Unvollständige Familien kommen zustande durch Verwitwung, Desertion, Separation, Scheidung und Unehelichkeit. In jedem dieser Fälle steht das Thema des abwesenden Vaters im Vordergrund: Es gibt mehr Witwen als Witwer, und die Wiederverheiratungsrate bei Witwen ist erheblich niedriger als bei Witwern; es desertieren meist Väter; bei Trennung und Scheidung bleiben die Kinder meist bei der Mutter; Alleinerziehende sind in der Regel die Mütter und nicht die Väter.

König weist darauf hin, daß bei der Behandlung der Frage der unvollständigen Familie nicht außer acht gelassen werden darf, zu welchem Zeitpunkt im Familienzyklus die Unvollständigkeit eintritt, das heißt wie alt die Kinder zu diesem Zeitpunkt sind, und wie die Geburtenfolge und der Abstand der Kinder voneinander ist. Dahinter steckt die Überlegung, daß je nach Alter des Kindes der Vater eine andere Bedeutung annimmt und daß die Bedeutung des Vaterverlusts im Geschwistersystem unterschiedlich verteilt ist.

Für die einzelnen genannten Formen der Unvollständigkeit führt König die jeweiligen Strukturprobleme solcher Familien auf:

- Verwitwete Frauen geraten leicht (aktiv und passiv) an den Rand des gesellschaftlichen Lebens, und sie lösen instrumentelle Fragen in der Erziehung leichter als emotionale, was König darauf zurückführt, daß »die alleingebliebene Witwe eine Tendenz entwickeln kann, sich allzu eng an ihren Sohn anzuschließen, in dem sie einen Ersatz für den verstorbenen Mann sieht«. (ebd., S. 134 f.).

- Das Strukturproblem bei der Desertionsfamilie besteht darin, daß »der Familiendeserteur ein Mensch ist, der mehrfach geht und wiederkommt, bis er eines Tages eventuell vollständig verschwindet« (ebd., S. 135). Damit blockiert er die eigenständige Entwicklung der verbliebenen Familie, er erzeugt das, was später P. Grossenbacher-Boss einen »uneindeutigen Verlust« nennt, womit sie eine Situation beschreibt, »in der die Familie nicht sagen kann, ob ein Familienmitglied innerhalb oder außerhalb des Systems steht. Die Familie ist an einer Stelle festgefroren. Der Verlust kann nicht aufgelöst werden. Der Druck nimmt kein Ende. Die Familienmitglieder können nicht trauern um etwas, was sie verloren haben, solange sie nicht sicher sein können, ob der Verlust real ist oder nicht. Eine Veränderung ist nicht möglich« (Grossenbacher-Boss 1993, S. 162).

Hinzu kommt als Strukturproblem in diesen Familien, daß für die Kinder beim jeweiligen Auftauchen des Vaters ein Loyalitätsproblem hinsichtlich der Eltern entsteht.

– Ist die Trennung eine Vorform der Scheidung, entstehen möglicherweise dieselben Strukturprobleme wie bei der Desertionsfamilie, mit dem Unterschied, daß die Trennung auf einer gegenseitigen Übereinkunft beruht. Ein anderer Fall liegt vor in Familien, in denen besondere Umstände eine Trennung immer wieder erforderlich machen, wie berufliche Abwesenheit, Krieg, Krankenhaus- und Gefängnisaufenthalte. Hinsichtlich der berufsbedingten Abwesenheit zitiert König eine Studie über Kinder von Seeleuten. Bei den Söhnen zeigte sich dort neben Überbehütung durch die Mütter und entsprechender Abhängigkeit von den Müttern eine Idealisierung des Vaters sowie eine kompensatorische Männlichkeit. Dies läßt darauf schließen, daß diese Jugendlichen ihre eigenen Bewältigungsmuster gefunden haben, um die Abwesenheit des Vaters zu überbrücken.

– In Bezug auf die Unehelichkeit hält König fest, daß – abgesehen von der »unechten Unehelichkeit« (König machte schon 1967 darauf aufmerksam, daß in der BRD 83 Prozent aller Erstgeborenen vorehelich gezeugt werden) – vor allem die Probleme der fehlenden Plazierung des Kindes im gegebenen Verwandtschaftssystem, die Vaterlosigkeit im allgemeinen sowie die sonstigen ungünstigen Bedingungen von Unehelichkeit wie Verheimlichung und die Herkunft der Mütter aus überwiegend innerlich zerrütteten Familien zu nennen seien.

Soweit die Positionen der älteren Familiensoziologie zum Thema des abwesenden Vaters. Die neuere Familiensoziologie hat sich vor allem damit auseinanderzusetzen, daß die Akzeptanz von Scheidung und Unehelichkeit beziehungsweise Alleinerziehen in der Gesellschaft wie auch deren Zahl zugenommen hat. Um so eher wäre zu erwarten, daß das Thema der Vaterabwesenheit aus dem normativen Kontext der Devianz herausgelöst wird.

3.2 Der Vater in der neueren Familiensoziologie: Versorger und Erzieher

Die Frage nach der Abwesenheit von Vätern unter dem Vorzeichen abweichenden Verhaltens wird nun abgelöst von der Frage nach den Funktionen des Vaters im Erziehungsprozeß, und von hier aus kann man zurückkommen auf die frühere Frage, was passiert, wenn der Vater im Sozialisationsprozeß ausfällt.

Das folgende Zitat kann als exemplarisch für einen weiten Teil dieser Forschung gelten:

> »Insbesondere kommt dem Vater eine entscheidende Rolle zu, wenn es – je nach den Bedürfnissen und Möglichkeiten der Familie – darum geht, den mütterlichen Einfluß zu ergänzen, zu mildern oder sogar zu ersetzen« (Damon 1989, S. 82).

Wenn die Funktion des Vaters somit als nachrangige bestimmt wird, kann umgekehrt geschlossen werden, daß in erster Linie die Mutter für das Gelingen der Sozialisation verantwortlich ist und der Vater nur in zweiter Linie dafür in Frage kommt. Dann ist die Mutter aber auch für das Mißlingen der Sozialisation verantwortlich.

Die ausführlichsten und einflußreichsten Studien zur Funktion des Vaters in der Erziehung sind mit den Psychologen Lamb und Fthenakis verbunden. In einer neueren Arbeit haben Weßels, Lamb et al. (1995) den Einfluß väterlicher Erziehungsbeteiligung auf die Persönlichkeitsentwicklung bei Kindern im Längsschnitt untersucht und dabei nicht nur günstige Einflüsse väterlichen Erziehungsverhaltens festgestellt, sondern auch, daß »der Umfang väterlicher Erziehungsbeteiligung vorrangig mit der mütterlichen Erziehungskompetenz korrespondiert« (a.a.O., S. 8). Als eine Interpretationsmöglichkeit sehen sie einen indirekten Einfluß des Vaters auf das mütterliche Erziehungsverhalten, als weitere die Überlegung, daß »ohnehin kompetente Mütter auch besser in der Lage sind, ihre Partner in die Erziehungsarbeit einzubinden« (a.a.O., S. 11). Der sich hier notwendig anschließende nächste Interpretationsschritt wäre folgender: Es wäre die Frage zu stellen und mit geeigneten Mitteln zu untersuchen, ob die Qualität der Partnerbeziehung nicht ausschließlich unter inhaltlichen, sondern vor allem unter strukturellen[6] Gesichtspunkten die Eltern-Kind-Beziehung sowohl auf seiten des mütterlichen als auch des väterlichen Erziehungsverhaltens beeinflußt.

Weiter als die Richtung der Lambschen Vaterforschung, bei der der Vaterschaft subsidiäre Funktionen unterstellt werden, geht Fthenakis, der feststellt, daß der Vater grundsätzlich in der Lage sei, die volle Verantwortung für die Versorgung und Erziehung zu übernehmen (Fthenakis 1993, S.183). Für die kognitive, moralische und für die Geschlechtsrollenentwicklung erbringe er spezifische Leistungen, die von der Mutter nicht problemlos kompensiert werden könnten, wenn der Vater abwesend sei.

Schließlich soll in dieser Übersicht über neuere Entwicklungen in der Sozialisationstheorie auf jenen Theoriestrang eingegangen werden, der mit dem Stichwort »Entkoppelung von Partnerschaft und Elternschaft« (Herlth et al. 1994) verbunden ist. Während in der »bürgerlichen Semantik« der Familie Partnerschaft und Elternschaft als Einheit verstanden würden, sehen Tyrell und Herlth »Anlaß für den Verdacht zunehmender Inkompatibilität und gehen davon aus, daß das ein wachsendes Labilitäts-, Stör-, Konflikt- und Schmerzpotential auf dem Feld der Partner- und Eltern-Kind-Beziehungen im Gefolge hat« (Tyrell & Herlth 1994, S.3). Vor allem die beiden im vorigen Abschnitt zuletzt aufgeführten Beispiele weisen auf die Plausibilität dieser These hin.

Gilgenmann (1994) schlägt vor, diesen empirisch beobachtbaren Entwicklungen auch theoretisch nachzueilen und Partnerschaft/Elternschaft als zwei separate Bereiche zu betrachten. Er faßt »die Erwachsenendyade nicht mehr als konstitutiven Bestandteil von Familie« (S.212) auf.

Diese Schlußfolgerung liegt nahe, wenn man den Vater auf seine Rolle als Versorger und Erzieher reduziert. In diesem Fall kann die Paar-Beziehung außer Betracht bleiben. Damit gerät aber ein anderer Strang der soziologischen Sozialisationstheorie aus dem Blick, der die triadische Struktur der sozialisatorischen Interaktion als unverzichtbar für die Entwicklung eines autonomen Subjekts erachtet.

---

6 Zur Begriffsklärung vgl. weiter unten.

Schon Hegel spricht von »den drei Verhältnisse…, des Mannes und der Frau, der Eltern und der Kinder, der Geschwister als Bruder und Schwester« (Hegel 1987/1807, S.321). Dabei hat die Verschränkung von Paar- und Eltern-Kind-Beziehung Priorität: »Die Herstellung oder das Bild (das die Partner von sich machen; B. H.) hat aber seine Wirklichkeit an einem anderen als es ist … (nämlich; B. H.) an dem Kinde« (a. a. O., S.321).

Zentral ist die Zahl drei in Simmels Kapitel über die »Quantitative Bestimmtheit der Gruppe« (Simmel 1983/1908): »Wo drei Elemente A, B und C eine Gemeinschaft bilden, kommt zu der unmittelbaren Beziehung, die zum Beispiel zwischen A und B besteht, die mittelbare hinzu, die sie durch ihr gemeinsames Verhältnis zu C gewinnen« (a.a.O., S.68). Simmel entwickelt von dieser Betrachtung aus eine Fülle von Einsichten über die innerfamiliale Interaktionsdynamik, wie sie auch von einschlägigen Ansätzen der Familientherapie Jahrzehnte später, ohne Bezug zu Simmel, klinisch erfaßt und beschrieben wird (vgl. dazu als Übersicht Hoffman 1987).

Bei Parsons schließlich steht die sozialisatorische Triade im Zentrum seiner Theorie sozialisatorischer Interaktion, wobei er sich ausführlich auf Freud (dort vor allem auf die ödipale Triade) beruft (Parsons 1981).

Gesellschaftliche Veränderungen, die darauf hinweisen, daß die sozialisatorische Triade nicht mehr zusammenfällt mit der »bürgerlichen Kleinfamilie«, die ihren Zenit in den 60er Jahren dieses Jahrhunderts überschritten hat, können nicht dazu führen, mit der »bürgerlichen Kleinfamilie« als einem »Normal«-Modell zugleich die sozialisatorische Triade mit zu verabschieden und so das Kind mit dem Bade auszuschütten. Dagegen sprechen nicht nur theoretische Positionen, die mit der von den Tyrell, Herlth und Gilgenmann vertretenen Systemtheorie konkurrieren. Dagegen spricht auch die klinische Erfahrung.

4 Die strukturelle Bedeutung von Vätern im Sozialisationsprozeß

Welche Bedeutung dem Vater in struktureller Hinsicht zukommt, scheint, wie der kurze Abriß im vorigen Abschnitt zeigt, in den aktuellen Versionen der soziologischen Sozialisationstheorie und Familiensoziologie kein Thema mehr zu sein.[7] Ältere Konzepte wie zum Beispiel das von Parsons, für den im Einklang mit der Psychoanalyse Freuds die widersprüchliche Einheit von Gatten- und Eltern-Kind-Beziehung als konstitutiv für eine gelingende Sozialisation gilt, geraten unmittelbar unter Ideologieverdacht. Wenn man Parsons so liest, daß für ihn die Kernfamilie eine »irreduzible Letzteinheit« darstellt, »unterhalb derer ... es eigentlich nur defiziente Sozialisation geben« (Tyrell & Herlth 1994, S.5)[8] kann, liegt natürlich die Auffassung nahe, daß bei dem Kritisierten das Modell der bürgerlichen Kleinfamilie totalisiert und als das alleine gültige ausgegeben wird. Mitunter kommt dazu noch ein (bei Soziologen nicht seltener) sozialreformerischer Impetus dazu, der dazu verleitet, das Alleinerziehen an sich schon als emanzipatorischen Akt zu betrachten. Hier wird dann angeschlossen an Konzeptionen der Ära der 68er, in der die Mutter-Kind-Dyade als Hort der Lust, der in diese einbrechende Vater als repressiver Agent der Gesellschaft betrachtet wurde (Lang 1995, S.51). Kommt dies alles zusammen, dann ist der Blick vollends verstellt auf die strukturelle Bedeutung von Vätern als den Dritten im Sozialisationsprozeß.

Ich werde nun zunächst auf psychoanalytische Konzepte der Strukur der sozialisatorischen Interaktion eingehen und dann den Bogen zur soziologischen Sozialisationstheorie schlagen. Dabei werde ich Parsons wieder aufgreifen und vor allem die Weiterentwicklung seiner Theorie durch Oevermann diskutieren.

Hier ist vorab eine Begriffsklärung vonnöten: Mit »Struktur« meinen wir gemäß der Definition des Strukturalismus Ganzheiten.

---

7 Ganz im Gegensatz zu Tyrells verdienstvollem Übersichtsartikel (Tyrell 1983).

8 So auch Winnicott (1990, S.68, zitiert nach Buchholz 1993, S.111): »Drei, die einfachste Familienzahl, die man sich denken kann.«

Diese bestehen aus Transformationen, welche gesetzmäßig ablaufen, was dazu führt, daß Struktur und Prozeß nicht zu trennen sind. Strukturen regulieren sich selbst. Strukturen kommt in der Lebenspraxis selbst objektive Realität zu, das heißt sie werden im theoretischen Zugriff nicht gesetzt, sondern entdeckt, also rekonstruiert.[9]

Neuere Entwicklungen der Psychoanalyse und der systemischen Familientherapie lenken den Blick auf das Thema des Vaters als dem Dritten und damit auf das Thema der Struktur der sozialisatorischen Interaktion.

Zum Beispiel hat Lacan auf ganz eigene Weise die Psychoanalyse u.a. für die Sozialwissenschaften und dadurch neue Perspektiven auf die Sozialität des Subjekts erschlossen. Zu erwähnen sind insbesondere seine Ausführungen zur Bedeutung des Inzest-Tabus für die Struktur menschlicher Gesellschaften. In seinem Handbuchartikel »Die Institution Familie«, der bereits 1938 erschien, schreibt er: »Ebenso hat der Tod des Vaters, in welchem Entwicklungsstadium er auch eintritt und je nach Beendigungsgrad des Ödipuskomplexes, die Tendenz, daß der Realitätsfortschritt erstarrt und stockt« (Lacan 1994, S.74). Diese Überlegungen erweitert er auf die Perspektive des Zivilisationsprozesses und knüpft dessen Entwicklung (als Fortschritt verstanden) an den Übergang vom Mutterrecht zum Vaterrecht. In diesem Übergang geht die Trennung zwischen leiblichem Vater als liebender Person und Mutters Bruder als normsetzender und damit versagender Person verloren, an ihre Stelle tritt die Vereinigung beider Haltungen in einer einzigen Vaterfigur. Auch beobachtet Lacan damals schon (also vor Mitscherlich) einen Verfall der Vaterimago und sieht dadurch eine psychologische Krise mit dem Ergebnis heraufziehen, »daß der Elan der Instinkte versiegt und die Dialektik der Sublimation stagniert« (S.76 f.). Später rezipiert Lacan die weiterführenden Arbeiten von Lévi-Strauss, vor allem »Die elementaren Strukturen der Verwandtschaft« (1981). Damit vollzieht er eine Annäherung an die Sozialwissenschaften.[10] Das Inzest-Tabu steht

---

9 Vgl. hierzu Oevermann (1991) sowie die Beiträge in Grathoff & Sprondel (1976). Instruktiv auch Waldenfels (1987) sowie Frank (1983).

– hier treffen sich die Auffassungen Freuds nach »Totem und Tabu« mit denen von Lévi-Strauss – am Beginn jeder menschlichen
Gesellschaft insofern, als es die Möglichkeit konstituiert, »das Zusammenleben der Menschen durch Gesetze zu regeln, die durch
Übereinstimmung beschlossen worden sind« (Erdheim 1991,
S. 27). Zwar kann das Inzest-Tabu auch biologisch begründet werden (Bischoff 1991), zentral ist jedoch für die menschliche Ordnung, daß mit dem Inzest-Tabu das »Gegenseitigkeits- und Tausch-
prinzip« (Erdheim 1991) eingeführt und damit nicht nur die Basis
von Gesellschaft, sondern auch von personaler Identität (Blankenburg 1991, Fischer 1981, Geulen 1982) gelegt wird. Betrachtet man
so das Inzest-Tabu in seiner konstituierenden Bedeutung für Sozialität sowohl auf der Ebene der Phylogenese wie auch der der Ontogenese, dann leuchtet ein, daß die Sozialität und damit die personale Identität dann eingeschränkt sein muß, wenn der Anreiz,
das Inzesttabu in der familialen Sozialisation interaktiv zur Geltung zu bringen, durch die Abwesenheit des Vaters wegfällt.

Gegenüber der schon aus biologischen Gründen unmittelbaren Präsenz der Mutter hat der Vater die Bedeutung der mittelba-
ren Präsenz, er verweist auf das Dritte, auf die gesellschaftliche
Ordnung, und er setzt der Mutter-Kind-Dyade, welche auch als
Symbiose bezeichnet wird und die eine Tendenz zur Isolierung
und Abkapselung aufweist, eine »fundamentale Offenheit« entgegen (Lang a.a.O., S. 54).

Für Buchholz ist, im Anschluß an die klassische Psychoanalyse
einerseits, an die philosophische Anthropologie Plessners andererseits das »Subjekt der Entwicklung die gesamte Triade« (1993,
S. 118). Diese wird gebildet aus Mutter, Vater und Kind, und Buchholz beschreibt, wie in der »Rotation der Triade« (S. 111ff) am
Ende »das ›Ich‹ die exzentrische Position behauptet«. In dieser

---

10 Zur Einführung in die Theorie der triadischen Struktur der Sozialisation
bei Lacan sei Frank (1983), vor allem die 18. bis 20. Vorlesung, empfohlen.
Zur Bedeutung, die nach Auffassung Lacans der Vater als Vermittlungsin-
stanz der symbolischen Ordnung hat, welche sowohl die Ordnung der
Gesellschaft als auch die des Unbewussten strukturiert, vgl. Lang (1986).
Zur feministischen Kritik an diesen Auffassungen Lacans vgl. Butler (1991,
S. 68–93).

Formulierung ist die psychoanalytische Konzeption des Ich zusammengeschlossen mit einer der Soziologie nahestehenden, die personale Identität vor allem aus der Perspektivität heraus konzipiert: Der Mensch »ist nur, wozu er sich macht und versteht. Als seine Möglichkeit gibt er sich erst im Wesen kraft der Verdopplung in einer Rollenfigur, mit er sich zu identifizieren versucht« (Plessner 1974, S.35).[11]

Betrachtet man das Thema Vater aus dieser Perspektive, dann geht es nicht mehr um eine konservative Apologie der bürgerlichen Kleinfamilie. Ich plädiere für eine sozialisationstheoretische Perspektive, die auf der grundsätzlichen These aufbaut, »daß für menschliches Dasein eine trianguläre Strukturierung von vornherein konstitutiv ist« (Lang a.a.O., S.52). Damit wäre auch der Bogen geschlagen zu einem der wichtigsten Theoriebestände der soziologischen Sozialisationsforschung, nämlich zur Konzeption von personaler Identität im amerikanischen Pragmatismus G.H. Meads. Diese geht von einer triadischen Struktur der personalen Identität aus, ohne allerdings zu thematisieren, welche Prozesse der sozialisatorischen Interaktion vorauszusetzen sind, damit diese Struktur zustande kommt, außer, daß eine Abfolge von »play«, »game« und »generalized other« unterstellt wird, die sich im Austausch mit »signifikanten Anderen« entwickelt, von denen aber unklar bleibt, ob es sich dabei um Eltern oder um Andere irgendwelcher Art handelt (Mead 1969, Joas 1980).

Die gesellschaftliche Ordnung, für die der Vater in der Theorietradition von Freud bis Lacan steht, ist eine symbolische Ordnung, und entgegen früheren Positionen der Entwicklungspsychologie gilt es neuerdings als gesichert, daß das Kind schon ab dem vierten Monat an dieser Ordnung nicht nur passiv, sondern auch aktiv teilzunehmen beginnt. Indikatoren dafür sind affektives Bezugnehmen, soziales Bezugnehmen und Teilen von Affekten in der Dreierkonstellation (Fivaz-Depeursinge & Corboz-Warnery 1999).[12]

Während so in unterschiedlichen Theorietraditionen und wissenschaftlichen Disziplinen das Dreieck als Grundeinheit der So-

---

11 Nicht verständlich ist, weshalb Buchholz an dieser Stelle den Anschluß an die Sozialisationstheorie von George Herbert Mead nicht sieht. Hier muß der genius loci (Göttingen!) überwältigenden Einfluss gehabt haben.

zialisation gilt, weisen soziologische Studien im Gefolge der populären »Individualisierungstheorie« darauf hin, daß im ausgehenden 20. Jahrhundert die Mutter-Kind-Beziehung zunehmend den Vorzug erhält vor der Partnerschaft. Als Grund dafür wird angenommen, daß erstere eher Aussichten auf Stabilität verspricht als letztere: »Das Kind wird zur letzten verbliebenen, unaufkündbaren, unaustauschbaren Primärbeziehung« (Beck 1986, S. 193).

 Damit zeichnet sich ein Spannungsfeld zwischen universellen Strukturen der Identitätsbildung und aktuellen Entwicklungen ab, das im Thema des abwesenden Vaters verdichtet beobachtet und analysiert werden kann. Hierzu ist es aber zunächst erforderlich, nachzuzeichnen, welches diese Strukturen im einzelnen sind. Das soll im folgenden Abschnitt geschehen.

5 Die widersprüchliche Einheit von Paar- und Eltern-Kind-Beziehung als Kern der Sozialisationstheorie Ulrich Oevermanns

Oevermanns Theorie der Struktur der sozialisatorischen Interaktion bietet nach meiner Auffassung eine adäquate Grundlage, um aktuelle Veränderungen in den Familienbeziehungen in einem strukturtheoretisch soliden Rahmen zu interpretieren.

Eines der zentralen Strukturmerkmale familialer sozialisatorischer Interaktionssysteme unter den Bedingungen komplexer industrieller Gesellschaften und der Ausdifferenzierung der Kernfamilie besteht für Oevermann[13] darin, daß in der Familie zwei Typen von Sozialbeziehungen bestehen, für die die Nicht-Ersetzbarkeit des Personals, d.h. die lebenslange Mitgliedschaft, strukturell konstitutiv ist. Es handelt sich dabei um die Gattenbeziehung und um die Eltern-Kind-Beziehung. Für beide Beziehungen gilt

---

12 Der hier sich anbietende Umkehrschluß, daß ohne Vater die Mutter *auf jeden* Fall ihr Kind in der Symbiose hält und damit an Fehlentwicklungen schuld ist, wogegen Silverstein & Rashbaum (1994) argumentieren, ist prinzipiell unzulässig. Vgl. z.B. Fußnote 4.

13 Vgl. Oevermann (1979, 1987). Vgl. neuerdings auch Allert (1998).

der Anspruch auf die ganze Person, woraus sich ein zentraler Widerspruch ergibt. Dieser macht, im Kontext einer grundsätzlichen affektiven Basis von Familienbeziehungen, die sozialisatorische Dynamik aus. Soweit der Kern dieses Modells. Nun sollen dessen Einzelheiten genauer ausgeführt werden.

Oevermann übernimmt Parsons' Unterscheidung von *diffusen* und *spezifischen* Sozialbeziehungen. Für spezifische Sozialbeziehungen gilt, daß sie thematisch eingeschränkt sind, etwa auf die Aspekte einer Arbeitsrolle. Daher muß begründet werden, wenn die thematische Einschränkung durchbrochen wird.[14] Demgegenüber ist die diffuse Sozialbeziehung dadurch charakterisiert, daß hier grundsätzlich alles thematisiert werden kann und daß der Ausschluß von Themen begründet werden muß. Während sich demnach in diffusen Sozialbeziehungen die beteiligten Individuen als ganze Menschen, thematisch ungeteilt, begegnen, werden in spezifischen Sozialbeziehungen die Handelnden immer nur unter bestimmten, thematisch durch die Anforderungen der Rolle festgelegten Aspekten interagieren: Während in diffusen Sozialbeziehungen der »ganze Mensch« (aufgrund der nicht vorhandenen thematischen Beschränkung) für die Beziehung konstitutiv ist, steht in spezifischen Sozialbeziehungen die Rolle im Vordergrund, die Handelnden selbst sind austauschbar. Hier beginnt Oevermanns Kritik an Parsons. Er wendet gegen Parsons ein, daß dieser aufgrund seines »institutionellen Vorurteils« sein anhand der Analyse von formalen Organisationen entwickeltes Modell von Rollenbeziehungen nicht weiter an familialen Beziehungen

---

14 Daß unter den Bedingungen einer zunehmenden Verwischung von Privatheit und Öffentlichkeit die thematische Beschränkung innerhalb rollenförmiger Sozialbeziehungen zunehmend aufgehoben wird und tendenziell öffentlich alles thematisierbar ist, was bis dato für die Bereiche der diffusen Sozialbeziehungen reserviert war, ist eine gesellschaftliche Entwicklung, die nicht übersehen werden kann. Lasch (1982) und Sennett (1983) haben die sozialgeschichtlichen Hintergründe dieser Entwicklung nachgezeichnet. Oevermann (1988) hat die entsprechenden Konsequenzen für die Persönlichkeitsbildung in einem spezifischen Bereich der Jugendkultur beschrieben. Hier allerdings geht es zunächst um die Entfaltung eines Strukturmodells familialer Sozialisation, nicht um konkrete sozio-historische Besonderheiten.

getestet habe. Wenn er dies getan hätte, hätte er sich beispielsweise mit der Überlegung auseinandersetzen müssen, daß in Famili-
en, anders als in Organisationen, das Personal nicht austauschbar
ist. Diffuse Sozialbeziehungen sind prinzipiell und dem Anspruch
nach auf Dauer gestellte Beziehungen. Dem entspricht, daß für die
Entwicklung einer stabilen Persönlichkeit der Faktor Umweltstabi-
lität erheblich bedeutsamer ist als der der sozialen Schicht (Bronfenbrenner 1993). Ehen werden im »Normalfall« (vgl. das Beispiel
für eine Ausnahme zu Beginn dieses Aufsatzes) nicht auf Zeit geschlossen. Kommt es zu einer Trennung, dann erfolgt diese auf
der Grundlage einer Revision des ursprünglichen, für die diffuse
Sozialbeziehung konstitutiven Anspruchs auf die Nichtaustauschbarkeit der Personen. Abweichungen von dieser Grundvorausset-
zung, etwa Eheschließungen mit beim Jawort schon ins Auge ge-
faßtem Scheidungstermin, um in den Vorteil einer eigenen Wohnung (nicht selten in der früheren DDR) oder eines Passes eines
bestimmten Landes zu kommen, gelten eben nicht als der Normalfall. Aufgrund dieses zentralen Unterschieds komme, so Oevermann, die Terminologie der Rollentheorie für die Analyse diffuser
Sozialbeziehungen nicht in Betracht.

In familialen Interaktionssystemen kommen zwei Typen von
diffusen Sozialbeziehungen vor, die Gattenbeziehung und die Eltern-Kind-Beziehung. Zunächst zur Gattenbeziehung. Zentrales
Merkmal ist hier, wie gesagt, die *Nichtaustauschbarkeit der Personen.* Für die Gattenbeziehung ist des weiteren konstitutiv die
Körperbasis. Oevermann nennt dies die *erotische Solidarität der
Gattenbeziehung.* Als nächstes Bestimmungsmoment folgt die
affektive Solidarität, die die Beziehung als eine auf Dauer gestellte
durch eine generalisierte emotionale Bindung charakterisiert.
Hinzu tritt *die Solidarität des gemeinsamen Lebensweges,* also die
ursprüngliche zeitliche Unbegrenztheit der Beziehung. Schließlich die *unbedingte Solidarität,* womit gemeint ist, daß in der Gattenbeziehung ein grenzen- und kriterienloser Vertrauensvorschuß
die Grundlage der Beziehung ist. Dies sind für Oevermann die vier
strukturalen Bestimmungsmomente der Gattenbeziehung als einem Typ der diffusen Sozialbeziehung, die wir im wesentlichen
bereits bei Parsons ausformuliert finden[15]. Über die inhaltliche
Ausgestaltung real existierender Gattenbeziehungen ist nur soviel

ausgesagt, daß diese sich – unbeschadet der sich gelegentlich zeigenden Auflösungserscheinungen – an diesem Strukturmodell als Normalfall orientieren.

Nun zur Eltern-Kind-Beziehung. Gattenbeziehung und Eltern-Kind-Beziehung gleichen sich strukturell in der Nicht-Substituierbarkeit des Personals und in der Nicht-Rollenförmigkeit der Beziehung. Die dazugehörenden Strukturmomente gelten ebenfalls. Hinsichtlich der Körperbasis gilt dies, in Gestalt der kindlichen Erotik, nur für die frühe Kindheit. Für die affektive Solidarität gilt dies lebenslang, ebenfalls für die unbedingte Solidarität. Gegen die Geltung der Unbegrenztheit der Eltern-Kind-Beziehung könnte, wie bereits erwähnt, eingewandt werden, daß sie einer gelungenen Ablösung zuwiderlaufe. Aber hier macht Oevermann gegen Parsons geltend, daß auch bei vollzogener Ablösung vom Elternhaus die Eltern-Kind-Beziehung latent im Hintergrund weiterbestehe und vor allem in Krisensituationen aktualisiert werde.

Den strukturellen Unterschied zwischen der Gattenbeziehung und der Eltern-Kind-Beziehung sieht Oevermann so: Während die Gattenbeziehung zwischen zwei autonomen Subjekten besteht, ist die Eltern-Kind-Beziehung insofern asymmetrisch, als diese zwischen autonomen Subjekten einerseits und noch nicht individuierten Subjekten andererseits besteht. Des weiteren besteht ein Unterschied zwischen der Gattenbeziehung und der Eltern-Kind-Beziehung insofern, als zwischen Eltern und Kindern mit der psychosexuellen Reifung der Kinder die Körperbasis der Beziehung nach Maßgabe des Inzestverbots aufgehoben werden muß. Die erotische Beziehung zwischen den Gatten ist jedoch nicht nur nicht inzestuös und damit erlaubt, sondern sogar für die Beziehung konstitutiv.

Demnach bestehen in der Kernfamilie in modernen industrialisierten, arbeitsteiligen Gesellschaften mindestens drei diffuse dyadische Sozialbeziehungen, in denen die Beziehungspartner einen ungeteilten Anspruch aufeinander haben. Dies hat zur Konsequenz, daß es im familialen Interaktionssystem notwendig zu Widersprüchen kommen muß. In der Auseinandersetzung der fami-

---

15 Vgl. dazu Tyrell (1983).

lialen Interaktionspartner mit diesen Widersprüchen sieht Oevermann die zentrale sozialisatorische Leistung der Familie; sie ist eine *notwendig widersprüchliche Einheit von sich ausschließenden Dyaden*. Affektive Basis, Dauer und Verläßlichkeit bilden die Grundlage dafür, daß das sich bildende Subjekt Konflikte überhaupt aushalten kann, die notwendig sind, um »bezogene Individuation« (Stierlin) auszubilden. Erst auf dieser Grundlage kann sich die Grundform von Sozialität mit den Struktureigenschaften der Reziprozität (Mead 1969) beziehungsweise exzentrischer Positionalität (Plessner 1974) und damit der individuellen Autonomie entwickeln.

Damit sind es die Auseinandersetzungen in der widersprüchlichen Einheit des triadischen familialen Sozialisationssystems, in denen strukturell die Möglichkeiten erst geschaffen werden, daß sich der Sozialisand in allen das gesellschaftliche Ganze ausmachenden Beziehungen – diffusen wie spezifischen – als autonomes Subjekt orientieren kann. In Anlehnung an Oevermann schreibt Allert: »Die Liebe des Elternpaars liefert den Schlüssel zur Gestaltung des menschlichen Bildungsprozesses (beim Kind; B.H.), sie bereitet die Erfahrung im Umgang mit affektiven und moralischen Konflikten vor und bildet die Grundlage für das Vertrauen in eine durch Kontingenz und Fremdheit bestimmte Sozialwelt« (1997, S.31). Fehlt ein Element in dieser Triade – hier der Vater – fordert dies zu Kompensationsleistungen heraus. Eine davon – aus der Sicht der vom Vaterlust betroffenen Kinder – ist die mitunter lebenslange Suche nach dem Vater.[16]

---

16 Vgl. die Frankfurter Dissertation von Modes (1998).

6 Die Rolle des Vaters im Sozialisationsprozeß: eine Fallskizze

Was der soziologischen Diskussion der These von der Entkoppelung von Partnerschaft und Elternschaft fehlt, ist die Überprüfung am empirischen Material. Damit meine ich insbesondere Fallstudien. Für ein Vorgehen der systematischen Fallrekonstruktion und Fallkontrastierung (beides Grundoperationen einer qualitativen Sozialforschung) ist hier nicht der Ort und besteht auch keine Notwendigkeit, da es zunächst nur darum geht, das theoretische Argument zu entfalten.[17] Nur soviel sei erwähnt: Fallstudien dienen der Theoriebildung in der Dialektik von Allgemeinem und Besonderem, denn der Einzelfall gilt als Allgemeines insofern, als er sich im Kontext allgemeiner Regelhaftigkeiten gebildet hat, und er gilt als Besonderes insofern, als er sich im Kontext allgemeiner Regelhaftigkeiten individuiert hat. Zentral ist dabei der Blick auf »die Sachen selbst« (Husserl), oder, wie Merleau-Ponty in seinen Vorlesungen zur Kinderpsychologie schreibt: »Wir müssten lediglich in Kontakt zu den Tatsachen treten, sie aus sich selbst verstehen, sie lesen und sie in einer Weise entziffern, die ihnen einen Sinn vermittelt. Man müsste das Phänomen abwandeln, um in diesen Variationen eine Kernbedeutung herauszuschälen« (Merleau-Ponty 1994, S. 28).

Die Fallskizze, die ich hier vorstelle, betrifft Thomas Bernhard[18], den österreichischen Schrifsteller, und seine Herkunftsfamilie müt-terlicherseits. Ich werde ein Muster rekonstruieren, das sich über fünf Generationen entwickelt und die Rahmenbedingungen von Thomas Bernhards individueller Entwicklung konsti-

---

17 Zum Vorgehen vgl. Hildenbrand (1999).

18 Die verwendeten Daten stammen aus Höller (1993, 1995) und Huguet (1991). Hinzu kommen Recherchen von Dorett Funke, die sie im Rahmen ihrer in meinem Arbeitsbereich entstehenden Dissertation durchgeführt hat. Das Genogramm Bernhards wurde im Sommersemester 2000 in meinem Fallseminar am Institut für Soziologie der Friedrich-Schiller-Universität Jena analysiert, auf dessen Ergebnisse ich hier zurückgreife. Eine über die im folgenden vorgestellte Skizze hinausgehende Fallanalyse wird in der Dissertation von Dorett Funke enthalten sein.

tuiert:[19] Es ist nicht ein Muster, das ihm zwangsläufig *vorgegeben*, sondern ein solches, das ihm zur Gestaltung *aufgegeben* ist – er ist ihm nicht ausgeliefert. Von Interesse an diesem Fall im Rahmen meines Themas ist, daß Thomas seinen leiblichen Vater nie kennengelernt hat – er ist vor seiner Geburt verschwunden. Dieser Fall lenkt den Blick auf zwei mit vaterlosem Aufwachsen verbundene Phänomene: auf Vaterlosigkeit als Rahmenbedingung von Sozialisation einerseits, auf mögliche Kompensationen, in diesem Fall in der Großelterngeneration, andererseits.

Nun der Fall:

Michael Bauer, heiratet 1829, im Alter von 21 Jahren, eine Kleinbauerntochter. Diese ist um acht Jahre älter als Michael. Solche Altersdifferenzen sind zunächst einmal nicht untypisch, ging es bei Ehen im bäuerlichen Milieu wie in anderen Geschäftsfamilien zur damaligen Zeit doch nicht primär um Liebe, sondern um die Erhaltung der Wirtschaft, auch wenn der Hof klein war. Die Altersdifferenz ist aber auch nicht zu vernachlässigen, vor allem dann nicht, wenn der Bauer erst 21 ist, also am Anfang des erwachsenen Lebens steht, während seine Frau mit 29 für damalige dörfliche Verhältnisse schon am altersmäßigen Ende der Heiratsfähigkeit angelangt ist. Des Rätsels einfachste Lösung wäre, Michael heiratet ein. Ein Bauer wird gebraucht, und dies läßt die Altersdifferenz zu einer zweitrangigen Orientierungsgröße werden. Handelt es sich aber um Michaels Hof, dann kann die Verheiratung mit der um acht Jahre Älteren folgende Gründe gehabt haben: Sie bringt Vermögen in die Ehe (was ihr eine starke Stellung verschafft hätte), oder dem jungen Bauern wird nicht zugetraut, das ihm angetraute Gut angemessen zu verwalten, und es wird ihm eine starke Frau an die Seite gestellt. In jedem Falle steht dieses Paar vor der Aufgabe, seine Ehebeziehung unter eher ungewöhnlichen Rahmenbedingungen zu gestalten. Die Kinderzahl wird Aufschluß darüber geben, wie sich das Paar entwickelt.

Dieser Ehe entstammen zwei Kinder, wovon das eine nicht näher mit Lebensdaten gekennzeichnet ist. Das zweite ist der Sohn

---

19 Zum Verfahren der Sequenzanalyse vgl. Hildenbrand (1999, S.32–40), sowie Welter-Enderlin & Hildenbrand (1996, S.30–46).

Josef. Zwei Kinder sind eine geringe Kinderzahl für damalige Verhältnisse, die durch das Tilgen eines dieser Kinder aus dem Familiengedächtnis noch zusätzlich vermindert wird – eine Paarproblematik deutet sich an. Da Genogrammdaten darüber keinen Aufschluß geben, fahren wir in der Analyse fort.

Josef hat auf dem Hof des Vaters nichts zu bestellen. Er wird im Militär der österreichisch-ungarischen Monarchie für acht Jahre Soldat und ist im Südosten des Staates stationiert. Sein Vater heiratet nach circa 33jähriger Ehe, offenbar nach einer Scheidung – ungewöhnlich für die damalige Zeit, hier wird die geringere moralische Bindungskraft kleinhäuslerischer Lebensverhältnisse deutlich – ein zweites Mal; wiederum eine Bauerntochter. Dieser Ehe entstammen weitere fünf Kinder, wovon der älteste Sohn den Hof übernommen haben wird. Weiter ist über diesen Zweig der Familie nichts bekannt. Die Geschichte setzt sich in der Familie des Kanoniers Josef fort.

Josef geht nach acht Jahren Militärdienst zunächst zur Bahn, also zur damaligen Zeit in ein dem Militär verwandtes Milieu, und heiratet dann, wie sein Vater, eine deutlich (um sieben Jahre) ältere Frau. Fünf Jahre vor der Eheschließung hat er bereits mit ihr einen Sohn. Daß es fünf Jahre braucht, bis es zur Heirat kommt, läßt darauf schließen, daß sich die Partner nicht sicher waren, ob sie sich gegenseitig eine Ehe zumuten können. Vielleicht, was nicht unwahrscheinlich ist, war Josef ein zu unsicherer Kandidat für diese Ehefrau. Gemeinsam begründen sie ein Viktualien-(Lebensmittel-) geschäft.

Halten wir fest: Über zwei Generationen hinweg heiraten in einer patriarchalisch verfaßten Gesellschaft Männer deutlich ältere Frauen, die zudem das damals übliche Heiratsalter überschritten haben. In der zweiten Generation wird dieses Muster einer potentiellen Asymmetrie in der Paarbeziehung dadurch verschärft, daß der Ehemann sich in einem Geschäft engagiert, von dem er nichts versteht, während seine Frau immerhin gelernt haben dürfte, einen Haushalt zu führen, was eine günstige Voraussetzung für das Betreiben eines Lebensmittelgeschäfts darstellt. Ihr Mann kann dort allenfalls eine Rolle als Gehilfe für sich beanspruchen, und sein Ansehen im Ort und in der Familie wird entsprechend gering gewesen sein.

Josef hat mit Katharina einen Sohn, der ebenfalls – hier macht sich dann doch die patriarchalische Kultur geltend – Josef heißt. Mehr Kinder kommen, ganz entgegen dem damals üblichen Muster der Vier-bis-sechs-Kinder-Familie, nicht zur Welt. Auch hier gleicht das Muster dem der Familie in der vorigen Generation, die zwei Kinder aufwies.

Auch in dieser Generation heiratet der Mann ein zweites Mal, dieses Mal jedoch nicht nach Scheidung, sondern nach dem Tod seiner Ehefrau, und zwar im selben Jahr. Entgegen den Konventionen wird das Trauerjahr nicht abgewartet – auch hier zeigt sich die kleinhäuslerisch typische Distanz zum festgefügten moralischen Milieu einer vollbäuerlichen Welt. Von der Sache her wäre eine rasche Wiederheirat nicht zwingend gewesen, der Sohn hätte auch durch eine Hilfe versorgt werden können, falls eine solche überhaupt nötig war; denn zum Zeitpunkt des Todes der Mutter war er schon 15 Jahre alt. Diese Heirat, so kann aus den Erfahrungen der vorherigen Generation vermutet werden, steht unter einem günstigeren Stern als die erste. Die Ehefrau – eine Bauerntochter, Josef heiratet somit eine Frau aus seinem Milieu – ist 13 Jahre jünger als er, und es werden vier Kinder geboren.

Über zwei Generationen hinweg beobachten wir erstaunliche Parallelen: Erstens besteht im Paar ein deutlicher Altersunterschied; die Frauen sind acht bzw. sieben Jahre älter. Zweitens entstammt diesen Ehen eine jeweils zeituntypisch geringe Kinderzahl. Drittens wird nach Trennung von der ersten Frau oder deren Tod ein zweites Mal geheiratet, wobei die zweite Frau jünger ist als der Ehemann, mithin die Asymmetrie im Paar zurechtgerückt wird. Schließlich entstammen diesen zweiten Ehen Kinderzahlen, die eher den damals üblichen entsprechen. Anders formuliert: Einem Fehlversuch folgt ein zweiter, jeweils gelingender Versuch.

Zurück zu den vier Kindern der zweiten Ehe von Josef. Was sind ihre Entwicklungsspielräume? Der Ehemann war ein umherziehender Soldat und Staatsbeamter, der erst spät heiratet. Er gründet mit seiner Frau ein Geschäft, für das er keine Voraussetzungen mitbringt. Die Ehefrau ist eine Bauerntochter, der die kleinstädtische Geschäftswelt ebenfalls fremd gewesen sein wird. Die Zeitverhältnisse sind: Aufbruch des Bürgertums, Industrialisierung, Urbanisierung, Landflucht. Die sozialen Wurzeln dieses

Familienmi-lieus sind genauso wenig ausgeprägt wie die der jeweiligen Herkunftsfamilien der Ehepartner: Sie stammen ja nicht von angesehenen Bauernhöfen, sondern von Kleinbauernstellen, deren Betreiber täglich um ihr Überleben kämpfen mußten und die – im Vergleich zu den damaligen moralischen Standards ihrer Umgebung – eher als sozial desintegriert einzuschätzen sind. Die Scheidung und Wiederverheiratung des Vaters von Josef ist dafür ein Beleg. Der Selbständigenhaushalt jedoch disponiert die Kinder zur Übernahme von Eigenverantwortung und Risiko, wofür eher die Mutter als der Vater das Handlungsmodell bereithält. *Urenkel*

Marie, die Älteste, geboren 1875, eifert den Eltern nach (oder eher der Mutter, vom Vater können wir uns nicht vorstellen, daß er Viktualienhändler mit Leib und Seele war) und gründet ein eigenes Lebensmittelgeschäft, mit dem sie jedoch scheitert. Sie macht daraufhin in Wien eine Kantine auf, mit der sie später in der Zeit der Arbeitslosigkeit und Weltwirtschaftskrise einen Teil der Familie durchfüttern wird. Sie heiratet einen um drei Jahre älteren Mann. Dies ist, bezogen auf die bisherige Familiengeschichte, etwas Neues. Er ist Kunstmaler, und es scheint plausibel, daß er mit der Kantine in der Hinterhand um so kreativer und von Alltagsverpflichtungen entlastet seine Kunst vorangetrieben haben wird. So bekommt die Ehefrau ohne die in ihrer Herkunftsfamilie typische, für die Zeitverhältnisse aber eher untypische Altersdifferenz doch eine mächtige Stellung in der Paarbeziehung, indem sie das Überleben im Alltag sichert. – Diese Ehe, der eine Tochter entstammt, scheitert nach sechs Jahren. Der Kunstmaler wandert nach Brasilien aus. Die Tochter im übrigen geht nach Istanbul, hat nacheinander drei unterschiedliche Staatsbürgerschaften und entscheidet sich schließlich für die österreichische.

Rudolf, der Nächstgeborene, will Jäger werden, erhält aber keine angemessene Position. Er kommt bei der Schwester in Wien unter und nimmt sich mit 26 Jahren das Leben.

Rosa, die jüngste Tochter, führt mit ihrer Mutter das Viktualiengeschäft weiter und richtet eine Fremdenpension ein. Ihr Mann, zwei Jahre jünger, man ahnt es schon, wird als Taugenichts beschrieben. Auch dies ist angesichts der bisherigen Familiengeschichte nichts Überraschendes. Dieser Ehe entstammen keine Kinder.

Uns interessiert der Jüngste. Johannes Freumbichler entfernt sich, gemessen an den anderen Geschwistern, am weitesten von der Heimat, kehrt allerdings auch wieder, vor allem in Notzeiten, dorthin zurück. Vorerst versucht er sich in Deutschland (Weimar) und der Schweiz (Basel) in verschiedenen Ausbildungen, zum Beispiel zum Ingenieur, entscheidet sich aber doch, Schriftsteller zu werden; Johannes führt über viele Jahre ein Bohèmeleben. Zunächst versorgt ihn seine Schwester Rosa.

Es ist daher wenig vorstellbar, daß er eine Partnerin in seinem ländlichen Umfeld oder im städtischen Bürgertum findet, und wenn Letzteres der Fall sein sollte, wird sie dort das schwarze Schaf sein. Seine Frau, so kann man vermuten, wird eine Mischung aus Lebenstüchtigkeit und gesellschaftlicher Ungebundenheit mitbringen.

Es handelt sich um Anna Bernhard, drei Jahre älter als Johannes. Unehelich wurde sie geboren und später vom Ehemann ihrer Mutter, einem Metzgergesellen, legitimiert. Sie geht mit 18 Jahren eine Ehe mit einem Zuschneider ein, der sie unter Zurücklassung ihrer beiden Kinder nach acht Jahren entflieht. Zunächst dem Freund von Johannes, Rudolf[20], zugewandt, der mit ehelichen Banden jedoch wenig im Sinn hat, schließt sie sich Johannes an. Rudolf wird aber für lange Zeit der Dritte im Bunde bleiben und den Namen für mindestens einen der beiden Söhne, die dieser Verbindung entstammen, geben. Zuerst wird aber eine Tochter, Herta, geboren. Sie und ihre Mutter sind es, die durch Stellungen im Haushalt teils in Wien, teils in der Heimat von Johannes den Lebensunterhalt sichern. 1937 gelingt Johannes endlich der Durchbruch mit einem der damals üblichen Blut-und-Boden-Ideologie fernstehenden Bauernroman, welcher auf Empfehlung von Zuckmayer gedruckt wird (nachdem Anna mit dem Manuskript bei ihm vorgesprochen hatte) und für den er den österreichischen Staatspreis erhält. Ein Jahr später heiraten sie: Johannes ist 57,

---

20 Sein Einfluß auf das Ehepaar Freumbichler – und damit indirekt auf Thomas Bernhard – ist bisher nicht untersucht. Freumbichlers Nachlaß, ebenfalls bisher nicht erschlossen, wird hoffentlich näheren Aufschluß bringen. Vgl. die erwähnte Dissertation von Dorett Funke.

Anna 60 Jahre alt, sie leben zu diesem Zeitpunkt schon mindestens 34 Jahre zusammen.

Herta hat unter diesen Umständen, in denen sich die Frauen *Ururenkel* für die Männer opfern und ihnen den Weg bereiten, wenig eigene Spielräume. Im Zuge einer Affaire mit einem um ein Jahr jüngeren Tischler, der sich rasch nach Berlin absetzt und sich dort 9 Jahre später suizidiert, bringt sie 1931 – in Holland, um der Schande zu entgehen – einen Sohn, Thomas Bernhard, zur Welt. Später heiratet sie einen Frisör und Berufsschullehrer, der von ihrem Vater, dem österreichischen Staatsdichter, verachtet wird. Gleichwohl trägt dieser Frisör als zeitweilig einziger Einkommensinhaber in der Familie seinen Teil zur Unterstützung des Schriftstellers bei.

Thomas Bernhard wird vom Großvater erzogen, der gewiß *Ururur-* kein Virtuose der Lebenspraxis ist und sich offenbar auch wenig *enkel* in das Kind hineinversetzen kann. Großes hat der Großvater mit ihm vor. Einmal soll er Schauspieler, dann wieder Geiger, dann Maler, auch Schriftsteller werden – jedenfalls ein großer Künstler. Thomas Bernhard fängt indessen nach dem Oberschulbesuch eine Lebensmittelhändlerlehre an, zieht sich dabei eine schwere Krankheit zu und liegt über Wochen auf Leben und Tod im selben Krankenhaus, in dem sein Großvater zur gleichen Zeit stirbt.

In diesem Mann, Thomas Bernhard, bündeln sich die zentralen Familienmotive, die in diesem Familienstammbaum entdeckt werden konnten: Das Schwanken des Großvaters zwischen Internationalität und heimatlicher Schriftstellerei, das bei Thomas Bernhard sich reproduziert in einer Ambivalenz, die dieser so ausdrückt: »Ist es auch kein Vergnügen, in einem solchen sträflich perversen Staat zu leben, wie in dem meinigen, dem österreichischen, so ist es doch ein Vergnügen, in dem österreichischen Land zu leben, auf dem schönen, in dem sich das heutige Fürchten auszahlt und wohin der Staat in der jetzigen abscheulichsten Form nur selten die teuflischen Zungen auszustrecken gelernt hat.«[21]

Aber diese Geschichte geht weiter zurück. Sie beginnt, soweit dieses zentrale ambivalente Familienmuster betroffen ist, bei dem Kanonier. Er verläßt, nachdem ihm der Vater in der Familie kei-

---

21 Die Fundstelle dieses Zitats konnte ich nicht mehr ausfindig machen.

nen Platz einräumt, seine Gegend. In der Fremde faßt er jedoch
nicht Fuß. Er kehrt zurück und wiederholt das Muster seines Vaters: sich abhängig machen von Frauen in der ersten Ehe, Scheitern, Gelingen einer zweiten Ehe. Dabei setzt sich die Frauendo-
minanz fort. Sie gewinnt im Fortgang der Geschichte eine veränderte Gestalt. Nun müssen nicht mehr die Männer ausharren, bis
sie ihre dominanten Frauen überleben, um dann in adäquateren
Paarbeziehungen leben zu können. Jetzt steigen die Männer ihrerseits in eine beherrschende Position auf, und zwar ins Künstler-
tum. Die Macht der Frauen besteht weiterhin darin, daß sie den
Familienalltag und die Existenzgrundlage sichern. In der Unterstützung des Mannes als Künstler jedoch begeben sie sich in eine
Position der Unterwürfigkeit. Daher fallen sie als Kompensation
für den abwesenden Vater (Silverstein & Raschbaum 1994) aus.
Dies gilt für die ältere Schwester von Johannes Freumbichler, Ma-
ria, ebenso wie für Freumbichlers Lebensgefährtin und spätere
Ehefrau Anna Bernhard sowie seine Tochter Herta Bernhard. Als
Kompensation für den abwesenden Vater von Thomas Bernhard
fallen damit sowohl Anna als auch Herta aus. Daher korrigieren
sie auch nicht die egozentrischen Künstlerprojekte, die Freumbichler seinem Enkel zumutet.

Thomas Bernhard lebt, wie seine männlichen Vorfahren, in der
Ambivalenz. Er findet interessante Lösungen, sich von der Familie
abzulösen und im Erwachsenenleben einzurichten. Zunächst sind
es Ehepaare und Familien (darunter die Familie des Realitäten-
vermittlers[22] Hennetmayer), die ihm eine Brücke in die außerfamiliale Welt und vor allem in die Welt des Künstlertums bieten.
Des weiteren verbindet er sich nie über eine längere Zeit mit einer
Frau, die seiner Generation entstammt. Sein »Lebensmensch«, wie
er sie nannte, war eine Frau, die älter war als seine Mutter. Und
dieser Frau hat er bis zum Schluß die Treue gehalten. Schließlich
füllt einen erheblichen Teil seines erwachsenen Lebens der Kauf
von Bauernhöfen aus, die er so einrichtet, daß eine Familie darin
hätte leben können[23],während tatsächlich nie jemand anderer als
Thomas Bernhard selbst darin gelebt hat; von den Bewältigungs-

---

22 Österreichische Bezeichnung für Immobilienmakler.

mustern, die im Zusammenhang mit Thomas Bernhards künstlerischem Werk und seiner öffentlichen Präsenz stehen, ganz zu schweigen.

Das künstlerische Werk von Thomas Bernhard ist durchzogen von dieser Familiengeschichte und von seinen Erfahrungen als Sohn eines abwesenden Vaters. Dieses Werk wurde in die vorliegende Fallrekonstruktion nicht einbezogen. (Thomas Bernhards schriftstellerisches Werk weist durchweg autobiographische Züge auf, die drei explizit autobiographisch angelegten Bände Die Ursache (1975), Der Keller (1976), Der Atem (1978) sollen sein »reichstes und reifstes Werk« (Reich-Ranicki 1990, S.58) darstellen. 1982 kam Ein Kind dazu. Hier mache ich von Bernhards eigenen Mitteilungen keinen Gebrauch, da die dort enthaltenen Berichte und Deutungen im besten Sinne von Max Frischs Diktum erfundene Geschichten sind, die Bernhard für sein Leben hält, die in entscheidenden Punkten jedoch einer faktenmäßigen Überprüfung nicht standhalten.) Jedoch will ich abschließend einen knappen, für das vorliegende Thema zentralen Einblick geben: Um 1960 hat Thomas Bernhard dem Verlag Otto Müller einen Gedichtband vorgelegt, der abgelehnt wurde. Einzelne Gedichte daraus sind in einer von Gerhard Fritsch (1963) herausgegebenen Anthologie (Frage und Formel. Gedichte einer jungen österreichischen Generation, Salzburg 1963, S.86–97) enthalten, darunter das folgende:

In silva salus

Nach meinem Vater frag ich
Den Totenschädel im Wald
…
Vater …
Der Mond hängt als Leiche
Zwischen den Wipfeln, so
Um mich zu betrügen … da
Ist die Wirbelsäule, durch die der Wind pfeift …
Vater, mein Herz hast du
Getötet … zwei Füße ohne Stiefel,
ein verrostetes Koppelschloß, das sich im Weiher spiegelt …

---

23 Vgl. hierzu den Bildband von der Nachlassverwaltung Thomas Bernhard, Gmunden, Salzburg und Wien (1995).

Zwei Schritte weiter
Dein zerfressenes Schulterstück ...
Wie soll ich denn aus den Büschen hören,
was du mir antwortest,
wo soviel Stimmen sind?
Nach meinem Vater frag ich
Den Totenschädel im Wald ...

7 Warum es erforderlich ist, die strukturelle Bedeutung des Vaters in der sozialisatorischen Triade auch in der soziologischen Sozialisationstheorie der »Post-Moderne« zu würdigen

Das zentrale Argument dieses Aufsatzes bezieht sich auf die Forderung, auch unter geänderten gesellschaftlichen Verhältnissen die Strukturen der sozialisatorischen Interaktion als triadische Strukturen zu analysieren. Die geänderten gesellschaftlichen Verhältnisse können so beschrieben werden, daß ein zunehmender Prozeß der Individualisierung bei gleichzeitiger Erosion kollektiver Lebensformen stattfindet (Brose & Hildenbrand 1988). Im Bereich der Paar- und Familienbeziehungen drückt sich dies (milieuabhängig, vgl. Burkart & Kohli 1992) aus in Form von sinkenden Geburtenraten, sinkender Heiratsbereitschaft, steigenden Scheidungsziffern sowie durch einen »wachsenden Anteil an unvollständigen Familien, Stieffamilien und Alleinerziehenden« (Burkart & Kohli 1989, S. 405). Gegen eine »Untergangsdiagnose« dergestalt, daß das alte Familienmodell ausgedient hat, argumentieren die eben genannten Autoren in vier Punkten: Erstens erscheine die derzeitige Krise von Ehe und Familie deshalb als Krise, weil die Situation der Familie in den 60er Jahren »ungewöhnlich homogen« gewesen sei; zweitens ergäben Umfragen, daß in der Bevölkerung Ehe und Familie immer noch hoch bewertet würden; drittens müsse man derzeit von einer Übergangsphase ausgehen, an deren Ende sich eine neue Normalität herausbilden werde; viertens könne nur in bestimmten Milieus von einer auch die Verhaltensebene erreichenden Veränderung des traditionellen Familienmodells gesprochen werden (Burkart & Kohli 1989, S. 406).

Diese Argumente legen nahe, davon Abstand zu nehmen, Individualisierungsprozesse in spezifischen »individualisierten Milieus« (Burkart 1995, S.10), zum Beispiel bei Akademikerpaaren, hochzurechnen auf die Gesamtgesellschaft, und entsprechend das theoretische Konzept einer widersprüchlichen Einheit von Paar- und Eltern-Kind-Beziehung als überholt zu verabschieden. Anstatt »die Erwachsenendyade nicht mehr als konstitutiven Bestandteil von Familien« (Gilgenmann 1994, S.212) aufzufassen und sich dabei auf die statistisch feststellbaren Krisenphänomene von Ehe und Familie zu berufen, wäre zu fragen, wie denn unter geänderten Vorzeichen in neu sich abzeichnenden Modellen der Paarbeziehung – in »kreativer Vielfalt« (Welter-Enderlin 1992) bei aller »Pluralisierung von Familienformen« (Lüscher 1988) mit höherer Bereitschaft zur Trennung, zu Fortsetzungsfamilien und zum Alleinerziehen – die sozialisatorische Triade mit ihren unverzichtbaren Bestandteilen von Dauer, Verläßlichkeit und affektiver beziehungsweise erotischer Solidarität interaktiv und immer wieder aufs Neue ins Werk gesetzt wird.

Dies erfordert, daß die Soziologie verzichtet auf die Differenzierung einer makrosoziologischen Betrachtungsweise, in der die bevölkerungsstatistischen Daten zur Grundlage von Aussagen über Entwicklungstrends der Familie gemacht werden, auf der einen Seite, und einer mikrosoziologischen Betrachungsweise, welche – aus der Sicht der Makrotheoretiker – erst noch zu entwickeln ist (Tyrell & Herlth 1994). Benötigt wird eine Verschränkung der Mikro- und der Makroperspektive in der Form, daß jede Familie beziehungsweise jede sozialisatorische Triade aufgefaßt wird als ein »individuelles Allgemeines«, dessen Individualität im Rahmen allgemeiner gesellschaftlicher Verhältnisse seinen spezifischen unverwechselbaren gestalterischen Ausdruck findet und dessen Entstehungsbedingungen und -prozesse Untersuchungsthema sind.

Diese soziologische Sozialisationsforschung ist gut beraten, wenn sie neben der Rezeption der psychoanalytischen Sozialisationsforschung Anschluß hält an die Ethnologie und an die Entwicklungspsychologie. Die Ethnologie weist auf die universelle nomosbildende Kraft des Inzest-Tabus und damit auf die Bedeutung der Verwandtschaftsverhältnisse hin (Segalen 1990). Mit der in den letzten Jahren in Deutschland verstärkten Erforschung der

Generationenbeziehungen (Lüscher & Schultheis 1993, Kohli & Szydlik 2000, Hildenbrand 2000) ist zumindest die Chance gegeben, daß es zu einem Abflauen der Konjunktur des Konzepts der »isolierten Kernfamilie« kommt und sich die Forschungsperspektiven auf erweiterte Verwandtschaftszusammenhänge öffnen, womit auch kompensatorische Möglichkeiten bei abwesenden Vätern in den Blick geraten.[24] Die bereits erwähnte neuere, über die dyadische Bindungsforschung hinausgehende Entwicklungspsychologie (Daniel Stern, Elisabeth Fivaz-Depeursinge und andere) zeigt, wie die sozialisatorische Triade einen Rahmen von Vertrautheit und affektiver Zuwendung bietet und damit eine affektive Grundausstattung des Menschen ermöglicht, gleichzeitig jedoch ein Feld der Differenzierung und Autonomisierung schafft. Bindung und Autonomie als widersprüchliche, aber verbundene Ziele der sozialisatorischen Interaktion sind dabei verwiesen auf eine triadische Struktur.

Das heißt demzufolge, um dies zu wiederholen, nicht, daß die Struktur der sozialisatorischen Interaktion gebunden ist an das in den 60er Jahren übliche Normalmodell von Familie mit einem an Scheidung nicht im Traum, und wenn, dann mit unüberwindbaren Schuldgefühlen denkenden Ehepaar und zwei bis drei Kindern, die schon bei ihrer Geburt sicher sein konnten, ihr Erwachsenenalter in dieser personellen Zusammensetzung zu erreichen. Die sozialisatorische Triade ist *wieder* (denn den stabilen 60er Jahren gingen unstabile Jahrzehnte und Jahrhunderte voraus) auf variable Rahmenbedingungen verwiesen. »Stief«-Elternverhältnisse und »Stief«-Geschwisterverhältnisse müssen ausgehandelt werden, biologischer Vater und sozialer Vater sind seltener als damals identisch, aber beide sind die Dritten in der Triade, die eine Rolle in der Sozialisation des Kindes und Jugendlichen auch dann spielen, wenn sie abwesend sind und kompensierendes »Personal« zur Verfügung steht. Dies sollte am Fall von Thomas Bernhard gezeigt werden, dessen künstlerisches Werk, so meine Deutung, erheblich von seiner Situation der Vaterlosigkeit im spezifischen Kontext einer auf ein Bohèmeleben orientierten Familie mit einem dominanten Großvater und drei bis vier unterwürfigen,

---

24 Vgl. den Hinweis auf Camus weiter vorne.

gleichwohl lebenspraktisch tüchtigen Frauen, motiviert und gespeist ist. Und es ist noch nicht einmal ausgemacht, daß der Dritte, also der Vater, nicht auch eine Frau sein kann (oder die – soziale – Mutter ein Mann). Zwar beharrt Oevermann (1987) darauf, daß die Paarbeziehung eine heterosexuelle Beziehung sein müsse, da die wechselseitige Nicht-Vertretbarkeit in den Geschlechtsfunktionen konstitutiv für die sozialisatorische Triade sei. Mit Lacan wäre dem entgegenzuhalten, daß nicht der organisch bestehende Geschlechtsunterschied das Entscheidende sei, sondern dessen Symbolisierung (das heißt: es geht nicht um den konkreten Vater, sondern um »le nom du père«, also um seine Symbolisierung).

In der Tat weisen Untersuchungen darauf hin, daß auch in Familien, in denen die Eltern eine homosexuelle Paarbeziehung bilden, Kinder angemessen aufwachsen können (Macklin 1987). Tasker & Golombok (1997) haben in einer Langzeituntersuchung folgendes herausgefunden: Jugendliche, die mit einer Mutter aufgewachsen sind, welche nach einer Scheidung eine lesbische Beziehung unterhielt, unterscheiden sich hinsichtlich ihrer psychischen Stabilität nicht von Jugendlichen, die mit Vater und Mutter aufgewachsen sind. Des weiteren unterhalten die Jugendlichen gute Beziehungen mit ihrem (nicht mit der leiblichen Mutter zusammenlebenden) Vater. Auch definieren sich 23 von 25 der untersuchten Jugendlichen als heterosexuell, das Aufwachsen mit einer Mutter, die in einer lesbischen Beziehung lebt, prägt demnach nicht einseitig die sexuelle Orientierung.

Interessant für unsere Überlegungen ist die Information, daß die Jugendlichen über einen Vater verfügen, den sie kennen und zu dem sie (gute) Beziehungen unterhalten. Daher können diese Befunde nicht herangezogen werden für die Einschätzung von Familiensituationen, in denen die mit einer Partnerin zusammenlebende Mutter den Vater ihres Kindes geheim hält.[25] Erst eine sol-

25 Dies ist nach bundesverfassungsrichterlicher Rechtsprechung (AZ: 1 BvR 409/90) ausdrücklich gebilligt mit dem Argument, auch die Mutter habe ein Recht auf Privatsphäre. Daß das Wissen darum, wer der eigene Vater ist, ebenfalls im Recht auf Privatsphäre – und zwar dem des Kindes – beinhaltet sein kann, fand keine Berücksichtigung.

che Situation ist geeignet, zur Grundlage einer empirischen Untersuchung über die Frage zu werden, ob eine Partnerin der Mutter,
die an Stelle des Vaters tritt, ein »funktionales Äquivalent« im Sozialisationsprozeß darstellt. Hier eröffnet sich ein bedeutendes
Thema für die fallrekonstruktive Sozialisationsforschung (Hildenbrand 1999), bei allen Schwierigkeiten des Zugangs zum Feld.

Literatur

Allert, T. (1997). Zwei zu Drei: Anmerkungen zur Liebe des Paares Teil II. *System Familie, 10(1)*, S.31–43.

Allert, T. (1998). *Die Familie – Fallstudien zur Unverwüstlichkeit einer Lebensform.* Berlin: de Gruyter.

Bauereiss, B., Bayer, H. & Bien, W. (Hrsg.). (1997). *Familienatlas II – Lebenslagen und Regionen in Deutschland. Karten und Zahlen.* Opladen: Leske & Budrich.

Beck, U. (1986). *Risikogesellschaft.* Frankfurt/M.: Suhrkamp.

Bernhard, T. (1975). *Die Ursache – Eine Andeutung.* Salzburg: Residenz-Verlag.

Bernhard, T. (1976). *Der Keller – Eine Entziehung.* Salzburg: Residenz-Verlag.

Bernhard, T. (1978). *Der Atem – Eine Entscheidung.* Salzburg: Residenz-Verlag.

Bernhard, T. (1982). *Ein Kind.* Salzburg: Residenz-Verlag.

Benard, C. & Schlaffer, E. (1992). Der abwesende Vater als Täter in der Entwicklung des Kindes. *Psychologie Heute, 19(2)*, S.22–25.

Bischoff, N. (1991). *Das Rätsel Ödipus – Die biologischen Wurzeln des Urkonflikts von Intimität und Autonomie.* München: Piper.

Blankenburg, W. (Hrsg.). (1991). *Wahn und Perspektivität.* Stuttgart: Enke.

Bronfenbrenner, U. (1993). Generationenbeziehungen in der Ökologie menschlicher Entwicklung. In K. Lüscher & F. Schultheis (Hrsg.), *Generationenbeziehungen in »postmodernen« Gesellschaften.* Konstanz: Universitätsverlag, S.51–73.

Brose, H.-G., Hildenbrand, B. (1988). Biographisierung von Erleben und Handeln. In H.-G. Brose & B. Hildenbrand (Hrsg.), *Vom Ende des Individuums zur Individualität ohne Ende.* Opladen: Leske & Budrich, S.11–30.

Buchholz, M. B. (1993). *Dreiecksgeschichten.* Göttingen: Vandenhoek & Ruprecht.

Buchholz, M. B. (1995). *Die unbewußte Familie.* München: Pfeiffer.

Bundesministerium für Familie, Senioren, Frauen und Jugend (Hrsg.). (1998). *Zehnter Familienbericht – Bericht über die Lebenssituation von Kindern und die Leistungen der Kinderhilfen in Deutschland,* Bonn.

Burkart, G. (1995). Zum Strukturwandel der Familie – Mythen und Fakten. *Das Parlament, B 52–53,* S.3–15.

Burkart, G. & Kohli, M. (1989). Ehe und Elternschaft im Individualisierungsprozeß: Bedeutungswandel und Milieudifferenzierung. *Zeitschrift für Bevölkerungswissenschaft, 15,* S.405–426.

Burkart, G. & Kohli, M. (1992). *Liebe, Ehe, Elternschaft. Die Zukunft der Familie.* München: Piper.

Butler, J. (1991). *Das Unbehagen der Geschlechter. Gender Studies.* Frankfurt/M. : Suhrkamp.

Camus, A. (1995). *Der erste Mensch.* Reinbek: Rowohlt.

Damon, W. (1989). *Die soziale Entwicklung des Kindes.* Stuttgart: Klett-Cotta.

Erdheim, M. (1991). Einleitung. Zur Lektüre von Freuds *Totem und Tabu.* In S. Freud, *Totem und Tabu.* Frankfurt/M.: Fischer, S.7–44.

Fischer, G. (1981). *Wechselseitigkeit – Interpersonelle und gegenständliche Orientierung in der sozialen Interaktion.* Bern: Huber.

Fivaz-Depeursinge, E. & Corboz-Warnery, A. (1999). *The primary triangle. A developmental systems view of mothers, fathers, and infants.* New York: Basic Books.

Frank, M. (1983). *Was ist Neostrukturalismus?* Frankfurt/M.: Suhrkamp.

Fthenakis, W. E. (1993). Kindliche Reaktionen auf Trennung und Scheidung. In M. Markefka & B. Nauck, (Hrsg.), *Handbuch der Kindheitsforschung.* Neuwied: Luchterhand, S.601–615.

Geulen, D. (Hrsg.). (1982). *Perspektivenübernahme und soziales Handeln.* Frankfurt/M.: Suhrkamp.

Gilgenmann, K. (1994). Die Familie als Erziehungsgemeinschaft. Zur Beschreibung der Funktion von Familien in der modernen Gesellschaft. *System Familie, 7,* S.212–228.

Grathoff, R. & Sprondel, W. M. (Hrsg.). (1976). *Maurice Merleau-Ponty und das Problem der Struktur in den Sozialwissenschaften.* Stuttgart: Enke.

Grossenbacher-Boss, P. (1993). Die Konstruktion von Chronizität: der uneindeutige Verlust. *System Familie, 6,* S.161–170.

Hegel, G. W. F. (1987/1807). *Phänomenologie des Geistes.* Stuttgart: Reclam.

Herlth, A., Brunner, E. J., Tyrell H. & Kriz, J. (Hrsg.). (1994). *Abschied von der Normalfamilie? Partnerschaft kontra Elternschaft.* Heidelberg: Springer.

Hildenbrand, B. (1987). Wer soll bemerken, daß Bernhard krank wird? – Familiale Wirklichkeitskonstruktionsprozesse bei der Erstmanifestation einer schizophrenen Psychose. In J. B. Bergold & U. Flick (Hrsg.), *Ein-Sichten – Zugänge zur Sicht des Subjekts mittels qualitativer Forschung.* Tübingen: DGVT-Verlag, S. 151–162.

Hildenbrand, B. (1991). *Alltag als Therapie.* Bern: Huber.

Hildenbrand, B. (1999). *Fallrekonstruktive Familienforschung.* Opladen: Leske & Budrich.

Hildenbrand, B. (2000). Generationenbeziehungen in struktural-hermeneutischer Perspektive. *Sozialer Sinn, 1*, S. 51–66.

Höller, H. (1993). *Thomas Bernhard.* Reinbek: Rowohlt.

Höller, H. (1995). Menschen, Geschichte(n), Orte und Landschaften. In H. Höller & I. Heidelberger-Leonard (Hrsg.), *Antiautobiografie. Thomas Bernhards ›Auslöschung‹.* Frankfurt/M.: Suhrkamp, S. 217–234.

Hoffman, L. (1987). *Grundlagen der Familientherapie. Konzepte für die Entwicklung von Systemen.* Hamburg: ISKO-Press.

Huguet, L. (1991). *Thomas Bernhard ou le Silence du Sphinx.* Perpignan: Cahiers de L'Université de Perpignan.

Joas, H. (1980). *Praktische Intersubjektivität. Die Entwicklung des Werkes von G. H. Mead.* Frankfurt/M.: Suhrkamp.

Kieserling, A. (1994). Familien in systemtheoretischer Perspektive. In A. Herlth, E. J. Brunner, H. Tyrell & J. Kriz (Hrsg.), *Abschied von der Normalfamilie? Partnerschaft kontra Elternschaft.* Heidelberg: Springer, S. 16–41.

König, R. (1976). Soziologie der Familie. In R. König (Hrsg.), *Handbuch der empirischen Sozialforschung, Bd. 7.* Stuttgart: Enke, S. 1–217.

Kohli, M., Szydlik, M. (Hrsg.). (2000). *Generationen in Familie und Gesellschaft.* Opladen: Leske & Budrich

Lacan, J. (1994). Die Institution Familie. In J. Lacan, *Schriften III.* Weinheim: Quadriga, S. 41–100.

Lang, H. (1986). *Die Sprache und das Unbewußte.* Frankfurt/M.: Suhrkamp.

Lang, H. (1995). Das Konzept der »strukturalen Triade«. In P. Buchheim, M. Cierpka & Th. Seifert (Hrsg.), *Lindauer Texte: Konflikte in der Triade, Spielregeln in der Psychotherapie, Weiterbildungsforschung und Evaluation.* Berlin: Springer, S. 50–58.

Lasch, C. (1982). *Das Zeitalter des Narzissmus.* München: Bertelsmann.

Lévi-Strauss, C. (1981). *Die elementaren Strukturen der Verwandtschaft.*

Frankfurt/M.: Suhrkamp.

Lüscher, K. (1988). Familie und Familienpolitik im Übergang zur Postmoderne. In K. Lüscher, F. Schultheis & M. Wehrspaun (Hrsg.), *Die ›postmoderne‹ Familie. Familiale Strategien und Familienpolitik in einer Übergangszeit*, Konstanz: Universitätsverlag, S. 15–36.

Lüscher, K. & Schultheis, F. (Hrsg.). (1993). *Generationenbeziehungen in »postmodernen« Gesellschaften*. Konstanz: Universitätsverlag.

Macklin, E. D. (1987). Nontraditional Family Forms. In M. B. Sussman & S. K. Steinmetz (eds.), *Handbook of marriage and the family*. New York: Plenum Press, pp. 317–353.

Malkowski, R. (1991, 2./3. Februar). Der fremde Mann. *Süddeutsche Zeitung*.

Mead, G. H. (1969). Die objektive Realität von Perspektiven. In G. H. Mead (Hrsg.), *Philosophie der Sozialität*, Frankfurt/M.: Suhrkamp, S. 213–228.

Merleau-Ponty, M. (1994). *Keime der Vernunft*. München: Fink.

Modes, J. (1998). *Vaterverlust und Rekonstruktion in der Biographie von Söhnen*. Münster: Lit.

Nachlaßverwaltung Thomas Bernhard Gmunden, Österreich (1995). *Thomas Bernhards Häuser*. Mit Fotografien von Erika Schmied und einem Essay von Wieland Schmied. Salzburg und Wien: Residenz-Verlag.

Oevermann, U. (1979). Sozialisationstheorie – Ansätze zu einer soziologischen Sozialisationstheorie und ihre Konsequenzen für die allgemeine soziologische Analyse. In M. R. Lepsius (Hrsg.), *Deutsche Soziologie seit 1945. Sonderheft 21 der Kölner Zeitschrift für Soziologie und Sozialpsychologie*, S. 143–168.

Oevermann, U. (1987). *Familienanalyse, sozialisatorische Interaktion und Therapie – Zur Situation der modernen Familie*. Vortrag bei der Bundeskonferenz für Erziehungsberatung, Hamburg.

Oevermann, U. (1988). Eine exemplarische Fallrekonstruktion zum Typus versozialwissenschaftlichter Identitätsformation. In H. G. Brose & B. Hildenbrand (Hrsg.), *Ende des Individuums zur Individualität ohne Ende*. Opladen: Leske & Budrich, S. 243–286.

Oevermann, U. (1991). Genetischer Strukturalismus und das sozialwissenschaftliche Problem der Erklärung der Entstehung des Neuen. In S. Müller-Doohm (Hrsg.), *Jenseits der Utopie*, Frankfurt/M.: Suhrkamp, S. 267–336.

Parsons, T. (1981). *Sozialstruktur und Persönlichkeit*. Frankfurt/M.: Fachbuchhandlung für Psychologie Verlagsabteilung.

Plessner, H. (1974). Soziale Rolle und menschliche Natur. In H. Plessner (Hrsg.), *Diesseits der Utopie*. Frankfurt/M.: Suhrkamp, S. 23–36.

Reich-Ranicki, M. (1990). *Thomas Bernhard*. Zürich: Ammann.

Segalen, M. (1990). *Die Familie – Geschichte, Soziologie, Anthropologie*. Frankfurt/M.: Campus.

Sennett, R. (1983). *Verfall und Ende des öffentlichen Lebens – Die Tyrannei der Intimität*. Frankfurt/M.: Suhrkamp.

Silverstein. O., Rashbaum, B. (1994). *The courage to raise good men*. New York: Penguin.

Simmel, G. (1983/1908). *Soziologie*. Berlin: Duncker & Humblot.

Stierlin, H. (1980). *Eltern und Kinder – Das Drama von Trennung und Versöhnung im Jugendalter*. Frankfurt/ M.: Suhrkamp.

Stierlin, H. (1994). Normale versus gestörte Familien: Bedingungen für das Gelingen der Fusion von Partnerschaft und Elternschaft aus der Sicht der systemischen Praxis. In A. Herlth, E. J. Brunner, H. Tyrell & J. Kriz (Hrsg.), *Abschied von der Normalfamilie? Partnerschaft kontra Elternschaft*. Heidelberg: Springer, S. 175–187.

Tasker, F. L. & Golombok, S. (1997*). Growing up in a lesbian family – effect on child development*. New York: The Guilford Press.

Tyrell, H. (1983). Zwischen Interaktion und Organisation II: Die Familie als Gruppe. In F. Neidhart (Hrsg.), *Gruppensoziologie. Sonderheft 25 der Kölner Zeitschrift für Soziologie und Sozialpsychologie*, S. 210–232.

Tyrell, H. & Herlth A. (1994). Partnerschaft versus Elternschaft. In A. Herlth, E. J. Brunner, H. Tyrell & J. Kriz (Hrsg.), *Abschied von der Normalfamilie? Partnerschaft kontra Elternschaft*. Heidelberg: Springer, S. 1–15.

Waldenfels, B. (1987). *Ordnung im Zwielicht*. Fankfurt/M.: Suhrkamp.

Welter-Enderlin, R. (1992). *Paare – Leidenschaft und lange Weile. Frauen und Männer in Zeiten des Übergangs*. München: Piper.

Welter-Enderlin, R., & Hildenbrand B. (1996). *Systemische Therapie als Begegnung*. Stuttgart: Klett-Cotta.

Weßels, H., Lamb, M. E., Broberg, A. G. & Hwang, C.-P. (1995). *Der Einfluß väterlicher Erziehungsbeteiligung auf die Persönlichkeitsentwicklung von Kindern im Vorschulalter: Ergebnisse eines Längsschnitts*. Manuskript, vorgelegt am Kongreß der Deutschen Gesellschaft für Soziologie, Halle.

Winnicott, D. W. (1990). *Der Anfang ist unsere Heimat*. Stuttgart: Klett-Cotta.

Kai von Klitzing

Vater – Mutter – Säugling

Von der Dreierbeziehung in den elterlichen
Vorstellungen zur realen Eltern-Kind-Beziehung

*In jüngster Zeit haben einige Autoren auf die Bedeutung
hingewiesen, die Dreierbeziehungen in der frühen
Kindheit haben (Bürgin & von Klitzing 1995, Fivaz-
Depeursinge & Corboz-Warnery 1999, McHale
& Rasmussen 1998). Klinisch arbeitende Psychotherapeuten haben schon davor die Abwesenheit des
Vaters als einen Risikofaktor für die psychische Entwicklung von Säuglingen, Klein- und Vorschulkindern
bezeichnet (Herzog 1980). Dieser Beitrag fokussiert
deshalb auf die elterliche Fähigkeit, triadische
Beziehungen zu gestalten – sowohl auf der intra-
psychisch-repräsentationalen Ebene der elterlichen
Vorstellungs- und Phantasiewelt als auch auf der inter-
aktionalen, das heißt durch Außenstehende beobachtbaren Ebene. Zudem wird davon ausgegangen, daß
sowohl die repräsentationale als auch die interaktionelle Ebene ihre tiefen Wurzeln in transgenerational übertragenen Beziehungs-Skripten hat. Der Zusammenhang
zwischen bereits pränatal erfaßten triadischen Fähigkeiten von Eltern und der im Vorschulalter erfaßten
psychoemotionalen Entwicklung ihrer Kinder wird
angesprochen. Einschlägige empirische Befunde, unter
anderem aus eigener Forschung[1], werden dargestellt.*

---

1 Das diesem Beitrag zugrunde liegende Forschungsprojekt
wird vom Schweizerischen Nationalfonds zur Förderung der
wissenschaftlichen Forschung (Nr. 3200–049634.96/1) gefördert.

Recently, some authors have emphasized the importance of triadic relationships in early childhood. Clinicians and psychotherapists have often expressed their view that the absence of the father may be a risk factor for the psychic development of infants, toddlers, and preschoolers. Therefore, this chapter focuses on the parental capacities to form triadic relationships – on the intrapsychic and representational level of the parental mental images as well as on the interpersonal level of observable interactions. Furthermore, we think that these intrapsychic and interpersonal phenomenons are rooted in transgenerationally transferred scripts. The association between the triadic capacities of the parents – assessed already prenataly – and the psychoemotional development of their children at preschool age will be addressed by discussing empirical data from longitudinal research studies (among others from the author).

1 Zur Einleitung: Bindungsforschung und die Vernachlässigung triadischer Eltern-Säugling-Interaktionen

Seit den 50er Jahren hat es eine wahre Flut von wissenschaftlichen Arbeiten gegeben, die sich mit dem Zusammenhang zwischen der Qualität dyadischer Mutter-Säugling-Interaktionen und der frühen Entwicklung des Kindes beschäftigten. Bowlbys (1969) Hypothesen zum Zusammenhang zwischen Bindung und Säuglingsentwicklung haben zu einer großen Anzahl entsprechender Untersuchungen über die Qualität von Mutter-Kind-Interaktionen geführt. Menschliches Bindungsverhalten wird als ein phylogenetisches Instinktverhalten definiert, das in Gefahrensituationen dazu führt, daß das Individuum die Nähe zur Bindungsperson sucht. Ein gängiges Untersuchungsverfahren, mit dessen Hilfe sichere versus unsichere Bindungstypen identifiziert werden, ist die ›Fremdesituation‹ (Ainsworth et al. 1978). Hierbei handelt es sich um eine experimentelle Situation, in welcher einjährige Säuglinge mit unbekannten Gegenständen, fremden Personen und kurzen Trennungen von der Mutter konfrontiert werden. Je nach den beobachtbaren Reaktionen der Säuglinge und ihrer Mütter wird von einer ›sicheren‹, ›unsicher-ambivalenten‹ oder ›unsicher-vermeidenden‹ Bindung gesprochen. Viele Studien haben Zusammenhänge zwischen der mütterlichen Sensitivität und der Bindungssicherheit des Säuglings gezeigt (s. Überblicksartikel zur Bindungsforschung von Bretherton 1985, Waters et al. 2000; ebenso den Beitrag von Kindler et al. in diesem Band). De Wolff & van Ijzendoorn (1997) haben eine Metaanalyse von 66 solcher Studien durchgeführt (N=4167). Sie fanden, daß die mütterliche Sensitivität (Fähigkeit, Signale des Kindes richtig zu interpretieren und angemessen auf sie einzugehen) eine wichtige Bedingung für die Bindungssicherheit des Kindes sein kann; aber nur dann, wenn diese Sensitivität über die Zeit stabil ist, was wohl einen stabilen sozialen Kontext (gute Partnerschaft, hinreichend günstige wirtschaftliche Lage etc.) voraussetzt.

Einige Autoren (zum Beispiel Sagi et al. 1985, Belsky & Rovine 1987, Fox et al. 1991) haben Mutter-Säugling-Bindungsmuster mit Vater-Säugling-Bindungsmustern verglichen. Sie fanden, daß die Bindungssicherheit des Säuglings ein für jede Beziehung spezifisches Muster darstellt, das heißt, daß die Bindungssicherheit des Säuglings sich nicht über verschiedene Beziehungen innerhalb des Familienkontextes generalisiert. Methodenkritisch ist allerdings bei solchen Studien anzumerken, daß hier ein theoretisches Konzept, das im Kontext der Mutter-Kind-Dyade entwickelt wurde, meist unkritisch auf Vater-Kind-Dyaden übertragen wird. Es wird zu wenig reflektiert, ob nicht andere Aspekte der Vater-Kind-Interaktionen erfaßt werden müßten, statt einfach die im »Mutter-Kontext« entworfenen Konzepte von ›Sensitivität‹ und ›Bindungssicherheit‹ anzuwenden.

Waters et al. (2000) und Hamilton (2000) konnten in Mittelklassestichproben zeigen, daß die Bindungssicherheit, die während der Säuglingszeit erworben wurde, bis in das frühe Erwachsenenalter signifikant stabil blieb. Dagegen fanden Weinfield, Sroufe & Egeland (2000) in einer Risikogruppe, die in ungünstigen

Lebensbedingungen und ohne soziale Unterstützung aufwuchs, keine Hinweise für eine signifikante Kontinuität zwischen Säuglings- und Erwachsenenbindungssicherheit. In den genannten Studien waren auftretende Diskontinuitäten meist mit negativen Lebensereignissen und Lebensumständen verbunden, wie beispielsweise Mißhandlung, Tod eines Elternteils, elterliche Scheidung, körperliche und/oder psychiatrische Erkrankung eines Elternteils.

Van Ijzendoorn und De Wolff (1997) haben in einem Forschungsausblick dafür plädiert, zu einem mehr kontextuellen Ansatz in der Bindungstheorie und -forschung überzugehen (zum Beispiel Einbezug des Familien- und sozialen Kontextes). Cowan (1997) bezeichnet die relative Vernachlässigung von Vätern als die bedeutendste Auslassung im Feld der Bindungsforschung. Außerdem hat er auf die Bedeutung von partnerschaftlichen Konflikten und äußeren Stressoren als möglichen Einflußfaktoren für die Bindungssicherheit der Kinder hingewiesen.

2 Partnerschaftsqualität, Kooperation zwischen den Eltern und triadische Interaktionen

In den letzten Jahren hat sich eine Forschungsrichtung entwickelt, die von der Bindungstheorie »getrennte« Wege geht. Es gibt mehr und mehr Arbeiten, die sich mit der Bedeutung der Co-Elternschaft und der Familie als Gruppe für die frühe Kindesentwicklung beschäftigen. Gable, Belsky & Crnic (1992) unterscheiden zwischen elterlichem Verhalten (das Verhalten individueller Erwachsener gegenüber ihren Kindern), der elterlichen Partnerschaftsqualität (glücklich oder unglücklich sein in der Ehe; Art und Weise, wie Paare Konflikte lösen) und der ›Co-Elternschaft‹ (gegenseitige elterliche Unterstützung und Engagement im Umgang mit dem Kind). Verschiedene Autoren (Heinicke & Guthrie 1996, Howes & Markman 1989, Katz & Gottman 1996) haben aufgezeigt, daß eheliche Konflikte und Unzufriedenheiten in der Partnerschaft einen großen Einfluß auf die psychosoziale Entwicklung des Kindes haben, insbesondere dann, wenn die partnerschaftliche Feindseligkeit offen ausgedrückt und in Richtung auf das Kind fokussiert wird (zum Beispiel Streit um/über das Kind, Umleitung der Aggressionen auf das Kind).

McHale & Cowan (1997) sind ein Stück weiter in ihrem Ansatz zum Verständnis früher Beziehungen und emotionaler Prozesse gegangen. Sie gehen davon aus, daß die Erfahrung von Säuglingen und Kleinkindern, die durch dynamische Bewegungen in der Familiengruppe hervorgerufen werden, sich wesentlich von Beziehungsbewegungen in Dyaden unterschieden. Die dyadischen Interaktionen können dem Säugling und Kleinkind dabei helfen, sich selbst beruhigen zu lernen, Regelmäßigkeiten in menschlichen Interaktionen zu erfahren und dauerhafte Bindungsmuster zu formen. Demgegenüber vermittelt der Familienkontext dem Kind eine Begegnung mit sich wiederholenden Mustern von Abwechslung (›turn taking‹), Kooperation und auch Auseinandersetzung zwischen den Erwachsenen. Solche Muster können beispielsweise bei Familienmahlzeiten (Gespräche, in denen jeder zu Wort kommt, gegenseitiges Zuhören, gerechtes Teilen, konstruktives Streitverhalten) und in Spielsituationen (Einhalten von Spielregeln) beobachtet werden. McHale und Rasmussen (1998) haben in einer longitudinalen Studie den langfristigen Einfluß von dynamischen Bewegungen in der Familiengruppe und Prozessen der Co-Elternschaft auf den Verlauf der ersten Lebensjahre des Kindes untersucht. Sie fanden, daß eine elterliche Haltung von Feindseligkeit und Konkurrenz (zum Beispiel um Beliebtheit beim Kind), erfaßt in triadischen Beziehungsinteraktionen, ein wesentliches Vorhersagekriterium für aggressives Verhalten und Ängstlichkeit im Alter von vier Jahren des Kindes (eingeschätzt durch Kindergartenlehrer) darstellte. Demgegenüber zeigten Kinder aus Familien, deren Interaktionen sich durch ein hohes Maß an Familienwärme auszeichneten, deutlich weniger aggressive Probleme. Die Qualität der Co-Elternschaft, so wie sie von den Eltern berichtet und auch unabhängig beobachtet wurde, erklärte einen Teil der Varianz des späteren aggressiven Verhaltens, selbst wenn Persönlichkeits- und Partnerschaftsmerkmale (Depressivität, Ich-Funktionen, partnerschaftliche Zufriedenheit, etc.) als Kontrollvariablen berücksichtigt wurden.

Wenn man sich einen Überblick über die aktuelle Forschung und Literatur zur frühen Beziehungsentwicklung verschafft, fällt sofort auf, daß Studien über die Bedeutung früher triadischer Interaktionen (Vater-Mutter-Kind) gegenüber der großen Zahl von Studien über dyadische Beziehungsqualitäten erheblich in der Minderzahl sind. Diese Diskrepanz könnte damit zu tun haben, daß die Beobachtung von Dreierbeziehungen und die Einschätzung der Qualität triadischer Interaktionen eine sehr viel komplexere Aufgabe darstellt und mehr methodische Probleme verursacht als die Beobachtung von Dyaden. Die Erforschung triadischer Beziehungen bedarf nämlich des Einbezugs einer größeren Anzahl von Variablen (Partnerschaftsqualität, Qualität mehrerer dyadischer Beziehungen, Wechselseitigkeit und Flexibilität des Beziehungssystems als Ganzes), die darüber hinaus nicht immer linear miteinander verknüpft sind.

In dieser Beziehung ist die Arbeit von Fivaz-Depeursinge & Corboz-Warnery (1999) besonders bedeutsam, wenn nicht sogar bahnbrechend. Diese Autorinnen haben ein Untersuchungsverfahren für die Beobachtung und Einschätzung von Vater-Mutter-Säugling-Interaktionen in einem standardisierten Setting entworfen, das ›Lausanner Spiel zu Dritt‹. Im Beobachtungssetting sitzen die Eltern ihrem in einem Kindersitz befindlichen Säugling gegenüber. Sie werden gebeten, mit dem Säugling zu spielen; und zwar in einer bestimmten Reihenfolge: zunächst einzeln nacheinander, dann beide zusammen. Im vierten Teil dieses »Spiels« sollen die Eltern ihre Aufmerksamkeit vom Säugling zurückziehen und miteinander sprechen. Die Detailanalysen vieler solcher Interaktionsbeobachtungen haben gezeigt, daß die drei »Spielpartner« (Mutter, Vater, Säugling) dauerhaft wie in einem Team zusammenarbeiten müssen, wenn ein qualitativ gutes trilogisches Spiel entstehen soll. Durch Mikroanalysen konnten die Autorinnen zeigen, daß Säuglinge bereits mit vier Monaten in der Lage sind, ihre Aufmerksamkeit und ihre Affekte mit beiden Eltern zu teilen. In Experimenten, in welchen ein Elternteil gebeten wurde, ein ›still face‹ zu mimen (das heißt für einen kurzen Moment mimisch wie zu Stein zu erstarren), tendierten die Säuglinge dazu, sich mit interessiertem, angespanntem Blick zur dritten Person zu wenden; was die Autorinnen als eine Vorstufe des ›social referencing‹ (Erkunden im

Sozialbezug)[2] ansehen (Fivaz-Depeursinge et al. 2000). Auch von Klitzing et al. (1999a) konnten zeigen, daß vier Monate alte Säuglinge in der Lage waren, in einem gut balancierten triadischen Interaktionskontakt mit beiden Eltern zu stehen und aktiv zu einem solchen Austausch beizutragen. Die Qualität der familialen Dreierinteraktion war deutlich mit wichtigen Aspekten der repräsentationalen und Beziehungswelt der Eltern verbunden. Es zeigte sich auch, daß diese Art von triadischen Familieninteraktionen Beziehungsqualitäten darstellen, die sich weitgehend von den klassischen Bindungsmustern unterscheiden (von Klitzing, et al. 1999b). So korreliert die Fähigkeit des Kindes, in der Dreiersituation lustvoll zu spielen und den emotionalen Austausch mit beiden Eltern zu gestalten, positiv mit der inneren Bereitschaft des Vaters, sich als eine für den Säugling wichtige Beziehungsperson anzusehen. In einer an die Ainsworth-Situation angelehnten Situation von Trennung und Wiedervereinigung unter Einbezug beider Eltern war die Fähigkeit des einjährigen Kindes, nach der Wiedervereinigung mit beiden Eltern zu spielen, vor allem abhängig von der Fähigkeit des Kindes, das emotionale Gleichgewicht während der dreiminütigen Trennung zu regulieren. Kinder, die dies gut konnten, spielten nachher auch gut mit beiden Eltern, wogegen die Kinder, die während der Trennung emotional dekompensiert waren, sich nachher an einen Elternteil, meist die Mutter, anklammerten.

3 Die Bedeutung der elterlichen Vorstellungen über die eigenen Erfahrungen in der Herkunftsfamilie

In den letzten 15 Jahren haben sich viele Bindungstheoretiker zunehmend mit den elterlichen Repräsentanzen und transgenerationalen Aspekten der Elternschaft beschäftigt (Main et al. 1985). George et al. (1985) haben das Erwachsenenbindungsinterview

---

2 Als ›social referencing‹ wird die Tendenz des Kindes bezeichnet, in potentiell ängstigenden und/oder verwirrenden Situationen mit der Beziehungsperson Blickkontakt aufzunehmen und sich an deren affektiven Signalen zu orientieren.

(›Adult Attachment Interview – AAI‹) entwickelt, mit welchem die mentalen Bindungs-Repräsentationen (›Arbeitsmodelle‹) von Eltern erfaßt werden, indem man ihre Darstellungen der eigenen Kindheitserfahrungen analysiert. In mehreren Studien konnte gezeigt werden, daß die so ermittelten Bindungsklassifikationen der Eltern (welche während der Schwangerschaft erfaßt wurden) eine Vorhersage der Qualität der Säugling-Eltern-Bindung erlauben (zum Beispiel Steele et al. 1996). Allerdings haben Daten aus einer großen Meta-Analyse (van Ijzendoorn 1995) gezeigt, daß die elterlichen Bindungsrepräsentanzen nur eine partielle Vorhersage über die kindliche Bindungssicherheit in der Beziehung zu ihren Müttern und weniger in der Beziehung zu ihren Vätern erlauben. Außerdem ist der Wissensstand darüber, wie sich Bindungsrepräsentanzen von Generation zu Generation übertragen, noch sehr begrenzt (›transmission gap‹).

Die Klassifikation der Bindungsmuster durch das AAI wird vom Inhalt und von der Struktur der Erzählungen des Individuums über seine Beziehung zu seinen eigenen Eltern als junges Kind abgeleitet. Die Erinnerungen an die elterliche Partnerschaft sind nicht Teil des Interviewinhaltes. Auf der anderen Seite gibt es zunehmend Hinweise darauf, daß Kinder bereits früh die elterliche Paarbeziehung wahrnehmen und reflektieren. Jenkins & Buccioni (2000) konnten zeigen, daß bereits in den Gedanken von fünf Jahre alten Kindern das Verständnis der elterlichen Partnerschaft, der partnerschaftlichen Konflikte, der eigenen kindlichen Involviertheit in diese Konflikte und sogar der eigenen Rolle beim Finden von Lösungen eine bedeutende Rolle spielen. Es gibt also Gründe dafür, mentale Repräsentationen von komplexeren Aspekten der Familienbeziehungen, einschließlich der elterlichen Partnerschaft und triadischen Dynamik, als ebenso wichtig für die zukünftige eigene Elternschaft anzusehen wie die Repräsentationen dyadischer Eltern-Kind-Beziehungen. Entwicklungssysteme, die von dieser Art von Repräsentationen gestaltet und beeinflußt werden, scheinen sich vom Bindungssystem zu unterscheiden; was aber nicht heißt, daß sie weniger wichtig sind. Lewis & Tresch-Owen (1995) konnten zeigen, daß Erinnerungen an die elterliche Beziehung für die Eheleute eine wichtige Rolle während des ersten Jahres ihrer Elternschaft spielen.

4 Der Einfluß familialer Beziehungen auf die sich entwickelnde Innenwelt des Kindes

Kliniker und Entwicklungsforscher interessieren sich für die Verbindung zwischen früheren elterlichen Beziehungsangeboten und der psychoemotionalen Entwicklung von Säuglingen und Kleinkindern. McHale & Rasmussen (1998) konnten zeigen, daß Konflikte in der gemeinsamen Elternschaft über Erziehungshaltungen und den Umgang mit dem Kind während der Säuglingszeit eine Vorhersage darüber erlauben, ob Vorschulkinder Verhaltensprobleme entwickeln. Aber es gibt nur wenige Erkenntnisse über die Frage, wie sich diese elterlichen Probleme auf das Kind übertragen und welche Rolle die sich entwickelnden Repräsentationen des Kindes von den Beziehungen innerhalb der Familie spielen.

Fonagy & Target (1997) haben einen theoretischen Ansatz entwickelt, um zu verstehen, wie frühe Bindungsmuster die sich entwickelnde repräsentationale Welt und die Selbstorganisation kleiner Kinder beeinflussen: Unter ›reflektiver Funktion‹ wird die Fähigkeit des Kindes verstanden, dem Gegenüber ein psychisches Erleben, welches dem eigenen ähnlich ist, zuzusprechen (›theory of mind‹), sich in das Gegenüber hineinzuversetzen und sich selbst aus dem Blickwinkel des Gegenübers zu sehen. Nach dieser Theorie stellt die reflektive Funktion die Basis für die zunehmende Selbstorganisation des psychischen Erlebens von Säuglingen und Kleinkindern dar. Die reflektive Funktion baut auf meist unbewußte kognitive und emotionale Prozesse auf, welche eng mit Erfahrungen des Individuums mit seinen engsten Bezugspersonen verbunden sind. Die Autoren postulieren, daß diese Art von Mentalisierungsprozessen auf der Fähigkeit der Betreuungspersonen fußt, gegenüber dem Säugling zu vermitteln, daß sie dessen intentionale Einstellung und Haltung verstehen. In dieser Hinsicht beruhe die wachsende Selbstorganisation des Kindes hauptsächlich auf dyadischen Beziehungserfahrungen und die sich in diesen entwickelnde Bindungssicherheit. Auf der anderen Seite erkennen die Autoren an, daß die wachsende Fähigkeit des Kindes, mentale Zustände bei sich selbst und beim Gegenüber zu verstehen, in das interaktive Netzwerk von komplexeren (triadischen) Beziehungen eingebettet ist, wie zum Beispiel die familiale Beziehungswelt oder die Interaktion mit Geschwistern und Gleichaltrigen.

5 Das Konzept der ›triadischen Fähigkeit‹

Viele empirische Befunde sprechen dafür, daß Beziehungsange-
bote der Eltern an ihren Säugling und die elterliche Paardynamik
einen wichtigen Einfluß auf den Verlauf der frühen Entwicklung
des Kindes haben. Diese elterlichen Haltungen basieren offensichtlich auf inneren mentalen Bildern, welche wiederum in intergenerationalen Familienthemen verwurzelt sind, die immer wieder im Verlauf der Entwicklung umgearbeitet und gerade im
Zusammenhang mit der elterlichen Partnerschaft häufig neu definiert werden. Diese elterlichen Haltungen haben einen großen
Einfluß auf die Qualität der Eltern-Säugling-Interaktionen, welche
wiederum die frühen Beziehungserfahrungen des Kindes formen.
Während diese dynamischen Prozesse auf der Ebene dyadischer
Beziehungen zwischen dem einen Elternteil (meist der Mutter)
und dem Säugling gut operationalisiert und erforscht sind, gibt es
einen beträchtlichen Mangel an Daten und Befunden über den
Einfluß, welche triadische Familienbeziehungen auf die sozioemotionale Entwicklung des Kindes haben. Unter triadischen Beziehungen wird die Beziehung zwischen Mutter, Vater und dem
Kind, aber auch in einem weiteren Schritt die des Kindes zu seinen Geschwistern oder Gleichaltrigen verstanden. Es hat wohl
hauptsächlich methodische Gründe, daß es so wenige Studien
über die Dreierbeziehung gibt. Aber es gibt keine Daten, die beweisen würden, daß die Erfahrungen mit dyadischen Beziehungen in irgendeiner Phase der Entwicklung wichtiger wären als die
Erfahrungen mit triadischen Beziehungen.

Unsere zentrale Hypothese lautet, daß die Qualität der triadischen Mutter-Vater-Kind-Interaktionen und -Beziehungsdynami-
ken während der frühen Kindheit essentiell mit den triadischen
Fähigkeiten der Eltern verknüpft sind, welche wir bereits erfassen
können, bevor das Kind überhaupt geboren ist. Wir definieren die
›triadische Fähigkeit‹ im Kontext der Elternschaft als die Fähigkeit
von Vätern und Müttern, ihre zukünftigen familialen Beziehungen
zu antizipieren und zu konzeptualisieren – das heißt, das Kind als
Drittes bereits auf der Ebene der Vorstellungen in die eigene Beziehungswelt zu integrieren –, ohne sich selbst oder den Partner
von der Beziehung zum Kind auszuschließen. Die ›triadische

Fähigkeit‹ ist eine komplexe psychodynamische Konstellation, die wir sowohl bei Müttern als auch bei Vätern individuell und in der elterlichen Partnerschaft beobachten können. Triadische Fähigkeiten bilden einen Teil der psychischen Vorstellungswelt der Eltern in Bezug auf ihr zukünftiges Kind. Sie haben ihre Wurzeln in vergangenen Beziehungserfahrungen der Eltern (meistens während ihrer eigenen Kindheit), und sie werden durch aktuelle Beziehungserfahrungen (meistens in der elterlichen Partnerschaft) immer wieder umgearbeitet.

Ein wichtiger Teil der elterlichen triadischen Fähigkeit kann in der Dynamik der elterlichen Partnerschaft beobachtet werden, welche auf das Engste mit dem individuellen psychischen Funktionieren von jedem Elternteil verbunden ist. Wenn zwei Individuen in der Lage sind, sich selbst und den jeweiligen Partner als eine ganze Person anzusehen, mit all ihren positiven und negativen Eigenschaften, können diese Individuen eine flexible Partnerschaft formen, die ohne verzerrte gegenseitige Wahrnehmungen auskommt. Wenn sie dagegen dazu neigen, eigene ungeliebte Eigenschaften in den anderen zu projizieren, als würden diese Eigenschaften nicht mehr zu ihnen selber sondern zur Persönlichkeit des Partners gehören, bilden sie in der Regel eine rigide Partnerschaft, welche durch Projektionen und einen Mangel an individueller Autonomie gekennzeichnet ist (Kernberg 1979, Ogden 1987). Weitreichende Beispiele solcher rigiden Partnerschaftsdynamiken werden von Wynne (1961) als »pseudofeindschaftlich« oder »pseudofreundschaftlich« beschrieben.

In einer pseudofeindschaftlichen Partnerschaft scheint es nur Streit zu geben, ohne daß aber die Partner auseinandergehen können. In einer pseudofreundschaftlichen Partnerschaft scheint es nur gegenseitige Idealisierung zu geben und alle aggressiven Komponente werden auf die Außenwelt projiziert. Beide Arten von Partnerschaft haben in der Regel kein Entwicklungspotential. Eine flexible, von Projektionen freie Partnerschaftsdynamik ist eine zentrale Komponente der elterlichen triadischen Fähigkeit, weil nur in einer flexiblen Partnerschaft, in welcher Verzerrungen nicht im Vordergrund stehen, ein Kind als dritte Person auch einen flexiblen Raum für die eigene psychoemotionale Entwicklung finden kann.

Eng verbunden mit diesen Eigenschaften ist die Fähigkeit der Eltern zum Dialog und ihre Bereitschaft, sich in einem Dialog zu engagieren. Nach Spitz (1963) wird ein Dialog zwischen Individuen als ein dynamischer, kognitiver und/oder affektiver Austausch zwischen zwei Partnern definiert. Die elterliche Fähigkeit, Ideen und Erwartungen bezüglich des zukünftigen Kindes in einer flexiblen und offenen Weise auszutauschen, zeigt ihre Bereitschaft, das Kind in das Familienleben zu integrieren, ohne sich selbst oder den Partner von der Beziehung zum Kind auszuschließen.

Lebovici (1988) und Soulé (1982) haben unsere Aufmerksamkeit auf die Tatsache gelenkt, daß die mentalen Bilder und Fantasien der Eltern von ihrem zukünftigen Kind, wie sie bereits vor der Geburt vorhanden sind, einen großen Einfluß auf die Qualität der späteren Eltern-Kind-Interaktionen haben. Aus klinischen Erfahrungen in Eltern-Kind-Psychotherapien ist zu schließen, daß die Flexibilität solcher innerer Bilder eine notwendige und wichtige Voraussetzung für eine gute Qualität der triadischen Eltern-Kind-Beziehung ist, weil sie anzeigt, daß die Eltern bereits vorgeburtlich die wachsende Entwicklungsautonomie des Kindes akzeptieren können. Vorstellungen und Fantasien werden dann als flexibel definiert, wenn Eltern ihre inneren Bilder in einer emotionalen und narrativen Form beschreiben können und wenn diese Bilder durch reale Erfahrungen modifiziert werden können (beispielsweise wenn das Kind ein anderes Geschlecht hat, als die Eltern dies gewünscht oder erwartet haben).

Die Flexibilität von Vorstellungen über das zukünftige Kind ist meist damit verbunden, daß dem Partner in diesen Bildern Raum zugestanden wird. Wir nennen dieses Phänomen ›Triangulierung‹ (Abelin 1971). Wenn Vater oder Mutter Aspekte der Realität in ihre Erwartungen an das Kind integrieren können, insbesondere die Tatsache, daß es keine Ausschließlichkeit in ihrer Beziehung zu dem Kind geben kann und daß das Kind immer eine Schöpfung von zwei Eltern ist, so bewegen sich ihre Vorstellungsbilder auf einem triangulären Niveau. Solche Eltern können akzeptieren, daß das Kind auch eine Beziehung zum anderen Elternteil haben wird – selbst dann, wenn dieser in der Realität gar nicht anwesend ist, zumindest in den kindlichen Gedanken und Fantasien. Die Triangulierung ist eine wichtige Voraussetzung für eine gute Qualität der Vater-Mutter-Kind-Beziehung. Sie bezeichnet den auf die innere Vorstellungswelt der Eltern bezogenen Teil der triadischen Fähigkeit.

Auch die elterlichen Repräsentationen ihrer eigenen Kindheitserfahrungen innerhalb ihrer Herkunftsfamilien sind ein wichtiger Aspekt der triadischen Fähigkeiten. Aber im Gegensatz zur bindungsorientierten Theorie der ›Arbeitsmodelle‹ schließen wir – zusätzlich zu den Repräsentationen der eigenen dyadischen Beziehung zu jedem Elternteil – auch die Erinnerungsbilder und Vorstellungen der Eltern von der Partnerschaft ihrer eigenen Eltern ein. Die Arbeit von Main et al. (1985) hat gezeigt, daß es keine einfache lineare Verknüpfung zwischen »guten Kindheitserfahrungen« und »guter Elternschaft« gibt. Auch negative Beziehungserfahrungen in der Familiengeschichte führen nicht automatisch zu unlösbaren Problemen mit den eigenen Kindern. Wichtiger ist die Kontinuität in den Beziehungserfahrungen, zum Beispiel das Ausmaß, in welchem ein Individuum Konflikte, die in seiner eigenen Entwicklung eine Rolle spielten, durcharbeiten und damit auch in die eigene Persönlichkeit integrieren konnte. Die emotionale Verarbeitung von eigenen Kindheitskonflikten kann trotz ausgesprochen negativer Kindheitserfahrung in einem kohärenten Selbstgefühl münden, welches es gerade möglich macht, die Konflikte und Probleme anzugehen, die in der Beziehung zu den eigenen Kindern aufkommen. So können die Erinnerungen an Konflikte in der Beziehung zu den eigenen Eltern dazu führen, daß ähnliche Konflikte mit den eigenen Kindern während der eigenen elterlichen Entwicklung wahrgenommen werden und somit Lösungen zugeführt werden können. Demgegenüber kann ein Elternteil, der seine eigene Kindheit idealisiert, völlig hilflos werden, wenn es zu ernsten Problemen in der Beziehung mit den eigenen Kindern kommt. Außerdem können Erfahrungen in der eigenen Ehe und Elternschaft das Selbstgefühl und das Erleben von Beziehungserfahrungen wesentlich verändern und transformieren.

Die beschriebenen Eigenschaften der elterlichen Repräsentationen und der elterlichen Beziehungswelt sind wesentliche Komponenten der triadischen Fähigkeit. Sie sind alle untereinander hoch korreliert. Eine Partnerschaft, die frei von projektiven Verzerrungen ist, stellt eine Basis für den Einschluß des Kindes in die elterliche Beziehungswelt dar und auch dafür, daß die Eltern das Kind als potentiell autonome und dritte Person anerkennen können. Flexibilität und Triangularität von mentalen Vorstellungsbildern über das ungeborene Kind sind weitgehend voneinander abhängige Aspekte der elterlichen Innenwelt. Wenn ein Elternteil den Partner in seinen/ihren Fantasien von den zukünftigen Beziehungen zum Kind ausschließt, werden seine Fantasien automatisch dazu tendieren, rigide und nicht durch äußere Ereignisse modifizierbar zu werden (wie das beispielsweise der Fall ist, wenn ein Elternteil sein Kind in einer ausschließlich narzißtischen Weise besetzt). Ein intensiver Dialog (kognitiv und emotional) zwischen den Eltern über ihre Gedanken und Fantasien vom zukünftigen Kind zeigt, daß sie das Kind als eine relevante dritte Person in ihre Beziehungswelt bereits auf der imaginativen Ebene integrieren. Ein hohes Ausmaß an Durcharbeitungen und Lösungen entwicklungsspezifischer Konflikte (insbesondere in den Beziehungen innerhalb der eigenen Ursprungsfamilie), erfaßbar anhand der Qualität und narrativen Kohärenz von Beschreibungen eigener triadischer Kindheitserfahrungen, ist eine wichtige Voraussetzung für die Gestaltung triadischer Beziehungen mit dem eigenen Partner und dem Säugling.

6 Der Einfluß ›triadischer Fähigkeiten‹ der Eltern auf die Eltern-Kind-Beziehung und die Entwicklung des Kindes. Ergebnisse aus zwei prospektiven Studien

In unserer Basler Arbeitsgruppe bemühen wir uns darum, die beschriebenen triadischen Beziehungsaspekte in der Entstehungsgeschichte von Familien bereits während der Schwangerschaft zu erfassen und ihre prädiktive Validität in Bezug auf die frühen Eltern-Kind-Interaktionen und die Entwicklung des Kindes zu überprüfen. Wir haben hierzu ein Interviewinstrument entworfen, das ›Triadeninterview‹. Hierbei handelt es sich um ein psychodynamisches Paarinterview, in welchem mit den werdenden Eltern auf halbstandardisierte Weise über die eigene Kindheitsgeschichte der Eltern, die Geschichte der Partnerschaft und die inneren Bilder und Fantasien vom zukünftigen Kind gesprochen wird. Alle Interviews werden auf Video aufgezeichnet. Es gibt ein Auswertungsmanual, welches uns erlaubt, das Ausmaß des Vorhandenseins von triadischen Fähigkeiten der Eltern einzuschätzen. (Näheres zur Methode siehe von Klitzing et al. 1999a, b.)

Eine Fallvignette soll Methoden und Ergebnisse unserer Forschung erläutern: Bei Herrn und Frau M. handelt es sich um eine Ehepaar, welches seit drei Jahren verheiratet ist. Die Schwangerschaft war von beiden (zukünftigen) Eltern erwünscht. Der Vater war Geschäftsmann und viel unterwegs, die Mutter hatte zum Zeitpunkt des Interviews – drei Monate vor der Geburt – ihre Ausbildung aufgegeben und wollte sich ganz auf das zukünftige Kind konzentrieren. Im Interview fiel auf, daß die Eltern zwar sehr intensiv miteinander im Dialog standen, das Gleichgewicht in der Partnerschaft aber sehr einseitig verteilt war: So war die Mutter häufig depressiv, sie fühlte sich immer als die schwache Person, die von Ängsten geplagt war. Dagegen war der Vater der immer starke Ehemann, der der Mutter zur Seite sprang und sie beruhigte, wann immer es ging. Die Mutter konnte bei sich keinerlei Stärken sehen und erlebte sich diesbezüglich in völliger Abhängigkeit vom Vater. Der Vater dagegen bestand darauf, daß er sich immer glücklich fühle, nie traurige oder depressive Gefühle gekannt habe und mit dem Leben immer gut zurecht gekommen sei. Diese Aufteilung hatte etwas ausgesprochen Rigides an sich.

Die Eltern hatten beide sehr lebendige Vorstellungen vom zukünftigen Kind. Im Gespräch hierüber übernahm die Mutter die Führung. Sie stellte sich ein Kind vor, das schön und absolut gut sei, dem sie totale Liebe schenken könne. So stellte sie sich auch den Vorgang der Geburt als ein ideales Ereignis vor, welches zu Hause mit Hilfe einer Hebamme bei Kerzenlicht stattfinden werde. Daß die Geburt auch ein schmerzhafter Prozeß sein könne (sowohl körperlich als auch psychisch) antizipierte sie nicht. Auf die Frage, ob sie auch manchmal Angst vor der Geburt habe, antwortete sie: »Angst wäre ein zu starkes Wort.« Die Kindsbewegungen erlebten beide Eltern sehr intensiv, gerade auch der Vater in den abendlichen Stunden im Zusammensein mit seiner Frau. Dabei fiel auf, daß die Mutter zwar das Kind als sehr lebendig bezeichnete, diesbezüglich aber nur positive Fantasien äußern konnte und auch für das Zusammensein mit dem Kind nach der Geburt keinerlei aggressiven Aspekte in der Beziehung antizipierte.

Im Gespräch über die Herkunftsgeschichte beider Eltern stellte sich heraus, daß Frau M., die aus Südamerika stammte, ohne jeden Bezug zu ihrer Herkunft väterlicherseits war. Ihr Vater, an den sie schöne Erinnerungen hatte, war umgekommen, als sie noch ein Kind war. Seitdem waren jegliche Kontakte mit der Familie des Vaters abgebrochen. Sie wußte noch nicht einmal, wo ihr Vater begraben war. Ihre Eltern hatten sich schon kurz nach ihrer Geburt getrennt und sie war alleine bei ihrer Mutter aufgewachsen. Diese hatte offensichtlich erhebliche psychosoziale Schwierigkeiten und mußte zudem den Lebensunterhalt alleine verdienen. Deshalb wurde Frau M. immer wieder in verschiedenen Pflegestellen untergebracht und erlebte schmerzhafte Trennungen. Sie machte der Mutter ihre unglückliche Kindheit zum Vorwurf; und nahm sich vor, mit ihrem Kind eine ideale Beziehung einzugehen und ihm – wie in einer Art Wiedergutmachung – alle selbst erfahrenen Widrigkeiten des Lebens zu ersparen.

Herr M. berichtete im ersten Interview nur über positive Kindheitserinnerungen. Er war in einer sozial gut gestellten Familie aufgewachsen und hatte eine gute Beziehung zu beiden Eltern. Allerdings schilderte er erhebliche und schmerzhafte Ablösungskonflikte in der Adoleszenz. Insbesondere hatte der Vater seinen Berufswunsch nicht akzeptiert, so daß es zu einem frühzeitigen Bruch kam. Sowohl mit Frau M.s Mutter als auch mit den Eltern von Herrn M. bestand zum Zeitpunkt des Erstinterviews nur noch ein loser Kontakt.

Beide Eltern verfügten über innere Bilder von der zukünftigen Beziehung mit ihrem Kind, in welcher der jeweils dritte Partner auf der bewußten Ebene eine bedeutende Rolle spielte. Wenn man jedoch die mütterlichen Fantasien von ihrer zukünftigen Beziehung zu ihrem Kind genau analysierte, so konnte man feststellen, daß sie sich – obwohl den Vater als bedeutsam empfindend – eine narzißtische Einheit mit dem Kind vorstellte, in welcher sie das eigene erlebte Unglück wieder gutmachen könne. Aggressive Aspekte in der Beziehung oder gar trianguläre Konflikte wurden nicht antizipiert. Die Geburt als Übergang vom imaginierten zum realen Kind wurde als einseitig »schön« antizipiert. Das Kind als zukünftig dritte Person, deren Anwesenheit auch Schmerz und aggressive Konflikte mit sich bringen könnte, wurde nicht gesehen. Die Antizipation der zukünftigen Elternschaft spielte sich vor dem Hintergrund einer zwar zu diesem Zeitpunkt ungestörten aber doch von einer gewissen Starrheit und projektiven Verzerrung geprägten Partnerschaft ab. Die Beziehung zu den Herkunftseltern wurde auf Vaterseite eher idealisiert, wogegen bei der Mutter die vielen ungelösten traumatischen Konflikte im Vordergrund standen. Vor dem Hintergrund dieses Interviews schätzten wir die ›triadische Fähigkeit‹ der Eltern als zwar gegeben ein, jedoch beurteilten wir sie als sehr störanfällig und prognostizierten eine konflikthafte Elternschaft.

Die Ergebnisse der pränatalen Interviews wie jenes mit Herrn und Frau M. wurden als Ausgangsvariablen für zwei prospektive Longitudinalstudien verwendet: eine erste mit 40 psychosozial relativ unbelasteten Familien mit ihrem ersten Kind, eine zweite mit 80 Familien, in welchen mehr psychosoziale Risikofaktoren vorhanden waren. Im folgenden sollen nun einige wesentliche Ergebnisse dieser prospektiven Studien dargestellt werden. Es geht dabei um Korrelationen zwischen den triadischen Fähigkeiten der Eltern, wie sie im ›Triadeninterview‹ pränatal erhoben wurden, und einigen relevanten Ergebnisvariablen: Qualität[3] der Geburtsnarrative, Trilogfähigkeit im ›Spiel zu Dritt‹ vier Monate nach der Geburt, Inhalt und Kohärenz[4] von Narrativen der Kinder im Alter von vier Jahren. – Diese Zusammehänge sollen zunächst wieder anhand des Fallbeispiels verdeutlicht werden:

Im zweiten Interview, einen Monat nach Geburt, bitten wir die Eltern, uns den Ablauf der Geburt zu erzählen. Für Herrn und Frau M. war die Geburt nicht zu dem erwartet schönen, sondern viel-

---

3 Mit der »Qualität« von Geburtsnarrativen sprechen wir die offene und nachvollziehbare Darstellung von als positiv und negativ erlebten Momenten der Geburt sowie von der ersten Begegnung mit dem Neugeborenen an.

4 Unter »Kohärenz« von Narrativen der Kinder verstehen wir die sequentielle und logische Darstellung von Ereignissen (mit einem Anfang und einem Ende), die im Zusammenhang mit dem Thema der Geschichte stehen.

mehr zu einem traumatischen Ereignis geworden. Während der Hausgeburt kam es zu einem Geburtsstillstand. Die Mutter wurde zunächst in eine ambulante Geburtsklinik und später in eine Universitätsklinik verlegt. Der Vater hatte sich als völlig hilflos erlebt, was sein narzißtisches Gleichgewicht vorübergehend störte. Am Ende mußte die Geburtshelferin die Geburtszange zu Hilfe nehmen, weil sich die Herzfrequenz des Kindes gefährlich verringerte. Die Mutter reagierte auf die erheblichen Schmerzen und die zunehmende Angst mit Derealisations- und Depersonalisationsphänomenen. Sie schilderte, wie sie ab einem bestimmten Zeitpunkt des Geburtsprozesses Schmerz und Angst »abgestellt« hatte, dies aber auf Kosten einer kompletten Erlebnis- und Gefühlslosigkeit. Dies führte dazu, daß sie unmittelbar nach der Geburt auch keine Gefühle gegenüber ihrem Kind empfinden konnte. Als das Mädchen Claudia ihr auf den Bauch gelegt wurde, sagte sie: »Nehmt mir das Kind vom Bauch.« In ihrer Schilderung wurde sie einzig emotional, als sie ihre Wut über die Geburtshelferin ausdrückte, daß diese – entgegen ihrem Wunsch – einen Dammschnitt durchgeführt hatte, um die dramatische Geburt zu vereinfachen. Die aggressiven Gefühle waren also mittels einer projektiven Verschiebung vom Kind auf die Geburtshelferin umgeleitet worden. Die traumatisch erlebte Geburt mündete in eine Phase postpartaler Depression bei der Mutter, in welcher sie zwar das Kind stillen und auch körperlich pflegen konnte, jedoch keinerlei emotionale Bindung entwickelte. In dieser Zeit kümmerte sich der Vater viel um Claudia.

Ist das Kind vier Monate alt, führen wir das oben beschriebene ›Spiel zu Dritt‹ (s. Abschnitt 2) mit der Familie durch. Die Eltern M. entschieden sich, daß die Mutter zuerst mit dem Kind spielt, während der Vater anweisungsgemäß einfach dabeisitzen sollte. Die Kontaktaufnahme zwischen Kind und Mutter, die übrigens zu diesem Zeitpunkt nicht mehr depressiv war, gelang jedoch nicht. Vielmehr schaute das Mädchen konstant zum Vater, der nicht anders konnte, als zurückzulächeln. Nach einer kurzen Zeit lehnte sich die Mutter mit einer gewissen Verärgerung zurück und sagte zum Vater: »Dann fang du eben an!« Jetzt beugte sich der Vater ein wenig nach vorne, um in Kontakt mit seiner Tochter zu kommen und nahm ihr Händchen. Sofort drehte das Mädchen ihren

Kopf und schaute zur Mutter. So entstand in diesem Moment ein Beziehungsdreieck und die Mutter lächelte mit einem gewissen Ausdruck von Triumph das Kind an. Diese Episode zeigt die Fähigkeit von Kindern, sich bereits im Alter von vier Monaten aktiv an der Gestaltung der Dreierinteraktion zu beteiligen. Doch waren die dyadischen Spielsequenzen nicht konfliktfrei. Etwas später, als die Mutter sich wieder um das Spiel mit dem Kind bemühte, mußte sie erneut feststellen, daß das Kind immer zum Vater schaute. Die Mutter sagte zu Claudia: »Du hast eine Mutter den ganzen Tag lang, das reicht.« Offensichtlich hatte der Vater den Eindruck, daß die Tochter durch seine Anwesenheit zu sehr abgelenkt sei. Denn er wendete sich vom Kind weg, was bei dem Kind zu einer starken Verstörung und ängstlichen Reaktion führte. Als der Vater sich wieder zurückwandte, reagierte es mit Freude. Die Mutter schaute in diesem Moment zum Vater und sagte: »Da ist er ja, der Vater.« In der dritten Phase des Spiels (Dreierspiel) konnte man dann aber einen latenten Konflikt zwischen den Eltern spüren, der nicht offen ausgedrückt war. Dieser Konflikt führte dann wahrscheinlich dazu, daß die Eltern dem Kind kein ausreichend koordiniertes Beziehungsangebot machen konnten, um wirklich ein ausgewogenes Dreierspiel mit dem Kind in Gang zu bringen. Darauf reagierte das Mädchen stark. Es wirkte agitiert und beunruhigt, als die Eltern beide versuchten, mit ihm zu spielen. Zuletzt reagierte es mit Verweigerung. – Dieses Nichtgelingen des ›Spiels zu Dritt‹ steht im Gegensatz zu vielen anderen Beispielen von guten triadischen Interaktionen, in welchen alle drei Beziehungspartner mit Freude und Engagement in eine abgestimmte Dreierinteraktion geraten.

Sind die Kinder vier Jahre alt, erfolgen weitere Erhebungen: Unter anderem erfassen wir das Ausmaß aggressiver ›externalisierender‹ und ›internalisierender‹ Verhaltensprobleme, wie sie von der Mutter in der ›Child Behaviour Check List‹ (Achenbach 1992) eingeschätzt werden.[5] Um die sich entwickelnde Innenwelt von Kindern nach dem Spracherwerb zu erheben, führen wir einen projektiven Geschichtenerzähltest durch, die ›McArthur Story Stem Battery‹.[6] In dieser Untersuchung werden den Kindern 15 Geschichtenanfänge (»story stems«) erzählt und mit Spielfiguren vorgespielt. Diese Geschichtenstämme drehen sich meistens um gewisse phasentypische inner- und außerfamiliale Konflikte. Auf dem Höhepunkt des in einer Geschichte sich entwickelnden Konflikts wird dann das Kind gebeten: »Erzähl mir und zeig mir, wie die Geschichte weitergeht.«

Claudia litt im Alter von 4,3 Jahren, als die nächste Untersuchung durchgeführt wurde, an einer übergroßen Trennungsangst von der Mutter. Sie schlief jede Nacht im elterlichen Bett und erlaubte dem Vater nicht, sie zu betreuen und zu pflegen. In der Geschichtenstammuntersuchung machte sie mit großer Begeisterung mit und hatte Freude am Spiel mit den Puppen und dem Erzählen der Geschichten. Beispielhaft soll die fünfte der 15 Geschichten dargestellt werden:

Die Untersucherin erzählt, daß das Kind, welches in die Stube kommt, sieht, daß die Eltern sich böse anschauen. Die Eltern streiten sich nämlich wegen eines verlorenen Schlüssels. An dieser Stelle wird das Kind zum Weitererzählen aufgefordert. Claudia antwortet daraufhin: »Die Eltern streiten sich nicht mehr.« Als die Untersucherin aber auf dem Konflikt insistiert, läßt Claudia zu-

---

5 Die ›Child Behavior Checklist‹ (CBCL 2/3) ist ein in kinderpsychiatrischen Untersuchungen häufig verwendetes Fragebogen-Instrument, welches aus 100 Items besteht, die eine Reihe von Verhaltensproblemen beschreiben, die von den Eltern als »nicht zutreffend«, »manchmal zutreffend« oder »häufig zutreffend« eingeschätzt werden. Fußend auf faktorenanalytischen Untersuchungen (vgl. Achenbach 1992, Fegert 1996) werden 26 bzw. 25 Items auf zwei Skalen zusammengefasst: Die Skala ›Externalisierendes Verhalten‹ beschreibt destruktive und aggressive Verhaltensweisen des Kindes wie Wutanfälle, Neigung zum Streiten und Impulsdurchbrüche. Die Skala ›Internalisierendes Verhalten‹ beschreibt von Ängstlichkeit/Depression sowie Rückzug geprägte Verhaltensweisen wie Anklammern, Interessen- bzw. Freudlosigkeit. Wir haben die CBCL-Version für zwei- bis dreijährige Kinder verwendet, weil uns die Items entwicklungsadäquater erschienen als die Items der Version für vier- bis 18jährige.

6 Dieses Verfahren wurde 1990 von Bretherton, Oppenheim & Prentiss (unpubliziert) entworfen und wird seitdem von einer internationalen Arbeitsgruppe weiterentwickelt. Es existieren verschiedene Auswertungsverfahren, von denen wir das am häufigsten angewendete von Robinson et al. (1996) in unserer Studie eingesetzt haben. Das Verfahren wurde bisher v.a. in Studien zur frühen Kindesentwicklung angewendet und validiert (vgl. z.B. von Klitzing et al. 2000).

nächst die Kinderpuppe eigenartige Bewegungen ausführen, wie Purzelbäume, den Kopf nach unten. Dies dient offensichtlich dazu, die Eltern von ihrem Streit abzulenken. Dann erzählt Claudia: »Das Kind stößt die Mutter um.« – Claudia führt diese Bewegung auch mit den Puppen durch. Dann sagt sie: »Die Mami ist tot!« Mit einem verschämten Lächeln schaut sie nun zur Untersucherin und hält dabei ihre Hand vor den Mund: »Nun ist die Geschichte zu Ende.«

Wir hatten den Eindruck, daß sich der triadische Konflikt, den wir bereits im Erstinterview diagnostiziert hatten, hier bereits auf der Ebene der kindlichen Repräsentanten widerspiegelt. Die Angstsymptome zeigen, daß das Kind offensichtlich nicht genügend Ich-Stärke hat, um die aggressiven Impulse gegenüber der Mutter abzuwehren. Der Vater wird in der Geschichte nicht als regulierender Dritter einbezogen. Es mögen zwar Wünsche gegenüber dem Vater vorhanden sein und das Mädchen hat ja auch die Erfahrung gemacht, daß der Vater als drittes Objekt durchaus zur Verfügung steht. Da die Dreierbeziehung jedoch nicht wirklich ein integriertes Ganzes darstellt, sondern vom partnerschaftlichen Konflikt zwischen den Eltern belastet ist, hat das Kind möglicherweise das Gefühl, daß – wenn es sich dem Vater zuwendet – dies tatsächlich den Tod der Mutter bedeuten könnte. Der Wunsch, dem Vater nahe zu sein, mag einerseits Ausdruck ödipaler Triebstrebungen in Richtung auf den Vater sein. Daß dies die Mutter töten könnte, wird in der Erzählung eindrucksvoll gezeigt. In der Beziehung der Mutter zu dem Kind hatte es ja offensichtlich ein Entweder-Oder gegeben: Entweder du bist mir fern und ich bin unlebendig, dann ist der Vater als alternatives Objekt zu akzeptieren. Oder du bist in meine narzißtische Welt eingebunden, das heißt zum Ausgleich meiner narzißtischen Wunden da, dann aber ist der Vater als regulierendes Objekt unerträglich. Die auf einer oberflächlichen Ebene vorhandene Akzeptanz des Dritten in der Beziehung zum Kind hat sich – wahrscheinlich bei beiden Eltern – als auf einer tieferen Ebene brüchig erwiesen. Dies spürt das Kind und versucht angesichts mörderischer Impulse gegenüber der Mutter mit ihrer Angstsymptomatik jegliche Trennung von dieser zu vermeiden und den Vater als relevanten Beziehungspartner auszuschließen.

Aus den statistischen Analysen der longitudinalen Zusammenhänge hat sich zusammenfassend folgendes ergeben:

(1) Die ›triadischen Fähigkeiten‹ von werdenden Eltern können
zuverlässig und objektiv bereits während der Schwangerschaft
erfaßt werden.

(2) Es ergab sich ein deutlicher Zusammenhang zwischen der im
pränatalen Erstinterview erfaßten triadischen Fähigkeit der Eltern und der Qualität und Kohärenz der postpartal erhobenen
Geburtsschilderungen der Eltern sowie der in ihnen enthaltenen Repräsentation des Neugeborenen (R=.35* beziehungsweise R=.38*)[7]. Je höher die ›triadische Fähigkeit‹ der Eltern,
um so kohärenter waren die Geburtsnarrrative und um so
besser konnten die Eltern ihre ersten Eindrücke vom realen
Kind schildern. Kein Zusammenhang zeigte sich zwischen
der triadischen Fähigkeit der Eltern und dem objektiv festge-
haltenen Schwierigkeitsgrad des Geburtsablaufs.

(3) Es zeigten sich hochsignifkante Korrelationen zwischen der
triadischen Fähigkeit der Eltern, wie sie vor der Geburt erhoben wurde, und der Qualität der Dreierinteraktion im ›Spiel
zu Dritt‹. Eine hohe Qualität in der Dreierinteraktion war gekennzeichnet durch eine hohe Flexibilität der Interaktionspartner, eine hohe Wechselseitigkeit der Aktivitäten im Spiel
sowie eine innere Bezogenheit aller drei Interaktionspartner.
Die Korrelation zwischen der triadischen Fähigkeit der Eltern
und der Qualität der Dreierinteraktion betrug .42**. In der
zweiten Untersuchung mit den 80 Familien, welche von einem völlig anderen Untersuchungsteam durchgeführt wurde,
konnte dieser Zusammenhang in fast identischer Größe re-
pliziert werden.

(4) Offensichtlich hat die ›triadische Fähigkeit‹ der Eltern auch einen Einfluß auf die sich entwickelnde Innenwelt von Kindern
nach dem Spracherwerb sowie das von den Kindern gezeigte
Verhalten: Die elterlichen triadischen Fähigkeiten korrelier-
ten signifikant positiv mit der Anzahl positiver prosozialer

---

7 *p<.05, **p<.01

Themen (Empathie/Helfen, Liebe/Zuneigung, Zusammen-schluß)[8] in den Geschichtenstammerzählungen der Kinder (R=.32*) und ebenso signifikant positiv mit der Kohärenz der kindlichen Narrative (R=.35*). Mit anderen Worten: Je höher die elterliche triadische Beziehungsfähigkeit pränatal eingeschätzt worden war, um so mehr konnten die Kinder im Rahmen dieses projektiven Verfahrens die dargebotenen Konflikte mittels positiver Erzählinhalte lösen und desto ko-härenter waren auch die Geschichten. Im weiteren korrelierte die elterliche triadische Kapazität signifikant negativ mit dem Ausmaß der bei den Kindern gemäß mütterlicher Einschät-zung vorhandenen externalisierenden Verhaltensprobleme (R=–.41**). Je höher also die triadische Kapazität war, um so weniger aggressive Verhaltensprobleme wies das Kind im Alter von vier Jahren auf. (Die aufgeführten Korrelationen blieben unverändert, wenn die kognitiven Fähigkeiten des Kindes als Kontrollvariablen einbezogen wurden.)

Das Ausmaß der ›triadischen Fähigkeit‹ von werdenden Eltern er-laubt uns also eine prädiktive Aussage sowohl über die zukünft-gige Ausprägung bestimmter Dimensionen der triadischen Eltern-Kind-Interaktionen als auch über die zukünftige Form innerer Re-präsentationen und beobachtbarer Verhaltensweisen beim Kind.

---

8 ›Empathie/Helfen‹ wurde kodiert, wenn eine Person zeigte, daß sie die Gedanken und Gefühle einer anderen Person verstand und/oder wenn hel-fende Verhaltensweisen in der Geschichte vorkamen (der Mutter beim Auf-räumen helfen; ein Pflaster holen, um die Wunde eines Geschwisters zu verbinden etc.). Darstellungen von Umarmungen, Küssen oder Kompli-menten wurden als ›Liebe/Zuneigung‹ kodiert. ›Zusammenschluß‹ wurde kodiert, wenn zwei oder mehr Personen in der Geschichte an einer gemeinsamen Aktivität teilnahmen und dabei klare Zeichen gegenseitiger Unterstützung zeigten.

7 Ausblick

Die dargestellten Ergebnisse eröffnen uns neue Perspektiven im Hinblick darauf, vom rein dyadischen auf ein triadisches und familienbezogenes Verständnis der frühen Beziehungsentwicklung überzugehen. Auch zeigt sich, daß der Vater – sowohl als reale Person als auch als Repräsentation in der Innenwelt der Mutter – für die frühe psycho-emotionale Entwicklung des Kindes bedeutsamer ist, als dies die rein dyadischen Bindungsstudien zeigen können.

Darüber hinaus haben die Ergebnisse hohe Bedeutung sowohl für klinische als auch für präventive Ansätze. Offensichtlich kann man Risiken für Kinder schon während der Schwangerschaft nicht nur auf biologischer, sondern auch auf psychischer und psychosozialer Ebene erfassen. Das mögen zwar viele Kliniker intuitiv bereits gespürt haben. Der empirische Nachweis solcher Zusammenhänge aber führt uns zur Verpflichtung, Psycho- und Beziehungsdiagnostik schon während der Schwangerschaft zu betreiben und frühe Interventionsprogramme zu kreieren. Solche Programme sollten sich aber nicht – wie bisher so oft – rein auf die antizipierte Mutter-Kind-Beziehung richten, sondern sollten den Vater – sowohl als reale Person als auch als imaginiertes drittes Objekt – und die Triade als Ganzes unbedingt miteinbeziehen.

Literatur

Abelin, E. (1971). The role of the father in the separation-individuation process. In J. B. McDevitt& C. F. Settlage (Eds.), *Separation – Individuation*. New York: International Universities Press, pp. 229–252.

Achenbach, T. M.(1992). *Manual for the Child Behavior Checklist/2–3 and 1992 Profile*. Burlington: University of Vermont, Department of Psychiatry. Deutsche Übersetzung: Arbeitsgruppe Kinder-, Jugendlichen- und Familiendiagnostik (KJFD), Klinik für Kinder- und Jugendpsychiatrie der Universität Köln.

Ainsworth, M., Blehard, M., Waters, E. & Wall, S.(1978). *Patterns of Attachment: A Psychological Study of the Strange Situation*. Hillsdale, N.Y.: Lawrence Erlbaum Associates.

Belsky, J. & Rovine, M. (1987). Temperament and attachment security in the Strange Situation: An empirical rapprochement. *Child Development*, 58, pp. 787–795.

Bowlby, J. (1969). *Attachment and loss. I.: Attachment*. New York: Basic. Dt.: Bindung, München: Kindler, 1975.

Bretherton, I. (1985). Attachment theory: Retrospect and prospect. In I. Breteherton & E. Waters (Eds.), *Growing Points of Attachment Theory and Research. Monographs of the Society for Research in Child Development*, pp. 1–29.

Bretherton, I., Oppenheim, D., Prentiss, C. (1990). *Mac Arthur Story Stem Battery*. Unpublished manuscript.

Bürgin, D., von Klitzing K. (1995). Prenatal representations and postnatal interactions of a threesome (mother, father, baby). In J. Bitzer & M. Stauber (Eds), *Psychosomatic Obstetrics and Gynaecology*. Bologna: Monduzzi Editore S.p.A., pp. 185–188.

Cowan, P. A. (1997). Beyond meta-analysis: A plea for a family system view of attachment. *Child Development*, 68, pp. 601–603.

De Wolff, M. S., van Ijzendoorn, M. H. (1997). Sensitivity and attachment: a meta-analysis on parental antecedents of infant attachment. *Child Development*, 68, pp. 571–591.

Fegert, J. (1996). Verhaltensdimensionen und Verhaltensprobleme bei zweieinhalbjährigen Kindern. *Praxis für Kinderpsychologie und Kinderpsychiatrie*, 45, S.83–94.

Fivaz-Depeursinge, E., Corboz-Warnery, A. (1999). *The primary triangle*. Boulder: Basic Books.

Fivaz-Depeursinge, E., Frascarolo, F., Corboz-Warnery, A., Carneiro, C. & Montfort, V. (2000). *Constituting a Family Alliance: Relations with Prenatal Coparenting and the Infant's Handling of Triangular Interactions*. Paper, 12th Biennial International Conference of Infant Studies (ICIS), July 16–19, 2000, Brighton, UK.

Fonagy, P. & Target, M. (1997). Attachment and refelective function: Their role in self-organization. *Development and Psychopathology*, 9, pp. 679–700.

Fox, N.A., Kimmerly, N.A. & Schafer, W.D. (1991). Attachment to mother/ attachment to father: a meta-analysis. *Child Development, 62, pp.* 210–225.

Gable, S., Belsky, J. & Crnic, K. (1992). Marriage, parenting, and child development: Progress and prospects. *Journal of Family Psychology*, 5, pp. 276–294.

George, C., Kaplan, N. & Main, M. (1985). *The Adult-Attachment-Interview*. Unpublished.

Hamilton, C. E. (2000). Continuity and discontinuity of attachment from infancy through adolescence. *Child Development*, 71, pp. 690–694.

Heinicke, C. M., & Guthrie, D. (1996). Prebirth marital interactions and postbirth marital development. *Infant Mental Health Journal*, 17, pp. 140–151.

Herzog, J. (1980). Sleep disturbance and father hunger in 18- to 28-month-old boys. *Psychoanalytic Study of the Child*, 45, pp. 219–233.

Howes, P. & Markman, H. J. (1989). Marital quality and child functioning: A longitudinal investigation. *Child Development*, 60, pp. 1044–1051.

Jenkins, J. M., Buccioni, J. M. (2000). Children's understanding of marital conflict and the marital relationship. *The Journal of Child Psychology and Psychiatry and Allied Disciplines, 41*, pp. 161–168.

Katz, L. F. & Gottman (1996). Spillover effects of marital conflict: In search of parenting coparenting mechanisms. In J. P. McHale & P. A. Cowan (Eds.), *Understanding how Family-Level Dynamics Affect Children's Development: Studies of Two-Parent Families. New Directions for Child Development.* (Vol. 74), San Francisco: Jossey-Bass, pp. 57–76.

Kernberg, O. (1987). Projection and projective identification: Developmental and clinical aspects. *J. Am. Psychoanal. Assoc.*, 35, pp. 795 – 819. Dt.: Projektion und projektive Identifikation: Entwicklungspsychologische und klinische Aspekte. *Forum der Psychoanalyse*, (1989), 5, S. 267–283.

von Klitzing, K., Simoni, H., Amsler, F. & Bürgin, D. (1999a). The role of the father in early family interactions. *Infant Mental Health Journal*, 20, pp. 222–237.

von Klitzing, K., Simoni, H. & Bürgin, D. (1999b). Child development and early triadic relationships. *Int. J. Psychoanal.*, 80, 71–89.

von Klitzing, K., Kelsay, K., Emde, R., Robinson, J.A., Schmitz, S. (2000). Gender specific characteristics of five-year-olds' play narratives and associations with behavior ratings. *Journal of the American Academy of Child and Adolescent Psychiatry*, 39, pp. 1017–1023.

Lebovici, S. (1988). Interaction fantasmatique et transmission intergénérationnelle. In B. Cramer (Ed.) *Psychiatrie du Bébé*. Paris : Eshel, pp. 321–335.

Lewis, J. M., Tresch-Owen, M. (1995). Stability and change in family-of-origin recollections over the first four years of parenthood. *Family Process*, 34, pp. 455–469.

Main, M., Kaplan, N. & Cassidy, J. (1985). Security in infancy, childhood and adulthood: A move to the level of representation. In I. Bretherton & E. Waters (Eds.), *Growing Points of Attachment Theory and Research. Monographs of the Society for Research in Child Development*, Serial No. 209, 50, pp. (1–29).

McHale, J. P., Cowan, P. A. (Eds.). (1997). *Understanding how Family-Level Dynamics Affect Children's Development: Studies of Two-Parent Families. New Directions for Child Development.* (Vol. 74), San Francisco: Jossey-Bass.

McHale, J. P., Rasmussen, J. L. (1998). Coparental and family group-level dynamics during infancy: Early family precursors of child and family functioning during preschool. *Development and Psychopathology*, 10, pp. 39–59.

No l, R., Van Gijseghem, H. & Blanchet, A. (2000). *Capacity for Triangulation and Attachment Style in Single and Married Mothers.* Poster, 7th congress of the World Association for Infant Mental Health, July 26–30, 2000, Montréal.

Ogden, T. (1979). On projective indentification. *Int. J. Psychoanal.*, 60, pp. 357–373. Dt.: Die projektive Identifikation. *Forum der Psychoanalyse*, 4, S. 1–21, 1988.

Robinson, J., Mantz-Simmons, L., MacFie, J., Mac Arthur Narrative Working Group (1996). *Mac Arthur Narrative Coding Manual.* Unpublished manuscript.

Sagi A., Lamb, M. E., Lewkowicz, K., Shoham, R., Dvir, R. & Estes, D. (1985). Security of infant- mother, -father, and –metapelet attachments among kibbutz-reared Israeli children. In I. Bretherton & E. Waters (Eds.), *Growing Points in Attachment Theory and Research. Monographs of the Society for Research in Child Development, 50* (1–2, Serial No. 209), pp. 211–227.

Soulé, M. (1982): L´enfant dans la tête – L´enfant imaginaire. In T.B. Brazelton. (Ed.), *La dynamique du nourrisson.* Paris: pp. 135–175.

Spitz, R. (1963). Life and the dialogue. In H. S.Gaskill (Ed.), *Counterpoint.* N.Y.: International Universities Press, pp. 154–176. Dt.: Das Leben und der Dialog. In Spitz, R. (1976): *Vom Dialog.* Stuttgart, Klett, S.9–26.

Steele, H., Steele, M. & Fonagy, P. (1996). Associations among attachment classifications of mothers, fathers, and their infants. *Child Development*, 67, pp. 541–555.

Van Ijzendorn, M. H. (1995). Adult attachment representations, parental responsiveness, and infant attachment: A meta-analysis on the predictive validity of the Adult Attachment Interview. *Psychological Bulletin*, 117, pp. 387–403.

Van Ijzendoorn, M. H., De Wolff, M. S. (1997). In search of the absent father – meta-analyses of infant-father attachment: a rejoinder to our discussants. *Child Development*, 68, pp. 604–609.

Waters, E., Hamilton, C.E. & Weinfield, N. S. (2000). The stability of attachment security from infancy to adolescence and early adulthood: general introduction. *Child Development*, 71, pp. 678–683.

Waters, E., Merrick, S., Treboux, D., Crowell, J. & Albersheim, L. (2000). Attachment security in infancy and early adulthood. *Child Development*, 71, pp. 684–689.

Weinfield, N. S., Sroufe, L. A. & Egeland, B. (2000). Attachment from infancy to early adulthood in a high-risk-sample: continuity, discontinuity, and their correlates. *Child Development*, 71, pp. 695–702.

Wynne, L. C. (1961). The study of intrafamilial alignments and splits in exploratory family therapy. In N. Ackerman, F. L. Beatman & S. N. Sherman (Eds.), *Exploring the Base for Family Therapy*. New York: Family Service Association of America, pp. 95–115.

MARTIN GOSSMANN

Der Vater im Erleben des Kindes als Teil des Entwicklungsprozesses

Eine selbstpsychologische Annäherung

Grundlage jeder menschlichen geistig-seelischen Entwicklung ist die zuverlässige Verfügbarkeit bestimmter Interaktionserfahrungen. Dieser Aufsatz untersucht, welche spezifischen affektiven Erfahrungen das Kind mit seinem »Vater« machen können muß, damit es bestimmte seelische Entwicklungsschritte meistern kann. Orientiert an der von Heinz Kohut begründeten psychoanalytischen Selbstpsychologie, konzentriert er sich beispielhaft auf eine von dieser für zentral gehaltenen Erfahrung. Diese wird mit Hilfe der Beschreibung eines Psychotherapieverlaufs konkretisiert und soll in der anschließenden Diskussion zunehmend Kontur erhalten.

Human development depends on growth-promoting interactive experience. In this paper the author examines the specific affective experiences the developing child needs to be able to make with its »father« in order to progress in its psychological development. Based on the developmental concepts of psychoanalytic self psychology – founded by Heinz Kohut – a clinical case presentation exemplifies the experience-dependant nature of structure formation as part of the successful therapeutic process in concordance with childhood development.

1 Grundlegende Annahmen

Wenn ich in diesem Beitrag aus selbstpsychologischer Sicht zum Thema »Vater«[1] Stellung nehme, dann möchte ich dies mit einer Falldarstellung und darauf bezogenen Erörterungen tun. Ihnen voranstellen will ich in diesem einführenden Abschnitt einige Bemerkungen über meine selbstpsychologische Betrachtungsweise, da unsere Betrachtungsweise ja nicht nur bestimmt, *wie* wir etwas sehen, sondern unter Umständen sogar auch, *was* wir sehen (Ornstein, P. 2001).

Am wesentlichsten ist wohl die Tatsache, daß wir in der psychoanalytischen Selbstpsychologie, wie sie von Heinz Kohut (1973, 1979, 1987) konzeptualisiert wurde, eine *interne* Beobachtungsperspektive einnehmen, das heißt eine Beobachtungsperspektive, die sich bemüht, das *Erleben* des jeweils anderen aus *seiner* Sicht zu erfassen. Dabei lege ich das Augenmerk besonders darauf, wie sich dieses Erleben in einzelnen Momenten auf den seelischen Zustand des Individuums auswirkt und wie das Gesamt dieser Momente seine seelische Entwicklung prägt. Diese Betrachtungsweise *erfahrungsgeprägter intrapsychischer Prozesse* und *erlebnisabhängiger seelischer Entwicklung* soll hier die Grundlage dafür sein, wie der »Vater« als Untersuchungsgegenstand definiert und daher auch untersucht wird. Wenn ich mich im folgenden also dem »Vater« aus selbstpsychologischer Sicht zuwende, dann frage ich mich, wie der Vater von seinem heranwachsenden Kind erlebt wird und wie sich dieses Erleben auf den seelischen Zustand und die Entwicklung des Kindes auswirkt. Wenn ich den »Vater« als Teil der entwicklungsfördernden Erlebniswelt des Kindes betrachte, dann stellt sich die Frage, wann und wie er für das Kind aus der Gesamtheit der Erlebnisse als definiertes Gegenüber heraustritt; was ihm im Erleben des Kindes die unverwechselbare Kontur oder spezifische Funktion gibt beziehungsweise wie das Kind diese Funktion seinem Vater zuordnet.

---

[1] Im folgenden setze ich den Begriff Vater unter Anführungszeichen, wenn ich damit vor allem die Funktion einer entwicklungsbedeutsamen Bezugsperson des Kindes ansprechen möchte.

Neuere entwicklungspsychologische (Stern 1992), psychoanalytische und entwicklungsorientierte neurobiologisch und interdisziplinär ansetzende Forschung (Schore 1994) hat eine sehr wichtige Grundlage für die Untersuchung geliefert, welche Zusammenhänge zwischen seelischen Reifungsprozessen und dafür notwendigen Erfahrungen bestehen. Insgesamt hat sich deutlich herausgestellt, daß seelische Entwicklung – die wir extern an den uns
vertrauten Merkmalen seelischer Reifung messen können, die
aber auch an neurobiologischen Untersuchungen des reifenden
Gehirns feststellbar ist – von gewissen *interaktiven Erfahrungen* abhängig ist. Was schon Spitz (1946) beobachtete, daß nämlich für
das Wohlergehen und die Reifung von Kindern mehr notwendig
ist als die Versorgung ihrer körperlichen Bedürfnisse, wird in der
neurobiologischen Forschung bestätigt: Hier konnte nachgewiesen werden, daß die Entwicklung neuronaler Strukturen und ihre
Verknüpfung auf externe Stimuli angewiesen ist. Dies konnte zuerst am visuellen System für die Entwicklung der Sinneswahrneh-
mung – also die Entwicklung der Fähigkeit zur Erkennung und
Verarbeitung einzelner *externer* Reizqualitäten – aufgezeigt werden, ist aber auch bei der Entwicklung der Fähigkeit zum Erkennen und Verarbeiten *innerer* Erlebnisqualitäten und seelischer
Vorgänge zu beobachten. Schore (1994) beschreibt, wie die Reifung der Hirnstrukturen, welche die Verarbeitung von Affekten zur
Aufgabe haben, in interaktive Erfahrungen mit den primären Bezugspersonen eingebettet ist: »The ... variety of dyadic affective interactions between the caregiver and the infant is imprinted into
the child's developing nervous system. Different types of stimulation are embedded in these ›hidden‹ socio-affective interactions,
and they elicit distinctive psychobiological patterns in the child. In
response to such socioenvironmental experiences, hormonal and
neurohormonal responses are triggered, and these physiological
alterations are registered within specific areas of the infant's brain
which are undergoing a structural maturation during a sensitive
period ... The object relational-induced release of growth-promoting (trophic) biogenic amines and neurohormones allows for the
experience-dependent critical period growth of connections between subcortical and cortical structural components which neu-
roanatomically mediate the regulation and expression of emotion«

(S. 62f.). Dies bedeutet, daß sich seelische Entwicklung nicht automatisch entfaltet, solange die physiologischen Grundbedürfnisse befriedigt sind, sondern daß sie von genauer bestimmbaren Erfahrungen angestoßen und weitergebracht werden muß.

Einzelne Schritte der Entwicklung sind also zwar grundsätzlich als Möglichkeit angelegt und ihre Abfolge ist bereits in gewissen Grenzen festgelegt, aber ob und in welchem Umfang diese einzelnen Schritte erfolgreich gemeistert werden können, hängt von der Verfügbarkeit externer Faktoren ab.

Der Säugling und das Kleinkind werden für ihre Entwicklung zu unterschiedlichen Zeiten unterschiedliche externe Stimuli benötigen. Der Mangel an den entwicklungsanstoßenden Stimuli wird sich dementsprechend dann besonders stark auswirken, wenn er in die besonders relevante Phase des jeweiligen Entwicklungsschritts fällt. Insofern müssen wir entwicklungsnotwendige interaktive Erfahrungen immer in Verbindung damit sehen, in welcher Phase der Entwicklung sie zur Verfügung stehen oder fehlen.

Die neuere Säuglingsforschung hat sich dieser Frage, welche Interaktionserfahrungen in welcher Phase der Entwicklung förderlich oder hinderlich sind, mit großem Interesse zugewandt und im Detail die Interaktionen zwischen Kindern und Bezugspersonen studiert (Stern 1992). Aus der Fülle der Untersuchungen, wie sich Einzelaspekte der Interaktion auf das Kind auswirken (also zum Beispiel, wie sich die Tonlage, die Sprachmelodie, die Rhythmik bei der Kommunikation mit dem Kleinkind auswirken, wie sie vor allem abgestimmt sein müssen auf den jeweiligen Zustand des Kindes – seine Wachheit, seine Affektlage etc.), möchte ich nur ein Ergebnis herausstellen, das meiner Meinung nach aber zentral ist: die Bedeutung der Kommunikation des Affekts.

Die vorliegende Literatur legt nahe, daß das Kleinkind, wenn es zum Beispiel hungrig aufwacht, aus der Fülle der einzelnen Aspekte der Kommunikation vor allem eines herausliest: den Affekt seiner Mutter. »The infant is now conceptualized to be more of a sensorioaffective than a sensorimotor being (Stechler & Carpenter 1967), and researchers are currently emphasizing the central role of affect in development.« (Demos 1988; in Schore 1994, S. 71). Was ist damit gemeint? Winnicott (1990) hatte bereits in den 60er Jahren darauf hingewiesen, als er (in einem Rundfunkbeitrag zur frühen Mutter-Kind-Interaktion und deren Auswirkung auf den Gemütszustand des Kindes) betonte: »Babies haben … ein feines Empfinden dafür, wie sie gehalten werden, sie weinen bei der einen Person und sind still und zufrieden bei der anderen, auch wenn sie noch ganz klein sind« (S. 29). Was ist es, was das Baby hier wahrnimmt, wofür es »ein feines Empfinden« hat? Worauf reagiert es, wenn es auf dem Arm der Mutter entweder ruhiger wird oder aber sich nicht beruhigen läßt, weil es »in die falschen Hände geraten ist«? Was »versteht« es, bereits lange bevor es die Welt um sich herum genauer erfassen kann? Das hungrig aufwachende Kind fühlt, am Anfang noch geschüttelt von seinem eigenen Schreien, die Art, wie die Mutter es behutsam aufnimmt; wie sie sich in ihren Bewegungen darauf einstellt, daß jetzt alles schnell gehen muß, weil das Kind schon so verzweifelt ist.[2] Es hört ihre Stimme, mit der sie sagt: »Komm, ich mach' dir deine Milch warm, hmm? Ja, das *dauert* immer so lange; ich weiß, und du hast doch schon *solchen* Hunger.« Das Kind erlebt auch all die Dinge, die die Mutter tut, um die Zeit zu überbrücken, bis die Milch wirklich warm ist. Sind es aber diese Details der Kommunikation, sind es die einzelnen Handlungen, die ihm sagen: »Ich muß nicht mehr schreien, gleich wird alles wieder gut, ich bin in den richtigen Händen«? Ist es nicht die Sicherheit der Mutter selbst, die das Kind beruhigt – die Zuversicht, die sie in sich selbst trägt, daß wirklich »gleich alles wieder gut« wird, auch wenn sie im ersten Moment erst einmal alarmiert ist durch das Schreien des Kindes? Sie stellt sich auf das Kind und seinen aufgeregten Zustand ein, indem sie gleichzeitig in sich selbst ruhig bleibt. Nur so kann sie sich dem aufgeregten Kind aufmerksam zuwenden und es in seinen rasch wechselnden Zuständen begleiten und gleichzeitig versorgen. Es ist meines Erachtens dieser Affekt, diese unerschütterliche Ruhe, die das Kind vor allem aus der Fülle der zu Beginn noch ungeordneten Sinneseindrücke herausliest, wenn es sich von der Mutter oder dem Vater beruhigen läßt.

---

2 Stern (1992, S. 198ff.) spricht in diesem Zusammenhang von ›Affektabstimmung‹.

Diese Fähigkeit der Wahrnehmung des Affektes wird das Kind nicht verlieren, auch wenn es in den nächsten Lebensjahren eine Fülle weiterer körperlicher, geistiger und seelischer Fähigkeiten entwickelt, Neues lernt und Altes »umlernt«. Und der Affekt des Gegenübers wird auch in seiner weiteren Entwicklung eine zentrale Rolle spielen, da seine Entwicklung in einen komplexen Prozeß eingebettet ist, in dem das Kind mit der jeweiligen Bezugsperson in einem affektiven Austausch steht, bei dem beide Interaktionspartner gegenseitig aufeinander einwirken. Dies bedeutet, daß wir für das Verständnis der Art und Weise, in der sich Interaktionserfahrungen auf fortschreitende Entwicklung auswirken, immer auch untersuchen müssen, welche Affekte in diesen Interaktionen kommuniziert und wie sie erlebt und verarbeitet werden.

Wenn wir uns nun der komplexen Frage zuwenden, ob und welche spezifischen Erfahrungen das Kind mit seinem »Vater« machen können muß, um bestimmte Entwicklungsschritte meistern zu können, müssen wir uns der Frage zuwenden, wie der »Vater« erlebnishaft definiert ist. Wie bekommt er für das Kind in der Gesamtheit seiner Erlebnisse eine unverwechselbare Kontur und spezifische Funktion? Dabei werfen sich eine Reihe von Fragen auf: Ist diese Funktion notwendigerweise an den leiblichen, zumindest den sozialen Vater innerhalb einer Vater-Mutter-Kind-Konstellation gebunden? Könnte sie auch von einer anderen – zuverlässig dafür verfügbaren – Person übernommen werden; auch von einer Person außerhalb der Familie? Ist diese Funktion geschlechtsgebunden, das heißt muß der »Vater« ein Mann sein? Hierzu müssen wir noch viel lernen von den Entwicklungen und ihren Bedingungen in Familien mit alleinerziehenden Müttern beziehungsweise Vätern sowie in Familien, in denen die Kinder mit zwei Frauen oder zwei Männern als Eltern aufwachsen.

Da viele Antworten auf diese sehr komplexen Fragen noch offen sind, möchte ich an dieser Stelle die Arbeitshypothesen offenlegen, die ich meinen klinischen Beobachtungen erst einmal zugrunde lege: Ich nehme an, daß das, was das heranwachsende Kind schließlich als seinen »Vater« erlebt und erkennt, sich im Laufe der ersten Lebensjahre in einem Prozeß entwickelt, der beginnt, sobald ein Vater regelmäßiger Teil seiner Erlebniswelt ist. Bereits in den ersten Lebenstagen und -wochen kann der Säugling offensichtlich verschiedene Personen in seiner Umgebung unterscheiden (Stern 1992, S.96–97); und schon sehr früh entstehen Muster, die seine Erfahrungen mit anderen Personen zunehmend vorstrukturieren und dabei gewisse Erlebnisse gewissen Personen zuordnen. Stern (1992, S.67) spricht davon, daß bereits das Neugeborene bestrebt ist, »Hypothesen« über seine Umgebung zu bilden, die es Dinge und Menschen anhand der Regelmäßigkeiten in seiner Erfahrung wiedererkennen lassen. Hierbei entwickelt das Kind schon früh Generalisierungen, die die weitere Wahrnehmung und Erlebnisverarbeitung mit beeinflussen. Bei diesem Prozeß wird es zum einen eine Rolle spielen, wie regelmäßig der Umgang und wie konsistent die Erfahrungen mit dem jeweiligen Erlebnispartner insgesamt sind, aber zum anderen auch, in welcher spezifischen Weise das Kind den Anderen als verläßlich erlebt und welche weiteren Erwartungen es – aufbauend auf diese verläßlichen Erfahrungen – entwickelt. Offensichtlich kommen wir bereits mit der Bereitschaft auf die Welt, im Gegenüber eine Bezugsperson zu sehen beziehungsweise als gegeben zu erwarten (Balint 1984), die wir zur Reifung benötigen. Aus einer also zu Beginn noch nicht individualisierten *grundsätzlichen Bezogenheit* auf ein Gegenüber und der damit einhergehenden grundsätzlichen Erwartung an dieses Gegenüber entwickeln sich umschriebenere Erwartungskonstellationen an einzelne *umschriebenere Beziehungspartner*. Es könnte also durchaus sein, daß ein »Vater« im Verlauf der ersten Lebensjahre als eigenständiger Teil aus einer größeren Erfahrungsschnittmenge »Eltern« erst heraustritt. Ich halte es für durchaus möglich – und manche klinische Beobachtung spricht dafür –, daß das Kind zwar die unterschiedlichen Bezugspersonen bereits im Säuglingsalter als unterschiedlich erkennen kann, aber sich mit seinen Bedürfnissen zuerst an beide wendet und von beiden eine angemessene Reaktion erwartet. Erst im Laufe der zunehmenden Differenzierung seiner Erfahrungen mit seinen Interaktionspartnern, aber auch im Rahmen sich differenzierender Entwicklungsbedürfnisse, werden unterschiedliche Erwartungen an die unterschiedlichen Bezugspersonen gerichtet. Mit anderen Worten mag sich das, was der sechs Monate alte Säugling von seinem Vater erwartet, weniger von dem unterscheiden, was er von seiner Mutter erwartet, als das, was der Sohn oder die Tochter im Alter von zwei, drei oder vier Jahren spezifisch von ihm braucht und an seiner Person festmacht. Insofern gehe ich davon aus, daß sich das, was das heranwachsende Kind als »Vater« erlebt und für seine Entwicklung (ge-)braucht, erst individuell herausbilden muß und darüber hinaus eine Umwandlung entlang der sich verändernden Entwicklungsnotwendigkeiten erfährt. Das, was den »Vater« ausmacht, ist die Art und Weise, in der er als Bezugsperson eine entwicklungsfördernde Funktion hat. Dies erlaubt es, im weiteren den »Vater« nicht als Person und deren Handlungen zu beschreiben, sondern aus der Perspektive eines kindlichen Entwicklungsprozesses zu betrachten, indem wir untersuchen, in welcher Weise dieser aufgrund der Verfügbarkeit der entwicklungsfördernden Funktion(en) erfolgreich fortschreiten kann oder behindert ist.

Ich ziehe zur Darstellung meiner selbstpsychologischen Vorstellung, wie das Erleben des Vaters die Entwicklung des heranwachsenden Kindes mitprägt, einige Stationen aus einer selbstpsychologisch orientierten psychotherapeutischen Behandlung heran, da sich anhand dieser Behandlung ein Entwicklungsprozeß nachzeichnen läßt, der meines Erachtens mit der Entwicklung verwandt ist, die das Kind im günstigen Falle in seiner Kindheit und Jugend »im ersten Anlauf« erfolgreich durchläuft. Der Patient beschreibt, wie seine eigene Entwicklung in einem bestimmten wesentlichen Bereich, mit Auswirkungen auch auf andere Bereiche, zum Stillstand kam; und er zeigt, wie er später in einem erfolgreichen (psychotherapeutischen) Prozeß von dieser Stelle aus einen neuen Anlauf zur Fortsetzung seiner Entwicklung nimmt und diese vorwärts bringt. In Parallele zur normalen Entwicklung werde ich vor allem darstellen, wie diese Wiederaufnahme des Entwicklungsprozesses angestrebt und die dafür notwendigen Bedingungen gesucht, schließlich gefunden und genutzt werden, und welche Schritte diese dann weiterführende Reifung im einzelnen beinhaltet. Die Parallele zur Entwicklung in den prägenden Jahren des Heranwachsens ergibt sich daraus, daß der Patient in der ›Übertragung‹ die spezifische Erwartung an den Behandler richtet, daß dieser ihm genau diejenigen Möglichkeiten eröffnet, die ihm im ersten Entwicklungsablauf fehlten (Ornstein, A. 1990, 1992).

Anders als im Falle einer erfolgreichen »normalen« Entwicklung, in der wir die Reifung ungestört fortschreitend betrachten können und sehen, wie dort, wo erst »Nichts« ist, »Etwas« entsteht, gehen wir hier zuerst einmal von einer Situation aus, die die Endstrecke eines mißlungenen oder behinderten, eines unvollständigen Entwicklungsprozesses ist. Wir sehen also nicht nur die Zeichen einer nicht stattgehabten Entwicklung, quasi das Fehlen von etwas; wir sehen auch die Zeichen dessen, was sich statt dessen – unter ungünstigen Bedingungen – entwickelt hat.[3] Dies erlaubt uns jedoch auch, sowohl die Folgen des Mangels an spezifischen Entwicklungserfahrungen genauer zu identifizieren, als auch anhand dessen zu erkennen, was für die Entwicklung benötigt worden wäre. Letzteres wird dann noch deutlicher in der Art und Weise erkennbar, in der die neuen Bedingungen den bislang behinderten Entwicklungsprozeß wieder in Gang bringen und in seiner Vervollständigung fördern.

Patienten kommen häufig in speziellen Momenten zu uns in die Behandlung, dann, wenn sie vor Situationen gestellt sind, die sie mit den zur Verfügung stehenden Mitteln nicht bewältigen. Daß die Mittel noch nicht – oder nicht mehr – für die situativen Anforderungen ausreichen, mag unterschiedliche Gründe haben: Es mag daran liegen, daß die neuen Herausforderungen an sich zu groß sind oder zu einem Zeitpunkt gemeistert werden müßten, zu dem das Individuum dafür noch nicht vorbereitet ist bzw. ihm die notwendige Unterstützung fehlt (Ornstein, A. 2000). Es mag daran liegen, daß zehrende Belastungen die Kräfte aufgebraucht haben oder traumatische Ereignisse[4] bereits erfolgreich etablierte Fähigkeiten erschüttert oder niedergerissen haben. Es wird von

---

3 Michael Balint (1984) beschreibt es als ›Basic Fault‹, daß Patienten, die in ihrer Entwicklung mangels der dafür notwendigen Erfahrungen beeinträchtigt wurden, häufig das Gefühl äußern, daß mit ihnen »etwas Grundlegendes nicht stimmt«.

4 Unter ›Trauma‹ soll hierbei die über den Moment hinaus andauernde und beeinträchtigende Wirkung einer Erfahrung verstanden werden, die die Integrationsfähigkeit des Individuums übersteigt und sich daher sowohl auf den momentanen Zustand als auch auf die weitere Entwicklung einschränkend auswirkt.

den Anforderungen ebenso wie von den der betroffenen Person zur Verfügung stehenden »Mitteln« abhängen, wofür diese Person in der Behandlung Hilfe sucht und wie sie sie sucht. Die Hilfesuche des Patienten wird zum Beispiel ganz entscheidend mit davon geprägt sein, welche Hoffnungen er in der Lage ist, dem Anderen gegenüber zu bewahren bzw. auf ihn zu richten – gerade auch in den Momenten, in denen er an seine eigenen Grenzen stößt. Es scheint so, daß die menschliche Psyche dabei erstaunlich gut »weiß«, was sie für ihre (Re-)Stabilisierung und für ihre weitere Entwicklung braucht. Sie sucht eine ganz spezifische Antwort auf ihre Situation, weil sie intuitiv weiß, welche Antwort sie benötigt, um daran erst einmal Linderung zu erfahren und längerfristig ihre eigene Entwicklung weiterzubringen. Hierin sind die nachgeholte Entwicklung in einem erfolgreichen analytischen Prozeß und die erfolgreiche »normale« Entwicklung vergleichbar.

Sosehr sich die zeitgenössische Literatur über Psychoanalyse und psychoanalytische Entwicklungspsychologie darin einig ist, daß sich Hoffnungen auf (weitere) Entwicklungsmöglichkeiten stets auf ein Gegenüber richten, sosehr unterscheiden sich die Modelle darin, was sie als die dafür notwendige Erfahrung betrachten (Bacal & Newman 1994); sie unterscheiden sich aber vor allem in der Art und Weise, in der sie die beiden Interaktionspartner betrachten. Dabei unterscheiden sie sich zum Teil grundlegend in der *Perspektive*, aus der sie deren Interaktion sehen.

Es ist meines Erachtens für das Verständnis des nachfolgenden Fallbeispiels und meiner Vorstellung von der Rolle des »Vaters« im Entwicklungsprozeß wichtig, die selbstpsychologische Perspektive auf den Interaktionsprozeß und die sich daraus ergebende Sichtweise der in dieser Interaktion enthaltenen Erlebnisqualität kurz noch etwas näher zu charakterisieren: Was heißt »entwicklungsfördernde Erfahrung mit dem Anderen«? Wie untersucht die Selbstpsychologie diese Erfahrung beziehungsweise die ihr zugrundeliegende Interaktion; und wie versteht sie sie als Teil der Entwicklung? Welche Erfahrungen werden gemacht, wie werden sie erlebt und verarbeitet? – In dem besonderen Verständnis dieses Verhältnisses von Erfahrung und Entwicklung, insbesondere der Eingebettetheit von Entwicklung in die Matrix spezifischer entwicklungsnotwendiger Erfahrungen mit dem Anderen, liegt das, was den Grundstein der Selbstpsychologie bildet. Heinz Kohut hat dieses Verhältnis im Begriff des ›Selbstobjektes‹ zusammengefaßt. Damit ist gemeint, daß sich die Art und Weise, in der der Andere – in der Terminologie der klassischen Psychoanalyse als das ›Objekt‹ bezeichnet – erlebt wird, unmittelbar auf den Zustand des ›Selbst‹ auswirkt. Was wird dabei unter dem Selbst verstanden?

In der Geschichte der Psychoanalyse wurde der Begriff des »Selbst« ursprünglich synonym benutzt mit dem des »Ich«. Letzteres ist zum zentralen Begriff der Ich-Psychologie geworden und als Kohut seine darüber hinausgehenden neuen Konzepte entwickelte, nutzte er den Begriff des »Selbst« unter anderem, um sich von der mittlerweile etablierten Ich-Psychologie und ihren Konzepten abzugrenzen. Ähnlich wie das »Ich«, ist das »Selbst« schwer zu beschreiben, auch wenn es so scheint, als sei es doch eigentlich selbstverständlich, was damit gemeint ist. Kohut hat daher den Begriff des Selbst im Zusammenhang mit klinischen Fragestellungen und theoretischen Erörterungen immer wieder definiert. Ich möchte hier eine Definition herausgreifen: »Das Selbst ... ist ein tiefenpsychologisches Konzept und bezieht sich auf den Kern der Persönlichkeit, der aus verschiedenen Bestandteilen im Zusammenspiel mit den frühesten Selbst-Objekten des Kindes entstanden ist. Es enthält (1) die grundlegenden Schichten der Persönlichkeit, von denen die Strebungen ... ausgehen, (2) ihre zentralen idealisierten Ziele, und ferner (3) die grundlegenden Begabungen und Fertigkeiten, die zwischen Strebungen und Idealen vermitteln – all das verbunden mit dem Gefühl, eine Einheit in Raum und Zeit zu sein, Empfänger von Eindrücken und Initiator von Handlungen.« (Kohut 2000, S. 182 f.) Das Selbst ist also zum einen Empfänger von Erfahrungen und hat seine eigene Initiative, gleichzeitig ist es aber den Einflüssen seiner sozialen Umwelt ausgesetzt und wird in seiner Entwicklung von diesen Einflüssen geprägt. Das Selbst ist in diesem Sinne auch das Produkt seiner Fähigkeit, Erfahrungen zu integrieren. Klinische Störungen können vor diesem Hintergrund, wenn sie als Störungen des Selbst verstanden werden, darauf zurückgeführt werden, daß entweder Erfahrungen fehlten, die seine Entwicklung gefördert hätten, oder aber Erfahrungen gemacht wurden, die das Selbst schwächten und seine Integrationsfähigkeit, seine Initiative usw. behinderten. Wolf (1996, S. 45 f.) hat hierzu ein instruktives Beispiel beschrieben, das ich hier aufgreifen und exemplarisch erweitern möchte: Während seines Vortrags stellt ein Wissenschaftler fest, daß einige Zuhörer den Saal verlassen. Er ist darüber betrübt, beginnt – als noch zwei hinausgehen – an dem Inhalt seines Vortrags zu zweifeln, schließlich sogar an seinen wissenschaftlichen Fähigkeiten überhaupt. Er kann sich nicht mehr gut konzentrieren, bringt den Vortrag kaum noch zu Ende. Sein Selbstwert ist in Mitleidenschaft gezogen, und sonst ihm zur Verfügung stehende Fähigkeiten, wissenschaftliche Sachverhalte zu vermitteln, sind ihm in der Folge abhanden gekommen. All dies steht in direktem Zusammenhang mit der Erfahrung, daß einige Zuhörer während seines Vortrags aus dem Saal gehen. Als er nach dem Vortrag von einer erfahrenen Kollegin erfährt, daß sie von seinem Vortrag angetan war, daß sie manches gerne mit ihm diskutieren würde, weil sie anderer Meinung sei, und es ihr leid tat, daß einige Kollegen deshalb früher gingen, weil sie zu einer anderen Veranstaltung mußten, geht es ihm wieder besser. Auch hier hat sich die Erfahrung mit der Kollegin, sein Verständnis, daß die Kollegen nicht wegen ihm gegangen sind, wieder unmittelbar auf ihn ausgewirkt und er ist wieder guter Dinge. Was ist hier geschehen? Kohut spricht davon, daß wir für unser Selbstbewußtsein, unser Gefühl für die eigene Lebendigkeit, Kreativität und Individualität auf freudig-anteilnehmende Reaktionen Anderer angewiesen sind. Während der Entwicklung kommt diese Aufgabe, die Kohut als ›Spiegelung‹ beziehungsweise als ›spiegelnde Selbstobjekterfahrungen‹ bezeichnet hat, vor allem den primären Bezugspersonen zu, aber wir bleiben auch im weiteren Leben grundsätzlich auf spiegelnde Selbstobjekterfahrungen angewiesen. Zu erleben, daß Zuhörer den Saal verließen, war im Erleben des Vortragenden alles andere als Spiegelung und hat sein Selbst in seiner Intaktheit kurz erschüttert. In der Zeit des Heranwachsens behindert der Mangel an spiegelnden Selbstobjekterfahrungen die Entwicklung desjenigen Sektors des Selbst, der die eigenen Ambitionen und das Selbstwerterleben beinhaltet. Eine erfolgreiche Entwicklung dieses Sektors trägt mit dazu bei, daß ein Individuum an seinem Selbstwertgefühl und seinen Interessen insgesamt festhalten kann, auch wenn es auf seinem Weg immer wieder einmal Hindernisse oder Enttäuschungen erlebt. Gleichzeitig wird es jedoch grundsätzlich auf sich wiederholende, positive spiegelnde Erfahrungen angewiesen bleiben; wobei es auch aktiv auf ihr Zustandekommen hinwirken wird.

Ohne auf die komplexen theoretischen und praktischen Aspekte eingehen zu können, die hiermit zusammenhängen, möchte ich nur kurz zusammenfassen, daß Kohut davon sprach, daß das ›Selbst‹ zwei »Pole« habe – nämlich jenen gerade angesprochenen Pol der Ambitionen und einen zweiten Pol der Ideale und Werte. Diese theoretischen Formulierungen basieren auf der klinischen Feststellung, daß Störungen auf dem Boden des Mangels an ›spiegelnden Selbstobjekterfahrungen‹ zu anderen Phänomenen führen als jene, die auf dem Boden des Mangels einer anderen Erlebnisqualität entstehen: Eine zweite Quelle von Selbstobjekterfahrungen, die im zweiten Pol des Selbst zur Entwicklung von Werten und Idealen beiträgt, ist die ›idealisierende‹ Selbstobjekterfahrung. Sie stellt während der Entwicklung eine Erfahrung mit der Bezugsperson dar, in der das heranwachsende Kind an der Stärke und Kraft, der (relativ zum Kind so erscheinenden) Allwissenheit und Allmacht des Erwachsenen teilhaben kann. Diese ›idealisierende Selbstobjekterfahrung‹ wird uns im weiteren besonders beschäftigen. Die Unmittelbarkeit, mit der sich auch hier die Verfügbarkeit beziehungsweise der Mangel an idealisierenden Erfahrungen mit dem Anderen auf den jeweiligen Zustand des Selbst auswirkt, wird von besonderer Bedeutung sein.

Nach diesen Einführungen zur selbstpsychologischen Betrachtungsweise, die seelische Entwicklung immer im Kontext mit den entwicklungsfördernden Erfahrungen sieht und dabei seelische Vorgänge aus der Erlebnisperspektive betrachtet, möchte ich mich dem Fallbeispiel zuwenden und dabei auf diejenigen entwicklungsfördernden Erfahrungen fokussieren, die ich als mit dem »Vater« im Zusammenhang stehend ansehe.

2 Ein Fallbeispiel: Herr Neumann

Im nun folgenden Fallbeispiel berichte ich von der Behandlung eines jungen Mannes, den ich Herrn Neumann nennen möchte. Dabei zitiere ich den Patienten und mich als seinen Therapeuten aus Gedächtnisprotokollen. Um mich bei dem komplexen klinischen Material auf das Thema dieses Artikels zu konzentrieren, habe ich diejenigen Aspekte herausgenommen und entlang eines roten Fadens chronologisch dargestellt, die sich im Verlaufe der eineinhalbjährigen Therapie auf jene entwicklungsnotwendigen Erfahrungen mit dem »Vater« bezogen, die – in Bezug auf den hier exemplarisch ausgeführten seelischen Entwicklungsbereich – in einem Prozeß auf einander aufbauten. Dabei mag sich der Verlauf »nahtloser« darstellen, als er es in der komplexen klinischen Situation realiter war.

Herr Neumann rief mich an in einem Zustand der Verzweiflung. Er hatte kaum geschildert, daß er seit einem Fahrradunfall vor zwei Wochen Panikattacken hatte, als er mich bereits fragte, ob ich bereit sei, ihn ambulant zu behandeln. Da ich abends noch einen Termin vergeben konnte, vereinbarten wir, daß er noch am selben Tag kommen würde und er erzählte folgendes: Seit dem Fahrradunfall vor jetzt zwei Wochen war alles anders. Er könne sich nicht mehr von dem Gedanken befreien, daß bei dem Unfall etwas Schlimmes passiert sei, daß er eine Hirnschädigung habe, vielleicht einen Hirntumor. Was genau hatte er erlebt?

Er war mit einem Freund auf dem Fahrrad unterwegs gewesen. Er hatte extra geguckt, bevor er auf die Kreuzung fuhr. Plötzlich ein Kreischen und dann sei er über die Motorhaube eines abbiegenden Autos gefallen und dahinter auf dem Boden aufgekommen. Er sei wohl kurz bewußtlos gewesen. Als er zu sich kam und sich aufrappelte, habe sein Freund sich mit dem Autofahrer gestritten. Er selber habe nur weg gewollt. Aber erst einmal habe er sich auf eine Bank gesetzt. Er habe seinen Freund gefragt, ob er ihn einmal in den Arm nehmen könnte. Der sagte, das ginge hier nicht, dann würden sie für schwul gehalten und möglicherweise auch noch angepöbelt. Da sei ihm schwindelig geworden. Er hatte das Gefühl, er müsse jetzt auch noch seinen Freund beruhigen. *Und dabei suchten Sie doch Trost für sich selbst*, sagte ich. Bei dem

Schwindel sei ihm dann mit Schrecken eingefallen, daß sein Freund erzählt hatte, daß sein Vater, damals, als bei ihm ein Hirntumor diagnostiziert wurde, auch Schwindelanfälle gehabt hatte. Da sei es für ihn selber klar gewesen: Er hatte auch einen Hirntumor und das war jetzt durch den Unfall herausgekommen. Was ich denn dazu dächte? Ich erklärte, *ich habe, ehrlich gesagt, den Eindruck, daß es neben dem Schock des Unfalles selber beinahe noch traumatischer für Sie war, daß Ihr Freund Ihnen nicht beistehen konnte. Da haben Sie sich überfordert gefühlt und Ihnen wurde ganz schwindelig davon. Und das hat Ihnen natürlich dann noch mehr Angst gemacht.* Zuerst habe er das Gefühl gehabt, sagte er, als müsse er einfach nur nach Hause und dort Ruhe finden. Aber dann kam die Angst immer wieder. Er habe so eine Hitze im Körper gehabt, es war, als ob ein Strom in seinem Hinterkopf war. Das müsse doch etwas Schlimmes sein. Da sei etwas ganz Schlimmes in seinem Gehirn passiert. *Diese Symptome der Panik haben Ihnen noch mehr Angst gemacht. Jetzt wußten Sie gar nicht mehr, was mit Ihnen los war – und da war es einleuchtend, wenn Sie dachten, Sie haben einen Hirntumor. Sie waren ja ganz überschwemmt von dieser Angst. Und konnten sich das alles nicht erklären. Ein Hirntumor hätte das wenigstens erklärt. Dann hätten Sie wenigstens gewußt, was mit Ihnen los war. Dann hätte das alles wieder Sinn gemacht.*

Sein Freund habe ihm angeboten dazubleiben, aber er habe ihn nicht beruhigen können. Er habe immer nur gesagt, daß das nicht sein könne mit dem Hirntumor. Und als es dunkel wurde, habe er es dann gar nicht mehr ausgehalten und sei in eine Klinik in die Notaufnahme gegangen. Der Neurologe habe ihm gesagt, daß es nichts sei und habe ihm empfohlen, am nächsten Tag einen Psychiater aufzusuchen. Zuerst habe ihn das ja beruhigt und er sei nach Hause gegangen.

In der Nacht habe er dann aber wegen der Hitze nicht schlafen können. Und dann sei da noch so ein komisches Gefühl im linken Arm gewesen, als ob sich der Arm von alleine bewegte. So ein Nervensurren. Und da habe er gedacht: Was, wenn der Neurologe etwas übersehen hat? Er habe überhaupt nicht schlafen können. *Sie haben irgendwie nicht das bekommen, was Ihnen das Gefühl gegeben hätte, daß es wieder gut war. Daß Sie in aller Ruhe ein-*

*schlafen konnten, weil jemand wußte, was los war und die Verant-
wortung übernahm. Sie konnten nicht einschlafen, weil Sie dachten, Sie müssen selber auf sich aufpassen, wenn es kein anderer tut.
Wahrscheinlich haben Sie nach etwas gesucht, was Ihnen vom Gefühl her sagt, daß der Andere Bescheid weiß und sich darum kümmert. Da war es natürlich nicht tröstlich, daß Ihr Freund sagte, das
könne nicht sein mit dem Hirntumor. Und daß der Neurologe nichts
gefunden hat. Denn Sie spürten ja etwas. Und Sie hätten sich erst
beruhigen können, wenn der Andere signalisiert hätte, daß er weiß,
was los ist. Und das hätten Sie an seinem Gefühl abgelesen.* Sie
können sich gar nicht vorstellen, wie schlimm es bei der Psychiaterin war, zu der ich dann ja wirklich gegangen bin. Sie hat mich
erst nach meinen Symptomen gefragt und dann auch, ob ich
schon früher Angstzustände hatte. Und als ich ihr gesagt habe,
daß ich als Kind Alpträume hatte, da hat sie gesagt, sie würde
mich in die Klinik einweisen. Da bin ich nur noch davon gelaufen. Und da gehe ich auch nie nie wieder hin. *Sie haben vermutlich gedacht: Es muß ganz schlimm um mich stehen, wenn sie mich
fortschickt, wenn sie mich nicht ambulant behandeln kann. Wenn
sie mich in die Klinik schickt, dann deshalb, weil sie es nicht bewältigen würde. So schlimm ist es um mich bestellt. Deswegen war es
auch ganz wichtig, daß Sie mich gleich gefragt haben, ob ich Sie
ambulant in Behandlung nehmen würde. Sie wollten wissen, daß
ich mir das zutraue. Das hat Sie dann erst einmal beruhigt. Und Sie
hatten ein gutes Gespür dafür, was Sie brauchen.*

Herr Neumann wurde ganz aufgeregt und mußte mir eine Geschichte erzählen: Seit dem Unfall wurde er überschwemmt von
Erinnerungen an frühere Situationen, in denen er Angst durchge-
standen hatte. An dieser Stelle war folgende Erinnerung ganz im
Zentrum seiner Aufmerksamkeit: Damals war er mit Freunden auf
einem Volksfest verabredet. Als er zum Eingang kam, war es über-
voll und die Massen drängten sich zu einem einzigen Eingang.
In der Menge sei er dann plötzlich panisch geworden. *Sie waren
ganz überstimuliert.* Er habe nicht vor und nicht zurück gekonnt.
Da wurde es eng und gab keinen Ausweg. Und dann habe er sich
nicht anders zu helfen gewußt. Als er dachte, jetzt fällst du in Ohnmacht und wirst zertrampelt, habe er einfach seinen Kopf auf die
Schulter einer Frau gelehnt, die vor ihm stand. *Sie haben bei je-*

mandem Zuflucht gesucht, als Sie dachten, ›jetzt schaffst du es nicht mehr, jetzt ist alles vorbei‹. Sie sah nett aus und er habe es einfach gemacht, habe sich nicht anders zu helfen gewußt. Ich kann nicht mehr, ich halte das hier nicht mehr aus, habe er gestammelt. Und dann habe er Angst gekriegt, weil ihr Mann neben ihr stand. Sie hatten Angst, daß der das nicht will. Dem habe das aber nichts ausgemacht. Im Gegenteil. Er könne gar nicht sagen, wie es alles passierte. Aber plötzlich habe der Mann eine Schneise geschlagen und sie seien durch gewesen – und dann wären die beiden verschwunden. Erst hatten Sie Angst, daß er das nicht versteht, daß Sie nicht mehr konnten – und daß er es Ihnen sogar übel nimmt, daß Sie bei seiner Partnerin Schutz suchen. Aber dann war es ganz anders. Er hat es nicht nur verstanden, er hat auch reagiert. Dadurch fühlten Sie sich ihm natürlich dankbar und auch verbunden; und dann war er einfach weg. Ja, das war für ihn so erstaunlich: daß da jemand mitbekommt, was mit ihm los ist. Und daß er ihn nicht alleine läßt, sondern ihm hilft. Genau so sei es gewesen. Und als er mich angerufen habe, habe er auch solche Angst gehabt: Hoffentlich schickt der mich nicht auch wieder weg. Es sei ganz furchtbar gewesen. Und er sei deswegen auch so dankbar, daß ich ihm so schnell einen Termin angeboten hatte. Da sei schon ein Teil seiner Angst von ihm erst mal abgefallen. Er verstehe das gar nicht. Aber er sei jetzt viel ruhiger, und das liege irgendwie an der Art, wie ich mit ihm spreche. Sie spüren, daß ich das nachvollziehe, was Sie erleben, und daß ich das verstehe; daß es mir keine Angst macht und daß ich reagieren kann. Daß ich Sie nicht wegschicke, weil Sie etwa ein so schlimmer Fall wären, daß Sie in eine Klinik müssen, und daß ich irgendwie auf Sie reagiere in einer Weise, die Ihnen gut tut. Und das macht schon mal ruhig. Angekommen zu sein. Nicht mehr in Panik herumzulaufen und nicht zu wissen, wohin mit sich selbst.

Er fragte, ob er bald wieder kommen dürfe und wir vereinbarten einen zweiten Termin in zwei Tagen. Und wenn Sie es nicht aushalten können bis dahin, fügte ich hinzu, dann rufen Sie mich ruhig an in meiner Telefonzeit morgen zwischen halb drei und drei. Er meinte – und es klang, als sollte es mich entlasten –, das sei wohl nicht mehr nötig.

Er rief dann aber doch am nächsten Tag an und entschuldigte sich gleich dafür. Aber er wolle wissen, ob er die Schlaftabletten, die ihm sein Hausarzt gegeben habe, nehmen solle; er habe ja schon so viele Nächte nicht geschlafen; aber er habe auch Angst, was denn sei, wenn nachts etwas passiert. *Ich glaube, es macht Ihnen mehr Angst, daß Sie das Gefühl haben, wenn Sie die Tabletten nehmen, nicht mehr Herr der Lage zu sein, als daß sie Ihnen etwas nützen würden. Probieren Sie es ruhig ohne.* Das habe er sich auch schon gedacht, aber er habe es noch einmal hören müssen. *Sie können mir ja morgen früh sagen, wie die Nacht war, wenn Sie um Zehn zum Termin kommen.*

Er entschuldigte sich dafür, daß er einige Minuten zu spät kam, weil er verschlafen hatte. Er ließ sich in den Sessel fallen. Er mache sich solche Sorgen, weil in ihm immer diese Ängste herumgeisterten, die er schon als Kind gehabt hätte. Es sei, als sei er in einem Kino und es würden immer dieselben Horrorfilme gezeigt. *Und Sie können gar nicht wegucken.* Deswegen wollte mich doch die Psychiaterin in die Klinik schicken. Vielleicht stimmt wirklich etwas nicht mit meinem Gehirn, wenn ich das nicht abschalten kann? *Wissen Sie, die Erschütterung neulich, als Ihr Freund Ihnen nach dem Unfall nicht beistehen konnte, weil er mit sich selbst und seinen eigenen Ängsten beschäftigt war, die ruft all die Ängste wach, die Sie früher hatten.[5] Vermutlich ganz ähnliche Situationen, in denen Sie sich auch so überfordert gefühlt haben und Sie sich nicht entziehen konnten. Und bei denen niemand da war, der mal für Sie den Film ausgemacht hätte.* Also, das müsse er mir erzählen. Damals sei er vielleicht fünf Jahre alt gewesen. Als er nachts im Bett lag, sah er ganz deutlich den Geist, der da auf dem Schrank saß. Es sei wohl eine Tasche gewesen, aber er habe es

---

5 Diese Aussage war in erster Linie intendiert als eine erlebnisnahe Erklärung für das Durchbrechen traumatischer Erinnerungen – nämlich flashbacks – und die damit einhergehende Überflutung mit früher durchgemachten Angstzuständen. Sie beinhaltete dabei auch einen Hinweis auf das Übertragungsgeschehen, indem sie eine Verbindung zwischen dem momentanen Erleben und früheren Erfahrungen herstellte, insoweit es dem Patienten damals wie in der aktuellen Situation an beruhigender Antwort auf ihn mangelte.

ganz deutlich gesehen: Da saß ein Geist. Er sei zu seinen Eltern gelaufen, wollte bei ihnen im Bett schlafen, aber das durfte er nicht. Sein Vater meinte, er solle nicht so weichlich sein. Da seien keine Geister. *Er hat Ihre Angst nicht verstanden und deswegen auch nicht gewußt, was er hätte tun können.* Er sei wieder in sein Bett gegangen, aber dann sei es noch schlimmer geworden. Er habe ihn doch ganz deutlich gesehen, den Geist. *Sie haben natürlich die Hilfe bei Ihren Eltern gesucht – aber da wurden Sie wieder weggeschickt. Alleine konnten Sie den Geist nicht in Schach halten. Sie hätten jemanden gebraucht, der Ihre Ängste aufnimmt und Ihnen dabei hilft, sie zu verstehen und auszuhalten.* Als er dann doch wieder zu den Eltern gelaufen sei, weil er sich nicht mehr zu helfen gewußt habe, habe ihm die Mutter schließlich erlaubt, ins Bett zu kriechen. Er sollte einschlafen. Aber das konnte er doch nicht. Und dann habe er es wieder genau gesehen: daß der Geist unten am Fußende über den Rand vom Bett kroch. Da sei ihm ganz schlecht geworden und er habe sich übergeben. *Als Sie gemerkt haben, daß die Eltern nicht verstanden haben, was mit Ihnen los war, da haben Sie das ganz konkret so erlebt: Die haben den Geist nicht gesehen. Der war jetzt nicht mehr nur im Kinderzimmer, der war jetzt sogar hier und kroch über die Bettkante. Sie wollten weg von der Angst und der Geist kam hinter Ihnen her. Und die Eltern haben es nicht gesehen. Da waren Sie endgültig überfordert und Ihnen wurde ganz schlecht – so, wie Ihnen neulich ganz schwindelig wurde, als Ihr Freund Ihnen nicht helfen konnte nach dem Unfall.* Der Vater habe wüst geschimpft und die Mutter habe das Bett alleine neu beziehen müssen – und weiter wisse er eigentlich nicht mehr. *Na ja, Sie waren so aufgeregt, Sie haben gar nicht mehr alles mitgekriegt, was da passiert. An sich haben Sie die Ruhe gesucht in der Sicherheit des Anderen – aber wenn der Andere die Gefahr nicht sieht, dann kann er Ihnen auch keine Sicherheit geben.*

In den nächsten Wochen schilderte Herr Neumann viele seiner seit der Kindheit aufgetretenen Ängste und all jene Momente, in denen er sich emotional überfordert und damit allein gelassen gefühlt hatte. Ich sollte all jene Momente im Detail anhören und mit durchleben, in denen er das durchlitten hatte, was ich eben als Überforderung und Suche nach Sicherheit für ihn zusammengefaßt hatte. Es war so, als ob er die Tatsache, daß ihm damals zwar niemand bei seinen Ängsten geholfen hatte, aber heute die Hoffnung bestand, daß ich ihm zumindest in den Momenten beistehen würde, wo er von den Erinnerungen daran überschwemmt wurde, dazu nutzen wollte, sie alle so schnell wie möglich mit mir »anzusprechen« und sie dadurch »hinter sich zu bringen«. *Wenn ich dabei bin und ruhig bleibe angesichts der emotionalen Bedrohung, dann wird es gleich ein bißchen besser,* faßte ich die Aufgabe zusammen, die mir dabei zukam und die er für sich nutzen wollte.

Daß es in der Tat meine Aufgabe war, dafür zu sorgen, daß er selber die Erinnerungen ertragen konnte, wurde sehr bald deutlich in einem sehr plastischen Traum. Er träumte, er sei auf der Flucht. Zuerst wisse er gar nicht, wovor er weglaufe. Irgendein wildes Tier sei hinter ihm her – und plötzlich habe er gedacht: ›Du mußt dich umdrehen, du mußt wissen, was da hinter dir her ist. Du mußt dem Löwen ins Gesicht sehen.‹

Er sei ganz erstaunt gewesen. Er sei nicht aufgewacht während des Traumes. *Die Angst war nicht so schlimm, daß Sie aussteigen mußten.* Im Gegenteil, es habe ihm unglaubliche Kraft gegeben, dieser Mut, sich umzudrehen und dem Löwen ins Gesicht zu schauen. *Da hatten Sie weniger Angst. Weil Sie besser wußten, was los war. Wenn wir uns hier Ihren Gefühlen gemeinsam stellen, dann gibt Ihnen das die Kraft, es auch alleine zu tun. Und dann ist die Angst nicht mehr so diffus. Und dann können Sie auch selber besser reagieren.* Ich habe da plötzlich eine Kraft in mir gespürt, die war früher nicht da. Irgendwie hat mir die Art, wie wir hier sind, diese Kraft gegeben. *Sie haben erlebt, daß es irgendwie zu schaffen ist: Wenn Sie mir schildern, was Sie für angsterregende Situationen erlebt haben und mich dann erleben, wie ich darauf reagiere; daß ich nicht umfalle, nicht so erschrecke, sondern den Dingen ins Auge sehen kann – dann beruhigt Sie das schon ein wenig.*

Die nächsten Monate waren gekennzeichnet von Schilderungen von Erlebnissen, die er »nicht alleine durchleben« konnte. Er nutzte die Stunden gezielt, um dem Löwen in meiner Gegenwart ins Gesicht zu sehen und war erleichtert darüber, daß es ihm immer besser gelang. Parallel dazu nahm die Häufigkeit seiner Angstzustände immer mehr ab, und er stellte fest, daß die Ruhe, die er in den gemeinsamen Stunden erlebte, immer länger auch danach noch anhielt. Immer gezielter »holte« er sich die Sicherheit, die er als Kind immer vermißt hatte, wenn er sich mit seinen ängstlichen Gefühlen an seine Eltern gewandt hatte. Und er baute zunehmend darauf, sie hier zu finden.

Als Herr Neumann die Erfahrung machte, daß er (im allgemeinen) auf meine Verfügbarkeit für diese affektregulierende Wirkung zählen konnte, wirkte diese Erfahrung nicht mehr nur über die Stunden hinaus fort, sondern warf mit der Zeit ihre Schatten auch voraus. Jetzt wurde er schon ruhiger, wenn er daran dachte, wie er kommen und mir etwas von sich erzählen würde. – Wissen Sie, das ist schon komisch, sagte er. Und es war ihm etwas peinlich. Ich rege mich über etwas furchtbar auf und stelle mir dann vor, daß ich es Ihnen später erzähle. Und dann frag' ich mich: Was würde der Goßmann dazu sagen? – Entschuldigen Sie, so nenne ich Sie dann in meinen Gedanken; und ich weiß gar nicht, was Sie dann sagen würden. Ich meine, an sich kann ich es ja nicht wissen. Aber ich werde trotzdem ruhiger. So, als wüßte ich einfach, was Sie sagen würden. *Aus der Erfahrung mit mir.* Ja. Und es ist so, als benutzte ich Sie dafür, mich zu beruhigen. Es ist, als seien Sie dann da. Ich sehe Sie nicht, aber Sie sind dann trotzdem da. *Sie holen sich aus der Erinnerung schon mal das Gefühl, das sie hier sonst erlebt haben. Wie ich im allgemeinen reagiere. Und dann ist es so, als wäre ich selber dabei. Und dann wird es schon besser.* Ja, es ist dann so, als ob Sie in mir wären – oder irgendwie um mich herum. Ganz merkwürdig. So eine Präsenz. Und gleichzeitig bin ich es ja selbst. Irgendwie egoistisch, oder? Ich meine, daß ich Sie so mißbrauche. Ich meine, ich mache das ja alles selbst. Und Sie müssen sozusagen mitmachen in meinem Geist. *Sie wollen von mir natürlich etwas ganz Bestimmtes. Sie suchen bei mir die Ruhe, die Sie immer vermißt hatten. Und es war ja schlimm, daß Sie sie nicht hatten. Insofern ist es nur verständlich, daß Sie sie jetzt haben wollen und sich »holen«.* Aber Sie zählen doch dabei gar nicht. Sonst mache ich mir immer Gedanken, ob ich mich dem Anderen zumuten kann; was der vielleicht will. Bei Ihnen ist das anders. Da ist es irgendwie in Ordnung, daß ich das kriege, was ich brauche. Daß ich mir das einfach hole. Das verstehe ich nicht. *Sie meinen, daß Sie von mir das bekommen, was Sie brauchen und daß ich selber nichts fordere?* Nein – so meine ich das nicht. Ich meine, ich

will doch was Bestimmtes von Ihnen. *Und Sie müssen auch spü-*
ren, daß es wirklich von mir kommt. Genau – da will ich was ganz
Persönliches von Ihnen. Und dann sind Sie mir als Person auch
wieder ganz egal. Ich weiß doch nicht mal was über Sie. *Aber Sie*
spüren, ob jemand mit dem Gefühl bei Ihnen ist – ob ich mit dem
Gefühl bei Ihnen bin. Wissen Sie, wenn das Kind zum Beispiel Angst
hat und zu seinem Vater läuft, dann weiß es schon ganz genau, was
es von ihm will. Und dabei spielt es für das Kind keine Rolle, wer
der Vater sozusagen sonst noch alles ist. Also zum Beispiel der Ehe-
mann von der Mutter; oder der Kollege bei der Arbeit; oder der Kun-
de bei der Bank. Was für den Sohn zählt ist, was er in diesem Mo-
ment für ihn sein kann. Das ist es, worauf er bauen können will,
wenn er zum Papa läuft und auf den Arm will, weil er sich weh ge-
tan hat. Herr Neumann gefror in seinem Sessel. Nein, so etwas hätte es nie gegeben. Dabei hätte er sich immer so danach gesehnt.
Aber zum Vater laufen, das hätte er sich gar nicht getraut. Und das
habe er schon als kleiner Junge gewußt, daß das nicht geht. Er
müsse damals unter drei Jahren gewesen sein, denn sein jüngerer
Bruder war noch nicht geboren. Wie eingebrannt in sein Gedächt-
nis sei die Situation. Er stehe im Flur, und am Ende des Flures –
dort war das Bad – sei der Vater gestanden. Er habe nur ein Unter-
hemd angehabt, und er habe ihn ganz faszinierend gefunden.
Und habe auf ihn zulaufen wollen. Aber es sei nicht gegangen. Es
sei einfach unmöglich gewesen. Und er habe später immer das
Gefühl gehabt, daß sich hier etwas abgespielt hat, was sein ganzes
späteres Leben mitbestimmt hat. Er sei ganz sicher, daß das seine
echte Erinnerung sei. Er könne sich auch deswegen so genau daran erinnern, weil einige Jahre später sein jüngerer Bruder immer
beim Papa auf den Schoß durfte. Und er habe sich immer gefragt,
sagte er unter Tränen, warum er selber das nie gedurft hatte. Warum habe er damals nicht auf den Papa zulaufen können?

Sie meinen: Warum habe ich mir nicht das geholt, was ich von
ihm brauchte? Ja. War er offen dafür? Nein. War er nicht. Das habe
ich irgendwie gespürt. Da war so ein ganz kurzer Moment, da
kommt er aus dem Bad und schaut mich ganz lieb an. Und dann
ist es auch schon vorbei. Dann ist es so, als ob er diese Gefühle
nicht haben dürfte. Ich weiß nicht, vielleicht erkläre ich mir das
auch nur so, heute. Aber irgendwie war er wieder zu. Und ich

habe ihn nicht aufgekriegt. *Und um auf ihn zulaufen zu können, hätten Sie als sein kleiner Sohn spüren müssen, daß er offen ist – und daß er auch offen bleibt. Das müssen Sie doch wissen, bevor Sie auf ihn zulaufen – daß Sie nicht ins Leere laufen. Und das machen Sie sich zum Vorwurf, daß Sie das nicht wußten? Sie meinen: Was ist falsch an mir, daß es damals nicht ging? Sie denken ›wenn ich nur anders wäre, wenn ich wie mein Bruder gewesen wäre, dann wäre vielleicht alles in Ordnung gewesen. Ich glaube, Sie hätten von Ihrem Vater ein Zeichen gebraucht, um loslaufen zu können. Daß er da ist für Sie. Dann können Sie auch auf ihn zulaufen und müssen keine Angst haben, daß Sie plötzlich alleine dastehen.*

In einer späteren Stunde wollte Herr Neumann gerne noch einmal auf diese Szene zurückkommen. Es sei ihm schwer gefallen, sich an sein Erleben damals zu erinnern. Aber dann habe er eine Veränderung festgestellt. Etwas, was es ihm leichter gemacht habe – was es sogar in gewisser Weise »gutgemacht« habe.

Früher habe ich mich immer alleine da stehen sehen in dem langen Flur, so weit weg von meinem Vater. Jetzt ist das anders. Die Situation ist zwar die selbe. Daran hat sich nichts verändert. Aber ich stehe da nicht mehr alleine. Ich sehe Sie eigentlich nicht. Und dennoch ist es so, als ob Sie da sind. Wie ein kleiner Junge an der Hand eines Erwachsenen. Sie sind da bei mir und das gibt mir unglaubliche Kraft und Ruhe. »Es ist nicht so schlimm, jetzt bist du ja bei mir« – Sie sagen das gar nicht laut, aber ich fühle es trotzdem so. Und dadurch ist alles so anders. Früher habe ich immer gedacht, daß diese Situation mein ganzes Leben in die falsche Richtung gebracht hätte – und jetzt kann ich mir vorstellen, daß das auch gut ausgehen kann! Das mußte ich Ihnen doch unbedingt erzählen.

Herr Neumann war sichtlich erleichtert, daß er selbst wieder einen positiveren Ausblick auf sein Leben gewonnen hatte. Gleichzeitig hatte er jedoch noch immer die Angst, daß das nicht halten würde. In der Vergangenheit war es ihm ja auch immer mal wieder gut gegangen, und dann kam der Zusammenbruch im Zusammenhang mit dem Fahrradunfall. Er freute sich, daß es ihm besser ging und wollte, daß ich das auch weiß – daß ich daran teilhabe.[6] Aber konnte er darauf schon selbst bauen?

Er kannte seine Angstzustände. Wenn sie erst einmal eingesetzt hatten, war er ihnen hilflos ausgeliefert gewesen. Wenn er bereits die ersten körperlichen Symptome verspürt hatte, dann war es nicht mehr zu bremsen. Aber vielleicht war es doch ein gutes Zeichen, daß er in den letzten Wochen zwar manchmal noch Anflüge von Angst hatte, daß sie sich aber wirklich nicht mehr so in Panikzustände gesteigert hatten? Was war anders? Hatte er einfach keine Angst mehr vor der Angst? Hatte sich in ihm selbst etwas wirklich verändert?

Ein sehr plastischer Traum gab ihm Hoffnung – sogar Zuversicht – und faßte die Veränderung sehr gut in einem Bild zusammen. Er war als Seiltänzer unterwegs auf dem Seil. Er konnte nicht sehen, woher das Seil kam und wohin es führte. Es war, als ob es ohne Anfang und ohne Ende in der Luft schwebe. In der Mitte zu sein, nicht zurück zu können und nicht zu wissen, wohin es gehe – das sei die Paniksituation schlechthin. Denn nichts tun ginge auch nicht, dann könne man nur warten auf den Moment, wo man abstürzt. Und da habe er plötzlich bemerkt, daß ich da neben ihm schwebte. Ich faßte ihn nicht an, ich sei nur dagewesen. Und auf einmal habe er sich auf den Moment konzentrieren können und die Gefahr sei vorüber gewesen. Ich müsse wohl gewußt haben, wo er war. Und er habe auf einmal selbst seine Schritte tun können. Nein, ich hätte es nicht für ihn getan, das hätte er schon selbst gemacht. Es sei einfach wieder gegangen – in dem Bewußtsein: Der ist da. Das sei doch komisch. Denn das sei doch alles in ihm, es sei doch sein Traum und er habe es selbst so gesehen. Es sei, als ob ich in ihm drinnen sei – und er deswegen, gleichzeitig, seine eigenen Schritte mit mehr Zuversicht tun könne. Als ob diese Sicherheit zwar *durch mich* käme, aber *gleichzeitig seine eigene sei*.

In den nächsten Monaten stellte er fest, daß er sich insgesamt belastbarer fühlte. Es gab Situationen, da wäre er in der Vergangenheit in Angst geraten. Jetzt schwang eine gewisse diffuse Angst mit, wenn er sich am Rande der Belastbarkeit fühlte, aber diese

---

6 Hier wird deutlich, daß eine idealisierende Übertragung auch Spiegelungsaspekte hat und eine kategorische Trennung dieser Übertragungskonstellationen klinisch nicht angemessen ist.

Angst überwältigte ihn nicht mehr. Er hatte beinahe Freude daran, diese »kleine« Angst zu spüren und dann zu erleben, daß sie nicht größer wurde. Dies veranlaßte ihn zu der Frage, ob er denn »überhaupt noch kommen müsse«. Er habe den Eindruck, es wäre vielleicht schon möglich, alleine weiterzugehen, aber es beschäftigte ihn die Frage, ob das denn bedeute, daß er gar nicht mehr kommen dürfe? Es wäre schon gut zu wissen, daß er – auch nach Beendigung der Behandlung – vorbeikommen könnte, wenn er doch noch einmal in eine Krise gerate. *Sicher.* Er freue sich so, daß er das Leben wieder als Herausforderung erleben könnte, und nicht mehr nur als bedrohlich. *Und für den Fall, daß Sie mal an einer Herausforderung knabbern, ist es gut zu wissen, wo Sie sich Beistand holen können.*

3 Diskussion

Herr Neumann beschreibt seine Erlebnisse sehr plastisch und erlaubt uns damit einen tieferen Einblick in die mit diesen Erlebnissen einhergehenden intrapsychischen Vorgänge. Er beschreibt sehr eindrücklich seine aktuellen Beschwerden wie auch frühere Erfahrungen, die damit in Beziehung gesetzt werden können. Und er beschreibt die Konsequenzen der spezifischen Erfahrungen, die er in dem therapeutischen Prozeß macht.

Ich werde mich in der Diskussion der Fallstudie auf folgende zentrale Frage konzentrieren: Welches sind die seelischen Strukturen, die im Zusammenhang mit noch genauer zu untersuchenden Erfahrungen entwickelt werden? (1) Ich werde dieser Frage zuerst anhand der Schilderung der Beschwerden des Patienten nachgehen, da darüber deutlich wird, welche Konsequenzen es für ihn hatte, daß die Entwicklung dieser Strukturen in seiner Biographie behindert war. (2) Dann werde ich zeigen, wie spätere Erfahrungen dazu genutzt werden konnten, diesen Entwicklungsprozeß noch einmal neu aufzunehmen und die eigene Entwicklung in einem komplexen Prozeß erfolgreich weiter zu bringen und dabei seelische Strukturen zu entwickeln. Darüber soll aufgezeigt werde, in welcher Weise sich dieser Prozeß in einzelnen Schritten vollzieht.

3.1 Mangelnde seelische ›Strukturen‹ – als Ausdruck einer beeinträchtigten Entwicklung

In der psychoanalytischen Selbstpsychologie dient der Begriff der ›Struktur‹ dazu, etwas zu benennen, was nicht direkt beobachtbar ist, aber auf dessen Vorhandensein wir schließen. Wir können feststellen, daß seelische Prozesse eine gewisse intraindividuelle, darüber hinaus auch eine interindividuelle Regelhaftigkeit besitzen. Um die Steuerung zu benennen, die in der jeweiligen Regelhaftigkeit zum Ausdruck kommt, gebrauchen wir den Begriff ›Struktur‹. Dabei ist es wichtig festzuhalten, daß diese ›Strukturen‹ dynamisch gesehen werden – als in gewissem Maße flexibel und veränderbar. Im Begriff der Struktur ist enthalten, daß gewisse Erfahrungen im Individuum Spuren hinterlassen, daß gewisse Erfahrungen also den Menschen in der Art und Weise prägen und verändern, in der er sich selbst und seine Welt erlebt und versteht. Er wird also dazu benutzt.

Da wir Strukturbildung als zentralen Vorgang sowohl der »normalen« seelischen Entwicklung betrachten als auch der seelischen Entwicklung in einer erfolgreichen psychoanalytischen Therapie, ergibt sich eine Parallele zwischen diesen beiden Prozessen. Dies ist die Grundlage dafür, daß ich einen Prozeß, von dem ich annehme, daß er normalerweise zwischen Sohn beziehungsweise Tochter und Vater stattfindet, anhand eines Prozesses darstelle, der sich zwischen Patient und »Therapeuten-Vater« entfaltet hat.

Welches sind also die Strukturen, deren mangelhafte Entwicklung in der Art und Weise erkennbar wird, in der Herr Neumann seinen Unfall erlebt und dieses Erleben verarbeitet? Welche Folgen hat der Mangel für ihn im Moment und welche Erwartungen richtet er aus diesem Mangel heraus an Andere? Mit anderen Worten: Welche Bedürfnisse für den Moment wie auch für seine weitere Entwicklung liegen seiner Hinwendung zum Anderen zugrunde?

Kurz rekapituliert: Herr Neumann hat den Unfall gerade heil überstanden, als er sich an seinen Freund wendet. Er will zur Ruhe kommen. Aber er findet diese Ruhe nicht. Da stellen sich Ängste und damit zusammenhängende Symptome ein, die ihn zusätzlich belasten und überfordern. Sein Zustand verschlechtert sich. Diese Sequenz wiederholt sich, als er sich später am Abend an eine Krankenhausambulanz und am nächsten Tag an eine niedergelassene Ärztin wendet. – Welche Regelhaftigkeit können wir hier erkennen und welche Rückschlüsse erlaubt uns dies auf die zugrundeliegenden, unvollständig entwickelten Strukturen, die das beschriebene Erleben Herrn Neumanns bestimmen?

Wir können zunächst feststellen, daß die Intensität der Erlebnisse Herrn Neumann überfordert. Er erholt sich nicht von dem Schreck des eben überstandenen Unfalls. Er kann das Erlebte allein »nicht verdauen«; es überfordert ihn, weil die Strukturen, die seine Gefühle regulieren, nicht ausreichen, das Erlebte und die damit einhergehenden inneren Zustände und Zustandsänderungen zu ertragen, geschweige denn zu verarbeiten und schließlich zu überwinden. Es ist der Mangel eigener *affektregulierender Strukturen*, der dazu führt, daß er aus der Überforderung heraus Symptome entwickelt und er sich im Zustand der Dysregulation an einen Anderen wenden muß, um hier die Bedingungen zu finden, die ihn für den Moment beruhigen können.

3.2 Was fehlt – und wie wird es erworben?

Wenn wir davon ausgehen, daß affektregulierende Strukturen in einem erfahrungsabhängigen Prozeß entwickelt werden, der entwicklungsfördernde Erlebnisse mit einem Anderen erfordert, dann stellt sich folgende Frage: Wie muß die *spezifische Erlebnisqualität* dieser Erfahrung mit dem Anderen beschaffen sein, (1) damit sie momentan affektregulierend wirkt; und wie muß sie in die gesamte Entwicklung der Person eingebettet sein, (2) damit über den Moment hinaus bleibende eigene affektregulierende Strukturen entwickelt werden können?

Im Zusammenhang mit der Frage, welche Erfahrungen mit dem Anderen momentan affektregulierend sind, möchte ich kurz darauf zu sprechen kommen, mit welchen spezifischen Erwartungen Herr Neumann sich zuerst an seinen Freund, dann an den Neurologen und die Psychiaterin wendet. Welche spezifische Erlebnisqualität sucht er im Kontakt mit dem Anderen in seinem Bemühen, beim Anderen das zu finden, was er in sich selbst nicht finden kann? Er sucht die Ruhe nicht nur beim Anderen, er sucht sie *im* Anderen. Diese Suche nach dem Zugang zur Ruhe des Anderen beinhaltet zwei miteinander zusammenhängende, aber auch einzeln beobachtbare Vorgänge, die beide erfolgreich sein müssen, damit die Erfahrung mit dem Anderen affektregulierend sein kann. An der Art und Weise, wie Herrn Neumanns Konsultationen der beiden Ärzte in unterschiedlicher Weise mißlingen, können wir diese beiden Bedingungen genauer untersuchen:

Nachdem Herr Neumann aufgrund der Erfahrung, daß er die so dringend gebrauchte Ruhe und Kraft bei seinem Freund nicht finden konnte, dekompensiert ist, wendet er sich an einen Arzt. Aber Herr Neumann ist nicht beruhigt durch das, was er von dem Arzt erfährt, sondern gerät im Gegenteil in große Zweifel bezüglich der Fähigkeit des Arztes, ihm zu helfen. – Warum ist es nicht beruhigend, daß der Neurologe feststellt, daß ihm körperlich nichts fehlt? Warum hilft es Herrn Neumann nicht, wenn der Arzt feststellt, daß die Ängste, die er entwickelt hatte – daß er bei dem Unfall einen körperlichen Schaden erlitten hatte – objektiv nicht begründet sind? Es hilft ihm nicht, weil die Ängste subjektiv begründet sind. Sie sind begründet in seinem sich hypochondrisch auswirkenden Zustand der Dekompensation angesichts der affektiven Überforderung. Die zugrundeliegende Not wird also nicht diagnostiziert. Der Patient fühlt sich daher »emotional nicht gesehen« und bekommt die konkretisierte Angst, »daß etwas Wichtiges übersehen wurde«; er zweifelt daraufhin grundsätzlich an den Aussagen des Arztes und kann infolgedessen aus ihnen keine Beruhigung schöpfen. – Die erste notwendige Bedingung für eine affektregulierende Erfahrung mit dem Gegenüber ist also, *im eigenen subjektiven Zustand richtig gesehen und verstanden zu werden.*

Die zweite notwendige Bedingung für eine affektregulierende Erfahrung wird in der zweiten Konsultation erkennbar: Die Psychiaterin gibt ihm zwar eine Erklärung für seinen emotionalen Zustand und scheint ihn zu verstehen, denn sie setzt seine jetzigen Beschwerden sinnvoll und für ihn nachvollziehbar in Beziehung zu seiner früheren Entwicklung und fragt nach früheren Zeichen einer Angsterkrankung. Jetzt kann er ihr besser von sich erzählen, weil sie das subjektiv Relevante anspricht. Seine Hoffnung, daß er von ihr die richtige Antwort, die richtige Hilfe bekommen wird, vertieft sich daher. Aber als sie zu der Einschätzung gelangt, daß eine stationäre Behandlung notwendig sei, kommt es zur vertieften Dekompensation. Er erlebt einen Zustand der akuten Bedrohung, weswegen er aus der Praxis fliehen muß, um sich dem destabilisierenden Einfluß zu entziehen. – Wie kommt dieser destabilisierende Einfluß zustande? Er beinhaltet zwei im Erleben miteinander zusammenhängende Komponenten: Zuerst liest Herr Neumann an der Reaktion der Ärztin auf *seinen* subjektiven Zustand *ihren* affektiven Zustand ab: »Sie fühlt sich überfordert mit dem, was sie bei mir erkennt.« Und dann wirkt sich ihr (von ihm so angenommener) affektiver Zustand direkt auf ihn aus: »Wenn *sie* das nicht aushält, dann ist es also ganz schlimm um *mich* bestellt.« In dieser Unmittelbarkeit, mit der sich der Affekt des Anderen auf ihn auswirkt, liegt der Schlüssel zum Verständnis der Erlebnisweise des Patienten und dessen, was er als affektregulierende Erfahrung mit dem Anderen bräuchte: Herr Neumann bräuchte zur erfolgreichen Affektregulation eine Erfahrung mit dem Anderen, in der er zum einen erlebt, daß der Andere *seinen* Zustand richtig erfaßt, ihn darin versteht, zum anderen aber auch erlebt, *daß sein Gegenüber darauf mit eigener Ruhe reagiert* und er selbst an dieser Ruhe »teilhaben« kann.

Zusammengefaßt: In dieser *Gleichzeitigkeit* des Erkannt- und Verstandenwerdens auf der einen Seite und des Erlebens der Ruhe und Kraft des Anderen auf der anderen Seite – als Ausdruck von dessen Affektlage – liegt die affektregulierende Qualität der Erfahrung mit dem Anderen (Kohut 1979, S.83–90). Dies zu erleben, hätte Herrn Neumann für den Moment der Krise sicher geholfen. Diese Erfahrungsqualität hätte ihm aber auch – zuverlässig eingebettet in den längeren Prozeß seiner Entwicklung und jeweils eingepaßt in die gerade aktuelle Reifungsphase – dabei geholfen, eigene Fähigkeiten der Beruhigung zu entwickeln.

Nachdem damit die grundsätzlichen Parameter der affektregulierenden Erfahrung abgesteckt sind, möchte ich mich den Entwicklungsaspekten zuwenden. Dazu möchte ich ein kurzes Beispiel aus der Perspektive des Kindes noch einmal näher heranziehen und mich darauf aufbauend der Frage zuwenden, wie diese affektregulierenden Erfahrungen Teil des Selbsterlebens sind und wie sie im Entwicklungsprozeß zur Herausbildung eigener Fähigkeiten der Affektregulation beitragen.

3.3 Der Andere als Teil der Erfahrung und sein Beitrag zur Entwicklung

Es war für die Entstehung der Selbstpsychologie und das ihr inhärente Verständnis des Entwicklungsprozesses von zentraler Bedeutung, daß Heinz Kohut die Art und Weise, in der die Qualität der Reaktion des Anderen erlebt wird, unter Beibehaltung der Erlebnisperspektive genauer beschrieb, untersuchte und konzeptualisierte. Die einfühlende Vertiefung in die Art und Weise, in der seine Analysanden ihn und seine Reaktion auf sie erlebten, brachte ihn u.a. zu der Einsicht, daß Menschen den Anderen in gewissen Stadien ihrer Entwicklung und in gewissen Situationen weniger als »ganze«, das heißt eigenständige Person erleben, die mit ihnen in Interaktion ist, sondern ihn vielmehr als Teil der eigenen Welt erleben. Was damit gemeint ist, mag meine Alltagsbegegnung mit Mustafa verdeutlichen, die ich hier kurz beschreiben möchte, um mich dann dem Aspekt der Entwicklung zuzuwenden:

Mustafa ist sicher noch keine zwei Jahre alt. Er ist ganz verzweifelt und versucht, seine Mutter nicht aus den Augen zu verlieren. Diese geht vor ihm die lange Treppe zur U-Bahn hinunter. Sie trägt den Kinderwagen schwer vor sich her, in dem Mustafa auf geradem Fußweg sitzen darf, und muß dabei aufpassen, daß sie den älteren, langsam vor ihr hergehenden, etwa vierjährigen Sohn nicht die Treppe hinunterstößt. Ihre Aufmerksamkeit ist vor allem bei diesem. Immer mal wieder schaut sie sich aber auch kurz um zu dem Jüngeren; was schwer ist, weil sie dann aufpassen muß, daß sie nicht das Gleichgewicht verliert und sie niemanden mit dem Kinderwagen anstößt. Mustafa wird immer verstörter. Er schafft es nicht allein. Wohin soll er schauen: zur Mutter, die vor ihm zu entschwinden, seinem Zugriff als Quelle der Sicherheit in einer noch nicht überschaubaren Welt zu entgleiten droht; oder zu den Stufen, die er mit Mühe einzeln tapsig bewältigt? Sein Zustand ist deutlich spürbar an dem hilflosen Weinen, das immer verzweifelter zu werden scheint, während er mit Mühe mit dem ganzen Gewicht seines kleinen Körpers von einer Stufe zur nächsten plumpst. Ich denke nicht darüber nach, sondern es fährt gleichsam aus mir heraus: »Na komm«, sage ich zu dem fremden kleinen Jungen. Zielsicher und ohne nach oben zu schauen, streckt er sofort seine Hand in meine Richtung. Er weiß offensichtlich genau, in welcher Höhe er meine zu suchen hat. Und er greift sofort fest zu, in dem Moment, in dem er sie spürt. Sogleich werden seine Schritte sicherer. Ich meine sinnlich mitzuerleben, wie sich die Kraft in seinem kleinen Körper wieder sammelt, wie seine Bewegungen wieder koordinierter und zielsicherer werden, wie er mutig eine Stufe nach der anderen mit Stolz meistert – hop, hop, hop. Er schaut mich nicht an, aber hält meine Hand entschlossen fest. Unten angekommen, nimmt er sofort Platz in dem von der Mutter gerade abgestellten Kinderwagen. Munter klettert er hinauf und ab geht es. Die drei verschwinden. – Hat er »mich« gesehen in dieser kurzen Interaktion? Bin ich als *eigenständige Person* für ihn wichtig gewesen, bleibe als solche gar in seiner Erinnerung? Nein. Er weiß nicht, *wer* ich bin, weiß vielleicht, *wie* ich bin, vor allem aber weiß er, *wie er mit mir ist.* Vermutlich hat er zu Beginn der kurzen Interaktion am deutlichsten seine immer verzweifelter werdende Angst erlebt, seinen Zustand der Desorientierung: Wohin soll er denn schauen? Woher soll er die Koordination nehmen, die er doch braucht? Und wenig später wird er die ihm wieder zur Verfügung stehenden körperlichen Fähigkeiten erlebt haben; verbunden mit dem Stolz, daß er es doch schafft, die Stufen zu meistern. Eine externe Beobachtungsperspektive würde uns sagen, daß da ein benennbarer Erwachsener beteiligt war. Aber wenn wir uns in seine Erlebniswelt einfühlen, dann ist es vermutlich eher so, daß ich da als Person im eigentlichen Sinne nicht vorkomme, sondern nur als »Wirkung«, die gleichzeitig Teil seines Selbsterlebens ist. Er hat seine Hand dorthin ausgestreckt, wo jemand mit einem »Na komm« so auf ihn reagiert hat, daß er Ruhe und Kraft erhofft, vermutet, erwartet hat. Und er hat zugegriffen. Er hat die Kraft, die er in meiner Hand gespürt hat, sofort dazu nutzen können, seine eigene Kraft zu sammeln. So wurde meine Kraft zu seiner eigenen.[7] Meine »Wirkung«, die ihn seine Koordination wieder finden ließ, wird er erlebt haben als Teil seiner selbst, als er – eben noch verzweifelt – jetzt mu-

---

7 In der Selbstpsychologie wird hier von der Erfahrung der ›Verschmelzung‹ mit der Kraft des Anderen gesprochen.

tig weitergeschritten ist: »Ich kann es doch schon. Bin ich nicht großartig?«

Ich glaube, wir müssen uns vorstellen, daß es solche Momente sind, in denen das heranwachsende Kind den Anderen in seiner Wirkung und gleichzeitig als Teil seiner selbst erlebt, die in der Summe – in einem recht komplexen Prozeß – zur Entwicklung des Zutrauens in die eigenen Kräfte beitragen. Dazu muß der Andere zuverlässig zur Verfügung stehen. Ansonsten wird sich das heranwachsende Kind abwenden und seine Erwartungen an jemand anderen richten; oder aber seine Entwicklung wird eine Beeinträchtigung erfahren.

Damit möchte ich mich den Aspekten der gestörten und dann wieder aufgenommenen und weitergebrachten Entwicklung des Fallbeispiels und der besonderen Funktion beziehungsweise dem entwicklungsfördernden Erleben des »Vaters« zuwenden:

Von einer Reihe von Erlebnissen aus seiner Biographie berichtete Herr Neumann von Momenten, in denen für ihn keine Affektregulation möglich war und daß er sich daher an seine Eltern wandte. Es ist dabei nicht unbedingt erkennbar, ob die Reaktion, die er von seinen Eltern brauchte, spezifisch seinem Vater zugeordnet war. Möglicherweise war in seinem Erleben diese Funktion in frühen Phasen noch von beiden einzulösen. Die spätere Erfahrung im Vorschulalter, die er als Erwachsener als einen Kreuzungspunkt in seinem Leben erlebt und ganz eindeutig mit der Beziehung zu seinem Vater in Zusammenhang bringt, war sicher zum einen eingebettet in diese früheren Erfahrungen mit den Eltern, aber sie scheint auch schon eine eigenständige Erfahrung mit seinem Vater zu sein: Sie scheint sogar an diesem Kreuzungspunkt zur Repräsentation dafür geworden zu sein, was er in der Beziehung zu seinem Vater suchte und nicht bekommen konnte und daher im Leben – so erlebt er es gegenwärtig – überhaupt nicht bekommen kann. Spätestens hier scheint die Erfahrung mit dem Vater schon weitgehend festgelegt, das heißt dessen (Selbstobjekt-) Funktion ihm so weitgehend zugeordnet, daß sie nicht mehr ohne weiteres woanders zugeordnet werden kann. Zu diesem Zeitpunkt erlebte der Junge also eine spezifische Interaktion mit dem Vater, verbunden mit spezifischen Erwartungen an diesen, die – da sie nicht erfüllt wurden – zu spezifischen Enttäuschungen führten, deren Kompensation aufgrund ihrer »Vaterspezifität« nicht mehr ohne weiteres möglich war.

Herr Neumann erinnert sich an den Moment sehr genau, an dem er als kleiner Junge »wußte«, daß er bei seinem Vater nie Zugang zu dem entwicklungsnotwendigen idealisierten Selbstobjekt finden würde; als er nämlich spürte, daß es unmöglich sei, freudig auf seinen Vater am Ende des Flures zuzulaufen und die große Kraft zu erleben, wenn er von ihm fröhlich aufgefangen würde. Möglicherweise stellt diese Situation einen Moment dar, der in Erinnerung geblieben ist, weil der Junge bereits spürte, welche existentielle Dimension dieses Erlebnis für ihn hatte; aber auch, weil sie vermutlich eine Reihe von Erfahrungen repräsentiert, deren Essenz in ihr zusammengefaßt ist. Dies ist es, was Lichtenberg (1989) als ›Modellszene‹ bezeichnet. Sie enthält in kondensierter Form eine zentrale Erfahrung; beinhaltet generalisierte Aussagen, welche Erwartungen das Individuum für seinen weiteren Lebensweg hat.

Der Mangel an Erlebnissen, in denen Herr Neumann die Kraft seines Vaters als Teil seines Selbsterlebens hätte spüren können, hatte weitreichende Folgen. Paul Ornstein (2001) faßt die Folgen solchen Mangels für die seelische Entwicklung folgendermaßen zusammen: »...die fehlende Verfügbarkeit idealisierbarer Selbstobjekte oder ihre massive und traumatische Entidealisierung (hat) zur Folge, daß der Mensch die Fähigkeit, den mit alltäglichen Verletzungen des Selbstwertgefühls verbundenen Schlägen standzuhalten, nicht entwickeln kann. Er ist kaum imstande, sich von solchen Erfahrungen zu erholen, und bleibt daher in chronischer Angst und Depression gefangen. Die Regulierung der Affekte ist beeinträchtigt, ... der Mensch leidet unter einer ausgeprägten Unfähigkeit, sich selbst zu trösten und zu beruhigen; die Fähigkeit, Außenkontakte zu suchen, höhere Ideale zu verfolgen, kann sich nicht entfalten, wenn das Selbst ständig um sein eigenes Überleben ringen muß.« (S. 287 f.)

Dennoch hat Herr Neumann sich die grundlegende Hoffnung bewahren können, daß er eines Tages doch noch die Erfahrungen machen wird, die es ihm ermöglichen, vom besagten Kreuzungspunkt aus in eine andere Richtung zu gehen. Woran würde er den Kreuzungspunkt erkennen? Er würde ihn an der Erlebnisqualität erkennen, die der damaligen Situation auf der einen Seite entsprechen, auf der anderen Seite aber auch in positiver Weise davon abweichen würde. Er würde die Kreuzung daran erkennen, daß er in einer vergleichbaren Situation – wenn zwischenzeitlich auch im übertragenen Sinne – auf sein Gegenüber zulaufen, sich ihm in die Arme werfen, seine Kraft spüren und darin aufgehen will. Und anders als damals – wie ein Schlüssel, der die Tür zum neuen Weg öffnet – wird er erleben, daß sein Gegenüber ihn aufnimmt; sich nicht abwendet, sondern mit seiner Kraft und Anteilnahme spürbar wird.

3.4 Der neue Entwicklungsprozeß

3.4.1 Der Beginn: die erneute Hinwendung zu einer Quelle entwicklungsfördernder Erfahrungen

Zu Beginn der Behandlung sind für Herrn Neumann – unter dem Einfluß des Unfalls und der Überforderung der dadurch ausgelösten Affekte – seine Wahrnehmung und sein Erleben von der Suche nach dem beruhigenden restabilisierenden Effekt spezifischer zwischenmenschlicher Erfahrungen bestimmt. Nachdem er wiederholt dabei eingebrochen war, weil ihm die spezifische beruhigende Erfahrung mit einem Gegenüber versagt blieb, spürt er jetzt – an dieser ersten Station seines neuen Entwicklungsweges – vor allem das: »Ich falle nicht mehr tiefer, ich kann durchatmen, Kraft sammeln.« Er nimmt seinen Therapeuten vor allem, wenn nicht ausschließlich, in dieser spezifischen Erlebnisqualität wahr. Er erlebt dabei in sich selbst eine aufkommende Ruhe, die aber offensichtlich nicht primär aus ihm selbst stammt, die er nicht in sich selbst aufspüren und mobilisieren, aber bei seinem Therapeuten finden kann. Zwischen den ersten Kontakten geht diese beruhigende Wirkung jedoch noch so schnell wieder verloren, daß er anrufen und sie wieder »aktualisieren« muß. Die Sitzungen selbst nutzt er dann zunehmend gezielt dazu, soviel wie möglich davon aufzunehmen. Er ist dabei nicht passiv; sondern steuert aktiv einen Prozeß mit, in dem er gezielt entwicklungsnotwendige Bedingungen vom Therapeuten einfordert. Dafür ist notwendig, daß er ihm all jene Momente in seinem Leben genau schildert, in denen er sich emotional überfordert gefühlt hatte. Er muß die Erinnerungen aus zweierlei Gründen im Detail schildern: Einmal, damit *der Therapeut* »wirklich« weiß, was er erlebt hat, damit er zunehmend besser verstehen kann, was sein Patient durchgemacht hat; aber auch, weil *er selber* sie so lebendig wieder durchmachen muß, daß er dabei erleben und die Überzeugung gewinnen kann, daß keine neue Gefahr besteht, wenn er sich dem zuwendet, was bisher seine affektiven Regulationsmechanismen zu überfordern drohte. Dabei setzt sich aus dem wiederholten und verläßlichen *gleichzeitigen* Erleben von *Angst* und der *Sicherheit* der Verfügbarkeit der Ruhe ein Prozeß in Gang, der über die momentane Affektregulation hinaus zur Bildung eigener Strukturen führt.

3.5 Die Herausbildung der eigenen Fähigkeiten aufgrund der Erfahrung mit dem Anderen

Für die zweite Phase des neuen Entwicklungsprozesses ist sicher wichtig, daß Herr Neumann immer wieder erlebt, daß sein Therapeut ihm wirklich zuverlässig zur Verfügung steht; in dem Sinne, daß er die Erwartungen, mit denen er an ihn in den Stunden herantritt, in hohem Maße erfüllt bekommt. Er kann seinen Therapeuten in den Sitzungen diesbezüglich »austesten« und sich davon überzeugen. Er kann aber auch erkunden, was in ihm selbst vorgeht, und kann immer besser auch zwischen den Sitzungen erproben, »wie weit er allein kommt«. Auch dies ist ein bedeutender Aspekt im Rahmen des Verinnerlichungsprozesses.[8] Er ist notwen-

---

8 Dieser Prozeß ist ein komplexer Vorgang, der sich aus einer Reihe von wiederkehrenden Erfahrungen zusammensetzt; Kohut (1979, S.43) bezeichnet ihn daher »als Ergebnis der zahllosen Vorgänge der Mikroverinnerlichung« und weist damit darauf hin, daß es nicht einzelne Erfahrungen sind, die zu diesem Ergebnis führen, sondern die Gesamtheit der Erfahrungen dann eine positive Bilanz hat, wenn wiederholte Erfahrungen so aufeinander aufbauen, daß sie wie dünne Sedimentschichten schließlich einen festen Boden bilden.

dig, damit die eigenen Selbstregulierungsfähigkeiten »wachgerufen« und zunehmend entwickelt werden.

In der psychoanalytischen Literatur findet sich zur Zeit eine lebendige kontroverse Auseinandersetzung darüber, ob es wichtiger ist, was der Patient »bekommt«, oder das wichtiger ist, was er »nicht bekommt« – um an der Erfahrung dessen, was verfügbar ist, oder dessen, was er selbst entwickeln muß, wachsen zu können. Ohne hier in diese wichtige Diskussion detailliert einsteigen zu können, möchte ich meine Position zusammenfassend folgendermaßen formulieren: Ich sehe es – konkret auf Herrn Neumann bezogen – so, daß die Tatsache, daß er sich des Therapeuten sicher ist, mit dazu beiträgt, daß er sich immer mutiger und erfolgreicher solchen inneren Erlebnissen stellen kann, von denen er sich früher überfordert gefühlt hatte. In seiner Erlebniswelt ist der Therapeut allemal im Hintergrund vorhanden. Entscheidend dafür ist nicht dessen ständige Präsenz, sondern seine zuverlässige Erreichbarkeit und Verfügbarkeit. Die Erfahrung, daß er vor diesem Hintergrund einzelne Momente, die ihn früher überfordert hätten, jetzt auch ohne den Therapeuten durchsteht, führt dazu, daß Herr Neumann nun in wachsendem Maße die affektregulierenden Funktionen als in ihm selbst gelegen erlebt. Dies möchte ich als die zweite Phase des Entwicklungsprozesses bezeichnen, als Verinnerlichungsprozeß, der die eigenen Fähigkeiten anregt und der dann in die Konsolidierungsphase übergeht, wenn keine Überforderungen das Entwickelte wieder einstürzen lassen.

Vielleicht kann ein Beispiel das hier Wichtige erlebnisnah vermitteln: Stefan ist ein 10jähriger Junge auf einer onkologischen Station, der mich als Medizinstudenten sehr beeindruckt hat und mir darüber vorführte – erst im Rahmen meiner Auseinandersetzung mit der Selbstpsychologie konnte ich die Erfahrung so einordnen –, wie wir uns den Prozeß der Verinnerlichung vorstellen könnten. Stefan leidet unter einer Leukämie und muß wieder einmal Blut abgenommen bekommen. Dies ist eine schwierige und recht schmerzhafte Prozedur. Er erträgt sie leise wimmernd, indem er immer wieder sagt: »Gleich ist es vorbei, gleich ist es vorbei.« Die Tiefe seines Schmerzes, sein Ringen um Fassung und die beruhigende Wirkung dieser Worte sind gleichzeitig spürbar. Er sagt das »Gleich ist es vorbei, gleich ist es vorbei« nicht mit dem

Tonfall eines leidenden Zehnjährigen; vielmehr meine ich, eine tröstliche Erwachsenenstimme herauszuhören. Es ist, als wäre dabei jemand für ihn präsent und spräche sozusagen aus ihm heraus zu ihm. Ist dies die Imitation auf dem Boden früherer Erfahrungen; das heißt, spricht er deshalb so, weil seine Mutter und/oder sein Vater bei früheren Behandlungen so mit ihm gesprochen haben? Macht er sie einfach nach? Oder ist die Erfahrung mit der Mutter und/oder dem Vater tatsächlich ein Teil seiner selbst geworden – so mutet es mich an –, so daß er selbst beruhigend zu sich spricht? Dann wäre die Erfahrung mit dem Anderen Teil seiner Fähigkeit zur Selbstregulation geworden. Aber nicht unbegrenzt; denn es ist auch spürbar, daß dies keine unerschöpfliche Kraft ist und es von den Belastungen und ihren Dimensionen abhängen wird, inwieweit Stefan sie mit diesen ersten Aneignungen von Trost meistern kann.

Diese Stufe des Verinnerlichungsprozesses wird meines Erachtens in der Behandlung von Herrn Neumann erkennbar in seinem Traum, in dem er meine Präsenz, das heißt die seines Therapeuten, erlebt und gleichzeitig seine eigene Kraft spürt. Sie geht, wenn sie nicht durch zu große erneute Enttäuschungen gestört wird, in eine Konsolidierungsphase über.

3.5.1 Konsolidierung

Woran ist diese Konsolidierungsphase zu erkennen? Herr Neumann beschrieb seine Verfassung, als er sich nach eineinhalb Jahren Gedanken machte, wie lange er denn noch kommen wolle, folgendermaßen: Er habe das Gefühl, daß er insgesamt mit Zuversicht in seine Zukunft schaue, auch wenn er in schwierigen Situationen immer wieder einmal kurzzeitig verunsichert sei. Wenn er an das Ende der Behandlung denke, dann wolle er vor allem eines wissen: Ob er, auch wenn die Behandlung abgeschlossen sei, für eine einzelne Stunde wiederkommen könne, falls es doch noch einmal nötig wäre?

Anhand dieser Frage werden zwei Aspekte erkennbar: zum einen, daß er Zutrauen in seine Fähigkeiten zur Selbstregulierung gewonnen hat; und zum anderen, daß er weiß, daß er in der Begegnung mit Anderen die Erfahrungen finden kann, die er für die Aufrechterhaltung seines Selbst immer wieder benötigen wird. Grundlage für das Zutrauen in die eigenen Fähigkeiten (in diesem Fall: der Selbstregulation) ist das Erleben eigener Kompetenz, die Ausdruck der mittlerweile erworbenen seelischen Struktur ist. Dieser – wenn auch nie ganz abgeschlossene – Strukturerwerb ist daher das Kriterium der konsolidierten Entwicklung. Als Niederschlag von Erfahrung, als Teil der sich herausbildenden Persönlichkeit, ist er intrapsychisch zu orten. Und dennoch darf nicht aus dem Auge verloren werden, daß besonders für die Konsolidierungsphase zutrifft, was für Entwicklung generell gilt. Sie wird dann erfolgreich sein, wenn der Betroffene die Bedingungen vorfindet, die er hierfür benötigt: eine Umgebung, die ihm gestattet, seine langsam und behutsam entwickelten Fähigkeiten anzuwenden und auszutesten; die ihn ermutigt, sie zu erweitern und mögliche Rückschläge dabei abfängt; die ihm gleichzeitig den Raum läßt, über die bisher abgesicherten Grenzen hinauszuwachsen und dabei neue Erfahrungen zu machen. Sein Gegenüber wird dabei, wie ausgeführt, nicht notwendig als eigenständige Person gesehen; und es ist Teil des Verinnerlichungs- und Konsolidierungsprozesses, daß seine Wirkung als Teil der eigenen inneren Welt erlebt wird. Daß eine Konsolidierung stattgefunden hat, ist daher daran erkennbar, daß seine Wirkung so sehr zum Inventar des herangewachsenen Kindes geworden ist, daß es sich nun vor allem auf sich selber verlassen kann. Dabei betrachte ich Entwicklung und Konsolidierung in der gleichen Weise, in der ich seelische Strukturen verstehe, als etwas Dynamisches. Kennzeichen erfolgreicher Entwicklung ist daher nicht ein bestimmtes Entwicklungsniveau, sondern die Fähigkeit, sich neuen Lebenssituationen kreativ zu stellen und dabei die eigene Entwicklung immer wieder neu voranzubringen, was auch die Hinwendung zu Anderen beinhaltet, die hierbei förderlich sind.

4 Abschließende Bemerkungen

Für diesen Aufsatz über die selbstpsychologische Sicht über den Beitrag des »Vaters« zur Entwicklung seines Kindes habe ich nach einführenden Erläuterungen den klinischen Fall eines jungen Mannes gewählt, in dessen Biographie der Mangel an bestimmten Erfahrungen mit dem Vater langfristige Folgen gehabt zu haben scheint. Es war ihm offensichtlich als Kind nicht möglich, Erfahrungen mit seinem Vater zu machen, die ihn an dessen Stärke und Kraft hätte teilhaben lassen – so, daß er sie als verläßlich verfügbaren Teil seiner eigenen Welt hätte erleben können. Dies führte nicht nur dazu, daß er bereits als Kind Schwierigkeiten hatte, intensive Affekte – vor allem Ängste – zu durchleben. Es führte auch dazu, daß er als Erwachsener eine Krise, mit der er konfrontiert war, nicht meistern konnte, da ihm die dafür notwendige Fähigkeit der Affektregulation fehlte. Ich habe diesen Aspekt als einen (recht grundlegenden) Teil einer jedem Heranwachsenden abverlangten, noch viel umfassenderen Entwicklungsleistung (die weit mehr als den Erwerb der Fähigkeit zur Affektregulation beinhaltet und zu dem auch die Erfahrungen mit der Mutter beitragen) herausgegriffen und exemplarisch ausgeführt; dies in der Hoffnung, damit besonders gut nachzeichnen zu können, wie die Selbstpsychologie seelische Entwicklung als einen erlebnisabhängigen Prozeß versteht, der mit dem – auf entwicklungsfördernde Erfahrungen angewiesenen – Erwerb seelischer Strukturen einhergeht.

Weitere, über die Affektregulation hinausgehende komplexe Entwicklungsbereiche darzustellen, die ebenfalls auf Erfahrungen mit idealisierten (oder aber auch spiegelnden) Selbstobjekten angewiesen sind (zum Beispiel beim Erwerb von Selbstvertrauen, beim Erwerb von Idealen und Werten) würde den Rahmen dieses Aufsatzes sprengen. Wichtig ist mir jedoch, die zentrale Perspektive abschließend noch einmal zu betonen, die diesen entwicklungsbezogenen Betrachtungen zugrunde liegt und unsere Forschungen in den Sozialwissenschaften bereichern kann. Sie ist davon geleitet, daß sie sich (1) am Erleben des Individuums orientiert und dabei (2) besonders berücksichtigt, wie sich das Erleben der Umgebung sowohl auf den momentanen Zustand und das durch diesen motivierte, aktuelle Handeln als auch langfristig auf die Entwicklung auswirkt. Diese Betrachtungsweise geht davon aus – und sie wird meines Erachtens sowohl von den Neurowissenschaften als auch den Ergebnissen der aktuellen Säuglingsforschung darin bestätigt –, daß Entwicklung und soziales Verhalten nicht bestimmt werden von unvermeidbaren biologisch determinierten Triebkonflikten (wie es die klassische Psychoanalyse annimmt)[9] oder davon, daß sich der Säugling primär in einem symbiotischen Verschmelzungszustand mit seiner Mutter befindet, aus dem er herauswachsen müßte.[10] Sie geht vielmehr davon aus, daß bereits das Neugeborene die Fähigkeit besitzt zu erkennen, inwieweit seine Umgebungsbedingungen zu seinen (sich verändernden) Bedürfnissen »passen« (Stern 1992), und daß diese »Passung« entscheidend zum Erfolg von Entwicklung und zur Motivation von Verhalten beiträgt (Stern 1995). Das bedeutet, daß sie menschliche Individuen als primär soziale Wesen betrachtet. Balint (1988) spricht davon, daß der Säugling bereits eine primäre Objektbezogenheit mitbringt und Winnicott (1990) führt aus, daß das Kind unter dem Entwicklungsgesichtspunkt nicht ohne seine Mutter betrachtet werden kann, weil sie Teil seiner Lebens- und Entwicklungsbedingungen ist. In diesem Aufsatz war es mein Bemühen, deutlich zu machen, daß dies auf den Vater ebenso zutrifft und er deshalb ebensowenig aus der Betrachtung menschlicher Entwicklung ausgeschlossen werden darf.

---

9 Siehe u.a. Freud (1923).

10 Siehe u.a. Mahler et al. (1978).

Literatur

Bacal, H. & Newman, K. (1994). *Objektbeziehungstheorien – Brücken zur Selbstpsychologie.* Stuttgart: frommann-holzboog.

Balint, M. (1984). *The basic fault.* London: Routledge.

Balint, M. (1988). *Die Urformen der Liebe und die Technik der Psychoanalyse.* München: dtv.

Demos, V. (1988). Affect and the development of the self: A new frontier. In A. Goldberg (ed.), *Progress in Selfpsychology, Vol. 3.* Hillsdale, N.J.: The Analytic Press.

Freud, S. (1923). *Das Ich und das Es.* Wien: Internationaler Psychoanalytischer Verlag.

Kohut, H. (1973). *Narzißmus.* Frankfurt/M.: Suhrkamp.

Kohut, H. (1979). *Die Heilung des Selbst.* Frankfurt/M.: Suhrkamp.

Kohut, H. (1987). *Wie heilt die Psychoanalyse?* Frankfurt/M.: Suhrkamp.

Kohut, H. (2000). Vier Grundbegriffe der Selbstpsychologie. *Selbstpsychologie. Europäische Zeitschrift für psychoanalytische Therapie und Forschung, 2,* S. 179–200.

Lichtenberg, J. (1989). Modellszenen, Affekte und das Unbewußte. In E. Wolf (Hrsg.), *Selbstpsychologie: Weiterentwicklungen nach Heinz Kohut.* München: Verlag Internationale Psychoanalyse, S. 73–106.

Mahler, M., Pine, F. & Bergman, A. (1978). *Die psychische Geburt des Menschen.* Frankfurt/M.: Fischer.

Ornstein, A. (1990). Selfobject transferences and the process of working through. In A. Goldberg (ed.), *Progress in Selfpsychology, Vol. 7.* Hillsdale, N.J.: The Analytic Press, pp. 93–99.

Ornstein, A. (1992). The curative fantasy and psychic recovery. *The Journal of Psychotherapy Practice and Research, 1,* pp. 16–27.

Ornstein, A. (2000). Traumata des Alltagslebens. Eine selbstpsychologische Betrachtung der Neurosen. In P. Kutter (Hrsg.), *Psychoanalytische Selbstpsychologie: Theorie, Methode, Anwendungen.* Göttingen: Vandenhoeck & Ruprecht, S. 41–62.

Ornstein, P. (1993). The clinical impact of the psychotherapist's view of human nature. *The Journal of Psychotherapy Practice and Research, 2,* pp. 1–13.

Ornstein, P. (2001). Heinz Kohuts Bild vom Wesen des Menschen. In H.-P. Hartmann (Hrsg.), *Empathie und therapeutischer Dialog. Beiträge zur klinischen Praxis der psychoanalytischen Selbstpsychologie.* Gießen: Psychosozial-Verlag, S. 271–298.

Ornstein, A. & Ornstein, P. H. (1994). Elternschaft als Funktion des Erwachsenen-Selbst: Eine psychoanalytische Betrachtung der Entwicklung. *Kinderanalyse, 2,* S. 350–376.

Schore, A. (1994). *Affect regulation and the origin of the self. The neurobiology of emotional development.* Hillsdale, N.J.: Lawrence Erlbaum.

Spitz, R. (1946). Hospitalism: A follow-up report. *Psychoanalytic Study of the Child, 1,* pp. 53–74.

Stechler, G. & Carpenter, G. (1967). A viewpoint on early affective development. In J. Hellmuth (ed.), *The exceptional infant, Vol. 1.* New York: Brunner/Mazel.

Stern, D. (1992). *Die Lebenserfahrung des Säuglings.* Stuttgart: Klett-Cotta.

Stern, D. (1993). *Tagebuch eines Babies.* München: Piper.

Stern, D. (1995). *The motherhood constellation.* New York: Basic Books.

Winnicott, D. (1960). *Reifungsprozesse und fördernde Umwelt.* München: Kindler.

Winnicott, D. (1990). *Das Baby und seine Mutter.* Stuttgart: Klett-Cotta.

Wolf, E. (1996). Theorie und Praxis der psychoanalytischen Selbstpsychologie. Frankfurt/M.: Suhrkamp.

Zu den Autorinnen und Autoren des Bandes

ERWIN BERNAT, geb.1958, Studium der Rechtswissenschaft an der Universität Graz, Dr. jur. 1981, Habilitation 1988 (Bürgerliches Recht) und 1996 (Österreichisches und Vergleichendes Medizinrecht). Seit 1997 a.o. Universitäts-Professor am Institut für Zivilrecht, Ausländisches und Internationales Privatrecht der Universität Graz. Forschungsschwerpunkte: Medizinrecht und Bioethik zu Fragen der Fortpflanzungsmedizin, der Genetik, der Sterbehilfe sowie der Arzthaftung. Zahlreiche ausländische Forschungsaufenthalte (Lausanne, Washington, D.C., und Camden, N.J.). Entsprechende Buch- und Zeitschriftenpublikationen.

CLAUDIA BORN, geb.1947, Dr. phil; Studium der Psychologie und Soziologie an der Ruhr-Universität Bochum. Seit 1985 wissenschaftliche Mitarbeiterin an der Universität Bremen, hier seit seiner Etablierung 1988 Mitglied des Sonderforschungbereichs »Statuspassagen und Risikolagen im Lebensverlauf« (Sfb 186 der Deutschen Forschungsgemeinschaft); zusammen mit H. Krüger Leitung des Teilprojekts B 1 zum Thema »Wandel geschlechtsspezifischer Lebensführung und die Gestaltungsmacht von Berufen im weiblichen Lebenslauf«. Arbeitsschwerpunkte: Geschlechterverhältnisse in der Organisation gesellschaftlicher Arbeit; Biographie- und Lebenslaufforschung. Entsprechende Buch- und Zeitschriftenveröffentlichungen.

MATHIAS GRAF, geb.1964, Ergotherapie-Examen 1990 in Ingolstadt. Danach Studium der Psychologie an der Universität Konstanz. Seit 1992 Trainer, seit 1993 Ausbilder und Supervisor für Paar-Kommunikationskurse. Seit 1997 als Diplom-Psychologe halbtags tätig an einer Pro-Familia-Beratungsstelle (Lebens-, Partnerschafts- und Sexualberatung); ebenfalls halbtags tätig als Wissenschaftlicher Angestellter im Arbeitsbereich Pädagogische Psychologie an der Universität Konstanz. Lehre und Forschungsschwerpunkte: Familienpsychologie und hermeneutische Methoden. Drei Kinder.

MARTIN GOSSMANN, geb. 1959, Dr. med.; Medizinstudium an der Albert-Ludwigs-Universität Freiburg; Facharztausbildung in der Neurologie, Neuroradiologie und Psychiatrie am städtischen Klinikum Braunschweig und dem Universitätsklinikum Frankfurt am Main, psychiatrische Weiterbildung am Klinikum der Universität Cincinnati, Ohio, USA; Ausbildung in Psychoanalytischer Psychotherapie am International Center for The Study of Psychoanalytic Self Psychology, Cincinnati. Mitglied des redaktionellen Beirats von »Selbstpsychologie, Europäische Zeitschrift für psychoanalytische Therapie und Forschung«. Vortrags- und Publikationstätigkeit mit selbstpsychologischem Schwerpunkt. Dozententätigkeit an der Brandenburgischen Akademie für Tiefenpsychologie und Analytische Psychotherapie; tätig in eigener Praxis.

KARIN GROSSMANN, geb. 1942, Dr. phil., Diplom-Psychologin. Studium der Mathematik in den USA und der Psychologie an den Universitäten Freiburg, Münster (Diplom 1977) und Regensburg (Dr. phil. 1984). Seit 1974 Forscherin im Rahmen der bindungstheoretisch ausgerichteten Längsschnittstudien in Bielefeld und Regensburg zusammen mit Prof. Dr. Klaus E. Grossmann. Postdoktorandenstipendien der Deutschen Forschungsgemeinschaft und des National Institute of Child Health and Human Development, Bethesda, M.D., USA. Freiberufliche wissenschaftliche Mitarbeiterin und Durchführung von beruflichen Fortbildungsveranstaltungen. Lehrbeauftragte an der Universität Salzburg. Seit 1961 verheiratet mit Klaus Grossmann, zwei Kinder: Carol May, geb. 1963, und Gerald Bert, geb. 1967.

ALOIS HERLTH, geb. 1946, Dr. rer. soc.; Studium der Soziologie in Münster und Bielefeld, wissenschaftlicher Mitarbeiter und Projektleiter am Institut für Bevölkerungsforschung und Sozialpolitik der Universität Bielefeld, Arbeitsschwerpunkte: Familiensoziologie, Sozialisationsforschung und Sozialpolitik. Vater von vier Kindern.

BRUNO HILDENBRAND, geb. 1948, Professor für Sozialisationstheorie und Mikro-Soziologie an der Friedrich-Schiller-Universität Jena sowie Dozent und Supervisor am Ausbildungsinstitut für systemische Therapie und Beratung in Meilen/Zürich. Studium der Soziologie, Politischen Wissenschaften und Psychologie an der Universität

Konstanz; Promotion 1979. Nach Tätigkeiten als wissenschaftlicher Angestellter an der psychiatrischen Klinik der Philipps-Universität Marburg und als Hochschulassistent an der Johann-Wolfgang-Goethe-Universität Frankfurt (Habilitation 1991) Fachleiter für soziale Arbeit mit psychisch Kranken und Suchtkranken an der Berufsakademie Villingen-Schwenningen. Arbeitsschwerpunkte: Sozialisationstheorie, Professionalisierungstheorie und qualitative Verfahren in den Sozialwissenschaften. Publikationen (Auswahl): Alltag und Krankheit, Stuttgart (Klett-Cotta) 1983, Alltag als Therapie, Bern (Huber) 1991, Bauernfamilien im Modernisierungsprozess, Frankfurt am Main (Campus) 1996, Systemische Therapie als Begegnung (zusammen mit Rosmarie Welter-Enderlin), Stuttgart (Klett-Cotta) 1996, Fallrekonstruktive Familienforschung, Opladen (Leske und Budrich) 1999. Schriftleiter von »System Familie«. Vater von zwei Söhnen.

HEINZ KINDLER, geb. 1963, Dr. phil., Diplom-Psychologe. Wissenschaftlicher Mitarbeiter am Lehrstuhl für Entwicklungspsychologie der Universität Regensburg, Rechtspsychologe. Arbeitsschwerpunkte: Kind-Vater-Beziehungen, geschlechtsbezogene Entwicklung, Jugendhilfeforschung.

VERA KING, geb. 1960, Dr. phil., Diplom-Soziologin; Wissenschaftliche Assistentin am Institut für Sozialisationsforschung und Sozialpsychologie des Fachbereichs Gesellschaftswissenschaften der Universität Frankfurt am Main. Privat-Dozentin. Arbeitsschwerpunkte: Adoleszenz-, Geschlechter-, Familien- und Generationenforschung, Hermeneutische Methoden in der Sozialforschung, Institutionsanalyse und Forschungssupervision. Entsprechende Buch- und Zeitschriftenpublikationen. Ein Sohn.

KAI VON KLITZING, geb. 1954, Dr. med., Professor für Kinder- und Jugendpsychiatrie an der Universität Basel. Studium der Medizin an der Universität Freiburg, Facharztausbildung im PLK Weissenau-Ravensburg. Psychoanalytiker, Mitglied der Schweizerischen Gesellschaft für Psychoanalyse und der Internationalen Psychoanalytischen Vereinigung. Seit 1988 an der Kinder- und Jugendpsychiatrischen Universitätsklinik und -Poliklinik Basel, 1995 Gastprofessur an der Psychologischen Fakultät der Universität Klagenfurt, 1997 bis 1998 Forschungsaufenthalt am »Program for Developmental

Studies« des University of Colorado Health Sciences Center in Denver. Forschungsschwerpunkte Migrationspsychiatrie, Entwicklungspsychopathologie, Frühe Kindesentwicklung und Familienbeziehung, Narrative im Kindesalter. Verheiratet, drei Kinder im Alter von 6, 8 und 10 Jahren.

KURT KREPPNER, geb. 1938, Dr. phil.; Senior Research Scientist am Max-Planck-Institut für Bildungsforschung in Berlin, lehrt an der Freien Universität Berlin. Studium der Psychologie in Würzburg und Hamburg, Promotion an der Technischen Hochschule in Darmstadt. Habilitation an der Freien Universität Berlin. Seine Forschungsschwerpunkte sind Familien- und Entwicklungspsychologie. In seinen Studien hat er verschiedene Übergänge in der Familienentwicklung untersucht, so die Ankunft eines zweiten Kindes in der Familie und die Bewältigung des Übergangs von der Kindheit zur Jugend in der Familie. Er ist Vater dreier erwachsener Kinder.

HELGA KRÜGER, geb. 1940, Prof. Dr. phil.; seit 1974 Professorin für Soziologie, familiale und berufliche Sozialisation an der Universität Bremen. 1984 bis 1991 Leiterin des Universitäts-Forschungsschwerpunktes »Arbeit und Bildung«; seit 1988 Gründungsmitglied und im Vorstand des Sonderforschungsbereichs »Statuspassagen und Risikolagen im Lebensverlauf« (Sfb 186 der Deutschen Forschungsgemeinschaft). Gastwissenschaftlerin an der University of London (1985); an der University of Toronto/Kanada (1994); an der University of Minneapolis, Minnesota/USA (1996). Arbeitsschwerpunkte: Geschlechter-, Familien-, Berufs- und Berufsbildungsforschung; empirische Forschung und zahlreiche Veröffentlichungen zum Themenkomplex: weiblicher und männlicher Lebenslauf, familiale und berufliche Sozialisation, Arbeitsmarkt- und Ausbildungssegregation, sozialer Wandel im Geschlechterverhältnis.

WERNER KUDERA, geb. 1941, Dr. phil., Diplom-Soziologe; Studium der Soziologie und Philosophie an der Universität Frankfurt. Seit 1969 empirische Forschung und entsprechende Lehraufträge an den Universitäten Hannover, Erlangen und München. Arbeitsschwerpunkte: Hochschuldidaktik und Bildungssystem, Arbeits-

und Industriesoziologie, gesellschaftliches und politisches Bewußtsein, Konzept und Typik von alltäglicher Lebensführung in Ost- und Westdeutschland. Dazu zahlreiche Veröffentlichungen.

MICHAEL MATZNER, geb. 1963, M.A., Diplom-Betriebswirt (FH). Von 1982 bis 1992 berufstätig als Offizier im Truppendienst. Studium des Fachhochschulstudienganges Betriebswirtschaft an der Universität der Bundeswehr, München (Diplom 1987). Studium der Erziehungswissenschaft und Soziologie an der Universität Heidelberg (Magisterabschluß 1997). Seit 1998 Pädagogischer Mitarbeiter beim Bildungsverbund Berufliche Qualifikation in Mannheim im Bereich Berufsvorbereitung und Ausbildungsbegleitung. Forschungsschwerpunkt: Vaterschaft. Veröffentlichung: »Vaterschaft heute. Klischees und soziale Wirklichkeit«, Frankfurt am Main, 1998. Vater zweier Kinder (geb. 1998 und 2000).

MATTHIAS MOCH, geb. 1954, Studium der Psychologie und Erziehungswissenschaft an den Universitäten Marburg und Tübingen. Zwischen 1983 und 1990 in verschiedenen Bereichen der Jugendhilfe, nach der Promotion ab 1990 fünf Jahre an der Universität Konstanz im Forschungsschwerpunkt »Gesellschaft und Familie« tätig. Nach einem Forschungsaufenthalt an der Cornell University, Ithaca, N.Y., seit 1997 Dozent an der Berufsakademie Stuttgart, Ausbildungsbereich Sozialwesen. Schwerpunkte in Forschung und Lehre: lebensfeldorientierte Jugendhilfe; Evaluation in der sozialen Arbeit; Ehescheidung und ihre Bewältigung bei Kindern, Eltern und Großeltern. Vater dreier Söhne (geb. 1982, 1998 und 2001).

HORST NICKEL, geb. 1929. Erste und zweite Lehramtsprüfung, fünf Jahre Lehrtätigkeiten im Raum Kassel und Wiesbaden, anschließend Studium der Psychologie, Psychopathologie, Pädagogik und Politischen Wissenschaft an der Universität Marburg (Diplom-Psych.), Gießen und Erlangen (Dr. phil.), Ausbildung in Wissenschaftlicher Gesprächspsychotherapie, Wissenschaftlicher Rat an der Universität Hamburg, Professor für Psychologie an den Pädagogischen Hochschulen in Flensburg und Bonn, 1972 bis 1994 Universitäts-Professor und Leiter des Instituts für Entwicklungs- und Sozialpsychologie der Heinrich-Heine-Universität Düsseldorf, 1987 bis 1991 consultant professor der University of Georgia in

Athens, USA; seit 1994 emeritiert. Forschungsschwerpunkte: Entwicklung und Erziehung im Kindes- und Jugendalter, Pränatale und Perinatale Psychologie, Kulturvergleichende Familienpsychologie, Eltern-Kind-Interaktion; Erzieher- und Lehrerverhalten; ökopsychologische Fragestellungen. 28 Fachbücher, über 200 Beiträge zu Sammelbänden und wissenschaftlichen Zeitschriften. Verheiratet, zwei Kinder, lebt seit drei Jahrzehnten im Rheinland.

PETER NOACK, geb.1957, Studium der Psychologie an der Universität Düsseldorf, TU Berlin und University of California Berkeley. Von 1982 bis 1989 wissenschaftlicher Mitarbeiter des Berliner Jugendlängsschnitts, Promotion 1989 an der TU Berlin. Ab 1989 an der Universität Mannheim, zunächst als Wissenschaftlicher Assistent, nach der Habilitation 1996 als Hochschuldozent. Seit 1997 Professor für Pädagogische Psychologie an der Universität Jena. Forschungsschwerpunkte: Entwicklung naher Beziehungen und Sozialisation, psychosoziale Anpassung Jugendlicher und sozialer Wandel, politische Sozialisation.

ANDREAS PAUL, geb.1951, Studium der Biologie an den Universitäten Köln und Kiel. Seit 1977 ausgedehnte Studien zur Soziobiologie von Berberaffen am »Affenberg Salem« (Bodensee), von 1981 bis 1988 im Rahmen des DFG-Schwerpunktprogramms »Biologische Grundlagen für die Primatenhaltung«, Promotion (Dr. rer. nat.) 1984 an der Christian-Albrechts-Universität Kiel, Habilitation (Anthropologie) 1997 an der Georg-August-Universität Göttingen. 1995 bis 1997 Consulting Editor der Zeitschrift ›Animal Behaviour‹, seit 2000 Associate Editor der Zeitschrift ›Folia Primatologica‹; seit 1999 Mitglied der Arbeitsgruppe ›Transkulturelle Universalien‹ im Rahmen des Langzeitforschungsprogramms »Determinanten menschlichen Verhaltens« am Hanse-Wissenschaftskolleg Delmenhorst. CICERO-Rednerpreis 2000 in der Sparte Wissenschaft. Arbeitsschwerpunkte: Verhaltensökologie und Soziobiologie der Primaten; zahlreiche Buch- und Zeitschriftenpublikationen (u.a. »Von Affen und Menschen. Verhaltensbiologie der Primaten«, Wissenschaftliche Buchgesellschaft, Darmstadt, 1998). Vater zweier Söhne (geb.1996 und 2000).

Brigitta Rollett, Prof. Dr.; studierte Psychologie an der Universität Graz und war am Psychologischen und Pädagogischen Institut als Studienassistentin bzw. Assistentin beschäftigt. Nach ihrer Habilitation für das Gesamtfach Psychologie an der Universität Graz hatte sie Professuren an der Pädagogischen Hochschule Osnabrück, der Gesamthochschule Kassel und der Ruhr-Universität Bochum inne. Seit 1979 ist sie Vorstand der Abteilung für Entwicklungspsychologie und Pädagogische Psychologie des Instituts für Psychologie der Universität Wien und Leiterin des der Abteilung angeschlossenen Zentrums für kinder-, jugend- und familienpsychologische Intervention. Sie ist Verfasserin von über 150 Artikeln und Buchbeiträgen und Herausgeberin bzw. Autorin von elf Büchern. Forschungsschwerpunkte: Psychologie der Motivation und des Lernens, Lerntherapie, psychologische Diagnostik, Familienforschung, Methodenfragen. Vier erwachsene Kinder.

Iniga Schlottner, geb. 1964, Dr. phil.; Studium der Psychologie und Ethnologie in Bonn und Köln. 1991 Studienaufenthalt in Brasilien; Diplomarbeit 1991/1992 zu »Ehe- und Familienbeziehungen brasilianischer Unterschichtsehepaare«. Seit 1992 als Diplom-Psychologin in freier Praxis tätig. Gestalttherapeutin (tiefenpsychologisch fundiert) und Klinische Psychologin (BDP) seit 1994. Von 1993 bis 1997 Mitarbeiterin an der Universität Siegen bei Prof. Christine Möller (Klinische Psychologie); 1997 Promotion: »Untersuchungen zum männlichen Kinderwunsch. Zu biographischen und psychodynamischen Spezifika von psychogen sterilen Männern und Vätern«. Seit 1998 als Psychotherapeutin in einer psychiatrischen Klinik tätig; 1999 Approbation als Psychologische Psychotherapeutin. Zwei Kinder (geb. 1995 und 1999).

Lothar Schon, geb. 1963, Dr. phil., Diplompsychologe und Psychologischer Psychotherapeut in eigener Praxis. Studium der Psychologie in Regensburg und München (Diplom 1993). Von 1993 bis 1998 wissenschaftlicher Mitarbeiter von Prof. Dr. Wolfgang Mertens am Institut für Psychologie der LMU München. Promotion 1998 an der TU Berlin bei Prof. Dr. Eva Jaeggi mit einer psychoanalytischen Untersuchung vaterloser Jungen und Männer. Derzeit Assistent an der Psychosomatischen Abteilung des Krankenhauses München-Harlaching.

HARALD SING, geb. 1962, Dr. jur., lic. oec. int.; Studium der Rechtswissenschaft an der Universität Konstanz. Zwischen 1991 und 1996 wissenschaftlicher Mitarbeiter am Lehrstuhl für Bürgerliches Recht (Arbeitsschwerpunkt Familienrecht), Deutsche Rechtsgeschichte und Kirchenrecht an der Universität Konstanz. Seit 1997 Rechtsanwalt.

LUDWIG STECHER, geb. 1961, Dr. phil.; Studium der Sozialwissenschaften in Wuppertal und Siegen. Seit 1993 wissenschaftlicher Mitarbeiter am Forschungsprojekt »Kindliches und jugendliches Bildungsmoratorium und kulturelle Transferbeziehungen zwischen Eltern und Kindern« (Kinder- und Elternsurvey 1993 bis 1999) an der Universität Siegen. Arbeitsschwerpunkte: Familiensoziologie, Soziologie der Kindheit und der Erziehung, Methoden der empirischen Sozialforschung (insbesondere quantitative Verfahren zur Auswertung von Survey-Panel-Daten). Verheiratet, zwei Kinder (Lukas, 9 Jahre, und Paula, 4 Jahre).

HANS-WOLFGANG STRÄTZ, geb. 1939, Dr. iur. utr.; Studium der Rechte in München und Würzburg, 1966 Assessorexamen. Wissenschaftlicher Assistent bei Paul Mikat in Bochum, Habilitation Ende 1970, bis Mitte 1977 dort Professor für Deutsche Rechtsgeschichte, Kirchenrecht und Bürgerliches Recht, seither Ordinarius in Konstanz. Arbeitsschwerpunkt im geltenden Recht ist das Familienrecht, insbesondere als Kommentar im »Staudinger« und im »Soergel«. Vater einer Tochter.

HEINZ WALTER, geb. 1942, Dr. phil.; Studium der Psychologie, Erziehungswissenschaft, Philosophie und Volkskunde/Ethnologie an den Universitäten Graz, Münster und Bochum. Lebt seit 1970 am Bodensee, seit 1972 mit Christine Walter-Kuprian, seit 1975 mit Florian, seit 1977 mit Laurens und seit 1982 mit Matthäus. Ab 1973 Professor für Psychologie an der Universität Konstanz. Forschungsschwerpunkte: lebenslange Entwicklung im familialen, schulischen, beruflichen, regionalen sowie gesellschaftlich-historischen Kontext; entsprechende Buch- und Zeitschriftenpublikationen. Seit 1980 Ausbildung in Psychoanalyse; seit 1985 praktizierend. Beiträge zur Lehrer- und Elternfortbildung.

WOLFGANG WALTER, geb. 1959, PD Dr. rer. soc.; Diplom-Soziologe; Studium der Soziologie und Politikwissenschaft an den Universitäten Saarbrücken, Mannheim und Bielefeld; Lehr- und Forschungstätigkeiten an den Universitäten Bielefeld und Konstanz sowie an der University of California, Berkeley; danach Mitarbeiter im Staatsinstitut für Familienforschung an der Universität Bamberg; gegenwärtig Privatdozent an der Universität Konstanz. Forschungsgebiete: Familie, Geschlechterbeziehungen und Wohlfahrtsstaat, komparative Sozialpolitikforschung. Seit Juni 2000 Vater eines Sohnes.

HELGE WENGER-SCHITTENHELM, geb. 1972, Diplom-Psychologin, Mitarbeiterin im Arbeitsbereich Pädagogische Psychologie der Universität Konstanz, Arbeitsschwerpunkt: Vateridentität. Mutter eines Kindes.

HARALD WERNECK, geb. 1966, seit 1993 verheiratet mit Sonja Werneck-Rohrer (Klinische Psychologin und Gesundheitspsychologin, Assistentin an der Universitätsklinik für Neuropsychiatrie des Kindes- und Jugendalters der Universität Wien), 1994 Geburt von Tanja, 1998 von Nina. Studium der Psychologie (Wahlfach Physiologie) und Doktoratsstudium Philosphie/Naturwissenschaften (Psychologie) an der Universität Wien. Seit 1993 Universitätsassistent und seit 2001 Assistenzprofessor an der Abteilung für Entwicklungspsychologie und Pädagogische Psychologie des Instituts für Psychologie der Universität Wien. Lehre und Forschungsschwerpunkte: Entwicklungspsychologie, Familienpsychologie, Transitionsforschung (Übergang zur Elternschaft), Pädagogische Psychologie; entsprechende Buch- und Zeitschriftenpublikationen. Seit 1993 Klinischer Psychologe und Gesundheitspsychologe.

PETER ZIMMERMANN, geb. 1964, Dr. phil., Diplom-Psychologe. Zunächst Mitarbeiter am Lehrstuhl für Entwicklungspsychologie der Universität Regensburg; derzeit Professor für Entwicklungspsychologie und Pädagogische Psychologie an der Universität Erlangen-Nürnberg. Arbeitsschwerpunkte: Bindung im Jugendalter, Freundschaftsbeziehungen, Emotionsregulierung. Vater einer Tochter und eines Sohnes.

April 2002 · ca. 200 Seiten
Broschur
EUR (D) 19,90 · SFr 35,90
ISBN 3-89806-133-7

Wie verändern Globalisierungsprozesse die privaten Beziehungen der Menschen? Intime Beziehungen wie Partnerschaften, Freundschaften, Familien- oder Liebesbeziehungen
erhalten durch die kulturellen, ökonomischen und sozialen
Lebensbedingungen unserer Zeit nicht nur einen äußerlichen
Rahmen. Vielleicht ändern diese Prozesse – zusammengefasst
unter dem Symbol Globalisierung – nicht nur Ziele und Werte der
Menschen, sondern auch den Menschen in seinen Beziehungen
selbst?

PⓈV
Psychosozial-Verlag

Ulrich Gooß
Sexualwissenschaftliche
Konzepte der Bisexualität
von Männern

PSYCHOSOZIAL-VERLAG

Februar 2002 · ca. 160 Seiten
Broschur
EUR (D) 19,90 · SFr 35,90
ISBN 3-89806-143-4

Die von der frühen Sexualwissenschaft vorgelegten Bisexualitätstheorien haben vor allem das »Rätsel Homosexualität« zu erklären versucht. Nur am Rande wurde in diesen Texten die manifeste Bisexualität thematisiert. Diese Tendenz setzt sich bis in die gegenwärtige Sexualforschung fort. Eine an den Monosexualitäten, also an der Hetero- und Homosexualität, orientierte Perspektive wird jedoch dem Phänomen Bisexualität nicht gerecht. In dieser Studie wird die Bisexualität nicht aus den Monosexualitäten abgeleitet. Sie wird vielmehr als eigene Sexualform verstanden.

P🔲V
Psychosozial-Verlag

Elmar Brähler, Yve Stöbel-Richter
und Ulrike Hauffe (Hg.)

**Vom Stammbaum
zur Stammzelle**

Reproduktionsmedizin,
Pränataldiagnostik
und menschlicher Rohstoff

edition psychosozial

Psychosozial-Verlag

April 2002 · ca. 250 Seiten
Broschur
EUR (D) 19,90 · SFr 35,90
ISBN 3-89806-134-5

Das vorliegende Buch setzt sich kritisch mit den neuesten
Entwicklungen in der Reproduktionsmedizin und Pränataldiagnostik sowie deren ethischen, sozialen, genetischen und
rechtlichen Folgen für den Einzelnen und für die Gesellschaft
auseinander. Das weite Spektrum der Beiträge deckt verschie-
denste Aspekte der Gegenstandsdiskussion ab. U. a. werden
folgende Themenschwerpunkte diskutiert: Soziale, biologische,
genetische und rechtliche Elternschaft - Die Geburt eines
behinderen Kindes als Schaden - Pränataldiagnostik in der
Schwangerenvorsorge - Genetische Beratung - Auswirkungen
und Folgen der Reproduktionstechnologien - Stammzellfor-
schung/ Gentechnik - Präimplantationsdiagnostik.

P🔲V
Psychosozial-Verlag